CHINA LIVELIHOOD SURVEY 2018

# 中国民生调查 2018

国务院发展研究中心课题组 著

中国发展出版社
CHINA DEVELOPMENT PRESS

**图书在版编目（CIP）数据**

中国民生调查.2018 / 国务院发展研究中心课题组著.—北京：中国发展出版社，2018.8

ISBN 978-7-5177-0904-6

Ⅰ.①中… Ⅱ.①国… Ⅲ.①人民生活—调查报告—中国—2018 Ⅳ.①D669.3

中国版本图书馆CIP数据核字（2018）第193372号

**书　　名：** 中国民生调查2018
**著作责任者：** 国务院发展研究中心课题组
**出 版 发 行：** 中国发展出版社
（北京市西城区百万庄大街16号8层　100037）
**标 准 书 号：** ISBN 978-7-5177-0904-6
**经　销　者：** 各地新华书店
**印　刷　者：** 河北鑫兆源印刷有限公司
**开　　本：** 889mm × 1094mm　1/16
**印　　张：** 42.5
**字　　数：** 1034千字
**版　　次：** 2018年10月第1版
**印　　次：** 2018年10月第1次印刷
**定　　价：** 188.00元

**联 系 电 话：**（010）68990630　68990692
**购 书 热 线：**（010）68990682　68990686
**网 络 订 购：** http://zgfzcbs.tmall.com//
**网 络 电 话：**（010）88333349　68990639
**本 社 网 址：** http://www.develpress.com.cn
**电 子 邮 件：** bianjibu16@vip.sohu.com

---

# 国务院发展研究中心
# “中国民生调查”课题组

课题总顾问　李　伟

课题负责人　张军扩

课题协调人　叶兴庆　葛延风

课题联络人　金三林　佘　宇

课题组主要成员　（按姓氏笔画排序）

王海芹　马　磊　龙海波　冯文猛　乔玲玲

朱贤强　朱卫江　刘卫民　刘精明　刘　智

江　宇　孙东海　苏　杨　李　强　何建武

沈　和　沈俊杰　杨三省　张　亮　张春生

张冰子　罗丛霞　卓　贤　郭晓鸣　程　郁

# 序言

Preface

习近平总书记强调，人民对美好生活的向往，就是我们的奋斗目标。不断满足人民日益增长的美好生活需要，既要靠经济的长期稳定增长，也必须不断保障和改善民生，让人民群众更多分享改革发展的成果。

党的十八大以来，我国政府坚持以人民为中心的发展思想，坚持“守住底线、突出重点、完善制度、引导舆论”的工作总原则，把“幼有所育、学有所教、劳有所得、病有所医、老有所养、住有所居、弱有所扶”作为民生工作重点，持续加大民生投入，深化民生领域改革，各领域民生工作持续改善，人民群众的民生满意度总体不断提高。从“中国民生调查”课题组2013~2017年度的调查结果看，城乡居民对于生活整体满意情况表示“非常满意”“满意”的比例始终保持在50%左右，表示“一般”的比例在40%左右，仅有不足10%的居民表示“比较不满”和“非常不满”；对未来的信心也始终维持在高位水平，2017年对未来“很有信心”“比较有信心”的比例达到71.5%，“一般”的比例为18.5%，仅有8.6%的居民表示“比较没有信心”和“很没有信心”。同时，城乡居民对社会治安、食品安全、生态环境、就业、社会保障、政府服务等领域的民生满意度总体保持增长。特别是，随着食品安全治理和生态文明建设力度的加大，人民群众对食品安全和环境保护领域的满意度明显提升，民生短板得到切实加强。

民生工作取得的巨大成就，不仅增强了广大人民群众的获得感、幸福感、安全感，也为党和国家事业全面开创新局面提供了重要支撑。比如：新增就业的持续增长，不仅维护了社会稳定，也为供给侧结构性改革的推进创造了条件。社会养老保险和基本医疗保险覆盖面的持续扩大，不仅提升了人民群众的生活水平和获得感，也稳定了社会预期，增强了社会的流动性和发展活力，为创新创业营造了良好的社会氛围。居民收入年均实际增速连续多年快于GDP年均增速，形成了世界上人口最多的中等收入群体，五年累计减少贫困人口6800多万，有力促进了消费增长和经济增长动力转换。加强保护环境、保障食品安全、鼓励医养结合等工作，不仅改善了民生，也带动了环保、新能源、生态农业、健康服务等新兴产业的发展，实现了民生保障与经济发展的良性互动。

中国特色社会主义进入了新时代，我国社会主要矛盾已经转化为人民日益增长的美好生活需要和不平衡不充分的发展之间的矛盾。随着社会主要矛盾的变化，城乡居民的民生关切和诉求也呈现出新的特点。随着生活条件的改善，城乡居民对更高质量的就业、更高水平的教育、更好的医疗、更优美的生态环境、更安全的食品、更公正的司法、更高效的政府服务的需求日益增强。同人民群众不断增长的民生诉求相比，民生发展还有不少差距。城乡、区域发展和收入分配差距依然较大，人民群众在教育、医疗、居住、养老等方面还面临不少难题，上学难、看病贵、房价高、养老难等问题还很突出，地区之间、城乡之间、群体之间的公共服务水平还有较大差距，民生发展不平衡不充分仍然是全面建成小康社会和建设现代化强国的短板。

因此，在新时代需要更加重视保障和改善民生，特别需要在客观调查的基础上，科学把握城乡居民民生满意度、民生关切点的变化特征，积极回应具体民生诉求，进一步增强民生政策的精准性和靶向性。为此，国务院发展研究中心“中国民生调查”课题组以“新时代的民生保障”作为2017/2018年度调查研究主题，继续在全国31个省份开展近51000份样本的民生满意度电话调查，在安徽等8个代表性省份开展近10000份样本的民生关切点入户调查，编制全国31个省份的年度民生指数，并开展了就业、收入、教育、医疗、住房、环境保护、食品安全、养老保障、政府服务等专题研究。为了保障研究质量，在电话调查和入户调查环节，样本选择严格遵循了随机抽样原则，强化了对调查过程的质量控制。对最终获得的调查数据也进行了严格审核。在研究分析阶段，课题组综合运用电话调查和入户调查数据、实地调研材料及其他统计数据，进行了科学分析，努力确保对问题判断的客观性和准确性。所提出的政策建议也都经过了课题组深入的讨论，力求切实可行。

经过课题组的共同努力，本项研究形成了一批有价值的调查发现和判断，研究成果受到了党中央、国务院及相关部委的重视。《中国民生调查2018》是该项研究的成果汇编。期待这一研究成果的出版，不仅能为各级政府决策提供参考，也能为相关领域的学术研究提供参考。当然，受多方面因素影响，疏漏和不足在所难免，希望大家批评指正。

保障和改善民生，只有进行时，没有完成时。今后，国务院发展研究中心将充分发挥高端智库的作用，进一步提高民生满意度电话调查、民生关切点入户调查的质量，完善民生指数指标体系，奉献更高质量、更有价值的研究成果，更好地为中央决策服务，为社会大众服务。也期待着这一重大调查研究能继续得到社会各界的大力支持。

国务院发展研究中心主任、研究员

李伟

# 目录

Contents

## 第一部分　综合报告

## 第二部分 专题报告

# 第一部分
# 综 合 报 告

# 第一章
# 中国民生调查2018综合研究报告——新时代的民生保障

党的十九大作出了中国特色社会主义进入新时代、我国社会主要矛盾已经转化为人民日益增长的美好生活需要和不平衡不充分的发展之间的矛盾等重大政治论断。随着中国特色社会主义进入新时代，城乡居民对民生保障提出新的要求和期待，民生工作也呈现新的特点。为此，国务院发展研究中心“中国民生调查”课题组以“新时代的民生保障”作为2017/2018年度调查研究主题，继续开展31个省份民生满意度电话调查、8个省份民生关切点入户调查、民生指数编制及相关专题研究工作。

总体来看，十八大以来，城乡居民对当前生活状态的满意度呈现高位向好态势，对未来的信心不断增强，对各领域民生工作的进展感到满意，但城乡居民的民生关切也呈现出多层次差异化的特征，民生发展不平衡不充分的问题仍然突出。下一步要紧紧把握城乡居民关切，注重增强民生政策的精准性和靶向性，不断增进城乡居民的获得感、幸福感、安全感。

## 一、主要研究内容

为了增强政策研究的针对性和连续性，课题组2017年继续开展民生满意度电话调查和民生关切点入户调查。编制全国31个省份的年度民生指数，同时继续对就业、收入、医疗、教育、住房、环境保护、食品安全、养老保障、政府服务9个重点领域开展专题研究。

### （一）开展民生满意度电话调查

民生满意度包括居民生活满意度和重点领域民生工作满意度。

居民生活满意度是对城乡居民生活满意程度的测量，包括三项：对当前生活满意度的评价，对近一年来生活改善情况满意度的评价，以及对未来信心的评价。

重点领域民生工作满意度反映城乡居民对主要民生领域的整体评价。2017年继续选取12个民生领域：就业状况、交通状况、社会治安、住房状况、食品安全、居住地政府服务、居住地教育状况、医疗服务、生态环境、社会保障、公共服务、司法公正。

民生满意度是通过电话调查数据计算的，调查采用计算机辅助电话调查（CATI）方式，范围覆盖全国31个省（自治区、直辖市），调查对象为18 ~ 74周岁的城乡居民。调查实际完成有效样本51969个，其中：城镇占63.4%，农村占36.6%；男性占53.9%，女性占46.1%；初中及以下文化程度占 35.8%，高中（中专 / 技校）占 25.4%，大学专科（高职）占 18.3%，大学本科占 18.9%，研究生及以上占 1.7%；家庭年收入 5 万元以下的占 35.1%，5 万 –15 万元的占 34.3%，15 万元以上的占 13.5%，不清楚或拒答的占 17.1%。

## （二）开展民生关切点入户调查

按照入户调查定期轮换调查省份的要求，在 2016 年调查省份的基础上，2017 年课题组将广东省轮换为福建省，8 个调查省份为黑龙江、安徽、江苏、陕西、四川、河北、浙江、福建。调查主要内容仍然包括工作与就业、基本民生问题、收入与消费、子女教育、医疗卫生、养老保障、住房保障、生活环境、政府服务等方面，但具体调查问题结合实际情况做了较大调整。

入户调查抽样仍然采用多阶段分层设计、PPS 系统抽样技术。第一，将调查省份各区县划分为贫困县和非贫困县，保证每个省抽选一个贫困县，其他区县在综合考虑区县 GDP、平均受教育程度、流动人口比例、城市人口比例等 9 个社会经济发展指标的基础上，按照社会经济综合指数得分因子的高低排序进行选取。第二，在获得调查区（县）居（村）委员会基本经济社会信息后，按照相似的方法，采用与各居（村）委会人口规模成比例的系统 PPS 抽样方式，各自独立抽取 2 个居（村）委会。第三，在每个居（村）委会内，按某个特定规则（如门牌号或户主名单等）对家庭户进行排序，采取等概率系统抽样抽出 50 户家庭作为最终调查单元，并且为保证调查入户的可行性，按同样的方法抽取一套备用调查户。入户后，为了保证对家庭信息掌握的准确性，请家庭的户主或家里最熟悉情况的人来配合完成调查。

2017 年民生关切点入户调查共获得 9896 份有效调查问卷。总体来看，样本具有较为广泛的代表性。

第一，调查样本覆盖城乡居民。按照国家统计局确定的城乡划分标准，城镇中心区样本比重为 36.10%，其中城市主城区和镇中心分别占 21.05% 和 15.05%；城乡结合部样本比重为 17.37%，其中城乡结合区和镇乡结合区样本分别占 6.07% 和 11.30%；农村样本比重为 46.53%，其中乡中心和村庄分别 2.28% 和 44.25%。2017 年调查样本的城乡结构与 2016 年大致相近。

第二，调查样本包括各年龄段的居民。受访者的平均年龄为 52.8 岁。受访者中 30 岁以下（不包括 30 岁）的占 5.67%，30 ~ 39 岁占 10.58%，40 ~ 49 岁占 22.72%，50 ~ 59 岁占 26.03%，60 岁及以上占 35.00%。受访者平均年龄略高于上一年，40 岁以下群体的比例略低于上一年。男性受访者占 58.62%，女性受访者比例为 41.38%，男性受访者比例比上一年高 2.62 个百分点。

第三，调查样本涵盖了一定比例的流动人口。流动人口样本为 590 个，占有效样本的 5.96%，比上年略有下降。从流动人口结构看，57.12% 是跨省流动（占总样本的 3.41%），42.88% 是省内流动（占总样本的 2.56%），与上一年相比，跨省流动人口占比有所下降。

## （三）编制民生指数

民生指数主要是测度 31 个省（市、区）的民生发展状况。基于我国社会主要矛盾变化和高质量发展的要求，2017 年在保持考察居民生活、公共服务、公共安全和生活环境四个方面不变的基础上，对原有的民生指数指标体系进行了补充完善。具体包括：

一是将各省份内部的“区域差距”和“人群差距①”两项指标纳入民生指数指标体系，以反映各省不平衡发展的状况。

二是引入反映为居民提供信息和通信技术服务的基础设施水平的指标，包括移动宽带用户普及率和移动宽带平均下载速度，衡量公共服务中“数字服务”发展水平。

三是增加体现人民群众的“美好生活需要”的指标。①直接反映居民居住水平和环境的指标，采用“室内厨房普及率”和“室内厕所普及率”。②直接反映城市公共设施服务水平和能力的指标，采用“高峰拥堵延时指数②”。

四是引入“城镇调查失业率”指标，补充反映就业状况。

2017 年民生指数指标体系的数据来源也更加丰富。往年的民生指数指标体系数据基本来自各种统计年鉴或相关部门的公报、工作报告。2017 年补充的分指标并未出现在统计年鉴或者部门的公报、工作报告之中，为保障数据可靠性，这些指标主要取自一些权威机构的相关年度报告或行业内重要企业的分析报告。如，信息和通信技术方面的指标来自宽带发展联盟发布的《中国宽带速率状况报告》和《中国互联网普及状况报告》；反映城市拥堵状况的指标来自高德公司发布的《年度中国主要城市交通分析报告》。这些数据部分是采用调查方法获取的，部分是采用大数据技术得到的。

### （四）开展民生专题研究

2017 年继续开展就业、收入、教育、医疗卫生、住房保障、环境保护、食品安全、养老保障和政府服务等 9 个专题研究。各专题研究进一步突出政策研究定位，综合运用电话调查、入户调查和统计数据，客观反映各领域民生政策的实施成效和存在的问题，提出针对性政策建议，为完善相关政策服务。

## 二、民生工作进展及民生满意度

### （一）十八大以来，各项民生工作均取得明显进展，城乡居民生活满意度总体呈现高位向好的态势

十八大以来，我国政府坚持以人民为中心的发展思想，把“人民对美好生活的向往”作为奋斗目标，坚持“守住底线、突出重点、完善制度、引导舆论”的工作总原则，把“幼有所育、学有所教、劳有所得、病有所医、老有所养、住有所居、弱有所扶”作为民生工作重点，持续加大民生投入，深化民生领域改革，各领域民生工作持续改善。

---

① 由于部分省份尚未公布全体居民和农村居民收入五等份分组数据，这里选取了城镇居民收入分组数据。

② 高峰拥堵延时指数=高峰时期交通拥堵通过的旅行时间/自由流通过的旅行时间。

一是坚持加大民生投入，不断提高民生保障水平。各级政府克服经济下行压力较大、财政收入增速放缓等不利因素，持续加大民生投入。2013 ~ 2017 年，全国一般公共预算支出在社会保障、就业、医疗卫生、住房保障等方面的年均增速超过 12%，远超同期经济增速和财政收入增速。

二是坚持“社会政策要托底”的宏观思路，重点做好弱势群体的民生保障工作。通过建立健全城乡最低生活保障制度、大病保险制度、困难和重度残疾人“两项补贴”制度，提高低保、优抚标准，实施精准扶贫方略等措施，切实加强低收入群众基本生活的保障。

三是坚持深化民生领域改革，增强人民群众的民生获得感。建立统一的城乡居民基本养老保险制度，实现机关事业单位和企业养老保险制度并轨。整合城镇居民医保和新农合，建立统一的城乡居民基本医疗保险制度，开创性地建立城乡居民大病保险制度。协调推进医疗、医保、医药联动改革。建立城乡统一、重在农村的义务教育经费保障机制，落实和完善农民工随迁子女在当地就学和升学考试政策，让社会成员获得“起点公平”。

民生领域各项工作的推进切实改善了城乡居民的民生保障水平，提高了城乡居民的生活满意度。电话调查结果显示，2013 ~ 2017 年，城乡居民对于生活整体满意情况表示“非常满意”“满意”和“一般”的比例均保持在 90% 左右的高位。同时，居民对未来的信心始终维持在较高水平，尤其是 2016 年及 2017 年连续上升。2017 年，对未来“很有信心”“比较有信心”和“一般”的比例达到 90%（见图 1–1）。

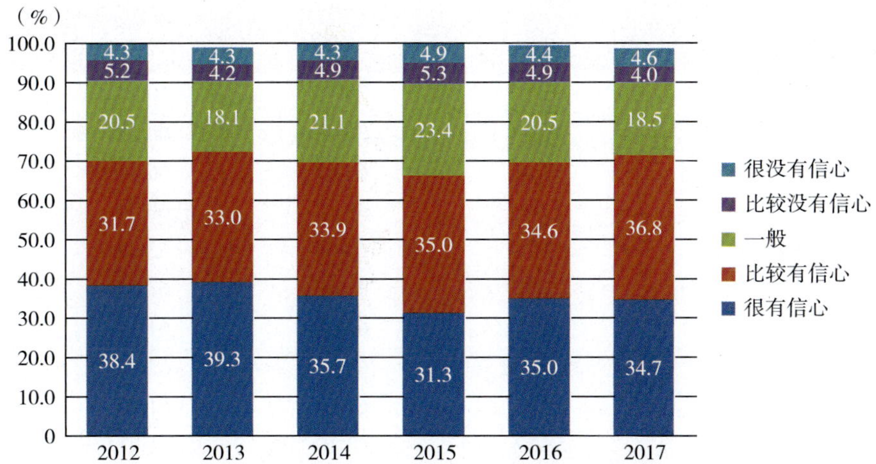


**图1-1　2012 ~ 2017年城乡居民对于未来信心变化情况（%）**

## （二）民生短板得到加强，食品安全和环境保护领域的民生满意度明显提升

长期以来，城乡居民对于食品安全和居住地环境的满意度较低。针对有关问题，近年来我国着力推进食品安全治理和生态文明建设，努力补齐民生短板。

一是实施食品安全战略，着力强化食品安全工作。颁布实施新的《食品安全法》，各级部门“用最严谨的标准、最严格的监管、最严厉的处罚、最严肃的问责”强化落实监管者和食品生产者的责任；加快推进“国家食品安全追溯平台”建设、“问题导向型风险管理体系”、“规范化、长期化抽样检测”等食品安全监管改革新举措；针对婴幼儿食品等特定食品，强化行业标准规范。

二是建立健全生态文明建设制度框架，强化重点领域环境治理。中央先后印发了《关于加快推进生态文明建设的意见》和《生态文明体制改革总体方案》，相继颁布实施《中华人民共和国环境保护法》《大气污染防治行动计划》《关于实行最严格水资源管理制度的意见》等重要法律法规，基本形成生态环境治理制度框架。同时，强化大气、水、土壤等重点领域的环境污染治理，加大生态保护与修复力度，空气质量总体向好，水环境质量持续改善。

电话调查结果表明，城乡居民对于食品安全和生态环境的满意度明显改善。如表 1–1 所示，对于食品安全的满意度得分从 2014 年的 50.3 提高到 2017 年的 60.22；对居住地环境的满意度得分从 2014 年的 59.6 提高到 2017 年的 66.45。

## （三）各领域民生满意度均有不同程度提高

2014 ~ 2017 年电话调查结果显示，城乡居民对民生各领域的满意度总体保持增长。其中，社会治安、食品安全和居住地环境的满意度得分提高较快；就业、住房、社区公共服务、司法公正、交通等满意度得分保持较快增长；社会保障、政府服务、医疗和教育等领域的满意度得分也呈稳中有升。

表1-1　2014 ~ 2017年各领域民生工作满意度得分情况

| 民生领域 | 2014年得分 | 2015年得分 | 2016年得分 | 2017年得分 | 2014 ~ 2017年得分提高情况 |
|---|---|---|---|---|---|
| 社会治安 | 60.2 | 66.5 | 70.57 | 70.84 | 10.64 |
| 居住地食品安全 | 50.3 | 51.29 | 56.49 | 60.22 | 9.92 |
| 居住地环境 | 59.6 | 59.11 | 63.62 | 66.45 | 6.85 |
| 就业 | 55.2 | 55.48 | 59.64 | 60.09 | 4.89 |
| 住房 | 59.2 | 31.7 | 64.66 | 63.49 | 4.29 |
| 社区公共服务 | 59.3 | 57.96 | 61.66 | 63.51 | 4.21 |
| 司法公正 | 57.9 | 58.77 | 62.32 | 61.94 | 4.04 |
| 居住地交通 | 58.7 | 60.05 | 60.83 | 62.42 | 3.72 |
| 享有的社会保障 | 60.2 | 59.39 | 61.98 | 61.69 | 1.49 |
| 居住地政府服务 | 59.8 | 58.22 | 62.19 | 61.21 | 1.41 |
| 居住地医疗服务 | 57.3 | 56.23 | 58.23 | 58.3 | 1 |
| 居住地教育 | 61.1 | 60.33 | 61.15 | 61.11 | 0.01 |

注：课题组采用百分制的赋值方法，“非常满意”的选项为 100 分，“比较满意”为 75 分，“一般”为 50 分，“比较不满意”为 25 分，“非常不满意”为 0 分，通过对各选项的加权计算出满意度得分。

资料来源：2014 ~ 2017 年“中国民生调查”课题组电话调查数据。

### 1. 着力稳定和扩大就业，就业满意度逐年提高

十八大以来，我国坚持实施就业优先战略和更加积极的就业政策，大力推动大众创业万众创新，高度重视重点群体就业，就业形势总体稳定向好。2013 ~ 2017 年，城镇新增就业 6600

万人以上；失业率保持在相对较低的水平，城镇调查失业率保持在 5% 左右。同时，企业用工更加规范，各项社会保险覆盖范围不断扩大，就业质量逐步提高。

2014 ~ 2017 年，城乡居民就业满意度得分逐年提高，2017 年得分比 2014 年高出 4.89 分。

### 2. 大力推进“放管服”改革，政府服务满意度稳步提高

十八大以来，我国持续深化“放管服”改革，加快转变政府职能，减少微观管理、直接干预，注重加强宏观调控、市场监管和公共服务。2013 ~ 2017 年，国务院部门行政审批事项削减 44%，非行政许可审批彻底终结，中央政府层面核准的企业投资项目减少 90%，行政审批中介服务事项压减 74%，职业资格许可和认定大幅减少。通过推进“互联网 + 政务服务”，实施一站式服务等举措，群众办事更加便利。

2013 ~ 2017 年，城乡居民政府服务满意度得分整体处于较高水平，并从 2014 年的 59.8 分提高到 2017 年的 61.21 分。

### 3. 深化医改提高医疗服务水平，医疗服务满意度总体呈上升态势

各地积极推进分级诊疗制度改革，推动优质医疗资源下沉，基本实现每个街道有一所社区卫生服务机构，每个乡镇有一所卫生院和每个行政村有一所村卫生室。持续深化公立医院综合改革，2017 年所有公立医院全部取消药品加成，医疗服务价格改革稳步推进。建立健全全民医保体系，截至 2017 年各项基本医疗保障制度参保（合）人数超过 13 亿人，参保率稳定在 95% 以上。积极推进医疗救助与基本医疗保险、大病保险及相关保障制度衔接，全国 93% 的地区实现了医疗救助与医疗保险费用“一站式”结算。

总体来看，城乡居民医疗服务满意度得分稳中有升，由 2014 年的 57.3 分上升到 2017 年的 58.3 分。

### 4. 推动各级各类教育协调发展，教育满意度高位稳定

十八大以来，我国政府始终把教育摆在优先发展的战略地位，持续加大教育投入。2017 年，全国教育经费总投入 42557 亿元，其中国家财政性教育经费为 34204 亿元，相比 2013 年分别增长了 40.2% 和 39.7%，占 GDP 的比重连续 5 年超过 4%。实施学前教育三年行动计划，进一步巩固全面普及九年义务教育成果，不断提升高中阶段教育普及水平，初步建立现代职业教育体系，有效缓解“入园难”等问题。

2014 年以来，城乡居民教育满意度总体在高位稳定。

## 三、民生关切点和主要民生诉求

随着社会主要矛盾的变化，城乡居民的民生关切和诉求呈现新的特点。一方面，随着生活条件的改善，城乡居民对更高水平的教育、更好的医疗、更优美的生态环境、更安全的食品、更加公正的司法、更加高效的政府服务的需求日益增强。另一方面，不同民生领域、城乡之间、

区域之间民生发展不平衡的问题突出，食品安全、医疗卫生、环境保护等领域发展不充分，仍然是全面建成小康社会和建设现代化国家的短板。这些矛盾也充分反映在2017年的入户调查结果中。

### （一）城乡居民关于家庭生活的主要关切点为收入和医疗，关于社会环境的主要关切点依然是环境污染和食品安全

对于家庭生活的关切点中，排第一的是收入水平，选择比例为29.2%，较2016年上升0.9个百分点；其次是医疗服务，选择比例为12.2%，较上年下降2.3个百分点；住房和养老并列排在第三位。

对于社会环境的关切点中，排前两位的仍然是食品安全和环境污染。尽管2017年城乡居民对这两个领域的满意度有所提高，但进一步加强食品安全和环境污染治理仍然是城乡居民的强烈诉求；改进交通出行位列第三。

不同地域、不同收入水平居民对于社会环境的关切点存在一定差别。比如，高收入受访者对生活品质有更高要求，对食品安全的关切程度也明显更高。

### （二）城乡居民收入状况明显好转，居民收入差距问题依然突出

随着稳增长各项政策的落实，2017年城乡居民收入状况较2016年明显好转，认为收入下降的受访者比重明显降低。与2016年同期相比，认为月均收入减少的只占19.5%，比上年调查低了9.2个百分点。

但受访者对收入差距扩大的反映更为突出，自我感知收入差距在扩大的比例明显高于认为在缩小的比例。其中，受访者认为两年来周围家庭收入差距在扩大的占38.9%，高出上年调查6.5个百分点；认为差距在缩小的占11.4%，低于上年调查1.4个百分点。

调查还显示，工资拖欠问题仍然存在，有3.7%的受访者反映存在工资拖欠的情况。从劳动合同形式来看，以完成一定工作任务为期限的劳动合同和没有签订劳动合同的工资拖欠比重较高，分别为17.1%和6.4%。

### （三）医保报销比例明显上升，医疗负担较重仍然是城乡居民的主要关切

调查样本中共有2607户在过去一年有住院就诊经历，医保平均报销比例为44.8%，其中城镇职工医疗保险、城镇居民医疗保险、新型农村合作医疗的住院实际报销比例分别为58.93%、47.45%和38.75%，均比过去几年有明显上升。

但在询问“在各种家庭开支中，您感觉压力最大的是什么”时，仍有28.1%的受访者选择医疗，虽然比上年略有下降，但仍然位居第一位。

在询问“您对医疗服务最不满意的一项是什么”时，回答比例最高的为“看病太贵”，占42.6%，其次是大医院看病难，占11.5%。

### （四）7 成受访者对未来食品安全改善有信心，最大期待是政府进一步加强食品安全监管

15.3% 的受访者认为我国未来三年食品安全状况一定会有所改善，52.8% 的受访者相信会逐步改善，17.8% 的受访者认为有可能会改善。可以看出，大多数居民对未来食品安全改善有信心。

但入户调查还显示，2017 年食品安全仍然是城乡居民重点关切的问题。其中，对于食品添加剂以及食品流通渠道的担心尤为突出。受访者对于小卖部、街边摊这两类食品消费场所的放心比例仅为 51.42% 和 20.68%，对大型市场和农贸市场这类监管比较完善的食品消费场所的放心比例也只有 87.83% 和 60.80%。

城乡居民在食品安全方面的最大期待是政府加强食品安全监督和完善食品安全标准。42.30% 的受访者认为应强化监管部门的责任和检查执法力度，37.07% 的受访者认为严格的标准是解决食品安全问题应该采取的首要措施。

### （五）6 成居民认为总体生态环境有改善，对进一步改善环境质量的诉求强烈

受访者认为总体生态环境状况“有所改善”的比重为 59.7%，较 2016 年提高了 4.0 个百分点。但城乡居民对生态环境改善仍然有着强烈的诉求。

水环境质量成为受访者最关切的环境问题。18.4% 的受访者对周边河流、湖泊等水体的环境质量有意见，同时有 14.2% 的受访者认为水环境质量有所变差。这两个数据在调查所涉及的各类生态环境问题中均为最高，这说明改善我国水环境质量的任务仍较艰巨。

河北等部分地区受访者对空气质量改进有着强烈诉求。河北省受访者认为空气质量“有所改善”的比重为 54%，较上年减少 8.3 个百分点；而认为空气质量“没有变化”的受访者比重为 31.9%，较上年增加 10.4 个百分点。

农村人居环境状况仍有待改善。农村受访者认为环境污染是其最不满意的社会环境因素的比重为 25%，仍位居农村受访者最不满意的社会环境之首。重点是农村垃圾处理不到位问题和农村地区工矿企业污染排放问题。农村受访者认为居住地周边垃圾处理情况“有所改善”的比重为 51.5%，较上年缩小 10.6 个百分点；认为周边工矿企业排污处置“非常好”或“比较好”的比重合计 45.5%，较上年缩小了 8.5 个百分点，20% 的农村受访者对周边工矿企业排污处置表示不满，位居调查所涉及的各类农村污染问题之首，且这一比重较上年扩大了 4 个百分点。

### （六）部分家庭住房支出压力较大，“房价高、面积小、设施差”是城乡居民对住房的主要关切

受访者在回答“目前，您感觉家庭消费支出压力最大的是什么”时，有 8.8% 的家庭将住房支出摆在了首位，排在了医疗（28.1%）、食品（24.0%）和子女教育（21.8%）之后，位列第四位。

然而，如果将范围缩小到租房户家庭和有按揭贷款的家庭时，住房支出压力明显上升。对于市场租赁户来说，有 27.5% 的家庭将住房支出压力摆在了首位；甚至对于租金支付较低的廉（公）租房家庭来说，有 20.2% 的家庭视住房支出为最大的消费支出压力。对于有按揭贷款的家庭来说，有高达 38.6% 的家庭认为住房支出是家庭支出的最大压力。

调查结果还表明，房价太高、住房面积小、建筑年代久远和小区设施落后是城乡居民最关切的三个问题。从具体选项看，有 14.5% 的受访家庭觉得房价太高，13.6% 的觉得住房面积太小，9.7% 的觉得建筑年代久远和小区设施落后。其中，本地户籍家庭更关注建筑年代久远和小区设施落后问题，流动人口家庭对每个月住房支出压力太大更为焦虑。

## （七）老年人对养老经济保障的担忧持续上升，6 成老年人认为为老服务体系不完善

在生活来源上，43.52% 的老年人靠退休金或养老金，31.96% 的老年人靠儿女或其他亲属赡养，9.90% 的老年人靠承包田地。老年人收入结构尚未形成集养老金、财产性收入、劳动收入等多种收入途径为一体的混合模式。在养老金构成中，包含基本社会养老保险、职业（企业）年金、商业保险的多支柱模式发展也远不成熟。因而，城乡居民对未来养老收入保障存在普遍担忧。

调查显示，自 2014 年以来，居民对未来养老收入保障的担忧持续上升。2017 年，60 岁及以上的老年人中，对未来养老收入保障表示担忧的比例达 62.39%，其中表示“很担忧”的比例达 46.89%；60 岁以下的人群中，对未来养老收入保障表示担忧的比例达 71.75%，其中表示“很担忧”的比例达 51.90%。

老年人医疗支出负担较大。调查显示，2016 年老年人家庭医疗费用平均支出 21322.19 元，其中医保报销 9804.4 元，占 45.98%。如果算上生病期间的交通、看护等费用，医保报销占比进一步降至 43.81%。这在一定程度上使医疗支出成为老年人家庭负担中最重的一项。2013 年至 2017 年，将医疗作为支出压力最大项的老年人家庭比例，分别为 30.43%、45.90%、40.75%、43.86% 和 39.70%。

调查还显示，近六成的居民明确表示当前社区设施远不能满足老年人的需求。98% 以上老年人的生活照料是通过自我或家庭成员完成的（其中自己照顾自己的占 51.20%，老人配偶照顾的占 18.73%，老人子女照顾的占 28.64%），依靠社区养老照料中心、雇人照顾或进入养老机构照料的比例微乎其微。很多社区和村庄已经建立了为老服务设施，但这些设施主要是棋牌室和健身场所等娱乐性设施，为老年人居家生活提供核心支持的康复设施、日间照料中心、老年食堂等普及率十分不足，当前分别只有 24.67%、17.26% 和 10.29%。与城市相比，农村地区更为滞后。

## （八）城乡居民对各学段的关切度均有所改善，提升教育质量是主要诉求

学前教育方面，“入园贵”和“入园难”仍排在“最不满意的一项”前两位，占比分别为 22.6% 和 7.5%（均为有效问卷比例，本部分下同），相比 2016 年下降 19.6 个百分点和 4.4 个百分点。

这表明，经过连续实施两期三年行动计划，“入园难、入园贵”虽有所缓解，但由于底子薄、欠账多，以及普惠性资源供给仍不足，加之财政投入政策不完善、幼儿园收费定价不规范，“入园贵”等问题仍然存在。

义务教育和普通高中教育方面，“教学质量差”和“很多内容课上不教，不得不上补习班或请家教”排在“最不满意的一项”前两位，占比分别为17.3%和12.7%，同2016年相比分别下降2.5个百分点和2.7个百分点。这表明，中小学人才培养模式改革取得了一定成效，但教学方式、教学组织形式和教学手段仍有待改进，课堂教学质量仍需提高，以学生综合素质为核心的评价体系仍不健全，一些地方和学校仍过分追求分数和升学率，中小学生课业负担仍过重。

职业教育方面，“就业质量不高”和“缺少实习实训，实践能力培养不足”仍位居前列，占比分别为21.4%和14.9%，同比下降了12.9个百分点和5.2个百分点。这表明，职业教育产教融合、校企合作机制不断完善，毕业生就业质量持续向好，但教育培训方式与实际需求脱节问题仍很突出。一些地方职业教育分布、专业设置及人才培养规格要求仍按行政区划设置和管理，不能适应产业跨区域分布和要素自由流动的实际需求。

高等教育方面，“高校毕业生就业难”仍排在首位，占比为41.5%，同比下降了10.5个百分点。这表明，随着高校创新创业的推进，毕业生就业状况有所改善，但受专业设置、人才培养模式、就业观念等多方面因素影响，高校毕业生就业问题仍需要高度关注。

从子女处于学前或义务教育阶段的家庭来看，仍有23%没有在离家最近或比较近的地方上学。从未就近入学的原因来看，“为了上更好的学校”仍排在首位，占比为40.3%，同比下降6.7个百分点。这表明，义务教育已全面普及，城乡一体化改革发展稳步推进，但区域之间、城乡之间以及校际之间办学条件事实上的差距仍过大，“择校热”等问题仍较为突出，大城市流动人口随迁子女在义务教育阶段入学门槛不断提升，“电脑派位”“就近入学”等促进义务教育均衡发展的政策还需深入落实。

## （九）就业形势总体向好，但劳动者权益保护需要进一步加强

2017年，随着宏观经济的好转，我国就业形势总体向好，就业规模继续扩大，调查失业率下降，居民就业感受和未来就业预期均好于往年。但从入户调查结果看，劳动者权益保护仍面临一些挑战。

还有部分人没有参加任何养老保险。入户调查显示，半数以上就业人员参加的是保障水平较低的城镇居民基本养老保险或新型农村社会养老保险，参加职工养老保险的比例较低。特别是，还有12.9%的就业人员没有参加任何养老保险。其中，有超过20%的个体工商户雇员、非固定单位的临时务工人员没有参加任何养老保险，18.1%的个体工商户雇主没有参加任何养老保险。

入户调查还显示，劳动合同签订比例较低。45.3%的非农就业人员（扣除专兼业农民、农村自营业和专业管理人员、个体工商户雇主）没有签订劳动合同，签订无固定期限合同的比例仅为7.6%，签订有限期劳动合同的比例为31.6%。

### （十）超过 7 成受访者对政府服务改善的满意度较高，主要关切是简化程序和提高效率

入户调查显示，群众对改善服务态度的评价满意度最高，占比为 71.5%。超过 6 成的受访者认为满意的举措有：精简办事程序、减少吃拿卡要、简化各类证明、政策公开透明，占比分别为 65.4%、62.2%、61.7%、61.2%。入户调查中，有 36.4% 的受访者到过居住地政府部门（包括政务服务中心、街道办、村委会等）办事，其中分别有 70.3% 和 67.5% 的受访者对精简办事程序、简化各类证明表示满意，更为真实地反映了当前政府服务的改进情况。

不同类型居民对政府服务的满意程度然存在一定差异，流动人口对政府服务表示“很满意”的占比低于本地人口 8.1 个百分点，城镇居民低于农村居民 5.5 个百分点。

入户调查也表明，在与政府部门打交道过程中，受访者认为最不满意的前两位分别是“程序复杂和不公开”、“相互推诿、效率低”，分别占 15% 和 9.9%，与 2016 年相比排序基本一致，成为近三年来入户调查反映最为突出的问题。

## 四、省域民生指数及民生发展

2017 年，课题组从社会主要矛盾的变化和高质量发展的要求两个视角出发，对中国民生指数指标体系进行了进一步补充完善，包括：着重反映“不平衡的发展”对民生改善的限制，引入与“数字经济 / 社会”发展相关的公共服务指标，更加体现人民群众的“美好生活需要”，补充反映就业状况的指标。同时，还进一步拓展了民生指数指标数据来源的渠道。

从民生指数的测算结果来看，2016 年居民生活方面的民生状况改善程度要明显高于公共服务、公共安全和生活环境。与上年相比，居民生活领域所有的指标在多数省份得到改善，特别是所有省份收入和消费都保持相对较快的增长。

分区域来看，各省份不同民生方面改善程度仍存在较大差异。居民生活方面区域之间的差距继续缩小，但缩小的幅度在降低；与上年不同的是，公共服务方面不少指标没有延续均等化趋势，发达地区公共服务指标改善得更多；在公共安全方面，部分东部沿海地区改善更加明显；在生活环境方面，东部沿海和东北部分省份的改善程度较其他地区更加显著。

表1-2　各省份民生指数测度结果（2017）

| 省域 | 居民生活 | 公共服务 | 公共安全 | 生活环境 |
|---|---|---|---|---|
| 北京 | 0.665 | 0.739 | 0.818 | 0.577 |
| 天津 | 0.573 | 0.486 | 0.573 | 0.368 |
| 河北 | 0.465 | 0.261 | 0.778 | 0.454 |
| 山西 | 0.435 | 0.259 | 0.787 | 0.383 |
| 内蒙古 | 0.476 | 0.255 | 0.747 | 0.602 |
| 辽宁 | 0.608 | 0.359 | 0.950 | 0.588 |
| 吉林 | 0.438 | 0.296 | 0.739 | 0.554 |

续表

| 省域 | 居民生活 | 公共服务 | 公共安全 | 生活环境 |
|---|---|---|---|---|
| 黑龙江 | 0.454 | 0.224 | 0.885 | 0.487 |
| 上海 | 0.675 | 0.590 | 0.758 | 0.401 |
| 江苏 | 0.469 | 0.480 | 0.764 | 0.471 |
| 浙江 | 0.518 | 0.464 | 0.592 | 0.743 |
| 安徽 | 0.347 | 0.266 | 0.835 | 0.411 |
| 福建 | 0.451 | 0.313 | 0.515 | 0.874 |
| 江西 | 0.437 | 0.251 | 0.825 | 0.784 |
| 山东 | 0.530 | 0.305 | 0.858 | 0.414 |
| 河南 | 0.464 | 0.232 | 0.848 | 0.400 |
| 湖北 | 0.375 | 0.321 | 0.742 | 0.653 |
| 湖南 | 0.475 | 0.278 | 0.770 | 0.694 |
| 广东 | 0.450 | 0.416 | 0.874 | 0.751 |
| 广西 | 0.358 | 0.226 | 0.775 | 0.871 |
| 海南 | 0.306 | 0.343 | 0.637 | 0.826 |
| 重庆 | 0.406 | 0.302 | 0.703 | 0.725 |
| 四川 | 0.388 | 0.276 | 0.796 | 0.713 |
| 贵州 | 0.390 | 0.320 | 0.626 | 0.645 |
| 云南 | 0.338 | 0.173 | 0.595 | 0.708 |
| 西藏 | 0.218 | 0.363 | 0.658 | 0.667 |
| 陕西 | 0.370 | 0.327 | 0.718 | 0.359 |
| 甘肃 | 0.267 | 0.240 | 0.794 | 0.496 |
| 青海 | 0.351 | 0.297 | 0.691 | 0.325 |
| 宁夏 | 0.413 | 0.315 | 0.692 | 0.558 |
| 新疆 | 0.422 | 0.365 | 0.501 | 0.480 |

注：以上指数根据新指标测算编制。

## （一）不同区域和不同领域民生状况改善差异较大

整体来看，居民生活方面的民生状况改善程度要明显高于公共服务、公共安全和生活环境。与上年相比，居民生活领域所有的指标在多数省份都得到不同程度的改善；而对于公共服务、公共安全和生活环境领域而言，多数省份部分指标出现了恶化，如公共服务方面的“社会服务机构覆盖率”、公共安全方面的“每万人食源性疾病患者数”和生活环境方面的“涉及流域重点断面水质状况”等。不同区域的不同民生方面改善程度存在较大差异。居民生活方面欠发达地区改善的速度更快，如“人均可支配收入”和“人均消费支出”两项指标的省际差距都进一步缩小。公共服务方面经济发达的地区改善得更多，如北京、江苏等发达地区“万人执业（助理）医师数”提升幅度明显高于全国平均水平；公共安全方面部分东部沿海地区改善得更加明显，如广东省 2016 年事故灾难、公共卫生和社会安全的指标都出现了较大幅度的改善；生活环境方面东部沿海和东北的部分省份改善得更加显著，如 2016 年河北、山东、辽宁等省份“空气质量达到及好于二级的天数”提升幅度都超过10%，明显高于其他省份。

## （二）居民生活领域民生状况改善非常显著

与前一年相比，居民生活领域取得了许多积极进展：各地居民的收入和消费继续较快增长，省际之间收入差距继续缩小，人均可支配收入和人均消费支出的省际加权变异系数分别由2015年的0.334和0.320下降至2016年0.333和0.313。多数地区的城乡差距继续缩小，31个省份中25个省份城乡居民的可支配收入之比有所下降；多数省份就业质量继续改善，保障程度相对较高的就业人员比例继续上升。从纵向和横向比较来看，值得关注的是：多数地区人均可支配收入增速下滑幅度大于人均GDP增速下滑幅度；部分地区生活压力进一步加大；欠发达地区和发达地区省内差距都比较高。今后需要加快形成符合新时代需要的经济发展方式，改革和完善房地产市场，进一步完善收入分配制度，更好地发挥政府在发展成果共享方面的作用。

## （三）公共服务领域民生状况有所改善

整体来看，经济较为发达的东部沿海地区和西部地区的部分省份公共服务表现相对较好，而中部地区和西南地区部分省份的公共服务表现相对较差。其中，教育和医疗方面的公共服务指标与上年相比有所改进：义务教育经费支出大幅增长，31个省份义务教育阶段生均教育财政支出平均增速达到8.5%，明显高于人均GDP的名义增速；医疗支出中个人承担的比重也普遍呈现下降趋势，卫生总费用中个人支出比率与上年相比平均下降2个百分点。不过值得注意的是，交通拥堵已成为不同规模城市普遍存在的问题，100个主要城市中有93个城市高峰时期交通用时是自由通行时期的1.5倍以上。欠发达地区的教育和信息通信技术方面的公共服务水平与发达地区相差较大，如西部地区移动宽带普及率比东部地区低30%左右。今后，需要加快推进新型城镇化建设，努力提升不同城市的公共设施水平和城市治理能力，加快提升欠发达地区教育和信息通信技术方面的公共服务水平，尽快缩小地区间的“数字鸿沟”。

## （四）公共安全领域整体形势不容乐观

2016年除了个别省份的公共安全方面指标都有所改善外，多数省份公共安全方面的表现并未出现整体性改善。六个子指标中，只有每百万人突发环境事件次数和甲乙类法定报告传染病发病率两个指标在一半以上的省份出现了明显的下降，其他指标在多数省份都未出现明显改善，有的甚至出现了恶化。尤其值得重视的是，多数省份食源性疾病发病率有所提升。这警示我们需要更加重视食品质量安全和食品卫生。今后需要进一步改革和完善公共安全方面的制度，加强全流程的食品卫生监督管理，控制食品污染，提高食品卫生质量，降低公共卫生风险。

## （五）生活环境领域民生状况有所改善

从具体的指标来看，空气质量和城乡居住环境两方面的指标改善比较明显。在环保督查等因素的影响下，多数省份空气质量达到及好于二级的天数明显增加；随着新型城镇化的推进，城乡居住环境不断改善，多数省份建成区绿化覆盖率、城市生活垃圾无害化处理率和农村无害化卫生厕所普及率三项指标都有所改善，2/3的省份建成区绿化覆盖率较上年有所提升。不过也需要关注的是，部分省份涉及流域重点断面水质出现恶化，31个省份中有超过一半的省份涉及流域重点断面水质出现了不同程度恶化，西部特别是西南地区的废水排放量仍然出现了不同程度的增长；省份之间居住环境/条件存在较大差距。今后需要加快河流上游地区工业化转型，加大污染控制力度；加快推进乡村振兴战略，努力改善乡村特别是欠发达地区乡村的居住环境。

## 五、把握城乡居民关切点的变化，进一步做好民生工作

新时代做好民生工作，需要把握城乡居民民生关切点的变化特征，着力解决民生发展不平衡不充分的问题，不断提高城乡居民的民生获得感、幸福感、安全感。

### （一）坚持就业优先战略，扎实做好就业工作

一是保持经济稳定增长，促进就业创业和劳动者增收。经济增长是增加就业和提高劳动者收入的根本，要将促进更高质量和更充分就业作为经济社会发展的优先目标，继续加强供给侧结构性改革，努力促进服务业、民营经济和小微企业发展，支持以创业带动就业。加大对农村劳动力就近转移就业的扶持引导，多渠道促进农村劳动者增收。

二是健全覆盖城乡的公共就业服务体系，强化对新毕业大学生等群体的就业促进工作。加大对低学历、中年就业困难人群和外出务工人员的职业技能培训，减少结构性失业。

三是加强劳动权益保障工作。建立正常的工资合理增长机制，进一步规范劳资关系，加强对中小企业劳动用工的规范和指导，提高劳动合同签订率和职工养老保险覆盖率。

### （二）完善缩小收入差距的政策

一是加大对低收入群体的支持与保护力度。对于贫困人口继续完善扶贫政策，推动其早日脱贫；对于处于贫困线以上的边缘人口，要通过完善就业帮扶政策和社会保障政策，防范其陷入贫困。

二是不断完善税收、社会保障、转移支付等制度，更好发挥再分配制度在促进公平分配方面的作用，大力推动慈善事业发展，推进社会互助。

三是通过推进基本公共服务均等化等政策，创造公平竞争的环境，增强社会流动性，防止阶层固化。

### （三）进一步提高基层医疗服务水平

一是完善机制更好地发挥基层医疗卫生机构的作用。通过健全激励机制、签约服务、医疗

体建设、信息化等综合手段，提高基层医疗卫生机构的水平，切实发挥好基层医疗卫生机构在疾病预防、常见病多发病诊疗、健康管理等方面的作用，实现关口前移，进而提升医疗卫生服务的可及性和服务质量，提高卫生投入的宏观效率，切实降低群众的医疗负担。

二是尽快制定全国通用的基本医疗卫生服务内容。基本医疗卫生服务应该覆盖影响人民健康的主要病种，使用目前经济有效的技术和药物。凡是纳入目录的服务，政府必须确保人人能够公平享受，并设定个人负担的上限。目录范围可以随着经济发展不断扩大。

### （四）补齐食品安全工作短板

一是加强食品安全监察执法队伍建设，避免机构整合对专业性的削弱。重点加强基层食品安全专业队伍建设，允许有条件的地方增加基层食品监管人员的数量并采用灵活的聘用机制。强化激励机制，促进食品安全监管的人力资源下沉到乡镇。

二是重视安全食品获取渠道建设。尤其要关注低收入人群、农村人群的食品消费环境，加大对小商贩、农村集市的监督管理，提高其供应的食品质量。对于新出现的网络销售食品问题，要重点考核食品生产者的资质、加强物流过程的质量把控，制定相应的食品物流（冷链、常温运输）标准。

三是完善风险交流机制。建立统一的跨部门风险交流和信息发布平台，丰富信息公开内容，增强食品安全信息的可得性。着力完善食品安全问题应急响应机制，主动回应并迅速处理各类实际发生或谣传的食品安全事件，引导公众形成合理的风险感知。

### （五）打好污染防治攻坚战

一是提高污染防治攻坚战的精准性。大气污染防治需重点关注河北、黑龙江等地，水污染防治需重点关注黑龙江、江苏、河北等地，垃圾处理需重点关注黑龙江省。推进污染防治重大制度时，要根据区域面临的不同环境问题，实施精准治理、精准监管。

二是加快环境治理基础设施建设。加大政府对生态环保等公共产品和基础设施投入，提升传统产业和社会生活的智能化、绿色化水平，安排专项资金用于清洁能源改造、大气环境综合检测能力方面的建设，探索政府与社会资本合作等投融资新机制。

三是完善相关配套政策，防范短期内经济结构急剧调整带来的社会风险。短期内快速淘汰落后产能、搬迁污染企业、调整能源结构等措施，难免对居民生产生活带来不利影响。应注意防范急剧的产业结构调整造成的居民失业、生活负担加重等风险，完善相关配套政策，增强社会政策的兜底作用；及时监测社会舆论动态，加强与公众的沟通。

### （六）进一步提升住房保障水平

一是进一步强化住房保障工作。重点是加大公租房保障力度，对低收入住房困难家庭要应保尽保，将符合条件的新就业无房职工、外来务工人员纳入保障范围。因地制宜发展共有产权住房，多渠道解决群众住房问题。

二是建立健全租购并举的住房制度。加快推进住房租赁立法，大力发展住房租赁市场特别是长期租赁市场；加强理念引导，鼓励中低收入居民租房安家；支持房地产开发企业拓展业务范围，利用已建成住房或新建住房开展租赁业务；支持和规范个人出租住房，落实鼓励个人出租住房的优惠政策。

三是改善城乡住房配套设施和环境。开展城市住宅小区环境整治，从群众关心的小事、身边事做起，着力解决老旧小区的停车位少、电梯缺失或陈旧、上下水系统老化、垃圾处理设施落后、消防存在隐患等配套设施问题。实施农村人居环境整治三年行动，继续推进农村生活垃圾治理，大力推动农村户厕建设和改造，切实提高农民居住质量。

### （七）健全养老保障和服务体系

一是建立更加稳定的老年收入保障体系。稳步提升老年人口特别是城乡居民养老保险的待遇水平，积极发展职业年金等多支柱的养老金支持体系，提高老年人获取财产性收入和劳动性收入的能力，加强保障好老年人口中贫困群体的生活。

二是推进为老生活服务体系建设。明确为老生活服务体系中政府的服务责任、服务内容和服务方式，强化对低收入群体及鳏、寡、孤、独老人的服务。大力培育各类养老服务市场主体，充分利用现代信息技术手段，促进社会化、专业化、可负担、可持续、多层次为老生活服务体系的稳步发展。

### （八）落实好“优先发展教育事业”的部署

一是以标准化为基础，通过综合改革，进一步推进教育公平。结合财力和发展需要，确定更加细致、科学的办学标准，既要确定最低标准，也要确定最高标准，避免“建峰填谷”式发展模式。综合改革要以增量改革为基础，加快推进办学条件均等化，彻底取消重点校、重点班。建立各级政府共同分担、省级为主的学前教育经费保障体制，健全以区县为主的学前教育管理体制，加强公立幼儿园建设，强化对民办园的监管和指导，增加普惠性资源供给。

二是进一步提升教育质量。在基础教育方面，要以学生为中心扎实推进素质教育，不断完善教育教学质量标准和综合素质评价制度，着重培养学生的实践能力、社会责任感和创新精神。职业教育方面，要加大对学校办学标准、教育质量以及培训价格的严格监管，健全教学、实训、就业衔接机制。高等教育方面，要改革完善对高校和教师的评价与激励机制，全面扭转重“科研”、轻教学，重知识传授、轻能力培养等问题，使人才培养能够更好适应经济社会发展要求。

三是切实解决进城务工人员随迁子女受教育权利保障问题。突破计划控制的思维定式，在科学测算城市未来常住人口增长的基础上，理性调整城市基础设施和公共服务规划，从空间布局和资源配置两方面入手，适时增加教育资源供给，保障进城务工人员随迁子女在流入地（特别是特大城市）正常就学。

## （九）抓住重点继续推进放管服改革

一是强化与群众生活密切相关的公共服务事项全过程管理。在全面梳理劳动就业等公共服务事项基础上，进一步简化优化办理流程及所需要件，全力推进群众办事程序信息公开，确保线上线下信息获取的准确性和一致性。

二是加快实现不同部门、领域之间的证件数据贯通和互认共享。进一步深化政务信息系统整合，尽快打破“信息孤岛”和数据壁垒，确保各数据标准、平台端口的统一互联，逐步建立上下联通、纵横贯通的国家数据共享平台。

三是进一步明确审批部门权责和政务大厅的主体地位。着力解决政务管理机构有责无权、协调无力的问题，确保“一网通办”运行中不同环节之间有效衔接、职责清晰。加大对各类政务服务窗口大厅工作人员的业务培训，切实增强一线窗口人员的服务意识和业务水平。

（执笔：张军扩　叶兴庆　葛延风　金三林　朱贤强）

# 第二章
# 民生满意度 2018 分析报告

## 主要发现：

①相较 2016 年，总体样本中对当前生活状况满意评价为“比较满意”和“非常满意”的人群占比上升明显，“比较不满意”和“非常不满意”的人群占比也略有增加，选择“一般”的人群占比明显下降。从居住地城乡分类来看，居住在城镇和乡村中表示“非常满意”和“比较满意”的人群占比也都有提高，但农村中表示“非常不满意”和“比较不满意”人群占比增幅大于城镇不满群体占比增幅，城乡差异有所增大。

②相较 2016 年，居民整体上对生活改善情况的满意度显著提升。居住在农村中的居民表示生活没有改善的比例大幅降低，但其占比仍高于城镇，表示生活有所改善的人群占比也低于城镇。

③居民整体上对未来的信心依然维持在较高水平上，相较 2016 年，城镇居民的信心水平略有上升，农村居民的信心水平稳中有降，城乡差距进一步拉大。

④相较 2016 年，各领域民生满意度得分差距有所缩小，其中，食品安全和环境领域的满意度提高最多，住房领域满意度得分有所降低。

⑤总体上，农村居民在就业、政府服务、社会治安和住房领域的满意度低于城镇居民。相较于 2016 年，城镇居民对各民生领域的满意度得分总体上升，但农村居民在部分领域的满意度却出现了下降，下降较为明显的领域是住房、社会保障、司法公正、政府服务及医疗。

⑥本地户口居民的生活状况满意度总体高于流动居民的满意度，省内流动居民与省外流动居民的民生满意度总体差异不显著。在具体的民生领域，本地居民和流动人口在社会保障领域的满意度差距较大，其中本地户口居民的满意度显著高于省内流动居民，省内流动居民的满意度显著高于省外流动居民。本地居民和流动人口在政府服务领域的满意度差异不明显。

⑦就业、政府服务和公共服务的满意度与被访者收入变化状况的关联最为密切。社会保障、住房和就业的满意度与被访者主观阶层评价的关联最密切。司法公正、政府服务和医疗的满意度与被访者对贫富差距评价的关联度最高。

⑧不满意群体在民生工作领域的主要关切点是就业、社会保障和政府服务，满意群体的关切点是医疗、食品安全、交通与就业。

2017 年 7 ~ 8 月，为了更好地了解城乡居民的生活状况和对民生方面的新关切，国务院发展研究中心“中国民生调查”课题组进行了民生问题满意度调查，采用电话调查方式在全国31个省（自治区、直辖市）完成有效样本51969个。其中，固定电话占20.6%，移动电话占79.4%；按城乡分，城镇占63.4%，农村占36.6%；按性别分，男性占53.9%，女性占46.1%；按受教育程度分，不识字或识字很少占2.1%，小学占9.6%，初中占24.1%，高中（中专/技校）占25.4%，大学专科（高职）占18.3%，大学本科占18.9%，研究生及以上占1.7%；从户口状况看，非农业户口（城镇户口）占41.7%，农业户口占47.1%，居民户口占11.2%。除了询问被访者生活状况满意度外，调查还询问了被访者对于交通状况、社会治安、住房状况、食品安全、居住地政府服务、义务教育、医疗卫生服务、生态环境、社会保障、公共服务、就业质量、司法公正12项民生工作的满意度。调查数据为及时反映我国居民对过去一年各项民生工作的水平提供了重要参考。

## 一、调查基本情况

2017年全国民生问题满意度电话调查，由国务院发展研究中心“中国民生调查”课题组设计并组织实施，委托北京零点市场调查有限公司具体负责电话访问工作。

在内容上，调查涵盖了受访者的基本特征、生活状况满意度、其对12项民生工作的现状和改善情况的评价等多个问题。其中，生活状况满意度的测量涉及三项指标：对当前生活的评价、对近一年中生活改善情况的评价以及对未来信心的评价。12项民生工作包括：就业状况、交通状况、社会治安、住房状况、食品安全、居住地政府服务、居住地教育状况、医疗服务、生态环境、社会保障、公共服务、司法公正。

在抽样中，调查采用计算机辅助电话调查（CATI）方式，范围覆盖全国31个省（自治区、直辖市），调查对象为18 ~ 74周岁的城乡居民。

调查实际完成有效样本51969个，按联系方式分，固定电话占20.6%，移动电话占79.4%；按城乡分，城镇占63.4%，农村占36.6%；按性别分，男性占53.9%，女性占46.1%；按受教育程度分，不识字或识字很少占2.1%，小学占9.6%，初中占24.1%，高中（中专/技校）占25.4%，大学专科（高职）占18.3%，大学本科占18.9%，研究生及以上占1.7%；从户口状况看，非农业户口（城镇户口）占41.7%，农业户口占47.1%，居民户口占11.2%；从婚姻状况来看，未婚占20.2%，已婚占76.1%，离异独身占2.4%，丧偶独身占1.3%；从收入来看，家庭年收入5万元以下的占35.1%，5万 ~ 15万元的占34.3%，15万元以上的占13.5%，不清楚或拒答的占17.1%。

## 二、居民生活满意度分析

调查采用三个指标来反映居民的生活满意度，分别为：对当前生活的满意度情况（简称“现状”）、对过去一年生活改善的满意度情况（简称“改善”）、对未来的信心（简称“未来”）。

## （一）居民对当前生活的满意度

调查显示，相比 2016 年，2017 年居民对当前生活状况的满意度有明显上升，但满意群体和不满群体的两极分化现象更加突出。具体而言，对现状表示“非常满意”的占总样本的 14.9%；表示“比较满意”的占总样本的 37.9%，二者合计占总样本的 52.8%，增长至历次调查的最高点（2014 年为 48.3%，2015 年为 47.8%，2016 年为 49.5%），尤其“比较满意”群体较上年提升了 2.5 个百分点，上升幅度较大。表示“比较不满”的占 8.3%，表示“非常不满”的占 3.7%，二者合计占总样本的 11.3%。比较历次调查结果发现，对现状“非常不满”和“比较不满”的群体，在 2013 ~ 2017 年呈逐年上升趋势，满意群体（对现状表示“非常满意”和“比较满意”）和不满群体（对现状表示“非常不满”和“比较不满”）两级分化现象进一步加剧。

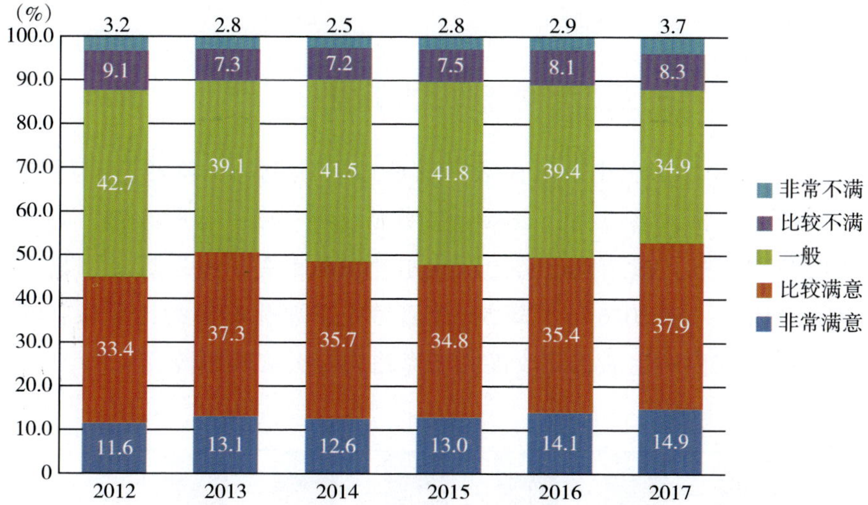


图2-1　2012 ~ 2017年居民对当前生活状况的满意度（%）

从城乡居民满意度差异的角度看，城乡居民满意群体占比都有提高，但农村不满群体占比增幅更大，城乡差异有所增大。城镇居民中满意群体占 54%，比上一年提高 3.9 个百分点；农村居民中满意群体占 50.6%，比上一年提高 2 个百分点。在不满群体占比上，城镇为 11.1%，比上一年提高 0.7 个百分点；农村为 13.4%，比上一年提高 1.4 个百分点，不满群体的增加更多集中在农村。2016 年，城镇满意人群的占比相较于农村高 1.5 个百分点，而 2017 年这一数据上升为 3.4 个百分点；2016 年，城镇不满人群的占比相较于农村低 1.6 个百分点，2017 年这一数据为 2.3 个百分点，城乡间不满群体占比差距也在扩大。

表2-1　2016年和2017年城乡居民对当前生活状况的满意度的均值（%）

| | 非常满意/比较满意 | 一般 | 不太满意/非常不满 |
|---|---|---|---|
| 2016年城镇 | 50.1 | 39.4 | 10.4 |
| 2017年城镇 | 54.0 | 34.5 | 11.1 |
| 2016年农村 | 48.6 | 39.2 | 12.0 |
| 2017年农村 | 50.6 | 35.5 | 13.4 |

从不同年龄组[①]居民满意度的差距看，老年组的生活满意度较高，中青年组的生活满意度较低。2017 年度，老年组对当前生活满意度最高，为 69.31 分。中年组的满意度低于老年组，而青年组居民的生活满意度最低，仅为 61.97 分。

对比两年的数据看，各年龄组对当前生活的满意度均有上升，青年组、老年组的上升幅度更大。2017 年，青年组、老年组的居民对当前生活满意度较上一年度，分别提升了 1.10 分和 1.07 分。中年组的居民满意度则仅提升 0.21 分。

表2-2　不同年龄组居民对当前生活的满意度均值（%）

| | 2017年 | 2016年 | 差值 |
|---|---|---|---|
| 青年组 | 61.97 | 60.87 | 1.10 |
| 中年组 | 62.45 | 62.24 | 0.21 |
| 老年组 | 69.31 | 68.24 | 1.07 |

## （二）居民对上一年度生活改善情况的满意度

在上一年度的生活改善情况中，居民表示有所改善比例的下降趋势有所扭转，表示有所恶化的比例明显降低。生活改善方面，表示“有明显改善”或“有所改善”的合计比例增长至 51.2%，扭转 2012 年以来的持续下降趋势。而表示“比从前差一些”或“明显不如从前”的比例合计占总样本的 11.2%，较 2016 年下降 5.8 个百分点，恶化群体的比重显著降低。比较历次调查结果发现，2017 年居民对生活状况改善的下降趋势首次实现扭转。

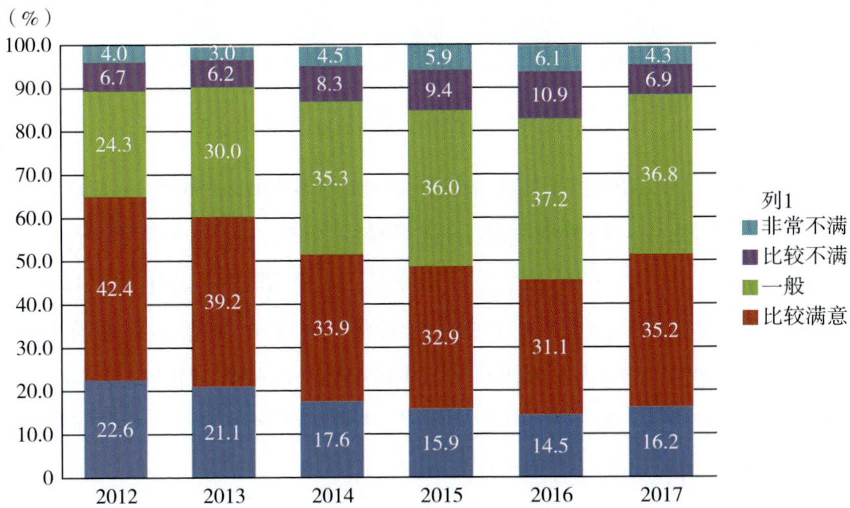


图2-2　2012～2017年居民对当前生活状况改善的满意度（%）

城乡居民对生活改善程度的评价明显提高，农村恶化人群的比例大幅降低，但占比仍高于城镇，有改善人群的占比也低于城镇。2017 年城镇居民中有改善人群的比例与上年比上升了 7.24

① 青年组：指18~34岁的居民，中年组指35~59岁的居民，老年组指60岁以上的居民。本书后文中出现此名词时不再一一注释。

个百分点，农村居民上升了 4.85 个百分点。农村居民中恶化人群占比从 2016 年的 19.63% 下降至 11.27%，下降了 8.36 个百分点，降幅达到 42.6%。2016 年农村恶化人群所占比重比城镇高 4.05 个百分点，2017 年这一差距缩小到了 0.98 个百分点，但差距仍然存在。而 2016 年农村改善人群所占比重比城镇高 1.51 个百分点，而 2017 年农村改善群体的占比反而比城镇低了 0.88 个百分点（见表 2-3）。

表2-3 2016年和2017年城乡居民对生活状况改善程度的评价（%）

| | 有明显改善/略有改善 | 没变化 | 略有恶化/明显恶化 |
|---|---|---|---|
| 2016年城镇 | 45.04 | 39.25 | 15.58 |
| 2017年城镇 | 52.28 | 37.04 | 10.29 |
| 2016年农村 | 46.55 | 33.64 | 19.63 |
| 2017年农村 | 51.40 | 36.81 | 11.27 |

如表 2-4 所示，从不同年龄组居民对上一年度生活改善情况的评价来看，各年龄段的居民对改善情况的评价较 2016 年均有上升，中年组对改善情况的评价上升幅度最大。2017 年，老年组对改善情况满意度的平均分为 66.71 分，大于青年组改善满意度（64.74 分）和中年组改善满意度（60.90 分）。对比两年数据，各年龄组对生活改善程度的评价均有上升，中年组对改善情况满意度的提升最为明显，达到了 4.25 分，青年组对改善满意度的提升最小，仅为 3.05 分。

表2-4 不同年龄段居民对上一年度生活状况改善程度的评价 单位：分

| | 2017年 | 2016年 | 差值 |
|---|---|---|---|
| 青年组 | 64.74 | 61.69 | 3.05 |
| 中年组 | 60.90 | 56.65 | 4.25 |
| 老年组 | 66.71 | 62.77 | 3.94 |

### （三）居民对未来的信心

居民对未来的信心略有上升，依然维持在较高水平上。调查显示（见图 2-3），表示“比较有信心”和“很有信心”的比例从 2016 年的 69.6% 上升至 71.5%。而表示“信心不足”和“没有信心”的比例从 2016 年的 9.3% 下降至 2017 年的 8.6%。比较历次调查结果发现，除 2015 年信心水平稍低外，居民对未来的信心始终维持在较高水平，尤其 2016 年及 2017 年呈明显的连续上升趋势。

由表 2-6 可知，城镇居民的信心水平略有上升，农村居民的信心水平稳中有降，城乡差距进一步拉大。城乡居民中没信心人群的比重均有所下降，其中城镇从 9.15% 下降到 8.10%，下降 1.05 个百分点；农村为 9.58%，与 2016 年 9.66% 的水平基本持平。城镇居民中有信心人群的比例从 2016 年的 68.51% 上升至 2017 年的 72.16%，上升了 3.65 个百分点，但农村居民中有信心的比例则从 2016 年的 71.36% 下降至 2017 年的 70.37%，下降了 0.99 个百分点。2016 年农村有信心人群的比重高于城镇 2.85 个百分点，2017 年出现逆转，农村反而比城镇低 1.79 个百分点。

2016 年农村没信心人群的比重高于城镇 0.51 个百分点，2017 年这一差距扩大至 1.48 个百分点。总体而言，虽然农村居民的信心水平仍保持在高位，但信心水平低于城镇居民。

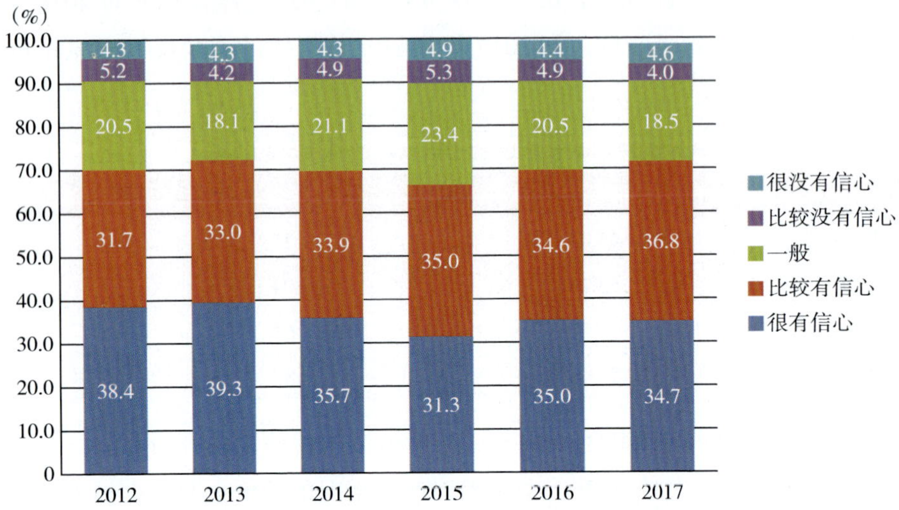


图2-3　2012～2017年居民的未来信心状况（%）

表2-5　2016年和2017年城乡居民未来信心状况（%）

| | 非常有信心/比较有信心 | 一般 | 信心不足/没有信心 |
|---|---|---|---|
| 2016年城镇 | 68.51 | 21.86 | 9.15 |
| 2017年城镇 | 72.16 | 18.61 | 8.10 |
| 2016年农村 | 71.36 | 18.15 | 9.66 |
| 2017年农村 | 70.37 | 18.25 | 9.58 |

如表 2-6 所示，相比于 2016 年的数据，2017 年各年龄组居民对未来的信心均有小幅度的上升。同年内比较，老年组对未来的信心要略高于青年组，中年组对未来的信心则显著低于青年组和老年组。

表2-6　2016年和2017年各年龄组居民未来信心状况　单位：分

| | 2017年 | 2016年 | 差值 |
|---|---|---|---|
| 青年组 | 74.49 | 73.64 | 0.85 |
| 中年组 | 72.47 | 71.86 | 0.61 |
| 老年组 | 74.96 | 74.39 | 0.57 |

## 三、各领域民生满意度分析

### （一）各领域民生满意度得分的差距有所改善、薄弱环节有所改善

由表 2-7 得知，满意度得分的差距有所改善，2016 年得分最高的社会治安与最低的食品安

全之间的分差为 14.08 分，2017 年得分最高的社会治安与最低的医疗服务之间的分差为 12.54 分，不同领域满意度得分的方差也由 3.36 分下降到 3.17 分。满意度得分有所改善的有 7 项，在这 7 项工作当中，食品安全状况和环境状况改善力度最大，分别增加了 3.73 分和 2.83 分。同时，公共服务排名提升幅度最大，上升了 4 名，增加了 1.85 分。另外，满意度的得分有所下降的有 5 项，其中住房状况和政府服务 2 项下降明显，分别降低了 1.20 分和 0.98 分。

从具体排名情况来看，整体排名保持相对稳定。社会治安及环境排名仍相对靠前，教育状况、食品安全、就业及医疗服务排名相对靠后。排名变动幅度较大的为公共服务、交通状况及政府服务状况。其中，公共服务由第 7 位上升至第 3 位，交通状况由第 9 位上升至第 5 位。政府服务由第 5 位下降至第 8 位。

表2-7　2016和2017年各领域民生满意度　单位：分

| | 均值（2016） | 排序（2016） | 均值（2017） | 排序（2017） |
|---|---|---|---|---|
| 社会治安 | 70.57 | 1 | 70.84 | 1 |
| 环境 | 63.62 | 3 | 66.45 | 2 |
| 公共服务 | 61.66 | 7 | 63.51 | 3 |
| 住房 | 64.66 | 2 | 63.46 | 4 |
| 交通 | 60.83 | 9 | 62.42 | 5 |
| 司法公正 | 62.32 | 4 | 61.94 | 6 |
| 社会保障 | 61.98 | 6 | 61.69 | 7 |
| 政府服务 | 62.19 | 5 | 61.21 | 8 |
| 教育 | 61.15 | 8 | 61.11 | 9 |
| 食品安全 | 56.49 | 12 | 60.22 | 10 |
| 就业 | 59.64 | 10 | 60.08 | 11 |
| 医疗服务 | 58.23 | 11 | 58.30 | 12 |

## （二）城乡居民对各民生领域的满意度有不同程度的提高，但农村居民改善程度低于城镇居民

对比城乡居民满意度的差异可知（见表 2-8）：在食品安全、教育、医疗服务与交通方面，农村居民的满意度显著高于城镇居民。其中，食品安全的满意度差值最显著，为 4.13 分。而农村居民对就业、政府服务、社会治安和住房的满意度显著低于城镇居民。其中，就业、政府服务的满意度差异最显著，分别达到 3.63 分与 3.29 分。

表2-8　2017年城乡居民对各领域的民生满意度　单位：分

| | 城镇居民（均值） | 农村居民（均值） | 差值 |
|---|---|---|---|
| 就业 | 61.35 | 57.73 | 3.63*** |
| 政府服务 | 62.41 | 59.12 | 3.29*** |
| 社会治安 | 71.45 | 69.78 | 1.66*** |
| 住房 | 64.05 | 62.44 | 1.60*** |
| 环境 | 66.66 | 66.07 | 0.59* |
| 社会保障 | 61.78 | 61.53 | 0.25 |

续表

| | 城镇居民（均值） | 农村居民（均值） | 差值 |
|---|---|---|---|
| 公共服务 | 63.51 | 63.51 | 0.00 |
| 司法公正 | 61.86 | 62.09 | –0.23 |
| 交通 | 62.02 | 63.13 | –1.11*** |
| 医疗服务 | 57.86 | 59.05 | –1.19*** |
| 教育 | 60.60 | 62.00 | –1.40*** |
| 食品安全 | 58.73 | 62.85 | –4.13*** |

注：* 代表在 $p < 0.05$ 水平上差异显著，** 代表 $P < 0.01$ 水平上差异显著，*** 代表 $p < 0.001$ 水平上差异显著。

对比 2016 年、2017 年的数据，表 2–9、表 2–10 显示：城镇居民对各领域的民生满意度基本呈现总体上升趋势，农村居民的满意度下降较为明显。城镇居民对食品安全、环境、社区公共服务与交通的满意度显著提高，在住房和政府服务方面的满意度有微弱的下降趋势。同期，农村居民对食品安全、环境的满意度有较为显著的提升，但是在住房、社会保障、司法公正、政府服务及医疗方面的满意度显著下降。

同时，农村居民的民生满意度改善情况低于同期城乡居民。第一，尽管城乡居民的食品安全、环境领域的满意度均有显著上升，但农村居民的满意度改善仅为 3.02 分、2.42 分，低于城镇居民满意度的改善值（4.11 分、3.06 分）。第二，城乡居民在住房、政府服务领域的满意度虽均有下降，但农村居民满意度的降幅（2.25 分、1.63 分）大于城镇居民的降幅（0.67 分、0.59 分）。第三，在农村居民关注的就业、食品安全、医疗服务、社会保障、政府服务领域[①]，除了在就业领域的农村居民的满意度提升略高于城镇居民，食品安全、医疗服务、社会保障与政府服务领域满意度的改善情况均系农村居民低于城镇居民。

表2-9　2017年与2016年城镇居民各领域民生满意度　单位：分

| | 2017 | 2016 | 差值 |
|---|---|---|---|
| 食品安全 | 58.73 | 54.62 | 4.11 |
| 环境 | 66.66 | 63.60 | 3.06 |
| 公共服务 | 63.51 | 61.05 | 2.46 |
| 交通 | 62.02 | 59.97 | 2.05 |
| 医疗 | 57.86 | 56.91 | 0.95 |
| 社会治安 | 71.45 | 70.69 | 0.76 |
| 社会保障 | 61.78 | 61.32 | 0.46 |
| 就业 | 61.35 | 60.99 | 0.36 |
| 司法公正 | 61.86 | 61.60 | 0.26 |
| 教育 | 60.60 | 60.55 | 0.05 |
| 住房 | 64.05 | 64.64 | –0.59 |
| 政府服务 | 62.41 | 63.08 | –0.67 |

① 2016年度农村居民满意群体的关切点为就业、食品安全、医疗服务，不满意群体的关切点为就业、社会保障、政府服务，详见2016年民生满意度电话调查报告。

表2-10 2017年与2016年农村居民各领域民生满意度 单位：分

| | 2017 | 2016 | 差值 |
|---|---|---|---|
| 食品安全 | 62.85 | 59.83 | 3.02 |
| 环境 | 66.07 | 63.65 | 2.42 |
| 交通 | 63.13 | 62.36 | 0.77 |
| 公共服务 | 63.51 | 62.76 | 0.75 |
| 就业 | 57.73 | 57.23 | 0.50 |
| 教育 | 62.00 | 62.20 | -0.20 |
| 社会治安 | 69.78 | 70.38 | -0.60 |
| 医疗 | 59.05 | 60.54 | -1.49 |
| 政府服务 | 59.12 | 60.62 | -1.50 |
| 司法公正 | 62.09 | 63.60 | -1.51 |
| 社会保障 | 61.53 | 63.16 | -1.63 |
| 住房 | 62.44 | 64.69 | -2.25 |

## （三）本地户口居民与流动人口的满意度差异显著，但流动人口的满意度均有不同程度的提升

对比本地户口与流动人口的满意度，表2-11显示：除政府服务外，本地户口居民的各项民生满意度均显著高于省内流动居民，住房的满意度差值最显著，其次是医疗服务与社会保障。

表2-11 本地户口居民与省内流动居民各领域民生满意度 单位：分

| | 本地户口 | 省内流动 | 本地-省内流动差异 |
|---|---|---|---|
| 住房 | 64.18 | 60.74 | 3.44*** |
| 医疗服务 | 58.86 | 56.01 | 2.85*** |
| 社会保障 | 62.32 | 59.57 | 2.75*** |
| 食品安全 | 60.56 | 57.86 | 2.71*** |
| 教育 | 61.51 | 59.11 | 2.40*** |
| 司法公正 | 62.29 | 59.92 | 2.38*** |
| 交通 | 62.83 | 60.64 | 2.19*** |
| 就业 | 60.52 | 58.64 | 1.88*** |
| 社会治安 | 71.03 | 69.47 | 1.56*** |
| 公共服务 | 63.73 | 62.21 | 1.52*** |
| 环境 | 66.65 | 65.16 | 1.49*** |
| 政府服务 | 61.31 | 60.63 | 0.67 |

注：* 代表在 $p < 0.05$ 水平上差异显著，** 代表 $P < 0.01$ 水平上差异显著，*** 代表 $p < 0.001$ 水平上差异显著。

表2-12显示：省外流动户口居民在住房、社会保障、医疗服务、就业、交通、教育、司法公正领域的满意度显著低于本地户口居民，以住房、社会保障、医疗服务满意度的差异最为明显。

而在食品安全、公共服务领域，省外流动户口居民满意度略低于本地户口居民。

表2-12　本地户口居民与省外流动户口居民对各领域民生满意度　单位：分

| | 本地户口 | 省外流动户口 | 本地–省外流动差值 |
|---|---|---|---|
| 住房 | 64.18 | 59.72 | 4.46*** |
| 社会保障 | 62.32 | 57.96 | 4.36*** |
| 医疗服务 | 58.86 | 55.37 | 3.49*** |
| 就业 | 60.52 | 58.04 | 2.48*** |
| 交通 | 62.83 | 60.58 | 2.25*** |
| 教育 | 61.51 | 59.33 | 2.18*** |
| 司法公正 | 62.29 | 60.78 | 1.52*** |
| 食品安全 | 60.56 | 59.60 | 0.96* |
| 公共服务 | 63.73 | 62.90 | 0.82* |
| 环境 | 66.65 | 65.92 | 0.73 |
| 社会治安 | 71.03 | 70.52 | 0.52 |
| 政府服务 | 61.31 | 60.83 | 0.47 |

注：* 代表在 $p < 0.05$ 水平上差异显著，** 代表 $P < 0.01$ 水平上差异显著，*** 代表 $p < 0.001$ 水平上差异显著

表 2–13 显示：省外流动户口居民对社会治安、食品安全的满意度显著高于省内流动户口居民，但对社会保障的满意度显著低于省内流动户口居民。

表2-13　省内流动户口居民与省外流动户口居民对各领域民生满意度　单位：分

| | 省内流动户口 | 省外流动户口 | 省内–省外差值 |
|---|---|---|---|
| 社会保障 | 59.57 | 57.96 | 1.61** |
| 住房 | 60.74 | 59.72 | 1.02 |
| 医疗 | 56.01 | 55.37 | 0.64 |
| 就业 | 58.64 | 58.04 | 0.60 |
| 交通 | 60.64 | 60.58 | 0.06 |
| 政府服务 | 60.63 | 60.83 | –0.20 |
| 教育 | 59.11 | 59.33 | –0.22 |
| 公共服务 | 62.21 | 62.90 | –0.69 |
| 环境 | 65.16 | 65.92 | –0.76 |
| 司法公正 | 59.92 | 60.78 | –0.86 |
| 社会治安 | 69.47 | 70.52 | –1.05* |
| 食品安全 | 57.86 | 59.60 | –1.74*** |

注：* 代表在 $p < 0.05$ 水平上差异显著，** 代表 $P < 0.01$ 水平上差异显著，*** 代表 $p < 0.001$ 水平上差异显著。

总结以上对比的数据，本地户口居民的满意度总体高于流动居民的满意度，而省内流动居民与省外流动居民的民生满意度总体差异不显著。其中，社会保障的满意度对居民的流动最敏感，

本地户口居民的满意度显著高于省内流动居民，省内流动居民的满意度显著高于省外流动居民。政府服务的满意度与人口流动关系弱，本地户口居民、省内流动居民、省外流动居民对政府服务的满意度均无明显差异。

对比 2016 年、2017 年本地居民、流动人员的各领域民生满意度可知，表 2–14 显示本地居民对食品安全、环境、公共服务与交通的满意度较上一年度有显著的提升，但在住房、政府服务方面的满意度显著下降。

表2-14 2016年、2017年本地居民的各项民生满意度 单位：分

| | 2017 | 2016 | 变化 |
|---|---|---|---|
| 食品安全 | 60.56 | 56.89 | 3.67 |
| 环境 | 66.65 | 63.97 | 2.68 |
| 公共服务 | 63.73 | 61.97 | 1.76 |
| 交通 | 62.83 | 61.58 | 1.25 |
| 就业 | 60.52 | 60.17 | 0.35 |
| 社会治安 | 71.03 | 70.89 | 0.14 |
| 医疗 | 58.86 | 58.99 | –0.13 |
| 教育 | 61.51 | 61.76 | –0.25 |
| 社会保障 | 62.32 | 62.77 | –0.45 |
| 司法公正 | 62.29 | 62.88 | –0.59 |
| 政府服务 | 61.31 | 62.57 | –1.26 |
| 住房 | 64.18 | 65.47 | –1.29 |

表 2–15 给出了 2016 年、2017 年省内流动居民的各项民生满意度，对比 2016 年，2017 年省内居民在食品安全、交通、环境、公共服务、医疗、社会治安、就业、社会保障、教育领域的满意度均有较为显著的提升，仅在住房领域的满意度有所下降。表 2–16 给出了同期省外流动居民的各项民生满意度，对比 2016 年，2017 年省外居民在各民生领域满意度均有较为显著的增长，其中食品安全、环境和交通领域的满意度的改善情况最为明显。总而言之，流动人口的满意度改善情况优于本地居民满意度的改善情况，省外流动居民满意度的改善情况总体上优于省内流动居民满意度的改善情况。

表2-15 2016年、2017年省内流动居民的各项民生满意度 单位：分

| | 2017 | 2016 | 变化 |
|---|---|---|---|
| 食品安全 | 57.86 | 53.72 | 4.14 |
| 交通 | 60.64 | 56.68 | 3.96 |
| 环境 | 65.16 | 61.8 | 3.36 |
| 公共服务 | 62.21 | 60.13 | 2.08 |
| 医疗 | 56.01 | 54.57 | 1.44 |
| 社会治安 | 69.47 | 68.07 | 1.40 |

续表

| | 2017 | 2016 | 变化 |
|---|---|---|---|
| 就业 | 58.64 | 57.25 | 1.39 |
| 社会保障 | 59.57 | 58.29 | 1.28 |
| 教育 | 59.11 | 57.89 | 1.22 |
| 司法公正 | 59.92 | 59.61 | 0.31 |
| 政府服务 | 60.63 | 60.5 | 0.13 |
| 住房 | 60.74 | 60.91 | -0.17 |

表2-16　2016年、2017年省外流动居民的各项民生满意度　单位：分

| | 2017 | 2016 | 变化 |
|---|---|---|---|
| 食品安全 | 59.60 | 54.91 | 4.69 |
| 环境 | 65.92 | 61.51 | 4.41 |
| 交通 | 60.58 | 56.55 | 4.03 |
| 公共服务 | 62.90 | 59.61 | 3.29 |
| 医疗服务 | 55.37 | 52.97 | 2.40 |
| 司法公正 | 60.78 | 58.5 | 2.28 |
| 教育 | 59.33 | 57.1 | 2.23 |
| 社会保障 | 57.96 | 56.33 | 1.63 |
| 就业 | 58.04 | 56.65 | 1.39 |
| 政府服务 | 60.83 | 59.52 | 1.31 |
| 社会治安 | 70.52 | 69.67 | 0.85 |
| 住房 | 59.72 | 59.11 | 0.61 |

## （四）不同年龄组对各领域民生满意度的评价

本次调查中，将居民划分成三个年龄组：18 ~ 34 岁的居民为青年组，35 ~ 59 岁的居民为中年组，60 岁以上的居民为老年组，进而分析各年龄组对各民生领域满意度的评价。

如表 2-17 所示，相对于 2016 年的数据，2017 年青年组居民对食品安全、环境、公共服务和交通领域满意度的评分有明显的上升，食品安全领域的评分上升幅度最大，为 3.05 分。相反，青年组居民对住房、政府服务、社会治安和司法公正领域的满意度有所下降，对住房的满意度下降幅度最为显著，为 1.14 分。

同年度内，青年组满意度的差值有所减小。2017 年，青年组居民对社会治安的满意度最高，为 69.38 分；对医疗服务的满意度最低，为 58.04 分，满意度之间的差值为 11.34 分。2016 年度，满意度最高值与最低值的差值为 12.49 分。因此，本年度，相比于 2016 年，青年组居民对各民生领域满意度的差距有所改善。

表2-17　　青年组（18～34岁）居民对各领域民生满意度的评价　　单位：分

| | 2017年 | 2016年 | 差值 |
|---|---|---|---|
| 住房状况 | 63.26 | 64.40 | -1.14 |
| 政府服务 | 61.76 | 62.06 | -0.3 |
| 社会治安 | 69.38 | 69.63 | -0.25 |
| 司法公正 | 61.45 | 61.54 | -0.09 |
| 社会保障 | 61.68 | 61.13 | 0.55 |
| 就业状况 | 59.56 | 58.87 | 0.69 |
| 教育状况 | 61.22 | 60.36 | 0.86 |
| 医疗服务 | 58.04 | 57.14 | 0.9 |
| 交通状况 | 60.43 | 58.56 | 1.87 |
| 公共服务 | 63.17 | 61.13 | 2.04 |
| 环境状况 | 65.60 | 62.81 | 2.79 |
| 食品安全 | 60.60 | 57.55 | 3.05 |

如表2-18所示，对比2016年的数值，2017年中年组居民对食品安全、环境、公共服务和交通状况领域的满意度均有显著的增长。其中，对食品安全和环境的满意度增长幅度最大，分别达到了4.27分与2.56分。相反，在政府服务、住房、社会保障、司法公正、医疗服务和教育方面，中年组居民的满意度均有下降。政府服务和住房方面，中年组居民的满意度显著下降，下降幅度达到1.94分和1.57分。

表2-18　　中年组（35～59岁）居民对各领域民生满意度的评价　　单位：分

| | 2017年 | 2016年 | 差值 |
|---|---|---|---|
| 政府服务 | 60.12 | 62.06 | -1.94 |
| 住房状况 | 63.27 | 64.84 | -1.57 |
| 社会保障 | 60.59 | 61.37 | -0.78 |
| 司法公正 | 61.72 | 62.28 | -0.56 |
| 医疗服务 | 57.79 | 58.31 | -0.52 |
| 教育状况 | 60.48 | 60.90 | -0.42 |
| 社会治安 | 71.50 | 71.33 | 0.17 |
| 就业状况 | 60.25 | 59.81 | 0.44 |
| 交通状况 | 62.71 | 61.19 | 1.52 |
| 公共服务 | 63.24 | 61.61 | 1.63 |
| 环境状况 | 66.73 | 64.17 | 2.56 |
| 食品安全 | 59.58 | 55.31 | 4.27 |

如表2-19所示，对比2016年的数据，2017年老年组居民在教育、社会保障、就业、司法公正领域的满意度有所下降。其中，教育领域满意度呈现显著下降，降幅为1.13分。相反，在环境、

食品安全、社会治安、公共服务和交通领域，老年组居民的满意度均有显著增加，环境和食品安全领域满意度上升幅度最大，分别达到 4.30 分与 4.46 分。

表2-19　老年组（60岁及以上）居民对各领域民生满意度的评价　单位：分

| | 2017年 | 2016年 | 差值 |
|---|---|---|---|
| 教育状况 | 63.60 | 64.73 | -1.13 |
| 社会保障 | 66.28 | 66.90 | -0.62 |
| 就业状况 | 63.10 | 63.53 | -0.43 |
| 司法公正 | 64.76 | 65.05 | -0.29 |
| 医疗服务 | 61.27 | 61.07 | 0.20 |
| 住房状况 | 64.91 | 64.68 | 0.23 |
| 政府服务 | 63.99 | 63.16 | 0.826 |
| 交通状况 | 67.83 | 66.03 | 1.80 |
| 公共服务 | 65.80 | 63.43 | 2.37 |
| 社会治安 | 72.92 | 70.23 | 2.69 |
| 食品安全 | 61.71 | 58.25 | 3.46 |
| 环境状况 | 68.07 | 63.77 | 4.30 |

## 四、收入分配与民生满意度相关性分析

尽管 12 项公共服务中大多数具有很强的公共品属性，但不同收入状况、不同社会阶层的居民能够享受到的公共服务仍存在明显差异。不但收入水平会影响人民对公共服务的满意度，对自身社会阶层的认知及对收入水平不平等的认知也会影响人们对公共服务的满意度。为了检验收入分配变化对居民满意度的影响，我们分析了过去一年中的劳动收入变化、不同主观阶层评价和社会贫富差距因素对各项民生工作满意度的影响。

### （一）劳动收入变动群体对各项民生工作满意度的分析

表 2–20 给出了不同劳动收入增长状况的群体对各领域民生满意度的评价。如表所示，随着劳动收入的下降，居民对各领域民生满意度呈全面下降趋势。

表2-20　不同收入增长状况的人群对各领域民生工作的满意度　单位：分

| | 总体均分 | 明显增长 | 略有增长 | 无变化 | 略有下降 | 明显下降 |
|---|---|---|---|---|---|---|
| 就业状况 | 60.08 | 81.28 | 69.09 | 57.72 | 50.63 | 40.19 |
| 政府服务 | 61.21 | 75.51 | 68.31 | 59.44 | 53.88 | 43.35 |
| 交通状况 | 62.42 | 84.22 | 76.84 | 69.67 | 66.50 | 62.22 |
| 社会治安 | 70.84 | 73.73 | 65.80 | 59.71 | 57.19 | 55.36 |

续表

| | 总体均分 | 明显增长 | 略有增长 | 无变化 | 略有下降 | 明显下降 |
|---|---|---|---|---|---|---|
| 住房状况 | 63.46 | 79.39 | 74.35 | 70.11 | 68.98 | 65.34 |
| 教育状况 | 61.11 | 84.22 | 76.45 | 70.89 | 70.40 | 70.50 |
| 医疗服务 | 58.30 | 77.32 | 68.81 | 61.25 | 58.84 | 54.81 |
| 环境状况 | 66.45 | 74.20 | 66.69 | 58.53 | 54.73 | 51.50 |
| 社会保障 | 61.69 | 82.13 | 73.81 | 66.33 | 64.00 | 63.84 |
| 公共服务 | 63.51 | 71.53 | 64.49 | 55.75 | 51.06 | 46.75 |
| 食品安全 | 60.22 | 80.16 | 71.96 | 64.81 | 62.50 | 61.68 |
| 司法公正 | 61.94 | 77.77 | 70.58 | 64.83 | 62.86 | 60.63 |

表 2-21 进一步给出了当劳动收入下降时，各项民生工作满意度的下降幅度。就业、政府服务和公共服务的满意度受劳动收入增长影响最大。劳动收入明显下降的居民比劳动收入明显增长的居民满意度下降了 41.09 分，降幅达到了 50.55%。政府服务、公共服务的满意度的降幅为 42.59% 和 34.64%。这一结果显示，随着劳动收入的下降，居民对各领域民生满意度也全面下降。尤其就业、政府服务以及公共服务领域，民众的满意度评价对劳动收入的下降更为敏感。

表2-21　不同收入增长状况的人群对各领域民生满意度评价分值变化　单位：分

| | 明显增长 | 略有增长 | 无变化 | 略有下降 | 明显下降 | 总降幅 | 降幅 |
|---|---|---|---|---|---|---|---|
| 就业状况 | — | 12.19 | 11.37 | 7.09 | 10.44 | 41.09 | 50.55% |
| 政府服务 | — | 7.20 | 8.87 | 5.56 | 10.53 | 32.16 | 42.59% |
| 公共服务 | — | 7.04 | 8.74 | 4.69 | 4.31 | 24.78 | 34.64% |
| 环境状况 | — | 7.51 | 8.16 | 3.8 | 3.23 | 22.70 | 30.59% |
| 医疗服务 | — | 8.51 | 7.56 | 2.41 | 4.03 | 22.51 | 29.11% |
| 交通状况 | — | 7.38 | 7.17 | 3.17 | 4.28 | 22.00 | 26.12% |
| 社会治安 | — | 7.93 | 6.09 | 2.52 | 1.83 | 18.37 | 24.92% |
| 食品安全 | — | 8.20 | 7.15 | 2.31 | 0.82 | 18.48 | 23.05% |
| 社会保障 | — | 8.32 | 7.48 | 2.33 | 0.16 | 18.29 | 22.27% |
| 司法公正 | — | 7.19 | 5.75 | 1.97 | 2.23 | 17.14 | 22.04% |
| 住房状况 | — | 5.04 | 4.24 | 1.13 | 3.64 | 14.05 | 17.70% |
| 教育状况 | — | 7.77 | 5.56 | 0.49 | -0.1 | 13.72 | 16.29% |

## （二）不同主观阶层评价人群的各项民生满意度分析

表 2-22 给出了过去一年不同主观阶层评价的群体对各领域民生满意度的评价。如表所示，随主观阶层评价的降低，居民对各项民生工作给出的评价呈明显地下降趋势。

表2-22　　不同主观阶层评价的人群对各领域民生工作的满意度　　单位：分

| | 总体均分 | 非常差 | 中等偏下 | 中等 | 中等偏上 | 非常好 |
|---|---|---|---|---|---|---|
| 就业状况 | 60.08 | 38.95 | 50.01 | 61.38 | 71.49 | 84.87 |
| 政府服务 | 61.21 | 39.22 | 52.54 | 63.26 | 69.63 | 82.69 |
| 交通状况 | 62.42 | 50.55 | 56.57 | 63.50 | 68.58 | 80.91 |
| 社会治安 | 70.84 | 58.75 | 66.39 | 71.47 | 76.82 | 86.25 |
| 住房状况 | 63.46 | 39.32 | 52.92 | 65.63 | 75.40 | 86.70 |
| 教育状况 | 61.11 | 46.41 | 52.81 | 62.61 | 68.85 | 83.13 |
| 医疗服务 | 58.30 | 41.28 | 49.99 | 59.76 | 67.57 | 80.19 |
| 环境状况 | 66.45 | 52.75 | 60.62 | 67.39 | 73.57 | 85.51 |
| 社会保障 | 61.69 | 38.02 | 51.77 | 63.86 | 71.90 | 84.42 |
| 公共服务 | 63.51 | 47.41 | 56.63 | 64.79 | 70.63 | 83.82 |
| 食品安全 | 60.22 | 46.29 | 53.37 | 61.36 | 67.56 | 81.30 |
| 司法公正 | 61.94 | 42.19 | 53.82 | 63.41 | 69.70 | 83.96 |

表2-23进一步展示了居民主观阶层评价下降时，各项民生工作满意度下降的幅度。社会保障、住房和就业的满意度受主观阶层评价的影响最大。认为自己的生活水平在当地处于“非常好”水平的居民对社会保障的满意度的评分远高于认为“非常差”的居民，相差46.4分，总降幅达到54.96%。而在住房状况、就业状况方面，降幅也分别达到54.65%和54.11%。这一结果显示，随着居民对自己主观阶层评价的降低，居民对各领域民生满意度的评分全面下降。特别在社会保障、住房和就业领域，居民的满意度对主观阶层评价的下降更为敏感。

表2-23　　不同主观阶层评价的人群对各领域民生满意度评价分值变化　　单位：分

| | 非常差 | 中等偏下 | 中等 | 中等偏上 | 非常好 | 总降幅 | 降幅 |
|---|---|---|---|---|---|---|---|
| 社会保障 | 13.75 | 12.09 | 8.04 | 12.52 | — | 46.40 | 54.96% |
| 住房状况 | 13.60 | 12.71 | 9.77 | 11.30 | — | 47.38 | 54.65% |
| 就业状况 | 11.06 | 11.37 | 10.11 | 13.38 | — | 45.92 | 54.11% |
| 政府服务 | 13.32 | 10.72 | 6.37 | 13.06 | — | 43.47 | 52.57% |
| 司法公正 | 11.63 | 9.59 | 6.29 | 14.26 | — | 41.77 | 49.75% |
| 医疗服务 | 8.71 | 9.77 | 7.81 | 12.62 | — | 38.91 | 48.52% |
| 教育状况 | 6.40 | 9.80 | 6.24 | 14.28 | — | 36.72 | 44.17% |
| 公共服务 | 9.22 | 8.16 | 5.84 | 13.19 | — | 36.41 | 43.44% |
| 食品安全 | 7.08 | 7.99 | 6.2 | 13.74 | — | 35.01 | 43.06% |
| 环境状况 | 7.87 | 6.77 | 6.18 | 11.94 | — | 32.76 | 38.31% |
| 交通状况 | 6.02 | 6.93 | 5.08 | 12.33 | — | 30.36 | 37.52% |
| 社会治安 | 7.64 | 5.08 | 5.35 | 9.43 | — | 27.50 | 31.88% |

## （三）不同贫富差距评价人群的各项民生满意度分析

表 2–24 给出了不同贫富差距评价的群体对各领域民生满意度的评价。如表所示，认为贫富差距较小的受访者，各项民生满意度水平都相对较高。

表2-24　不同贫富差距评价的人群对各领域民生工作的满意度　单位：分

| | 总体均分 | 明显扩大 | 略有扩大 | 没变化 | 略有缩小 | 明显缩小 |
|---|---|---|---|---|---|---|
| 就业状况 | 60.08 | 51.97 | 57.31 | 58.35 | 66.20 | 76.57 |
| 政府服务 | 61.21 | 50.33 | 58.20 | 59.40 | 68.53 | 80.05 |
| 交通状况 | 62.42 | 56.34 | 58.94 | 59.77 | 67.25 | 79.41 |
| 社会治安 | 70.84 | 66.31 | 68.80 | 68.03 | 73.99 | 84.87 |
| 住房状况 | 63.46 | 55.46 | 60.31 | 61.85 | 69.36 | 79.54 |
| 教育状况 | 61.11 | 52.18 | 56.97 | 59.40 | 67.20 | 79.73 |
| 医疗服务 | 58.30 | 48.78 | 54.48 | 56.49 | 65.16 | 77.43 |
| 环境状况 | 66.45 | 61.23 | 62.97 | 63.43 | 70.72 | 83.16 |
| 社会保障 | 61.69 | 51.45 | 58.35 | 59.48 | 68.69 | 81.21 |
| 公共服务 | 63.51 | 56.93 | 59.73 | 60.51 | 68.41 | 82.01 |
| 食品安全 | 60.22 | 52.63 | 56.33 | 58.10 | 65.40 | 79.11 |
| 司法公正 | 61.94 | 51.89 | 57.53 | 58.97 | 68.44 | 82.82 |

其中，司法公正、政府服务和医疗的满意度受贫富差距评价的影响最大。认为贫富差距明显缩小的居民对司法公正满意度的评分高于认为贫富差距明显扩大的居民，两者对司法公正满意度评分相差 30.93 分，降幅达到 37.34%。而在政府服务和医疗服务方面，降幅也分别达到 37.12% 和 37.01%。这说明，随着居民对社会贫富差距评价趋向扩大，居民对各领域民生满意度的评分全面下降。特别是在司法公正、政府服务和医疗领域，民众满意度对社会贫富差距评价的变动更为敏感。

表2-25　不同贫富差距评价的人群对各领域民生满意度评价分值变化　单位：分

| | 明显扩大 | 略有扩大 | 没变化 | 略有缩小 | 明显缩小 | 总降幅 | 降幅 |
|---|---|---|---|---|---|---|---|
| 司法公正 | 5.64 | 1.44 | 9.47 | 14.38 | — | 30.93 | 37.34% |
| 政府服务 | 7.87 | 1.20 | 9.13 | 11.52 | — | 29.71 | 37.12% |
| 医疗服务 | 5.70 | 2.01 | 8.66 | 12.28 | — | 28.66 | 37.01% |
| 社会保障 | 6.90 | 1.13 | 9.21 | 12.52 | — | 29.76 | 36.64% |
| 教育状况 | 4.79 | 2.44 | 7.80 | 12.52 | — | 27.55 | 34.55% |
| 食品安全 | 3.70 | 1.77 | 7.30 | 13.71 | — | 26.48 | 33.47% |
| 就业状况 | 5.34 | 1.04 | 7.85 | 10.37 | — | 24.6 | 32.13% |
| 公共服务 | 2.81 | 0.78 | 7.90 | 13.60 | — | 25.08 | 30.59% |
| 住房状况 | 4.85 | 1.54 | 7.51 | 10.18 | — | 24.08 | 30.28% |
| 交通状况 | 2.60 | 0.83 | 7.48 | 12.16 | — | 23.07 | 29.05% |
| 环境状况 | 1.74 | 0.46 | 7.29 | 12.43 | — | 21.92 | 26.36% |
| 社会治安 | 2.49 | –0.77 | 5.96 | 10.88 | — | 18.56 | 21.86% |

## 五、不同满意度人群与各民生领域满意度相关性分析

为了分析不同人群的关注重点，报告抽取了不同满意度的人群，横向比较此类群体对各民生领域满意度的评价。此处的满意群体，指选择“非常满意”和“比较满意”的居民群体；而不满意群体，指的是选择“非常不满意”及“比较不满意”的居民群体。

### （一）对现况满意 / 不满意群体在各民生领域满意度上的差异分析

表 2–26 给出了对现况满意群体与对现况不满意群体在各民生领域的满意度评分。对现况满意的居民最关注的（即评分最低）领域是医疗、食品安全和交通；而对现况不满意的居民最关注的是就业、社会保障与政府服务。对现况满意群体与对现况不满意群体对各民生领域评分差值最大的是社会保障，其次是就业与住房。

表2-26　对现况满意/不满意群体的各民生领域满意度评分　单位：分

| | 满意群体 | 不满意群体 | 差值 |
|---|---|---|---|
| 社会保障 | 72.51 | 38.35 | 34.16 |
| 就业状况 | 70.22 | 37.57 | 32.65 |
| 住房状况 | 73.63 | 41.69 | 31.94 |
| 政府服务 | 70.72 | 40.22 | 30.50 |
| 司法公正 | 71.61 | 42.65 | 28.96 |
| 医疗服务 | 67.20 | 40.93 | 26.27 |
| 教育状况 | 69.70 | 43.74 | 25.96 |
| 公共服务 | 72.04 | 47.87 | 24.17 |
| 食品安全 | 68.36 | 45.51 | 22.85 |
| 环境状况 | 74.21 | 51.95 | 22.26 |
| 交通状况 | 69.47 | 49.47 | 20.00 |
| 社会治安 | 77.33 | 58.95 | 18.38 |

### （二）对改善情况满意 / 不满意群体在各民生领域满意度上的差异分析

表 2–27 给出了对改善情况满意群体、对改善情况不满意群体在各民生领域的满意度评分。如表所示，对改善情况满意群体最关注（即评分最低）的领域是医疗、食品安全和交通；而对改善情况不满意的群体最关注的领域是就业、社会保障和政府服务。改善满意群体和不满群体对各民生领域满意度评分差值最大的是就业、社会保障与政府服务。

表2-27　对改善情况满意/不满意群体的各民生领域满意度评分　单位：分

| | 满意群体 | 不满意群体 | 差值 |
|---|---|---|---|
| 就业状况 | 68.15 | 41.07 | 27.08 |
| 社会保障 | 69.98 | 43.93 | 26.05 |
| 政府服务 | 68.85 | 44.29 | 24.56 |
| 司法公正 | 69.37 | 46.19 | 23.18 |

续表

| | 满意群体 | 不满意群体 | 差值 |
|---|---|---|---|
| 医疗服务 | 65.55 | 44.33 | 21.22 |
| 教育状况 | 68.31 | 47.24 | 21.07 |
| 住房状况 | 70.43 | 49.63 | 20.8 |
| 食品安全 | 66.66 | 48.35 | 18.31 |
| 公共服务 | 69.91 | 51.67 | 18.24 |
| 环境状况 | 72.27 | 56.33 | 15.94 |
| 交通状况 | 68.00 | 52.99 | 15.01 |
| 社会治安 | 75.27 | 61.76 | 13.51 |

## （三）对未来有信心群体 / 缺乏信心群体与各民生领域满意度相关性分析

表 2–28 给出了对未来有信心的群体、对未来缺乏信心的群体在各民生领域的满意度评分。其中对未来有信心的群体指选择“非常有信心”及“比较有信心”的样本；对未来缺乏信心的群体指的是选择“非常没有信心”及“比较没有信心”的样本。

如表所示，对未来有信心的群体最关注的（即评分最低）的领域是医疗、食品安全和就业；对未来缺乏信心的群体最关注的是就业、社会保障和政府服务。对未来有信心的群体、对未来缺乏信心的群体对各民生领域满意度评分差值最大的是社会保障、政府服务和司法公正。

表2-28　　对未来有信心群体/缺乏信心群体对各民生领域满意度的评分　　单位：分

| | 有信心群体 | 缺乏信心群体 | 差值 |
|---|---|---|---|
| 社会保障 | 67.00 | 38.28 | 28.72 |
| 政府服务 | 66.10 | 38.92 | 27.18 |
| 司法公正 | 66.98 | 40.35 | 26.63 |
| 就业状况 | 64.78 | 38.22 | 26.56 |
| 住房状况 | 68.07 | 44.01 | 24.06 |
| 医疗服务 | 62.70 | 39.18 | 23.52 |
| 教育状况 | 65.42 | 42.72 | 22.70 |
| 公共服务 | 67.63 | 46.97 | 20.66 |
| 食品安全 | 64.26 | 43.82 | 20.44 |
| 环境状况 | 70.28 | 52.95 | 17.33 |
| 交通状况 | 65.80 | 50.46 | 15.34 |
| 社会治安 | 74.07 | 59.06 | 15.01 |

总结上文，不同满意度群体在各民生领域的关注重点呈现出较强的一致性。如表 2–29 所示，对现况满意的群体、对改善情况满意的群体以及对未来有信心的群体都关注医疗和食品安全。同时，对以上三项不满意的群体都关注社会保障与政府服务。同时，对现况和改善情况满意的群体都关注交通，不满意群体都关注就业。因此，总体而言，满意群体的关切点是医疗、食品安全、交通与就业，这类群体在以上三个领域的需求和现实差异较大；不满意群体的关切点是就业、社会保障和政府服务，说明这类群体在以上三个领域的需求和现实的差异较大。

表2-29 满意群体/不满意群体关注领域前三项

| | 满意群体（有信心群体） | 不满意群体（缺乏信心群体） |
|---|---|---|
| 对现况的满意程度 | 医疗、食品安全和交通 | 就业、社会保障和政府服务 |
| 对改善情况的满意程度 | 医疗、食品安全和交通 | 就业、社会保障和政府服务 |
| 对未来的信心程度 | 医疗、食品安全和就业 | 社会保障、政府服务和司法公正 |

## 六、政策建议

### （一）农村公共服务的水平有待改善，乡村振兴的任务仍然艰巨

农村扶贫攻坚取得的成绩举世瞩目，农村居民对改善程度的评价明显提升也充分印证了这一点，但调查也反映出了农村发展中的一些短板。首先，城乡满意度得分的差距有所扩大，尽管农村的满意度有所提高，但提高的幅度仍赶不上城镇。其次，农村居民信心稳中有降，近年来农村改革力度很大，但老百姓对相关政策能否长期持续有一定顾虑，乡村振兴既是一场攻坚战，更是一场持久战，必须要久久为功。第三，就业是城乡居民评价差异最大的领域，要实现乡村振兴战略必须要解决农村就业机会不足、质量不高的问题，要促进农业人口进一步向城镇转移，也要切实提升农业和农村发展的质量。第四，在住房、社会保障、司法公正等一些民生工作的领域，农村居民的满意度得分还有所下降。这表明农村的公共服务仍存在一些短板，特别是在推进城镇化和城乡居民公共服务均等化的进程中，如何确保农村居民真正在改革中受益，确保农村社会的和谐仍需进一步实践和探索。

### （二）民生工作的改进需要加强针对性，托底政策和提升政策应有所侧重

对现状、改善状况以及未来信心的不满群体都更关注就业、社会保障和政府服务。而总体人群中，满意度较低的领域是医疗服务、就业和食品安全。可见，就业是各类人群普遍关注的领域，稳定和扩大就业、提升就业质量、缩小收入差距是提高民生满意度的重要渠道，也是提升人民生活满意度的基础条件。扩大社会保障的覆盖面，加强社会保障制度的公平性，要侧重于保障好社会弱势群体的权益，发挥好社会保障的安全网和减震器作用。建设服务型政府，要通过简政放权，转职能、改作风，切实解决门难进、脸难看、事难办的问题；大力惩治腐败，增强政府公信力和执行力；利用多种手段增强政府的能力，特别是基层政府的服务能力，只有将政府的服务落到实处，最大程度地方便人民群众，让人民群众感觉到公平公正，才能有效提升人民群众对政府的满意度。

（执笔：张冰子　张铁男　陶雪婷*）

* 张铁男，中国社会科学院研究生院法学系硕士研究生。
陶雪婷，中国社会科学院研究生院社会学系硕士研究生。

# 第三章
# 民生关切点 2018 分析报告

2017 年度民生指数入户调查结果显示，随着经济的止跌企稳，城乡受访者对家庭生活和社会环境都满意的比例进一步提升，但不同类型受访者对民生的主要关切点存在一定的差异。

首先，就家庭生活而言，城乡受访者的关切点主要有以下特征：

①受访者收入水平越高，对家庭生活各方面都满意的比例越高。各收入段受访者对家庭生活很满意的比例都有所提升。随着近年来社会保障政策的不断完善，中低收入受访者对家庭生活很满意的比例提升更加明显。

②医疗、食品、子女教育等生活支出带来的压力是受访者家庭对生活不满意的重要原因。

③低收入受访者对家庭生活的关注点集中于收入、医疗和养老，高收入受访者的关注点则呈现出分散化和多样化的特点，对住房、子女教育、养老的诉求均明显较高；县域受访者对家庭生活的诉求主要集中于收入，大城市受访者对家庭生活的诉求更加多样化；流动人口更加关心住房和子女教育；有工作以及收入较为有保障的受访者对住房的关注度明显更高；中青年人群在就业、收入和住房等方面关注度普遍更高，老年人群则更关注医疗和养老；高学历群体更加关心教育和住房。

④收入是受访者关切度最高的家庭生活因素。受访者收入下降风险仍持续处于高位，县域受访者、非正式就业劳动者、农业从业人员和个体工商户等群体收入下降风险更高；收入水平低、收入下降、收入差距扩大是受访者对收入产生不满情绪的主要原因。社会救助的保障功能已经开始显现，得到社会救助明显降低了低收入人群对收入的不满情绪；同时，城乡低保并轨可以显著提升受访者对收入的满意程度。

⑤医疗是受访者关切度第二高的家庭生活因素。医保保障率明显提升，住院医疗费用的报销比例也有所提升。但医疗费用上涨过快、医疗负担重仍是城乡居民对医疗不满的主要诱因，如医疗费用增长较快的河北、黑龙江等省份受访者对于医疗的满意度普遍较低。城乡受访者对医疗服务最不满意的因素是看病贵，对未来看不起病的担忧仍普遍存在，农村地区尤为明显。基层医疗机构的就诊费用更低，受访者对基层医疗服务的评价也明显提高。城乡医疗保障并轨对受访者医疗服务满意度的提升作用也开始显现。

⑥受访者对养老的关切度有所提升。接近半数家庭有老人需要赡养，这一比例在农村家庭中更高。然而老年人收入不足、养老对家庭依赖程度大、社会养老保障和服务难以满足需求等问题目前较为突出，城乡受访者对未来养老存在较为明显的担忧。城乡养老保障并轨工作取得

一定成效，基本实现了城乡养老保障并轨的全覆盖，城乡居民养老保障标准的统一在一定程度上缓解了城乡居民对养老的担忧。

⑦相当一部分受访者迫切希望改善其住房条件。农村受访者和流动人口的住房条件较差，流动人口的住房满意度普遍不高。流动人口是住房保障政策最应该关注的群体，房价过高、住房面积太小和社区年久落后是受访者普遍最关注的问题。

其次，就社会环境而言，城乡受访者关切点的特征可以概括如下：

①相比上一年度，2017年城乡受访者对社会环境满意度明显改善，中高收入受访者社会环境满意度的改善程度尤为突出。

②不同人群对社会环境的关切点有明显差异。具体来说，收入越高的受访者对社会环境的关切程度越高；居住在大城市、年轻、受教育程度高的受访者对社会环境有更高的要求；经济较为发达省份的居民期望社会环境改善的程度更为强烈。

③食品安全为受访者最关切的社会环境因素。超过一半的受访者对食品安全状况不满意，对其改善缺乏信心。高收入者、高受教育程度者对更好生活品质的追求带来了对食品安全更高的要求。城乡受访者最担心的食品安全问题是食品添加剂问题，最担心的食品销售渠道都是路边（临时）小摊贩。

④受访者对环境污染的关切度仍持续较高。虽然环境状况总体明显改善，受访者对环境污染的不满意有所下降，但是部分地区的环境污染问题仍比较突出，也成为受访者对环境污染不满意的主要原因。此外，农村地区的安全饮水问题仍值得关注。

⑤低收入、欠发达地区受访者最关切的社会环境问题是交通出行。农村自然村落居住的受访者对交通出行的不满意表现更为突出。

为全面了解中国城乡居民社会生活状况，持续跟踪城乡居民的民生关切点变化，国务院发展研究中心“中国民生调查”课题组2017年在河北、安徽、浙江、江苏、四川、陕西、黑龙江、福建8省开展民生关切点入户调查，共获得9896份有效调查问卷。按调查设计需要定期轮换调查省份，2017年将广东省轮换为福建省，各调查省份的县区进行了重新抽样。

调查抽样仍然采用多阶段分层设计、PPS系统抽样技术。第一，将调查省份各区县划分为贫困县和非贫困县，保证每个省抽选一个贫困县，其他区县在综合考虑区县GDP、平均受教育程度、流动人口比例、城市人口比例等9个社会经济发展指标的基础上，按照社会经济综合指数得分因子的高低排序进行选取。第二，在获得调查区（县）居（村）委员会基本经济社会信息后，按照相似的方法，采用与各居（村）委会人口规模成比例的系统PPS抽样方式，各自独立抽取2个居（村）委会。第三，在每个居（村）委会内，按某个特定规则（如门牌号或户主名单等）对家庭户进行排序，采取等概率系统抽样抽出50户家庭作为最终调查单元，并且为保证调查入户的可行性，按同样的方法抽取一套备用调查户。入户后，为了保证对家庭信息掌握的准确性，请家庭的户主或家里最熟悉情况的人来配合完成调查。

# 一、样本的基本特征

本次调查一共有效回收到 9896 份“中国民生问题调查问卷”。其中河北省 1200 份，黑龙江省 1279 份，江苏省 1200 份，浙江省 1201 份，安徽省 1285 份，四川省 1246 份，陕西省 1205 份，以及 2017 年新增的调查省份福建省 1280 份；覆盖 11 个贫困县，贫困地区样本为 2502 份。

基于科学的抽样方法，本次调查覆盖了全国各个类型比较有代表性的群体，具体表现在以下几个方面。

第一，调查覆盖了居住在农村与城市不同社区的群体。按照国家统计局城乡划分标准以调查地点进行分类，城镇中心区样本的比重为 36.10%，其中城市主城区和镇中心分别占 21.05% 和 15.05%；城乡结合部样本的比重为 17.37%，其中城乡结合区和镇乡结合区样本分别占 6.07% 和 11.30%；农村样本的比重为 46.53%，其中乡中心和村庄分别占 2.28% 和 44.25%。2017 年调查样本的城乡结构与 2016 年大致相近。

第二，调查对不同性别和年龄结构的群体均有所反映。受访者的平均年龄为 52.8 岁，标准差为 13.2 岁。受访者中 30 岁以下（不包括 30 岁）的人占 5.67%，30 ~ 39 岁的占 10.58%，40 ~ 49 岁的占 22.72%，50 ~ 59 岁的占 26.03%，60 岁及以上的占 35.00%；受访者平均年龄略高于上一年，40 岁以下群体的比例略低于上一年。男性受访者占 58.62%，女性受访者比例为 41.38%，男性受访者比例比上一年高 2.62 个百分点。

第三，调查对流动人口有一定的代表性。抽样时要求地方主管部门配合提供一份流动人口登记档案来对流动人口单独抽样，从而保障一定比例的流动人口。流动人口样本为 590 个，占有效样本的 5.96%，相比上一年调查流动人口比例略有下降。从流动人口的结构上看，57.12% 是跨省流动（占总样本的 3.41%），42.88% 是省内流动（占总样本的 2.56%），与上一年相比，跨省流动人口有所减少；农业转移人口占比 69.66%（占总样本的 4.15%）。

# 二、家庭生活关切点的基本特征

## （一）家庭生活方面最关切的因素分析

生活水平日益提升使受访者对家庭生活各方面的不满程度有所下降，受访者家庭生活中不满意最集中的几个方面较上一年度都明显改善。总体受访者表示对家庭生活各方面都很满意的比例为 36.24%，未变化的 7 个调查省份[①]受访者对家庭生活各方面都很满意的比例为 37.82%，较上年提高了 4 个百分点。收入和医疗依然是受访者最关心和迫切希望改善的方面。2017 年度的调查结果显示，受访者对家庭生活最不满意的是收入，总体受访者中 29.15% 的人对家庭生活最不满意的是收入，未变化的 7 个调查省份中 28.67% 受访者对家庭生活最不满意的是收入，较

① 因为调查省份轮换调整，2017年和2016年只有7个调查省份是相同的。为确保可比性，本报告中跨年度的比较均采用两年相同的调查省份。

上年降低 0.44 个百分点；总体受访者中 12.19% 的人对家庭生活最不满意的是医疗，未变化的 7 个调查省份中 12.20% 的受访者对家庭生活最不满意的是医疗，较上年下降 2.44 个百分点（见图 3-1）。受访者对养老的关切程度有所提高，6.72% 的受访者家庭认为生活最不满意的方面为养老，上升至第三位。未变化的 7 个调查省份中，受访者家庭认为生活最不满意的方面为养老的比例由 2016 年调查的 5.32% 上升为 6.20%。住房是受访者最关切的第四位因素，总体受访者选择住房为家庭生活最不满意方面的比例为 6.67%，未变化的 7 个调查省份中受访者选择其为最不满意家庭生活因素的比例为 6.68%，较上一年度略微下降 0.22 个百分点。

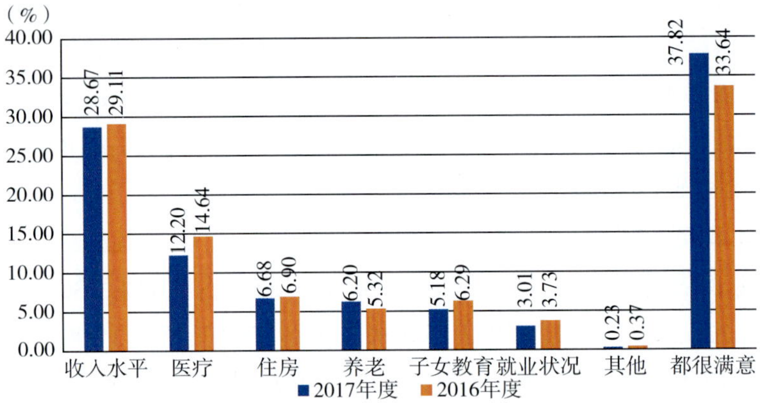


**图3-1　受访者对家庭生活最不满意的方面（%）**

注：数据对比时只保留了两个年度都进行调查的七个省份的样本。表中数据为选择收入水平、医疗、住房、养老、子女教育、就业状况、其他以及都很满意者的占比。

受访者收入水平越高，对家庭生活各方面都满意的比例越高。从近三年的调查情况来看（见图 3-2），各收入段受访者对家庭生活很满意的比例基本都有所提升。随着近年来社会保障政策的不断完善，中低收入受访者对家庭生活很满意的比例明显提升，家庭年收入 1 万元以下、1 万 ~ 3 万元和 3 万 ~ 5 万元受访者对家庭生活很满意的比例分别较 2016 年提高了 3.05、3.48 和 3.36 个百分点，较 2015 年分别提高了 3.90、7.14 和 7.84 个百分点。家庭年收入 25 万元以上的受访者对家庭生活很满意的比例较 2016 年调查有所下降。总体而言，高收入受访者对家庭生活都很满意的比例明显更高，家庭年收入 25 万 ~ 50 万元和 50 万元以上的受访者对家庭生活很满意的比例分别为 48.32% 和 52.63%，较家庭年收入 1 万元以下的受访者分别高 16.99 和 21.29 个百分点。而低收入受访者对家庭生活都满意的比例较低。家庭年收入 5 万元以下的低收入受访者对家庭生活都满意的比例仅为 32.07%，较中高收入者分别低 3.9 和 12.53 个百分点。

从城乡层面来看，2017 年城乡结合部和农村受访者对家庭生活满意度相对更高。城乡结合部和农村受访者在家庭生活方面没有不满意的比例分别为 37.70% 和 38.98%，而城镇中心区受访者没有不满意的比例则仅有 31.64%。就城乡受访者对家庭生活不满意的具体因素看，城镇中心区、城乡结合部和农村受访者最不满意因素均为收入水平，并且农村受访者对收入水平不满意的占比最高（为 30.06%），城镇中心区受访者次之（为 28.05%），城乡结合部受访者最低（为 26.73%）。城乡受访者第二位最不满意的因素也均是医疗，而在三者之中，城乡结合部受访者对医疗不满比例最低，其次是农村受访者，城镇中心区受访者对医疗不满比例则最高。调查结果显示，城镇中心区受访者对医疗不满意者占比为 12.49%，城乡结合部受访者为 11.74%，农村受访者为 11.99%。就第三位最不满意的因素而言，城乡之间出现了分化，城镇中心区和农村受访者第三位最不满意的因素是住房，城镇中心区和农村受访者选择住房为最不满意因素的比例分别为 8.83% 和 5.73%。而城乡结合部受访者第三位最不满意的因素则是养老，受访者选择养老为最不满意因素的人数占城乡结合部调查总体样本的比例为 7.67%（参见图 3–3）。

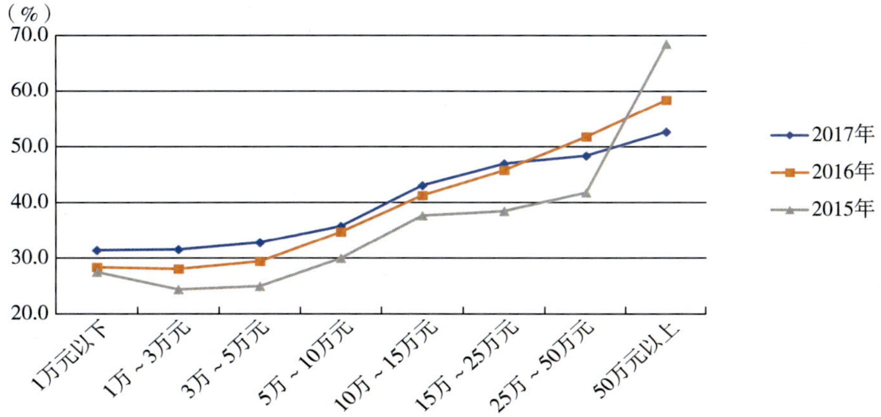


图3-2　2015～2017年不同收入阶层中对家庭生活很满意者占比（%）

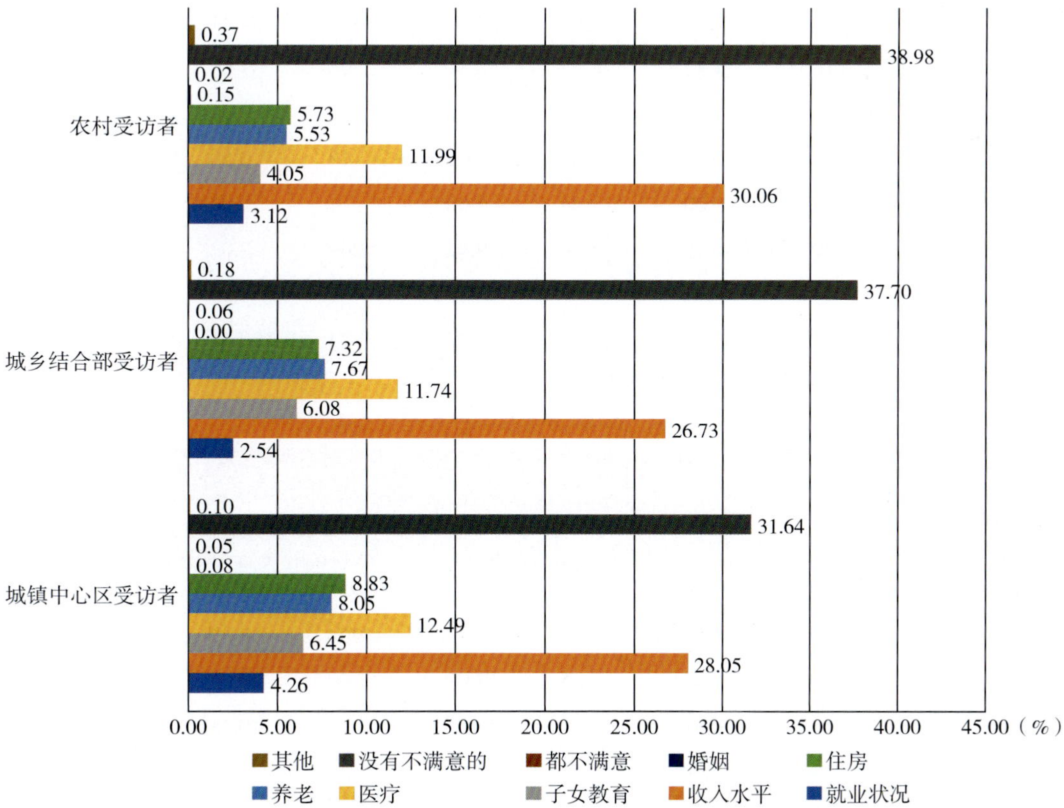


图3-3　2017年城乡受访者最不满意的家庭生活因素（%）

## （二）受访者家庭生活支出压力分析

2017 年城乡受访者最大的家庭生活支出压力来源依次为医疗、食品、教育、住房、人情送礼等。2017 年城乡受访者认为最大生活支出压力来自于医疗、食品、教育、住房、人情送礼的所占比重依次为 28.13%、23.99%、21.79%、8.79% 和 6.56%。

与 2016 年相比，城乡受访者生活支出压力有所增加。在未变化的 7 个调查省份中，认为生活支出没有压力的受访者占比从 2016 年的 10.17% 下降至了 2017 年的 7.09%（参见表 3–1 和表 3–2）。就具体生活压力来源看，认为最大生活支出压力来自于食品的受访者占比增加了 10.66 个百分点，认为最大生活支出压力来自于医疗教育、人情送礼等方面的受访者占比分别增加了 0.04 个和 0.23 个百分点，认为最大生活支出压力来自于住房的受访者占比下降了 2.66 个百分点。

表3-1　2017年城乡居民最大生活支出压力来源

| | 城镇中心区 | | 城乡结合部 | | 农村 | | 合计 | |
|---|---|---|---|---|---|---|---|---|
| | 频次 | 百分比（%） | 频次 | 百分比（%） | 频次 | 百分比（%） | 频次 | 百分比（%） |
| 食品 | 756 | 22.76 | 321 | 21.87 | 844 | 22.07 | 1921 | 22.30 |
| 住房（贷款、房租） | 430 | 12.94 | 101 | 6.88 | 198 | 5.18 | 729 | 8.46 |
| 子女教育 | 791 | 23.81 | 336 | 22.89 | 787 | 20.58 | 1914 | 22.22 |
| 交通 | 25 | 0.75 | 16 | 1.09 | 31 | 0.81 | 72 | 0.84 |
| 医疗 | 886 | 26.67 | 397 | 27.04 | 1308 | 34.21 | 2591 | 30.08 |
| 人情送礼 | 160 | 4.82 | 122 | 8.31 | 294 | 7.69 | 576 | 6.69 |
| 婚丧嫁娶 | 37 | 1.11 | 29 | 1.98 | 72 | 1.88 | 138 | 1.60 |
| 衣服 | 30 | 0.90 | 6 | 0.41 | 19 | 0.50 | 55 | 0.64 |
| 生产资料和经营投入 | 0 | 0.00 | 0 | 0.00 | 1 | 0.03 | 1 | 0.01 |
| 没压力 | 203 | 6.11 | 139 | 9.47 | 269 | 7.03 | 611 | 7.09 |
| 其他 | 4 | 0.12 | 1 | 0.07 | 1 | 0.03 | 6 | 0.07 |
| 合计 | 3322 | 100 | 1468 | 100 | 3824 | 100 | 8614 | 100 |

注：本表结果不包括 2016 年度未进行调查的福建省数据。

表3-2　2016年城乡居民最大生活支出压力来源

| | 城镇中心区 | | 城乡结合部 | | 农村 | | 合计 | |
|---|---|---|---|---|---|---|---|---|
| | 频次 | 百分比（%） | 频次 | 百分比（%） | 频次 | 百分比（%） | 频次 | 百分比（%） |
| 食品 | 392 | 11.59 | 182 | 13.13 | 415 | 11.13 | 989 | 11.64 |
| 住房（贷款、房租） | 547 | 16.18 | 104 | 7.50 | 294 | 7.89 | 945 | 11.12 |
| 子女教育 | 793 | 23.45 | 320 | 23.09 | 769 | 20.63 | 1882 | 22.15 |
| 交通 | 13 | 0.38 | 14 | 1.01 | 18 | 0.48 | 45 | 0.53 |
| 医疗 | 940 | 27.80 | 388 | 27.99 | 1224 | 32.83 | 2552 | 30.04 |
| 赡养老人 | 74 | 2.19 | 26 | 1.88 | 80 | 2.15 | 180 | 2.12 |

续表

| | 城镇中心区 | | 城乡结合部 | | 农村 | | 合计 | |
|---|---|---|---|---|---|---|---|---|
| | 频次 | 百分比（%） | 频次 | 百分比（%） | 频次 | 百分比（%） | 频次 | 百分比（%） |
| 人情送礼 | 180 | 5.32 | 114 | 8.23 | 256 | 6.87 | 550 | 6.47 |
| 婚丧嫁娶 | 52 | 1.54 | 51 | 3.68 | 135 | 3.62 | 238 | 2.80 |
| 交社保 | 76 | 2.25 | 18 | 1.30 | 23 | 0.62 | 117 | 1.38 |
| 对成年子女经济资助 | 7 | 0.21 | 0 | 0.00 | 6 | 0.16 | 13 | 0.15 |
| 水电气支出 | 6 | 0.18 | 0 | 0.00 | 8 | 0.21 | 14 | 0.16 |
| 农业生产花费 | 0 | 0.00 | 2 | 0.14 | 38 | 1.02 | 40 | 0.47 |
| 没压力 | 286 | 8.46 | 152 | 10.97 | 426 | 11.43 | 864 | 10.17 |
| 压力都大 | 2 | 0.06 | 1 | 0.07 | 11 | 0.30 | 14 | 0.16 |
| 其他 | 13 | 0.38 | 14 | 1.01 | 25 | 0.67 | 52 | 0.61 |
| 合计 | 3381 | 100 | 1386 | 100 | 3728 | 100 | 8495 | 100 |

注：本表结果不包括 2017 年度未进行调查的广东省数据。

相对于农村和城乡结合部受访者而言，城镇中心区受访者的生活支出压力更大；较上一年度，农村地区受访者的生活支出压力增加最快。2017 年度城镇中心区受访者认为生活支出没有压力的比例为 6.11%，而城乡结合部受访者和农村受访者认为没有生活支出压力的比重分别为 9.47% 和 7.03%。相比 2016 年度，三个地区受访者中认为没有生活支出压力的比重都出现了不同程度的下降，其中农村地区下降的幅度最大。农村受访者感受的家庭生活支出压力有所增加，主要原因是食品价格和医疗费用的增加。农村地区受访者家庭支出压力最大的一项选择食品的比重从 11.13% 快速上升至 22.07%，选择医疗的比例从 32.83% 的基础上持续走高达到 34.21%（参见表 3–1和表 3–2）。

就具体生活压力来源而言，相对于城镇中心区受访者，农村受访者的医疗负担和人情送礼压力较大，但是住房压力则比较小。2017 年，农村受访者认为支出压力最大的是医疗的比重为 34.21%，比城镇中心区受访者高出 7 个百分点；最大生活压力来自于人情送礼的受访者所占比重为 7.69%，比城镇中心区受访者高出了近 3 个百分点。但是相对而言，农村受访者的住房压力则比城镇中心区受访者缓和了许多。城市房价的快速上升推高了城镇居民的居住成本，相当一部分的城镇中心区和城乡结合部居民面临着很大的住房（包括房贷和房租）支出压力，而农村购房和租房压力相对较小。城镇中心区和城乡结合部受访者认为最大生活压力来自住房支出的比重分别为 12.94% 和 6.88%，分别比农村高近 8 个百分点和 2 个百分点（参见表 3–1）。

## （三）不同人群家庭生活关切点的比较分析

### 1. 不同收入受访者家庭生活关切点比较

低收入受访者对家庭生活最关心的方面集中于收入、医疗和养老。家庭收入 5 万元以下的受访者选择收入、医疗和养老为最不满意方面的比例分别为 35.4%、13.5% 和 7.2%，而选择其他方面的比例则明显较少（参见图 3–4）。而且家庭收入 5 万元以下的低收入受访者选择收入为最不满意方面的比例较上年提高了 1.55 个百分点，比中高收入者分别高 5.61 和 18.81 个百分点。

尽管收入和医疗也是高收入受访者最关心的问题，但高收入家庭生活关切点多样化和分散化的特征更为突出，对住房、子女教育、养老的诉求明显较高。家庭收入 10 万元以上的高收入受访者选择收入、医疗、住房、子女教育和养老为最不满意的比例分别为 16.6%、10.8%、9.5%、8.0% 和 6.6%（见图 3–4）。比较高、中、低三类不同收入层次的受访者中各自排名前三位的不满意因素占比之和，高收入群体中前三位不满因素占比之和为 67.0%，低于低收入的 83.1% 和中收入的 75.9%。进一步计算不同收入群体不满因素的赫芬达尔指数（即各因素占比的平方和）可以发现，高收入群体的不满因素的赫芬达尔指数为 0.20，相比于低收入群体和中收入群体的 0.34 和 0.28 处于相对较低的水平，说明高收入群体中对家庭生活的不满因素更为分散。

此外，高收入群体家庭生活不满意的另一个显著特征是对住房关切程度更高。高收入受访者对住房、子女教育的期待更高，其选择住房为最不满意的比例较中低收入受访者分别高 2.6 和 4.6 个百分点，选择子女教育为最不满意的比例较中低收入受访者分别高 2.8 和 4.5 个百分点。

因此，针对低收入群体，提升其生活满意度的最主要措施可能是集中解决收入、医疗和养老等问题，而针对高收入群体，则应注重公共服务供给的均衡发展。

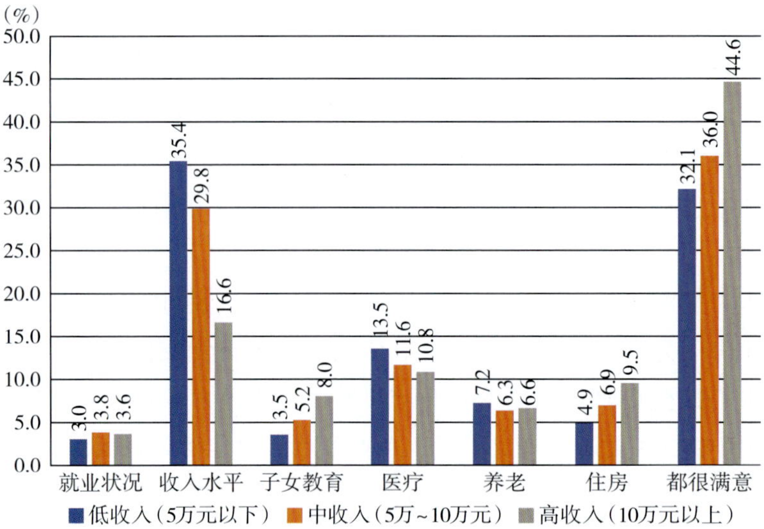


**图3-4　不同收入组的家庭生活关切点（%）**

## 2. 不同行政区域的家庭生活关切点比较

县域受访者对收入关切的程度明显更高。随着经济的企稳回升，省会城区和地市城区受访者对收入不满意的比例较上一年度分别下降了 2.8 和 3.8 个百分点。近年来中央不断加强扶贫工作，贫困县受访者对收入最不满意的比例较上年下降了 1.9 个百分点。但非贫困县和县级市受访者对收入最不满意的比例却较上年分别上升了 5.72 和 4.94 个百分点，尤其是县受访者对收入最不满意的比例是最高的，达到30.8%，比省会城区、地级市城区和县级市分别高3.3、5.1和1.6个百分点（见图3-5）。

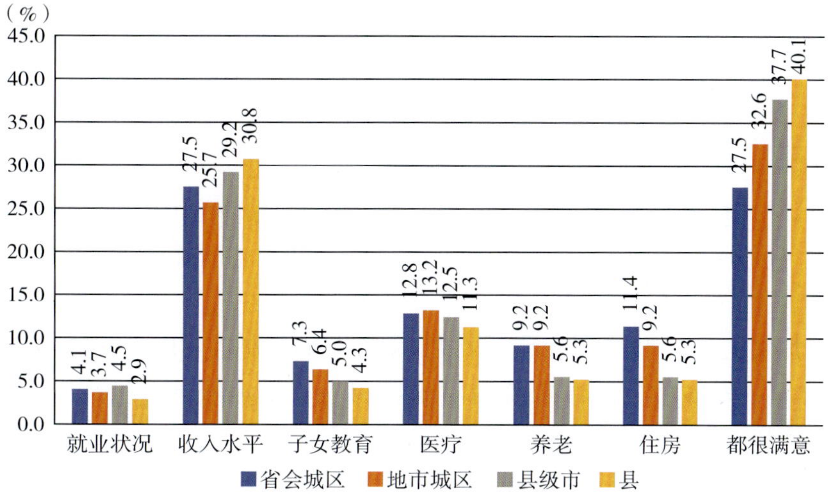


图3-5　不同行政区域受访者家庭生活关切点的比较（%）

省会城区和地市城区受访者对家庭生活的关切点较为多样化。除了收入和医疗外，他们对住房、养老、子女教育的关注程度也比较高。省会城区受访者对住房、养老和子女教育最不满意的比例都是最高的，最不满意方面选择住房的比例为11.4%，比总体高4.12个百分点；最不满意方面选择养老的比例为9.2%，比总体高2.26个百分点；最不满意方面选择子女教育的比例为7.3%，比总体高1.96个百分点。比较来自省会城区、地市城区、县级市和县四类不同地区的受访者中各自排名前三位的不满意因素的占比之和，省会城区和地市城区的受访者最不满意的三个因素的占比之和分别为71.5%和71.4%，低于县级市受访者最不满意的三个因素的占比之和的75.9%和来自于县（含贫困县）的受访者最不满意的三个因素的占比之和的79.2%。进一步计算各群体最不满意因素的赫芬达尔指数也可以发现，省会城区和地市城区的受访者群体最不满意因素的赫芬达尔指数都为0.23，而县级市和县受访者最不满意因素的赫芬达尔指数则分别为0.29和0.32，说明省会城区和地市城区受访者对家庭生活的不满因素更为分散和多样。

受访者对家庭生活的关切点也呈现出了明显的地区差异。黑龙江省和陕西省受访者对收入的不满意程度更高，分别有43.7%和33.8%的受访者对收入不满意。河北省和黑龙江省受访者对医疗的不满意程度更高，分别有18.4%和15.3%的受访者对医疗不满意。福建省和浙江省受访者对住房的不满意程度更高，分别有10.8%和9.5%的受访者将住房视为其最为不满的家庭生活因素（见表3-3）。

表3-3　各省受访者家庭生活关切点比较（%）

| | 就业状况 | 收入水平 | 子女教育 | 医疗 | 养老 | 住房 | 婚姻 | 都很满意 | 其他 |
|---|---|---|---|---|---|---|---|---|---|
| 河北 | 2.7 | 26.5 | 5.4 | 18.4 | 7.3 | 3.8 | 0.0 | 35.9 | 0.1 |
| 黑龙江 | 3.3 | 43.7 | 4.5 | 15.3 | 6.9 | 3.1 | 0.1 | 23.1 | 0.0 |

续表

| | 就业状况 | 收入水平 | 子女教育 | 医疗 | 养老 | 住房 | 婚姻 | 都很满意 | 其他 |
|---|---|---|---|---|---|---|---|---|---|
| 江苏 | 2.7 | 25.4 | 5.2 | 12.0 | 6.4 | 6.9 | 0.1 | 40.6 | 0.4 |
| 浙江 | 4.7 | 26.2 | 8.8 | 9.0 | 8.3 | 9.5 | 0.1 | 33.2 | 0.3 |
| 安徽 | 2.0 | 25.6 | 3.9 | 8.0 | 4.9 | 7.8 | 0.3 | 46.5 | 0.9 |
| 四川 | 1.9 | 21.8 | 1.6 | 12.4 | 4.5 | 4.8 | 0.0 | 53.0 | 0.0 |
| 陕西 | 3.6 | 33.8 | 5.4 | 10.5 | 4.2 | 6.9 | 0.2 | 35.2 | 0.3 |
| 福建 | 7.2 | 29.4 | 6.8 | 11.7 | 11.2 | 10.8 | 0.0 | 22.8 | 0.2 |

### 3. 流动人口[①]和本地人口的家庭生活关切点比较

流动人口更加关心住房和子女教育。在工作地调查的流动人口最不满意的第二和第三位因素分别是住房和子女教育，选择住房和子女教育为最不满意方面的比例分别为 16.17% 和 12.45%，较总体分别高 9.5 和 7.3 个百分点。在农村调查的一年内外出超过 6 个月的流动人口最不满意的第二和第三位因素也是住房和子女教育，选择住房和子女教育为最不满意方面的比例分别为 14.49% 和 9.12%，较总体分别高 7.82 和 3.97 个百分点（见图 3–6）。

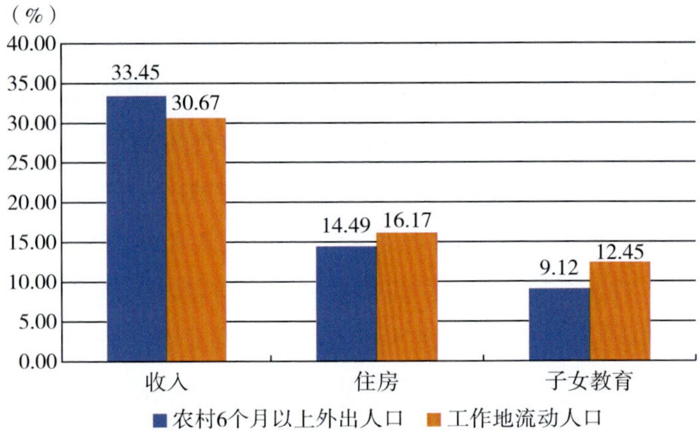


**图3-6　流动人口对家庭生活最不满意的前三位因素（%）**

### 4. 不同就业类型的家庭生活关切点比较

对比非正式就业和稳定就业者[②]，工作和收入较为有保障的受访者对住房的关注度明显更高。住房成为稳定就业的受访者最不满意的第二位家庭生活因素，其选择住房为最不满意的家庭生活因素的比例为 11.82%，较总体高 4.57 个百分点（见表 3–4）。医疗仍然是稳定就业者最不满意的第三位家庭生活因素，其选择医疗为最不满意的家庭生活因素的比例为 8.99%，但较总体低 3.16

① 流动人口指离开了户籍所在地到其他地方居住的人口（包括省内流动人口和跨省流动人口）。下同此。

② 非正式就业和稳定就业者的区分主要依据受访者是否与劳动单位签订了正式的劳动合同。非正式就业者指未签订正式劳动合同的就业者。稳定就业者包括已签订无固定期限劳动合同或者有期限劳动合同的劳动者、不需要签劳动合同（如公务员或国家机关、事业单位编内人员）的劳动者、已签订以完成一定工作任务为期限的劳动合同的劳动者和不适用劳动合同（非雇佣劳动者，包括农民）的劳动者。下同此。

个百分点。相比而言，稳定就业者对子女教育的关注度更高，选择子女教育为最不满意因素的比例为8.47%，较总体高3.1个百分点。工作和收入较为有保障的受访者对住房的关注度明显更高。

表3-4　　不同就业类型受访者的家庭生活关切点比较（%）

| | 就业状况 | 收入水平 | 子女教育 | 医疗 | 养老 | 住房 | 婚姻 | 都很满意 | 其他 |
|---|---|---|---|---|---|---|---|---|---|
| 非正式就业 | 4.88 | 31.45 | 6.86 | 9.26 | 5.51 | 6.78 | 0.14 | 34.77 | 0.35 |
| 稳定就业 | 3.53 | 30.86 | 8.47 | 8.99 | 4.41 | 11.82 | 0.18 | 31.75 | 0.0 |
| 合计 | 3.48 | 28.68 | 5.37 | 12.15 | 6.92 | 7.25 | 0.09 | 35.83 | 0.23 |

### 5. 不同年龄段的家庭生活关切点比较

30 ~ 39岁年龄段的中年人群对家庭生活的满意度最低；中青年人群[①]在就业、收入和住房等方面关注度普遍更高，老年人群[②]更关注医疗和养老。随着年龄的增长，对家庭生活各方面都很满意的受访者占比呈现先下降后快速上升的趋势，30 ~ 39岁的中年人群中只有27.27%的受访者表示对家庭生活各方面都很满意，是各年龄段中比重最低的。60岁及其以上的受访者中对家庭生活都很满意的比重则达到了44.41%，比总体高出近9个百分点，该群体对于就业、收入、子女教育、住房等多个方面的满意度都是各年龄段中最高的。对子女教育不满主要集中在30 ~ 39岁的中年人群，该群体中对子女教育不满者比总体高出近8个百分点。

此外，随着年龄的增长，可以发现，受访者对于就业、收入、住房等领域的关注度不断降低，对医疗和养老问题则更为关注（见表3–5）。在未满30周岁的年轻受访者中选择就业、收入和住房为最不满意方面的比重分别为6.58%、33.64%和14.99%，比60岁及以上群体分别高出4.67、13.14和9.02个百分点；同时，60岁及以上群体中分别有15.09%和9.38%的受访者最关注的问题是医疗和养老，这两个数值比未满30周岁的受访者分别高了近8个和7个百分点。

表3-5　　不同年龄受访者的家庭生活关切点比较（%）

| | 就业 | 收入 | 教育 | 医疗 | 养老 | 住房 | 婚姻 | 都很满意 | 其他 |
|---|---|---|---|---|---|---|---|---|---|
| 未满30周岁 | 6.58 | 33.64 | 6.22 | 7.31 | 2.56 | 14.99 | 0.18 | 28.52 | 0.00 |
| 30 ~ 39岁 | 3.52 | 33.53 | 13.00 | 9.48 | 3.52 | 9.29 | 0.00 | 27.27 | 0.39 |
| 40 ~ 49岁 | 4.78 | 36.46 | 8.31 | 9.18 | 4.87 | 7.16 | 0.05 | 28.93 | 0.28 |
| 50 ~ 59岁 | 3.78 | 29.97 | 3.30 | 12.92 | 7.71 | 6.52 | 0.20 | 35.25 | 0.36 |
| 60岁及以上 | 1.91 | 20.50 | 2.59 | 15.09 | 9.38 | 5.97 | 0.06 | 44.41 | 0.09 |
| 合计 | 3.48 | 28.68 | 5.37 | 12.15 | 6.92 | 7.25 | 0.09 | 35.83 | 0.23 |

### 6. 不同受教育程度者的家庭生活关切点比较

高学历群体更加关心教育和住房。对于本科及以上学历的受访者，住房和教育成为该群体第三和第四位不满意的家庭生活因素，分别有12.53%和10.29%的受访者表示对住房和教育不

① 中青年人群指年龄在40周岁以下的人群。下同此。

② 老年人群指年龄在60周岁（含60）以上的人群。下同此。

满，比总体都高出约 5 个百分点。与此相比，受教育程度较低的群体则更为关注的是收入和养老。小学（含肄业）文化程度的受访者中选择收入为最不满意方面的比重为 29.92%，比总体高出近 1.5 个百分点，没有上过学的受访者中选择养老为最不满意的家庭生活因素的比重为 8.33%，比总体高出近 2 个百分点（见表 3–6）。

表3-6　　不同教育水平受访者的家庭生活关切点比较（%）

| | 就业 | 收入 | 教育 | 医疗 | 养老 | 住房 | 婚姻 | 都很满意 | 其他 |
|---|---|---|---|---|---|---|---|---|---|
| 没上过学 | 1.63 | 29.47 | 2.54 | 11.38 | 8.33 | 6.00 | 0.10 | 40.35 | 0.20 |
| 小学 | 3.08 | 29.92 | 3.60 | 11.52 | 7.76 | 5.68 | 0.00 | 38.16 | 0.28 |
| 初中 | 3.70 | 29.71 | 6.07 | 11.95 | 6.60 | 7.09 | 0.14 | 34.54 | 0.20 |
| 高中/中专/技校 | 4.67 | 26.24 | 6.05 | 13.72 | 6.41 | 8.21 | 0.12 | 34.45 | 0.12 |
| 大专/高职 | 3.29 | 25.99 | 7.73 | 11.84 | 5.76 | 10.03 | 0.00 | 34.87 | 0.49 |
| 本科及以上 | 3.58 | 25.06 | 10.29 | 13.65 | 5.15 | 12.53 | 0.22 | 29.31 | 0.22 |
| 合计 | 3.48 | 28.68 | 5.37 | 12.15 | 6.92 | 7.25 | 0.09 | 35.83 | 0.23 |

注：各受教育水平都含肄业，如小学文化程度含小学肄业群体。

## （四）收入是受访者关切度最高的家庭生活因素

### 1. 城乡居民收入下降风险仍持续处于高位

收入下降比例较上年虽明显下降，但仍持续处于近年来的高位。受访者认为家庭收入会下降的比例从 2016 年的 32.99% 下降至 23.14%。尽管受访者收入下降范围明显缩小，但仍处于近年来的高位水平，认为收入会下降的受访者比例比 2014 年调查高 2.33 个百分点。

部分人群收入水平持续较低，收入下降风险明显较大。从行政区域来看，在有工作的受访者中，县域受访者平均年收入为 27595.33 元，较省会城区、地市城区和县级市地区受访者分别低了 13929.91 元、12649.34 元和 9770.72 元（见图 3–7）。以家庭收入来衡量，县受访者家庭平均年收入为 6.46 万元，较省会城区、地市城区和县级市受访者分别低 2.43 万元、0.86 万元和 2.11 万元；县受访者中收入下降者占比 26.24%，较省会城区和地市城区分别高 10.27、2.94 和 4.63 个百分点。从就业类型来看，非正式就业受访者中表示收入较上一年度有所下降的比重为 22.38%，比总体高出 3.27 个百分点；农业从业人员[①]和个体工商户[②]群体中分别有 22.56% 和 27.07% 的受访者表示收入较上一年度有不同程度的下降（见表 3–7）。

① 农业从业人员包括专业务农且大部分时间都从事农业生产的劳动者、兼业农民（农闲期间打各类定期、不定期零工）、农村自营业者（包括小卖铺、代销点、小作坊、手工艺品制作贩卖等人员）和农村专业管理人员（包括村医、村教、技术服务人员以及专职的村干部等）等。下同此。

② 个体工商户包括个体工商户（含开网店/微店）雇主和个体工商户（含开网店/微店）雇员。下同此。

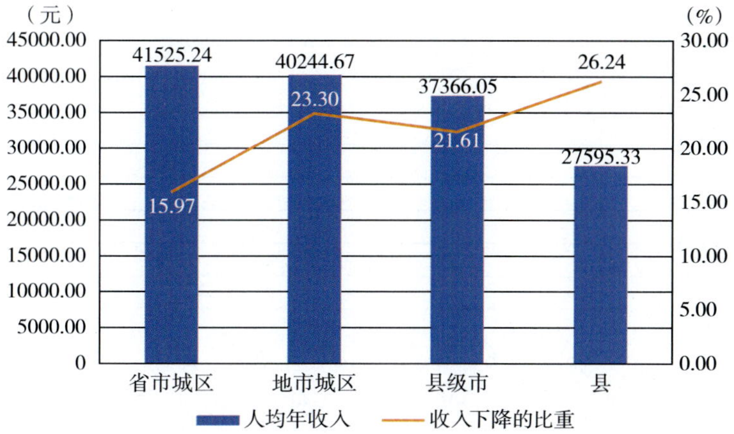


图3-7 不同行政区域受访者收入水平及变动情况的比较

表3-7 不同就业类型受访者的收入变化情况（%）

| | 大幅增加 | 小幅增加 | 没有变化 | 小幅减少 | 大幅减少 |
|---|---|---|---|---|---|
| 非正式就业 | 0.96 | 15.33 | 61.33 | 17.93 | 4.45 |
| 正式就业 | 0.87 | 21.66 | 66.38 | 8.49 | 2.60 |
| 总体 | 0.89 | 17.36 | 62.64 | 15.25 | 3.86 |
| 农业从业人员 | 1.08 | 12.85 | 63.50 | 18.15 | 4.41 |
| 个体工商业 | 1.13 | 17.42 | 54.39 | 20.18 | 6.89 |

### 2. 收入水平低、收入下降是城乡居民关切收入的主要原因

低收入受访者在家庭生活方面对其收入状况更不满意。2017 年度，在年收入为 1 万元以下、1 万 ~ 3 万元和 3 万 ~ 5 万元的受访群体中分别有 31.48%、36.07% 和 31.17% 的城乡居民将收入作为家庭生活方面最不满意的因素；而这一比重在年收入为 5 万 ~ 10 万元、10 万 ~ 15 万元、15 万 ~ 25 万元、25 万 ~ 50 万元和 50 万元及以上的受访者中分别为 19.83%、12.99%、0.00%、7.69% 和 16.67%。可见，收入是决定城乡居民对收入关切程度的一个重要因素。2015 和 2016 年度选择收入作为最不满意的家庭生活因素的群体都是年收入在 1 万 ~ 3 万元的低收入受访者，该群体中选择收入作为最不满意的家庭生活因素的比例在两年中分别达到了 34.92% 和 32.61%，依次比总体高出 5.11 个和 3.50 个百分点（见图 3–8）。

收入较上一年度下降的受访者对收入状况更为不满。2017 年度的调查结果显示，随着收入下降幅度的增加，受访者中将收入列为最不满意的家庭生活因素的比重呈现快速上升的趋势。在个人收入较上一年度大幅增加、小幅增加、没有变化、小幅减少和大幅减少这五个不同的组别中，受访者选择收入作为最不满意的家庭生活因素的比重分别为 18.75%、25.68%、30.14%、36.21% 和 47.98%。2015 年度和 2016 年度的调查数据也显示出相似的规律。在选择收入作为最不满意的家庭生活因素的受访者中，占比最高的群体都是收入较上一年度大幅减少的受访者，两年中其所占比重分别为 38.14% 和 45.34%，比总体分别高了 8.33 个和 16.23 个百分点（见图 3–9）。

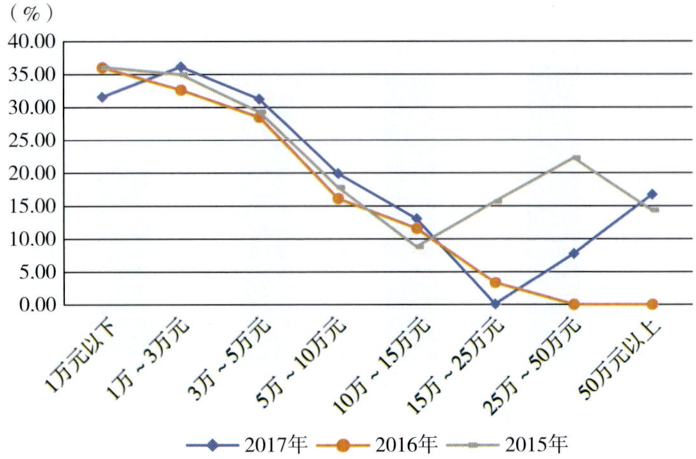


**图3-8　2015～2017年不同收入阶层中对收入不满意者占比（%）**

注：本图结果不包括 2015 和 2016 年度总体中含有的 2017 年未进行调查的广东省数据，也不包含 2017 年度总体中含有的 2015 年度和 2016 年度未进行调查的福建省数据。

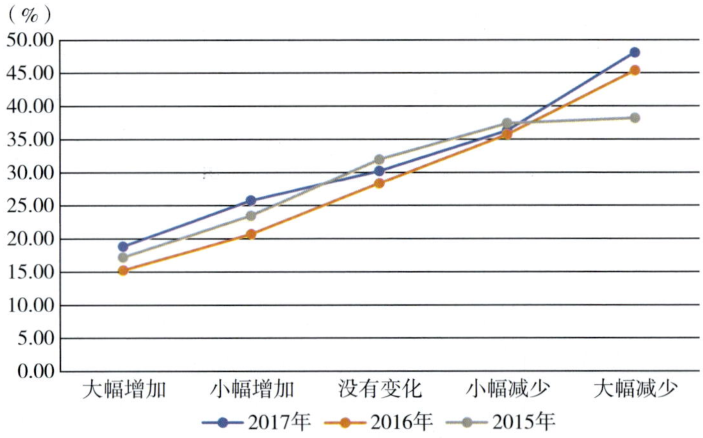


**图3-9　2015～2017年不同收入变动群体中对收入不满意者占比（%）**

注：本图结果不包括 2015 年度和 2016 年度总体中含有的 2017 年未进行调查的广东省数据，也不包含 2017 年度总体中含有的 2015 年度和 2016 年度未进行调查的福建省数据。

### 3. 收入差距扩大也是影响收入关切程度的重要因素

2017 年调查中有 38.76% 的受访者认为收入差距扩大。认为收入差距扩大的受访者选择收入为最不满意因素的比例为 35.75%，比认为收入差距不变和收入差距缩小者分别高 11.26 和 10.49 个百分点。认为周围收入差距大幅扩大的受访者更容易对收入不满意。根据 2015 ～ 2017 年的调查结果，认为周围家庭间的收入差距大幅扩大的受访者家庭是对收入不满意占比最高的群体。该群体中对收入不满意的比例在 2015 ～ 2017 年间分别为 45.52%、43.16% 和 37.34%，都比相应年份的收入不满意者的总体平均比重高出 8 个百分点之多。纵向观察，随着受访者认为“周围家庭收入差距大幅扩大”的比重由 2015 年的 4.29% 下降至 2017 年的 3.24%，受访者选择收入作为最不满意的家庭生活因素的占比也从 2015 年的 29.81% 逐步下降至 2017 年的 28.67%（见图 3–10）。

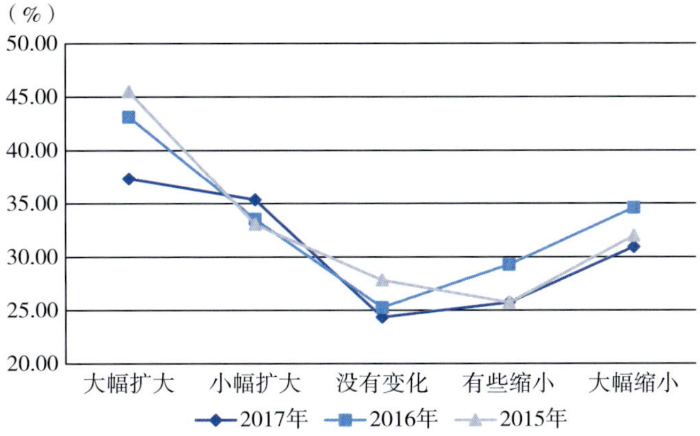


**图3-10　2015～2017年不同收入差距变化群体中对收入不满意者占比（%）**

注：本图结果不包括 2015 年度和 2016 年度总体中含有的 2017 年未进行调查的广东省数据，也不包含 2017 年度总体中含有的 2015 年度和 2016 年度未进行调查的福建省数据。

### 4. 社会救助和城乡低保并轨降低了低收入人群对收入的不满意程度，社会“兜底”保障功能日益加强

相对于未享受到社会救助的低收入群体，享受到社会救助的低收入群体对收入不满意的比例有明显的下降。根据 2015 ～ 2017 年的调查数据，在个人年收入低于 1 万元的受访者中，有社会救助的受访者选择收入为最不满意的家庭生活因素的比重从 2015 年的 37.50% 下降至 2017 年的 29.25%，下降了超过 8 个百分点；没有获得社会救助的低收入受访者选择收入作为最不满意的家庭生活因素的比重从 2015 年的 36.45% 下降至 2017 年的 31.77%，下降幅度不足 5 个百分点。可以看到，社会救助能有效地降低低收入人群对收入的不满意。比较同一年份的调查数据，2015 年获得社会救助的受访者中选择收入作为最不满意的家庭生活因素的比重甚至高于没有获得社会救助的受访者，但是在 2016 和 2017 年度，获得社会救助的受访者中选择收入作为最不满意的家庭生活因素的比重分别比没有获得社会救助的受访者低 1.03 和 2.52 个百分点。可以看出，近年来扶贫政策和社会救助支持力度的加强，有力发挥了“兜底”保障功能，有效改善了最低收入群体的收入和生活水平（见图 3–11）。

同时，城乡低保标准的并轨能够显著提高农村低保的保障水平，进而给予农村困难人群更充分的保障。相对于城乡低保标准未并轨的地区，城乡低保标准已并轨地区的受访者对收入不满意的比例明显下降。在城乡低保标准已经统一的地区，分别有 25.34% 和 25.07% 城镇受访者和农村受访者将收入作为最不满意的家庭生活因素（分别有 26.10%、25.18% 和 23.78% 的城镇中心区受访者、城乡结合部受访者和农村受访者将收入作为最不满意的家庭生活因素），而这一比重在低保标准尚未统一的地区明显更高，分别有 30.25% 的城镇受访者和 30.62% 的农村受访者选择收入是最不满意的家庭生活因素（分别有 29.43% 的城镇中心区受访者、27.81% 的城乡结合部受访者和

32.12% 的农村受访者选择收入是最不满意的家庭生活因素）（见图 3-12）。因此，进一步推进城乡低保标准并轨工作对于居民收入满意度的提高具有积极的意义。但在调查的 82 个区县中，只有 27 个区县实现了城乡低保标准的统一，大部分地区仍未能推进城乡低保标准的统一。

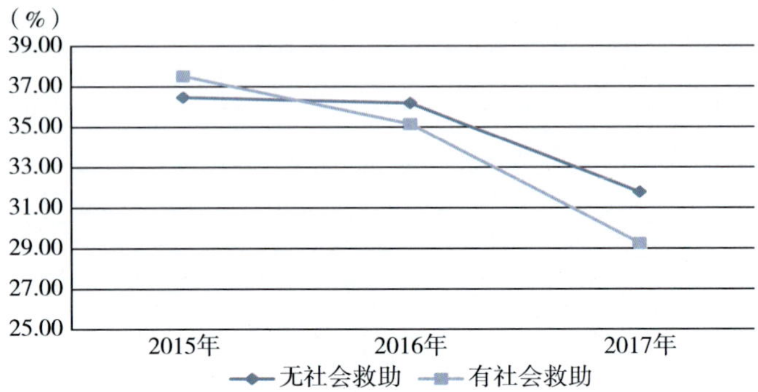


图3-11 2015～2017年有无社会救助的低收入群体中对收入不满意者占比（%）

注：低收入受访者指的是过去一年中个人就业收入不足 1 万元的群体。本图结果不包括 2015 和 2016 年度总体中含有的 2017 年未进行调查的广东省数据，也不包含 2017 年度总体中含有的 2015 年度和 2016 年度未进行调查的福建省数据。

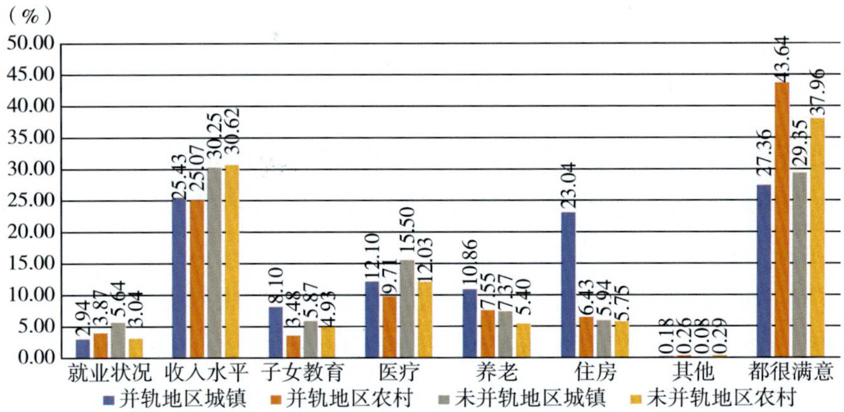


a

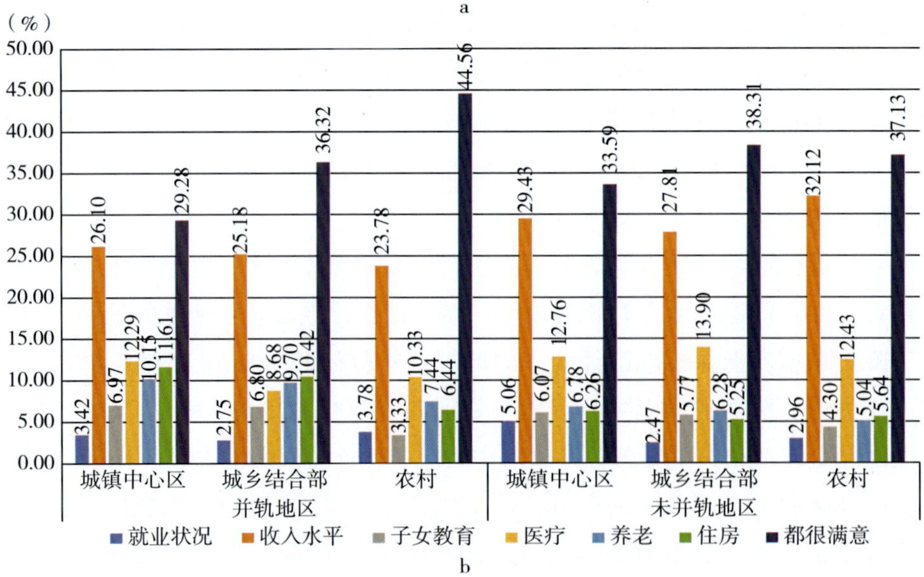


b

图3-12 城乡低保并轨与家庭生活满意度（%）

## （五）医疗是受访者关切度第二高的家庭生活因素

### 1. 医保保障覆盖率明显提升，住院报销比例也有所上升

城乡医疗保障并轨的逐步推进，使得医保保障覆盖率稳步提升，尤其是农村地区基本实现医保全覆盖的目标。根据 2015 ～ 2017 年的调查数据，城镇中心区受访者中享有各类医疗保险的比重从 2015 年的 95.63% 稳步提升至 2017 年的 97.14%，增长速度快于城乡结合部地区和农村地区。但由于流动人口的医保衔接仍存在不畅的问题，城镇受访者各年度的医保覆盖率仍低于城乡结合部地区和农村地区。城乡结合部地区受访者中享有各类医疗保险的居民比重从 2015 年的 97.02% 提高到 2017 年的 98.64%，农村地区受访者中享有各类医疗保险的居民比重从 2015 年的 97.78% 提高到 2017 年的 98.46%，基本实现了医疗保险全覆盖的目标（见图 3-13）。

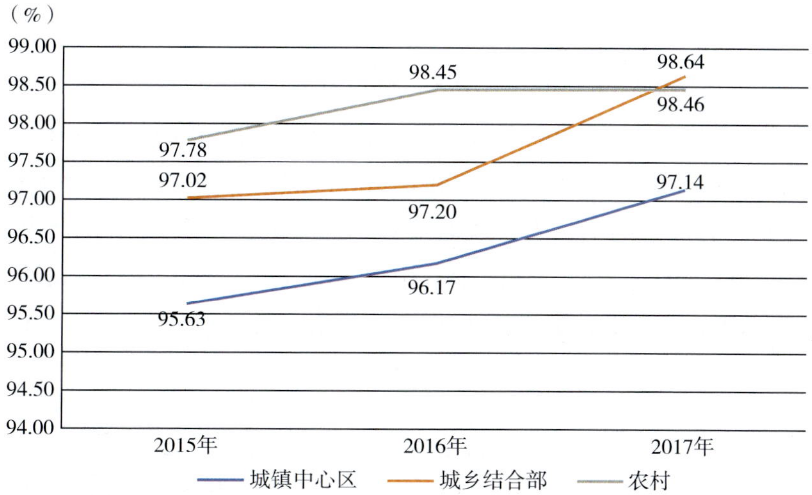


图3-13　城乡受访者医保覆盖率的变化（%）

注：医保指的是涵盖城镇职工基本医疗保险、城镇居民医疗保险、公费医疗、新型农村合作医疗、商业医疗保险、儿童/学生/老人专门保险等在内的各种保险；本图结果不包括 2015 年度和 2016 年度总体中含有的 2017 年未进行调查的广东省数据，也不包含 2017 年度总体中含有的 2015 年度和 2016 年度未进行调查的福建省数据。

城乡受访者住院医疗能够享受报销的居民比重和医疗报销金额比例有所上升，农村地区报销金额比例的提高更为明显。2015 ～ 2017 年度，城乡受访者中住院就诊时能够享受到各类医保带来的费用报销的比重震荡上升，至 2017 年城镇中心区、城乡结合部和农村受访者中能够享受住院报销的比重已经分别达到 93.94%、91.78% 和 91.65%。在能够享有医保报销的受访者中，城镇中心区受访者的住院医疗费用报销的平均比例在近三年基本稳定在 54% 左右，城乡结合部地区受访者住院医疗费用报销的比例由 2015 年的 45.08% 震荡提高到 2017 年的 48.82%，农村地区受访者住院医疗报销比例则从 2015 年的 42.16% 持续提升至 2017 年的 49.01%（见表 3-8）。

表3-8　　城乡受访者住院报销情况比较（%）

| | 2015年 | | | 2016年 | | | 2017年 | | |
|---|---|---|---|---|---|---|---|---|---|
| | 城镇中心区 | 城乡结合部 | 农村 | 城镇中心区 | 城乡结合部 | 农村 | 城镇中心区 | 城乡结合部 | 农村 |
| 报销群体比重 | 91.74 | 88.69 | 90.04 | 91.87 | 91.46 | 92.41 | 93.94 | 91.78 | 91.65 |
| 报销金额比例 | 54.08 | 45.08 | 42.16 | 50.01 | 44.05 | 44.14 | 53.70 | 48.82 | 49.01 |

注：报销群体比重指的是过去一年中最近发生的一次受访家庭成员住院就医过程中能够享有任何医保报销的比重，报销金额比例是指能够报销的受访者中平均能够报销的金额占花费的医疗就诊金额的比重。本表结果不包括 2015 年度和 2016 年度总体中含有的 2017 年未进行调查的广东省数据，也不包含 2017 年度总体中含有的 2015 年度和 2016 年度未进行调查的福建省数据。

## 2. 医疗费用上涨过快、医疗负担重是对医疗不满意的主要原因

医疗费用上涨过快，家庭的医疗负担仍然沉重。受访者 2016 年家庭平均医疗费用支出为 7784.60 元，较 2014 年增加了 22.61%，医疗支出占家庭总支出的比例从 16.21% 上升为 19.68%。在家庭支出压力中，医疗被排在首位，28.13% 的受访者家庭消费支出压力最大的首选项选择了医疗。在对医疗服务最不满意的问题中，受访者选择最多的是“看病太贵”，占到了 43.25%。住院医疗和家庭医疗费用上涨幅度均很大，在医疗费用增长较快的省份，受访者选择医疗为最不满意的比例也更高。对比 2015 年的调查数据，河北省和黑龙江省两个省份的医疗费用增长幅度明显更大。河北省的受访者中住院医疗费用和家庭医疗费用较 2015 年调查结果分别平均上涨了 40.83% 和 50.37%；黑龙江省的受访者住院医疗费用和家庭医疗费用较 2015 年调查结果分别增长了 24.97% 和 35.50%。相对应地，这两个省份分别有 18.58% 和 15.11% 的受访者将医疗选为最不满意的家庭生活因素，较总体分别高出了 6.42 和 2.95 个百分点（见图 3-14）。

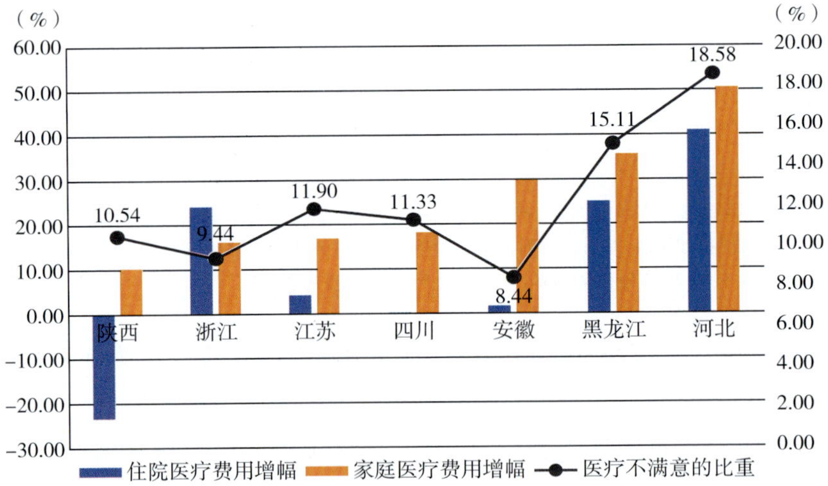


图3-14　各省受访者医疗费用的变化与对医疗不满者占比（%）

注：住院医疗费用是指上一年度受访者家庭成员最近一次住院就诊时所有的医疗费用（含医疗保险报销的金额），家庭医疗费用是指上一年度受访者家庭（包括所有家庭成员）实际的医疗总支出（包括住院、门诊和自己买药等，扣除各类医保报销后）的总金额。住院医疗费用增幅和家庭医疗费用增幅分别指的是各省受访者 2016 年住院医疗费用和家庭医疗费用相比于 2014 年度开支的增长百分比。医疗不满意的比重指的是各省受访者中将医疗作为最不满意的家庭生活因素的比重。本表结果不包括 2015 年度总体中含有的 2017 年未进行调查的广东省数据，也不包含 2017 年度总体中含有的 2015 年度未进行调查的福建省数据。

### 3. 看病贵问题依然突出，城乡居民对疾病风险的担忧普遍存在

看病贵成为城乡受访者对于医疗服务最不满意的因素。城镇、城乡结合部和农村受访者均将看病贵列为对医疗服务最不满意的因素。在城镇受访者、城乡结合部受访者和农村受访者中将看病贵列为对医疗服务最不满意因素的比重分别高达 45.54%、43.52% 和 41.80%，远远高于其他医疗服务问题的选择比重（见图 3–15），可见医疗服务中“看病太贵”已经成为亟待解决的重点问题。

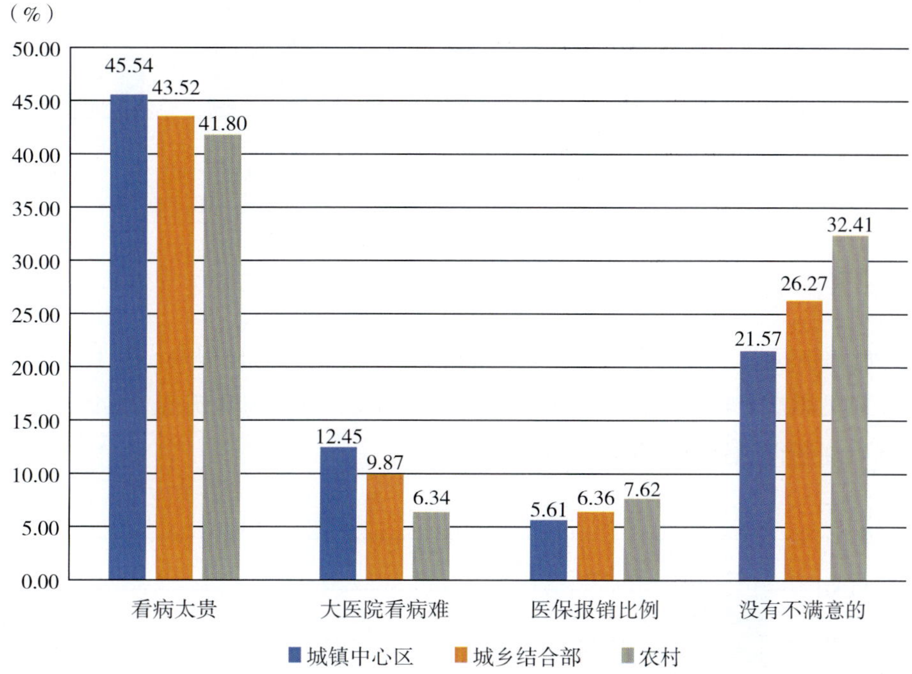


图3-15　城乡受访者医疗服务满意度的比较（%）

城乡受访者对于家庭成员未来看不起病的担忧较为普遍，农村受访者对未来看不起病的担忧更为突出。农村受访者表示会非常或者比较担心自己及家人未来生病后会没钱看病的比例为 62.76%，比城镇中心区受访者和城乡结合部受访者分别高 8.10 和 9.13 个百分点（见图 3–16）。因为医保报销比例仍比较低，农村家庭医疗负担比较重。2016 年农村受访者家庭的平均医疗总支出为 7849.55 元，比城镇受访者高 121.86 元。这相对于收入水平更低的农村居民来说，无疑是加重了家庭支出负担。农村受访者医疗支出占家庭支出比例的平均值为 22.66%，较城镇中心区受访者高 5.59 个百分点。农村受访者家庭支出压力最大的一项选择医疗的比例达到 31.67%，较城镇中心区受访者高 6.62 个百分点，并较其选择的第二位支出压力因素食品高 8.87 个百分点。27.84% 的农村受访者认为家庭医疗负担有所上升，比城镇中心区受访者高 4.2 个百分点。尤其需要引起重视的是，农村受访者中因看病而负债的比重较高。在过去一年因为家人看病而借钱的农村受访者比例为 21.32%，比城镇中心区受访者高 9.20 个百分点。

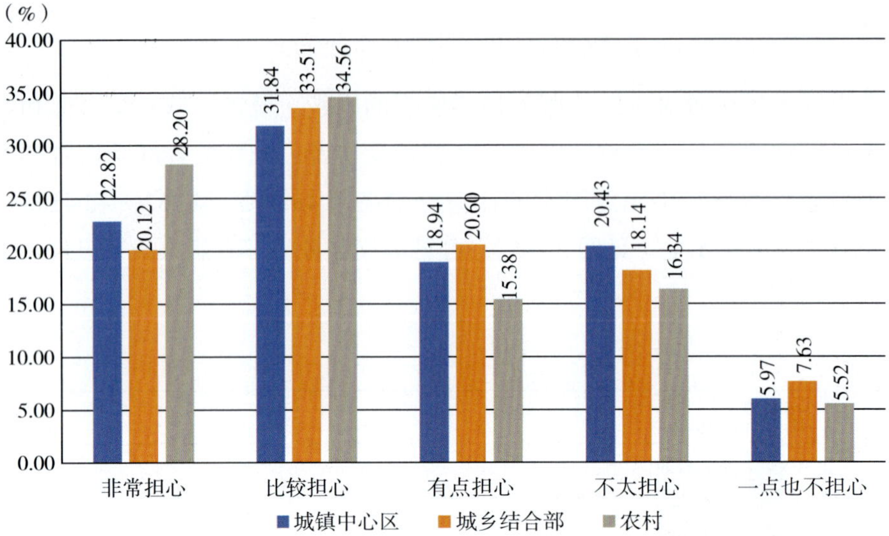


图3-16　城乡受访者担忧没钱看病情况的对比（%）

## 4. 基层医疗服务有所改善

2016 ~ 2017 年间城乡受访者到基层医疗机构就诊的比例明显提高。相比 2016 年，2017 年度受访者家庭成员患病时选择基层医疗机构就诊的比重从 69.27% 上升至 75.49%，表明基层医疗机构的作用开始逐渐得到强化（见图 3–17）。

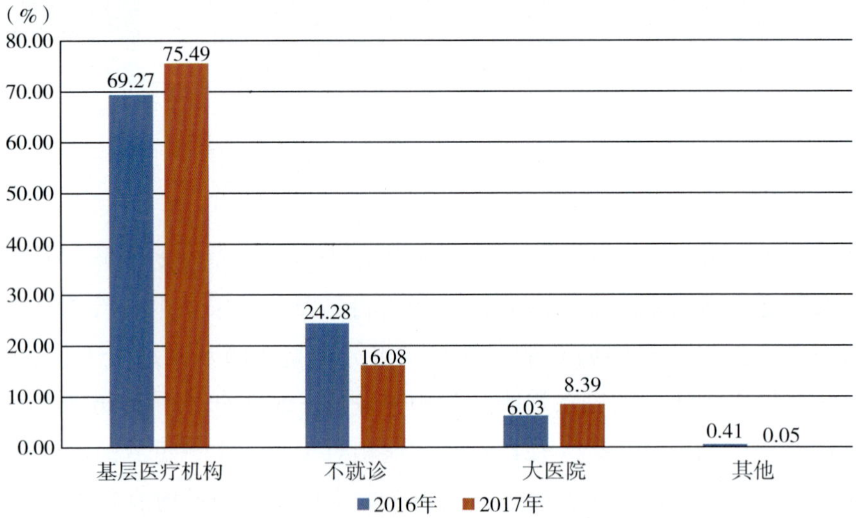


图3-17　2016 ~ 2017年受访者就诊医疗机构选择情况（%）

注：基层医疗机构包括村卫生室 / 诊所、社区卫生服务中心（站）、乡镇卫生院、区县医院、单位医院等。本图结果不包括 2016 年度总体中含有的 2017 年未进行调查的广东省数据，也不包含 2017 年度总体中含有的 2016 年度未进行调查的福建省数据。

基层医疗机构就诊的平均费用更低，受访者对基层医疗服务的评价明显提高。相比于生病时首选到大医院就诊的受访者，首选基层医疗机构就诊的受访者家庭在 2016 年全年花费的实际医疗总支出（包括住院、门诊和自己买药等，扣除各类医保报销后）平均为 7527.27 元，比首选大医院就诊的受访者家庭的医疗支出低近 3000 元（见图 3-18）。随着基层医疗服务的改革推进，有高达 57.96% 的受访者对基层医疗机构的服务改善持肯定态度，体现出基层医疗机构服务日益得到改善并逐步得到人民群众的认可。

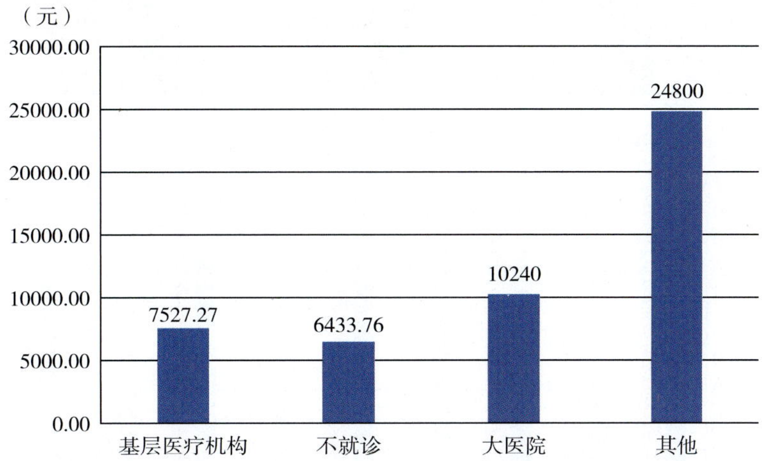


**图3-18 各级医疗机构就诊患者的医疗支出（元）**

### 5. 城乡医疗保障并轨有所进展，并有利于降低受访者对医疗的不满意程度

城乡医疗保障并轨工作取得一定进展。截至 2017 年调查时点，在调查的八个省份中已有五个省份（河北、江苏、浙江、安徽和福建）的所有受访者所在地区都已经实现或正在推进城乡医保缴费标准的统一。具体到区县上看，71.95% 的调查区县已经实现了城乡居民医疗保险缴费标准的统一，还有 13.42% 的区县正在推行。

城乡医疗保障并轨的推进，部分实现了城乡报销标准和报销病种的统一，有助于降低城乡居民对医疗的不满意程度。调查结果显示，在城乡医保缴费标准已经完全统一的地区，仅有 11.98% 的受访者将医疗作为最不满意的家庭生活因素，较没有统一地区低了 1.9 个百分点（分别仅有 12.24% 的城镇中心区受访者和 11.90% 的农村受访者将医疗作为最不满意的家庭生活因素，较没有统一地区的城乡受访者分别低了 3.48 和 1.47 个百分点）；在城乡医保报销标准已经完全统一的地区，仅有 11.57% 的受访者将医疗作为最不满意的家庭生活因素，较没有统一地区低了 1.79 个百分点（分别仅有 11.33% 的城镇中心区受访者和 11.58% 的农村受访者将医疗作为最不满意的家庭生活因素，较没有统一地区的城乡受访者分别低了 3.75 和 1.15 个百分点）（参见图 3-19）。但目前受筹资能力的限制，相当一部分地区的城乡医保并轨还仅局限在管理制度的并轨。在已经推进城乡居民医保缴费标准统一的 59 个区县中，仍分别有 16 和 11 个区县城乡居民医疗保险报销标准和报销病种没有统一。

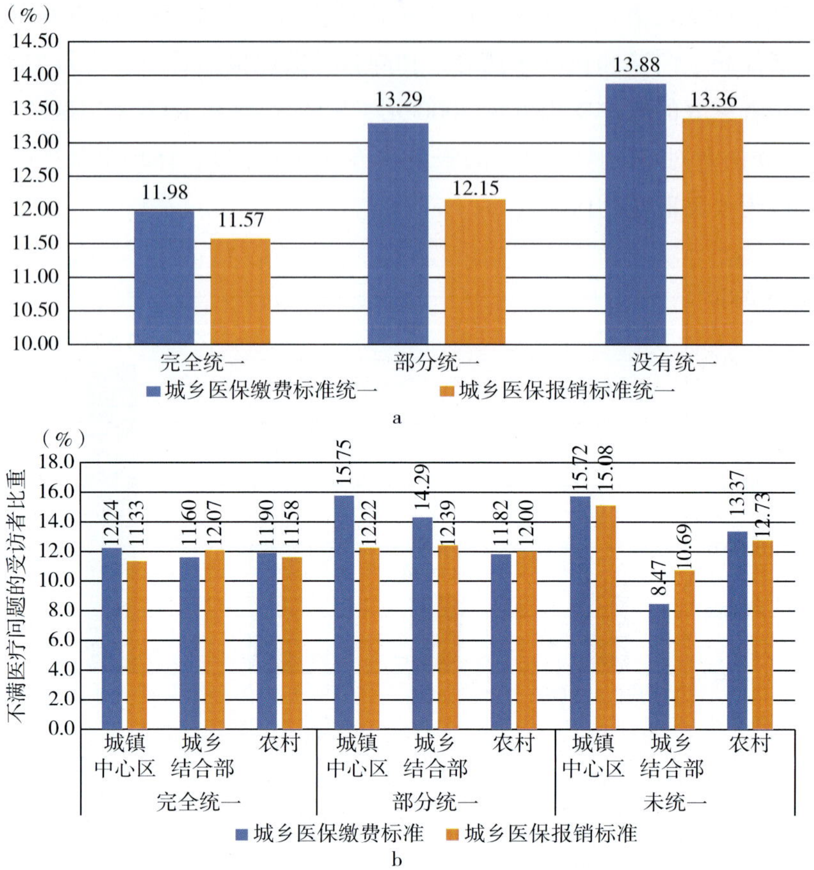


图3-19　不同城乡医疗并轨程度地区中对医疗不满意受访者占比（%）

## （六）受访者对养老的关切度有所提升

### 1. 老年人收入水平低，对家庭养老依赖程度大

老龄化带来的养老问题日益凸显，而受访者家庭中普遍存在老年人收入不足、养老高度依赖于家庭的问题，这一问题在农村更为严重。养老问题成为半数家庭需要面对的现实问题。2017年调查的数据显示，51%的受访者家庭有超过60周岁的老人需要赡养，其中30.03%的受访者家庭有2名以上的老人。农村受访者家庭中有60岁以上老人的比例为54.47%，比城镇受访者高6.53个百分点。但农村老人普遍缺乏充分的收入来源，养老对子女的依赖程度较高。在所调查的农村60岁以上老人中，有固定收入的占比仅为82.52%，比城镇60岁以上老人中有固定收入的占比低了7.34个百分点。农村受访者家庭中60岁以上老人的平均月收入为809.35元，比城镇受访者家庭老人收入低868.83元。

农村的养老金标准很低，难以保障老人的基本生活。调查的各个区县，农村居民参加基本养老保险的缴费水平明显较低，按照最低档缴费的比例平均为76.10%，较城镇居民高17.43个百分点。农村老人以参加居民基本养老保险为主，城镇老人以参加职工养老保险为主，两种保险制度差距较大。这导致农村居民的养老金水平大大低于城市，调查中农村受访者家庭老人的养老金只有城镇本地受访者家庭老人的十分之一左右。农村受访者家庭老人每月领取养老金的平均值为 140.74 元，而城镇本地受访者家庭老人每月领取的养老金平均值为 1336.58 元。有 56.79% 的农村受访者认为目前养老保障最大的问题是“养老金水平太低”，比城镇中心区受访者高 13.31 个百分点。同时，农村受访者对老了以后的生活选择靠子女亲属赡养的比例为 37.65%，较城镇中心区受访者高 19.73 个百分点（60 周岁以上的农村受访者对老了以后的生活选择靠子女亲属赡养的比例为 35.83%，较城镇中心区受访者高 18.94 个百分点）。在养老保障不充分的条件下，土地仍在农村承担着对农村居民的养老功能，成为农村受访者所依赖的第三位养老来源。尤其是当前农村老人对土地养老的依赖还比较高，60 岁以上的农村受访者选择靠土地生活的比例达到 18.85%（见图 3-20）。但农业转移人口对土地养老的依赖已经明显下降，农业户籍流动人口选择老了以后靠土地生活的比例只有 5.16%。

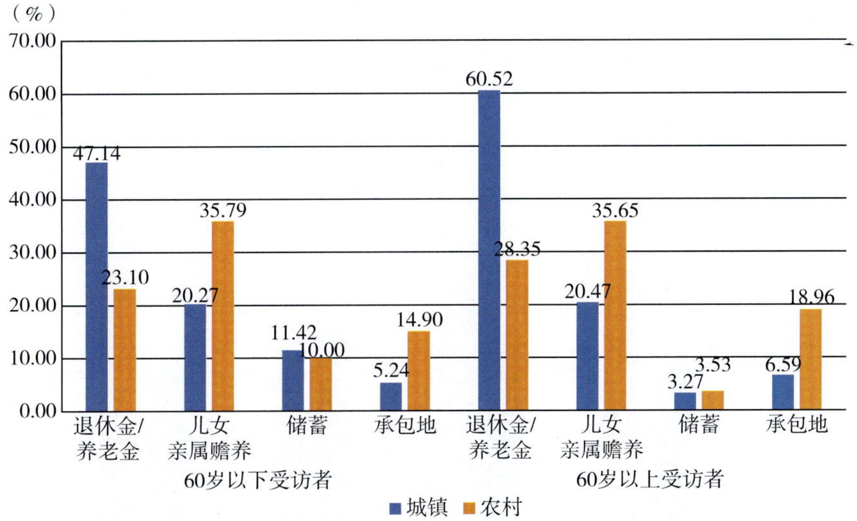


a

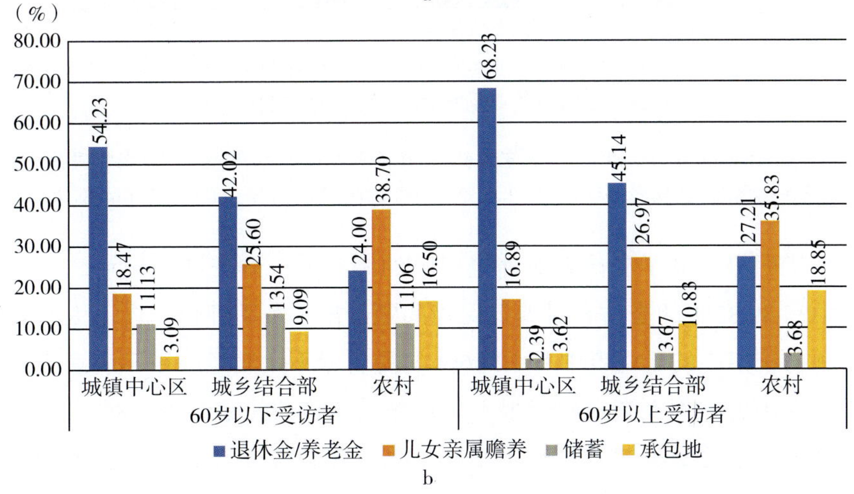


b

图3-20　城乡受访者对养老生活来源选择的比较（%）

### 2. 农村家庭养老负担沉重，受访者对养老有较多的担忧

分别有 33.92% 和 31.4% 的受访者认为照顾老人有较大的经济和精神与时间的压力，而且农村受访者面临更大的养老经济压力。由图 3–21 可以看出，有 36.83% 的农村受访者表示在赡养老人的经济方面承受了非常大或者比较大的压力，比城镇中心区受访者相应比重高出了 6.29 个百分点。

社会养老保障的不充分也是绝大多数受访者存在对未来养老较多担忧的原因。50.26% 的受访者对以后养老的经济来源非常和比较担心。53.75% 的农村受访者表示对未来养老的经济来源非常和比较担心，较城镇中心区和城乡结合部受访者分别高 6.31 和 6.44 个百分点。由于农业户籍流动人口多数参加农村居民基本养老保险，其对未来养老的担心也明显高于城镇户籍受访者。因而以户籍来对比，城乡对未来养老担忧的差距就更为明显。农业户籍受访者对未来养老的经济来源非常和比较担心的比例为 54.30%，较城镇户籍受访者高 12.55 个百分点。特别是城乡老人正面临巨大的养老保障差距，60 岁以上的农业户籍受访者对养老经济来源非常和比较担心的比例比 60 岁以上城镇户籍受访者高 17.55 个百分点。

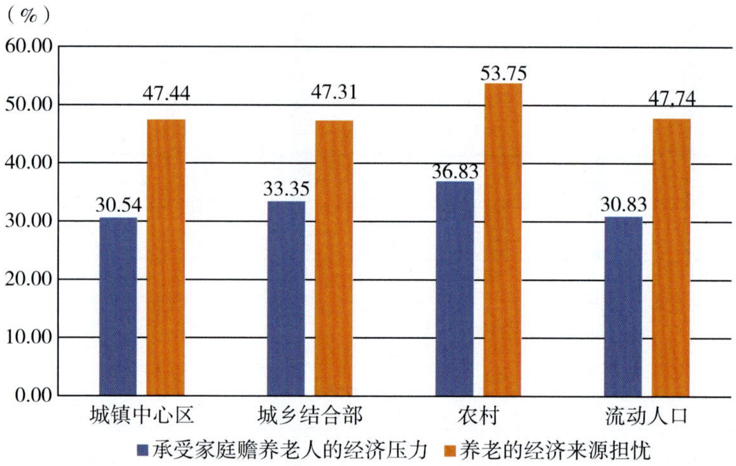


图3-21　不同群体家庭中的养老经济负担情况（%）

注：承受家庭赡养老人的经济压力指的是受访者家庭表示在赡养老人的过程中感受到了非常大或者比较大的经济压力的家庭比例；养老的经济来源担忧是指受访者中对于自己未来养老的经济来源表示非常担心或比较担心的比重。

对养老的担忧明显降低了受访者对养老保障的满意度。调查结果显示，非常担心未来养老问题的受访者中有 39.82% 的受访者对养老保障问题给出了负面评价（含不太满意和很不满意），对未来养老问题比较担心的受访者中有 22.66% 的受访者不太满意或很不满意当前的养老保障体系，有点担心的受访者中不太满意或者很不满意养老保障的比重为 16.78%，而不太担心和一点也不担心未来养老问题的受访者中分别只有 10.13% 和 6.60% 的受访者对养老保障给出了负面评价（见图 3–22）。

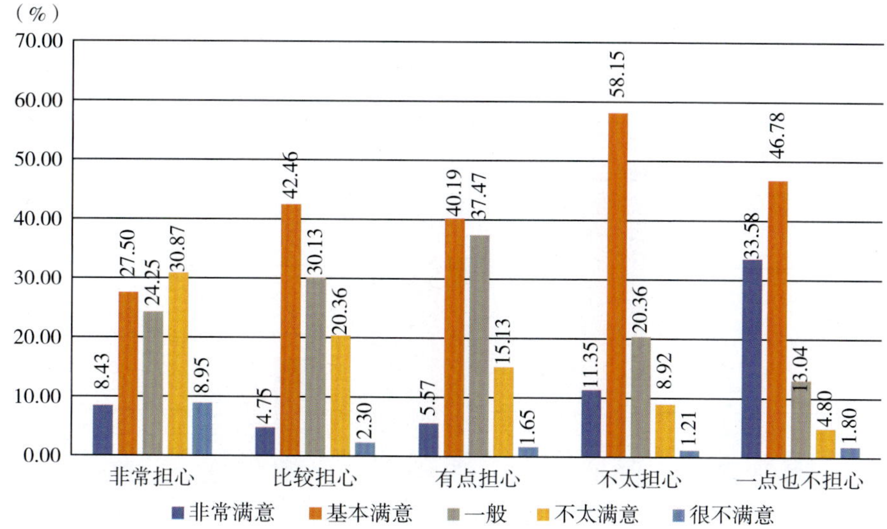


图3-22 养老担忧程度与养老保障评价之间的关系（%）

### 3. 社会养老保障和服务难以满足城乡居民养老需求

城乡受访者对社会养老保障和服务的评价不是太高，城镇中心区受访者的评价更不乐观。农村受访者中对社会养老保障和社会养老服务满意的比重分别为 57.30% 和 55.85%，有接近一半的农村受访者不满意当前的社会养老保障和服务；城镇中心区受访者中对社会养老保障和服务的满意度更低，对社会养老保障和服务满意的城市受访者比重分别为 48.57% 和 48.33%。这意味着超过半数的受访者家庭的社会养老保障和服务需求难以得到满足（见图 3-23 和图 3-24）。

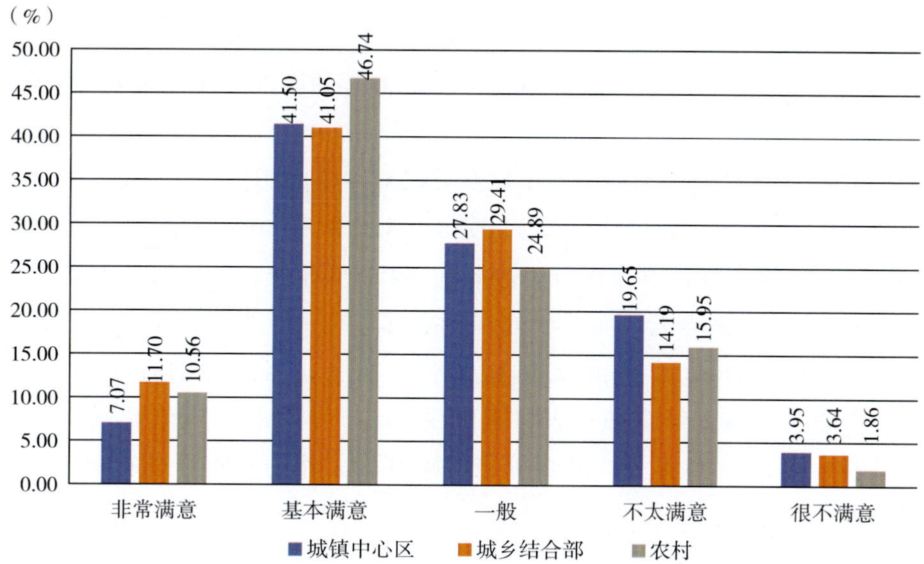


图3-23 城乡受访者养老保障满意度比较（%）

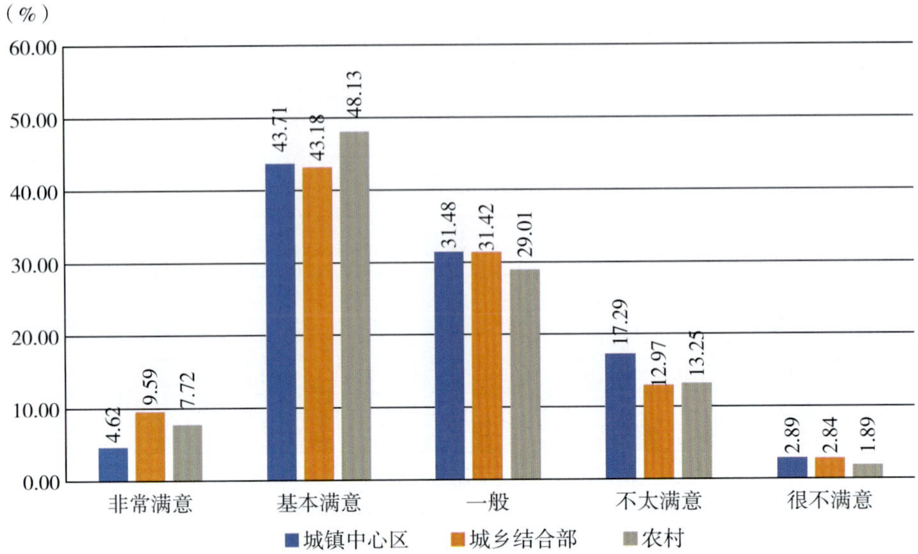


图3-24 城乡受访者养老服务满意度比较（%）

在社会养老保障领域，城乡受访者最不满意的方面都是养老金水平太低。调查结果显示，分别有 40.55% 和 52.45% 的城镇和农村受访者将养老金水平太低视为其对养老保障最不满意的因素；在社会养老服务领域，城镇和农村居民最关注的问题有所差异，城镇受访者中最不满意的是养老机构收费太高（占 30.41%），农村受访者中最不满意的则是养老服务机构太少的问题（占 32.33%）。可见，农村养老服务的基础设施建设急需增加。

### 4. 城乡养老保障并轨工作进展显著且在较大程度上缓解了城乡居民的养老担忧

城乡养老保障并轨工作成效显著，基本实现了城乡养老保障并轨的全覆盖。至 2017 年度调查时，城镇和农村受访者的养老保险覆盖率分别达到了 87.76% 和 90.59%。所有的受访者所在地区均实现了城乡养老保险的完全统一或部分统一，82.93% 的调查区县实现了城乡养老保险标准的完全统一。

城乡养老保障标准的统一极大地缓解了城乡居民对养老的担忧。在已经完全实现城乡养老保险标准统一的地区，城镇和农村受访者中分别有 44.38% 和 50.10% 的受访者（城镇中心区、城乡结合部和农村地区受访者中分别有 46.54%、44.39% 和 51.58% 的受访者）非常担心或者比较担心其现在或者未来养老，而对于处在标准部分统一、养老保障并轨工作仍需进一步完善的地区，分别有 60.10% 和 66.07% 的城镇和农村受访者（分别有 59.47%、71.51% 和 66.14% 的城镇中心区、城乡结合部和农村地区受访者）非常担心或者比较担心其现在或者未来养老（见图 3-25）。由此可见，城乡养老保障并轨工作的扎实推进有利于缓解城乡居民对养老问题的担忧。

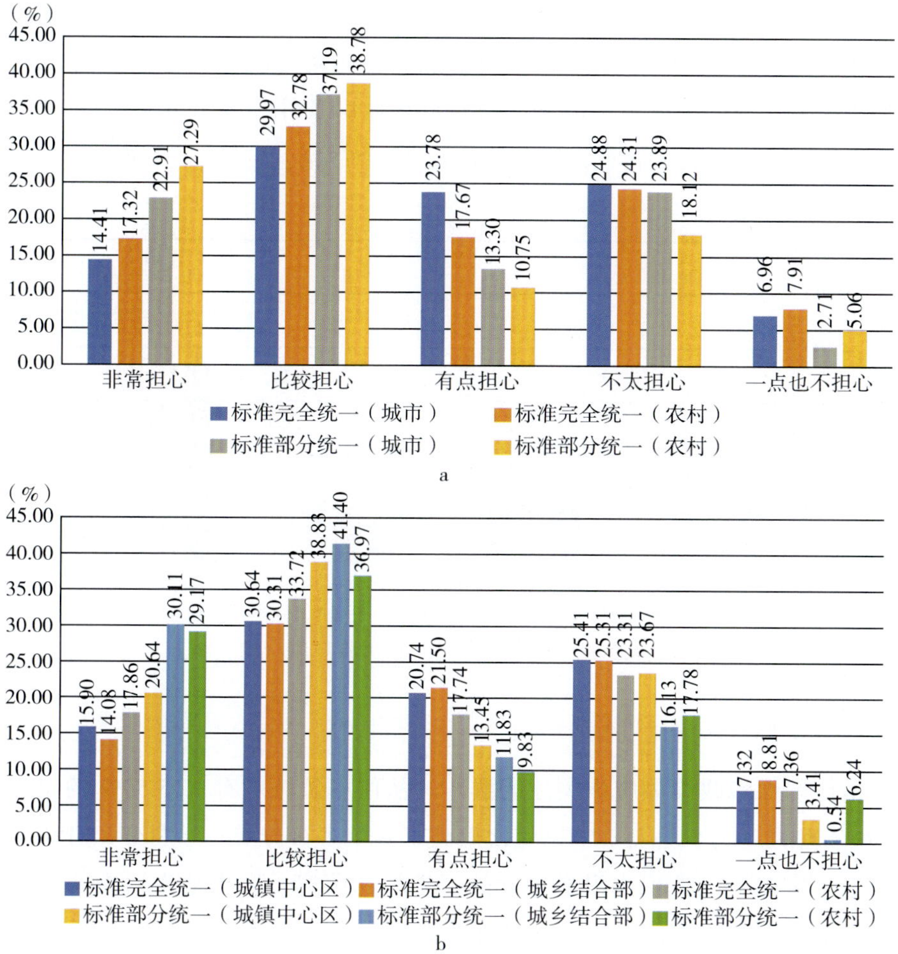


**图3-25　城乡养老保障并轨与受访者养老担忧程度之间的关系（%）**

## （七）相当部分受访者对住房改善的愿望迫切

人民群众对美好生活的向往突出反映在住房改善需求上。十九大报告中指出，要坚持房子是用来住的、不是用来炒的定位，加快建立多主体供给、多渠道保障、租购并举的住房制度，让全体人民住有所居。当前，房价过高、住房面积太小等问题仍旧是城乡居民最为关注的住房问题，流动人口较为简陋的住房条件也明显地阻碍城乡居民住房满意度的进一步提升。

### 1. 农村和流动人口住房条件较差

农村受访者和流动人口的住房条件较差，流动人口的住房满意度普遍不高。比较城镇中心区居民、城乡结合部居民、农村居民和流动人口这四类人群的住房状况可以发现，合租比例最高的前两位群体分别是流动人口和农村居民，相应占比分别达到了 15.55% 和 14.41%，比总体依次高出 4.4 个和 3.26 个百分点；住房没有独立卫生间的比例最高的前两位群体依次为流动人口和农村居民，相应占比分别为 28.18% 和 26.26%，依次比总体高出 8.9 个和 6.98 个百分点；住房没有独立厨房的比例最高的前两位群体依次为流动人口和农村居民，相应占比分别为 28.86% 和 11.81%，比总体分别高出 19.07 个和 2.02 个百分点。住房条件的低劣导致了流动人口对自身住房条件满意度的低下，在四类群体中流动人口对自身住房条件的满意度是最低的，只有 20.86% 的流动人口受访者对其住房表示满意，比总体低近 23 个百分点（见图 3-26）。

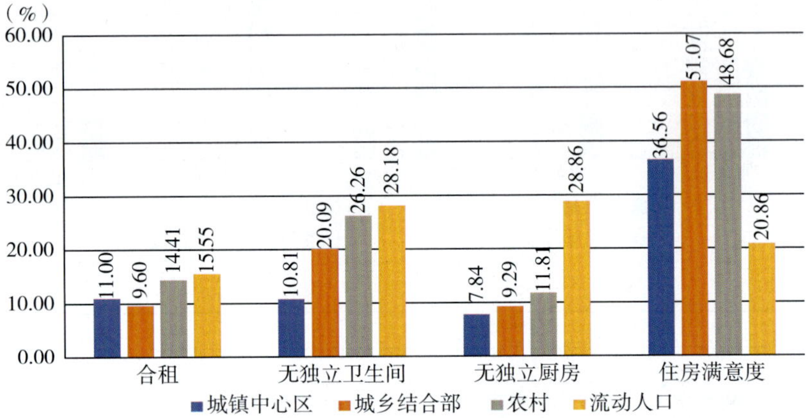


图3-26 城乡受访者住房条件和住房满意度比较（%）

## 2. 住房保障政策最应关注流动群体

流动人口是住房保障政策最应该关注的群体。从住房条件来看，15.55% 的流动人口受访者（家庭）是与人合租的，比本地人口中相应比重高了 8 个多百分点；分别有 28.18% 和 28.68% 的流动人口受访者（家庭）的住房中没有独立的卫生间和厨房，比本地人口中的相应比重分别高了约 10 个和 20 个百分点。由此可见，相比于本地居民，流动人口的住房条件明显更差。从住房满意度来看，选择对当前住房满意的流动人口受访者比重只有 20.86%，不足本地居民中相应比重的一半（见图 3-27）。

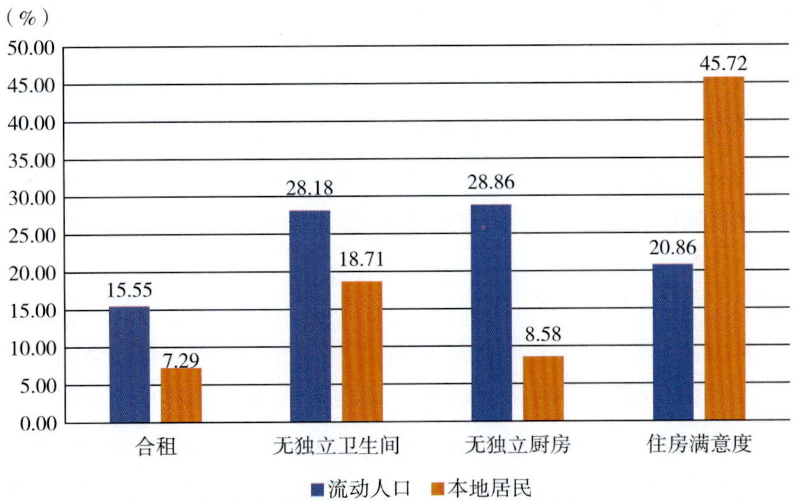


图3-27 流动人口与本地居民住房状况比较（%）

### 3. 住房保障最急迫解决的问题是房价过高、住房面积太小和社区年久落后

房价过高、住房面积太小和社区年久落后是受访者普遍最关注的住房问题。城镇中心区和城乡结合部居民受访者最不满意的住房问题都是房价太高。在对住房问题有不满的城镇中心区和城乡结合部受访者中，将房价太高选为住房最不满意因素的受访者所占比重分别为 30.12% 和 29.82%；在农村居民受访者中，对住房最不满意的因素则是住房面积太小。在对住房问题有不满的农村受访者中，将住房面积太小视为住房最不满意因素的比例为 25.96%。城镇中心区和城乡结合部居民受访者住房最不满意排在第二位的是住房面积太小。在对住房有不满的城镇中心区和城乡结合部受访者中，将住房面积太小选择为住房最不满意因素的受访者所占比重分别为 25.53% 和 25.58%；农村居民住房最不满意排在第二位的是房价太高。在对住房问题有不满的农村受访者中，将房价太高选择为住房最不满意因素的比例为 25.87%。三个群体对住房最不满意第三位因素都是小区年久落后。在对住房问题有不满的城镇中心区、城乡结合部和农村受访者中，将小区年久落后选择为住房最不满意因素的受访者所占比重分别为 14.19%、15.88% 和 21.41%。这三个问题合计占到三个地区居民住房不满意原因的七成左右，因此，住房保障政策需要关注的核心问题就是房价过高、住房面积狭小和社区年久落后的问题（见表 3–9）。

表3-9　城乡居民对住房最不满意的因素（%）

| | 城镇中心区 | 城乡结合部 | 农村 |
|---|---|---|---|
| 住房面积太小 | 25.53 | 25.58 | 25.96 |
| 没有独卫或厨房 | 1.91 | 4.24 | 4.88 |
| 水电气等设施不全 | 4.02 | 8.24 | 8.73 |
| 房价太高 | 30.12 | 29.82 | 25.87 |
| 住房支出压力大 | 5.89 | 5.79 | 1.92 |
| 小区年久落后 | 14.19 | 15.88 | 21.41 |
| 小区环境和物业差 | 13.33 | 6.67 | 3.62 |
| 地段问题 | 4.07 | 3.88 | 7.23 |
| 房产证有问题 | 0.28 | 0.00 | 0.05 |
| 无法抵御自然灾害 | 0.08 | 0.00 | 0.33 |
| 楼层过高 | 0.57 | 0.00 | 0.00 |

## 三、社会环境关切点的基本特征

### （一）社会环境方面最关切的因素分析

随着社会环境的持续改善，受访者对社会环境各方面的不满意明显下降。受访者表示对社会环境各方面都很满意的比例为 56.97%。受访者最不满意方面选择食品安全和环境污染的比例分别为 11.90% 和 11.73%，近年来一直是最高的，这反映出老百姓希望其改善的愿望强烈；最不

满意方面选择交通出行的比例为 8.13%，位列第三。

相比上一年度，2017 年城乡居民社会环境满意度明显改善，中高收入者的社会环境满意度改善尤为突出。2017 年未变化的 7 个调查省份受访者中，选择对社会环境各方面都很满意的占比为 58.00%，较上一年度增加了近 6 个百分点，其中环境污染、食品安全、交通出行等多个领域改善都十分明显，将上述方面作为最不满意的社会环境问题的受访者占比都减少了 1 个多百分点（见表 3-10、表 3-11）。比较不同收入水平受访者对于社会环境问题的满意情况，年收入不足 0.6 万的低收入群体社会环境满意度的改善最不明显，由 2016 年的 67.42% 增加至 2017 年的 68.97%，而年收入在 0.6 万 ~ 1.5 万、1.5 万 ~ 3 万、3 万 ~ 4.5 万和 4.5 万及其以上的受访者满意度则分别提高了 10.11 个、12.59 个、3.19 个、3.60 个和 4.85 个百分点。即便如此，横向来看，年收入不足 0.6 万的低收入群体仍旧是各收入群体中社会环境整体满意水平最高的。如 2017 年年收入不足 0.6 万的低收入群体对社会环境各方面都很满意的占比为 68.97%，比总体高出了近 11 个百分点。

表3-10　2017年不同收入阶层社会环境方面满意状况的比较（%）

| 年收入 | 社区服务 | 社会治安 | 交通出行 | 食品安全 | 环境污染 | 司法公正 | 行政效率 | 文化生活 | 社保/医疗 | 都很满意 |
|---|---|---|---|---|---|---|---|---|---|---|
| 不足0.6万 | 1.89 | 1.89 | 8.28 | 4.30 | 9.96 | 0.31 | 2.41 | 1.68 | 0.31 | 68.97 |
| 0.6万 ~ 1.5万 | 2.05 | 1.51 | 6.58 | 6.47 | 10.14 | 1.40 | 2.59 | 1.29 | 0.54 | 67.42 |
| 1.5万 ~ 3万 | 2.78 | 1.85 | 6.94 | 11.56 | 12.40 | 0.74 | 2.87 | 0.74 | 0.46 | 59.67 |
| 3万 ~ 4.5万 | 2.77 | 2.67 | 7.26 | 14.62 | 17.61 | 0.43 | 2.88 | 1.07 | 0.43 | 50.27 |
| 4.5万及以上 | 3.95 | 3.75 | 11.55 | 17.79 | 15.30 | 0.62 | 3.23 | 1.77 | 0.10 | 41.94 |
| 合计 | 3.13 | 2.30 | 7.71 | 10.99 | 12.73 | 0.71 | 2.71 | 1.22 | 0.49 | 58.00 |

注：不同收入水平以受访者过去一年（2016 年 6 月至 2017 年 6 月）的年收入水平（扣除税及“五险一金”之后，包括工资、奖金、经营净收入等，不包括资产性收入）为衡量依据，不同收入水平群体的样本数基本一致；本表结果不包括 2016 年度未进行调查的福建省数据；本表的收入阶层划分方式，是为了保证各收入阶层的有效样本数基本一致。

表3-11　2016年不同收入阶层社会环境方面满意状况的比较（%）

| 年收入 | 社区服务 | 社会治安 | 交通出行 | 食品安全 | 环境污染 | 司法公正 | 行政效率 | 文化生活 | 社保/医疗 | 都很满意 |
|---|---|---|---|---|---|---|---|---|---|---|
| 不足0.6万 | 2.85 | 2.07 | 11.22 | 2.46 | 9.25 | 0.79 | 2.56 | 0.98 | 0.39 | 67.42 |
| 0.6万 ~ 1.5万 | 2.01 | 2.56 | 10.60 | 8.50 | 13.53 | 0.64 | 3.38 | 1.28 | 0.18 | 57.31 |
| 1.5万 ~ 3万 | 1.78 | 2.71 | 6.94 | 15.83 | 17.87 | 1.02 | 3.98 | 2.03 | 0.76 | 47.08 |
| 3万 ~ 4.5万 | 2.30 | 3.45 | 11.25 | 19.13 | 17.65 | 1.31 | 5.42 | 0.99 | 0.16 | 38.34 |
| 4.5万及以上 | 2.86 | 3.28 | 9.92 | 19.85 | 19.43 | 0.84 | 5.13 | 1.26 | 0.34 | 37.09 |
| 合计 | 2.55 | 2.49 | 8.87 | 12.27 | 15.07 | 0.87 | 3.60 | 1.63 | 0.27 | 52.38 |

注：不同收入水平以过去一年（2015 年 6 月至 2016 年 6 月）的年收入水平（扣除税及“五险一金”之后，包括工资、奖金、经营净收入等，不包括资产性收入）为衡量依据，不同收入水平群体的样本数基本一致；本表结果不包括 2017 年度未进行调查的广东省数据；本表的收入阶层划分方式，是为了保证各收入阶层的有效样本数基本一致。

## （二）不同特征受访者对社会环境有更高要求

### 1. 不同收入受访者社会环境关切点比较

收入越高的受访者对社会环境的关切程度越高。人民群众收入的提高带来了对社会环境改善的更多需求和期待。受访者家庭年收入越高，其对社会环境各方面都满意的比例明显下降，只有受访者家庭年收入超过 25 万元后对社会环境很满意的比例才有所回升（见图 3-28）。

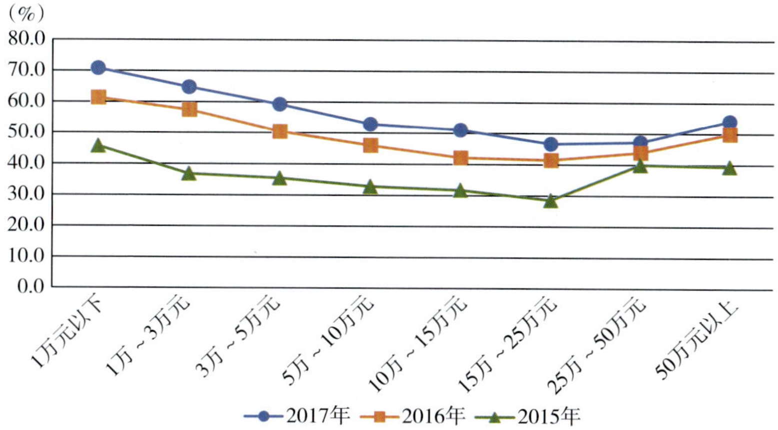


图3-28　2015～2017年不同收入阶层中对社会环境很满意者占比（%）

高收入受访者对食品安全和环境污染不满意的比例均明显更高。家庭年收入 10 万元以上的高收入受访者最不满意方面选择食品安全和环境污染的比例分别为 15.62% 和 13.50%，分别比家庭年收入 5 万元以下的低收入受访者高 7.87 和 4.04 个百分点。低收入人群则更加关注交通出行问题，家庭年收入 5 万元以下的低收入受访者选择交通出行为最不满意方面的比例为 8.23%，该因素为其最不满意的第二位因素（见图 3-29）。

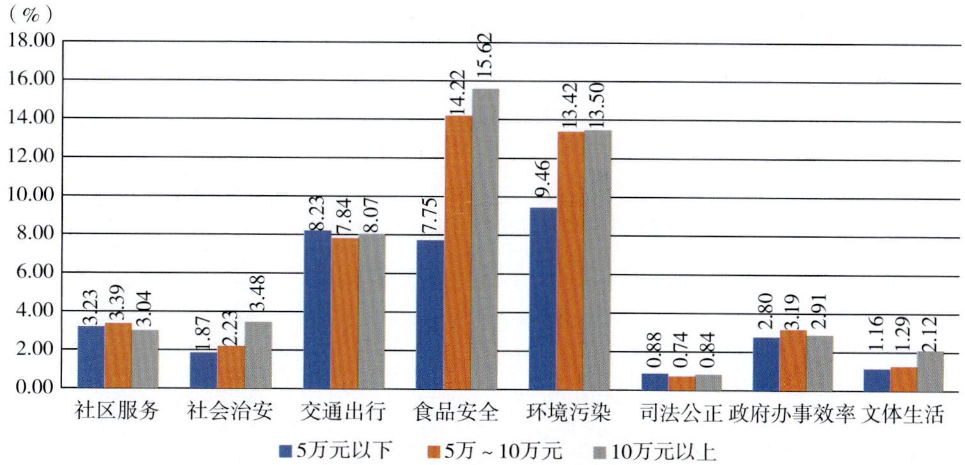


图3-29　收入与社会环境关切点的关系（%）

中上层和中下层收入受访者期待社会环境改善的程度更高。认为自己在当地属于中上层和中下层收入的受访者对社会环境都满意的比例分别只有 55.07% 和 50.53%，较总体低约 4.9 和 6.5

个百分点，最不满意方面选择食品安全和环境污染的比例明显较高。同时，认为自己的收入属于中层以下的受访者对交通出行最不满意的比例明显较高。认为自己收入处于中下层的受访者最不满意的选择交通出行的比例为 9.27%，比中上层的受访者高 3.28 个百分点（见图 3–30）。

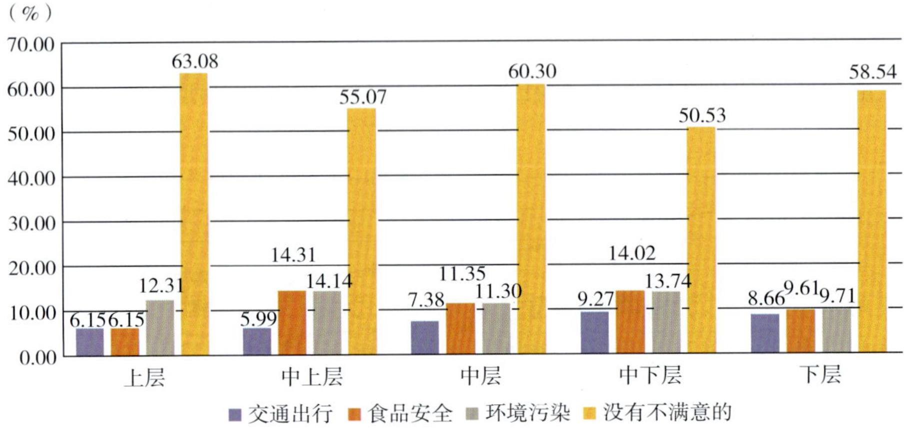


图3-30　收入主观评价与社会环境关切点的关系（%）

## 2. 不同年龄受访者社会环境关切点比较

年轻的受访者对社会环境有更高的要求。未满 30 周岁的受访者对社会环境都满意的比例只有 41.44%，比总体低近 14 个百分点，该群体最不满意的社会环境因素选择环境污染和食品安全的比例分别为 17.50% 和 14.36%，分别比总体高 5.08 和 1.7 个百分点。年龄在 30 ~ 39 岁的受访者对食品安全问题明显有更普遍的不满情绪，该群体将食品安全作为最不满意的社会环境因素的比例为 20.42%，比总体高 7.56 个百分点。年龄在 40 ~ 49 岁和 50 ~ 59 岁的受访者最不满意的社会环境因素都是食品安全，比例分别为 14.55% 和 12.91%。在 60 岁及其以上的受访者中，最不满意的社会环境因素是环境污染，有 10.82% 的该年龄段受访者将其作为其最不满意的社会环境因素，但这一比重仍是各年龄段中最低的，比总体低 1.6 个百分点（见图 3–31）。

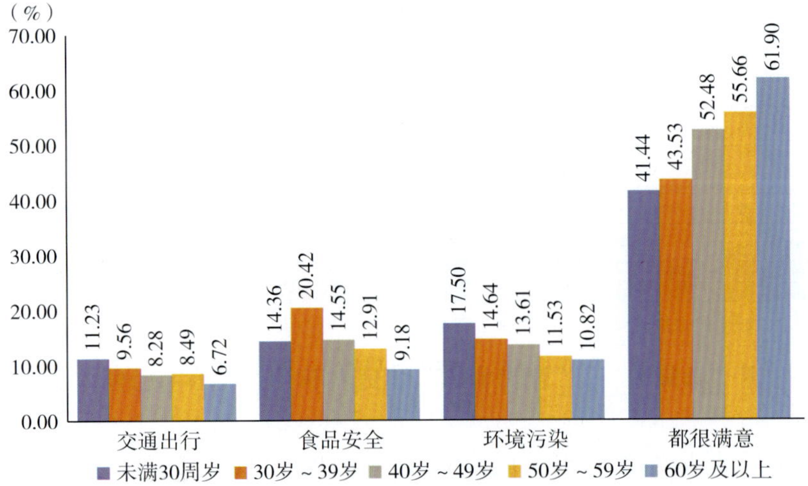


图3-31　不同年龄段受访者对社会环境关切点的比较（%）

### 3. 不同受教育程度受访者社会环境关切点比较

受教育程度越高的受访者对社会环境有更高的要求。本科及以上受访者中对社会环境各方面都很满意的比重仅为 25.00%，比总体低 30 多个百分点。随着受教育程度的提高，受访者普遍对食品安全问题和环境污染问题表现出更高的关注。在受教育程度分别为没上过学、小学（含肄业）、初中（含肄业）、高中 / 中专 / 技校（含肄业）、大专 / 高职（含肄业）和本科及以上（含肄业）六个不同的群体中，对社会环境都很满意的占比分别为 68.37%、65.17%、55.86%、45.74%、37.33% 和 25.00%，呈现出快速下降的趋势；将食品安全视为最不满意的社会环境因素的占比分别为 3.41%、7.66%、12.47%、18.47%、24.00% 和 27.46%，将环境污染作为最不满意的社会环境因素的占比分别为 7.35%、8.79%、12.44%、15.77%、19.67% 和 19.87%，都呈现出快速上升的趋势（见图 3–32）。

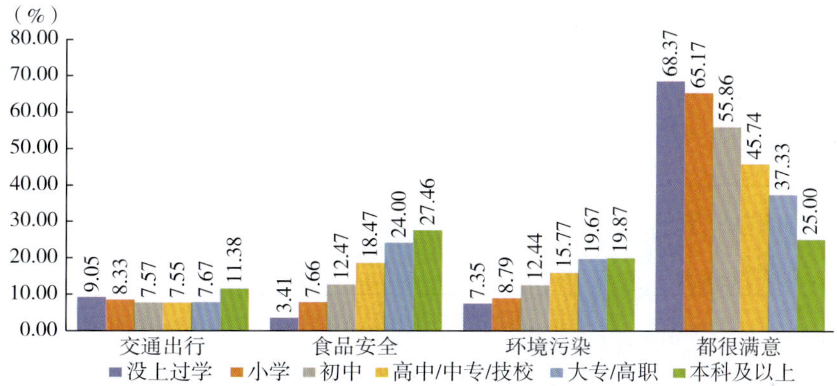


图3-32 不同受教育程度受访者对社会环境关切点的比较（%）

## （三）不同地区受访者社会环境关切点的比较

### 1. 不同经济发展水平地区受访者社会环境关切点比较

地区经济发展水平越高，受访者对环境污染和食品安全的关切程度越高。人均 GDP 越高的地区对社会环境各方面的诉求都比较高，选择食品安全和环境污染为最不满意方面比例明显更高。人均 GDP 在 2 万 ~ 3 万元之间地区的受访者对交通出行的关切程度最高，选择其为最不满意因素的比例为 11.1%，较第二位的不满意因素环境污染高约 5.2 个百分点（见图 3–33）。

随着人均 GDP 的提高，受访者选择对环境污染为最不满意因素的比例快速提升，选择食品安全为最不满意因素的比例平缓提升（见图 3–33）。但经济发展水平与对环境污染和食品安全的关切度之间的关系是波动式上升的。人均 GDP 为 5 万元以上地区的受访者选择环境污染和食品安全为最不满意的比例最高，分别为 14.7 和 %16.7%，人均 GDP 为 2 万 ~ 3 万元地区受访者选择环境污染和食品安全为最不满意的比例最低，分别为 5.9% 和 4.6%。人均 GDP 为 2 万元以下地区最不发达地区受访者选择环境污染和食品安全为最不满意的比例分别为 8.6% 和 8.5%，较人均 GDP 为 2 万 ~ 3 万元地区受访者高约 2.7 和 3.9 个百分点，这说明最不发达地区仍有较高环境污染和食品安全风险（见图 3-34）。

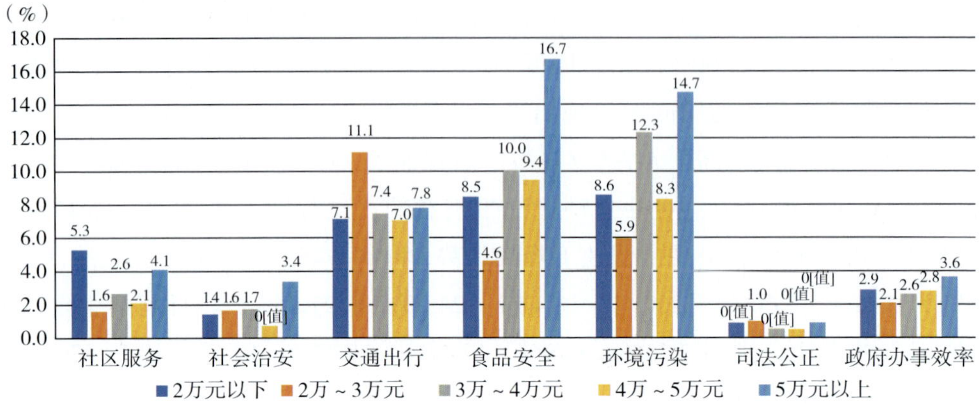


图3-33　人均GDP对社会环境关切点的关系（%）

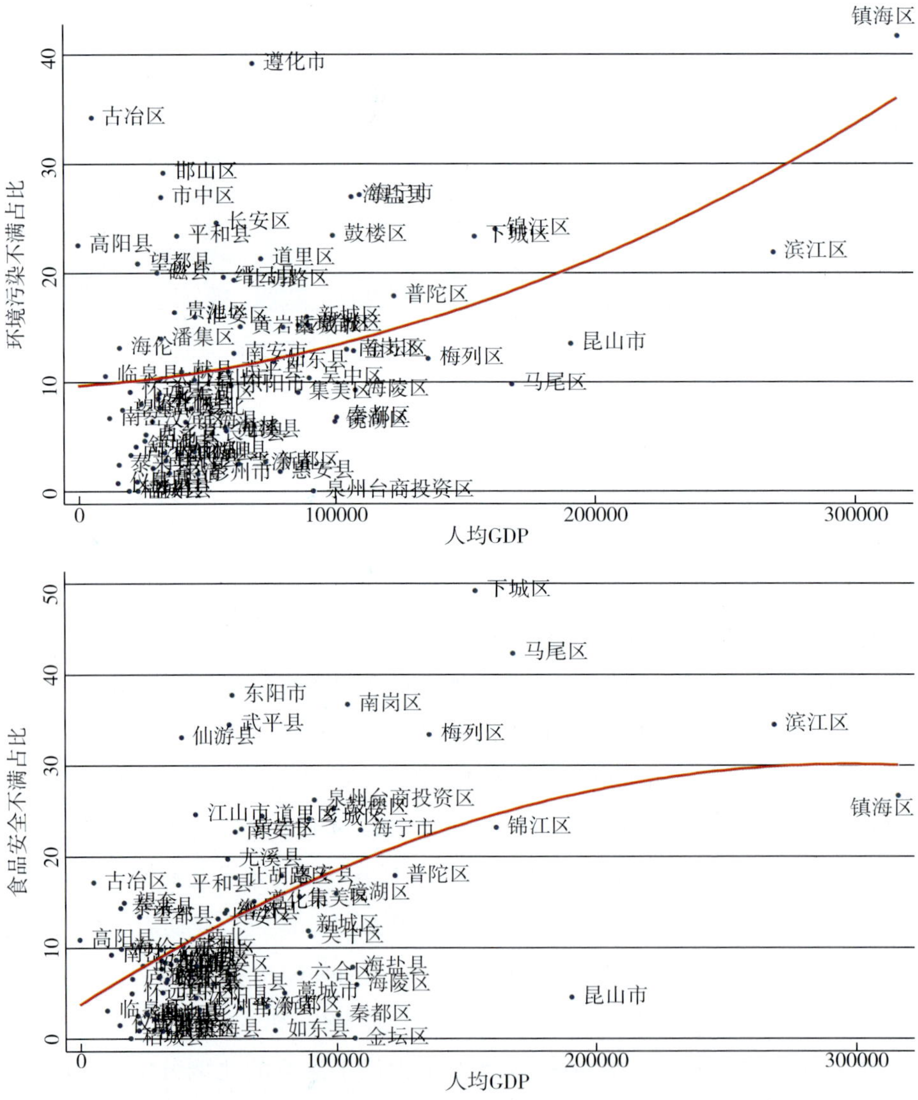


图3-34　人均GDP与受访者对环境污染和食品安全不满意的关系（%）

### 2. 不同类型行政区受访者社会环境关切点比较

居住在大城市的受访者对社会环境有更高的要求。省会城市受访者对社会环境都满意的比例只有 33.1%，比总体低 23.9 个百分点，最不满意的社会环境因素选择食品安全和环境污染的比例分别为 24.6% 和 18.0%，分别比总体高 12.7 和 6.3 个百分点。居住在地市城区的受访者最不满意的第一位社会环境因素是环境污染，比例为 15.3%，比总体高 3.6 个百分点。大城市居民对食品安全有更高的要求。省会城市受访者选择食品安全为最不满意因素的比例为 24. 6%，较总体高约 12.7 个百分点，较其第二因素环境污染低约 6.6 个百分点。

居住在省会城区和县的受访者对交通出行不满的比例明显较高，二者将交通出行视为最不满的社会环境因素的比例分别为 11.0% 和 9.3%，分别比总体高 2.8 和 1.1 个百分点。贫困县受访者最不满意的社会环境因素选择比例最高的是环境污染，占比为 9.3%（见图 3–35）。

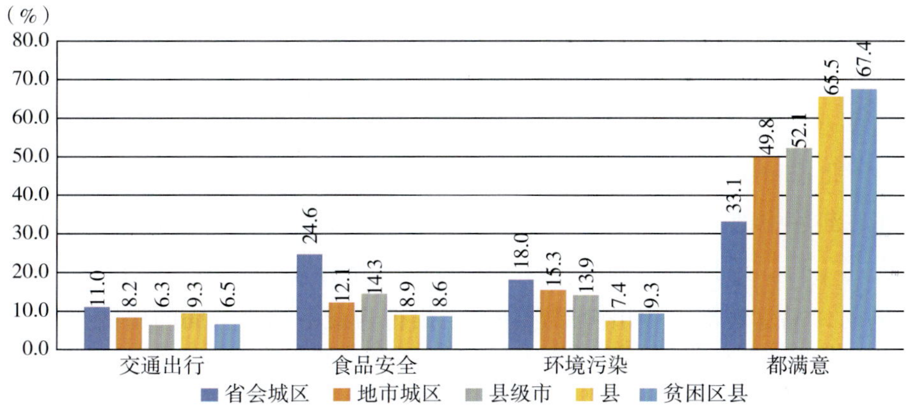


图3-35 不同行政区域受访者对社会环境关切点的比较（%）

### 3.不同省份收入受访者社会环境关切点比较

经济较为发达省份的受访者期望社会环境改善的程度较为强烈。在调查样本中，经济较为发达省份的福建省和浙江省受访者选择食品安全为最不满意的社会环境因素的比例分别为 26.09% 和 23.93%，明显高于其他经济发达程度不如这两省的省份。

就具体的社会环境关切点来看，河北和浙江两省受访者更为关心环境污染，其受访者选择环境污染为最不满意的社会环境因素的比例是调查各省中最高的，都达到 21.05%（见表 3–12）。尤其是河北东部、河北南部和浙江南部地区受访者最不满意的方面选择环境污染的比例分别高达 37.23%、24.00% 和 27.15%。江苏南部和四川南部受访者最不满意选择环境污染的比例也分别高达 13.57% 和 16.05%。受访者对环境污染不满意比例较高的区域，集中在其省内经济相对发达地区。然而，河北中部、四川南部等经济发展水平较低的地区却有着更高的环境污染不满意比例，这表明部分地区以牺牲环境为代价的高耗低效发展模式亟需转变。

浙江和福建受访者对食品安全的关注度最高，最不满意方面选择食品安全的比例分别达到 23.93% 和 26.09%（见表 3–12）。这两个省内不同区域受访者对环境污染和食品安全的关注程度均明显高于其他调查省份，这两个省推进生态文明建设和强化食品安全保障的力度在全国是比较大的。这一显著的差异可能主要源于两个经济较为发达省份居民对环境和食品有更高的要求，尤其是两个省的居民更为注重健康饮食且对食材要求比较高。同时，河北东部、黑龙江南部和安徽南部几个省内经济较为发达地区，受访者对食品安全的关注度明显较高，选择食品安全为最不满意的比例分别为 15.95%、17.33% 和 12.23%。绝大部分地区受访者对食品安全不满意的比例均有所下降，但河北受访者对食品安全不满意的比例较 2016 年提高了 1.91 个百分点

表3-12　各省受访者社会环境关切点比较（%）

| | 社区服务 | 社会治安 | 交通出行 | 食品安全 | 环境污染 | 司法公正 | 行政效率 | 文体生活 | 都很满意 | 其他 |
|---|---|---|---|---|---|---|---|---|---|---|
| 河北 | 1.42 | 3.17 | 9.77 | 9.69 | 21.05 | 1.09 | 2.51 | 0.42 | 50.88 | 0.00 |
| 黑龙江 | 8.03 | 0.65 | 7.30 | 14.60 | 9.33 | 0.89 | 3.08 | 0.89 | 54.34 | 0.89 |
| 江苏 | 4.62 | 1.74 | 7.76 | 5.58 | 11.77 | 0.70 | 2.88 | 1.13 | 63.47 | 0.35 |
| 浙江 | 2.18 | 3.93 | 9.69 | 23.93 | 21.05 | 0.87 | 3.93 | 1.66 | 32.75 | 0.00 |
| 安徽 | 1.93 | 2.49 | 5.87 | 5.87 | 7.32 | 1.05 | 2.82 | 2.33 | 69.67 | 0.64 |
| 四川 | 1.17 | 1.26 | 6.87 | 5.28 | 8.13 | 0.25 | 1.51 | 2.01 | 72.76 | 0.75 |
| 陕西 | 1.77 | 1.77 | 7.50 | 4.85 | 5.56 | 0.44 | 1.32 | 0.18 | 75.90 | 0.71 |
| 福建 | 4.82 | 4.03 | 10.68 | 26.09 | 9.81 | 1.23 | 5.69 | 2.80 | 34.76 | 0.09 |

福建省、河北省和浙江省受访者对交通出行的关切程度也明显更高（见表 3-12）。黑龙江北部、江苏北部、江苏中部、四川西部和陕西南部几个省内较为不发达地区受访者最不满意的首位因素都是交通出行，选择其为最不满意方面的比例分别为 15.83%、12.11%、10.96%、9.01% 和 12.90%。同时，福建南部、四川南部选择交通出行为最不满意方面的比例明显较高，分别为 13.31% 和 13.04%。

### 3. 不同类型居住区受访者社会环境关切点比较

农村自然村落是交通出行问题最严重的社区类型。居住在农村自然村落的受访者中，有 9.52% 的受访者将交通出行列为最不满意的社会环境因素，比总体高出 1.43 个百分点。单位宿舍区是交通出行问题第二严重的社区类型。在单位宿舍区的受访对象中，将交通出行作为最不满意社会环境因素的受访者比重为 8.12%。其余的社区居住类型中的受访者将交通出行作为最不满意社会环境因素的比重都低于总体水平，交通出行问题相对缓和（见图 3-36）。

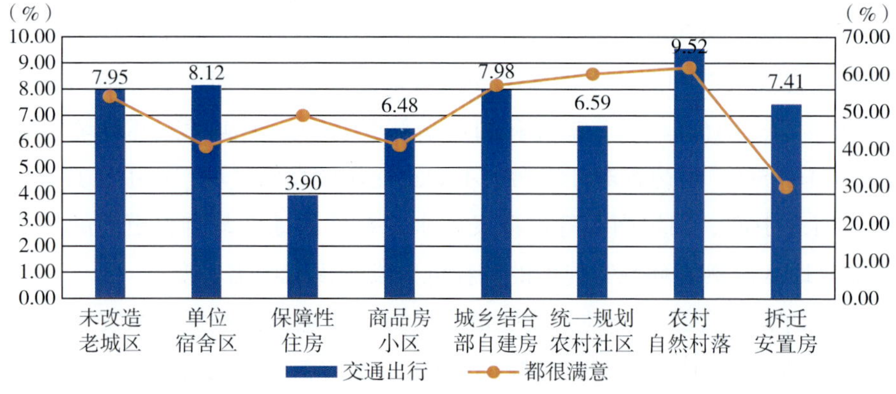


图3-36　不同社区类型受访者中认为交通出行为最不满意因素者占比（%）

## （四）食品安全为受访者最关切的社会环境因素

舌尖上的安全直接关系 13 亿多人的民生。十九大报告提出，实施食品安全战略，让人民吃得放心。当前，城乡居民对食品安全的评价有所提高，但期望其进一步改善的愿望依然强烈，尤其是高收入和高学历群体出于对更高生活品质的追求，往往更关注家庭的食品安全问题。食品添加剂问题和食品销售渠道的管理问题仍旧是城乡居民迫切希望有效改善的方面。

### 1. 半数城乡居民对食品安全状况满意，对其改善比较有信心

受访者中对当前食品安全的总体状况非常满意或者比较满意的比重达到了 49.24%，接近一半的受访者对食品安全状况感到满意。同时，有近九成（89.59%）的受访者对我国未来三年内食品安全状况的改善保持信心。这与近几年政府加强食品安全监管的努力分不开。由图 3-37 可以看到，相比于上一年度，2017 年受访者中对政府在加强食品安全监管、保障食品安全方面的相关工作评价更为积极，认为政府相关工作基本到位、相关职能切实履行的受访者占比从 44.66% 上升至 54.39%，增加近 10 个百分点。

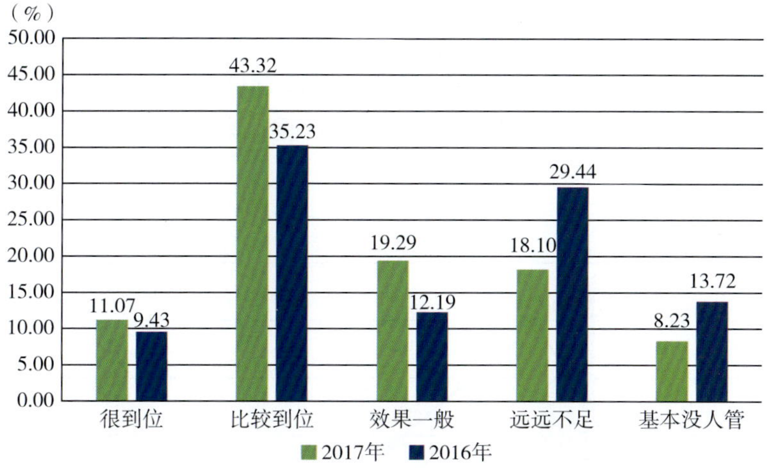


**图3-37　2016～2017年受访者对政府食品安全工作的评价（%）**

注：本图结果不包括 2016 年度总体中含有的 2017 年未进行调查的广东省数据，也不包含 2017 年度总体中含有的 2016 年度未进行调查的福建省数据。

### 2. 对更好生活品质的追求带来了对食品安全更高的要求

高收入者对食品安全的不满意程度更高。由图 3-38 可以看到，随着受访者收入的提高，对于食品安全状况的满意度呈现明显的下降趋势。在受访者个人年收入不足 6000 元的受访者中，对于食品安全状况满意（含非常满意和比较满意）的受访者比重为 65.82%，在年收入在 0.6 万～1.5 万元之间的受访者中比重为 60.10%，在年收入在 1.5 万～3 万的受访者中比重为 45.31%，在年收入为 3 万～4.5 万元的受访者中比重为 43.13%。在最高收入的一组受访者中（年收入达 4.5 万元及以上）只有 38.15% 的被调查者对食品安全状况满意。

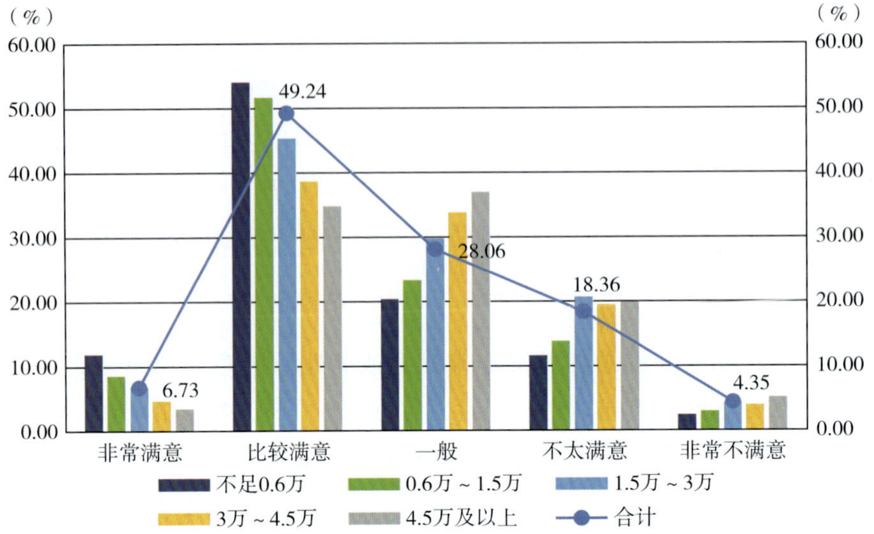


图3-38　不同收入阶层的食品安全满意度比较（%）

注：不同收入水平以受访者过去一年（2016年6月至2017年6月）的年收入水平（扣除税及“五险一金”之后，包括工资、奖金、经营净收入等，不包括资产性收入）为衡量依据，不同收入水平群体的样本数基本一致。

与此相似，受教育水平越高者对食品安全的不满意程度更高。对于本科及以上（含肄业）文化水平的受访者而言，他们对食品安全问题满意的比重只有29.69%，比总体低近20个百分点（参见图3-39）。

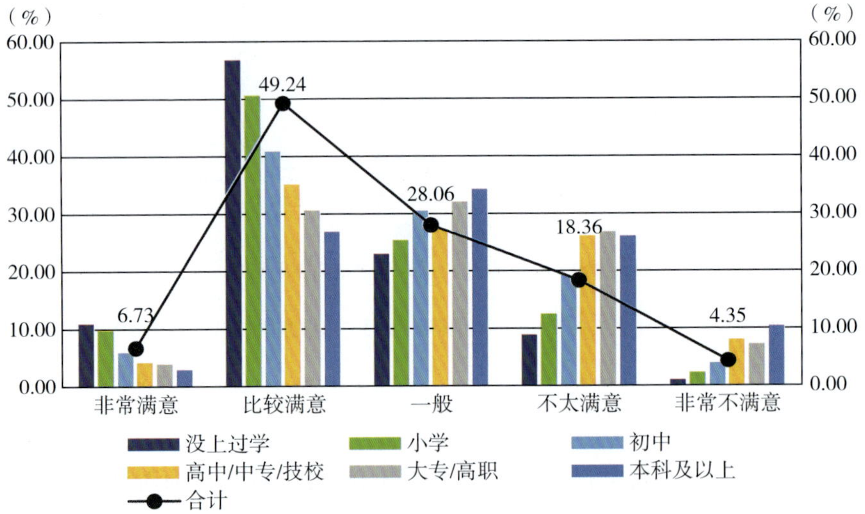


图3-39　不同受教育程度者的食品安全满意度比较（%）

高收入群体和高文化水平的受访者出于对食品安全更高的关注度，往往会更加积极地采取措施确保自己家庭的食品安全。随着收入水平的提高，受访者不仅对于食品安全问题更为关注，还会更多地主动采取一定的措施来提升家庭食品安全水平。对于年收入达到4.5万元及以上的高收入受访者而言，有高达92.45%的受访者会采取积极的食品安全保护措施，比总体高近6个百分点（见图 3–40）。类似地，拥有较高受教育水平的受访者出于对食品安全问题的关注，往往也会更倾向主动选择采取积极的防范措施应对潜在的食品安全问题。在受教育水平为大专 / 高职(含肄业）和本科及以上（含肄业）的受访者中，分别有 92.83% 和 92.56% 的被调查者会采取积极的措施保障家庭食品安全，比总体高出近 6 个百分点（见图 3–41）。

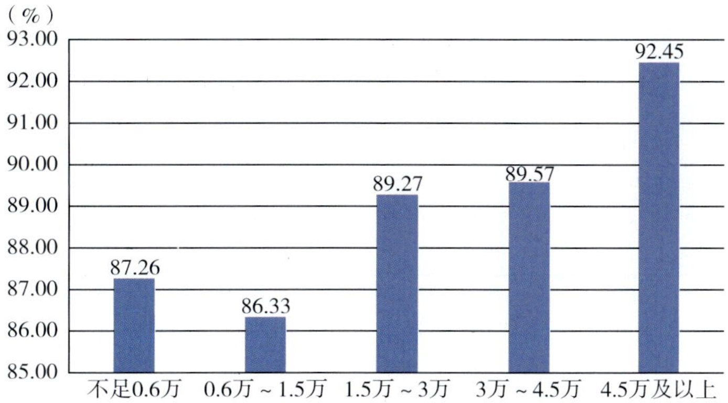


图3-40　不同收入阶层采取食品安全应对措施者占比（%）

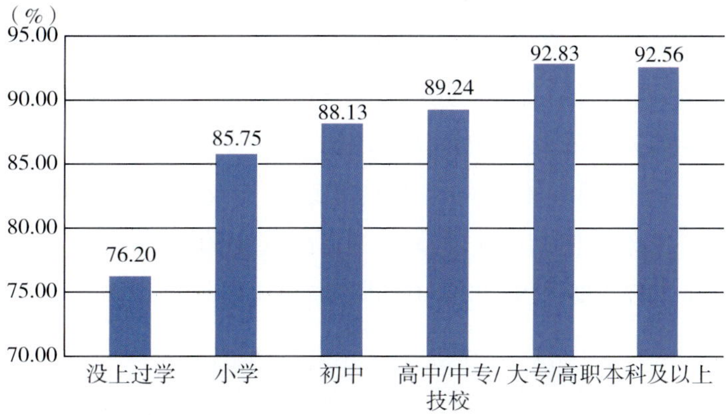


图3-41　不同受教育程度者采取食品安全应对措施者占比（%）

### 3. 受访者最担心的食品安全问题和食品销售渠道

城乡受访者最担心的食品安全问题是食品添加剂问题。在对食品安全问题有不满的城乡受访者中，将食品添加剂（如色素、防腐剂、香精等）超量使用的问题选为食品安全最不满意因素的城镇中心区、城乡结合部和农村受访者所占比重分别为 42.81%、37.44% 和 28.43%。在对食品安全问题有不满的城乡受访者中，将食品过期变质问题选为食品安全最不满意因素的城镇中心区、城乡结合部和农村受访者所占比重分别为 19.18%、23.71% 和 24.55%。城乡受访者第三担心的食品安全问题是农药兽药、抗生素、重金属等高残留问题，在对食品安全问题有不满的城乡受访者中，将残留问题视为最不满意的食品安全问题的城镇中心区、城乡结合部和农村受访者所占比重分别为 14.12%、10.34% 和 11.84%（见图 3–42）。

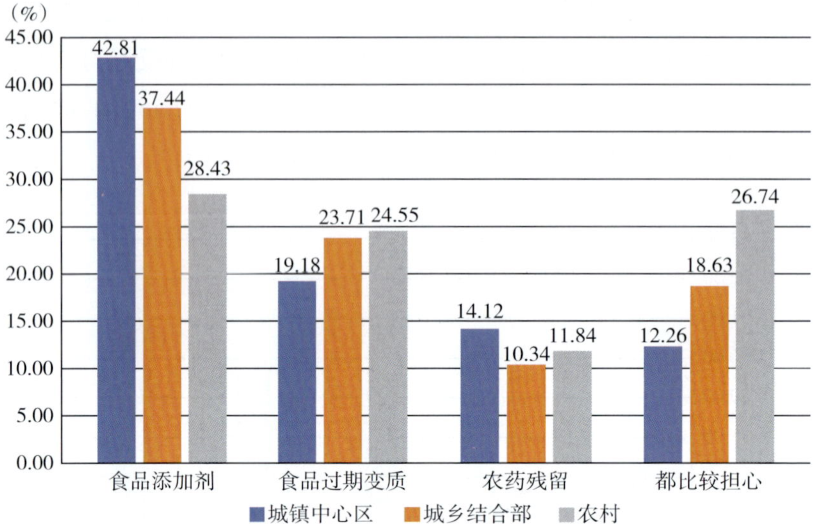


图3-42 城乡受访者最担心的食品安全问题（%）

城乡受访者对于食品销售渠道的评价比较近似，最担心的食品销售渠道都是路边（临时）小摊贩。根据调查结果，分别有 84.44%、80.50% 和 75.35% 的城镇中心区、城乡结合部和农村受访者担心（含有点不放心、比较不放心和非常不放心）路边（临时）小摊贩销售食品的安全问题。网络销售食品的安全问题也令受访者较为担心，分别有 72.85% 的城镇中心区受访者、63.18% 的城乡结合部受访者和 64.91% 的农村受访者认为网络（手机）渠道难以保障食品安全，分列城乡受访者最为担心的销售渠道的第二位。城乡受访者第三不放心的销售渠道仍旧一致，为家附近便利店（小卖部）。担心家附近便利店（小卖部）食品安全的城镇中心区、城乡结合部和农村受访者占比分别为 57.50%、47.50%和 43.22%（见图 3-43）。

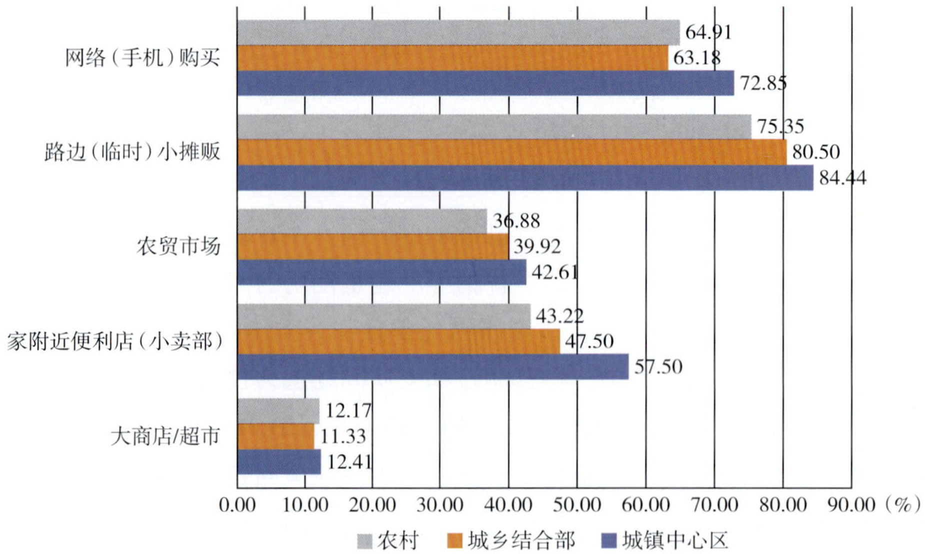


图3-43 城乡受访者对不同食品销售渠道的担心程度（%）

## （五）受访者对环境污染的关切度仍持续较高

### 1.环境状况总体明显改善，城乡居民对环境污染的不满有所下降

半数以上的城乡受访者对总体生态环境状况的变化持肯定态度。由图 3-44 可以看出，合计有 56.39% 的城镇中心区受访者、66.13% 的城乡结合部受访者和 60.08% 的农村受访者认为本年度居住的社区（村庄）的总体生态环境状况得到了改善（含明显改善和略有改善）。

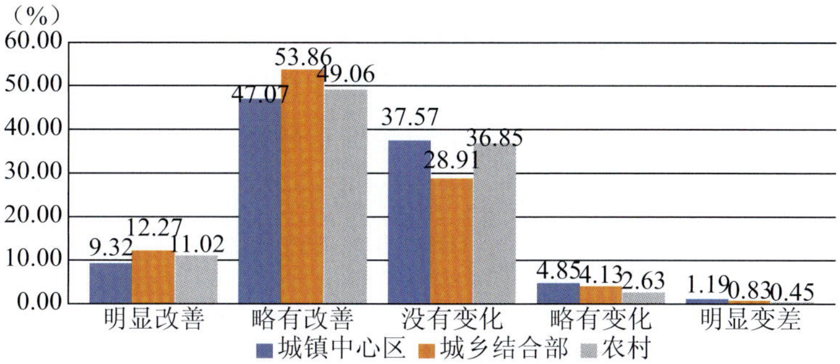


图3-44 城乡受访者对生态环境质量改善情况的评价（%）

较上一年度，受访者对环境污染各方面的不满有所下降。除了在生活垃圾处理问题方面，受访者中认为该环境问题得到改善的比重较上一年度有所下降以外，在其他环境污染问题方面，受访者中认为相应环境问题得到改善的比重较上一年度都有明显的提升。在空气质量方面，本年度有 49.57% 的受访者认为有所改善，较上一年度增加超过 3 个百分点；在生活用水质量方面，本年度有 44.10% 的受访者认为有所改善，较上一年度增加近 1 个百分点；在水体质量方面，本年度有 38.85% 的受访者认为有所改善，较上一年度增加超过 4 个百分点；在噪声污染方面，本年度有 35.66% 的受访者认为有所改善，较上一年度增加 3 个百分点之多。由此可以算出，本年度的受访者中认为总体生态环境质量有不同程度改善的比重达到了 60.05%，较上一年度增加了超过 3 个百分点（见图 3-45）。因此，将环境污染视为社会环境最严重的问题的受访者比重从 2016 年的 15.07% 下降至 2017 年的 12.73%，下降超过 2 个百分点。

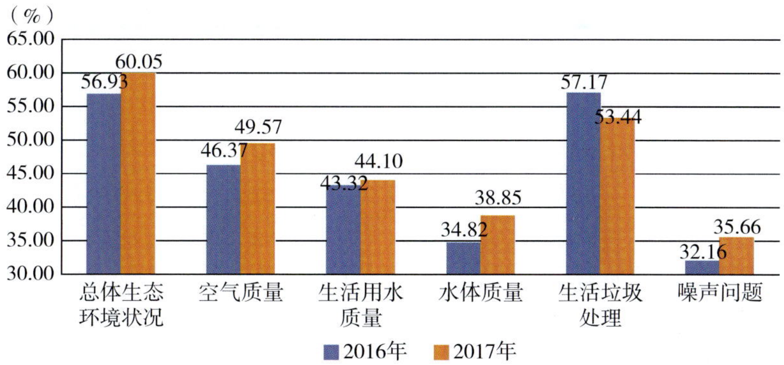


图3-45 2016～2017年受访者中认为环境污染相关问题得到改善者的占比（%）

注：本图结果不包括 2016 年度总体中含有的 2017 年未进行调查的广东省数据，也不包含 2017 年度总体中含有的 2016 年度未进行调查的福建省数据。

### 2. 部分地区典型的环境污染问题仍比较突出，是受访者对环境污染不满意的主要原因

从不同省份来看，在所有调查省份中，黑龙江和河北省的受访者对于总体生态环境状况的满意度最低，分别只有62.98%和62.16%的受访者对总体生态环境表示非常满意或者比较满意。其中，在各类环境问题中，河北居民满意度最低的是空气质量问题和水体质量问题，分别只有46.28%和34.80%的受访者对此表示满意，比总体相应比重分别低了20.48个和13.69个百分点；黑龙江省突出的环境问题则主要是生活用水质量问题、水体质量问题、生活垃圾处理问题和噪声问题。黑龙江居民对相应问题的满意度在调查各省份中都是最低的，对生活用水质量问题、水体质量问题、生活垃圾处理问题和噪声问题满意的受访者占比依次为49.33%、27.75%、42.62%和39.20%，较所有调查省份受访者的相应占比分别低了约17个、21个、18个和19个百分点（见表3–13）。这些地区性的突出环境问题直接限制了当地整体环境满意度的进一步提升。

分城乡地区来看，城镇地区受访者对环境问题的整体满意度偏低。其中，城镇的空气质量问题是最严重的环境问题，只有55.99%的受访者对城镇的空气质量感到满意，较总体低了11.77个百分点。城乡结合部地区突出的环境问题是噪声问题和绿化情况，依次有55.66%和65.81%的受访者对噪声问题和绿化情况表示满意，比总体的比重低了约3个百分点。农村地区在环境问题各方面的满意度都高于总体水平，最需要继续提高的是生活垃圾处理问题和水体质量问题，依次有61.25%和50.29%的农村受访者对其表示满意，较总体水平高约1个百分点（见表3–13）。

表3-13　不同类型受访者环境问题满意度的比较（%）

| | | 总体生态环境 | 空气质量 | 生活用水质量 | 水体质量 | 生活垃圾处理 | 噪声问题 | 绿化情况 |
|---|---|---|---|---|---|---|---|---|
| 省份 | 河北 | 62.16 | 46.28 | 64.04 | 34.80 | 52.01 | 55.81 | 61.20 |
| | 黑龙江 | 62.98 | 59.91 | 49.33 | 27.75 | 42.62 | 39.20 | 56.97 |
| | 江苏 | 68.56 | 63.40 | 70.73 | 40.34 | 62.14 | 58.77 | 68.00 |
| | 浙江 | 65.36 | 59.55 | 62.77 | 53.19 | 61.87 | 53.51 | 69.55 |
| | 安徽 | 80.13 | 78.77 | 74.45 | 54.01 | 77.64 | 64.64 | 70.81 |
| | 福建 | 70.22 | 69.78 | 69.05 | 54.29 | 57.25 | 60.13 | 64.92 |
| | 四川 | 77.93 | 78.40 | 71.99 | 62.80 | 67.53 | 68.21 | 77.65 |
| | 陕西 | 78.83 | 77.03 | 67.34 | 55.54 | 65.62 | 69.98 | 76.09 |
| | 合计 | 70.81 | 66.76 | 66.18 | 48.49 | 60.84 | 58.66 | 68.10 |
| 城乡 | 城镇中心区 | 64.45 | 55.99 | 62.65 | 46.03 | 59.16 | 50.82 | 62.48 |
| | 城乡结合部 | 68.25 | 64.83 | 66.55 | 49.07 | 63.73 | 55.66 | 65.81 |
| | 农村 | 77.78 | 77.55 | 69.31 | 50.29 | 61.25 | 67.28 | 74.25 |

### 3. 部分地区的安全饮水问题仍值得关注

相当一部分农村和贫困县居民的日常用水仍依赖周边天然水源或者水井。农村受访者中分别有 23.23% 和 4.62% 的群体将居住地的水源井和居住地周边的河流、湖泊、山泉等天然水体作为家庭日常做饭和饮用等生活用水的主要来源，比总体分别高出近 8 个和近 2 个百分点。在贫困县地区，有 22.04% 和 7.37% 的群体将居住地的水源井和居住地周边天然水体作为家庭生活用水的主要来源，比总体分别高出超过 6 个和超过 4 个百分点（见图 3–46）。

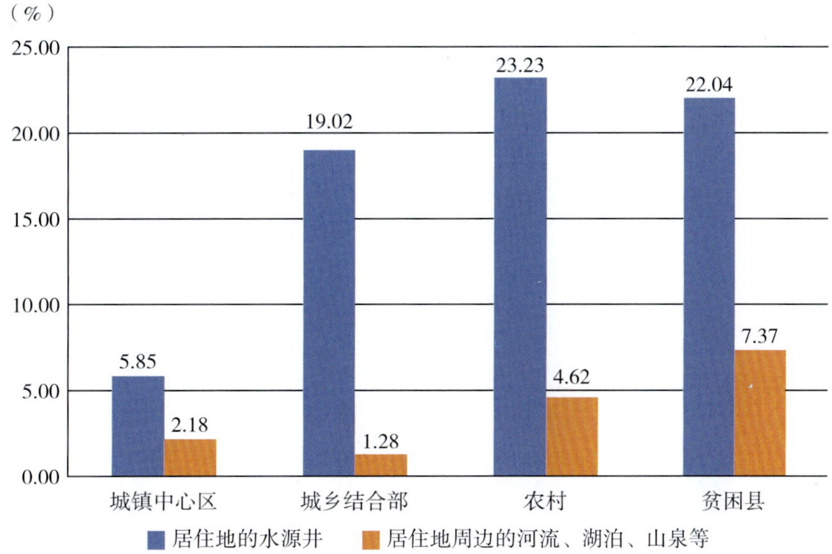


图3-46　不同地区受访者日常用水来源的比较（%）

周边水质的恶化使依赖于周边天然水源的受访者家庭面临饮水安全风险。以居住地周边的河流、湖泊、山泉等天然水体作为家庭日常做饭和饮用等生活用水的主要来源的受访者虽然对于自身家庭饮用水的安全卫生状况更为放心，有 77.95% 的受访者非常或者比较放心家庭的饮用水安全，但是这种放心恐怕是具有盲目性质的。考察受访者家庭周边河流、湖泊、池塘、水泡子、井水等水体质量的变化时，可以发现，生活用水依赖水源井和河流湖泊等的受访者家庭中分别有 4.91% 和 4.68% 的居住地附近的水体质量正在明显变差，分别超出总体 1.9 和 1.67 个百分点。随着环境污染问题向农村渗透，很多农村的天然水源受到污染。农村受访者中对其周边河流、湖泊、池塘、水泡子、井水等水体质量不满意的比例为 16.42%，比城镇受访者高 1.23 个百分点；农村受访者中认为周边河流、湖泊、池塘、水泡子、井水等水体质量变差的比例为 13.92%，比城镇受访者高 2.47 个百分点。在对周边水体质量不满意的农村受访者中，有 39.76% 的受访者的饮用水仍依靠未净化的天然水源，说明他们存在较高的饮水安全风险。这部分受访者占到了农村调查样本的 6.54%。同时，12.53% 的农村居民认为其居住地对生活污水的处理不好，生活污水得不到妥善处理会进一步影响水源的安全。

## （六）政府服务显著改善，但部分薄弱环节制约了城乡居民对政府服务评价的进一步提升

### 1. 城乡居民对政府服务的评价有所改善

对比 2015 年度的调查结果，受访者对所在地政府服务和办事效率的总体评价有所提高。对政府服务持满意态度（含很满意和基本满意）的受访者比重由 2015 年的 68.69%（震荡）增加至 2017 年的 72%，增加超过 4 个百分点；同时，对当地政府服务很不满意的受访者比重由 2015 年的 3.33%（震荡）下降至 2017 年的 2.8%。由此可以看出，城乡居民对政府服务的评价呈现稳步（整体）改善的态势（见图 3–47）。

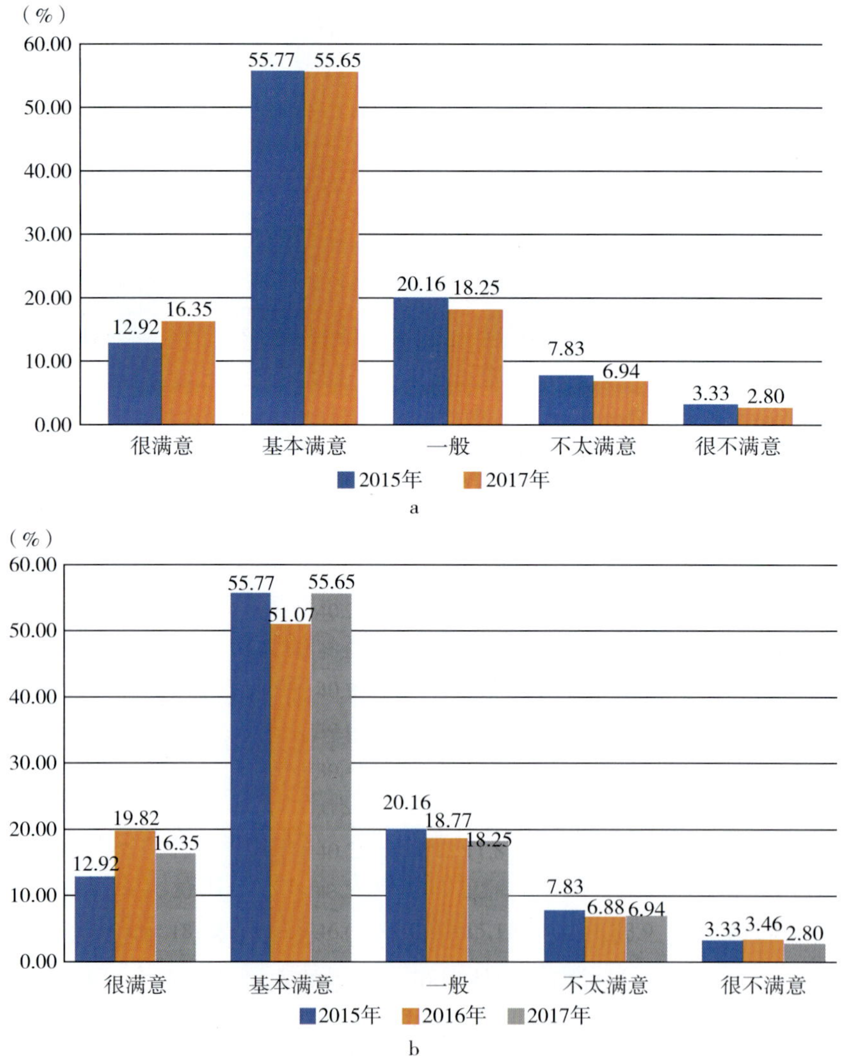


**图3-47　受访者对政府服务评价的变化（%）**

注：本图结果不包括 2015 年度总体中含有的 2017 年未进行调查的广东省数据，也不包含 2017 年度总体中含有的 2015 年度未进行调查的福建省数据。

### 2. 对政府服务不满的人群主要是城镇居民、非流动人群、省会城区居民、低收入群体

从城乡区域划分来看，城镇中心区受访者对政府服务有不满意的比例相对较高。对当地政府服务和办事效率总体持不太满意或者很不满意态度的城镇中心区受访者比重为 10.61%，比总体高 1.46 个百分点。从是否是流动人口的标准划分来看，本地受访对政府服务不满意的比例为 9.32%，比流动人口高近 3 个百分点。从行政区划来看，省会城区受访者对政府服务不满意的比例为 13.16%，比总体高 4.01 个百分点。从受访者居住的社区类型划分来看，最容易对政府服务不满意的群体是居住在保障性住房社区和单位宿舍区的受访者，二者对政府服务不满的比重分别为 18.16% 和 15.77%，比总体分别高出 9.01 个和 6.62 个百分点。从受访者就业收入水平来看，低收入群体更容易产生对政府服务的不满，个人年收入（扣除税及“五险一金”之后，包括工资、奖金、经营净收入等，不包括资产性收入）不足 6000 元和收入在 0.6 万 ~ 1.5 万元的受访者对政府服务不满意的比重分别为 10.40% 和 10.23%，都比总体高出 1 个百分点以上（见表 3-14）。

表3-14　不同类型受访者对政府服务满意度的比较（%）

| | | 不满意 | 一般 | 满意 |
|---|---|---|---|---|
| 城乡 | 城镇中心区 | 10.61 | 22.51 | 66.87 |
| | 城乡结合部 | 7.28 | 20.87 | 71.84 |
| | 农村 | 8.56 | 15.48 | 75.96 |
| 迁移 | 本地居民 | 9.32 | 18.36 | 72.32 |
| | 流动人口 | 6.52 | 33.15 | 60.33 |
| 行政区划 | 省会城区 | 13.16 | 25.32 | 61.52 |
| | 地市城区 | 10.74 | 21.32 | 67.94 |
| | 县 | 7.39 | 15.52 | 77.09 |
| | 县级市 | 7.40 | 23.59 | 69.01 |
| 居住社区类型 | 未改造老城区 | 11.89 | 22.26 | 65.85 |
| | 单位宿舍区 | 15.77 | 23.93 | 60.30 |
| | 保障性住房 | 18.16 | 24.13 | 57.71 |
| | 商品房小区 | 10.47 | 23.64 | 65.89 |
| | 城乡结合部自建 | 6.00 | 18.00 | 76.00 |
| | 已规划农村社区 | 8.96 | 18.53 | 72.51 |
| | 农村自然村落 | 8.23 | 15.93 | 75.83 |
| | 拆迁安置房 | 6.45 | 26.88 | 66.67 |
| 年收入 | 不足0.6万 | 10.40 | 12.27 | 77.34 |
| | 0.6万 ~ 1.5万 | 10.23 | 16.09 | 73.68 |
| | 1.5万 ~ 3万 | 7.76 | 19.16 | 73.08 |
| | 3万 ~ 4.5万 | 6.01 | 21.60 | 72.39 |
| | 4.5万及以上 | 7.48 | 23.99 | 68.53 |
| | 合计 | 9.15 | 19.23 | 71.62 |

### 3. 程序复杂不公开、相互推诿效率低下等更容易引致受访者对政府服务的不满意

在社会环境最不满意方面选择政府办事效率的受访者中，对政府服务的不满意主要集中在程序复杂不公开问题、相互推诿效率低下问题和需要找关系等方面，选择上述三个方面不满意的比重分别为 31.05%、27.44% 和 14.44%，比受访者总体对这些问题不满意的比例分别高出约 14 个、16 个和 9 个百分点（见图 3–48）。

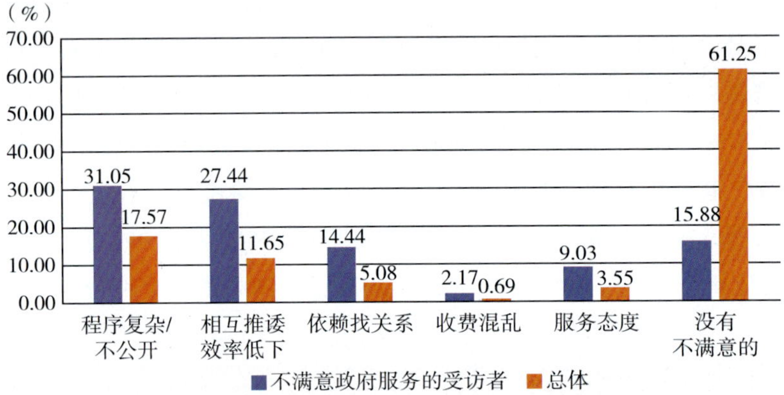


图3-48　不满意政府服务的受访者主要关注的政府服务项目（%）

进一步分析受访者对政府服务不满意方面与受访者将政府办公效率作为最不满意的社会环境因素之间的相关关系可以看出，各服务方面的不满都可能导致对政府行政办公效率的不满。其中，折腾群众和治理不作为 / 不办事问题更可能导致受访者选择政府办公效率作为最不满意的社会环境因素，其相关系数分别为 0.149 和 0.148（见图 3–49）。改善这几个方面是改善城乡居民对政府服务满意度的关键。

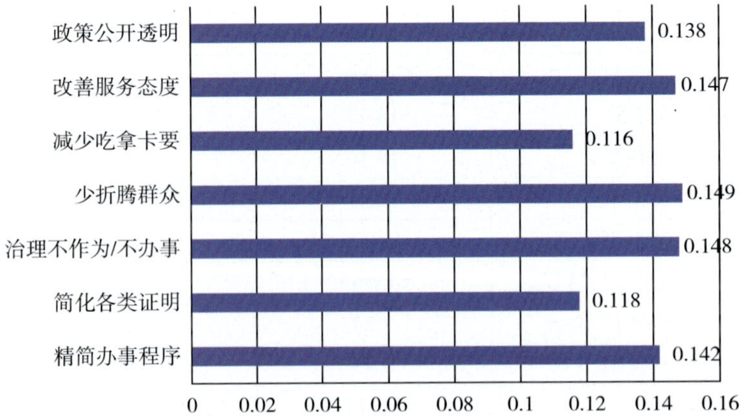


图3-49　受访者对政府各服务项目满意度与对政府效率满意度间的相关系数

（执笔：程　郁　阮荣平*）

* 阮荣平，副教授，工作单位为中国人民大学。

# 第四章
# 民生指数 2018 分析报告

党的十九大做出了“中国特色社会主义进入了新时代”的重大论断，明确了中国社会主要矛盾已经从过去的“人民日益增长的物质文化需要同落后的社会生产之间的矛盾”转化为“人民日益增长的美好生活需要和不平衡不充分的发展之间的矛盾”。社会主要矛盾的变化决定着民生领域的发展方向也必须有所调整。十九大报告还指出，“我国经济已由高速增长阶段转向高质量发展阶段”。2017 年中央经济工作会议更是强调，推动高质量发展是当前和今后一个时期确定发展思路、制定经济政策、实施宏观调控的根本要求。民生领域的发展既是高质量发展的重要内容，也是高质量发展的重要支撑。因此，今年的民生指数报告将从社会主要矛盾的变化和高质量发展的要求出发，对原有的指标体系进行修改完善。并在此基础上，收集最新的数据，编制民生指数[①]，分析各地区民生领域的发展状况和存在的问题。

具体来讲，本报告主要包括以下几个部分：第一部分简要介绍原有的民生指数指标体系和新的改进；第二部分从不同角度对中国民生发展状况进行评估；第三部分对分析的内容进行总结，探寻相关的政策启示。另外，在附录部分给出了具体的民生指数指标构成表及评估结果。

## 一、民生指数概况及改进

原有的民生指数指标体系主要从居民生活、公共服务、公共安全和生活环境等四个方面选取了 31 个指标来考察各个省（市、区）的民生发展状况。2018 年试图从社会主要矛盾的变化和高质量发展的要求两个视角对原有的民生指数指标体系进行补充完善。具体来讲，将维持民生指数的四大考察方面不变，对部分的考察内容和考察指标予以补充或调整。

①着重反映“不平衡的发展”对民生改善的限制。对比新旧社会主要矛盾可以发现，用“不平衡不充分的发展”替代“落后的社会生产”,主要强调的是发展的“不平衡”对民生改善的影响。不平衡的发展不仅直接影响消费水平和公共服务的保障，影响民生改善的短期能力，更关系到人力资本的长期积累，影响民生改善的长期能力。从全国层面看，这种不平衡的发展主要体现在城乡、区域和人群之间的差距上。“十三五”以来，除了城乡差距继续呈现缩小趋势外，区域差距和人群差距都呈现扩大趋势。人均 GDP 最高的省份与最低的省份之比由 2014 年的 4.0 提高

---

① 需要指出的是，诸多与民生相关的领域或者缺乏相关的统计数据或者由于各种主客观因素的影响，数据未必能反映真实状况。因此，本报告对不同区域在不同民生领域发展状况的分析和判断仅供有关方面发现问题和研究改善对策时参考，而不应作为评判区域民生状况好坏的绝对标准。

至 2017 年的 4.4；2016 年中国基尼系数下降的趋势开始改变，比 2015 年提高了 0.003，2017 年仍然呈现扩大趋势。对应到省级层面，对区域民生状况的考察也需要关注这三方面的不平衡发展。原有的民生指数指标体系只考察了各地的城乡差距。今年将在此基础上，将各省份内部的“区域差距”和“人群差距”[①] 两项指标纳入民生指数指标体系，以反映各省不平衡发展的状况。

②引入与“数字经济 / 社会”发展相关的公共服务指标。当前，以信息技术、人工智能为代表的新一轮科技和产业革命正在为经济社会发展注入新的动力，同时也给世界各国人民生活的改善提供了新的机会和新的挑战。推动高质量发展的一个重要内容就是要充分利用新一轮科技和产业革命的成果加快经济社会发展的转型。从民生领域来看，政府在信息和通信技术等方面提供的设施和服务也应该作为一项基本的公共服务。其质量的高低和普及水平直接关乎各类人群享受新兴服务的水平，更关乎各类人群今后参与数字经济和数字社会发展的能力。为此，今年的民生指数指标体系考虑在“（二）公共服务”方面增加“数字服务”的相关指标，反映政府提供信息互联网技术相关的公共服务状况。具体来说，将引入反映为居民提供信息和通信技术服务的基础设施水平的指标，包括移动宽带用户普及率和移动宽带平均下载速度。需要指出的是，宽带普及率也是“十三五”规划指标之一。

③更加体现人民群众的“美好生活需要”。原有的民生指数指标体系中基本都是与人民群众生活密切相关的指标，但大多数属于宏观指标，反映的是人民群众生活的大环境，与老百姓的个人切身体会关系不直接。为了更好地反映老百姓个人生活，今年的民生指数指标体系将增加两方面的指标。一是直接反映居民居住水平和环境的指标，包括“室内厨房普及率”和“室内厕所普及率”。这两个指标不仅反映居住的水平，也可以间接反映居住的环境，比如室内厕所普及率可以反映居民居住的卫生环境状况。二是直接反映城市公共设施服务水平和能力的指标，采用“高峰拥堵延时指数”。[②] 作为发展中国家，城镇化成为提升居民生活水平的重要渠道。随着越来越多的人口进入城市，城市的发展状况对居民生活影响越来越大。城市规模不断扩张，而城市公共设施水平和城市治理能力没有同步提升，“大城市病”越来越成为困扰居民生活的重要问题，其中最为典型的就是“拥堵”。因此这里采用城市拥堵指标来反映城市公共设施 / 服务，特别是交通设施 / 服务的水平和管理能力。

④补充反映就业状况的指标。就业是民生之本。高质量的发展更需要注重就业的水平和质量。联合国开发计划署（UNDP）发布的《2016 人类发展报告》曾指出，要想实现“人类发展为人人”的目标，必须确保包容性增长，而包容性增长的四大支柱之一就是：以就业主导的增长。联合国 2030 年可持续发展议程将“促进持久、包容和可持续的经济增长，促进充分的生产性就业和人人获得体面工作”作为 17 项目标之一，就业对于人类发展的重要性可见一斑。以往考虑到“城镇登记失业率”这一统计指标不能较好地反映就业状况，因而原有的民生指数指标体系并未将其纳入。2018 年政府工作报告首次将“城镇调查失业率”这一指标作为预期目标。2018 年 4 月份起国家统计局将定期发布全国城镇调查失业率和 31 个大城市城镇调查失业率。随着调查失业

① 由于部分省份尚未公布全体居民和农村居民收入五等份分组数据，这里选取了城镇居民收入分组数据。

② 高峰拥堵延时指数=高峰时期交通拥堵通过的旅行时间/自由流通过的旅行时间。

率的公布，我国就业失业状况的信息将更加全面、准确和完整。因此 2018 年的民生指数指标体系将引入“城镇调查失业率”。需要指出的是，由于数据的滞后，目前这一指标尚无各省的数据。

另外，需要特别强调的是，除了上述调整外，2018 年民生指数指标体系与以往不同之处还表现在数据的来源方面。往年的民生指数指标体系的数据基本来自各种统计年鉴或相关部门的公报、工作报告。2018 年补充的部分指标并未出现在统计年鉴或者部门的公报、工作报告之中，特别是关于信息和通信技术方面的指标。为保障数据可靠性，这些指标将主要取自一些权威机构的相关年度报告或行业内重要企业的分析报告。如，信息和通信技术方面的指标来自宽带发展联盟发布的《中国宽带速率状况报告》和《中国互联网普及状况报告》；反映城市拥堵状况的指标来自高德公司发布的《年度中国主要城市交通分析报告》。这些数据部分是采用调查方法获取的，部分则是采用大数据技术得到的。这也反映 2018 年数据源与往年的差异。

表4-1　民生指数指标体系

| | 二级指标 | 三级指标 | | 数据来源 |
|---|---|---|---|---|
| （一）居民生活 | 收入 | 1 | 全体居民人均可支配收入[①] | 《中国统计年鉴 》 |
| | 消费 | 2 | 全体居民人均消费支出 | 《中国统计年鉴》数据调整方法同收入指标 |
| | 就业 | 3 | 城镇职工基本养老（医疗）保险参保人数 / 城镇就业总人数[②] | 《中国统计年鉴》 |
| | | 4 | 城镇调查失业率 | |
| | 分配 | 5 | 城乡居民人均可支配收入之比 | 《中国统计年鉴》 |
| | | 6 | 省内各地区人均GDP加权变异系数 | 《中国城市统计年鉴》 |
| | | 7 | 省内城镇居民高收入户人均可支配收入/低收入户人均可支配收入 | 各省统计年鉴、部分省份调查年鉴 |
| | 生活压力 | 8 | 房价收入比[③] | 《中国统计年鉴》 |
| （二）公共服务 | 教育 | 9 | 义务教育阶段生均教育财政支出 | 《中国教育经费统计年鉴》 |
| | | 10 | 平均受教育年限（年） | 《中国统计年鉴》 |
| | 医疗卫生 | 11 | 每万人拥有执业（助理）医师数（人） | 国家统计局网站数据 |
| | | 12 | 卫生总费用中个人支出比率 | 《中国统计年鉴》《中国卫生计生年鉴》 |
| | 社会保障 | 13 | 职工基本养老保险养老金平均水平 / 城镇居民人均可支配收入 | 《中国统计年鉴》 |
| | | 14 | 城乡居民基本养老保险养老金平均水平 / 全体居民人均可支配收入 | 《中国统计年鉴》 |
| | | 15 | 农村居民最低生活保障标准 / 农村居民人均可支配收入 | 国家统计局提供 |
| | 社会服务 | 16 | 每千人口社会服务床位数（张） | 《中国统计年鉴》 |
| | | 17 | 每百万人口社工助工师（人） | 《中国统计年鉴》 |
| | | 18 | 社区服务机构覆盖率（%） | 《中国统计年鉴》 |
| | | 19 | 移动宽带用户普及率（%） | 《中国互联网普及状况报告》 |
| | | 20 | 移动宽带平均下载速度（Mbit/s） | 《中国宽带速率状况报告》 |
| | 交通服务 | 21 | 每万人拥有公共交通车辆（标台） | 国家统计局网站 |
| | | 22 | 人均铁路、公路、水路客运总量 | 中国交通年鉴 |
| | | 23 | 主要城市高峰拥堵延时指数[④] | 高德公司《年度中国主要城市交通分析报告》 |

续表

| | 二级指标 | | 三级指标 | 数据来源 |
|---|---|---|---|---|
| （三）公共安全 | 自然灾害 | 24 | 每百万人自然灾害死亡人数 | 《中国统计年鉴》 |
| | 事故灾难 | 25 | 每百万人突发环境事件次数⑤ | 《中国统计年鉴》 |
| | | 26 | 每百万人重大生产安全事故死亡和失踪人数 | 国家安监总局网站 |
| | 公共卫生 | 27 | 甲乙类法定报告传染病发病率 | 《中国卫生统计年鉴》 |
| | | 28 | 万人食源性疾病患者数 | 《中国卫生统计年鉴》 |
| | 社会安全 | 29 | 每万人罪犯人数 | 各地方高院年度工作报告 |
| （四）生活环境 | 空气质量 | 30 | 空气质量达到及好于二级的天数 | 《中国统计年鉴》 |
| | 水环境 | 31 | 各省涉及流域重点断面水质状况 | 《中国统计年鉴》 |
| | 植被环境 | 32 | 森林、草原覆盖率 | 《中国统计年鉴》 |
| | 城乡居住环境 | 33 | 建成区绿化覆盖率 | 国家统计局网站分省年度数据 |
| | | 34 | 城市生活垃圾无害化处理率 | 国家统计局网站分省年度数据 |
| | | 35 | 室内厨房普及率 | 全国1%人口抽样调查资料 |
| | | 36 | 室内厕所普及率 | 全国1%人口抽样调查资料 |
| | | 37 | 农村无害化卫生厕所普及率 | 《中国统计年鉴》 |

注：①利用消费价格指数和2010年地区间价格差异指数调整为地区间价格可比的收入数据。

② 城镇职工基本养老（医疗）保险参保人数采用参与基本医疗保险和基本养老保险在岗职工人数的平均值；城镇就业总人数缺乏直接的统计数据，采用城镇单位就业人员数和城镇私营、个体就业人数之和替代。

③每平米住宅平均售价与城镇居民人均可支配收入之比。

④ 省内多个城市采用人口进行加权。

⑤ 本指标根据四类事件死亡人数的认定标准进行加权之和。

经过调整，民生指数指标体系总指标数量由之前的29个增加至37个。对于指数的测算，还是采用与以往相同的方法，即：对于每一个方面民生发展状况的评估，本报告首先对指标体系涉及的子指标通过阈值法（与最大最小值比较）进行无量纲化处理，然后给各个子指标赋予相等的权重，最后利用线性加权法得到各个方面的民生发展指数。关于民生指数的具体指标参见表4-1。

还有一点需要说明的是，部分新引入的指标难以获取历史数据，无法采用新的指标体系对上一年的民生状况重新评估，因此报告中所有的历史对比分析将继续采用旧的指标体系，新引入的指标主要用于区域之间的横向比较。另外，报告的附录部分分别给出了采用新旧两套指标体系测算的2016年各地的民生指数。

## 二、各地区民生发展状况分析

与往年一样，基于民生指数的各地民生发展状况的分析主要是通过比较找出各地民生发展的积极进展和存在的问题。需要指出的是，今年编制的民生客观指数利用的是2016年的数据，而2016年是“十三五”的开局之年，因此本报告也希望通过今年民生客观指数的分析为“十三五”时期进一步促进民生状况的改善提供参考。

## （一）整体状况分析

从民生指数的测算结果来看，2016 年民生不同领域之间和区域之间改善的程度存在较大差异。

整体来看，居民生活方面的民生状况改善程度要明显高于公共服务、公共安全和生活环境。与上年相比，居民生活领域所有的指标多数省份得到改善，特别是所有省份收入和消费都保持相对较快的增长。而对于公共服务、公共安全和生活环境领域而言，都存在部分指标多数省份都未改善的现象，如公共服务领域的社会服务指标、公共安全领域的自然灾害和公共卫生指标以及生活环境领域的水环境和植被环境指标。

从不同区域来看，不同民生方面改善程度也存在较大差异。居民生活方面区域之间的差距继续缩小，但缩小的幅度在降低，说明欠发达地区居民生活状况改善的速度仍然较快；与上年不同的是，公共服务方面不少指标没有出现均等化趋势，意味着在这些方面公共服务较为发达的地区改善得更多；在公共安全方面，部分东部沿海地区改善更加明显；在生活环境方面，东部沿海和东北的部分省份的改善程度较其他地区更加显著。

## （二）四大民生方面发展状况分析

### 1. 居民生活

从 2016 年的居民生活指数来看，长三角地区和环渤海地区在居民生活领域要比其他地区表现得更好。不过从居民生活的不同方面来看，各区域的表现存在较为明显的差异。在收入和消费方面，经济发展水平较高的东部沿海省份普遍要好于内陆省份，而且中部省份要好于西部省份。在就业方面，目前的指标反映出三大城市群地区和东北地区部分省份要好于其他省份。从发展差距来看，华北、华东和东北地区的省内整体差距要明显小于其他省份。从生活压力的角度来看，整体上与收入和消费形成反差，西南和西北多数省份的生活压力要明显小于其他省份特别是经济发达的沿海省份。

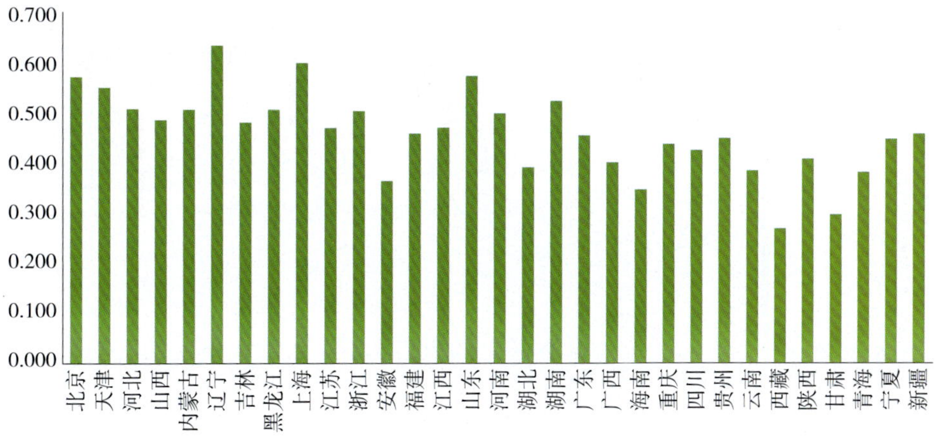


图4-1　居民生活指数（2016）

数据来源：作者计算。

从动态变化的角度来看，与前一年相比居民生活领域取得了许多积极进展。一是各地居民的收入和消费继续增长，省际之间收入差距继续缩小。从各省居民的人均可支配收入和人均消费支出的实际增速来看，多数地区收入和消费仍然保持相对较快的增长。其中一半的省份人均可支配收入的增速超过 7%，2/3 左右的省份人均消费支出增速超过 6%。另外，地区之间收入和消费的差距继续缩小。人均可支配收入和人均消费支出的省际加权变异系数分别由 2015 年的 0.334 和 0.320 下降至 2016 年的 0.333 和 0.313。二是多数地区的城乡差距继续缩小。31 个省份中 25 个省份城乡居民的可支配收入之比有所下降。其中多数西部地区城乡差距缩小幅度较大。如，广西城乡居民的可支配收入之比从 2015 年的 2.790 下降至 2.734。三是多数省份就业质量继续改善。具体变现为，尽管受国内外环境变化的影响，各地区经济转型压力不断增长，但就业市场整体保持相对稳定，而且保障程度相对较高的就业人员比例有所上升。

不过也需要指出的是，从纵向和横向比较来看，居民生活领域也存在以下几方面的问题值得关注。

①多数地区人均可支配收入增速下滑幅度大于人均 GDP 增速下滑幅度。近些年来，随着发展环境和发展条件的变化，区域经济普遍处于转型之中。与之相伴随的是不少地区 GDP 和居民收入增速继续下滑。2016 年 31 个省份中 21 个省份的人均 GDP 的增速有所下降，28 个省份的居民人均可支配收入增速有所下降。更值得关注的是，2/3 的省份人均可支配收入增速下滑幅度大于人均 GDP 增速下滑幅度（参见图 4–2）。通常而言，受工资惯性等因素的影响，人均收入的变化趋势更加平稳，变化幅度小于人均 GDP。之所以出现这种人均可支配收入增速下滑幅度大于人均 GDP 的状况，很大程度上与这些地区的增长方式有关。从图 4–2 可以看出，那些人均可支配收入增速下滑幅度大幅超过人均 GDP 的省份中，很多的省份严重依赖投资，其投资率大多超过 60%，部分甚至超过 100%。面临经济转型的压力，这些地区仍然试图通过增加投资来稳定增速，没有从根本上转变增长方式为收入的持续较快增长提供更持久的动力。

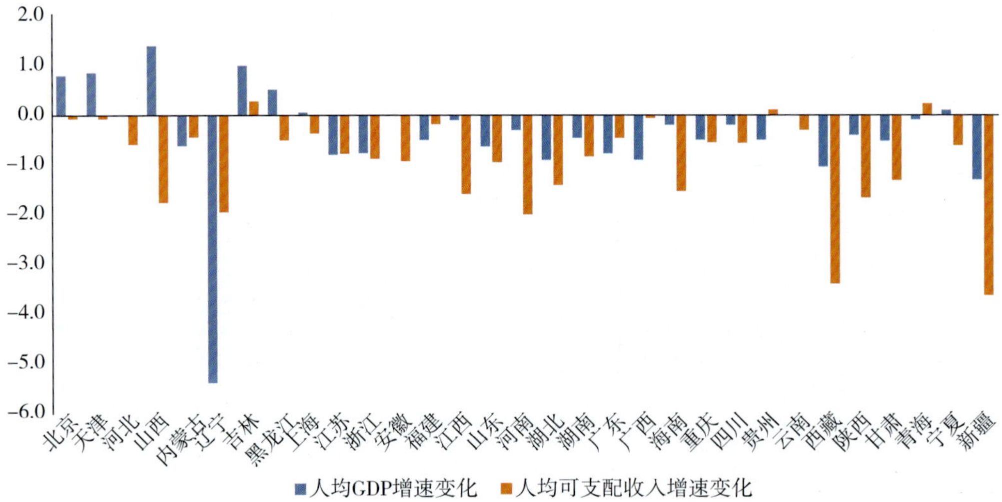


**图4-2　2015～2016年人均GDP和人均可支配收入增速变化（%）**

数据来源：作者计算。

②部分地区生活压力进一步加大。2016 年部分省份房价上涨的幅度明显超过居民收入增长的幅度，导致这些地区居民购房压力进一步加大。从统计数据来看，2016 年 31 个省份中有 15 个省份房价收入比比上年有所上升。这些省份中多数是东部沿海省份，尤其是一线城市或一线城市所在的省份。其中北京提升的幅度最大，房价收入比从 2015 年的 0.42 上升至 2016 年的 0.50。需要指出的是，与 2015 年相比，房价收入比提升的省份明显增多。随着房价的大幅上升，城市服务业的成本也会随之大幅上涨，城市居民面临的生活压力将进一步加大。控制和降低这些经济相对发达的地区和城市居民的生活压力迫切需要完善房地产市场的调控。

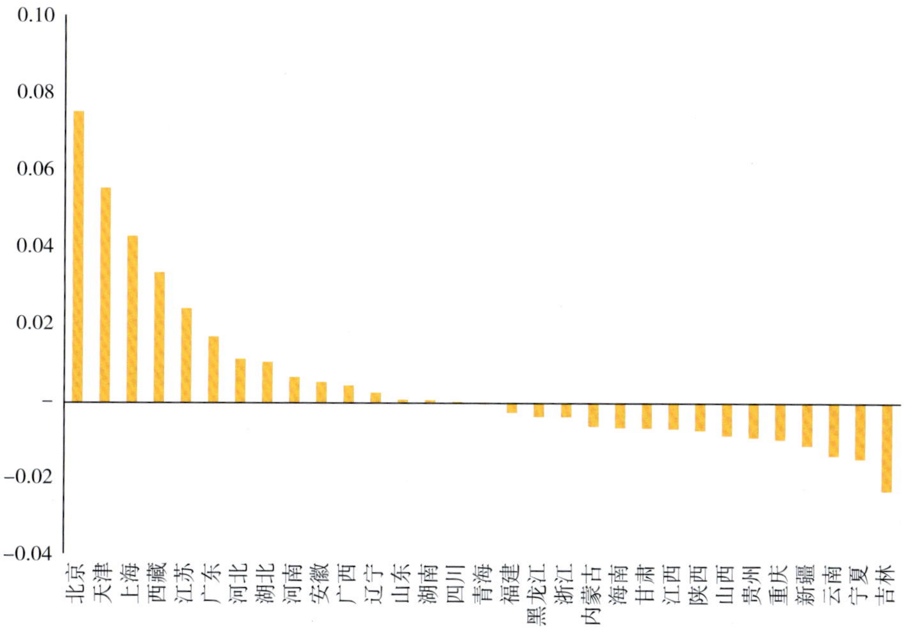


图4-3 2015～2016年房价收入比变化

数据来源：作者计算。

③欠发达地区和发达地区省内差距都比较高。与往年不同的是，为了更好地反映不平衡发展状况，2018 年的民生客观指数在城乡差距的基础上，引入了省份内部区域差距和人群差距。从空间角度来看，西北地区、长江中游地区以及华南部分省份的省内区域差距相对较高，而东部沿海的大多数省份的省内区域差距相对较低；环渤海地区和东南沿海部分省份省内的居民收入差距相对较低，而西北、西南和长江中下游地区的部分省份省内的居民收入差距相对较大。从发展水平来看，对于省内区域差距而言，一方面尤其值得关注的多数欠发达地区省内区域差距较大，特别表现为这些省份内部的贫困地区与省会之间存在较大差距，如贫困县较多的甘肃和云南；另一方面也需要看到，很多相对发达直辖市和省份也仍然存在较大省内地区差距，如广东珠三角和粤北山区。对于人群差距而言，特别值得强调的是，目前各个省份内部的人群差距并未呈现出库兹涅兹曲线所揭示的“规律”：收入分配状况随着发展水平的提升展现出“倒 U 型”的变化趋势，即并未观察到随着收入水平的提升出现所谓的缩小收入差距的自动调节机制。

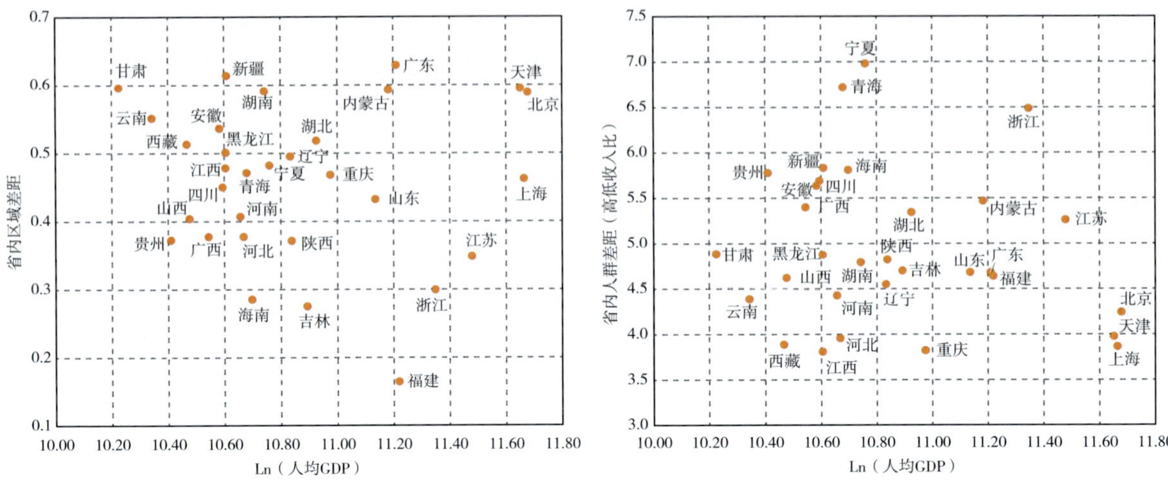


图4-4　2015～2016年省内区域差距和人群差距

数据来源：作者计算。

## 2. 公共服务

整体来看，公共服务指数的空间格局没有太大变化，仍然表现为：经济较为发达的东部沿海地区和西部的部分省份公共服务表现相对较好，而中部地区和西南部分省份的公共服务表现相对较差。具体来看，不同的公共服务领域表现出不同的空间特征。除了今年新引入的“数字服务”外，大致可以把这些领域分成三类：一是教育公共服务，北方地区整体要好于南方地区，京津、东北和长三角好于其他地区；二是交通公共服务，纬度居中的省份交通公共服务表现好于高纬度和低纬度的省份，长三角、中部地区和西北部分省份要好于其他地区；三是其他公共服务，经济较为发达的东部沿海地区和西部的部分省份这些服务表现较好。

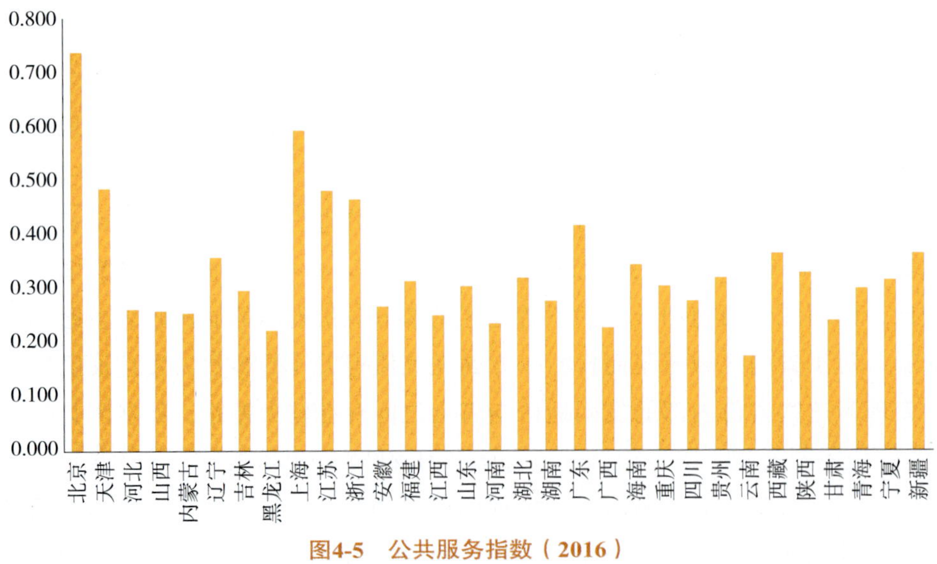


图4-5　公共服务指数（2016）

数据来源：作者计算。

从动态变化的角度来看，公共服务领域部分指标与上年相比得到了改进。整体来看教育和医疗公共服务指标改进较多。其中，义务教育经费支出大幅增长，31 个省份义务教育阶段生均教育财政支出平均增速达到 8.5%，明显高于人均 GDP 的名义增速。尤其是云南、甘肃和青海等西部省份，义务教育阶段生均教育财政支出增速都在 13% 以上，比当地的人均 GDP 名义增速高 7 个百分点以上。随着经济欠发达地区教育支出的更快增长，义务教育经费支出的地区差距也进一步缩小。义务教育阶段生均教育财政支出加权变异系数由 2015 年的 0.345 下降至 2016 年的 0.335。另外，医疗支出中个人承担的比重也普遍呈现下降趋势。卫生总费用中个人支出比率与上年相比平均下降 2 个百分点。特别是原来个人承担比重较高的东北和中部部分省份下降幅度较大。相应地区间的差异也在缩小。

通过指标间和地区间的横向比较，我们也发现公共服务方面存在以下两个问题值得进一步关注。

①交通拥堵已成为不同规模城市普遍存在的问题。“大城市病”已成为城市规模扩张过程中出现的突出问题，而交通拥堵就是最典型的“大城市病”。2018 年的民生指数引入了城市高峰拥堵延时指数来反映城市交通设施和交通服务管理能力。从已公布的 100 个主要城市的高峰拥堵延时指数可以看出，全市人口超过 1000 万的城市的高峰拥堵延时指数基本都在 1.6 以上，其中多数都在 1.7 以上，个别达到 2.0 以上（如北京）。这意味着多数人口超过 1000 万的城市高峰时期交通用时是自由通行时期的 1.7 倍以上，其中北京达到了 2.03 倍。更加值得关注的是，100 个主要城市中有 93 个城市高峰拥堵延时指数超过 1.5，47 个城市超过 1.7，25 个城市超过 1.8。这反映除了人口规模十分巨大的城市外，还有不少人口规模相对较小的城市也存在较为严重的交通拥堵问题，如济南、合肥、长春、大连、呼和浩特等城市高峰拥堵延时指数已经与人口规模超过 2000 万的城市基本相当。这说明除特大、超大城市外，很多大城市和中等城市同样也需要关注交通拥堵问题，努力提升城市公共交通设施水平和交通服务管理能力。

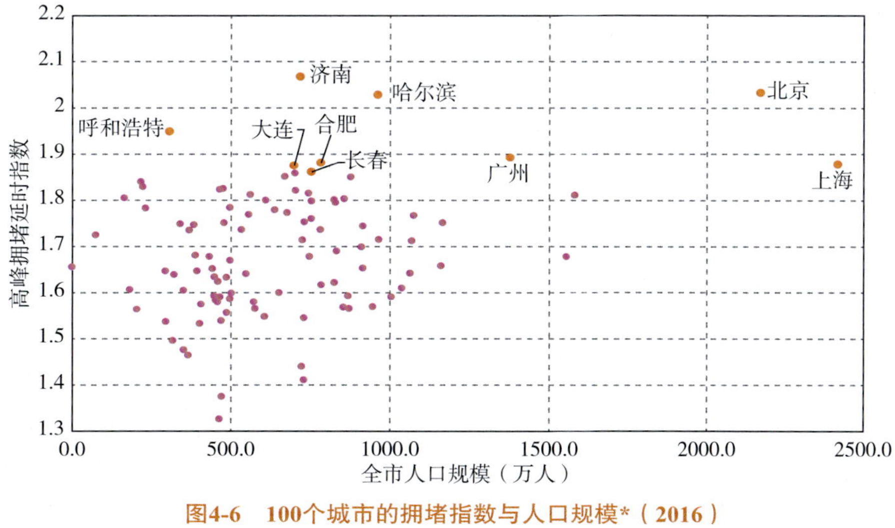


**图4-6　100个城市的拥堵指数与人口规模*（2016）**

注：统计年鉴只公布了市辖区人口的户籍人口，这里采用的是全市的常住人口。

数据来源：作者计算。

②需要更加关注欠发达地区的教育和信息通信技术方面的公共服务水平。为了更好地反映不同发展水平地区不同公共服务状况差异，这里测算了公共服务六个子领域的指数与各地人均收入之间的关系。测算结果显示，这六个子领域中教育服务和数字服务与人均收入之间的相关系数要高于其他公共服务，都超过了0.8。这说明发展水平越高的地区数字服务和教育服务的表现越好，也说明这两项服务区域间的均等化程度相对较低。从另一个角度来看，较高的相关系数在一定程度上也凸显出这两项服务对经济增长的重要性。因此，无论是从推动公共服务均等化的角度，还是从促进落后地区经济增长的角度来看，都需要加快提升欠发达地区的教育和信息通信服务水平。

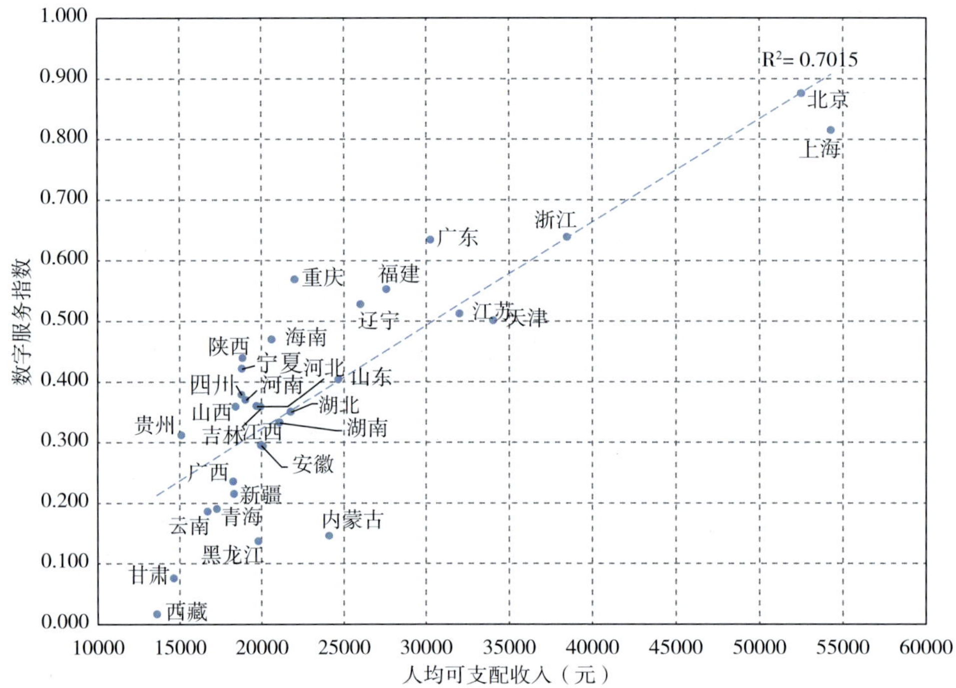


图4-7　数字指数与人均收入之间的关系（2016）

数据来源：作者计算。

### 3. 公共安全

从今年的公共安全指数来看，内陆的平原地区和东北地区公共安全的风险要比其他地区更小。与居民生活和公共服务不同的是，公共安全的影响因素更加多元复杂，特别是自然灾害的爆发具有一定的偶然性，因而公共安全指数的空间分布缺乏明显的规律性。对于公共安全的不同领域来说，空间差异性比较明显。在自然灾害方面，沿海、沿边以及山区较多的省份爆发自然灾害的风险更大。如，2016年福建迎来了1949年以来登陆中国的最强首个台风“尼伯特”和1949年以来登陆闽南的最强台风“莫兰蒂”，分别造成85人和38人死亡。在事故灾难方面，中西部一些正在加快工业化进程的省份相对风险更高。在公共卫生方面，一些经济欠发达省份和人口集聚程度较高的省份相应风险更大，前者由于卫生条件相对较差，一些法定传染病的发病率相对较高，如西北和西南的部分省份；后者则由于人口过度集聚加大了食源性疾病风险。在社会安全方面，相对而言，流动人口较多的省份社会安全风险相对更大，如长三角地区。

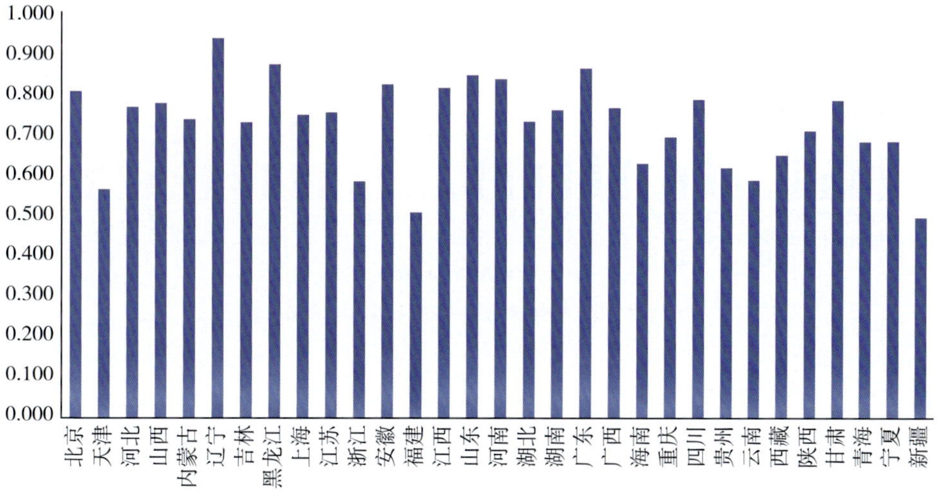


**图4-8　公共安全指数（2016）**

数据来源：作者计算。

通过历史对比，公共安全方面存在以下两方面的问题尤其值得关注。

①公共安全整体形势不容乐观。不仅公共安全的空间表现与居民生活和公共服务不同，其动态变化也存在一定的差异。从前面的分析中可以看出，2016 年多数地区居民生活和公共服务领域多数指标都出现了明显的改善，尤其是居民生活方面绝大多数可比指标都有所改善。而在公共安全方面，除个别省份公共安全方面的全部指标都有所改善外（如广东省 2016 年事故灾难、公共卫生和社会安全的指标都出现了较大幅度的改善），多数省份公共安全方面的表现并未出现整体性改善。六个子指标中只有每百万人突发环境事件次数和甲乙类法定报告传染病发病率两个指标一半以上的省份出现了明显的下降，其他指标多数省份都未出现明显改善，甚至出现了恶化。由此可见，公共安全风险值得重视，需要尽快采取相应的措施，让更多省份公共安全的风险不断下降，提高全体居民的公共安全感。

②食品卫生安全风险尤为值得重视。前面已经提到，2016 年公共安全领域不少指标多数省份都未改善。其中，最为值得关注的就是食源性疾病发病风险。从测算的数据来看，2016 年 31 个省份中 25 个省份每万人食源性疾病患者数有所提升。内蒙古、上海、福建、山东、湖北和新疆等 6 个省份每万人食源性疾病患者数较 2015 年提高了一倍以上。世界卫生组织将食源性疾病定义为“通过摄食方式进入人体内的各种致病因子引起的通常具有感染或中毒性质的一类疾病”。这类疾病的爆发与食品质量和食品卫生状况存在较强的联系。多数省份食源性疾病发病率的提升对我们的食品质量和食品卫生状况提出了警示。

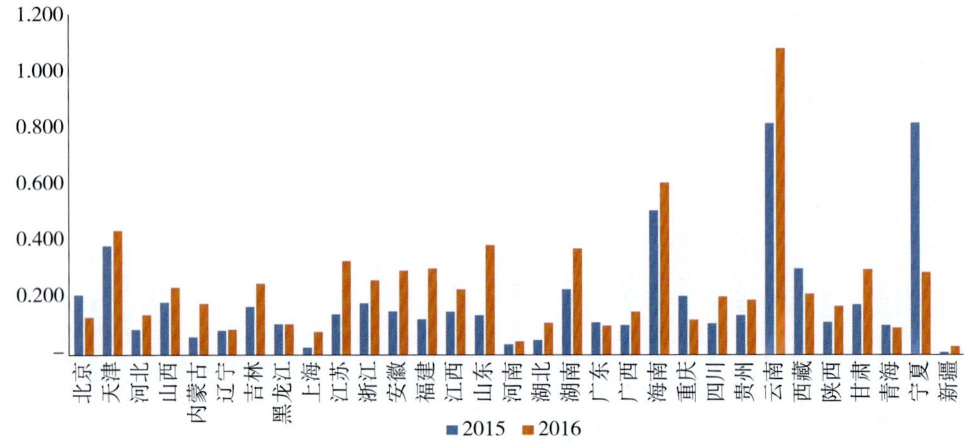


图4-9　万人食源性疾病患者数（2016）

数据来源：作者计算。

### 4. 生活环境

从空间角度来看，2016 年空间生活环境状况与 2015 年相比变化不大，仍然表现为东南、西南特别是东南沿海的绝大多数省份的生活环境状况比较好，而黄河流域多数省份生活环境状况相对较差。除了城乡居住环境外，其他的生活环境方面空间状况比较类似。对于城乡居住环境而言，东部沿海省份表现普遍要好于其他内陆省份。从具体的指标来看，空气质量和城乡居住环境两方面的指标改善比较明显。2016 年 7 月开始，中央环境保护督察组开始分批进驻部分省份进行环保督察。这对于各地环境状况的改善起到了重要的推动作用。从统计数据来看，2016 年，2/3 以上的省份空气质量达到及好于二级的天数明显增加。另外，随着新型城镇化的推进，城乡居住环境不断改善，多数省份建成区绿化覆盖率、城市生活垃圾无害化处理率和农村无害化卫生厕所普及率三项指标都有所改善。

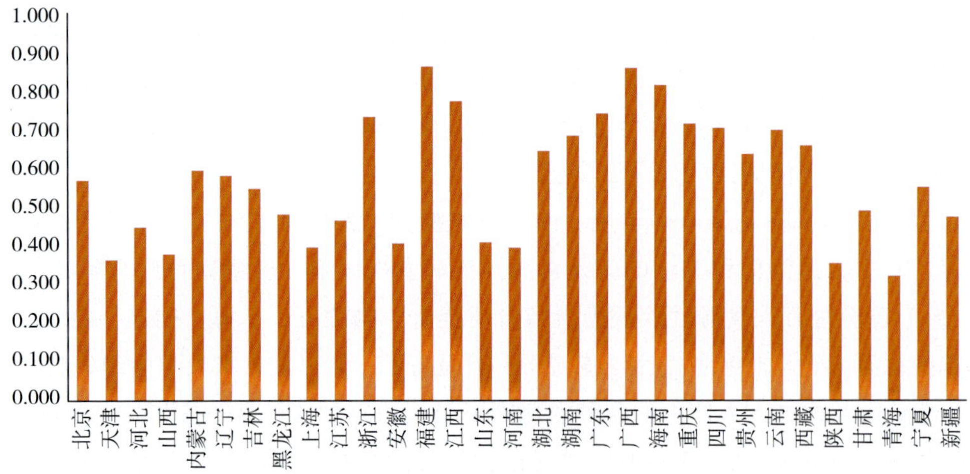


图4-10　生活环境指数（2016）

数据来源：作者计算。

当然，从横向和纵向比较来看，生活环境领域除了前面提到的发展成就外，也存在值得关注的问题。

① 部分省份涉及流域重点断面水质出现恶化。“十三五”规划与“十二五”规划在资源环境指标方面的一个不同之处就是，引入了“地表水质量”指标，不再像“十二五”规划中仅关注污染物的排放，而是同时关注污染物的排放和环境质量变化。从2016年的数据来看，与空气质量普遍改善不同的是，水环境质量并未出现大面积改善的迹象。31个省份中有超过一半的省份涉及流域重点断面水质出现了不同程度恶化。虽然水质的变化受很多因素的影响，但污染的排放仍然是主要影响因素。2016年尽管多数地区废水的排放量有所降低，但西部特别是西南地区的废水排放量仍然出现了不同程度的增长。对比各省的水质变化，不难发现这些污染排放增多的省份多数水质也出现了恶化。不仅如此，还需要注意的是，这些省份中不少处于河流的上游，其水质的变化将直接影响中下游地区的水质；而且这些省份多处在工业化快速推进的阶段，污染减排的压力相对较大。因此需要更加重视这些地区经济发展与生态环境的协调。

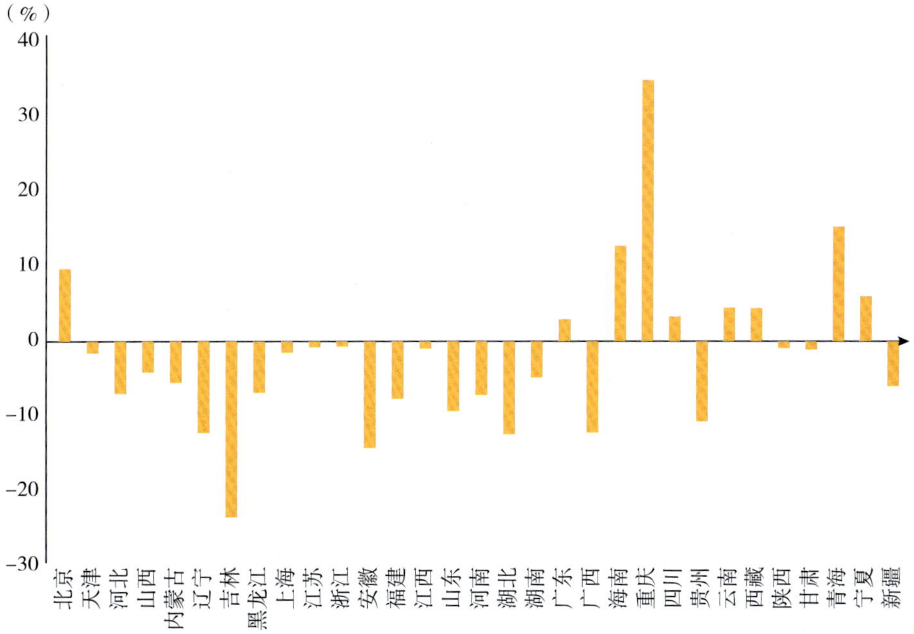


图4-11　废水排放总量变化（2015~2016）（%）

数据来源：作者计算。

② 省份之间居住环境/条件存在较大差距。随着生活水平的提升，人们对于居住条件和环境改善的需求越来越高。2016年联合国开发署在测度中国贫困时，将室内厨房普及率和室内厕所普及率作为衡量居民生活水平的重要维度。2018年的民生指数借鉴了这一做法，也在民生指数中补充了这两项指标用于反映城乡生活环境和条件的差异。从这两项指标来看，整体上东部经济发达、城镇化率较高的省份和东北地区、川渝地区的居住环境和条件相对较好，而西北地区、西南部分省份和中部地区的居住环境和条件相对较差。需要指出的是，不同地区之间的城市的差异相对来说很小，地区居住环境和条件的差异主要表现在两大方面：一是城乡之间的差异，城

镇的室内厨房普及率要比农村高 8 个百分点，室内厕所普及率高 20 个百分点以上；二是乡村之间的差异，室内厨房普及率最高的省份与最低的省份相差近 40 个百分点，室内厕所普及率相差更多。

## 三、主要结论及政策启示

今年的民生指数从“不平衡的发展”“数字服务”“美好生活需要”和“就业”等方面对现有的民生指数指标体系进行了补充，增加了部分指标，同时拓展了数据的来源渠道。在此基础上，对 2016 年各省（市、区）的民生发展状况进行了系统的评估和分析。基于这些分析，可以梳理总结出以下几点主要发现。

### （一）不同区域和不同领域民生状况改善差异较大

整体来看，居民生活方面的民生状况改善程度要明显高于公共服务、公共安全和生活环境。与上年相比，居民生活领域所有的指标多数省份都得到不同程度的改善；而对于公共服务、公共安全和生活环境领域而言，都存在部分指标多数省份都出现了恶化。不同区域的不同民生方面改善程度存在较大差异。居民生活方面，欠发达地区居民生活状况改善的速度更快；公共服务方面，经济发达的地区改善得更多；公共安全方面，部分东部沿海地区改善得更加明显；生活环境方面，东部沿海和东北的部分省份改善得更加显著。

### （二）居民生活领域民生状况改善非常显著

从动态变化的角度来看，与前一年相比，居民生活领域取得了许多积极进展：各地居民的收入和消费继续较快增长，省际之间收入差距继续缩小；多数地区的城乡差距继续缩小；多数省份就业质量继续改善。从纵向和横向比较来看，值得关注的是：多数地区人均可支配收入增速下滑幅度大于人均 GDP 增速下滑幅度；部分地区生活压力进一步加大；欠发达地区和发达地区省内差距都比较高。今后需要加快形成符合新时代需要的经济发展方式；改革和完善房地产市场；进一步完善收入分配制度，更好地发挥政府在发展成果共享方面的作用。

### （三）公共服务领域民生状况有所改善

整体来看，经济较为发达的东部沿海地区和西部地区的部分省份公共服务表现相对较好，而中部地区和西南地区部分省份的公共服务表现相对较差。整体来看，教育和医疗方面的公共服务指标与上年相比有所改进：义务教育经费支出大幅增长；医疗支出中个人承担的比重也普遍呈现下降趋势。不过值得注意的是，交通拥堵已成为不同规模城市普遍存在的问题；欠发达地区的教育和信息通信技术方面的公共服务水平与发达地区相差较大。今后，需要加快推进新型城镇化建设；努力提升不同城市的公共设施水平和城市治理能力；加快提升欠发达地区教育和信息通信技术方面的公共服务水平，尽快缩小地区间的“数字鸿沟”。

### （四）公共安全整体形势不容乐观

2016 年，除了个别省份的公共安全方面指标都有所改善外，多数省份公共安全方面的表现并未出现整体性改善。6 个子指标中只有每百万人突发环境事件次数和甲乙类法定报告传染病发病率 2 个指标一半以上的省份出现了明显的下降，其他指标多数省份都未出现明显改善，甚至出现了恶化。尤其值得重视的是，多数省份食源性疾病发病率有所提升。这警示我们需要更加重视食品质量和食品卫生。今后需要进一步改革和完善公共安全方面的制度；加强全流程的食品卫生监督管理，控制食品污染，提高食品卫生质量，降低公共卫生风险。

### （五）生活环境领域民生状况有所改善

从具体的指标来看，空气质量和城乡居住环境两方面的指标改善比较明显。在环保督查等因素的影响下，多数省份空气质量达到及好于二级的天数明显增加；随着新型城镇化的推进，城乡居住环境不断改善，多数省份建成区绿化覆盖率、城市生活垃圾无害化处理率和农村无害化卫生厕所普及率三项指标都有所改善。不过也需要关注的是，部分省份涉及流域重点断面水质出现恶化；省份之间居住环境 / 条件存在较大差距。今后需要加快河流上游地区工业化转型，加大污染控制力度；加快推进乡村振兴战略，努力提升乡村特别是欠发达地区乡村的居住环境。

（执笔：何建武　于晓康*）

附表4-1　　2016年民生分项指数（新指标）

| | 居民生活 | 公共服务 | 公共安全 | 生活环境 |
|---|---|---|---|---|
| 北京 | 0.665 | 0.739 | 0.818 | 0.577 |
| 天津 | 0.573 | 0.486 | 0.573 | 0.368 |
| 河北 | 0.465 | 0.261 | 0.778 | 0.454 |
| 山西 | 0.435 | 0.259 | 0.787 | 0.383 |
| 内蒙古 | 0.476 | 0.255 | 0.747 | 0.602 |
| 辽宁 | 0.608 | 0.359 | 0.950 | 0.588 |
| 吉林 | 0.438 | 0.296 | 0.739 | 0.554 |
| 黑龙江 | 0.454 | 0.224 | 0.885 | 0.487 |
| 上海 | 0.675 | 0.590 | 0.758 | 0.401 |
| 江苏 | 0.469 | 0.480 | 0.764 | 0.471 |
| 浙江 | 0.518 | 0.464 | 0.592 | 0.743 |
| 安徽 | 0.347 | 0.266 | 0.835 | 0.411 |

* 于晓康，北京师范大学社会发展与公共政策学院硕士研究生。
感谢国务院发展研究中心发展战略和区域经济研究部刘云中、中国地质大学（北京）副教授吴三忙参与讨论。

续表

| | 居民生活 | 公共服务 | 公共安全 | 生活环境 |
|---|---|---|---|---|
| 福建 | 0.451 | 0.313 | 0.515 | 0.874 |
| 江西 | 0.437 | 0.251 | 0.825 | 0.784 |
| 山东 | 0.530 | 0.305 | 0.858 | 0.414 |
| 河南 | 0.464 | 0.232 | 0.848 | 0.400 |
| 湖北 | 0.375 | 0.321 | 0.742 | 0.653 |
| 湖南 | 0.475 | 0.278 | 0.770 | 0.694 |
| 广东 | 0.450 | 0.416 | 0.874 | 0.751 |
| 广西 | 0.358 | 0.226 | 0.775 | 0.871 |
| 海南 | 0.306 | 0.343 | 0.637 | 0.826 |
| 重庆 | 0.406 | 0.302 | 0.703 | 0.725 |
| 四川 | 0.388 | 0.276 | 0.796 | 0.713 |
| 贵州 | 0.390 | 0.320 | 0.626 | 0.645 |
| 云南 | 0.338 | 0.173 | 0.595 | 0.708 |
| 西藏 | 0.218 | 0.363 | 0.658 | 0.667 |
| 陕西 | 0.370 | 0.327 | 0.718 | 0.359 |
| 甘肃 | 0.267 | 0.240 | 0.794 | 0.496 |
| 青海 | 0.351 | 0.297 | 0.691 | 0.325 |
| 宁夏 | 0.413 | 0.315 | 0.692 | 0.558 |
| 新疆 | 0.422 | 0.365 | 0.501 | 0.480 |

附表4-2 2016年民生分项指数（旧指标）

| | 居民生活 | 公共服务 | 公共安全 | 生活环境 |
|---|---|---|---|---|
| 北京 | 0.594 | 0.753 | 0.818 | 0.607 |
| 天津 | 0.641 | 0.484 | 0.573 | 0.362 |
| 河北 | 0.504 | 0.232 | 0.778 | 0.460 |
| 山西 | 0.468 | 0.210 | 0.787 | 0.372 |
| 内蒙古 | 0.531 | 0.273 | 0.747 | 0.623 |
| 辽宁 | 0.650 | 0.345 | 0.950 | 0.543 |
| 吉林 | 0.496 | 0.289 | 0.739 | 0.511 |
| 黑龙江 | 0.569 | 0.262 | 0.885 | 0.436 |
| 上海 | 0.621 | 0.540 | 0.758 | 0.408 |
| 江苏 | 0.503 | 0.465 | 0.764 | 0.476 |
| 浙江 | 0.583 | 0.427 | 0.592 | 0.745 |
| 安徽 | 0.417 | 0.258 | 0.835 | 0.408 |
| 福建 | 0.430 | 0.255 | 0.515 | 0.868 |
| 江西 | 0.480 | 0.247 | 0.825 | 0.769 |

续表

| | 居民生活 | 公共服务 | 公共安全 | 生活环境 |
|---|---|---|---|---|
| 山东 | 0.592 | 0.275 | 0.858 | 0.395 |
| 河南 | 0.516 | 0.196 | 0.848 | 0.394 |
| 湖北 | 0.452 | 0.320 | 0.742 | 0.626 |
| 湖南 | 0.553 | 0.285 | 0.770 | 0.660 |
| 广东 | 0.489 | 0.375 | 0.874 | 0.734 |
| 广西 | 0.394 | 0.215 | 0.775 | 0.866 |
| 海南 | 0.368 | 0.312 | 0.637 | 0.850 |
| 重庆 | 0.424 | 0.266 | 0.703 | 0.690 |
| 四川 | 0.461 | 0.245 | 0.796 | 0.679 |
| 贵州 | 0.393 | 0.331 | 0.626 | 0.658 |
| 云南 | 0.337 | 0.165 | 0.595 | 0.721 |
| 西藏 | 0.211 | 0.373 | 0.658 | 0.685 |
| 陕西 | 0.355 | 0.325 | 0.718 | 0.360 |
| 甘肃 | 0.240 | 0.280 | 0.794 | 0.421 |
| 青海 | 0.390 | 0.335 | 0.691 | 0.306 |
| 宁夏 | 0.500 | 0.303 | 0.692 | 0.563 |
| 新疆 | 0.500 | 0.368 | 0.501 | 0.485 |

# 第二部分
# 专 题 报 告

# 第五章
# 就业专题研究报告

2017 年，随着宏观经济的好转，我国就业形势总体向好，就业规模继续扩大，调查失业率下降，居民就业感受和未来就业预期均好于往年。但就业仍是 12 个民生领域中满意度较低的领域之一。其中，中等学历和中年劳动者中因单位原因而未就业的人所占比重较高，低学历劳动者中收入下降的人所占的比重较大，城镇职工养老和职工医疗保险覆盖面不大，劳动合同签订比例不高，以及欠薪现象仍然存在等问题需给予关注。

## 一、2017 年总体就业形势及特点

### （一）就业形势总体向好，居民当期就业感受和未来就业预期好于往年

2017 年，我国国内生产总值增长 6.9%，实现 2011 年以来的首度回升。宏观经济的好转为就业形势改善提供了基础。2017 年年末全国就业人员为 77640 万人，比上年末增加 37 万人，其中，城镇就业人员 42462 万人，比上年末增加 1034 万人。

国家统计局公布的 31 个大城市部分月份城镇调查失业率数据显示，2017 年调查失业率整体低于 2016 年水平，且维持在 5% 以下。中国人民银行进行的季度城镇储户问卷调查也显示，2017 年就业形势较上年有所改善。受访居民认为“形势较好、容易就业”的平均比例为 14.2%，比 2016 年提高 2.9 个百分点。居民就业感受指数[①]的全年平均值为 42.8%，较上年提高了 4.8 个百分点；居民未来就业预期指数[②]的全年平均值也超过了 50%，比上年提升 5.2 个百分点，表明受访居民对未来就业预期是向好状况（见图 5–1）。

---

① 居民就业感受指数是反映居民对当前就业情况感受的扩散指数，当处于50%以上时，反映居民感受到就业处于向好或扩张状态；低于50%，反映居民感受到就业处于变差或收缩状态。

② 未来就业预期指数是反映居民对未来就业预期的扩散指数。

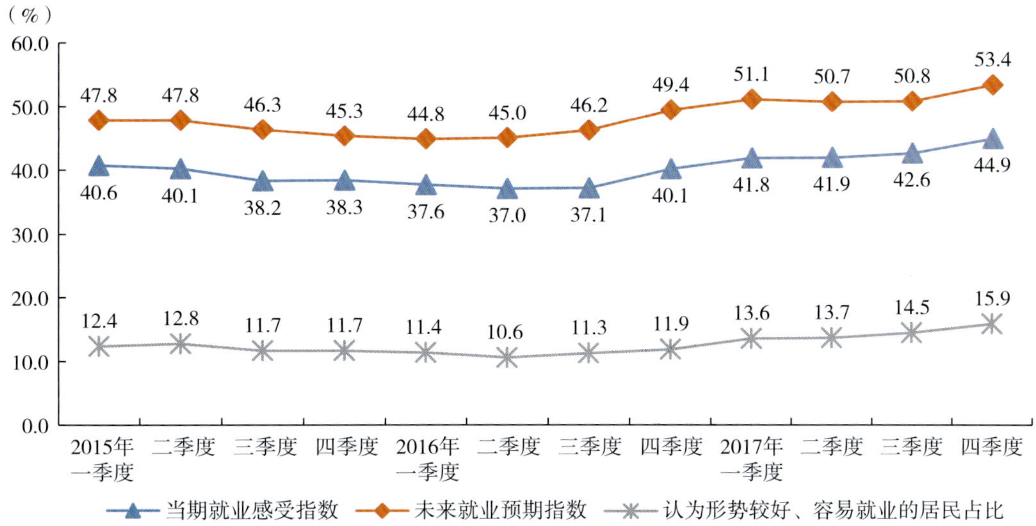


图5-1 城镇储户问卷调查中居民对就业形势的看法（%）

数据来源：中国人民银行调查统计司《城镇储户问卷调查报告》（2015 年第 1 季度至 2017 年第 4 季度）。

## （二）不同群体的就业状况有所差异

### 1. 城镇居民和女性群体的就业比重偏低

根据中国民生入户调查，16 岁及以上的受访者共 30574 人[①]，其中就业人员（指目前从事有收入工作的受访者）共 18245 人，占比 59.7%，在校学生、离退休人员和无劳动能力者占比分别为 6.1%、10.4% 和 13.3%，当前未做任何工作的人员占 10.6%。城镇地区就业人员占 56.7%，农村地区为 62.8%，两者相差 6.1 个百分点（见表 5–1）。

表5-1 城乡居民就业状态分布（%）

| 就业状态 | 城镇 | 农村 | 总计 |
|---|---|---|---|
| 就业人员 | 56.7 | 62.8 | 59.7 |
| 在校学生 | 6.7 | 5.4 | 6.1 |
| 离退休 | 15.3 | 5.2 | 10.4 |
| 无劳动能力 | 10.8 | 15.9 | 13.3 |
| 未做任何工作 | 10.5 | 10.7 | 10.6 |
| 样本量（个） | 15698 | 14876 | 30574 |

分性别看，男性的就业比重为 68.3%，女性为 50.9%，两者相差 17.4 个百分点。其中，城镇女性就业比重为 48.7%，比农村女性低 4.5 个百分点（见表 5–2）。尽管 2015 年十二届人大三次会议对于女性的退休年龄做出新的规定，即处级女干部退休年龄由 55 岁延迟至 60 岁，但可在 55 岁申请自愿退休，50 岁以上城镇女性的就业比重仍然仅为 25.0%，比同年龄段农村女性低

① 本文以下所有分析均基于年龄在16岁及以上的受访者，且进行加权处理。

13.8 个百分点。

分年龄段看，25~49 岁人群的就业比重最高，其中，男性超过 90%，女性超过 75%。25~49 岁的城乡居民就业比重差别较小（城市略高于农村），但 16~24 岁和 50 岁及以上人群的就业比重，农村都明显高于城镇（见表 5-2）。

表5-2　分城乡、性别和年龄段就业比重（%）

| 年龄段 | 城镇 | | 农村 | | 总计 | |
|---|---|---|---|---|---|---|
| | 男性 | 女性 | 男性 | 女性 | 男性 | 女性 |
| 16~24岁 | 33.8 | 28.5 | 43.3 | 33.0 | 38.5 | 30.6 |
| 25~49岁 | 93.2 | 77.4 | 92.9 | 74.2 | 93.1 | 75.9 |
| 50岁及以上 | 43.6 | 25.0 | 59.1 | 38.8 | 51.4 | 31.8 |
| 合 计 | 64.8 | 48.7 | 71.9 | 53.2 | 68.3 | 50.9 |

### 2. 农业和非农户籍劳动者的就业渠道存在显著差异

根据入户调查，在所有就业人员中，占比最高的是专业和兼业农民，两者合计占 35.9%；其次是民营企业职工和个体工商户，共占 34.5%；党政机关、社会团体、事业单位和国有企业是第三大就业渠道，共占 11.5%；非固定单位的临时工也是重要就业渠道之一，占 8.8%。

分户籍看，农业和非农户籍劳动者的就业渠道存在显著差异。农业户籍劳动者的主要就业渠道是专业务农和兼业务农，占 44.7%；非农户籍劳动者主要就业渠道是民营企业职工和个体工商户，占 41.8%。农业户籍劳动者在党政机关、社会团体和事业单位的比例仅为 3.4%，而非农户籍劳动者这一比例为 23.5%，两者相差 20.1 个百分点。此外，非农户籍劳动者在国有企业的比重为 10.3%，比农业户籍劳动者的 1.4% 高出 8.9 个百分点。

表5-3　不同户籍劳动者的就业类型分布（%）

| 就业类型 | 农业户籍 | 非农户籍 | 合计 |
|---|---|---|---|
| 专业务农 | 32.6 | 4.3 | 26.0 |
| 兼业农民 | 12.1 | 2.4 | 9.9 |
| 农村自营业者 | 2.9 | 1.1 | 2.5 |
| 农村专业管理人员 | 2.1 | 1.0 | 1.9 |
| 党政机关、社会团体在编职员 | 0.8 | 6.7 | 2.2 |
| 党政机关、社会团体聘用职员 | 0.7 | 5.2 | 1.7 |
| 教科文卫等事业单位在编职工 | 0.9 | 8.3 | 2.6 |
| 教科文卫等事业单位聘用职工 | 1.0 | 3.3 | 1.5 |
| 国有（国有控股）企业职工 | 1.4 | 10.3 | 3.5 |
| 民营/私营企业职工 | 18.3 | 23.2 | 19.4 |
| 合资、外资或港澳台企业员工 | 0.6 | 1.5 | 0.8 |
| 民办非企业单位、非营利组织 | 0.5 | 1.3 | 0.7 |

续表

| 就业类型 | 农业户籍 | 非农户籍 | 合计 |
|---|---|---|---|
| 个体工商户雇主 | 6.7 | 10.4 | 7.6 |
| 个体工商户雇员 | 7.2 | 8.2 | 7.5 |
| 非固定单位的临时务工 | 8.9 | 8.7 | 8.8 |
| 自由职业者 | 1.8 | 2.3 | 1.9 |
| 其他 | 0.0 | 0.4 | 0.1 |
| 样本量（个） | 14006 | 4236 | 18245 |

### 3. 女性因照顾家庭退出劳动力市场的比例较高

入户调查显示，因照顾家庭而退出劳动力市场的人群的比重，城镇和农村男性都不到 1%，而城镇女性为 7.4%，农村女性为 8.0%。其中，超过 13% 的 25~29 岁女性因照顾家庭而未就业，在所有年龄段中最高。此外，50~59 岁的农村女性和 45~54 岁的城镇女性因照顾家庭而未就业的比重也相对较高，均超过 9%（见图 5-2）。

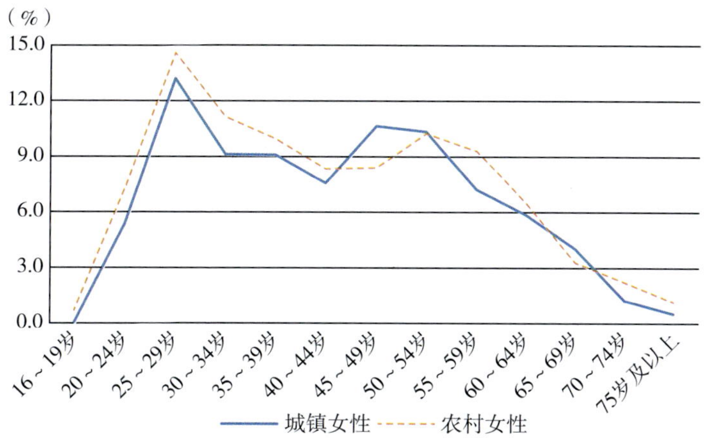


图5-2 各年龄段女性因照顾家庭未就业的人口比重（%）

### 4. 中等学历和中年人群因单位原因未就业的比重较高

根据入户调查，未就业人员（全部当前不从事有收入工作的人员，扣除在校学生、离退休人员和无劳动能力者）共 3241 人，其中因单位停工停产失去工作或被单位辞退的人员 172 人，占未就业人员的 5.3%。城镇和农村这一比例分别为 7.1% 和 3.4%。

表5-4 分城乡未就业人员的构成（%）

| 不工作原因 | 城镇 | 农村 | 总计 |
|---|---|---|---|
| 因单位原因失去工作 | 7.1 | 3.4 | 5.3 |
| 因个人原因主动辞职 | 12.7 | 10.3 | 11.5 |
| 料理家务 | 39.3 | 40.7 | 40.0 |
| 不想工作 | 4.5 | 4.0 | 4.2 |

续表

| 不工作原因 | 城镇 | 农村 | 总计 |
|---|---|---|---|
| 毕业后未工作 | 3.5 | 3.0 | 3.2 |
| 从来未工作过 | 20.0 | 27.0 | 23.4 |
| 无固定工作 | 0.3 | 0.2 | 0.2 |
| 生病 | 1.1 | 1.2 | 1.1 |
| 土地被征收 | 0.9 | 0.2 | 0.6 |
| 年龄 | 0.8 | 0.6 | 0.7 |
| 其他 | 1.9 | 0.9 | 1.5 |
| 样本数（个） | 1651 | 1590 | 3241 |

分受教育程度看，高中、中专、技校等中等学历人群因单位原因未就业的比例最高，为 8.9%；初中学历的这一比例为 5.9%，高于平均水平（见图 5–3）。分年龄段看，40~59 岁人群由于专业技能单一、学习新技能和适应新岗位的能力较弱，因单位原因失去工作的比例较高。特别是 50~54 岁的人群，该比例为 9.8%，其次是 55~59 岁的人员，占比为 8.8%（见图 5–4）。

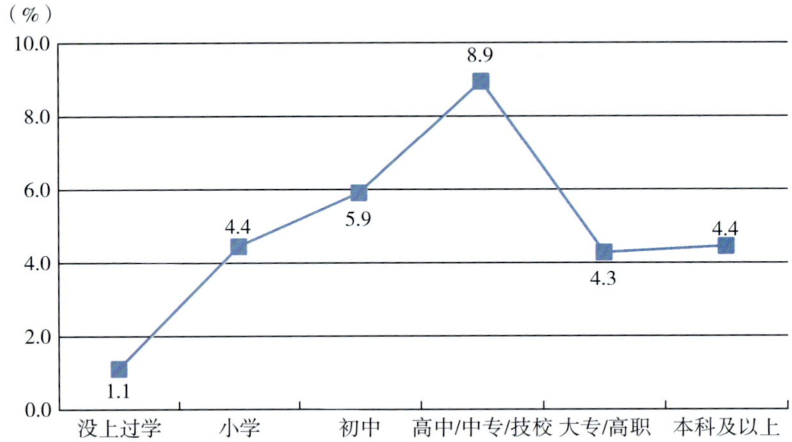


图5-3　不同学历因单位原因不工作的人员占全部未就业人员的比重（%）

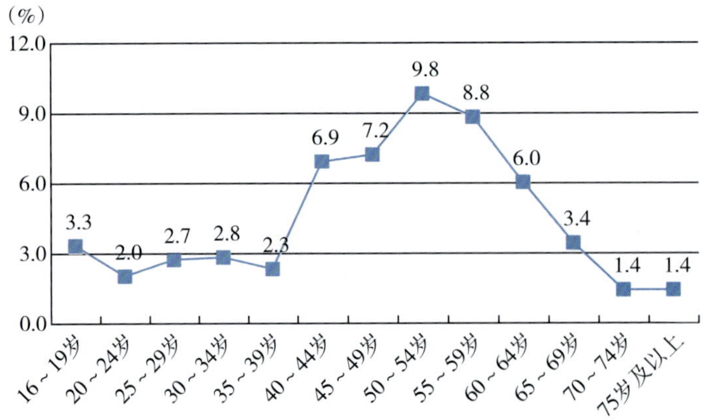


图5-4　各年龄段因单位原因不工作的人员占全部未就业人员的比重（%）

### （三）农业户籍外出务工人员以低学历和年轻人为主，外出时长普遍在 10 个月及以上，集中在劳动密集型行业

入户调查显示，在过去一年里到本县以外地区务工的农业户籍受访者共 4103 人，占全部农业户籍受访者的 18.6%，其中男性占 67.4%，女性占 32.6%。从年龄结构看，40 岁以下占 64.6%，40~54 岁占 29.3%，55 岁以上仅占 6.1%。从受教育程度看，外出务工人员平均学历较低，初中及以下学历占 72.4%，高中、中专和技校学历占 14.9%，大专、高职及以上学历占 12.6%。

从外出时长看，全年外出务工时长在 10~12 个月的人员占 71.9%，9 个月及以下的仅占 28.1%。从就业行业看，外出务工人员主要集中在制造业（21.5%）、建筑业（20.8%）、住宿和餐饮业（9.7%）、批发和零售业（9.3%）、农林牧渔业（8.9%）、居民服务和其他服务业（6.8%）等劳动密集型行业，合计共占 77.1%（见表 5–5）。

表5-5　外出务工人员就业行业分布

| 行业 | 占比（%） | 样本数（个） |
|---|---|---|
| 第一产业（农林牧渔业） | 8.9 | 367 |
| 第二产业 | 46.2 | 1896 |
| 制造业 | 21.5 | 882 |
| 建筑业 | 20.8 | 854 |
| 第三产业 | 44.5 | 1824 |
| 批发和零售业 | 9.3 | 382 |
| 住宿和餐饮业 | 9.7 | 397 |
| 居民服务和其他服务业 | 6.8 | 278 |

## 二、不同劳动群体的收入差异及就业满意度

### （一）城镇和高学历劳动者的劳动收入水平更高

根据入户调查，城镇劳动者平均税后月收入为3258.06元，农村为2500.34元，前者是后者的1.3倍。分性别看，男性平均税后月收入为 3308.05 元，女性为 2271.31 元，前者是后者的 1.46 倍。

分受教育程度看，如图 5–5 所示，劳动收入水平与受教育程度显著正相关。没上过学的劳动者平均税后月收入为 1088.76 元，小学学历的为 1918.40 元，是前者的 1.76 倍。初中、高中、大专学历劳动者的收入水平分别是小学学历的 1.48、1.69、2.1 倍。本科及以上学历劳动者的平均税后月收入为 4871.60 元，是高中学历的 1.5 倍。

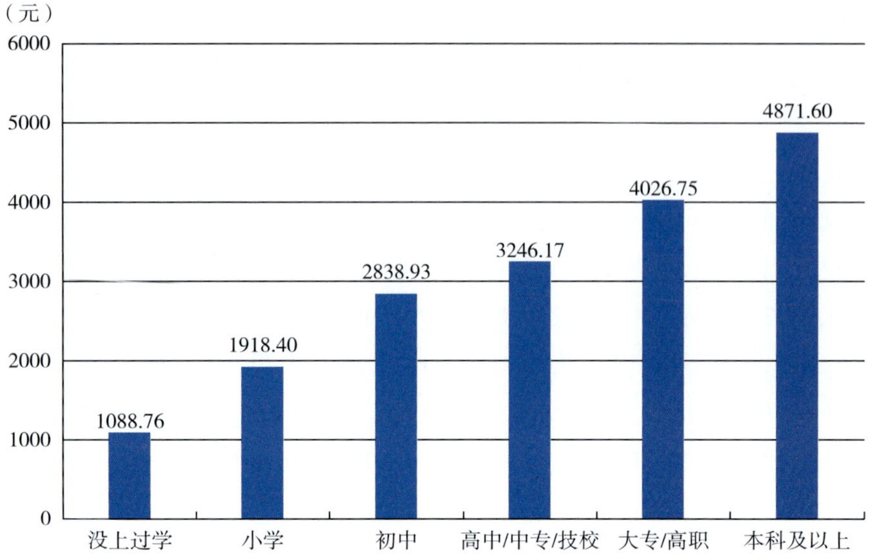


图5-5 不同学历的劳动者平均税后月收入（元）

## （二）农村地区和低学历劳动者收入减少的比重大于增加的比重

根据入户调查，表示收入比上年增加（大幅增加或小幅增加）的劳动者占比为15.9%，表示收入比上年减少的劳动者占比为16.6%，两者基本持平。但分城乡看，城镇劳动者表示收入增加的比重为18.2%，相对于减少的比重高3.8个百分点；农村劳动者表示收入增加的比重为13.6%，相对于减少的比重低5.5个百分点。即城镇地区的劳动者增收面大于减收面，农村地区则与之相反（见表5-6）。

分受教育程度看，学历越高的劳动者表示劳动收入增加的比重越高，劳动收入减少的比重越低。如图5-6所示，初中及以下学历劳动者表示收入减少的比重高于增加的比重，高中及以上学历的劳动者与之相反。即初中及以下学历劳动者减收面大于增收面，高中及以上劳动者增收面大于减收面。特别是，没上过学的劳动者表示收入减少比收入增加的比重高11.1个百分点，本科及以上学历劳动者表示收入增加比收入减少的比重高23.5个百分点。

表5-6 分城乡就业人员劳动收入增减情况（%）

| 变化类型 | 城镇 | 农村 | 总计 |
|---|---|---|---|
| 大幅增加 | 0.9 | 0.9 | 0.9 |
| 小幅增加 | 17.3 | 12.7 | 15.0 |
| 没有变化 | 66.2 | 66.0 | 66.1 |
| 小幅减少 | 11.9 | 15.3 | 13.6 |
| 大幅减少 | 2.5 | 3.4 | 3.0 |
| 无回答 | 1.1 | 1.7 | 1.4 |

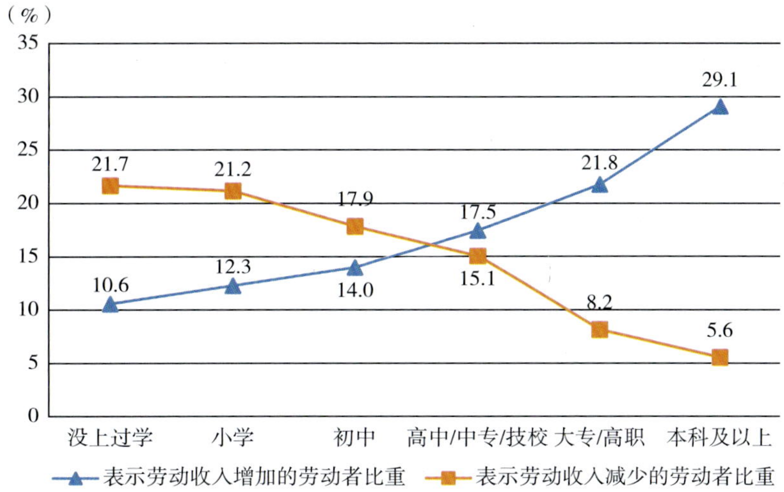


图5-6　不同学历就业人员劳动收入增减情况（%）

## （三）就业满意度总体稳定，收入仍是最不满意因素

### 1. 就业满意度总体稳定，不同群体有所差异

“中国民生调查”电话调查结果显示，2017年就业人员就业满意率为45.1%，较2016年小幅提升2.3个百分点，不满意率为13.7%，与2016年基本持平。尽管受访者就业满意率有小幅提升，在12项民生工作领域中，就业的满意度状况排名仍然靠后（倒数第二），与受访者满意率最高的社会治安相比，就业满意率低了22.7个百分点。

分城乡看，农村劳动者就业满意率低于城镇劳动者7个百分点，而不满意率高出6个百分点，反映出农村居民对就业满意状况显著低于城镇居民。分年龄段看，25~34岁劳动者就业满意率最低，45~54岁劳动者就业不满意率最高、满意率较低。分受教育程度看，学历水平越高的受访者，其就业满意度上升越明显，其中，硕士及以上学历受访者就业满意率高于小学学历受访者23.6个百分点。

分地区看，在全国31个省区市中，吉林、辽宁、黑龙江三省受访者就业满意率最低，同时就业不满意率最高，贵州、河南、福建三省受访者就业满意率最高，其中，吉林受访者就业满意率不足贵州受访者的1/2，所以应关注东北地区城乡居民就业状况。

就业满意度与工作稳定性也显著正相关。就业越稳定，满意率越高。在城镇就业人员中，党政机关、事业单位和社会团体从业人员满意率最高、不满意率最低，城镇自由职业者就业满意率最低、不满意率最高，满意率相差33.1个百分点；在农村就业人员中，国有经济单位职工满意率最高、不满意率最低，务农农民以及各类零工就业满意率最低、不满意率最高，满意率相差29.6个百分点。

### 2. 收入低、工作时间长和工作不稳定是就业不满意的主要原因

电话调查显示，在“对工作最不满意的方面”中，位居前三位的分别是“收入低、收入不稳定”“工作辛苦、时间长”“工作不稳定”，所占比重分别为61.6%、12.0%、11.5%。

表5-7 城乡受访者对就业不满意的原因（%）

| | 城镇 | 农村 | 总体 |
|---|---|---|---|
| 收入低 | 59.8 | 63.7 | 61.6 |
| 工作辛苦、时间长 | 13.4 | 10.3 | 12.0 |
| 工作不稳定 | 11.6 | 11.4 | 11.5 |
| 社会保障水平低 | 4.6 | 5.2 | 4.8 |
| 劳动条件恶劣 | 2.5 | 2.8 | 2.6 |
| 发展机会不足 | 3.1 | 1.3 | 2.3 |
| 与领导同事等人际关系紧张 | 0.9 | 0.5 | 0.7 |
| 其他 | 3.0 | 3.3 | 3.2 |

但不同户籍、不同年龄、不同文化程度和不同职业群体的就业不满意原因有所差异。

分城乡看，农村就业人员选择“收入低”的比重更高，其比重为63.7%，高于城镇就业人员4.1个百分点。分年龄段看，随着就业人员年龄增加，选择“收入低”的比重呈现上升趋势。20~24岁的就业人员选择“工作辛苦、时间长”的比重最高，45~54岁的就业人员选择“工作不稳定”的比重最高，40~59岁的就业人员选择“社会保障水平低”的比重最高。分受教育程度看，大专和本科学历就业人员选择“工作辛苦、时间长”的比重分别为16.1%和14.7%，高于其他学历就业者。分就业类型看，事业单位和社会团体从业人员选择“收入低”的比重最高；党政机关从业人员选择“与领导、同事等人际关系紧张”的比重高达9.6%，显著高于0.7%的总体水平；城镇自由职业者选择“工作不稳定”和“社会保障水平低”的比重最高；务农农民选择“收入低”的比重最高，高达70.1%；乡镇集体企业、私营企业被雇者选择“工作辛苦、时间长”的比重为16.9%，高于总体水平5个百分点。

## 三、不同劳动群体的社会保障水平

### （一）城镇职工养老和城镇职工医疗覆盖面仍然不高，基本养老保险尚未实现就业人员全覆盖

在我国养老保险体系中，城镇职工基本养老保险和机关事业单位养老保险保障水平最高，虽然个人缴费水平也高，但对保障劳动者的老年生活作用很大。而城镇居民基本养老保险或新型农村社会养老保险个人缴费水平不高，但保障水平也不高。入户调查显示，仅有22.0%的就业人员参加了城镇职工基本养老保险或机关事业单位养老保险[①]，绝大部分就业人员参加的是城

① 根据人力资源和社会保障部发布的《2017年度人力资源和社会保障事业发展统计公报》，2017年末，我国就业人员总数为77640万人，参加城镇职工基本养老保险的职工人数为29268万人，占比为37.8%，高于基于入户调查数据计算得到的22.0%。此外，根据入户调查数据计算得到的就业人员参加城镇职工和公费医疗的比例，也明显低于《2017年度人力资源和社会保障事业发展统计公报》中的就业人员参加城镇职工医疗的比例。这可能与抽样偏差，包括开展入户调查的省份只有8个和拒访比例较高等因素有关。但两者均显示，我国劳动者参加高水平养老和医疗保险的比例较低，提高非国有部门劳动者参加城镇职工养老和医疗保险的比例仍是未来努力的方向。

镇居民基本养老保险或新型农村社会养老保险（占 64.2%），没有参加任何基本养老保险的人员仍然有 12.9%（见表 5–8）。

分就业类型看，党政机关、社会团体、事业单位在编职员和国有企业职工参加的主要是城镇职工和机关事业单位养老保险，参加比例均超过 80%。其次是合资、外资或港澳台企业员工，参加比例是 71.2%，党政机关、社会团体、事业单位非在编（聘用）职员参加的比例也超过了 50%。其他类型就业人员则以城乡居民基本养老保险为主。此外，仍有超过 20% 的个体工商户雇员、非固定单位的临时务工人员没有参加任何养老保险，18.1% 的个体工商户雇主也没有参加任何养老保险。

表5–8　　各类型就业人员参加基本养老保险情况（%）

| 就业类型 | 城镇职工和机关事业养老 | 城乡居民基本养老 | 都没有 | 不知道 | 样本数（个） |
|---|---|---|---|---|---|
| 专业务农 | 1.8 | 86.7 | 10.9 | 0.6 | 4745 |
| 兼业农民 | 5.7 | 83.5 | 10.4 | 0.3 | 1792 |
| 农村自营业者 | 10.8 | 75.6 | 13.2 | 0.4 | 446 |
| 农村专业管理人员 | 27.2 | 60.1 | 12.4 | 0.3 | 338 |
| 党政机关、社会团体在编职员 | 87.1 | 8.6 | 2.5 | 1.8 | 395 |
| 党政机关、社会团体聘用职员 | 57.1 | 35.6 | 6.9 | 0.3 | 317 |
| 教科文卫等事业单位在编职工 | 89.3 | 8.2 | 2.3 | 0.2 | 477 |
| 教科文卫等事业单位聘用职工 | 52.5 | 34.1 | 12.3 | 1.1 | 276 |
| 国有（国有控股）企业职工 | 83.7 | 13.5 | 2.4 | 0.5 | 637 |
| 民营/私营企业职工 | 36.6 | 49.8 | 12.2 | 1.4 | 3536 |
| 合资、外资或港澳台企业员工 | 71.2 | 24.8 | 3.9 | 0.0 | 153 |
| 民办非企业单位、非营利组织 | 35.7 | 46.5 | 16.3 | 1.6 | 129 |
| 个体工商户雇主 | 15.3 | 65.5 | 18.1 | 1.1 | 1378 |
| 个体工商户雇员 | 10.9 | 66.4 | 21.2 | 1.5 | 1361 |
| 非固定单位的临时务工 | 6.9 | 68.5 | 23.3 | 1.3 | 1611 |
| 自由职业者 | 15.8 | 67.0 | 15.5 | 0.0 | 349 |
| 其他 | 62.5 | 29.2 | 8.3 | 1.7 | 24 |
| 合计 | 22.0 | 64.2 | 12.9 | 0.9 | 17993 |

与养老保险情况类似，我国基本医疗保险也分为保障水平较高的城镇职工基本医疗保险和公费医疗保险、保障水平较低的城乡居民医疗保险（城镇居民基本医疗保险和新型农村合作医疗）。目前，基本医疗保险已基本实现就业人员全覆盖，没有参加任何医疗保险的劳动者比例仅有 1.9%。但参加城镇职工和公费医疗的比例仅为 18.3%，79.5% 参加的是城乡居民医疗保险（见表 5–9）。

分就业类型看，仍然是党政机关、社会团体、事业单位在编职员和国有企业职工参加城镇职工和公费医疗的比例最高，均在 70% 以上。其次是合资、外资或港澳台企业员工，参加比例是 63.0%，党政机关、社会团体、事业单位非在编（聘用）职员参加的比例也超过了 45%。其他类型就业人员则主要参加了城镇居民基本医疗保险或新型农村合作医疗。

表5-9　各类型就业人员参加基本医疗保险情况（%）

| 就业类型 | 城镇职工和公费医疗 | 城乡居民医疗 | 其他 | 没有 | 不清楚 |
|---|---|---|---|---|---|
| 专业务农 | 1.3 | 97.3 | 0.2 | 1.2 | 0.0 |
| 兼业农民 | 3.4 | 95.5 | 0.1 | 0.8 | 0.1 |
| 农村自营业者 | 8.6 | 89.4 | 0.2 | 0.7 | 0.0 |
| 农村专业管理人员 | 19.2 | 80.8 | 0.3 | 0.3 | 0.0 |
| 党政机关、社会团体在编职员 | 75.9 | 23.3 | 1.0 | 1.0 | 0.0 |
| 党政机关、社会团体聘用职员 | 53.5 | 45.0 | 1.3 | 1.6 | 0.0 |
| 教科文卫等事业单位在编职工 | 80.0 | 20.0 | 0.2 | 0.2 | 0.2 |
| 教科文卫等事业单位聘用职工 | 47.3 | 49.5 | 0.0 | 2.2 | 0.0 |
| 国有（国有控股）企业职工 | 74.6 | 24.2 | 0.0 | 1.1 | 0.0 |
| 民营/私营企业职工 | 29.2 | 69.3 | 0.1 | 1.7 | 0.1 |
| 合资、外资或港澳台企业员工 | 63.0 | 35.1 | 0.0 | 0.6 | 0.0 |
| 民办非企业单位、非营利组织 | 32.8 | 66.4 | 0.0 | 0.0 | 0.0 |
| 个体工商户雇主 | 12.2 | 84.2 | 0.3 | 2.4 | 0.0 |
| 个体工商户雇员 | 9.5 | 85.6 | 0.1 | 4.5 | 0.1 |
| 非固定单位的临时务工 | 5.2 | 89.8 | 0.2 | 4.7 | 0.0 |
| 自由职业者 | 60.9 | 34.8 | 0.0 | 4.3 | 0.0 |
| 其他 | 12.5 | 85.5 | 0.3 | 1.4 | 0.3 |
| 合计 | 18.3 | 79.5 | 0.2 | 1.9 | 0.0 |

## （二）劳动合同签订比例较低，劳动权益保护面临挑战

入户调查显示（见表5-10），45.3%的非农就业人员（扣除专兼业农民、农村自营业和专业管理人员、个体工商户雇主）没有签订劳动合同，签订无固定期限合同的比例仅为7.6%，签订有限期劳动合同的比例为31.6%。

分就业类型看，非固定单位的临时务工者有78.8%没有签订劳动合同，66.9%的个体工商户雇员没有劳动合同，民营/私营企业职工和民办非企业单位、非营利组织雇员中没有劳动合同的人分别占41.0%和48.9%。此外，党政机关、社会团体不在编（聘用）职员、教科文卫等事业单位不在编（聘用）职工也分别有26.2%和27.5%的比例没有劳动合同。

劳动合同签订比例较低，不利于维护劳动者权益。尽管政府出台措施严厉打击拖欠工资行为，欠薪现象仍然存在。入户调查显示，表示在过去一年中遭遇拖欠工资的劳动者比例为4.1%，其

中外出务工人员这一比例达到了 8.1%。从就业类型看，非固定单位的临时务工人员表示遭遇欠薪的比例最高，为 10.0%，民营 / 私营企业职工、个体工商户雇员和自由职业者遭遇欠薪的比例也都超过了 5%（见图 5–6）。分行业来看，建筑业、采矿业、房地产业是拖欠工资现象最严重的三个行业，表示遭遇过工资拖欠的劳动者占比分别为 12.8%、11.2% 和 9.5%（见图 5–7）。

表5-10　各就业类型劳动者签订劳动合同（%）

| 就业类型 | 没有 | 无固定期限 | 有期限 | 以工作任务为期限 | 不需要、不适用 | 样本数（个） |
|---|---|---|---|---|---|---|
| 党政机关、社会团体在编职员 | 7.8 | 6.1 | 11.2 | 0.0 | 74.7 | 387 |
| 党政机关、社会团体聘用职员 | 26.2 | 12.2 | 53.6 | 0.9 | 6.6 | 317 |
| 教科文卫等事业单位在编职工 | 3.6 | 9.6 | 29.2 | 0.0 | 57.2 | 474 |
| 教科文卫等事业单位聘用职工 | 27.5 | 8.7 | 56.0 | 0.4 | 7.2 | 276 |
| 国有（国有控股）企业职工 | 7.2 | 22.6 | 59.5 | 0.2 | 9.5 | 629 |
| 民营/私营企业职工 | 41.0 | 8.3 | 46.6 | 1.0 | 2.7 | 3513 |
| 合资、外资或港澳台企业员工 | 5.2 | 14.4 | 72.5 | 2.0 | 5.9 | 153 |
| 民办非企业单位、非营利组织 | 48.9 | 16.0 | 32.1 | 0.8 | 2.3 | 131 |
| 个体工商户雇员 | 66.9 | 3.4 | 12.0 | 1.3 | 16.1 | 1343 |
| 非固定单位的临时务工 | 78.8 | 2.7 | 7.3 | 2.5 | 8.6 | 1589 |
| 自由职业者 | 68.2 | 1.7 | 5.7 | 2.6 | 21.7 | 346 |
| 其他 | 43.5 | 34.8 | 21.7 | 0.0 | 0.0 | 23 |
| 合计 | 45.3 | 7.6 | 31.6 | 1.2 | 13.0 | 9207 |

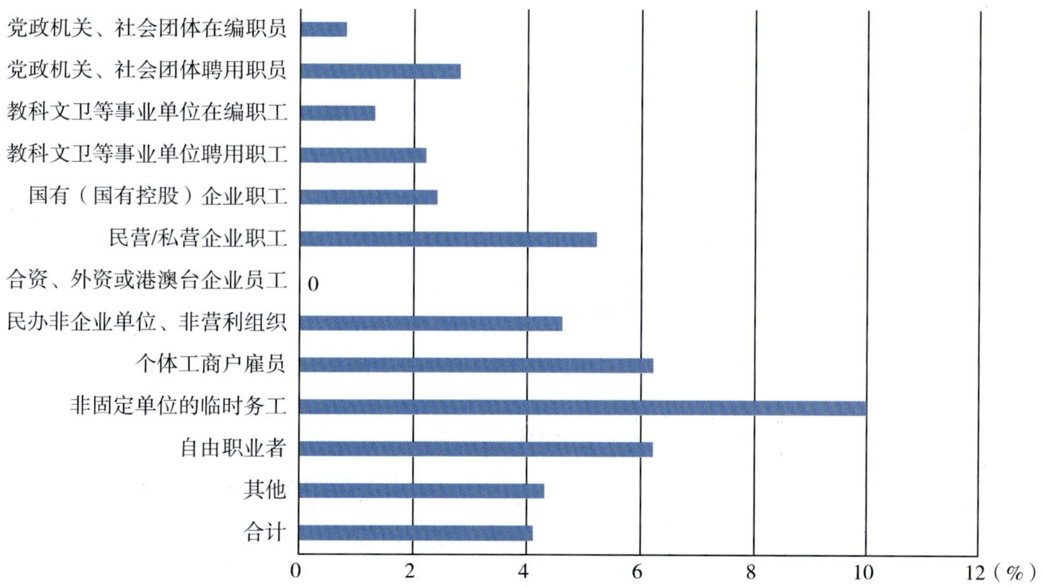


图5-6　各类就业人员遭遇欠薪的比例（%）

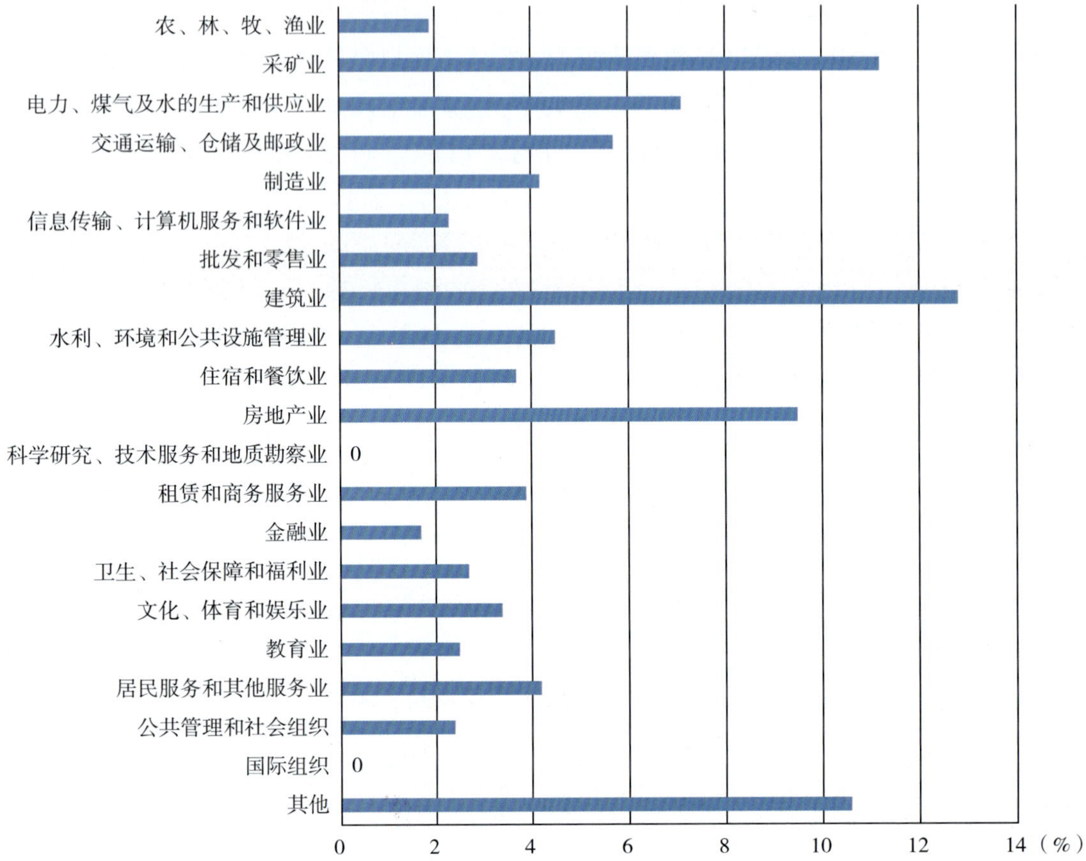


图5-7 各行业就业人员遭遇欠薪的比例（%）

## 四、相关政策建议

### （一）保持经济稳定增长，促进就业创业和劳动者增收

经济增长是增加就业和提高劳动者收入的根本。继续加强供给侧结构性改革，持续推进放管服，努力促进服务业、民营经济和小微企业发展，支持以创业带动就业。鼓励农村劳动力转移和对就近就业的农村劳动力加强扶持引导，多渠道促进农村劳动者增收。

### （二）深化户籍改革，消除城乡就业歧视，加强职业技能培训

降低或消除农业户籍劳动者进入公共部门和国有企业的门槛。健全覆盖城乡的公共就业服务体系，加大对低学历、中年就业困难人群和外出务工人员的职业技能培训，减少结构性失业。推动就业能力较强的农村劳动力，特别是长年在城镇就业的农业户籍就业人员逐步实现平等享受城镇基本公共服务和在城镇落户的目标。鼓励开展人力资本投资，提高劳动者人力资本水平，

增加劳动收入。

## （三）着力提高养老和医疗保障水平，尽快实现养老保险全覆盖

加快推进社保跨地区、跨部门转接的便利性，逐步提高高水平养老保险和医疗保险在公共部门和国有企业以外部门的覆盖面。着力扩大个体工商户雇主和雇员、非固定单位的临时务工人员、自由职业者等灵活就业人员的社保覆盖面。

## （四）加强维护劳动保障权益，继续加大欠薪治理力度

进一步规范劳资关系，加强对中小企业劳动用工的规范和指导，提高劳动合同签订率，建立工资集体协商制度，为就业人员提供更好的职业发展和收入增长预期。全面治理拖欠工资问题，加大打击恶意欠薪力度。在重要时点、节点开展农民工工资支付情况专项巡查。重点开展建筑业、采矿业和房地产行业的欠薪治理。严格落实《保障农民工工资支付工作考核办法》，引导地方政府建立解决拖欠农民工工资问题的长效机制。

（执笔：马　磊　沈俊杰）

# 第六章
# 收入专题研究报告

调查数据显示，一年来，受多方面因素影响，居民的收入水平总体保持稳定，相对于上次调查明显好转。但同时，仍然存在诸多问题，比如受访者对收入水平不满意的比例略有提高、对收入差距扩大的反映更为突出、针对低收入家庭的经济援助的精准度不高、部分行业工资被拖欠等，这需要引起高度关注。

## 一、2017 年居民收入较 2016 年的变化情况

### （一）居民收入较之上年有了明显好转，受访者认为收入下降的比例明显降低

调查显示，居民收入总体保持稳定增长，较之上年明显好转。如表6–1所示，与2016年同期相比月均收入减少的受访者只占19.5%[①]，低于上次调查9.2个百分点[②]。其中，认为月均收入大幅减少的受访者比重也比上次调查明显降低。只有3.9%的受访者认为月均收入出现大幅减少，低于上次调查3.9个百分点。同时，家庭总收入也呈现好转态势。如表6–2所示，认为2017年家庭总收入较2016年有所下降的受访者占23.1%，低于上次调查10.5个百分点。其中，受访者认为家庭总收入明显减少的占5.7%，低于上次调查4.8个百分点。

表6-1　受访者月均收入变化情况对比

| | | 2017年调查 | | | 2016年调查 | | |
|---|---|---|---|---|---|---|---|
| | | 样本数 | 百分比（%） | 有效百分比（%） | 样本数 | 百分比（%） | 有效百分比（%） |
| 有效 | 大幅增加 | 52 | 0.5 | 0.9 | 53 | 0.5 | 0.9 |
| | 小幅增加 | 1033 | 10.4 | 17.0 | 879 | 9.0 | 14.4 |
| | 没有变化 | 3823 | 38.6 | 62.7 | 3432 | 35.2 | 56.0 |
| | 小幅减少 | 952 | 9.6 | 15.6 | 1281 | 13.1 | 20.9 |
| | 大幅减少 | 235 | 2.4 | 3.9 | 480 | 4.9 | 7.8 |
| | 总计 | 6096 | 61.6 | 100.0 | 6126 | 62.9 | 100.0 |
| 遗漏 | 系统 | 3800 | 38.4 | | 3618 | 37.1 | |
| 总计 | | 9896 | 100.0 | | 9744 | 100.0 | |

① 收入减少的占比是小幅减少占比和大幅减少占比之和。

② 为了数据对比的需要，对2016年调查和2017年调查的数据样本做了相应的加权处理。

表6-2　　受访者认为与上年（2016年）相比家庭总收入变化情况对比

| | | 2017年调查 | | | 2016年调查 | | |
|---|---|---|---|---|---|---|---|
| | | 样本数 | 百分比（%） | 有效百分比（%） | 样本数 | 百分比（%） | 有效百分比（%） |
| 有效 | 会显著增长 | 81 | 0.8 | 0.8 | 105 | 1.1 | 1.1 |
| | 会有些增长 | 2107 | 21.3 | 22.0 | 1403 | 14.4 | 14.5 |
| | 会和上年差不多 | 5188 | 52.4 | 54.1 | 4602 | 47.2 | 47.4 |
| | 会有些减少 | 1670 | 16.9 | 17.4 | 2241 | 23.0 | 23.1 |
| | 会明显减少 | 551 | 5.6 | 5.7 | 1018 | 10.4 | 10.5 |
| | 说不准 | 0 | 0.0 | 0.0 | 336 | 3.4 | 3.5 |
| | 总计 | 9596 | 97.0 | 100.0 | 9703 | 99.6 | 100.0 |
| 遗漏 | 系统 | 300 | 3.0 | | 41 | 0.4 | |
| 总计 | | 9896 | 100.0 | | 9744 | 100.0 | |

## （二）2016 年度调查中收入下降明显的传统行业部分收入状况显著好转

调查显示，受经济结构调整影响的一些传统行业的收入状况也明显回升。上次调查中，受访者认为收入减少比重较大的行业主要是采矿业、农林牧渔业、批发和零售业、建筑业这四类行业。本次调查显示，这四类行业受访者认为收入减少的比重分别为24.0%、21.7%、30.9%、23.1%，依次低于上次调查41.7个、13.4个、10.4个、15.2个百分点。同时，这四类行业受访者认为收入大幅减少的比重也明显降低。特别是采矿业，本次调查没有受访者认为收入大幅减少，而上次调查中认为收入大幅减少的受访者占比25.7%（见表6-3）。

表6-3　　四类行业受访者认为收入减少比重对比（%）

| 行业分类 | 2017年调查 | | | 2016年调查 | | |
|---|---|---|---|---|---|---|
| | 小幅减少 | 大幅减少 | 合计 | 小幅减少 | 大幅减少 | 合计 |
| 采矿业 | 24.0 | 0.0 | 24.0 | 40.0 | 25.7 | 65.7 |
| 农林牧渔业 | 17.5 | 4.2 | 21.7 | 26.5 | 8.6 | 35.1 |
| 批发和零售业 | 23.2 | 7.7 | 30.9 | 27.2 | 14.1 | 41.3 |
| 建筑业 | 19.2 | 3.9 | 23.1 | 26.2 | 12.1 | 38.3 |

## （三）一线岗位、没有签订劳动合同的受访者收入均有明显上升

从工作职位来看，一线岗位受访者认为收入减少的比重大幅降低。如表6-4所示，一线生产人员、临时聘用人员、务农和个体工商户认为收入减少的占比分别为12.5%、19.5%、24.3%，分别低于上次调查15.0个、6.2个、12.4个百分点。其中认为收入大幅减少的比重也明显降低。一线生产人员、临时聘用人员、务农和个体工商户认为收入大幅减少的占比分别为1.6%、4.5%、5.0%，分别低于上次调查5.9个、2.4个、5.1个百分点。

分不同劳动合同形式来看，没有签订劳动合同的受访者认为收入减少的占比明显高于签订

劳动合同的。与上次调查相比，各种劳动合同形式的受访者认为收入减少的比重均有所下降。如表6-5所示，没有签订劳动合同的受访者认为收入减少的占19.6%，低于上次调查13.3个百分点。不适用（非雇佣劳动者，包括农民）的受访者认为收入减少的比重为24.3%，低于上次调查10.8个百分点。

表6-4　一线岗位受访者认为收入减少的比重对比（%）

| 工作职位 | 2017年调查 | | | 2016年调查 | | |
|---|---|---|---|---|---|---|
| | 小幅减少 | 大幅减少 | 合计 | 小幅减少 | 大幅减少 | 合计 |
| 一线生产人员 | 10.9 | 1.6 | 12.5 | 20.0 | 7.5 | 27.5 |
| 临时聘用人员 | 15.0 | 4.5 | 19.5 | 18.8 | 6.9 | 25.7 |
| 务农和个体工商户 | 19.3 | 5.0 | 24.3 | 26.6 | 10.1 | 36.7 |

表6-5　不同劳动合同形式受访者认为收入减少的比重对比（%）

| 劳动合同形式 | 2017年调查 | | | 2016年调查 | | |
|---|---|---|---|---|---|---|
| | 小幅减少 | 大幅减少 | 合计 | 小幅减少 | 大幅减少 | 合计 |
| 没有签订劳动合同 | 15.7 | 3.9 | 19.6 | 23.7 | 9.2 | 32.9 |
| 无固定期限劳动合同 | 9.4 | 2.1 | 11.5 | 13.4 | 1.6 | 15.0 |
| 有期限劳动合同 | 7.2 | 1.5 | 8.7 | 8.4 | 2.2 | 10.6 |
| 不需要签劳动合同（如公务员或国家机关、事业单位编内人员） | 4.8 | 0.7 | 5.5 | 4.4 | 1.5 | 5.9 |
| 以完成一定工作任务为期限的劳动合同 | 7.1 | 2.4 | 9.5 | 17.1 | 4.9 | 22.0 |
| 不适用（非雇佣劳动者，包括农民） | 19.4 | 4.9 | 24.3 | 25.6 | 9.5 | 35.1 |

### （四）在不同家庭收入水平上，认为家庭年收入减少的受访者所占比重均有所降低

相比上次调查，除了家庭年收入50万元以上的受访者[①]以外，在其他不同层次的家庭收入水平上，认为家庭收入减少的受访者所占比重均有不同程度的降低，相对而言，家庭年收入在10万元以下的中低收入家庭认为收入减少的比重下降得更为明显。如表6-6所示，1万元以下、1万～2.99万元、3万～4.99万元、5万～9.99万元、10万～14.99万元、15万～24.99万元、25万～49.99万元的受访者家庭认为收入下降的比重分别为25.8%、31.7%、27.2%、20.5%、17.3%、16.2%、19.0%，分别低于上次调查9.7个、10.6个、11.9个、10.4个、5.0个、2.6个、4.6个百分点。同时，家庭年收入在5万元以下的低收入家庭认为收入明显减少的比重也大幅降低。1万元以下、1万～2.99万元、3万～4.99万元认为收入明显减少的比重分别为7.4%、8.1%、6.6%，低于上次调查6.5、6.3、4.7个百分点。

① 家庭年收入在50万元以上的受访者选择“家庭收入有些减少”的比重相对上次调查有所提高，但因样本量太少，占比仅为0.4%，不足以说明问题。

表6-6　不同家庭年收入水平受访者认为收入减少的比重对比（%）

| 家庭年收入水平 | 2017年调查 | | | 2016年调查 | | |
|---|---|---|---|---|---|---|
| | 有些减少 | 明显减少 | 合计 | 有些减少 | 明显减少 | 合计 |
| 1万元以下 | 18.4 | 7.4 | 25.8 | 21.6 | 13.9 | 35.5 |
| 1万～2.99万元 | 23.6 | 8.1 | 31.7 | 27.9 | 14.4 | 42.3 |
| 3万～4.99万元 | 20.6 | 6.6 | 27.2 | 27.8 | 11.3 | 39.1 |
| 5万～9.99万元 | 15.6 | 4.9 | 20.5 | 22.1 | 8.8 | 30.9 |
| 10万～14.99万元 | 13.1 | 4.2 | 17.3 | 17.0 | 5.3 | 22.3 |
| 15万～24.99万元 | 12.4 | 3.8 | 16.2 | 12.8 | 6.0 | 18.8 |
| 25万～49.99万元 | 16.3 | 2.7 | 19.0 | 16.0 | 7.6 | 23.6 |
| 50万元以上 | 29.7 | 2.7 | 32.4 | 16.2 | 8.1 | 24.3 |

2017年收入方面出现了较多积极变化，既有经济企稳回升的影响，也与国家采取了一系列促进收入增长的政策直接相关。

一是我国的经济实现企稳回升为居民收入保持平稳增长奠定了坚实基础。经济发展是带动收入增长的根源。近几年的收入增速有所放缓，收入下降面扩大与经济增速下行有着直接的关系。2017年我国经济增速实现企稳回升，改变了2013年以来经济增速持续放缓的态势，国内生产总值（GDP）同比增长6.9%，高出上年0.2个百分点。另外，随着供给侧结构性改革的深入推进，一些传统行业的产能利用率明显提升，有力地带动了这些行业的收入增长。据统计，2017年全国工业产能利用率为77.0%，同比提高3.7个百分点。其中，煤炭开采和洗选业产能利用率为68.2%，同比提高8.7个百分点；黑色金属冶炼和压延加工业产能利用率为75.8%，同比提高4.1个百分点。

二是国家实施了一系列积极就业政策，就业水平与质量的提升带动了居民收入的稳步增长。国家高度重视推动就业，提出更好满足人民群众劳动有岗位收入有来源的需求。2017年，先后制定颁布了《“十三五”促进就业规划》《关于做好当前和今后一段时期就业创业工作的意见》《关于强化实施创新驱动发展战略进一步推进大众创业万众创新深入发展的意见》《关于推进公共就业服务专业化的意见》等一系列政策文件，对进一步促进扩大就业、推进高校毕业生就业创业、去产能职工的分流安置、农村富余劳动力转移就业、农民工返乡创业、就业困难人员帮扶等工作做了全面部署。

三是国家扶贫攻坚政策的持续推进为低收入家庭的收入增长创造了有利条件。2017年，国家在扶贫方面持续发力。例如，2017年4月，人社部、国务院扶贫办印发《关于进一步做好就业扶贫工作有关事项的通知》，提出要在具备遴选条件的各类企业中遴选一批全国就业扶贫基地；2017年9月，中办、国办印发《关于支持深度贫困地区脱贫攻坚的实施意见》，对深度贫困地区脱贫攻坚工作作出全面部署。根据国家统计局统计，2017年年末，农村贫困人口比上年末减少1289万人，贫困发生率比上年下降1.4个百分点。贫困地区农村居民人均可支配收入为9377元，比上年增长10.5%，扣除价格因素，实际增长9.1%，高出同期全国农村居民人均可支配收入增速1.8个百分点。

四是社会政策体系建设为收入增长提供了重要保障。例如2017年，人社部为维护劳动者合法权益，在全国各类用人单位，重点是招用农民工较多的建筑、制造、采矿、餐饮等劳动密集型企业以及劳务派遣单位，开展用人单位遵守劳动用工和社会保险法律法规情况专项检查。为了解决企业拖欠工资问题，人社部制定了《治欠保支三年行动计划（2007-2019）》《拖欠农民工工资"黑名单"管理暂行办法》等。所有这些政策，为居民收入增长提供了重要制度保障。

## 二、当前收入方面存在的问题

尽管收入水平较之上次调查有了明显好转，但调查显示，在收入方面仍然存在一些亟待解决的问题，需引起高度关注。

### （一）受访者对收入水平不满意的比例略有提高，自我认为家庭收入处于中下层和下层的受访者依然占比较大

在"就您家庭生活（包括收入、工作、教育 、医疗 、住房 、养老等）而言，您最不满意的是什么"这一问题上，选择"收入水平"的受访者占比达到29.2%，位列首位，比排名第二位的"医疗"高出达17个百分点，略高于上次调查0.9个百分点（具体见表6-7）。同时，自我认为家庭收入在本地区处于中下层和下层的受访者所占比例仍然较高。如表6-8所示，在"您认为，您家庭目前的收入在您所在地区属于哪个层次"问题的回答中，认为处于中下层的占27.7%、下层的占22.1%，合计为49.8%。

表6-7 受访者对家庭生活最不满意的回答情况

| 项 目 | | 样本数 | 百分比（%） | 有效百分比（%） |
|---|---|---|---|---|
| 有效 | 就业状况 | 337 | 3.4 | 3.5 |
| | 收入水平 | 2818 | 28.5 | 29.2 |
| | 子女教育 | 498 | 5.0 | 5.2 |
| | 医疗 | 1178 | 11.9 | 12.2 |
| | 养老 | 649 | 6.6 | 6.7 |
| | 住房 | 644 | 6.5 | 6.7 |
| | 婚姻 | 9 | 0.1 | 0.1 |
| | 都不满意 | 5 | 0.0 | 0.0 |
| | 没有不满意的 | 3503 | 35.4 | 36.3 |
| | 总计 | 9641 | 97.4 | 100.0 |
| 遗漏 | 系统 | 255 | 2.6 | |
| 总计 | | 9896 | 100.0 | |

表6-8 受访者自我认为家庭收入在本地区的层次

| 收入层次 | | 样本数 | 百分比（%） | 有效百分比（%） |
|---|---|---|---|---|
| 有效 | 上层 | 66 | 0.7 | 0.7 |
| | 中上层 | 618 | 6.2 | 6.4 |
| | 中层 | 4203 | 42.5 | 43.2 |
| | 中下层 | 2696 | 27.2 | 27.7 |
| | 下层 | 2149 | 21.7 | 22.1 |
| | 总计 | 9732 | 98.3 | 100.0 |
| 遗漏 | 系统 | 164 | 1.7 | |
| 总计 | | 9896 | 100.0 | |

## （二）受访者对收入差距扩大的反映较上次调查更为突出

调查显示，受访者自我感知收入差距在扩大的明显高于自我感知收入差距在缩小的。同时，受访者认为收入差距扩大的比例明显高于上次调查。如表6–9所示，受访者认为两年来周围家庭收入差距在扩大的占38.9%，高出上次调查6.5个百分点，认为差距在缩小的占11.4%，低于上次调查1.4个百分点。

表6-9 受访者自我感知收入差距情况对比

| 变化情况 | | 样本数 | 百分比（%） | 有效百分比（%） |
|---|---|---|---|---|
| 有效 | 大幅扩大 | 271 | 2.7 | 3.2 |
| | 有些扩大 | 3065 | 31.0 | 35.7 |
| | 没有变化 | 4277 | 43.2 | 49.8 |
| | 有些缩小 | 924 | 9.3 | 10.8 |
| | 大幅缩小 | 48 | 0.5 | 0.6 |
| | 总计 | 8585 | 86.8 | 100.0 |
| 遗漏 | 系统 | 1311 | 13.2 | |
| 总计 | | 9896 | 100.0 | |

## （三）针对低收入家庭的经济援助[①]的精准度有待提高

调查显示，12.6%的受访者家庭接受到经济援助，与上次调查基本持平。但是经济援助的精准度有待进一步提高。1万元以下的家庭中，有66.1%没有获得政府任何的经济援助，同时，仍有一部分中高收入家庭得到了低保等在内的经济救助。以低保为例，在享受到低保的家庭中，年收入在5万元以上的家庭占到了16.6%，占5万元以上家庭总数的2.4%。

① 经济援助包括：低保、农村五保供养、农村特困户生产救助、医疗救助、灾害紧急救助、临时救助、残疾补助、高龄补贴、教育补助等。

### （四）工资被拖欠的问题仍然存在，特别是短期限劳动合同或者没有劳动合同受访者的情况较为严重

2016年国务院办公厅专门出台了治理拖欠农民工工资问题的政策，2017年相关部门也进行了专项检查，工资被拖欠的问题有了明显好转。但调查显示，仍有3.7%的受访者反映存在工资拖欠的情况。从不同劳动合同形式来看，以完成一定工作任务为期限的劳动合同和没有签订劳动合同的工资被拖欠的比重较高，分别为17.1%和6.4%（具体见表6-10）。

表6-10　不同劳动合同形式的受访者工资被拖欠的比重（%）

| 劳动合同形式 | 百分比 |
|---|---|
| 没有签订劳动合同 | 6.4 |
| 无固定期限劳动合同 | 4.3 |
| 有期限劳动合同 | 3.4 |
| 不需要签劳动合同（如公务员或国家机关、事业单位编内人员） | 1.9 |
| 以完成一定工作任务为期限的劳动合同 | 17.1 |
| 不适用（非雇佣劳动者，包括农民） | 1.9 |
| 总计 | 3.7 |

## 三、相关政策建议

### （一）多渠道提高居民的收入水平

提高收入水平是居民收入满意度提升的根本基础。为此，一是把促进更高质量和更充分就业作为经济社会发展的优先目标，根据劳动者的技能及需求的不同完善差别化的就业政策，特别是针对有就业能力的就业困难群体实施支持政策，力争使更多居民通过就业获得更为持续的收入。二是建立健全科学合理的工资水平决定机制以及正常的工资增长机制。三是通过农业支持保护制度、强化就业创业扶持、完善农民土地收益分配制度等多种政策设计，支撑农民持续增收。四是针对财产性收入占比较低的问题，不断拓宽城乡居民的财产性收入渠道。

### （二）完善缩小收入差距的政策体系

一是加大对于低收入群体的支持与保护力度，对于贫困人口继续完善扶贫政策，推动其早日脱贫，对于处于贫困线以上边缘的人口，通过完善就业政策和社会保障政策，防范其返贫。二是不断完善税收、社会保障、转移支付等制度，更好发挥再分配制度在促进公平分配方面的作用，大力推动慈善事业发展，推进社会互助。三是通过促进教育公平、消除先赋性因素在就业中的作用、推进基本公共服务均等化等政策，创造公平竞争的环境，增强社会流动性，防止阶层固化。

### （三）提升社会救助的精准度

社会救助是社会安全网的网底，直接影响到低收入人群的生活水平与质量。一方面，增强救助标准设定的科学性，同时建立与家庭结构、物价水平、经济增长率等指标相挂钩的动态调整机制。另一方面，通过建立居民家庭经济状况核对信息系统，或者依靠一些电力消费、通信支出等其他替代性指标推测家庭收入等多种方法，提升社会救助的瞄准率。另外，要严厉禁止一些地区违背救助贫困的基本目标，将低保救助等作为一种奖惩手段的做法。

### （四）完善劳动权益保障机制，推进建立和谐劳动关系

一是根据我国国情以及行业特点，完善政府、工会、企业共同参与的协商协调机制。二是建立工资支付保障机制。三是加强劳动保障监察和争议仲裁，维护职工的合法权益，特别是保障非正规就业劳动者的权益。

（执笔：张　亮*）

* 感谢中国社会科学院研究生院吴孝芹博士为本文所做的资料收集工作。

# 第七章
# 教育专题研究报告

2017年是落实《国家教育事业发展“十三五”规划》的开局之年。这一年，教育改革发展持续推进，根据中央部署，重点是在高中阶段教育普及攻坚、第三期学前教育行动计划、加强控辍保学提高义务教育巩固水平等领域加大了改革力度，出台了一系列政策举措并取得了积极成效。

从“中国民生调查”课题组对全国5万多户家庭进行的电话调查来看，城乡居民对教育状况总体满意；从8省近万户居民入户问卷调查结果来看，各项数据较2016年均有不同程度改善，表明一年来教育改革发展总体向好。但是，当前教育事业发展不平衡不充分的问题仍然较为突出。从数据更为详细的入户问卷调查结果以及部分地区的调研情况来看，主要表现在部分群体受教育权利的保障仍然存在问题；教育公平性仍然不足，基础教育阶段办学条件差异仍然较大；教育质量仍然不高，人才培养还不能很好地适应经济社会发展要求。对此，建议进一步推进教育公平，努力让每个孩子都能享有公平而有质量的教育；进一步提升教育质量，培养与经济社会发展相适应的高素质人才；进一步推进其他社会政策改革发展，创造更好的社会环境。

## 一、教育改革进展及居民对教育的满意度情况

### （一）教育体制机制改革全面深化，一些重点领域和关键环节改革取得新突破

#### 1. 教育结构布局和资源配置进一步优化

①学前教育方面，出台和实施《关于实施第三期学前教育行动计划的意见》，中央财政安排专项资金149亿元，支持各地扩大学前教育资源、理顺管理体制和办园体制、健全完善学前教育成本分担及教师补充等机制、开展幼儿资助，进一步缓解“入园难、入园贵”。

②义务教育方面，截至2017年底，2379个县（市、区）（约占全国总数的81%）实现县域内义务教育发展基本均衡，11个省份整体通过验收；印发《关于进一步加强义务教育控辍保学提高义务教育巩固水平的通知》，综合推进依法控辍、质量控辍、扶贫控辍、保障控辍，避免学生因厌学、贫困、上学不便而辍学；出台做好中小学生课后服务工作的指导意见，积极探索“弹性离校”等方式。

③高中阶段教育方面，出台《高中阶段教育普及攻坚计划（2017–2020 年）》，聚焦家庭经济困难学生、残疾学生、进城务工人员随迁子女等特殊群体，重点提升中西部贫困地区、民族地区、边远地区和革命老区高中阶段教育普及水平，着力解决普通高中大班额、中职招生下降、学校运转困难等突出问题。

④高等教育方面，2017 年全国新设 5 所本科院校、31 所专科学校，中西部省份分别为 4 所和 23 所，东中西部高校数量的比例和常住人口比例已基本持平；在优化高等教育布局的同时，持续实施中西部高等教育振兴计划，继续增加中西部招生比例。

### 2. 教育质量持续提高

①加快推动现代职业教育发展。深化人才培养模式改革，调整优化专业结构，组织发布新能源汽车等 20 个行业领域人才需求预测与专业设置指导报告，遴选装备制造类等示范专业点 344 个；推进现代学徒制改革，建立专家指导委员会和专家库，开展技工院校一体化课程教学改革；加强职业教育办学水平评估，发布《2016 年全国中等职业学校办学能力评估报告》和《2016 年全国高等职业院校适应社会需求能力评估报告》，对问题突出的省份进行问责，提高办学水平和能力；推动职业教育校企协作“走出去”。

②提升高校人才培养质量。深化高校创新创业教育，推动创新创业教育与专业教育深层次融入人才培养全过程，高校毕业生初次就业率连续 15 年超过 70%；加强高校专业建设，研究制定《普通高等学校本专科类教学质量国家标准》；创新高校人才培养机制，先后出台《关于推动高校形成就业与招生计划、人才培养联动机制的指导意见》和《关于加强高校课堂教学建设提高教学质量的指导意见》。

## （二）城乡居民对教育状况总体满意，各学段公众关切点均有所改善

从电话调查来看，2017 年教育总体满意度为 47.8%，在 12 项民生问题满意度的排名与 2016 年（47.5%）基本持平。其中，15.5% 的表示“非常满意”，32.3% 的表示“比较满意”。另有 27.2% 的被访者表示“一般”。被访者表示不满意的总占比为 16.5%，其中，“不太满意”的为 10.3%，“非常不满意”的为 6.2%。另有 8.4% 的被访者表示“不清楚 / 不了解 / 不评价”。总体看，被访者对教育的满意程度较高。

分城乡来看，农村被访者对居住地教育状况的总体评价略高于城镇被访者。有 48.9% 的农村被访者表示满意，城镇被访者表示满意的为 47.2%。两项满意度均与 2016 年基本持平。分收入来看，家庭年收入在“50 万元以上”的被访者表示满意的占比最高，为 54.1%；家庭年收入在“1 万元以下”的这一占比最低，为 41.4%。与 2016 年相比，除“1 万元以下”的被访者下降 1.7 个百分点、“1 万 ~ 3 万元”下降 1.3 个百分点、“3 万 ~ 5 万元”下降 1.3 个百分点外，其余各年收入段家庭对居住地教育状况的满意度均有不同程度的提高；其中，“50 万元以上”更是提高了 10 个百分点。

从入户问卷调查结果来看，各项数据较 2016 年均有不同程度改善，表明一年来教育改革发展总体向好。学前教育方面，选择“入园贵”和“入园难”的占比分别下降 19.6 个百分点和 4.4

个百分点。义务教育和普通高中教育方面，选择“教学质量差”和“很多内容课上不教，不得不上补习班或请家教”的占比分别下降 2.5 个百分点和 2.7 个百分点。职业教育方面，选择“就业质量不高”和“缺少实习实训，实践能力培养不足”的占比分别下降 12.9 个百分点和 5.2 个百分点。高等教育方面，选择“高校毕业生就业难”的占比下降 10.5 个百分点。

## 二、当前教育事业发展存在的问题

虽然一年来教育改革发展总体向好，但与教育领域人民日益增长的美好生活需要相比，当前教育事业发展不平衡不充分的问题仍然较为突出，还不能完全适应经济社会发展和人民群众的新要求新期盼。从数据更为详细的入户问卷调查结果以及部分地区的调研情况来看，主要表现在以下几方面。

### （一）部分群体受教育权利的保障仍然存在问题

经过连续实施两期三年行动计划，学前教育的普及程度总体上不断提高，但由于底子薄、欠账多，以及普惠性学前教育资源仍然不足，加之财政投入政策不完善、幼儿园收费定价不规范，“入园贵”“入园难”的问题仍然值得关注。入户问卷调查结果表明，子女处于学前教育阶段的家庭，在明确回答不满意选项的 569 份问卷中，“入园贵”和“入园难”仍排在“最不满意的一项”前两位，占比分别为 22.6% 和 7.5%。

义务教育已经全面普及，但成果仍然不够稳固，受学习困难（厌学）、家庭经济困难和路途较远等因素影响，部分地区中小学生失学辍学问题仍然突出。从入户问卷对家庭成员“受教育状况”调查情况来看，义务教育阶段失学辍学问题仍然存在。其中，小学辍学率为 5.04%，初中辍学率为 2.07%。子女处于义务教育阶段的家庭中，有 38.7% 选择子女教育是“家庭消费支出压力最大的首选项”，其中，小学和初中的分别为 35.8% 和 46.3%。义务教育和普通高中教育方面，在明确回答不满意选项的 1511 份问卷中，选择“上学距离较远，就学不便”的超过一成，占比为 11.4%。

随着“两为主”“两纳入”和“两统一”等政策先后出台，多数地区流动人口随迁子女义务教育阶段的受教育权利逐步得到保障。全国除西藏外的 30 个省份已全部启动实施随迁子女在当地参加高考的政策。2017 年报名参考的随迁子女达到 15 万人，比 2013 年增长了 36.5 倍。但是，受多方面复杂因素影响，部分大城市尤其是特大城市随迁子女在义务教育阶段又面临公办学校准入门槛进一步提升、“钱随人走”实际变成“钱随（学）籍走”等一系列新挑战、新问题。

### （二）教育公平性仍然不足，基础教育阶段办学条件差异仍然较大

义务教育城乡一体化改革发展稳步推进，但由于区域之间、城乡之间以及校际之间办学条件事实上的差距仍然过大，诸如“电脑派位”“就近入学”等促进域内义务教育基本均衡的政策

往往作用不佳。入户问卷调查结果表明，从子女处于学前或义务教育阶段的家庭来看，3320 份有效问卷中，没有在离家最近或比较近的地方上学的占比为 23%。

从未就近入学的原因来看，749 份有效问卷中，“为了上更好的学校”排在首位，占比为 40.3%；“附近（方圆 5 公里范围内）没有学校”和“为了自己的方便（比如，在离工作单位近，能住校，离父母近的地方上学）”位列二、三位，占比分别为 33.9% 和 14.7%。

教师资源配置不合理，结构性矛盾突出，农村地区、边远贫困地区、民族地区教师依然紧缺，严重影响城乡义务教育均衡发展。与义务教育阶段情况类似，高中阶段办学条件差距大的问题也较为突出。在学前教育阶段，属性不清、责任主体不明、发展不平衡等问题也值得关注。

### （三）教育质量仍然不高，人才培养还不能很好适应经济社会发展要求

中小学人才培养模式改革深入推进，但教学方式、教学组织形式和教学手段仍有待改进，课堂教学质量仍需提高，以学生综合素质为核心的评价体系仍不健全，一些地方和学校在评价中仍存在过分追求分数和升学率的现象，进一步导致了中小学生课业负担过重等问题，严重损害了学生的健康成长。从入户问卷调查情况来看，义务教育和普通高中教育方面，在明确回答不满意选项的 1511 份问卷中，“教学质量差”和“很多内容课上不教，不得不上补习班或请家教”排在“最不满意的一项”前两位，占比分别为 17.3% 和 12.7%。

职业教育产教融合、校企合作机制不断完善，毕业生就业质量持续向好，但教育培训方式与实际需求脱节问题仍很突出。受相关政策、制度、环境等方面因素影响，一些地方职业教育分布、专业设置及人才培养规格要求仍按行政区划设置和管理，不能适应产业跨区域分布和要素自由流动的实际需求。从入户问卷调查情况来看，职业教育方面，在明确表示不满意选项的 154 份问卷中，排在前三位的依次为“补贴太少”“就业质量不高”和“缺少实习实训，实践能力培养不足”，占比分别为 32.5%、21.4% 和 14.9%。

随着高校创新创业教育改革不断深化，毕业生就业状况有所改善，但受专业设置、人才培养模式、就业观念等多方面因素影响，高校毕业生就业问题仍值得高度关注。加之对高校及教师的评价与激励机制扭曲，重扩张、轻内涵，重“科研”、轻教学，重知识传授、轻能力培养等问题较为普遍存在，也影响到高等教育人才培养质量和毕业生就业质量。从入户问卷调查情况来看，高等教育方面，在明确回答不满意选项的 289 份问卷中，排在前四位的依次为“学费贵”“高校毕业生就业难”“教学内容和方法落后，能力培养不够”和“学校设施条件差”，占比分别为 42.6%、41.5%、4.8% 和 4.5%。需要指出的是，子女处于高等教育阶段的家庭选择“学费贵”的占比居首这一新情况值得关注。

## 三、若干建议

中共中央办公厅、国务院办公厅印发的《关于深化教育体制机制改革的意见》，明确了深化

教育体制机制改革的指导思想、基本原则和主要目标等，为破除各种体制机制障碍，促进教育公平、提高人才培养质量提供了根本动力。党的十九大报告更是围绕“优先发展教育事业”作出全面部署，为在中国特色社会主义进入新时代不断推进教育事业改革发展提出了非常明确的思路和意见。优先发展教育事业，是新时代中国特色社会主义思想和基本方略的重要内容。“幼有所育”“学有所教”既是人民在教育方面最关心最直接最现实的利益问题，也是教育领域改革发展成果更多更公平惠及全体人民的具体体现。因此，必须坚持教育优先发展，全面贯彻党的教育方针，深化教育体制机制改革，大力促进教育公平，不断提高教育质量，努力办好人民满意的教育，不断提高保障和改善教育民生水平。

### （一）进一步推进教育公平，努力让每个孩子都能享有公平而有质量的教育

一是以标准化为基础，通过综合改革，稳步解决基础教育阶段区域之间、城乡之间以及校际之间办学条件差距过大问题。结合财力和发展需要，确定更加细致、科学的办学标准；既要确定最低标准，也要确定最高标准，避免“建峰填谷”式发展模式。综合改革的核心是以增量改革为基础，加快推进办学条件均等化，彻底取消重点校、重点班。按照标准化要求，公共投入优先投向薄弱学校。针对特殊地区问题，要充分用现代信息技术手段及其他方式，逐步提升教育服务的可及性及质量。推动城乡义务教育一体化发展，着力加强省级统筹规划，把义务教育纳入经济社会发展规划，与乡村振兴战略的布局融为一体。坚持以农村义务教育为重点，加快推进县域内城乡义务教育学校标准化建设，实现城乡校长教师交流轮岗制度化、常态化。

二是理顺学前教育管理体制和办园体制，加强省市两级统筹、落实县级主体责任、充分发挥乡镇作用。建立明确的政府间学前教育责任分担机制。应着重提高中央和省级政府的责任，特别是在学前教育财政投入和支出方面的责任，建立各级政府共同分担、省级为主的学前教育经费保障体制。进一步明确并加大区县政府对学前教育事业的管理职责，建立以区县为主的学前教育管理体制，同时优化街道、乡镇的职责。加紧研究制定“以流入地区政府管理为主，以公益性、普惠性幼儿园为主”的“两为主”政策解决进城务工人员子女接受学前教育问题。增加普惠性资源供给，强化对民办园的监管和指导，促进学前教育普惠健康安全发展，努力实现党的十九大报告提出的“幼有所育”目标。

三是切实解决进城务工人员随迁子女受教育权利保障问题。明确义务教育阶段的属地化服务责任，强化问责，教育财政转移支付体制也要更细致地与人口流动相结合。尽快落实普通高中及职业教育的属地化责任，确保进城务工人员随迁子女在流入地（特别是特大城市）顺利升学，加快研究解决其在流入地高考及录取问题。突破计划控制的思维定式，在科学测算城市未来人口增长的基础上，理性调整城市基础设施和公共服务规划，从空间布局和资源配置两方面入手，适时增加教育资源供给。进一步提高中央和省级政府在义务教育支出中的分担比例，建立各级政府共同分担、以省级政府为主的流动儿童义务教育财政供给体制。规范学籍的线上与线下管理，减少权力寻租行为，落实打工子弟学校财政补贴，并将其师资建设和提高工作纳入流入地政府

教育规划。

## （二）进一步提升教育质量，培养与经济社会发展相适应的高素质人才

一是以学生为中心，扎实推进素质教育。全面落实立德树人根本任务，坚持社会主义核心价值观导向，构建大中小幼有机衔接的德育体系。坚持因材施教，促进德育、智育、体育、美育和劳动教育有机融合，促进学生主动学习、释放潜能、身心健康，实现全面发展与个性发展的统一。落实“健康第一”的教育理念，有效衔接课堂教学与课外活动，既培养兴趣又提高技能，推动学校体育改革；深化学校美育工作改革，统筹整合政府、学校、社会各方美育资源，全面推进艺术教育，提升学生审美素养；创新人才培养方式，深化教学改革，推行启发式、探究式、参与式和合作式等教学方式以及走班制、选课制等教学组织模式，不断完善教育教学质量标准和综合素质评价制度，着重培养学生的实践能力、社会责任感和创新精神。

二是优化创新型、复合型、应用型和技术技能型人才培养机制，增强各类人才服务经济社会发展的能力。职业教育方面，加快建设就业配套机制，加大职业资格准入制度覆盖范围和实施力度；加大对职业教育学校办学标准、教育质量以及培训价格的严格监管；重构校企联合办学利益结构，加强行业协会等组织建设，完善行业企业参与的质量评价体系，建立对企业和实习学生的补贴机制，发展或恢复大企业举办职业学校；选择农村和中西部地区职业培训主体时，更多发挥东部企业和民间培训力量的作用，以更好实现培训和就业的结合；多种形式大力发展服务农村发展、农民脱贫致富、农民工就业的职业教育和培训，培养新型职业农民，支撑乡村振兴。高等教育方面，逐步调整教学内容，完善教学方式，加强社会实践，改革完善对高校和教师的评价与激励机制，全面扭转重“科研”、轻教学，重知识传授、轻能力培养等问题，全面提高高校教育质量，使人才培养能够更好适应经济社会发展要求；控制部分高校专业设置、招生的盲目性，强化政府宏观指导和总量调控，对办学能力不足、就业状况差的专业实施强制淘汰，加强高校专业设置、培养目标、培养方式与企业和市场结合，增强毕业生就业创业能力，拓展就业面。

## （三）进一步推进其他社会政策改革发展，创造更好的社会环境

教育领域很多问题的产生，与不公平的劳动力市场环境、不完善的社会保障制度等密切相关。因此，解决教育问题，还需放大视野，立足于整个社会政策的综合改革与协调。

党的十九大报告要求，履行好政府再分配调节功能，加快推进基本公共服务均等化，缩小收入分配差距。因此，必须加快完善收入分配制度，包括初次分配与再分配，逐步缩小不同群体之间过大的收入和福利差距。进一步完善劳动力市场和就业政策，给各类人才创造平等发展机会。通过经济权利、社会权利的更加平等，促进教育的平等。

总之，要实现上述目标，必须全面深化改革，理顺政府与市场、政府与社会，以及不同层级政府之间的关系。强化政府责任，更好地发挥政府作用，更加突出强化政府的规划、投入、监管以及必要的服务组织等职能。在确保政府责任的前提下，引入市场机制，提升服务效率，

满足个性化、多样化需求。合理划分不同层级政府在教育规划、执行、投入和监管等方面的责任关系，尤其要进一步强化中央政府的统筹规划职能。基础教育领域，特别是要强化市县的执行主体责任和省一级的监督管理责任。进一步完善财政转移支付制度，包括中央对地方以及省以下转移支付，缩小各地发展基础教育、职业教育的财力差异。而高等教育的执行等责任则应主要依靠中央和省两级。

（执笔：佘　宇）

# 第八章
# 医药卫生专题研究报告

2017 年是我国推进健康中国建设、实施“十三五”规划的重要一年。这一年，深化医药卫生体制改革逐步推进，一些具体措施有所进展，人民群众的获得感有所增强。同时，由于种种原因，医药卫生仍然是居民最期待改善的领域之一。

## 一、2017 年深化医改的主要措施和进展

2016 年 8 月，中共中央、国务院召开全国卫生健康大会。大会召开以来，以分级诊疗、现代医院管理、全民医保、药品供应保障、综合监管等五项制度建设为重点的深化医药卫生体制改革继续深化推进，人民群众获得感不断提升。

### （一）分级诊疗制度建设稳步推进

各地采取多种途径，健全完善分级诊疗政策体系，推进家庭医生签约服务和医疗联合体建设，推动形成“基层首诊、双向转诊、急慢分治、上下联动”的分级诊疗模式。所有三级公立医院和 1000 余家社会办医疗机构参与医联体建设。中央财政安排投资 474.8 亿元，支持近 2000 个县级医院和近 11 万个乡镇卫生院、村卫生室基础设施建设，改善医疗服务条件，提高基本医疗卫生服务公平性和可及性。在 3 万多个乡镇卫生院、社区卫生服务中心建立“中医馆、国医堂”形式的中医综合服务区。全国 1.3 万家医疗机构开展远程医疗服务，远程医疗已覆盖所有国家级贫困县。超过一半的三级医院开展日间手术试点。80% 以上的居民 15 分钟内能够到达最近的医疗点，县域内就诊率进一步提升。

### （二）破除以药补医机制取得进展

全国范围内的公立医院取消了实行 60 多年的药品加成政策，向从根本上破除以药补医机制迈出了重要一步。改革地区紧紧围绕破除以药补医、创新体制机制、调动医务人员积极性三个关键环节，建立维护公益性、调动积极性、保障可持续的公立医院运行新机制。一些地方完善医疗机构综合绩效考核，将服务评价、内部管理、持续发展，以及控制费用、调整收入结构等医改目标导向体现到对公立医疗机构的绩效考核中。按照“允许医疗卫生机构突破现行事业单位工资调控水平，允许医疗服务收入扣除成本并按规定提取各项基金后主要用于人员奖励”的

要求开，公立医院薪酬制度改革试点工作在30个省份的68个城市开展，试点工作取得一定成效。

## （三）全民医保管理体制不断完善

2017年，在全民基本医保参保率稳固在95%以上的基础上，继续提高筹资水平和精细化管理能力。人均财政补助标准提高到450元，保障范围进一步扩大，发布2017年版医保药品目录，新增375个药品，增幅17%，其中包括39种国家谈判药品；将29项医疗康复项目纳入医保基金支付范围，重特大疾病保障机制逐步健全。促进城乡居民享受公平待遇，按照统一覆盖范围、筹资政策、保障待遇、医保目录、定点管理、基金管理要求，加快整合城乡居民医保制度。福建、安徽、海南等地积极探索创新，理顺医保管理体制，成立独立于人力资源和社会保障部门的医保管理机构，切实发挥医保对整个医改的牵引带动作用。建成国家异地就医结算信息系统，建立异地就医资金结算机制。坚持与整合城乡居民医保制度和建立分级诊疗制度相结合，在引导参保人员有序就医的前提下，减少患者“跑腿”“垫资”的压力。全国31个省（区、市）及新疆生产建设兵团全部接入全国异地就医直接结算系统，实现全国联网。重特大疾病医疗救助对象范围从城乡低保对象、特困人员拓展到农村建档立卡贫困人口、低收入救助对象和因病致贫家庭重病患者。积极推进医疗救助与基本医疗保险、大病保险及相关保障制度衔接，全国96%的县（区、市）实现了医疗救助与基本医疗保险费用“一站式”结算。

## （四）健康扶贫工程卓有成效

将新农合政策范围内住院费用报销比例提高5个百分点以上，大病保险起付线降低50%。提高封顶线，推动建立健康扶贫补充保障机制，贫困人口医疗费用个人自付比例从2016年的43%下降到2017年的19%。实施“三个一批”行动计划（大病集中救治一批、慢病签约服务管理一批、重病兜底保障一批），截至2017年底，已经分类救治420多万名大病和慢性病贫困患者。其中儿童白血病、儿童先天性心脏病、食管癌等9种大病患者已救治15.8万人。截至2017年10月，因病致贫返贫贫困户已经脱贫493万户，占因病致贫返贫总户数的46%，脱贫速度与全国建档立卡贫困户脱贫基本保持同步水平。

## （五）解决药品供应保障领域的突出问题

完善短缺药品供应保障机制，建立供应保障分级联动应对机制，开展了短缺药品基础信息核查和监测分析，综合运用市场撮合和定点生产、协调应急生产和进口、加强供需对接和协商调剂、完善药品储备、打击违法违规行为、健全罕见病用药政策等6类靶向精准措施，分类比较好地应对解决了130多个临床急需药品短缺问题。改革药品审评审批制度，鼓励儿童药品研发，畅通特殊人群用药及罕见病用药、临床急需药品的审评审批专门通道。提高药品审评审批标准，开展药品上市许可持有人制度试点，鼓励药物研发创新。改革完善仿制药供应保障及使用政策，开展仿制药质量和疗效一致性评价，促进仿制药研发创新，提升质量疗效。

总的来看，2017 年医药卫生体制改革不断向纵深推进，基本医疗卫生制度加快建立，人民健康水平实现“一升两降”，即人均预期寿命持续提升，从 2010 年的 74.83 岁提高到 76.5 岁，提高了 1.67 岁；孕产妇死亡率从 2010 年的 30/10 万降为 2017 年的 19.6/10 万，婴儿死亡率从 2010 年的 13.1‰降为 2017 年度的 6.8‰。世界卫生组织、世界银行等机构发布报告认为，中国在实现全民健康覆盖方面迅速迈进，基本医疗卫生服务可及性更加均衡，改革成就世人瞩目。2017 年 5 月，全国著名医学杂志《柳叶刀》公布了全球 195 个国家和地区的“医疗服务可及性和质量指数”排名，认为中国医疗事业发展蓬勃，医疗质量不断提升，是全球进步最大的 5 个国家之一。9 月，《柳叶刀》又发布了基于“可持续发展目标”标准进行的数据评估和全球排名，结果显示，中国是全民健康覆盖进步最快的国家之一。

## 二、医药卫生改革发展取得的成效

根据统计数据和“中国民生调查”课题组的问卷调查，2017 年医疗卫生体制在扩大医疗服务利用、降低医疗费用涨幅方面有所改善，居民对医疗卫生服务总体评价有所改善。

### （一）居民卫生服务利用增加，服务质量得到提高

随着医疗资源增加和城乡居民医保制度不断健全，居民医疗服务利用持续增加。2017 年，全国门诊总量比上年增加 2.5 亿人次（增长 3.2%），居民平均就诊由 2016 年的 5.8 次增加到 2017 年的 5.9 次。全国住院总量比上年增加 1708 万人（增长 7.5%），年住院率由 2016 年的 16.5% 增加到 2017 年的 17.6%。卫生部门实施了改善医疗服务行动计划，不断满足人民群众医疗服务新需求。截至 2017 年底，二级及以上公立医院中，超过 40% 的医院开展了预约诊疗和远程医疗服务，超过 80% 的医院开展了临床路径管理和同级检查结果互认，居民看病就医感受逐步得到改善。通过优化服务流程、信息化手段、推行日间手术等措施减少排队次数、缩短缴费和候诊时间，4100 余家医院可以为患者提供信息查询和推送服务，是 3 年前的 4 倍，超过 86% 的医院实现同级检查检验结果互认，让信息多跑路，让群众少跑路，有效减少了患者在医院内的重复排队、缴费、检查等情况和往返医院次数。所有三级公立医院都已应用信息技术普遍开展预约诊疗，门诊患者全程候诊平均时间缩短超过 10 分钟，有些医院缩短超过 1 小时；一半以上三级医院开展了日间手术，有效缓解了住院手术难、住院等候时间长的问题，平均住院日缩短到 10 天以内。

### （二）患者医疗费用涨幅下降

据卫生部门初步推算，2017 年全国卫生总费用预计达 51598.8 亿元，其中：政府卫生支出 15517.3 亿元（占 30.1%），社会卫生支出 21206.8 亿元（占 41.1%），个人卫生支出 14874.8 亿元（占 28.8%）。人均卫生总费用 3712.2 元，卫生总费用占 GDP 百分比为 6.2%。2017 年，公立医院综

合改革全面推开，全部取消药品加成，医疗服务价格调整政策全面跟进，实现新旧机制的系统转换。在改革措施推动下，2017 年医院次均门诊费用按照当年价格比上年上涨 4.7%，涨幅下降 0.3 个百分点；人均住院费用比上年上涨 3.3%，涨幅下降 0.8 个百分点。医院次均门诊药费下降 1.8%，占比下降 2.8 个百分点；医院人均住院药费下降 7.1%，占比下降 2.5 个百分点。2017 年，乡镇卫生院次均门诊费用 66.5 元，按当年价格比上年上涨 5.6%，按可比价格上涨 3.9%；人均住院费用 1717.1 元，按当年价格比上年上涨 6.2%，按可比价格上涨 4.5%。日均住院费用 272.0 元。2017 年，乡镇卫生院次均门诊药费（36.2 元）占 54.4%，比上年（54.8%）下降 0.4 个百分点；人均住院药费（725.2 元）占 42.2%，比上年（44.0%）下降 1.8 个百分点。

表8-1 医院病人门诊和住院费用

| | 医院 | | 公立医院 | | | | | |
|---|---|---|---|---|---|---|---|---|
| | | | | | 三级医院 | | 二级医院 | |
| | 2016 | 2017 | 2016 | 2017 | 2016 | 2017 | 2016 | 2017 |
| 次均门诊费用（元） | 245.5 | 257.0 | 246.5 | 257.1 | 294.9 | 306.1 | 190.6 | 197.1 |
| 上涨%（当年价格） | 5.0 | 4.7 | 4.8 | 4.3 | 3.9 | 3.8 | 3.5 | 3.4 |
| 上涨%（可比价格） | 2.9 | 3.0 | 2.7 | 2.7 | 1.9 | 2.2 | 1.5 | 1.8 |
| 人均住院费用（元） | 8604.7 | 8890.7 | 9229.7 | 9563.2 | 12847.8 | 13086.7 | 5569.9 | 5799.1 |
| 上涨%（当年价格） | 4.1 | 3.3 | 4.5 | 3.6 | 2.0 | 1.9 | 4.0 | 4.1 |
| 上涨%（可比价格） | 2.0 | 1.7 | 2.4 | 2.0 | 0.0 | 0.3 | 1.9 | 2.5 |
| 日均住院费用（元） | 914.8 | 958.8 | 965.3 | 1017.4 | 1272.9 | 1334.3 | 636.4 | 665.9 |
| 上涨%（当年价格） | 6.1 | 4.8 | 6.9 | 5.4 | 5.7 | 4.8 | 5.1 | 4.6 |
| 上涨%（可比价格） | 4.1 | 3.2 | 4.8 | 3.7 | 3.6 | 3.2 | 3.1 | 3.0 |

资料来源：国家卫健委信息规划司。

表8-2 基层医疗机构病人门诊和住院费用

| | 社区卫生服务中心 | | 乡镇卫生院 | |
|---|---|---|---|---|
| | 2016 | 2017 | 2016 | 2017 |
| 次均门诊费用（元） | 107.2 | 117.0 | 63.0 | 66.5 |
| 上涨%（当年价格） | 9.7 | 9.1 | 4.8 | 5.6 |
| 上涨%（可比价格） | 7.6 | 7.4 | 2.8 | 3.9 |
| 人均住院费用（元） | 2872.4 | 3059.1 | 1616.8 | 1717.1 |
| 上涨%（当年价格） | 4.0 | 6.5 | 8.7 | 6.2 |
| 上涨%（可比价格） | 2.0 | 4.8 | 6.6 | 4.5 |
| 日均住院费用（元） | 296.0 | 322.2 | 251.2 | 272.0 |
| 上涨%（当年价格） | 5.5 | 8.9 | 7.7 | 8.3 |
| 上涨%（可比价格） | 3.4 | 7.2 | 5.6 | 6.6 |

资料来源：国家卫健委信息规划司。

2017 年《中国民生调查》项目对全国约 9800 多名居民进行了问卷调查，同时进行了电话调查。从医保报销比例来看，2017 年 2607 户过去一年有住院就诊经历的患者，医保平均报销比例为 44.80%，其中城镇职工医疗保险、城镇居民医疗保险、新型农村合作医疗的住院实际报销比例分别为 58.93%、47.45% 和 38.75%，均比过去几年有明显上升。

表8-3　住院患者医疗费用实际报销比例

| 医保类型 | 频数 | 实际支付费用（元） | 各类医保报销（元） | 实际报销比例（%） | | | | |
|---|---|---|---|---|---|---|---|---|
| | | | | 2017 | 2016 | 2015 | 2014 | 2013 |
| 城镇职工医保 | 431 | 24729.8 | 35488.2 | 58.93 | 51.60 | 53.90 | 52.00 | 55 |
| 城镇居民医保 | 333 | 9465.1 | 8545.6 | 47.45 | 39.80 | 48.20 | 44.00 | 46.50 |
| 新型农村合作医疗 | 1658 | 10987.8 | 6952.4 | 38.75 | 35.20 | 34.60 | 35.80 | 39.40 |
| 合计 | 2607 | 11358.7 | 9236.7 | 44.85 | 39.20 | 41.40 | 40.00 | 44.00 |

## （三）试点地区居民满意度明显提高

调查表明，2016 ~ 2017 年我国深化医改试点取得重要突破，大多数医改综合试点省居民对医疗服务的评价明显改善，居民看病就医的主观和客观负担都有所下降。2015 年以来，我国先后确定两批 11 个省份（福建、青海、江苏、安徽、上海、浙江、湖南、重庆、四川、陕西和宁夏）为深化医改综合试点省份。从电话调查的结果来看，大部分试点省份居民对医疗服务的评价均高于平均水平。多数试点省居民对医疗服务的评价明显改善，特别是福建等改革力度较大的省份。试点省份中，仅重庆和宁夏居民对医疗服务状况的评分低于总体民生满意度。部分自发开展试点的省份也取得较明显效果，贵州省居民医疗服务满意度得分为 72.17 分，高于总体民生满意度 13.87 分，是全国最高的省份。

表8-4　不同省份对居住地医疗服务状况评分同总体评分的差异　单位：分

| | 北京 | 天津 | 河北 | 山西 | 内蒙古 | 辽宁 | 吉林 | 黑龙江 |
|---|---|---|---|---|---|---|---|---|
| 医疗服务 | 60.08 | 52.75 | 51.37 | 53.81 | 55.70 | 50.75 | 48.26 | 50.90 |
| 与总体的差异 | 1.78 | −5.55 | −6.93 | −4.49 | −2.60 | −7.55 | −10.04 | −7.40 |
| | 湖北 | 湖南 | 广东 | 广西 | 海南 | 重庆 | 四川 | 贵州 |
| 医疗服务 | 56.37 | 60.83 | 53.12 | 56.19 | 51.28 | 55.24 | 59.50 | 72.17 |
| 与总体的差异 | −1.93 | 2.53 | −5.18 | −2.11 | −3.06 | −3.06 | 1.20 | 13.87 |
| | 上海 | 江苏 | 浙江 | 安徽 | 福建 | 江西 | 山东 | 河南 |
| 医疗服务 | 64.51 | 58.56 | 59.73 | 62.65 | 63.16 | 62.57 | 62.52 | 65.01 |
| 与总体的差异 | 6.21 | 0.26 | 1.43 | 4.35 | 4.86 | 4.27 | 4.22 | 6.71 |
| | 云南 | 西藏 | 陕西 | 甘肃 | 青海 | 宁夏 | 新疆 | |
| 医疗服务 | 59.51 | 57.96 | 60.20 | 55.63 | 55.60 | 61.66 | 63.70 | |
| 与总体的差异 | 1.21 | −0.34 | 1.90 | −2.67 | −2.70 | 3.36 | 5.40 | |

# 三、公众对医药卫生事业的评价和期待

由于经济发展、社会转型、疾病谱变化等带来居民对医药卫生服务的需要增加，以及改革的一些措施还不到位、不配套等原因，医药卫生事业还面临一些挑战，居民对医药卫生服务还有一些不满意的方面。

## （一）居民对医疗卫生服务的满意度改善不明显

2017 年，在询问“对家庭生活最不满意的地方”时，回答排在前三位的依次是收入水平（28.0%），医疗（11.9%）和住房（7.08%），相比上年收入（28.0%）、医疗（14.0%）、住房（7.4%），医疗在群众最不满意的民生问题中仍然位列第二，仅次于收入水平。2017 年度电话问卷显示，对居住地医疗服务表示“非常满意”“比较满意”和“一般”的分别占对目前居住地医疗服务表示“非常满意”“比较满意”和“一般”的分别占 14.0%、31.8%、29.6%，合计为 75.4%。而 2016 年分别为 14.8%、28.9%、35.0%，合计为 78.7%，2017 年略有下降。对最近一年以来居住地医疗服务是否有改善，表示“有明显改善”“略有改善”和“没变化”的分别占 20.2%、32.2%、34.1%，合计为 86.5%。相对于去年表示“有明显改善”“略有改善”和“没变化”的分别占 22.5%、31.3%、38.3%，合计为 92.1%，认为“有明显改善”和“略有改善”的比例略有下降。

## （二）部分居民仍然感到医疗费用压力过大

尽管次均费用增幅略有下降，但医疗费用上升幅度仍然较大，部分居民仍然感到医疗费用压力过大，看病吃药仍然是居民感到压力最大的领域之一。在询问“您对医疗服务最不满意的一项是”时，回答比例最高的为“看病太贵”，占 42.6%，其次是大医院看病难，占 11.5%。在询问“在各种家庭开支中，您感觉压力最大的是”问题时，2013 ~ 2016 年分别有 17.0%、27.2%、24.3%、28.8% 的家庭回答为“医疗”，均居第一位。2017 年这一数据为 27.8%，虽然比上年略有下降，但仍然位居第一位。在询问医疗支出的来源时，2014 ~ 2016 年，分别有 17.6%、15.9%、18.7% 的居民家庭曾因医疗支出而向外筹措资金。2017 年这一比例下降到 15.4%，虽然略有降低，但仍处于较高水平。有 5.3% 的应住院患者因经济原因选择不住院，55.8% 的受访者担心自己及家人未来生病无钱就医。

## （三）分级诊疗格局尚未完全形成

尽管从服务量来看，基层医疗机构诊疗人次数不断增加：2017 年基层医疗卫生机构诊疗量 44.3 亿人次，比上年增加 0.6 亿人次，涨幅（1.4%）较上年增加 0.7 个百分点。基层医疗卫生机构入院 4450 万人（占 18.2%），比上年增加 285 万人，涨幅（6.8%）较上年增加 3.6 个百分点。但由于大医院诊疗人次数增长更多，基层医疗卫生机构诊疗量所占比例仍在下降。2017 年总诊疗人次中，基层医疗卫生机构占 56.3%，比 2016 年的 57.2% 下降 0.9 个百分点；2017 年入院人数中，基层医疗卫生机构占 18.2%，比 2016 年的 18.3% 下降 0.1 个百分点。这表明，在分级诊疗方面虽然做了一些工作，但是由于强基层的机制尚未真正形成、大医院的逐利性仍然过强、医疗保险未充分起到引导患者合理就医的作用、患者的就医意识不正确等原因，分级诊疗制度尚未真正建立，患者集中于大医院的状况仍未根本扭转。

出现上述问题，从根本上说，是由于长期以来积累的许多问题尚未根本解决。在医保领域，基本医疗保障统筹层次和抗风险能力亟待提升，筹资可持续性问题面临较大压力，横向异地结算等还不畅通，医保支付方式改革亟待推进，医保对医疗行为的调控和监管作用尚未有效发挥。在医疗领域，公立医院的逐利性尚未打破。虽然取消了药品加成，但是由于药品流通环节的利益链仍然存在，以药养医的机制尚未扭转，增加的政府和医保投入主要为药品和器材流通环节所吸收，药价虚高、过度诊疗问题更加突出。一些地区开展了医务人员薪酬制度改革，但改革力度不大，在部门分割的情况下，改革推进遇到阻力，公立医院被迫把大量成本转嫁给患者。在药品生产流通使用领域，药品价格虚高的状况尚未根本扭转，药品招标采购机制尚未充分发挥作用，药品价格虚高状况仍然存在。罕见药、孤儿药等药品短缺的情况有所好转，但是仍未从根本上解决。医药行业供给侧结构性改革进展不快，“多小散乱差”的局面仍未改变，产业整合尚未明显推进，一些“一家独大”的进口药和专利药仍有较高的溢价，二类疫苗等领域的监管力量薄弱，影响质量安全，引发公共安全和舆情事件。同时，互联网购药、进出口药品等重点领域风险增多。

## 四、政策建议

2018 年是落实十九大精神的开局之年，2018 ~ 2020 年是全面建成小康社会的决战决胜之年，也是实现中发〔2009〕6 号文件确定医改目标的决战决胜之年。卫生健康工作既面临有利条件，又面临很大挑战。当前，医药卫生体制改革处在已经全面展开但关键和重点环节尚未取得根本突破的关键时期。应该在已有改革成就的基础上，抓住机遇推进全局性、关键性改革，着重抓好牵引性强的重大任务，尽快释放改革红利，让群众有更多获得感。

### （一）切实落实全国卫生健康大会精神和《“健康中国 2030”规划纲要》

坚持正确的改革和发展方向，坚持“以基层为重点，以改革创新为动力，预防为主，中西医并重，把健康融入所有政策，人民共建共享”的方针，坚持基本医疗卫生服务事业的公益性。推动各级党委政府出台《关于把人民健康放在优先发展战略地位的意见》，从加强领导、财政投入、部门设置、工作机制等方面做出规定。对医药卫生改革特别是领导体制、改革试点、投入、人事、薪酬方面的规定，进行一轮督查，督促各地落实。

### （二）继续完善全民医保制度

2018 年，国务院机构改革成立国家医保局，为完善全民医保制度提供了有利机遇。一是深化全民医保管理体制改革，让供方和需方更好地融合，改变现在医保和医疗机构之间存在的矛盾对立关系，更好地统筹协调医保支付、药品采购、医疗行为监管等职责。二是提高农村、欠发达地区、贫困人口等弱势群体的医疗保障水平，通过门诊统筹、降低大病保险起付线、提高政策范围内住院费用报销比例、设置个人自付费用封顶线等方式，降低弱势群体医疗负担，筛选疾病负担较重、社会影响较大、疗效确切的大病病例，组织力量集中实施治疗，减轻贫困大病患者费用负担。推广贫困人口“先诊疗后付费”等机制，减轻资金周转负担。三是提高全民医保管理水平，逐步提高资金统筹层次，实现医保基金中长期精算平衡，加大医保支付方式改革力度，积极推行按病种付费、按人头付费、按疾病诊断相关分组（DRGs）付费等复合型支付方式，加快实现异地医保报销“一卡通”，充分发挥医保对医疗机构的监督制约功能，积极引入第三方评估等机制，对医疗机构医保资金使用效益进行评价考核。

## （三）深化医疗服务体系改革

对于基层医疗服务体系，主要是针对薄弱环节，提升能力，改革激励机制，让更多医务人员和患者有动力下到基层。针对基层实际，加强急需紧缺人才培养，建立健全医疗卫生人才招引及下沉奖励办法，鼓励引导实用人才向艰苦边远地区和基层一线流动。把基层医疗卫生机构纳入医务人员薪酬制度改革试点，特别是增加对欠发达地区基层医疗卫生机构的投入，逐步缩小基层医疗卫生机构薪酬的地区差距。加大对基层卫生机构负责人的选拔、培养和激励力度，可实行目标年薪制，用多种方式提高其政治待遇，增强职业荣誉感，提高管理水平，吸引更多优秀医务人员担任基层医疗卫生机构负责人。通过提高报销比例、设置基本医疗卫生服务包、因地制宜扩大基本卫生服务项目范围等措施，鼓励患者多使用基层医疗卫生机构的服务。

对于公立医院，主要是稳步推进公益性导向的综合改革。落实政府对公立医院的领导责任、保障责任、管理责任、监督责任，保障财政投入责任，破解“以药养医”问题，破除逐利机制；建立以公益性为导向的考核评价体系，更加突出功能定位、职责履行、社会满意度等指标。抓住薪酬制度改革这个核心，加快推动医务人员绩效工资与业务收入脱钩，探索实行以岗位工作量、技术含量和风险等为基准的薪酬分配制度，全面建立调动积极性、维护公益性、保障可持续性的激励约束机制，最大限度激励医务人员干事创业。

对于社会办医，主要是明确定位、加强监管。在保住基本医疗服务供给的基础上，适当发展社会办医提供多元化、非基本、特色型的服务。从投资者资质、利润流向、区域卫生规划、质量安全等方面，加强对社会办医机构的监管。应该尽快制定法规，让民办非营利性医院真正落实“非营利性”的要求，避免变相追求利润。大力发展智慧医疗便民利民服务，加快发展远程医疗、可穿戴设备、健康咨询、移动医疗应用等新业态。

## （四）加大药品生产流通使用领域的改革

在生产环节，主要是扭转多小散乱差的状况，推动药品质量标准和生产质量管理规范与国际接轨，加快重大新药和中高端康复设备、医疗器械研发，不断提升医药产品供给的质量和效率。发挥国有企业的社会责任和政治责任，培育成本可控、稳定生产的基本药物生产企业，确保基药稳定供给，必要的药品实行定点生产和配送。

在流通环节，要以更大的力度推进公立医院药品采购“两票制”，探索“一票制”，减少中间环节和过桥成本，挤掉药价虚高的水分。强化短缺药品供应保障和预警，建立常态短缺药品储备和应急供应机制，保障低价药、“救命药”和儿童药等重点药供应。推动流通企业联合重组，发展专业快递物流，确保边远贫困地区药品配送及时安全。

在使用和监管领域，要优化基本药物品种、类别，增加老百姓熟悉常用的药物品种，保持合理的基本药物数量，加快创新药和短缺药审评审批，提高企业药品创新能力和水平，建立完善药品信息全过程追溯体系，加快打造招标、采购、配送、结算、监管一体化信息平台，实现药品全品种监管、药价全流程监控。

（执笔：江　宇）

# 第九章
# 住房专题研究报告

2017年“中国民生调查”课题组在黑龙江、河北、陕西、四川、安徽、江苏、浙江、福建等8个省份9896户家庭进行了民生情况入户调查[①]，其中住房方面包括住房基本状况、住房质量情况、住房支出压力、住房改善诉求等四个方面的9个问题。本次住房调查情况，不仅反映了我国居民整体家庭住房条件特点，而且也反映出城乡家庭之间、本地户籍人口和流动人口之间的住房条件存在较大差异。为回应人民群众对住房质量、支出压力、改善诉求等方面的关切，应推动保障性住房建设、完善租购并举政策、改善住房配套环境、健全房地产长效机制等，从而处理好人民群众日益增长的住房改善需求和发展现实约束的关系。

## 一、住房基本状况

### （一）在住房自有率方面，随着住房商品化改革的推进，我国住房自有率处于国际较高水平

此次入户调查结果显示，受访家庭的住房自有率在2017年达到91.1%，较上年（90.4%）又提高了0.7个百分点。从结构上看，农村地区家庭住房自有率高于城市地区家庭，流动人口家庭住房自有率低于本地户籍家庭。

一是农村地区家庭住房自有率高于城市地区家庭。在农村地区，受访家庭的住房自有率高达96.6%；在城市地区，受访家庭的住房自有率为85.8%，农村地区住房自有率高于城市地区10.8个百分点。农村地区住房自有率之所以高，是因为受访家庭主要居住在自建住房之中，其比例为89.6%，而购买商品房的比例仅为3.5%。

二是当地市民住房自有率高于流动人口。受访家庭中本地户籍家庭的住房自有率为94.4%，比流动人口的住房自有率（36.2%）高出58.2个百分点。在受访的流动人口中，省内流动人口的住房自有率尚有51.1%，跨省流动人口的住房自有率下降到25.3%（见图9-1）。流动人口家庭住房自有率较低，既有工作流动性较高、收入较低、住房限购政策等原因，也和近几年农民工回乡置业的趋势有关。

---

① 我们对样本进行了分层设计、多阶段PPS抽样的加权。

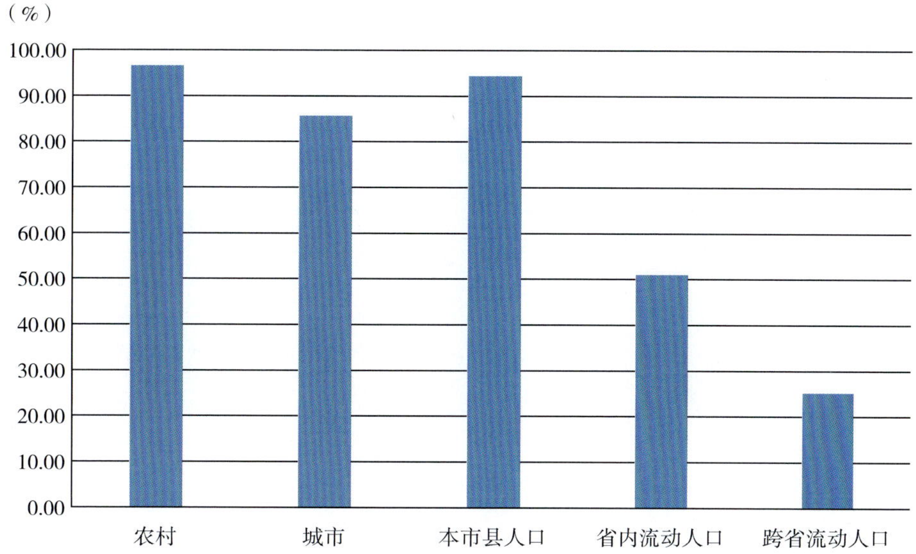


**图9-1　不同类型家庭的住房自有率（%）**

资料来源：作者计算。

## （二）在人均住房建筑面积方面，调查表明，2017 年受访家庭人均居住的住房建筑面积均值为 41.8 平方米

从结构上来看，农村地区的人均住房建筑面积高于城市地区，流动人口特别是跨省流动人口的人均住房建筑面积较低，租房户的人均住房建筑面积明显低于自有住房户。

一是农村地区的人均住房建筑面积高于城市地区。2017 年，农村地区受访家庭的人均住房建筑面积中值和均值分别为 33 平方米、42.8 平方米，城市地区受访家庭的人均住房建筑面积中值和均值分别为 30 平方米、40.8 平方米。农村地区受访家庭的人均住房建筑面积中值和均值分别比城市地区受访家庭高出 3.0 平方米和 2.0 平方米。

二是流动人口特别是跨省流动人口的人均住房建筑面积较低。拥有本市县户籍人口的人均建筑面积中值和平均值分别为 32 平方米、42.6 平方米。省内流动人口的人均建筑面积出现了明显下降，其中值和平均值分别为 26.5 平方米、34.5 平方米。而省外流动人口的人均建筑面积进一步下降，其中值和平均值分别为 20.0 平方米、25.1 平方米，比本市县户籍居民低了 60%、70%（见图 9–2）。

三是租房户的人均住房建筑面积明显低于自有住房户。按照住房的所有权属性来看，自有产权住户的居住空间远大于租房户（见图 9–3）。其中，自建住房的人均住房建筑面积的均值最高，达到了 50.0 平方米；自购商品房和拆迁安置房次之，分别达到 38.4 平方米、37.5 平方米；市场租赁房的人均住房建筑面积的均值最低，只有 24.0 平方米，比廉（公）租房（25.1 平方米）的居住空间还要小。

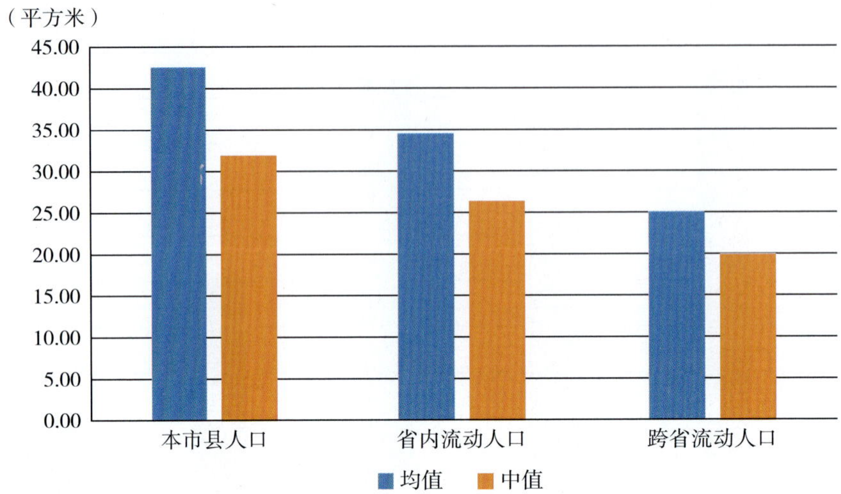


图9-2　不同户籍类型家庭的住房面积（平方米）

资料来源：作者计算。

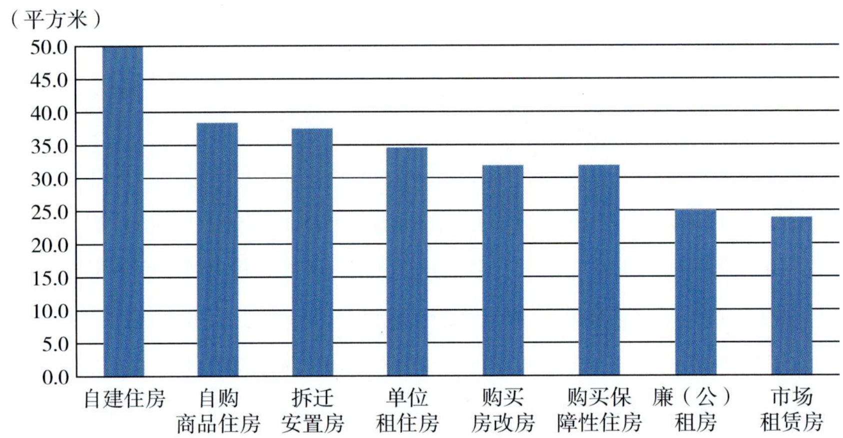


图9-3　不同住房属性家庭的住房面积（平方米）

资料来源：作者计算。

## 二、住房质量情况

### （一）在合租方面，受访家庭选择合租的比例比上年有所下降

作为家庭活动的空间载体，住房具有一定的私密性，因此当家庭选择合租共享空间时，降低了居住的质量。2017 年，有 10.9% 的受访家庭选择合租，这一比例比 2016 年（12.5%）降低了 1.6 个百分点。从结构上来看，拥有本市县户籍的家庭合租比例最低（6.7%），省内流动人口家庭和跨省流动人口家庭合租的比例则分别高达 11.7% 和 17.2%（见图 9–4）。合租比例较高，既有近年来房价租金上涨的影响，也和我国中小户型租赁住房供给有限有关系。

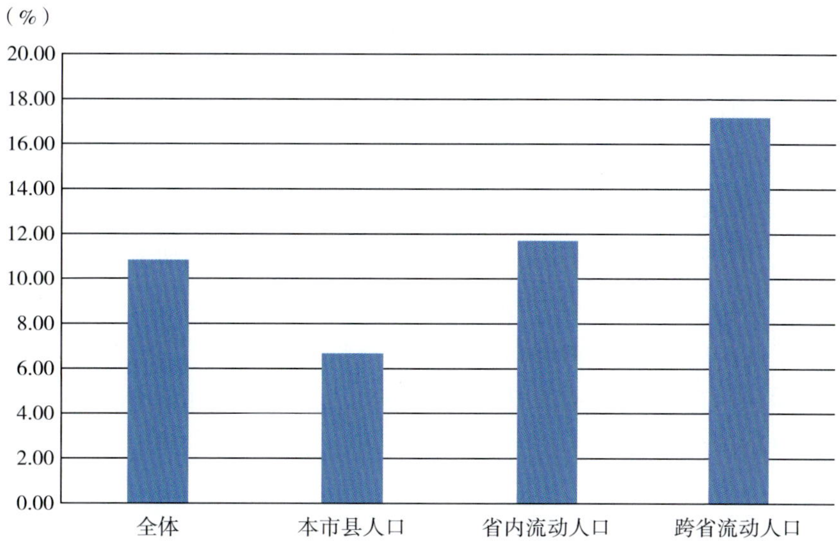


图9-4　不同户籍类型家庭的合租比例（%）

资料来源：作者计算。

## （二）在住房成套率方面，受访家庭的住房成套率比上年略有下降

随着城镇化建设和新农村建设的不断推进以及城乡基础设施配套不断完善，我国居民的住房成套率水平（同时有独立厨房和卫生间）得到极大改善。但 2017 年受访家庭的住房成套率为 76.7%，比 2016 年（78.2%）下降了 1.5 个百分点。具体来看，有独立厨房但没有独立卫生间的家庭占到受访家庭的 13.1%，有独立卫生间但没有独立厨房的家庭的比重为 3.4%，两者都缺失的家庭比重为 6.8%（见图 9–5）。

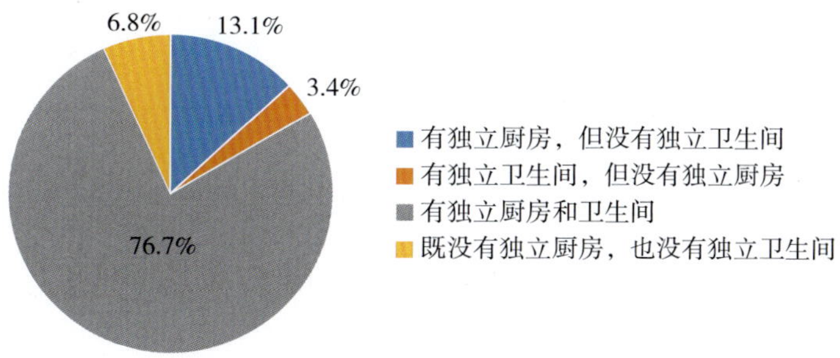


图9-5　受访家庭住房成套率的情况

资料来源：作者计算。

一是城市地区的住房成套率明显高于农村地区。调查表明，城镇地区受访家庭的住房成套率达到 82.8%，而受当前农村基础设施建设水平相对较低的影响，农村地区受访家庭的住房成套率只有 70.4%，较城镇地区低了 12.4 个百分点。虽然具有中国特色的农村宅基地制度在解决农村地区家庭住房问题方面发挥了重要作用，但我国农村地区住房相关的基础设施水平仍有较大

改进空间。对于农村居民的住房而言，缺口最大的是卫生间设施，有 25.6% 的家庭没有独立的厕所。

二是跨省流动人口的住房成套率偏低。拥有本市县户口的受访家庭住房成套率较高，本市县非农户口达到 86.0%，农业户口也达到 73.5%。在省内流动人口的家庭中，非农业户口家庭住房成套率较高，达到 85.7%，与本市县非农户口家庭相差无几；但农业户口家庭的住房成套率仅为 67.3%，住房条件相对较为简陋。相对而言，跨省流动人口家庭的住房条件最为简陋，其非农户口家庭（57.1%）和农业户口家庭（54.9%）的住房成套率都显著低于其他类型的家庭（见图 9-6）。在调查中我们发现，受到收入较低、购房政策限制、保障性住房体系未覆盖等因素影响，有不少跨省流动人口家庭居住在雇主提供的集体宿舍、工作场所以及工棚中，住房条件不尽理想。

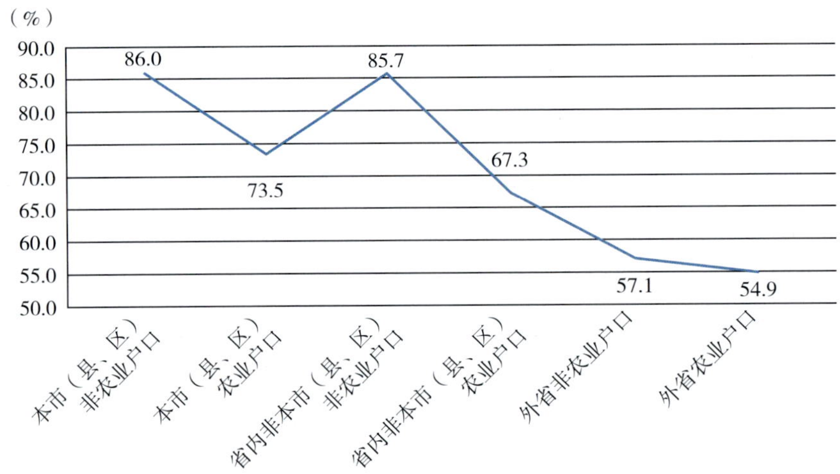


图9-6　不同户籍类型家庭的住房成套率比例（%）

资料来源：作者计算。

## 三、住房支出压力情况

### （一）租房户家庭和有按揭贷款家庭的住房相关支出压力较大

受访家庭在回答“目前，您感觉家庭消费支出压力最大的是什么”时，有 8.8% 的家庭将住房支出摆在了首位，排在了医疗（28.1%）、食品（24.0%）和子女教育（21.8%）之后，位列第四位。然而，如果将范围缩小到租房户家庭和有按揭贷款的家庭时，我们发现这两类家庭的住房支出压力明显较高。对于市场租赁户来说，有 27.5% 的家庭将住房支出压力摆在了首位；甚至对于租金支付较低的廉（共）租房家庭来说，也有 20.2% 的家庭视住房支出为最大的消费支出压力。对于有按揭贷款的家庭来说，有高达 38.6% 的家庭将住房支出作为消费支出的最大压力，远高于没有按揭贷款的家庭，后者的比例只有 9.7%（见图 9-7）。

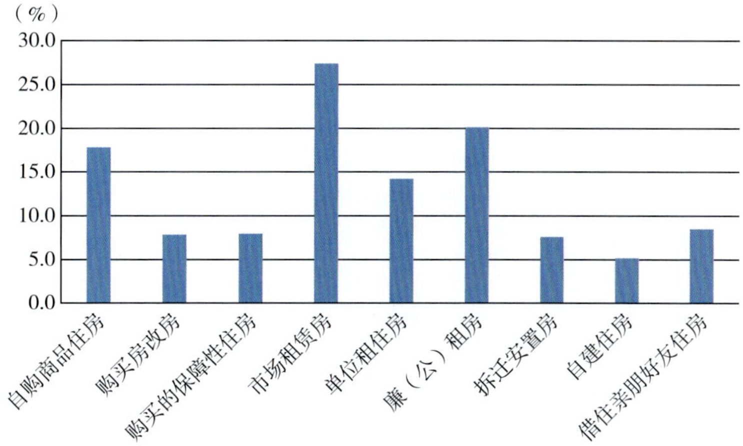


图9-7 不同住房属性家庭视住房支出为最大压力的比例(%)

资料来源:作者计算。

一是居住在市场租赁房的家庭租金支出压力较大。在受访家庭中,租户家庭的月租金占其家庭月收入的 12.6%。从细分结构来看,虽然居住在市场租赁房家庭的收入是居住在廉(公)租房家庭的 1.48 倍,但前者收入有 14.7% 用于支付房租,比后者(8.9%)高出 5.8 个百分点(见图 9–8)。居住在市场租赁房家庭,其收入与居住在单位租住房家庭几乎持平,但前者的支出压力是后者(3.2%)的 4.6 倍。

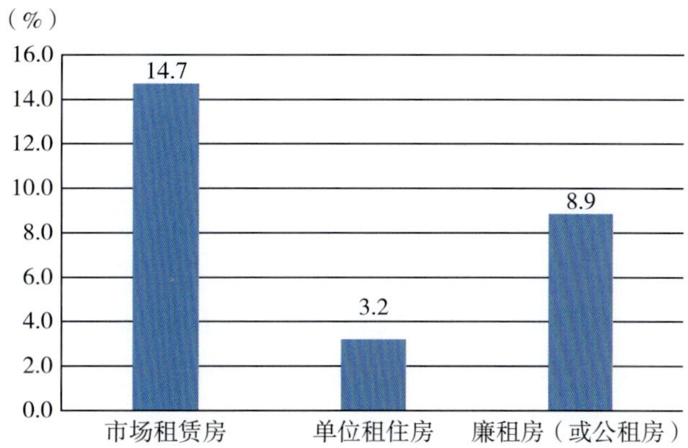


图9-8 不同租房属性家庭租金占收入的比重(%)

资料来源:作者计算。

二是购房资金以家庭收入积累为主。如图 9–9 所示当受访家庭在回答"第一套自购住房(含首付)的资金来源"时,有 80.9% 的家庭把"家庭收入积累"作为第一选项。有 7.1% 和 3.9% 的家庭最主要资金来源分别是"父母支持"和"向亲朋好友筹借"。只有 4.2% 的受访家庭其首套房的最大资金来源于金融机构,这一方面可能是因为我国居民用于自住需求住房的购买力较强,另一方面也反映了住房融资市场的覆盖面有待提高。另外,还有 2.4% 的家庭以"拆迁补偿款"

作为最主要的购房资金。

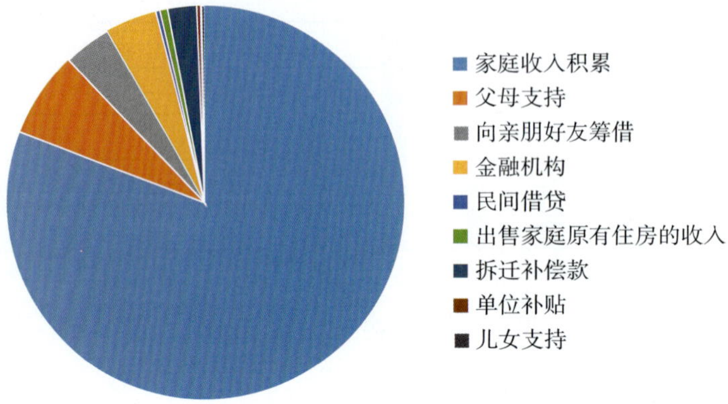


**图9-9 受访家庭第一套自购住房最主要的资金来源**

资料来源：作者计算。

三是保障性住房家庭的按揭贷款月供压力大。在居住在自购房的受访家庭中，有 26.1% 的自购商品房的家庭有银行按揭贷款，购买保障性住房的家庭和购买房改房的家庭的贷款比重分别为 14.1% 和 4.4%。每个有按揭贷款的家庭每月平均还款金额为 3396 元，中值为 2200 元，分别占有贷款家庭月平均收入和中值收入的 32.2% 和 26.4%。对于自购商品房和购买房改房的家庭而言，按揭贷款的月供平均数分别为 701 元和 118 元，占其家庭月收入的 8.8% 和 2.0%，支出压力相对较小。反倒是购买保障性住房的家庭，按揭贷款的月供平均数高达 3231 元，占其家庭月收入的 74%，支出压力非常大。

## 四、住房满意度和改善诉求情况

在全部受访者家庭生活最不满意选项中，表示对住房最不满意的比例为 10.5%，比 2016 年（11.3%）下降了 0.8 个百分点，在家庭生活最不满意选项中排在第 4 位，位于收入水平、医疗和养老之后。

一是城市地区居民的住房不满意率高于农村地区居民。在城市地区受访者中，表示对住房最不满意的比例为 12.2%，比 2016 年（14.2%）下降了 2 个百分点。在农村地区受访者中，表示对住房最不满意的比例为 8.5%，比 2016 年（8.8%）略降了 0.3 个百分点。城市家庭较农村家庭对住房的最不满意比例高出 3.7 个百分点。

二是流动人口对住房最不满意的比例高于本地市民，跨省流动人口家庭对住房最不满意率最高。拥有本地户籍家庭表示对住房最不满意的比例为 5.9%；省内流动人口家庭表示对住房最不满意的比例为 8.9%；跨省流动人口家庭该指标达到 20.2%，不仅远高于本地户籍家庭和省内流动人口家庭，在其最不满意选项中，住房也是仅次于收入水平的第二项。

## （一）住房总体满意率比上年下降

2017 年，受访家庭对住房情况感到总体满意的比重为 45.3%，比 2016 年（47.4%）下降了 2.1 个百分点。从具体选项看，有 14.5% 的受访家庭最不满意房价太高，住房面积太小（13.6%）以及建筑年代久远和小区设施落后（9.7%）也是受访家庭较为集中的最不满意事项。

一是农村地区住房满意率高于城市地区。在城市地区，对住房情况总体满意的比重（40.5%）较总体平均水平低，受访家庭前三位最不满意的住房事项分别是房价高（16.3%）、面积小（15.5%）以及建筑年代久远和小区设施落后（8.4%），另外对小区环境和物业最不满意率也比较高，达到 6.5%。在农村地区，对住房情况总体满意的比重（50.3%），比城市高出 9.8 个百分点，受访家庭前三位最不满意的住房事项排序与城市一致，对房价、面积和建筑年代最不满意的比率分别为 12.7%、11.6% 和 10.9%。

二是流动人口家庭住房满意率远低于本地户籍人口家庭。在受访家庭中，省内流动人口家庭和跨省流动人口家庭对住房的满意率分别只有 28.2% 和 16.9%，比本地户籍人口家庭（46.7%）低了 18.5 和 29.8 个百分点。如图 9-10 所示，除了房价太高和住房面积太小这两个共同选项之外，本地户籍家庭和流动人口家庭的住房改善需求各有侧重，本地户籍家庭更关注建筑年代久远和小区设施落后，而流动人口家庭对每个月太大的住房支出压力（包括房租、还贷、物业、水、电供热费）更为焦虑。

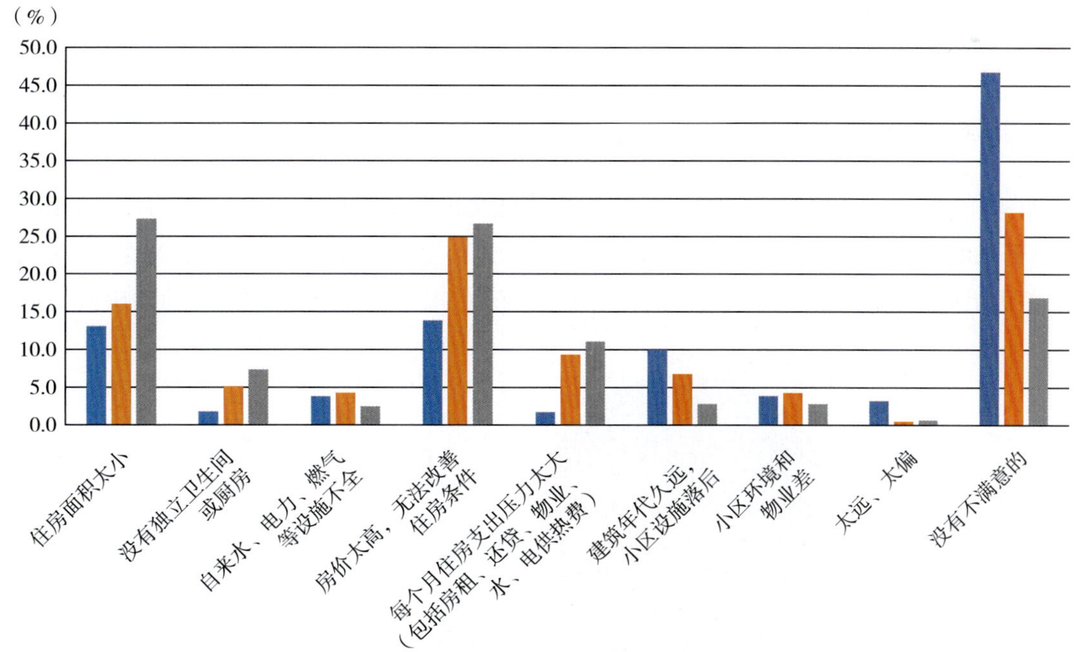


图9-10　不同户籍类型家庭最不满意住房事项的比例（%）

资料来源：作者计算。

## （二）市场租赁和流动人口家庭购房或建房意愿高

未来两三年，有16.7%的受访家庭有购房或建房的计划，其中，8.5%的家庭计划购买商品房，1.4%的家庭计划购买保障性住房，3.8%的家庭计划自建、扩建或改造住房。调查发现，购房或建房意愿最强烈的是居住在市场租赁房的家庭，有29.4%的这类家庭计划购房或建房，这与其租金支出压力较大有关（见图9–11）；而购房或建房意愿最低的是居住在拆迁安置房（9.7%）和房改房的家庭（12.3%）。从户籍关系来看，本地户籍家庭购房或建房意愿（16.3%）最低，省内流动人口家庭（22.4%）和跨省流动人口家庭（26.1%）意愿较高。

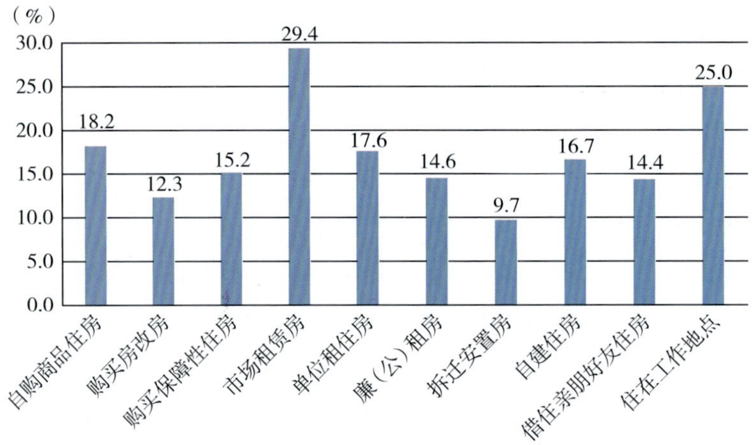


**图9-11　不同住房属性家庭未来有购房或建房意愿的比例（%）**

资料来源：作者计算。

## （三）购房或建房目的以改善住房条件为主

如图9–12所示，在回答未来两三年“购房或建房的目的”时，有40.2%的受访家庭选择了“改善住房条件”（如室内居住环境，增加水、暖、电、气设备等），有21.5%的受访家庭是为了户主结婚提供婚房，学区房（14.5%）和扩大居住面积（14.2%）也是比较集中的购房或建房目的。

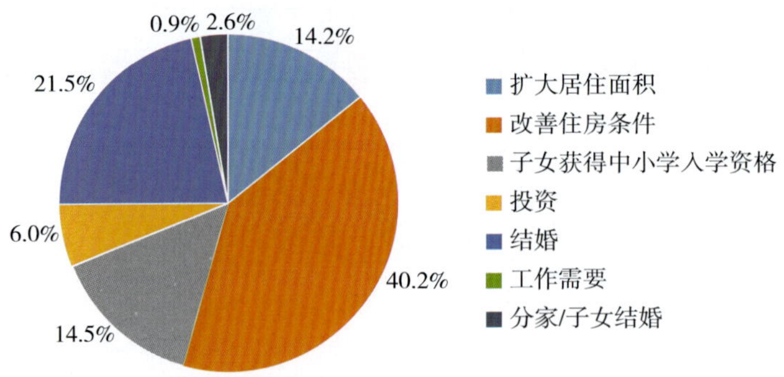


**图9-12　未来有购房或建房意愿家庭的购建房目的**

资料来源：作者计算。

首先，从户籍分类来看，流动人口家庭对学区房的诉求比较突出，有 26.9% 的省内流动人口家庭和 22.4% 的跨省流动人口家庭，未来购房或建房目的是为了子女获得中小学的入学资格，本地户籍人口家庭的这一比例只有 13.6%。

其次，从城乡结构来看，除了对于改善住房条件这一共同的最大诉求之外（城市为 42.0%，农村为 38.0%），城市受访家庭未来购房或建房目的中比较集中在扩大居住面积上（16.9%），农村的目的则比较集中在结婚（26.8%）和子女入学上（16.3%）。

## 五、相关政策建议

住房问题是我国经济社会发展的重大问题，既事关广大人民群众的切身利益，又关系着社会和谐稳定。更好地解决群众住房问题，让广大人民群众早日实现安居宜居，是改善民生状况、提高人民福祉的重要内容。根据住房专题调查所反映出的趋势和特征，要回应人民群众对住房质量、支出压力、改善诉求等方面的关切，必须坚持政府提供基本保障和市场化相结合的思路，做好保障性住房、租购并举、住房配套环境、建立房地产长效机制等工作，从而处理好人民群众日益增长的住房改善需求和发展现实约束之间的关系。

### （一）进一步推动保障性住房工作

2018 年是启动新的三年棚改攻坚计划的第一年，计划改造各类棚户区 580 万套，要管好用好棚改专项资金，推进棚改货币化安置，减少重复建设，落实好城镇保障性安居工程建设和运营管理涉及的减税降费政策。加大公租房保障力度，增加公租房实物供给，对低收入住房困难家庭要应保尽保，将符合条件的新就业无房职工、外来务工人员纳入保障范围。采取实物配租与租赁补贴相结合的方式，合理确定租赁补贴的发放规模和发放对象。因地制宜发展共有产权住房，多渠道解决群众住房问题。

### （二）建立健全租购并举的住房制度

租购并举是深化住房制度改革的主要方向，住房租赁市场是住房供应体系的重要组成部分，是解决居民住房问题的重要渠道。发达国家租赁住房人口一般占到全部人口的 1/3 左右，纽约、东京等超大城市的租赁人口则超过 50%。我国应借鉴一些国家把支持住房租赁市场发展与强化住房保障结合在一起的做法[①]，加快推进住房租赁立法，大力发展住房租赁市场特别是长期租赁市场；加强理念引导，鼓励中低收入居民租房安家；支持房地产开发企业拓展业务范围，利用已建成住房或新建住房开展租赁业务；支持和规范个人出租住房，落实鼓励个人出租住房的优惠政策。

---

① 例如，美国联邦、州、市政府通过提供低息贷款、实行房产税优惠等措施，鼓励个人或房地产开发商参与保障性住房的开发和翻建，建成后按政府规定的房租出租给低收入家庭。

### （三）改善城乡住房配套设施和环境

加大农村社区建设力度和乡村规划水平，加快完善农村水、电、煤气、厕等生活性基础设施，提高住房的成套率。实施农村人居环境整治三年行动，继续推进农村生活垃圾治理，大力推动农村户厕建设和改造，实施厕所粪污治理，切实提高农民居住质量，改善农村人居环境，提升村容村貌。开展城市住宅小区的环境整治，从群众关心的小事、身边事做起，着力解决老旧小区的停车位少、电梯缺失或陈旧、上下水系统老化、垃圾处理设施落后、消防存在隐患等配套设施问题，让城市住宅小区更有序、更安全、更便利、更干净。

### （四）完善促进房地产市场平稳健康发展的长效机制

要回应群众对高房价、高住房支出的关切，就要坚持“房子是用来住的、不是用来炒”的定位，综合运用金融、土地、财税、投资、立法等手段，加快研究建立符合国情、适应市场规律的基础性制度和长效机制。要坚持房地产调控目标不动摇、力度不放松，保持房地产市场调控政策的连续性和稳定性，继续严格执行各项调控措施。要加快制定住房发展规划，有针对性地增加有效供给，抓紧调整土地和住房供应结构，大力发展中小套型普通住房。要加强预期管理和舆论引导，对各类需求实行差别化调控政策，支持和满足群众刚性居住需求，支持改善需求，遏制投机炒房需求。

（执笔：卓　贤）

# 第十章
# 环境保护专题研究报告

国务院发展研究中心“中国民生调查”课题组2017年在8个省份开展了包括生态环境状况在内的民生关切点入户调查，共获得9896份有效问卷。调查显示，受访者对总体生态环境状况的满意率明显提高，生态环境改善的获得感有所增强。但同时，公众对美好生态环境的需要仍未得到充分满足，全民共治的环境治理体系也尚未形成，部分环境治理的基础设施亟待完善。

## 一、居民对生态环境质量的主观感受

### （一）环境污染不再位居受访者最不满意的社会环境之首

2017年，受访者认为环境污染是其最不满意的社会环境因素的比重为27.6%[①]，较上年缩小3.8个百分点（见图10-1）。环境污染在受访者最不满意社会环境因素中的排名也由前两年的首位降至第二位，受访者最关注的社会环境发生了年度性转移。

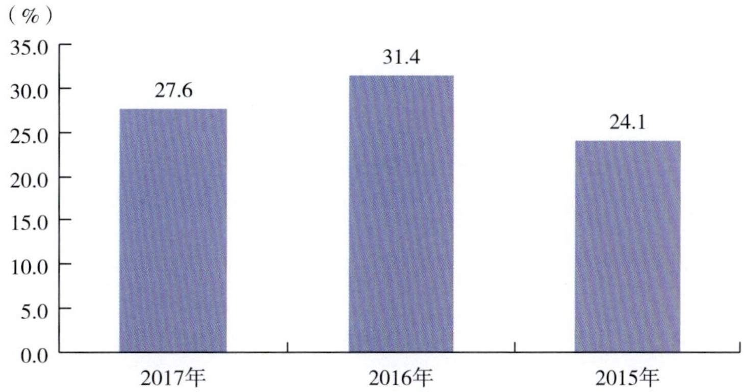


图10-1　受访者认为环境污染为其最不满意社会环境的比重（%）

### （二）受访者对总体生态环境状况的满意率较高，我国生态环境治理的成效逐渐显现

受访者对其居住地周边总体生态环境状况表示“满意”“一般”“不满意”的比重分别为

① 这里的样本量指对社会环境方面存在不满的群体。

70.8%、20.8%、8.4%。城市和农村受访者对其居住地周边总体生态环境状况表示“满意”的比重分别为65.5%和77.2%。可见，农村地区满意率明显高于城市地区。

受访者认为总体生态环境状况“有所改善”的比重为59.7%，较上年扩大了4.0个百分点；认为“有所变差”的比重为4.6%，较上年缩小了6.7个百分点。分城乡看，城市和农村受访者认为其居住地周边总体生态环境状况“有所改善”的比重分别为59.4%和60.0%，分别较上年提高了4.0和8.3个百分点。同时，城市和农村受访者认为“有所变差”的比重分别为5.7%和3.2%，分别较上年缩小了7.3和6.7个百分点（见表10-1）。越来越多的受访者认为生态环境质量“有所改善”，这说明我国生态环境治理的成效逐渐显现。

表10-1　受访者对生态环境状况变化的主观感受（%）

| | 有所改善 | | 有所变差 | |
|---|---|---|---|---|
| | 2016 | 2017 | 2016 | 2017 |
| 所有受访者 | 55.7 | 59.7 | 11.3 | 4.6 |
| 城市受访者 | 51.1 | 59.4 | 13.0 | 5.7 |
| 农村受访者 | 59.2 | 60.0 | 9.9 | 3.2 |

美国盖洛普（GALLUP）咨询公司2018年3月民意调查显示，美国受访者认为美国目前整体环境质量较好的比重只有40%，这是2001年以来的最低值。同时，只有33%的美国受访者认为美国环境质量正在改善，而高达61%的受访者认为美国环境质量有所变差。这说明即使是美国这样环境质量较好的国家，也面临着不断满足受访者对良好环境质量需求的压力。

## （三）受访者对空气质量状况的满意率尚可

受访者对空气质量状况的满意率尚可。受访者对居住地周边空气质量表示“满意”“一般”“不满意”的比重分别为66.8%、20.7%、12.6%。在调查所涉及的6类环境关切点中[①]，受访者对空气质量表示“满意”的比重仅比绿化情况的满意率略低，位居第二。

农村受访者对空气质量状况的满意率比城市高。城市受访者对居住地周边空气质量状况表示“满意”的比重为59.0%，比农村受访者的这个比重低17.2个百分点（见表10-2）。改善城市空气质量始终是大气污染防治的主要任务。

表10-2　2017年受访者对周边空气质量状况的主观感受（%）

| | 满意 | 一般 | 不满意 |
|---|---|---|---|
| 所有受访者 | 66.8 | 20.7 | 12.6 |
| 城市受访者 | 59.0 | 25.0 | 16.0 |
| 农村受访者 | 76.2 | 15.4 | 8.4 |

受访者认为空气质量有所改善的比重增加。受访者认为居住地周边空气质量状况“有所改善”的比重为49.7%，较上年增加5.3个百分点。同时，受访者认为空气质量“有所变差”的比重仅有9.1%，较上年降低8.7个百分点（见表10-3）。我国大气污染防治进程明显提速，空气质量变差的趋势总体得到遏制。

① 6类环境关切点包括：空气质量，生活用水质量，周边河流、湖泊、池塘、水泡子、井水等水体质量，生活垃圾，噪声，绿化情况。

城市受访者认为空气质量有所改善的比重大幅增加。城市受访者认为居住地周边空气质量状况“有所改善”“没有变化”“有所变差”的比重分别为48.3%、40.2%和11.5%。与上年比，城市受访者认为空气质量“有所改善”的比重增加10.2个百分点，认为空气质量“有所变差”的比重下降11.4个百分点。城市空气污染治理年度性进展明显。

表10-3　受访者对空气质量变化的主观感受（%）

| | 有所改善 | | 有所变差 | |
|---|---|---|---|---|
| | 2016 | 2017 | 2016 | 2017 |
| 所有受访者 | 44.4 | 49.7 | 17.8 | 9.1 |
| 城市受访者 | 38.1 | 48.3 | 22.9 | 11.5 |
| 农村受访者 | 49.2 | 51.5 | 13.9 | 6.1 |

## （四）受访者对周边水体质量的满意率较低，但认为水体质量有所改善的受访者在增加

受访者对周边水体质量表示满意的比重不到一半。受访者对周边河流、湖泊、池塘、井水等水体质量表示“满意”“一般”“不满意”的比重分别为48.5%、33.2%、18.4%。在调查所涉及的6类环境关切点中，受访者对周边水体质量的满意率最低。城市和农村受访者对周边水体质量的满意率基本相当，分别为49.6%和47.4%。

受访者认为周边水体质量有所改善的比重不到四成，但较上年有所增加。受访者认为周边水体质量“有所改善”“没有变化”“有所变差”的比重分别为39.9%、45.9%、14.2%（见表10-4）。与上年比，受访者认为周边水体质量“有所改善”的比重增加6.5个百分点，认为水体质量“有所变差”的比重降低了9.8个百分点。其中，城市和农村受访者认为水环境质量“有所改善”的比重分别为43.0%和36.2%，分别较上年提高了12.3和0.9个百分点。总体看，受访者居住地周边水体质量正朝着改善的方向变化，城市水体质量的改善速度更快。

表10-4　受访者对周边水体质量变化的主观感受（%）

| | 有所改善 | | 有所变差 | |
|---|---|---|---|---|
| | 2016 | 2017 | 2016 | 2017 |
| 所有受访者 | 33.4 | 39.9 | 24.0 | 14.2 |
| 城市受访者 | 30.7 | 43.0 | 22.7 | 12.7 |
| 农村受访者 | 35.4 | 36.2 | 24.8 | 15.9 |

## （五）受访者对生活用水质量满意率较高

受访者对生活用水质量表示满意的比重较高。受访者对生活用水质量表示“满意”“一般”“不满意”的比重分别为66.2%、21.9%、12.0%。城市和农村受访者对生活用水质量的满意率分别为63.8%和69.0%。

受访者认为生活用水质量有所改善的比重不到一半，但较上年有所增加。受访者认为生活用水质量“有所改善”“没有变化”“有所变差”的比重分别为44.8%、47.6%、7.5%。与上年比，受访者认为生活用水质量有所改善的比重增加了3.4个百分点，城市受访者的这个比重则增

加了10.8个百分点。这反映出，居民生活用水质量在朝着改善的方向发展，城市居民生活用水质量改善的速度相对快些（见表10–5）。课题组在石家庄市入户调查时，一些城市居民称自从用上“南水北调工程”的水，生活用水质量就好多了。

表10-5　受访者对生活用水质量变化的主观感受（%）

| | 有所改善 | |
|---|---|---|
| | 2016 | 2017 |
| 所有受访者 | 41.4 | 44.8 |
| 城市受访者 | 34.0 | 44.8 |
| 农村受访者 | 47.0 | 44.9 |

## （六）受访者对生活垃圾处理的总体评价为中等偏下，生活垃圾处理水平有待提高

生活垃圾处理取得一定进展。对于生活垃圾处理的现状，受访者表示“满意”“一般”“不满”的比重分别为60.8%、26.8%、12.3%；对于生活垃圾处理的变化趋势，受访者表示“有所改善”“没有变化”“有所变差”的比重分别为53.7%、39.7%、6.6%。这两组数据显示，受访者对生活垃圾处理的满意评价占多数，不满意评价占少数。与上年比，受访者认为生活垃圾处理“有所改善”的比重增加了2.3个百分点，认为“有所变差”的比重减少了6.9个百分点。课题组在河北省入户调查时，观察到了受访者对生活垃圾处理改善的获得感。比如，一些城市受访者称，“现在生活垃圾一倒下去，马上就运走了”，“小区里有了专门垃圾桶，比之前的垃圾洞好多了”。

各省生活垃圾处理的进展不平衡。在8个调查省中，安徽省和浙江省受访者认为生活垃圾处理有所改善的比重较高，分别为73.5%和72.6%；黑龙江省最低，只有30.5%（见图10–2）。

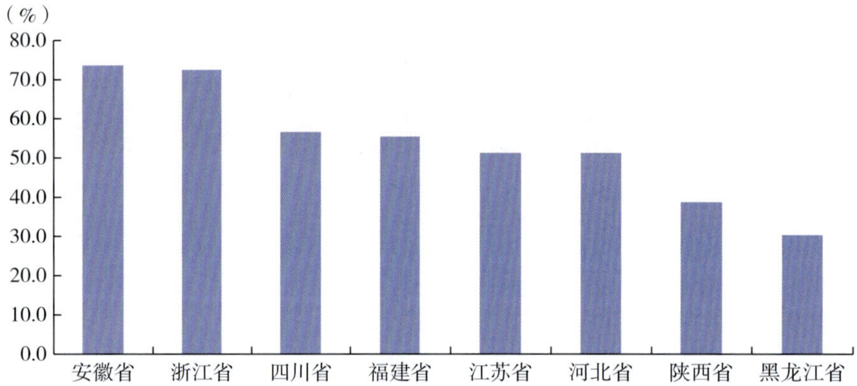

图10-2　不同省份受访者认为生活垃圾处理有所改善的比重

生活垃圾处理水平距离公众要求仍有差距。尽管受访者对生活垃圾处理的满意评价远多于不满意评价，但目前的满意率仅仅在“60分及格线”上下浮动，部分地区的满意率还很低。一些受访者还反映，部分时段的生活垃圾处理状况会急剧变差。比如，夏季时垃圾清运不及时，垃圾产生量也会超出垃圾处理厂的处理能力，导致垃圾乱堆、污水乱流。这些表明，公众对干净卫生、

优美整洁的人居环境的期待还没有得到满足，全面改善我国生活垃圾处理状况还要做更多努力。

### （七）受访者对周边绿化状况的满意率较高

受访者对周边绿化状况表示满意的比重近七成。受访者对周边绿化状况表示“满意”“一般”“不满意”的比重分别为68.1%、24.5%、7.4%。在调查所涉及的6类环境关切点中，受访者对绿化状况的满意率最高。城市和农村受访者对周边绿化状况表示“满意”的比重分别为63.7%和73.5%。

半数受访者认为周边绿化状况有所改善。受访者认为周边绿化状况“有所改善”“没有变化”“有所变差”的比重分别为52.4%、44.2%、3.4%。与上年比，受访者认为绿化状况“有所改善”的比重增加3.3个百分点，城市受访者的这个比重增加7.9个百分点（见表10–6）。这表明我国城市园林绿化水平不断提高。

表10-6　受访者对周边绿化状况变化的主观感受（%）

| | 有所改善 | | 有所变差 | |
|---|---|---|---|---|
| | 2016 | 2017 | 2016 | 2017 |
| 所有受访者 | 49.1 | 52.4 | 7.2 | 3.4 |
| 城市受访者 | 45.1 | 53.0 | 11.4 | 4.6 |
| 农村受访者 | 52.2 | 51.6 | 4.0 | 2.0 |

### （八）农村环境治理取得阶段性进展

农村受访者认为秸秆处理、牲畜粪便处置、减少农药化肥使用这三项处理得好的比重均超过一半，比重分别为64.2%、56.6%、55.0%（见表10–7）。这表明，目前我国农村环境污染治理正积极推进。其中，农村减少使用农药化肥的成效最突出。农村受访者认为减少农药化肥使用工作做得好的比重，较上年扩大9.7个百分点，我国化肥使用量零增长行动取得阶段性进展。

表10-7　农村受访者对各类环境问题处理的评价（%）

| | 好评 | | 差评 | |
|---|---|---|---|---|
| | 2016 | 2017 | 2016 | 2017 |
| 牲畜粪便处理 | 57.2 | 56.6 | 12.8 | 13.0 |
| 农膜处理 | 50.8 | 47.8 | 10.0 | 12.4 |
| 减少农药化肥 | 45.3 | 55.0 | 15.5 | 15.8 |
| 秸秆处理 | 65.3 | 64.2 | 10.9 | 10.0 |

## 二、当前改善生态环境质量面临的突出问题

### （一）公众对美好生态环境的需要仍未得到满足

#### 1. 部分地区受访者对空气质量状况的满意率较低

河北省受访者对空气质量状况的满意率比所有受访者低20个百分点。京津冀一直是大气污

染防治的重点区域。河北省受访者对居住地周边空气质量状况表示“满意”的比重为46.3%，比全部受访者的空气质量满意率要低20.5个百分点；表示“不满意”的比重为31.0%，较全国的这个比重要高18.4个百分点。在调查所涉及的8个省中，河北省受访者对本地空气质量状况的满意率居倒数第一。与2015年比，河北省受访者对空气质量的满意率仅增加0.6个百分点，而不满意率却增加了10.1个百分点。可见，河北省空气污染治理成效远滞后于当地居民的迫切需求，全面改善京津冀地区的空气质量仍面临较大压力。

### 2. 水环境质量成为受访者最关切的环境问题

18.4%的受访者对周边河流、湖泊等水环境质量表示不满意，同时有14.2%的受访者认为水环境质量有所变差。这两个数据在调查所涉及的各类生态环境问题中均为最高，这说明改善我国水环境质量的任务仍较艰巨。在调查所涉及的8个省份中，黑龙江省受访者对水环境质量表示满意的比重最低，为27.8%。水环境质量一直是各国公众关注的焦点。美国近期的一项调查也显示，国内公众对饮用水污染的担忧程度较大（见专栏10–1）。

**专栏10-1　美国受访者对美国空气质量、水环境质量的担忧程度**

据美国盖洛普（GALLUP）咨询公司2017年3月的民意调查显示，受访者对饮用水污染表示担忧的比重为63%，对水体污染表示担忧的比重为57%，均为2002年以来最高值。同时，美国受访者对饮用水污染表示担忧的比重在调查所涉及的六项环境问题（包括空气污染、水体污染、饮用水污染、气候变化、森林破坏、物种灭绝）中最高。

美国受访者对各类环境问题表示担忧的比重（%）

| 主要环境问题 | 2015 | 2016 | 2017 |
| --- | --- | --- | --- |
| 空气污染 | 38 | 43 | 47 |
| 水体污染 | 47 | 56 | 57 |
| 饮用水污染 | 55 | 61 | 63 |

### 3. 农村人居环境状况仍有待改善

农村受访者认为环境污染是其最不满意的社会环境因素的比重为25%，仍位居农村受访者最不满意的社会环境因素之首。农村垃圾处理情况并没有好转。农村受访者认为居住地周边垃圾处理情况“有所改善”的比重为51.5%，较上年缩小10.6个百分点。与城市比，农村受访者对垃圾处理情况的满意率略低。农村受访者对居住地周边垃圾处理表示“满意”的比重为59.8%，较城市受访者的这个比重低1.9个百分点。同时，农村地区工矿企业污染排放治理不容忽视。20%的农村受访者对周边工矿企业排污处置表示不满，位居调查所涉及的各类农村污染问题之首，且这一比重较上年扩大了4.0个百分点。同时，农村受访者认为周边工矿企业排污处置“非常好”或“比较好” 的比重合计占45.5%，较上年缩小了8.5个百分点，环境污染“下乡”问题突出。

## （二）环境治理的公众参与程度较低

### 1. 重污染天气下主动采取行动减少大气污染排放的受访者不足两成

重污染天气发生时，仅有16.3%的受访者会主动减少可能加重空气污染的活动，比如少开汽车或摩托车，减少燃放鞭炮等。但与此形成反差的是，54.5%的受访者能够“减少户外活动”，31.0%的受访者能够“使用空气污染防护用品”。受访者采取实际行动进行自身健康防护的比重，远远高出受访者主动降低自身能源消耗和污染排放的比重。这表明，一方面，多数公众已意识到大气污染的危害，并采取了实际行动保护自身健康；另一方面，减少全社会的大气污染排放，离不开全民参与，但目前绝大多数公众并未主动采取行动以减少污染排放，公众参与程度较低。

### 2. 仅两成受访者对垃圾进行了分类

21.5%的受访者能对生活垃圾进行分类。其中，城市受访者对生活垃圾分类的比重为26.9%，农村受访者的这个比重仅为14.7%。进一步发现，阻碍受访者进行垃圾分类的原因多样：25.3%的受访者认为没必要对生活垃圾进行分类、33.8%的受访者不知道需要对垃圾进行分类、36%的受访者不知道如何进行垃圾分类、12.5%的受访者懒得进行垃圾分类。这反映出公众参与垃圾分类的意识和能力都很弱。

## （三）环境基础设施的供给不足

### 1. 城乡居民供水设施依然不足，自来水普及率和供水质量有待提高

调查显示，81.3%的受访者家庭饮用水是自来水。其中，在城市受访者中，使用市政自来水的比重占78.0%、使用小区供应的自来水占11.1%。城市居民对饮用水安全状况表示“放心”的比重为73.9%，其余人对饮用水安全表示“不放心”。课题组在石家庄市入户调查时，一些城市受访者反映小区里二次供水的水压不够，经常停水；自来水管道陈旧，一打开水龙头就是铁锈红水且有异味，有时水里还有小虫子。这些城市居民小区大多为20世纪70～80年代建造，供水设施老化陈旧。调查还显示，农村饮用水的供应格局大体为“2+1”，即“两类自来水加水源井”，其中市政自来水占33.6%、村庄供应的自来水占36.5%、居住地的水源井占25.0%。农村受访者对饮用水安全表示“放心”的比重为77.9%。整体上，城乡居民对饮用水安全的放心程度有待提高，提高受访者对饮用水的放心程度和提高自来水普及率密切相关。自来水普及率每提高1个百分点，受访者的放心程度就平均增加0.3个百分点。而同时，自来水普及率的提高，又与城乡居民生活用水供水设施的数量和运行质量相关。供水设施尤其是农村地区供水设施的不足，以及供水设施运行维护不善，在一定程度上降低了城乡居民生活饮用水质量。

### 2. 开展生活垃圾分类所需的基础设施不具备或不配套

一方面，生活垃圾分类的投放设施不具备。调查发现，32.8%的受访者认为社区没有分类

垃圾桶是妨碍其开展生活垃圾分类的原因。课题组在河北省石家庄市入户调查时，一些城市受访者称"老小区是每个楼层有垃圾洞，没有垃圾桶，无法进行垃圾分类"。这反映出的深层次问题是，人们的生活方式被陈旧的基础设施锁定，转向绿色生活方式需要相应调整基础设施安排。另一方面，生活垃圾的分类收集系统不配套。调查发现，20.7%的受访者认为即使在家里进行了垃圾分类，在垃圾收集和运输时也混倒了一起。完善的生活垃圾分类收集和运输系统尚未普遍建立。值得一提的是，对于垃圾分类意识相对高的大专及以上学历的受访者，高达65.1%的人认为没有垃圾桶或缺乏垃圾分类运输系统是妨碍其开展生活垃圾分类的原因。这提示我们，只要配足生活垃圾分类投放、分类运输等配套基础设施，将能明显改变这部分人群未来的行为方式，有望大幅提高居民开展生活垃圾分类的比重。

## 三、我国加快推进生态环境保护的措施和行动

### （一）生态环境保护的一些重大制度加快完善

2017 年中央继续出台生态环境保护和生态文明建设的改革专项方案，改善生态环境质量有了更加坚实的制度保障。

表10-8　　2017年中央通过的主要生态文明体制改革专项方案

| 序号 | 改革专项方案 | 审议通过/印发时间 |
|---|---|---|
| 1. | 《按流域设置环境监管和行政执法机构试点方案》 | 2017年2月6日中央深改组第三十二次会议通过 |
| 2. | 《关于禁止洋垃圾入境推进固体废物进口管理制度改革实施方案》 | 2017年4月18日中央深改组第三十四次会议通过 |
| 3. | 《关于建立资源环境承载能力监测预警长效机制的若干意见》 | 2017年5月23日中央深改组第三十五次会议通过 |
| 4. | 《关于深化环境监测改革提高环境监测数据质量的意见》 | 2017年5月23日中央深改组第三十五次会议通过 |
| 5. | 《跨地区环保机构试点方案》 | 2017年5月23日中央深改组第三十五次会议通过 |
| 6. | 《祁连山国家公园体制试点方案》 | 2017年6月26日中央深改组第三十六次会议通过 |
| 7. | 《领导干部自然资源资产离任审计暂行规定》 | 2017年6月26日中央深改组第三十六次会议通过 |
| 8. | 《国家生态文明试验区（江西）实施方案》 | 2017年6月26日中央深改组第三十六次会议通过 |
| 9. | 《国家生态文明试验区（贵州）实施方案》 | 2017年6月26日中央深改组第三十六次会议通过 |
| 10. | 《建立国家公园体制总体方案》 | 2017年7月19日中央深改组第三十七次会议通过 |
| 11. | 《生态环境损害赔偿制度改革方案》 | 2017年12月17日，中共中央办公厅 国务院办公厅印发 |
| 12. | 《关于划定并严守生态保护红线的若干意见》 | 中共中央办公厅 国务院办公厅印发，2017年12月17日 |

#### 1. 国土空间开发保护制度不断完善

2017 年中共中央办公厅、国务院办公厅印发《关于划定并严守生态保护红线的若干意见》，提出到 2017 年年底前，京津冀区域、长江经济带沿线各省（直辖市）划定生态保护红线；2018 年年底前，其他省（自治区、直辖市）划定生态保护红线；2020 年年底前，全面完成全国生态

保护红线划定；到 2030 年，生态保护红线布局进一步优化，生态保护红线制度有效实施，生态功能显著提升。同年《建立国家公园体制总体方案》印发，提出要建成统一规范高效的中国特色国家公园体制，交叉重叠、多头管理的碎片化问题得到有效解决，国家重要自然生态系统原真性、完整性得到有效保护，形成自然生态系统保护的新体制新模式，促进生态环境治理体系和治理能力现代化，保障国家生态安全，实现人与自然和谐共生。

### 2. 生态环境治理体系不断健全

排污许可证制度加快推行。2017 年我国完成了 6 个行业排污许可证核发工作，从 2018 年 1 月 1 日起，这些行业相关企业如果无证排污、不依证排污，须承担相应的法律责任。同时，对排污企业弄虚作假环境监测数据实施严厉打击。2017 年 9 月中共中央办公厅、国务院办公厅颁布了《深化环境监测体制改革 提高环境监测数据质量的实施意见》，明确对排污企业的各种弄虚作假排放数据行为进行行政和刑事问责，并对这些企业进行曝光。

省以下环保机构监测监察执法垂直管理制度改革继续推进。河北、重庆、江苏、上海、江西、福建、湖北、山东等省（市）出台了省以下环保机构监测监察执法垂直管理制度改革实施方案。通过环保机构调整，保证下一级环保机构能够独立行使环境监管职责。

**专栏10-2　　江苏省环境保护机构垂直管理制度改革进展**

江苏省是我国首批省以下环保机构监测监察执法垂直管理制度改革试点省份，于2017年7月印发了《江苏省环保机构监测监察执法垂直管理制度改革实施方案》。按照“两个加强、两个聚焦、两个健全”的要求，突出地方党委政府环保责任落实，要求层层建立健全环保议事协调机制。要求建立环境监察体系，建立环境监察专员制度，建立重心下移、力量下沉的环境执法体系和事权清晰、配合有力的环境监测体系,切实提高环境监测监察执法的独立性、权威性、有效性。同时，还印发了《江苏省生态环境监测网络建设实施方案》，加快建立健全涵盖大气、水、土壤、噪声、辐射、生态等七大要素、布局合理、功能完善的全省生态环境监测网络。目前，国家大气监测事权上收工作已经完成，江苏省72个国控大气自动站全部上收为国家事权，省级环境监测事权上收将随着省以下垂直管理监测环境体制改革一并完成。

### 3. 生态文明绩效评价考核和责任追求制度加快完善

实施领导干部生态文明建设目标评价考核机制。2016 年中共中央办公厅、国务院办公厅印发《生态文明建设目标评价考核办法》，强化了中央对省级政府生态文明建设责任的督办和落实。一年多来，各省着手制定省内的生态文明建设目标评价考核实施方案，省级政府开始将改善生态环境质量的目标层层分解落实，逐级压实了不同层级政府的责任，地方政府对生态环境考核权重的设置也在不断提高，比如天津市生态环境考核指标的权重达到了 22%。2017 年底，国家有关部门发布 2016 年各省（自治区、直辖市）生态文明建设年度评价结果，北京、福建、浙江三个省级政府的绿色发展指数位居前三名。

开展中央环保督察。近两年，中央实现了中央环保督察全覆盖，受理群众环境举报 13.5 万余人，直接推动解决 8 万多个群众申报的环境问题，累计立案处罚 2.9 万家，罚款 14.3 亿元，问责 1.8 万余人。新环境保护法实施以来，2017 年全国实行行政处罚案例 23.3 万件，罚款数额 115.8 亿元，比新环保法实施前的 2014 年增长 265%。一大批过去想解决而没有解决的突出环境问题得到解决，逐步实现环境、经济和社会效益多赢。

实施生态环境损害赔偿制度。2017 年《生态环境损害赔偿制度改革方案》（下称《方案》）印发，提出从 2018 年 1 月 1 日起，在全国试行生态环境损害赔偿制度。该《方案》的出台，标志我国生态环境损害赔偿制度改革，已从先行试点进入全国试行的阶段，有利于破解“企业污染、群众受害、政府买单”的困局，也有利于促进生态环境损害鉴定评估、生态环境修复等相关产业发展，保障公众环境权益。

此外，2018 年 1 月 4 日中共中央办公厅、国务院办公厅印发《关于在湖泊实施湖长制的指导意见》，明确提出各省（自治区、直辖市）要将本行政区域内所有湖泊纳入全面推行湖长制工作范围，到 2018 年年底前全面建立湖长制，建立健全以党政领导负责制为核心的责任体系。

## （二）产业结构、能源结构以及交通运输结构持续优化

### 1. 产业结构加快转型升级

过去一年，各地积极探索高质量发展方式，加快调整产业结构，主要污染物排放持续下降。过去五年来，我国退出钢铁产能1.7亿吨以上、煤炭产能8亿吨。国家统计局数据显示，我国工业高技术产业、工业战略性新兴产业保持较快增长，推动工业向价值链中高端发展。2015～2017年，我国工业战略性新兴产业增加值年均增长10.5%，高于同期全部工业年均增速4.4个百分点。2015～2017年，战略性新兴服务业营业收入年均增长14.8%，高于同期规模以上服务业营业收入年均增速3.5个百分点。在新动能不断发展壮大的同时，我国传统制造业加快改造，高耗能行业产能有序缩减。2013～2017年，我国六大高耗能行业年均增速为6.4%，比工业年均增速低0.2个百分点。2017年，工业产能利用率达77.0%，比2013年提高1.2个百分点。

### 2. 能源结构调整持续推进

过去五年来，我国煤炭消费比重累计下降8.1个百分点，清洁能源消费比重大幅提升。2017年，非化石能源和天然气消费比重分别为13.8%和7%，累计上升4.1和2.2个百分点；电能替代量达1000亿千瓦时以上，天然气替代量达300亿立方米。截至2017年底，我国可再生能源发电装机达到6.5亿千瓦，同比增长14%。可再生能源发电装机容量约占全部电力装机容量的36.6%，同比上升2.1个百分点。

### 3. 交通运输结构大力优化

机动车排放是区域大气污染的首要因素，交通运输结构调整能够从源头减少机动车污染排放，也能有效缓解道路扬尘、沿途抛撒等二次污染。重点区域积极推进大宗货物运输“公转

铁”。2016年，京津冀地区全年铁路货运量为2.5亿吨，而公路货运量为24.3亿吨，二者相差9.7倍，并且区域内公路货运以重型柴油车为主，氮氧化物排放占区域氮氧化物排放总量的20%。2017年，原国家环保部印发《京津冀及周边地区2017年大气污染防治工作方案》，要求大幅提升区域内铁路货运比例，加快推进港铁联运煤炭。2017年7月底前，天津港不再接收柴油货车运输的集港煤炭。2017年9月底前，天津、河北及环渤海所有集疏港煤炭主要由铁路运输，禁止环渤海港口接收柴油货车运输的集疏港煤炭。京津冀及周边地区“2+26”城市率先完成城市车用柴油和普通柴油并轨，2017年9月底前，全部供应符合国六标准的车用汽柴油，禁止销售普通柴油。

## （三）大气、水、土壤污染防治大力推进

### 1. 大气污染治理完成阶段性目标

2017年我国《大气污染防治行动计划》顺利完成既定目标。2017年全国365个城市PM2.5平均浓度为44.1微克/立方米，较2016年下降4.5%； 全国74个重点城市PM2.5平均浓度为48微克/立方米，较2013年下降33.3%。2017年国家有关部门制定实施了多项大气污染治理政策，包括《火电厂污染防治技术政策》《城市环境空气质量变化程度排名方案》《高污染燃料目录》《“十三五”挥发性有机物污染防治工作方案》等。2017年我国大气污染治理深入推进。截至2017底，我国累计完成燃煤电厂超低排放改造7亿千瓦，占煤电机组总装机容量的71%，建成全球最大的清洁煤供电体系。累计淘汰黄标车、老旧车2000多万辆。推动石化、化工、工业涂装、包装印刷等重点行业开展挥发性有机物削减。启动实施大气重污染成因与治理攻关项目。2017年原国家环保部联合有关部门和地方开展了京津冀及周边地区秋季大气污染综合治理攻坚行动，完成以电代煤、以气代煤394万多户，削减散煤消耗约1000万吨，淘汰燃煤小锅炉5.6万余台； 重污染天气应对实现区域联防联控。

### 2. 水污染治理稳步推进

我国针对水污染治理的薄弱环节出台了专门的技术标准和相关规划，印发了《重点流域水污染防治规划（2016–2020年）》《近岸海域污染防治方案》等政策文件。开展长江经济带地级及以上城市饮用水水源地环保执法专项行动，排查清理整治490个环境问题。全国2100个黑臭水体已经开展整治1980个。90%以上的城镇污水处理厂完成污泥处理处置设施达标改造。累计13.8万个村庄开展农村环境综合治理，近2亿农村人口直接受益。非法或设置不合理的入海排污口得到全面排查。我国流域环境治理取得积极进展。比如，云南大理州创新洱海流域保护治理机制，洱海水质得到稳步改善（见专栏10–3）。

**专栏10-3　　云南省大理州洱海流域保护治理案例**

洱海是大理人民的“母亲湖”，是大理赖以生存和发展的根基。为了大理的长远发展，为了大理人民的共同利益，围绕稳定和改善洱海水质的目标，大理州制定了洱海保护治理“七大行动”。具体包括：流域“两违”整治行动、村镇“两污”整治行动、面源污染减量

行动、节水治水生态修复行动、截污治污工程提速行动、流域执法监管行动、全民保护洱海行动。

为了协调大理州各委办局的职能，大理州委州政府抽调各相关职能管理部门人员，成立了涉及发改、环保、水利、国土、农业等部门在内的大理州“七大行动”指挥部，打破以往流域水环境治理中存在的条块分割问题，使各部门形成合力，重拳治理洱海水污染。

截至2018年5月，洱海流域共排查出违章建筑941户，拆除违章建筑749户，关停餐饮客栈等经营户2498家；新建和提升村落污水处理设施216座，封堵主要入湖河道排污口809个；全面推进3万亩化肥农药减量示范区建设，对流域内禁养区46家畜禽规模养殖场进行关闭或搬迁；已建成湿地25524亩，永久关停非煤矿山11家、水洗砂厂55家；流域截污治污工程快速推进；洱海流域环境综合执法累计出动12000人次，立案查处环境违法案件239家；大规模开展环境保护宣传工作。

通过采用一系列组合措施，洱海保护治理取得了阶段性成效。洱海水质稳定向好，2017年1～5月全湖水质综合类别均为II类；湖内水生态发生积极变化，湖湾水生植物恢复生长较好；蓝藻防控总体平稳，全湖没有发生规模化蓝藻水华。

### 3. 土壤污染治理启动

开展土壤污染状况详查，启动土壤污染综合防治先行区建设，实施79个土壤污染治理与修复技术应用试点项目。坚决禁止洋垃圾入境，印发实施《禁止洋垃圾入境推进固体废物进口管理制度改革实施方案》，依法依规撤销或注销涉及960家企业的500万吨进口许可证，2017年限制类固体废弃物全年进口量同比下降12%。大力开展垃圾源头治理，颁布《生活垃圾分类制度实施方案》和《关于加快推进部分重点城市生活垃圾分类工作的通知》，要求到2020年底，基本建立垃圾分类相关法律法规和标准体系，形成可复制可推广的生活垃圾分类模式，在46个城市实施生活垃圾强制分类。我国不少地区积极开展生活垃圾分类，积累了宝贵经验，浙江省金华市就探索出了一条可接受、可推广的农村生活垃圾分类方法（见专栏10–4）。

**专栏10-4　浙江省金华市农村生活垃圾分类处理经验**

浙江省金华市农村生活垃圾处理大体可以分为三个阶段：一是2004年前，属于农民自发阶段，处理手段除了传统堆肥，还包括水冲火烧、乱堆乱放等；二是2004～2013年，金华市逐步建立完善了“户集、村收、乡转运、县处理”的工作体系；三是2014年以来，金华市启动农村生活垃圾分类和资源化利用试点。2015年4月，农村生活垃圾分类在金华全面推开。目前，农村生活垃圾分类处理已经成为金华市品牌工作，覆盖全市100%的乡镇和99%的行政村、98%的自然村，被列入中宣部迎十九大“砥砺奋进的五年”成就展。

金华市农村垃圾分类采用“二次四分”法，即农户按“会烂”和“不会烂”标准进行一次分类，村保洁员（分拣员）在农户分类基础上进行二次类，将“不会烂”垃圾再分为“好卖”与“不好卖”两类，并对农户分类及时纠错反馈。会烂的垃圾就地堆肥，好卖的垃圾由可再生资源公司回收，不好卖的垃圾经乡镇转运后由县市区统一处理。“二次四分”法易学易记易分，有效破解了分类不到位的突出难题，大大减少垃圾填埋总量。据统计，部分村里一年来近70%的生活垃圾留在堆肥房，另有10%～15%的垃圾得到资源化利用，剩余需要转运处理垃圾只占原来的15%～20%。

金华市农村生活垃圾的成功实施有赖于完善的制度和机制。金华市将农村垃圾分类列入全市十大民生实事。市对县实施综合考核，各级党政一把手亲自挂帅，采用“一把手”抓“一把手”的工作方法强力推动。同时充分发挥基层组织的核心堡垒作用，按照“党员示范分在前、上门运动不漏户”的要求，通过党员大会、户主大会，结合入户宣传、村广播站等途径，认真把动员工作做细做实。积极发挥机关单位和群团组织的助推作用，工会、妇联、共青团等多种组织通过形式多样的活动，调动群众开展垃圾分类的积极性。

### （四）生态系统保护和修复加快推进

#### 1. 自然保护区管理不断加强

国务院批准新建了17个国家级自然保护区，国家级自然保护区总数已达463个，陆域面积占全国陆域总面积的比例达14.9%。中央开展了“绿盾2017”国家级自然保护区监督检查专项行动，调查处理2.08万个问题，1100多人受到追责问责。

#### 2. 开展了大规模生态修复工程

实施退耕还林还草、荒漠化及石漠化综合治理、京津风沙源治理等工程，完成造林面积736.2万公顷，沙化土地面积年均缩减近2000平方公里，水土流失综合治理面积新增5.56万平方公里。着力保护和恢复草原生态环境，落实禁牧面积12亿亩，草畜平衡面积26亿亩。继续开展山水林田湖草生态保护修复工程试点。

## 四、提升生态环境质量的若干建议

### （一）提高污染防治攻坚战的精准性

深入贯彻习近平生态文明思想，坚决打好污染防治攻坚战。坚持以人民为中心，重点解决损害群众健康的大气污染、水污染、生活垃圾等突出环境问题，为广大人民群众提供更多优质生态产品。

不同地区的污染防治攻坚战的主攻内容不同。在调查所涉及的8个省中，大气污染防治需重点关注河北、黑龙江等地，水污染防治需重点关注黑龙江、江苏、河北等地，垃圾处理需重点关注黑龙江省。打好污染防治攻坚战，需要明确各省面临的主要环境问题，实施精准治理、精准监管。

### （二）完善全民共治的环境治理体系

继续推进中央环保督察，严格环境监管执法，依法依规压实政府、企业、监管机构和公众应承担的污染防治责任。要以法治化、规范化、成本有效性的原则实施全民共治。鼓励个人与社会力量参与环境治理和保护，加强宣传，提高全社会环保意识。鼓励和引导公众绿色生活和消费方式，从自身做起、从点滴做起，努力践行文明、节约、消费的消费方式和生活习惯。注重发挥基层居委会和村委会在环境保护中的宣传教育作用。

### （三）加大环境保护投入，加快建设环境治理基础设施

加大环境治理基础设施建设投入，健全生态环境保护经济政策体系，加大财政投入力度，逐步建立常态化、稳定的财政资金投入机制。积极引入社会资本参与生态环境治理和保护。采取直接投资、投资补助、运营补贴等方式，规范支持政府和社会资本合作项目。

### （四）完善相关配套政策，防范短期内经济结构急剧调整带来的社会风险

短期内快速淘汰落后产能、搬迁污染企业、调整能源结构等措施，难免对居民生产生活带来不利影响。应注意防范急剧的产业结构调整造成的居民失业、生活负担加重等风险，完善相关配套政策，增强社会政策的兜底作用，及时监测社会舆论动态，及时与公众加强沟通。

（执笔：王海芹　王超然*）

* 王超然，博士，工作单位为中国工商银行。

# 第十一章
# 食品安全专题研究报告

国务院发展研究中心“中国民生调查”课题组 2017 年的调查表明，食品安全领域出现了一个标志性的变化：公众对食品安全的满意率在经过连续两年显著提高后不再垫底。这意味着，“十二五”以来在食品安全方面所做的工作，开始转化为公众对食品安全的获得感。调查也显示：公众的食品安全满意率的绝对值仍然不高，食品安全领域仍存在短板需要补齐。为此，要以公众诉求为导向，补齐食品安全短板，一方面完善食品监管体制，加强专业队伍建设，集中解决反映突出的食品安全问题，有针对性地加强安全食品获取渠道建设；另一方面，要完善风险交流机制，提高食品安全信息的可获取性和对食品安全问题回应的针对性，提升公众的认知理性。

## 一、食品安全的公众评价状况

### （一）食品安全满意率整体明显改善，但不同群体存在较大差异

#### 1.2017 年的食品安全满意率大幅度提升

电话调查显示，对目前居住地食品安全状况表示“非常满意”“比较满意”的分别占 14.4%、32.9%，以上两项合计为 47.3%，较 2016 年提高了 7 个百分点（见图 11–1），反映出受访者的食品安全满意率确实明显提高。

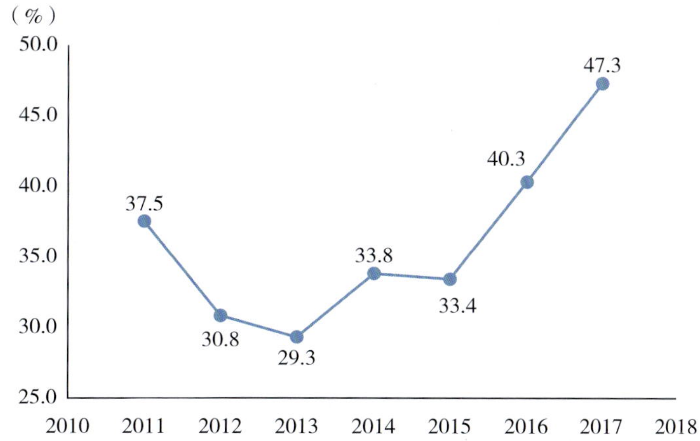


图11-1　2011~2017年食品安全满意率（%）

不同群体分别有如下特点：①受教育水平较高（本科以上）的人群食品安全满意率明显提高。自2013年以来，本科学历以上受访者的食品安全满意率连年提高（见图11-2），2017年除未受教育的受访者外，本科学历的人群食品安全满意率排名最高，为49.0%，基本转变了“十二五”期间受教育水平越高食品安全满意率越低的状况。②家庭年收入较高人群对食品安全更为满意。电话调查显示，家庭年收入15万～25万元和25万～50万元的受访者满意率分别为51.3%、52.8%，满意率最高。受访者的满意率大体呈现出家庭年收入越高、食品安全满意率越高的规律（见图11-3），这个特点与“十二五”期间有明显的不同。

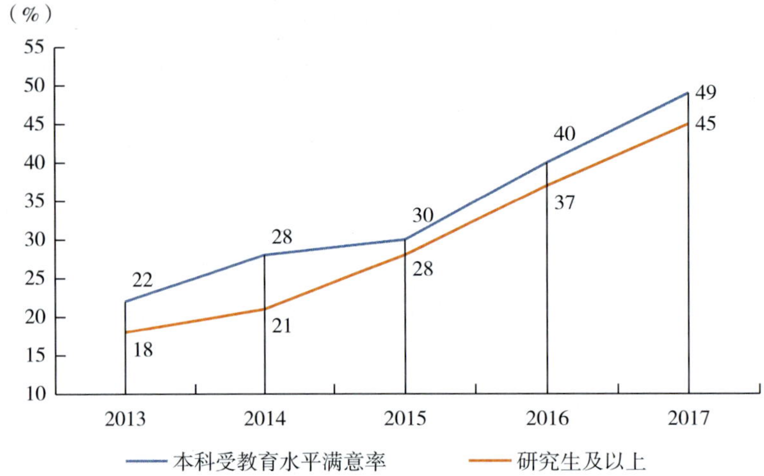


图11-2　本科及研究生学历的受访者食品安全满意率变化（%）

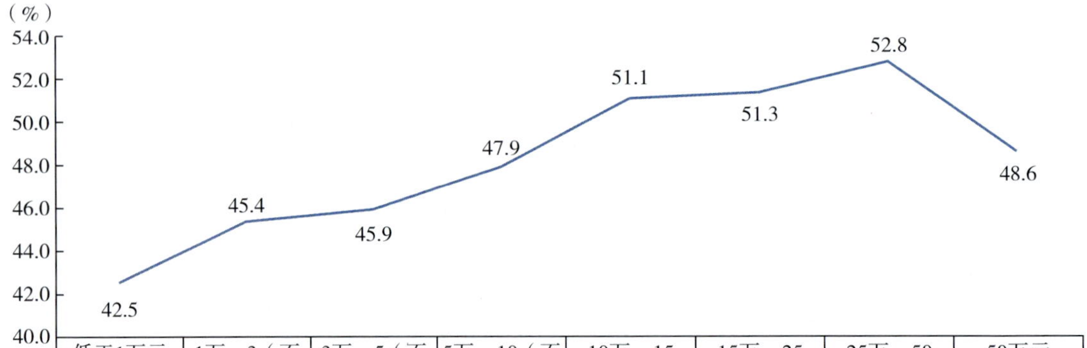


| | 低于1万元（不含） | 1万～3（不含）万元 | 3万～5（不含）万元 | 5万～10（不含）万元 | 10万～15（不含）万元 | 15万～25（不含）万元 | 25万～50（不含）万元 | 50万元及以上 |
|---|---|---|---|---|---|---|---|---|
| 总满意率 | 42.5 | 45.4 | 45.9 | 47.9 | 51.1 | 51.3 | 52.8 | 48.6 |

图11-3　2017年不同收入受访者食品安全满意率（%）

## 2. 城乡食品安全满意率仍然存在差距

电话调查结果显示，城镇受访者对目前居住地食品安全状况表示“非常满意”“比较满意”的分别占12.4%、33%，合计为45.4%；农村受访者对目前居住地食品安全状况表示“非常满意”“比较满意”的分别占17.8%、32.7%，合计为50.5%（见图11-4）。

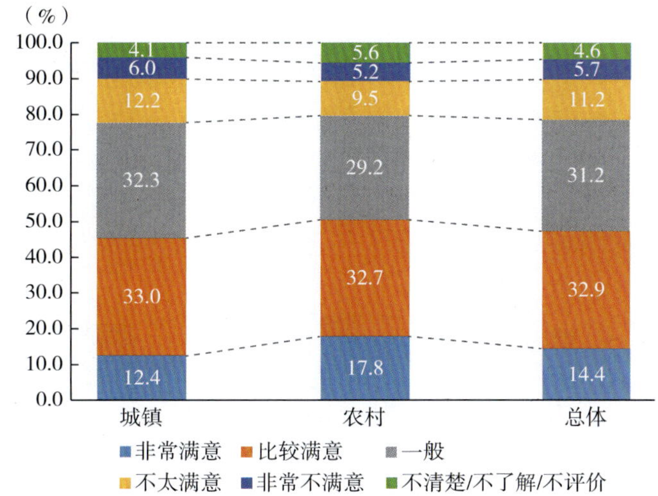


图11-4 城乡对食品安全的满意度（%）

城镇食品安全满意率仍然低于农村，但城乡食品安全满意率的差距逐渐缩小（见图 11–5）。两者的差距由 2013 年的 15 个百分点逐渐缩小至 2017 年的 6 个百分点。从城乡比较来看，城镇居民对食品安全满意率的提升较为明显。

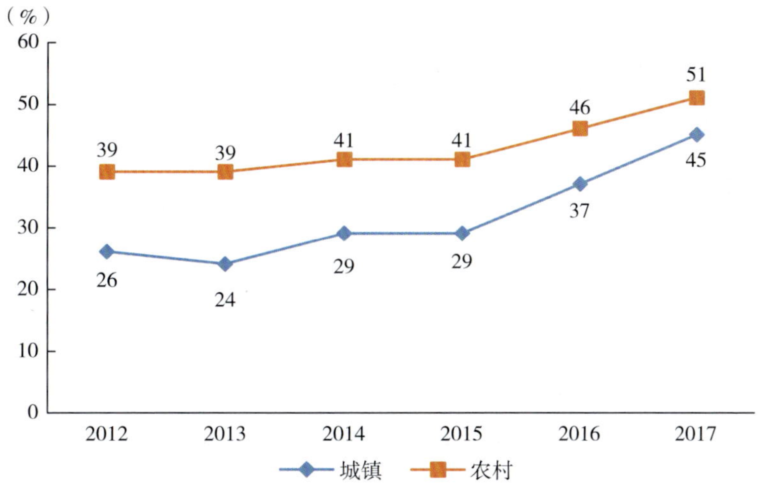


图11-5 城乡食品安全满意率年度变化（%）

## （二）大多数居民认为居住地食品安全总体状况有所改善，并对今后食品安全的改善有信心

电话调查中，在回答“最近一年以来居住地食品安全状况是否有改善”的问题时，选择“有明显改善”“略有改善”的分别占 19.8%、31.7%，以上两项合计为 51.5%，这表明超过一半的公众认为食品安全状况已经开始改善（见图 11–6）。从不同群体来看，18 ~ 19 岁、本科、家庭年收入 15 万 ~ 25 万元等群体对居住地食品安全的改善评价较高。

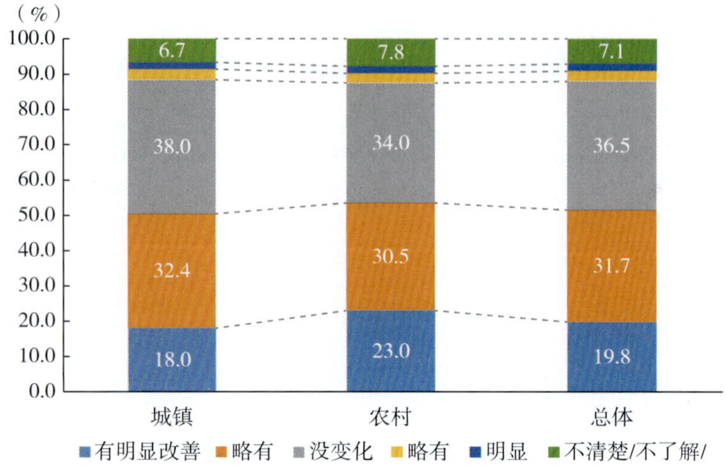


图11-6　居住地食品安全状况是否有改善的评价（%）

入户调查也反映出，15.2% 的受访者认为我国未来三年内食品安全状况一定会有所改善，52.8% 的受访者相信会逐步改善，17.8% 的受访者认为未来三年食品安全状况有可能会改善（见表 11-1）。由此可以看出，大多数居民对食品安全未来三年改善有信心，公众在逐渐认可食品安全工作的绩效。

表11-1　公众对今后三年食品安全改善的信心（%）

| | 一定会有效改善 | 相信会逐步改善 | 可能会有一些改善 | 担心落实不下去，难以带来有效改善 | 不指望能改善 | 其他 | 前三项合计 |
|---|---|---|---|---|---|---|---|
| 城镇 | 13.7 | 52.8 | 18.3 | 7.5 | 3.6 | 2.2 | 84.7 |
| 农村 | 16.8 | 52.8 | 17.3 | 4.5 | 2.8 | 4.2 | 86.9 |
| 总体 | 15.2 | 52.8 | 17.8 | 6.0 | 3.2 | 2.8 | 85.8 |

## （三）公众仍期待政府加强食品安全监管

入户调查结果显示，对“当地政府对食品安全监管、保障食品安全方面工作是否有力”的问题，认为“政府监管很到位”“政府监管比较到位”的受访者分别有 10.2% 和 37.6%，合计 47.8%，这一结果可以反映出公众对政府监管的满意程度。另有 19.3% 的城镇受访者认为“政府做了不少工作，但效果不是很好”，比农村高出 7.7 个百分点。调查结果反映出公众认识到了政府在保障食品安全方面所做的工作，但工作的方向、重点、手段等还有待优化。

表11-2　公众对政府监管的满意程度（%）

| | 政府监管很到位 | 政府监管工作比较到位 | 做了不少工作，但效果不是很好 | 做了一点工作，还远远不足 | 基本没人管 | 不清楚/不回答 | 前两项合计 |
|---|---|---|---|---|---|---|---|
| 城镇 | 9.0 | 34.5 | 19.3 | 17.8 | 6.5 | 12.9 | 43.5 |
| 乡村 | 11.5 | 40.9 | 11.6 | 12.7 | 7.4 | 15.9 | 52.4 |
| 总体 | 10.2 | 37.6 | 15.5 | 15.3 | 7.0 | 14.4 | 47.8 |

将入户调查中“政府监管效果与未来食品安全信心”的数据进行相关性检验，公众食品安

全改善信心与食品安全政府监管评价相关系数为 0.304，受访者对食品安全政府监管的评价和其食品安全改善信心呈显著相关，即政府加强对食品安全的监管，可以增强受访者在食品安全方面的信心（见表 11–3）。

表11-3　　食品安全政府监管和食品安全信心的相关性分析

| | | 您认为当地政府在加强食品安全监管、保障食品安全方面的工作是否有力 | 您对我国未来三年内食品安全状况的改善是否有信心 |
|---|---|---|---|
| 您认为当地政府在加强食品安全监管、保障食品安全方面的工作是否有力 | Pearson 相关性 | 1 | .304** |
| | 显著性（双侧） | | .000 |
| | N | 9563 | 9563 |
| 您对我国未来三年内食品安全状况的改善是否有信心 | Pearson 相关性 | .304** | 1 |
| | 显著性（双侧） | .000 | |
| | N | 9563 | 9563 |

注：** 表示在 0 .01 水平（双侧）上显著相关。

从公众期待的措施方面看，公众认为解决食品安全问题的关键在于加强政府监管和完善食品安全标准。入户调查显示：42.30% 的受访者认为应强化监管部门的责任和加大检查执法力度，37.07% 的受访者认为建立严格的标准是解决食品安全问题应该采取的首要措施（见图 11–7）。

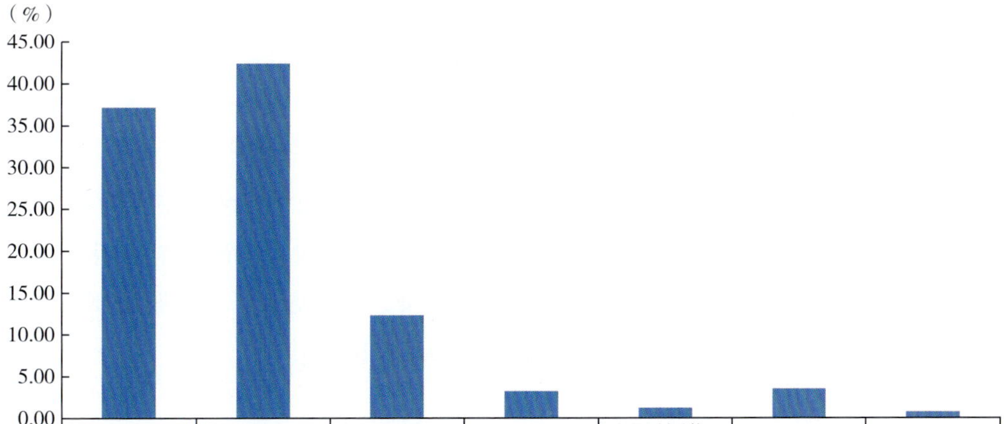


| | 没有严格的食品安全标准 | 要强化监管部门的责任和检查执法力度 | 要对查处的假冒伪劣食品生产者进行严厉处罚 | 要及时向公众通报不合格的食品 | 要通过评优、认证等方式帮助公众识别更优质、安全、可靠的食品 | 要加强对公众的食品安全常识教育 | 没有什么要改进的 |
|---|---|---|---|---|---|---|---|
| ■百分比（%） | 37.07 | 42.30 | 12.17 | 3.15 | 1.16 | 3.45 | 0.70 |

图11-7　保障食品安全应采取的首要措施（%）

## 二、民生调查反映出的短板

安全的食品是人民群众对美好生活的最基本需要。食品安全满意率虽然连年提高，但整体满意率低于 50%，仍处于较低水平。入户调查显示，对民生各领域进行横向比较，食品安全仍然是较不满意的。通过入户调查反映出来的问题主要如下。

## （一）食品本身的质量不高

目前，我国食品本身的质量仍然不高，超范围、超限量使用食品添加剂仍较普遍[①]，特别是非法添加非食用物质的事件屡有发生。入户调查显示：各种受教育水平和收入水平的受访者均最为担心食品添加剂问题，超过 50% 的高收入家庭对食品添加剂问题表示担忧，教育水平越高对食品添加问题的担忧也越高（见图 11–8）。过期食品和农兽药残留问题也是受访者比较关心的食品安全问题。

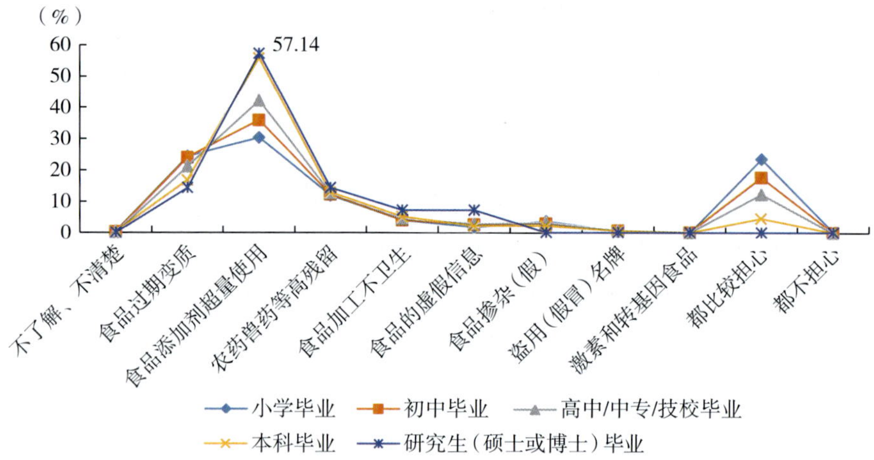


图11-8　不同教育水平受访者最为担忧的食品安全问题（%）

由于多数媒体和群众不能明确区分食品添加剂和非食用物质的界限，使得向食品中添加非食用物质的行为也被称为“滥用添加剂”，这更加深了居民对食品添加剂使用混乱的印象。2017 年从抽检发现的问题看，农药兽药残留、重金属污染、生物毒素污染问题需要高度关注；微生物污染问题仍较普遍；违规使用添加剂、非法添加仍是顽疾[②]。

## （二）食品安全获取渠道不足

入户调查显示，自己种植、自己做饭（36.59%）为最主要的保障食品安全的方式，其次是在正规超市购买食品（18.62%）)，以及购买有机、绿色、质量认证的食品（17.43%）（见图 11–9）。

---

① 国家食药监总局公布的2016年食品安全监督抽检情况反映，超范围、超限量使用食品添加剂样品约占不合格样品的 1/4。

② 新华网：“2017年我国食品平均抽检合格率97.6% 农药兽药残留等仍需高度关注”，http：//www.xinhuanet.com/food/2018-01/23/c_1122303138.htm。

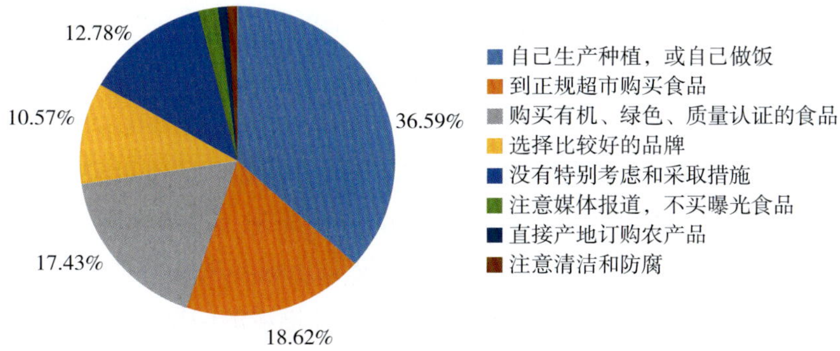


图11-9　公众通常采取的保障食品安全的措施

公众购买食品的主要渠道为小卖部、农贸市场、大型超市和路边小摊，而受访者对小卖部、街边摊这两类食品消费场所的放心比例仅为 51.42% 和 20.68%，对大型市场和农贸市场这类监管相对完善的食品消费场所的放心比例也仅分别为 87.83% 和 60.80%（见图 11-10）。但是，大型商场、超市这类消费者较认可的食品销售渠道因价格、便捷程度等因素并不能满足公众的需求，其在农村地区尤其薄弱。

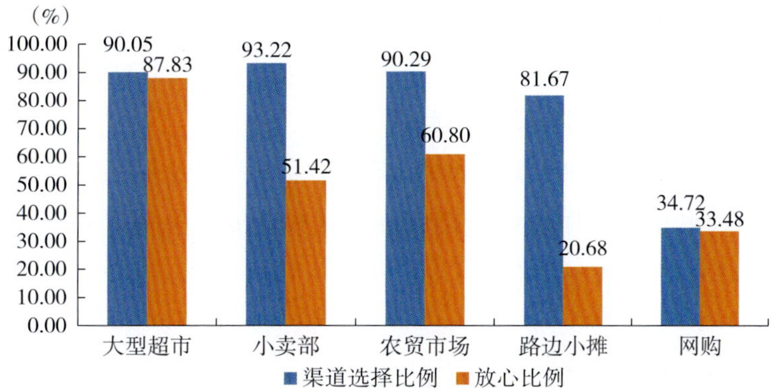


图11-10　主要的食品购买渠道及放心率（%）

## （三）全天候的监察体制仍存不足，基层检察队伍尤其薄弱

全天候、全覆盖、多层次的监管体系尚不完善。生产领域和供应链的监管非常薄弱，如我国耕地土壤点位污染物超标率为 19.4%[①]，污染物会造成土壤结构发生改变，进而直接影响粮食质量。网络食品销售的问题同样突出，如国家食药监总局 2017 年 2 月公布的 4 批次不合格食品抽检样品中，有 3 批次源自网络销售渠道[②]。

调查发现的较低收入、较低教育水平、农村人群的满意率提升缓慢等问题均指向：监管资源

① “全国土壤污染公报：19.4%耕地污染物超标”，http：//news.163.com/14/0418/01/9Q31F5ER00014AED.html。

② “总局通告4批次食品不合格”，http：//www.sda.gov.cn/WS01/CL1199/169359.html。

在基层、农村的下沉不足，且越到基层、贫困地区，食品安全的执法积极性就越低。绝大多数乡镇没有专业的食品安全监督执法队伍，地方政府推动的“三监合一”改革大多在地级市以上层面。这种局面，加之食品安全方面的宣教活动也基本不下农村，难免影响到农村地区人群在食品安全工作方面的获得感。

2018 年机构改革成立市场监督管理总局后，统一的市场监管队伍可望加强全生命周期的食品监察力度。不过，这次机构改革还不到位，机构改革方案对于地方政府而言并不具有强制性，地方食品安全仍由食药监、工商、质监部门分管，仅部分地市开展了“三监合一”改革。改革成效不能惠及基层，地方食品安全监管的职责交叉、责任推诿的问题仍不能根治。

### （四）针对城镇居民的释疑解惑工作不到位

发展水平越高的区域，其公众对食品安全的要求就越高。尽管城镇所享受到的食品安全保障更为完善，但城镇地区食品安全满意度持续低于农村。造成这种局面的主要原因在于：城镇地区居民对食品安全的关注更高、期待值更高，且更容易受到外界信息的干扰。2015 年“中国民生调查”显示，超过 95% 的公众的食品安全判断依据来自外界的信息，其中又以媒体为主，城镇居民相关信息的获取渠道更广泛，关注度更高，对相关负面信息也更敏感。不及时、不准确的食品安全信息发布与信息回应会对公众的评价产生巨大影响[①]。加之一些媒体（尤其是自媒体）夸大、失实地传播相关信息，导致公众对食品安全的误判，这些报道对城镇居民的影响更为突出，使城镇居民对食品安全产生了长期的负面印象。

必须认识到，食品安全工作刚开始呈现出来的改善势头以及仍然存在的短板，都是这些年工作的累积反映。回顾近年的工作并分析新形势，有利于更准确地找到短板问题的成因，并提出针对性更强的政策建议。

## 三、食品安全的客观工作进展状况

### （一）食品安全重点工作安排

在食品安全问题频发、公众对食品安全评价很低的背景下，国务院自 2010 年以来每年都对食品安全工作进行专门部署。2011~ 2015 年[②]，国务院每年颁布的政府食品安全重点工作安排主要集中在以下几个方面：①问题整顿；②食品安全监管能力建设；③对食品安全利益相关者（政府食品安全工作主体、企业、消费者）的治理和参与能力建设；④食品安全标准的建设和完善；⑤食品安全工作的风险应急能力建设；⑥食品安全体系的建设和完善。从企业角度来看，2011 年还强调食品生产企业遵规守法，自 2012 年以后开始强调企业在食品安全上的主体责任。2016

① 如兰德公司发布的《中国社交媒体用户对地方政府和中央政府的态度》，发现Twitter和微博的网民对食品安全事件的情绪变化与地方政府和中央政府对事件的回应有关。

② 国发办：《2011-2016年食品安全重点工作安排》。

年更加注重加强食品安全法制、政府监管和食品安全标准三个方面的体系建设，食品安全的重点工作开始强调农产业源头治理力度和保持严惩重处违法犯罪高压态势（见表11-4）。

表11-4 2016年和2017年食品安全重点工作

| | 1 | 2 | 3 | 4 | 5 | 6 | 7 | 8 | 9 | 10 | 11 | 12 |
|---|---|---|---|---|---|---|---|---|---|---|---|---|
| 2016年食品安全重点工作 | 完善食品安全法规制度 | 完善统一权威的监管体制 | 健全食品安全标准体系 | 落实食品安全责任制 | 严格落实生产经营主体责任 | 加大食用农产品源头治理力度 | 强化风险防控措施 | 突出重点问题综合整治 | 保持严惩重处违法犯罪高压态势 | 推动食品安全社会共治 | 加强食品安全监管能力建设 | |
| 2017年食品安全重点工作 | 加强食品安全法治建设 | 完善食品安全标准 | 净化农业生产环境 | 加强种养环节源头治理 | 严格生产经营过程监管 | 严密防控食品安全风险 | 促进食品产业转型升级 | 严厉打击食品安全违法犯罪 | 建立统一权威的食品安全监管体制 | 加强食品安全基础和能力建设 | 推动食品安全社会共治 | 落实食品安全责任制 |

2017年食品安全重点工作共有十二项内容，涉及食品药品监督管理局总局、质检总局、工商总局、公安部、地方政府等多个部门，与前几年相比，这次更加突出农业生产环境治理、种养环节源头治理、严格过程经营监管三方面内容，以完善从农田到餐桌的全流程的监管体制。

食品安全重点工作逐步向全生命周期的监管、推动社会共治方向倾斜，稳步提高食品品质的同时也加强公众的互动参与，使公众的获得感逐渐增强，进而在民生调查中得到积极的反馈：食品安全满意率连续两年大幅度提高。

## （二）具体食品安全工作进展

2017年食品安全监管部门通过多项政策和多种手段，促进产业健康发展，推动食品安全的社会共治工作，保障合格优质食品的供应。主要措施有：

一是修订法律和标准。2017年全年共修订（新制定）三项食品安全相关经营管理办法，分别为《食品生产许可办法》《食品经营许可办法》《网络餐饮服务食品安全监督管理办法》。

二是通过创建评优，提高地方食品安全水平。经三年的创建评选，国务院食品安全办公室授予河北省石家庄市等15个市（区）"国家食品安全示范城市"称号[①]，并于2017年底对国家食品安全示范城市的评选标准进行修订。在国家食品安全示范城市创建基础上，开展创建"放心肉菜示范超市"活动，并纳入第二批及以后批次示范城市创建验收标准，也作为第一批示范城市后续跟踪评价标准[②]。

三是运用大数据、物联网和新媒体，构建信息公开平台。从技术和制度两方面着手食品安

① 国务院食安办授予河北省石家庄市、唐山市、张家口市，山东省济南市、青岛市、潍坊市、烟台市、威海市，湖北省武汉市、襄阳市、宜昌市，陕西省西安市、宝鸡市、杨凌示范区、韩城市共15个市（区）"国家食品安全示范城市"称号。http://www.xinhuanet.com/politics/2017-06/29/c_1121236930.htm。

② 纳入第二批及以后批次示范城市创建验收标准，并作为第一批示范城市后续跟踪评价标准。http://samr.cfda.gov.cn/WS01/CL1605/173311.html。

全信息公开体制建设。目前，各地方政府都在着手构建本地区的信息公开平台，如广东省的“智慧食药监”信息化建设，已搭建了1个大数据应用中心、两大对外公众服务和智慧监管平台、10个智慧食药监信息化体系，基本实现了食品药品监管“事前、事中、事后监管”全流程信息化、远程监控智能化、移动执法智慧化和日常办公自动化、工作流程规范化，大大提升了工作效率和监管效能[①]。

四是加强特殊食品监管。继续保持对以婴幼儿配方奶粉为代表的特殊食品的严格监管。加大婴幼儿配方乳粉生产许可的审查、清洁消毒检查力度，更采取启用特殊食品注册专用章和特殊食品注册检验抽样专用章、通报婴幼儿配方乳粉生产企业体系检查表现突出的单位和个人、对生产企业进行监督检查并结果公布等手段，保证婴幼儿配方奶粉的品质和产业的健康发展。

## （三）实际工作效果

食药监和质检部门在2017年开展了质量安全大抽检，在全国范围内共组织抽检了23.33万批次样品，总体平均抽检合格率为97.6%，比2016年和2015年提高0.8个百分点。抽检结果显示，当前我国食品安全状况持续稳中向好[②]，2010~2017年总平均抽检合格率变化见图11-11。

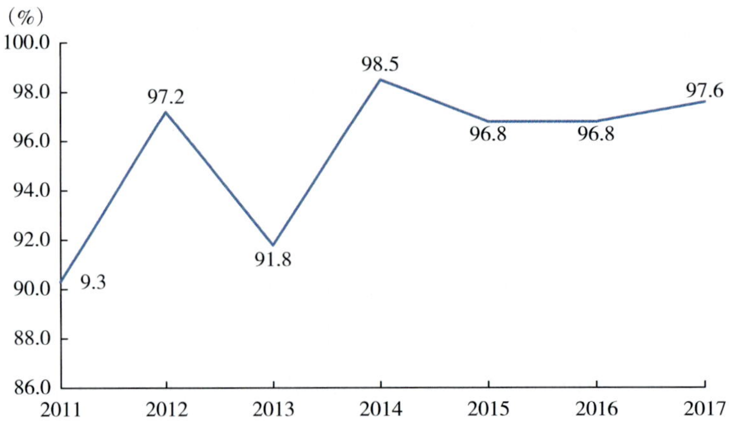


图11-11　总体平均抽检合格率年度变化（%）

抽样调查还反映出：居民日常消费的粮、油、菜、肉、蛋、奶、水产品、水果等大宗食品抽检合格率保持在97.5%以上，保持高位。突出的食品安全问题逐步减少：婴幼儿配方乳粉中的“三聚氰胺”，已连续9年“零”检出；蛋制品中的“苏丹红”，也连续4年没有检出。不合格食品的主要问题是：微生物污染超标，占不合格样品的32.7%；食品添加剂超范围、超限量使用，占不合格样品的23.9%；质量指标不符合标准，占不合格样品的19.9%。

---

① 广州市食药监局：“‘机器换人’提升监管效能”，http：//www.gd.xinhuanet.com/newscenter/2018-06/01/c_1122924522.htm。

② 新华网：“2017年我国食品平均抽检合格率97.6% 农药兽药残留等仍需高度关注”，http：//www.xinhuanet.com/food/2018-01/23/c_1122303138.htm。

## 四、食品安全工作的新形势

2018年第十三届全国人民代表大会第一次会议审议并表决通过了国务院机构改革方案，并于3月22日发布了《国务院关于机构设置的通知》(国发〔2018〕6号)，决定“组建国家市场监督管理总局。为完善市场监管体制，……进一步推进市场监管综合执法、加强产品质量安全监管，让人民群众买得放心、用得放心、吃得放心，将国家工商行政管理总局的职责，国家质量监督检验检疫总局的职责，国家食品药品监督管理总局的职责，……职责整合，组建国家市场监督管理总局，作为国务院直属机构。保留国务院食品安全委员会，具体工作由国家市场监督管理总局承担”。由此，形成了以“大市场”为导向的食品安全监管新格局。

国家市场监督管理总局，整合汇集了原食品药品监督管理局、工商行政管理总局、质检总局的职能，其优势在于：①有利于全链条监管，清除监管死角，可以实现对食品的全生命周期监管，从根本上解决“九龙治水”的问题。撤销食药监总局看似是要弱化食品安全监管工作，但通过“大市场”体制可以使监管效能最大化。②增强基层食品安全执法队伍力量。改革后，充分利用原工商体系的完整性，可以解决食药监在乡镇基层缺乏机构和队伍的问题。但这种“大市场”的管理体制也可能对食品安全监管的专业性造成不利影响，即食品安全在食药监局被并入市场监管总局后，专业性可能被削弱，尤其在对婴幼儿奶粉等特殊食品的监管专业性上。

由以上分析可以看出，国家市场监督管理总局的成立给食品安全工作带来了机遇：有利于形成全生命周期的高强度监管，民生调查反映出的部分问题将逐步解决，如基层监察力量薄弱等。同时也提出了新的要求：需要结合民生调查反映出来的问题出台针对性的措施加以改进，推动市场监管机构改革。

## 五、新形势下补齐食品安全工作短板的建议

从完善食品安全监管体制和健全风险交流机制两方面着手，提高公众的食品安全获得感。

### (一)完善食品监管体制，加强专业队伍建设，集中解决反映突出的食品安全问题，有针对性地加强安全食品获取渠道建设

① 针对民生调查反映出的“公众期待政府加强食品安全监管”的愿望，要以市场监督管理总局成立为契机，推动市场监管综合改革，完善权责分明、统一权威的监管体制。首先，明确中央和地方权责划分，将专业性高、风险高的特殊食品监管由国家层面一管到底；而风险低的日常监管事务交由地方监管部门。其次，在地方市场监管体制改革时要进行因地制宜地的调整：在落实中央改革精神的基础上，地方应该根据自身的产业规模和突出的行业风险来因地制宜设置自己的市场监管模式。如东部沿海地区在机构改革中要重点考虑吸纳海洋和渔业局在保障海产品质量方面的职能，在牧区的改革中则要注意整合畜牧兽医局的相关职能。最后，要以机构改

革为契机，推动基层“三监合一”改革，在人员编制、财政资金方面予以倾斜。

② 加强专业食品安全监察执法队伍建设避免机构整合对专业性的削弱，尤其是在特殊食品（如婴幼儿奶粉）监管的专业性方面予以更好的保障。重点加强基层食品安全专业队伍建设，允许有条件的地方增加基层食品监管人员的数量并采用灵活的聘用机制。强化激励机制，促进食品安全监管的人力资源下沉到乡镇层面。

③ 对公众反映突出的食品添加剂、农兽药残留等问题，要加快制定、修订相关法律标准，对比发达国家标准；更要进一步加强执法监督检查力度，严格执法、严肃追究相关人员责任。对于新出现的网络销售食品问题，要重点考核食品生产者的资质、加强物流过程的质量把控，制定相应的食品物流（冷链、常温运输）标准。

④ 要加强大型商场、超市等公众满意度较高的食品获取渠道建设。通过建立农产品的商超专供通道减少中间商贩数量，既可以降低食品安全风险也能够减低食品的售价。尤其要关注低收入人群、农村人群的食品消费环境，加大对小商贩、农村集市的监督管理，提高其供应食品的质量。

### （二）完善风险交流机制，提高食品安全信息的可获取性和对食品安全问题的回应针对性，提升公众的认知理性

食品安全的公众获得感的提高还需要加大与工信、网信、广电、公安、应急管理等部委合作，加强在风险交流反馈、知识普及、处置违法犯罪等方面的联动，建立统一的跨部门的风险交流和信息发布平台，在加强食品安全信息发布管理的同时丰富信息公开内容，形成“公开为常态、不公开为例外”的新常态，增加食品安全信息的可得性。要着力完善食品安全问题应急响应机制，主动回应并迅速处理各类实际发生或谣传的食品安全事件，建立谣言案例库，提高处理效率。通过风险交流措施，引导公众形成合理的风险感知。

（执笔：苏　杨　赵鑫蕊　荣薇薇*）

* 荣薇薇，工作单位为中国农业发展银行广西分行。

# 第十二章
# 养老保障专题研究报告

2017 年 7 ~ 9 月，针对居民生活现状和居民对各项民生工作的满意度，国务院发展研究中心“中国民生调查”课题组分别进行了全国电话调查和 8 省入户问卷调查。接受电话调查的 51969 名受访者中，60 ~ 75 岁之间的受访者为 6114 人，占 11.8%；接受入户问卷调查的 9896 位受访者中，60 岁及以上的受访者 3459 人，占 35.0%。基于上述数据和课题组 2013 ~ 2016 年所实施的 8 省入户问卷调查结果，我们对老年人生活及我国当前养老工作中的问题做了分析。结果显示，近些年，虽然提升老年人经济保障的各项措施相继出台，养老保险也实现了居民全覆盖，但居民对未来养老经济保障的担忧日渐增加，这需引起高度重视。在老年人当前的各类需求中，老年人对于医疗服务的需求最为突出，医疗负担沉重依然是困扰老年居民的首位问题。此外，近些年，我国为老服务体系建设取得了明显进展，已成为支持老年生活的重要部分，但其中依然有些短板需要尽快补齐。

## 一、2017 年民生调查揭示的主要问题

### （一）2017 年入户调查样本的人口学特征及满意度

接受入户调查的 3459 位老年人中，男性 2232 人，占 64.5%，女性 1226 人，占 35.5%。户口状况上，具有本市（县、区）非农户口的 1129 人占 32.7%，本市（县、区）农业户口的 2283 人占 66.0%。教育程度上，小学及以下的占 57.6%，初中文化的占 28.1%，高中及以上的占 5.1%。婚姻状况上，有配偶的占 82.4%，丧偶、离婚或未婚的占 17.6%。

67.3% 的老年人对自己家庭生活状况总体表示“很满意”或“基本满意”，而表示“不太满意”或“很不满意”的比例为 12.2%。与此相对，在 60 岁以下的人群中，对自己家庭生活状况总体表示“很满意”或“基本满意”的比例为 60.8%，表示“不太满意”或“很不满意”的比例为 16.2%。这一结果说明，相对于非老年人，老年人对自己家庭生活现状显示出了更高的满意度。

针对家庭生活中不满意的项目，43.9% 的老年人表示“没有不满意的”，在给出的不满意项目中，收入水平、医疗和养老三项位列前三，分别占到了老年人总数的 20.8%、14.9% 和 8.8%。对于社会环境，表示“没有不满意的”比例占到了 60.8%，在给出的不满意项目中，环境污染、食品安全和交通位列前三，分别占到了老年人总数的 9.5%、7.8% 和 6.5%。

## （二）居民对养老经济保障的担忧在逐渐增加

近些年，我国推进居民养老保险的力度进一步加大，养老保险覆盖率取得了明显进展。调查显示，在调查所涉及的 18171 名家庭成员中，没有任何形式的养老保险的比例为 12.5%，其他成员都有各种形式的养老保险。但从参保缴费比例看，当前选择最低档缴费的比例依然很高。具体而言，在参加城镇养老保险的受访者中，按照最低档缴费的比例占到了 58.7%；在农村参加养老保险的受访者中，按照最低档缴费的比例平均占到了 76.1%。

调查中，针对是否有固定收入这一问题给出明确答复的有 8207 人。在这些人中，有固定收入的 7023 人占 85.6%，没有固定收入的 1184 人占 14.4%。在谈及当前收入的主要来源时，6024 人给出了明确回答。其中，43.5% 的人表示当前主要收入来源为自己的退休金 / 养老金，32.0% 的人表示依靠儿女或其他亲属赡养。此外，表示依靠承包田地的人占到了 9.9%。在 6969 名给出每月固定收入答复的老年人中，月均收入为 1254 元。在给出养老金月收入答复的 6972 名老年人当中，月均养老金收入 884 元。

老年人和非老年人对养老经济来源的期望存在差异。具体而言，同老年人相比，非老年人期望能更少地依靠自己的养老金（老年人中的 43.7% 对比非老年人中的 36.3%），但期望更大程度地依靠个人的储蓄（3.3% 对 10.8%），更少地依靠耕地（12.4% 对 9.6%），更少地依靠低保（5.2% 对 2.6%），同时对投资理财（0.1% 对 0.4%）和商业养老保险（0.1% 对 0.9%）的期望有所增加，但总体增幅并不突出。同时，需要指出的是，对于子女或其他亲属给与的赡养支持，老年人和非老年人所期望的比例差异并不大，占比分别为 27.4% 和 27.2%。需注意的是，目前非老年人群中，7.7% 对未来养老经济来源没有给与任何考虑。

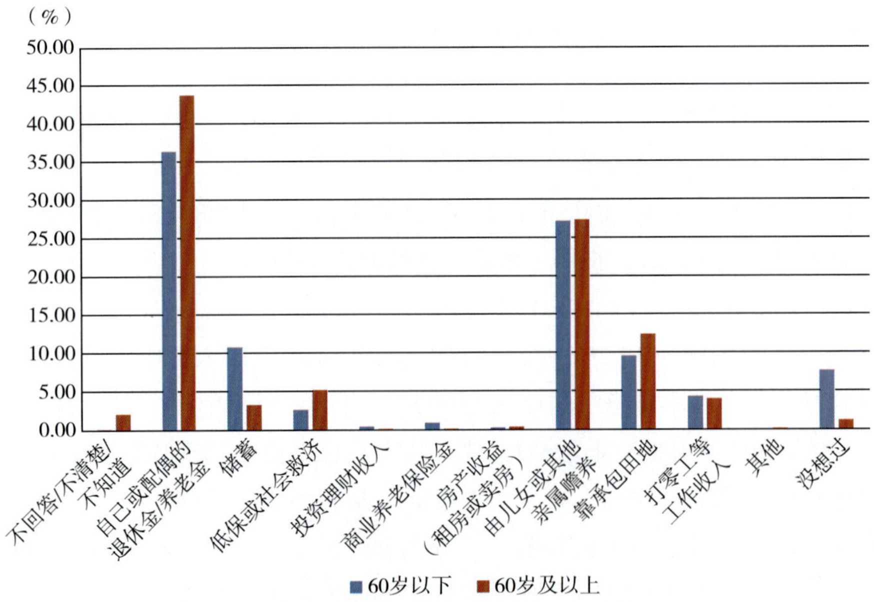


图12-1　居民当前或预期的养老经济来源构成（%）

在家庭养老中的经济压力感知方面，老年人同非老年人家庭之间并不存在明显差距。具体而言，受访者家庭中对于家庭养老“压力非常大”或“压力比较大”的占33.9%；而表示“完全没有压力”或“几乎没有压力”的占32.7%，表示“一般”的占33.4%。

在对当前的养老保障是否满意的问题中，近9%的受访者选择了“不知道”。在明确给出回答的9041名受访者中，53.2%的人表示“非常满意”或“基本满意”，表示“不太满意”或“很不满意”的比例为19.5%，另有27.3%的受访者表示“一般”。在对当前养老保障最大问题的分析上，除13.5%的人回答“不清楚/不知道”外，居民回答中排在前三位的依次是“养老金水平太低”（42.3%）、“不同人之间的养老金水平差距太大”（18.8%）和“制度设计太复杂，搞不清楚”（9.6%）（见图12–2）。这一结果表明，未来的养老金制度改革，需要考虑在进一步提升保障水平的同时，继续推进群体间待遇水平的缩小。

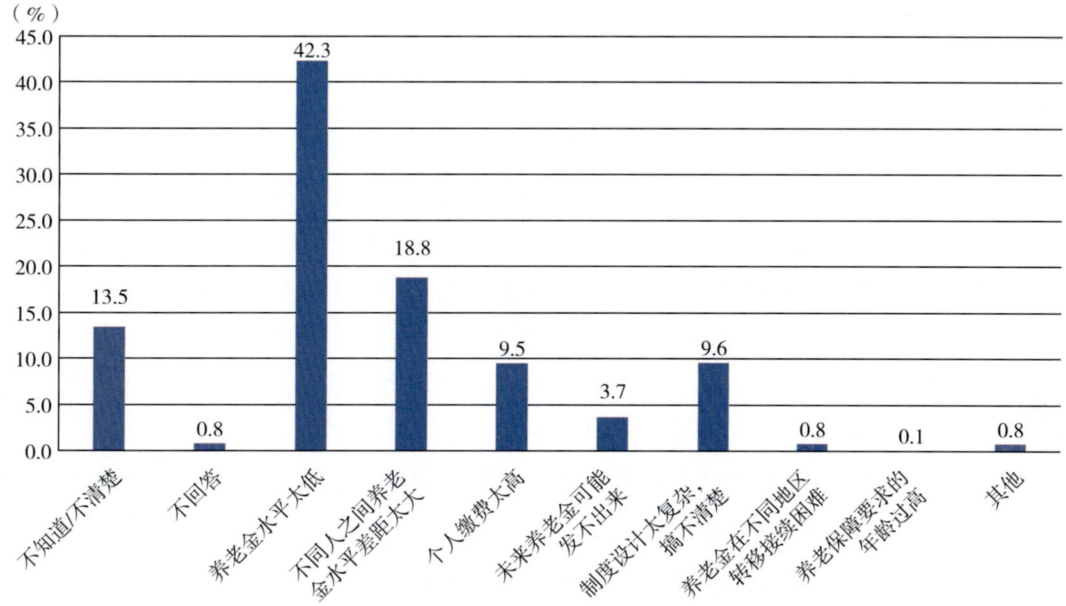


图12-2 个人感知到的养老保障目前最大的问题（%）

随着人口老龄化问题的日渐深化以及部分省份养老金收不抵支情况的不断出现，我国居民对于养老保障的担忧程度在日益上升。同时，同老年人相比，非老年人的担忧比例更高。如图12–3所示，自2014年以来，居民对于未来养老经济保障的担忧比例一路攀升，表示“有些担心”或“很担心”的比例，无论是60岁以下的非老年人，还是60岁及以上的老年人，都出现了上升。2017年，60岁及以上的老年人中，对未来养老经济保障表示担忧的比例达到了62.39%，其中表示“很担心”的比例达到了46.89%；60岁以下的非老年人中，对未来养老经济保障表示担忧的比例达到了71.75%，其中表示“很担心”的比例达到了51.90%。上述结果表明，构建养老经济安全保障，减少居民对未来经济的担忧，已成为当前应对人口老龄化问题中的主攻方向。

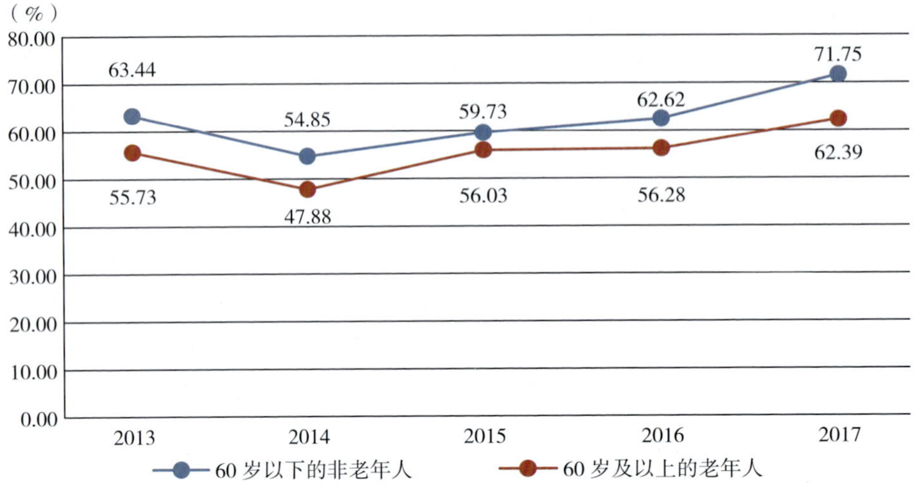


图12-3 对未来养老经济保障表示担忧的比例（%）

## （三）医疗成为当前应对人口老龄化的主要发力点

在健康状况中，60 岁以下的非老年人中自评健康状况的比例为 84.32%，60 岁及以上的老年人中，自评健康的比例为 57.87%。这反映出，老年人中超过四成的人群存在着健康问题。具体看，有疾病或残疾但仍有劳动能力的老年人占老年人总数的 18.15%；因疾病或残疾丧失劳动能力，但生活能自理的老年人占 21.97%；剩下的 2.00% 为因疾病或残疾丧失劳动能力、生活不能自理需要有人照料的老年人。需要指出的是，因为受访者需要回答问题，上述比例可能存在着低估失能、半失能老人比例的情况。通过汇总家庭成员表中的相关信息，调查的受访者及其家庭成员中共有 8138 名 60 岁及以上的老年人，这些人的健康状况可以更为全面地反映老年人的健康水平。结果显示，保持健康状况的老年人占 54.17%；有疾病或残疾但仍有劳动能力的占 15.32%；因疾病或残疾，丧失劳动能力，但生活能自理的占 24.15%；因疾病、残疾或衰老，生活不能自理，需要有人照料的占 6.37%。

2013 ~ 2017 年的数据调查显示，同 60 岁以下的非老年人相比，60 岁及以上的老年人连续五年表明对当前生活具有较高的满意度。具体而言，在对当前生活"非常满意"或"比较满意"方面，老年人高出非老年人的比例，自 2013 ~ 2017 年，分别为 3.77%、7.18%、3.87%、5.41%、6.83%。但与此同时，在对政府民生工作最不满意的项目中，医疗、养老持续成为老年人不满意度高于非老年人的项目。具体而言，2013 ~ 2017 年，将医疗作为最不满意的民生项目比例，老年人比非老年人分别高出了 7.12 个、7.94 个、5.26 个、6.49 个和 4.52 个百分点；而选择养老的比例，老年人比非老年人分别高出了 5.75 个、5.27 个、3.46 个、2.85 个和 3.80 个百分点。这一结果显示出，对于老年人而言，医疗和养老，尤其是医疗成为老年人最为关注的民生领域。

在家庭支出压力最大的项目中，60 岁以下的非老年人家庭选择呈现出相对多元的局面，一般涵盖了教育、住房、食品支出、医疗等多个领域，自 2013 ~ 2017 年中，教育一直占据着主要位置，其作为家庭最大支出的比例在 5 年中分别是 28.60%、23.21%、23.80%、26.04% 和

26.33%。与之相对，在 60 岁以上的老年人家庭中，医疗和食品支出成为最突出的两项内容，尤其是医疗支出，在 2013 ~ 2017 年中选择医疗为支出压力最大项目的老年人家庭所占比例分别为 30.43%、45.90%、40.75%、43.86% 和 39.70%。通过计算选择具体项目的老年人比例和非老年人的比例差值，医疗支出从 2013 年至 2017 年分别为 16.32%、24.16%、21.60%、20.88% 和 18.18%。同时，从选择食品支出作为家庭负担最重项目的比例看，老年人中食品支出的比重始终大于非老年人的，自 2013 ~ 2017 年，两者的差值最低在 2016 年，为 1.73 个百分点，最高则是 2013 年的 8.64 个百分点。

从就医行为上看，老年人和非老年人之间并不存在显著差异。一方面，医保措施的强化，使得越来越多的老年人从不去医院看病自我买药转为更多地到医疗机构进行就诊，这一比例从 2016 年非老年人的 22.04% 和老年人中的 25.69% 下降至 2017 年的 15.90% 和 14.62%。与此同时，随着近些年基层措施的逐步落地，第一选择在公办社区卫生服务中心 / 村卫生室的比例逐渐增多，2017 年非老年人和老年人中这一比例分别增至 42.24% 和 42.34%。换言之，当前 4 成以上的老年人将身边的社区卫生服务中心 / 村卫生室作为看病的第一选择地。这意味着，今后的工作中，对于基层卫生服务机构的服务能力仍然需要进一步提升。同时，我们的调查还显示出，尽管这些年基层服务能力有所提升,但应对老年人的专业化医疗服务体系还不健全。在大部分地区，针对慢性病的管理和治疗依然没有形成专业化的体系。同时，既有的医生服务能力，在应对慢性病等常见的老年病症方面，也有待提升。

对于应该住院而没有住院的比例从 2014 年开始出现了大幅下降，但近些年老年人同非老年人的差距出现了扩大趋势。2017 年，非老年人中应该住院没有住院的比例为 7.91%，而老年人中这一比例为 11.16%，高出非老年人 3.25 个百分点。在应该住院未住院的人群中，有 5 成到 6 成是因为经济问题导致没有住院，相对于非老年人，老年人中由于经济原因不能住院的比例更高。在 2017 年的调查中，在没有住院人群中基于这一原因导致的应住未住的比例为 61.70%，高出非老年人 4.4 个百分点。同时需要引起注意的是，还有相当一部分老年人是由于自己认为无需住院选择了不住院。2017 年，在应住未住的老年人中，基于自身认为没必要住院的老年人比例占到了 25.53%。

对于未来自己或家人存在无钱看病担忧的比例，非老年人略高于老年人。2016 年和 2017 年，老年人中对此存在担忧的比例分别为 69.53% 和 72.14%；非老年人中对此存在担忧的比例分别为 74.08% 和 74.70%。非老年人对于无钱看病的担忧比老年人更为严重。

对于医疗服务体系中的问题，排在最突出的是看病贵问题，其次是大医院看病难的问题。同时，对比 2017 年和 2016 年的数据，受访者反映过度检查问题的比例在逐渐攀升，这是需要引起关注的现象。除看病贵之外，其他几乎所有的选项中，非老年人的比例都高于老年人。

### （四）为老服务体系有所发展，整体尚未完善

调查发现（见图 12-4），老年人当前的照料主要靠家庭来完成。在明确给出照料人的 6018

名老年人当中，51.20% 的老年人是自己照顾自己，28.64% 的老年人是依靠自己的子女进行照顾，18.73% 的老年人依靠自己的配偶进行照顾。换言之，当前我国老年人照料的 98% 以上都是通过自我或家庭成员完成，依靠社区养老照料中心、雇人照顾或进入养老机构照料的比例不到 1%。这说明，在家庭功能日渐弱化的今天，社会化的养老照料体系发展依然远未成熟。

对于照料家中老人产生的时间和精力上的压力，老年人群和非老年人群之间并不存在显著差异，31.41% 的受访者认为"压力非常大"或"压力比较大"，同时，另有 32.88% 的受访者认为"几乎没有压力"或"完全没有压力"。家庭在应对老年人照料方面承担的压力存在着"三三制"的格局。

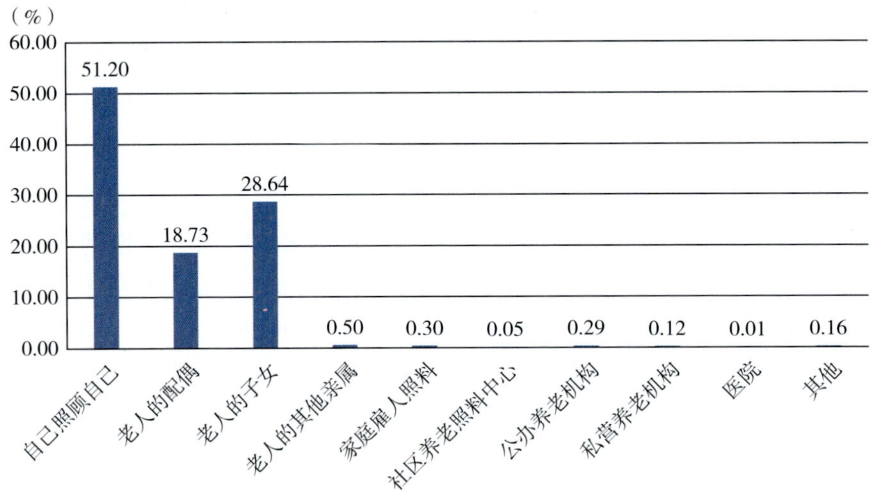


图12-4 老年人日常生活主要照料人情况（%）

比较非老年人对于照料自己的人的预期以及当前老年人实际照料人的构成，不难发现，在提供照料中存在预期和现实的差异。具体而言，两个年龄组在依靠配偶照顾方面呈现出了较高相似性，所占比例分别为 18.07% 和 19.10%。但除此之外，在依靠其他人的照料上老年人现状和非老年人预期之间存在显著差异。同老年人群体的照料人现实构成相比，在非老年人群体预期中，非老年人依靠自己照料自己的比例更低（50.82% 对 33.46），依靠子女照顾的更多（26.91% 对 39.53%），依靠社区养老照料中心照顾的更多（0.27% 对 0.62%），依靠机构养老的也更多（公办 1.19% 对 1.86%；私营 0.15% 对 0.44%）。这一差异显示出，虽然非老年人期望子女能够在未来的生活照料中承担起占四成的主要角色，但现实中只有 1/4 左右的比例，这反映出，这些非老年人在进入老年生活后，极有可能无法实现自己的预期，不得不更多地依靠自我进行照料或借助社会化的服务得到照料。

随着老龄化的发展，近些年，推进居家社区养老服务设施建设，为老年人居家生活提供支持成为我国推进养老工作建设中的一项重要任务。调研显示，这些工作取得了一些成效，但依然在很多环节上存在亟待改进之处。具体而言，当前的社区 / 村庄中，各项为老服务设施的配置情况为：棋牌室 / 文化活动室占 66.55%，健身场所占 71.55%，康复设施占 24.67%，老年日间照料中心占 17.26%，老年食堂占 10.29%。这一结果表明，当前各地养老服务设施建设在棋牌室和健身场所建设上取得了明显进步，但在康复设施、日间照料中心等建设中还存在较大改进空间。进一步分析显示，城乡之间在为老服务设施建设上整体更为滞后。在农村自然村落中，上述五项设施的拥有率分别为 58.1%、65.9%、15.6%、9.4% 和 7.2%。所以在建设为老服务设施过程中，农村地区更应该引起重视。

与巨大的需求相比，当前我国养老服务设施建设总体上还十分不足，远不能满足老年人的生活需求。在对目前所在地的养老设施和服务是否能够满足本地老年人需求的问题上，接近 20% 的受访者选择了“不知道”，在明确给出回答的 7904 人中，58.54% 的人选择了“不能”。

在对当前的养老服务满意度上，15.3% 的受访者选择了“不知道”。在给出明确回答的 8357 人中，表示“非常满意”或“基本满意”的比例占到了 52.45%。选择“不太满意”或“很不满意”的比例占到了 16.75%。另有 30.80% 的人选择了“一般”。

对于当前养老服务中存在的问题，33.8% 的受访者选择了“不知道 / 不清楚”。在给出明确回答的选择中，排在前三位的依次是“养老服务机构太少”（20.3%）、“养老机构收费太高”（15.9%）和“社区养老服务设施不完善”（8.5%）（见图 2–5）。这一结果反映了两方面问题，一是作为最近五年刚刚得到发展的领域，养老服务在居民中的认知程度还比较低，超过 1/3 的居民由于不了解导致不清楚养老服务发展中存在的问题；二是养老服务的发展整体处于初级阶段，如存在的机构偏少、收费偏高以及社区服务设施不足，切实反映了这一发展阶段的特征。

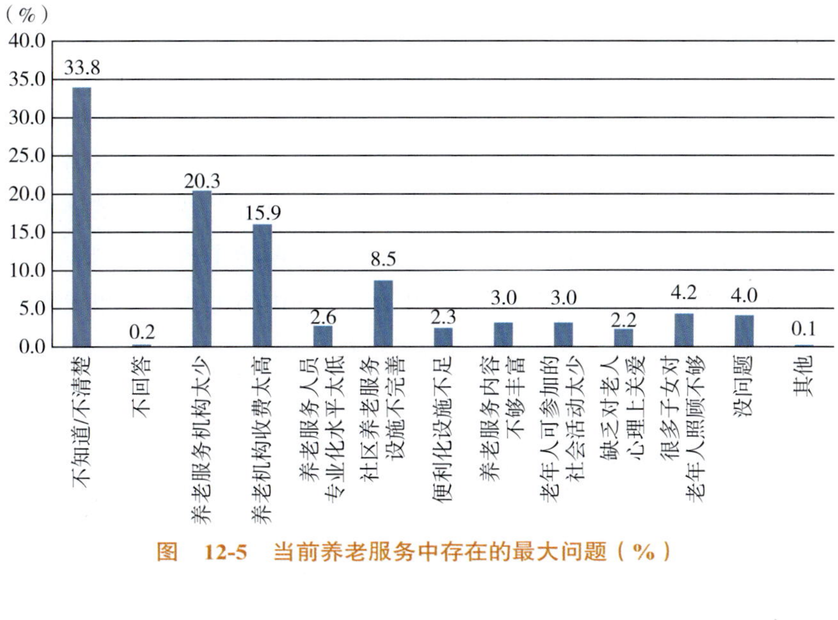

图　12-5　当前养老服务中存在的最大问题（%）

## 二、2017 年应对老龄化的制度构建和地方实践

截至 2017 年底，我国 60 岁以上老年人总量已达到 2.4 亿，比 2016 年末增加了 1004 万人，在总人口中所占比例达到了 17.3%，比 2016 年增长了 0.6 个百分点。需要注意的是，在人口老

龄化迅速增长的同时，2017 年我国出生人口数量和人口出生率出现了双下降的变化。2017 年我国全年出生人口 1723 万，比 2016 年公布的 1786 万减少了 63 万，下降 3.5 %。全国人口出生率为 12.43‰，略低于 2016 年。

随着人口老龄化的进一步深化，2017 年我国应对老龄化的各项制度建设和地方实践也在迅速推进。

### （一）应对老龄化的制度建设

2017 年，应对老龄化的制度建设可分为养老金制度建设和养老服务体系完善两个大的方面。

在养老金建设方面，2017 年，在 2016 年月均 2362 元的基础上，再次上调 5.5%，实现了我国连续 13 年上调企业退休职工养老金水平。对于城乡居民养老金，在国家基础养老金每月 70 元的水平上，各地增加了补贴，截至 2018 年 2 月，人均城乡居民基础养老金达每月 124 元[①]。在提升水平的同时，养老金制度建设进一步深化。这一年中先后围绕养老保险转移接续、发展企业年金、充实社保基金、发展商业保险等方面出台了细则[②]。在此基础上，广东和吉林还发布了养老保险省级统筹意见[③]。此外，针对一直处于薄弱环节的城乡居民养老保险，人社部和财政部于 2018 年 3 月联合印发了《关于建立城乡居民基本养老保险待遇确定和基础养老金正常调整机制的指导意见》（人社部发〔2018〕21 号），提出建立激励约束有效、筹资权责清晰、保障水平适度的城乡居民基本养老保险待遇确定和基础养老金正常调整机制，推动城乡居民基本养老保险待遇水平随经济发展而逐步提高。

养老服务体系的制度完善围绕着总体服务体系、养老机构、社区居家养老发展、医养结合、养老产业发展五个方面展开。在总体服务体系构建方面，这一年先后颁布了《"十三五"国家老龄事业发展和养老体系建设规划》（国发 [2017]13 号）、《"十三五"健康老龄化规划》以及《关于印发养老服务标准体系建设指南》等文件，分别对"十三五"期间养老体系整体发展、健康老龄化的推进等做了总体规划。在此基础上，一些省份还制定了自己的"十三五"规划，诸如甘肃省的《"十三五"老龄事业发展规划》（甘政办发〔2017〕177 号）和安徽省的《"十三五"安徽省老龄事业发展和养老体系建设规划》等等。

---

① 2018年5月，人社部和财政部印发《关于2018年提高全国城乡居民基本养老保险基础养老金最低标准的通知》，决定自2018年1月1日起，全国城乡居民基本养老保险基础养老金最低标准提高至每人每月88元，即在原每人每月70元的基础上增加18元。提高标准所需资金，中央财政对中西部地区给予全额补助，对东部地区给予50%的补助。

② 这些相关细则包括：《人力资源社会保障部财政部关于机关事业单位基本养老保险关系和职业年金转移接续有关问题的通知》（人社部规〔2017〕1号）、《人力资源社会保障部办公厅关于养老保险关系跨省转移视同缴费年限计算地有关问题的复函》（人社厅函〔2017〕151号）、《企业年金办法》（人社部令第36号）、关于印发《统一和规范职工养老保险个人账户记账利率办法》的通知（人社部发〔2017〕31号）、《关于进一步完善企业职工基本养老保险省级统筹制度的通知》（人社部发〔2017〕72号）、《划转部分国有资本充实社保基金实施方案》（国发〔2017〕49号）、《国务院关于加快发展商业养老保险的若干意见》（国办发[2017]59号）、《养老目标证券投资基金指引（试行）》（中国证券监督管理委员会公告〔2018〕2号）。

③ 详见《广东省完善企业职工基本养老保险省级统筹实施方案》、吉林省人民政府《关于完善企业职工基本养老保险省级统筹制度的若干意见》（吉政发〔2017〕36号），等。

养老机构建设，主要围绕质量建设、安全管理等内容展开。此外，对于养老机构内设医疗机构，从审批改为了备案管理。在国家条例基础上，各地纷纷出台了地方具体条例和通知，强化了对所在地的养老机构的质量管理。此外，北京、广州等地还就如何进行养老机构服务人员培养、养老机构资助办法等问题实施了专项条例。

居家社区养老是 2017 年推进的重点工作之一。针对此，民政部等部门先后就发展社区社会组织、实施老年人照顾服务项目、确定社区老年人日间照料中心服务基本要求、财政支持居家和社区养老改革试点等问题发了专项通知。此外，北京等地还就发展养老服务驿站、巩固养老照料中心运营等问题制定了专门规划和实施办法。广西、黑龙江等地则出台了独生子女护理假制度。

在 2016 年基础上，医养结合制度建设进一步发展。在颁布“十三五”深化医药卫生体制改革规划的同时，改善医疗服务行动计划（2018–2020）颁布，康复医疗中心 / 护理中心基本标准和管理规范的试行版也发布实施。在国家制度建设指导下，上海、重庆等地还就老年医疗护理服务体系发展、老年人日间照护机构管理、健康医疗大数据应用等方面颁布了相关规划或实施办法。

2017 年是养老产业制度建设的重要一年，围绕养老服务业放管服务改革、智慧健康养老产业发展、智慧健康养老试点建设、康复器具产业综合创新、出行服务、激活社会领域投资活力、使用政府和社会资本合作模式支持养老服务业发展等问题，民政部、工信部、交通运输部、财政部等部门纷纷发布了专项通知。在此基础上，北京、广州、福建等地先后颁布了实施意见和行动计划。

## （二）实践工作

实践工作涵盖了国家层面的养老金工作、地方层面的医养结合试点、长期护理保险试点以及发展养老服务产业的各地尝试。

### 1. 养老保险基金投资运营

在各地出台具体措施，落实养老金调整基础之上，如何实现养老基金的保值增值也是一项重要内容。2017 年，基本养老保险基金的投资运营稳步推进，截至 2018 年 2 月，北京、安徽等 10 个省（区、市）签署了 4400 亿元的委托投资合同，2831.5 亿元资金已经到账并开始投资。此外，江苏、浙江、甘肃、西藏 4 省（区）政府也已审议通过了委托投资计划。

### 2. 医养结合试点

2017 年，医养结合试点在各地进一步推进，并初步形成了一些可具参考的模式。如在北京海淀，建设的医养结合服务中心已投入运营，不仅在北京老年医院推动了“远程医养服务项目”“安宁疗护病房项目”“长期照护病床项目”三项试点，还在基层社区卫生服务中心申请了医养结合服务需求评估站建设项目。此外，漳州、温州、东莞、安康、青岛等地也积极推进了医养结合试点工作。

### 3. 长期护理保险

2017年也是长期护理保险试点积极推动的一年。这一年，一些地区的试点工作有了明显进步。如上海在徐汇、普陀、金山三个区先行试点工作基础上，修订了《上海市长期护理保险试点办法》，并于2018年1月1日在全市启动试点工作。宁波市的长期护理保险制度推出了可选专业机构护理或养老机构护理两种待遇保障的方式进行尝试。此外，重庆、苏州、青岛、烟台等地的长期护理保险试点也做了积极推进。

### 4. 发展养老服务业

这一年，河北省石家庄市、河北省秦皇岛市、内蒙古自治区呼和浩特市、黑龙江省齐齐哈尔市、江苏省常州市、浙江省嘉兴市、江西省赣州市、山东省烟台市、山东省泰安市、广东省深圳市、四川省攀枝花市等11个市和甘肃省兰州市（兰州新区），被民政部确定为国家康复辅助器具产业综合创新试点地区。在发展养老服务业方面，各地更是呈现出百花齐放的势头。如广州不仅放宽养老市场准入，并具体提出了发展“医生集团＋连锁医院”的模式。武汉则通过试点“互联网＋居家养老”新模式创新成果获得了民政部的肯定。北京市在反向抵押的基础上，提出了开展个税递延型养老保险试点的计划。

## 三、解决养老领域当前突出问题的政策建议

上述对2017年制度构建和实践活动的梳理反映出，面对日益严峻的老龄化，政府在这一年进一步推进了养老工作的开展，并取得了明显进步。但需指出的是，由于起步时间不长，目前在应对人口老龄化工作中依然存在不少亟待改进之处。基于2017年度的调查结果，对如何解决养老工作当前面临的主要问题，提出如下三项建议。

第一，建立更加稳定的老年收入保障体系。一是稳步提升老年人口特别是城乡居民养老保险的待遇水平，建立城乡居民基础养老金的常态调整机制；二是积极发展职业年金、企业年金和商业养老保险，构建多支柱的养老金支持体系；三是通过土地制度、退休制度、劳动力市场制度等方面的改革，提升老年人获取财产性收入和劳动性收入的能力，促进多元化老年收入格局的形成；四是发挥好最低生活保障制度的托底作用，切实保障好老年人口中贫困群体的生活。

第二，从医疗保障和服务体系两方面入手深化改革，着力解决老年医疗服务需求，构建适宜老龄化的医疗服务体系。在医疗保障方面，加大对老年人易患病种特别是重点慢性病的药品和服务保障，探索在限定的服务目录内实施老年人个人付费上限的办法，同时通过支付方式等综合改革，强化疾病预防和健康管理，倡导理性生命观和治疗观，减少过度治疗，切实解决老年人医疗负担过重的问题。在服务体系建设方面，进一步强化基层医疗卫生机构的服务能力，对老年人常见病构建完善的管理和干预体系，强化低成本的康复护理体系建设，为老年人提供更加便捷、可及、高效、廉价的服务。

第三，理顺政府和市场关系，促进为老生活服务体系发展。一方面，明确政府在为老生活服务体系建设中的责任。结合老年生活需求特点及变化趋势，明确为老生活服务体系中政府的服务责任、服务内容和服务方式，并根据情况建立常态化的调整机制。鉴于老年群体内部差异巨大，政府提供的为老生活服务内容和对象应突出重点，注重基本和急需，强化对低收入群体及鳏、寡、孤、独老人的服务。另一方面，大力培育和鼓励各类市场主体发展，充分利用现代信息技术手段，促进社会化、专业化、可负担、可持续、多层次为老生活服务体系的稳步发展。

（执笔：冯文猛）

# 第十三章
# 政府服务专题研究报告

为跟踪评价政府服务领域近年来取得的成效，国务院发展研究中心“中国民生调查”课题组 2017 年在安徽、河北、浙江、陕西、福建、四川、黑龙江、江苏 8 省开展了民生关切点入户调查，共获得 9896 份有效调查问卷。受访者年龄主要分布在 40 ～ 70 岁之间，多数受访者具有初高中学历文化，具有大学及以上学历的受访者较 2016 年有所减少。调查结果表明，随着放管服改革深入推进，城乡居民对政府服务满意度不断提高，但与人民群众更高期待相比仍有一定差距，尤其是在治理不作为、少折腾群众方面还需持续改进，更加精准发力聚焦主要公共服务事项和关键环节。

## 一、群众对政府服务满意度的总体评价

政府服务和办事效率的总体评价不仅可以反映群众对政府服务的满意度，也有利于政府自身进一步优化服务。为此，“中国民生调查”课题组对这一问题进行了持续跟踪调查。近五年来，城乡居民对政府服务满意度评价较高，对政府服务和办事效率表示满意（含“很满意”和“基本满意”，下同）的受访者从 2013 年的 62.9% 提高到 2017 年的 69.1%。由此可见，通过持续改进政府方便群众办事举措，不断探索政务服务新模式，政府服务能力和水平逐步提升，政府服务满意度总体呈现持续改善态势。

2017 年入户调查结果显示，69.1% 的受访者对政府服务和办事效率表示满意，比 2016 年提高 4.9 个百分点；8.2% 的受访者表示不满意（含“不太满意”和“很不满意”，下同），比 2016 年下降 1.5 个百分点。在回答“在社会环境方面最不满意的”选项[①]时，选择政府服务（办事效率）的受访者占比为 2.8%，比 2016 年下降 1.2 个百分点。需要注意的是，尽管政府服务满意度不断提升，但表示“很满意”的受访者比例较 2016 年下降 2.7 个百分点，占比为 14.6%，表明当前政府服务还存在一些不尽人意的地方，这可能与不同区域的群体对其评价认知有关，也在一定程度上反映出群众对政府服务的要求更高、期待更多。

---

① 具体选项主要涉及12个领域，包括社区服务、社会治安、交通出行、食品安全、环境污染、司法公正、政府服务（办事效率）、文化生活（含体育）、社会保障与福利、基础设施建设、生活成本、医疗与养老。

### （一）城镇居民对政府服务满意度低于农村居民

入户调查选取的 8 个省份中，65.6% 的城镇居民对政府服务表示满意，比农村居民低 7.1 个百分点，与 2016 年相比大体一致。其中，城镇居民对政府服务表示“很满意”的占比低于农村居民 5.5 个百分点。这也表明，由于涉及城镇居民的有关事项种类较多、程序相对烦琐，比如，社保缴纳、纳税申报、不动产登记等，他们日常与政府部门打交道多、感触更为直接，对满意度评价可能会因人因事而异，难免受到家庭成员的办事经历、个人认知水平和实际办事效果影响。

### （二）流动人口对政府服务满意度低于本地人口

入户调查结果进一步表明，61.5% 的流动人口对政府服务表示满意，比本地人口低 8.3 个百分点，其中，流动人口对政府服务表示“很满意”的占比低于本地人口 7.7 个百分点。由此可见，二者对政府表示“基本满意”的占比基本相同，主要是对“很满意”的评价差异较大，这可能与流动人口占比[①]有关，当然政府服务也有进一步改进之处，特别是在办理事项时地方政府要一视同仁[②]，切实提高公平优质的服务。

### （三）不同省份受访者评价与主观感受存在差异

入户调查选取的 8 个省份中，四川、安徽的受访者对目前居住地政府服务满意度评价最高，表示满意的比例为 81.4% 和 79.5%，不满意的比例仅为 5.1% 和 8.7%。浙江[③]、陕西、河北、福建的受访者对政府服务表示满意的比例主要集中在 65% ~ 70% 之间，较 2016 年略有下降。相比之下，黑龙江的受访者对政府服务满意度的评价最低，仅 53.1% 的受访者表示满意。与 2016 年比较发现，四川、安徽、浙江总体保持前三位，江苏的受访者对此评价略有下降，表示满意的比例为 63.1%。可以看到，部分省份政府满意度评价与主观感受差异较大，一个地区经济发达并不意味着群众对政府满意度评价就高。当然，这可能与不同省份之间的调查抽样有关，也会由于经济社会发展而产生新的问题和矛盾。

## 二、群众对政府服务期待改善的几个问题

当前，基层政府综合服务能力逐步提升，证明材料多、办证程序烦琐、办事不便利等问题已经逐步得到解决。放管服改革取得阶段性成效，政府服务水平逐步得到改善，但与人民群众的更高期待相比仍有不小差距，主要体现在：

---

① 本次入户调查共有9896份有效问卷，其中流动人口受访者为564人，占比仅为5.7%。

② 除法律政策规定个别事项办理需体现户籍差异外，地方一律不应设置户籍身份门槛。

③ 浙江的受访者对居住地政府服务表示满意的比例为70.5%，表示“很不满意”的比例为0.7%。

## （一）政府服务态度及能力不断提升，但在治理不作为、少折腾群众方面仍需持续改进

2017年入户调查结果显示，群众对改善服务态度的评价满意度最高，占比为71.5%。超过六成的受访者认为满意的举措有：精简办事程序、减少吃拿卡要、简化各类证明、政策公开透明，占比分别为65.4%、62.2%、61.7%、61.2%。此次入户调查中，有36.4%的受访者到过居住地政府部门（包括政务服务中心、街道办、村委会等）办事，其中，分别有70.3%和67.5%的受访者对精简办事程序、简化各类证明表示满意，更为真实地反映了当前政府服务的改进情况。由此可见，地方政府在严格落实中央八项规定精神、简化公共服务流程、开展“减证便民”行动、推进“互联网+政务服务”等方面成效较为明显，人民群众实际获得感较高。

相比之下，群众对治理不作为、少折腾群众两个选项的满意度评价相对较低，占比均低于60%。2017年入户调查结果显示，在与政府部门打交道过程中，受访者认为最不满意的前两位分别是“程序复杂和不公开”“相互推诿、效率低”，分别占15%和9.9%，与2016年相比排序基本一致，成为近三年来入户调查反映最为突出的问题。可以说，这些也是当前基层人员不作为、来回折腾群众的主要表现形式。调研中也有反映，办事窗口工作人员素质参差不齐，主动服务意识不强、业务熟练程度不高，加之信息不对称、数据不贯通、流程不清晰、线上线下不融合等客观原因，群众办事还存在两头跑、反复跑的问题。

## （二）获取政策信息渠道的群体分化特征明显，应更加注重政策信息获取的有效性和准确性

2017年入户调查结果显示，47.4%的受访者首位选择“电视、收音机”，比上年略有下降。通过微信、微博、公众号等新媒体及政府网站获得政策信息的占比分别为8.5%和2.6%，其中，选择“新媒体”的受访者比例较2016年提高了2.2个百分点。如果对受访者三项选择进行加权统计，排列最靠前的仍然是“电视、收音机”，其次为“干部下来宣传动员”，选择“听同事朋友等介绍”的受访者占比首次低于“新媒体（微信、微博、公众号等）”，这也一定程度上说明获取政府为民办事的信息及政策渠道在新媒体方面比2016年有所拓宽。

但同时也应看到，伴随着“互联网+政务服务”持续推进，各种政务新媒体不断涌现，对传统政策信息的传播渠道带来巨大挑战，特别是在传播时效、扩散速度、媒介互动等方面具有优势，获取政策信息渠道的群体分化特征更为明显。此次入户调查中，有22.3%的本科及以上学历受访者首选“新媒体（微信、微博、公众号等）”，而初中及以下学历受访者的首选比例仅为6.2%，他们更倾向于“电视、收音机”和“干部下来宣传动员”，占比分别为48.5%和22.8%。此外，首选“新媒体（微信、微博、公众号等）”和“干部下来宣传动员”的受访者在城乡之间占比差异较为明显，分别相差5.3个百分点和14.9个百分点。因此，必须注重政策信息获取的有效性和准确性，防止因技术进步而产生的信息鸿沟。

### （三）不同业务所需要件及办事流程存在差异，要从细节着手聚焦主要公共服务事项

入户调查中群众反映政府办事烦琐，很大原因就在于办事所需材料的烦琐，有的部门乱出标准增加所需要件材料，有的要求提供已经被叫停的各类证明，还有的是不同渠道要求提供材料不统一[①]，这些都给群众增添了不必要的麻烦，当然也取决于不同公共服务事项所需要件及办理流程的差异。调研中部分群众反映，在办理不动产转让、社保转移以及银行存取款、各类公证等涉及身份证明的业务时，仍然还存在递交材料烦琐、各类奇葩证明等现象，很多都是一些细节没有处理好造成的。

因此，各级政府部门要在有限精力和资源条件下，进一步从细节入手，重点关注与群众日常生活密切相关、反映强烈的公共服务事项。2017 年入户调查结果显示，在居住地政府部门实际办事过程中，相对于纳税、出入境、个体工商登记等其他事项而言，居民户籍与身份证明、社保及社会救助成为当前群众办理业务最多的两项，占比分别为 13.2% 和 12%，这些事项也是各地调研中群众反映最集中的、最容易引起舆论关注的。

### （四）“互联网 + 政务服务”逐步普及，“信息跑路”在不同层面还存在一些堵点

当前，各部门碎片化、条块化的政务服务事项逐步得到整合，各地在实践过程中形成的“智慧政府”“最多跑一次”“不见面审批”等做法深受广大群众认可，但“信息孤岛”和“数据烟囱”现象仍然存在，跨地区、跨层级、跨部门数据共享交换平台还没有建立。调研中了解到，公民户籍、教育、就业、生育、医疗、婚姻等基本信息目前还处于分散、割据状态，涉及垂直管理的海关、国税、公安等系统尚未完成整合，各主体、各地区、各平台之间标准不对接、接口不统一、信息不互通。此外，个别地方还人为设置信息互联互通壁垒，导致数据资源归属上的“部门私有”。

## 三、优化政府服务的主要进展及探索

一年来，国务院专门部署“减证便民”专项行动，按照“各种证明和手续能取消的取消、能合并的合并”的原则，各地区、各部门按照职责分工持续推进。出台《政务信息系统整合共享实施方案》，基本完成国务院部门内部政务信息系统整合清理工作。加快推进公用事业领域改革，不断提升服务质量和效率。在此基础上，各地区结合自身特点积极探索，逐渐形成一些有益的经验做法。

---

① 调研中反映主要有两类：一是同一公共服务事项不同地区要求提供材料不一致；二是网上查询、电话咨询与现场办理要求提供的材料不一致。

### （一）“减证便民”行动方面

国务院审改办会同有关部门取消52项中介服务事项和证明材料，今后不再作为审批受理条件，有力破除企业和群众办事创业的羁绊。民政部贯彻落实《中共中央国务院关于加强和完善城乡社区治理的意见》有关精神，组织开展“社区万能章”专项治理，全面清理基层政府各职能部门要求基层群众性自治组织出具的各类证明，切实为基层社区减负增效，有效打通联系服务居民群众“最后一公里”。与此同时，针对烦扰群众的各种奇葩证明、循环证明、重复证明等问题，各地区、各部门持续开展“减证便民”行动。

比如，北京清理证明是从优化基层服务流程、办事机构“不准要”的角度展开的。出台《北京市简化优化公共服务流程方便基层群众办事创业工作方案》，对各类证件、执照及证明进行清理规范。对于功能相似相近的证件、执照和证明，原则上要予以优化整合；对于面向基层、量大面广、由基层管理更为方便有效的证件、执照和证明，原则上要下放基层管理；对于应由行政机关、国有企事业单位调查核实的事项不得要求申请人提供证明材料。此外，加快建设“证照库”“法人一证通”，促进部门间信息共享，减少重复报送和“循环证明”。目前，北京暂时保留的证明目录中仅剩95项，均有国家法律法规或市级部门规范性文件等明确依据。今后，将制定《党政群机关和事业单位暂时保留证明目录》，对全市各区、各部门、各机构的各类证明和盖章环节实施清单管理并动态调整。凡未纳入其中的证明，任何部门和单位一律不得要求申请人提供或擅自增设。

贵州省以“合法、合理、精简、便民、共享”原则为依据，按照“五个一律”原则开展“减证便民”行动。通过公开不再开具相关证明的情况，规范不再要求开具相关证明的情形，持续清理、精简和取消不合法、不合理以及为规避部门责任要求办事群众提供的各种证明和佐证材料。在全国首创“两张清单”管理制度，涵盖政府各级各部门，以及所属事业单位、公共服务和企事业单位，并将实行清单管理的行动过程和结果纳入政务诚信体系。与此同时，定期在各级政府门户网站、省网上办事大厅公布《证明材料保留清单》和《证明材料取消清单》的内容，并依照法律、法规进行动态调整，方便企业、群众查询，接受社会监督。

### （二）打破“信息孤岛”方面

国家发展改革委等部门联合印发《加快推进落实＜政务信息系统整合共享实施方案＞工作方案》，明确各部门可交付的成果清单。持续推进数据共享和业务协同，发布并试行推进第一批数据共享责任清单，打通40多个垂直信息系统、690多个数据项，面向全国各级政务部门发布人口、法人信息核验等110多个数据服务接口。截至2017年底，“网络通”目标初步实现，71个部门、32个地方的数据共享“大通道”已经形成。打通40余个国务院部门垂直信息系统，共享超600个数据项，推动人口、法人等重点领域数据基于共享网站提供查询核验服务，初步实现16个重点领域的“数据通”“业务通”。目前，国家数据共享平台支撑跨部门跨地区数据共享交换量达 290 多亿条次，政务信息资源共享和系统整合共享持续深入推进，力争尽早从根本上解决“信息孤岛”的历史顽疾。

比如，浙江省大力推进“1253”公共数据共享技术体系建设，着力打破政府部门间的“信息孤岛”。依托“最多跑一次”改革组建省数据管理中心，负责管理、提供、使用各类信息数据，并参与制定数据运行管理机制，推动信息系统全面整合和公共数据共享开放，特别是在数据共享过程中，开展对数据的汇集、清洗、编排、上架等工作。以浙江政务服务网为平台实现公共数据整合共享，推进政府数字化转型，力争 2018 年底前 80% 以上的政务服务事项开通网上办理，50% 以上的民生事项实现“一证通办”，打造移动办事最便利省份。目前，已有 24 个部门的 43 个业务应用系统基本完成与“一窗受理”平台的对接，并于 2017 年底实现省市县三级办件量前 100 位的事项数据共享。

武汉市依托“三办”① 改革积极推进信息集成化，切实解决部门信息不共享、数据接口不贯通的顽疾。一方面，完善全市统一的身份认证系统、政府大数据中心、“云端武汉·政务服务大厅”，构筑一体化“网上办”平台。另一方面，组建成立大数据局，设立首席信息官，负责协调信息资源的互联互通、资源共享，逐步实现全市审批“一个数据库、一朵政务云、一张政务服务网”。目前，“云端武汉·政务服务大厅”已成为“三办”改革的集成服务平台，覆盖 15 个区（开发区）政务服务大厅，并向全市 171 个街道（乡镇）政务服务中心延伸，实现与 9 套国家系统、7 套省级系统、22 套市直部门自建系统数据联通，同时初步建成证照核查系统，已采集 40 个部门 175 类证照、700 余万条数据。

## （三）提升公共服务质量方面

公用事业服务事关民生，是政府为民办事的延伸窗口。特别是水、电、气、暖等公用事业单位及银行等服务机构，与人民群众生活密切相关，群众对其服务质量感受最深。按照 2017 年深化“放管服”改革电视电话会议要求，国家发展改革委、工业和信息化部、住房城乡建设部等部门针对上述领域存在的突出问题，已分别制定改进工作方案并明确完成时限。2017 年以来，国家发展改革委、工业和信息化部分别出台《关于进一步加强垄断行业价格监管的意见》和《关于进一步提升信息通信领域服务质量和效率工作方案》，逐步清理规范垄断行业经营服务性收费，进一步规范服务行为，加快推进公用事业领域改革。

国家发展改革委统一部署在全国城市开展供水、供气、供暖、电信领域价格重点检查。与此同时，各地将提升公用事业服务质量和效率纳入年度重点工作，积极开展有益探索。比如，江苏省率先探索“多表合一”信息采集，逐步在水、电、气营业厅设立公共事业服务窗口，实现“一张卡、一个 APP、一次交费”。山东、广东等省组建公用事业局（公用事业服务中心），负责对城市公用事业企业实行特许经营管理和服务监管，切实提升与群众生活密切相关的公用事业服务质量和效率。

① “三办”指的是马上办、网上办、一次办。

## 四、精准发力推进放管服改革的重点

党的十九大报告指出，要深化机构和行政体制改革，转变政府职能，深化简政放权，创新监管方式，增强政府公信力和执行力，建设人民满意的服务型政府。政府只有努力为人民提供高效优质的公共服务，人民群众才会对政府更满意。虽然近年来政府服务满意度不断改善，但与人民群众的更高期待相比仍有不小差距，群众反映强烈的户籍及身份证明、各类公证事务、社保缴纳及转移手续等公共服务质量和效率还有待提升。推进放管服改革，要坚持以人民为中心的发展理念，抓住关键问题、精准发力，切实提升服务意识和服务质量，真正从根源上扭转政府不作为、乱作为、不善为，使人民群众有更真实的获得感。

一是强化与群众生活密切相关的公共服务事项全过程管理。在全面梳理劳动就业、社会保障、民政救助、户籍及身份证明等公共服务事项基础上，进一步简化优化办理流程及所需要件，全力推进群众办事程序信息公开，确保线上线下信息获取的准确性和一致性。此外，“互联网 + 政务服务”要最大限度满足不同年龄、职业、学历的群众需求和办事习惯，设身处地为群众办事提供更多便利。

二是加快实现不同部门、领域之间的证件数据贯通和互认共享。重点针对户籍及身份证明、社保联网、个人征信、公证业务等领域，进一步深化政务信息系统整合，避免重复建设、浪费资源。与此同时，尽快打破“信息孤岛”和数据壁垒，确保各数据标准、平台端口的统一互联，逐步建立上下联通、纵横贯通的国家数据共享平台，用“信息跑路”替代“群众跑路”。

三是不断提高各级政府部门尤其是办事窗口工作人员的服务意识和业务水平。一方面，要牢固树立整体政府理念，大力提倡爱岗敬业精神，切实强化一线窗口人员的服务意识和大局意识。另一方面，加大对各类政务服务窗口大厅工作人员的业务培训，逐步拓宽基层聘用人员职业晋升通道，努力建设一支业务精湛、作风优良、相对稳定的服务保障队伍。

四是进一步明确审批部门权责和政务大厅的主体地位。着力解决政务管理机构有责无权、协调无力的问题，确保“一网通办”运行中不同环节之间有效衔接、职责清晰。特别是对于一些关联性事项而言，要全面公开事项办理流程，合理区分部门职责边界，进一步增强政府权力运行的透明度，最大限度减少部门之间相互推诿、扯皮和“懒政”的行为，以最严厉的问责机制治理不作为。此外，要处理好政务大厅与派驻机构、审批部门之间的关系，逐步探索政务大厅的新型运作机制和管理模式。

（执笔：龙海波）

第三部分

# 省域民生发展报告

# 第十四章
# 安徽省民生发展报告

治国有常，利民为本。党的十九大报告提出，增进民生福祉是发展的根本目的，要坚持在发展中保障和改善民生。2017年省政府工作报告中也提出，坚持贯彻以人民为中心的发展思想，大力发展社会事业，持续实施民生工程。按照国务院发展研究中心统一部署，安徽省政府发展研究中心调研组深入省内8个市40个村庄（社区），随机抽取1285户家庭，对其民生情况进行实地调查，重点了解民众在收入消费、工作就业、教育医疗、住房养老、食品安全、政府服务等民生领域的基本情况，在调查基础上，形成报告供参阅。

## 一、安徽省 2017 年民生总体状况

本年度调查共涉及就业、消费、教育、医疗、养老等九大民生领域，涵盖全省8个市40个社区1285户家庭。根据问卷分析，2017年全省民生总体情况如下。

### （一）工作与就业

本次调查对象主要是省内1285户家庭中的4697个成员，调查内容涵盖了就业类型、劳动合同、工作量变化、月工资收入、养老保险缴纳等信息。

#### 1. 就业领域较为分散，主要以农业为主

数据显示，有51.48%（2418个）的被调查人员从事有收入的工作，涉及到各个行业，但是以农业就业为主，从事农、林、牧、渔业者占到被调查总人口的36.81%。其余行业就业较为分散，11.80%的被调查者从事制造业，10.64%的被调查者从事建筑业，详见图14–1。

由于就业行业以农、林、牧、渔业为主，因此就业类型主要分为专业务农或者兼业务农，专业务农的被调查者占29.68%，兼业务农的被调查者占12.38%。非农就业中，在民营/私营企业就职的受访者占19.58%，非固定单位的临时务工人员占8.57%（见图14–2）。

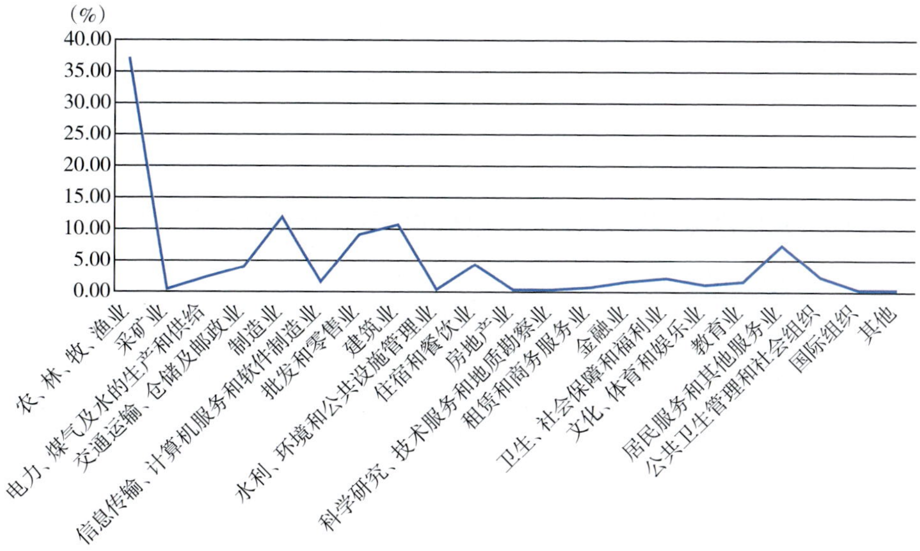


图14-1　受访者就业行业（%）

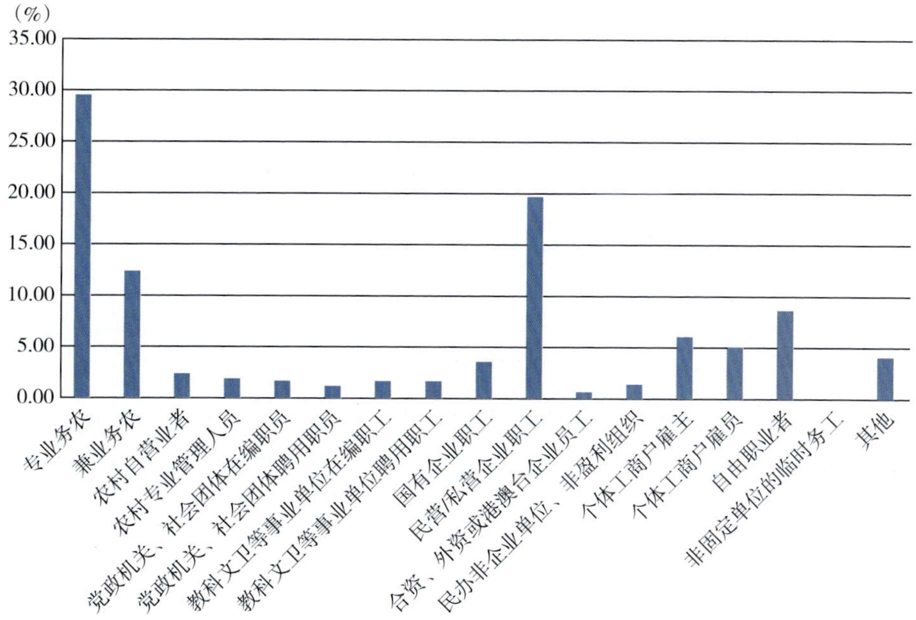


图14-2　受访者就业类型（%）

## 2. 工作量和收入情况基本稳定，城乡月收入有一定差距

与上年同期相比，有71.04%的被调查者认为工作量没有变化，小部分的被调查者认为工作增量有小幅增加或者减少，极少数的被调查者认为工作量大幅增加或大幅减少（见图14–3）。

67.01%的被调查者认为月平均收入没有变化，28.15%的被调查者表示收入有小幅增加或者减少，只有极少数的被调查者表示收入有大幅增加或者减少（见图14–4）。

通过对被调查者具体月收入的分析，了解到扣除税收及“五险一金”之后，被调查者每个月拿到手的收入平均为2541元，其中城市被调查者每个月拿到手的收入平均为3138元，农村被调查者每个月拿到手的收入平均为2161元，城乡收入之间存在一定差距。

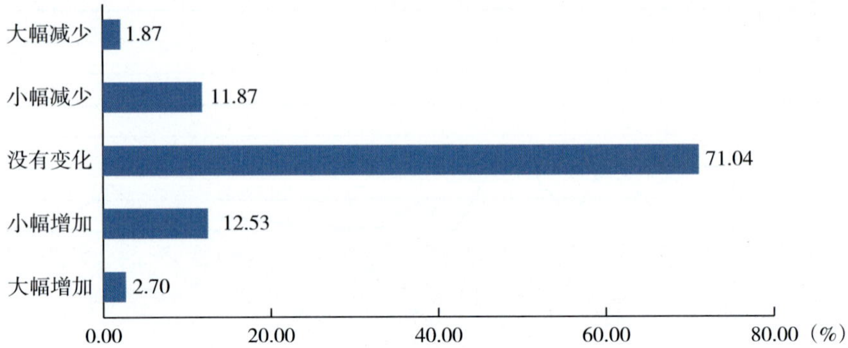


图14-3　工作量同上年同期相比变化情况（%）

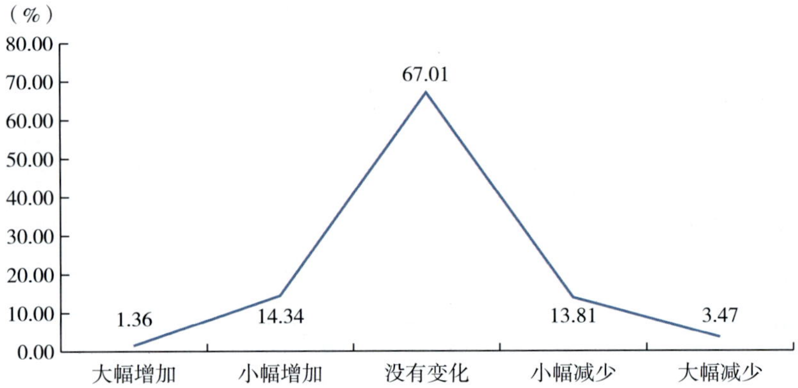


图14-4　月平均收入同上年同期相比变化情况（%）

### 3. 劳动合同签订率低，自身权益保障不足

根据调查，有2418个被调查者从事有收入的工作，但有高达74.84%的被调查者表示没有签订劳动合同或者属于非雇佣劳动者、不适用于劳动合同，其中多为农村在外务工人员，劳动合同签订率整体偏低（见图14-5）。

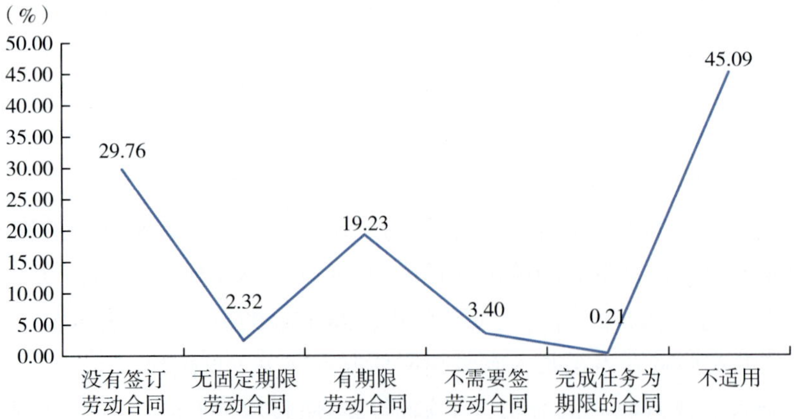


图14-5　被调查者劳动合同签订情况（%）

#### 4. 养老保险参保率高，城乡基本全覆盖

通过对被调查者的养老缴费情况进行分析，了解到87.36%的被调查者有养老保险，其中有64.35%的被调查者参加新型农村社会养老保险，养老保险参保率高（见图14-6）。

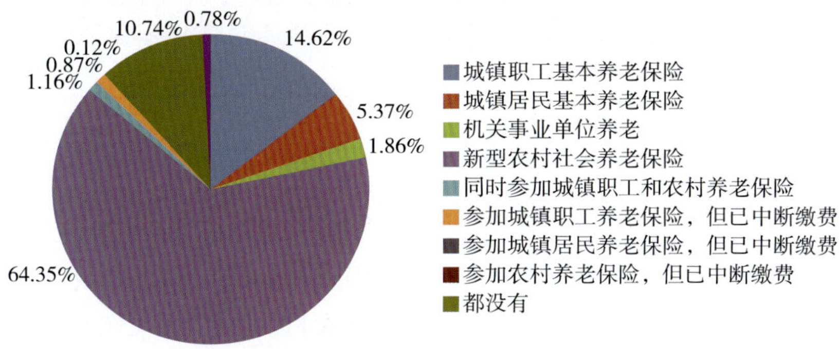


图14-6　被调查者养老保险缴纳情况

分城乡来看，农村被调查者以参加新型农村社会养老保险为主，比例占到82.07%；城市被调查者以参加城镇职工基本养老保险（31.18%）和新型农村社会养老保险（36.59%）为主（见图14-7）。

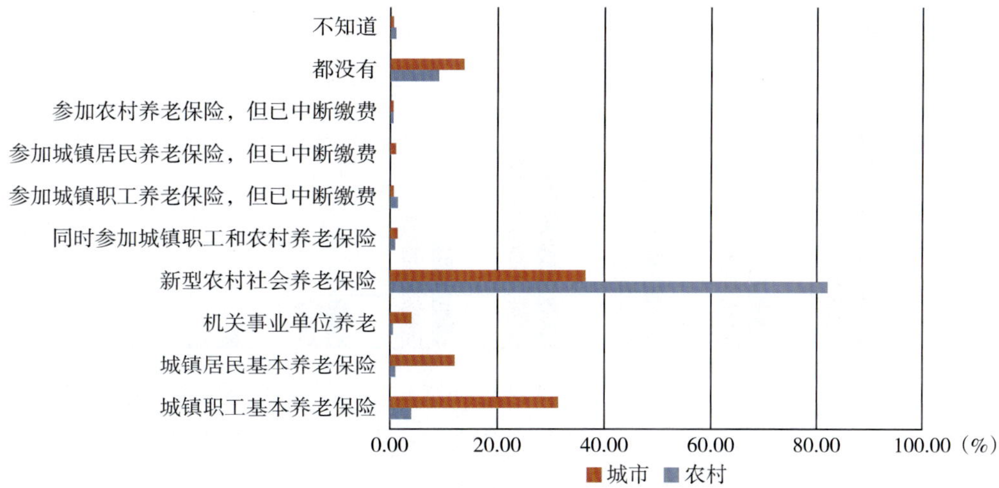


图14-7　城市和农村被调查者养老保险缴纳情况（%）

## （二）收入与消费

本部分调查主要了解家庭年收入、收入来源、收入差距、家庭总消费及支出压力等情况。根据问卷结果分析，收入是亟需解决的民生问题之一。

#### 1. 家庭年收入整体处中等偏下水平，城乡收入差异明显

通过数据分析，安徽省家庭过去一年的平均纯收入约为6.37万元，但是有50.66%的受访者家

庭年收入在5万以下，受访者家庭年收入大多处于中等偏下水平，高收入人群较少。考虑到城乡收入的差异性，按照城市和农村两种类型对收入进行了分析整理。统计结果见表14-1。

表14-1 受访者家庭年收入情况

| 收入 | <1万 | 1万～2.99万 | 3万～4.99万 | 5万～9.99万 | 10万～14.9万 | 15万～24.99万 | 25万～49.99万 | >=50万 |
|---|---|---|---|---|---|---|---|---|
| 城市 | 51 | 88 | 122 | 225 | 78 | 28 | 4 | 6 |
| 比例（%） | 8.47 | 14.62 | 20.27 | 37.38 | 12.96 | 4.65 | 0.66 | 1 |
| 农村 | 154 | 120 | 116 | 181 | 71 | 31 | 9 | 1 |
| 比例（%） | 22.55 | 17.57 | 16.98 | 26.50 | 10.40 | 4.54 | 1.32 | 0.15 |

由数据结果可知，收入在3万元以下的家庭占比中农村为40.12%，是城市的3.86倍。收入介于5万～10万的受访者数量较多，城市受访者的比例是农村的1.4倍（见图14-8）。年收入在5万元以上的城市受访者比例也显著高于农村，显而易见，农村家庭的经济水平远低于城市。如何加快安徽省农村经济的发展，提高农村居民的生活水平是当前亟需解决的难题。

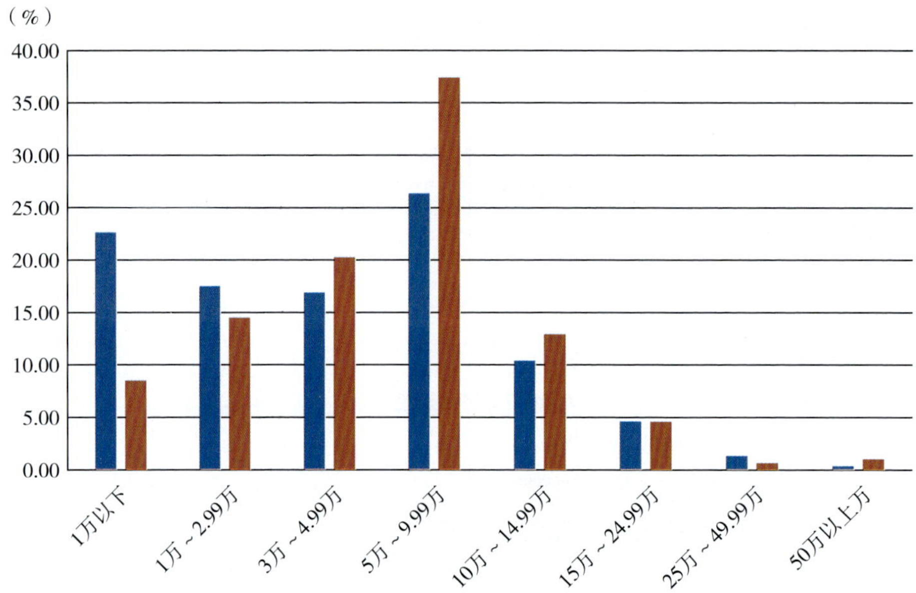


图14-8 受访者家庭年收入分布（%）

## 2. 家庭收入稳步提升，低收入家庭占比减少

本次调查数据显示，52.76%的受访者认为2017年家庭总收入与2016年相差不大，23.27%的受访者认为总收入有所增长，15.95%的受访者认为总收入有所减少。

与2015年相比，年收入在3万以下的家庭总占比有所下降，由2015年的35.83%下降至2016年32.14%，年收入在5万元以下的家庭占比显著下降，由2015年的63.61%下降至2016年的50.66%。年收入5万～25万的家庭总占比明显上升，由2015年的36.67%上升至2016年的47.78%（见图14-9）。总体来看，安徽省城乡居民的家庭收入较2015年稳中有升。

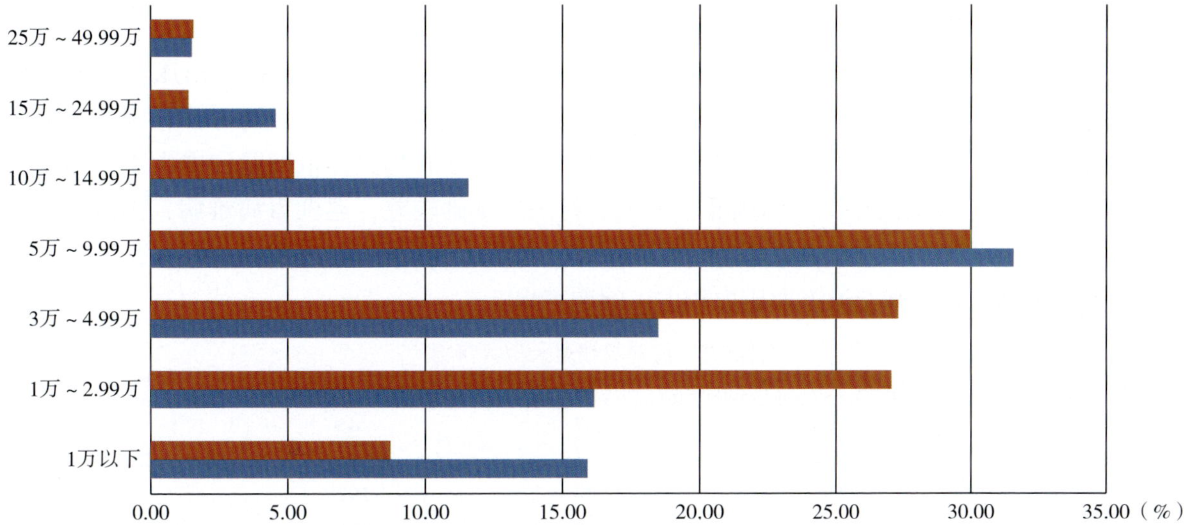


| | 1万以下 | 1万～2.99万 | 3万～4.99万 | 5万～9.99万 | 10万～14.99万 | 15万～24.99万 | 25万～49.99万 |
|---|---|---|---|---|---|---|---|
| ■ 2015年（%） | 8.75 | 27.08 | 27.33 | 30.00 | 5.25 | 1.42 | 1.60 |
| ■ 2016年（%） | 15.95 | 16.19 | 18.52 | 31.60 | 11.60 | 4.59 | 1.55 |

图14-9　2016年家庭年收入与2015年比较（%）

### 3. 家庭收入基本满足消费需求，城乡消费仍有差距

从总体上来看，安徽省家庭过去一年的平均消费额为3.83万元，与家庭平均收入相比低2.54万元，大多数家庭年收入能满足日常消费需求。分城乡来看，消费在1万以下的家庭占比中，农村为19.18%，是城市的2.57倍，低消费人群在城乡之间的差异性明显，农村消费能力明显低于城市（见图14–10）。

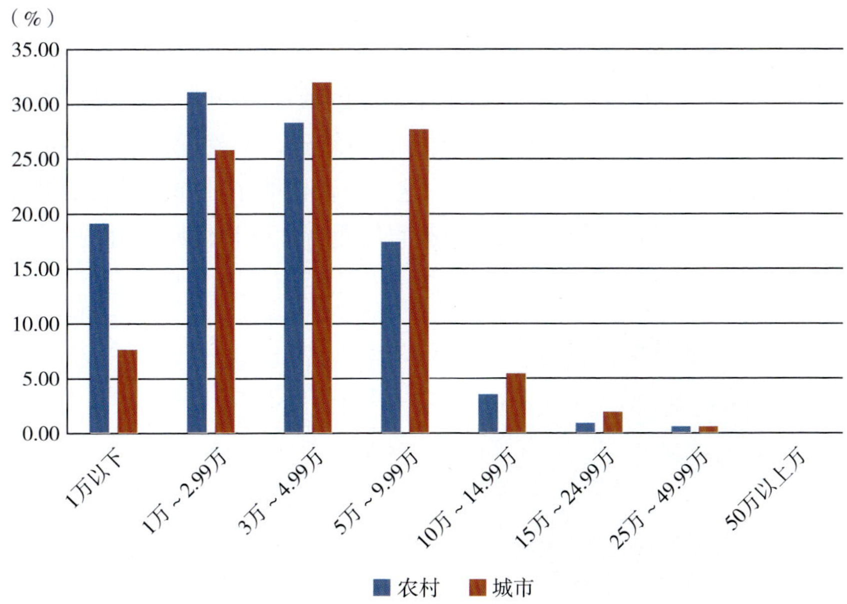


图14-10　受访者家庭年消费支出分布（%）

### 4. 教育支出占比较大，城乡压力差别明显

通过分析家庭年消费支出压力数据可以看出（见表14–2），农村消费支出压力主要在食品、医疗、子女教育方面，城市消费支出压力主要在子女教育、交通、住房方面，因此，不论是农村还是城市，在教育方面都承受着较大压力。此外，在农村医疗依旧是“老大难”问题，农村的新农合医疗报销门槛高、比例低，加上农村医疗基础较差，遇到重病难病，仍需进入县城、地级市甚至外地的大型公立医院救治，医疗成本较高；在城市，随着人口的大量涌入，公共资源相对紧张，住房和交通方面压力较大，问题突出。

表14-2　受访者家庭年消费最大压力情况

| 类别 | 农村 | 比例（%） | 城市 | 比例（%） |
|---|---|---|---|---|
| 食品 | 204 | 29.87 | 45 | 7.48 |
| 住房 | 27 | 3.95 | 155 | 25.75 |
| 子女教育 | 156 | 22.84 | 192 | 31.89 |
| 交通 | 3 | 0.44 | 166 | 27.57 |
| 医疗 | 151 | 22.11 | 32 | 5.32 |
| 人情送礼 | 97 | 14.2 | 10 | 1.66 |
| 婚丧嫁娶 | 5 | 0.73 | 2 | 0.33 |
| 其他 | 6 | 0.88 | 0 | 0 |
| 没压力 | 0 | 0 | 0 | 0 |
| 合计 | 683 | 100 | 602 | 100 |

## （三）子女教育

随着经济的快速发展以及对各类专业人才需求的不断增加，全社会对教育越来越重视，教育消费支出也越来越大。本部分调查主要了解子女教育的基本信息、教育的不满意因素、家庭教育支出等情况。

### 1. 大部分家庭选择就近入学

在本次调查的1285户中，有孩子入学或者准备入学的共计678户，其中86.87%选择就近上学，13.13%的受访者选择较远距离的学校。通过原因探究了解到，未就近入学的最主要原因是为了选择更好的学校，比例高达53.93%（见图14–11）。这一方面说明了目前的教育资源能够满足大部分家庭的基本需求，另一方面也说明了部分家庭对教育的重视，选择优质教育的意识有所提高。

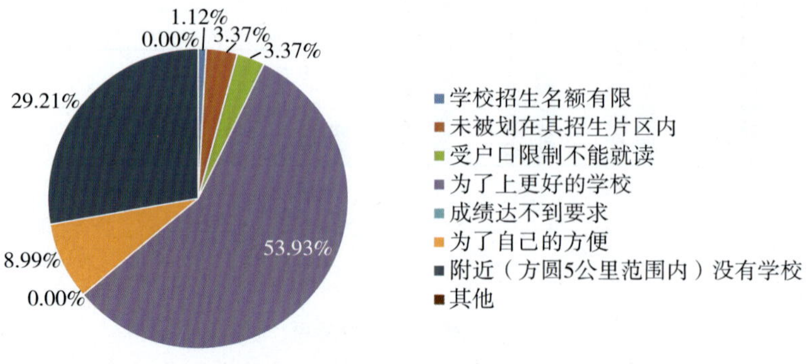


图14-11　选择离家较远的地方就读的原因

### 2. 幼儿入园贵和大学生就业难问题普遍存在

城乡居民普遍反映入园贵、义务教育教学质量不高、大学生就业难是教育中存在的突出问题。学前教育调查中，15.44%的受访者最不满意的是入园贵，且费用增长明显； 高等教育调查中，高达20.59%的受访者最不满意是高校毕业生就业难，关于高校毕业生就业方面的指导和扶持工作需要进一步加强（见图14–3）。

表14-3　受访者对教育的不满意情况

| 教育阶段 | 受访者人数 | 最不满意选项 | 响应人数 | 百分比（%） |
|---|---|---|---|---|
| 学前教育 | 136 | 入园贵 | 21 | 15.44 |
| | | 学不了什么东西 | 10 | 7.35 |
| 义务教育和普通高等教育 | 440 | 教学质量差 | 46 | 10.5 |
| | | 上学距离远 | 20 | 4.57 |
| | | 学校乱收费 | 15 | 3.42 |
| 职业教育 | 27 | 缺少实训，实践能力培养不足 | 5 | 18.52 |
| | | 质量不高 | 3 | 11.11 |
| 高等教育 | 102 | 高校毕业生就业难 | 21 | 20.59 |
| | | 学费高 | 11 | 10.78 |

### 3. 家庭教育支出压力不断加大

从调查数据来看（见图14–12），有适龄子女在校的家庭678户，2016年平均家庭教育支出11619元/户，教育支出占家庭总支出的比例为28.10%，教育支出比例较往年（2015年15.41%）明显提高。家庭教育支出中，最大值为30000元，最小值为200元，数值跨度很大，家庭在子女身上的教育支出存在很大差异性。这种差异性与子女所处的教育阶段、地域以及家长对教育的重视程度密切相关。

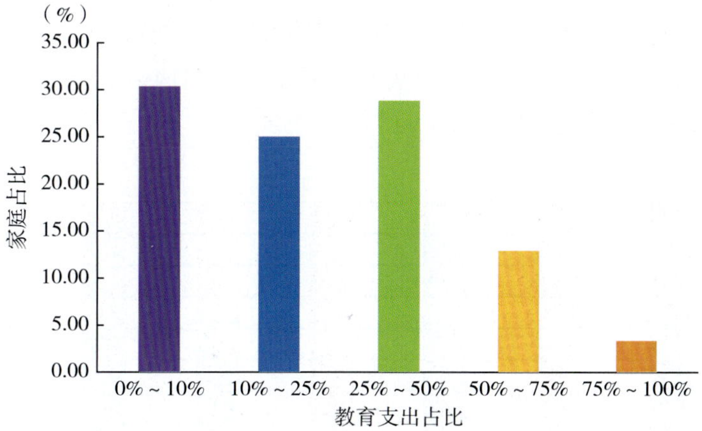


图14-12　教育支出占家庭支出比例（%）

## （四）医疗卫生

医疗卫生工作一直是民众关注的焦点，近年来看病难、看病贵、医患矛盾等问题依然突出，本部分调查主要涵盖了居民就医方式、就医意识、对医疗服务的评价以及医疗支出等内容。

### 1. 轻微疾病多选择就近就医

调查数据显示（见图14-13），村卫生室、诊所以及社区卫生服务中心是受访者首选的就医场所，占到调查人数的42.96%。多数受访者表示，为就医方便，诸如感冒、发烧、咳嗽等常见小病会选择附近的卫生室或社区医院，但是如果疾病稍微严重些，就会选择距离远但医疗条件较好的县级或市级医疗机构。鉴于基层服务医疗设施、人才队伍、技术水平相对有限，与县（区）、市内大医院差距较大，为了更好地服务群众，有效提升基层医疗服务机构的设备水平和技术能力迫在眉睫。

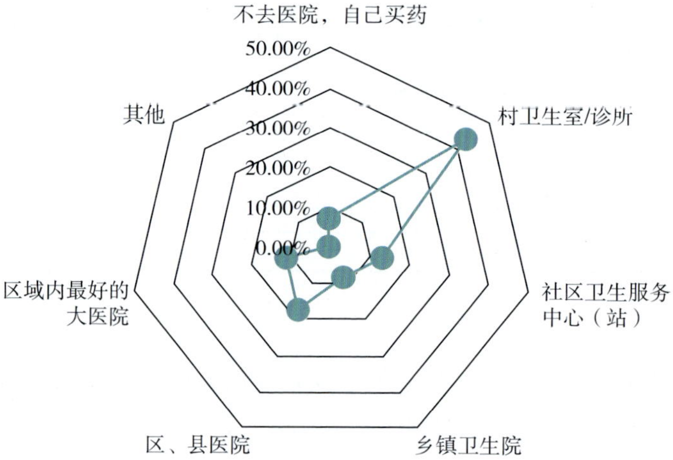


图14-13　受访者医疗机构首选情况

对比城乡居民对医疗机构的选择情况，发现城乡的就医选择存在明显差别。在农村，村卫生室/诊所（66.33%）是首选医疗机构，附近就医是首要选择；而城市居民更倾向去社区服务中心（26.74%）、区县医院（23.09%）和区域内最好的大医院（20.76%），对医疗的硬件设施条件、医疗服务人员的专业能力和服务态度有更高的要求（见图14-14）。要让百姓既方便看病又能看得起病，切实解决百姓看病难的问题。

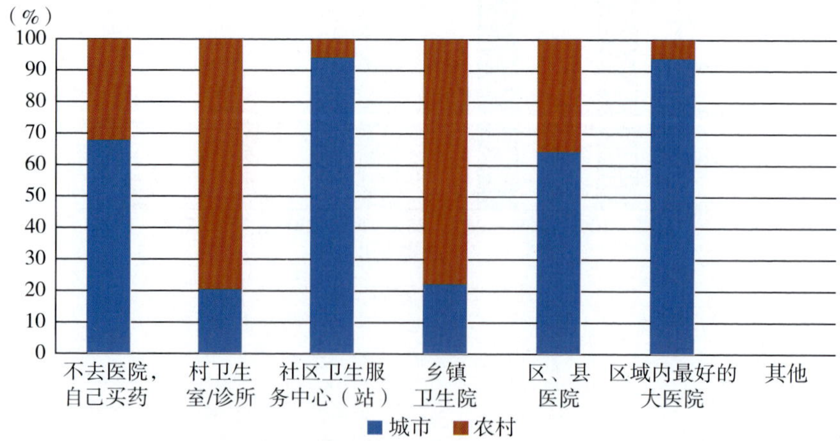


图14-14　城乡受访者医疗机构首选的比较（%）

### 2. 民众对县市级公立医院信任度较高

在受访的1285户中，过去一年中有家庭成员住院的共计335户，根据结果统计（详见图14-15），大部分居民主要选择县级或地市级公立医院，其中选择公立医院住院的比例达到86.71%，可以看出广大群众更加信任公立医院。

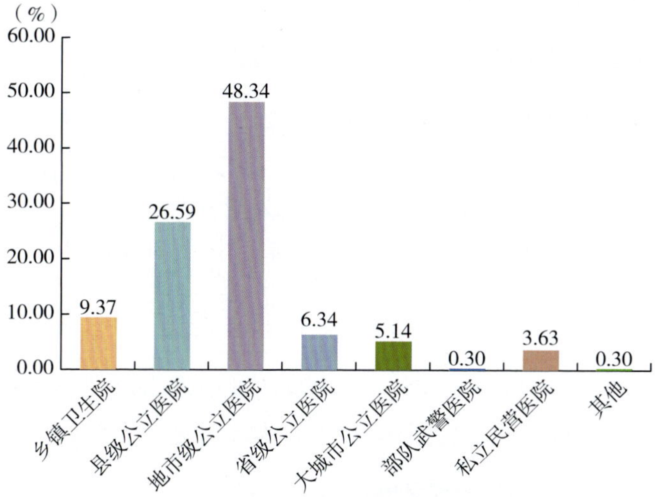


图14-15　过去一年住院的受访者家庭选择的医疗机构（%）

### 3. 民众住院负担重，农村报销比例低于城市

在住院医疗费用方面，通过对数据进行整理分析得到，扣除各类医保报销后，家庭实际支出的诊疗总费用平均为9194元，报销金额平均为8272元，报销比例平均为47.36%。

考虑到城乡差异性，分别按照城市和农村两种类型对住院情况进行分析。扣除各类医保报销后，农村家庭住院费用实际支出平均为8056元，城市家庭住院费用实际支出平均10406元，城市居民实际支付的诊疗总费用是农村的1.3倍。不论是城市居民还是农村居民，住院费用均占家庭消费支出较大比例，住院医疗负担较重。

农村家庭住院费用报销金额平均为4872元，报销比例为37.69%；城市家庭住院费用报销金额平均为12127元，报销比例为53.82%，城市居民的住院医疗报销比例明显高于农村。其中城市居民住院费用报销比例以40%～80%为主，占比60.42%；而农村居民的住院费用报销比例主要介于20%～60%，占到55.77%，农村居民比城市居民报销比例低。以上调查结论与省内实际情况不太相符，原因主要有以下两个方面：首先，省内推行分级诊疗制度，在不同级别和类别的医疗机构的报销比例有所不同，在基层医疗机构住院相对报销比例较高，级别较高的医疗机构报销比例较低。农村居民就医意识有所加强，其住院时首选县市级医院等较高级别医疗机构，其住院报销比例略低于城镇居民。其次，城镇居民医疗分为城镇职工医疗保险与城镇居民医疗保险，其中城镇职工医疗保险报销比例明显高于城镇居民医疗保险与新农合，从某种程度上拉高了城镇居民的整体医疗报销比例。

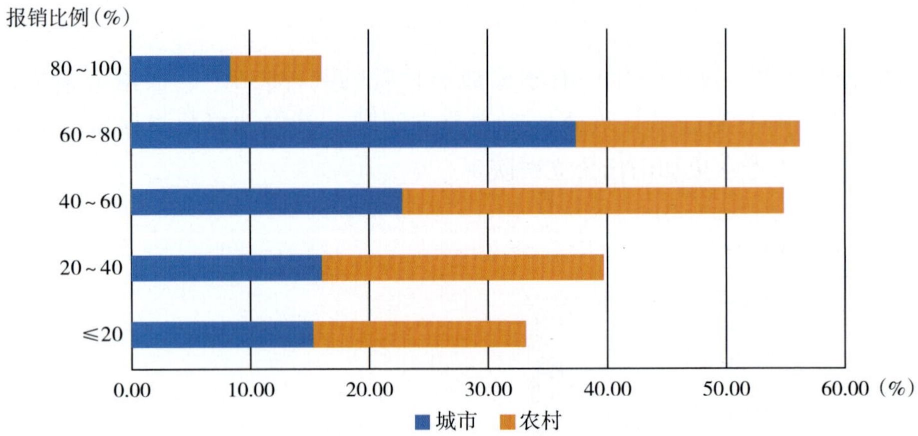


图16　2016~2017年城乡居民住院报销比例的比较（%）

### 4. 群众担心老无所依，看病贵和报销低是主要原因

在问及是否担心未来生病没钱看病时，22.02%的被访者表示"非常担心"，"有些担心"的比例也在37.28%，总共将近六成（见图14-17）。由此可见，大部分公众担心未来没钱看病。

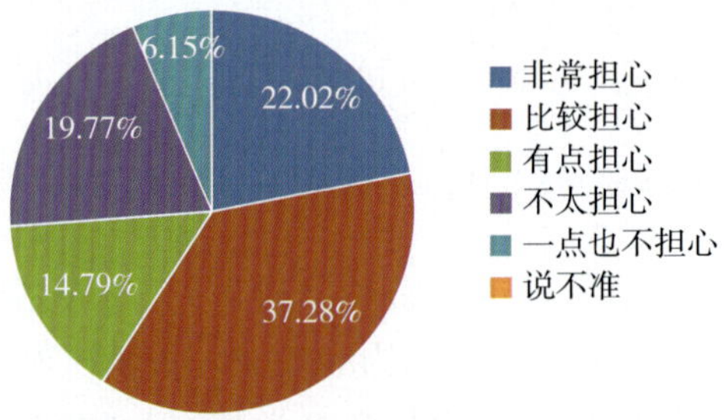


图14-17　是否担心未来生病后没钱看病的情况

问及对医疗服务最不满意的选项时，除42.88%的受访者没有不满意的外，其余受访者对医疗服务最不满意的一点就是看病太贵，达到27.16%。其次则是大医院看病难，医保报销比例太低。

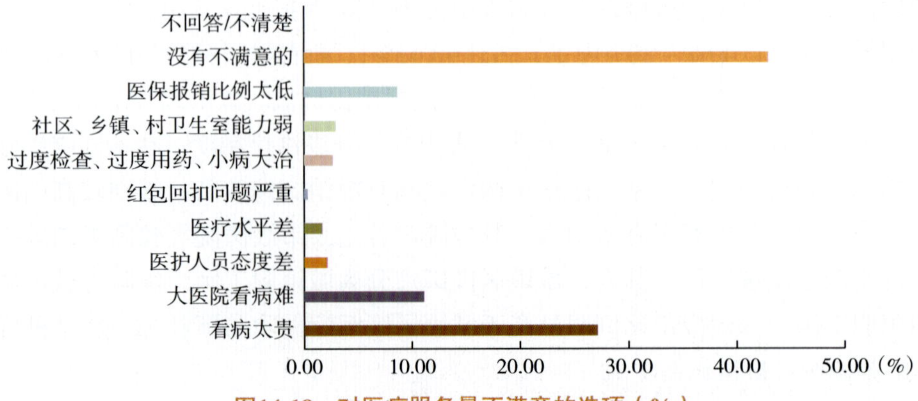


图14-18　对医疗服务最不满意的选项（%）

## （五）养老保障

面对严峻的老龄化形势，养老问题日益受到全社会的关注。本部分调查分别从养老金来源、养老方式、养老服务基础设施建设、养老保障等方面进行了解分析。

### 1. 养老金与儿女赡养是养老的主要经济来源

数据统计结果显示（见图14-19），大部分民众对养老较为担忧，累计比例高达67%，其中非常担心的占12.37%、比较担心的占40.23%、有点担心的占14.40%，养老保障形势不容乐观。

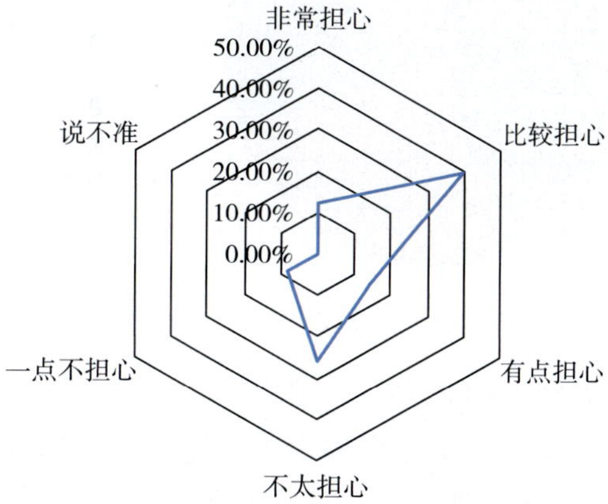


图14-19　是否担心养老经济来源（%）

关于养老经济保障的来源问题，33.85%的受访者表示来自自己的退休金，30.58%受访者表示依靠儿女或者亲属赡养，养老金优先于子女养老，成为主要的养老经济来源，这在一定程度上体现了我国的养老理念正在发生变化。

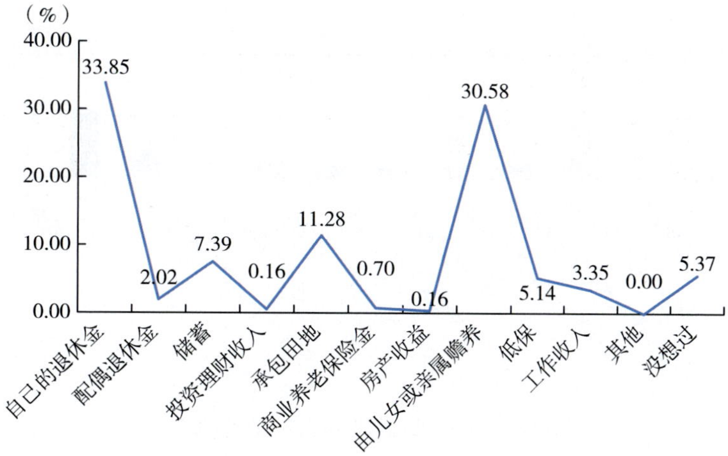


图14-20　养老经济来源（%）

### 2. 居家养老是绝大多数老年人选择的养老方式

在问及老了以后主要靠谁进行生活照顾时，37.51%的受访者选择主要靠子女照顾，选择配偶照顾（23.74%）和自己照顾（31.05%）的也累计达到54.79%，这主要源于我国传统的养老思想（见图14-21）。选择进入养老机构的只有极少数，一方面说明社会养老的观念还没有深入人心，另一方面说明安徽省社会养老机构的发展还处于起步阶段，发展不足。

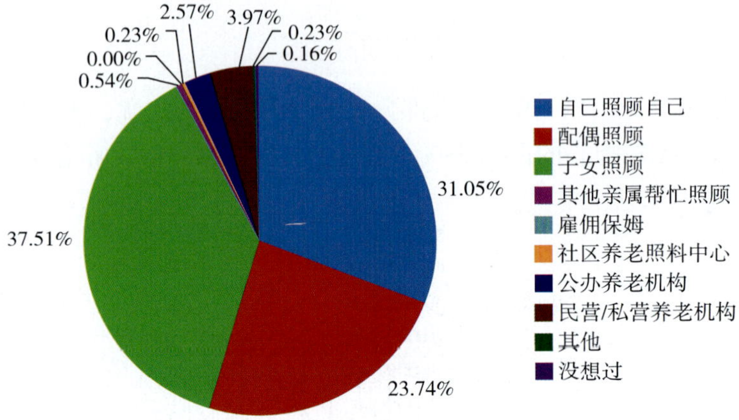


图14-21　老了以后的生活照顾者选择情况

在问及目前养老服务存在的最大问题时（见图14-22），44.51%的受访者表示养老服务机构收费太高，20.70%的受访者认为养老服务机构太少，这在一定程度上反映了养老服务体系还不够完善，优质养老资源较少，养老院普及率较低且专业水平不高，整体效用没有完全发挥。

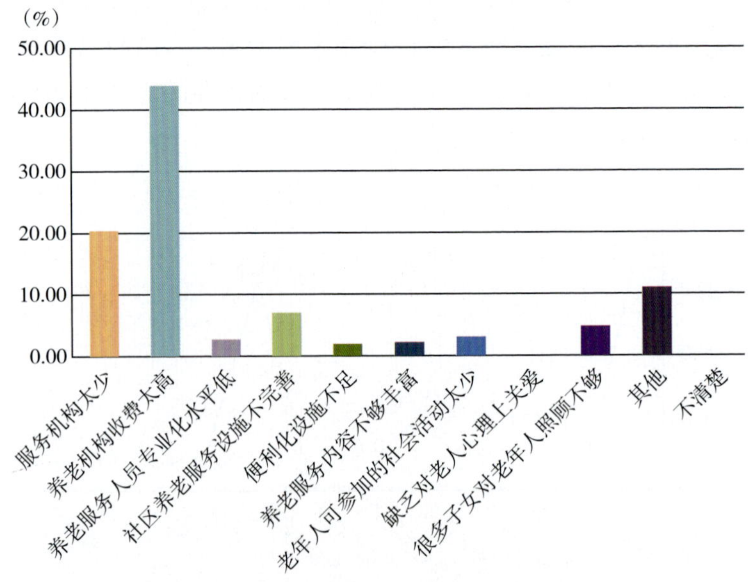


图14-22　养老服务存在的最大问题（%）

### 3. 部分基础设施建设覆盖率较低

根据调查（见图14-4），养老基础服务设施建设取得初步成效，71.35%受访者表示居住地修建有方便老人使用的健身场所，但是康复设施、老年日间照料中心与老年食堂覆盖率较低，养老基础服务设施需进一步完善。

表14-4 养老服务设施修建情况（%）

| 养老服务设施 | 有 | 没有 | 不清楚 |
|---|---|---|---|
| 棋牌室/文化活动室 | 65.68 | 34.32 | 0 |
| 健身场所 | 73.15 | 26.85 | 0 |
| 康复设施 | 38.75 | 61.25 | 0 |
| 老年日间照料中心 | 18.21 | 81.79 | 0 |
| 老年食堂 | 6.07 | 93.93 | 0 |

## （六）住房保障

住房问题关乎民生，实现“住有所居”“住有宜居”是公众最迫切的期盼。本部分调查主要包括居民住房类型、住房压力、购房意愿及支出等内容。

### 1. 城乡家庭住房差异较大

从总体上看，自建住房为家庭住房主体。分城乡看，农村自建住房达到91.65%，超过城镇67.83个百分点，而自购商品房和拆迁安置房分别比城镇少27.64个百分点和23.02个百分点，城乡差异大（见表14–5）。

表14-5 住房性质调查

| 类别 | 城镇 | | 农村 | |
|---|---|---|---|---|
| | 人数 | 比例（%） | 人数 | 比例（%） |
| 自购商品住房 | 177 | 29.40 | 12 | 1.76 |
| 购买房改房 | 66 | 10.96 | 10 | 1.46 |
| 保障性住房 | 4 | 0.66 | 4 | 0.59 |
| 市场租赁房 | 21 | 3.49 | 4 | 0.59 |
| 单位租住房 | 6 | 1.00 | 1 | 0.15 |
| 廉租房 | 27 | 4.49 | 0 | 0.00 |
| 拆迁安置房 | 150 | 24.92 | 13 | 1.90 |
| 自建住房 | 144 | 23.92 | 626 | 91.65 |
| 借助亲朋好友 | 7 | 1.16 | 13 | 1.90 |
| 其他 | 0 | 0.00 | 0 | 0.00 |
| 合计 | 602 | 100 | 683 | 100 |

### 2. 城乡居民未来购房意愿较低

调查结果显示（见图14–6），超过85%的家庭未来三年内没有购房或建房打算，居民购房意愿整体不高。在有购房打算的受访者中，购房原因主要是子女结婚和改善住房条件，其中农村的受访者中因结婚打算购房的占40%、改善住房条件的占22.67%，城镇受访者中因改善住房条件打算购房的占35.80%、结婚的占20.99%。

表14-6　　购房意愿调查

| 类别 | 城镇 | | 农村 | |
|---|---|---|---|---|
| | 人数 | 比例（%） | 人数 | 比例（%） |
| 购买商品房 | 65 | 10.80 | 53 | 7.76 |
| 购买保障性住房 | 14 | 2.33 | 5 | 0.73 |
| 自建、扩建或改造 | 1 | 0.17 | 19 | 2.78 |
| 不打算购房或建房 | 512 | 85.05 | 597 | 87.41 |
| 看情况 | 10 | 1.66 | 9 | 1.32 |
| 合计 | 602 | 100 | 683 | 100 |

## （七）生活环境

随着经济发展和社会进步，人们对居住环境、生活环境的要求越来越高。本部分调查主要了解民众对居住地生态环境状况满意程度、生态环境质量变化情况以及食品安全等信息。

### 1. 生态环境质量评价总体较好

生态环境包括空气、水、生活垃圾、绿化等，本次调查分别从这几个方面对生态环境质量进行评价，总体来说，受访者对居住地生态环境质量的评价趋于正面，对各项指标的积极性评价均超过70%（见表14–7）。

表14-7　　居住地生态环境质量满意度调查表（%）

| 类别 | 居住地生态环境质量 | | | | | |
|---|---|---|---|---|---|---|
| | 非常满意 | 比较满意 | 一般 | 比较不满意 | 非常不满意 | 说不清 |
| 空气质量 | 12.68 | 66.15 | 12.61 | 7.32 | 1.25 | 0 |
| 生活用水质量 | 9.73 | 64.90 | 16.42 | 7.86 | 1.09 | 0 |
| 生活垃圾处理情况 | 11.91 | 65.84 | 15.88 | 4.67 | 1.71 | 0 |
| 绿化情况 | 8.40 | 62.57 | 22.88 | 4.67 | 1.48 | 0 |

### 2. 农村环境整治成效显著，农膜处置和工业污染治理不足

由表14–8可以看出，受访者对于农村环境整理成效还是比较满意的，特别是秸秆处理和牲畜粪便处置工作，对其积极性指标评价超过60%。但是有58.86%的受访者表示农膜处置工作成效一般，这一方面与当地缺乏相应的农膜回收网点有关，另一方面也与当地农民缺乏环保意识有关。73.06%的农业受访者认为当地周边工矿企业排污设置一般，对企业排污设置的监管工作仍需进一步加强。

表14-8　　农村污染治理成效满意度调查表（%）

| 类别 | 农村污染治理成效 | | | | | | |
|---|---|---|---|---|---|---|---|
| | 非常好 | 比较好 | 一般 | 不太好 | 非常差 | 说不清楚 | 不适用 |
| 牲畜粪便处置 | 3.66 | 51.24 | 36.6 | 5.56 | 2.93 | 0 | 0 |
| 农膜处置 | 3.37 | 29.72 | 58.86 | 6.73 | 1.32 | 0 | 0 |
| 减少农药化肥使用 | 3.51 | 41.43 | 31.63 | 20.06 | 3.37 | 0 | 0 |
| 秸秆处理 | 19.03 | 63.54 | 14.79 | 2.20 | 0.44 | 0 | 0 |
| 周边工矿企业排污设置 | 3.07 | 17.86 | 73.06 | 4.10 | 1.90 | 0 | 0 |
| 生活污水处理 | 2.49 | 32.06 | 52.42 | 9.96 | 3.07 | 0 | 0 |

### 3. 民众对食品安全仍有担忧

由表14–9可以看出，居民对当地食品安全状况总体满意，但是仍有17.27%的受访者表示不满意。调查结果显示（见表14–10），目前民众最担心的食品安全问题依次是食品过期变质、食品添加剂（如色素、防腐剂、香精等）超量使用，47.08%的受访者表示政府应该采取更为严格的食品安全标准，26.33%表示需要强化监管部门责任和检查执法力度。

表14-9　　居住地食品安全状况总体评价

| 对食品安全状况 | 人数 | 比例（%） |
|---|---|---|
| 非常满意 | 69 | 5.37 |
| 比较满意 | 736 | 57.28 |
| 一般 | 258 | 20.08 |
| 不太满意 | 196 | 15.25 |
| 非常不满意 | 26 | 2.02 |
| 不了解/不评价 | 0 | 0.00 |
| 总计 | 1285 | 100 |

表14-10　　居民最担心的食品安全问题

| 类别 | 第一位 | 第二位 | 第三位 | 合计 | 占比（%） |
|---|---|---|---|---|---|
| 食品过期变质 | 262 | 684 | 1021 | 1967 | 51.02 |
| 食品添加剂超量使用 | 352 | 215 | 9 | 576 | 14.94 |
| 农药兽药、抗生素、重金属等高残留 | 140 | 198 | 53 | 391 | 10.14 |
| 食品加工不卫生 | 44 | 69 | 70 | 183 | 4.75 |
| 食品虚假信息 | 25 | 34 | 56 | 115 | 2.98 |
| 食品掺杂（假）问题 | 43 | 67 | 60 | 170 | 4.41 |
| 盗用（假冒）名牌 | 9 | 17 | 16 | 42 | 1.09 |
| 其他 | 9 | 1 | 0 | 7 | 0.18 |
| 都不担心 | 404 | 0 | 0 | 404 | 10.48 |
| 合计 | 1285 | 1285 | 1285 | 3855 | 100 |

## （八）政府服务

良好的政府形象能够增强政府的权威性，赢得人民和社会的拥护。本部分调查主要了解政民众对政府服务和办事效率的总体评价、政策的宣传渠道、政府部门及工作人员存在问题等信息。

### 1. 民众对政府服务工作总体满意

受访者对政府的行政效率与服务方面满意程度逐年提高，如表14–11所示，受访者对政府行政效率与服务评价满意度高达80.62%，其中很满意占16.34%、比较满意占64.28%，政府服务工作明显提升。

表14-11　受访者对政府服务和办事效率的总体评价

| 对政府工作满意度 | 人数 | 比例（%） |
|---|---|---|
| 很满意 | 210 | 16.34 |
| 比较满意 | 826 | 64.28 |
| 一般 | 132 | 10.27 |
| 不太满意 | 75 | 5.84 |
| 很不满意 | 42 | 3.27 |
| 不回答/不清楚 | 0 | 0.00 |
| 总计 | 1285 | 100 |

### 2. 政府服务效率和水平尚需提升

有9.11%受访者表示对政府服务和办事效率不太满意。从调研结果来看（见图14–23），居民对于政府服务中最不满意的方面是相互推诿、效率不高，这一比例达到14.55%；其次是程序太复杂和不公开，占8.09%。

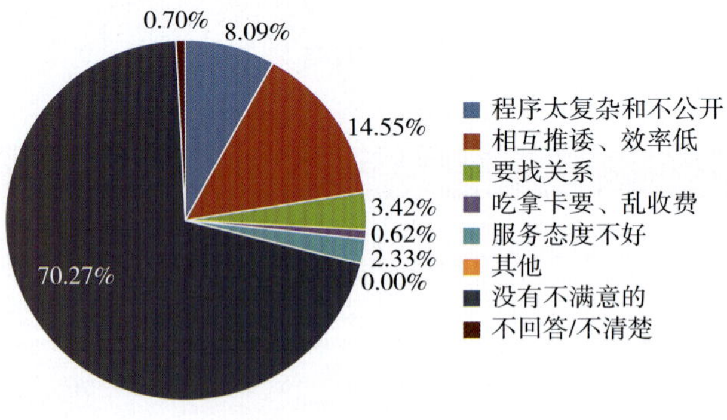


图14-23　受访者对政府服务和办事效率的总体评价

## （九）其他民生问题

加强社会建设，必须以保障和改善民生为重点。本部分调查设置了生活状况满意度、家庭生活不满意因素和社会环境不满意因素等问题，了解亟需改善的基本民生问题。

### 1. 绝大多数受访者对目前生活状况满意

问及1285位受访者对家庭目前的生活状况满意程度时（见图14–24），表示很满意的达到12.14%，基本满意的有53.54%，累计比例达到65.68%。总体上讲，大多数家庭对目前生活状况感到满意。

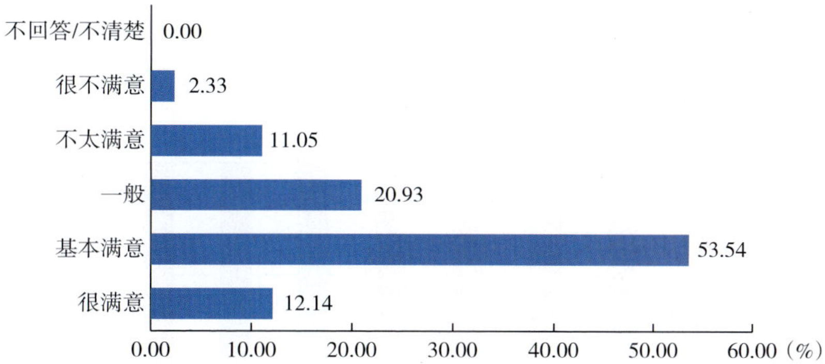


图14-24　家庭生活状况满意度调查

### 2. 家庭生活最不满意的因素主要是收入、医疗和住房

问及受访者家庭生活中最不满意的因素时（表14–12），除45.35%城市受访者和44.95%的农村受访者表示不清楚以外，25.75%城市受访者和28.11%农村受访者表示最不满意的因素是收入水平，其次是医疗（城市占9.80%，农村占6.88%）和住房（城市占8.47%，农村占8.05%）。因此，不论是城市居民还是农村居民，收入、医疗、住房都是目前亟需解决的民生问题。

表14-12　受访者对自己家庭生活最不满意情况

| 主要因素 | 城市人数 | 比例（%） | 农村人数 | 比例（%） |
|---|---|---|---|---|
| 就业状况 | 12 | 1.99 | 22 | 3.22 |
| 收入水平 | 155 | 25.75 | 192 | 28.11 |
| 子女教育 | 24 | 3.99 | 23 | 3.37 |
| 医疗 | 59 | 9.80 | 47 | 6.88 |
| 养老 | 27 | 4.49 | 34 | 4.98 |
| 住房 | 51 | 8.47 | 55 | 8.05 |
| 其他 | 0 | 0.00 | 3 | 0.44 |
| 没有 | 1 | 0.17 | 0 | 0.00 |
| 不清楚 | 273 | 45.35 | 307 | 44.95 |
| 合计 | 602 | 100 | 683 | 100 |

### 3. 食品安全、环境污染和交通出行成为关注焦点

问及受访者对社会环境最不满意的因素时，考虑到城乡社会环境的差异性，按照城市和农村两种类型对不满意因素进行分析整理，城市受访者最不满意的社会环境因素为食品安全

（10.13%）和环境污染（9.97%），农村受访者最不满意的因素是交通出行（5.71%）。

城市受访者对食品安全感偏低，主要是因为城市居民的食品主要来源于市场采购，在食品加工、流通及销售环节存在监管缺失或漏洞；同时公众容易受媒体影响，夸大、失实的媒体报道更滋生了公众质疑。此外城市受访者对环境表示不满意，主要是因为城市聚集了大量人口，工业、机动车等污染源相对较多，环境质量相对劣于农村环境质量。

农村受访者表示最不满意的因素是交通出行（5.71%）。由于安徽省内部分农村地处偏远，特别是有的农村还位于山区，基础设施不够完善，出行困难、交通不畅是一大难题。

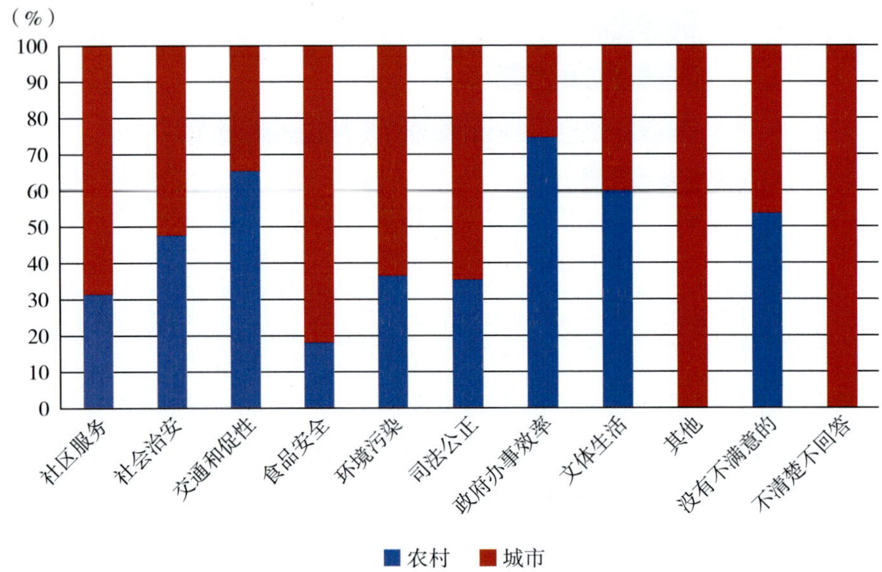


图14-25　城乡居民对社会环境的最不满意情况（%）

表14-13　城乡居民对社会环境的最不满意情况

| 主要因素 | 城市人数 | 城市比例（%） | 农村人数 | 农村比例（%） |
|---|---|---|---|---|
| 社区服务 | 19 | 3.16 | 10 | 1.46 |
| 社会治安 | 38 | 6.31 | 39 | 5.71 |
| 交通出行 | 23 | 3.82 | 49 | 7.17 |
| 食品安全 | 61 | 10.13 | 15 | 2.20 |
| 环境污染 | 60 | 9.97 | 39 | 5.71 |
| 司法公正 | 8 | 1.33 | 5 | 0.73 |
| 政府办事效率 | 9 | 1.50 | 30 | 4.39 |
| 文化生活（含体育） | 10 | 1.66 | 17 | 2.49 |
| 其他 | 3 | 0.50 | 0 | 0.00 |
| 没有不满意的 | 369 | 61.30 | 479 | 70.13 |
| 不回答/不清楚 | 2 | 0.33 | 0 | 0.00 |
| 合计 | 602 | 100 | 683 | 100 |

## 二、安徽省民生领域存在的主要问题

2007年以来，全省上下扎实推进民生工程，把民生作为社会建设的重要抓手，11年来累计投入5671.6亿元，人均受益9000多元。33项民生工程的实施，解决了一大批人民群众最关心、最直接、最现实的利益问题。同时也要看到，民生问题永远在路上，仍然需要持续发力、精准施策。根据此次民生调查结果，民领域仍然存在一些亟待解决的问题。

### （一）城乡居民收入水平较低，且差距有所扩大

安徽省城乡居民收入与经济增长的趋同性明显改善，但城乡居民收入增速一直落后于经济增速。据统计，2016年安徽省人均可支配收入19998元，在全国排名第16位，处于中等水平，与浙江、江苏、山东等省份仍有较大差距。在本次调查中，家庭年平均收入为6.37万元，年收入在3万以下的占32.14%，3万～5万的占50.12%，加上医疗、教育、住房等花费日益昂贵，经济压力较大。同时虽然农民收入保持了持续快速增长态势，但由于农民增收的基础比较薄弱、农业生产效益不高、税收优惠政策城乡迥异、基础教育资源城乡失衡等原因，农民增收渠道仍比较缺乏，促进农民持续增收的长效机制尚未完全建立，城乡收入差距总体呈扩大趋势。

### （二）教育支出占比大，幼儿入园贵和大学生就业难

通过对家庭年支出消费数据的分析发现，不论是城市居民还是农村居民，均表示教育支出压力较大。2016年平均家庭教育支出11619元/户，占家庭总支出比例的28.10%，较2015年（15.41%）明显上升。虽然全省范围内已免除义务教育阶段的学杂费，但是幼儿和高中以上学校的教育费用较高，额外教育成本如各种辅导班的培训费用、学习材料购置费用支出也日益增长，家庭负担较重。此外，受访者对学前教育最不满意的是入园贵，由于省内公立幼儿教育资源有限，入学门槛高，很多家庭不得不选择民办幼儿园，而民办幼儿园收费实行自主定价，学费较高，加重了家庭经济负担。高校毕业生就业难也是一大问题，这一方面是由于公众对高等教育投资回报率期望过高、现实回报率下降太快，另一方面也与劳动力市场供需不均衡、大学生专业素质与用人单位不匹配密切相关。

### （三）部分农村基础设施落后，且污染治理任重道远

2016年，安徽省内全年完成公路建设投资790.6亿元，其中农村公路建设完成投资251.9亿元，农村道路畅通工程完成投资233.7亿元，农村基础设施建设取得很大成效。但本次调查中，依然有不少农村受访者表示出行不便。对于地处偏远的农村而言，建设道路点多面广，任务繁重，需要投入的资金和人力物力较大，加上部分道路年久失修，历史欠账多，导致了当地交通不便的困境。在农村环境整治中，受访者对秸秆处理和牲畜粪便处置工作取得的成效普遍表示满意，但是对当地周边工矿企业排污设置评价较低，可能是因为农村周边多为粗加工企业，如砖瓦、水泥、石灰、小化工等，这些企业多就地取材，高消耗、重污染，且企业环境污染防范意识不强，缺乏相应的环保设施，给周边环境造成了较大压力。

### （四）看病难看病贵问题仍然突出，基层医疗服务亟需加强

本次调查结果显示医疗问题主要表现为以下两个方面：一是看病难看病贵。根据《2016-2017年安徽省医保报销范围和比例，医疗报销范围与细则》规定，镇卫生院报销60%，二级医院报销40%，三级医院报销30%，而大部分居民住院时会选择县城及地市以上甚至外地的大型公立医院，医疗报销比例相对较低。且公共医疗资源紧张，“排队3小时，看病3分钟”已成为常态。特别是对农村居民而言，县城公立医院距离较远，而乡镇卫生室或卫生院的医疗水平与城市大医院的医疗条件、水平又存在很大差距，看病难问题更加突出。二是基层医疗卫生机构服务水平不足。由于基层医疗卫生机构设备有限、待遇不高、工作环境不佳等原因，很难吸引到高水平的医学人才，目前从业的多是中专毕业生或个体医务工作者，专业能力有待加强，基层医疗卫生服务水平有待提升。

### （五）食品安全已成百姓最关心话题，监管难度较大

随着经济发展和人民生活水平的提高，民众的生活方式在悄然发生转变，由吃到饱、吃到好奔向要吃出健康，因此保障“舌尖”安全是工作的重中之重。2016年，安徽省发布了《安徽食品安全状况白皮书》，其中显示，2016年全省收到普通食品投诉举报信息12666件，与2015年相比，食品投诉增长25.96%，食物中毒人数增加81.5%。本次调查中，很多民众也对食品安全问题表示了强烈的担忧，食品安全形势严峻。目前食品工业多是“小散乱低”，监管难度大，化学物质污染、假冒伪劣食品、容器和包装材料不合格等问题频发，给人类生命和健康带来了巨大威胁。特别是随着外卖行业的兴起，新的食品安全违法违规手段也不断涌现，“从农田到餐桌”的食品安全问题日益复杂化，食品安全治理仍然任重道远。

### （六）养老保障体系不完善，保障水平仍然较低

近年来，安徽省社会保障覆盖面不断扩大、保障标准逐年提高，但是总体上，保障水平仍然偏低，特别是随着人口老龄化进程的持续加快，全省在养老服务保障体系的软硬件建设上还存在一定缺口，居民对养老问题多表示比较担忧。结合全省发展现状与此次调查结果，在养老保障方面主要存在以下问题：一是养老保障水平较低，且城乡差距大。2016年，全省城镇职工基本养老保险养老金平均水平是2024元，农村居民养老金平均仅为每人每月70元，数额低且与城市差距较大，特别是近些年农村“空巢率”急剧上升，农村养老问题更为突出。二是社区养老没有充分发挥效用，社区中康复设施、老年日间照料中心与老年食堂覆盖率较低，对老人的日常照顾有限。三是养老服务发展缓慢，服务水平较低。安徽省养老服务的发展还处于探索阶段，真正意义上的社会养老服务机构还较少，专业度不高，发展水平有待提升。

## 三、进一步推动安徽省民生发展的建议

新形势下扎实做好民生工作，要牢记习近平总书记关于“我国社会主要矛盾已经转化为

人民日益增长的美好生活需要和不平衡不充分的发展之间的矛盾”的精准判断，想群众之所想、急群众之所急、解群众之所困，在学有所教、劳有所得、病有所医、老有所养、住有所居上持续发力，做精做细民生工程，全面保障和改善民生，推进人民群众生活福利与幸福指数不断攀升。

## （一）坚持精准施策，进一步创新政策体系

要突出问题导向，精准发力，确保民生工程、项目等精准抵达，提升人民群众的获得感。要通过建立“自上而下+自下而上”的民生工程推进机制，深入调研论证，大力实施“33+X”民生工程，即在“33项民生工程”的基础上，立足地方实际，谋划“X”民生项目，充分发挥地方对民生工程的统筹权与自主权，增强基层政府和广大群众话语权，使民生工程更接地气。要转变民生工作理念，减少“面子工程”“形象工程”，进一步深入落“实”民生工作，在扩大民生工作领域与力度的同时，注重提高民生项目的利用效率，保障民生项目落地生效。

## （二）秉承共建共享，进一步推动资源向农村倾斜

坚持城乡共建共享，把改善农村民生作为我省投资安排的优先领域，推动城乡融合发展，实现乡村振兴。要进一步优化财政支出结构，坚持投入向洼地倾斜、资源向农村下沉的理念，加大公共财政向农村及偏远地区的倾斜力度，确保农村民生财政投入持续增长，支持基层政府发行一般债券用于支持农村民生发展的项目，满足农村在医疗、环境、教育、交通、文化生活等方面民生工程的资金需求。要不断深化改革，强化市场在资源配置中的决定性作用，更好发挥政府作用，大力推进医疗卫生、教育、交通、社会保障和就业等领域的民生工程向基层延伸、向农村覆盖、向弱势群体倾斜，缩小城乡间在基础设施与公共服务上的差距，让改革发展成果更多更公平地惠及全省人民。

## （三）瞄准民生痛点，进一步聚焦重点领域

深入调研分析，探索建立民意立项、共同参与、分层协商的方式，主动问计于民、问需于民，在收入、教育、医疗卫生、食品安全、养老等方面让群众享受到更加优质均衡的公共服务和保障。要持续增加城乡居民收入，推进农村一二三产业融合，大力实施乡村就业创业促进行动，重点加快农民增收步伐。要统筹配置城乡教育资源，加大农村教育经费投入，加强农村教育基础设施建设，建立健全学籍档案与精准贫困学生档案相结合的动态管理机制。要深入医药卫生体制改革，强化医疗、医保、医药联动，不断完善基本医疗保险制度和大病保险制度，巩固医保全国异地就医联网直接结算。要狠抓食品安全问题，健全食品安全监管机制，加大食品安全检查力度，强化食品安全综合整治。要完善覆盖城乡的养老服务体系，坚持政府主导、政策扶持、多方参与，进一步健全以居家为基础、社区为依托、机构为支撑的城乡养老体系，不断满足人民日益增长的美好生活需要。

### （四）强化效能建设，进一步提升服务水平

加快政府职能转变，推进政务服务标准化，提升政府服务水平，打造治理高效的政府。要加快建设智慧政府，深入推进“互联网+政务服务”，减少行政审批流程，健全跨部门审批联动机制，促进部门信息资源互通互享，强化部门间工作协调与沟通，完善并联审批和多证连办。要加大政务公开力度，全面推进决策、执行、管理、服务、结果公开与重点领域信息公开，加强解读回应，扩大公众参与，加快建设四级贯通、协同联动、一网办理、运行高效的政务公开体系，切实增强政务公开实效。要完善政府工作服务监督评价体系，加强政府诚信建设，主动接受监督，深入分析自身存在的重点问题，归类梳理，及时整改到位，坚持以“民”为本，提高服务质效。

（安徽省政府发展研究中心专题组
负责人：孙东海
成　员：陈干全　沈晓武）

# 第十五章
# 黑龙江省民生发展报告

## 一、黑龙江省民生发展情况

黑龙江省委、省政府高度注重民生改善工作，近些年相继出台了办好年度若干件民生实事的意见，并形成总体综合推进方案，强力推进各项重点民生工作实事落到实处。2016年省财政用于民生支出2742.8亿元，比2012年增长57.1%，年均增长12%，民生支出占公共财政支出比重达到64.9%，比2012年提高6.7个百分点。2016年黑龙江省一般公共财政用于民生支出占公共财政支出（4228亿元）的64.9%，比2015年提高0.7个百分点。

城乡居民收入呈持续稳步增长势头，2016年黑龙江省常住居民人均可支配收入达到19838元，比2012年增长38.7%，年均增长8.5%，实现"超八"。城乡居民收入增加的同时，黑龙江省城乡居民收支差距逐步缩小，2012 ~ 2016年，黑龙江省农村居民收入年均增速比城镇居民快1个百分点；城乡居民收入比由2012年的2.26 ：1缩小到2016年的2.18 ：1；城乡居民消费比由2012年的2.27 ：1缩小到2016年的1.95 ：1，城乡居民生活差距过大的局面逐渐扭转。城乡居民生活消费水平也不断提升，2016年，黑龙江省城镇常住居民人均消费性支出比2012年增长39.7%；农村常住居民人均消费性支出比2012年增长62.4%。社会保障和就业支出完成732.4亿元，黑龙江省企业退休人员、机关事业单位退休人员月人均基本养老金分别提高7%和6%。

### （一）就业方面

2012 ~ 2016年黑龙江省培养中高技能人才113.38万人，"十二五"期间新增劳动力平均受教育年限从13.7年增加到14.7年。完成各级各类技术技能培训1300余万次，154.54万人通过培训后实现就业。省财政筹集资金38.5亿元，支持做好企业转岗分流职工、高校毕业生、农村转移劳动力等就业困难群体就业再就业工作。采取直接投入和设立创业投资引导基金相结合的方式，支持建设高水平大学生创业园，扶持大学生创业团队、创业企业发展；提供创业担保贷款贴息4.5亿元，支持各类创业群体发展，2015年创立的大学生创业贷款担保公司，累计支持942个大学生创业项目，直接或间接带动社会就业5500人；积极向上争取，推进哈尔滨市开展小微企业创业创新基地城市示范试点。截至2017年9月，全省共有214688名高校毕业生，其中173683人实现就业，就业率为80.9%，同比增长1.1个百分点；留省就业人数为105425人，留省就业率为55.83%，同比增长2.8个百分点；毕业生创业及带动就业和城乡基层就创业11697人，比率为5.45%；51375人到县及以下基层就业，基层就业率为23.9%。

## （二）教育医疗

### 1. 教育方面

2016年黑龙江省财政教育支出达到558.9亿元，比上年增长1.7%，主要是用于普及义务教育方面需要投入经费。黑龙江省今年申报的65个县（区）全部义务教育学校达到了本省办学基本标准，义务学校校际间均衡状况、县级政府推进义务教育均衡发展工作达到了国家规定的标准，无“一票否决”项目，在全国同类省份中处于中上水平。全省统一了义务教育公用经费生均补助标准，落实了义务教育免费教科书政策，支持完成了1320所农村义务教育薄弱学校改造。实施了奖补政策，引导职业院校培养更多应用型人才。落实了高校奖助学金、中职助学金、高中助学金等资助政策，帮助60.3万名学生完成学业。黑龙江省全面落实免学杂费和公用经费定额补助政策，在全面免除了225万名城乡义务教育阶段学生学杂费基础上，2017年上半年投入23.1亿元，用于补助3299所城乡中小学校水费、电费、取暖费、维修费等日常运转经费。加大贫困寄宿学生资助力度，投入0.9亿元，统一了城乡义务教育贫困寄宿生生活费补助政策，黑龙江省在校寄宿生平均资助面由29.5%扩大到35%，并重点向贫困地区倾斜。同时，将在校寄宿的建档立卡学生、城乡特困供养学生、城乡低保家庭学生、孤儿、低收入家庭学生等贫困学生纳入补助范围，春季学期已向7.7万名贫困寄宿学生发放生活费补助0.5亿元。

### 2. 医疗方面

2016年，黑龙江省医疗卫生支出完成280.6亿元，增支6.6亿元，增长2.4%，投入76.8亿元，提高城乡居民基本医疗保险补助水平，人均筹资标准由500元提高到570元，财政补助标准由380元提高到420元，惠及百姓2000多万人。支持351家公立医院开展综合改革，将试点范围扩大到齐齐哈尔等6个市地。以政府购买服务方式，支持提供12类、46项基本公共卫生服务，基本公共卫生服务政府补助标准由年人均40元提高到45元。人民健康水平不断提高。县级公立医院药品加成全面取消，为乡镇卫生院招聘医学毕业生954名。人均基本公共卫生服务经费财政补助标准由40元提高到45元。新农合参保率达99.1%，人均筹资标准由500元提高到了570元。

## （三）社会保障

### 1. 社会保障水平继续提高

近年来，在财政收入增速放缓、支出压力持续加大的背景下，黑龙江省连续提高城乡居民基础养老金标准。2017年，全省企业退休人员、机关事业单位退休人员月人均基本养老金同比分别提高7%和6%。落实国家待调政策，2018年1月1日起，城乡居民基本养老保险基础养老金达到每人每月90元。企业退休人员养老金水平排名由全国第32位上升至第24位。全省330万城乡老年居民及其家庭直接受益。兜住保障底线，推进困有所助。城市低保标准由500元/月提高到530元/月、农村低保标准由3500元/年提高到3710元/年；农村特困集中供养标准由6200元/年提高到6720元/年、分散供养标准由4300元/年提高到4704元/年；城市特困集中供养标准已达13716元/年、分散供养标准已达9600元/年，惠及231.9万城乡低保对象和14.4万城乡特困供养人员。安排城乡医疗救助资金12.9亿元，支持开展医疗救助和重特大疾病救助，缓解了237.4万人次困难群众的就医负担。向符合标准的民办养老服务机构提供补贴，惠及228家民办非营利养老服务机构，新增床位19736张，支持养老服务业加速发展。安排临时救助资金2.6亿元，惠及全省困难群众24.2万人次。及时拨付自然灾害生活补助资金3.5亿元，有效保障受灾群众基本生活；投入城乡低保和特困供养补助资金66亿元，惠及黑龙江省233.6万城乡低保对象和14.4万城乡特困供养人员；支持加强省级救灾物资储备，提升防灾减灾能力。

#### 2. 社会保障范围继续扩大

养老保险保障范围扩大。2017年解决了27.5万名地方所属“农林牧渔”四场人员、失地农民、机关事业单位编制外人员和超龄人员养老保险问题，目前，养老保险已覆盖了黑龙江省70.6%的人口。此外，参保人数也在增多，农村户籍和外省户籍人员也可以参保，具体人数由“十一五”末期的952.2万人增加到2016年底1064.2万人，增长了11.76%。

#### 3. 社会保障政策体系进一步完善

城镇企业职工基本养老保险、城乡居民基本养老保险和机关事业单位养老保险转移接续政策等相继出台，已实现三项不同的养老保险制度之间的有序衔接。2013年以来，全省全面推行退休审核“一站式”服务模式，精简规范工作程序，全面提升工作质量和效能，将原来的12个环节、30个步骤缩减为3个主要环节、6个步骤，办理周期由原来的两个月缩短到20分钟，形成了高效、便捷、透明的退休审核服务模式；推行“阳光社保”，企业养老保险网上经办业务达21项，实现了“信息多跑路、企业少跑腿”。

### （四）扶贫开发

黑龙江省脱贫攻坚成效显著，农村贫困人口大幅减少，贫困发生率也呈现逐年下降走势。2016年，黑龙江省农村贫困人口为69万人，比2012年减少61万人，年均减少15.3万人，贫困发生率比2012年下降了3.2个百分点。贫困地区新建农村公路2317公里、开工改造12650户危房、完成317个贫困村文化广场建设和文化活动室设备配置；贫困县义务教育阶段学生营养餐补助农村户籍学生33万人、教育帮扶92614个贫困家庭，建立风险补偿金4.9亿元，发放各类低息扶贫贷款20.9亿元；启动贫困县农业巨灾指数保险，总保额为23.24亿元，补贴农业保险保费610.21万元，为50.97万贫困农村劳动力购买意外人身伤害保险。落实医疗救助政策，惠及困难群众297万人次；落实临时救助政策，惠及困难群众24万人次；落实救灾减灾救助政策，惠及群众340万人次；为确保城乡低保标准持续提高，黑龙江省民政厅会同有关部门，建立了城乡低保标准动态调整机制，按照不低于上年度城乡居民人均消费支出的30%确定；省政府统一制定城乡低保指导标准，各市县按照不低于省政府确定的指导标准进行调整，农村贫困群众基本生活水平得到持续保障和提高。

## （五）住房保障及文体活动

### 1. 住房保障

2017 年，黑龙江省争取中央保障性安居工程专项资金 118.2 亿元，协调省国开行新增棚改贷款 200 亿元授信额度，新增 150 亿元四煤城采煤沉陷区棚户区改造专项贷款，为保障性安居工程建设提供了必要的资金支撑。推进全省棚改开工 20.8 万套、基本建成 19.9 万套，实施货币化安置 9 万套。筹集资金 10.2 亿元，支持泥草房改造，推进全省泥草房改造开工 13.2 万户，竣工 12.7 万户，完成四煤城采沉区 14.05 万套棚改任务，确保 40 万居民受益。

### 2. 文体活动

2017 年，全省文化体育事业加快发展，广泛开展"送欢笑到基层""高雅艺术进校园""结对子、种文化"等多项文化惠民活动；新建（改扩建）图书馆、文化馆、博物馆 17 个。完成贫困县、边疆地区 1038 个乡镇基层文化服务点、数字文化点建设任务。编制实施《黑龙江省全民健身实施计划（2016—2020 年）》，支持建设各类全民健身场地设施 3418 个。

## （六）新型城镇化和基础设施建设

### 1. 新型城镇化

为贯彻落实国家发展和改革委印发的《加快推进新型城镇化建设行动方案》（发改规划〔2017〕1098 号）精神，扎实推进以人为核心的新型城镇化，2017 年 8 月黑龙江省印发《黑龙江省加快推进新型城镇化建设实施办法》，核心思想是促进农业转移人口市民化、培育发展城市群和新生中小城市、提升城市功能和宜居水平、加快推进城乡一体化发展、深化重点领域改革。黑龙江省确立了以城市群作为城镇化布局的主体形态，构建哈尔滨大都市圈，打造哈大齐牡城市群和东部城市群；以黑河、绥芬河等 18 个沿俄边境口岸城市为重点，辐射周边县市，建设沿乌苏里江开放城镇带和沿黑龙江开放城镇带。此外，突出特色小城镇建设，兼顾农垦、森工小城镇，优化小城镇布局，完善小城镇功能，推进强镇扩权，形成垦区、林区、农区各具特色的小城镇。

### 2. 基础设施建设

2016 年黑龙江省借助国家推动铁路、水利等基础设施建设的重大机遇，基础设施建设取得突破。铁路方面，黑龙江省全年完成铁路投资 308.3 亿元，哈牡客专、哈佳快速铁路、哈尔滨火车站改造工程进展顺利，牡佳客专开工。公路方面，完成投资 185.4 亿元，重点推进了 61 个公路项目建设，黑河黑龙江公路大桥于 2016 年 12 月 24 日中俄双方实现同步开工，北安至富裕高速公路项目稳步推进，建成干线公路 329 公里、农村公路 4818 公里。机场方面，完成投资 22.5 亿元，哈尔滨机场扩建、五大连池和建三江机场建设进展顺利。哈尔滨地铁 1 号线三期、2 号线一期、3 号线一期和二期工程加快推进，完成投资 48.1 亿元。2016 年黑龙江全省水利项目完成投资 201.5 亿元，下达年度中央水利投资 150.9 亿元，连续两年居全国第一，重点建设了水利项目 24 项；黑龙江、松花江、嫩江干流治理主体工程和胖头泡蓄滞洪区主体工程、尼尔基引嫩扩建骨干一期主体工程基本建成。中俄东线天然气管道、中俄原油管道二线工程开工。电力基础设施建设取得新进展，截至 2016 年全省电力装机规模达到 2783 万千瓦，2012 ~ 2016 年间增加了 610 万千瓦，华能伊春热电有限公司、国电哈尔滨热电有限公司等电站建成投产，黑龙江全省向扎鲁特直流工程汇集电力的 500 千伏齐南—兴安输变电工程前期工作进展顺利。

### （七）社会治安及环境保护

“平安龙江”建设不断深化。推进安全生产领域依法治理，全省生产安全事故起数下降 7.5%。切实强化社会治安综合治理，全省刑事、治安案件发案持续下降，八类重要刑事案件下降 16.5%。黑龙江省继《黑龙江省大气污染防治条例》《党委、政府及有关部门环境保护职责》《黑龙江省大气污染防治专项行动方案（2016–2018 年）》和《黑龙江省大气污染防治专项行动方案（2016–2018 年）工作分工方案》之后，于 2017 年 10 月印发了《黑龙江省 2017–2018 年供暖季大气污染综合治理攻坚行动方案》，切实加强全省供暖季大气污染综合治理工作，改善环境空气质量。

## 二、对本次调查问卷的分析

按照给定的抽样原则，此次调查问卷共访问了黑龙江省 8 个[①] 地级市 10 个县（市、区）的 1279 户居民（被访问者 1279 名，其他家庭成员 2286 名，共 3565 名，具体情况见表 15–1）。从被访者年龄结构上看，主要集中在 41 ~ 70 周岁。从被访者户籍上看，农村户籍占 49.1%，城镇户籍占 50.9%。

表15-1 受访问者及其家庭成员基本情况（%）

| 类别 | | 受访问者占比（1279人） | 家庭成员（含受访问者）占比（共计3565人） |
|---|---|---|---|
| 性别 | 男 | 53.2 | 49.9 |
| | 女 | 46.8 | 50.1 |
| 年龄 | 20周岁以下 | 0.3 | 14.5 |
| | 21 ~ 30周岁 | 4.0 | 9.4 |
| | 31 ~ 40周岁 | 10.0 | 11.6 |
| | 41 ~ 50周岁 | 23.8 | 18.1 |
| | 51 ~ 60周岁 | 26.2 | 18.7 |
| | 61 ~ 70周岁 | 27.3 | 20.2 |
| | 71周岁以上 | 8.4 | 7.6 |
| 户籍 | 非农业户口 | 50.9 | 47.3 |
| | 农业户口 | 49.1 | 52.7 |

① 分别为哈尔滨市、齐齐哈尔市、大庆市、牡丹江市、双鸭山市、鹤岗市、伊春市和绥化市。

## （一）就业方面

### 1. 受访者感觉工作量略有增长，收入水平略有下降，采矿业收入下降幅度最大

本次问卷访问对象及其家庭成员中，16周岁（包括16周岁）以上的有就业能力人口为3206名，占总数的89.9%。正在从事有收入工作的共1556人，占就业人口总数的48.5%。从就业类型看，有37.2%为专业务农，除专业务农外，就业类型相对集中的分别为非固定单位的临时工、国企职工和民企职工，分别占比10.2%、7.2%和6.3%（详见表15–2）。分城乡看，城镇户籍就业类型主要集中在个体工商户、国企职工、非固定单位的临时务工，分别占比21.6%、18.7%和14.5%，农村户籍接近3/5为专业务农，其次为兼业农民及个体工商户。

表15-2　　受访问者及其家庭成员就业基本情况（%）

| 类型 | 全部从业人员 | 其中： | |
|---|---|---|---|
| | | 城镇户籍 | 农村户籍 |
| 专业务农 | 37.2 | 2.9 | 57.7 |
| 兼业农民 | 9.6 | 1.4 | 14.4 |
| 农村自营业者 | 1.2 | 0 | 1.9 |
| 农村专业管理人员 | 0.6 | 0.3 | 0.8 |
| 党政机关从业人员 | 6.5 | 14.3 | 1.8 |
| 教科文卫等事业单位职工 | 5.2 | 13.3 | 0.4 |
| 国有（国有控股）企业职工 | 7.2 | 18.7 | 0.4 |
| 民营/私营企业职工 | 6.3 | 9.5 | 4.4 |
| 合资、外资或港澳台企业员工 | 0.6 | 1.2 | 0.2 |
| 民办非企业单位、非营利组织 | 0.6 | 1.6 | 0 |
| 个体工商户 | 14.5 | 21.6 | 10.2 |
| 自由职业者 | 0.3 | 0.5 | 0.1 |
| 非固定单位的临时务工 | 10.2 | 14.5 | 7.6 |
| 其他 | 0.1 | 0.2 | 0 |
| 合计 | 100.0 | 100.0 | 100.0 |

将问卷中工作量及收入变化情况（主要是受访者主观感受）五阶自然数正向赋值（大幅增长=100，小幅增长=80，不变=60，小幅减少=40，大幅减少=20，中间值=60）测算后，发现本年度问卷从业人员工作量和收入变化平均得分分别为61.0和59.7，表明受访对象认为本年度工作量略高于上年，但收入略低于上年。分行业看，工作量增幅前三位的分别为水利环境和公共设施管理业、金融业、科学研究、技术服务和地质勘察业，下降最为明显的分别为文化体育和娱乐业信息传输、计算机服务和软件业、制造业；收入增幅前三位分别为国际组织、金融业、房地产业，下降最为明显的分别为采矿业、文化体育和娱乐业、水利环境和公共设施管理业（详见表15–3、表15–4）。

表15-3　　各行业就业基本情况

| | 从业人员比例（%） | 工作量变化中间值=60 | 收入变化中间值=60 |
|---|---|---|---|
| 农、林、牧、渔业 | 46.4 | 61.3 | 59.7 |
| 采矿业 | 0.7 | 61.8 | 52.7 |
| 电力、煤气及水的生产和供应业 | 1.9 | 61.4 | 62.1 |
| 交通运输、仓储及邮政业 | 4.8 | 60.0 | 57.6 |
| 制造业 | 2.2 | 57.1 | 58.3 |
| 信息传输、计算机服务和软件业 | 1.0 | 56.3 | 61.3 |
| 批发和零售业 | 6.7 | 58.5 | 57.3 |
| 建筑业 | 6.4 | 58.4 | 57.0 |
| 水利、环境和公共设施管理业 | 0.7 | 69.1 | 56.4 |
| 住宿和餐饮业 | 5.6 | 62.8 | 60.7 |
| 房地产业 | 0.6 | 60.0 | 64.4 |
| 科学研究、技术服务和地质勘察业 | 0.5 | 65.0 | 60.0 |
| 租赁和商务服务业 | 1.6 | 60.0 | 59.2 |
| 金融业 | 1.0 | 65.0 | 65.0 |
| 卫生、社会保障和福利业 | 3.4 | 63.0 | 58.9 |
| 文化、体育和娱乐业 | 0.8 | 50.8 | 55.4 |
| 教育业 | 2.9 | 63.6 | 64.0 |
| 居民服务和其他服务业 | 6.2 | 63.4 | 57.1 |
| 公共管理和社会组织 | 5.0 | 64.6 | 61.5 |
| 国际组织 | 0.2 | 60.0 | 66.7 |
| 其他 | 0.8 | 60.0 | 58.5 |
| 合计/平均值 | 100 | 61.0 | 59.7 |

表15-4　　各行业就业基本情况

| 得分 | | 工作量变化排序 | 收入变化排序 |
|---|---|---|---|
| 增幅前三位 | 1 | 水利、环境和公共设施管理业 | 国际组织 |
| | 2 | 金融业 | 金融业 |
| | 3 | 科学研究、技术服务和地质勘察业 | 房地产业 |
| 降幅前三位 | 1 | 文化、体育和娱乐业 | 采矿业 |
| | 2 | 信息传输、计算机服务和软件业 | 文化、体育和娱乐业 |
| | 3 | 制造业 | 水利、环境和公共设施管理业 |

### 2. 薪酬水平逐年提高，中高收入群体规模不断扩大

2017年，全部被访者中月平均收入在1000元以下的从业人员比例占总数比例逐年降低，分别比2016年和2015年下降了2.9%和4.5%，月收入3000元以上的群体占比25%，分别比2016

和 2015 年调查结果提高了 6.3% 和 10.7%，说明黑龙江省从业人员总体薪酬水平正在逐步提高（见图表 15–5）。分城乡看，2017 年，城镇从业人员月平均收入不足 1000 元的比例有所增加，增幅 4.1%；农村比 2016 年减小了 4%。近 3 年来，城镇月收入大于 3000 元的群体快速增长，而农村这部分群体变化不明显（见表 15–6）。分行业看，2017 年所有行业平均月工资[①]为 3966.7 元，剔除农业就业后其他行业平均工资为 4084.0 元（见表 15–7）。月收入国际组织最高，但只有 3 人，不具有代表性，剔除国际组织位列前三位的行业分别是信息传输、计算机服务和软件业，科学研究、技术服务和地质勘察业，房地产业；收入最低的三个行业分别为农林牧渔业，居民服务和其他服务业，批发和零售业。从行业内部看，部分行业收入差距较大，如从业人员相对集中的农林牧渔业（占总从业人员比例 46.4%）、批发零售业（占比 6.7%）和建筑业（占比 6.4%）中分别有 62.8%、65.4% 和 73% 的从业人员收入低于行业平均水平。

表15-5　2014～2017年从业人员月收入水平对比（%）

| 收入组别 | <1000元 | 1001～2000元 | 2001～3000元 | 3001～4000元 | 4001～5000元 | 5000元< | 合计 |
|---|---|---|---|---|---|---|---|
| 2017年 | 30.1 | 26.7 | 18.1 | 10.6 | 6.6 | 7.8 | 100.0 |
| 2016年 | 33.0 | 27.7 | 20.0 | 8.8 | 5.1 | 4.8 | 100.0 |
| 2015年 | 34.6 | 33.4 | 17.7 | 8.3 | 2.9 | 3.1 | 100.0 |
| 2014年 | 43.7 | 31.1 | 15.3 | 4.7 | 2.5 | 2.0 | 100.0 |

表15-6　2014～2017年分城乡从业人员月收入水平对比（%）

| | 年份 | <1000元 | 1001～2000元 | 2001～3000元 | 3001～4000元 | 4001～5000元 | 5000元< | 合计 |
|---|---|---|---|---|---|---|---|---|
| 城镇 | 2017年 | 12.7 | 24.6 | 21.5 | 16.9 | 11.4 | 12.9 | 100.0 |
| | 2016年 | 8.6 | 25.6 | 28.6 | 16.7 | 9.8 | 10.7 | 100.0 |
| | 2015年 | 20.0 | 38.7 | 24.0 | 9.8 | 4.3 | 3.3 | 100.0 |
| | 2014年 | 30.0 | 38.1 | 20.3 | 6.5 | 2.2 | 2.9 | 100.0 |
| 农村 | 2017年 | 40.6 | 28 | 16.1 | 6.9 | 3.7 | 4.7 | 100.0 |
| | 2016年 | 44.6 | 28.7 | 15.9 | 5.0 | 2.8 | 2.9 | 100.0 |
| | 2015年 | 41.2 | 30.9 | 14.9 | 7.6 | 2.3 | 3.0 | 100.0 |
| | 2014年 | 48.0 | 28.8 | 13.6 | 4.2 | 2.5 | 2.8 | 100.0 |

表15-7　2017年各行业收入情况

| 序号 | 行业 | 收入平均值（元） | 其中： | |
|---|---|---|---|---|
| | | | 收入大于平均值比例（%） | 收入小于平均值比例（%） |
| 1 | 农林牧渔业 | 1621.0 | 37.2 | 62.8 |
| 2 | 采矿业 | 3558.0 | 63.6 | 36.4 |

① 农业从业人员月工资计算方法为：2016全年预期销售收入/12个月，未扣除生产成本。

续表

| 序号 | 行业 | 收入平均值（元） | 其中： | |
|---|---|---|---|---|
| | | | 收入大于平均值比例（%） | 收入小于平均值比例（%） |
| 3 | 电力、煤气及水的生产和供应业 | 3256.9 | 44.8 | 55.2 |
| 4 | 交通运输、仓储及邮政业 | 3775.8 | 41.9 | 58.1 |
| 5 | 制造业 | 2562.5 | 40.0 | 60.0 |
| 6 | 信息传输、计算机服务和软件业 | 6493.8 | 50.0 | 50.0 |
| 7 | 批发和零售业 | 2816.4 | 34.6 | 65.4 |
| 8 | 建筑业 | 3070.6 | 27.0 | 73.0 |
| 9 | 水利、环境和公共设施管理业 | 3122.7 | 36.4 | 63.6 |
| 10 | 住宿和餐饮业 | 2930.7 | 39.1 | 60.9 |
| 11 | 房地产业 | 5104.4 | 22.2 | 77.8 |
| 12 | 科学研究、技术服务和地质勘察业 | 6087.5 | 50.0 | 50.0 |
| 13 | 租赁和商务服务业 | 3035.6 | 44.0 | 56.0 |
| 14 | 金融业 | 3912.5 | 68.8 | 31.3 |
| 15 | 卫生、社会保障和福利业 | 2906.0 | 45.3 | 54.7 |
| 16 | 文化、体育和娱乐业 | 4330.8 | 38.5 | 61.5 |
| 17 | 教育业 | 4019.1 | 42.2 | 57.8 |
| 18 | 居民服务和其他服务业 | 2119.1 | 30.2 | 69.8 |
| 19 | 公共管理和社会组织 | 2843.4 | 35.9 | 64.1 |
| 20 | 国际组织 | 13500.0 | 33.3 | 66.7 |
| 21 | 其他 | 2234.3 | 30.8 | 69.2 |
| 各行业平均 | | 3966.7 | 37.2 | 62.8 |
| 剔除农业后，各行业平均工资 | | 4084.0 | 36.0 | 64.0 |

## （二）基本民生方面

### 1. 居民对家庭生活满意程度略高于中间值，城乡生活满意程度差距为近四年最大

对当前家庭生活状态的总体满意程度和生活水平提高程度（很满意 / 基本满意 =100，一般 =60，很不满意 / 不太满意 =20）[①] 进行测算，全体被访户对当前家庭生活满意指数为 65.6，表明黑龙江省居民在主观上对当前生活状况感觉一般。从变化趋势上看，2017 年被访城乡居民生活满意指数整体高于前 3 年。分城乡看，2017 年城镇户籍家庭生活满意指数高于农村户籍家庭 8.2，差距为近 4 年来最大（见表 15–8）。

① 不回答和不清楚予以剔除。

表15-8 居民生活状况满意程度

| | | 生活状况满意程度（中间值=60） | | | |
|---|---|---|---|---|---|
| | | 2017年 | 2016年 | 2015年 | 2014年 |
| 全部被访户 | | 65.6 | 62.9 | 65.3 | 62.3 |
| 其中 | 城市户籍 | 69.6 | 67.1 | 69.5 | 62.8 |
| | 农村户籍 | 61.4 | 59.5 | 62.5 | 62.1 |

### 2. 家庭生活方面，城乡居民对收入水平、子女教育不满占比最高

对居民家庭生活方面最不满意的前 5 项问题进行排序，3 年以来，城乡居民最不满意的前 2 项问题始终是收入水平和医疗，但是在 2017 年城乡被访者中，城乡居民最不满意的前 2 项问题变为收入水平和子女教育，对医疗问题关注度有所下降；就业和养老问题仍然是居民关注的焦点，城镇居民对就业不满意程度高于农村居民，在一定程度上表明城镇居民更需要改善就业状况，而农村居民对养老不满意程度高于城镇居民（见表 15–9）。

表15-9 家庭生活方面城乡居民最不满意的民生问题

| 排序 | 城镇户籍被访者 | | | | 农村户籍被访者 | | | |
|---|---|---|---|---|---|---|---|---|
| | 2017年 | 2016年 | 2015年 | 2014年 | 2017年 | 2016年 | 2015年 | 2014年 |
| 1 | 收入水平 | 收入水平 | 收入水平 | 收入水平 | 收入水平 | 收入水平 | 收入水平 | 收入水平 |
| 2 | 子女教育 | 医疗 | 医疗 | 医疗 | 子女教育 | 医疗 | 医疗 | 医疗 |
| 3 | 医疗 | 子女教育 | 就业状况 | 养老 | 医疗 | 子女教育 | 养老 | 养老 |
| 4 | 就业状况 | 住房 | 子女教育 | 住房 | 养老 | 养老 | 子女教育 | 子女教育 |
| 5 | 养老 | 养老 | 养老 | 子女教育 | 就业状况 | 就业状况 | 就业状况 | 住房 |

### 3. 在社会环境方面，食品安全成为城乡居民最关注的焦点

在社会环境方面，从 2017 年问卷看，城市居民更关注食品安全、环境污染和交通出行问题。而农村居民对食品安全最不满意，其次是社区服务、环境污染问题。不管是城镇居民还是农村居民对社区服务不满意的排名均有所上升，表明城乡居民对社区服务质量提出了更高要求。尽管近三年选项设计有所差别，但是变化趋势也能看出城乡居民对健康相关的食品安全和环境污染问题重视程度提高。城乡居民近年来对于社会治安和司法公正方面，一直保持着相对较高的满意度。城乡居民 2017 年对文体生活（含体育）、生活成本、政府服务方面保持着相对较高的满意度（见表 15–10）。

表15-10 社会方面城乡居民最不满意的民生问题

| 排序 | 城镇户籍被访者 | | | | 农村户籍被访者 | | | |
|---|---|---|---|---|---|---|---|---|
| | 2017年 | 2016年 | 2015年 | 2014年 | 2017年 | 2016年 | 2015年 | 2014年 |
| 1 | 食品安全 | 食品安全 | 食品安全 | 生活环境 | 食品安全 | 食品安全 | 贫富差距 | 生活环境 |
| 2 | 环境污染 | 环境污染 | 贫富差距 | 贫富差距 | 社区服务 | 交通出行 | 环境生态 | 贫富差距 |

续表

| 排序 | 城镇户籍被访者 | | | | 农村户籍被访者 | | | |
|---|---|---|---|---|---|---|---|---|
| | 2017年 | 2016年 | 2015年 | 2014年 | 2017年 | 2016年 | 2015年 | 2014年 |
| 3 | 交通出行 | 交通出行 | 生活配套服务 | 权利保障 | 环境污染 | 环境污染 | 交通出行 | 权利保障 |
| 4 | 社区服务 | 政府办事效率 | 社会治安 | 食品安全 | 交通出行 | 政府办事效率 | 食品安全 | 社会治安 |
| 5 | 政府办事效率 | 社区服务 | 环境生态 | 社会治安 | 政府办事效率 | 文体生活 | 生活配套服务 | 食品安全 |
| 6 | 社会治安 | 文体生活 | 交通出行 | 交通出行 | 司法公正 | 社区服务 | 社会治安 | 交通出行 |
| 7 | 文体生活（含体育） | 司法公正 | 权利保障 | | 文体生活（含体育） | 司法公正 | 权利保障 | |
| 8 | 生活成本 | 其他 | 政府服务 | | 生活成本 | 社会治安 | 政府服务 | |

## （三）收入与消费方面

### 1. 中高收入家庭占比逐年扩大

从家庭总收入看，2016 年收入低于 1 万元的低收入家庭，全部样本占 17.3%，城镇户籍被访户占 6.1%，农村占 28.8%，年收入处于 1 万 ~ 5 万元的中低收入家庭，城市占 34.8%，农村占 43.5%（见表 15-11）。从变化趋势上看，与 2013 年相比，2016 年城镇户籍被访户低收入和中低收入家庭所占比例都在缩小，5 万 ~ 10 万元的中等收入家庭所占比例扩大，家庭年收入整体呈上升趋势。家庭年收入 5 万元以上的农村中高收入群体近 4 年变化趋势不明显，2016 ~ 2013 年占农村被访户比例分别为 27.5%、26.0%、29.6%、24.4%。在年收入低于万元的家庭中，2016 年获得过社会救助的家庭比例占 36.8%，比 2015 年增加了 2.4%。

表15-11　居民家庭收入组别变化情况（%）

| | 全部样本 | | | | 城市居民 | | | | 农村居民 | | | |
|---|---|---|---|---|---|---|---|---|---|---|---|---|
| | 2016年 | 2015年 | 2014年 | 2013年 | 2016年 | 2015年 | 2014年 | 2013年 | 2016年 | 2015年 | 2014年 | 2013年 |
| 1万元以下 | 17.3 | 16.8 | 10.1 | 11.2 | 6.1 | 7.5 | 7.7 | 8.6 | 28.8 | 24.2 | 11.8 | 12.7 |
| [1 ~ 3）万元 | 21.1 | 22.5 | 25.6 | 34.2 | 16.2 | 15.3 | 20.3 | 34.3 | 26.1 | 28.3 | 29.1 | 34.2 |
| [3 ~ 5）万元 | 18.0 | 22.4 | 31.9 | 30.7 | 18.6 | 23.5 | 35.3 | 34.1 | 17.4 | 21.5 | 29.6 | 28.8 |
| [5 ~ 10）万元 | 29.9 | 27.2 | 26.3 | 19.0 | 39.3 | 37.7 | 31.2 | 20.4 | 20.1 | 18.8 | 23.1 | 18.2 |
| [10 ~ 15）万元 | 10.1 | 7.9 | 4.3 | 3.3 | 15.0 | 11.8 | 4.1 | 1.5 | 5.0 | 4.8 | 4.5 | 4.3 |
| [15 ~ 25）万元 | 2.7 | 2.4 | 1.3 | 1.0 | 3.9 | 3.7 | 1.1 | 0.6 | 1.4 | 1.4 | 1.4 | 1.2 |
| [25 ~ 50）万元 | 0.9 | 0.5 | 0.4 | 0.5 | 0.6 | 0.5 | 0.3 | 0.2 | 1.1 | 0.6 | 0.5 | 0.6 |
| 50万元及以上 | 0.2 | 0.2 | 0.1 | 0.2 | 0.3 | 0.0 | 0.0 | 0.2 | 0.0 | 0.4 | 0.1 | 0.1 |
| 合计 | 100.0 | 100.0 | 100.0 | 100.0 | 100.0 | 100.0 | 100.0 | 100.0 | 100.0 | 100.0 | 100.0 | 100.0 |

### 2. 受访群体医药、食品和子女教育支出压力最大

医疗、食品和子女教育位列 2017 年被访户支出压力最大的前三项，分别占总数比例 36.8%、26.9% 和 17.2%( 见表 15–12 ),排在第四位的是人情送礼,农村居民人情送礼压力要大于城镇居民。按家庭收入组别计算,收入 1 万元以下群体的医疗支出压力最大,有 52.5% 的家庭医疗负担很重,较上一年下降了 12.2%，表明医疗负担有所减轻；其次是食品支出，选择比例达到了 39.8%；家庭年收入 1–10 万元的群体支出压力主要集中在医疗、食品和子女教育方面，医疗支出成为最大的支出；在子女教育上的支出，较收入 1 万元以下的困难群体明显增加；家庭收入 10 万 ~ 25 万元中高收入群体中，支出压力主要集中在子女教育、食品和医疗方面，子女教育支出方面压力较大，收入在 25 万元以上的高收入群体样本量相对较小，支出压力反应不突出（见表 15–13）。

表15-12　分城乡被访群体生活压力情况（%）

| 项目 | 食品 | 住房租房 | 子女教育 | 交通 | 医疗 | 人情送礼 | 婚丧嫁娶 | 衣服 | 其他 | 没压力 | 合计 |
|---|---|---|---|---|---|---|---|---|---|---|---|
| 全部样本 | 26.9 | 4.9 | 17.2 | 1.4 | 36.8 | 8.0 | 0.9 | 0.8 | 0.3 | 2.7 | 100.0 |
| 城镇 | 26.3 | 7.4 | 16.0 | 2.4 | 35.9 | 6.9 | 1.2 | 0.9 | 0.4 | 2.6 | 100.0 |
| 农村 | 27.5 | 2.2 | 18.5 | 0.3 | 37.8 | 9.3 | 0.6 | 0.8 | 0.2 | 2.8 | 100.0 |

表15-13　不同收入组别被访群体生活压力情况（%）

| | 食品 | 住房租房 | 子女教育 | 交通 | 医疗 | 人情送礼 | 婚丧嫁娶 | 衣服 | 其他 | 无压力 | 合计 |
|---|---|---|---|---|---|---|---|---|---|---|---|
| 1万元以下 | 39.8 | 1.7 | 3.4 | 0.8 | 52.5 | 0.8 | 0.0 | 0.8 | 0.0 | 0.0 | 100.0 |
| 1万 ~ 2.99万元 | 27.9 | 1.8 | 10.3 | 0.9 | 45.6 | 8.5 | 1.1 | 1.1 | 2.7 | 0.2 | 100.0 |
| 3万 ~ 4.99万元 | 27.5 | 3.2 | 17.7 | 1.0 | 36.3 | 9.8 | 1.3 | 0.7 | 2.0 | 0.7 | 100.0 |
| 5万 ~ 9.99万元 | 24.8 | 7.5 | 23.9 | 1.3 | 30.1 | 7.8 | 0.4 | 0.9 | 2.9 | 0.3 | 100.0 |
| 10万 ~ 14.99万元 | 26.7 | 10.0 | 30.0 | 3.3 | 16.7 | 6.7 | 3.3 | 0.0 | 3.3 | 0.0 | 100.0 |
| 15万 ~ 24.99万元 | 19.7 | 12.9 | 17.4 | 6.1 | 28.0 | 6.1 | 1.5 | 0.8 | 0.8 | 0.0 | 100.0 |
| 25万 ~ 49.99万元 | 0.0 | 33.3 | 33.3 | 0.0 | 33.3 | 0.0 | 0.0 | 0.0 | 0.0 | 0.0 | 100.0 |
| 50万元以上 | 0.0 | 33.3 | 33.3 | 0.0 | 33.3 | 0.0 | 0.0 | 0.0 | 0.0 | 0.0 | 100.0 |

## （四）教育方面

### 1. 大多数家庭选择就近入学

本次问卷共有 429 个被访家庭有子女正在就读，其中有 62 户家庭是多子女家庭。按教育阶段分，15.8% 为学前教育，23.9% 就读于小学，22.4% 就读于初中，13.5% 就读于高中，3.9% 就读于中职，1.5% 就读于高职，19% 就读于本科以上。高中以下教育阶段有 71% 的家庭选择就近入学，29% 的被访户认为学校离家较远。选择在较远地方就学的家庭中，有 33.3% 择校是主观

因素为了让孩子上更好的学校，但也有 52.6% 的被访家庭表示附近无学校（见表 15–14）。学校离家较远的这部分家庭 25% 就读于农村小学阶段，25% 就读于农村初中阶段，11.3% 就读于农村学前阶段。

表15-14　受访者子女就读情况（%）

| 类别 | 选择比例 |
|---|---|
| 受户口限制不能就读 | 3.8 |
| 为了上更好的学校 | 33.3 |
| 成绩达不到要求，未能考入 | 2.6 |
| 为了自己的方便 | 5.1 |
| 附近没有学校 | 52.6 |
| 附近学校收费比较贵 | 2.6 |

### 2. 被访群体对各个阶段教育都有较高的满意程度

总体看，被访群体对各个教育阶段多数都持满意态度。其中高等教育阶段满意度相对最高，达到 48.1%。分阶段看，学前教育被访群体最不满意的一项是入园贵，比例达到 28.4%。义务教育和高中阶段主要不满集中在不得不上补习班，比例为 19.9%，从侧面反映出学生应试压力。高等教育阶段主要反映学费贵和高校毕业生就业难，比例为 23.5% 和 18.5%（见表 15–15）。

表15-15　受访者对各阶段教育满意度（%）

| 学前教育阶段 | | 义务教育和高中阶段 | | 高等教育阶段 | |
|---|---|---|---|---|---|
| 选项 | 占比 | 选项 | 占比 | 选项 | 占比 |
| 没有不满意 | 40.7 | 没有不满意 | 47.4 | 没有不满意 | 48.1 |
| 入园贵 | 28.4 | 不得不上补习班 | 19.9 | 学费贵 | 23.5 |
| 教师师德差 | 6.2 | 教学质量差 | 9.2 | 高校毕业生就业难 | 18.5 |
| 学不到东西 | 4.9 | 学校乱收费 | 5.9 | 教师能力差 | 2.5 |
| 教师能力差 | 4.9 | 距离远就学不便 | 5.1 | 生活费高 | 2.5 |

## （五）医疗方面情况

### 1. 居民对医疗机构认可度有所提高，绝大多数患者选择公立医院就诊

本年度大多数被访问户感觉身体不舒服时选择了自己买药，但比例相对于上一年大幅下降（见表 15–16）。分城乡看，城镇户籍被访户有 69.1% 选择去医疗机构就诊，首选是县区级医院，其次是区域内最好的大医院；农村户籍被访户首选也是县区级医院，其次为村级卫生所，选择区域内最好的大医院远低于城镇居民，表明医疗支出对于农村居民来说压力更大。从近年变化的趋势可以看出，社区卫生服务中心在农村三级医疗卫生体系中所处位置较为尴尬，历年来都是农村户籍被访户较少的选择。

表15-16　城乡居民首选就诊机构（%）

| 类别 | | 自己买药 | 村卫生室/诊所 | 社区卫生服务中心（站） | 乡镇卫生院 | 区、县医院 | 区域内最好的大医院 | 单位医院 | 其他 | 合计 |
|---|---|---|---|---|---|---|---|---|---|---|
| 城镇户籍 | 2017年 | 30.9 | 3.8 | 7.8 | 2.2 | 33.1 | 21.7 | 0.5 | 0.0 | 100.0 |
| | 2016年 | 61.5 | 1.4 | 7.6 | 0.2 | 16.1 | 13.2 | 0.0 | 0.0 | 100.0 |
| | 2015年 | 27.1 | 3.5 | 12.8 | 9.0 | 28.7 | 19.1 | 0.0 | 0.0 | 100.0 |
| | 2014年 | 48.3 | 1.7 | 8.5 | 7.0 | 18.6 | 15.9 | 0.0 | 0.0 | 100.0 |
| 农村户籍 | 2017年 | 36.5 | 17.2 | 2.4 | 7.6 | 31.7 | 4.5 | 0.0 | 0.2 | 100.0 |
| | 2016年 | 65.6 | 17.9 | 1.0 | 1.9 | 12.4 | 1.3 | 0.0 | 0.0 | 100.0 |
| | 2015年 | 34.0 | 26.6 | 2.2 | 5.8 | 27.4 | 4.1 | 0.0 | 0.0 | 100.0 |
| | 2014年 | 47.9 | 21.4 | 1.4 | 9.9 | 15.5 | 3.9 | 0.0 | 0.0 | 100.0 |

## 2. 在大城市医院住院实际医疗支出最高，在乡镇卫生院住院医保报销比例高

本次问卷共有466名被访户住过院。从住院地点看，被访户多数选择县级医院住院。分城乡看，城镇户籍被访户主要选择省城医院住院，选择比例达到40%，农村户籍主要选择到县级医院，比例达到53.9%（见表15–17）。从各级医院花费看，其中大城市医院总花费最高，平均花费达到19500元，乡镇卫生院花费最低，为2451.2元。从医保报销看，县级和省城医院报销比例相对较高，民营/私立医院报销比例最低（见表15–18）。

表15-17　住院（含转院）地点选择情况（%）

| | 乡镇卫生院 | 县医院 | 市级医院 | 省城医院 | 大城市医院 | 民营/私立医院 | 其他 |
|---|---|---|---|---|---|---|---|
| 全部样本 | 4.2 | 39.4 | 24.9 | 26.3 | 1.4 | 1.4 | 2.4 |
| 城镇户籍 | 0.8 | 25.3 | 26.5 | 40.0 | 2.0 | 1.6 | 4.3 |
| 农村户籍 | 7.8 | 53.9 | 23.3 | 12.7 | 0.8 | 1.2 | 0.4 |

表15-18　各级医疗机构费用情况

| | 扣除医保报销费用（元） | 医保报销（元） | 医保报销比例（%） |
|---|---|---|---|
| 乡镇卫生院 | 2451.2 | 2487.4 | 50.3 |
| 县医院 | 8452.5 | 9933.2 | 54.0 |
| 市医院 | 14438.2 | 15575.0 | 51.9 |
| 省城医院 | 19490.2 | 23434.0 | 54.6 |
| 大城市医院 | 19500.0 | 14571.4 | 42.8 |
| 民营/私立医院 | 8471.4 | 4142.9 | 32.8 |
| 其他 | 15812.5 | 18437.5 | 53.8 |

## 3. 部分病患由于缺少资金未能住院，绝大多数受访者对家庭未来医疗支付能力担心

本次调查还有180户被访者就诊时医生建议住院但未住院，其中83.3%表示缺少资金，12.2%认为自己不需要住院（见表15–19）。全部被访者中，有26.9%的被访者找过亲友借钱，

仅有 1 人选择变卖家产或通过抵押贷款来看病买药。绝大多数被访者担心本人及家庭成员未来生病后诊疗资金问题，其中非常担心的占 37.6%，比较担心的占 39.3%，一点也不担心的仅为 2.6%（见表 15-20）。另外有 67% 的被访者认为当前医疗服务太贵，有 8.2% 的被访者认为大医院看病难，有 11% 对当前医疗服务满意。

表15-19 医院建议住院但未住院原因（%）

| | 选择比例 | | | |
|---|---|---|---|---|
| | 2017年 | 2016年 | 2015年 | 2014年 |
| 没钱住院 | 83.3 | 89.3 | 75.4 | 87.9 |
| 没有时间住院 | 2.8 | 0.8 | 8.0 | 3.0 |
| 自己认为不需要 | 12.2 | 9.8 | 15.9 | 5.3 |
| 其他（没时间照顾） | 1.7 | 0.0 | 0.7 | 3.8 |
| 合计 | 100.0 | 100.0 | 100.0 | 100.0 |

表15-20 被访者未来医疗支出担心情况（%）

| 选项 | 非常担心 | 比较担心 | 有点担心 | 不太担心 | 一点也不担心 | 合计 |
|---|---|---|---|---|---|---|
| 比例 | 37.6 | 39.3 | 10.6 | 9.9 | 2.6 | 100.0 |

## （六）养老保障方面情况

### 1. 60 周岁以下受访者绝大多数担心未来养老收入来源

60 周岁以下被访者共 777 名，城镇户籍分别有 27.3%、33.5%、15.9% 的被访者非常担心、比较担心、有点担心今后的养老问题，有 20.3%、3.0% 的被访者不太担心、一点也不担心今后的养老问题；而农村则有 91.0% 的被访者不同程度地担心今后养老问题，其中 36.2% 选择了非常担心，而选择不太担心和一点也不担心的只占总数的 9.0%（详见表 15-21）。在未来养老收入来源方面，城市居民首选社保养老金或退休金，比例为 63.5%，其次为依靠低保或者社会救济，比例为 11.8%；农村居民则主要靠承包田地，占比 53.6%，其次为儿女或者其他亲属赡养，占比 11.2%（见表 15-22）。

表15-21 60周岁以下被访者未来养老经济来源信心（%）

| | 城镇被访者 | 农村被访者 |
|---|---|---|
| 非常担心 | 27.3 | 36.2 |
| 比较担心 | 33.5 | 44.9 |
| 有点担心 | 15.9 | 9.4 |
| 不太担心 | 20.3 | 8.0 |
| 一点也不担心 | 3.0 | 1.0 |
| 总计 | 100.0 | 100.0 |

表15-22　60周岁以下被访者未来养老经济来源预期（%）

| 分城乡 | 按选择主次排序，取前四项 | | | |
|---|---|---|---|---|
| 城镇居民 | 退休金\养老金 | 低保或社会救济 | 储蓄 | 儿女或其他亲属赡养 |
| | 63.5 | 11.8 | 8.8 | 4.3 |
| 农村居民 | 靠承包田地 | 儿女或其他亲属赡养 | 储蓄 | 工作收入 |
| | 53.6 | 11.2 | 8.9 | 8.2 |

### 2. 城镇居民养老资金绝大多数来源于退休金和养老金，农村居民多数来源于承包地

在养老收入方面，86.5% 的城镇被访者当前养老收入的主要来源是退休金或者社保养老金，其次为儿女或者其他亲属赡养和低保或社会救济两方面，比例分别为 4.4% 和 3.6%；农村被访者养老收入来源主要为承包田地，占 49.1%，其次为儿女赡养，占 21.0%（见表 15–23）。有 36.8% 城镇被访者不太担心和一点也不担心今后养老收入来源，有 63.2% 选择了担心；农村被访者 89.7% 选择了担心今后养老问题，38.8% 的选择了非常担心，选择不太担心和一点也不担心的只占总数的 10.3%（见表 15–24）。

表15-23　60周岁及以上被访者当前养老经济来源预期（%）

| 分城乡 | 按选择主次排序，取前四项 | | | |
|---|---|---|---|---|
| 城镇居民 | 退休金\养老金 | 儿女或其他亲属赡养 | 低保或社会救济 | 靠承包田地 |
| | 86.5 | 4.4 | 3.6 | 1.8 |
| 农村居民 | 靠承包田地 | 儿女或其他亲属赡养 | 低保或社会救济 | 退休金\养老金 |
| | 49.1 | 21.0 | 12.5 | 9.4 |

表15-24　60周岁及以上被访者未来养老经济来源信心（%）

| | 城镇被访者 | 农村被访者 |
|---|---|---|
| 非常担心 | 18.1 | 38.8 |
| 比较担心 | 28.2 | 44.2 |
| 有点担心 | 17.0 | 6.7 |
| 不太担心 | 29.2 | 9.4 |
| 一点也不担心 | 7.6 | 0.9 |
| 总计 | 100.0 | 100.0 |

## （七）住房保障情况

本年度调研，城镇户籍居民当前住房以自购商品住房居多，其次为购买房改房、自建住房和拆迁安置房（见表 15–25），农村户籍居民多为自建住房。从居住面积看，城镇居民户均住房建筑面积为 69.31 平方米，农村居民户均为 82.78 平方米。城乡居民对住房的满意度都较高，分别有 30.5% 的城镇居民和 45.9% 的农村居民对所居房屋都满意。从不满意的方面看，城镇居民中有 23.9% 的不满意当前住房面积太小，11.6% 表示房价太高，无法改善住房条件，10.7% 表示

小区环境和物业差；农村居民中有 16.3% 表示住房面积太小，13.1% 表示建筑年代久远，小区设施落后，7.7% 表示自来水、电力、燃气等设施不全。

表15-25　　城乡居民住房情况（%）

| | 城镇户籍 | 农村户籍 |
|---|---|---|
| 自购商品住房 | 43.5 | 10.8 |
| 购买房改房 | 18.9 | 1.6 |
| 购买的保障性住房 | 4.9 | 2.9 |
| 市场租赁房 | 3.4 | 2.7 |
| 单位租住房 | 0.3 | 0.0 |
| 廉租房（或公租房） | 5.5 | 1.1 |
| 拆迁安置房 | 9.2 | 3.8 |
| 自建住房 | 10.6 | 73.9 |
| 借助其他亲朋好友 | 3.5 | 3.2 |
| 总计 | 100.0 | 100.0 |

## （八）生活环境情况

### 1. 生活环境相对于上一年改善幅度较大，超过半数的城镇被访户和农村被访户对周边环境满意

分别对城乡生活环境各项指标进行加权（非常好 / 明显改善 =100，一般 / 没有变化 =60，非常差 / 严重恶化 =20，说不清 / 不知道不计算）计算后得出各项指标。在城乡居民生活环境改善方面，整体看优于上 年。分城乡看，城镇被访家庭生活环境得分 80.9 分，表明比上年有较大改善，农村则有明显上升，得 80.5 分（见表 15–26）。从具体项目看，城镇绿化、生活垃圾处理、生活用水质量、周边水体质量、噪音环境质量相对于上年提高幅度较大；农村在绿化方面也有较大提高。从最不满意的一项看，按选择比例排序，城镇有 23.4% 选择生活用水质量，有 22.0% 选择噪音环境质量，19.3% 选择周边水体质量，15.7% 选择空气质量；农村有 26.6% 选择生活用水质量，16.9% 选择生活垃圾处理，16.2% 选择周边水体质量，11.5% 选择生活用水供应有问题（见表 15–27）。

表15-26　　城乡被访者环境满意情况　　单位：分

| | 全部被访户 | 城镇被访户 | 农村被访户 |
|---|---|---|---|
| 总体生态环境 | 80.7 | 80.9 | 80.5 |
| 空气质量 | 78.6 | 75.9 | 81.4 |
| 生活用水质量 | 69.7 | 70.8 | 68.6 |
| 周边水体质量 | 64.0 | 62.8 | 65.2 |
| 生活垃圾处理 | 70.9 | 73.6 | 68.1 |
| 噪音环境质量 | 69.5 | 66.0 | 73.1 |
| 绿化质量 | 78.7 | 77.7 | 79.7 |

表 15-27　　城乡被访者不满意的环境问题（%）

| | | | | |
|---|---|---|---|---|
| 城镇被访者 | 生活用水质量 | 噪音环境质量 | 周边水体质量 | 空气质量 |
| | 23.4 | 22.0 | 19.3 | 15.7 |
| 农村被访者 | 生活用水质量 | 生活垃圾处理 | 周边水体质量 | 生活用水供应问题 |
| | 26.6 | 16.9 | 16.2 | 11.5 |

### 2. 食品安全问题方面，三分之一为被访户表示满意，并认为我国未来三年内食品安全问题会得到逐步改善

全部被访户中，有 34.0% 被访者表示非常满意和比较满意。城镇被访者中，有 35.1% 认为正规超市所出售的食品更加安全卫生。在问及当地政府在加强食品安全监督、保障食品安全方面的工作是否有力时，全部被访者中有 31.8% 认为政府监管工作比较到位，有 28.8% 认为还是做了不少工作，但是效果不好，还有 23.9% 的被访者认为做了一点工作，还远远不足。同时，有 30.0% 的城乡被访者认为随着《食品安全法》的颁布，食品安全会得到逐步改善，27.2% 的被访者选择了可能会有一些改善。

表15-28　　被访群体食品安全满意程度（%）

| | 全体被访户 | 城镇被访户 | 农村被访户 |
|---|---|---|---|
| 非常满意 | 1.4 | 1.1 | 1.7 |
| 比较满意 | 32.6 | 25.7 | 39.8 |
| 一般 | 31.7 | 29.3 | 34.3 |
| 不太满意 | 28.2 | 34.5 | 21.6 |
| 非常不满意 | 6.1 | 9.4 | 2.7 |
| 总计 | 100.0 | 100.0 | 100.0 |

## 三、黑龙江省民生方面的突出问题

综合全省实际以及问卷中城乡居民反映的焦点问题，当前黑龙江省民生方面存在如下突出问题。

### （一）财政收入出现负增长，民生工程建设任重道远

2016 年黑龙江全省一般公共预算收入实现 1148.4 亿元，同口径下降 1.1%，增速在全国排在第 29 位，一般公共预算支出完成 4228 亿元，增长 5.2%。从收入看，黑龙江省财政收入出现负增长与实施营业税改增值税试点、暂免征收部分小微企业增值税和营业税等结构性减税政策有关，2016 年全年减税降负 107 亿元；另外，采取停征、扩大免征范围方式，调整降低行政事业性收费和政府性基金 21 项，减轻社会负担 1.2 亿元，两项减税费规模占一般公共预算收入规模近 10%。从支出看，社保和医保支出占比最大，合计超过了 1000 亿人民币，占全省财政总支出近 1/4，即使黑龙江完全不缴纳国税（900 亿元左右），黑龙江省 50% 的收入用于社保和医保支出。

在支出是收入四倍的情况下，养老、医疗、教育、保障性住房等民生工程建设任务加重，2016年黑龙江接受中央政府2775亿人民币的转移支付，总额排在全国第四位。

### （二）居民收入水平整体偏低，增速低于全国平均水平

2016年黑龙江省居民人均收入19838元，其中，城镇居民人均可支配收入25736元，比上年增长6.3%，农村居民人均可支配收入11832元，比上年增长6.6%；全国居民人均可支配收入23821元，比上年增长8.4%，城镇居民人均可支配收入33616元，比上年增长7.8%；农村居民人均可支配收入12363元，比上年增长8.2%。2016年，黑龙江省城镇居民人均生活消费支出18145元，比上年增长5.8%、农村居民人均生活消费支出9424元，比去年增长12.3%；而全国居民人均消费支出17111元，比上年增长8.9%，城镇居民人均消费支出23079元，比上年增长7.9%，农村居民人均消费支出10130元，比上年增长9.8%。

### （三）养老金入不敷出，缺口明显，累计结余已“穿底”

2016年社保报告显示，黑龙江2016年企业职工养老保险基金收入为890亿元，支出则达到了1210亿元，当期收不抵支320亿元，由于2015年黑龙江的企业职工养老保险累计结余仅剩88亿元，2016年出现了232亿元的“负债”，黑龙江省成为全国首个花光养老金结余省份。主要原因：一是黑龙江省人口老龄化问题严重，养老金支出压力大。全省60周岁以上老年人口681.62万，占总人口的17.94%，65周岁以上老年人口440.71万，占11.6%，分别高于国家1.24和0.8个百分点。企业退休人员增长速度很快，由2010年的268.8万人增加到2016年的457万人，与此同时，养老金跟随全国实现了翻倍增长，基本养老金由月人均1076元提高到2119.56元，净增长1043.56元/月，整体增长近一倍。二是人口流失严重，社保参保人员减少，导致养老金收入低。2011～2015年，全省平均每年外流人口约为6.92万人，从年龄结构看，以30～39岁这一年龄段最多，占32.6%，外流人口的年龄层次呈现明显的年轻化趋势，同时，大专以上学历人口流出比例增加，占总数的16.5%。人口流失造成养老保险抚养比降低。2016年黑龙江省养老保险抚养比是1.3∶1，而2016年全国平均水平为2.8∶1，抚养比最高的广东省则为9∶1。

### （四）医疗资源分布不均，农村居民在区域内最好大医院就诊比例较低

优质医疗资源分布不均衡，医疗资源配置较好的仍然是城市中大医院，基层医疗服务能力薄弱，而大医院看病难、费用高、专家号难求等问题也日益突出。近年来，随着医改的不断深入，这些问题虽然有所缓解，但依然存在。在调研中发现，农村居民首选的医疗机构是县医院和村卫生所，而区域内最好的大医院就医比例并不高，一方面由于看病难、看病贵，另一方面由于报销比例并不高。另外，连续几年农村居民都持续反映乡镇医疗机构医疗资源有限，“以药养医”“缺医少药”“诊疗水平不高”现象依然存在。因此，乡镇卫生机构的作用发挥是全省农村三级医疗卫生体系改革的重点。

### （五）教育资源分布不均衡，教育支出压力大

优质的教育资源仍然集中在城镇，农村教育水平落后一直是黑龙江省教育现状中最突出的问题之一，师资力量严重不足、教育教学环境恶劣、教育资源分配不均等，无一不严重阻碍着农村教育水平的提高。且伴随城镇化进程加快，大量农村人口向城市转移，一部分生源随父母到城里就读，一部分生源则在“撤村并校”后集中到中心校寄读，一方面加大了城市教育压力，另一方面寄宿也产生了一系列问题。这主要体现在：一是存在交通安全和食宿安全隐患。二是低年级小学生加大了寄宿制学校管理难度。三是学校后勤服务支出大，办公经费不足。四是不利于孩子健康人格的形成以及身心健康发展。五是新增了通勤费、伙食费等支出，增加了学生家庭经济负担。调查结果显示，1279 户中有 429 户家庭有子女正在上学，其中有 368 户，也即 85.8% 的被访户认为子女教育支出位列家庭支出前三位。

### （六）资源型城市及地区民生问题突出

黑龙江省典型的资源型地区有大庆、鸡西、鹤岗、双鸭山、七台河、伊春、大兴安岭，为国家的经济建设做出了巨大贡献，但随着可采资源的减少，财政收入减少，特别是煤城和林区出现了较为严重的“资源危机”“经济危困”“职工贫困”三危现象。2016 年，大庆市 GDP 增长 1.7%，扭转了 2015 年负增长局面，鹤岗市 GDP 下降 1.2%，双鸭山和七台河 GDP 增长不明显，分别为 2.6% 和 0.6%，龙江森工林区和大兴安岭林区由于全面停伐政策的实施，林业产业总产值有所下降，2016 年龙江森工林区较 2015 年减少 3.09%，且债务负担严重。由于国有林区林业局承担社会的职能，不仅要承担市政环卫处等事业单位经费，还要承担供热、供水、物业等具有公益性质的亏损费用，加之林业企业经营相当脆弱，经营性收入无法支撑高额的银行贷款债务和政社性支出，特别是全面停止商业性采伐后，林业局替代产业没有形成规模，加上日常的企业行政管理、资源管理等刚性支出，造成企业的资金缺口进一步加大。2016 年，龙江森工负债 13.95 亿，大兴安岭林区负债 24.62 亿。林业富余职工安置压力大，龙江森工安置富余职工 3 万余人（全面停伐后林区产生富余职工 14.7 万人，已分流安置 8.43 万人），还有 1.5 万人未安置。大兴安岭安置富余职工 0.54 万人，还有 0.76 万余人未安置。林业职工长期从事林业生产的一线职工属于特殊工种，大多数人员都患有风湿病、心脏病、关节炎等一系列疾病。他们普遍年龄偏大，技能单一，转岗就业困难，且居民社会保险缴纳比例占职工收入的比例较高，职工缴纳社会养老保险显得力不从心。

## 四、对策建议

### （一）瞄准重点领域、关键人群提高公共服务保障力度

通过对“不满意群体”的剖析，黑龙江省民生存在明显的保障不充分问题。下步工作中，

亟需瞄准重点领域、关键人群提高公共服务保障力度。

### 1. 着力解决低收入人群的增收问题

针对黑龙江省农村居民增收困难，亟需加快完善农业支持政策，保障农业生产者能够持续增收。一是以“质”增收。一方面调整种植结构，重点发展蔬菜、食用菌、鲜食玉米等三大特色作物；另一方面调整品质结构，加快发展绿色有机食品，加快把黑龙江建成世界最大的高品质有机食品生产基地。二是以“特”增收。搞好优质北药、汉麻、蓝莓、大榛子等高值高效特色作物的种植加工，特别是中草药。三是以“转”增收。将有劳动能力的富裕农民转移出去，拓展就业渠道，实现多元化增收。四是以“创”增收。建立农民创业项目库，开展农民创业项目推广对接活动，着力完善20个农民创业示范园区、330个农民创业示范基地、搞好10个农民创业示范县评定，增强农民市场意识，激发农民创业增收。五是以“养”增收。黑龙江生态承载能力较强，绿色食品源头优势明显，特别是南方限养政策出台后，畜牧业发展空间很大，市场竞争力较强。六是以“销”增收。加快打造以黑龙江大米网为标志的电商群体，通过现代营销方式，推动农民与市场直接接触，推动产销对接，促进农民增收。七是以“加”增收。把水稻、玉米深加工摆到突出位置，加快培育大型加工企业，发展产业化经营，从根本上提升农业效益。八是以“游”增收。通过鼓励和引导农民发展生态农业、观光农业、旅游农业、休闲服务等新兴业态，推动一二三产融合发展，使农民在产业链延长和价值链提升中获得更多收益。九是以“股”增收。组建村股份经济合作社，对成员实行股份分红，不断增加农民财产性收入。

### 2. 着力解决大学生就业难问题

针对当前就业压力，要坚持实施就业优先战略，实施更加有利于促进就业的财政政策、税收政策，针对大学生就业工作情况。一是深化创新创业教育，促进以创业带动就业。将创新创业教育纳入到教学评估范围，列入高校本专科教学质量年度报告和毕业生就业质量年度报告。二是优化发展环境，营造留省就业创业的良好氛围。加大政策宣传力度，大力宣传龙江经济发展前景和龙江企业风采，完善毕业生留省就业创业激励机制，使毕业生愿意留在龙江干事创业。三是大力开拓就业市场，推动毕业生充分就业。深入了解省内企业人才需求情况，充分挖掘就业机会，积极举办企业招聘会，拓宽就业渠道和范围。四是强化指导和服务，健全毕业生精准对接机制。与省人社厅建设毕业生智慧就业创业联盟，搭建政校企联动服务平台，推动供需有效对接。组织各高校建立毕业生就业台账，提供“一对一”的指导与服务，做好离校未就业毕业生就业帮扶工作，实现“一人一策”的跟踪服务，提高服务的精准度和实效性。五是强化毕业生就业监测预警机制建设。完善就业状况和社会需求对高等教育的反馈机制，健全专业预警和退出机制，推进教育供给侧结构性改革，不断引导高校根据社会需求和就业合理设置学科专业。

### 3. 进一步强化社会救助的兜底功能

完善以最低生活保障为核心的多层次、多元化社会救助政策体系，优化困难人群信息登记和收入动态监测制度，实现精准支付和应保尽保，编制好最后一道“安全网”。一是引导形成社会救助合力。将《黑龙江省困难群众救助体系建设方案》进一步细化、实化，设计路线图，制定时间表，将任务分解到各部门统筹推进落实。二是兜底保障困难群众基本生活。做好低保与扶贫衔接、健康扶贫、跨部门信息核对。通过典型的示范引领作用，构建政府领导、民政牵头、部门配合、社会力量参与的社会救助体系，兜底保障困难群众基本生活。三是推进精准救助。加强救助信息管理系统建设，完善数据库动态调整和信息核对，确保救助对象精准认定、救助政策精准实施。

## （二）依据城镇化发展趋势，进一步优化社会资源配置

从黑龙江省看，农村居民“因婚、因学”迁入县域和中心城镇的居民越来越多，很多社会资源都需要进一步优化配置。新时代，应积极探索运用大数据手段实时监控全省人口流动趋势，将有限的资源重点倾斜人口流向集中的中心城市和重点城镇，即满足当地城镇居民需求，也能吸引城镇人口的进一步集聚，产生规模效应，实现公共资源的充分利用、最优配置。同时，也建议有针对性地配置资源，结合去库存政策积极化解个别地区商品房积压现象。

## （三）多渠道解决养老保险亏空，确保养老金稳定增长

黑龙江省养老金抚养比全国最低，且缴费人数呈逐年下降趋势，2016 年缴费人数较上一年减少了 3 万人，至 510 万人。针对养老金的压力，一是应推动养老保险资本化运营。在借鉴其他省份成功经验的基础上进行，实施养老保险基金投资运营，努力实现基金保值增值。二是推动国有资本充实社保基金。积极向中央申请，将央企、地方国有及国有控股大中型企业、金融机构纳入划转部分国有资本补充社保。比例统一为企业国有股权的 10%，股权分红及运作收益专项用于弥补企业职工基本养老保险基金缺口。三是建议国家层面尽快实现养老保险全国统筹。进一步在全国范围发挥养老保险互助共济作用，在国家层面统一养老保险社会统筹部分的缴费率，加强养老保险费用征缴的刚性约束，对养老保险基金实行全口径的全国统筹，最终实现国家统一预算、各省分账管理。

## （四）推进教育均等化，增强社会各阶层流动性

### 1. 探索推进 9 年义务教育延伸工程

目前，浙江、广东、河北多地都尝试了高中免费教育，从黑龙江看，随着在校生数量下降，教育投入持续递增，已经逐步具备了延伸 9 年义务教育的能力。建议全省按照“分类实施、试点先行”的原则，稳妥推进 9 年义务教育延伸，应考虑推进“幼小合办”，将 9 年义务教育向下延伸 1 ~ 2 年，覆盖到学龄前阶段。考虑到脱贫攻坚工作的紧迫性，以及黑龙江偏远地区的艰苦性，在贫困地区和大兴安岭等地区，可采取将义务教育向学前和高中阶段延伸，试点推进 14

或 15 年义务教育。

#### 2. 优化偏远贫困地区教育资源配置，减轻农村家庭负担

针对因不合理的布局调整造成的部分偏远农村学生上学路程变远、交通安全存在隐患等新问题，应切实办好教学点，保障学前儿童，低年级小学生就近入学。扩大农村贫困学生寄宿制补贴的覆盖面。做好农村留守儿童的关爱和帮扶工作，根据农业生产周期，建立农村寄宿学生月假、半月假制度。完善公共交通服务体系，加强校车安全管理工作，增加校车补贴。

#### 3. 不断推进教育公平发展和质量提升，减轻中低收入家庭教育支出

从问卷调查看，造成中低收入家庭子女教育支出压力较大的原因，主要在于择校费、课外辅导班等支出带来的费用负担，根源仍在于教育资源配置的不均衡。建议加快缩小城乡、区域、校际教育差距，大力推进基本教育公共服务均等化，健全家庭经济困难学生资助体系，完善非义务教育阶段培养成本分担机制，合理确定各方分担培养成本的比例，切实减轻中低收入家庭教育支出压力，着力提高中低收入家庭对居住地教育状况的总体评价。在义务教育阶段，进一步加大对学校乱收费的治理力度，及时遏制违规高收费乱收费现象，大力推进义务教育均衡发展，缩小校际办学条件及教育质量差距；在非义务教育阶段，进一步加大助学力度，完善政府补贴，规范学校收费行为。

### （五）优化资源配置，不断提高基层医疗卫生服务能力

#### 1. 加快推进医疗联合体建设，利用信息技术大力发展农村远程医疗，促进乡镇卫生院的作用发挥

面对基层医疗服务机构，尤其是乡镇卫生机构“缺人少药”的局面，应加快推进医疗联合建设，形成城乡联动的医疗服务体系，实现优质医疗服务资源下乡。针对黑龙江省农村地广人稀的特点，应大力探索信息技术的应用。通过远程诊疗系统，实现城镇医生主诊，乡村医护人员辅诊，将城市优质医疗服务资源引入到偏僻乡村。同时，打造省级基本药物直销平台，建设农村基本药物配送系统，依托第三方物流企业，将非处方药品直接配送到户，使农民真正能小病不出乡镇。

#### 2. 充分发挥基层医疗卫生机构预防保健和健康管理的功能

为了提高农民的健康水平，浙江省从 2006 年开始，对参加农村合作医疗的人群进行免费体检，时间段为二年一次，采用发放“健康券”的形式，就是每个参加合作医疗的人得到一张健康券，此券只能作为体检用，不得他用。建议借鉴浙江经验，积极探索新时期全民免费进行基础体检的新途径、新方式，充分发挥基层医疗卫生机构预防保健功能。建议黑龙江全省未来应将新增医疗卫生投入优先用于基层医疗机构预防保健和健康档案管理工作，及时发现居民健康隐患，提供相应的预防措施，长期看，既能提高居民健康水平，也能降低医保资金支出压力。

### （六）科学合理设计国有林区管理体制改革路径，改善林区民生

目前，重点国有林区面临的最突出问题依然是多年遗留、最难解决的问题，这就决定了国有林区管理体制改革需要科学的顶层设计，自上而下地有序推进。顶层设计首要考虑的两大问题是民生和森林资源，改革起点和落脚点都是基于改善民生和保护森林资源。改革涉及多方面利益关系，且林区改革成本巨大，包括生态保护的投入、产业转型的投入、职工安置的投入，势必为国家造成巨大财政压力。因此，它是一种渐进式的制度变革，不能操之过急，在摸索中不断积累经验，能一步到位实施政企分开的则实施，不具备条件的先实施内部政企分开，即将森林资源管理、林区社会行政管理两项政府职能与企业经营职能分开，待条件成熟时，再将森林资源管理职能与社会行政管理职能分开。一是建议国家比照枯竭矿山关闭破产提前退休政策，对森工林区职工给予提前 5 年退休政策，即男满 55、女满 45 职工实行退休；对从事繁重体力劳动和其他有害健康的特殊工种职工给予提前 10 年退休政策，即男满 50、女满 40 职工实行退休；对安置人员也比照执行提前退休政策。二是对“4050”以上人员在再就业之前或季节性待业期间，设立专项补助资金保障其生活。三是政策扶持再就业，通过给予小额贷款、贴息贷款、技术培训、创业补贴等政策，重点扶持发展林下经济、家庭经济、种养殖、森林旅游等经营项目，鼓励其自住创业。四是增加安置人员社保、医保补助，间接减少个人缴纳额度。五是妥善解决为数众多的集体混岗职工和知青工的待遇问题。

（黑龙江省政府发展研究中心专题组
负责人：罗丛霞
成　员：雷景贵　李　微　张翘楚　郑丽娟　徐　涛　郑健志　关　鑫）

# 第十六章
# 江苏省民生发展报告

悠悠万事，民生为大。根据国务院发展研究中心统一部署，2017 年 7 ~ 8 月，江苏省政府研究室与南京农业大学公共管理学院组成 4 个调研组，深入省内 10 个县（市、区）20 个乡镇（街道）、40 个村（居），对 1200 名常住居民的生产生活情况进行入户调查，了解民生状况，倾听民生诉求。这是 2015 年以来江苏省第三次大规模抽样问卷调查。总体而言，江苏民生工作扎实推进，城乡居民收入稳步提高，社会保障体系不断完善，环境治理取得积极进展，人民群众获得感不断增强。但也要清醒地看到，城乡区域发展不够平衡，基本公共服务供给不足，生态环境质量尚未根本好转，政府职能转变还不到位，加强和改善民生任务依然艰巨。

## 一、江苏省民生发展总体情况

2017 年是落实"十三五"规划的开局之年，也是决胜全面建成小康社会的关键之年。全省上下深入贯彻落实习近平总书记系列重要讲话特别是视察江苏重要讲话精神，自觉践行新发展理念，以推进供给侧结构性改革为主线，围绕补短板、保基本、兜底线，深入实施民生幸福工程，加大民生投入，增加基本公共服务供给，全面发展社会事业，人民生活水平持续提升。

### （一）城乡居民收入进一步提高

坚持富民增收优先导向，多措并举，千方百计提高居民收入水平。一是坚持促进就业和支持创业并举，最大限度推进城市就业困难家庭、农民工、应届大学毕业生等重点群体的充分就业，城镇新增就业 143.2 万人，应届高校毕业生年末总体就业率达到 96.9%，分流安置去产能职工 2.4 万人，扶持城乡劳动者自主创业 22.8 万人，有效促进居民工资性收入的较快增长。二是优化财政支出结构，加大民生领域的投入力度，全省公共财政支出 75% 以上用于民生投入，其中省级财政民生支出比重达到 80%。三是实施提高企业退休人员养老金和基础养老金、调整最低生活保障标准、加强困难群体的救助等多项惠民增收政策措施。四是大力实施脱贫致富奔小康工程，着力抓好到村到户精准扶贫工作，2015 年农村 411 万低收入人口整体实现 4000 元脱贫目标，2016 年 76.8 万农村低收入人口人均收入提高到 6000 元。全省居民人均可支配收入达 32070 元，同比增长 8.6%，其中城镇居民人均可支配收入 40152 元，农村居民人均可支配收入 17606 元，分别同比增长 8% 和 8.3%。在居民收入稳步增长的同时，城乡之间、区域之间的收入差距也逐年缩小，城乡居民收入比由 2012 年的 2.37 ∶ 1 下降到 2.28 ∶ 1；苏南苏中苏北地区城镇居民收入比（以苏北地区为基数）由 2012 年的 1.8 ∶ 1.33 ∶ 1 下降到 1.75 ∶ 1.32 ∶ 1，苏南苏中苏北农村居民收入比由 2012 年的 1.68 ∶ 1.23 ∶ 1 下降到 1.63 ∶ 1.21 ∶ 1。

### （二）教育现代化建设步伐加快

坚持把教育摆在优先发展位置，紧紧围绕深入推进教育现代化建设的战略目标，以提升办学条件、促进教育均衡发展为重点，扎实推进教育领域改革和教育惠民政策的实施。一是教育领域制度不断完善。省委、省政府召开了 21 世纪以来第三次全省教育工作会，先后出台了《关于深入推进教育现代化建设努力办好人民满意教育的意见》和《关于做好新时期教育对外开开放工作的实施意见》，印发了江苏省“十三五”教育发展规划，指明了江苏省教育发展方向。二是基础教育优质均衡发展水平不断提高。持续扩大学前教育规模，新改扩建幼儿园 606 所，新增省级优质园 229 所。推进全省义务教育学校标准化建设，全面改善贫困地区义务教育薄弱学校基本办学条件，新开工“改薄”项目学校 741 所，新增竣工项目学校 160 所，义务教育城乡间、学校间条件均衡比例达到 100%。继续开展星级高中评估工作，新增 3 星级高中 7 所，四星级高中 9 所。三是高等教育内涵式发展取得新成绩。全省 23 所高校的 90 个学科进入 ESI 全球前 1%，进入机构数和学科数分列全国第一和第二。全省高校获得国家社科基金项目 297 项、教育部哲学社会科学基金项目 211 项，立项数量位列全国各省（区、市）之首。四是教育投入持续增加。全省教育经费总投入达到 2402.1 亿元，普通小学生均教育经费、初中生均教育经费、高中生均教育经费、普通高等教育阶段生均教育经费分别为 12503 元、21195 元、21134 元和 19057 元。从 2016 年秋季学期起，全面免除普通高中、普通高校本专科阶段学习的建档立卡家庭经济困难学生学杂费。

### （三）医疗卫生服务体系不断健全

紧紧围绕建设“健康江苏”战略目标，以深化省级综合医改试点、建设现代医疗卫生体系为抓手，以为广大人民群众提供质优、高效、便捷的医疗卫生服务为目标，全面加快医疗卫生事业发展。省政府先后颁布“十三五”卫生与健康规划、深化医药卫生体制改革规划、卫生计生资源配置标准等改革文件，明确医疗卫生事业发展方向。持续推进省级综合医改试点，省级和 12 个设区市市级公立医院成立医院管理委员会，130 家二、三级公立医院探索建立法人治理结构。分级诊疗制度加快推进，全省共建成医联体 180 个，基层诊疗人次占诊疗总数的比重达到 60%。公共卫生投入大幅提高，全省卫生投入费用达 712.8 亿元，其中基本公共卫生服务补助人均超过 50 元。基本医疗公共服务均等化水平不断提高，全年共扶持 660 个基层医疗机构基础设施建设和设备安装，建成省级卫生乡镇卫生院 50 个、村卫生室 300 个，切实解决农村居民看病难、看病贵问题。人口健康状况不断提高，全省人均预期寿命达 77.5 岁，高于全国平均水平 1 岁，婴儿死亡率、孕产妇死亡率持续下降，居民健康水平总体处于全国前列。

### （四）社会保障水平稳步提升

紧紧围绕兜底线、织密网、建机制的要求，全面推进覆盖全民、城乡统筹、权责明晰、保障适度、可持续的多层次社会保障体系建设。全面实施全民参保登记计划，重点推进新业态从业人员、农民工、进城落户农民纳入城镇社会保险体系，全省城乡基本养老保险覆盖率、城镇基本医疗保险覆盖率和失业保险覆盖率分别达到97.5%、97.5%和98%。保障水平不断提高，全省城乡居民基本养老保险基础养老金最低标准由每人每月105元提高到115元；调整企业和机关事业单位退休人员养老金，人均增幅超过6.5%；城镇职工医保和居民医保报销比例进一步提高，新农合政策范围内报销比例达到76%以上。不断完善医疗保险制度，积极推进城乡居民基本医疗保险制度整合，开展长期护理保险试点，基本实现省内异地就医联网结算。扎实推进机关事业养老保险制度改革，全省机关事业单位养老保险参保人数达135.82万人。

### （五）城乡生态环境持续改善

深入落实习近平总书记关于长江经济带“共抓大保护、不搞大开发”的重要指示精神，启动实施“两减六治三提升”专项行动，更大力度推进环境保护和生态建设，城乡环境综合整治成效显著，“美丽江苏”建设取得新成效。环保投入持续增加，全省环境污染治理投资总额达1009.2亿元，是2012年投入的1.32倍。主要污染物排放量不断下降，全省化学需氧量、氨氮、二氧化硫和氮氧化物排放量分别为74.7万吨、10.3万吨、57.0万吨、93.0万吨，较2015年分别下降了30.8万吨、3.5万吨、26.5万吨和13.8万吨。扎实推进大气治理重点工程，着力消减挥发性有机物排放总量，强化重污染天气应急管控，PM2.5平均浓度比上一年下降12.1%，城市空气质量优良天数比例提高3.4个百分点。深入推进水污染防治，加大污水处理厂提标改造和城市黑臭水体整治力度，104个国家考核断面水质优Ⅲ比例比上一年提高9.9个百分点，太湖流域连续九年实现“两个确保”。出台土壤污染防治工作方案，建立完善土壤环境监测网络。积极推进生产方式绿色化转型，加强重点领域节能减排，单位地区生产总值能耗上一年降低3.7%以上，工业增加值能耗降低率为3.96%。

## 二、江苏省民生发展问卷调查分析

本次调查采用了分层多阶段概率与规模成比例的抽样方法，在江苏抽取了1200名年龄在18～69岁之间的常住居民，采用入户面对面访问的调查方式，共收回问卷1200份，有效问卷1199份，有效率达99.92%。如表16-1所示，在被访对象中，30岁及以下占10.2%，31～60岁占62.9%，60岁以上占26.9%；未婚占5.2%，已婚占94.8%；教育程度小学及以下占33%，初中、高中、中专或技校占56.9%，大专及以上占10.1%；农业就业占30.5%，行政企事业单位就业占34.1%。

表16-1　　被访对象及其家庭成员基本特征

| 性别 | 被访对象（N=1199） | | 家庭成员（N=3850） | |
|---|---|---|---|---|
| | 样本数 | 占比（%） | 样本数 | 占比（%） |
| 男 | 583 | 48.6 | 1943 | 50.5 |
| 女 | 616 | 51.4 | 1907 | 49.5 |
| 年龄 | 样本数 | 占比（%） | 样本数 | 占比（%） |
| 20岁及以下 | 13 | 1.1 | 1011 | 26.4 |
| 21~30 | 109 | 9.1 | 652 | 17.0 |
| 31~40 | 159 | 13.3 | 619 | 16.2 |
| 41~50 | 253 | 21.1 | 438 | 11.4 |
| 51~60 | 342 | 28.5 | 435 | 11.3 |
| 60岁以上 | 323 | 26.9 | 677 | 17.7 |
| 婚姻状况 | 样本数 | 占比（%） | 样本数 | 占比（%） |
| 从未结过婚 | 61 | 5.1 | 1287 | 33.4 |
| 同居 | 1 | 0.1 | 2 | 0.1 |
| 已婚有配偶 | 1080 | 90.1 | 2394 | 62.2 |
| 离婚 | 17 | 1.4 | 33 | 0.9 |
| 丧偶 | 40 | 3.3 | 133 | 3.4 |
| 教育程度 | 样本数 | 占比（%） | 样本数 | 占比（%） |
| 小学及以下 | 396 | 33.0 | 1664 | 43.2 |
| 初中 | 488 | 40.7 | 1148 | 30.0 |
| 高中/中专/技校 | 194 | 16.2 | 473 | 12.3 |
| 大专/高职 | 77 | 6.4 | 301 | 7.8 |
| 本科 | 42 | 3.5 | 241 | 6.2 |
| 研究生及以上 | 2 | 0.2 | 19 | 0.5 |
| 就业分类 | 样本数 | 占比（%） | 样本数 | 占比（%） |
| 农业就业 | 204 | 30.5 | 279 | 14.7 |
| 行政事业单位 | 58 | 8.7 | 202 | 10.7 |
| 企业 | 170 | 25.4 | 794 | 42.0 |
| 自营业者 | 120 | 18.0 | 200 | 10.5 |
| 民办社会组织 | 5 | 0.7 | 20 | 1.1 |
| 临时务工 | 41 | 10.6 | 170 | 9.0 |
| 其他就业 | 71 | 6.1 | 228 | 12.0 |

问卷内容由国务院发展研究中心设计，主要包括受访者的工作与就业、基本民生问题、收入和消费、子女教育、医疗卫生、养老保障、住房保障、生活环境、食品安全和政府服务等10

个方面。此外,我们附加了一道为江苏民生工作评分的题目。下面逐一分析此次调查的统计结果。

## （一）工作与就业

### 1. 居民就业类型更加多元化

表 16–2 数据显示，受访居民就业呈现多元化分布，除专业或兼业务农外，民营 / 私营企业、个体工商业（雇主及雇员）和非固定单位临时务工三者比例达到 48%，成为居民重要就业渠道。从城乡来看，城镇居民就业主要集中在民营 / 私营企业、个体工商业（雇主及雇员），两者占比分别为 24.9% 和 28.3%；农村居民专业、兼业务农占比为 52.3%，15.2% 的受访农村居民在私营 / 民营企业就业，11.3% 的农村居民从事个体工商业（雇主及雇员）。

表16-2　受访居民目前就业类型（%）

| | 全部从业人员 | 地 区 | |
|---|---|---|---|
| | | 城 市 | 农 村 |
| 专业务农 | 28.1 | 13.2 | 48.4 |
| 兼业务农 | 2.4 | 1.3 | 3.9 |
| 农村自营业者 | 2.5 | 2.8 | 2.1 |
| 农村专业管理人员 | 2.4 | 1.6 | 3.5 |
| 党政机关从业人员 | 4.3 | 5.7 | 2.5 |
| 科教文卫事业单位人员 | 4.3 | 4.9 | 3.6 |
| 国企职工 | 2.4 | 3.4 | 1.1 |
| 民营/私企职工 | 20.8 | 24.9 | 15.2 |
| 合资/外资或港澳台企业员工 | 2.2 | 3.6 | 0.4 |
| 民办非企业单位 | 0.7 | 1.0 | 0.4 |
| 个体工商户雇主 | 15.4 | 21.0 | 7.8 |
| 个体工商户雇员 | 5.7 | 7.3 | 3.5 |
| 非固定单位临时务工 | 6.1 | 6.7 | 5.3 |
| 自由职业者 | 2.4 | 2.3 | 2.5 |
| 其 他 | 0.1 | 0.3 | 0 |
| 合 计 | 100 | 100 | 100 |

### 2. 劳动收入变化不大

数据显示，2017 年受访居民月均收入（包括工资、奖金、经营收入）为 3419 元，较 2016 年提高 429 元。当询问“与 2016 年同期相比，月均收入有什么变化”时，74.1% 的受访者认为“没有变化”（见图 16–1），回答“大幅增加”或“小幅增加”的受访者仅为 15%，10.9% 的受访居民表示自己的月均收入较上年“大幅减少”或“小幅减少”。

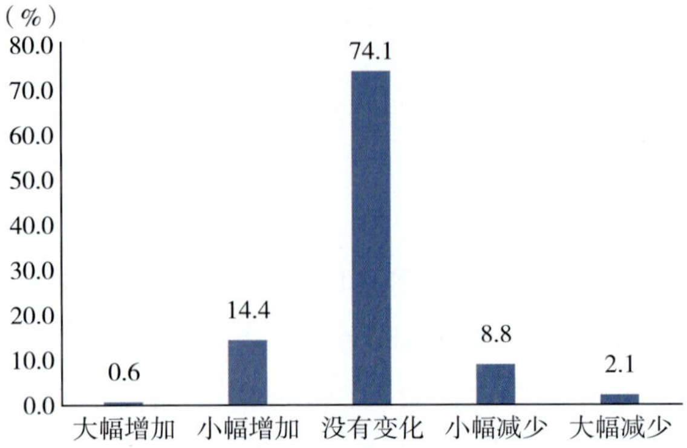


**图16-1　受访居民月收入变化情况（%）**

## （二）基本民生问题

### 1. 城市居民对目前家庭生活状况满意度较高

总体来看（见表16-3），大多数居民对目前的家庭生活表示满意，选择“很满意”或“基本满意”的占比达58.3%，与2016年58.5%的比例基本相当；而对目前家庭生活状况表示“不太满意”或“很不满意”的受访居民仅为14.3%。从城乡来看，城市居民对目前生活状况满意的比例达到61.8%，高于农村居民8.7个百分点，而2016年的调查结果则是农村居民的生活满意度高于城市居民3.3个百分点。与上年相比，城市居民生活满意度提高了4.9个百分点，农村居民生活满意度下降了7.1个百分点，这表明城市居民对生活满意度不仅超过了农村居民，而且提升幅度较大。

**表16-3　受访居民对生活状况总体满意度情况（%）**

| | 城市 | | 农村 | | 合计 | |
|---|---|---|---|---|---|---|
| | 2016 | 2017 | 2016 | 2017 | 2016 | 2017 |
| 很满意 | 16.8 | 15.8 | 14.5 | 8.4 | 15.6 | 12.8 |
| 基本满意 | 40.1 | 46 | 45.7 | 44.7 | 42.9 | 45.5 |
| 一般 | 28.8 | 25.1 | 24.3 | 30.1 | 26.6 | 27.1 |
| 不太满意 | 8.7 | 10.1 | 10.4 | 12.9 | 9.5 | 11.3 |
| 很不满意 | 4.9 | 2.9 | 4.4 | 3.1 | 4.7 | 3 |
| 不回答/不强出 | 0.7 | 0 | 0.7 | 0.8 | 0.7 | 0.4 |

### 2. 收入水平依然是居民最不满意的民生问题

从居民对家庭生活各个方面（包括收入、工作、教育、医疗、住房、养老等）的评价来看（见图16-2），38.9%的受访者选择“没有不满意的”，较2016年提高了8.3个百分点。而对家庭生活最不满意方面选择来看，与2015年、2016年调查结果一样，排在最不满意事项前三位的，仍然是收入水平、医疗和住房，占比分别为24.8%、11.5%、7.8%。

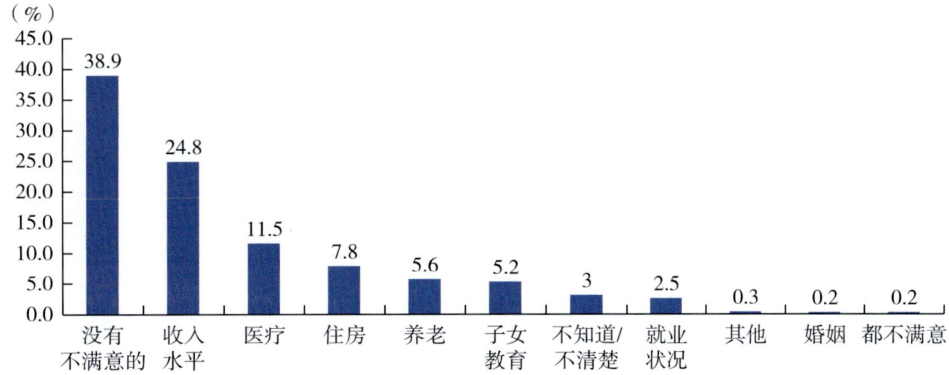


图16-2　受访居民家庭生活最不满意事项（%）

从城乡来看（见图 16–3），对家庭生活各个方面的评价，农村居民选择“没有不满意的”比城市居民高 8.1 个百分点，但农村居民对医疗的最不满意比例高于城市居民 3.8 个百分点。

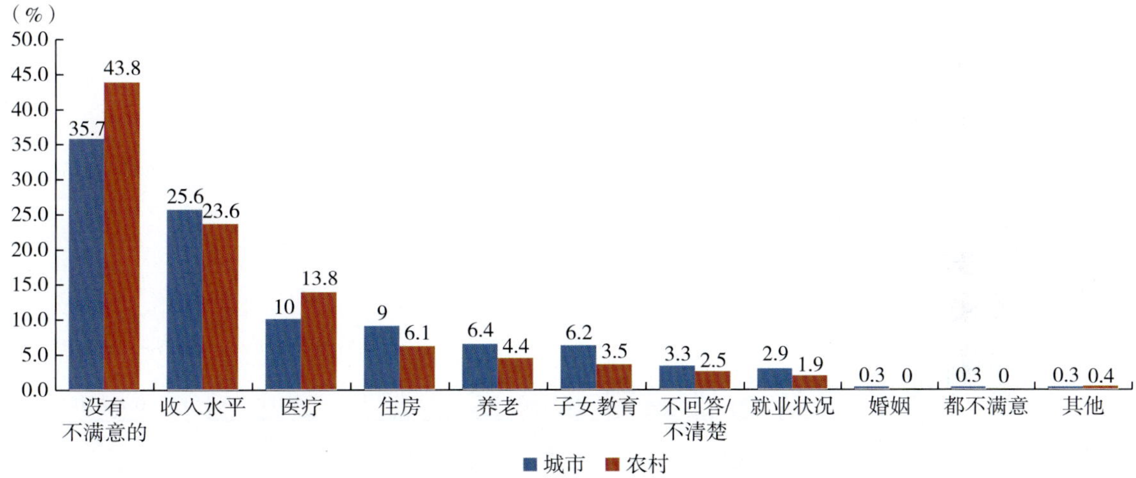


图16-3　受访居民对社会环境最不满意事项比较（%）

### 3. 环境污染是社会环境方面最不满意的事项

当询问“在社会环境方面，你最不满意事项的是什么”，选择“没有不满意的”比例达到 59.1%（见图 16–4），2016 年这一比例仅为 45.7%，提高了 13.4 个百分点，说明居民对当前社会环境状况改善表示充分认可。但也要看到，仍有近 40% 的居民对社会环境表示不满意，其中，环境污染、交通出行和食品安全位列居民最不满意的事项前三位。与 2016 年调查相比，环境污染问题仍位居第一位，交通出行问题由第三位上升至第二位。

从城乡来看，城市居民对于社会环境状况的不满意比例高于农村居民（见图 16–5）。具体而言，在环境污染方面，城乡居民不满意的比例相差不大；在食品安全方面，城市居民不满意的比例明显高于农村居民，高 5.2 个百分点；在交通出行方面，农村居民的不满意比例高于城市居民 4.4 个百分点；在社区服务方面，城市居民的不满意比例高于农村居民 3.7 个百分点。

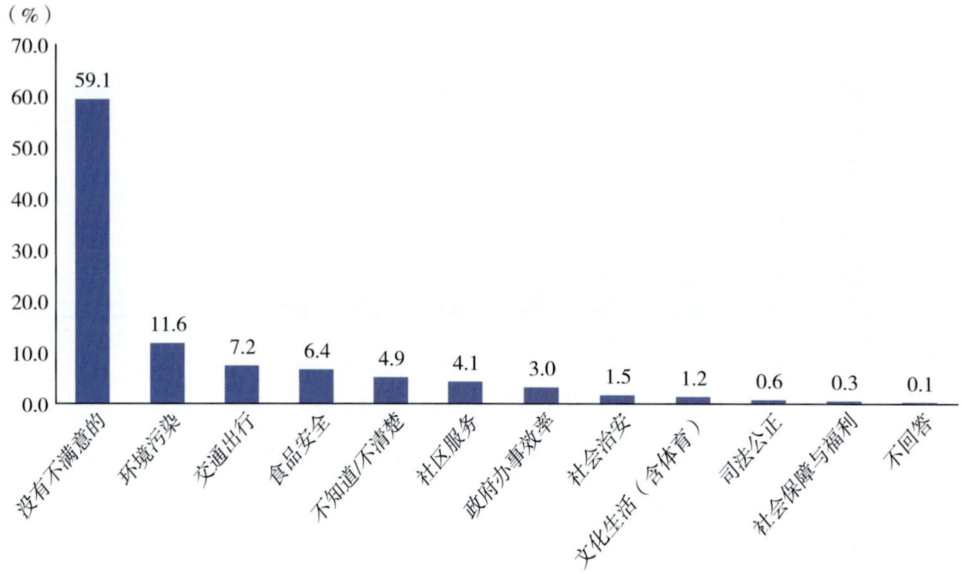


**图16-4 受访居民家庭生活最不满意事项比较（%）**

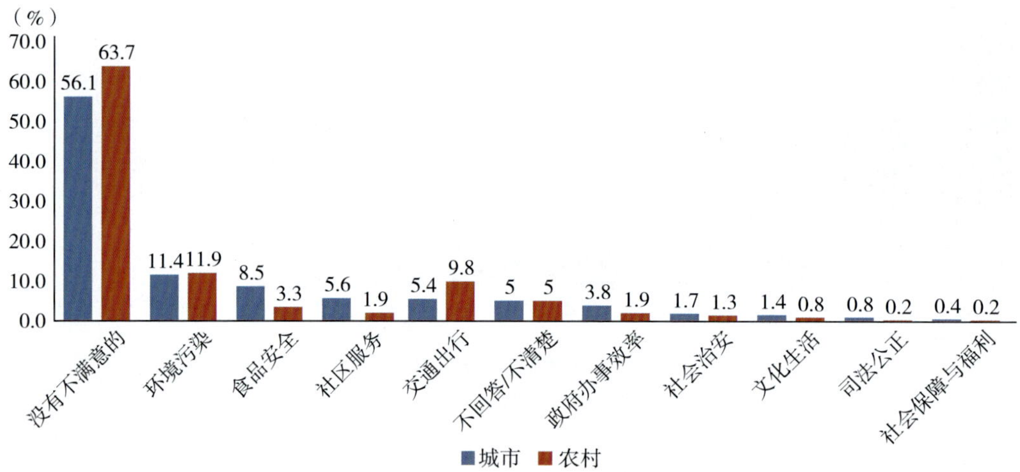


**图16-5**

## （三）收入和消费

### 1. 七成居民家庭年收入在 3 万～ 15 万元之间

无论是从总体看，还是从城乡看，居民家庭总收入状况基本符合常态分布（见图 16–6）。数据显示，家庭收入 5 万～ 10 万元水平的占比最高，达到 34.45%，其中 3 万～ 15 万元的比例高达 72.4%，也就是说超过七成家庭的年收入在 3 万～ 15 万元之间。需要引起重视的是，农村家庭收入在 3 万元以下的比例达到 19%，是城市的 2.17 倍，说明农村地区仍有不少低收入家庭需要关注。

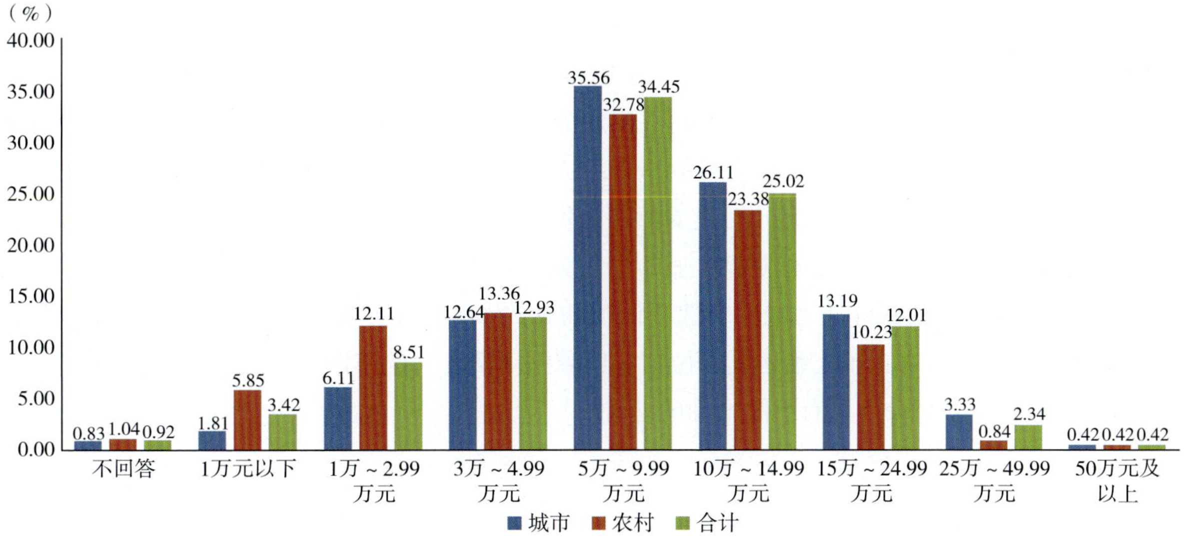


图16-6　受访居民家庭年收入分布情况（%）

## 2. 城市居民家庭收入变化状况好于农村居民家庭

在收入变化方面，当询问 2017 年家庭收入与上年相比变化情况时，56.3% 的居民认为家庭总收入“和上年差不多”（见图 16–7）。在选择家庭收入有变化的受访者中，20.9% 的居民认为和上年相比“有些增长”或“显著增长”，而这一比例在 2016 年调查时，仅为 14.4%。不过，居民家庭收入减少也应当引起重视，18.4% 受访者表示家庭收入和上年相比“有些减少”或“明显减少”。从城乡来看，53.8% 的城市居民和 60.1% 的农村居民认为家庭收入与上一年相比没有太大变化，两者相差 6.3 个百分点。城市居民认为家庭收入增加的比例，比农村居民高 10.7 个百分点；而农村居民认为家庭收入降低的比例，比城市居民高 6 个百分点。可见，在家庭收入变化方面，城市居民家庭收入变化状况要好于农村居民家庭。

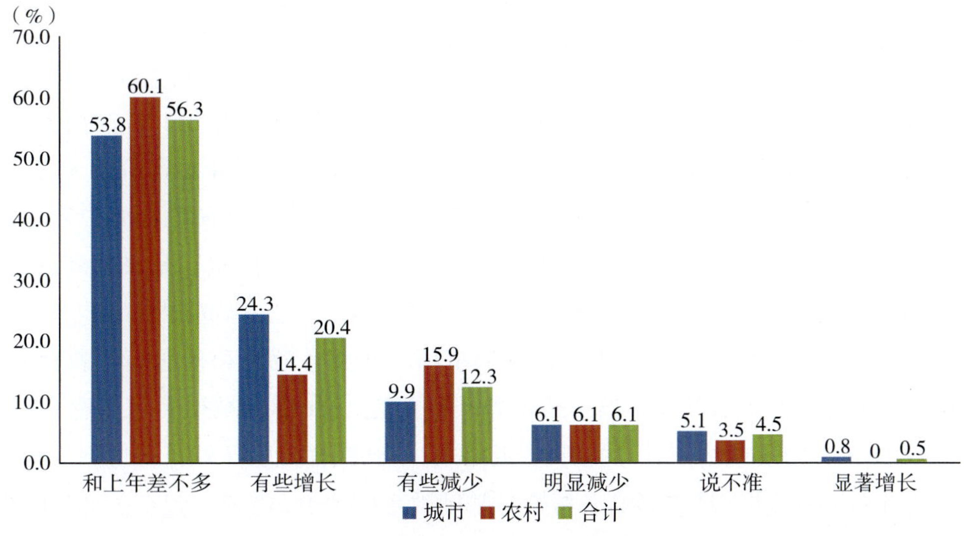


图16-7　受访居民家庭年收入状况变化比较（%）

### 3. 农村居民家庭人情消费压力不断攀升

对于家庭消费支出压力，受访居民认为支出压力较大的前三项是医疗、子女教育和食品，分别占 21.3%、21% 和 21%，其中医疗的支出压力最大（见图 16–8）。与 2016 年相比，医疗和子女教育依然是位居前两位，变化明显的是食品占比，从上一年的 8.9% 上升到 21.0%，增加了 12.1 个百分点，成为和教育并列的居民支出压力第二大项。从城乡来看，城市居民和农村居民在家庭消费方面的支出压力略有差异。城市居民家庭在子女教育方面的压力最大，选择该项的有 22.6%；农村居民的医疗压力最大，选择该项的有 23.9%。需要关注的是，17.3% 的农村居民家庭消费支出的压力来自于人情送礼，位列农民家庭消费压力的第四位，这一比例较 2016 年的 11.6% 提高了 5.4 个百分点，有不断增加的趋势。

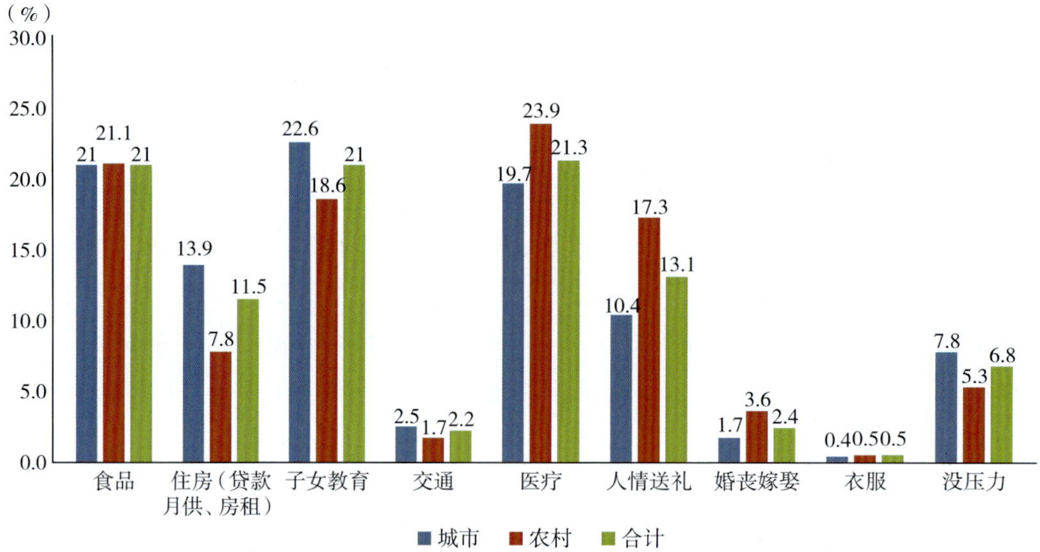


图16-8 受访居民家庭消费支出压力最大事项（%）

## （四）子女教育

本次调查共有 613 名受访者家中有正在就读的子女，学生数量为 811 名，其中，处于学前教育阶段 190 名，占 23.4%；义务教育和中学阶段 502 名，占 61.9%；职业教育阶段 35 名，占 4.3%；本科及以上阶段 69 名，占 8.5%。对家中有孩子准备上或者正在上幼儿园的 190 户家庭，询问“在学前教育方面，您最不满意的一项是？”，23.3% 的受访者认为“入园贵”是最不满意的一项（见图 16–9），其次是“入园难”，有 5.8% 的受访居民选择该项。这一调查结果，与前两年调查完全相同，入园贵、入园难依旧是家长最为担忧的事项。在义务教育和普通高中教育方面（见图 16–10），10.1% 的被访者认为存在“教学质量差”的问题，9.6% 的被访者认为存在“很多内容课上不教、不得不上补习班或请家教”的情况。近年来，基础教育阶段课外补习现象变得愈演愈烈，给学生和家长带来沉重负担，严重影响老百姓对基础教育的评价，需要引起有关部门的高度重视。在本科及以上学历教育方面（见图 16–11），18.9% 的居民表示“高等教育学费贵”，5.8% 的受访者认为“高校毕业生就业难”。

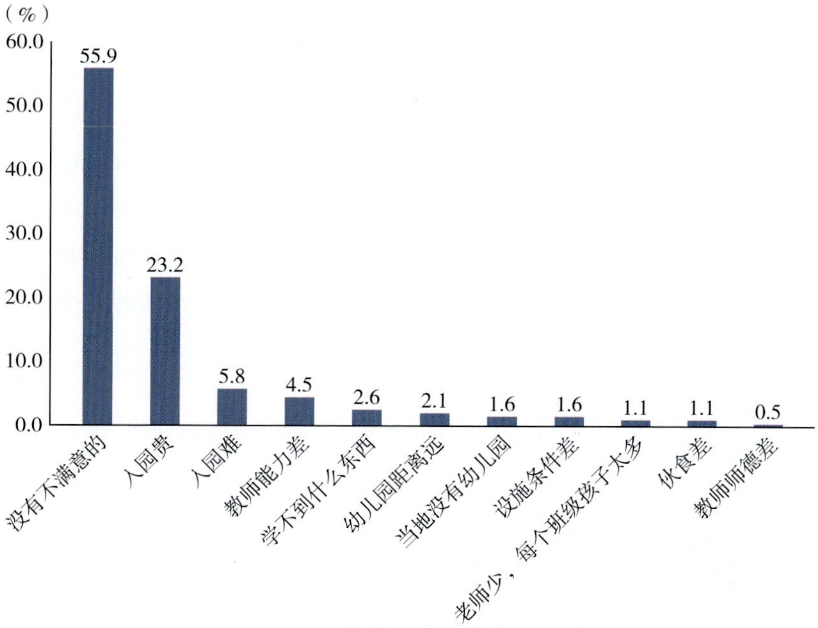


图16-9　受访居民对学前教育不满意事项情况（%）

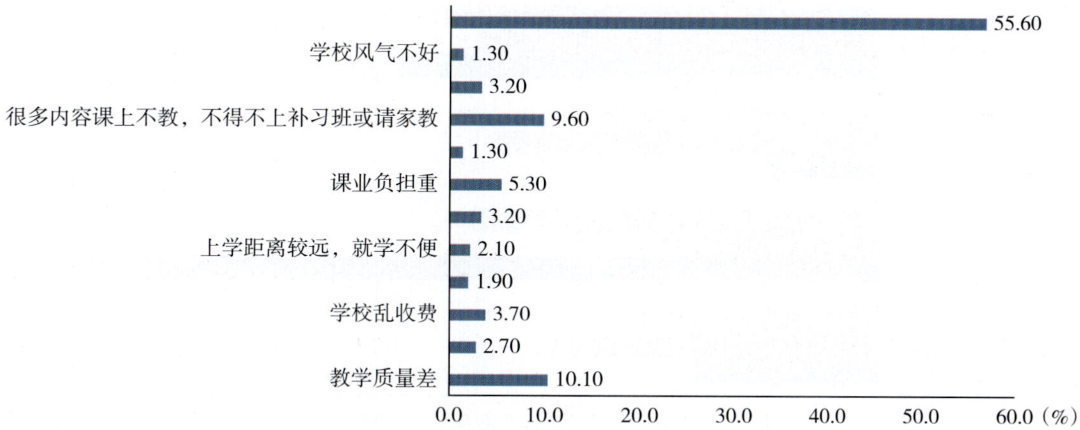


图16-10　受访居民对义务教育和普通高中教育最不满意事项（%）

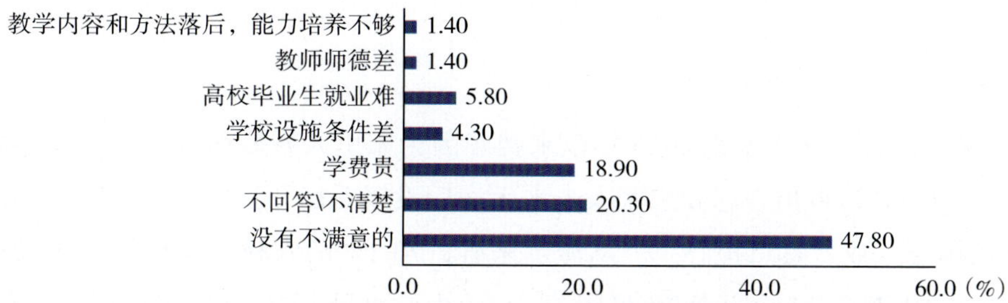


图16-11　受访居民对高等教育方面最不满意事项（%）

## （五）医疗卫生

### 1. 居民看病就医更加理性务实

图 16-12 显示，受访居民在生病或感觉身体不舒服时大都会选择先去区县医院或乡镇卫生院，分别占比 21.9%、21.6%。从城乡来看，大部分城市居民就医首选区县医院，占 23.1%；农村居民则更倾向于去身边的村卫生室或村诊所，占 36.7%。无论是城市居民还是农村居民，首诊选择的医疗机构大多选择区县及以下的基层医疗机构，两者比例均超过 60%，而首诊直接选择去区域内最好的大医院的比例都在 15% 以下，这说明居民就诊意识更加理性务实，也从一个侧面反映分级诊疗的效果逐步显现。

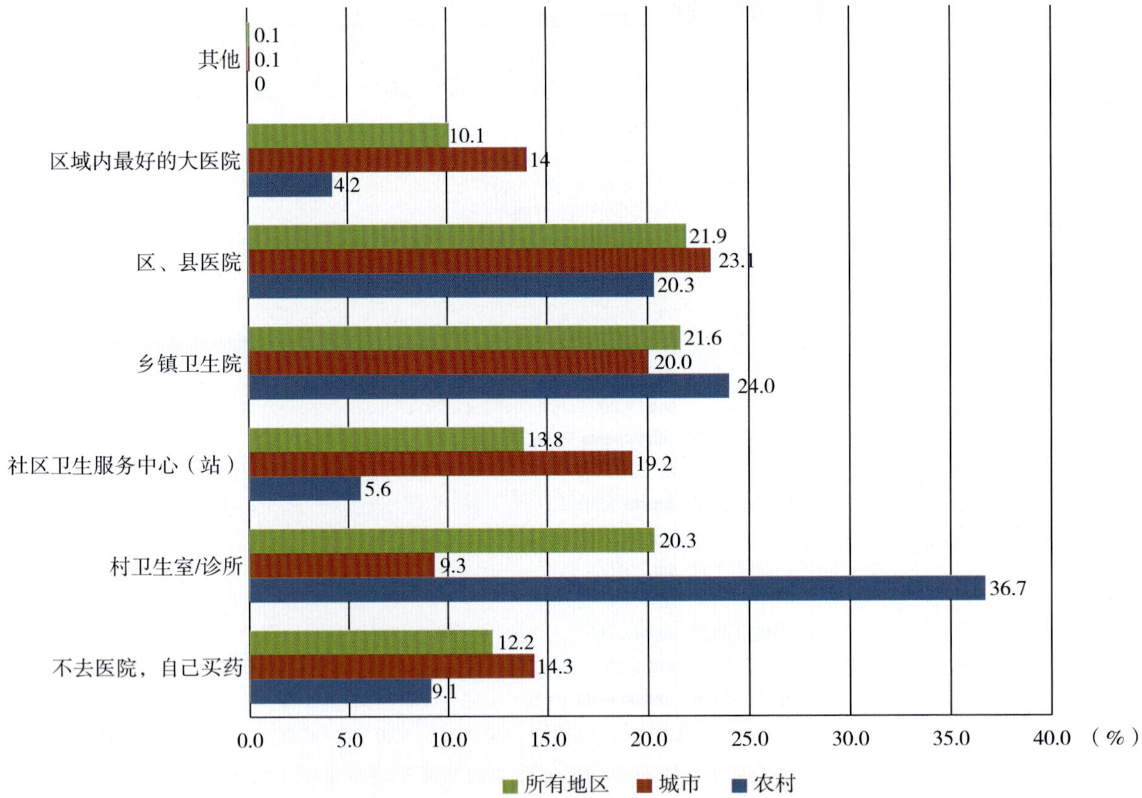


图16-12　受访居民生病首诊选择医疗机构情况（%）

### 2. 农村居民对未来看病问题更加担心

在受访居民中，有 150 户家庭 2016 年以来曾经因为家里人看病而找亲戚朋友借款或变卖资产、抵押贷款。在被问“是否担心您和您家人未来生病后没钱看病”时，65% 的受访者表示担心（“非常担心”“比较担心”或“有点担心”）。从城乡来看，70.2% 的农村居民担心未来没钱看病，比城市居民 61.7% 的比例高 8.5 个百分点（见图 16-13），由此可见，农村居民更加担心未来没钱看病，这主要与农村居民的收入和医疗保障水平较低有直接关系。

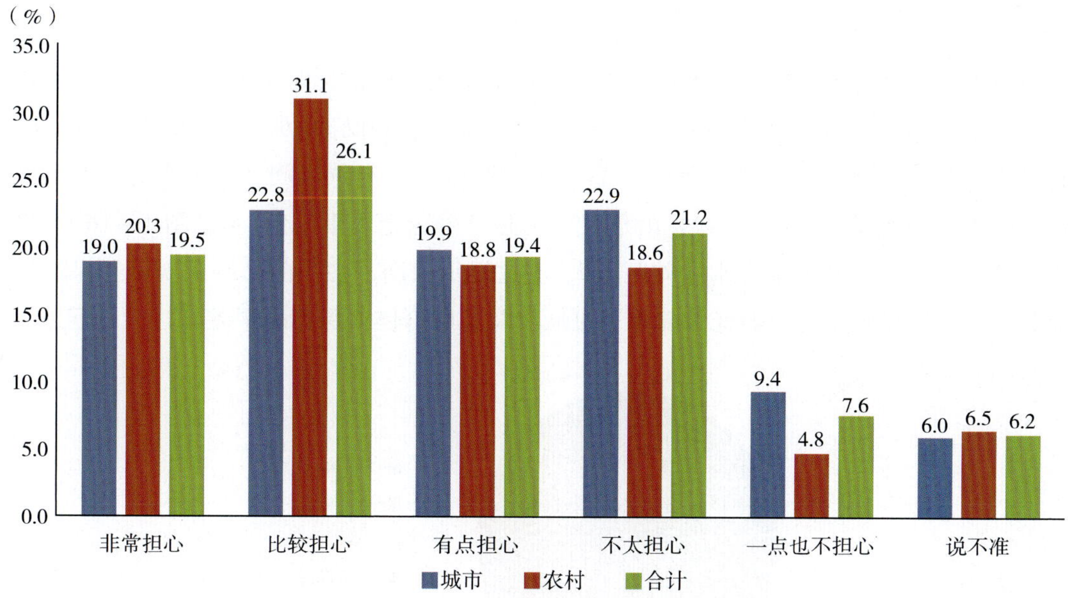

图16-13 受访居民对未来就医的经济保障担心程度（%）

## （六）养老保障

### 1. 超半数居民对未来养老的经济来源表示担心

如图 16-14 所示，63.9% 的受访居民对未来年老时养老经济来源表示“非常担心”“比较担心”或“有点担心”，对养老经济来源“一点也不担心”的居民仅占 9.3%，说明养老已成为民众十分关心的重要民生问题。从城乡来看，农村居民表示担心的占 67.8%，高于城市居民近 7 个百分点。

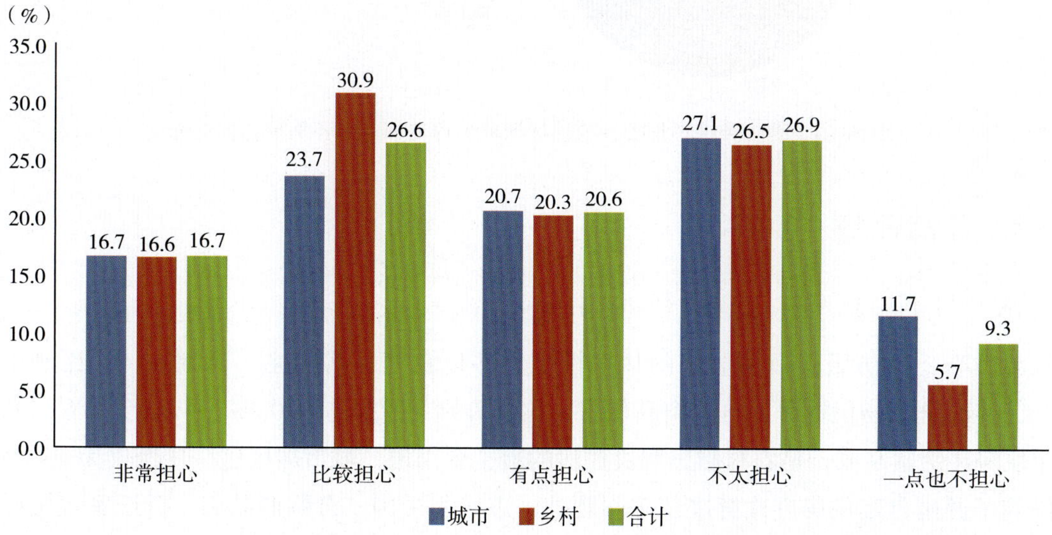

图16-14 受访居民对未来养老经济来源担心情况（%）

### 2. 养老金水平低和不公平是当前养老保障最大问题

当询问受访居民对当前我国养老保障（养老保险）满意度情况时（见图 16–15），有 45% 的居民表示“基本满意”或“非常满意”，其中表示非常满意的仅占 6%；24% 的受访居民对当前的养老保障（养老保险）表示“不满意”或“很不满意”。当继续询问“我国当前养老保障（养老保险）最大的问题是什么时”，42% 的居民认为是“养老金水平太低”（见图 16–16），27% 的居民认为是“不同人之间养老金水平差距太大”。这提示我们，在当前已经实现养老保险广覆盖的基础上，下一步要着重解决养老保障水平过低以及不同群体间保障水平差异过大的问题。

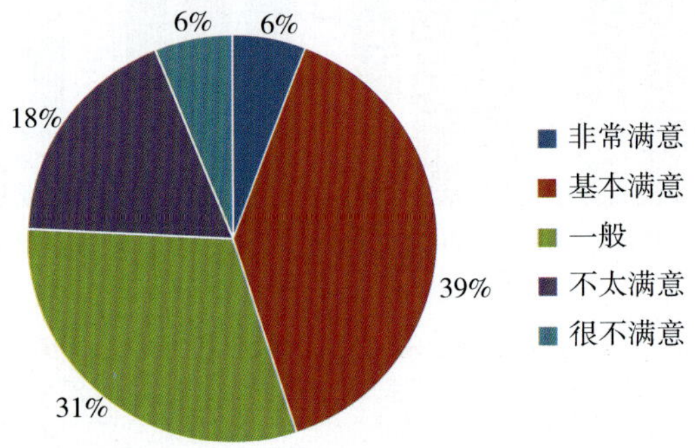


图16-15　受访居民对当前养老保障（养老保险）满意情况

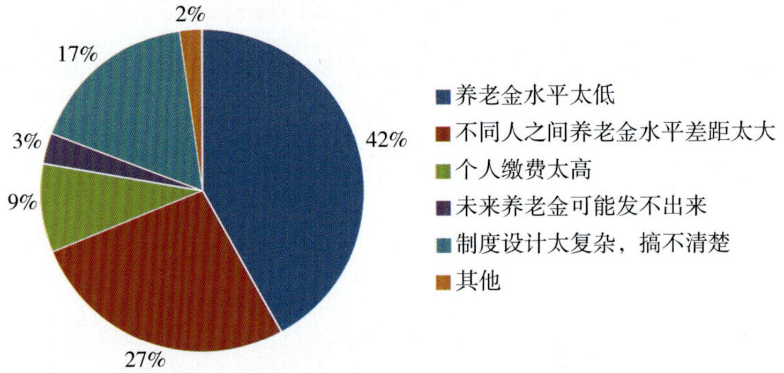


图16-16　受访居民对我国当前养老保障（养老保险）不满意事项分布

## （七）住房保障

### 1. 城乡间家庭住房状况差异较大

从总体看，受访居民目前居住的住房性质大多以自建住房为主，达到 63.6% 比例（见图 16–17），其次是市场租赁房、自购商品住房，比例分别为 12.6%、10.3%。从城乡来看，农村地区自建住房比例达 9 成，是农村居民解决住房的最主要渠道，城市居民这一比例仅为 46.1%。城市居民除了通过自建住房方式解决住房问题外，市场租赁房、自购商品房、拆迁安置房也是重要渠道，三者占比近 5 成（46.6%），而农村居民这三者比例仅为 9%，可见城市居民在解决住房方面更加多样化。

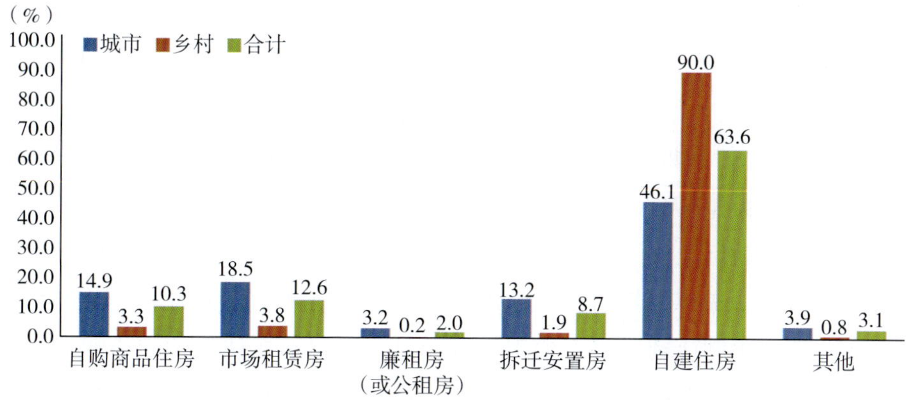


图16-17　城乡居民住房性质比较（%）

从住房建筑面积看（见表16–4），农村居民人均住房建筑面积约为42.56平方米，而城镇居民约为38.28平方米，农村居民人均住房面积较城市居民多4.28平方米。

表16-4　城乡居民人均住房建筑面积比较　单位：平方米

| | 城乡 | | 合计 |
|---|---|---|---|
| | 农村 | 城市 | |
| 人均住房建筑面积 | 42.56 | 38.28 | 39.98 |

## 2. 房价高、面积小是影响住房不满意的主要因素

总体上看（见图16–18），45.7%的居民表示在住房方面“没有不满意的”，超过一半的受访居民对住房状况表示“不满意”，住房不满意事项主要表现在：“房价太高、无法改善住房条件”“住房面积太小”“建筑年代久远、小区设施落后”等三个方面，三者占比达到42.4%。从城乡来看，城市居民对住房不满意的比例，比农村居民高13个百分点。城市居民对住房不满意事项，主要表出现在房价高、住房面积小、小区环境和物业差、小区设施落后等四个方面，四者占比达52.4%。农村居民对住房不满意事项主要表现为房价高和住房面积小，分别占22%和9.4%，但低于城市的24.4%和16.1%。

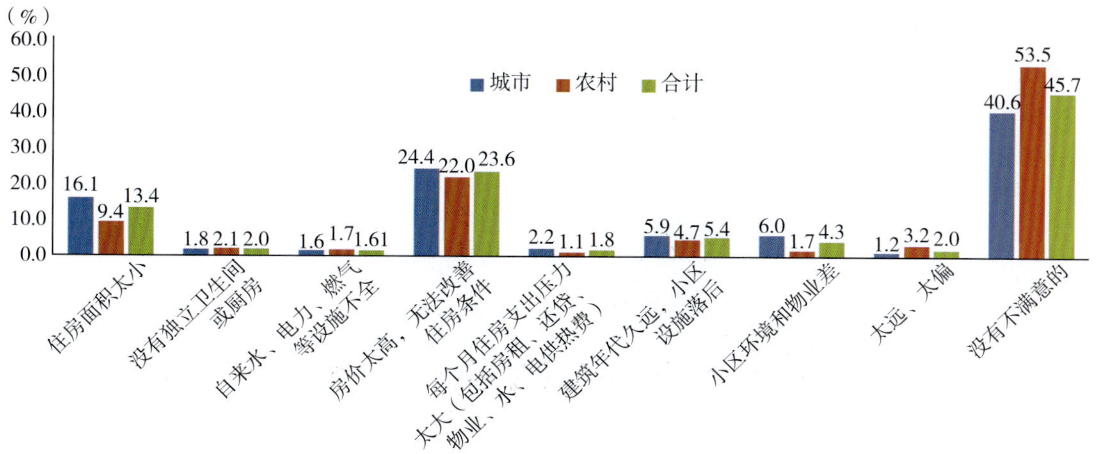


图16-18　受访居民对住房不满意事项比较（%）

## （八）生活环境

### 1. 居民对居住地周边生态环境总体满意度较高

从表 16–5 可以看出，当询问“对目前所居住的社区（村庄）的生态环境质量是否满意”，68.6% 的受访居民对居住总体环境状况持正面评价（“非常满意”或“比较满意”），仅有 7.2% 的受访居民表示“比较不满意”或“非常不满意”。从各分项来看，居民对空气质量、生活用水质量、生活垃圾处理情况、噪声问题、绿化情况都持有正面评价，满意比例都在 60% 以上，其中对生活用水表示满意的比例达到 70%。值得注意的是，居民对居住地“周边河流、湖泊、池塘、水泡子、井水等水体质量”满意度不高，持满意态度的比例仅为 40.3%，而对此不满意的比例达到 29.8%。

表16-5　受访居民对居住地周边环境满意度情况（%）

| | 满意度情况 | | | | |
|---|---|---|---|---|---|
| | 非常满意 | 比较满意 | 一般 | 比较不满意 | 非常不满意 |
| 总体生态环境状况 | 10.8 | 57.8 | 24.2 | 5.8 | 1.4 |
| 空气质量 | 10.6 | 52.7 | 22.9 | 10.1 | 3.6 |
| 生活用水质量 | 12.7 | 58.0 | 24.0 | 4.6 | 0.7 |
| 周边河流、湖泊、池塘、水泡子、井水等水体质量 | 7.9 | 32.4 | 29.9 | 20.8 | 9.0 |
| 生活垃圾处理情况 | 11.3 | 50.8 | 26.7 | 9.1 | 2.1 |
| 噪声问题 | 12.7 | 46.0 | 27.6 | 10.2 | 3.4 |
| 绿化情况 | 14.7 | 53.3 | 26.1 | 4.8 | 1.1 |

### 2. 居民将垃圾分类难题主要归结为客观原因所致

当询问居民“平常扔（生活）垃圾，是否会对垃圾进行分类”时，24.5% 的居民表示会对垃圾进行分类，75.5% 的居民表示不会对垃圾分类。对不进行垃圾分类的居民追问“阻碍日常进行垃圾分类的主要原因”时（见图 16–19），31% 的受访者表示“社区没有分类垃圾桶”，26% 的受访者表示“不知道需要分类”，18% 的受访者表示“不知道怎样分类”，另有 17%、8% 的受访者认为“没必要进行分类”“垃圾分类费时费力，懒得分类”。数据表明，没有安置分类垃圾桶以及对垃圾如何分类宣传不够，客观上限制了居民垃圾分类行为。居民垃圾分类意识不强，认为垃圾分类无必要、费时费力，也是导致垃圾分类难题的关键所在。

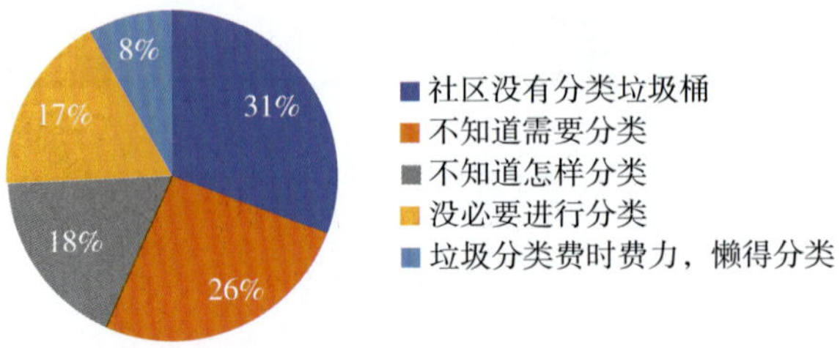


图16-19　阻碍日常垃圾分类的主要原因

## （九）食品安全

### 1. 城市居民对“舌尖上的安全”满意度较低

民以食为天。近些年食品安全问题频频曝光，引起社会公众的广泛关注。与往年相比，2017年调查问卷新增了“食品安全”一项，了解“舌尖上的安全”。在食品安全状况评价上，55.4% 的居民表示“非常满意”或“比较满意”，认为食品安全“一般”“不太满意”或“非常不满意”的占 39.3%（见表 16–6），可见有相当数量的居民对日常食品安全并不放心。其中，城市居民对食品安全状况“非常满意”或“比较满意”的评价比例为 47.5%，比农村居民低 19.8 个百分点；21.7% 的城市居民对食品安全表示“不太满意”或“非常不满意”，比农村居民高 13.1 个百分点。

表16-6　受访居民对食品安全状况的总体评价情况（%）

| | 城乡 | | 合计 |
|---|---|---|---|
| | 城市 | 农村 | |
| 非常满意 | 5.0 | 10.6 | 7.3 |
| 比较满意 | 42.5 | 56.7 | 48.1 |
| 一 般 | 25.0 | 19.6 | 22.9 |
| 不太满意 | 16.1 | 7.3 | 12.6 |
| 非常不满意 | 5.6 | 1.3 | 3.8 |
| 不清楚/不了解/不评价 | 5.8 | 4.6 | 5.3 |

### 2. 食品添加剂超量使用是居民最担心的食品安全问题

如表 16–7 所示，对最担心的食品安全问题，29.6% 的居民认为是“食品添加剂超量使用问题”，18.7% 的居民担心“农药兽药、抗生素、重金属等高残留问题”，12.5% 的居民担心“食品加工不卫生问题”，三者占比达到 60.8%。从数据可以看出，城乡居民对于食品安全问题的关注点存在差异，其中城市居民对“食品添加剂超量使用问题”“食品加工不卫生问题”表示担心的比例，分别比农村居民高 6.9 个百分点和 4.2 个百分点，而对食品安全问题表示“都不担心”的比例，农村居民则比城市居民高 16.8 个百分点。

表16-7　受访居民担心的食品安全问题状况（%）

| | 城乡 | | 合计 |
|---|---|---|---|
| | 城市 | 农村 | |
| 食品安全过期变质问题 | 8.4 | 8.9 | 8.6 |
| 食品添加剂超量使用问题 | 32.0 | 25.1 | 29.6 |
| 农药兽药、抗生素、重金属等高残留问题 | 19.2 | 18.0 | 18.7 |
| 食品加工不卫生问题 | 13.9 | 9.7 | 12.5 |
| 食品的虚假信息问题 | 7.0 | 4.6 | 6.2 |
| 食品掺杂（假）问题 | 8.3 | 5.9 | 7.5 |
| 盗用（假冒）名牌问题 | 1.7 | 1.0 | 1.5 |
| 其他 | 0.2 | 0.7 | 0.4 |
| 都不担心 | 9.3 | 26.1 | 15.0 |

当追问如何保障家庭食品安全时，城市居民多选择到正规超市“购买有机、绿色、质量认证的食品”（见表16–8），而农村居民选择自产自给的比例达49.9%，高出城市居民31.5个百分点。这主要跟城乡生活方式和资源禀赋不同有很大关系，在城市居民没有土地种植蔬菜，而超市、农贸市场的可及性又比农村地区高很多。

表16-8　　受访居民保障家庭食品安全采取的措施（%）

| | 城乡 | | 合计 |
|---|---|---|---|
| | 城市 | 农村 | |
| 购买有机、绿色、质量认证的食品 | 14.4 | 6.0 | 11.4 |
| 选择比较好的品牌 | 14.7 | 6.8 | 11.9 |
| 到正规超市购买食品 | 31.2 | 18.8 | 26.8 |
| 注意媒体报道，不购买被曝光的食品 | 10.1 | 5.9 | 8.6 |
| 直接产地订购生态农产品 | 1.8 | 0.5 | 1.3 |
| 自己生产（自家种植） | 18.4 | 49.9 | 29.8 |
| 其他 | 0.5 | 0.5 | 0.4 |
| 没有特别的考虑和采取措施 | 8.9 | 11.6 | 9.8 |

### 3. 政府食品安全监管、保障工作有待加强

对于食品安全监管工作（见表16–9），认为政府监管“很到位”和“比较到位”的比例为47.1%，认为“做了不少工作但效果不好”以及“做了一点工作还远远不足”的比例为29%，另有19.1%居民表示“说不清楚或不知道”，这说明食品安全监管工作有待进一步加强，亟需加大执法、监督以及宣传的力度。城市居民认为政府监管很到位和比较到位的比例，比农村地区低4.6个百分点；认为“政府做了不少工作但效果不好”和“政府做了一点工作，还远远不足”的比例，高于农村地区10.3个百分点。总体来说，在食品安全问题上，城市居民的满意度相对更低，对改善的期待要求更高。

表16-9　　受访居民对食品安全监管、保障工作评价比较（%）

| | 城乡 | | 合计 |
|---|---|---|---|
| | 城市 | 农村 | |
| 政府监管很到位 | 7.6 | 10.5 | 8.8 |
| 政府监管工作比较到位 | 37.6 | 39.3 | 38.3 |
| 做了不少工作，但效果不好 | 16.4 | 9.8 | 13.8 |
| 做了一点工作，还远远不足 | 16.7 | 13.0 | 15.2 |
| 基本没人管 | 4.6 | 5.2 | 4.8 |
| 不知道/说不清 | 17.1 | 22.2 | 19.1 |

对于如何加强和改进食品安全保障措施，如表16–10所示，34.0%的居民认为“要强化监管部门的责任和检查执法力度”，27.7%的居民认为“要对查处的假冒伪劣食品生产者进行严厉处

罚”，17.9% 的居民认为“要制定严格的食品安全标准”，11.7% 的居民认为“要及时向公众通报不合格的食品”。

表16-10　　受访居民认为解决食品安全问题应采取的措施（%）

| | 城乡 | | 合计 |
|---|---|---|---|
| | 城市 | 农村 | |
| 要制定严格的食品安全标准 | 18.6 | 16.8 | 17.9 |
| 要强化监管部门的责任和检查执法力度 | 32.7 | 36.4 | 34.0 |
| 要对查处的假冒伪劣食品生产者进行严厉处罚 | 27.6 | 27.8 | 27.7 |
| 要及时向公众通报不合格的食品 | 12.8 | 9.9 | 11.7 |
| 要通过评优、认证等方式帮助公众识别更优质、安全、可靠的食品 | 3.5 | 3.8 | 3.7 |
| 要加强对公众的食品安全常识教育 | 4.4 | 4.6 | 4.5 |
| 没有什么要改进的 | 0.1 | 0.7 | 0.4 |
| 其 他 | 0.3 | 0.0 | 0.2 |

从总体上来看（表 16–11），大部分居民对未来三年内食品安全状况改善有信心，比例高达 82.2%（“一定会有效改善”“相信会逐步改善”和“可能会有一些改善”），但也有 12.2% 的居民表示信心不足。可见，解决好“舌尖上的安全”问题，将是提升居民获得感幸福感安全感的一个重要抓手。

表16-11　　受访居民对未来三年内食品安全改善状况评价（%）

| | 城乡 | | 合计 |
|---|---|---|---|
| | 城市 | 农村 | |
| 一定会有效改善 | 9.9 | 9.4 | 9.7 |
| 相信会逐步改善 | 53.0 | 49.7 | 51.6 |
| 可能会有一些改善 | 17.5 | 26.1 | 20.9 |
| 担心落实不下去，难以带来有效改善 | 9.3 | 4.6 | 7.4 |
| 不指望能改善 | 5.8 | 3.3 | 4.8 |
| 不清楚 | 4.5 | 6.9 | 5.4 |

## （十）政府服务

### 1. 政府服务和办事效率满意度稳步上升，农村居民满意度高于城市

如表 16–12 所示，63.7% 的居民对政府服务和办事效率表示满意，较上一年提高了 3.4 个百分点；9.9% 的居民对政府服务和办事效率不满意，较上一年下降了 0.6 个百分点。两组数据的对比，反映了政府服务水平和办事效率总体上得到了民众的普遍认可，并呈持续上升趋势。值得关注的是，60.9% 的城市居民对政府服务和办事效率表示满意，比农村居民低 7.1 个百分点，而上一年城市比农村低 11.2 个百分点，在政府服务的满意度方面城乡之间的差距有所缩小。

表16-12　　受访居民对政府服务和办事效率满意度评价（%）

| | 城乡 | | 合计 |
|---|---|---|---|
| | 城市 | 农村 | |
| 很满意 | 14.2 | 15.4 | 14.7 |
| 基本满意 | 46.7 | 52.6 | 49 |
| 一般 | 24.2 | 15.9 | 20.9 |
| 不太满意 | 6.9 | 5.4 | 6.3 |
| 很不满意 | 1.8 | 1.3 | 1.6 |
| 不清楚 | 6.3 | 9.4 | 7.5 |

### 2. 程序复杂、信息不公开和相互推诿问题有所减少

如表 16–13 所示，大多数居民（53.7%）对政府部门行为表示满意，但是仍存在有待改善之处，其中程序复杂和相互推诿是突出问题。8.8% 的居民认为政府部门存在“程序太复杂和不公开”现象，10.3% 的居民认为政府部门存在“相互推诿、效率低”的现象，但两者远低于 2016 年的 16.9% 和 14% 的比例，表明政府办事的程序有所简化，办事效率有所提高。从城乡来看，农村居民对政府行为的评价比城市居民高，对政府行为“没有不满意的”比例比城市居民高 13.8 个百分点。此外，11.8% 的城市居民认为政府办事存在“程序太复杂和不公开”的现象，比农村居民高 7.6 个百分点；13.1% 的城市居民认为政府部门存在“相互推诿、效率低”的现象，比农村居民高 6.8 个百分点。总体而言，城市居民对政府部门程序复杂、不公开和相互推诿的现状，比农村居民反应强烈。

表16-13　　受访居民对政府部门行为评价情况（%）

| | 城乡 | | 合计 |
|---|---|---|---|
| | 城市 | 农村 | |
| 程序太复杂和不公开 | 11.8 | 4.2 | 8.8 |
| 相互推诿、效率低 | 13.1 | 6.3 | 10.3 |
| 要找关系 | 5.7 | 4.4 | 5.2 |
| 吃拿卡要、乱收费 | 0.7 | 1.9 | 1.2 |
| 服务态度不好 | 5.0 | 2.7 | 4.1 |
| 没有不满意的 | 48.2 | 62.0 | 53.7 |

## （十一）居民对民生工作满意度较高

同上年一样，在问卷的最后我们附加了一道对江苏民生工作评价的题目。该题评分区间为 0 ~ 10 分，其中 0 分为最不满意，10 分表示最满意。结果显示（见图 16–20），江苏民生工作平均得分为 7.62 分，其中打 6 ~ 10 分的占比达 90%，60% 居民打了 8 ~ 10 分。与 2016 年调查相比，这次评分提高了 0.02 分，既说明了江苏对民生工作抓得细抓得实，老百姓从发展中获得了实惠，也说明了江苏民生工作的稳定性连续性，工作力度是持续加强的，而不是短期行为。

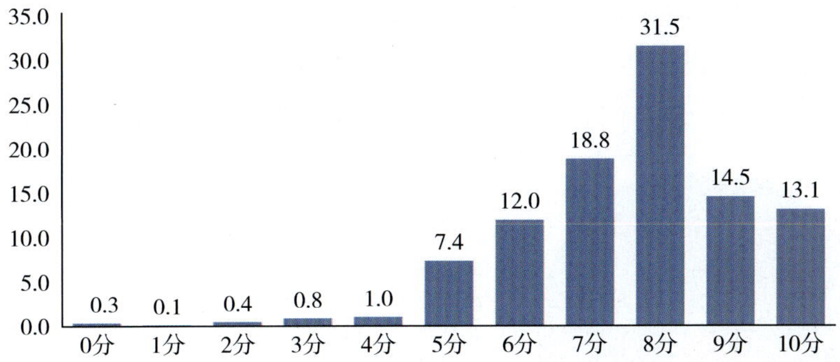


图16-20　受访居民对江苏民生工作总体评价情况（%）

## 三、江苏省民生发展中存在的突出问题

### （一）居民增收的获得感明显不强

调查数据显示，受访居民对家庭生活最不满意的事项，收入水平仍然排在首位，且明显高于其他事项（见图 16–2）。74.1% 的受访者表示个人收入与上一年没有变化（见图 16–1），10.9% 的受访者表示个人收入较上年减少（大幅减少、小幅减少），仅有 15% 左右的受访者表示个人收入较上年有所增长，且多为小幅增长。从家庭总收入情况来看（见图 16–7），56.3% 的受访者表示家庭总收入与上年一致，18.4% 的受访者表示家庭总收入与上年相比“有些减少”或“明显减少”，仅有 20.4% 的受访居民表示家庭总收入较上年“有些增长”，表示“显著增长”的仅有 0.5%。无论是从受访者个人收入还是家庭总收入的变化来看，增收的获得感并不是很强，有种“被增长”“拖后腿”的感觉。近年来，无论是地区生产总值还是人均地区生产总值，江苏省均排在全国前列，而且居民人均可支配收入每年都保持 8% 左右的增速。需要引起重视的是，当前我国经济已由高速增长阶段转向高质量发展阶段，正处在转变发展方式、优化经济结构、转换增长动力的攻关期，将对居民收入持续增长产生较大压力。如何在经济下行、地方财政吃紧的大背景下，持续增加居民收入，逐步缩小居民收入分配差距，是江苏省亟待解决的重大课题。

### （二）医疗、教育、养老等仍是民生突出短板

调查数据显示，医疗、教育、养老等仍是当下江苏居民最关心的民生问题。与上次调查一样，医疗、子女教育仍然位于居民家庭消费支出压力最大事项前两位（见图 16–8），63.9% 的居民对未来养老经济来源表示担忧（见图 16–14）。具体而言，在医疗领域表现为对未来看病的担心，以及看病贵、看病难的问题，在询问居民对医疗服务评价时，超过 65% 的受访居民对未来的看病问题表示担心（见图 16–13）；当询问对当前医疗领域最不满意事项时，38% 的受访居民认为看病太贵，8% 的受访居民觉得大医院看病太难，另有 8% 的居民表示医保报销比例太低（见图 16–21）。在教育领域，居民对幼儿教育主要不满表现为入园难、入园贵等问题（见图 16–9）；基

础教育主要是教学质量差、课业负担重、课外需要补课等问题（见图 16-10）；高等教育主要是学费贵、大学生就业难等问题（见图 16-11）。在养老领域，超过 42% 的受访居民认为当前养老保障待遇过低，27% 的居民反映不同群体之间养老保障待遇存在差距过大的问题（见图 16-16）。

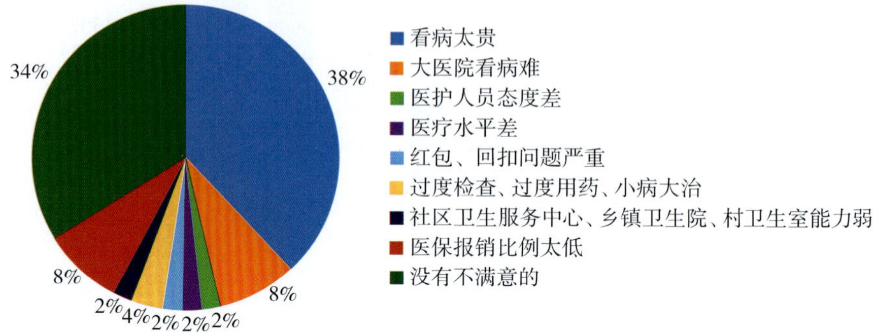


图16-21　受访居民对医疗领域不满意情况

### （三）居民对生态环境质量依然不太满意

随着居民环保意识的不断提升，环境问题日渐成为社会广泛关注的焦点。近年来，江苏省在环境治理方面力度不断加强，特别是在水、土、气治理方面力度空前，环境治理效果初步显现。本次调查中，受访居民对居住地总体生态环境质量表示满意的超过七成，对水、气、绿化等各项环境指标的改善状况也普遍持满意态度。但同时也应看到，由于江苏地处长江、淮河流域最下游，有着“一重四大”（产业结构重、人口密度大、开发强度达、能源消耗大、排放强度大）的特殊省情，生态系统脆弱、环境风险等问题依然突出。数据显示，居民对居住地周边水体质量（包括河流、湖泊、池塘、水泡子、井水等水体）表示不满意的比例高达近 30%，对噪声和生活垃圾处理等问题不满意比例也高达 10% 以上（见表 16-5），说明环境质量与群众期盼还存在较大差距，公共生态产品供给不足与人民群众不断增长的环境需求的矛盾依然突出。

## 四、推动江苏省民生高质量发展的对策建议

经过长期努力，中国特色社会主义进入了新时代，这是我国发展新的历史方位。我国经济发展也进入了新时代，基本特征就是已由高速增长阶段转向高质量发展阶段。高速和高质量、增长和发展，这些概念变化的背后蕴含着丰富内涵。让人民享有更高质量的民生保障，既是高质量发展的逻辑起点，也是高质量发展的根本目的，核心要义在于坚持以人民为中心的发展思想，不断增进民生福祉，让老百姓的生活更宽裕、更便利、更舒适、更安心、更有尊严，让社会更加公平正义。当前和今后一个时期，推动江苏民生高质量发展，必须以习近平新时代中国特色社会主义思想为指导，全面贯彻落实党的十九大精神，认真落实习近平总书记对江苏工作的一系列重要指示要求，始终把人民利益摆在至高无上的地位，紧扣社会主要矛盾变化，牢牢把握高质量发展的要求，自觉践行新发展理念，紧紧抓住人民最关心最直接最现实的利益问题，坚

守底线，突出重点，完善制度，引导预期，一件事情接着一件事情办，一年接着一年干，不断满足人民日益增长的美好生活需要，努力让人民群众有更多获得感、幸福感、安全感。基于调查结果，我们提出如下建议。

## （一）聚焦富民增收，持续提高城乡居民收入水平

收入是民生之源。新时代提高居民收入，必须以聚焦富民为鲜明导向，以增加城乡居民收入为重点任务，以鼓励创业扩大就业为主要抓手，以激发重点群体活力为有效途径，以提高基本公共服务水平为有力保障，进一步深化收入分配制度改革，强化收入分配政策激励导向，推动富民增收与经济增长互促共进，让人民群众过上美好生活。一是推动实现更高质量的就业，实现就业增收。深入实施就业优先战略和更加积极的就业政策，着力拓宽就业渠道，加大对灵活就业和新就业形态支持力度。大规模开展职业技能培训，提高劳动力市场供给与需求的匹配度，解决好结构性矛盾，提高就业质量。二是深入实施全民创业行动计划，实现创业增收。促进高校毕业生等青年群体、化解过剩产能转岗分流职工、农民工多渠道就业创业，推动科技人员、海外留学归国人员等高层次人才创新创业，拓展“互联网 +”等创业新空间，充分释放创业带动就业的巨大潜力。三是健全收入正常增长机制。密切城乡居民收入增长与经济增长、财政收入增长之间的联动关系，完善最低工资标准动态调整机制，逐步提高最低工资标准。四是做好农民群体增收工作。紧紧围绕农业供给侧结构性改革这一主线，加快建设现代农业，进一步优化农业产业结构，推动一二三产业深度融合，加快构建现代农业生产体系，提高农业发展质量效益和竞争力，不断完善现代农业经营体系，抓好新型农业经营主体培育，努力实现农业增效、农民增收。五是大力做好精准扶贫精准脱贫工作。加快实施教育、旅游、健康等专项扶贫，更加有效抓好产业和就业扶贫，让更多低收入人口早日富裕起来。对困难家庭，通过全面实施大病保险、重大疾病免费救治等，构建起完善的医疗救助网络，切实减轻群众看病负担，逐步减少因病致贫、因病返贫现象。六是不断完善收入分配制度。推进收入分配制度改革，整顿收入分配乱象，规范收入分配秩序，着力增加低收入者收入，调节过高收入，扩大中等收入群体比重。

## （二）积极回应群众关切，着力解决反映强烈的民生问题

教育是民生之基，健康是人民幸福之本，社会保障是民生安全网、社会稳定器。必须把改善和解决民生问题当作最大政绩，把群众满意作为最高标准，积极回应群众对教育、医疗、养老等问题的重大关切，切实补齐民生短板，在高质量发展中进一步推动民生工作不断取得新成效。一是优先发展教育事业。深入推进教育强省建设，加快推进教育现代化，深化教育综合改革，全面推进依法治校，建立和完善现代学校管理制度。加大力度提高基础教育水平，优化学前教育资源布局，新建改建一批幼儿园，着力解决入园难、入园贵的问题；强化义务教育阶段投入，深入推进义务教育学校标准化建设和软硬件水平的提高，同时通过整顿教育培训市场、规范民办学校招生、强化中小学内部管理等举措，切实解决社会反映强烈的义务教育阶段课业负担重、

课外机构不规范办学等问题。进一步促进高等教育转型，面向市场需求引导一批高校向应用技术型大学（学院）转变，推动高等教育内涵式发展，加快一流大学和一流学科建设。打造一支高素质专业化的教师队伍，切实解决教师数量短缺和结构不合理等问题。二是着力提高医疗卫生服务水平。全面落实《健康江苏 2030 规划纲要》，进一步完善健康政策，深入推进“健康江苏”建设。深化医药卫生体制改革，巩固省级医疗改革试点阶段性成果，进一步加大对现代医院管理制度、分级诊疗制度、药品供应保障机制、社会办医等领域为重点的改革。推动医疗卫生资源下沉，加强基层医疗卫生体系和全科医生建设，实施“卫生强基”工程，打造城乡“15 分钟健康服务圈”，着力提升基层医疗卫生服务能力，切实解决居民看病难、看病贵的问题。高质量做好家庭医生签约服务，实施智慧健康工程，建立优质高效的医疗卫生服务体系。提高基本公共卫生服务水平，预防控制重大疾病。三是不断提高养老服务水平。进一步完善养老保障体系建设，建立城乡居民基本养老保险待遇确定和基础养老金正常调整机制，稳步提高机关事业单位和企业退休人员基本养老金。构建多层次养老服务体系，深入开展医养结合，不断加强社区居家养老服务功能，努力满足日益增长的多样化养老需要。完善特困老人供养制度，有效保障困难老年人基本服务需求。加强老年人精神关爱，构建养老孝老敬老政策体系和社会环境。

### （三）加快改善城乡人居环境，建设美好家园

良好的生态环境是最公平的公共产品，是最普惠的民生福祉。要把改善城乡人居环境作为民生工作的重要内容，坚持以建设美好家园为目标，以垃圾处理、空气水环境整治和基础设施提升为主攻方向，以构建城乡安全网为保障，坚持问题导向，补好突出短板，持续改善城乡人居环境，不断满足人民群众对高品质生活的需求。一是强化生活垃圾处理。大力推进建立和完善覆盖城乡的生活垃圾收运处置体系，统筹考虑生活垃圾和废弃物利用、处理，在城市地区和有条件的农村地区推行垃圾就地分类和资源化利用，做好垃圾减量化资源化工作。开展对非正规垃圾堆放点排查整治，加大对垃圾私堆乱放的惩治力度。二是加强空气、水环境治理。扎实推进大气污染防治工作，开展空气质量限期达标行动，实现大型燃煤机组超低排放改造和燃煤小锅炉整治全覆盖，加强机动车尾气排放治理，着力消减挥发性有机物排放总量，严控 PM2.5 和臭氧浓度。深入推进水污染防治行动，加强长江、淮河流域和近海岸水环境综合整治，全力整治集中式饮用水源地突出环境问题，确保群众喝上放心水，同时大力度解决城市黑臭水体问题。三是补齐城乡与民生相关的基础设施短板。对农村而言，要加大农村交通基础设施投入力度。本次调查显示，农村居民对交通出行的不满意的比例较高，这主要表现在道路的数量不足、交通设施不完善等方面，需要扎实做好农村公路交通基础设施建设，把农村公路建好、管好、护好、运营好，持续改善农村居民出行环境，切实解决好农村居民“最后一公里”出行难题。对城市而言，需要发扬“绣花”精神，不断完善公共设施，重点解决好群众放映强烈的“马路拉链”、“雨中看海”、黑臭河道、“空中蛛网”等老大难问题，同时做好老旧小区整治、停车设施建设等工作，进一步完善城市功能、提升城市品质。四是构建覆盖城乡的公共安全体系。深入开展“大走访”

以及安全稳定大排查、大化解、大整治等工作，加快完善社会治安防控体系，建立大防控格局，切实保障城乡公共安全。强化安全生产、食品安全专项整治和综合治理，让城乡居民生活的更安心、更放心。

## （四）优化政务服务，提升服务效能

保障和改善民生的政策再好，只有高效执行才能切实落地，而不至于成为“空中楼阁”。近年来，居民对江苏政府服务和办事效率的总体评价满意度评价逐年提高（2015年、2016年、2017年满意度分别为54.9%、60.3%和63.7%），但也应看到，政务服务方面依然存在程序复杂不公开、相互推诿、效率低等问题（见表16-13）。这就需要进一步简政放权，优化服务流程，持续改进工作作风，切实提高为民办事的服务水平和服务效能。一是进一步转变政府职能。以深化“放管服”改革为主线，理顺不同层级政府间责任关系，加大取消下放行政审批事项力度，赋予基层政府更多自主权，努力做到审批更简、监管更强、服务更优，不断提高行政效能。二是不断提升服务能力。深入推动学习型政府建设，坚持干什么学什么、缺什么补什么，打牢全面、系统、专业的知识根底，进一步提高适应新时代、实现新目标、落实新部署的专业化能力。始终保持锐意进取、敢为人先的奋斗精神，善于结合实际创造性推动工作，善于坚持问题导向补齐“短板”，善于运用互联网技术和信息化手段优化政府服务。大力推进“互联网+政务服务”，真正做到群众少跑腿、数据多跑路，不断为人民群众提供更加高效便捷的服务。三是切实改进工作作风。时刻把群众安危冷暖放在心中，严肃认真对待群众反映强烈的突出问题，坚决纠正损害群众利益的行为。同时激励广大干部干事创业的积极性，以抓铁有痕、踏石留印的劲头，推动各项民生工作落到实处、见到实效。

（江苏省政府研究室专题组

顾 问：郑 焱

负责人：沈 和 金世斌 于 水

成 员：陈幼迪 吴国玖 王自华 陈清华 刘亮亮
邱家林 赵若言 辛璄怡 胡卫卫 陈子庚
高 飞 王亚星 何 迪 李 波 马智源
朱清源 徐亚清 姜凯宜

统 稿：金世斌 邱家林 于 水）

# 第十七章
# 河北省民生发展报告

党的十九大报告指出，必须始终把人民利益摆在至高无上的地位，让改革发展成果更多更公平惠及全体人民，朝着实现全体人民共同富裕不断迈进。河北省委省政府高度重视保障改善民生工作，着重补短板、兜底线，进一步织密民生保障网，以创业带动就业，让发展成果惠及广大人民群众，不断加大民生投入，通过项目化手段、工程化措施加快民生事业的发展，深入实施民生工程，通过一系列“提标扩面”等普惠民生工程解决了一大批民众最关心、最直接、最现实的利益问题。同时，坚持精准扶贫、精准脱贫，注重扶贫同扶志、扶智相结合，重点攻克深度贫困地区脱贫任务，确保贫困人口和贫困地区同全省人民一道进入全面小康社会，努力让广大人民群众过上更加美好的生活。

课题组在对河北省6个设区市10个县（市、区）的1200户居民入户调查的基础上，对河北省民生问题进行深入系统分析，全面分析了近年来河北省民生发展的总体情况和存在的主要问题，梳理了广大民众对民生问题的主要诉求，在此基础上提出了改善民生的政策建议，对贯彻共享发展理念、切实保障和改善民生具有重要的现实价值和战略意义。

本报告共分为四个部分。

第一部分，概述了河北省民生发展的总体情况。包括：民生投入持续增加，民生保障能力明显增强；就业形势总体向好，居民收入水平持续增长；扎实开展脱贫攻坚，脱贫效果全面彰显；教育、医疗卫生等公共事业加快发展，公共服务日趋完善；社会保障工作稳步推进，社保扩面提标水平不断提高；加强环境保护和污染治理，生态环境质量实现新改善。

第二部分，河北省民生问题调查问卷分析。本部分主要从受访者基本情况，工作与就业，基本民生问题，收入与消费，子女教育，医疗卫生，养老保障，住房保障，生活环境，食品安全，政府服务等方面，分别从总体和城乡居民状况进行全面的对比分析，对宏观情况和微观样本数据进行了定性定量研究。结合被调查对象的主观评价，系统掌握河北省居民对民生举措及其效果的真实感受和新期望新诉求。

第三部分，河北省民生领域存在的突出问题。根据调查问卷内容分析，概括出民生和社会保障中存在的问题主要有：居民家庭收入总体水平较低，城乡差距有所扩大；义务教育和高中教育中教学质量不高、课业负担重和上学远问题凸显，影响民众教育满意度提升；看病贵、医保报销比例低和看病难问题依然突出，居民医疗保障担忧程度较高；生活环境污染问题关注度上升严重，居民健康及出行受到较大影响；食品安全问题依然严峻，政府监管、保障力度尚显薄弱；家庭养老负担日趋严重，社会养老保障能力亟待提高；部分机构人员办事效率较低，服务型政府建设有待增强。

第四部分，关于民生问题的政策诉求和建议。本报告在综合分析基础上，针对河北省工作与就业、收入与消费、子女教育、医疗卫生、食品安全、养老保障、住房保障、生活环境、食品安全、政府服务方面的问题，提出政策建议：多渠道增加就业岗位，提高居民收入水平；不断完善社会保障体系，织牢社会生活安全网；推进教育事业全面发展，办好公平优质教育；加大环境污染治理力度，改善居民生活环境；加快建设健康河北，提升群众生活幸福指数；推动农村全面进步，加快美丽乡村建设；强化满意政府建设，提高行政服务质量和效率。

## 一、河北省民生发展总体情况

党的十九大报告指出，必须始终把人民利益摆在至高无上的地位，让改革发展成果更多更公平惠及全体人民，朝着实现全体人民共同富裕不断迈进。党和国家一直高度重视民生建设，以人民对美好生活的向往为奋斗目标，以造福人民为最大政绩，坚持多谋民生之利、多解民生之忧，秉持安排好“基本民生”，保障好“底线民生”，解决好“热点民生”的理念，在幼有所育、学有所教、劳有所得、病有所医、老有所养、住有所居、弱有所扶上不断取得新进展。

近年来，河北省委、省政府高度重视保障改善民生，着重补短板、兜底线，进一步织密民生保障网，以创业带动就业，让发展成果惠及广大人民群众，不断加大民生投入，通过项目化手段、工程化措施加快民生事业的发展，深入实施民生工程，通过一系列“提标扩面”等普惠民生工程解决了一大批民众最关心、最直接、最现实的利益问题。同时，坚持精准扶贫、精准脱贫，注重扶贫同扶志、扶智相结合，重点攻克深度贫困地区脱贫任务，确保贫困人口和贫困地区同全省居民一道进入全面小康社会，努力让广大人民群众过上更加美好的生活。

### （一）民生投入持续增加，民生保障能力明显增强

2013年以来，河北省不断加大民生支持力度，持续涂亮民生财政的底色，全年公共服务、教育、社会保障和就业等民生支出的增速均快于一般公共预算支出增速，也快于经济增长速度。2017年河北省财政用于民生支出5294.2亿元，较上年增长9.3%，与2013年相比，增长了54%，2013～2017年期间年均增长11.4%；民生投入占全省一般公共预算支出的比重，2017年为80.0%，较2013提高了1.1个百分点。随着民生投入的加大，河北省民生保障能力也明显增强，2017年河北省进一步完善民生保障机制，集中出台多项民生保障政策，包括适当提高企业退休职工养老金标准，城乡居民养老保险基础养老金每人每月由80元提高到90元，城乡居民基本医保人均财政补助标准由每人每年420元提高到450元，城镇低保年标准提高到6000元，农村低保年标准提高到3300元，基本公共卫生服务财政补助标准由人均45元提高到50元，继续提高特困人员救助供养指导标准，2017年春季学期开始统一城乡义务教育学生“两免一补”政策，在24个扶贫开发重点县开展农村义务教育学生营养改善计划试点，适当提高农村危房改造补贴标准

等。上述惠民利民政策的出台和实施，进一步加快了河北省社会保障、医疗卫生、教育、农业、保障性住房、扶贫等各项民生事业的发展，让人民共享发展成果。

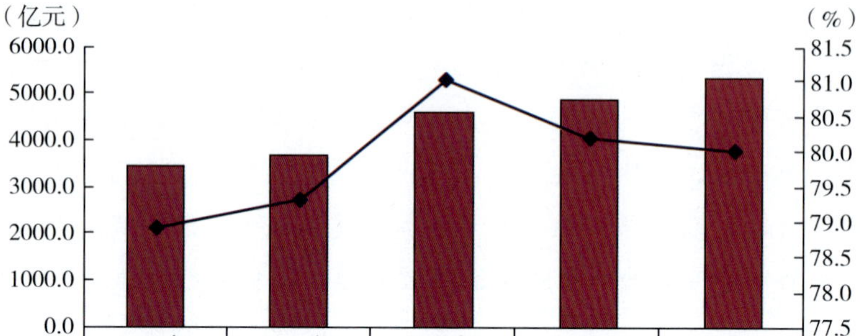


| | 2013年 | 2014年 | 2015年 | 2016年 | 2017年 |
|---|---|---|---|---|---|
| 民生投入（亿元） | 3437.0 | 3678.9 | 4597.7 | 4843.8 | 5294.2 |
| 占全省财政支出比重（%） | 78.9 | 79.3 | 81.0 | 80.2 | 80.0 |

图17-1　2013～2017年河北省民生投入及占财政支出比重对比（%）

## （二）就业形势总体向好，居民收入增速在全国排位前移

近年来，河北省深入实施就业优先战略和积极就业政策，加大财政投入，推动“大众创业、万众创新”，大规模开展职业技能培训，突出解决就业结构性矛盾，精准就业服务，健全公共就业服务体系，大力发展充分就业社区，主动服务供给侧结构性改革，稳妥做好去产能职工安置工作。2013年以来，河北省城镇新增就业人数每年都在70万人以上，五年累计新增就业343.2万人，失业人员再就业121万人，高校毕业生就业率稳定在90%以上，转移农村劳动力217.1万人，城镇登记失业率控制在4%以内。累计发放创业担保贷款20.3亿元，支持3.2万人创业，带动10.4万人就业。发挥失业保险援企稳岗作用，累计为6066家企业发放稳岗补贴29.8亿元，惠及职工248.8万人。多项促就业、扶创业的有力举措，保持了河北省就业形势的稳定向好。

就业增长的同时带来居民收入和生活水平的提高，2017年，河北省居民人均可支配收入21484元，其中，城镇居民人均可支配收入为30548元，农村居民人均可支配收入为12881元，均比上年增长8.1%。在2017年居民人均可支配收入增长中，工资性收入（政策性增资）占比明显提高，政策性增资对收入增长的贡献率为64.5%。2015～2017年全省居民人均可支配收入年均增速在8.8%以上，按可比价计算分别为7.9%、7.3%和7.1%，均高于同期GDP增速，分别高1.1个、0.5个和0.4个百分点。2017年全省居民人均可支配收入增速在全国排位前移，居第17位，较上年上升2位。2013～2017年与京津相比，京冀收入倍差由2.69缩小为2.66，津冀收入倍差由1.74缩小为1.72，河北与京津收入倍差呈逐年缩小趋势。

## （三）扎实开展脱贫攻坚，脱贫效果全面彰显

2013年以来，河北省坚持精准扶贫、精准脱贫，扎实推进脱贫攻坚，认真贯彻落实“六个精准”“五个一批”要求，针对脱贫攻坚，制定出台了一系列扶贫政策措施，包括探索完善了特色农业、文化、旅游、移民搬迁、家庭手工业、新能源、就业、科教、基础设施和社会扶贫

等10项扶贫新模式，在全省构建和推广了“互联网+扶贫”机制、股份合作机制、金融扶贫机制、财政资金放大机制、土地整理机制、产权交易抵押机制、对口帮扶机制、整村扶贫机制、生态扶贫机制、考核奖惩机制等10项扶贫新机制，并根据精准扶贫基本要求，层层签订责任状，以求扶贫工作落实到位。

为支持脱贫攻坚，河北省加大扶贫资金投入，2017年，全省财政扶贫专项投入81.0亿元，其中省级扶贫资金在2016年翻番的基础上又增长74.7%。提高贫困人口医疗保障救助水平，全省200多万人次受益。统一城乡义务教育公用经费标准，实施教育精准扶贫工程，共落实省以上资金229.9亿元，惠及学生865万人、乡村教师7万人。同时，河北省政府还积极寻求社会支持，五年来，各类社会帮扶主体累计向河北省投入资金136.7亿元。其中直接投入资金66.9亿元，引进资金69.8亿元。帮助上项目17716个，资助贫困学生14422人，举办培训班27098期，培训各类人员98.91万人（次），组织劳务输出10.79万人。全省五年累计脱贫497万人，贫困发生率由2013年的9.84%降低到2017年1.86%。脱贫攻坚战取得决定性进展，贫困地区基础设施和公共服务持续改善，贫困群众生产生活条件发生显著变化，2017年河北省贫困地区农村居民可支配收入增长11.3%，比全省农村居民人均可支配收入增速快3.2个百分点。

## （四）教育、医疗卫生等公共事业加快发展，公共服务日趋完善

### 1. 教育事业全面发展

2017年，河北省实施教育强省战略，新一期学前教育三年行动计划顺利进行，义务教育标准化学校建设得到加强，普通高中课程改革不断深入。中等职业教育质量提升工程取得明显进展，高等职业教育创新发展三年行动计划按期完成，高等教育毛入学率2017年比2013年提高17.5个百分点。高校“双一流”建设稳步推进，通过调整优化专业设置，培养出一大批适应河北省发展需要的高素质人才。大学城、职教城建设加快进行，河北工程大学迁建等重点工程，高校图书馆、体育馆等基础设施建设进度加快，高校办学自主权进一步扩大，高等教育发展水平不断提高。

### 2. 健康河北建设加快推进

2017年，河北省医疗、医保、医药“三医联动”、公立医院进行综合改革、分级诊疗等医药卫生体制改革陆续铺开，医药卫生体制改革成效明显，覆盖城乡的公共卫生和医疗服务体系基本建立。城市公立医院综合改革全面推开，县级公立医院综合改革示范县创建活动深入开展，分级诊疗制度，县域内就诊率达到80%以上。家庭医生签约服务比例逐渐提高，“互联网+健康医疗”“智慧医药”逐步推开。中医药强省建设进展加快，重大疾病防控等公共卫生工作得到加强，爱国卫生运动开展，“全面两孩”政策落地实施，改革完善计划生育服务管理。群众性体育活动和竞技体育蓬勃发展。2017年河北省不断完善食品药品监管机制，开展对重点地区、重点领域、重点环节的集中整治，全省食品药品安全得到有力保障，确保人民群众“舌尖上的安全”。

### 3. 现代文化公共服务体系建设深入推进

全民阅读深入开展，新闻出版、文化艺术、广播电视事业进一步繁荣，文物、文化遗产和非物质文化遗产得到保护，石家庄、秦皇岛、邯郸、正定、迁安入选第五届全国文明城市，唐山蝉联全国文明城市称号，文化事业迈上新台阶。民族宗教、外事侨务、人民防空、史志档案、气象地震、地理信息、援藏援疆、妇女儿童、老龄、残疾人等事业都取得了新进步。

## （五）社会保障工作稳步推进，社保提标扩面水平不断提高

近年来，河北社会保障制度体系日臻完善，医疗、养老保险实现制度全覆盖，待遇水平稳步提高，贫困人口保障水平不断提高，居民住房保障得到加强。对外省参保人员住院提供直接结算服务。截至2017年10月底，全省参加基本养老、医疗、失业、工伤、生育保险人数分别为4972.4万人、6864.2万人、529.4万人、858.8万人、722.7万人，较2013年同期均有大幅增长。

五年来，企业退休人员养老金由2013年月人均1417元提高到2017年的2532元，城乡居民基础养老金最低标准由月人均55元提高到90元，居民医保财政补助标准由年人均240元提高到450元，失业保险和工伤保险待遇水平也有较大增长，让群众享受到更多实惠。

近年来，河北省加快养老服务体系建设，初步建立起以“居家为基础、社区为依托、机构为补充、医养相结合”的养老服务体系。目前，全省已建成投入运营的养老机构1478家，城市社区日间照料中心等居家养老设施3600多家、农村幸福院3.1万个，老年人幸福感、获得感得到进一步提升。

河北省对社会保障低保对象、特困人员实行精准核查，做好建档立卡工作，加强对贫困人口的社会保障。截至2017年10月底，河北省共保障城乡低保对象204万人。全省城乡低保平均保障标准分别达到每月542元和每年3811元，城乡低保补差标准达到每人每月317元和每人每月190元。

2017年，河北省建设保障性住房101.8万套，棚户区改造开工20.2万套，基本建成12.69万套，农村危房改造开工9.3万户，重点聚焦助力精准脱贫，贫困县和深度贫困县改造占比达到86.2%。

## （六）加强环境保护和污染治理，生态环境质量实现新改善

2013年以来，河北省落实“天蓝、地绿、水秀”要求，在治理污染、修复生态中加快营造良好的人居环境。以前所未有的决心和力度推进生态文明建设，深入开展蓝天、碧水、净土三大行动，超额完成大气“国十条”确定的目标任务，2017年全省设区市PM2.5平均浓度较2013年下降39.8%。水环境质量得到改善，土壤污染治理与修复试点启动实施。能源消耗强度显著下降，预计全省单位生产总值能耗五年下降24.4%。实施重大生态保护和修复工程，地下水超采综合治理形成压采能力33.6亿立方米，新增国土绿化面积2561万亩、森林覆盖率由27%提高到33%。

2017年，河北省支持生态环境治理力度空前，强力推进大气污染治理，多方筹集省以上资

金85.37亿元，“1+18”方案资金需求全部足额保障，深入开展秋冬季攻坚行动，统筹压煤、降尘、控车、减排、增绿，推进气代煤、电代煤，整治“散乱污”企业10.8万家，全省PM2.5平均浓度较上年下降7.1%，秋冬季空气质量为五年来最好。加强水、土壤污染治理，排查整治纳污坑塘，全面建立河长制，39条城市黑臭水体得到整治。科学划定生态保护红线，推进太行山、燕山绿化攻坚，全年完成植树造林536万亩，塞罕坝林场荣获联合国环保最高荣誉“地球卫士奖”，在荒漠化治理等方面为世界贡献了中国智慧、展现了中国精神。在全国率先完成省以下环保机构监测监察执法垂直管理改革，出台生态环境保护责任规定和责任清单，实现省级环保督察全覆盖，持续开展“利剑斩污”等执法检查行动，严厉打击和震慑了环境违法犯罪行为。

## 二、河北省民生问题调查问卷分析

2017年，根据国务院发展研究中心拟定的抽样原则，河北省民生问题入户抽样调查采用PPS抽样方案，对全省6个市（包括城镇和农村）10个县（区）20个乡镇（街道社区）的1280户居民家庭进行入户抽样调查，共回收有效问卷1200份。1200名受访者分布在全省11个地级市中的6个地级市（见表17–1）。

表17-1 2017年河北省入户抽样调查受访者地区分布

| 抽样地点 | 受访者（人） | 比重（%） |
|---|---|---|
| 保定 | 240 | 20 |
| 沧州 | 120 | 10 |
| 邯郸 | 240 | 20 |
| 衡水 | 120 | 10 |
| 石家庄 | 240 | 20 |
| 唐山 | 240 | 20 |
| 合计 | 1200 | 100.0 |

本次调查基本能够有效反映河北省民生问题的实际状况，抽样方法及样本的选取具有较强的科学性、代表性和有效性。

### （一）受访者基本情况分析

本次入户抽样调查将家庭户和户内最了解家庭情况者作为受访者，接受调查的受访者年龄为18岁及以上的成年人口（包括常住人口和流动人口）。调查时首先对受访者的性别、年龄、户籍状况、受教育程度、家庭结构、婚姻状况等基本情况进行了了解。

#### 1. 受访者年龄高龄化特征明显，男性所占比例高于女性

从年龄构成上看，2017年，60岁及以上的受访者所占比例（44.5%）最高，其次是50～59岁（27.3%），上述两个年龄组受访者累计占71.8%；后面依次是：40～49岁（17.1%），30～39岁（8.4%），29岁及以下（2.8%）。与上年相比，50岁及以上的受访者比例提高5.8个百分点，

30～49岁的所占比例降低5.4个百分点，29岁及以下的比例降低0.3个百分点（见图17-2）。受访者年龄表现出高龄化特征的原因：一是本次调查中农业户口受访者占绝大比例；二是调查期间正逢农村年轻人大都在外打工，家里主要以老人居多。

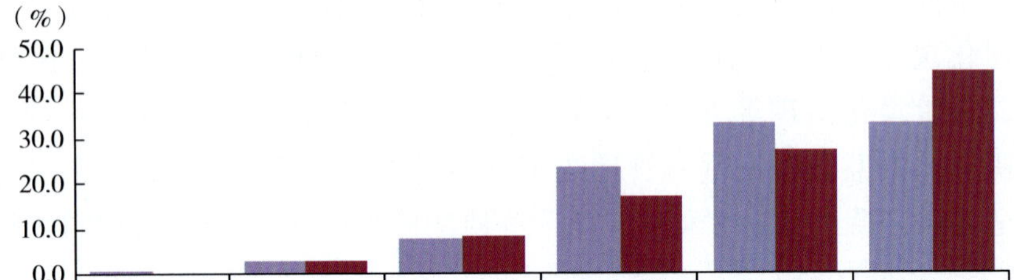

| | 19岁及以下 | 20～29岁 | 30～39岁 | 40～49岁 | 50～59岁 | 60岁及以上 |
|---|---|---|---|---|---|---|
| 2016年受访者年龄构成（%） | 0.4 | 2.7 | 7.5 | 23.4 | 33.1 | 32.9 |
| 2017年受访者年龄构成（%） | 0.1 | 2.7 | 8.4 | 17.1 | 27.3 | 44.5 |

**图17-2　2016～2017年河北省受访者年龄构成对比（%）**

2017年，受访者男性占51.3%，女性占48.8%，男性比女性高2.5个百分点。与上年相比，男性所占比例降低5.5个百分点（见图17-3）。

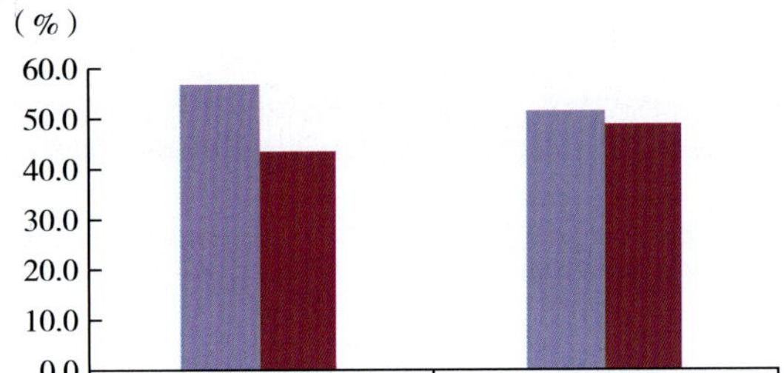

| | 2016年 | 2017年 |
|---|---|---|
| 受访者男性比例（%） | 56.8 | 51.3 |
| 受访者女性比例（%） | 43.3 | 48.8 |

**图17-3　2016～2017年河北省受访者性别比例（%）**

### 2. 多数受访者为农业户口，流动人口所占比例明显偏低

2017年，受访者为农业户口的占74.7%，非农户口（城镇户口）的占25.3%，与上年入户抽样调查相比，农业户口所占比例有所降低，降低了1.7个百分点（见图17-4）。

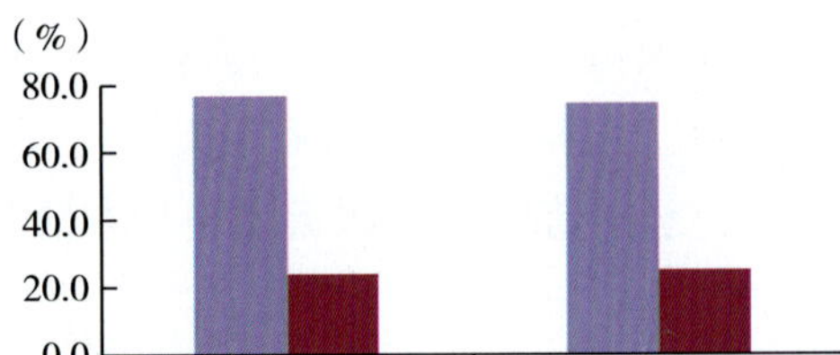

| | 2016年 | 2017年 |
|---|---|---|
| 受访者农业户口比例（%） | 76.4 | 74.7 |
| 受访者非农业户口比例（%） | 23.6 | 25.3 |

**图17-4　2016～2017年河北省受访者农业与非农业户口所占比例（%）**

2017年，受访者为本市（县、区）户口的占97.8%，流动人口（省内流动人口、跨省流动人口）占2.6 %，与上年相比，流动人口所占比例略有提高，提高了0.4个百分点（见表17–2）。

表17-2 2016～2017年河北省受访者流动人口和非流动人口所占比例（%）

| 受访者 | 2016年 | 2017年 |
|---|---|---|
| 非流动人口比例 | 97.8 | 97.4 |
| 流动人口比例 | 2.2 | 2.6 |
| 合计 | 100.0 | 100.0 |

与上年相比，2017年非流动人口中受访者为本市（县、区）农业户口的降低1.8个百分点，为本市（县、区）非农业户口的提高1.4个百分点；流动人口中，为省内非本市（县、区）农业户口的提高0.4个百分点，为省内非本市（县、区）非农业户口的降低0.4个百分点，外省农业户口降低0.3个百分点，为外省非农业户口提高0.7个百分点（见图17–5）。

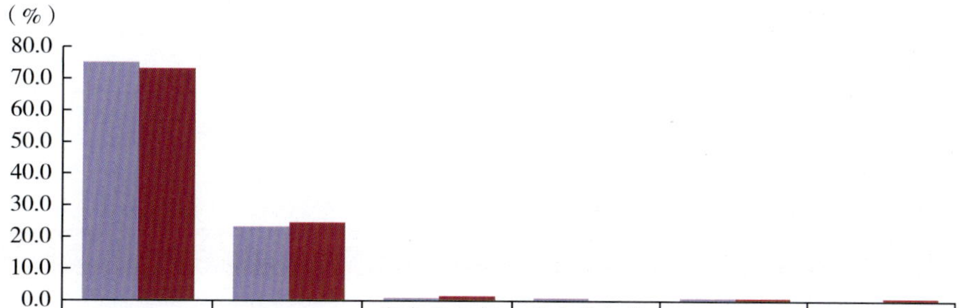


| | 本市（县、区）农业户口 | 本市（县、区）非农业户口 | 省内非本市（县、区）农业户口 | 省内非本市（县、区）非农业户口 | 外省农业户口 | 外省非农业户口 |
|---|---|---|---|---|---|---|
| 2016年受访者户籍状况（%） | 74.8 | 23.0 | 0.7 | 0.5 | 0.9 | 0.1 |
| 2017年受访者户籍状况（%） | 73.0 | 24.4 | 1.1 | 0.1 | 0.6 | 0.8 |

图17-5 2016～2017年河北省受访者各类户籍所占比例对比（%）

### 3. 受访者受教育程度普遍较低，城乡差异明显

从受教育程度上看，2017年，受访者为小学毕业（含在读、辍学或肄业）的占23.5%，初中毕业（含在读、辍学或肄业）的占41.3%，高中/中专/技校毕业（含在读或肄业）的占22.5%，大专/高职（含在读和肄业）及以上的仅占6.6%。受访者受教育程度在初中及以下累计占71.3%，说明总体上看受访者受教育程度较低。与上年相比，受访者受教育程度有所提高，其中，受访者为高中/中专/技校毕业（含在读或肄业）和大专/高职（含在读和肄业）及以上的所占比例分别提高1.8和2.3个百分点（见图17–6）。

分城乡看，农村和城镇受访者受教育程度存在较大差异。2017年，受访者为初中及以下毕业（含在读、辍学或肄业）的在农村占79.8%，城镇占46.1.8%，农村比城镇高33.7个百分点；受访者为高中/中专/技校毕业（含在读或肄业）和大专/高职（含在读和肄业）及以上的在农村分别占19.1%和1.1%，城镇分别占32.6%和21.4%，农村比城镇分别低13.5和20.3个百分点（见表17–3）。

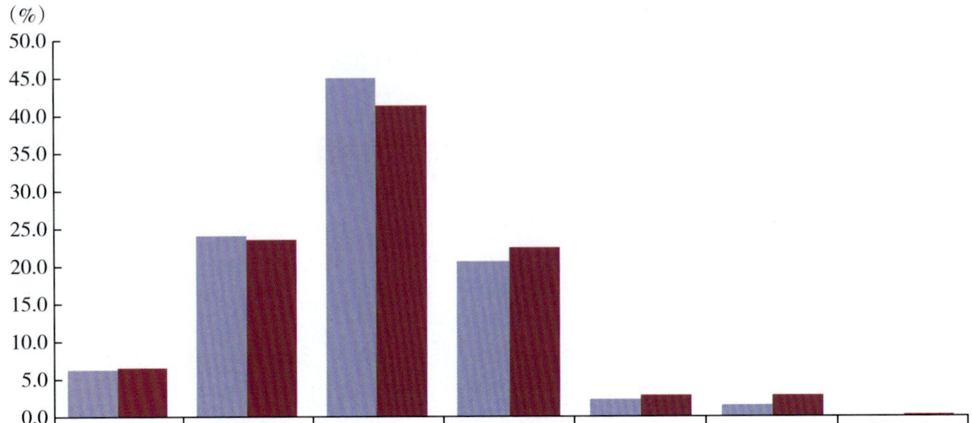


| | 没上过学 | 小学毕业（含在读、辍学或肄业） | 初中毕业（含在读、辍学或肄业） | 高中/中专/技校毕业（含在读或肄业） | 大专/高职毕业（含在读或肄业） | 本科毕业（含在读） | 研究生（硕士或博士）毕业 |
|---|---|---|---|---|---|---|---|
| 2016年受访者受教育程度（%） | 6.2 | 24.0 | 45.0 | 20.8 | 2.4 | 1.5 | 0.1 |
| 2017年受访者受教育程度（%） | 6.4 | 23.5 | 41.3 | 22.5 | 3.0 | 3.0 | 0.3 |

**图17-6　2016～2017年河北省受访者受教育程度构成对比（%）**

**表17-3　2017年河北省城乡受访者受教育程度对比（%）**

| 受访者受教育程度 | 农村 | 城镇 | 总体 |
|---|---|---|---|
| 没上过学 | 7.6 | 3.0 | 6.4 |
| 小学毕业（含在读、辍学或肄业） | 27.7 | 11.2 | 23.5 |
| 初中毕业（含在读、辍学或肄业） | 44.5 | 31.9 | 41.3 |
| 高中/中专/技校毕业（含在读或肄业） | 19.1 | 32.6 | 22.5 |
| 大专/高职毕业（含在读或肄业） | 0.9 | 9.2 | 3.0 |
| 本科毕业（含在读） | 0.2 | 11.2 | 3.0 |
| 研究生（硕士或博士）毕业 | 0.0 | 1.0 | 0.3 |
| 合计 | 100.0 | 100.0 | 100.0 |

### 4. 受访者家庭人口规模以双人户居多，婚姻状况稳定

2017年，受访者家庭人口规模的类型特征是：双人户的家庭所占比例最高，为24.3%；其次是3～6人户的，其中，3人户、4人户、5人户和6人户的所占比例分别为17.8%、16.9%、18.0%和15.6%；单人户的占2.7%。单人户中绝大部分为老年人由于丧偶所形成的家庭。与上年相比，双人户、3人户、4人户和5人户的家庭所占比例均有降低，而单人户和6人户的所占比例均有提高（见图17-7）。

就婚姻状况而言，2017年，已婚受访者占绝大比例（90.6%），丧偶（7.6%）和未婚（0.8%）的所占比例较小，说明受访者的婚姻状况较为稳定。受访者婚姻状况上述特征与2016年基本相同（见图17-8）。

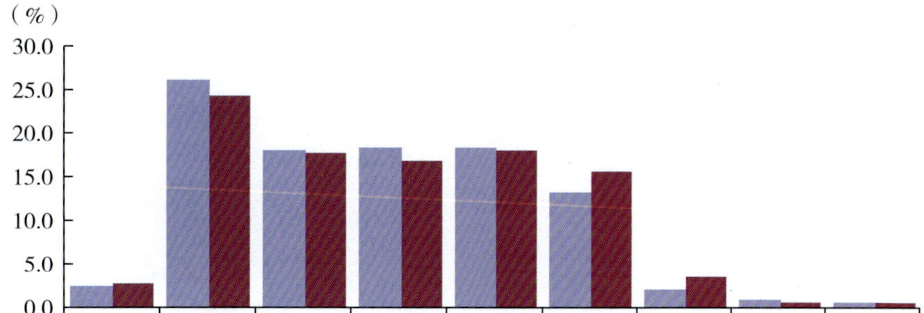

| | 单人户 | 双人户 | 3人户 | 4人户 | 5人户 | 6人户 | 7人户 | 8人户 | 9人户 |
|---|---|---|---|---|---|---|---|---|---|
| 2016年受访者家庭人口规模类型比例（%） | 2.4 | 26.0 | 18.0 | 18.3 | 18.2 | 13.3 | 2.3 | 0.9 | 0.6 |
| 2017年受访者家庭人口规模类型比例（%） | 2.7 | 24.3 | 17.8 | 16.9 | 18.0 | 15.6 | 3.5 | 0.6 | 0.8 |

图17-7　2016～2017年河北省受访者各类家庭规模所占比例对比（%）

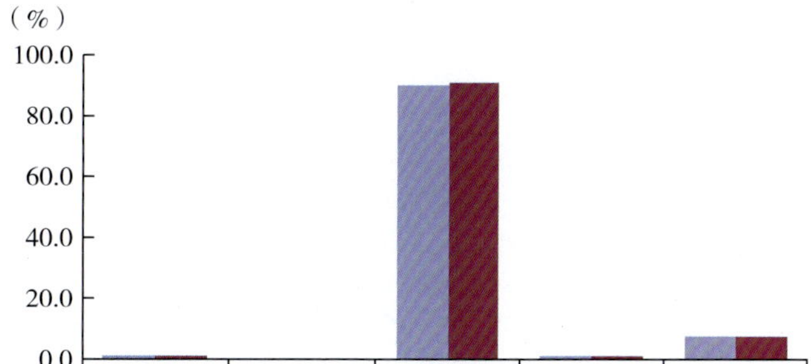

| | 未婚 | 未婚同居 | 已婚 | 离婚 | 丧偶 |
|---|---|---|---|---|---|
| 2016年受访者婚姻状况（%） | 1.1 | 0.3 | 90.1 | 0.9 | 7.6 |
| 2017年受访者婚姻状况（%） | 0.8 | 0.2 | 90.6 | 0.8 | 7.6 |

图17-8　2016～2017年河北省受访者婚姻状况（%）

## （二）工作与就业

民众生存的基本前提是要有稳定的工作，居民就业问题历来受到党和政府高度重视，也是全社会高度关注的话题，本次调查主要从居民有无工作收入以及就业人员的就业类型、就业行业、工作职位、就业保障等方面对居民的工作与就业状况进行了了解。

### 1. 居民在业者居多，离退休和丧失劳动能力在未就业中占绝大比例

调查资料显示，2017年，受访者中从事有收入的在业人员占绝大比例，为62.7%，分布在国民经济各个行业，没有工作收入的占37.3%。与上年相比，没有工作收入的受访者提高了3.2个百分点（见图17–9），主要原因是近几年经济增速放缓，导致少数居民就业困难。

2017年，在受访者未工作的具体原因中，离退休占最大比例，为47.1%；其次是丧失劳动能力的，占27.0%；料理家务居第三位，占12.5%；其他原因所占比例较小（见图17–10）。

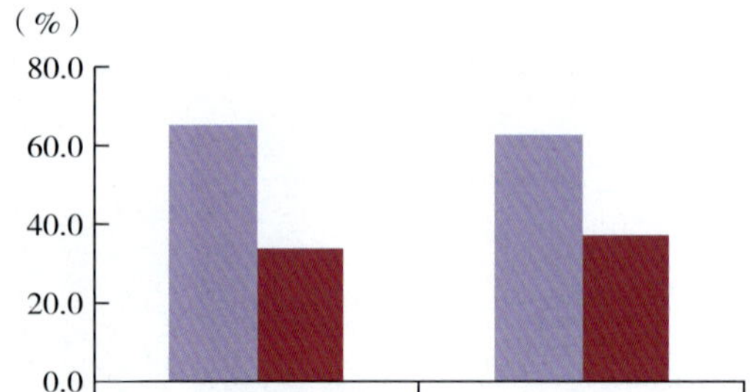

| | 2016年 | 2017年 |
|---|---|---|
| 有工作收入的受访者所占比例（%） | 65.9 | 62.7 |
| 没有工作收入的受访者所占比例（%） | 34.1 | 37.3 |

图17-9　2016～2017年河北省受访者有无工作收入所占比例对比（%）

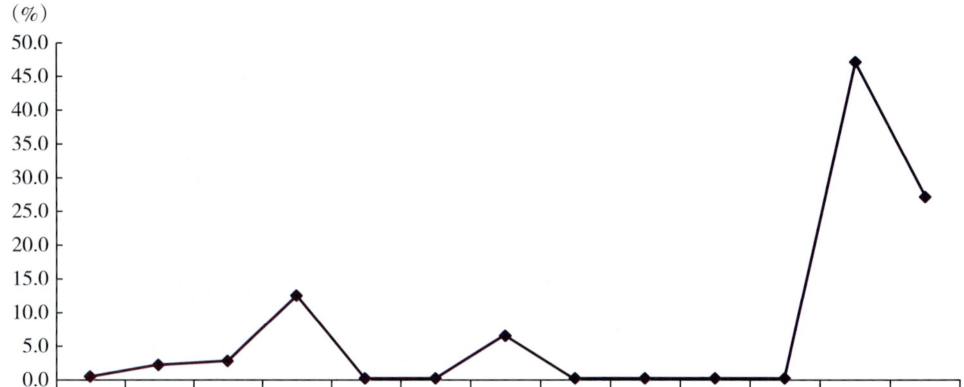

| | 被单位辞退 | 单位停工、停产 | 个人原因主动辞职 | 料理家务 | 不想工作 | 毕业后未工作 | 从来未工作过 | 生病 | 土地被征收 | 其他 | 在校学生 | 离退休 | 无劳动能力 |
|---|---|---|---|---|---|---|---|---|---|---|---|---|---|
| 受访者未工作各种原因所占比例（%） | 0.4 | 2.2 | 2.9 | 12.5 | 0.2 | 0.2 | 6.5 | 0.2 | 0.2 | 0.2 | 0.2 | 47.1 | 27.0 |

图17-10　2017年河北省受访者未工作的各种原因所占比例（%）

### 2. 专业务农在就业类型上所占比例最高，工作职位以临时聘用和一线生产人员为主

从就业类型上看，2017年，就业群体中专业务农所占比例（53.4%）超过五成，其次是兼业农民（15.0%），非固定单位临时工（6.9%）、民营/私营企业职工（6.2%）、党政机关（含社会团体）人员（4.8%）、农村专业管理人员（4.1%）分别居3～6位，其他类型就业所占比例较低。与上年相比，就业于党政机关（含社会团体）的人员所占比例提高3.6个百分点，非固定单位的临时务工和个体工商户占比分别降低3.1和1.8个百分点，其他就业类型变化不大（见图17–11）。

从工作职位上看，2017年，除去64.1 %不适用（例如务农、个体工商户）的人群，就业群体的工作职位主要是临时聘用人员（11.9%）、一线生产人员（6.2%）、专业技术人员（5.8%）和基层管理人员（5.7%），这与上年就业群体表现在工作职位上的特征基本相同（见图17–12）。

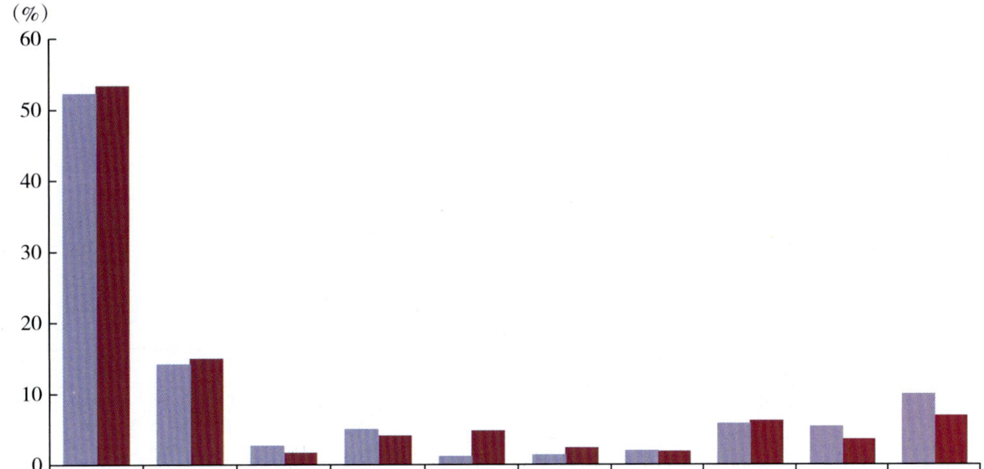

| | 专业务农 | 兼业农民 | 农村自营业者 | 农村专业管理人员 | 党政机关、社会团体人员 | 教科文卫等事业单位职工 | 国有企业职工 | 民营/私营企业职工 | 个体工商户 | 非固定单位的临时务工 |
|---|---|---|---|---|---|---|---|---|---|---|
| 2016年不同就业类型所占比例（%） | 52.3 | 14.2 | 2.7 | 5.0 | 1.2 | 1.4 | 2.0 | 5.8 | 5.4 | 10.0 |
| 2017年不同就业类型所占比例（%） | 53.4 | 15.0 | 1.7 | 4.1 | 4.8 | 2.4 | 1.9 | 6.2 | 3.6 | 6.9 |

图17-11　2016～2017年河北省不同就业类型的受访者所占比例对比（%）

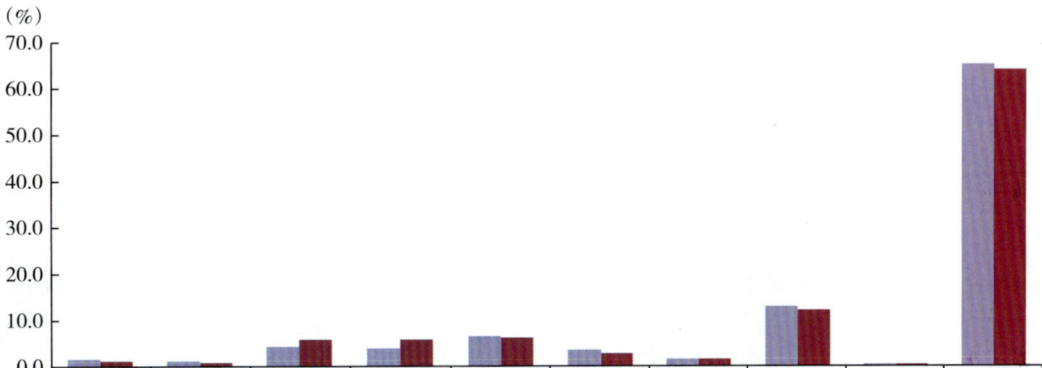

| | 单位负责人/高层管理人员 | 部门负责人/中层以上管理人员 | 基层管理人员（包括村干部） | 专业技术人员 | 一线生产人员 | 一般行政人员（包括基层公务员等） | 一般业务员（销售、采购等业务） | 临时聘用人员 | 其他 | 不适用（例如务农、个体工商户） |
|---|---|---|---|---|---|---|---|---|---|---|
| 2016年不同工作职位所占比例（%） | 1.4 | 1.0 | 4.3 | 3.9 | 6.6 | 3.3 | 1.4 | 12.8 | 0.5 | 64.9 |
| 2017年不同工作职位所占比例（%） | 1.2 | 0.7 | 5.7 | 5.8 | 6.2 | 2.6 | 1.3 | 11.9 | 0.4 | 64.1 |

图17-12　2016～2017年河北省不同工作职位的受访者所占比例对比（%）

### 3. 第二、第三产业就业比例相对较低，现代服务业就业比例明显高于传统产业

从受访者就业的产业分布特征看，2017年，第一产业就业人员所占比例高达61.3%；第二、第三产业所占比例较低，其中，第二产业占15.4%，第三产业（服务业）占23.3%。与上年相比，第二产业就业人员占比提高1.6个百分点，而第一和第三产业就业人员占比分别降低1.3和

0.3个百分点（见图17-13）。

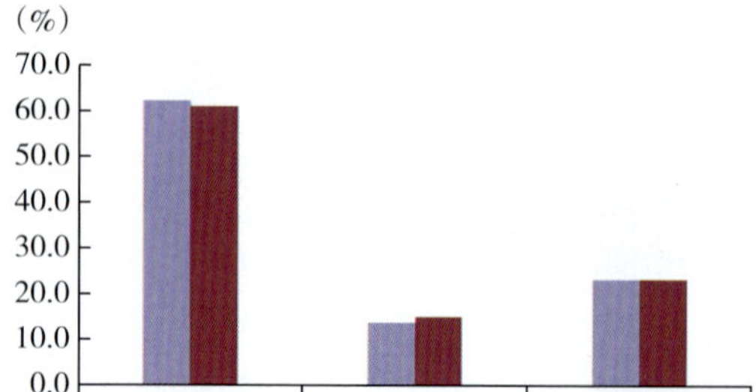


| | 第一产业 | 第二产业 | 第三产业 |
|---|---|---|---|
| 2016年各产业就业人员构成(%) | 62.6 | 13.8 | 23.6 |
| 2017年各产业就业人员构成(%) | 61.3 | 15.4 | 23.3 |

**图17-13　2016～2017年河北省各产业就业人员所占比例对比（%）**

从第三产业内部就业构成上看，2017年，受访者就业于现代服务业（包括租赁和商务服务业，金融业，卫生、社会保障和福利业，文化、体育和娱乐业，教育业，居民服务和其他服务业，公共管理和社会组织等）的占70%，就业于传统产业（包括批发和零售业，交通运输、仓储及邮政业，住宿和餐饮业等）的仅占30%。与上年相比，受访者在现代服务业就业的比例提高11.5个百分点，其中，提高幅度最大的为教育业（8.6个百分点），其次为居民服务和其他服务业（8.4个百分点）；传统产业就业比例则呈现出明显的下降趋势，其中，降幅较大的有批发和零售业（5.7个百分点）、住宿和餐饮业（4.2个百分点）（见图17-14）。

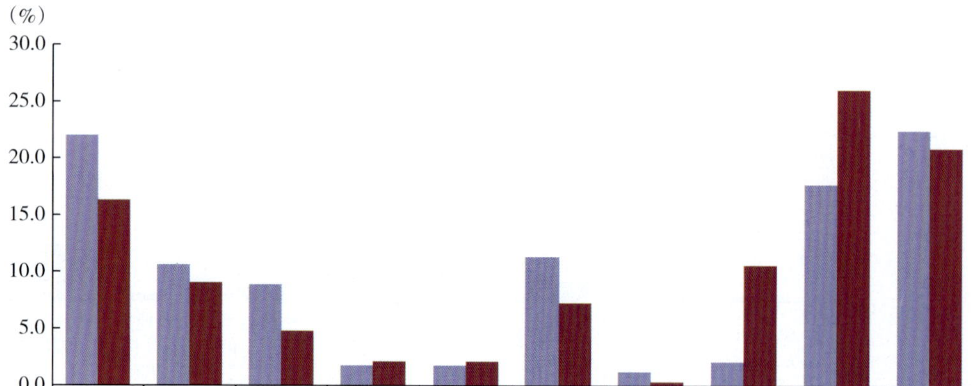


| | 批发和零售 | 交通运输、仓储及邮政 | 住宿和餐饮 | 租赁和商务服务 | 金融 | 卫生、社会保障和福利 | 文化、体育和娱乐 | 教育 | 居民服务和其他服务 | 公共管理和社会组织 |
|---|---|---|---|---|---|---|---|---|---|---|
| 2016年第三产业内部就业人员构成(%) | 22.0 | 10.6 | 8.9 | 1.7 | 1.7 | 11.4 | 1.3 | 2.1 | 17.8 | 22.5 |
| 2017年第三产业内部就业人员构成(%) | 16.3 | 9.0 | 4.7 | 2.1 | 2.1 | 7.3 | 0.4 | 10.7 | 26.2 | 21.0 |

**图17-14　2016～2017年河北省第三产业内部就业人员构成对比（%）**

### 4. 就业人员工作强度与上年总体相当，月平均收入水平变化不大

与上年同期相比，2017年受访者就业群体中，65.4%的受访者认为工作量较上年同期没有变

化；11.8%的认为有小幅增加，15.3%的认为有小幅减少；认为有大幅增加和大幅减少的所占比例很小，分别只有4.9%和2.7%（图17-15），说明总体上就业人员的工作强度与上年基本持平。

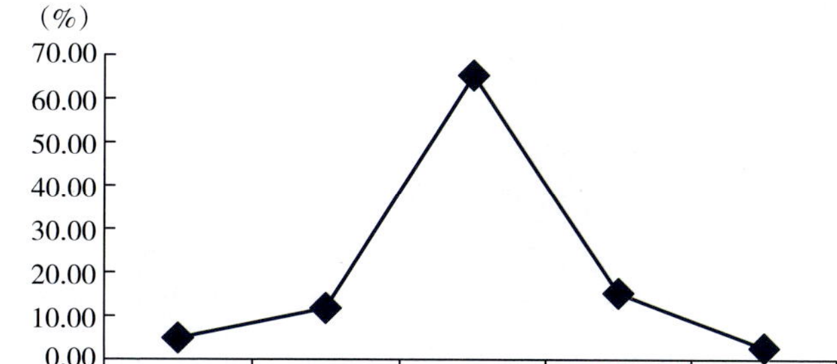


| | 大幅增加 | 小幅增加 | 没有变化 | 小幅减少 | 大幅减少 |
|---|---|---|---|---|---|
| 2017年就业人员工作量较上年同期变化情况（%） | 4.9 | 11.8 | 65.4 | 15.3 | 2.7 |

图17-15　2017年河北省就业人员工作量较上年同期变化情况（%）

与上年同期相比，2017年受访者就业群体中，64.1%的受访者认为月平均收入较上年同期没有变化，12.6%的认为有所增加（含小幅增加、大幅增加），23.4%的认为有所减少（含小幅、大幅减少）.可见，认为月平均收入较上年减少的受访者所占比例要比认为增加的比例多出10.8个百分点（见图17-16），但总体上看，受访者月平均收入水平与上年变化不大。

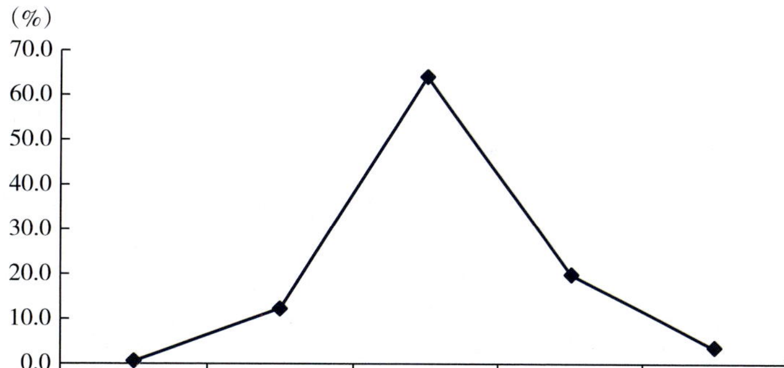


| | 大幅增加 | 小幅增加 | 没有变化 | 小幅减少 | 大幅减少 |
|---|---|---|---|---|---|
| 2017年就业人员月平均收入较上年同期变化情况（%） | 0.3 | 12.3 | 64.1 | 19.8 | 3.6 |

图17-16　2017年河北省受访者月平均收入较上年同期变化情况（%）

### 5. 非农就业劳动合同签订率低，新型农村社会养老保险成为养老保险主要形式

调查数据显示，2017年，在非农就业受访者中，七成以上未签订劳动合同，除少部分（3.8%）诸如公务员、事业单位就业人员不需要签订劳动合同外，签订各种劳动合同的受访者累计仅占17.7%。与上年相比，劳动合同签订率降低0.8个百分点。劳动合同签订率偏低（见图17-17），说明总体上看，劳动合同制度还不够完善，劳动用工行为还不够规范。

2017年，养老保险方面，由于就业群体中农民占较大比例，所以，新型农村社会养老保险成为养老主要养老形式，占受访者的56.4%；其次是城镇职工养老保险，占13.8%；其他社会保险类型几乎较少（见图17-18）。

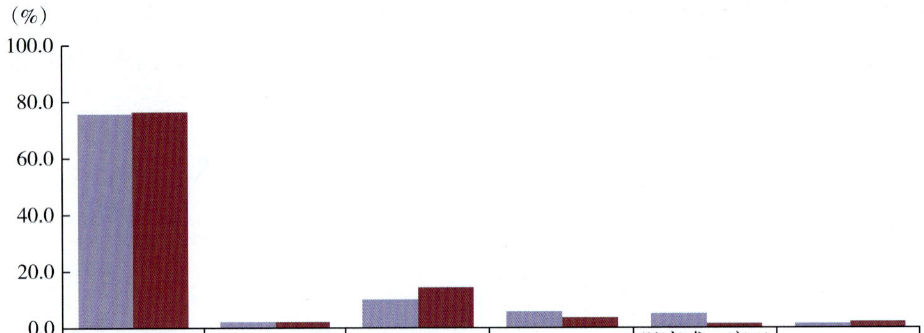


| | 没有签订劳动合同 | 无固定期限劳动合同 | 有期限劳动合同 | 不需要签劳动合同 | 以完成一定工作任务为期限的劳动合同 | 无回答 |
|---|---|---|---|---|---|---|
| 2016年非农就业人员劳动合同签订情况（%） | 76.0 | 2.0 | 10.3 | 5.4 | 4.7 | 1.7 |
| 2017年非农就业人员劳动合同签订情况（%） | 76.6 | 1.9 | 14.6 | 3.8 | 1.3 | 1.9 |

图17-17　2016～2017年河北省非农就业者受访者劳动合同签订情况对比（%）

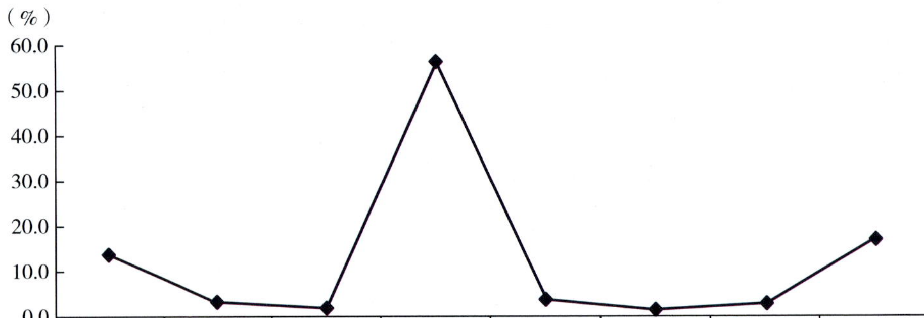


| | 城镇职工基本养老保险 | 城镇居民基本养老保险 | 机关事业单位养老保险 | 新型农村社会养老保险 | 商业养老保险 | 企业年金 | 村集体养老金 | 没有任何保险 |
|---|---|---|---|---|---|---|---|---|
| 2017年就业人员参加各种养老保险所占比例（%） | 13.8 | 3.2 | 1.9 | 56.4 | 3.8 | 1.3 | 2.8 | 16.9 |

图17-18　2017年河北省就业人员参加各种养老保险所占比例（%）

## （三）基本民生问题

基本民生问题关乎千家万户和社会的稳定，本次调查主要了解居民对家庭生活状况总体的满意度，对家庭生活以及社会环境方面各项民生问题的满意程度等情况。

### 1. 居民对家庭生活状况总体满意，生活满意度指数与上年基本持平

调查数据显示，2017年，受访者对家庭目前的生活状况总体表示满意（含很满意和基本满意，下同）的占67.3%，表示一般的占17.6%，表示不满意（含不太满意和很不满意，下同）的占14.4%，说明绝大多数受访者对当前家庭生活状况总体满意。与上年相比，受访者对家庭生活状况总体表示满意的所占比例提高2.2个百分点；表示一般的比例降低2.9个百分点、表示不满意的比例提高1.5个百分点（见图17–19）。

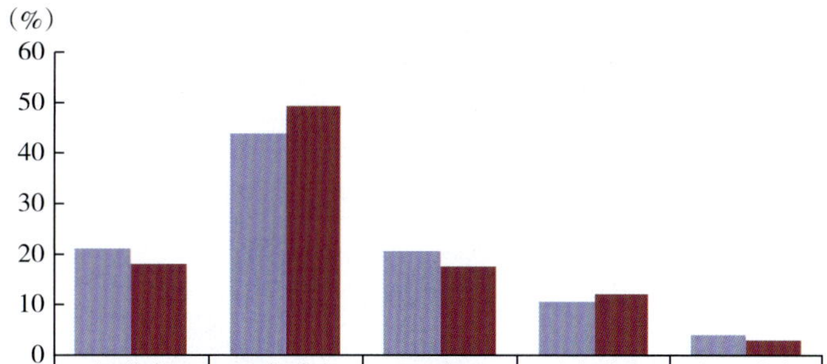


| | 很满意 | 基本满意 | 一般 | 不太满意 | 很不满意 |
|---|---|---|---|---|---|
| 2016年居民对家庭生活状况的总体满意程度（%） | 21.2 | 43.9 | 20.5 | 10.6 | 3.8 |
| 2017年居民对家庭生活状况的总体满意程度（%） | 18.2 | 49.2 | 17.6 | 12.1 | 3.0 |

图17-19 2016～2017年河北省居民对家庭生活状况的总体满意程度对比（%）

根据表17-4中数据可进一步计算出居民家庭生活满意度指数[①]，总体上看，2017年居民家庭生活总体满意度指数为73.5，与上年（73.6）基本持平。分城乡看，城乡居民家庭生活满意度指数存在一定差异，2017年农村生活满意度指数（75.3）高于城镇（72.9），与上年相比，农村和城镇家庭的生活满意度指数均有所提高。

表17-4 2016～2017年河北省城乡居民对家庭生活状况满意程度对比（%）

| 居民对家庭生活状况满意程度 | 2016年 | | | 2017年 | | |
|---|---|---|---|---|---|---|
| | 农村 | 城镇 | 总体 | 农村 | 城镇 | 总体 |
| 很满意 | 20.2 | 24.4 | 21.2 | 21.4 | 17.1 | 18.2 |
| 基本满意 | 47.4 | 32.5 | 43.9 | 50.3 | 48.8 | 49.2 |
| 一般 | 19.7 | 23 | 20.5 | 14.1 | 18.8 | 17.6 |
| 不太满意 | 10.4 | 11.3 | 10.6 | 11.5 | 12.3 | 12.1 |
| 很不满意 | 2.3 | 8.8 | 3.8 | 2.6 | 3.1 | 3.0 |
| 合计 | 100.0 | 100.0 | 100.0 | 100.0 | 100.0 | 100.0 |
| 居民家庭生活满意度指数 | 74.6 | 70.5 | 73.6 | 75.3 | 72.9 | 73.5 |

### 2. 收入和医疗水平成为居民对家庭生活最不满意的方面，环境污染在社会环境方面的不满意率最高

调查数据显示（见图17-20），2017年，受访者对家庭生活最不满意的方面，除去35.2%的受访者回答“没有不满意”之外，其余受访者对家庭生活中收入水平的不满意率最高，在受访者中占25.8%；对医疗的不满意率为18.5%，居第2位；后面各项不满意率依次是养老（7.3%）、子女教育（5.3%）、住房（4.6%）、就业状况（2.8%），由此看出，受访者对收入水平和医疗的不满意率远高于其他各项，成为影响居民家庭生活满意率的最主要因素。与上年相比，受访者在家庭生活各方面不满意率的高低次序完全相同，但受访者对医疗、养老、子女

① 居民家庭生活满意度指数计算方法：很满意=100，基本满意=80，一般=60，不太满意=40，不太满意=20，然后按选择上述五项的人数所占比重为权数计算出居民家庭生活满意度指数。

教育和住房的不满意率有所提高，分别提高3.2个、1.8个、0.6个和0.9个百分点； 而对收入水平和就业状况的不满意率有所降低，分别降低3.7个和0.7个百分点。

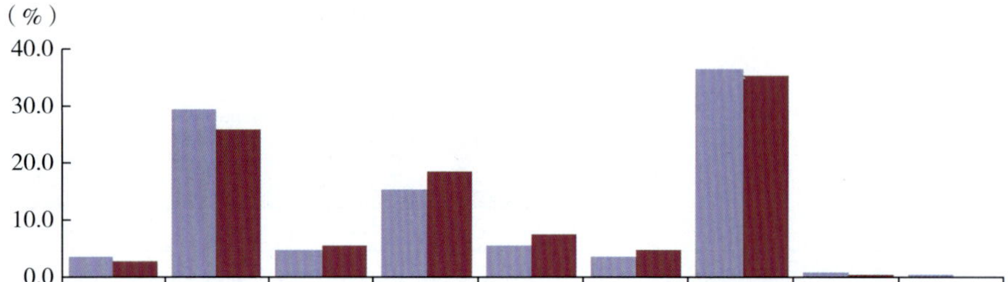


| | 就业状况 | 收入水平 | 子女教育 | 医疗 | 养老 | 住房 | 没有不满意的 | 不回答/不清楚 | 其他 |
|---|---|---|---|---|---|---|---|---|---|
| 2016年居民对家庭生活各方面的不满率（%） | 3.5 | 29.5 | 4.8 | 15.3 | 5.5 | 3.7 | 36.7 | 0.8 | 0.3 |
| 2017年居民对家庭生活各方面的不满率（%） | 2.8 | 25.8 | 5.3 | 18.5 | 7.3 | 4.6 | 35.2 | 0.4 | 0.1 |

图17-20　2016～2017年河北省居民对家庭生活各方面的不满意率对比（%）

分城乡看，2017年，受访者对家庭生活各方面的不满意率，农村依次为收入（27.9%）、医疗（18.0%）、养老（6.9%）、子女教育（5.7%）、住房（2.9%）和就业状况（2.0%）； 城镇依次为医疗（20.1%）、收入（19.4%）、住房（9.5%）、养老（8.6%）、就业状况（5.3%）和子女教育（4.3%）。由此可见，农村与城镇受访者对家庭生活各方面的不满意率存在着一定差异，农村受访者在收入水平和子女教育上的不满意率高于城镇，而在医疗、养老、住房和就业状况上的不满意率则是城镇高于农村。与上年相比，农村受访者对子女教育、医疗、养老和住房的不满意率分别提高0.9个、3.8个、1.7个和0.4个百分点，但对收入水平、就业的不满意率分别降低0.6个和1.8个百分点； 城镇受访者对就业、医疗、养老和住房的不满意率分别提高2.8个、1.0个、2.2个和2.1个百分点，而对收入水平、子女教育的不满意率分别降低13.5、0.3个百分点（见表17-5）。

表17-5　　2016～2017年河北省城乡居民对家庭生活各方面的不满意率对比（%）

| 居民对家庭生活中不满意的方面 | 2016年 | | | 2017年 | | |
|---|---|---|---|---|---|---|
| | 农村 | 城镇 | 总体 | 农村 | 城镇 | 总体 |
| 就业状况 | 3.8 | 2.5 | 3.5 | 2.0 | 5.3 | 2.8 |
| 收入水平 | 28.5 | 32.9 | 29.5 | 27.9 | 19.4 | 25.8 |
| 子女教育 | 4.8 | 4.6 | 4.8 | 5.7 | 4.3 | 5.3 |
| 医疗 | 14.2 | 19.1 | 15.3 | 18.0 | 20.1 | 18.5 |
| 养老 | 5.2 | 6.4 | 5.5 | 6.9 | 8.6 | 7.3 |
| 住房 | 2.5 | 7.4 | 3.7 | 2.9 | 9.5 | 4.6 |
| 没有不满意的 | 39.7 | 26.9 | 36.7 | 36.3 | 31.9 | 35.2 |
| 不回答/不清楚 | 1.1 | 0 | 0.8 | 0.2 | 1.0 | 0.4 |
| 其他 | 0.2 | 0.4 | 0.3 | 0.1 | 0.0 | 0.1 |
| 合计 | 100 | 100 | 100 | 100.0 | 100.0 | 100.0 |

调查数据显示，2017年，受访者对社会环境最不满意的方面，除去47.8%的受访者回“没有不满意”之外，有23.2%受访者对环境污染最不满意，在社会环境各项不满意率中居首位；食品安全和交通出行的不满意率分别为10.4%和8.4%，居2～3位；对社会环境其他各项的不满意率相对较低。与上年相比，受访者对环境污染和食品安全的不满意率有所提高，分别提高0.7个和1.8个百分点；对交通出行、社区服务、社会治安、司法公正、政府办事效率和文化生活的不满意率有所降低，分别降低2.2个、0.3个、0.7个、0.1个、0.2个和1.0个百分点（见图17–21）。

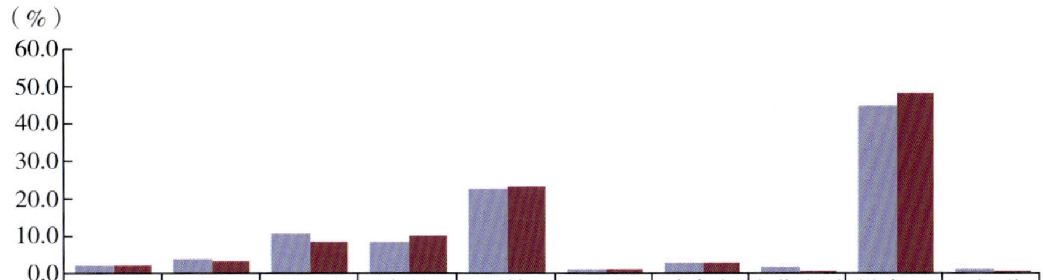


| | 社区服务 | 社会治安 | 交通出行 | 食品安全 | 环境污染 | 司法公正 | 政府办事效率 | 文化生活（含体育） | 没有不满意的 | 不知道/不清楚 |
|---|---|---|---|---|---|---|---|---|---|---|
| 2016年居民对社会环境各方面的不满意率（%） | 2.3 | 4.1 | 10.6 | 8.7 | 22.5 | 1.1 | 3.0 | 1.5 | 45.0 | 1.3 |
| 2017年居民对社会环境各方面的不满意率（%） | 2.0 | 3.4 | 8.4 | 10.4 | 23.2 | 1.0 | 2.8 | 0.5 | 47.8 | 0.4 |

**图17-21　2016～2017年河北省居民对社会环境各方面的不满意率对比（%）**

分城乡看，2017年，受访者对社会环境各方面的不满意率，农村依次为环境污染（34.9%）、食品安全（14.1%）、社区服务（6.3%）、社会治安（5.3%）、政府办事效率（4.9%）、交通出行（4.3%）、司法公正（1.6%）和文化生活（0.7%）；城镇依次为环境污染（19.2%）、交通出行（9.8%）、食品安全（9.2%）、社会治安（2.8%）、政府办事效率（2.1%）、司法公正（0.8%）、社区服务（0.6%）、和文化生活（0.4%），由此看出，对社会环境各方面的不满意率城乡差异明显。与农村受访者相比，城镇受访者除在交通出行的不满意率低于农村受访者外，在环境污染、食品安全、社区服务、政府办事效率、社会治安等方面不满意率均高于农村。与上年相比，农村受访者对食品安全不满意率提高3.9个百分点，对环境污染、交通出行、社会治安、社区服务和文化生活的不满意率分别降低1.2个、2.1个、1.1个、1.0个和1.1个百分点；城镇受访者对环境污染、社区服务和社会治安的不满意率分别提高5.6、2.1个和0.7个百分点，对食品安全、交通出行、政府办事效率、文化生活、司法公正不满意率分别降低5.3个、2.1个、1.1个、0.7个和0.5个百分点（见表6）。

**表17-6　　2016～2017年河北省城乡居民对社会环境各方面的不满意率对比（%）**

| 居民对社会环境中不满意的各个方面 | 2016年 | | | 2017年 | | |
|---|---|---|---|---|---|---|
| | 农村 | 城镇 | 总体 | 农村 | 城镇 | 总体 |
| 社区服务 | 1.6 | 4.2 | 2.3 | 0.6 | 6.3 | 2.0 |
| 社会治安 | 3.9 | 4.6 | 4.1 | 2.8 | 5.3 | 3.4 |
| 交通出行 | 11.9 | 6.4 | 10.6 | 9.8 | 4.3 | 8.4 |
| 食品安全 | 5.3 | 19.4 | 8.7 | 9.2 | 14.1 | 10.4 |

续表

| 居民对社会环境中不满意的各个方面 | 2016年 | | | 2017年 | | |
|---|---|---|---|---|---|---|
| | 农村 | 城镇 | 总体 | 农村 | 城镇 | 总体 |
| 环境污染 | 20.4 | 29.3 | 22.5 | 19.2 | 34.9 | 23.2 |
| 司法公正 | 0.8 | 2.1 | 1.1 | 0.8 | 1.6 | 1.0 |
| 政府办事效率 | 2.1 | 6.0 | 3.0 | 2.1 | 4.9 | 2.8 |
| 文化生活（含体育） | 1.5 | 1.4 | 1.5 | 0.4 | 0.7 | 0.5 |
| 没有不满意的 | 51.0 | 25.4 | 45.0 | 54.9 | 27.0 | 47.8 |
| 不回答/不清楚 | 1.4 | 1.1 | 1.3 | 0.2 | 1.0 | 0.4 |
| 合计 | 100.0 | 100.0 | 100.0 | 100.0 | 100.0 | 100.0 |

## （四）收入与消费

经济发展的目的在于提高居民收入，扩大居民消费水平，促进居民生活水平和生活质量的提高。本次调查主要了解居民家庭年总收入、收入来源、收入水平、社会救助和支持、收入差距、家庭总消费及各项支出情况等。

### 1. 居民家庭收入总体处于中等偏下水平，低收入家庭占比农村高于城镇

调查数据显示，在受访居民家庭中，总体上看，去年（2016年）居民家庭户均总收入为63625元/户（见表17–7）。从不同收入的家庭所占比例看，家庭年总收入为5万～10万元的占36.0%，3万～5万元的占22.9%，1万～3万元的家庭占17.8%，1万元以下的占8.7%，上述四组家庭年收入的家庭累计占85.4%；年收入高于10万元的占14.6%。与2015年相比，2016年家庭年收入为3万～5万元、1万～3万元、1万元以下的家庭比例分别降低0.5个、2.3个、5.5个百分点；年收入为10万元及以上的家庭比例提高4.3个百分点（见图17–22）。总体而言，居民家庭年收入处于中等偏下水平，高收入家庭所占的比例较小，居民家庭的收入水平有待提高。

表17-7　　2016年（去年）河北省城乡居民家庭户均总收入对比

| 城乡 | 农村家庭 | 城镇家庭 | 居民家庭总体 |
|---|---|---|---|
| 户均总收入（元/户） | 59877 | 74671 | 63625 |

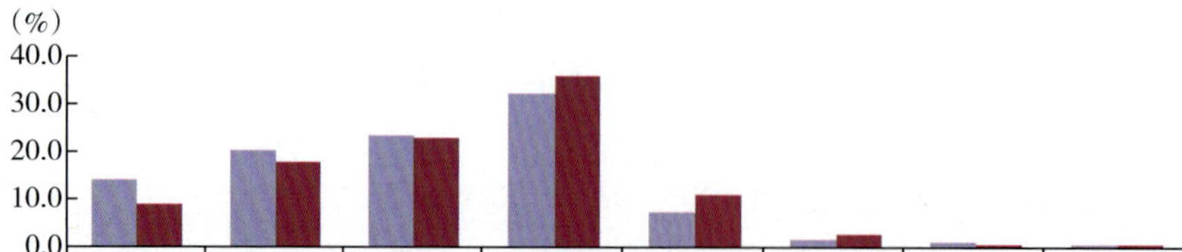


| | 1万元以下 | 1万～3万元 | 3万～5万元 | 5万～10万元 | 10万～15万元 | 15万～25万元 | 25万～50万元 | 50万元及以上 |
|---|---|---|---|---|---|---|---|---|
| 2015年各组年收入的家庭所占比例（%） | 14.2 | 20.1 | 23.4 | 32.0 | 7.4 | 1.8 | 0.8 | 0.3 |
| 2016年各组年收入的家庭所占比例（%） | 8.7 | 17.8 | 22.9 | 36.0 | 10.9 | 2.8 | 0.3 | 0.6 |

图17-22　2015～2016年河北省居民家庭中各组年收入的家庭所占比例对比（%）

分城乡看，去年（2016年），农村家庭户均总收入为59877元/户，城镇家庭户均总收入为746717元/户。从不同收入的家庭所占比例看，

家庭年总收入为3万～5万元、1万～3万元和1万元以下的家庭所占比例，在农村分别为23.8%、21.3%和11.5%，在城镇分别为20.3%、7.2%和1.0%，农村比城镇分别高3.5个、14.1个和10.5个百分点；而年总收入为10万元以上的家庭比例，城镇为20.8%，比农村（12.4%）高8.4个百分点（见图17-23）。可见，城镇家庭年户均总收入高于农村家庭，低收入家庭的比例农村高于城镇，而高收入家庭的比例城镇明显高于农村。

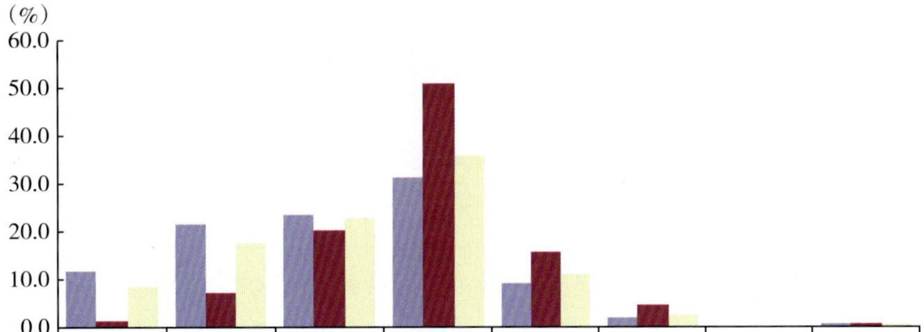


| | 1万元以下 | 1万～3万元 | 3万～5万元 | 5万～10万元 | 10万～15万元 | 15万～25万元 | 25万～50万元 | 50万元及以上 |
|---|---|---|---|---|---|---|---|---|
| 农村各组年收入的家庭所占比例(%) | 11.5 | 21.3 | 23.8 | 31.0 | 9.4 | 2.1 | 0.3 | 0.6 |
| 城镇各组年收入的家庭所占比例(%) | 1.0 | 7.2 | 20.3 | 50.7 | 15.5 | 4.6 | 0.0 | 0.7 |
| 总体(%) | 8.7 | 17.8 | 22.9 | 36.0 | 10.9 | 2.8 | 0.3 | 0.6 |

图17-23　2016年河北省城镇与农村各组年收入的居民家庭所占比例对比（%）

## 2. 工资性收入占居民家庭收入最大比例，收入来源城乡差别明显

调查数据显示，2017年，对于目前居民家庭收入的主要来源，50%的受访者表示是来自工资性收入，33.8%的表示是来自农业经营收入，受访者表示家庭收入来自于其他方面所占比例较小（见图17-24），说明居民家庭的收入中有一半是来自工资性收入。

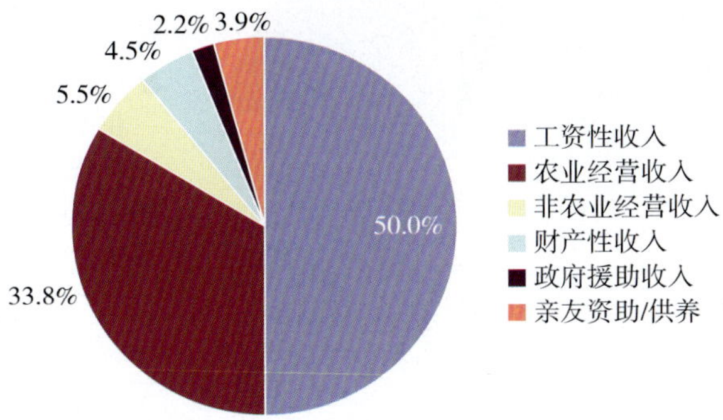


图17-24　2017年河北省居民家庭年收入来源构成（%）

从农村与城镇居民家庭的收入来源上看，农村受访者选择工资性收入和农业经营收入的分别占45.1%和41.9%，选择非农业经营收入、财产性收入、政府援助收入等项目的比例很小；城镇受访者近七成选择工资性收入，选择财产性收入的占14.1%（见图17-25）。由此看出，目前

城镇家庭收入来源主要是工资性收入和财产性收入，而农村家庭除工资性收入外，农业经营收入仍然是家庭收入的主要来源，说明农村与城镇居民家庭的收入来源存在着明显的差别。

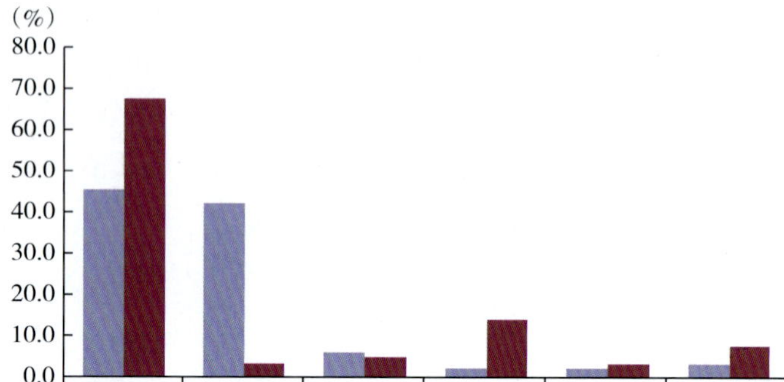


| | 工资性收入 | 农业经营收入 | 非农经营收入 | 财产性收入 | 政府援助收入 | 亲友资助/供养 |
|---|---|---|---|---|---|---|
| 农村家庭年收入来源（%） | 45.4 | 41.9 | 5.8 | 1.9 | 2.0 | 3.0 |
| 城镇家庭年收入来源（%） | 67.6 | 3.2 | 4.6 | 14.1 | 3.0 | 7.4 |

图17-25　2017年河北省城乡居民家庭年收入来源构成对比（%）

### 3. 居民家庭收入总体水平与上年基本相当，认为收入增长的家庭比例城镇高于农村

调查数据显示，2017年，在居民家庭收入比上年增长还是下降的判断上，近一半的受访者认为今年家庭收入和上年差不多，22.5%的认为收入会增长（含会显著增长和会有些增长，下同），28.1%的认为收入会减少（含会明显减少和有些减少，下同）。受访者认为家庭会收入减少的比例略高于认为收入会增长的比例（见图17-26），这一现象值得注意。总体上看，2017年居民家庭收入与上年相比基本相当。

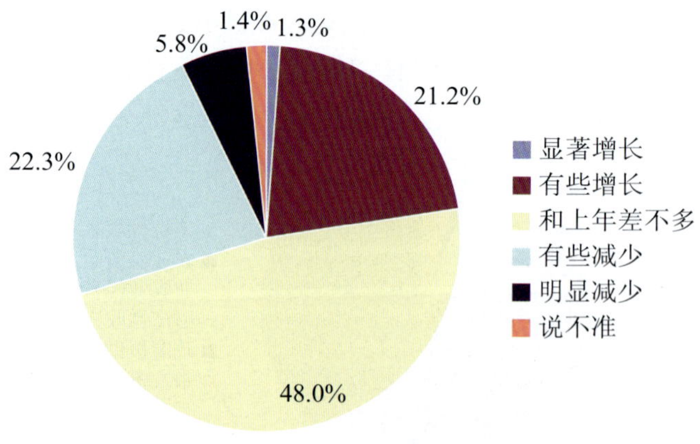


图17-26　2017年河北省居民对家庭收入变动认知情况

进一步对比城乡可知，农村受访者认为2017年家庭收入比上年会增长的比例为15.7%，比城镇（42.4%）低26.7个百分点；认为家庭收入比上年会减少的比例为33.3%，比城镇（12.8%）高20.4个百分点。可见，城镇受访者认为家庭收入提高的百分比明显高于农村（见图17-27）。

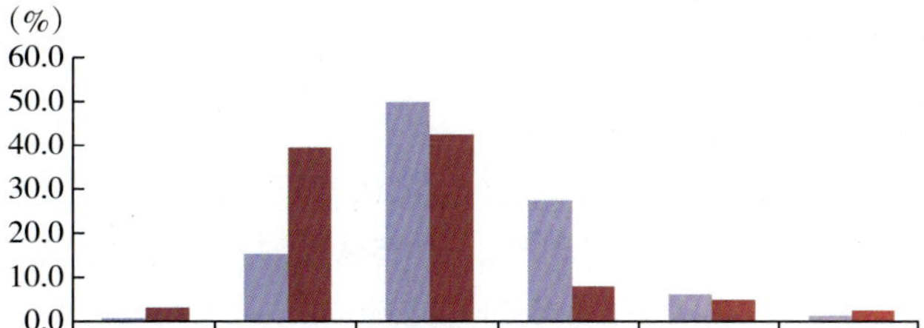

| | 显著增长 | 有些增长 | 和上年差不多 | 有些减少 | 明显减少 | 说不准 |
|---|---|---|---|---|---|---|
| 农村居民对家庭收入变动认知情况（%） | 0.7 | 15.1 | 49.9 | 27.1 | 6.1 | 1.1 |
| 城镇居民对家庭收入变动认知情况（%） | 3.3 | 39.1 | 42.4 | 7.9 | 4.9 | 2.3 |

图17-27　2017年河北省城乡居民对家庭收入变动认知情况对比（%）

### 4. 居民家庭总体消费处于中等偏下水平，城乡消费水平差距较大

调查数据显示，去年（2016年），河北省受访者家庭户均总消费为33154元/户（见表17-8）。从不同消费水平的家庭所占比例看，家庭总消费水平为1万元以下的占11.4%，1万～3万元的占36.3%，3万～5万元的占33.2%，5万～10万元的占15.6%，10万元及以上的仅占3.5%，可见，绝大多数居民家庭的消费水平较低，高消费家庭所占比例很小。这与居民家庭收入水平主要集中在中等偏低水平有直接关系。

分城乡看，农村家庭户均总消费为29964元/户，城镇家庭户均总消费为42508元/户（见表17-8）。农村家庭消费水平为5万元以下的比例（85.4%）明显高于城镇（67.7%），城镇家庭消费水平为5万元及以上的比例（32.3%）明显高于农村（14.5%）。可见，城镇家庭年户均总消费高于农村家庭，城乡居民家庭消费水平存在较大差距（见图17-28）。

表17-8　2016年（去年）河北省城乡居民家庭户均总消费对比

| 城乡 | 农村家庭 | 城镇家庭 | 居民家庭总体 |
|---|---|---|---|
| 户均总消费（元/户） | 29964 | 42508 | 33154 |

| | 1万元以下 | 1万～3万元 | 3万～5万元 | 5万～10万元 | 10万～15万元 | 15万～25万元 | 25万～50万元 | 50万元及以上 |
|---|---|---|---|---|---|---|---|---|
| 农村家庭各组消费水平的家庭所占比例（%） | 14.3 | 39.7 | 31.4 | 11.7 | 2.1 | 0.6 | 0.1 | 0.1 |
| 城镇家庭各组消费水平的家庭所占比例（%） | 2.6 | 26.4 | 38.6 | 27.1 | 3.6 | 1.0 | 0.7 | 0.0 |
| 居民家庭总体各组消费水平的家庭所占比例(%) | 11.4 | 36.3 | 33.2 | 15.6 | 2.5 | 0.7 | 0.3 | 0.1 |

图17-28　2017年河北省城乡居民家庭各组消费水平的家庭所占比例对比（%）

### 5. 医疗、子女教育和食品支出构成居民家庭消费支出的主要压力，城乡压力差别明显

调查数据显示，2017年，问及受访者“感觉家庭消费支出压力最大的一项”是什么时，36.4%的受访者认为是医疗支出，25.5%的认为是食品支出，21.8%的认为是子女教育支出，其余各项消费支出按压力大小排列依次是：住房（4.7%）、人情送礼（4.4%）、婚丧嫁娶（2.7%）、交通（1.0%）、服装（0.2%），由此看出，医疗、子女教育和食品支出带给居民家庭消费支出的压力最大（见图17-29）。这主要是因为目前医疗费用和教育成本较高、食品价格上涨较快从而导致居民就医、子女上学、食品消费支出的压力增大。

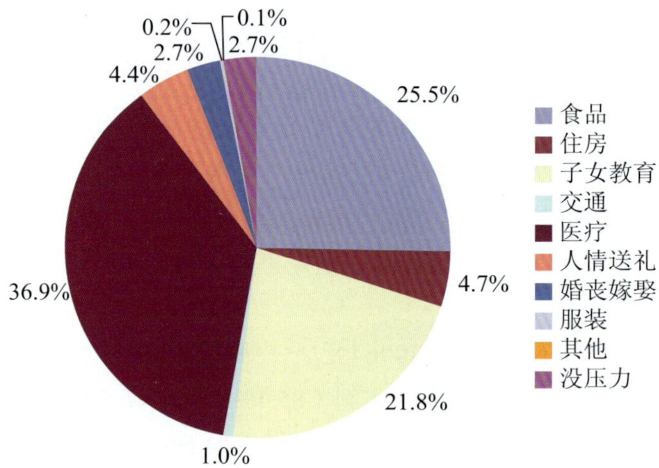


图17-29　2017年河北省居民家庭各项消费支出压力

将农村与城镇居民家庭各项消费支出压力对比来看，2017年，农村家庭在子女教育、食品、服装支出等项的压力均大于城镇，城镇家庭在医疗、住房、人情送礼、婚丧嫁娶、和交通支出等项的压力均大于农村（见图17-30），说明城乡居民家庭在各项消费支出压力上存在明显的差别。

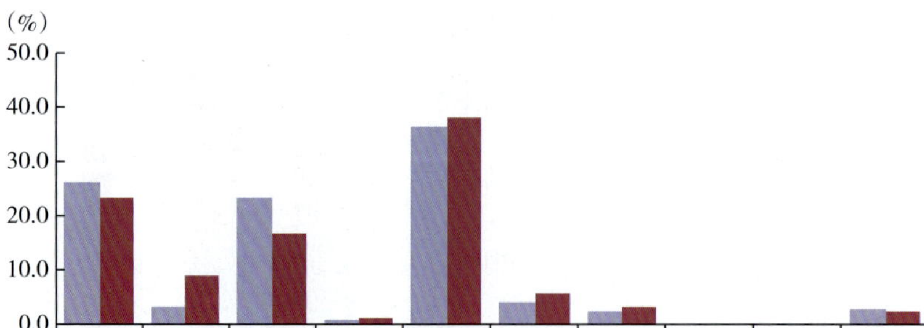


| | 食品 | 住房 | 子女教育 | 交通 | 医疗 | 人情送礼 | 婚丧嫁娶 | 服装 | 其他 | 没压力 |
|---|---|---|---|---|---|---|---|---|---|---|
| 农村家庭各项消费支出压力（%） | 26.3 | 3.3 | 23.4 | 1.0 | 36.4 | 3.9 | 2.4 | 0.2 | 0.1 | 3.0 |
| 城镇家庭各项消费支出压力（%） | 23.2 | 9.0 | 17.0 | 1.1 | 38.3 | 5.7 | 3.4 | 0.0 | 0.0 | 2.3 |

图17-30　2017年河北省城乡居民家庭各项消费支出压力对比（%）

## （五）子女教育

百年大计，教育为本。子女教育不仅是事关人民福祉的民心工程，也关乎到国家的前途和命运，科教兴国。社会的发展和进步需要教育培养的高素质的人才。本次调查主要了解居民家庭子女教育的基本状况、子女不同教育阶段存在的主要问题、居民对教育的满意度、家庭教育支出等情况。

### 1. 家庭子女在高中及以下就学占绝大比例，就学比例城乡差异明显

调查数据显示，2017年，除去47.6%的居民家庭子女已经工作或没有子女外，近九成的居民家庭子女在高中及以下阶段就学，其中，在小学就学的比例最高，为35.6%； 其次是学前（幼儿园）占23.9%； 在初、高中就学的分别占17.0%、11.5%。子女在中职（中专/职高/技校）、高职（大专）和本科及以上就学的比例较低，累计占12%。另外，由子女在小学、初中就学的累计比例高达52.6%这一情况，也可以从一个侧面反映出我国义务教育免费政策的实施效果（见图17–31）。

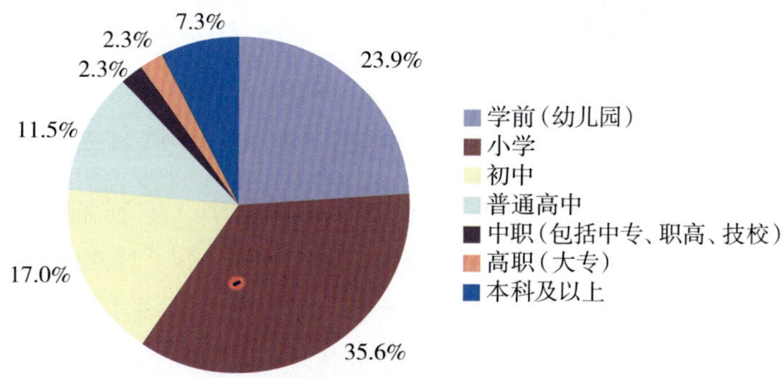


图7-31　2017年河北省居民家庭子女在不同教育阶段就学所占比例

分城乡看，农村家庭子女在学前（幼儿园）和小学阶段就学的比例高于农村，城镇家庭子女在初中、高中、中职、高职（大专）和本科及以上就学的比例均高于农村，说明城乡居民家庭子女在不同教育阶段就学的比例存在较大差异（见图17–32）。

| | 学前（幼儿园） | 小学 | 初中 | 普通高中 | 中职/中专/职高/技 | 高职（大专） | 本科及以上 |
|---|---|---|---|---|---|---|---|
| 农村家庭子女在不同教育阶段所占比例（%） | 24.0 | 36.9 | 18.2 | 10.4 | 2.1 | 2.1 | 6.2 |
| 城镇家庭子女在不同教育阶段所占比例（%） | 23.4 | 28.4 | 10.6 | 17.0 | 3.5 | 3.5 | 13.5 |

图17-32　2017年河北省城乡居民家庭子女在不同教育阶段所占比例对比（%）

### 2. 教育领域突出的问题是入园贵、教学质量低、就业质量不高和毕业生就业难，对各项教育问题的不满意感受城乡存在差异

①入园贵是子女学前教育最为突出的问题，不满意率城乡差别明显。调查数据显示，2017年，在子女学前教育存在的各项问题中，除去47.4%的受访者回答“没有不满意”之外，其余受访者对入园贵问题的不满意率最高，占受访者的18.0%；其次是教师能力差，不满意率为6.2%；入园难和教的太多、幼儿教育小学化的不满意率分别居3、4位（见图17-33）。

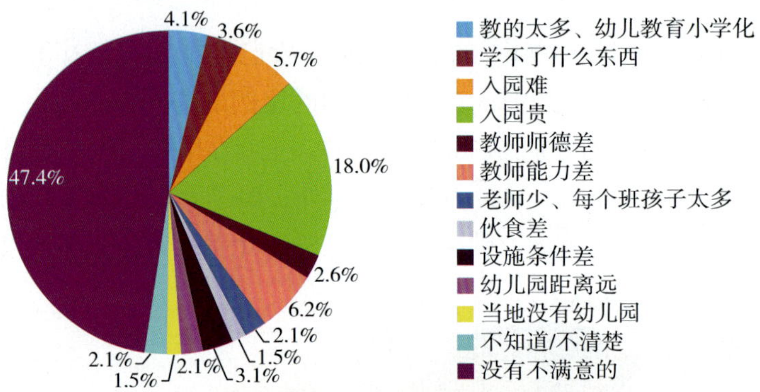


**图17-33 2017年河北省居民对学前教育各项问题的不满意率**

分城乡看，受访者对子女学前教育各项问题的不满意率，农村居前4位的依次是入园贵（14.8%），教师能力差（7.4%），设施条件差（3.7%），学不了什么东西（3.7%）；城镇依次是入园贵（34.4%），入园难（21.9%），教的太多、幼儿教育小学化（9.4%），老师少、每个班孩子太多（6.3%），说明城乡居民对子女学前教育各项问题的不满意率存在着较大差别。进一步对比分析，入园贵的不满意率在城乡均居首位，但城镇不满意率比农村高19.6个百分点；同时，入园难，教的太多、幼儿教育小学化，老师少、每个班孩子太多等问题城镇比农村更为严重。在学前教育的设施条件，教师能力以及幼儿园的数量和质量等方面的问题农村则较为突出（见图17-34）。综合来看，子女学前教育方面的首要问题是入园贵，民众对此最不满意。

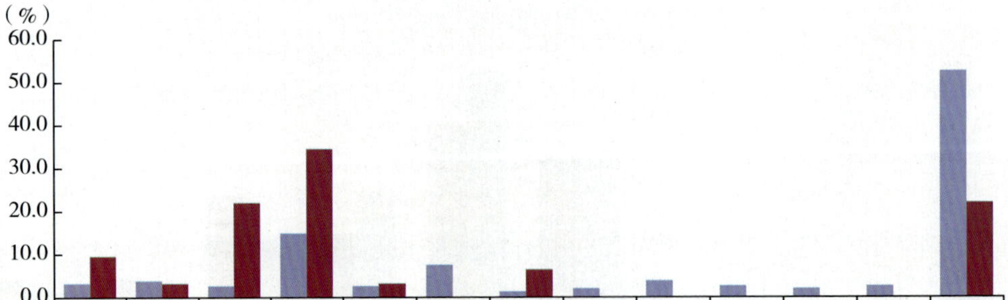


| | 教太多、幼教小学 | 学不了什么东西 | 入园难 | 入园贵 | 教师师德差 | 教师能力差 | 老师少、班孩子多 | 伙食差 | 设施条件差 | 幼儿园距离远 | 当地没有幼儿园 | 不知道/不清楚 | 没有不满意的 |
|---|---|---|---|---|---|---|---|---|---|---|---|---|---|
| 农村居民对子女学前教育问题的不满意率（%） | 3.1 | 3.7 | 2.5 | 14.8 | 2.5 | 7.4 | 1.2 | 1.9 | 3.7 | 2.5 | 1.9 | 2.5 | 52.5 |
| 城镇居民对子女学前教育问题的不满意率（%） | 9.4 | 3.1 | 21.9 | 34.4 | 3.1 | 0.0 | 6.3 | 0.0 | 0.0 | 0.0 | 0.0 | 0.0 | 21.9 |

**图17-34 2017年河北省城乡居民对学前教育各项问题的不满意率对比（%）**

②教学质量低、课业负担重、上学远是义务教育和高中教育发展的瓶颈，不满意率城乡差别较大。调查数据显示，2017年，义务教育和普通高中教育方面，除去44.9%的受访者回答没有不满意之外，剩余受访者在对义务教育和普通高中教育各项问题的不满意率居前4位的依次是：教学质量差（13.4%），上学距离较远，就学不便（8.6%），课业负担重（6.0%），每个班人数太多（5.8%），其它问题上的不满意率相对较低（见图17–35）。

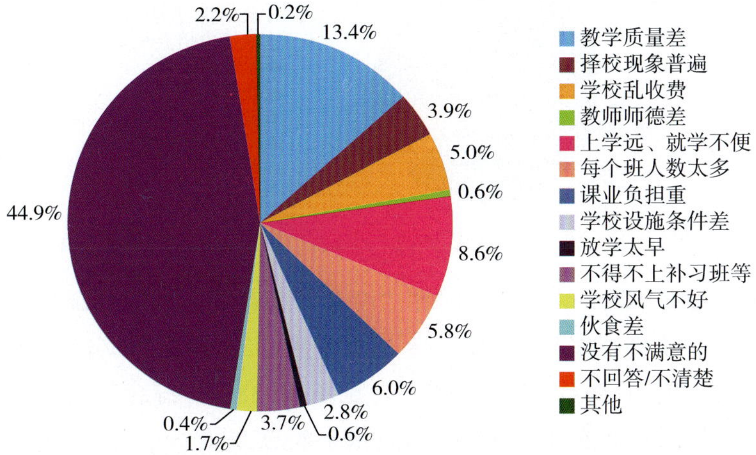


图17-35　2017年河北城乡居民对义务和高中教育各项问题的不满意率

分城乡看，对义务教育和普通高中教育各项问题的不满意率城乡居民存在着明显的差别。农村对教学质量差的问题最不满意，不满意率为13.9%；不满意率居2～4位的分别是上学远、就学不便（10.3%），每个班人数太多（5.7%），学校乱收费（5.2%）。城镇对课业负担重的问题不满意率（18.7%）最高；不满意率居2～4位的依次是教学质量差（10.7%）、不得不上补习班等（9.3%）、每个班人数太多（6.7%）。总体上看，义务教育和普通高中教育存在的突出问题是教学质量低、课业负担重和上学远，居民对上述问题不满意率较高（见图17–36）。

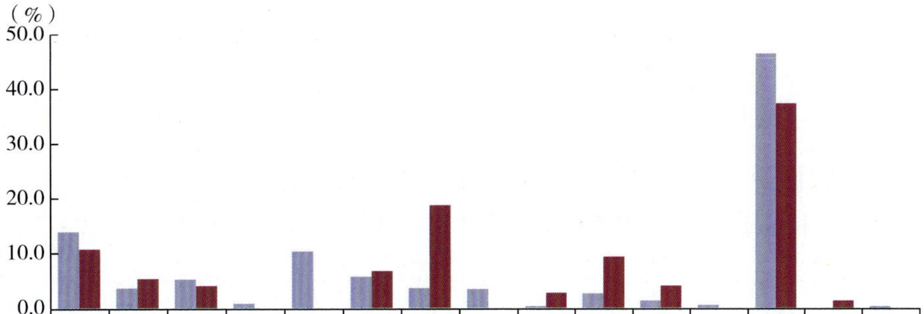


| | 教学质量差 | 择校现象普遍 | 学校乱收费 | 教师师德差 | 上学远、就学不便 | 每个班人数太多 | 课业负担重 | 学校设施条件差 | 放学太早 | 不得不上补习班等 | 学校风气不好 | 伙食差 | 没有不满意的 | 不回答/不清楚 | 其他 |
|---|---|---|---|---|---|---|---|---|---|---|---|---|---|---|---|
| 农村对义务和高中教育问题的不满意率（%） | 13.9 | 3.6 | 5.2 | 0.8 | 10.3 | 5.7 | 3.6 | 3.4 | 0.3 | 2.6 | 1.3 | 0.5 | 46.4 | 2.3 | 0.3 |
| 城镇对义务和高中教育问题的不满意率（%） | 10.7 | 5.3 | 4.0 | 0.0 | 0.0 | 6.7 | 18.7 | 0.0 | 2.7 | 9.3 | 4.0 | 0.0 | 37.3 | 1.3 | 0.0 |

图17-36　2017年城乡居民对义务教育和普通高中教育各项问题的不满意率对比（%）

③职业教育的主要问题是就业质量不高，毕业生就业难在高等教育中的不满意率最高。调查数据显示，2017年，职业教育方面，受访者最不满意的问题是就业质量不高，不满意率为52.9%；缺少实训、实践能力培养不足的不满意率（17.6%）居第2位；学校乱收费的不满意率为11.8%居第3位（见图17–37）。

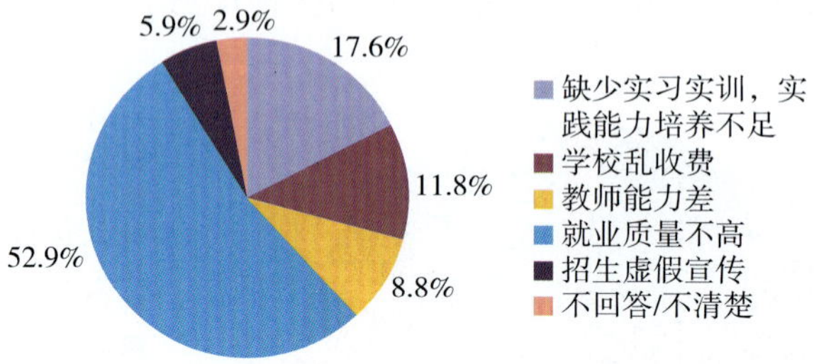


图17-37　2017年河北省居民对职业教育各项问题的不满意率

高等教育方面，除去40.8%的受访者回答“没有不满意”之外，剩余受访者对高校毕业生就业难的问题最不满意，不满意率为27.5%；不满意率居第2、第3位的分别是学费贵（14.8%），教学内容和方法落后、能力培养不够（6.3%）（见图17–38）。综合分析，就业质量不高和毕业生就业难分别是目前居民对职业教育和高等教育最不满意方面。

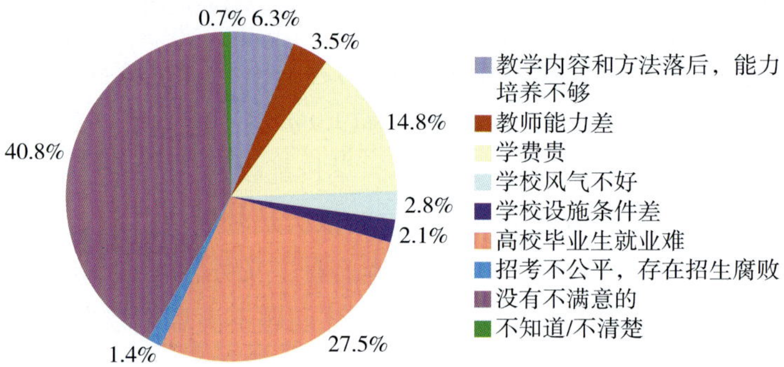


图17-38　2017年河北省居民对高等教育各项问题的不满意率

### 3. 绝大多数子女就近上学，上学离家远的原因城乡存在差别

调查数据显示，2017年，总体上看，超过七成的居民家庭子女上学（包括上小学、初中、幼儿园，下同）离家近（在5公里以内），只有28.1%的子女上学离家远（超过5公里）。但分城乡看，农村家庭子女上学离家远的所占比例为31.2%，比城镇家庭子女（10.8%）高20.4个百分点（见表17–9）。

表17-9　2017年河北省城乡家庭子女是否就近上学（或幼儿园）所占比例对比（%）

| 上学（或幼儿园）是否在离家最近或比较近的地方 | 农村 | 城镇 | 总体 |
|---|---|---|---|
| 是 | 68.8 | 89.2 | 71.9 |
| 不是或有的不是 | 31.2 | 10.8 | 28.1 |
| 合计 | 100.0 | 100.0 | 100.0 |

在调查受访者家庭子女上学离家远的主要原因时，44.6%的受访者表示是为了上更好的学校，37.6%的受访者表示附近（方圆5公里范围内）没有学校，还有9.0%的受访者表示是为了自己的方便（在离工作单位近，能住校，离父母近的地方上学），其他原因所占比例较小。进一步分析得知，城乡居民家庭子女上学离家远的主要原因存在明显的差别。农村家庭子女上学离家远的原因居前三位的分别是：为了上更好的学校（在受访者中占44.8%），附近（方圆5公里范围内）没有学校（占40.0 %）和为了自己的方便（占8.8%）；而城镇家庭子女上学离家远的原因居前3位的分别是：为了上更好的学校（占75.0%），为了自己的方便（占12.6%）和离家最近学校招生名额有限（占12.4%）。由此看出，城乡居民家庭子女上学离家远的主要原因不尽相同（见表17–10）

表17-10　2017年河北省城乡居民家庭子女未就近上学的各种原因所占比例对比（%）

| 未就近上学（或幼儿园）的原因 | 农村 | 城镇 | 总体 |
|---|---|---|---|
| 最近学校招生名额有限 | 0.0 | 12.4 | 0.8 |
| 未被划在其招生片区内 | 3.2 | 0.0 | 3.0 |
| 受户口限制不能就读 | 1.6 | 0.0 | 1.5 |
| 为了上更好的学校 | 44.8 | 75.0 | 46.6 |
| 成绩达不到要求，未能考入 | 1.6 | 0.0 | 1.5 |
| 为了自己的方便 | 8.8 | 12.6 | 9.0 |
| 附近（方圆5公里范围内）没有学校 | 40.0 | 0.0 | 37.6 |
| 合计 | 100.0 | 100.0 | 100.0 |

### 4. 城镇家庭子女教育支出及占家庭消费总额比例明显高于农村，不同教育阶段教育成本差别显著

调查数据显示，2016年，在有适龄子女在校的居民家庭中，家庭子女教育平均支出（包括学杂费、赞助费或择校费、报各种补习班、购买学习用品和资料、住校等费用，但不包括在家的生活费用）为9947.8元，子女教育支出占家庭消费支出平均比例为27.5%，其中，农村家庭平均支出为8714.1元，城镇为14178.8元，城镇是农村的1.7倍；农村家庭子女教育支出占家庭消费支出平均比例为27.2%，比城镇（29.1%）低1.9个百分点，可见，城乡居民家庭子女教育平均支出及在家庭消费支出所占比例存在较大差别（见图17–39）。这是因为城镇家庭收入水平一般高于农村，对子女教育投入的力度更大，所以城镇家庭子女参加各种辅导班的比例等也往往高于农村。

进一步分析得知，2016年，在居民家庭中，子女教育支出占家庭消费支出的比例主要集中在10%以下、10%～20%和20%～30%，这三组居民家庭的累计比例为六成左右，分城乡看同样如此。但应该看到，有部分城乡居民家庭子女教育支出占家庭消费支出的一半以上，甚至更高（见表17–11），这势必会给这些居民家庭生活造成较大的压力。

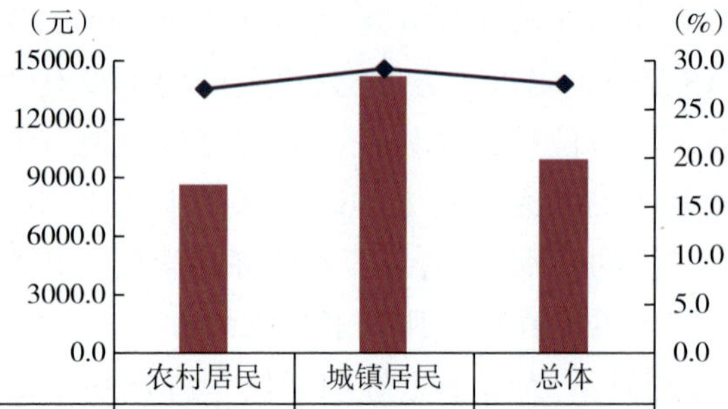


| | 农村居民 | 城镇居民 | 总体 |
|---|---|---|---|
| 家庭子女教育平均支出（元） | 8714.1 | 14178.8 | 9947.8 |
| 家庭子女教育支出占消费总支出的平均比例（%） | 27.2 | 29.1 | 27.5 |

图17-39　2017年河北省城乡居民家庭子女教育平均支出及占家庭消费支出比例（%）

表17-11　　2016年河北省城乡居民家庭子女教育支出占家庭消费支出比例对比（%）

| 子女教育支出占家庭消费支出比例 | 农村 | 城镇 | 总体 |
|---|---|---|---|
| 10%以下 | 21.6 | 19.5 | 21.2 |
| 10%～20% | 20.4 | 15.9 | 19.5 |
| 20%～30% | 21.2 | 18.6 | 20.7 |
| 30%～40% | 10.1 | 13.3 | 10.7 |
| 40%～50% | 9.1 | 10.6 | 9.4 |
| 50%～60% | 8.5 | 15.0 | 9.7 |
| 60%～70% | 4.4 | 6.2 | 4.8 |
| 70%及以上 | 4.8 | 0.9 | 4.2 |
| 合计 | 100.0 | 100.0 | 100.0 |

调查发现，不同教育阶段教育成本（教育平均支出）存在着较大差别，由于国家对小学、初中实行义务教育，减免学费，所以居民家庭子女就读小学和初中的教育成本较低，其教育支出主要用于择校、上补习班等；而子女就读高中和大学的教育成本相对较高，其中读大学的费用一般要高于读高中的。总体上看，居民家庭子女教育成本与教育程度呈正比。

## （六）医疗卫生

医疗卫生事业关乎民众的身体健康，涉及群众的切身利益。提高医疗机构的医疗水平和服务质量，保障群众病有所医，提高群众身体健康是一项重要的民生工程。本次调查主要是了解民众的就医方式和理念、家庭医疗卫生支出费用、对医疗公共卫生服务的评价等情况。

### 1. 居民平时就医多选择基层医疗机构，大病住院以市、县公立医院为主

调查数据显示，2017年，问及受访者和家人平时感觉不舒服需要看病一般先去哪个医疗机构时，总体上看，72.7%的受访者选择基层医疗机构（包括村卫生室/诊所、社区卫生服务中心/站、乡镇卫生院），11.6%的选择区、县医院，10.9%的选择不去医院自己买药，只有4.8%的受

访者选择到区域内最好的大医院见（图17–40）。

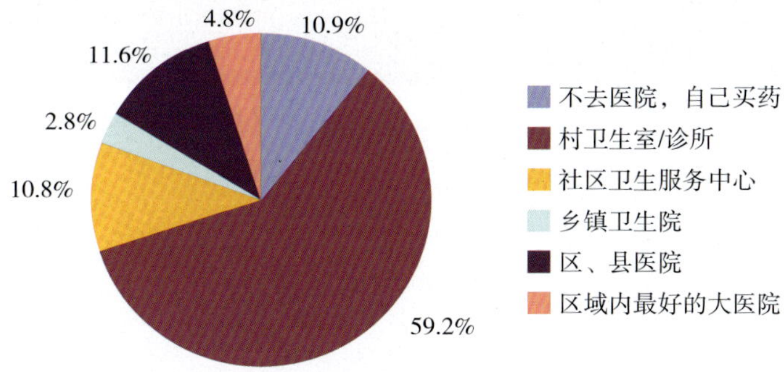


图17-40 2017年河北省城乡居民平时看病各种就医方式所占比例对比

分城乡看，农村受访者选择村卫生室（诊所）最为集中，占74.7%；其次是选择区、县医院的，占9.5%；选择不去医院自己买药的占8.8%，居第3位；选择区域内最好的大医院仅占1.3%。城镇受访者有36.8%首选社区卫生服务中心（站）；选择区、县医院和不去医院自己买药的分别占17.8%和17.1%，居第2、第3位；另外，还有14.8%的受访者选择区域内最好的大医院（见图17–41）。由此看出，城乡居民平时就医多数选择距家较近的基层医疗机构。

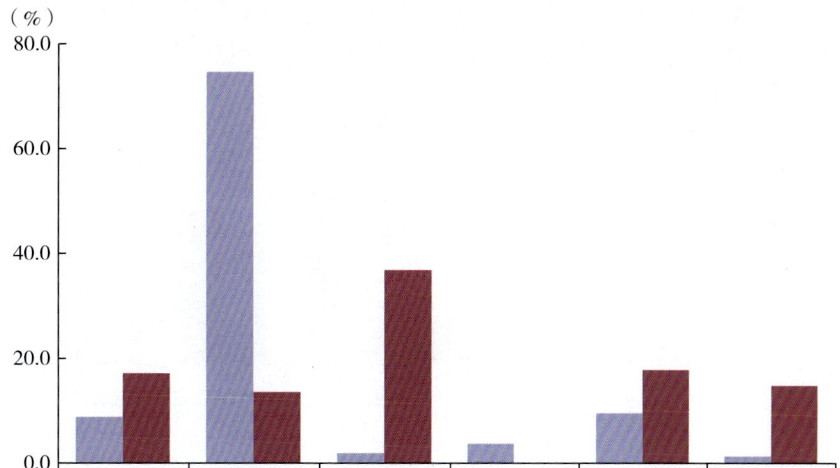


| | 不去医院，自己买药 | 村卫生室/诊所 | 社区卫生服务中心 | 乡镇卫生院 | 区、县医院 | 区域内最好的大医院 |
|---|---|---|---|---|---|---|
| ■农村居民平时看病各种就医方式所占比例（%） | 8.8 | 74.7 | 1.9 | 3.7 | 9.5 | 1.3 |
| ■城镇居民平时看病各种就医方式所占比例（%） | 17.1 | 13.5 | 36.8 | 0.0 | 17.8 | 14.8 |

图17-41 2017年河北省城乡居民平时看病各种就医方式所占比例对比（%）

与上年相比，在城乡居民平时看病主要就医方式中，农村受访者选择村卫生室（诊所）和不去医院自己买药的比例分别提高3.4和0.5个百分点，选择区、县医院的比例降低0.8个百分点；城镇选择社区卫生服务中心（站）和不去医院自己买药的比例分别提高0.3和4.3个百分点，选择区、县医院的比例降低3.3个百分点（见表17–12）。

表17-12　2016～2017年河北省城乡居民平时看病各种就医方式所占比例对比（%）

| 居民平时看病各种就医方式 | 2016年 | | 2017年 | |
|---|---|---|---|---|
| | 农村 | 城镇 | 农村 | 城镇 |
| 不去医院，自己买药 | 8.3 | 12.8 | 8.8 | 17.1 |
| 村卫生室/诊所 | 71.4 | 8.2 | 74.7 | 13.5 |
| 社区卫生服务中心 | 1.2 | 36.5 | 1.9 | 36.8 |
| 乡镇卫生院 | 7.6 | 1.6 | 3.7 | 0.0 |
| 区、县医院 | 10.3 | 21.1 | 9.5 | 17.8 |
| 区域内最好的大医院 | 1.2 | 13.5 | 1.3 | 14.8 |
| 合计 | 100.0 | 92.8 | 100.0 | 100.0 |

调查数据显示，2017年（即过去一年，指2016年6月至2017年6月，以下同），33.7%的受访者家庭有成员住院，在家庭成员住院的各类医院中，县级和地市级公立医院分别占42.2%和35.0%，乡镇卫生院占9.6%，说明总体上家庭成员住院以市、县公立医院为主。与2016年（即上年，指2015年6月至2016年6月，以下同）相比，家庭成员在县级公立医院住院的比例降低4.1个百分点，在省级和大城市（北京、上海等）公立医院住院比例也有所降低，而在地市级公立医院和乡镇卫生院住院的比例分别提高1.1个和5.0个百分点（见图17-42）。

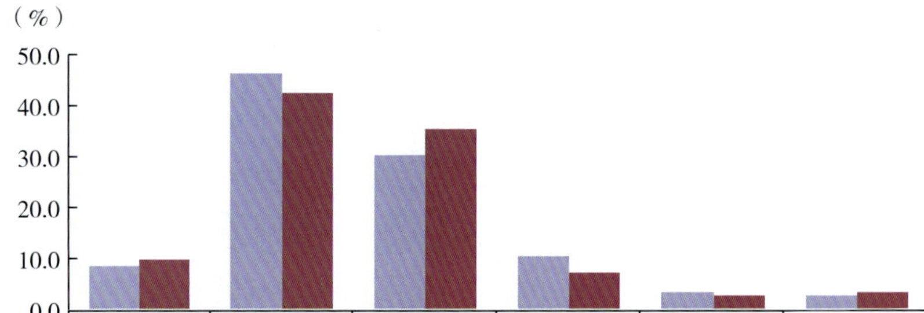


| | 乡镇卫生院 | 县级公立医院 | 地市级公立医院 | 省级公立医院 | 大城市（北京、上海等）公立医院 | 其他 |
|---|---|---|---|---|---|---|
| 2016年居民家庭成员在各类医院住院所占比例（%） | 8.4 | 46.3 | 30.0 | 10.0 | 2.9 | 2.4 |
| 2017年居民家庭成员在各类医院住院所占比例（%） | 9.6 | 42.2 | 35.0 | 7.2 | 2.6 | 3.4 |

图17-42　2016～2017年河北省居民家庭成员在各类医院住院所占比例对比（%）

分城乡看，2017年，城镇家庭成员住院超过六成在地市级公立医院，13.0%的在省级公立医院；农村家庭成员超过五成在县级公立医院住院，在地市级公立医院和乡镇卫生院住院的分别占25.2%和11.5%。与2016年相比，城镇家庭成员在地市级公立医院住院比例提高15.3个百分点，在省级和县级公立医院住院比例分别降低4.5个和15.5个百分点；农村家庭成员在县级、地市级公立医院和乡镇卫生院住院比例分别提高0.5个、0.8个和1.2个百分点，在省级公立医院住院比例降低2.3个百分点（见表17-13）。

表17-13　　2016～2017年河北省城乡家庭成员在各类医院住院所占比例对比（%）

| 医院类别 | 2016年 | | | 2017年 | | |
|---|---|---|---|---|---|---|
| | 农村 | 城镇 | 总体 | 农村 | 城镇 | 总体 |
| 乡镇卫生院 | 10.2 | 3.1 | 8.4 | 11.5 | 4.3 | 9.6 |
| 县级公立医院 | 53.0 | 26.8 | 46.3 | 53.5 | 11.3 | 42.2 |
| 地市级公立医院 | 24.4 | 46.4 | 30.0 | 25.2 | 61.7 | 35.0 |
| 省级公立医院 | 7.4 | 17.5 | 10.0 | 5.1 | 13.0 | 7.2 |
| 大城市（北京、上海等）公立医院 | 3.5 | 1.0 | 2.9 | 2.5 | 2.6 | 2.6 |
| 其他 | 1.4 | 5.2 | 2.4 | 2.2 | 7.0 | 3.4 |
| 合计 | 100.0 | 100.0 | 100.0 | 100.0 | 100.0 | 100.0 |

### 2. 住院个人承担费用明显减少，诊疗费、医保报销额度及比例城乡存在较大差异

调查数据显示，2017年，在有病人住院的家庭中，家庭成员住院平均诊疗费用为20893元，其中，医保报销比例为39.9%，平均各类医保报销（包括看护、交通、食宿、红包、礼品等）为8339元，个人平均承担费用为11891元。其他开销（包括基本医疗保险、包括大病医保、商业医疗保险、公费医疗等各类一次和二次报销金额的总额）为817元。与2016年相比，家庭成员住院平均诊疗费用增加140元，医保报销比例提高2.5百分点，平均各类医保报销增加585元，个人平均承担费用减少1108元，住院其他开销减少了84元。可见，虽然总体上居民家庭成员住院费用总额比上年有所增加，但随着医保报销比例和报销额度的提高，居民住院个人承担费用较上年明显减少，这反映出近年来国家出台一系列医疗卫生改革惠民政策的实施效果。城乡对比分析，2017年，与城镇相比，农村家庭成员住院平均诊疗费用为20896元，比城镇多166元；农村医保报销比例为32.7%，比城镇低26.7个百分点；家庭成员住院平均各类医保报销为6837元，比城镇少5684元；家庭成员住院个人平均承担诊疗费用为13380元，比城镇多5350元；住院其他开销为824元，比城镇多24元，说明农村家庭成员住院医保报销比例和报销额度明显低于城镇，住院个人平均承担诊疗费用也明显高于城镇。与2016年相比，农村家庭成员住院平均诊疗费用增加904元，医保报销比例提高2.1个百分点，平均各类医保报销增加714元，个人平均承担诊疗费用减少489元；城镇家庭成员住院平均诊疗费用减少2096元，医保报销比例提高4.5个百分点，平均各类医保报销减少202元，个人平均承担诊疗费用减少2405元（见表17-14）。

表17-14　　2016～2017年河北省城乡居民住院诊疗费用、医保报销及比例等对比（%）

| 项目 | 2016年 | | | 2017年 | | |
|---|---|---|---|---|---|---|
| | 农村 | 城镇 | 总体 | 农村 | 城镇 | 总体 |
| 家庭成员住院平均诊疗费用（元） | 19992 | 23158 | 20753 | 20896 | 21062 | 20893 |
| 其中：医保报销比例（%） | 30.6 | 54.9 | 37.4 | 32.7 | 59.4 | 39.9 |
| 平均各类医保报销（元） | 6123 | 12723 | 7754 | 6837 | 12521 | 8339 |
| 个人平均承担诊疗费用（元） | 13869 | 10435 | 12999 | 13380 | 8030 | 11891 |
| 住院其他开销（元） | 895 | 919 | 901 | 824 | 797 | 817 |

### 3. 居民家庭医疗支出及占家庭消费总支出的比例总体较高，城乡之间存在差别

调查数据显示，2016年，居民家庭（包括所有家庭成员）平均实际医疗支出（包括住院、门诊和自已买药等，扣除各类医保报销后）为7970元/户，其中，农村家庭为7728元/户，城镇家庭为8688元/户。居民家庭实际医疗支出占家庭生活消费总支出的比例为24.4%，其中，农村家庭为25.1%，城镇家庭为22.2%（见图17-43）。进一步分析，在受访者居民家庭中，实际医疗支出占家庭生活消费总支出的比例在10%以下、10%～20%、20%～30%的家庭分别占35.6%、20.1%、13.9%，实际医疗支出占家庭生活消费总支出的比例在50以上的家庭占19%（见表17-12），说明相对于居民家庭的收入和消费水平而言，居民家庭实际医疗支出及占家庭生活消费总支出的比例总体较高。

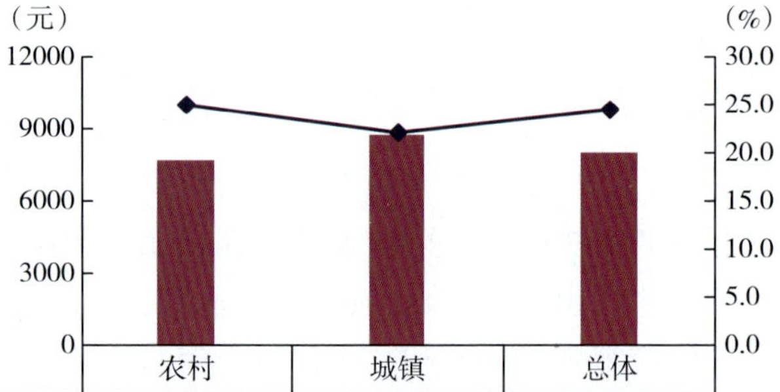


| | 农村 | 城镇 | 总体 |
|---|---|---|---|
| 居民家庭（包括所有家庭成员）平均实际医疗支出（元） | 7728 | 8688 | 7970 |
| 实际医疗支出占家庭生活消费总支出的比例（%） | 25.1 | 22.2 | 24.4 |

图17-43　2016年河北城乡居民家庭平均实际医疗支出及占家庭生活消费总支出比例（%）

分城乡看，实际医疗支出占家庭生活消费总支出比例在30%以下的家庭，农村占68.8%，城镇占72.6%，农村比城镇低4.0个百分点；实际医疗支出占家庭生活消费总支出比例在50.0%及以上家庭，农村占20.5%，城镇占19.1%，农村比城镇高7.4个百分点（见表17-15），说明城乡居民家庭实际医疗支出占家庭生活消费总支出的比例存在差别。

表17-15　2016年河北城乡居民家庭实际医疗支出占生活消费总支出比例的家庭构成（%）

| 实际医疗支出占家庭生活消费总支出比例 | 农村 | 城镇 | 总体 |
|---|---|---|---|
| 10%以下 | 36.0 | 34.5 | 35.6 |
| 10%～20% | 19.3 | 22.3 | 20.1 |
| 20%～30% | 13.3 | 15.9 | 13.9 |
| 30%～40% | 5.7 | 9.1 | 6.5 |
| 40%～50% | 4.8 | 4.7 | 4.8 |
| 50%～60% | 6.0 | 6.8 | 6.2 |
| 60%～70% | 6.0 | 2.0 | 5.0 |
| 70%及以上 | 8.8 | 4.7 | 7.8 |
| 合计 | 100.0 | 100.0 | 100.0 |

### 4. 医疗服务质量改善状况总体向好，民众对家庭医疗负担、医保报销比例及药品费用改善状况评价较低

根据河北省各项医疗服务质量变化状况，可计算出医疗服务质量改善指数①。调查数据显示，2017年，总体上看，医疗服务质量有所改善，各项医疗服务质量改善状况按医疗服务质量改善指数高低排序依次为：医生服务态度（80.7），基层医疗服务（73.2），大医院挂号（72.3），异地就医和报销（67.1），社区医院（乡镇卫生院和村卫生室）开药权限（67.0），社区医院（乡镇卫生院和村卫生室）向大医院转诊（60.1）。可见，医生服务态度，基层医疗服务和大医院挂号的服务改善最为明显，群众满意程度较高，医疗服务质量改善指数均在70以上。群众对药品的费用、家庭医疗负担、医保报销比例三项服务的改善状况评价较低，医疗服务质量改善指数均在60以下（见表17–16）。

表17-16　2017年河北省各项医疗服务质量变化状况及医疗服务质量改善指数（%）

| 医疗服务项目 | 明显改善 | 有所改善 | 没有变化 | 有些变差 | 明显变差 | 质量改善指数 |
|---|---|---|---|---|---|---|
| 大医院挂号是不是更容易了 | 11.5 | 48.7 | 30.9 | 7.3 | 1.6 | 72.3 |
| 药品的费用是不是有所下降了 | 1.3 | 13.5 | 45.6 | 35.3 | 4.4 | 54.4 |
| 家庭医疗负担是不是有所下降了 | 1.8 | 16.5 | 39.8 | 37.0 | 4.9 | 54.7 |
| 基层医疗服务是不是加强了 | 5.9 | 59.8 | 29.4 | 3.9 | 0.9 | 73.2 |
| 社区医院（乡镇卫生院和村卫生室）是不是也能开到大医院的药了 | 5.5 | 27.7 | 54.9 | 14.3 | 3.0 | 67.0 |
| 社区医院（乡镇卫生院和村卫生室）是不是向大医院转诊更容易了 | 10.6 | 32.1 | 37.4 | 3.2 | 0.3 | 60.1 |
| 医生的态度是不是更好了 | 20.2 | 66.1 | 11.2 | 2.0 | 0.5 | 80.7 |
| 医保报销比例是不是提高了 | 5.0 | 32.8 | 38.9 | 9.2 | 1.6 | 58.5 |
| 异地就医和报销是不是更方便了 | 7.4 | 33.3 | 48.7 | 8.7 | 2.0 | 67.1 |

## （七）养老保障

当前，人口老龄化问题日趋严重，“老有所养”是社会进步、人民幸福的一个重要体现。养老问题已经成为社会生活中的焦点问题。本次调查主要了解养老经济保障来源、养老负担、养老设施以及养老保障和服务存在的问题等情况。

### 1. 多数民众对未来养老经济来源担忧，退休（养老）金和子女赡养是未来或当前养老主要经济来源

调查数据显示，2017年，总体上看，受访者对未来养老经济来源表示非常担心的占23.2%，表示比较担心的占33.7%，仅有6.5%的受访者表示一点也不担心（见图17–43），说明多数居民对未来养老经济来源担心。与上年相比，受访者对未来养老经济来源担心②的所占比例

① 医疗服务质量改善指数计算方法：明显改善=100，有所改善=80，没有变化=60，有些变差=40，明显变差=20，然后按选择上述五项的人数所占比重为权数计算出医疗服务质量改善指数。

② 注：2017年“担心”，指非常担心、比较担心和有点担心；2016年“担心”，指很担心和有些担心。

（70.1%）提高11.8个百分点（见图45）。

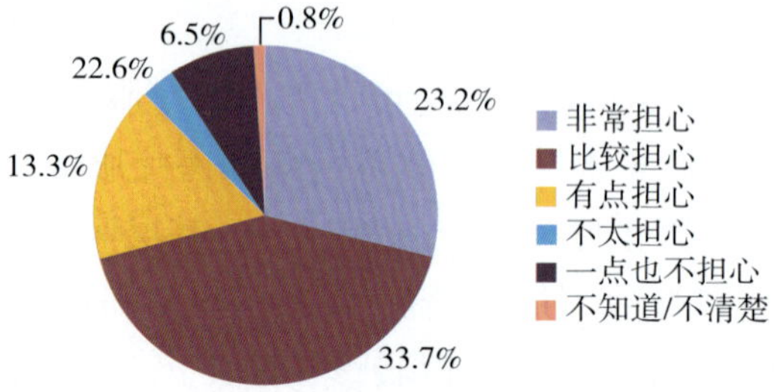


图17-44　2017年河北省居民对未来养老经济来源担心状况

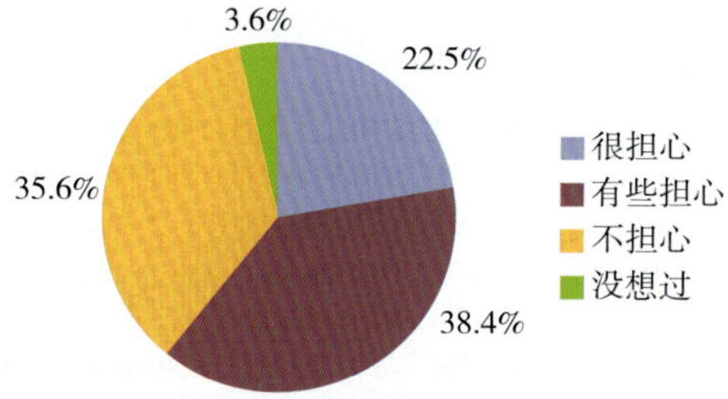


图17-45　2016年河北省居民对未来养老经济来源担心状况

分城乡看，2017年，农村受访者对未来养老经济来源表示非常担心和比较担心的分别占24.0%和36.2%，比城镇分别高3.3和9.8个百分点；农村受访者表示不太担心和一点也不担心的分别占21.4%和5.0%，比城镇分别低4.6和5.8个百分点（见图17-46），由此看出，农村居民对未来养老经济来源的担忧程度较城镇更为严重。

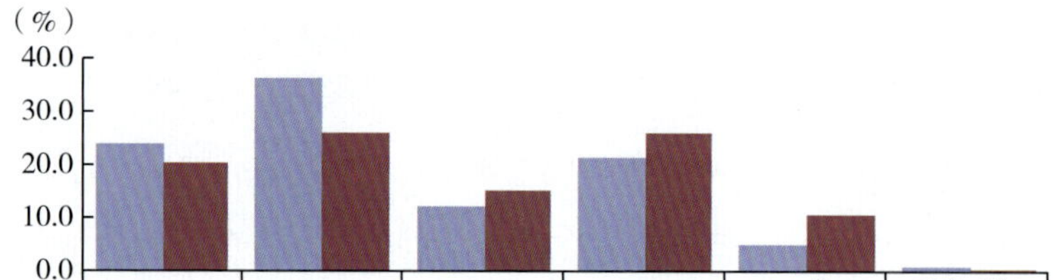


| | 非常担心 | 比较担心 | 有点担心 | 不太担心 | 一点也不担心 | 不知道/不清楚 |
|---|---|---|---|---|---|---|
| 农村居民对未来养老经济来源担心状况（%） | 24.0 | 36.2 | 12.5 | 21.4 | 5.0 | 0.9 |
| 城镇居民对未来养老经济来源担心状况（%） | 20.7 | 26.3 | 15.5 | 26.0 | 10.9 | 0.7 |

图17-46　2017年河北省居民对未来养老经济来源担心状况（%）

调查数据显示，2017年，从未来或当前养老经济来源看，受访者（包括60岁以下且未退休和60岁及以上或不足60岁且已退休）表示靠子女（或其他亲属）赡养的所占比例（36.9%）最高，其次是靠退休（养老）金的比例（30.3%），后面依次为承包田地（11.7%）、储蓄（8.6%）、工作收入（5.8%）、配偶的退休金/养老金（3.8%）、储蓄（8.6%），另外，还有0.8%的受访者没有考虑过未来养老保障经济来源问题，说明总体上居民未来或当前养老经济来源主要靠子女（或其他亲属）赡养和退休（养老）金。与上年相比，受访者未来或当前养老经济来源靠子女（或其他亲属）赡养、自己退休（养老）金、配偶退休（养老）金和工作收入的所占比例分别提高8.1个、0.4个、0.8个和0.5个百分点，未来或当前养老经济来源靠其他方面的所占比例均有下降（见图17-47）。

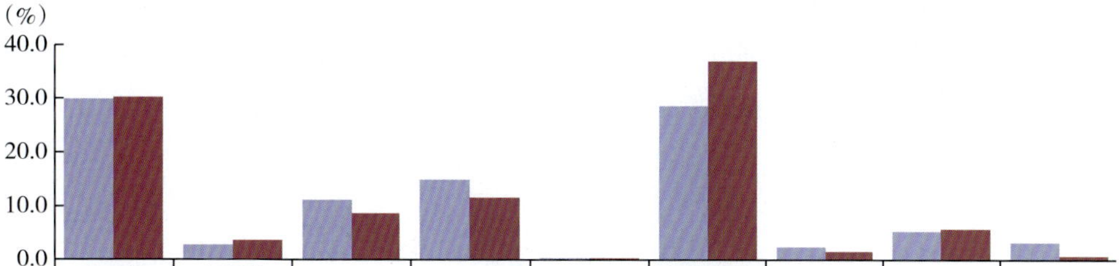

| | 自己的退休（养老）金 | 配偶的退休（养老）金 | 储蓄 | 靠承包田地 | 商业养老保险金 | 由儿女或其他亲属赡养 | 低保或社会救济 | 工作收入 | 没想过 |
|---|---|---|---|---|---|---|---|---|---|
| 2016年居民未来或当前养老经济来源（%） | 29.9 | 2.9 | 11.4 | 15.2 | 0.5 | 28.8 | 2.5 | 5.3 | 3.4 |
| 2017年居民未来或当前养老经济来源（%） | 30.3 | 3.8 | 8.6 | 11.7 | 0.4 | 36.9 | 1.7 | 5.8 | 0.8 |

图17-47　2016～2017年河北省居民未来或当前养老经济来源（%）

分城乡看，2017年，对未来或当前养老经济来源，农村居民靠子女（或其他亲属）赡养的比例（48.4%）最高，靠承包田地（15.5%）、自己退休（养老）金（13.1%）和储蓄（10.4%）的比例分别居2～4位；城镇居民靠自己退休（养老）金的比例（81.3%）居首位，靠配偶退休（养老）金（6.6%）和储蓄（3.3%）的比例分别居2～3位；靠子女（或其他亲属）赡养的比例（3.0%）最低，说明靠自己退休（养老）金和靠子女（或其他亲属）赡养分别成为城镇和农村居民未来或当前养老最主要的经济来源。但进一步城乡对比，居民未来或当前养老经济来源靠子女（或其他亲属）赡养的比例，农村比城镇高45.5个百分点；靠自己退休（养老）金的比例城镇比农村高68.2个百分点（见图17-48），由此看出，农村与城镇居民未来或当前养老经济来源存在着显著差别。

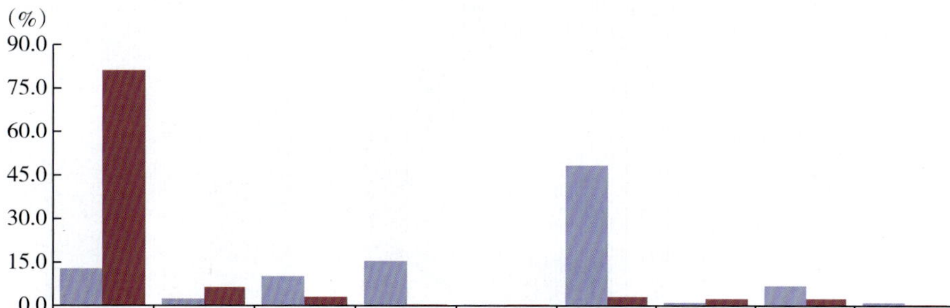

| | 自己的退休金/养老金 | 配偶的退休金/养老金 | 储蓄 | 靠承包田地 | 商业养老保险金 | 由儿女或其他亲属赡养 | 低保或社会救济 | 工作收入 | 没想过 |
|---|---|---|---|---|---|---|---|---|---|
| 农村居民未来或当前养老经济来源（%） | 13.1 | 2.8 | 10.4 | 15.5 | 0.4 | 48.4 | 1.5 | 6.9 | 1.0 |
| 城镇居民未来或当前养老经济来源（%） | 81.3 | 6.6 | 3.3 | 0.3 | 0.3 | 3.0 | 2.3 | 2.6 | 0.3 |

图17-48　2017年河北省城乡居民未来或当前养老经济来源对比（%）

从未来或当前养老方式（即生活照顾方面）看，2017年，居民养老以家庭为主。在家庭养老中，其中选择配偶相互照顾、子女照顾、和自己照顾自己的所占比例分别为40.6%、38.0和18.6%，居前3位，选择其他亲属照顾和雇佣保姆所占比例较小。值得注意的是受访者除选择家庭养老外，选择社会养老（去养老院）的仅占1.9%。与上年相比，家庭养老方式中，选择配偶相互照顾和子女照顾的比例分别提高7.8个和7.2个百分点，选择自己照顾自己的比例降低0.1个百分点。选择社会养老（去养老院）的比例提高0.7个百分点（见图17–49）。

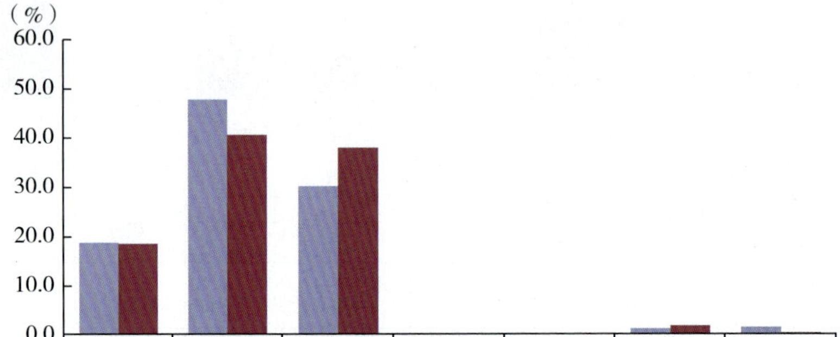


| | 自己照顾自己 | 配偶相互照顾 | 子女照顾 | 其他亲属照顾 | 雇佣保姆 | 去养老机构 | 没想过 |
|---|---|---|---|---|---|---|---|
| 2016年居民生活养老方式（%） | 18.8 | 47.8 | 30.2 | 0.2 | 0.3 | 1.3 | 1.6 |
| 2017年居民生活养老方式（%） | 18.6 | 40.6 | 38.0 | 0.3 | 0.1 | 1.9 | 0.5 |

**图17-49　2016～2017年河北省居民未来生活养老方式（%）**

## 2. 家庭赡养、照料老人的经济、时间和精力压力加大，城乡压力差别明显

调查数据显示，2017年，从家庭赡养老人经济压力感受程度看，39.3%的受访者感觉经济压力大（包括压力比较大和压力非常大，下同），感觉压力一般的占25.6%，感觉没有压力（包括几乎没有压力和完全没有压力，下同）的占35.2%，说明近四成的受访者对家庭赡养老人感到经济压力大。城乡对比分析，农村居民家庭赡养老人感觉经济压力大的比例为40.7%，比城镇（34.9%）高5.9个百分点（见图17–50）。

| | 压力非常大 | 压力比较大 | 一般 | 几乎没有压力 | 完全没有压力 |
|---|---|---|---|---|---|
| 农村居民家庭赡养老人经济压力的感受程度(%) | 9.4 | 31.4 | 27.9 | 23.0 | 8.4 |
| 城镇居民家庭赡养老人经济压力的感受程度（%） | 10.2 | 24.7 | 18.8 | 21.4 | 25.0 |
| 居民总体家庭赡养老人经济压力的感受程度（%） | 9.6 | 29.7 | 25.6 | 22.6 | 12.6 |

**图17-50　2017年河北省城乡居民对家庭在赡养老人经济压力的感受程度对比（%）**

再从家庭照料老人在时间和精力压力的感受程度看，36.5%的受访者感觉压力大，感觉压力一般的占26.8%，感觉没有压力的占36.7%，说明较多的受访者对家庭照料老人感觉时间和精力的压力大。进一步城乡对比分析，城镇居民家庭照料老人感觉时间和精力压力大的所占比例为37.8%，比农村（36.0%）高1.8个百分点（见图17-51）。

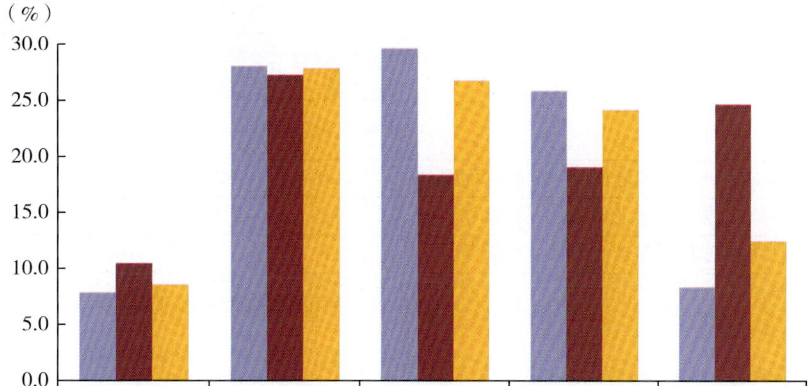


| | 压力非常大 | 压力比较大 | 一般 | 几乎没有压力 | 完全没有压力 |
|---|---|---|---|---|---|
| 农村居民家庭照料老人在时间和精力压力的感受程度（%） | 7.9 | 28.1 | 29.7 | 25.9 | 8.4 |
| 城镇居民家庭照料老人在时间和精力压力的感受程度（%） | 10.5 | 27.3 | 18.4 | 19.1 | 24.7 |
| 居民总体家庭照料老人在时间和精力压力的感受程度（%） | 8.6 | 27.9 | 26.8 | 24.2 | 12.5 |

图17-51　2017年河北省居民对家庭照料老人在时间和精力压力的感受程度（%）

### 3. 民众对养老保障状况总体满意，养老金水平低、不同群体之间差距大以及个人缴费高成为养老保障较为突出的问题

调查数据显示，2017年，从受访者对养老保障状况满意程度看，表示满意（含基本满意和非常满意，下同）的占58.2%，表示一般的占16.3%，表示不满意（含不太满意和很不满意，下同）的占21.8%，说明总体上看，居民对我国养老保障状况表示满意。分城乡看，农村居民对目前养老保障状况满意的占61.7%，比城镇（47.7%）高14.0个百分点，不满意的城镇占31.6%，比农村（18.5%）高13.1个百分点（见图17-52）。

调查数据显示，2017年，从目前我国养老保障方面存在的各种问题看，59.4%的受访者认为养老金水平太低是养老保障面临的最大问题；不同群体（城乡、企事业）之间养老金水平差距太大和个人缴费太高也是较为突出的问题，在受访者中分别占16.1%和9.3%。分城乡看，城乡居民对上述养老保障问题认知的排列顺序相同，但养老金水平太低的问题在农村受访者看来更为突出，占63.8%，比城镇高17.5个百分点；不同群体之间养老金水平差距太大的问题在城镇受访者看来较为突出，占28.6%，比农村高16.8个百分点；个人缴费太高的问题城镇受访者占10.9%，比农村高2.1个百分点（见表17-17）。由此看出，城乡居民对我国养老保障方面存在问题的认知程度存在明显的差别。

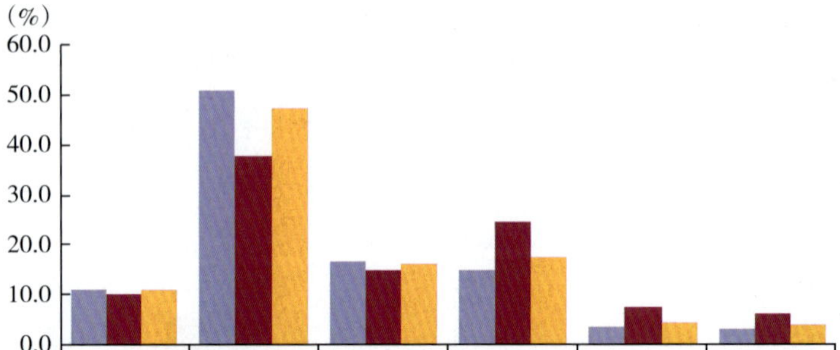


| | 非常满意 | 基本满意 | 一般 | 不太满意 | 很不满意 | 不知道/不清楚 |
|---|---|---|---|---|---|---|
| ■农村居民对养老保障状况满意程度(%) | 11.0 | 50.7 | 16.7 | 15.1 | 3.5 | 3.0 |
| ■城镇居民对养老保障状况满意程度(%) | 10.2 | 37.5 | 14.8 | 24.3 | 7.2 | 5.9 |
| ■居民总体对养老保障状况满意程度(%) | 10.8 | 47.3 | 16.3 | 17.4 | 4.4 | 3.8 |

**图17-52　河北省城乡居民对养老保障状况满意程度对比（%）**

**表17-17　2017年河北省城乡居民对养老保障存在的各种问题认知所占比例对比（%）**

| 养老保障（养老保险）问题 | 农村（%） | 城镇（%） | 居民总体（%） |
|---|---|---|---|
| 养老金水平太低 | 63.8 | 46.4 | 59.4 |
| 不同群体之间养老金水平差距太大 | 11.8 | 28.6 | 16.1 |
| 个人缴费太高 | 8.7 | 10.9 | 9.3 |
| 未来养老金可能发不出来 | 4.6 | 2.3 | 4.0 |
| 制度设计太复杂、搞不清楚 | 8.0 | 6.9 | 7.8 |
| 养老金在不同地区转移接续困难 | 0.2 | 1.3 | 0.5 |
| 其他 | 0.3 | 0.3 | 0.3 |
| 不知道/不清楚 | 2.5 | 3.3 | 2.7 |
| 合计 | 100.0 | 100.0 | 100.0 |

### 4. 民众对养老服务状况总体满意，社会养老服务机构少、收费高、设施不完善成为养老服务存在的主要问题

调查数据显示，2017年，从受访者对现有养老服务满意程度看，表示满意（含基本满意和非常满意）的占54.4%，表示一般的占21.3%，表示不满意（含不太满意和很不满意）的占18.8%，总体上看，居民对现有养老服务状况较为满意。分城乡看，农村居民对养老保障状况满意的比例为59.6%，比城镇（39.1%）高20.5个百分点；不满意的比例城镇为31.2%，比农村（14.6%）高16.6个百分点（见图17–53）。

调查数据显示，2017年，从目前现有养老服务存在的主要问题看，受访者认为养老服务机构太少的比例最高，为26.8%；其次是认为养老机构收费太高的占19.3%；认为社区养老服务设施不完善的占9.3%，居第3位。分城乡看，城乡居民对上述养老主要问题认知的排列顺序相同，但认知程度存在一定差别。农村受访者认为养老服务机构太少的比例为27.9%，比城镇（23.4%）高4.5个百分点；城镇受访者认为养老机构收费太高的比例为29.3%，比农村

（15.8%）高13.4个百分点； 认为社区养老服务设施不完善的比例，城镇受访者与农村基本相同（见表17–18）。

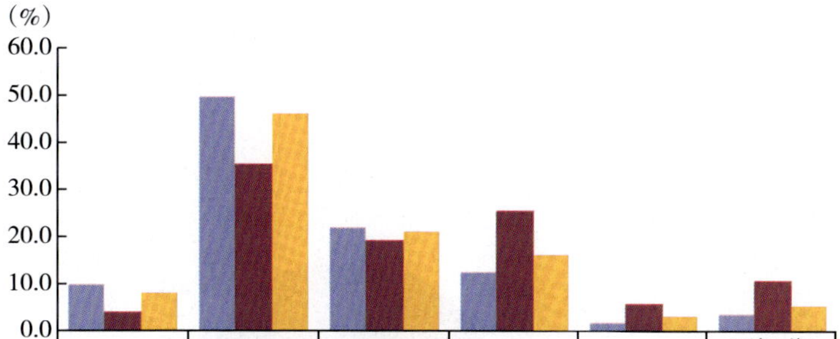


| | 非常满意 | 基本满意 | 一般 | 不太满意 | 很不满意 | 不知道/不清楚 |
|---|---|---|---|---|---|---|
| 农村居民对现有养老服务满意程度(%) | 9.7 | 49.9 | 22.0 | 12.7 | 1.9 | 3.8 |
| 城镇居民对现有养老服务满意程度(%) | 3.9 | 35.2 | 19.1 | 25.3 | 5.9 | 10.5 |
| 居民总体对现有养老服务满意程度(%) | 8.3 | 46.2 | 21.3 | 15.9 | 2.9 | 5.5 |

图17-53 2017年河北省城乡居民对现有养老服务满意程度对比（%）

表17-18 2017年河北省城乡居民对现有养老服务存在的各种问题认知所占比例对比（%）

| 养老保障（养老保险）问题 | 农村居民（%） | 城镇居民（%） | 居民总体（%） |
|---|---|---|---|
| 养老服务机构太少 | 27.9 | 23.4 | 26.8 |
| 养老机构收费太高 | 15.8 | 29.3 | 19.3 |
| 养老服务人员专业化水平太低 | 1.6 | 1.0 | 1.4 |
| 社区养老服务设施不完善 | 14.0 | 14.1 | 14.0 |
| 便利化设施不足（如，老旧小区无电梯、缺乏无障碍设施） | 2.6 | 5.6 | 3.3 |
| 养老服务内容不够丰富 | 4.5 | 4.3 | 4.4 |
| 老年人可参加的社会活动太少 | 5.9 | 1.3 | 4.8 |
| 缺乏对老人心理上关爱 | 2.2 | 3.3 | 2.5 |
| 很多子女对老年人照顾不够 | 6.9 | 2.3 | 5.8 |
| 没问题 | 1.3 | 2.0 | 1.5 |
| 不知道/不清楚 | 17.3 | 13.5 | 16.3 |
| 合计 | 100.0 | 100.0 | 100.0 |

调查发现，2017年，在居民社区（村）修建方便老年人使用的设施方面，除了79.8%和48.5%的受访者表示有健身场所和棋牌室/文化活动室外，表示有康复设施、老年日间照料中心、老年食堂设施的受访者比例均在20%以下（见表17–19），说明总体上看目前居民社区（村）在修建方便老年人使用的设施方面还很不完善。所以，近五成的受访者认为目前所在地养老设施和服务不能满足老年人的需求（见图17–54）。

表17-19　　2017年河北省居民社区（村）修建方便老年人使用的设施情况（%）

| 所在地是否有修建方便老年人使用的设施 | 有 | 没有 | 不清楚 |
| --- | --- | --- | --- |
| 棋牌室/文化活动室 | 48.5 | 50.0 | 1.5 |
| 健身场所 | 79.8 | 19.6 | 0.7 |
| 康复设施 | 16.3 | 82.1 | 1.6 |
| 老年日间照料中心 | 5.7 | 92.9 | 1.4 |
| 老年食堂 | 1.1 | 3.5 | 95.4 |

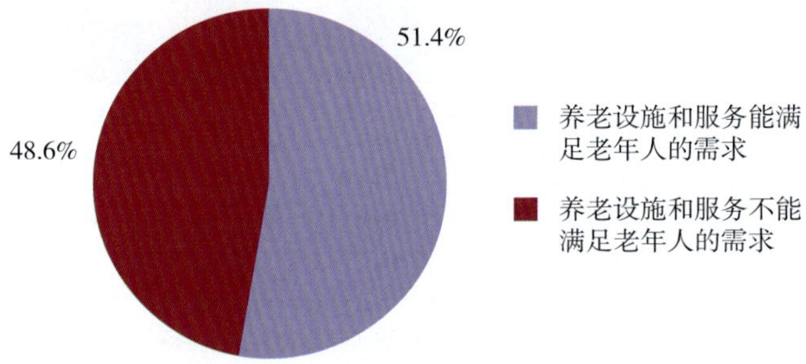


图17-54　2017年河北省居民对社区（村）养老设施和服务满足老年人需求的认知比例

## （八）住房保障

住房是广大民众生活的基本保障，改善居民住房居住条件，是重要的民生问题，关乎社会的和谐和稳定。本次调查主要是了解居民住房的基本条件、住房类型、购房意愿和支出等情况。

### 1. 住房类型城乡差异显著，居民住房条件改善明显

调查数据显示，2017年，总体上看，受访者住房中自建住房所占比例最高，为71.3%，这主要是由于本次调查大多数受访者在农村地区，9.4%的住房是购买房改房，8.9%的住房是自购商品房。从城乡居民住房类型上看，在农村，92.6%的住房为自建住房，其次是拆迁安置房占3.5%，其他类型住房所占比例很低，均在2.0%以下。在城镇，居民住房类型呈现多元化，其中购买房改房的比例最高，为36.3%；其次是自购商品房，占30.0%；后面依次是拆迁安置房（13.9%）、自建住房（8.6%）、购买的保障性住房（7.3%）。由此看出，城乡居民住房类型存在着明显的差别，农村居民自建住房占绝大比例，而城镇居民住房是以购买房改房和自购商品房为主体（见图17–55）。

从受访者住房的厨房、卫生间情况看，2017年，73.2%的住房均有独立厨房和卫生间，比上年（63.5%）提高9.7个百分点；既没有独立厨房，也没有独立卫生间的住房仅占7.8%，比上年（10.3%）降低2.5个百分点。进一步分城乡看，农村、城镇居民住房均有独立厨房和卫生间的比例分别为67.9%、88.8%，比上年分别提高12.1、0.5个百分点；农村、城镇住房既没有独立厨房，也没有独立卫生间的比例分别为1.6%、9.8%，比上年分别降低2.4、2.6个百分点（见表17–20），说明城乡居民住房条件有了明显的改善。

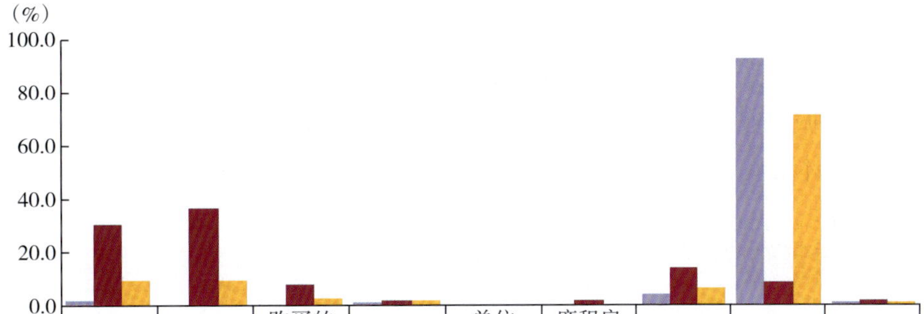


| | 自购商品住房 | 购买房改房 | 购买的保障性住房 | 市场租赁房 | 单位租住房（单位） | 廉租房（或公租房） | 拆迁安置房 | 自建住房 | 借住亲朋好友住房 |
|---|---|---|---|---|---|---|---|---|---|
| 农村居民住房类型（%） | 1.8 | 0.2 | 0.3 | 1.1 | 0.3 | 0.0 | 3.5 | 92.6 | 0.4 |
| 城镇居民住房类型（%） | 30.0 | 36.3 | 7.3 | 1.3 | 0.3 | 1.3 | 13.9 | 8.6 | 1.3 |
| 居民总体住房类型（%） | 8.9 | 9.4 | 2.1 | 1.2 | 0.3 | 0.3 | 6.1 | 71.3 | 0.7 |

图17-55　2017年河北省城乡居民住房类型对比（%）

表17-20　2016～2017年河北省城乡居民住房的厨房、卫生间情况对比（%）

| 住房的厨房、卫生间情况 | 2016年 | | | 2017年 | | |
|---|---|---|---|---|---|---|
| | 农村居民（%） | 城镇居民（%） | 居民总体（%） | 农村居民（%） | 城镇居民（%） | 居民总体（%） |
| 有独立厨房，但没有独立卫生间 | 28.6 | 4.9 | 23.0 | 11.0 | 6.6 | 9.9 |
| 有独立卫生间，但没有独立厨房 | 3.4 | 2.5 | 3.2 | 11.3 | 3.0 | 9.2 |
| 有独立厨房和卫生间 | 55.8 | 88.3 | 63.5 | 67.9 | 88.8 | 73.2 |
| 既没有独立厨房，也没有独立卫生间 | 12.2 | 4.2 | 10.3 | 9.8 | 1.6 | 7.8 |
| 合计 | 100.1 | 100.0 | 100.1 | 100.0 | 100.0 | 100.0 |

调查数据显示，2017年，受访者家庭人均住房建筑面积为32.9平方米/人，比上年增加3.8平方米/人，其中，农村人均住房建筑面积为32.4平方米/人，比上年增加1.8平方米/人；城镇人均住房建筑面积为34.2平方米/人，比上年增加11.4平方米/人（见图17-56），说明城乡居民居住的宽松程度有了较大提高。

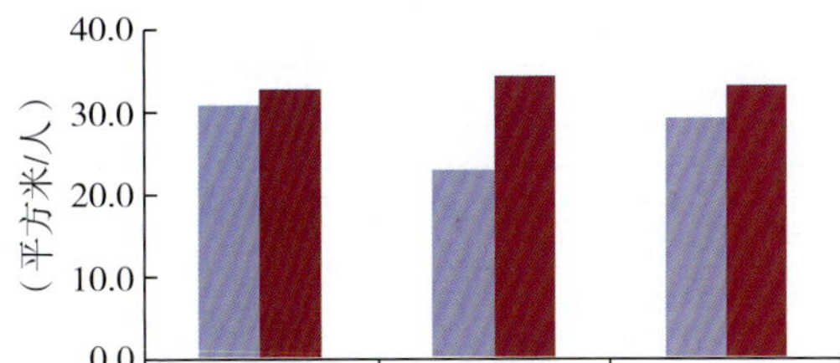


| | 农村居民 | 城镇居民 | 居民总体 |
|---|---|---|---|
| 2016年居民人均住房建筑面积（平方米/人） | 30.6 | 22.8 | 29.1 |
| 2017年居民人均住房建筑面积（平方米/人） | 32.4 | 34.2 | 32.9 |

图17-56　2016～2017年河北省城乡居民人均住房建筑面积对比（平方米/人）

## 2. 居民家庭购房资金来源主要为家庭收入积累，金融贷款相对不足

调查数据显示，2017年，除现住房外，仅有8.7%的受访者家庭在本地或其他城市购买了住房，其中，城镇居民家庭在本地或其他城市购买住房的比例为16.9%，比农村（7.9%）高9.0个百分点，总体上看，城乡居民家庭购买住房的比例较低（见表17-21）。

**表17-21　2017年河北城乡居民在本地或其他城市是否购买住房（除现住房外）比例（%）**

| 在本地或其他城市是否购买住房 | 农村居民家庭（%） | 城镇居民家庭（%） | 居民家庭总体（%） |
|---|---|---|---|
| 是 | 7.9 | 16.9 | 8.7 |
| 否 | 92.1 | 83.1 | 91.3 |
| 合计 | 100.0 | 100.0 | 100.0 |

从居民家庭第一套自购住房（首付）资金来源看，63.0%的家庭自购住房（首付）资金来自于家庭收入积累，居首位；来自于向亲朋好友筹借（18.0%）、父母支持（10.5%）、金融机构贷款（4.5%）、民间借贷（3.4%）居2～5位，说明居民家庭自购住房（首付）资金主要来自家庭收入积累，来自于其他方面的比例较低。城乡对比分析发现，农村家庭购房资金来自于金融机构、民间借贷的比例分别为9.5%、9.3%，比城镇分别高7.0个、8.6个百分点；城镇家庭购房资金来自于家庭收入积累、向亲朋好友筹借、父母支持的比例分别为64.0%、20.1%和11.7%，比农村分别高3.3个、4.0个和7.3个百分点（见图17-57）。

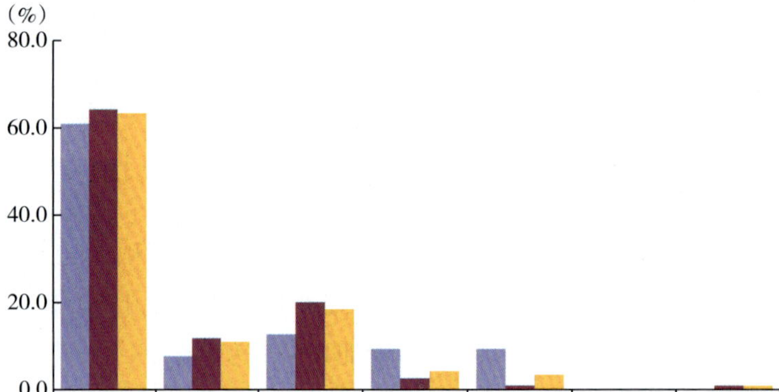


| | 家庭收入积累 | 父母支持 | 向亲朋好友筹借 | 金融机构 | 民间借贷 | 出售家庭原有住房的收入 | 拆迁补偿款 |
|---|---|---|---|---|---|---|---|
| 农村居民家庭自购住房（首付）资金来源（%） | 60.7 | 7.7 | 12.8 | 9.5 | 9.3 | 0.0 | 0.0 |
| 城镇居民家庭自购住房（首付）资金来源（%） | 64.0 | 11.7 | 20.1 | 2.5 | 0.7 | 0.4 | 0.7 |
| 居民家庭总体自购住房（首付）资金来源（%） | 63.0 | 10.5 | 18.0 | 4.5 | 3.3 | 0.3 | 0.5 |

**图17-57　2017年河北省城乡居民家庭自购住房（首付）资金来源对比（%）**

调查发现，在居民家庭购买的住房（包括现住房和其他本地或外地的住房）中，仅有20.2%（其中农村有37.0%，城镇有13.3%）的家庭是通过银行住房按揭贷款，居民家庭户均住房按揭贷款额为37.1万元（其中农村为40.7万元，城镇为32.2万元），居民家庭户均每月住房按揭贷款

还款金额为2070.5元（其中农村为1941.9元，城镇为2243.7元）（见表17-22）。综上所述，居民家庭购买住房金融贷款所占比例相对较低。

表17-22 2017年河北城乡居民家庭户均住房按揭贷款额及户均每月住房按揭贷款还款额

| 项目 | 农村居民 | 城镇居民 | 居民总体 |
|---|---|---|---|
| 家庭户均住房按揭贷款额（万元） | 40.7 | 32.2 | 37.1 |
| 家庭户均每月住房按揭贷款还款额（元） | 1941.9 | 2243.7 | 2070.5 |

### 3. 居民购房意愿较低，购房或建房目的多为结婚和改善住房条件

调查数据显示，2017年，在未来两三年仅有10.6%的受访家庭有购买商品房的打算，还有6.3%的家庭打算购买保障性住房、自建或扩建或改造、看情况，而83.2%的受访者家庭在未来两三年没有购房或建房的打算。总体上看，居民家庭购房意愿较低（见图17-58）。

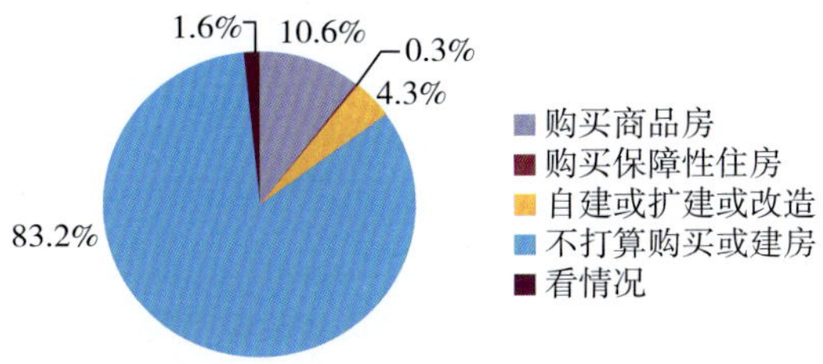


图17-58 2017年河北省居民家庭有无购房或建房意愿所占比例

分城乡看，农村与城镇居民家庭在未来两三年是否购房意愿存在一定差别，农村居民家庭打算购买商品房的占11.9%，比城镇高5.4个百分点；而城镇居民家庭不打算购房或建房的占89.8%，比农村高8.9个百分点（见图17-59）。

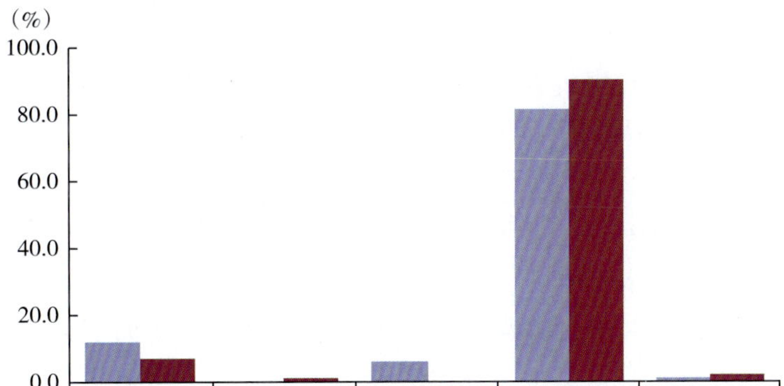


| | 购买商品房 | 购买保障性住房 | 自建或扩建或改造 | 不打算购买或建房 | 看情况 |
|---|---|---|---|---|---|
| 农村居民家庭未来有无购房或建房意愿所占比例（%） | 11.9 | 0.1 | 5.7 | 80.9 | 1.3 |
| 城镇居民家庭未来有无购房或建房意愿所占比例（%） | 6.6 | 1.0 | 0.3 | 89.8 | 2.3 |

图17-59 2017年河北省城乡居民家庭未来有无购、建房意愿所占比例对比（%）

从居民未来购房或建房目的看，38.1%的受访者家庭用于结婚，25.3%的用于改善住房条件（如室内居住环境、增加水、暖、电、气设备等），还有17.5%和17.0%的用于扩大居住面积和

为子女获得就学入（中小）学资格。进行城乡对比分析发现，农村购房或建房用于结婚和用于子女获得就学入（中小）学资格的比例分别为42.2%和19.3%，比城镇分别高27.9和15.7个百分点；城镇购房或建房用于改善住房条件和扩大居住面积的比例分别为46.4%和17.5%，比农村分别提高24.7和17.1个百分点（见图17-60）。

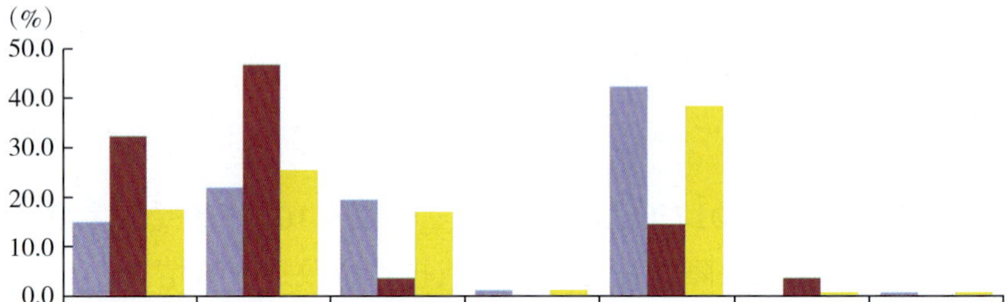


| | 扩大居住面积 | 改善住房条件 | 为子女获得入学资格 | 投资 | 结婚 | 工作需要 | 其他 |
|---|---|---|---|---|---|---|---|
| 农村居民家庭未来购房或建房不同目的所占比例（%） | 15.1 | 21.7 | 19.3 | 1.2 | 42.2 | 0.0 | 0.6 |
| 城镇居民家庭未来购房或建房不同目的所占比例（%） | 32.1 | 46.4 | 3.6 | 0.0 | 14.3 | 3.6 | 0.0 |
| 居民家庭总体未来购房或建房不同目的所占比例（%） | 17.5 | 25.3 | 17.0 | 1.0 | 38.1 | 0.5 | 0.5 |

**图17-60 2017年河北省城乡居民家庭未来购房或建房不同目的所占比例对比（%）**

### 4. 房价太高、住房面积小和小区设施落后成为居民对住房最不满意的方面，不满意率城乡差异较大

调查数据显示，2017年，问及受访者对住房最不满意的方面，除去43.0%的受访者回答没有不满意之外，其余受访者对住房方面最不满意的是房价太高使住房条件无法改善的占17.2%，其次是对住房面积太小和小区因建筑年代久远设施落后的不满意率较高，分别为15.9%和9.0%。与上年相比，受访者对房价太高使住房条件无法改善的不满意率提高11.9个百分点，对住房面积太小的不满意率降低1.5个百分点，对小区因建筑年代久远设施落后的不满意率与上年基本持平（见表17-23）。

分城乡看，2017年，农村和城镇受访者对住房各方面的不满意率存在较大差别，农村受访者对户内（自来水、电力、燃气等）设施不全，没有独立卫生间或厨房等的不满意率高于城镇。而城镇受访者对房价太高无法改善住房条件、住房面积太小、小区因建筑年代久远设施落后、小区环境及物业差、每个月住房支出压力太大（包括房租、还贷、物业、水、电供热费）等的不满意率均明显高于农村。与上年相比，农村与城镇受访者对房价太高使住房条件无法改善的不满意率分别提高12.7和9.1个百分点；对住房面积太小的不满意率农村提高0.9个百分点，城镇则降低9.5个百分点；对小区因建筑年代久远设施落后的不满意率农村降低0.2个百分点，城镇则提高0.4个百分点；对户内（自来水、电力、燃气等）设施不全的不满意率农村和城镇分别降低3.8和0.2个百分点；对小区环境和物业差的不满意率农村和城镇分别提高0.1和4.4个百分点（见表17-23）。

表17-23　　2016～2017年河北省城乡居民对住房各方面不满意率对比（%）

| 居民对住房各方面不满意情况 | 2016年 | | | 2017年 | | |
|---|---|---|---|---|---|---|
| | 农村（%） | 城镇（%） | 居民总体（%） | 农村（%） | 城镇（%） | 居民总体（%） |
| 住房面积太小 | 14.0 | 28.6 | 17.4 | 14.8 | 19.1 | 15.9 |
| 没有独立卫生间或厨房 | 2.5 | 1.1 | 2.2 | 2.5 | 1.6 | 2.3 |
| 户内（自来水、电力、燃气等）设施不全 | 8.3 | 3.2 | 7.1 | 4.5 | 3.0 | 4.1 |
| 房价太高使住房条件无法改善 | 3.6 | 10.6 | 5.3 | 16.3 | 19.7 | 17.2 |
| 每个月住房支出（包括房租、还贷、物业、水、电供热费）压力太大 | 3.3 | 4.6 | 3.6 | 1.8 | 5.3 | 2.7 |
| 小区因建筑年代久远设施落后 | 7.4 | 13.8 | 8.9 | 7.3 | 14.1 | 9.0 |
| 小区环境和物业差 | 1.1 | 7.8 | 2.7 | 1.2 | 12.2 | 4.0 |
| 其他 | 58.6 | 28.6 | 51.5 | 1.7 | 0.3 | 1.3 |
| 没有不满意的 | 0.9 | 1.8 | 1.1 | 49.8 | 23.0 | 43.0 |
| 不回答/不清楚 | 0.3 | 0.0 | 0.3 | 0.2 | 1.6 | 0.6 |
| 合计 | 100.0 | 100.0 | 100.0 | 100.0 | 100.0 | 100.0 |

## （九）生活环境

生活环境关乎到民众的身体健康，是社会关注的重要民生问题。本次调查内容主要包括居民对生态环境状况的满意程度、环境质量改善、环境污染、环境保护及环境治理等方面情况。

### 1. 居民对生态环境状况总体评价较高，环境质量有所改善

调查数据显示，2017年，从受访者对居住地（社区或村庄）周边生态环境状况总体评价情况看，62.2%的受访者表示满意（含非常满意和比较满意，下同），19.6%的表示一般，18.2%的表示不满意（含比较不满意和非常不满意，下同），由此计算出居民居住地生态环境总体满意度指数①为70。城乡对比分析，70.9%的农村受访者对生态环境状况总体表示满意，比城镇高34.6个百分点，农村居民居住地生态环境总体满意度指数（73.8）也高于城镇（59.1）。可见，居民对居住地生态环境状况总体评价较高，其中农村评价明显高于城镇（见图17–61）。

由受访者对居住地生态环境各方面评价状况可计算出居民居住地各类生态环境满意度指数②，其中，受访者居住地绿化情况、噪声问题和生活用水质量满意度指数较高，分别为为71.1、71.0和70.1；而周边（河流、湖泊、池塘等）水体质量、空气质量和生活垃圾处理情况满意度指数较低，分别为62.3、62.7和66.2，说明在生态环境方面，居民对居住地绿化情况、噪声问题和生活用水质量状况较为满意，而对周边（河流、湖泊、池塘等）水体质量、空气质量状况和生活垃圾处理情况的满意度相对较低。分城乡看，城镇空气质量的满意度指数最低（为51.8），而农村周边（河流、湖泊、池塘等）水体质量、空气质量状况和生活垃圾处理情况的

① 居民居住地生态环境总体满意度指数计算方法：非常满意=100，比较满意=80，一般=60，比较不满意=40，非常不满意=20，然后按选择上述五项的居民所占比重为权数计算出居民居住地生态环境总体满意度指数。

② 居民居住地各类生态环境满意度指数计算方法同居民居住地生态环境总体满意度指数。

满意度指数相对较低。进一步分析发现，农村居民居住地各类生态环境满意度指数均高于城镇（见表17-24）。

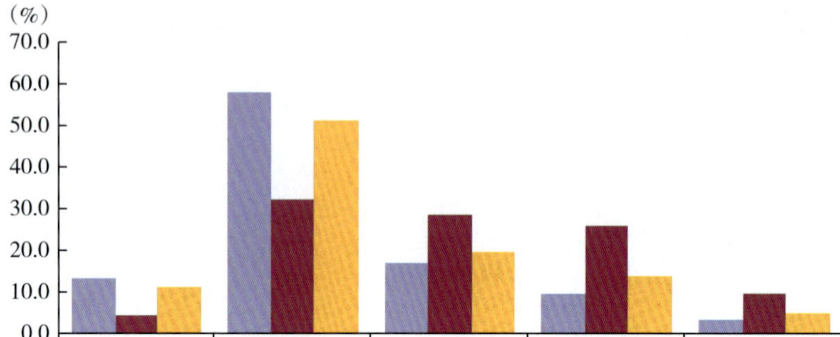


| | 非常满意 | 比较满意 | 一般 | 比较不满意 | 非常不满意 |
|---|---|---|---|---|---|
| 农村居民对居住地生态环境状况总体评价（%） | 13.2 | 57.7 | 16.7 | 9.5 | 2.9 |
| 城镇居民对居住地生态环境状况总体评价（%） | 4.0 | 32.3 | 28.4 | 25.7 | 9.6 |
| 居民总体对居住地生态环境状况总体评价（%） | 10.9 | 51.3 | 19.6 | 13.6 | 4.6 |

图17-61　2017年河北省城乡居民对居住地生态环境状况总体评价（%）

表17-24　2017年河北省城乡居民居住地各类生态环境状况评价（%）及环境满意度指数

| 居住地生态环境状况 | | 非常满意 | 比较满意 | 一般 | 比较不满意 | 非常不满意 | 满意度指数 |
|---|---|---|---|---|---|---|---|
| 空气质量 | 农村居民 | 7.2 | 47.3 | 20.8 | 20.2 | 4.6 | 66.4 |
| | 城镇居民 | 2.3 | 19.9 | 28.5 | 33.1 | 16.2 | 51.8 |
| | 居民总体 | 5.9 | 40.4 | 22.7 | 23.5 | 7.5 | 62.7 |
| 生活用水质量 | 农村居民 | 11.4 | 56.8 | 20.6 | 7.8 | 3.4 | 73.0 |
| | 城镇居民 | 6.0 | 45.5 | 23.4 | 17.4 | 7.7 | 64.9 |
| | 居民总体 | 10.1 | 54.0 | 21.3 | 10.2 | 4.4 | 71.0 |
| 周边（河、湖、池塘等）水体质量 | 农村居民 | 6.3 | 29.4 | 45.0 | 13.5 | 5.8 | 63.4 |
| | 城镇居民 | 4.8 | 26.2 | 34.5 | 23.2 | 11.3 | 58.0 |
| | 居民总体 | 6.0 | 28.8 | 43.0 | 15.3 | 6.9 | 62.3 |
| 生活垃圾处理情况 | 农村居民 | 8.6 | 44.5 | 27.2 | 14.4 | 5.3 | 67.3 |
| | 城镇居民 | 5.0 | 43.9 | 22.3 | 17.9 | 11.0 | 62.8 |
| | 居民总体 | 7.7 | 44.3 | 26.0 | 15.3 | 6.7 | 66.2 |
| 噪声问题 | 农村居民 | 18.0 | 43.6 | 27.3 | 9.5 | 1.6 | 73.4 |
| | 城镇居民 | 8.1 | 30.4 | 30.1 | 17.2 | 14.2 | 60.2 |
| | 居民总体 | 15.5 | 40.3 | 28.0 | 11.5 | 4.7 | 70.1 |
| 绿化情况 | 农村居民 | 15.8 | 53.4 | 20.2 | 8.7 | 1.9 | 74.5 |
| | 城镇居民 | 6.0 | 31.8 | 33.8 | 19.2 | 9.3 | 61.2 |
| | 居民总体 | 13.3 | 47.9 | 23.7 | 11.4 | 3.8 | 71.1 |

调查数据显示，2017年，从受访者居住地生态环境质量总体变化情况看，64.1%的受访者认为有所改善（含明显改善和略有改善，下同），30.1%的认为没有变化，5.8%的认为有所变

差（含明显变差和略有变差，下同），由此计算出居民居住地生态环境质量总体改善指数①为74.1。城乡对比发现，70.4%的农村受访者表示生态环境质量总体有所改善，比城镇高24.9个百分点，农村居民居住地生态环境质量总体改善指数（76.3）也高于城镇（67.6），说明居民居住地生态环境质量总体有所改善，其中农村改善状况好于城镇（见图17–62）。

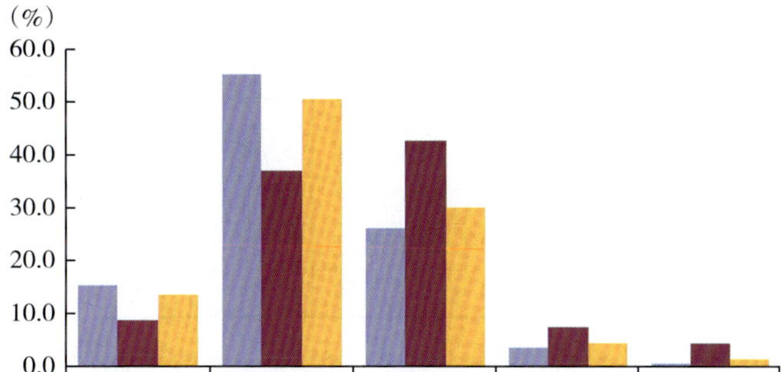


| | 明显改善 | 略有改善 | 没有变化 | 略有变差 | 明显变差 |
|---|---|---|---|---|---|
| ■ 农村居民居住地生态环境质量总体变化情况（%） | 15.2 | 55.2 | 25.9 | 3.5 | 0.2 |
| ■ 城镇居民居住地生态环境质量总体变化情况（%） | 8.6 | 37.0 | 42.6 | 7.6 | 4.3 |
| ■ 居民总体居住地生态环境质量总体变化情况（%） | 13.5 | 50.6 | 30.1 | 4.5 | 1.3 |

**图17-62　2017年河北省城乡居民居住地生态环境质量总体变化情况（%）**

根据受访者居住地生态环境质量改善状况可计算出居民居住地各类生态环境质量改善指数②，其中，受访者居住地绿化情况改善指数最高，为72.6；其次是生活用水质量改善指数，为70.0；而周边（河流、湖泊、池塘等）水体质量改善指数最低，为63.6，说明在生态环境质量改善方面，绿化情况改善最为明显，民众评价较高，周边（河流、湖泊、池塘等）水体质量改善状况民众评价较低。分城乡看，农村居民居住地各类生态环境质量改善指数（除周边河流、湖泊、池塘等水体质量外）均高于城镇，说明农村各类生态环境质量改善状况大多优于城镇（见表17–25）。

**表17-25　2017年河北省居民居住地各类生态环境质量改善评价（%）及环境质量改善指数**

| 居住地生态环境改善状况 | | 明显改善 | 略有改善 | 没有变化 | 略有变差 | 明显变差 | 环境质量改善指数 |
|---|---|---|---|---|---|---|---|
| 空气质量 | 农村居民 | 10.4 | 47.6 | 29.1 | 11.9 | 1.0 | 70.9 |
| | 城镇居民 | 3.6 | 38.5 | 40.1 | 11.2 | 6.6 | 64.3 |
| | 居民总体 | 8.7 | 45.3 | 31.9 | 11.7 | 2.4 | 69.2 |
| 生活用水质量 | 农村居民 | 10.4 | 42.4 | 41.3 | 5.2 | 0.7 | 71.4 |
| | 城镇居民 | 6.1 | 31.0 | 53.1 | 6.5 | 3.4 | 66.0 |
| | 居民总体 | 9.4 | 39.6 | 44.2 | 5.5 | 1.3 | 70.0 |
| 周边（河、湖、池塘等）水体质量 | 农村居民 | 6.1 | 22.0 | 57.3 | 11.9 | 2.6 | 63.4 |
| | 城镇居民 | 6.6 | 26.0 | 53.6 | 9.4 | 4.4 | 64.2 |
| | 居民总体 | 6.2 | 22.8 | 56.6 | 11.4 | 3.0 | 63.6 |

① 居民居住地生态环境质量总体改善指数计算方法：明显改善=100，略有改善=80，没有变化=60，略有变差=40，明显变差=20，然后按选择上述五项的居民所占比重为权数计算出居民居住地生态环境质量总体改善指数。

② 居民居住地各类生态环境质量改善指数计算方法同居民居住地生态环境质量总体改善指数。

续表

| 居住地生态环境改善状况 | | 明显改善 | 略有改善 | 没有变化 | 略有变差 | 明显变差 | 环境质量改善指数 |
|---|---|---|---|---|---|---|---|
| 生活垃圾处理情况 | 农村居民 | 10.2 | 44.8 | 36.2 | 7.7 | 1.0 | 71.1 |
| | 城镇居民 | 6.6 | 32.9 | 49.2 | 7.3 | 4.0 | 66.2 |
| | 居民总体 | 9.3 | 41.8 | 39.5 | 7.6 | 1.8 | 69.9 |
| 噪声问题 | 农村居民 | 8.5 | 29.8 | 55.5 | 5.5 | 0.7 | 68.0 |
| | 城镇居民 | 5.4 | 19.3 | 57.1 | 12.2 | 6.1 | 61.1 |
| | 居民总体 | 7.8 | 27.2 | 55.9 | 7.2 | 2.0 | 66.3 |
| 绿化情况 | 农村居民 | 14.2 | 47.8 | 34.3 | 3.2 | 0.4 | 74.4 |
| | 城镇居民 | 8.9 | 27.6 | 55.6 | 5.9 | 2.0 | 67.1 |
| | 居民总体 | 12.8 | 42.7 | 39.7 | 3.9 | 0.8 | 72.6 |

### 2. 家庭生活用水以自来水为主，饮用水安全卫生程度总体较高

调查数据显示，2017年，在居民家庭生活用水（含日常做饭和饮用的水）方面，46.3%的受访者表示来自村庄或小区供应的自来水，26.3%的表示来自市政自来水，46.3%的表示来自居住地的水源井，来自净水器过滤后的市政自来水和桶装（瓶装）矿泉水（或纯净水）的家庭所占比例较小，说明（各种）自来水成为家庭生活用水的主要来源。分城乡看，农村居民家庭生活用水主要来自村庄供应的自来水（59.5%）和居住地的水源井（27.1%）；城镇居民家庭生活用水来自市政自来水的占绝大比例（73.0%），其次是来自净水器过滤后的市政自来水（12.5%），说明城乡居民家庭生活用水的来源存在较大差别。进一步城乡对比分析，城镇居民家庭生活用水使用净水器过滤后的市政自来水和桶装（瓶装）矿泉水（或纯净水）的比例明显高于农村居民家庭，可见，城镇居民家庭生活用水的品质明显高于农村（见图17-63）。

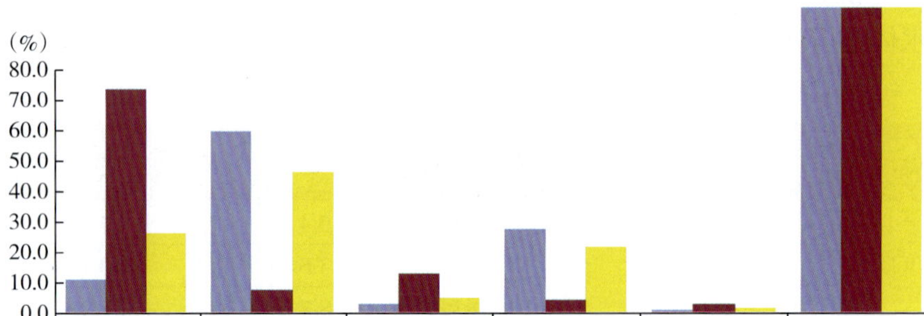


| | 市政自来水 | 村庄或小区供应的自来水 | 净水器过滤后的市政自来水 | 居住地的水源井 | 桶装(瓶装)矿泉水或纯净水 | 合计 |
|---|---|---|---|---|---|---|
| 农村居民家庭生活用水来源(%) | 10.4 | 59.5 | 2.3 | 27.1 | 0.7 | 100.0 |
| 城镇居民家庭生活用水来源(%) | 73.0 | 7.2 | 12.5 | 4.3 | 3.0 | 100.0 |
| 居民家庭总体生活用水来源(%) | 26.3 | 46.3 | 4.9 | 21.3 | 1.3 | 100.0 |

图17-63 2017年河北省城乡居民家庭生活食用水来源对比（%）

调查数据显示，2017年，75.3%的受访者对家庭饮用水的安全卫生状况表示放心（含非常放心和比较放心），12.6%的表示有点不放心，只有10，4%的表示不放心（含比较不放心和非常

不放心）。总体上看，居民对家庭饮用水的安全卫生状况较为放心。城乡对比分析，农村受访者对家庭饮用水安全卫生状况表示放心的比例为80，5%，比城镇高20.6个百分点；农村受访者对家庭饮用水安全卫生状况表示不放心的比例为8，4%，比城镇低8.1个百分点，说明农村居民对家庭饮用水的安全卫生状况放心程度明显高于城镇（见图17-64）。

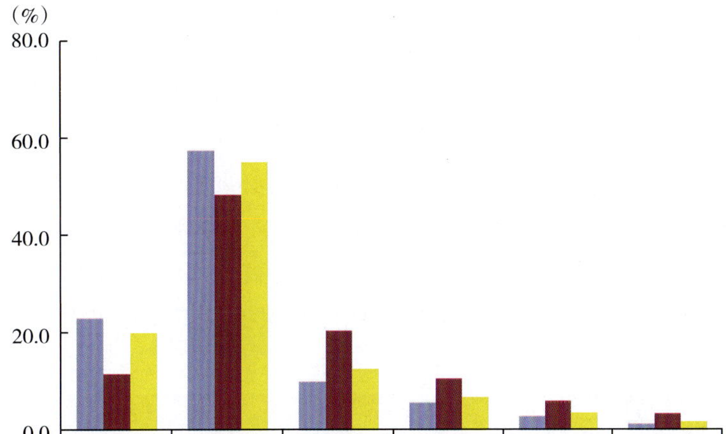


| | 非常放心 | 比较放心 | 有点不放心 | 比较不放心 | 非常不放心 | 不知道/不清楚 |
|---|---|---|---|---|---|---|
| ■农村居民家庭对饮用水安全放心程度（%） | 23.0 | 57.5 | 9.9 | 5.6 | 2.8 | 1.2 |
| ■城镇居民家庭对饮用水安全放心程度（%） | 11.5 | 48.4 | 20.4 | 10.5 | 5.9 | 3.3 |
| ■居民家庭总体对饮用水安全放心程度（%） | 20.1 | 55.2 | 12.6 | 6.8 | 3.6 | 1.8 |

图17-64　2017年河北省城乡居民对家庭饮用水安全卫生状况放心程度对比（%）

### 3. 民众空气污染防护意识已然形成，环保意识尚显淡漠

调查数据显示，2017年，当出现重污染天气时，受访者会采取各种防护措施，其中，采取减少户外活动和使用空气污染防护用品（如佩戴口罩、使用空气净化器等）的行为所占比例较高，分别为65.1%和42.6%；没有采取特别行动的比例为23.4%。城乡对比分析，城镇受访者采取减少户外活动和使用空气污染防护用品的比例分别为68.8%和57.6%，比农村分别高5.0和20.1个百分点；没有采取特别行动的比例农村为12.2%，比城镇低15.0个百分点，由此看出，面对重污染天气广大民众的防护意识已然形成，其中，城镇居民空气污染防护意识明显强于农村（见表17-26）。

表17-26　2017年河北省城乡居民对重污染天气采取的各种行动所占比例对比（%）

| 重污染天气采取的行动 | 农村居民 | | 城镇居民 | | 居民总体 | |
|---|---|---|---|---|---|---|
| | 是 | 否 | 是 | 否 | 是 | 否 |
| 减少可能会加重空气污染的活动（如少开汽车或摩托车等） | 11.8 | 88.2 | 14.1 | 85.9 | 12.4 | 87.6 |
| 减少户外活动 | 63.8 | 36.2 | 68.8 | 31.2 | 65.1 | 34.9 |
| 使用空气污染防护用品（如佩戴口罩、使用空气净化器等） | 37.5 | 62.5 | 57.6 | 42.4 | 42.6 | 57.4 |
| 离开重污染天气高发地区（如旅行、换一个城市生活等） | 0.1 | 99.9 | 1.3 | 98.7 | 0.4 | 99.6 |
| 没有采取特别的行动 | 27.2 | 72.8 | 12.2 | 87.8 | 23.4 | 76.6 |

当前居民面对环境污染个人保护意识逐渐增强，但环境保护意识还较为淡漠。由表17–24见，在污染减排（即减少可能会加重空气污染的活动，如少开汽车或摩托车等）方面，2017年，高达87.6%的受访者（农村占88.2%，城镇占85.9%）对污染减排行动持否定态度，仅有12，4%的受访者（农村占11.8%，城镇占14.1%）表示会在重污染天气时，选择绿色出行（如选择自行车或公共交通出行），以减少汽车上路的概率。

垃圾分类方面，调查发现，2017年，84.4%的受访者（其中农村占88.4%，城镇占74.4%）平常扔（生活垃圾）时不会对垃圾进行分类（见表17–25）。未对垃圾进行分类，除了社区没有分类的垃圾桶（在受访者中占26.6%）这一客观原因外，更多的是受访者以下各种主观原因：即环境保护意识较弱、包括认为没必要进行垃圾分类（占14.4%），不知道需要分类（占13.6%）、不知道怎样分类（占22.3%）、认为垃圾分类费时费力（占8.3%）、认为在家里分类后到垃圾收集和运输时也会混到一起（占14.8%）。从不对垃圾分类的受访者所占比例及其各种主观原因所占的比例看，城镇居民环境保护意识要高于农村（见表17–27）

表17-27　2017年河北省城乡居民是否会对垃圾进行分类所占比例对比（%）

| 是否会对垃圾进行分类 | 农村居民 | 城镇居民 | 居民总体 |
|---|---|---|---|
| 会 | 11.6 | 25.7 | 15.2 |
| 不会 | 88.4 | 74.3 | 84.8 |
| 合计 | 100.0 | 100.0 | 100.0 |

表17-28　2017年河北省城乡居民未进行垃圾分类的主要原因所占比例对比（%）

| 未进行垃圾分类的主要原因 | 农村居民 | 城镇居民 | 居民总体 |
|---|---|---|---|
| 没必要进行垃圾分类 | 15.7 | 10.1 | 14.4 |
| 不知道需要分类 | 15.5 | 7.4 | 13.6 |
| 不知道怎样分类 | 24.2 | 16.4 | 22.3 |
| 垃圾分类费时费力，懒得分类 | 9.2 | 5.5 | 8.3 |
| 社区没有分类的垃圾桶 | 23.3 | 37.4 | 26.6 |
| 即使在家里分类，在垃圾收集和运输也混到了一起 | 12.2 | 23.2 | 14.8 |
| 合计 | 100.0 | 100.0 | 100.0 |

### 4. 农村污染治理总体向好，但农药化肥使用和周边工矿企业排污治理的问题仍较严重

调查数据显示，2017年，在农村居民居住地各类污染的处理（或治理）方面，秸秆处理、牲畜粪便处理、农膜处理、生活污水处理、周边工矿企业排污处置和减少农药化肥使用获得农村受访者好评（含非常好和比较好）的比例依次为74.6%、55.1%、44.3%、42.7%、37，3%和31.3%，说明受访者对秸秆处理最为满意，其次对牲畜粪便处理也较为满意。获得农村受访者差评（含不太好和非常差）比例最高的是农药化肥使用，占33，3%；其次是周边工矿企业排污处置，占23.4%（见表17–29）。由于农村居民居住地各类污染的处理（或治理）获得好评的比例均大于获得差评的比例，说明农村居民居住地污染治理总体尚好，但农药化肥使用和周边工矿企业排污治理的问题仍较严重，还需进一步减少农药化肥使用以及加大对周边工矿企业排污处

置力度。

表17-29 2017年河北省农村居民对居住地污染治理主观评价（%）

| 主观评价 | 非常好 | 比较好 | 一般 | 不太好 | 非常差 |
|---|---|---|---|---|---|
| 牲畜粪便处理 | 12.2 | 43.0 | 30.4 | 12.3 | 2.2 |
| 农膜处理 | 7.2 | 37.1 | 36.8 | 17.3 | 1.6 |
| 减少农药化肥使用 | 6.1 | 25.2 | 35.4 | 29.8 | 3.5 |
| 秸秆处理 | 26.5 | 48.1 | 14.7 | 4.2 | 0.7 |
| 周边工业企业排污 | 7.6 | 29.7 | 39.2 | 17.6 | 5.9 |
| 生活污水处理 | 9.3 | 33.5 | 41.4 | 13.1 | 2.7 |

## （十）食品安全

食品安全影响着每个人的日常生活和健康，随着近年来重大食品安全的问题不断被爆出，食品安全成为了人们关注的焦点。本次调查内容主要包括居民对食品安全状况的满意程度、食品安全主要问题、食品安全保障措施、食品安全监管及解决食品安全的措施等方面情况。

### 1. 居民对食品安全状况总体评价较高，食品添加剂超量使用和农药兽药、重金属等高残留问题在食品安全方面表现最为突出

调查数据显示，2017年，受访者对目前居住地食品安全状况的总体评价中，表示满意的占47.8%，表示一般的占22.5%，表示不满意的占14.4%，说明受访者对目前居住地食品安全状况总体评价较高。分城乡看，农村受访者对食品安全状况总体表示满意的占53.9%，比城镇高24.3个百分点； 表示不满意的农村占22.9%，比城镇低24.8个百分点，由此看出，农村受访者对食品安全状况总体评价明显高于城镇（见图17–65）。城镇受访者对食品安全状况总体评价低于农村受访者的主要原因是，当今对食品质量的甄别往往需要依靠高科技检测设备，否则难以甄别出食品质量的优劣。而城镇居民文化水平普遍高于农村居民，对于食品安全问题能获得更多的信息，对食品安全问题比农村居民也更为敏感和重视。

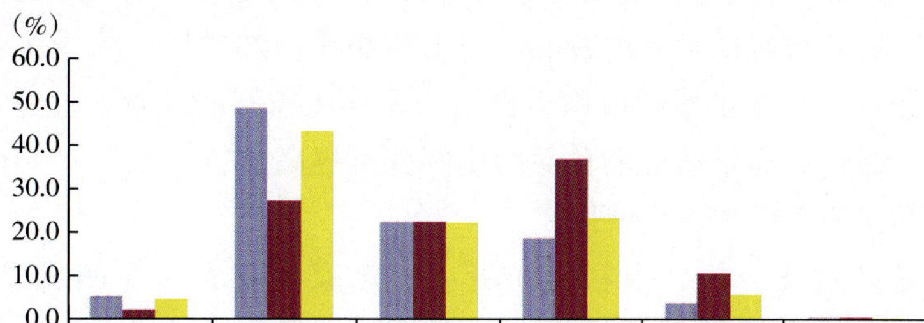


| | 非常满意 | 比较满意 | 一般 | 不太满意 | 非常不满意 | 不知道/不清楚 |
|---|---|---|---|---|---|---|
| 农村居民对食品安全状况总体评价（%） | 5.4 | 48.5 | 22.5 | 19.0 | 3.9 | 0.7 |
| 城镇居民对食品安全状况总体评价（%） | 2.3 | 27.3 | 22.4 | 36.8 | 10.9 | 0.3 |
| 居民总体对食品安全状况总体评价（%） | 4.6 | 43.2 | 22.5 | 23.5 | 5.7 | 0.6 |

图17-65 2017年河北省城乡居民对食品安全状况总体评价（%）

调查数据显示，2017年，在受访者关注的各种食品安全问题上，食品添加剂超量使用和农药兽药、抗生素、重金属等高残留问题最让受访者担心，分别占29.2%和21.7%；让受访者较为担心的还有食品加工不卫生问题（占12.3%），食品过期变质问题（占11.2%），食品掺杂（假）问题（占9.1%）以及食品的虚假信息（如虚假标签、生产日期、材料、虚假宣传等占7.6%）等。分城乡看，对食品添加剂超量使用和农药兽药、抗生素、重金属等高残留问题城镇受访者担心的比例高于农村，而在食品安全方面的其他问题上农村受访者担心的比例高于城镇（见表17–30）。

**表17-30　2017年河北城乡居民最担心的各种食品安全问题所占比例对比（%）**

| 您最担心的食品安全问题 | 农村居民 | 城镇居民 | 总体 |
|---|---|---|---|
| 食品过期变质问题 | 12.0 | 8.8 | 11.2 |
| 食品添加剂（如色素、防腐剂、香精等）超量使用 | 27.5 | 33.7 | 29.2 |
| 农药兽药、抗生素、重金属等高残留问题 | 19.8 | 26.7 | 21.7 |
| 食品加工不卫生问题 | 12.5 | 11.5 | 12.3 |
| 食品虚假信息（如虚假标签、生产日期、材料、虚假宣传等） | 8.6 | 4.8 | 7.6 |
| 食品掺杂（假）问题 | 9.1 | 9.3 | 9.1 |
| 盗用（假冒）名牌问题 | 4.5 | 2.1 | 3.8 |
| 都比较担心 | 6.0 | 2.4 | 5.0 |
| 其他 | 0.0 | 0.3 | 0.1 |
| 激素和转基因食品 | 0.0 | 0.4 | 0.1 |
| 合计 | 100.0 | 100.0 | 100.0 |

### 2. 民众食品安全保障意识逐步增强，政府加强食品安全监管、保障食品安全工作效果有所提高

调查数据显示，2017年，受访者在保障家庭食品安全的措施方面，除了6.1%受访者时没有特别考虑和采取措施外，33.6%受访者的是自己生产（自家种的），24.9%的是到正规超市购买食品，14.5%的是选择比较好的品牌，10.6%的是购买有机、绿色、质量认证的食品，9.0%的是注意不购买被媒体曝光的食品。与上年相比，2017年，除受访者自己生产的食品的比例降低6.9个百分点外，到正规超市购买食品，选择比较好的品牌，注意不购买被媒体曝光的食品，购买有机、绿色、质量认证的食品的比例分别提高1.7个、7.3 个、0.2个、3.1个百分点，说明居民食品安全保障意识在逐步增强。

城乡对比分析，农村受访者（由于家中有农田）四成以上的食品是自己生产（自家种的），比城镇高36.4个百分点；而城镇受访者到正规超市购买食品占最大比例，为37.9%，比农村高17.7个百分点；选择比较好的品牌，购买有机、绿色、质量认证的食品，注意不购买被媒体曝光的食品等所占的比例城镇比农村分别高3.7个、3.6个、7.7个百分点，由此看出，城乡居民在食品安全保障措施方面存在较大差别。与上年相比，农村受访者除自己生产食品的比例有所降低外，其他各项的比例均有提高；城镇受访者自己生产食品，注意不购买被媒体报道曝光的

食品，购买有机、绿色、质量认证的食品的比例有所降低，选择比较好的品牌，正规超市购买食品的比例有均所提高（见表17-31）。

表17-31　2016～2017年河北城乡居民家庭保障食品安全的各种措施所占比例对比（%）

| 保障食品安全的主要措施 | 2016年 | | | 2017年 | | |
|---|---|---|---|---|---|---|
| | 农村居民 | 城镇居民 | 居民总体 | 农村居民 | 城镇居民 | 居民总体 |
| 购买有机、绿色、质量认证的食品 | 5.3 | 13.4 | 7.5 | 9.6 | 13.2 | 10.6 |
| 选择比较好的品牌 | 6.1 | 10.2 | 7.2 | 13.6 | 17.2 | 14.5 |
| 到正规超市购买食品 | 18.0 | 37.2 | 23.2 | 20.2 | 37.9 | 24.9 |
| 注意不购买被媒体报道曝光的食品 | 5.0 | 18.9 | 8.8 | 7.0 | 14.7 | 9.0 |
| 直接产地订购生态农产品 | 1.0 | 0.2 | 0.8 | 0.7 | 0.4 | 0.6 |
| 自己生产（自家种的） | 52.2 | 9.4 | 40.5 | 43.3 | 6.9 | 33.6 |
| 其他 | 0.3 | 3.6 | 1.2 | 0.3 | 1.6 | 0.7 |
| 没有特别考虑和采取措施 | 12.1 | 7.1 | 10.7 | 5.3 | 8.2 | 6.1 |
| 合计 | 100.0 | 100.0 | 100.0 | 100.0 | 100.0 | 100.0 |

调查数据显示，2017年，在对当地政府加强食品安全监管、保障食品安全方面的工作是否有力评价中，认为政府监管工作很到位和比较到位的受访者累计占47.1%，比上年提高10.7个百分点；认为做了不少工作，但效果不是很好以及做了一些工作，但还不到位的比例累计占30.3%，比上年降低4.9个百分点；认为基本没人管的比例占13.6%，比上年降低，0.1个百分点（见图17-66），说明当地政府在加强食品安全监管、保障食品安全方面的工作效果比上年有所提高。

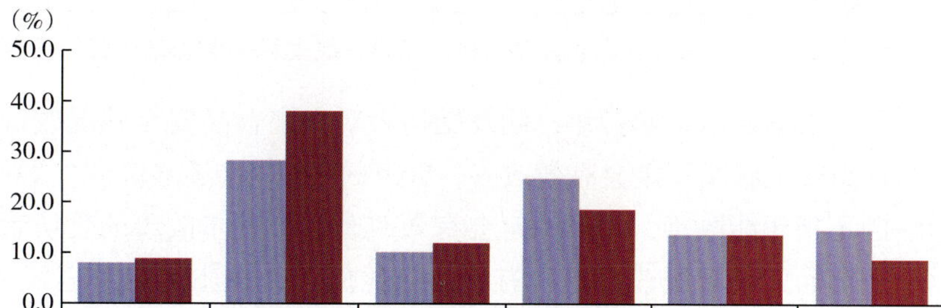


| | 政府监管很到位 | 政府监管工作比较到位 | 做了不少工作，但效果不是很好 | 做了一些工作，但还不到位 | 基本没人管 | 不知道/不清楚 |
|---|---|---|---|---|---|---|
| 2016年居民对政府加强食品安全监管、保障食品安全工作评价（%） | 8.1 | 28.4 | 10.3 | 24.9 | 13.7 | 14.7 |
| 2017年居民对政府加强食品安全监管、保障食品安全工作评价（%） | 8.9 | 38.2 | 11.9 | 18.4 | 13.6 | 9.0 |

图17-66　2016～2017年河北省居民对政府监管、保障食品安全工作评价对比（%）

### 3. 强化政府监管职责、严惩不法食品生产者是群众在食品安全问题上的主要诉求，对未来食品安全状况改善居民较有信心

调查数据显示，2017年，为解决当前食品安全问题，受访者向政府提出各种诉求及建议，

其中，建议政府要强化监管部门的责任和检查执法力度的所占比例最高，达37.0%（其中农村受访者占37.0%，城镇受访者占36.8%），建议要对查出的假冒伪劣食品生产者进行严厉处罚的占28.5%（其中农村占37%，城镇占36.8%），居第2位；后面的建议按其在受访者中所占比例高低依次为：政府要有严格的食品安全标准，要及时向公众通报不合格的食品，要加强对公众的食品安全常识教育，要通过评优、认证等方式帮助公众识别更优质、安全、可靠的食品（见图17-67）。可见，强化监管部门的责任和检查执法力度、对查出的假冒伪劣食品生产者进行严厉处罚成为民众为解决食品安全问题而向政府提出的主要诉求及建议。

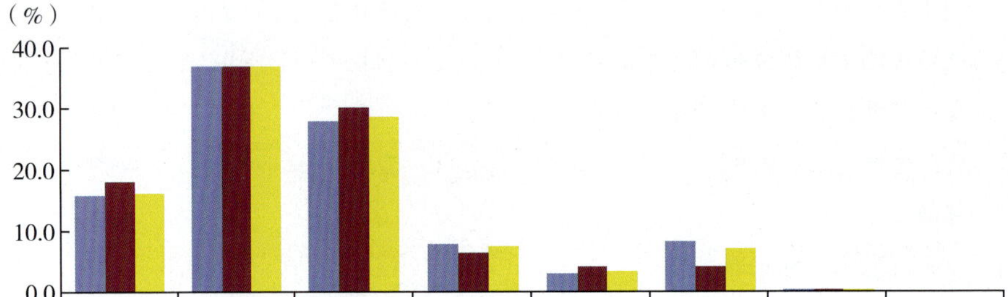


| | 有严格食品安全标准 | 强化监管部门责任和检查执法力度 | 对假冒伪劣食品生产者进行严厉处罚 | 及时向公众通报不合格的食品 | 帮助公众识别优质、安全可靠食品 | 加强对公众的食品安全常识教育 | 其他 | 不清楚/不知道 |
|---|---|---|---|---|---|---|---|---|
| 农村居民为解决食品安全问题向政府提出的各种建议所占比例（%） | 15.8 | 37.0 | 27.9 | 7.8 | 2.9 | 8.1 | 0.3 | 0.1 |
| 城镇居民为解决食品安全问题向政府提出的各种建议所占比例（%） | 18.0 | 36.8 | 30.1 | 6.6 | 4.2 | 4.0 | 0.3 | 0.0 |
| 居民总体为解决食品安全问题向政府提出的各种建议所占比例（%） | 16.4 | 37.0 | 28.5 | 7.5 | 3.2 | 7.0 | 0.3 | 0.1 |

**图17-67　2017年河北城乡居民为解决食品安全问题向政府提出各种建议的比例对比（%）**

调查数据显示，2017年，问及受访者对未来食品安全状况改善是否有信心，15.5%的受访者相信食品安全状况一定会有效改善，50.9%的相信会逐步改善，9.9%的认为难以带来有效改善，4.8%的不指望能改善，相信一定会有效改善和会逐步改善的受访者比例累计为66.4%，根据居民对未来食品安全状况改善是否有信心的比例可计算出2017年居民未来食品安全状况改善信心指数为72.5。总体上看，居民对未来食品安全状况改善较有信心。但由于2017年居民未来食品安全状况改善信心指数低于2016年（79.1）的水平，因此，与上年相比，居民对未来食品安全状况改善信心有所降低。

城乡对比分析，对未来食品安全状况，农村受访者相信一定会有效改善和会逐步改善的比例分别为15，9%和52.2%，比城镇分别高1.7个和5.1个百分点，城镇受访者认为难以带来有效改善和不指望能改善的比例比农村分别高5.7个和3.0个百分点，计算得知，2017年农村居民未来食品安全状况改善信心指数为73.5，高于城镇（69.4）的水平，说明农村受访者对未来食品安全状况改善比城镇受访者更有信心。进一步分析，2017年，无论城镇还是农村居民的未来食品安全状况改善信心指数均低于2016年的水平（见表17-32），说明与上年相比，2017年城乡居民对未来食品安全状况改善信心也均有所降低。

表17-32 2016～2017年河北省居民对未来食品安全改善信心状况（%）和信心指数

| 对未来食品安全状况改善是否有信心 | 2016年 | | | 2017年 | | |
|---|---|---|---|---|---|---|
| | 农村居民 | 城镇居民 | 居民总体 | 农村居民 | 城镇居民 | 居民总体 |
| 一定会有效改善 | 31.1 | 19.1 | 28.2 | 15.9 | 14.2 | 15.5 |
| 相信会逐步改善 | 51.3 | 50 | 51 | 52.2 | 47.1 | 50.9 |
| 可能会有一些改善 | 10.1 | 14.3 | 11.1 | 19.4 | 17.5 | 18.9 |
| 难以带来有效改善 | 6.2 | 11.8 | 7.6 | 8.4 | 14.1 | 9.9 |
| 不指望能改善 | 1.3 | 4.8 | 2.1 | 4.1 | 7.1 | 4.8 |
| 未来食品安全状况改善信心指数 | 80.9 | 73.4 | 79.1 | 73.5 | 69.4 | 72.5 |

## （十一）政府服务

政府的权利来自于人民的让渡，为人民服务是政府的天职，要建设服务型政府，提高政府为民办事的效率。本次调查内容主要包括民众对政府服务和办事效率的满意程度、政府为民办事存在的主要问题等方面情况。

### 1. 居民对政府服务和办事效率总体评价较高，政府为民办事的信息及政策传播渠道呈现多元化趋势

调查数据显示，2017年，受访者根据自身的经历和直观感受，对目前居住地政府服务和办事效率总体评价较高，表示满意（含很满意和基本满意，以下同）的占65.8%，表示一般的占16.5%，表示不满意（含不太满意和很不满意，以下同）的占14.6%（见图17–68）。分城乡看，农村受访者对政府服务和办事效率总体表示满意的比例（70.3%）比城镇（52.6%）高7.7个百分点，表示不满意的比例（11.0%）比城镇（25.0%）低14.0个百分点（见图17–68），说明农村居民对政府服务和办事效率总体评价明显高于城镇。

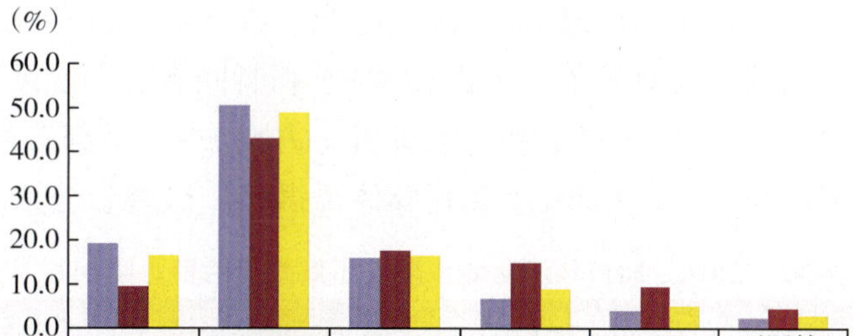


| | 很满意 | 基本满意 | 一般 | 不太满意 | 很不满意 | 不回答/不清楚 |
|---|---|---|---|---|---|---|
| 农村居民对政府服务和办事效率评价（%） | 19.3 | 51.0 | 16.1 | 6.9 | 4.1 | 2.6 |
| 城镇居民对政府服务和办事效率评价（%） | 9.5 | 43.1 | 17.8 | 15.1 | 9.9 | 4.6 |
| 居民总体对政府服务和办事效率评价（%） | 16.8 | 49.0 | 16.5 | 9.0 | 5.6 | 3.1 |

图17-68 2017年河北省城乡居民对居住地政府服务和办事效率总体评价（%）

调查数据显示，2017年，从居住地政府各类优化服务情况看，受访者对政府服务态度改善的评价最高（受访者表示满意的占72.1%），其次是对精简办事程序和政策公开透明的评价较高（表示满意的分别占61.0%和59.7%），对简化各类证明、减少吃拿卡要和少折腾群众的评价一般（表示满意的分别占55.0%、54.5%和54.4%），对治理不作为/不办事的评价最低（表示满意

的仅为占47.3%）。分城乡看，农村受访者对居住地政府各类优化服务情况的评价均高于城镇，并且各类优化服务情况的满意度均在50%以上，其中改善服务态度的满意度高达75.5%；而城镇受访者对居住地政府各类优化服务情况的评价相对较低，有2/3项目的满意度均在50%以下。值得注意的是，在对政府各项优化服务的评价中，农村与城镇受访者分别对政府治理不作为/不办事的满意度最低，其中农村受访者的满意度为50.8.1%，城镇受访者的满意度只有37.0%（见表17–33）。

表17-33　2017年河北省城乡居民对居住地政府各类优化服务情况评价对比（%）

| 政府优化服务分类 | 满意（含很满意和基本满意） | | | 一般 | | | 不满意（含很不满意和基本满意） | | |
|---|---|---|---|---|---|---|---|---|---|
| | 农村 | 城镇 | 总体 | 农村 | 城镇 | 总体 | 农村 | 城镇 | 总体 |
| 精简办事程序 | 64.3 | 51.2 | 61.0 | 21.9 | 20.1 | 21.4 | 10.5 | 19.1 | 12.7 |
| 简化各类证明 | 56.3 | 49.0 | 54.5 | 28.2 | 22.5 | 26.8 | 11.4 | 14.9 | 12.3 |
| 治理不作为/不办事 | 50.8 | 37.0 | 47.3 | 29.7 | 28.7 | 29.5 | 13.4 | 21.1 | 15.4 |
| 少折腾群众 | 58.4 | 42.7 | 54.4 | 24.8 | 22.2 | 24.1 | 12.7 | 25.8 | 16.0 |
| 减少吃拿卡要 | 57.7 | 45.2 | 55.0 | 27.2 | 20.8 | 25.1 | 7.6 | 15.2 | 9.5 |
| 改善服务态度 | 75.5 | 62.0 | 72.1 | 16.4 | 18.5 | 16.9 | 6.3 | 13.5 | 8.1 |
| 政策公开透明 | 61.0 | 56.6 | 59.7 | 25.7 | 23.4 | 25.1 | 7.6 | 15.2 | 9.5 |

调查数据显示，2017年，问及受访者主要是通过何种渠道了解政府为民办事的信息及政策，总体上看，受访者通过电视、收音机了解的占最大比例，为38.7%；通过听同事、朋友或邻居介绍，干部下来宣传和动员，新媒体（微信、微博、公众号等），报刊杂志，下发的宣传资料和政府网站了解的分别占17.2%，16.4%，11.1%和7.2%，5.8%和3，1%，说明民众了解政府为民办事的信息及政策渠道呈现出多元化趋势。分城乡看，城镇与农村居民在了解政府为民办事的信息及政策的主要传播渠道上存在着较大差别。城镇受访者了解政府为民办事的信息及政策的渠道所占比例居前4位的依次是电视、收音机（占39.9%），报刊杂志（占15.5%），新媒体（微信、微博、公众号等）（占15.3%）和听同事、朋友或邻居介绍（占14.0）；农村受访者所占比例居前4位的依次是电视、收音机（占38.2%）干部下来宣传和动员（占21.1%），听同事、朋友或邻居介绍（占18.5%）和新媒体（微信、微博、公众号等）（占9.3%）（见表17–34）。

表17-34　2016～2017年河北城乡居民了解政府为民办事信息及政策各渠道占比对比（%）

| 政府为民办事的信息及政策渠道 | 农村居民 | 城镇居民 | 居民总体 |
|---|---|---|---|
| 报刊杂志 | 4.1 | 15.5 | 7.2 |
| 电视、收音机 | 38.2 | 39.9 | 38.7 |
| 政府网站 | 1.9 | 6.2 | 3.1 |
| 新媒体（微信、微博、公众号等） | 9.5 | 15.3 | 11.1 |
| 干部下来宣传和动员 | 21.2 | 3.9 | 16.4 |
| 下发的宣传资料 | 6.2 | 4.9 | 5.8 |
| 听同事、朋友或邻居介绍 | 18.5 | 14.0 | 17.2 |
| 其他 | 0.5 | 0.3 | 0.4 |
| 合计 | 100.0 | 100.0 | 100.0 |

### 2. 民众找政府办事多为户籍及身份证明、社保和社会救助事宜，办事效率低和程序复杂是政府服务存在的突出问题

本次调查问及2017年受访者是否到过政府部门办事，调查数据显示，32.8%受访者到过政府办事，与2016年相比，居民到过政府办事的比例提高4.8个百分点，其中农村提高2.8个百分点，城镇提高10.3个百分点（见表17–35）。

表17-35　　2016～2017年河北省城乡居民到政府部门办事所占比例对比（%）

| 过去一年是否到过政府部门办事 | 2016年 | | | 2017年 | | |
|---|---|---|---|---|---|---|
| | 农村居民 | 城镇居民 | 居民总体 | 农村居民 | 城镇居民 | 居民总体 |
| 是 | 26.5 | 32.5 | 27.9 | 29.4 | 42.8 | 32.8 |
| 否 | 73.5 | 67.5 | 72.1 | 70.6 | 57.2 | 67.3 |
| 合计 | 100.0 | 100.0 | 100.0 | 100.0 | 100.0 | 100.0 |

调查数据显示，2017年，总体上看，受访者到政府部门办事，办理居民户籍及身份证明的比例最高，为49.6%；其次是办理社保、社会救助，占23.9%；后面依次是婚姻、生育、收养，土地或住房登记、转让、拆迁等，处理民事（经济）纠纷等，可见，民众找政府办事主要集中在办理户籍及身份证明、社保和社会救助的事情上。分城乡看，农村受访者找政府办事，居民户籍及身份证明和社保、社会救助所占比例较为集中，分别为36.1%和30.1%，累计为66，1%；土地或住房登记、转让、拆迁等，婚姻、生育、收养，处理民事（经济）和工商注册登记也占一定比例，累计达23.6%；城镇受访者找政府办事，居民户籍及身份证明和社保、社会救助所占比例更为集中，分别为64.5%和17.1%，累计超过八成（见表17–36）。

表17-36　　2017年河北省城乡居民到政府部门办理各种业务所占比例对比（%）

| 居民到政府部门办理业务分类 | 农村居民 | 城镇居民 | 居民总体 |
|---|---|---|---|
| 居民户籍及身份证明 | 36.1 | 64.5 | 49.6 |
| 出入境 | 3.0 | 1.9 | 2.5 |
| 土地或住房登记、转让、拆迁等 | 6.8 | 3.5 | 5.2 |
| 社保、社会救助 | 30.1 | 17.0 | 23.9 |
| 婚姻、生育、收养 | 6.5 | 4.9 | 5.7 |
| 纳税 | 3.0 | 0.4 | 1.8 |
| 处理民事（经济）纠纷 | 6.3 | 3.3 | 5.0 |
| 工商注册登记 | 4.1 | 0.8 | 2.5 |
| 交通（车辆购置和检查、违章罚款等） | 1.4 | 1.9 | 1.6 |
| 教育 | 0.0 | 0.4 | 0.2 |
| 公共事务办理或公共活动 | 2.4 | 1.5 | 2.0 |
| 其他 | 0.3 | 0.0 | 0.2 |
| 合计 | 100.0 | 100.0 | 100.0 |

调查数据显示，2017年，受访者在与政府部门打交道过程中，除了55.4%的受访者表示没有不满意的之外，受访者表示找政府办事对相互推诿和效率低最不满意，占16.8%（即不满意率为16.8%）；对程序太复杂和不公开的不满意率为12.1%，居第2位；后面按不满意率高低排列分别为要找关系（6.7%），服务态度不好（2.3%），吃拿卡要、乱收费（0.7%）等，说明办事相互推诿和效率低，办事程序太复杂和不公开是政府为民办事存在的突出问题，民众对这两个问题的不满意率最高。与上年相比，受访者对相互推诿、效率低，要找关系的不满意率分别提高5.0个和2.5个百分点；对程序太复杂和不公开的不满意率降低1.0个百分点；对吃拿卡要、乱收费，服务态度不好的不满意率与上年基本持平。

分城乡看，2017年，农村受访者对程序太复杂和不公开，相互推诿、效率低，要找关系，吃拿卡要、乱收费，服务态度不好等各项政府服务的不满意率均高于城镇。与上年相比，农村与城镇受访者对相互推诿、效率低的不满意率分别提高4.9个和4.3个百分点，对找关系的不满意率分别提高2.5个和2.2个百分点；对程序太复杂和不公开的不满意率农村降低2.2个百分点，城镇提高2.3个百分点；对吃拿卡要、乱收费，服务态度不好的不满意率与上年基本持平（见表17–37）。

**表17-37　2016～2017年河北省城乡居民与政府打交道最不满意的方面所占比例对比（%）**

| 居民与政府部门打交道过程不满意方面 | 2016年 | | | 2017年 | | |
|---|---|---|---|---|---|---|
| | 农村居民 | 城镇居民 | 居民总体 | 农村居民 | 城镇居民 | 居民总体 |
| 程序太复杂和不公开 | 12.8 | 14.1 | 13.1 | 10.6 | 16.4 | 12.1 |
| 相互推诿、效率低 | 9.7 | 18.7 | 11.8 | 14.6 | 23.0 | 16.8 |
| 要找关系 | 3.4 | 6.7 | 4.2 | 5.9 | 8.9 | 6.7 |
| 吃拿卡要、乱收费 | 0.5 | 1.1 | 0.7 | 0.7 | 0.8 | 0.6 |
| 服务态度不好 | 1.9 | 3.9 | 2.3 | 2.0 | 3.3 | 2.3 |
| 其他 | 0.3 | 0.4 | 0.3 | 0.1 | 0.0 | 0.1 |
| 没有不满意的 | 58.5 | 38.5 | 53.8 | 61.4 | 37.8 | 55.4 |
| 不回答/不清楚 | 13.0 | 16.6 | 13.8 | 4.7 | 9.8 | 6.1 |
| 合计 | 12.8 | 14.1 | 13.1 | 10.6 | 16.4 | 12.1 |

## 三、河北省民生领域存在的突出问题

### （一）居民家庭收入总体水平较低，城乡差距有所扩大

提高收入水平是人民最关心最直接最现实的利益问题，收入水平直接关乎到居民的生活水平和生活质量。居民收入问题是历来党和政府高度关注的民生问题，2017年，调查结果表明，河北省受访者家庭户均总收入为63625元/户（其中，农村家庭户均总收入为59877元/户，城镇家庭为74671元/户）。河北省受访者年收入为10万元及以上（中高收入）的家庭仅占14.6%（其中，农村家庭占12.4%，城镇占20.8%），年收入为5万元以下（低收入）居民家庭占1/2（其

中，农村家庭占56.6%，城镇占28.5%），而年收入为1万元以下的贫困家庭（最低收入）占8.7%（其中，农村家庭占11.2%，城镇占1.0%）（见图17-22），说明总体上看，河北省居民家庭收入水平不高，处于中低水平，贫困居民家庭占一定比例，所以，目前河北省居民收入水平总体较低、从而使部分居民家庭，特别是贫困居民家庭生活压力增大，甚至生活艰难，进而影响着全省居民生活幸福指数的提高。调查结果表明，2017年，在对居民家庭生活各项不满意问题调查中，25.8%的受访者（其中城镇为19.4%，农村为27.9%）对收入最不满意，居家庭生活各项不满意问题之首（见表17-5）。

调查数据显示，就近两年居民家庭收入差距而言，近五成的受访者认为收入差距没有变化，29.8%的认为收入差距有些扩大，10.1%的认为收入差距有些缩小，而认为收入差距大幅扩大和大幅缩小的受访者比例较低，分别只有2.3%和0.4%，由此看出，认为收入差距扩大的比例（含大幅扩大和有些扩大）比认为收入差距缩小（含大幅缩小和有些缩小）的比例高21.6个百分点（见图17-69），这一事实应当引起足够重视。总体上看，近两年居民家庭收入差距有所扩大。

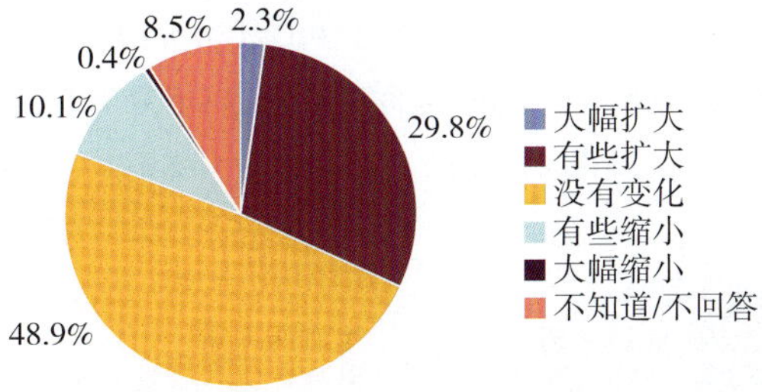


图17-69　2017年河北省居民对近两年家庭收入差距认知情况

## （二）义务教育和高中教育中教学质量不高、课业负担重、上学远问题凸显，影响民众教育满意度的提升

当前我国实行小学、初中九年义务教育，到2020年全国要普及高中阶段教育。长期以来，河北省各级政府高度重视教育，特别是九年义务教育和普通高中教育，将其摆到了突出的位置，推进义务教育均衡发展取得显著成效，高中阶段教育也已基本普及。调查发现，2017年，44.9%的受访者（其中农村占46.4%，城镇占37.3%）对河北省义务教育和普通高中教育表示满意。但由于目前河北省教育体制机制还不够完善，教育投入相对不足，优质教育资源相对短缺，城乡、区域教育发展不平衡，在义务教育和普通高中教育方面还存在着诸多问题。调查资料显示，2017年，由图17-36见，在对义务教育和普通高中教育各项不满意问题调查时，除去44.9%的受访者表示满意（即没有不满意的）之外，受访者对义务和普通高中教育教学质量差、课业负担重和上学远的问题最不满意。由图17-37见，教育质量差的问题无论农村还是城镇均普遍存在，只是农村比城镇表现得更为突出，其原因是随着近年来河北省农村义务教育生源的减少，不少农村学校数量减少，规模缩小；同时随着城镇化发展和学生向城镇集中，不少农村优秀教师更希望到城镇工作，导致人才流失，形成农村教育质量差的情况。课业负担重的问题

也主要表现在城镇，由于应试教育考试，学校追求高升学率，学生之间竞争激烈，以及学生父母对孩子的期望过高等造成了学生课业负担重。上学远的问题上突出表现在农村，由于学校布局不合理，很多学校位于小镇或偏远乡村，交通条件差，多数学生上学距家较远，学生住校率低，造成部分学生上学远的问题，这在偏远或贫困地区更为突出。调查还发现，择校现象在城乡教育中也较为普遍，因为尽管义务教育实行免试就近入学，但由于城镇中教育资源分布不均衡，公办学校数量不足，家长更希望子女上最好的学校、接受更好的教育，采取择校方式让自己的子女获得优质资源。综上所述，教育质量差、课业负担重和上学远的问题在义务教育和普通高中教育中表现最为突出，已成为制约着民众对教育满意度的提升的短板。必须要加快教育体制改革，加大教育投入，促使教育资源均等化，切实解决义务教育和普通高中教育中教育质量差、择校普遍和上学远的问题。

## （三）看病贵、医保报销比例低和看病难问题依然突出，居民医疗保障担忧程度较高

调查结果显示，当前民众对医疗服务各个问题不满意率居前3位的依次是看病太贵（51.1%）、医保报销比例低（10.5%）和大医院看病难（5.0%），民众对这三个问题的不满意率明显高于医疗服务的其他问题（见图17-70）。

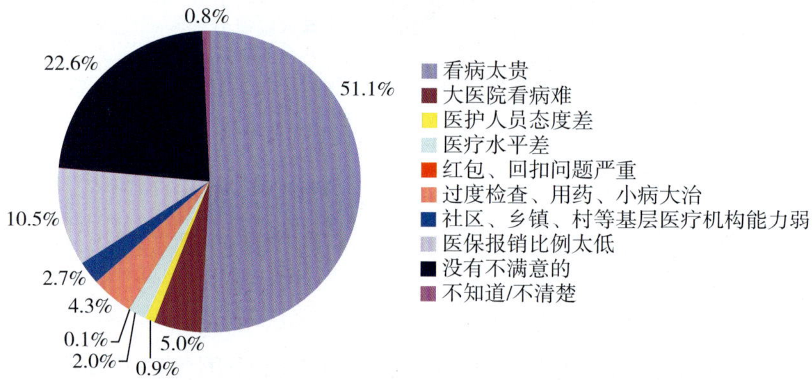


图17-70　2017年河北省居民对医疗服务各个问题的不满意率

看病太贵是广大民众对医疗服务最不满意的方面。从医疗费用看，2017年，居民家庭平均实际医疗支出为7970元/户（农村为7728元/户，城镇为8688元/户），居民家庭平均实际医疗支出占消费总支出的比例为24.4%（农村为25.1%，城镇为22.2%）（见图17-43），相比居民的收入和消费水平，当前居民医疗支出及占家庭消费总支出的比例明显偏高较高，使看病贵问题较为突出。本次调查有15.3%的受访者家庭成员曾受到过医生的建议住院但并没有住院，从这部分人群没有住院的原因分析结果看（见图17-71），没钱住院是未住院的最主要原因，占该部分人群的53.9%，其次是自己认为不需要和没有时间等。调查发现，有14.2%（其中，农村为16.9%。城镇为6.3%）的家庭在家人看病时需要找亲戚朋友借（含援助）。

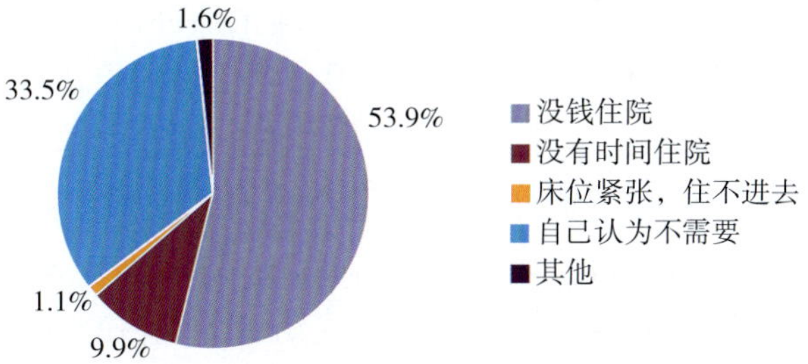


图17-71　2017年河北省医生建议居民住院而没有住院的各个原因所占比例（%）

各类医保报销比例低也民众对医疗服务不满意的重要方面。尽管目前河北省城乡居民基本医疗保险服务体系已经建立，但对就医住院的花销报销和比例仍有诸多限制。2017年居民医保报销比例为39.9%（农村为32.7%，城镇为59.4%），个人平均承担诊疗费用11891元（农村为13380元，城镇为8030元）（见表17-14），可见，医保报销比例与居民家庭成员承担的高额医疗费用相比明显偏低，使居民各类医保报销额度较少，个人承担的医疗费用较高，也进一步加剧了看病贵的问题，造成部分居民家庭特别是低收入群体家庭就医困难。

大医院看病难同样是民众对医疗服务不满意的一个主要方面。当前，全国各大医院（如地级市、省级、北京、上海等医院）的医疗水平和卫生设施的安全性等方面均优于普通医院（如市、区、县医院）特别是基层医疗机构（如乡镇卫生院、社区服务中心等），所以，民众对大医院更为信任，但由大医院于数量少、供不应求，人满为患，门诊“一号难求”，住院“一床难求”，就医流程复杂，检查过程繁琐，使居民对到大医院就医“望之兴叹”；另一方面，到大医院就医费用高、报销比例低，部分居民家庭没钱住院，致使看病难的问题更加突出。2017年，调查结果显示，当居民有病需要就医时，超过七成（72.7%）的受访者会选择基层医疗机构（包括村卫生室/诊所、社区卫生服务中心/站、乡镇卫生院），只有4.8%的受访者选择到区域内最好的大医院（见图17-40）。调查发现，从受访者是否担心自己及家人未来生病后没钱看病的分析结果看，33.4%受访者表示非常担心，31.8%的表示比较担心，表示一点也不担心的仅占4.9%（见图17-72），说明大多数居民对未来医疗保障状况表示担忧。

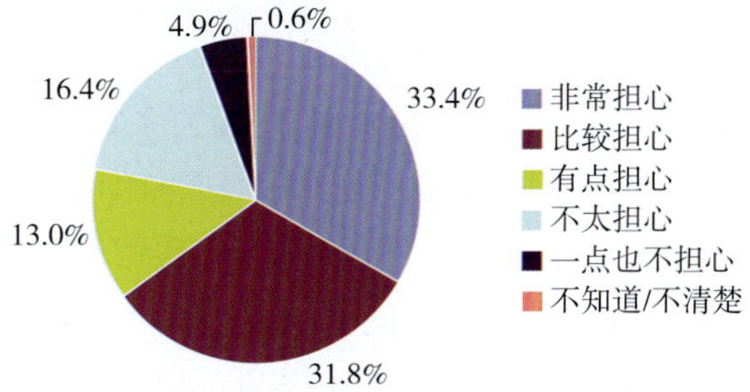


图17-72　2017年河北省居民对未来生病后没钱看病担心状况

## （四）生活环境污染问题关注度上升严重，居民健康及出行受到较大影响

生活环境是民众赖以生存的基本条件。但随着经济的发展及人民生活所带来各种污染源的

排放，目前环境污染问题依然突出，广大民众对居住地生活环境状况存在严重忧虑。调查结果显示，2017年，在对社会环境各项不满意问题调查中，23.2%的受访者（其中城镇为34.9%，农村为19.2%）对环境污染最不满意，居社会环境各项不满意问题之首（见图17-21和表17-6）。18.2%的受访者（其中城镇为35.3%，农村为12.4%）对居住地总体生态环境质量状况不满意，其中，对空气质量不满意的城镇和农村受访者分别占49.3%和24.8%，对周边河流、湖泊、池塘、水泡子、井水等水体质量状况不满意的城镇和农村受访者分别占34.5%和19.3%，对噪声问题不满意的城镇和农村受访者分别占31.4%和11.1%，对生活垃圾处理情况不满意的城镇和农村受访者分别占28.9%和19.7%（见图17-61和表17-24）。空气质量差，周边水体遭受污染，噪声大，生活垃圾处理不及时等问题造成环境污染严重和环境质量差，给民众居住的生活环境带来较大危害，对人们的生活、出行和健康产生了不利影响，直接影响着民生满意度的提升。

河北省各级政府一直高度重视生态环境问题，近年来先后出台了一系列保护、治理和改善生态环境的政策、措施和条例，加大资金投入，治理和改善生态环境，提高居民生活环境质量，居民居住地生活环境质量正在逐步改善和提高。但居民生活环境的改善与公众期盼相比仍有较大差距，调查资料显示，在调查过去一年居民居住地（社区/村庄）总体生态环境质量变化时，受访者回答没有变化和有所变差（含略有变差和明显变差）的，城镇分别占42.6%和11.9%，农村分别占25.9%和3.7%（见图17-62）。调查发现，2017年，虽然在农村地区，各种典型污染源如牲畜粪便、农膜处理、农药化肥、秸秆、周边工矿企业排污、生活污水等的处理（或治理）获得受访者“好评”的比例均大于获得“差评”的比例，农村污染源治理总体向好，但农村污染源处理获得受访者评价“一般”的比例大多在1/4～1/3左右，且获得“差评”的比例平均在18%左右，其中，农药化肥使用和周边工矿企业排污处置获得“差评”的比例分别高达33.3%和23.4%，说明农村各类典型污染源治理任务还很艰巨（见表17-29）。综上，居民生活环境污染和环境质量问题依然突出。因此，全社会要共同努力，加大对环境污染的综合治理力度，减少各种污染源排放，以改善环境，提高居民居住地生态环境质量，提升民众生活幸福感指数。

### （五）食品安全问题依然严峻，政府监管保障力度尚显薄弱

“民以食为天，食以安为先”。食品安全问题直接关系民众的健康生存，已成为当前民众最关心的问题。近年来问题牛奶、地沟油、注胶虾、转基因油、食品添加剂（如色素、防腐剂、香精等）超量使用、农药兽药、抗生素、重金属等高残留问题、食品过期变质问题等食品安全事件频发，直接影响到人民的生命安全，使得食品安全形势十分严峻。这一方面说明了我国的食品安全监管在加强，群众食品安全意识也在提高，但另一方面也暴露出目前食品安全还存在诸多问题，食品安全问题已引发全社会食品安全恐惧症，直接影响到民生满意度的提高。调查结果显示，2017年，在对社会环境各项不满意问题调查中，民众对食品安全的不满意率为10.4%（其中农村为9.2%，城镇为14.1%），排在对环境污染不满意率之后，居第2位（见图17-21和表17-6）。因此，解决食品安全问题已经刻不容缓。

食品安全问题固然源自食品生产加工商的诚信与道德，还有生产加工技术上的问题，但

更主要的是由于政府的食品安全监管的不完善，特别是负有监管职责的政府行政官员的不负责任、不作为，监管执行不到位等有密切关系。调查发现，2017年，居民对当地政府在加强食品安全监管、保障食品安全方面的工作不满意主要表现在：一是政府努力做了不少工作，但食品安全保障效果并不明显；二是政府做了一些工作，但监管不力、保障食品安全工作还不到位，距民众的期盼尚有很大差距；三是政府不作为，对食品安全问题缺乏监管，致使食品安全问题泛滥。对上述三方面不满意的居民所占比例分别为11.9%、18.4%和13.6%，累计达到四成以上（见图17–66）。政府对食品安全监管、保障工作力度薄弱造成部分居民对未来食品安全改善信心不足。调查结果显示，2017年，问及受访者对未来食品安全状况改善是否有信心，14.7%的居民认为难以带来有效改善和不指望能改善（见表17–32）。为解决目前的食品安全问题，广大民众向政府提出了各种诉求与建议，如提出要强化监管部门责任和检查执法力度，对假冒伪劣食品生产者进行严厉处罚，要有严格食品安全标准，及时向公众通报不合格的食品，加强对公众的食品安全常识教育，帮助公众识别优质、安全可靠食品等（见图17–67）。

另外，我国有关食品安全的法律体系中也存在着诸多弊端和问题，为不少问题食品的产生提供了生存的空间。食品安全法律条文规定得过于笼统，难以操作，并且这些法律法规和标准体系严重滞后。现有的一些食品安全的标准水平规定偏低，许多指标远远低于国际标准，许多重要的标准至今还尚未制定出来，一些现有的标准不统一，这就为那些不法厂商、企业违法生产超低标准、不符合标准的食品提供了可乘之机。因此，要彻底解决食品安全问题，必须深入剖析产生问题的深层原因，在此基础上借鉴国外食品安全监管经验，强化社会对食品安全的监督，做好食品标准的制定和严格执行食品标准，加强法制建设和企业商业道德建设，建立起全社会参与的食品安全监督网络，更有效地保障食品安全。

### （六）家庭养老负担日趋严重，社会养老保障能力亟待提高

随着河北省人口老龄化进程加快以及退休人口高峰的到来，家庭养老负担越来越重，压力也随之增大，如何让老龄人口老有所养，老有所依已成为亟待破解的重大社会问题。调查结果显示，2017年，河北省居民家庭中，1/5的家庭有1位老人（指60岁及以上的人口）需要照顾，超过1/3的家庭有2位老人需要照顾，还有少部分家庭甚至需要照顾3位及以上的老人（见表17–38），平均每户居民家庭赡养1.1位老人。调查发现，超过1/3的受访者认为家庭赡养老人的经济、时间和精力压力较大，负担沉重（见图17–50和图17–51）。

表17-38　2017年河北省居民家庭赡养不同数量老人（60岁及以上）的家庭所占比例

| 家庭60岁以上老人数量（人） | 农村家庭比例（%） | 城镇家庭比例（%） | 居民家庭比例（%） |
|---|---|---|---|
| 0 | 43.7 | 35.3 | 41.6 |
| 1 | 19.8 | 18.0 | 19.3 |
| 2 | 34.1 | 46.3 | 37.2 |
| 3 | 2.3 | 0.3 | 1.8 |
| 4 | 0.1 | 0.0 | 0.1 |
| 合计 | 100.0 | 100.0 | 100.0 |

调查发现，近六成的受访者认为养老金水平太低是目前河北省社会养老保障（养老保险）方面最为突出的问题（见表17-17）。调查结果显示，2017年河北省家庭老年人口月均固定收入为1080元，其中，月均养老金为875元，养老金占固定收入的比例为81.0%。分城乡看，城镇老年人口月均固定收入为2464元/人，是农村（517元/人）的4.1倍，城镇老年人口月均养老金为2397元/人，是农村（255元/人）的9.4倍；从养老金占固定收入的比例看，农村老年人口月均固定收入中近一半来自于养老金，城镇则有97.3%自于养老金（见表39），可见，老年人口养老金水平低特别是农村养老金水平偏低已成为制约老年人口生活水平和质量提高的瓶颈。因而超过1/5的受访者对当前养老保障（养老保险）状况不满意（见图17-52）。为此，完善养老保障制度设计，提高老年人口的养老金水平，增强社会养老保障能力，是河北省各级政府和社会应着力做好的一项重要民生工作。

表17-39　2017年河北省城乡老年人口月均固定收入、养老金及养老金占固定收入比例

| 指标 | 农村 | 城镇 | 总体 |
|---|---|---|---|
| 老年人口月均固定收入（元/人） | 517 | 2464 | 1080 |
| 其中：老年人口月均养老金（元/人） | 255 | 2397 | 875 |
| 养老金占固定收入的比例（%） | 49.3 | 97.3 | 81.0 |

目前，河北省60岁及以上老年人口所占比例超过15%，人口老龄化率高于全国平均水平，但河北省城乡居民养老方式仍以家庭养老为主，调查结果显示，2017年，河北省居民选择家庭养老（如靠配偶相互照顾、子女照顾等）所占比例超过97%，选择社会养老（如去养老院等）的比例不到2.0%（见图17-49），这一方面说明居民养老观念陈旧，养老方式落后；另一方面也说明当前河北省满足居民养老需求的多元化养老服务体系尚未完全建立。调查发现，对目前养老服务存在的主要问题按其在受访者中所占比例大小依次为养老服务机构太少（占26.8%）、养老机构收费太高（占19.3%）和社区养老服务设施不完善（占14.0%）（见表17-18）。有48.6%的受访者反映所在地养老设施和服务不能满足老年人的需求（见图17-54），近1/5的受访者对现有养老服务不满意（见图17-53）。所以，转变居民养老观念，加大养老资金投入，加快养老设施建设，提高养老的社会化程度，建立和完善覆盖城乡的养老服务体系，增加医护人员数量，提高养老服务水平和质量，以更好地满足老年人口的生活需要刻不容缓。

## （七）部分机构人员办事效率较低，服务型政府建设有待增强

政府的权利来自于人民，必须要服务于人民，关注普通民众的利益，需求和愿望，能够为民众排忧解难，解决他们最关心、最直接、最现实的利益问题。但调查数据表明，2016年，针对“在与政府部门打交道过程中，您最不满意的方面是什么”调查中，尽管城镇有38.5%，农村有58.8%的居民对当地政府为居民办事表示满意，但仍有众多居民反映，在找当地政府部门办事过程中存在着程序复杂、相互推诿、效率低、服务质量低的问题，有些地方还存在着吃拿卡要、乱收费、办事需找关系、送礼等问题（见表17-33），上述问题的出现反映出当前政府为民服务的意识尚有不足，这也在一定程度上损害了政府的形象。所以，政府要树立为民众服务意

识，加快由管制型政府向服务型政府的转变，切实提高为民办事效率与服务质量，这也是重要的民生问题。

## 四、持续推进民生改善的政策建议

### （一）多渠道增加就业岗位，提高居民收入水平

一是坚持就业优先战略，完善就业政策，大规模开展职业技能培训，鼓励创业带动就业，大力培养和引进创新创业人才，加快营造有利于大众创业、万众创新的市场环境，激发全社会创新创业创造活力。二是建立就业政策与经济政策衔接机制，坚持在经济增长的同时实现居民收入同步增长、在劳动生产率提高的同时实现劳动报酬同步提高，努力实现更高质量和更充分就业。三是进一步完善就业公共服务体系，提供全方位就业公共服务，注重解决结构性就业矛盾，落实就业政策，切实做好转业退役军人安置工作，促进高校毕业生等青年群体、农民工多渠道就业创业。四是加大就业援助力度，扶持城镇困难人员、残疾人就业，确保零就业家庭至少有一人稳定就业。五是进一步加快行政事业单位工资改革力度，按方案及时足额兑现津贴标准，促进收入水平的较快提升，加快各行业均衡发展，缩小行业收入差距。六是履行好政府再分配调节职能，加快推进基本公共服务均等化，缩小收入分配差距，提高低收入家庭就业率和收入水平，根据经济的发展水平和市场物价变化及时调整最低生活保障标准。七是破除妨碍劳动力、人才社会性流动的体制机制障碍，使人人都有通过辛勤劳动实现自身发展的机会。八是继续坚持精准扶贫精准脱贫基本方略，加快推进脱贫攻坚供给侧结构性改革，打好精准脱贫攻坚战，推动扶贫脱贫政策落地生根，向深度贫困地区聚焦发力，继续实施基础设施和基本公共服务提升工程，深入开展扶贫领域腐败和作风问题专项治理，严格追责问责，在脱贫攻坚、推进共享中努力提高人民生活水平。

### （二）不断完善社会保障体系，织牢社会生活安全网

一是全面实施全民参保计划，扩大对中小微企业和广大农民工、灵活就业人员、新就业形态人员等群体的参保覆盖范围，进一步完善城镇职工基本养老保险和城乡居民基本养老保险制度，实现养老保险全国统筹，继续提高退休人员基本养老金，确保按时足额发放。二是加快完善统一的城乡居民基本医疗保险制度和大病保险制度，实现城乡医保经办服务一体化；深化医保支付方式改革，完善异地就医管理和费用结算平台；探索建立长期护理保险制度，减轻长期失能人员的家庭经济负担；鼓励发展补充医疗保险、商业健康保险，满足民众多样化医疗保障需求。三是完善失业、工伤保险制度，建立健全失业保险费率调整与经济社会发展的联动机制，完善失业保险金标准调整机制，实施工伤保险基金省级统筹。四是推动社区和居家养老工程建设，鼓励社会资本兴办养老机构，拓宽养老渠道、丰富养老模式，推进居家、社区、机构养老服务相互衔接和共同发展，提高社区和居家养老服务设施覆盖率，加快发展以养老服务为

主的适度普惠型社会福利事业，推进全省医养结合型养老示范基地建设，提高养老服务质量。五是启动住房制度改革工程，建立健全多主体供给、多渠道保障、租购并举的住房制度，在土地供应、开发建设、房屋租赁等方面积极探索，提高国家计划的政府投资公租房分配率，启动住房租赁交易服务平台建设，提供便捷规范服务。六是加紧实施棚户区改造工程，开展新的三年棚户区改造计划，推进农村危房改造工程实施，全部启动四类重点对象农村危房改造，改善农村人居环境。七是开展城乡特困人员救助工程建设，进一步完善最低生活保障制度以及社会救助、社会福利、慈善事业、优抚安置等制度，提高特困人员救助供养基本生活标准，建立健全残疾人基本福利制度，完善扶残助残服务体系，全面提升儿童福利服务水平。八是建立全国统一社会保险公共服务平台，实施“互联网+人社”行动，实现跨地区、跨部门、跨层级社会保险公共服务事项统一经办、业务协同、数据共享，实现社会保障一卡通以及社会保险基本公共服务标准化。

### （三）推进教育事业全面发展，办好公平优质教育

一是优先发展教育事业，继续深化教育改革，加强教师队伍建设，强化教育管理，提高教学质量，加快学前教育普及工程，推动城乡义务教育一体化发展，大力普及高中教育，积极发展职业教育，推进职业培训工程建设，重视成人教育，加快高校“双一流”建设，提高高等教育发展水平，构建高水平、优质均衡的现代化教育体系。二是继续增加教育经费投入，加强义务教育标准化学校建设，加大中小学校舍提升工程建设，特别是加大对贫困地区中小学校舍新建、改扩建的力度，改善办学条件，切实解决居民家庭子女择校难、上学贵、上学远问题。三是规范教育收费，扶持贫困地区，保障经济困难家庭、农民工随迁子女基本享受平等接受义务教育的权利，大力推行普通高等教育助学贷款制度，资助贫困学生完成学业。四是抓住京津冀协同发展机遇，充分利用京津优质教育资源，加快与京津各类学校深度合作，在河北设立分校或联合办学，提升河北教师的专业能力水平，提高我省高素质人才培养能力。五是用好社会教育资源，推进高校后勤服务社会化，鼓励社会力量以多种形式兴办教育，发展优质民办教育。六是改革优秀人才的收入分配制度，探索人才培养、使用的激励机制，努力创造吸引和留住人才的良好环境。

### （四）加大环境污染综合治理力度，改善居民生活环境

一是推进生态保护和建设，加大生态环境保护治理力度，加快改善生态环境特别是空气质量，全面实施散煤综合治理，加快实施电代煤、气代煤改造，开展光热、光伏、风电等供暖试点，推进冬季清洁取暖，加大燃煤电厂超低排放和节能改造力度，优先保障清洁能源发电上网，加快秸秆综合利用。二是打好污染防治攻坚战，全面推进污染源治理，大力开展工业企业全面达标排放行动，对所有重点工业污染源实行24小时在线监控，彻底整治“散乱污”企业。三是加强大气污染综合治理，有效应对重污染天气，加强对大气污染源的解析和雾霾形成机理研究，提高应对的科学性和精准性，扩大京津冀重点区域联防联控范围，强化预警和应急措

施。四是强化机动车尾气治理，基本淘汰黄标车，加快淘汰老旧机动车，对高排放机动车进行专项整治，鼓励使用清洁能源汽车，提高燃油品质。五是强化水、土壤污染防治，开展水污染集中治理攻坚，抓好重点流域、区域、海域水污染，编制实施土壤污染治理与修复规划，开展土壤污染详查，分类制定实施治理措施，加强农业面源污染防治，开展加快国土绿化三年行动。六是加强城乡环境综合整治，普遍推行垃圾分类制度，加快垃圾无害化处理工程和污水集中处理工程建设，提高城市生活垃圾无害化处理率和污水处理率，全面完成县城污泥处理项目提标改造，加强城乡、旅游等公共场所厕所新建、改造工程建设。七是完善政府、企业、社会多元化环保投融资机制，多渠道筹集社会资金，增加环保资金投入，鼓励各类所有制经济积极参与污染治理设施投资和运营，广泛募集社会资金投资建设污染治理设施。八是培育壮大节能环保产业，发展绿色再制造和资源循环利用产业，使环境改善与经济发展实现双赢。九是加大对污染行为的惩罚力度，对不执行环境影响评价、超标排污、不遵守排污许可证规定、造成重大环境污染事故，在自然保护区内违法开发建设和开展旅游或者违规采矿造成生态破坏等违法行为，予以重点查处。

## （五）加快建设健康河北，提升群众生活幸福指数

一是深化医药卫生体制改革，全面建立基本医疗卫生制度、医疗保障制度和优质的医疗卫生服务体系，健全现代医院管理制度，加强基层医疗卫生服务体系和全科医生队伍建设，增强基层服务能力，搞好公立医院改革工程，加快推进公立医院现代管理制度建设试点工作，全面取消以药养医，健全药品供应保障制度，落实药品采购“两票制”，严格控制医疗费用不合理增长。二是坚持预防为主，深入开展爱国卫生运动，倡导健康文明生活方式，预防控制重大疾病。四是实施“食药安全，诚信河北”三年行动计划，加快推进食品药品安全工程建设，开展食品安全示范城市创建活动，确保人民群众舌尖上的安全。五是坚持中西医并重，传承发展中医药事业。支持社会办医，发展健康产业。六是促进生育政策和相关经济社会政策配套衔接，加强人口发展战略研究。七是积极应对人口老龄化，构建养老、孝老、敬老政策体系和社会环境，推进医养结合，加快老龄事业和产业发展。八是发展竞技体育和体育产业，开展全民健身运动，增强人民体质。

## （六）推动农村全面进步，加快美丽乡村建设

一是开展农村人居环境整治三年行动，以垃圾污水治理、“厕所革命”、“四好农村路”、村容村貌整治为重点，改善农村生产生活条件。二是实施平安乡村创建行动，创新乡村治理体系，加快推动农民全面发展，实施强村富民行动。三是加大对农民合作社、龙头企业等新型农业经营主体的培育力度，发展股份合作制等新型农村集体经济。四是支持农民创业就业，发展畜牧、蔬菜、果品等特色高效农业和农产品加工业。五是抓好休闲农业、乡村旅游、农村电商等新产业新业态发展，多渠道促进农民增收。六是抓好新型职业农民培育，加强农村思想道德建设，推动农村移风易俗，培育文明乡风、良好家风、淳朴民风。

### （七）强化满意政府建设，提高行政服务质量和效率

一是坚持以人民为中心的发展思想，牢记为民初心，推动政府服务向民生覆盖、资源向民生倾斜，努力使政府各项决策更近民情、更顺民意、更贴民心。二是加快建设服务型政府，转变政府职能，推动“放管服”改革向纵深发展，进一步简政放权，开展以创新创业、服务发展服务民生为主要内容的“双创双服”活动，增强政府公务人员为人民服务意识，提高服务质量和效率。三是加强法治政府廉洁政府建设，全面推进依法行政，依法办事，提升政府工作法治化水平，让人民监督权力，严格落实中央八项规定和实施细则精神，推动干部清正政府清廉政治清明，加大力度整治发生在群众身边的“微腐败”。四是多渠道了解民意，问政于民、问计于民、问需于民，深入群众开展调查研究，精准破解民生发展问题的难点。五是严格落实民生政策，优先保障民生资金，全力解决好群众关注的生态环境、道路建设、上学就医等热点问题，不断提高人民群众幸福指数。六是开展减证便民专项行动，全面清理各种证明和手续，实施“互联网+政务服务”，打通信息孤岛，实行“一号申请、一窗受理、一网通办”，最大程度方便群众办事。

（河北省政府研究室专题组
负责人：刘　智
成　员：薛志敏　孙增杰　田学斌　鲁勇兵　赵伟超　武　星）

# 第十八章
# 浙江省民生发展报告

习近平总书记强调指出："民生连着民心，民心关系国运。我们党和政府做一切工作出发点、落脚点都是让人民过上好日子。"2016 年是实施"十三五"规划的开局之年，浙江省委、省政府认真贯彻落实习近平总书记对民生工作的新要求，主动顺应人民群众对美好生活的新期待，着力创新为民办实事的新机制，扎实推进民生保障各项工作，民生建设又有新进展，民生事业得到新发展，民生保障取得新成效，为进一步推进高水平全面建成小康社会夯实了民生基础。

## 一、浙江省民生事业发展取得新进展

2016 年，浙江省委、省政府着重围绕与民生紧密相关的"双创""两富""两美"建设思路，扎实推进民生保障各项工作，努力实现劳有所获、学有所教、病有所医、老有所养、住有所居、环有所保、食有所安、娱有所乐、行有所便、安有所保，人民群众获得感普遍增强。

### （一）城乡差距持续缩小

浙江按照"两富"要求，坚持共享发展理念，将经济发展与百姓收入紧密关联，着力提高城乡居民收入，努力缩小城乡居民收入差距。2016 年，全省居民收入继续稳步增长，收入水平保持全国前列，人均可支配收入为 38529 元，增长 8.4%，实际增长快于全国，其中城镇居民人均可支配收入为 47237 元、农村居民人均可支配收入 22866 元，分别增长 8.1% 和 8.2%，分别连续 16 年和 32 年居各省区首位，城乡居民收入倍差缩小至 2.07 ∶ 1。低保政策与扶贫政策实行无缝衔接，"4600"巩固对象帮扶救助工作持续推进，在册城乡低保对象超过 84 万人，城乡平均月低保标准分别达到 678 元和 631 元。

### （二）优质教育持续供给

浙江扎实推进教育事业补短板各项工作，通过推进高考招生制度改革试点，着力增加招生计划、扩大录取机会；通过提高教育均衡水平，着力改善义务教育薄弱地区基本办学条件；通过全面落实外省籍进城务工人员随迁子女在浙江参加升学考试，切实关爱弱势群体教育问题；通过实施乡村教师支持计划、提高农村教师待遇等手段，提升教师队伍质量水平；通过推进"第三学龄学堂"学习平台建设，着力增加老年教育服务供给，让广大人民群众接受更多更好教育的需求进一步得到满足。截至 2016 年底，全省学前三年入园率达到 97.5%，义务教育入学率、巩固率分别为 99.99% 和 100%，高中段教育毛入学率为 96%，高等教育毛入学率为 57%，教育事业整体水平位居全国前列。

### （三）健康保障不断完善

制定出台《健康浙江 2030 行动纲要》，全面实施健康环境改善、健康素养提升、全民科学健身、基本医疗卫生服务均等化、中医药传承创新、健康保障完善、健康产业发展、医药卫生体制机制改革深化、健康城镇建设等行动计划。统一全省城乡居民医保制度，实现参保范围、统筹层次、资金筹集、保障待遇、经办服务、基金管理、医保监管“七统一”。深入推进“双下沉、两提升”，联动实施医疗、医药、医保改革，积极推行分级诊疗制度，加快推进责任医生签约服务提质扩面，规范签约率达到 22.12%。加快提升基层医疗卫生服务能力，全面提升文成等 10 个重点县卫生与健康事业整体发展水平。实施中心镇卫生院医疗服务能力提升项目，推动 200 家左右中心镇卫生院强化医疗服务能力。启动跨省异地就医联网结算试点。截至 2016 年末，新增基本医疗保险参保人数 35 万人，累计达到 5175 万人。全省共有卫生机构 3.15 万个，其中，医院有 1131 个；卫生技术人员有 43.2 万人，同比增长 6.7%；医疗卫生机构床位数有 29 万张，增长 6.6%；医院年诊疗 25357 万人次，增长 2.9%。

### （四）养老服务持续加强

2016 年，浙江新增基本养老保险参保人数 186 万人，累计达到 3711 万人。首次同步调整企业和机关事业单位退休人员基本养老金，惠及全省 610 万退休人员，调整后正常缴费企业退休人员月人均养老金达到 2910 元。33 万老人享受养老服务补贴，发放补贴资金 4.06 亿元。新增城乡社区居家养老服务照料中心 3450 家，累计建成 2.23 万家。新增养老机构床位 3.3 万张，总数达到 38.4 万张。制定实施加快推进海洋捕捞渔民养老保障工作的指导意见。

### （五）居住需求得到满足

浙江积极应对房地产市场的复杂变化，一手抓房地产市场健康发展，一手抓去库存，有效保障广大群众的居住需求，确保住有所居。2016 年，全省房地产完成投资 7469 亿元，同比增长 5%；房地产业税收累计入库 1220.7 亿元，同比增长 16.6%。商品房销售面积为 8637 万平方米，同比增长 44.3%，商品房销售额为 9605 亿元，同比增长 52.5%，其中住宅销售面积为 7234 万平方米，销售额 8281 亿元。累计新开工各类棚户区改造安置住房（含货币化安置）23.5 万套，基本建成棚户区改造、公共租赁住房 24.1 万套，新增低收入住房保障家庭租赁补贴 7802 户，分别完成国家下达年度目标任务的 102.8%、138.8%、263.9%。竣工各类保障性安居工程住房 25.3 万套，交付入住 17.5 万套，分别完成省政府年度目标任务的 132%、137.1%。加快推进下山移民、地质灾害点搬迁和危旧房改造，完成异地搬迁 4.5 万人，其中地质灾害点搬迁 4760 人，农村危房改造

20559 户、城镇危险住宅房屋解危 15665 幢。

## （六）环境质量持续改善

围绕“两美”浙江建设和“三个不带入”战略目标，深入推进“五水共治”“三改一拆”，全面实施新一轮“811”美丽浙江建设行动，大力整治生态环境，城乡面貌进一步改善。2016 年，全省地表水省控断面Ⅲ类以上比例达到 77.4%，同比提升 4.5 个百分点，劣Ⅴ类比例为 2.7%，同比下降 4.1 个百分点；大气环境质量持续改善，69 个县级以上城市日空气质量优良天数比例平均为 88.4%，同比上升 3.4 个百分点，PM2.5 平均浓度为 37 微克 / 立方米，同比降低 6 微克 / 立方米；拆除违法建筑 1.54 亿平方米，累计达到 6.29 亿平方米，改造旧住宅区旧厂区城中村 3.38 亿平方米、累计 9.26 亿平方米；农村生活垃圾实现减量化资源化无害化分类处理，有 4500 个开展垃圾分类处理试点村，新增 80 多万受益农户，垃圾年减量 40 多万吨。

## （七）食药安全再出新招

浙江以“三网六体系”建设为总布局，以“四个最严”为总要求，连续 5 年将食品安全列入为民办实事项目，强化监管守牢安全底线，确保百姓舌尖上的安全和用药安全。截至 2016 年底，全省 83% 的城区农贸市场建成了快速检测、质量追溯“双体系”，45% 的大型、特大型餐饮企业和学校食堂建设了“阳光厨房”，学校大宗食品统一配送（或定点采购）率达到 98.4%，学校饮用水城镇管网接入率达到 99.1%，食品小作坊建档率、许可登记率分别达到 95.9% 和 99.1%，完成药品抽检 15332 批次、医疗器械抽检 1285 批次、保健食品抽检 1106 批次、化妆品抽检 1750 批次，对 33 大类、129 个品种、200 个细类食品开展 28396 批次监督抽检，立案查处食品药品违法案件 12399 件。

## （八）文化设施加快建设

浙江整体推进重大文化设施建设，完成中国丝绸博物馆改扩建项目和浙江美术馆环境整治及内部提升改造项目并投入使用，浙江自然博物园核心馆区、浙江小百花艺术中心等建设项目进展顺利。出台各类行业标准和项目标准 112 个，初步构建起以省定标准为主体、地方标准为基础、行业标准和项目为补充的公共文化服务标准化体系。开展农村文化礼堂“四季行动”“百名教授回乡走进百家文化礼堂”等系列活动，推出内含 2100 多项服务内容的文化礼堂服务“菜单”。推进公共文化服务重点市县建设，10 个重点市县公共文化设施明显提升，公共文化服务明显加强。公共文化供给进一步丰富，全省建成县级以上文化馆 102 家、公共图书馆 98 家，县图书馆乡镇分馆 557 个，乡镇综合文化站、村级文化活动室实现全覆盖，公共图书馆虚拟网络基本全覆盖。组织送文艺演出下乡 1.95 万场，送书下乡 258 万册，送讲座送展览 4560 场，开展“文化走亲”活动 1380 场，各级公共图书馆精心策划了 1233 场丰富多彩、别具特色的活动。深入实施文化信息资源共享工程、数字图书馆推广工程、公共电子阅览室建设计划，数字文化服务网络得到进一步完善。

### （九）交通短板加快补齐

从高水平全面小康的全局战略高度出发，将交通发展作为战略性短板，着力推进“大港口、大路网、大航空、大水运、大物流”现代交通建设，加快构建“通达、快捷、经济、安全”的现代综合交通运输体系，为全省经济持续健康发展和民生改善作出积极贡献。2016 年，全省综合交通投资 1800 亿元，同比增长 25%；高速公路基本实现陆域“县县通”，密度居全国各省区第二位；完成美丽公路创建 8200 公里，创建美丽公路示范县 20 个；11 个设区市市区公交分担率提高 7.2 个百分点，达到 25.6%，公共自行车实行了全覆盖；新改建通乡通村公路 7.7 万公里，率先实现农村公路“村村通”。

### （十）社会大局持续稳定

浙江坚持把“防控风险、服务发展，破解难题、补齐短板”作为主线，以“平安护航 G20 大会战”为总牵引，全力以赴，合力攻坚，打赢了 G20 杭州峰会维稳安保攻坚战，实现了全省社会大局持续稳定。一年来，全省刑事立案数同比下降 22.55%，查处治安案件数同比下降 3.74%；道路交通事故四项指数同比分别下降 9.16%、2.06%、11.26%、6.49%；火灾事故四项指标同比分别下降 34.1%、27.3%，58.5% 和 34.5%；群体性事件发生起数同比下降 44.41%。群众安全感满意率达 96.43%，同比上升 0.09 个百分点。

## 二、浙江省民生领域改革实现新突破

2016 年是“十三五”供给侧结构性改革攻坚之年，浙江省委、省政府坚决贯彻落实中央全面深化改革各项决策部署，坚持以人民为中心，做到老百姓关心什么、期盼什么，改革就抓住什么、推进什么，加强统筹谋划、试点突破和改革督察，年度 6 个重大改革项目、40 个重点突破改革项目和 243 项重点任务如期完成并取得实效。这其中，众多改革项目和重点任务与民生息息相关，为民生保障释放了更多的改革红利。

### （一）顺应民心整体推进

浙江在社会领域实行面上改革整体推进，目的是让百姓办事省心、生活安心、感受暖心。

#### 1.“放管服”改革让百姓办事更省心

浙江按照“群和企业到政府办事最多跑一次”的目标要求，进一步加大简政放权改革力度，加快“互联网 + 政务服务”体系建设步伐，想方设法在便捷的基础上提供优质的服务。2016 年，全省全面取消了非行政许可审批事项，行政许可事项也从上一年的 554 项减少到 516 项。省级部门行政权力精简到4030项。制定出台了行政审批相关中介服务事项目录，中介费用和时间均下降了25%以上。“四张清单一张网”改革深入推进，浙江政务网加快建设，全省3300多个政府部门、1300多个乡镇（街道）网上服务全面上线，浙江政务服务网注册用户达320万户，“互联网+政务服务”体系逐渐形成，老百姓在家中动动鼠标就能办成很多事情，有的甚至在手机等移动终端上也可办理，政府的“店小二”服务不断升级。

### 2. 社会治理体制创新让百姓生活更安心

浙江主动适应社会发展新形势，坚持专项治理与系统治理、综合治理、依法治理、源头治理相结合，积极推进社会治理体制机制改革创新，有效提高社会治理能力和水平。着力完善社会治安防控体系，制定公共视频监控建设联网应用工作实施方案，推进公共视频监控建设联网应用，建立完善打击治理通讯（网络）新型违法犯罪工作机制，建设电信诈骗犯罪技术反制平台，开发反欺诈信息共享平台。不断提升社会公共安全风险防患能力，大力推动寄递、瓶装燃气销售、手机、出租房、农家乐（民宿）、长途客运购票等重点行业和领域“实名制”管理。深入实施食品药品安全战略，着力完善食品药品监管体制机制。全力推进气象安全体制机制改革，建立气象灾害预警信号属地化发布机制。推进省平安建设信息系统与“网格化管理、组团式服务”两网融合，推进县乡两级社会治理综合指挥平台规范化建设，开发应用“平安浙江”APP，全省已注册发展手机APP用户430余万，全省网格员上报和公众爆料363万余件，95%以上在镇村两级得到处理。

### 3. 社会事业改革深化让百姓感受更暖心

浙江不断加快社会事业改革进程，切实解决好人民群众最关心最直接最现实的利益问题。在教育体制改革方面，进一步完善义务教育“两免一补”政策和城乡义务教育经费保障机制，加快推进薄弱学校改善工程建设；完善现代职业教育体系，推进现代学徒制试点工作；推进教师制度改革，在全国率先实行教师培训学分制管理，开展中小学老师“县管校聘”制度改革，开展中小学校长职级制改革试点；在全省高校和独立学院全面建立创业学院；印发推进教育管办评分离综合改革试点方案。在医药卫生体制改革方面，部署健康浙江建设，制定浙江深化医药卫生体制改革综合试点方案，持续深化“双下沉、两提升”长效机制建设，逐步实现县级医疗资源下沉乡镇全覆盖；稳步推进公立医院综合改革，推动省药械采购新平台提升改造。在完善人力社保政策体系方面，全面启动中小学教师、卫生专业技术、工程系列等职称制度改革；有序推进机关事业单位养老保险制度改革工作。

### 4. 生态文明体制改革让百姓对环境治理更有信心

浙江着力通过生态文明的制度创新，努力构建一套行之有效的体制机制，用以破解发展与保护的矛盾，从而推动形成绿色发展的内生机制。进一步完善生态保护和开发利用体制机制，重点推进杭州、湖州、丽水全国生态文明先行示范区建设，积极开展开化、淳安等主体功能区建设国家试点工作，完成污染源“一证式”管理改革试点，进行“规划环评＋环境标准”清单式管理试点。扎实推进环境保护督察，制定出台党政领导干部生态环境损害责任追究实施细则，开展生态环境损害赔偿改革试点，启动生态环境监测网络建设方案，进行领导干部自然资源资产离任审计试点和自然资源资产负债表编制试点。健全资源集约节约利用体制机制，普遍推行垃圾分类处置制度，建立碳排放清单制度和报告制度，30个通气城市均已建立居民阶梯气价制度，居民阶梯水价政策实现县以上城市全覆盖，全面落实县以上城市污水处理费国家最低标准，建立石油化工及包装印刷等试点行业排污费征收制度。

#### 5. 督查评估机制建立让各级增强责任心

首次开展改革满意度评估，让基层来评判、让群众来打分，借势加大改革攻坚。狠抓改革督察落实，开展健全基本公共文化服务均等化机制、全面推进户籍制度改革、健全信用联合奖惩机制以及推进省平安建设信息系统与“网格化管理、组团式服务”两网融合、建立健全县乡两级事件处理网上网下联运工作机制等重大改革项目督察，对推进分级诊疗制度建设改革进行第三方评估，落实了一批打通改革“最后一纳米”的硬招实招，使改革举措更多惠及基层群众和企业。

### （二）重大改革项目加快落地

2016年，浙江在推进社会领域面上改革的同时，重点实施了与民生密切联系的6个重大改革项目，并取得了新的突破。

#### 1. 推进户籍制度改革

相继推出12项户籍管理便民服务措施，每年可惠及300万群众。开展新一轮居住证制度改革试点，118万外省籍流动人口随行子女在浙江接受义务教育，820万流动人口参加城镇基本养老保险。

#### 2. 健全信用联合奖惩机制

“信用浙江”网公示重点建设工程招投标、公安消防、旅游、税务、行贿犯罪等14个领域的失信黑名单企业、社会组织共264家，个人共1393人，相关政府部门联合银行、保险等金融机构对黑名单主体在行政审批、资质评定、政府采购、招标投标、融资授权等方面采取了信用联合惩戒措施。

#### 3. 深化医保支付制度改革

出台相关办法，在开化等11个县市探索门诊按人头支付和基层责任医生签约服务相结合的改革试点。

#### 4. 推进普通本科高校分类评价管理改革

将全省本科高校分为六种类型进行分类评价，与财政绩效拨款挂钩。

### 5. 全面推进分级诊疗制度建设

大力推进分级诊疗信息化建设，建成并上线浙江省预约转诊服务平台。加快推进责任医生签约服务和基层首诊，基层医疗卫生机构门急诊人次明显增长。

### 6. 推进社会事业重点县建设

建立基础教育“重点县”机制，抬高基础教育发展底部。启动实施省内第四轮教育对口支援工作，完善义务教育“两免一补”政策和城乡义务教育经费保障机制，自 2016 年秋季学期起，对城乡家庭经济困难寄宿生给予生活费补助。继续推进 10 个文化重点市县建设，启动实施 10 个卫生重点县建设。

## 三、浙江省民生十件实事取得新成效

按照民生实事“群众提、大家定”的理念，确定 2016 年民生十件具体实事，通过加强组织领导、明确目标任务、健全工作机制、落实财政保障、强化督促检查等一系列综合举措，年度目标任务全面完成，百姓获得感进一步增强。

### （一）加大雾霾治理力度

目标任务：完成 17 台大型燃煤机组超低排放技术改造，淘汰改造 8000 台燃煤小锅炉，新建 100 座新能源汽车充换电站、10000 个充电桩，全面淘汰黄标车。

完成情况：一是燃煤机组超低排放技术改造。搭建全省高污染燃料“五炉”信息系统，制定淘汰改造高污染燃料“五炉”验收办法。完成 20 台大型燃煤机组共 1186 万千瓦的超低排放改造，完成年度目标任务的 117.6%；淘汰改造燃煤小锅炉 14203 台，完成年度目标任务的 177.5%。二是新能源汽车充换电站及充电桩建设。印发《浙江省“十三五”电动汽车充电基础设施发展规划》《浙江省人民政府办公厅关于加快电动汽车充电基础设施建设的实施意见》。新建 200 座新能源汽车充换电站，完成年度目标任务的 200%；建成充电桩 13087 个，完成年度目标任务的 131%。三是淘汰黄标车。扩大限行区域，杭州、宁波等地全面禁行黄标车。2016 年全省计划淘汰黄标车 1.31 万辆，已于 7 月底提前完成，省级以上财政补助资金已全部拨付到位。

### （二）加大治污水力度

目标任务：完成 2000 公里河道清淤等综合整治，新增 2000 公里污水管网，新增 4000 个农村生活污水治理村，钱塘江和太湖流域城镇污水处理厂全面完成提标改造，达到一级 A 排放标准。

完成情况：一是河道清淤等综合整治。完成 2893 公里河道清淤等综合整治，完成年度目标任务的 144.7%。二是污水管网建设。新增城镇污水配套管网 3252 公里，完成年度目标任务的 162.6%。三是农村生活污水治理。新增 4173 个农村生活污水治理村，完成年度目标任务的 104.3%，受益农户 115 万户。四是城镇污水处理厂实施提标改造。下发《关于要求进一步加强城镇污水处理设施建设和运行监管的通知》。列入钱塘江和太湖流域城镇污水处理厂一级 A 提标改造的 19 个项目全部完成。

### （三）加强食品安全管理

目标任务：新改造 200 家城镇农贸市场，城区农贸市场质量追溯体系建成率达到 70% 以上，快速检测体系建成率达到 70% 以上。在大型、特大型餐饮企业和学校、养老机构食堂建设 2000 家"阳光厨房"。

完成情况：一是农贸市场改造。召开全省农贸市场长效管理建设现场会。完成 238 家放心市场创建单位的组织申报和实地考核工作。省财政下达专项资金 2500 万元。二是农贸市场质量追溯体系和快速检测体系建设。全省共有 622 家城区农贸市场完成质量追溯体系和快速检测体系建设，城区农贸市场质量追溯体系建成率和快速检测体系建成率均达 84%。三是"阳光厨房"建设。下发《2016 年省政府为民办实事项目"阳光厨房"建设实施方案》，推进餐饮单位"阳光厨房"建设，开发"阳光厨房"管控平台。2016 年全省新建"阳光厨房"2400 家，完成年度目标任务的 120%。

### （四）加快养老服务体系建设

目标任务：新建 3000 个城乡社区居家养老服务照料中心。

完成情况：成立浙江省社会养老服务标准化技术委员会，制定养老服务机构康复辅助配置标准。全省新建城乡社区居家养老服务照料中心 3450 个，完成年度目标任务的 115%。

### （五）加强农村惠民服务

目标任务：完成 2 万户农村困难家庭危房改造，改善 70 万农村人口饮水条件，新增 1000 个农村文化礼堂，提升 6000 公里美丽乡村公路、建成 3000 个港湾式停靠站。

完成情况：一是困难家庭危房改造。截至 12 月底，全省农村困难家庭危房改造开工 20888 户，竣工 20559 户，完成年度目标任务的 102.8%。争取中央资金 1.51 亿元，省财政专项资金 3750 万元全部下达。二是改善农村人口饮水条件。编制《浙江省农村饮水安全巩固提升工程"十三五"规划》，部署全省农村供水水质采样和监测工作，开展农村供水工程自查自纠行动。改善 87.47 万农村人口饮水条件，完成年度目标任务的 125%。三是农村文化礼堂建设。印发《关于推进基层综合性文化服务中心建设的实施意见》。建成农村文化礼堂 1568 个，完成年度目标任务的 156.8%。四是提升乡村公路。提升美丽乡村公路 6990 公里，完成年度目标任务的 116.5%；建成港湾式停靠站 3487 个，完成年度目标任务的 116.2%。

### （六）加快电商服务网络建设

目标任务：新建 3000 个农村电商服务站和 3000 个城市社区智能投递终端。

完成情况：推广使用“E 邮柜”等社区自动投递终端，提升农村地区快递网络覆盖率。2016 年，新建农村电商服务站 4300 个，完成年度目标任务的 143.3%；社区智能投递终端 3240 个，完成年度目标任务的 108%。已下达省财政专项资金 2160 万元。

### （七）加大城市治堵力度

目标任务：新增 1000 辆公交车辆，新（改）建 1000 个公交站点，新增 1000 公里公交运营里程。

完成情况：杭州、宁波市创建国家公交都市和其他 9 市创建省级公交优先发展示范城市工作稳步推进。全省新增公交车辆 1384 辆，新（改）建公交站点 1666 个，新增公交运营里程 2179 公里，分别完成年度目标任务的 138.4%、166.6%、217.9%。11 个设区市城市公交分担率达到 25.6%，公共自行车系统实现县（市、区）全覆盖。

### （八）加快标准化中小学校建设

目标任务：新建成 250 所义务教育标准化学校，标准化学校覆盖率达到 93%；新建成 160 条中小学塑胶跑道，校园塑胶跑道覆盖率达到 90%。

完成情况：一是义务教育标准化学校建设。全省新建成 343 所义务教育标准化学校，完成年度目标任务的 137.2%，标准化学校覆盖率达到 93.6%。二是中小学塑胶跑道建设。印发《关于进一步加强学校合成材料运动场地建设和管理工作的通知》。截至 12 月底，已开工校园塑胶跑道 414 条，完工 391 条，完成年度目标任务的 244.4%，覆盖率达到 96%。

### （九）方便群众看病购药

目标任务：实行省市医保、市县医保定点医院、定点药店同城互认。

完成情况：省本级医保和杭州市主城区医保参保人员在杭州市主城区范围内定点医药机构实现互认，申请开通的 1603 家定点医药机构全部实现刷卡结算。11 个设区市所辖县（市）医保参保人员到市本级定点医药机构实现互认，申请开通的 4813 家定点医药机构全部实现刷卡结算。

### （十）加快推进“互联网 + 政务服务”

目标任务：房屋权属证明、纳税证明、港澳通行证再次签注、行驶证补换、驾驶证补换、会计从业资格证书申办、结婚登记预约、交通违法罚没款收缴、个人社保信息查询、公积金账户信息查询等 10 项便民服务今年实现相关证照网上申请、在线服务、快递送达，今后逐年增加。

完成情况：截至 2017 年 12 月底，10 项便民服务功能已全面实现，并覆盖全省各市、县（市、区），已有超过 1000 万人次通过浙江政务服务网及其移动客户端使用相关服务。其中，网上交通罚没款收缴 9 月底实现全省覆盖，目前办理达 690 余万笔；个人社保信息日均查询量近 1 万人次，住房公积金账户查询上线 6 个月来已服务 30 万人次；通过网络申请、证照快递送达或在线打印等方式，已办理房屋权属证明 1162 件、个人和企业纳税证明 4500 余份、港澳通行证再次签注业务 32000 笔、行驶证和驾驶证补（换）领业务 4000 余笔、会计从业资格证书 24300 多件、网上结婚预约登记 6500 余次。

## 四、浙江省民生政策推出新举措

### （一）促进民生事业均衡发展方面

一是促进城乡一体化加快发展。下发《关于补短板的若干意见》，明确提出补齐低收入农户增收致富短板，要求创新方式、整合资源、精准帮扶，确保低收入农户收入增长快于农民收入平均增幅，确保绝对贫困现象不出现反复，低收入农户人均纯收入 2017 年比 2012 年翻一番、2020 年超过 1.5 万元。下发《关于落实发展新理念加快推进农业现代化和城乡发展一体化的若干意见》，明确突出农业供给侧创新，突出乡村休闲旅游、农村电子商务等美丽产业发展，突出扶贫开发战略转变，通过加强产业开发帮扶、推进异地搬迁、实施健康扶贫工程等促进低收入农户加快致富。

二是提高教育均衡发展水平。出台《关于加强基础教育重点县有关工作的意见》，对瑞安市等 11 个县（市）的基础教育工作进行重点指导和督促，不断改善义务教育薄弱学校基本办学条件。出台《省住宅小区配套幼儿园建设管理办法》，加快幼儿园建设步伐，着力提升现有幼儿园水平。实施《浙江省乡村教师支持计划（2015–2020）实施办法》，到 2020 年，乡村学校优质教师来源得到多渠道扩充，资源配置得到明显优化和改善，教育教学能力水平显著提升，职业吸引力明显增强，建立健全“越往基层、越在偏远、越是艰苦，地位待遇越高”的激励机制，努力造就一支数量充足、素质优良、结构合理、甘于奉献、扎根乡村的教师队伍，为全面实现教育现代化提供坚强有力的师资保障。

三是加强公共文化服务保障。下发《关于政府向社会力量购买公共文体服务的实施意见的通知》，要求通过 5 年的努力，在全省基本建立比较完善的政府向社会力量购买公共文体服务体系，形成与全省经济社会发展水平相适应、与人民群众精神文化和体育健身需求相符合、具有浙江特色的公共文体服务资源配置机制、供给机制和公众评价机制。

### （二）强化食品安全监管方面

通过《浙江省食品小作坊小餐饮店小食杂店和食品摊贩管理规定》，规定食品小作坊、小餐饮店、小食杂店和食品摊贩的具体认定条件由省食品药品监督管理部门制定；食品小作坊、小餐饮店、小食杂店和食品摊贩生产经营的食品实行负面清单管理；对食品小作坊、小餐饮店、小食杂店发放登记证，对食品摊贩发放登记卡；食品摊贩禁止在中小学校、幼儿园周边经营；食品药品监管部门采取“双随机”方式加强事中事后监管，食品小作坊、小餐饮店、小食杂店和食品摊贩登记之日起一个月内，对其生产经营情况至少检查一次。出台《关于推进乡村农贸市场改造提升的工作意见》，要求各地积极筹措落实财政专项资金支持乡村农贸市场改造提升，美丽乡村建设相关资金可统筹用于乡村农贸市场提升改造，乡村农贸市场星级创建列入省财政美丽乡村创建示范县奖补资金和美丽乡村建设专项资金奖补范围予以列支。要求各地在推进垃圾减量化资源化无害化处理时，有农贸市场的行政村，农村垃圾快速成肥处理设施应优先配备；新建农贸市场的，要考虑与乡镇为主体的区域性垃圾资源化处理相配套。

## （三）促进公共安全保障方面

修订《浙江省流动人口居住登记条例》，进一步完善“政府统一领导、部门分工协作、各方共同参与、资源有效整合”的管理服务体制，建立“全员登记、依规领证、凭证服务、量化供给”为主要内容的新型居住证制度，并对推进基本公共服务和便利覆盖全部常住人口作出规定。出台《浙江省公共法律服务体系建设“十三五”时期规划纲要》《浙江省公共法律服务均衡化标准（2016–2020 年）》，明确了公共法律服务体系建设的“任务书”“时间表”和“路线图”。推动将公共法律服务体系建设纳入全省经济社会发展总体规划和平安浙江、法治浙江建设评价体系，将法律援助工作开展情况、经费保障落实到位情况纳入政府目标责任制考核内容。下发《加快推进全省反虚假信息欺诈体系建设的通知》,不断加大对虚假信息欺诈行为的打击力度。颁布《浙江省安全生产条例》，着重进一步理顺安全生产监督管理体制，确定企业安全生产管理机构和管理人员，规范危险化学品储存管理，明确安全距离控制和规划管控要求，厘清港区内危险化学品安全监管职责，完善建设项目安全设施竣工验收的有关规定，细化生产安全事故应急救援与调查处理规定，发挥安全生产培训和考核的基础性作用，提升危险化学品安全管理信息化水平，健全生产安全事故隐患排查制度，明确特种场所和特种作业的有关规定，强化安全生产信用制度的功能，发挥安全生产责任保险的作用，规范安全生产中介机构的行为。下发《关于推进安全生产社会化服务工作的意见的通知》，要求到 2020 年，全省社会化服务领域培育一批具有影响力和市场竞争力的安全生产服务企业，培养一支高水平的安全生产专业化服务队伍，提高安全生产社会化服务供给能力，基本形成体系健全、服务规范、运转高效的安全生产专业服务市场。

## （四）促进生态环境改善方面

出台《关于全面实施河长制进一步加强水环境治理工作的意见》《关于进一步落实河长制完善“清三河”长效机制的若干意见》，加快构建省、市、县、镇、村五级河长体系，进一步明确各级河长是包干河道的第一责任人，牵头制定一河一策治理方案，承担河道日常管理、协调推进河道治理、监督日常清淤保洁等“管、治、保”职责。每个县级以上河长确定一个联系部门、成立一个工作班子，治理任务较重的河道配备河道警长，每条河道配备一定数量的保洁员。省、市、县及部分乡镇街道设立河长制办公室，具体负责辖区河长制工作的指导、协调、督查、考核等。目前，全省已有6名省级河长、199名市级河长、2688名县级河长、16417名乡镇级河长、42120名村级河长。通过河长制建设，实现政府负责制与领导负责制相统一，实现责任治水、长效治水。制定《浙江省环境保护督察方案（试行）》，要求以党政同责、一岗双责为导向，全面构筑环保督政的制度框架，组建督察人才库，建立督察工作的具体操作流程，并在湖州开展了督查试点。制定《浙江省党政领导干部生态环境损害责任追究办法实施细则（试行）》，设置了符合浙江实际的30种追责情形，提出了责任追究配套机制等内容。配套出台了《浙江省生态环境保护有关单位主要职责》，明确了省级44家相关单位的生态环保工作责任，防止责任滑落或转嫁，确保权责一致。

### （五）提高百姓健康水平方面

制定《健康浙江2030行动纲要》，明确到2030年，在率先完成国家“主要健康指标进入高收入国家行列”目标基础上，全省“人群主要健康指标位居高收入国家先进行列，基本建成健康环境、健康人群、健康社会与健康发展和谐统一的健康促进型社会”。实施《健康浙江考核办法（试行）》，明确对市、县（市、区）党委政府和省直有关部门进行考核，把健康浙江建设工作纳入领导班子和领导干部任期目标，作为实绩考核评价的重要内容。制定《浙江省困难残疾人生活补贴实施办法》，明确本省户籍、持有本省颁发的第二代《中华人民共和国残疾人证》，家庭人均收入在低保标准150%以下的残疾人或本人收入在低保标准150%以下的劳动年龄段残疾人，均可按规定申请困难残疾人生活补贴。制定《浙江省重度残疾人护理补贴实施办法》，明确本省户籍、持有本省颁发的第二代《中华人民共和国残疾人证》，因残疾而生活不能自理，需要长期照护服务持续时间超过6个月以上的重度残疾人和三、四级精神、智力残疾人，均可按规定申请重度残疾人护理补贴。制定《关于推进医疗卫生与养老服务相结合的实施意见》，提出到2017年，实现医疗和养老资源的有效融合，70%以上的养老机构能够以不同形式为入住老年人提供医疗卫生服务，80%以上的医疗机构开设为老年人提供挂号、就医等便利服务的绿色通道，各县（市、区）至少有1所乡镇卫生院（社区卫生服务中心）开展医养结合服务；到2020年，医养结合政策体系、标准规范和管理制度基本建立，医疗护理与长期照护有机衔接，健康养老服务质量全面提升，65岁以上老年人健康管理率达到70%以上。下发《关于将格列卫等15种药品纳入大病保险支付范围的通知》《关于加强罕见病医疗保障工作的通知》《关于将思而赞等3种罕见病特殊药品纳入大病保险支付范围的函》《关于进一步调整完善职工基本医疗保险个人账户有关政策的通知》，着力解决群众看病贵的难题。

## 五、浙江省民生入户调查结果显示新变化

2017年7~8月，浙江省政府发展研究中心委托浙江泰昆慧谷经济信息咨询有限公司集中开展了民生问题入户调查，调查样本1201个，涉及居民3666人，其中男性为1846人，女性为

1820 人，分别占 50.4% 和 49.6%；初中（含）以下文化程度为 2343 人，高中、中专 649 人，大专以上为 674 人，分别占 63.9%、17.7% 和 18.4%；非农户口为 1691 人，农业户口为 1975 人，分别占 46.1% 和 53.9%；未婚为 960 人，已婚为 2706 人，分别占 26.2% 和 73.8%；本省为 3248 人，外省为 418 人，分别占 88.6% 和 11.4%。调查结果显示：

## （一）对家庭生活状况“很不满意”的比重正在下降

在“您对自己家庭目前的生活状况总体是否满意”调查中，选择“很不满意”的占 0.5%，同比下降 0.9 个百分点。总体看，随着民生实事工程持续推进尤其是对困难群体帮扶力度的不断加大，一些原本感到“很不满意”的居民得到了更多的实惠，对自己家庭目前生活状况的不满意感受不再有更大压力。

## （二）就业人员收入预期基本稳定

就业人员 2016 年 6 月至 2017 年 6 月平均税后收入为（包括工资、奖金、经营收入）4105 元，比上年减少 156 元，降幅为 3.7%。但在对“与 2016 年同期相比月平均收入有什么变化”调查中，0.6% 的就业人员表示“大幅增加”，同比下降 0.4 个百分点；23.8% 的就业人员表示“小幅增加”，同比下降 3 个百分点；67.3% 的就业人员表示“没有变化”，同比提高 7.4 个百分点；0.9% 就业人员表示“大幅减少”，同比下降 0.9 个百分点，表明在收入预期感受方面，原本预期不理想的人数明显减少。

## （三）低收入家庭与高收入家庭比重继续保持一降一升良好态势

调查显示，低收入家庭（年收入小于 5 万元）占比 16.8%，同比下降 3.3%；中等收入家庭（年收入 5 万 ~15 万元）占比 67.3%，同比提高 1.4%；高收入家庭（年收入 15 万元以上）占比 15.9%，同比提高 1.9%。与上一年入户调查情况综合起来看，两来内，浙江省低收入家庭比重累计下降 9.7 个百分点，而中等收入家庭、高收入家庭比重分别提高 3.5 和 6.2 个百分点，橄榄型社会结构正在加快形成（见表 18–1）。

表18-1　各类家庭年收入占比情况（%）

| 收入区间 | 2017年 | 2016年 | 占比 |
|---|---|---|---|
| 1万元以下 | 1.1 | 2.2 | -1.1 |
| 1万~2.99万元 | 3.8 | 6.2 | -2.4 |
| 3万~4.99万元 | 11.9 | 11.7 | 0.2 |
| 5万~9.99万元 | 38.7 | 38.0 | 0.7 |
| 10万~14.99万元 | 28.6 | 27.9 | 0.7 |
| 15万~24.99万元 | 12.5 | 11.0 | 1.5 |
| 25万~49.99万元 | 3.3 | 2.2 | 1.1 |
| 50万元及以上 | 0.1 | 0.8 | -0.7 |

## （四）就业状况总体良好，制造业从业人员有所下降，服务业从业人员有所增加

本次调查中，就业人员共有 1920 人。就业类型排在前三位的是民营和私营企业职工、专业务农、个体工商户，分别占 27.9%、18.9% 和 9.3%，与上年相比，个体工商户比重下降了 0.5 个百分点；所属行业排在前三位的是制造业、农林牧渔业和服务行业，分别占 21.7%、15.5% 和 12.5%，与上年相比制造业从业人员有所下降，服务业从业人员有所增加；就业人员中有 44.6% 的人没有与劳动单位签订劳动合同，较上年提高 6.6 个百分点，显示出劳动合同制推进工作困难重重。

## （五）养老保障覆盖面接近九成

在对“现在有什么样的养老保险”的问答中，有 1920 人知道并回答了这一问题，其中 1642 人参加了各类养老保险，278 人没有参加任何养老保险，参保率约为 85.5%，较上年提高了 4.4 个百分点。从分类情况看，参加城镇职工基本养老保险的占比为 52.2%，居首位；参加新型农村社会养老保险的比重为 22.3%，居第二位；参加城镇居民基本养老保险的比重为 6.2%，居第三位。参加商业养老保险的比重为 1.5%，与上年持平；有企业年金的占 0.6%，同比下降 0.2 个百分点（见表 18–2）。总体看，养老保险参保比例进一步提高，但商业养老保险作用发挥不明显。在对“您对以后养老的经济来源是否担心”的问答中，“非常担心”的占 7.9%，“比较担心”的占 22.6%，“有点担心”的占 33%，“不太担心”的占 27%，只有 9.5% 的人选择“一点也不担心”（见表 3）。随着老龄化进程的加快，要真正实现“老有所养”，迫切需要加快提高养老保障能力水平。

表18-2 养老保险参保情况

| 养老保险参保项目 | 参保人数（人） | 比重（%） |
|---|---|---|
| 城镇职工基本养老保险 | 1003 | 52.2 |
| 城镇居民基本养老保险 | 119 | 6.2 |
| 机关事业单位养老 | 39 | 2.0 |
| 新型农村社会养老保险 | 429 | 22.3 |
| 商业养老保险 | 29 | 1.5 |
| 企业年金 | 12 | 0.6 |
| 村集体养老金 | 1 | 0.2 |
| 其他，请说明 | 4 | 0.2 |
| 没有任何养老保障 | 278 | 14.5 |
| 不知道 | 6 | 0.3 |

表18-3 “您对以后养老的经济来源是否担心”问答情况（%）

| | |
|---|---|
| 非常担心 | 7.9 |
| 比较担心 | 22.6 |
| 有点担心 | 33.0 |
| 不太担心 | 27.0 |
| 一点也不担心 | 9.5 |

## （六）基层优质医疗资源增加正在影响病人的就医习惯

在参加各项医疗保险情况调查中，新型农村合作医疗参保人数最多，为 1470 人，比重为 40.1%；城镇职工基本医疗保险参保 1345 人，比重为 36.7%；城镇居民基本医疗保险参保 481 人，比重为 13.1%；参加商业医疗保险参保人数较少，占比仅为 0.2%（见表 18-4）。近年来，浙江省积极推进优质医疗资源向基层下沉工作，基层医疗卫生服务能力得到较大提升，就近就医正在成为病人的首选。在回答“您和您的家人平时感觉身体不舒服需要看医生时，一般最先去哪个医疗机构？”时，列第一位的选择是“村卫生室 / 诊所”或“社区卫生服务中心（站）”，人数占比 32.2%；第二位的选择是“乡镇卫生院”，人数占比 24%；第三位的选择是“区、县医院”，人数占比 22.9%；选择“区域内最好的大医院”的人数，仅占 12.9%。

表18-4　医疗保险参保情况

| 参保类别 | 选择人数（人） | 比重（%） |
|---|---|---|
| 城镇职工基本医疗保险 | 1345 | 36.7 |
| 城镇居民基本医疗保险 | 481 | 13.1 |
| 公费医疗 | 33 | 0.9 |
| 新型农村合作医疗 | 1470 | 40.1 |
| 商业医疗保险 | 7 | 0.2 |
| 儿童/学生/老人专门的医疗保险 | 259 | 7.1 |
| 其他（请说明） | 8 | 0.2 |
| 没有任何医疗保险 | 63 | 1.7 |

## （七）住房需求渐趋稳定

调查人群中，88% 的家庭已经拥有了自有住房（包括自购商品住房、政策性住房、单位福利分房、自建住房或拆迁安置房）；12% 的家庭使用租住房，平均每月租金 855 元，其中 34% 租房家庭使用廉租房或公租房，廉租房或公租房正在成为租房市场重要来源。调查家庭人均住房面积平均值为 49 平方米，83% 的家庭拥有独立厨房和卫生间，住房条件有了进一步改善。对于“未来两三年，您家是否还有购房、建房的打算或计划”时，选择“购买商品房”“购买保障性住房”的家庭占比分别为 10.4% 和 0.7%，选择“不打算购买或建房”的家庭占 73.2%。

## （八）九成以上居民对生态环境感到满意

在对“过去一年，您家所居住的社区（或村庄）生态环境状况是否满意”的调查中，“总体生态环境状况”满意率达到 97.7%，“空气质量”满意率为 91.9%，“生活用水质量”满意率为 95.9%，“周边河流湖泊等水体质量”满意率为 91.6%，“生活垃圾处理情况”满意率为 93.6%，“噪声问题”满意率为 90.3%，“绿化环境”满意率为 96.9%，表明与人民生活紧密相关的生态环境改善情况得到城乡居民的高度认可。

### （九）对政府公共服务的满意度继续提高

在“您对目前所在地政府服务和办事效率的总体评价是”的调查中，整体满意率达 96.8%，同比提高了 2.3 百分点。选择“不太满意”“很不满意”的分别为 2.5%和 0.7%，同比下降 1.8 和 0.5 个百分点。这一变化的背后是浙江近年来深入贯彻落实以人民为中心的发展思想，着力推进“最多跑一次”改革，倒逼各级各部门减权、放权、治权，行政效率、服务质量不断提高，群众和企业的获得感不断提升。

## 六、浙江省民生领域存在的一些问题

2016 年，浙江全面改善民生的各项工作取得了明显成效，但对比高水平全面建成小康社会要求，仍然存在一些短板和薄弱环节，需要下更大功夫予以研究解决。

### （一）教育领域最不满意的地方改善不明显，尤其是义务教育阶段的课业负担重和高等教育阶段的就业难问题

在本次调查中，有 42% 的样本家庭有子女处在不同教育阶段，这其中有学前教育子女的占 17.8%，小学的占 27.6，初中的占 16.3%，高中的占 12.5%，中职（包括中专、职高、技校）的占 3.4%，大专及以上的占 22.4%。调查显示，选择“没有不满意的”的相关家庭比重，学前教育的有 32.7%，义务教育和普通高中教育的有 26.1%，职业教育的有 39.2%，高等教育的有 30%；选择“最不满意”的是什么时，学前教育阶段比重首位（25%%）选“入园难”，义务教育和普通高中教育阶段比重首位（17.2%）选“课业负担重”，职业教育阶段比重首位（20.3%）选“缺少实习实训，实践能力培养不足”，高等教育的有 36.4% 的家庭选择了“毕业生就业难”。与上一年调查情况相比，除了职业教育阶段最不满意选项由“就业质量不高”变成“缺少实习实训，实践能力培养不足”外，其他三个教育阶段最不满意的选项无变化。

### （二）垃圾分类“关键小事”推进工作任务艰巨

近年来，浙江在推进垃圾分类这一“关键小事”方面做了大量工作，城乡垃圾分类工作也走在了全国前列。但由于老百姓对垃圾分类重要性和紧迫性的认识不深，想要持续做好垃圾分类工作，彻底改变老百姓的垃圾分类习惯，还需做出艰苦努力。在本次调查中，对回答“您平常扔（生活）垃圾时，是否会对垃圾进行分类”问题时，有 51.7% 的人选择“不会”；对“您认为阻碍您日常进行垃圾分类的主要原因是什么”问题时，有 30.9% 的人选择“即使在家里分类，在垃圾收集和运输中也混到了一起”，21.7% 的人选择“社区没有分类的垃圾桶”，14.6% 的人选择“不知道怎样分类”。

### （三）病人对药品降价改革的感受不明显

多年来，人民群众对药品价格虚高的意见不小。尽管经过了数次药品降价活动，但从调查情况看，病人对这项改革红利的感受但不深刻。在面对“您认为过去一年（2016 年 6 月至 2017 年 6 月）医疗服务中的药品的费用是不是有所下降了”问题时，有 45.1% 人感到“没有变化”，有 1.6% 人感到“有些变差”，有 0.4% 人感到“明显变差”。这种改革设计与实际感受脱节的现象，值得关注。另外，在对家庭消费支出压力（主要包括食品、住房贷款月供或房租、子女教育、交通、医疗、人情送礼、婚丧嫁娶等）的调查中，选择医疗支出压力最大的人数最多，比重为 21.8%，位次从上一年的第三位上升至第一位。

### （四）食品安全这一老大难问题仍然存在

民以食为天。尽管各级政府下了很大力气抓食品安全，食品安全形势也在不断好转，但存在的问题仍然不少。在本次调查中，面对“对目前居住地食品安全状况的总体评价是”问题时，选择“非常满意”“比较满意”的分别占“3.8%”和“30.2%”，选择“不太满意”“非常不满意”的分别占“17.4%”和“3.6%”。尤其对于网上食品的质量安全，老百姓的信任度非常低。面对“您对网络购买食品的质量安全的信任程度如何”的调查时，选择“非常放心”的仅为 1.1%，而选择不放心的比例达到 74.1%。对问卷调查中提出的“在社会环境方面（包括社区服务、社会治安、交通出行、食品安全、环境污染、司法公正、政府办事效率、文体生活等），您感觉最不满意的是什么”时，“食品安全”列在首位，占比 26.1%，与上年持平。

### （五）“收入水平”是基本民生问题的最大关切

对问卷调查中提出的“就您家庭生活（包括就业状况、收入水平、子女教育、医疗、养老、住房等）而言，您最不满意的是什么”时，“收入水平”位列家庭生活最不满意的首位，占比 25.7%，同比提高了 3.6 个百分点；排第二位的是“住房”，较上年上升一位，占比 10.2%；“子女教育”和“养老”并列第三，占比均为 9.5%。

## 七、推动浙江省民生改善的政策建议

### （一）进一步促进房地产市场多元化供给

目前，各地房价高企成为老百姓改善住房条件、实现美好生活向往的一大障碍，房价收入比太高让许多年青人尤其是广大高校毕业生望“房”兴叹、望“城”兴叹。建议国家层面多措并举，着力推进房地产市场多元化供给，同时切实加强对房地产市场的有效调控，进一步强化“房子是用来住的”属性。

### （二）进一步加强对医疗卫生体制改革的第三方评估

要破解改革与实际脱节的难题，必须摒弃由利益方进行的“自导自演”“自弹自唱”式改革。目前医疗卫生体制改革效果缺乏非利益方的评估和声音，导致诸如药品价格这样的改革“叫好”不“叫座”。建议国家层面对重大民生改革更加注重人民群众的满意度导向，更多地从人民群众的切身感受入手，进行改革的顶层设计、统筹推进和科学评估，让每一项改革都有实实在在的效果。

### （三）进一步提高城乡居民收入增长获得感

多年来，党中央、国务院一直强调要坚持在经济增长的同时实现居民收入同步增长、在劳动生产率提高的同时实现劳动报酬同步提高，统计数据也显示出城乡居民收入增速超过了经济增速。但从近年来民生入户调查情况看，城乡居民对个人与家庭实际收入增长的感受并不明显，“收入水平”已连续数年成为家庭生活最不满意的选项。因此，建议国家层面对城乡居民实际收入增长情况进行定向监测，以掌握更为全面、客观的收入增长数据，并据此调整收入分配政策，真正让老百姓感受到经济中高速增长所带来的收入中高速增加。

（浙江省政府发展研究中心专题组
负责人：朱卫江
成　员：刘晓清　郭明忠　涂云海）

# 第十九章
# 福建省民生发展报告

2017年，福建省首次列入国务院发展研究中心开展民生调查的全国8个代表性省份之一。为更好地了解福建省民生状况、准确反映民生之急、民生之忧，福建省人民政府发展研究中心委托福建省农村信用社联合社开展入户调查工作。农村信用社网点遍布城乡的优势为开展入户调查提供了便利，调查数据更加真实。在此基础上，福建省人民政府发展研究中心课题组完成了调查数据分析与民生报告撰写工作。本次民生调查从全省随机抽取十个县（市、区）的1280户作为样本，入户调查主要采取问卷调查的方式。问卷内容由国务院发展研究中心统一设计，涵盖基本民生问题、工作与就业、收入与消费、子女教育、医疗卫生、养老保障、住房保障、生活环境、食品安全、政府服务等10个方面的内容，旨在全面反映当前城乡居民对民生状况的真实感受，科学监测和评估各项民生事业的发展情况，及时把握不同群体的民生诉求，为进一步完善民生政策提供科学依据。

## 一、福建省近年来加快民生事业发展情况

党的十八大以来，福建省深入贯彻党中央决策部署和习近平总书记对福建工作的重要指示，始终牢记政府前面的“人民”二字，大力弘扬“四下基层”“马上就办”等优良作风，在加快经济发展的同时，深入推进社会各领域改革，持续加大力度保障和改善民生，每年谋划和推进一批为民办实事项目，全省民生相关支出占一般公共预算支出比重每年均超七成，公共服务均等化程度稳步提升、服务能力明显增强，社会事业取得了长足进展，推动经济增长作用显著提高，城乡居民获得感、幸福感、安全感显著增强。过去五年，全省不断推进以人为核心的新型城镇化，城镇化率从59.6%提高到64.8%，529万农业转移人口成为城镇居民；人民群众收入稳步提高，城乡居民收入分别居全国第7和第6位,分别增长了52.1%和60.7%；基本完成减贫任务，“造福工程”累计搬迁87.9万人，脱贫110万人，贫困发生率从3.8%下降到0.02%；基本公共服务持续改善，教育发展总体水平大致居全国中上水平，居民健康主要指标保持全国前列；成为全国首个生态文明试验区，森林覆盖率连续39年保持全国第一，是全国少有的水、大气、生态环境全优的省份，在国家四部委首次公布的生态文明建设年度评价结果中位居全国第二；深化“平安福建”建设，平安建设工作进入全国前三。

### （一）城乡居民收入稳定增长，人民生活水平不断提高

2016年福建省城镇居民人均可支配收入为36014元，比2012年增长40.2%；农村居民人均可支配收入为14999元，比2012年增长47.4%。农村居民收入增速持续快于城镇居民，城乡居民收入差距逐渐缩小，城乡收入比从2012年的2.8：1缩小到2016年的2.4：1。不断完善职工工资正常增长机制，收入分配更加符合人民群众期待，全省劳动者报酬占地区生产总值的比重从2012年的50.7%提高到2016年的53.8%。随着收入的快速增长，居民消费结构呈现两个变化：一是食品支出比重持续下降，2016年，全省城乡居民人均消费性支出食品比重分别为33.2%和37.3%，比2012年分别下降6.2个和8.7个百分点；二是住房改善和个人保健支出上升，全省城乡居民人均用于居住的支出比例分别提高16.7个和9.1个百分点；用于医疗保健的支出比例分别提高0.5个和1.6个百分点。

### （二）实施稳就业促创业举措，就业空间不断拓展

福建省始终把扩大就业作为民生工程的大事来抓，深入实施积极就业政策，大力引导和扶持自主创业，创业带动就业效应显现，第三产业就业、新业态创业成为新的就业增长点，全面加强劳动用工管理，劳动者合法权益得到有效保障。一是就业规模持续扩大。2012～2016年，全省城镇新增就业人数分别为65.38万人、65.87万人、66.13万人、65.95万人和60.73万人，均超额完成年度目标任务，2016年末全省就业人员达2797.03万人，实现了扩大就业与经济发展的良性互动。失业率稳定在较低水平，2012～2016年，全省城镇登记失业率分别为3.63%、3.55%、3.47%、3.66%和3.86%，均明显低于4.2%的控制目标。二是就业结构调整升级。第三产业成为新形势下吸纳就业的主体产业，2016年末全省第三产业就业人员达1175.39万人，比2012年末增长8.9%。三次产业就业人员结构由2012年的25：38.8：36.2转变为2016年的22：36：42。全省城镇就业人员从2012年的1145.34万人增加到2016年的1360.6万人，占比从48.7%提高到52.7%；乡村就业人员从1423.6万人增加到1436.5万人，占比由55.4%下降到51.4%，城乡就业结构差从2012年的10.8个百分点缩小至2016年的2.7个百分点。三是企业劳动合同制度全面实施。2016年，全省企业劳动合同签订率96.8%，比2012年提高0.9个百分点，连续四年保持95%以上。劳动保障监察执法体系不断完善，劳动争议案件得到及时处理，劳动者权益得到有效维护。2013～2016年,全省劳动争议仲裁结案率分别为94.3%、93.7%、94.0%和94.8%，累计纠正用人单位违法违规问题5654件，补签劳动合同人数141.41万人。

### （三）教育改革有序推进，教育质量稳步提升

福建省始终把教育事业摆在优先发展的战略地位，从全局高度部署和推动教育改革发展。一是同步推进普及教育与素质教育。全省“双高普九”全面实现，提前一年通过国家义务教育发展基本均衡县评估认定。2016年，全省学龄儿童入学率保持100%，学前三年儿童毛入学率达97.3%，比2012年提高1.8个百分点；初中三年巩固率达98.7%，比2012年提高3.4个百分点；高中阶段毛入学率达94.9%，比2012年提高4.2个百分点；高等学校在校学生89.31万人，比2012年

增加7.31万人。高水平大学、重点学科建设成效明显，现代职业教育加快发展。二是实施招考制度改革。对义务教育到高等教育各层次、各类别的考试招生制度进行改革，构建分类考试、综合评价、多元录取的考试招生模式。2016年福建省高考与全国并轨、采用全国统一试卷取得实效。深化高等学校创新创业教育改革，出台了十六条促进措施。建立培养创新创业协同育人新机制，实行弹性学制，允许在校生休学创业，省财政每年安排专项经费支持高校开展创新创业教育改革。加快发展现代职业教育，促进职业教育与产业相匹配、与普通教育互通，学历教育与职业培训并举，构建具有福建特色的现代职业教育体系。

### （四）深化医改全面推进，实现医院、患者、医保基金三方共赢

福建省持续推进医疗卫生体制机制创新，努力为人民群众提供优质的卫生与健康服务。一是从点向面、从上向下全面推开医药卫生领域各项改革。2015年成为首批国家综合医改试点省份以来，福建省先后出台了《深化医药卫生体制改革综合试点方案》《深化基层医疗卫生综合改革二十一条措施》《加快推进社会办医的若干意见》等一系列政策措施。公立医院综合改革由省级医院试点逐步向市、县级医院延伸，建立健全了公立医院绩效考核管理制度。不断完善基层医疗机构运行机制，加强建设全科医生和乡村医生队伍，组建医疗联合体，逐步建立分级诊疗制度，提高基层医疗服务能力。省市县公立医院到村卫生所已全部实现药品零差率销售，公立医院药占比从2012年的45.0年%下降到2016年的33.7%。改革医保定点制度，调整医保定点准入标准，鼓励支持社会力量办医疗机构，全省多元化办医格局加快形成，2016年全省社会办医疗机构床位数达8238张，比2012年增长43.9%。二是不断提升医疗服务水平。福建连续多年实施改善医疗服务行动计划，开展医院评价和质量控制，基本公共卫生服务能力不断提高。第三方调查结果显示，2016年，居民对二级以上医院整体满意度达到84.82分。至2016年底，全省有卫生机构床位数达17.89万张，比2012年增加3.97万张； 每千人拥有卫生机构床位4.6张、医生2.1人，分别比2012年增加0.9张、0.4人； 居民健康档案电子建档率88.74%，适龄儿童免疫规划疫苗报告接种率保持在95%以上。全省建立了危重症孕产妇转诊救治网络和新生儿救护网络，出生缺陷三级预防进一步加强，全省严重致残的出生缺陷发生率从2012年的19.04人/万人下降到2016年的13.33人/万人，出生人口质量持续提高。

### （五）社会保障管理体系不断健全，保障水平稳步提升

福建省扎实开展社会保险制度建设、参保扩面、调整待遇等工作，着力做到应保尽保、应缴尽缴、应发尽发，多项工作走在全国前列。一是持续推进社会保险管理服务体系改革。2013年全省城乡居民社会养老保险制度实现一体化，并加强职工社会养老保险与居民社会养老保险之间的衔接。2016年实施阶段性降低社会保险费率政策，缓解了居民交缴社保费用压力。大力推动老年社会福利由补缺型向适度普惠型转变,基本建立起省级层面统筹的城乡高龄补贴制度。社会保险关系转移接续办法不断得到完善，养老、医保跨省异地结算基本实现。在不断提高基本医保统筹中大病医保水平的同时，出台各项措施鼓励和加快发展各类商业医疗保险和健康保险，作为居民保险的重要补充。新农合筹资水平、实际补偿比不断提高，结算试点工作不断推

进。基本建立了失业保险金与物价上涨联动机制，初步形成待遇支付、预防和康复三位一体的工伤保险制度体系。二是不断扩大社会保险制度覆盖面。基本医疗保险制度、大病保险制度实现全覆盖，至2016年底，城乡基本养老、城镇基本医疗、失业、工伤、生育参保分别达2456.94万人、1297.9万人、575.52万人、733.77万人和625.55万人，分别比2012年增长10.1%、3.4%、25.4%、35.8%和29.2%。持续提高城乡居民基础养老金最低标准、城乡居民医保财政补助标准。三是强化对城乡低保对象、特困人员以及重度和生活困难残疾人的兜底保障。在全国率先将重度残疾人、低收入家庭中的重病患者和60周岁以上老年人纳入救助范围，率先实施城乡一体化救助模式，医疗救助"一站式"即时结算服务实现全覆盖。2016年，全省共补助城乡低保对象54.74万人，约占全省总人口的1.4%；实施医疗救助217.89万人次、临时救助11.08万人次。不断落实困难残疾人生活补贴和重度残疾人护理补贴制度，医疗康复项目纳入基本医保支付范围进一步扩大，兜底保障和就业增收相结合，残疾人收入稳步提高。2016年全省就业年龄段持证残疾人就业率为48.6%，比2013年提高1.5个百分点。

## （六）住房保障政策不断完善，有效改善居住条件

福建省把住房保障作为推进经济发展和改善民生的重点，在加强房地产调控、保持房地产市场平稳健康发展的同时，大力推进保障性住房和棚户区改造建设，加快建立健全住房保障体系，努力扩大住房保障覆盖面，积极改善市民的居住条件，提高了整体居住质量。一是不断完善住房保障政策。省政府出台《关于进一步完善保障性住房分配政策加快配租配售步伐的通知》《关于推进住房保障方式转变和房屋征收货币化安置工作的指导意见》《关于进一步做好城镇棚户区和城乡危房改造及配套基础设施建设工作的实施意见》等一系列政策，构建以廉租房、经济适用房、公共租赁住房、限价商品住房为主要内容的住房保障体系，完善了对保障性安居工程建设在资金、用地等方面的优惠和支持，建立了住房保障工作协调机制、规划计划制度、推进机制、目标责任管理体制、监督检查机制和考核奖惩机制，以及保障性住房分配运营、准入退出、分配和后期管理的规范化管理制度。二是全面展开保障性住房建设。保障性住房建设每年均列入为民办实事项目，实行目标责任管理，已连续5年超额提前完成年度目标任务。2013～2016年，全省累计开工各类保障性住房10.91万套：公共租赁住房（含廉租住房）新开工6.99万套；经济适用住房新开工0.77万套；限价商品住房新开工3.15万套；新开工改造各类棚户区36.1万户，其中城市棚户区34.66万户、林区0.48万户、垦区0.91万户。四年累计完成投资1807亿元，城镇保障性住房覆盖率达到22%，高于全国20%的既定目标。2016年全省城镇人均住房建筑面积为42.7平方米，比2012年增加4.5平方米，年均增长2.8%。

## （七）持续提升生态优势，清新福建成为亮丽名片

福建省深入实施生态省战略，扎实推进生态文明建设，在巩固、转化生态优势上取得新进展。一是环境质量居全国前列。福建省生态环境质量保持全优，全省森林覆盖率从2012年的63.10%提高到2016年65.95%，继续高居全国首位。实施最严格水资源管理制度，加强小流域整治，重要流域都有了"河长"，12条主要河流Ⅰ－Ⅲ类水质比例为96.5%，比2012年提高1.3个百

分点，其中Ⅰ–Ⅱ类水质比例为60.1%，提高15.3个百分点；近岸海域一、二类海水水质面积占比88.9%，比2012年提高了25.3个百分点，居全国前列。2013～2016年，环境空气质量达标天数比例均高于97.9%。2016年底全省建成自然保护区93个，其中，国家级17个、省级22个，自然保护区总面积为45.5万公顷。建成森林公园175个，总面积为18.6万公顷。建设国家湿地公园6处，总面积为6542.01公顷。二是节能降耗成效明显。全省加快淘汰落后产能，坚决关停高能耗高污染的企业或生产线，推进传统产业转型升级，促进节能减排工作有效落实。2016年，全省完成钢铁去产能445万吨、煤炭去产能297万吨，均超额完成国家下达任务。2013～2016年，全省万元地区生产总值能耗分别下降3.76%、1.53%、7.7%和6.42%，累计下降18.1%。全省万元GDP能耗相当于全国平均值的3/4左右，处于较好水平。三是污染物排放总量得到控制。严格落实节能减排目标责任制，实施重点减排工程，深化重点工业污染源综合治理，主要污染物排放得到有效控制。2015年，全省化学需氧量排放量比2012年下降7.6%，氨氮排放量下降8.6%，二氧化硫排放量下降9.0%，氮氧化物排放量下降18.8%。四是生态文明体制改革不断深化。2016年福建省成为全国首个生态文明试验区以来，深入开展生态文明体制改革综合试验，全流域生态补偿、生态环保目标责任制、厦门垃圾分类试点、武夷山国家公园体制试点、自然资源资产管理体制试点、环境权益交易等一批改革举措走在全国前列，2016年度生态文明建设评价结果居全国第二。

### （八）深化“放管服”改革，经济活力进一步增强

2013年以来，福建省持续推进简政放权、放管结合、优化服务，大力培育发展新动能。一是深化放管服改革。先后开展了9轮省级行政审批事项清理工作，共取消515项、下放150项，梳理公布“一趟不用跑”和“最多跑一趟”办事清单2725项，省级行政许可事项精简50%以上，非行政许可审批全部取消。实现省市县乡四级权责清单全覆盖，90%以上事项实现网上办理。二是深化商事制度改革。统筹推进“多证合一、证照分离”改革，缩短企业开办时间，着力解决“准入不准营”问题。创新事中事后监管方式，全面推行“双随机、一公开”监管。取消、优化2000多项涉企涉民证照和有关证明事项，比全国提早1个月在全省范围内实施“五证合一、一照一码”，市场准入及退出便利化程度大幅提高。三是持续放宽市场准入。破除民间投资进入电力、电信、交通、油气、市政公用、养老、医疗、教育等领域的不合理限制和隐性壁垒，取消对民间资本单独设置的附加条件和歧视性条款。在全省范围内试行市场准入负面清单制度，进一步激发了民间投资热情，2016年，民间投资13307.68亿元，占全社会固定资产投资的57.6%，比2012年提高6.3个百分点。2016年，全省民营经济实现增加值19192.65亿元，比2012年增长45.4%，占GDP的比重为67.3%，比2012年提高0.3个百分点，民营经济对GDP增长的贡献率达73.2%。

## 二、福建省民生调查的区域与样本

### （一）入户调查对象的区域分布

本次民生入户调查地点由清华大学根据经济发展水平、人口规模、行政区划等参数、按县

乡村三级1：4：8的比例统一抽取；入户调查对象由福建省公安厅治安总队采取等距抽样法、按每个村（居）15户的标准随机抽取，调查样本共1280户，覆盖7个设区市，4个市辖区、6个县（市）、1个台商投资区，10个街道、29个乡镇，80个村（居）。本次入户调查的抽样方法及样本的选取具有较强的科学性、代表性和有效性，基本能够有效反映福建省民生发展的实际情况。

表19-1　　2017年福建省民生入户调查抽样分布

| 市 | 县（市、区） | 乡镇（街道） | 村（居） |
|---|---|---|---|
| 福州市 | 马尾区 | 罗星街道 | 马限社区、罗星社区 |
| | | 马尾镇 | 旺岐社区、魁岐村 |
| | | 亭江镇 | 闽亭社区、笏山村 |
| | | 琅岐镇 | 劳光村、南兜村 |
| 厦门市 | 集美区 | 侨英街道 | 孙厝社区居委会、叶厝社区居委会 |
| | | 杏滨街道 | 锦园社区居委会、日东社区居委会 |
| | | 灌口镇 | 灌口第一社区居委会、坑内村委会 |
| | | 后溪镇 | 英村社区居委会、黄地村委会 |
| 莆田市 | 仙游县 | 鲤城街道 | 木兰居委会、洪桥居委会 |
| | | 度尾镇 | 度峰居委会、圣山村 |
| | | 盖尾镇 | 瑞沟村、仙华村 |
| | | 园庄镇 | 土楼村、塔兜村 |
| 三明市 | 梅列区 | 列东街道 | 一路、二路 |
| | | 列西街道 | 富华、龙岗 |
| | | 列西街道 | 北山、青山 |
| | | 陈大镇 | 碧玉居、陈墩村 |
| | 尤溪县 | 城关镇 | 水南居委会、城东居委会 |
| | | 新阳镇 | 高士村、中洋村 |
| | | 联合乡 | 惠州村、湖洋村 |
| | | 台溪乡 | 台溪村、莒洋村 |
| 泉州市 | 惠安县 | 紫山镇 | 后垵村、坝下村 |
| | | 崇武镇 | 五峰村、溪底村 |
| | 泉州台商投资区 | 洛阳镇 | 后亭村、梅岭村 |
| | | 东园镇 | 东园村、仓山村 |
| | 南安市 | 溪美街道 | 中山居委会、彭美居委会 |
| | | 码头镇 | 内柯村委会、杏东村委会 |
| | | 霞美镇 | 山美村委会、霞美村委会 |
| | | 向阳乡 | 向阳村委会、旗星村委会 |

续表

| 市 | 县（市、区） | 乡镇（街道） | 村（居） |
|---|---|---|---|
| 漳州市 | 芗城区 | 新桥街道 | 下沙社区、元南社区 |
| | | 南坑街道 | 龙通社区、古塘村委会 |
| | | 通北街道 | 湖内社区、和平里社区 |
| | | 天宝镇 | 路边村委会、后巷村委会 |
| | 平和县 | 小溪镇 | 建设社区、城东社区 |
| | | 南胜镇 | 南胜村、义路村 |
| | | 安厚镇 | 龙东居委会、大坑村 |
| | | 大溪镇 | 大松村、新红村 |
| 龙岩市 | 武平县 | 平川镇 | 河东社区居委会、南门社区居委会 |
| | | 城厢镇 | 灵通村、始通村 |
| | | 东留镇 | 背寨村、龙溪村 |
| | | 大禾乡 | 源头村、邓坑村 |

## （二）入户调查对象的基本情况

本次入户调查的1280户受访者，在同一家庭共同生活且收支共享的家庭成员（连同受访者本人）的被访对象共4905人。在1280名受访者中，比较显著的特征有：男性占75.08%，已婚占84.77%，初中、小学及以下教育程度占71.33%，调查时从事有收入的工作占71.6%等（见表19–2）。

表19-2　受访者及其家庭成员的基本情况

| | 受访者（N=1280） | | 被访对象（N=4905） | |
|---|---|---|---|---|
| 性别 | 样本数（人） | 占比（%） | 样本数（人） | 占比（%） |
| 男 | 961 | 75.08 | 2595 | 52.91 |
| 女 | 319 | 24.92 | 2308 | 47.05 |
| 不回答 | | | 2 | 0.04 |
| 婚姻情况 | 样本数（人） | 占比（%） | 样本数（人） | 占比（%） |
| 未婚 | 52 | 4.06 | 1487 | 30.32 |
| 未婚同居 | 2 | 0.16 | 10 | 0.20 |
| 已婚 | 1085 | 84.77 | 3122 | 63.65 |
| 离婚 | 36 | 2.81 | 58 | 1.18 |
| 丧偶 | 105 | 8.20 | 228 | 4.65 |
| 户籍所在地 | 样本数（人） | 占比（%） | 样本数（人） | 占比（%） |
| 本市（县、区）非农业户口 | 408 | 31.88 | 1262 | 25.73 |
| 本市（县、区）农业户口 | 778 | 60.78 | 3325 | 67.79 |
| 省内非本市（县、区）非农业户口 | 22 | 1.72 | 87 | 1.77 |
| 省内非本市（县、区）农业户口 | 20 | 1.56 | 71 | 1.45 |

续表

| 户籍所在地 | 样本数（人） | 占比（%） | 样本数（人） | 占比（%） |
|---|---|---|---|---|
| 外省非农业户口 | 15 | 1.17 | 52 | 1.06 |
| 外省农业户口 | 37 | 2.89 | 108 | 2.20 |
| 受教育程度 | 样本数（人） | 占比（%） | 样本数（人） | 占比（%） |
| 小学及以下 | 480 | 37.50 | 2063 | 42.06 |
| 初中 | 433 | 33.83 | 1408 | 28.71 |
| 高中/中专/技校 | 200 | 15.63 | 720 | 14.68 |
| 大专/高职 | 88 | 6.88 | 305 | 6.22 |
| 本科 | 79 | 6.17 | 380 | 7.75 |
| 研究生 | 0 | 0.00 | 14 | 0.29 |
| 不回答 | 0 | 0.00 | 15 | 0.31 |
| 职业类型 | 样本数（人） | 占比（%） | 样本数（人） | 占比（%） |
| 当前未从事有收入的工作 | 363 | 28.36 | 2251 | 45.89 |
| 农业就业 | 394 | 30.78 | 849 | 17.31 |
| 非农就业 | 523 | 40.86 | 1805 | 36.80 |
| 其中：行政事业单位 | 85 | 6.64 | 231 | 4.71 |
| 企业 | 201 | 15.70 | 784 | 15.98 |
| 个体工商品户雇主及雇员 | 197 | 15.39 | 629 | 12.82 |
| 其他就业 | 40 | 3.13 | 161 | 3.28 |
| 按年龄分组 | 样本数（人） | 占比（%） | 样本数（人） | 占比（%） |
| 20岁及以下 | 5 | 0.39 | 1027 | 20.94 |
| 21~30岁 | 85 | 6.64 | 767 | 15.64 |
| 31~40岁 | 174 | 13.59 | 739 | 15.07 |
| 41~50岁 | 360 | 28.13 | 880 | 17.94 |
| 51~60岁 | 336 | 26.25 | 713 | 14.54 |
| 60岁以上 | 320 | 25.00 | 779 | 15.88 |

## （三）调查对象的城乡、山海、户籍分组情况

对受访者的城乡、山海、户籍属性的划分依据为：户籍登记为城区和镇区的为城镇人口，户籍登记在城镇以外区域的为乡村人口；居住地属福州、厦门、莆田、泉州、漳州、平潭等“五市一区”的划为沿海地区，属三明、南平、龙岩、宁德等四市的划为山区；户籍在本县（市、区）的划为本地居民，户籍在本县（市、区）以外地区的划为外地居民。在1280名受访者中，从城乡分布看，城镇户籍占53.59%，乡村户籍占46.41%；从山海区域分布看，居住在沿海的占70%，居住在山区的占30%；从人口流动看，本地居民占92.66%，外地居民占7.34%（见表19–3）。

表19-3　　按受访者居住地、户籍属性分组情况

| 按城乡分 | 被访对象（N=1280） | | 被访对象（N=4905） | |
|---|---|---|---|---|
| | 样本数（人） | 占比（%） | 样本数（人） | 占比（%） |
| 城镇 | 686 | 53.59 | 2445 | 49.85 |
| 乡村 | 594 | 46.41 | 2460 | 50.15 |
| 按区域分 | 样本数（人） | 占比（%） | 样本数（人） | 占比（%） |
| 沿海 | 896 | 70.00 | 3286 | 66.99 |
| 山区 | 384 | 30.00 | 1619 | 33.01 |
| 按人口流动分 | 样本数（人） | 占比（%） | 样本数（人） | 占比（%） |
| 本地 | 1186 | 92.66 | 4627 | 94.33 |
| 非农业户口 | 408 | 31.88 | 1285 | 26.20 |
| 农业户口 | 778 | 60.78 | 3342 | 68.13 |
| 外地 | 94 | 7.34 | 278 | 5.67 |
| 非农业户口 | 37 | 2.89 | 102 | 2.08 |
| 农业户口 | 57 | 4.45 | 176 | 3.59 |

## 三、福建省民生调查的问卷分析

### （一）基本民生问题

#### 1. 超六成受访者对目前家庭生活状况总体满意

城乡居民对自己家庭目前生活状况的总体满意程度较高，“很满意”和“基本满意”的家庭占65.1%，认为“一般”的占26.5%，仅8.2%的受访者觉得“不太满意”或“不满意”。对当前家庭生活状态的总体满意程度进行加权（很满意=100，基本满意=80，一般=60，不太满意=40，很不满意=20）计算后得到，受访者对当前生活满意指数为73.1。个体满意度因城乡、山海、户籍等不同有所差异。从城乡看，城市居民满意度高于农村居民；从山海看，沿海地区居民满意度高于内陆地区居民；从户籍看，本地人口满意度高于流动人口。

#### 2. 家庭生活方面最为关注的是收入水平

在家庭生活（包括工作、收入、教育、医疗、养老、住房等）的最不满意方面，有27.8%的受访者选择“收入水平”，高于排在其后的医疗（11.4%）、养老（11.4%）、住房（10.8%）、就业状况（6.4%）、子女教育（6.4%）（见图19-1）。调查显示，受访者对家庭增收的信心不高，认为2017年家庭总收入与2016年相比，基本持平的占52.7%，有增长的占27.3%，会下降的占17.8%。受访者对家庭收入差距变化评价不太乐观，认为有所扩大的占

35.3%，有所缩小的只有7.4%。这表明，在当前经济增速放缓与通胀缓慢抬头的大背景下，城乡居民家庭增收乏力、预期收入差距扩大，同时还要面对物价上涨、教育培训、医疗开支、购房还贷等压力，特别是中低收入家庭和贫困家庭更是面临着较大的经济压力和生活压力，需要引起各级政府的高度重视。

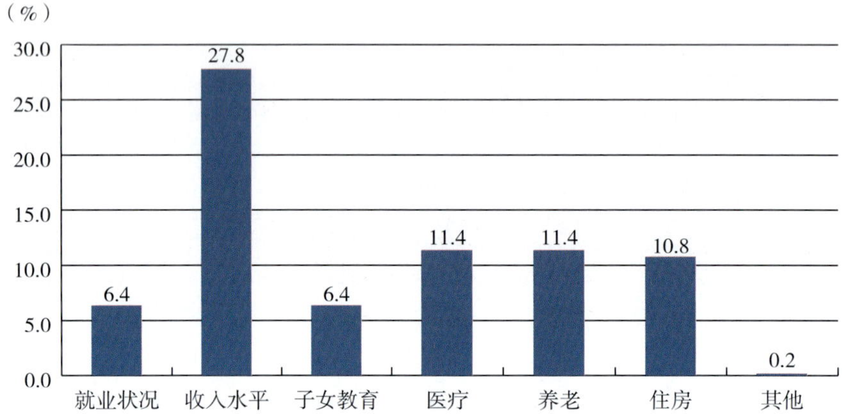


图19-1　家庭生活不满意率（%）

### 3. 社会环境方面最为关注的是食品安全

在社会环境（包括社区服务、社会治安、交通出行、食品安全、环境污染、司法公正、政府办事效率、文体生活等）的最不满意方面，有23.6%的受访者选择"食品安全"，排在其后的为交通出行（9.7%）、环境污染（9.1%）、政府办事效率（5.5%）、社区服务（4.5%）、社会治安（3.2%）、文体生活（2.6%）、司法公正（1.3%）等（见图19–2）。随着生活水平提高和消费升级加快，媒体对食品安全领域事件的曝光使"舌尖上的安全"越来越成为社会关注的问题。

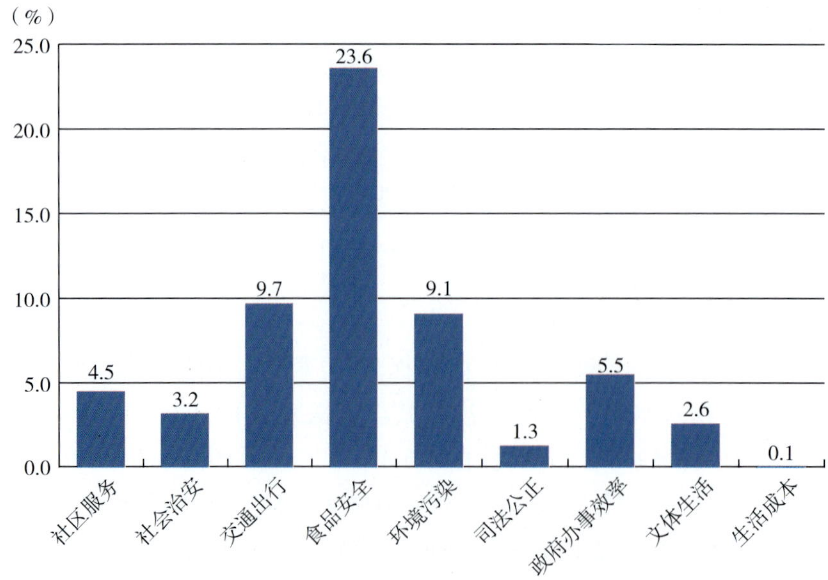


图19-2　社会环境不满意率（%）

## （二）工作与就业

### 1. 工作与就业情况总体稳定

1280位受访者中从业人员占71.6%，各个行业均有涉及。这些从业者反映就业情况较为稳定，59.75%的受访者认为工作量与上年同期相比没有大的变化，35.87%的受访者认为有小幅增加或略有减少，仅有4.38%的受访者认为工作量大幅增减（见图19-3）。

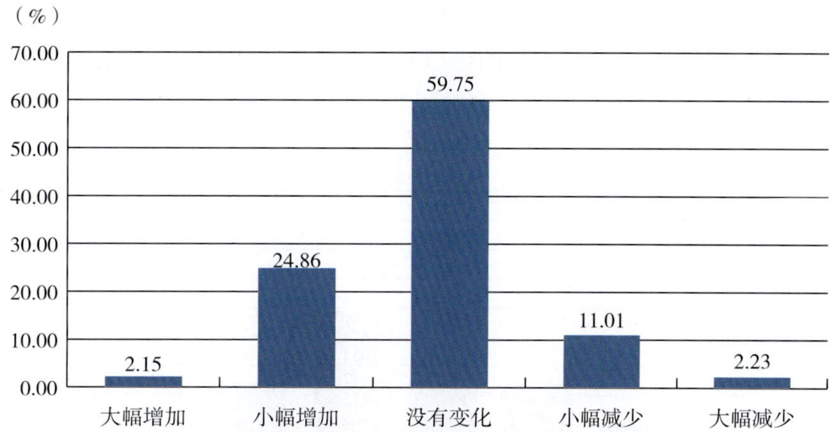


图19-3　工作量较上年同期相比变化情况（%）

### 2. 就业人员收入相对稳定

就业人员月平均收入3986元，沿海与山区的就业收入差距较为明显，其中，沿海就业人员月平均收入4287元，比山区就业人员高910元。就业人员的工资被拖欠情况较少，96.7%的从业者表示没有遇到被拖欠工资的情况。同时，受访者收入基本稳定，58.39%的受访者表示月均收入与上年同期相比变化不明显，24.09%的受访者表示有小幅增加，13.98%的受访者表示略有减少（见图19-4）。

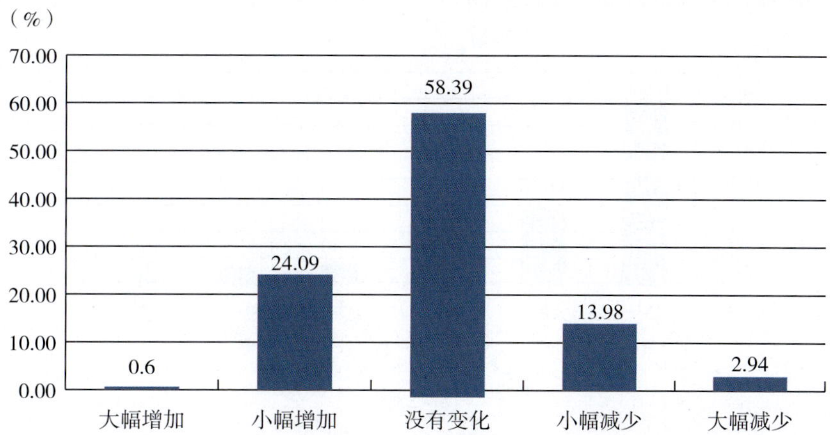


图19-4　就业人员月收入较上年同期相比变化情况（%）

## （三）收入与消费

### 1. 家庭收入分布比较合理

受访者家庭2016年平均收入为10.55万元，居全省中等水平。从总体看（见图19–5），受访者家庭收入结构比较合理，以中间段收入群体为主，没有出现明显的贫富分化现象，中等收入家庭（年收入在5万～15万元之间）占62.6%。但总体收入水平还有待进一步提高，特别是中低收入水平的家庭（年收入低于5万元）占20.3%，应进一步解决这部分群体的增收难题。从城乡、山海、户籍分组来看，组别家庭收入差异较小，其中，城镇家庭年收入为9.24万元，乡村家庭为12.07万元；沿海家庭为10.85万元，山区家庭为9.86万元；本地居民家庭为10.68万元，外地居民家庭为8.89万元。

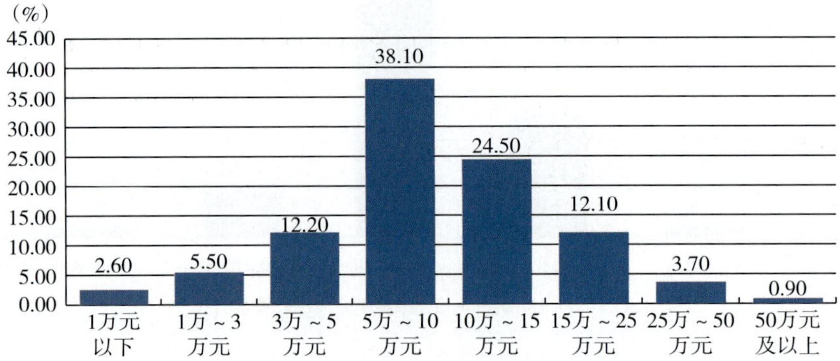


图19-5　2016年受访者家庭年收入分布（%）

### 2. 家庭收入主要来源呈现多元化

69.8%的受访者家庭认为家庭收入的主要来源是工资性收入（含养老金等）；其次是农业经营收入，占31.3%；第三是非农业经营收入（含开店、开厂、跑运输等），占30%；财产性收入、政府援助收入、亲友资助/供养也有一定占比（见图19–6）。在家庭年收入在3万元以下的低收入家庭中，认为需靠政府援助的占34.9%。

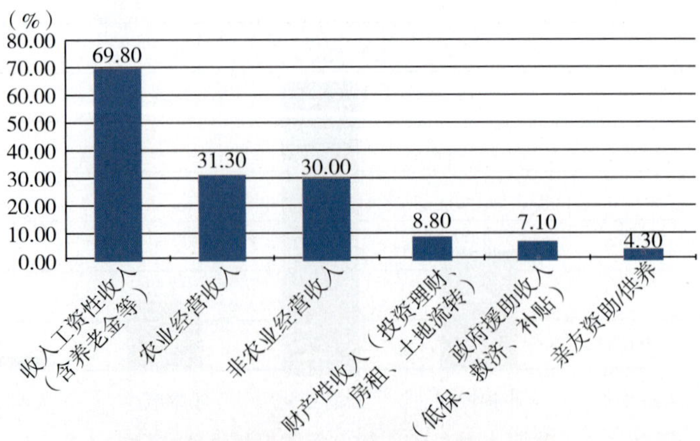


图19-6　家庭收入主要来源表（%）

### 3. 家庭收入增长压力较大

受访者认为2017年家庭总收入与2016年相比差不多的占52.7%，感觉有增长的占27.3%，有17.8%的受访者感觉今年家庭收入会有下降。受访者对家庭收入差距变化评价不太乐观，对收入差距扩大存有隐忧，认为有所扩大的占35.3%，有所缩小的只有7.4%（见图19–7）。

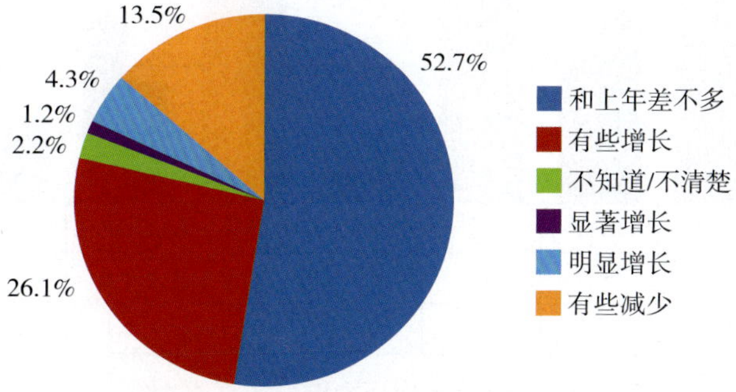


图19-7　家庭总收入增减预期情况

### 4. 食品、教育、住房和医疗等家庭消费支出压力较大

在各种家庭开支中，食品、教育、住房和医疗支出明显增加。认为家庭支出最大项目是食品支出的受访者占比最多，教育、住房（贷款月供、房租）、医疗依次排在其后，分别为35.2%、19%、16.1%、13.2%。超过1/3的受访者感觉食品支出负担重，说明这些家庭的经济压力较大、收入水平还有待进一步提高。近1/5的家庭认为子女教育支出压力最大，主要是来自高中以上学校的学费、各种课外补习班和兴趣班等培训费用、学习用品的购买等一系列家长为提高孩子综合素质所付出的额外的教育成本。

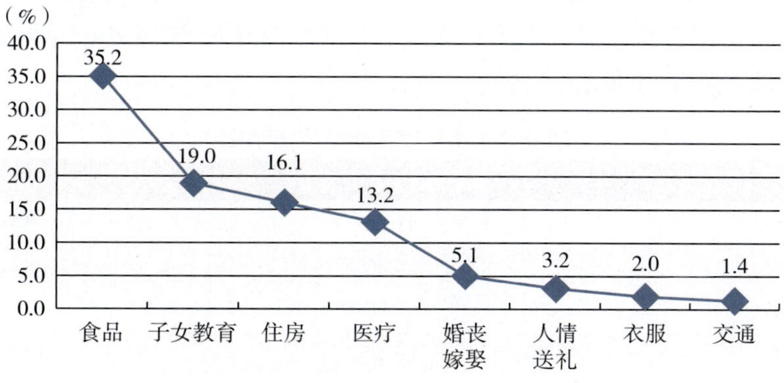


图19-8　家庭支出压力最大的项目（%）

从家庭支出压力的城乡对比来看，城市在食品、住房、医疗等方面的压力要普遍大于农村，而农村地区在子女教育、人情送礼、婚丧嫁娶等方面的压力则高于城市，说明农村地区仍保留着较为浓厚的乡土社会的人情往来，并且为了弥补城乡教育的差距需要付出更多的教育成本；而城市居民虽然收入相对较高，却需要背负比较沉重的食品开支、房贷房租、医疗等压力（详见19–9）。

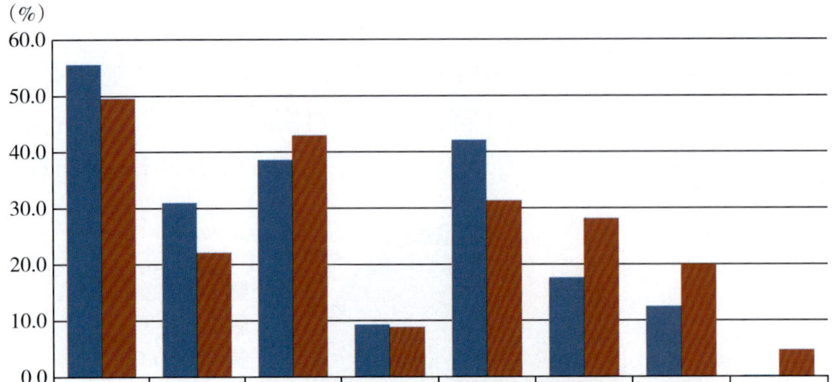


| | 食品 | 住房 | 子女教育 | 交通 | 医疗 | 人情送礼 | 婚丧嫁娶 | 衣服 |
|---|---|---|---|---|---|---|---|---|
| ■城市（%） | 55.5 | 30.9 | 38.5 | 9.2 | 42.0 | 17.8 | 12.4 | 0.1 |
| ■农村（%） | 49.5 | 22.1 | 42.9 | 8.8 | 31.3 | 28.1 | 20.0 | 4.7 |

图19-9　家庭支出压力的城乡对比（%）

## （四）子女教育

### 1. 家庭教育支出负担总体不高

得益于福建省委省政府多年来优先发展教育事业，教育投入不断增长，用于教育事业发展的财政支出占比居全国前列，有孩子上学的受访者家庭教育支出占家庭生活支出的比例在20%以下的占65.3%，在50%以上的只有11.9%，大多数受访者认为对此总体表示满意（见表19–4）。

2016年受访家庭平均用于孩子身上的教育总支出为5644.43元。家庭教育支出从城乡、山海、户籍对比来看，农村平均教育支出高于城市172.92元，山区高于沿海1715.88元，流动人口高于常住人口423.43元，表明农村、山区、流动人口为了让子女获得更好的教育，需要付出更高的成本，也面临更大的压力（见表19–5）。

表19-4　教育总支出占家庭生活支出情况

| 教育总支出占家庭生活支出比例 | 家庭数占比（%） | 平均支出（元） |
|---|---|---|
| 10%以下 | 41.00 | 3487.02 |
| 10%～20% | 24.30 | 8347.48 |
| 20%～30% | 7.90 | 11115.56 |
| 30%～40% | 13.10 | 19306.79 |
| 40%～50% | 1.90 | 22000 |
| 50%以上 | 11.90 | 29522.18 |

表19-5　家庭平均教育支出情况

| | 合计 | 城乡分组 | | 区域分组 | | 人口流动分组 | |
|---|---|---|---|---|---|---|---|
| | | 城市 | 农村 | 沿海 | 山区 | 常住人口 | 流动人口 |
| 人数（人） | 1280 | 686 | 594 | 896 | 384 | 1186 | 94 |
| 平均教育总支出（元） | 5644.43 | 5564.18 | 5737.1 | 5129.66 | 6845.54 | 5613.33 | 6036.76 |

## 2. 教育各学段均存在一些公众不满意的问题

对于幼儿教育，反映入公办园难、入民办园贵的受访者人数位居前两位。有小孩上幼儿园的182个受访者家庭中，有35.7%认为“入园难”，有15.4%的家庭认为“入园贵”，有14.8%的家庭认为在幼儿园“学不到什么东西”（见表19–10）。

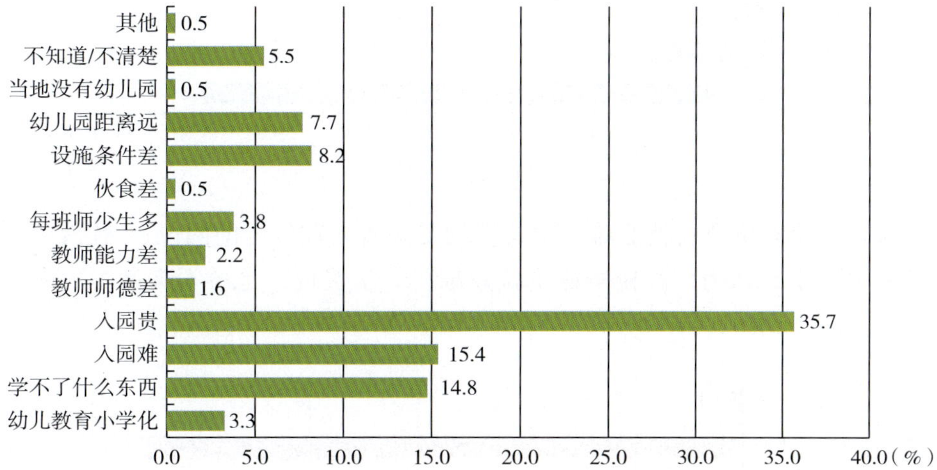


图19-10　学前教育不满意率（%）

对于义务教育和普通高中教育，反映课业负担重、教学质量不高的受访者人数位居前两位；有小孩上小学、初中和高中的259个受访者家庭中，认为“课业负担重”“教学质量差”和“很多内容课上不教，不得不上补习班或请家教”是最不满意的三项，不满意率分别为16.6%、14.7%和13.5%。“择校现象普遍”“上学距离较远，就学不便”也是受访者普遍反映的（见图19–11）。

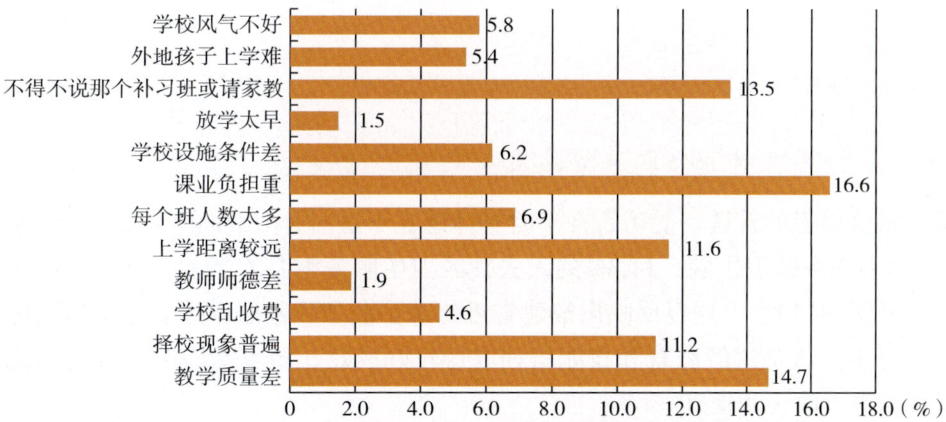


图19-11　义务教育和普通高中教育不满意率（%）

对于职业教育，反映实训少、就业质量不高的受访者人数位居前两位；有孩子接受职业教育的52个受访者家庭中，认为“缺少实习实训，实践能力培养不足”“就业质量不高”是最不满意的两项，不满意率都是34.6%（见图19–12）。

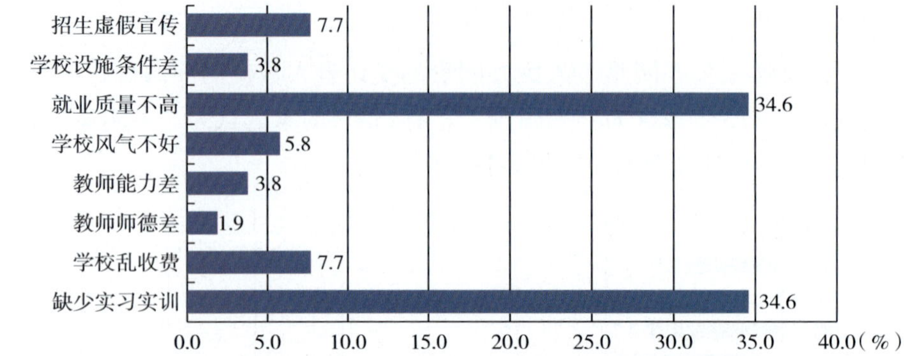


图19-12　职业教育不满意率（%）

对于高等教育，反映毕业后就业难、学费贵的受访者人数位居前两位；有孩子接受高等教育的90个受访者家庭中，认为“高校毕业生就业难”“学费贵”是最不满意的两项，不满意率分别为55.6%和25.6%（见图19–13）。

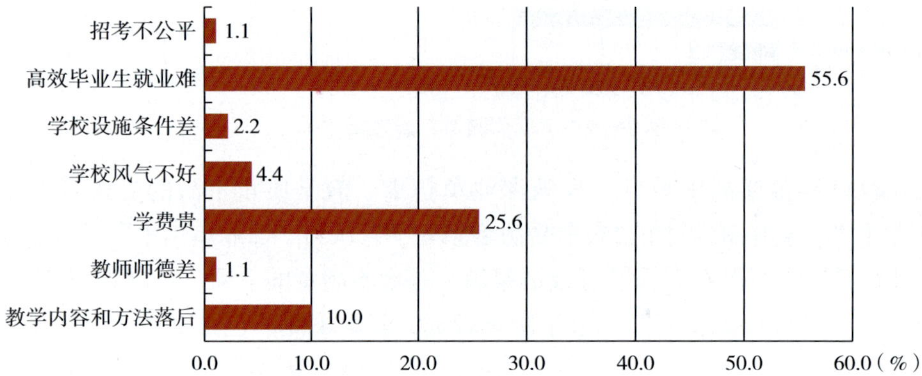


图19-13　高等教育不满意率（%）

## （五）医疗卫生

### 1. 就近就诊和县级以上公立医院是主要的就医选择

就近就诊是受访者的首选，受访者在平时身体感觉不适时，42.9%的人去村卫生室（诊所）治疗，13.8%的人去乡镇卫生院，11.3%的人去社区卫生服务中心（站），方便快捷、看病便宜是主要原因（见图19–14）。这也反映出福建省近年来不断加强基层医疗卫生机构达标建设，大力开展基层医疗卫生人员继续教育和技能培训取得较好成效，城乡基层医疗机构的就诊条件、诊疗水平得到了很大改善和提升。

在有家人住院的受访者中，超过八成的受访者选择县级以上公立医院，其中，41.1%的人选择“地市级公立医院”，36.3%的人选择“县级公立医院”，7.8%的人遇上大病重病才去省级及京沪知名的公立医院就医。需要引起注意的是，仅有2.2%的人选择民营医院，究其原因在于医生、设备和费用是病患最主要的担忧所在，这表明民营医院在品牌、医疗技术水平和公信力等方面有待提高。

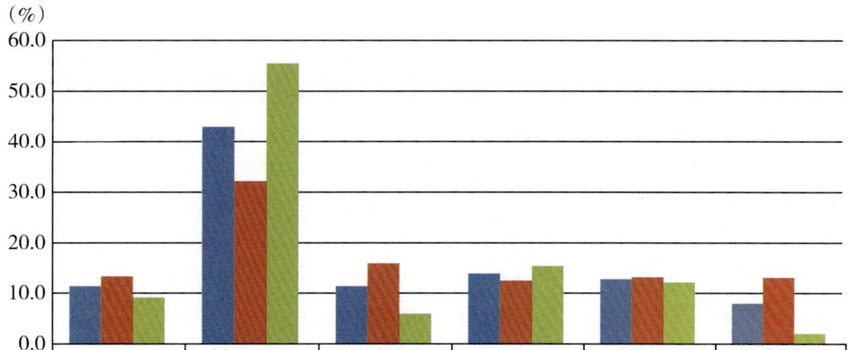


| | 自己买药 | 村卫生室或诊所 | 社区卫生服务中心 | 乡镇卫生院 | 区、县医院 | 区域内最好的大医院 |
|---|---|---|---|---|---|---|
| 合计(%) | 11.3 | 42.9 | 11.3 | 13.8 | 12.7 | 7.9 |
| 城市(%) | 13.3 | 32.1 | 15.9 | 12.4 | 13.1 | 13.0 |
| 农村(%) | 9.1 | 55.4 | 5.9 | 15.3 | 12.1 | 2.0 |

图19-14　受访者看病就医首选情况（%）

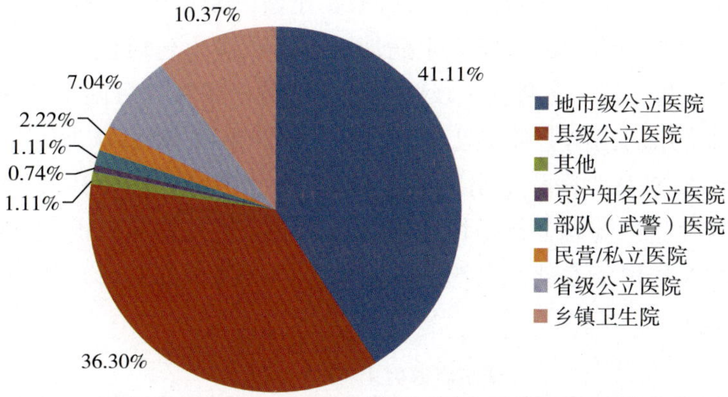


图19-15　受访家庭住院治疗选择医疗机构情况

### 2. 医疗卫生服务的公平性、可及性有所改善

受访者认为过去一年医疗卫生服务有所改善，45.5%的受访者认为大医院挂号有改善，只有3.7%认为欠佳；46.4%的受访者认为基层医疗服务有改善，只有2.2%认为欠佳；55.4%的受访者认为医生的态度有改善，只有2.7%认为欠佳（见表19–6）。总的来看，受访者对医疗卫生服务可及性的改善较为满意，看病难的问题得到了一定程度的缓解。

表19-6　医疗服务改善评价（%）

| | 明显改善 | 有所改善 | 没有变化 | 有些变化 | 明显变差 | 不知道/不清楚 | 不回答 |
|---|---|---|---|---|---|---|---|
| 大医院挂号是不是更容易了 | 5.3 | 40.2 | 29.1 | 2.9 | 0.8 | 21.7 | |
| 药品的费用是不是有所下降了 | 2.6 | 28.9 | 42 | 5.4 | 0.8 | 20.4 | |
| 家庭医疗负担是不是有所下降了 | 2.2 | 27.1 | 47 | 7.7 | 1.8 | 14.1 | 0.1 |
| 基层医疗服务是不是加强了 | 4.5 | 41.9 | 32 | 1.8 | 0.4 | 19.4 | 0.1 |

续表

| | 明显改善 | 有所改善 | 没有变化 | 有些变化 | 明显变差 | 不知道/不清楚 | 不回答 |
|---|---|---|---|---|---|---|---|
| 社区医院（乡镇卫生院和村卫生室）是不是也能开到大医院的药了 | 1.3 | 24.8 | 30.5 | 1.7 | 0.4 | 41.3 | 0.1 |
| 社区医院（乡镇卫生院和村卫生室）是不是向大医院转诊更容易了 | 2.3 | 27.3 | 27.6 | 1 | 0.5 | 41.3 | 0.1 |
| 医生的态度是不是更好了 | 4.8 | 50.6 | 29.8 | 2.2 | 0.5 | 11.9 | 0.1 |
| 医保报销比例是不是提高了 | 2.8 | 33.8 | 34.4 | 2.9 | 0.7 | 25.4 | 0.1 |
| 异地就医和报销是不是更方便了 | 3.3 | 23.7 | 23.3 | 1.3 | 1.6 | 46.6 | 0.2 |

### 3. 家庭就医负担仍然较重

城乡医疗服务的改善获得了大多数受访者的认可，但有42.3%的受访者认为看病贵是当前医疗卫生领域最突出的问题，74%的受访者对未来看病就医的经济压力表示担心，大多数群众期盼看病就医负担进一步减轻。在1280个受访者家庭（见表19–7），有261个家庭在2016年有就医住院经历，平均每户支出医疗费用1.97万元，农村家庭比城市家庭、沿海家庭比山区家庭的医疗支出相对较高。另有75户受访者家庭有家人生病却没有听从医生建议住院，其中有33户不住院的原因是“没钱住院”，这也在一定程度上反映出住不起院现象在部分困难家庭中依然存在。

从医疗占家庭总支出的比例上看（见表19–8），有70.1%的家庭认为医疗支出占家庭生活总支出的30%以下，有15.7%认为医疗支出比重在30%～60%之间，有10.3%认为在60%以上。随着支出比例的递增，医疗支出的总金额呈快速攀升的趋势。从受访家庭的实际医疗费用及其占家庭支出比例来看，城乡居民家庭就医负担仍然较重，主要原因在于诊疗费用的提高以及医保目录外药品费用负担加重。

表19-7　受访者家庭平均医疗支出

| | 合计 | 城乡 | | 山海 | |
|---|---|---|---|---|---|
| | | 城市 | 农村 | 沿海 | 山区 |
| 受访者家庭（个） | 261 | 126 | 135 | 133 | 128 |
| 平均医疗支出（万元） | 1.97 | 1.7 | 2.22 | 2.45 | 1.47 |

表19-8　医疗占家庭总支出比例情况

| | 受访家庭数 | 金额（元） | 家庭比重（%） |
|---|---|---|---|
| 占30%以下 | 183 | 8896.46 | 70.1 |
| 占30%～60% | 41 | 23073.17 | 15.7 |
| 占60以上 | 27 | 77944.44 | 10.3 |
| 极值 | 4 | 103750 | 1.5 |
| 不回答 | 6 | 8332.83 | 2.3 |

## （六）养老保障

### 1. 养老保障总体评价不高

在养老保障的总体评价方面（见图19–16），受访者表示很满意或基本满意的占30.9%，一般的占38.6%，不太满意的占21.7%，显示城乡居民养老保障总体水平还不高，对未来养老的经济保障、生活照顾、养老服务等方面有较多担忧，养老难、养老贵等问题仍是人民群众的操心事、烦心事。

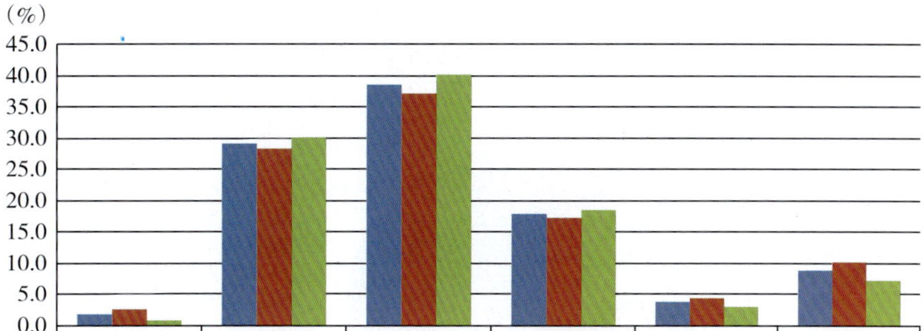


| | 非常满意 | 基本满意 | 一般 | 不太满意 | 很不满意 | 不知道/不清楚 |
|---|---|---|---|---|---|---|
| 合计（%） | 1.8 | 29.1 | 38.6 | 17.9 | 3.8 | 8.8 |
| 城市（%） | 2.6 | 28.3 | 37.2 | 17.3 | 4.4 | 10.2 |
| 农村（%） | 0.8 | 30.1 | 40.2 | 18.5 | 3.0 | 7.2 |

图19-16　养老保障（养老保险）满意度评价（%）

### 2. 社保养老金和子女赡养是主要的养老期待

在养老主要经济来源方面，退休金（养老金）、子女养老和储蓄成为最主要的几个方式，其中，32.3%的受访者选择社保退休金（养老金），35.5%的受访者认为必须依靠儿女或亲属赡养。城乡差异较为明显，选择退休金养老的城市居民高于农村居民16.6个百分点，而选择子女赡养的农村居民高于城市居民2.2个百分点，表明农村社会的养老理念也在发生变化，农村土地的养老属性进一步淡化，社会养老逐渐取代家庭养老（见图19–17）。

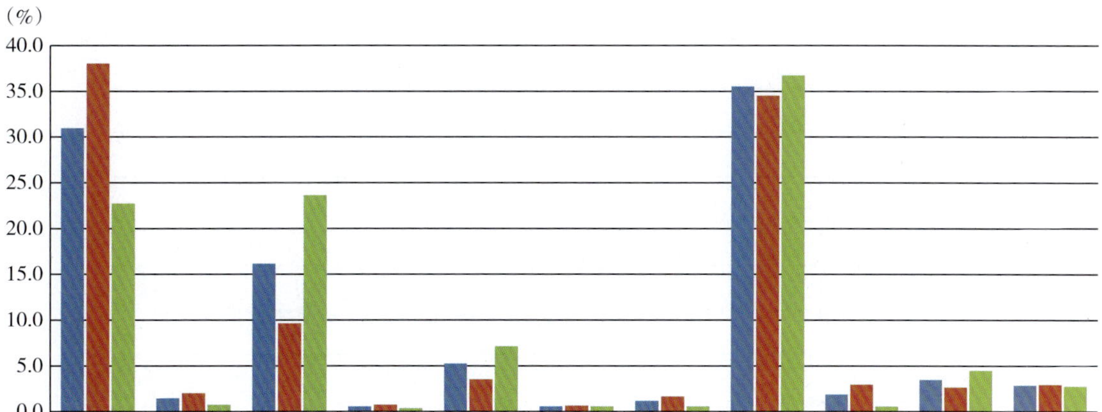


| | 自己的退休金/养老金 | 配偶的退休金/养老金 | 储蓄 | 投资理财收入 | 靠承包田地 | 商业养老保险金 | 房产收益 | 由儿女或其他亲属赡养 | 低保或社会救济 | 工作收入 | 没想过 |
|---|---|---|---|---|---|---|---|---|---|---|---|
| 合计（%） | 30.9 | 1.4 | 16.1 | 0.5 | 5.2 | 0.5 | 1.1 | 35.5 | 1.8 | 3.4 | 2.8 |
| 城市（%） | 38.0 | 2.0 | 9.6 | 0.7 | 3.5 | 0.6 | 1.6 | 34.5 | 2.9 | 2.6 | 2.9 |
| 农村（%） | 22.7 | 0.7 | 23.6 | 0.3 | 7.1 | 0.5 | 0.5 | 36.7 | 0.5 | 4.4 | 2.7 |

图19-17　养老经济保障主要规划（%）

在老年生活照顾方面（见图19-18），“子女照顾”或“配偶照顾”仍然是当前照顾老年人生活的主要方式。有44.8%的受访者认为需要“子女照顾”，有18.3%的人认为由“配偶来照顾”，有30.6%的人认为“自己照顾自己”。从工作岗位离退休的人群中，由于经济相对独立，则选择“自己照顾自己”作为老年生活照顾的首选。而进入公立（私立）养老机构、社区养老照料中心的养老方式所占比例相对较低，未进入养老服务的主流市场，因此老年人目前还是以居家养老为主。

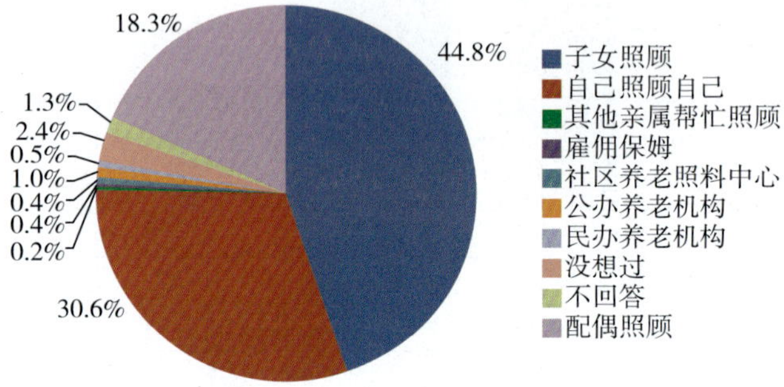


图19-18　老年生活照顾与照护

### 3. 养老服务有效供给不足

在养老服务供给方面，59.4%的受访者认为当地的养老设施和服务不能满足老年人的需求，只有29.6%的受访者表示满意。受访者认为目前排前三位的问题是养老服务机构少（25.9%）、养老机构收费高（12.0%）、社区养老服务设施不完善（11.8%）（见图19-19）。现在较常见也最容易办到的养老服务设施是棋牌室、老年活动中心、健身场所，而康复设施、老年日间照料中心和老年食堂等服务项目普及率低，无法为老年人提供更全面的服务。总体上看，受访者对养老服务满意度较低。

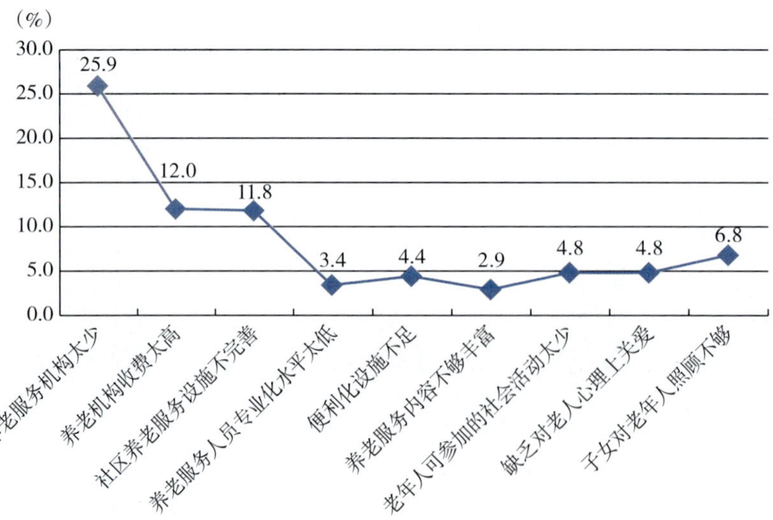


图19-19　受访者反映养老服务存在的最大问题（%）

### 4. 养老保障制度有待进一步完善

有67.7%的受访者对养老的经济来源表示担心。受访者认为养老保障（养老保险）排前三位的问题是养老金水平低（51.7%）、不同人之间养老金水平差距大（20.8%）、制度设计复杂（12.7%）（见图19-20）。2016年底，福建省60岁以上老年人532万人，占全省总人口的13.7%，全省有空巢老人120万，占老人人口的22.5%，老年群体呈现基数大、增速快、寿命高、空巢多等特点，养老保障越来越成为民生重点。

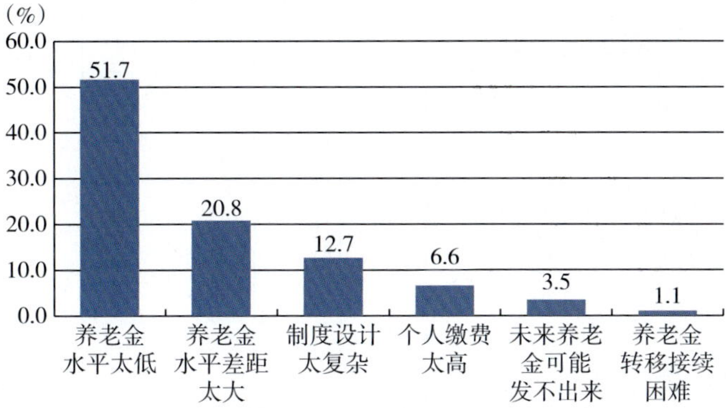


图19-20　对完善养老保障制度的期待（%）

## （七）住房保障

### 1. 住房保障基本实现多渠道广覆盖

受访者对住房保障总体满意，受访户住房以“自建住房”与“自购商品房”为主，自建住房（主要在县城与农村）的占66.6%，购买商品房或房改房（单位分房）的占21.1%，租房的占7.8%，其余拆迁安置、借住亲朋好友、暂住工作单位提供的住所等也占一定比重，总体上受访者已基本实现住有所居（见图19-21）。

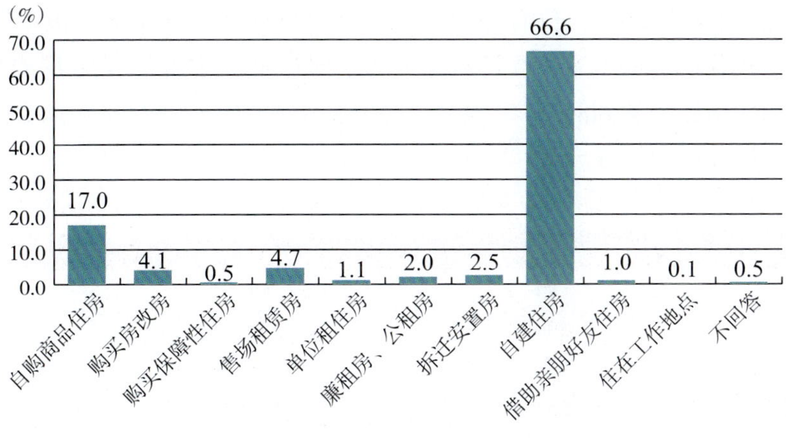


图19-21　受访者总体住房类型分布（%）

### 2. 住房类型因城乡、区域和户籍而差异比较明显

从城乡看，农村家庭自建住房比例高达78.3%，高出城市21.7个百分点。从区域看，沿海家庭自建住房比例为71.8%，高出山区家庭17.1个百分点。从户籍看，常住人口有71.2%家庭自建住房，16.6%是自购商品房；而流动人口中39.4%的人选择“市场租赁房”，其次是“自购商品房”，占21.3%，第三是“廉租房”，占12.8%。从建筑面积看，农村住房面积高于城市，沿海高于山区，常住人口高于流动人口（见图19-22）。

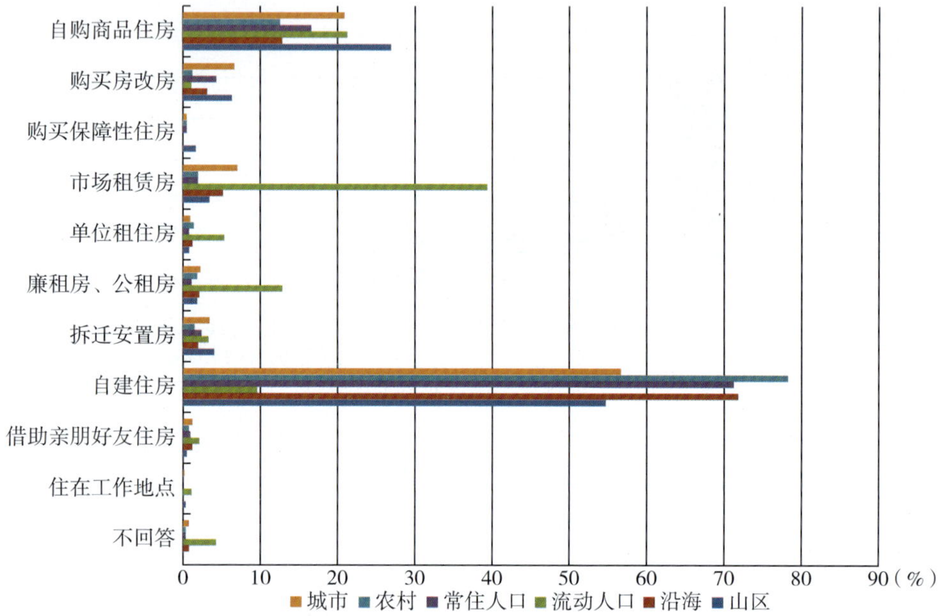


图19-22　受访者住房类型分布：城乡、区域、户籍差别（%）

### 3. 大多数受访者对住房条件相对满意

有近半的受访者家庭居住在50～150平方米的住房里，其中，“50～100平方米”占23.4%，“100～150平方米”的占22.7%，仅有6.6%的受访者家庭住在“50平方米以下”的住房（见表19-9）。从家庭人均住房面积上看，受访家庭平均达到50.49平方米；从住房成套率来看，有独立厨房与卫生间的住房比率达到89.2%，表明大部分受访者的住房不仅宽敞而且配套齐全，多数受访者对现有居住条件表示认可。

表19-9　受访家庭住房建筑面积

| | 受访家庭（个） | 占比（%） | 户均面积（M²） |
|---|---|---|---|
| 50平方米以下 | 84 | 6.6 | 30.76 |
| 50～100平方米 | 300 | 23.4 | 72.8 |
| 100～150平方米 | 290 | 22.7 | 116.9 |
| 150～200平方米 | 154 | 12.0 | 165.95 |
| 200～300平方米 | 221 | 17.3 | 227.66 |
| 300平方米以上 | 231 | 18.0 | 437.69 |
| 总计 | 1280 | 100.0 | 183.83 |

部分受访者对房价、住房面积和设施等方面满意度不高（见图19–23）。由于2016年以来的全国房价暴涨，43.7%的受访者认为“房价太高，无法改善住房条件”；对现有住房条件的不满意主要体现在“住房面积太小”，其次是“建筑年代久远，小区设施落后”。

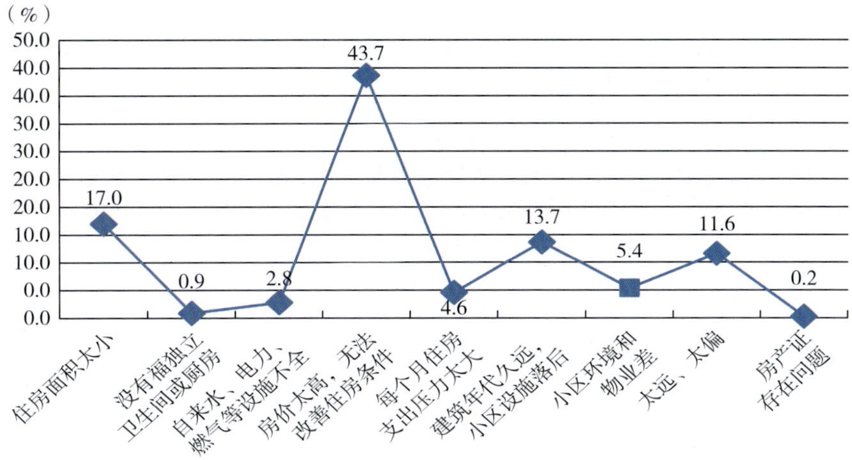


图19-23　受访者对住房满意度情况（%）

### 4. 受访者计划购房的主要目的是改善住房条件或子女就学

对受访者未来几年的购房计划的调查中，近九成的受访者不打算购房，仅有11.6%的受访者正在考虑在未来的2～3年购房或建房。其中，有46.8%的人为了“改善住房条件（如室内居住环境、增加水、暖、电、气设备等等）”，18.7%的人是“为子女获得（中小）学就学资格”,12.3%的受访者为了“结婚”（见图19–24）。大多数想改善住房条件的城市家庭，以及准备进城买房的农村家庭，认为高房价是最主要的制约因素。

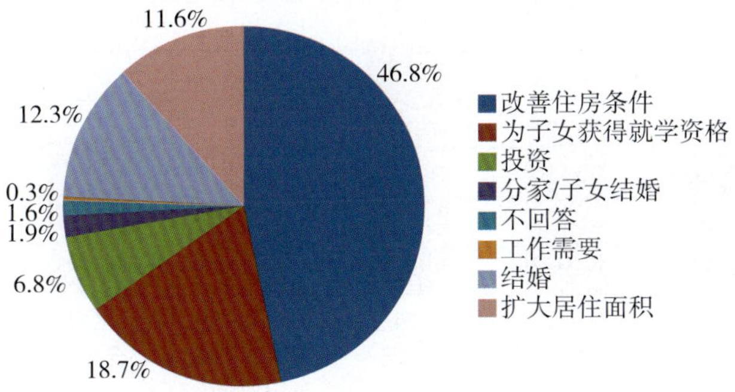


图19-24　买房或建房目的

## （八）生活环境

### 1. 生活环境更加美化

受访者对居住地周围的生活环境满意度较高，对生态环境状况很满意和比较满意的占67.9%，不太满意或不满意的占3.2%。对空气质量、生活用水质量、河流湖泊等水体质量、生活垃圾处理、噪声、绿化等的满意度也较高，选非常满意或比较满意的受访者均在半数以上（见表19–10）。

在对过去一年居住地总体生态环境质量变化评价中，认为过去一年有明显改善或略有改善的占54.9%，只有4.92%受访者认为变差。对空气质量、生活用水质量、河流湖泊等水体质量、生活垃圾处理、噪声、绿化等变化情况的评价中，认为有改善的受访者远远多于认为变差的。表明福建省生态建设成效明显，居住环境不断改善。

表19-10 居住地生活环境评价（%）

| | 总体生态环境 | 空气质量 | 生活用水质量 | 河湖水体质量 | 生活垃圾处理 | 噪声问题 | 绿化情况 |
|---|---|---|---|---|---|---|---|
| 非常满意 | 7.81 | 9.3 | 9.14 | 6.8 | 7.42 | 9.3 | 9.45 |
| 比较满意 | 61.09 | 59.06 | 58.67 | 44.61 | 48.13 | 48.91 | 53.28 |
| 一般 | 26.02 | 24.53 | 24.22 | 29.3 | 31.02 | 28.98 | 28.13 |
| 比较不满意 | 3.05 | 4.14 | 4.22 | 10.78 | 8.98 | 8.52 | 5.08 |
| 非常不满意 | 0.16 | 0.94 | 1.95 | 3.2 | 1.48 | 1.09 | 0.70 |

### 2. 垃圾分类还需加大宣传普及

受访者对垃圾分类处理的意识较为淡薄，仅有16.17%的受访者选择会进行垃圾分类，而83.36%的受访者则表示不会进行垃圾分类。在选择阻碍垃圾分类的原因中（每一受访者最多可选3项），有52.19%受访者选择“不知道怎样分类”，36.02%选择“不知道需要垃圾分类”，32.34%认为“社区没有分类的垃圾埔”（见图19–25）。表明垃圾分类的宣传教育还需进一步加大力度，城乡社区要加快推行垃圾分类投放、分类收集、分类运输、分类处理。

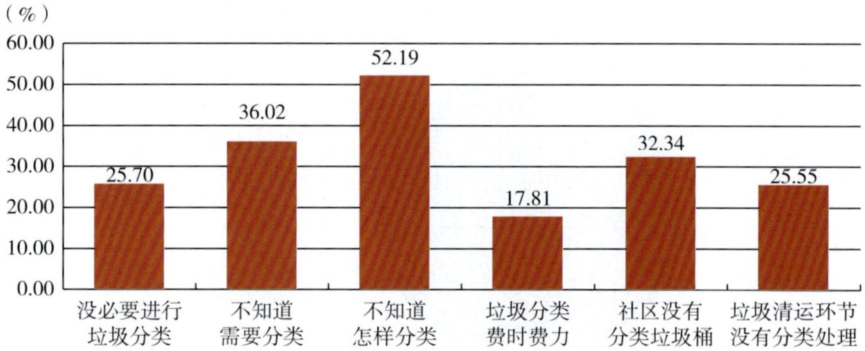

图19-25 阻碍垃圾分类的原因（%）

### 3. 农村环境综合整治亟待加强

在农村地区的受访者，对所在村庄的典型污染类型处置情况评价中，选择比较好和一般的比例最高；认为不太好和非常差的比例均不高，在5%左右。有约40%的受访者认为说不清或不回答，说明农村居民对污染处置问题认识还不够，需要政府在推进乡村振兴的过程中，进一步加大宣传力度，引导公众提高治理污染的主动性和自觉性。

表19-11　　农村典型污染类型处置情况评价（%）

| | 非常好 | 比较好 | 一般 | 不太好 | 非常差 |
|---|---|---|---|---|---|
| 牲畜粪便处理 | 3.13 | 26.09 | 24.53 | 3.98 | 1.72 |
| 农膜处置 | 2.97 | 21.09 | 26.33 | 3.28 | 1.56 |
| 减少农药化肥使用 | 2.73 | 22.11 | 26.88 | 5.63 | 1.25 |
| 秸秆处理 | 2.58 | 20.47 | 26.25 | 4.53 | 1.02 |
| 周边工矿企业排污处置 | 2.42 | 16.25 | 21.41 | 6.17 | 1.09 |
| 生活污水处理 | 2.66 | 21.02 | 27.19 | 4.3 | 1.02 |

## （九）食品安全

### 1. 对食品安全总体评价不够乐观

对于目前居住地食品安全的总体评价，35%的受访者认为满意或比较满意，41.41%受访者觉得一般，18.04%的受访者则觉得不太满意或不满意。城镇居民由于文化程度较高且信息获取更为容易，因此对食品安全问题更为敏感和重视，总体满意率低于农村7.89个百分点，而不满意率则高出6.35个百分点（见图19-26）。随着生活水平的不断提高，城乡居民对食品逐渐从"量"的需求向"质"的要求转变，在当前食品安全工作的改进还达不到人们普遍认可的情况下，公众对食品安全工作的改进就很难有明显的获得感。

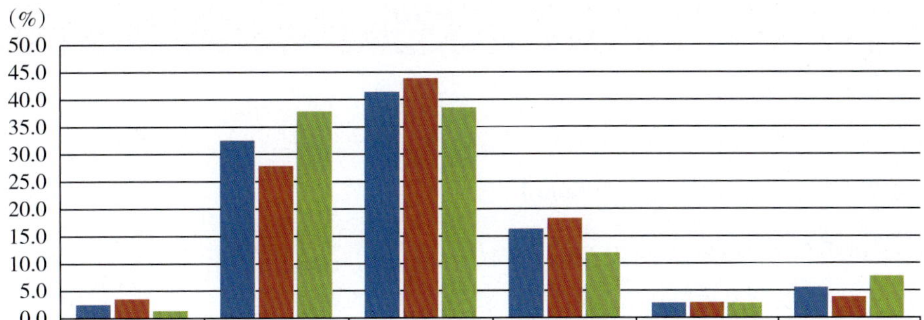


| | 很满意 | 基本满意 | 一般 | 不太满意 | 很不满意 | 不知道/不清楚 |
|---|---|---|---|---|---|---|
| 合计（%） | 2.50 | 32.50 | 41.41 | 15.31 | 2.73 | 5.55 |
| 城市（%） | 3.50 | 27.84 | 43.88 | 18.22 | 2.77 | 3.79 |
| 农村（%） | 1.35 | 37.88 | 38.55 | 11.95 | 2.69 | 7.58 |

图19-26　安全状况的满意度评价（%）

### 2. 部门监管有待加强

受访者对有关部门在加强食品安全监管和保障食品安全工作的评价不高，只有5.2%受访者认为监管很到位，22.2%受访者认为有关部门监管工作比较到位，22.8%受访者认为有关部门做了不少工作但效果不是很好，25.5%受访者认为做得还很不够，而还有7.9%受访者认为基本没人管（见图19-27）。

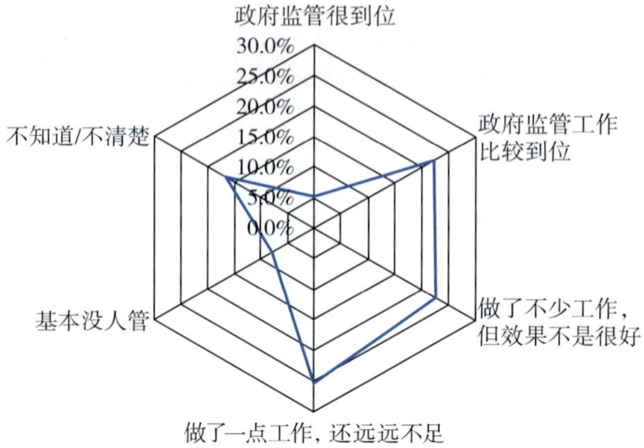


图19-27 对加强食品安全监管和保障食品安全工作的评价

### 3. 对解决食品安全问题充满期待

受访者期盼政府着重从严格的食品安全标准、强化部门监管责任和执法检查、对查出的假冒伪劣食品生产者进行严厉处罚等方面解决食品安全问题。受访者对政府解决食品安全问题抱有信心，79.9%的受访者认为食品安全问题今后三年内将得到改善。食品安全不仅关系当下的民生，还关系到代际民生，解决好食品安全这个民生之本，不仅需要相关法律法规的制定和完善，更需要全社会的参与和监督。

表19-12 解决食品安全问题应采取的措施（%）

| | 百分比 |
|---|---|
| 要制订严格的食品安全标准 | 58.83 |
| 要强化监管部门的责任和检查执法力度 | 71.09 |
| 要对查处的假冒伪劣食品生产者进行严厉处罚 | 67.66 |
| 要及时向公众通报不合格的食品 | 28.28 |
| 要通过评优、认证等方式帮助公众识别更优质、安全、可靠的食品 | 10.70 |
| 要加强对公众的食品安全常识教育 | 11.56 |
| 没有什么要改进的 | 0.08 |

## （十）政府服务

### 1. 政府服务和办事效率满意度明显提升

受访者对当地政府服务和办事效率的总体评价较高，65.55%的受访者认为很满意或基本满意，只有4.92%的受访者感觉不满意。这说明，福建省各地在深化放管服改革、推进政府职能转变和落实“四下基层”“马上就办、真抓实干”等方面取得了明显成效。

可喜的是，农村居民的满意率为69.53%，高于城市7.43个百分点。这在一定程度上表明了乡镇一级政府服务意识和干部作风有所改善。相比而言，由于经济社会发展程度不同，涉及城镇居民的有关审批事项种类相对较多、程序相对烦琐，满意度评价可能会因人因事有所差异。

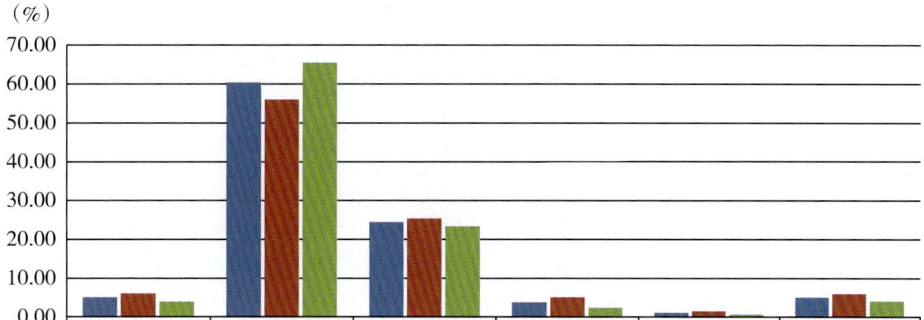


| | 很满意 | 基本满意 | 一般 | 不太满意 | 很不满意 | 不知道/不清楚 |
|---|---|---|---|---|---|---|
| 合计（%） | 5.16 | 60.39 | 24.45 | 3.83 | 1.09 | 5.08 |
| 城市（%） | 6.12 | 55.98 | 25.36 | 5.10 | 1.46 | 5.98 |
| 农村（%） | 4.04 | 65.49 | 23.40 | 2.36 | 0.67 | 4.04 |

**图19-28　政府服务和办事效率满意度（%）**

受访者对政府优化服务的各类行为满意度都比较高，满意率均在60%左右；回答不太满意的除“少折腾群众”选项为6.33%外，其余选项均在5%以下，而回答很不满意的比率基本都在1%以下，其中“减少吃拿卡要”选项的不满意率最低，仅为1.8%。说明党的十八大以来，各级政府部门严格落实中央“八项规定”、依法从政、转变作风等方面取得了较为明显的成效。

**表19-13　对政府优化服务的评价（%）**

| | 精简办事程序 | 简化各类证明 | 治理不作为、不办事 | 少折腾群众 | 减少吃拿卡要 | 服务态度 | 政策公开透明 |
|---|---|---|---|---|---|---|---|
| 很满意 | 7.58 | 7.03 | 6.33 | 6.80 | 10.47 | 8.52 | 6.95 |
| 基本满意 | 56.09 | 52.27 | 49.38 | 50.55 | 53.98 | 54.22 | 51.48 |
| 一般 | 21.88 | 25.55 | 27.66 | 26.72 | 23.2 | 25.7 | 24.38 |
| 不太满意 | 4.38 | 4.22 | 4.92 | 6.33 | 1.41 | 3.36 | 4.38 |
| 很不满意 | 0.70 | 0.70 | 0.86 | 0.78 | 0.39 | 0.94 | 1.09 |
| 不知道/不清楚 | 9.38 | 10.23 | 10.86 | 8.83 | 10.55 | 7.27 | 11.72 |

### 2. 政策信息获取方式多样化

群众了解政府信息和政策的渠道，主要是电视、电话、广播和公告等，同事、亲友或邻居间互相介绍居第二位，手机、互联网等新的信息传播方式逐渐成为群众了解政府信息和政策的新渠道，通过微信、微博、公众号等新媒体和政府网站了解政府政策和信息的分别占38.98%和11.80%，说明各级政府部门利用手机普及率较高的特点，通过新媒体开展政策宣传和政务公开是一个重要途径，但政府网站的宣传效果不佳，需要进一步加强。此外，有28.44%和15.94%的受访者分别通过政府工作人员下基层和下发宣传资料等了解相关信息。

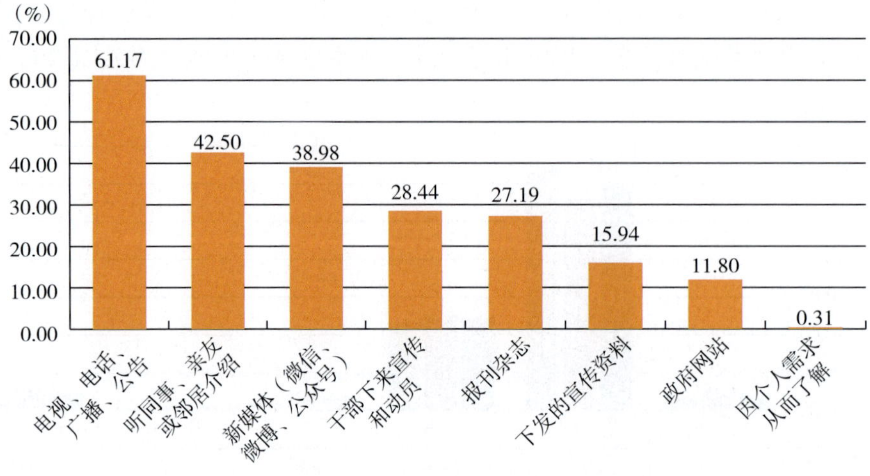


图19-29　受访者了解政府信息及政策的渠道（%）

### 3. 简化办事程序与提升效率还有空间

一些地方政府部门为民服务还有改进空间，29.1%的受访者认为部分地方政府部门办事程序较复杂和不够公开，10.70%的受访者认为还存在相互推诿、效率低下现象。说明群众办事多次跑路、办证要件不清、来回折腾盖章等问题仍然存在，应该引起有关部门高度重视，尽快补齐服务短板。

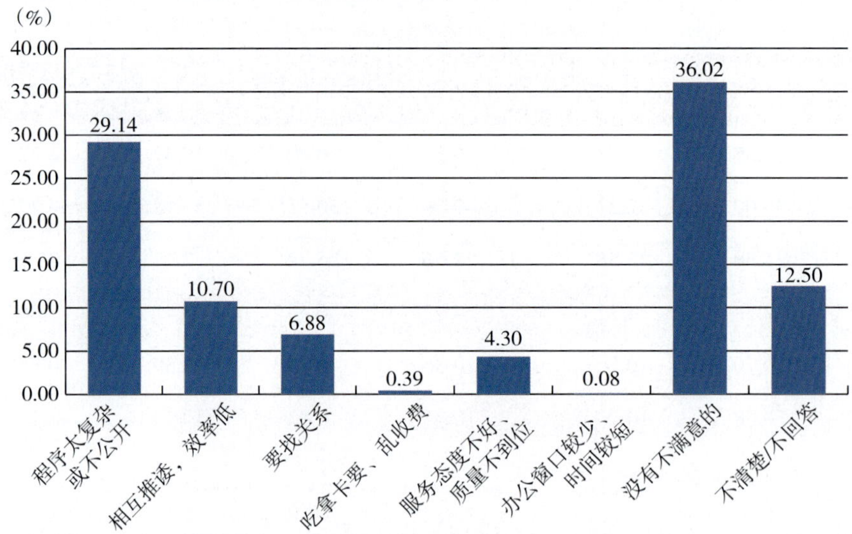


图19-30　对政府服务最不满意的的方面（%）

## （十一）民生关切点的总体评价

上述分析显示，当前福建省城乡居民生活满意度总体上维持较高水平，说明福建省近年来坚持民生优先，通过不断加大民生投入，推动社会事业加快发展，大力推进基本公共服务均等化，人民生活质量和水平不断提高，城乡居民获得感、幸福感、安全感明显增强。

总体上看，城乡居民对工作与就业、收入与消费、子女教育、医疗卫生、养老保障、住房保障、生活环境、食品安全、政府服务等民生关切点的感受，信心多于担心。其中，满意度较高的是政府服务、生活环境、住房保障等3项，受访者信心较足；比较满意的是工作与就业、医疗卫生、子女教育等3项，受访者期盼尽快改善薄弱环节；比较一般的是收入与消费、食品安全、养老保障等3项，受访者希望加快补齐短板。

需要指出的是，收入水平不高是当前城乡居民最为关切的民生问题，所占比例达27.8%。从全省看，城乡区域发展与收入分配差距依然较大，23个省级扶贫开发工作重点县的稳定脱贫仍然任务艰巨，在经济增速放缓的背景下，城乡居民家庭收入增速也有所放缓，预期收入差距扩大、收入分配不公、家庭支出压力增大等问题应引起各级政府的高度重视。民生领域还存在不少短板，各项社会事业领域的改革面临着巩固已有成果和破解新挑战的双重压力，保障食品安全、看病就医减负、提高养老保障水平等如何取得更有效的突破是民生工作的难点。此外，城乡发展差距造成民生发展不均衡，城镇居民和农村居民获得的教育、医疗、养老等公共服务及社会保障方面差异依然明显，实现城乡基本公共服务均等化仍有大量工作要做。

## 四、进一步改善民生的建议

当前，全面建成小康社会进入决胜阶段，福建省正从中等收入经济体向高收入经济体迈进，人民群众对政府改善民生、提升民生有着更高的期待。要把加快补齐民生短板摆到更加突出的位置，不断增进民生福祉，让人民群众有更多的获得感，推动“再上新台阶、建设新福建”取得更大成效。

### （一）破解民生发展的热点难点问题

从本次调查数据来看，收入、食品安全、医疗、养老、教育等领域是群众最为关注的民生问题。因此，做好民生工作应着重瞄准这些难点领域精准发力，加快补齐重点民生领域短板。

#### 1. 积极改善收入分配状况

着力“百姓富”，努力实现居民收入与经济增长同步增长、劳动报酬与劳动生产率同步提高。持续推动大众创业万众创新，创造更大市场空间和更多就业岗位。持续拓宽增收渠道，健全各类要素由市场决定的报酬机制，提高城乡居民的工资性收入、经营性收入、财产性收入和转移性收入，鼓励居民投资、创业、置业，依法保障居民的财产权，增加居民财富的保值增值途径。进一步强化收入分配政策激励导向，分群体施策，不断培育和扩大中等收入群体，促进城乡居民实现总体增收。

#### 2. 努力保障民众食品安全

以“四个最严”治理“餐桌污染”，严格落实《福建省食品安全条例》，加强从农田到餐桌全链条全过程监管，建立全面覆盖、属地管理、逐级落实、社会共治的监管体系。建设“食品放心工程”，创建“食品安全放心省”。建立食品安全信息统一平台，实现跨部门信息共享、及时反馈、风险交流、安全事件快速处理和公众参与，全面提升食品安全信息的可得性和信任度。

### 3. 推进健康福建建设

加快儿科、产科、妇幼保健、康复、老年护理等薄弱领域的建设步伐，推进省儿童医院、疾控中心、妇产医院等项目建设，加强老年人、妇幼等重点人群健康服务。坚持医疗资源总量扩充与结构调整并重，落实项目用地和配套资金，将新增床位发展目标按年度分解到地方。发挥龙头引领作用，加快在福州、厦门建设省级区域医疗中心，承担疑难病症的诊疗、全省高层次医疗人才培养及医学科研，辐射带动各地提升医疗技术水平。在全省范围内加速推进医联体建设，发展“城市紧密型医疗集团”“县域紧密型医疗共同体”等多种形式医联体。深化医药卫生体制改革，在现代医院管理、医疗保障、药品供应保障、分级诊疗、综合监管等5项制度建设上取得新突破。

### 4. 加大养老服务有效供给

统筹规划、有序发展养老床位，根据本地人口结构、老年人的需求及其变化趋势，对养老服务设施进行规划建设，形成“低端有保障、中端有市场、高端有选择”的养老服务格局。全面拓展居家社区养老服务，统筹设立居家养老服务照料中心（站），拓宽应急救助、生活照料、康复护理、精神慰籍等居家社区基本养老服务的覆盖面，培育壮大一批政府购买服务的居家养老服务定点单位。抓好护理型养老机构建设，确保公共资源优先保障失能老人、高龄老人的服务供给，全面放开养老服务市场，对不同社会主体投资兴办的护理院和护理型养老机构，实施同等的建设补贴、运营补贴、医保定点等政策，推动医养融合发展。

### 5. 办好人民满意教育

重视学前教育，多渠道扩充学前教育资源，在新建一批、配建一批、改建一批公办园的同时，采取政府购买服务、减免租金、派驻公办教师等多种方式，鼓励和引导民办园提供更多普惠性学前教育服务。推进城乡义务教育一体化改革发展，实施城镇中小学扩容工程、薄弱初中提升计划和义务教育提升工程，重点加强县级城关所在地中小学校建设，采取名校办分校、集团化办学、学区联盟等办法，共享课程、师资、管理、文化等资源，着力解决中小学生课外负担重、“择校热”、“大班额”等突出问题。提升高中阶段教育质量，推动中考中招和高考综合改革。实施职业院校基础能力建设计划，完善校企合作激励机制，深化产教融合、校企合作。实施“双一流”建设计划，大力推进高等学校内涵式发展。

## （二）强化民生发展的人才支撑

补齐民生短板，既要补设施设备这些“硬短板”，也要补人才保障和用人机制方面的“软短板”。当前，福建省民生领域人才紧缺，特别是高端医疗人才、基层卫生和教育人员、养老服务从业人员的缺口较大，要加快形成职业前景、薪酬绩效双重激励机制。

#### 1. 优化医疗人才结构

推进高层次人才队伍建设，围绕学科发展需求，依托“海纳百川”等人才平台，实施突出贡献专家激励、医学领军人才引进、中青年骨干人才培养等高层次卫生人才队伍建设项目，每年选派优秀人才到国内外顶尖医院进修学习交流。完善人才下沉机制，落实城市医师晋级前下基层服务制度，组织城乡医院开展对口支援，让优质的医疗资源纵向流动起来。实行差别化人才招聘和职称评聘办法，推进临床医师多点执业。完善基层医疗卫生机构编制核定办法，放宽基层卫技人员招聘条件，简化招聘流程。梳理紧缺人才目录，推进院校医学教育与卫生计生行业需求进一步衔接，增设儿科学、精神医学等急需紧缺专业，扩大紧缺住院医师规范化培训规模，提高相关专业人员的薪酬待遇。

#### 2. 提升养老服务人才

整合高等院校、中等职业学校等教育培训资源，加快培养老年服务管理、医疗保健、康复护理、营养调配、心理咨询、技术培训、能力评估、服务规划等养老专业人才。鼓励公立医院与辖区内的养老机构建立常态化的联系机制，结合党建团建等活动定期指派医疗专家到养老机构传帮带，培训老年医疗人才。多渠道扩充养老服务从业人员队伍，通过职业指导和职业介绍，鼓励农村转移劳动力、城镇就业困难等各类人员从事养老服务业，积极开发养老服务公益性岗位。建立养老护理员最低工资保障制度、岗位津贴制度和养老从业人员委托培养机制，支持医养结合机构卫生技术人员在资格认定、职称评定等方面，享受与公立医疗机构同等待遇。

#### 3. 夯实教师人才队伍

完善师资补充机制，完善事业单位编制调整机制，将编制调剂向教师队伍倾斜，支持各级政府以购买服务的方式聘用编外合同教师，明确购买承接机构、聘用资格条件，实行合同管理、同工同酬，所需经费纳入地方财政预算。完善教师统一招聘制度，重点补充音乐、美术、信息技术、科学等紧缺学科教师，加大幼儿、特教教师招聘力度，合理增加中小学教师队伍中男性教师比重，全面推进教师“县管校聘”改革。提高乡村教师待遇，研究制订提高乡村教师教龄津贴标准政策，鼓励和引导社会力量建立专项基金，对长期在乡村学校任教的优秀教师给予物质奖励。拓展职业院校专业教师来源渠道，可直接从企业聘任各方面表现优秀的管理人员、工程技术人员和高技能人才担任职业院校专业教师，兼职从事实训的专业教师可按规定享受岗位津贴或者课酬。研究制定符合职业教育特点的教师资格标准和专业技术职称评价办法，将教学实绩、技能水平、技术研发成果等作为专业技术职务评聘的重要依据，突出服务地方经济社会发展的“横向课题”在职称评聘中的份量。

### （三）夯实民生发展的财力保障

不断加大民生领域投入，切实提高资金使用效益，拓宽投入渠道，发挥财政资金杠杆作用，引导社会资金共同建设。

### 1. 加大财政投入

完善财政投入稳定增长机制，引导地方将一般性转移支付资金投入到民生等重点领域，各级新增财力和财政结余资金要重点保障民生领域重点项目。在当前地方财政增收压力较大的情况下，既要根据轻重缓急和承受能力强化财力保障，更要注重提高民生财政支出效益，加大对为民办实事等民生项目、人才培养引进和城乡民生基础设施等投入力度，压缩低效的补贴项目，整合交叉重叠的专项资金，确保民生投入有重点、有效益。健全完善民生财政支出绩效考评机制，强化对地方民生投入的责任考核。

### 2. 进一步吸引社会资本投资民生领域

推广民生项目PPP工程包，对PPP民生项目的资本回报、收益分配等问题，可考虑采取动态调整的“区间定价”机制，并根据企业的经营状况调整投资回报率，进一步提高PPP项目对社会资本的吸引力。研究设立社会事业领域投资基金，创新投融资机制，调动民间投资积极性，更好地满足人民群众多样化多层次多方面的需求。探索资本合作新模式，鼓励通过合资、合作等方式，支持合作办学、办医，共建养老和残疾人托养机构。积极支持社会组织承接基层基本公共服务和政府委托事项，提升基本公共服务供给质量和水平。

### 3. 进一步提升农村金融支持脱贫攻坚和乡村振兴的能力和水平

坚持商业性金融、开发性金融、政策性金融、合作性金融相结合，促进普惠金融的发展，扩大农村金融服务的规模和覆盖面。加大对农村建设重点领域和薄弱环节的信贷投入，开展农业设施抵押贷款、大型农机设备租赁以及订单融资、应收账款融资等业务，拓展农产品价格保险、收入保险等服务。加快农村承包土地经营权和农民宅基地使用权抵押贷款试点，探索政策性金融机构在高标农田建设信贷支持、补充耕地指标交易、城乡建设用地增减挂钩节余指标跨省域调剂等方面的作用。

### 4. 注重发挥保险资金在民生供给中的作用

开展大病医疗保险、社会养老机构综合保险、社区居家养老服务机构综合保险、环境污染责任保险、医疗责任保险、食品安全责任保险等全国首创或领先的民生领域“政保合作”项目，在确保风险可控的前提下，鼓励商业养老保险资金参与民生项目建设。

## （四）打通民生保障的“最后一公里”

优化民生项目规划布局，加快推动民生服务从按行政等级配置向按常住人口规模配置转变，明确民生补短板的相关目标、发展指标、主要任务和时间表、路线图、责任人，并纳入地方政府目标责任制考评体系，确保民生补短板工作取得实效。

### 1. 构建民生需求收集平台

健全完善公众反映民生需求的有效机制，依托“省长信箱”“市长热线电话”“地方政府留言板”“民情邮箱”等渠道，以及热点问题听证会等方式，收集汇总公众和社会各界的民生需求。以需求为导向创新公共服务供给模式，探索“居民点菜做菜、政府买单”的方式，解决居民“急、困、难”等民生问题，改变一些地方存在的“政府买了单、群众不买账”的现象。开展民生调查了解民生满意度，收集和了解民生事业的发展情况，及时把握不同群体的民生需求，准确反映民生之急、民生之忧，找准民生社会事业发展重点。鼓励智库、专家学者在民生新业态新模式、民生需求方面开展前瞻性研究，探索开展政府购买民生“金点子”做法。

### 2. 设立民生补短板监测评估体系

以基本公共服务均等化为目标，逐步缩小城乡居民、沿海与山区居民、常住人口与流动人口之间的基本公共服务差异性，促进民生事业均等化发展。引入第三方评估机制监测评估重大民生项目进展情况，对民生建设项目前期工作、建设管理、资金管理、运行管理、实施效果等实行全过程监管，确保民生政策发挥最大效应。

### 3. 培育在全国叫得响的民生品牌项目

实施龙头提升工程，努力建设“双一流”高水平大学，加快建成全国“百强”综合医院，重塑“福建民营医院”品牌。以“连锁经营”理念拓展教育、医疗品牌的辐射效应，通过“大手拉小手”的方式联合办学、办医，统一标准、统一管理，输出资源、输出人才。做大做强民生运营主体，支持厦门、泉州、莆田、龙岩等医疗园区建设，做大一批业内领先的健康服务企业和产业集群。支持省内有一定规模的养老服务企业做大做强，成为在全国具有较大影响力的龙头企业和知名品牌。

### 4. 依托新业态新模式助力民生事业

以“共享经济”理念盘活分散、闲置的民生资源，推进资源的统筹和共享，释放更多供给能力。以“人工智能”助力民生改善，逐步将大数据、计算机拟真、可穿戴设备、智能机器人技术等应用于民生领域。以“互联网+”创新民生服务模式，发展基于互联网的教育、医疗、健康、养老等新兴服务，以信息化为手段扩大优质教育、优质医疗、优质养老等民生资源覆盖面。

（福建省政府发展研究中心专题组
负责人：李　强　卓祖航
成　员：李立敏　胡献政　何　燊　曾飞凡　陈锦泉）

# 第二十章
# 陕西省民生发展报告

十九大报告明确提出，“必须多谋民生之利、多解民生之忧，在发展中补齐民生短板、促进社会公平正义，在幼有所育、学有所教、劳有所得、病有所医、老有所养、住有所居、弱有所扶上不断取得新进展。”提高保障和改善民生水平作为一项主要的关注点，一直是党中央到地方政府乃至普通民众特别重视和关注的问题。陕西省始终坚持在发展中保障和改善民生，“十二五”期间，民生投入累计达1.73万亿元，教育、卫生、文化等基本公共服务实现全覆盖，各项社会保障水平明显提升，人民群众的安全感、幸福感、获得感不断增强。

本报告主要包括四方面：陕西省民生事业发展概述、2017年陕西省民生问卷调查研究、陕西省民生领域存在的主要问题及进一步改善民生的政策建议。

## 一、陕西省民生事业发展概述

陕西刚刚过去的五年极不平凡，这五年来，全省人民群众生活持续改善，群众收入增速跑赢GDP，城乡居民收入差距进一步缩小。特别是脱贫攻坚力度之大前所未有，501万群众告别绝对贫困，108.2万贫困人口迁出环境恶劣地区，住进了新家园。在此基础上，《陕西省国民经济和社会发展第十三个五年规划纲要》，更是强调了坚持以人民为中心的发展思想，加大社会事业投入力度，健全公共服务体系，不断提高全省发展和共享共建水平，努力使发展成果更多、更公平惠及三秦百姓。下一步将围绕人民群众关心的问题精准施策，顺应人民对美好生活的向往，进一步提高全体人民的安全感、幸福感和获得感。

2017年，陕西全省上下持之以恒落实各项民生政策，完成民生支出3970.8亿元，保障和改善民生更加扎实。

一是把脱贫攻坚作为头等大事和第一民生工程，深入实施产业脱贫、易地扶贫搬迁等八大工程，加大对深度贫困地区投入力度，20多万名干部下乡结对帮扶，全年减贫45.4万人，4个贫困县有望摘帽。

二是实施新一轮就业创业政策，发放创业担保贷款56.22亿元，新增城镇就业45.5万人，高校毕业生初次就业率达到89.2%，零就业家庭实现动态清零。

三是推动社会保障扩面提标，企业退休人员基本养老金实现“十三连涨”，城乡居民医疗保险政府补助高于全国20元，省内实现异地就医直接结算，跨省就医结算扩大到全国，城乡低保标准分别提高8%和15%。

四是稳步推进保障性安居工程建设，公租房分配率达83.4%，棚户区改造开工22.79万套。

五是努力办好公平优质教育，普惠性幼儿园接近60%，义务教育基本均衡县数量居西部第一位，国家级农村职业教育和成人教育示范县数量居全国前列，8所高校进入“双一流”建设名单。

六是全面推行公立医院改革，101个医联体覆盖90%县级医院和50%乡镇卫生院，宝鸡市、子长县被列为国家公立医院改革示范。

七是大力推进文化惠民，成功举办第四届丝绸之路国际艺术节、第四届中国孙思邈中医药文化节、第八届陕西省艺术节，话剧《麻醉师》荣获“五个一工程”奖，汉中“三堰”入选世界遗产名录。

八是成功举办省第一届全民健身运动会，陕西省体育健儿在第十三届全国运动会上再创佳绩。

九是扎实推进“平安陕西”建设，强化社会治安综合治理，严厉打击侵财等刑事犯罪，有效处置突发公共卫生事件，全面加强食品药品监管，安全生产事故总量继续下降。全省人民生活得更有质量、更加舒心。

## 二、2017年陕西省民生问卷调查研究

### （一）调研设计

本次调查样本遵循经济有效的抽样原则，采用多阶段分层设计，PPS系统抽样技术（systematic PPS sampling techniques）进行抽样。抽取后样本覆盖陕西省7个市，共有10个县（区）、20个乡（镇、街道办事处）、40个村（居委会）。陕西省2017年“中国民生问题调查”最终的抽样单位是户，在每个样本村（居委会）中随机抽取30户，全省共抽取1205户。

表20-1　　2017年陕西省民生问卷调查抽样分布

| 市 | 县/区 | 乡镇/街办 | 村居名称 |
|---|---|---|---|
| 西安市 | 新城区 | 自强路街道办事处 | 航建社区 |
| 西安市 | 新城区 | 自强路街道办事处 | 向荣社区 |
| 西安市 | 新城区 | 胡家庙街道办事处 | 长缨东社区 |
| 西安市 | 新城区 | 胡家庙街道办事处 | 万东社区 |
| 西安市 | 长安区 | 郭杜街道办事处 | 郝枝北街第一社区 |
| 西安市 | 长安区 | 郭杜街道办事处 | 大居安村 |
| 西安市 | 长安区 | 黄良街道办事处 | 黄良村 |
| 西安市 | 长安区 | 黄良街道办事处 | 南仁村 |
| 西安市 | 蓝田县 | 三里镇 | 席家河村 |
| 西安市 | 蓝田县 | 三里镇 | 乔村 |
| 西安市 | 蓝田县 | 灞源镇 | 秦谷村 |
| 西安市 | 蓝田县 | 灞源镇 | 董家沟村 |

续表

| 市 | 县/区 | 乡镇/街办 | 村居名称 |
| --- | --- | --- | --- |
| 宝鸡市 | 岐山县 | 凤鸣镇 | 凤东路社区 |
| | | | 庵里村 |
| | | 祝家庄镇 | 范家营村 |
| | | | 西庄村 |
| 咸阳市 | 秦都区 | 古渡街道办事处 | 新泉社区 |
| | | | 珠泉社区 |
| | | 渭阳西路街道办事处 | 彩虹社区 |
| | | | 七里铺社区 |
| | 永寿县 | 社区服务管理中心 | 药厂路 |
| | | | 新永路 |
| | | 监军镇 | 西一村 |
| | | | 封侯村 |
| 延安市 | 子长县 | 瓦窑堡街道办 | 迎宾路社区 |
| | | | 郭家崖窑村 |
| | | 李家岔镇 | 李家岔村 |
| | | | 曹家渠村 |
| 汉中市 | 西乡县 | 城关镇 | 南关社区 |
| | | | 五丰社区 |
| | | 堰口镇 | 马桑村 |
| | | | 牟家庄村 |
| 安康市 | 汉滨区 | 吉河镇 | 马坡岭社区 |
| | | | 三河村 |
| | | 石梯镇 | 大石村 |
| | | | 冯山村 |
| 商洛市 | 丹凤县 | 土门镇 | 龙王庙村 |
| | | | 长沙沟口村 |
| | | 峦庄镇 | 双坪村 |
| | | | 街坪村 |

## （二）调查结果分析

### 1. 样本家庭成员人口学特征

①样本家庭居住的社区类型与地区类型。从2017年调查样本家庭居住的地区类型来看，50.2%的样本家庭居住在农村，这与本次调查的抽样设计有很大的关联； 其次22.4%的样本家庭居住在主城区； 再次19.9%的样本家庭居住镇中心区，另外有5.0%的样本家庭居住在乡镇结合

部以及2.5%的样本家庭居住在城乡结合部（见图20–1）。

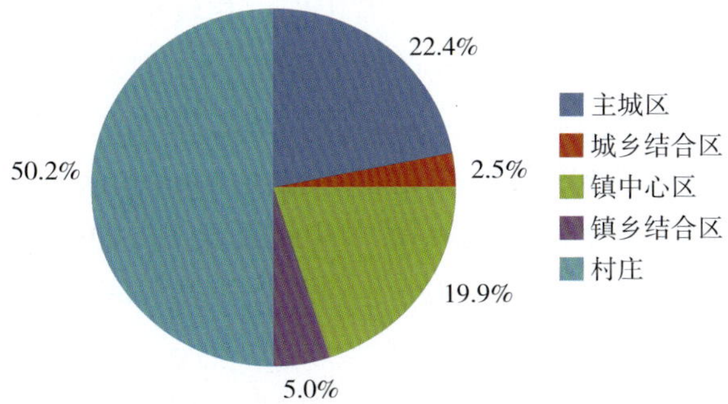


图20-1　2017年陕西省样本家庭居住的地区类型

从2017年调查样本家庭居住的社区类型来看，仍然是居住农村的样本家庭占大多数，为62.80%；其次11.80%的样本家庭居住在普通商品房小区，10.40%的家庭居住在未经改造的老城区，7.00%的样本家庭居住在单一或混合的单位社区，5.50%的样本家庭居住在新近由农村社区转变过来的城市社区，2.40%的样本家庭居住在别墅区或高级住宅区（见图20–2）。

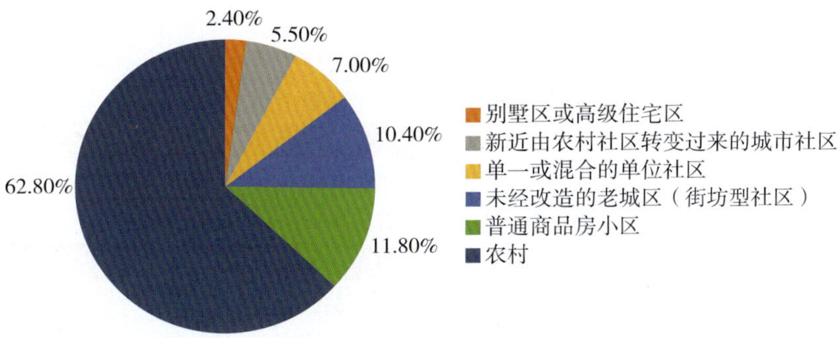


图20-2　2017年陕西省样本家庭居住的社区类型

②样本家庭成员基本情况。2017年调查中，共抽取1200户样本家庭，共有4325人，即平均每户样本家庭有3.60人，相较于2016年调查平均每户样本家庭3.76人，样本家庭规模有所减小。样本家庭成员人口学特征见表20–2。

2017年调查结果显示，样本家庭内成员男女性别比为1.07：1；15～64岁样本家庭成员占比为68.99%，可以粗略估算样本家庭抚养比为44.96%，较2016年的33.49%提高11.47个百分点，远远大于2016年家庭抚养比，家庭抚养压力显著增大；样本家庭成员婚姻状况以已婚和未婚为主，分别占比62.78%和31.38%；从户口性质来看，样本家庭成员以农业户口为主，占71.91%，非农户口仅占28.09%；样本家庭中，53.17%的样本家庭成员名下有承包地，46.29%的样本家庭成员名下没有承包地。样本家庭成员中，74.33%的保持健康，7.59%的样本家庭成员虽然有疾病或残疾，但仍有劳动能力，13.84%的样本家庭成员因为疾病或残疾失去劳动能力，但生活可以自理，另外也有4.42%的样本家庭成员生活不能自理，需要别人照料；从受教育情况来看，18.10%的样本家庭成员未上学，23.82%属于小学教育水平，30.76%属于初中教育水平，14.44%属于高中教育水平，5.94%属于大专教育水平，另外有6.94%的样本家庭成员达到本科及以上教育水平；

从工作状况来看，42.86%的样本家庭成员有工作，相较于2016年的48.17%，样本家庭工作成员比例有所下降，而57.14%的样本家庭成员不工作，可以反映出样本家庭的抚养压力增大；绝大多数的样本家庭成员工作地点在本市（县、区），占79.10%，也有少数的样本家庭成员工作地点在省内其他市（县、区）和外省，分别占比11.39%和9.52%；从医保参保状况来看，基本实现全覆盖（99.23%），仅有个别0.77%的样本家庭成员未参加任何医疗保障项目，其中以新型农村合作医疗保险的参保人数最多（72.42%），其次为城镇职工基本医疗保险（14.92%）和城镇居民基本医疗保险（10.45%）。

表20-2 2017年调查样本家庭成员人口学特征

| 类别 | N（%） | 类别 | N（%） |
|---|---|---|---|
| 性别 | | 受教育状况 | |
| 男 | 2228（51.57） | 未上学 | 777（18.10） |
| 女 | 2092（48.43） | 小学（在读/肄业/毕业） | 1023（23.82） |
| 年龄 | | 初中（在读/肄业/毕业） | 1321（30.76） |
| 14岁及以下 | 698（16.24） | 高中/中专/技校 | 620（14.44） |
| 15～64岁 | 2965（68.99） | 大专/高职 | 255（5.94） |
| 65岁及以上 | 635（14.77） | 本科 | 273（6.36） |
| 婚姻状况 | | 研究生及以上 | 25（0.58） |
| 未婚 | 1353（31.38） | 工作状况 | |
| 同居 | 7（0.16） | 工作 | 1850（42.86） |
| 已婚 | 2707（62.78） | 没有工作 | 2466（57.14） |
| 离婚 | 27（0.63） | 工作地点 | |
| 丧偶 | 218（5.06） | 本市（县、区） | 1438（79.10） |
| 户口性质 | | 省内其他地市 | 207（11.39） |
| 非农业户口 | 1213（28.09） | 外省 | 173（9.52） |
| 农业户口 | 3105（71.91） | 医疗保障参加项目数 | |
| 是否一起吃住生活 | | 0 | 99（2.19） |
| 每天都回家 | 3621（83.80） | 1 | 4416（97.48） |
| 每周回来几天 | 85（1.97） | 2 | 15（0.33） |
| 每月回来几天 | 181（4.19） | 医疗保障参加情况 | |
| 逢年过节才回来 | 402（9.30） | 城镇职工基本医疗保险 | 449（10.45） |
| 1年以上没有回家 | 32（0.74） | 城镇居民基本医疗保险 | 641（14.92） |
| 健康状况 | | 公费医疗 | 31（0.72） |
| 健康 | 3212（74.33） | 商业医疗保险 | 7（0.16） |
| 有疾病仍有劳动能力 | 328（7.59） | 新型农村合作医疗 | 3111（72.42） |
| 丧失劳动能力，生活能自理 | 598（13.84） | 专门人群医疗保险 | 57（1.33） |
| 生活不能自理需要有人照料 | 183（4.24） | | |
| 是否有承包地 | | | |
| 是 | 2316（53.17） | | |
| 否 | 1996（46.29） | | |

### 2. 样本家庭成员工作与就业情况

本小节主要分析样本家庭工作成员就业与行业类型、工作职位、专业技能、工作量、工作收入、签订劳动合同、养老保险、不工作原因等情况。

① 就业与行业类型。2017年调查样本家庭中，16周岁以上就业人口为1850人，其中非农业户籍人口531人，农业户籍人口1319人。从就业类型看，35.85%的样本家庭工作成员为专业务农或兼业务农，除去务农人员以外，16.22%为非固定单位的临时务工，16.44%为民营/私营企业职工，4.14%为国有企业职工，相较于2016年调查就业类型，36.04%的样本家庭工作成员为专业务农或兼业务农，16.08%为非固定单位的临时务工，10.21%样本家庭成员为民营/私营企业职工，专业务农和兼业农民比例显著下降0.19个百分点，民营/私营企业职工比例提高6.23个百分点。分城乡来看，城镇户籍人口就业类型主要集中在国有企业、民营或私营企业、个体工商户、科教文卫等事业单位、党政机关从业人员； 农村户籍人员就业类型主要集中在专业务农和兼业农民，占比达43.88%，16.61%农村户籍人员在非固定单位临时务工。这与实地调研情况相符，即多数农村劳动力举家外出务工，留在农村人员多以务农为主，农闲时就近务工为辅（见表20–3）。

表20-3　2017年样本家庭工作成员就业类型占比（%）

| 就业类型 | 全部就业人员 | 城镇户籍人员 | 农村户籍人员 |
|---|---|---|---|
| 专业务农 | 20.68 | 4.52 | 25.47 |
| 兼业农民 | 15.17 | 7.34 | 18.41 |
| 农村自营业者 | 1.71 | 0.56 | 2.08 |
| 农村专业管理人员 | 0.94 | 0.19 | 1.11 |
| 党政机关、社会团体从业人员 | 3.75 | 11.30 | 1.66 |
| 党政机关、社会团体不在编人员 | 0.66 | 1.51 | 0.48 |
| 教科文卫等事业单位职工 | 4.52 | 13.18 | 2.28 |
| 教科文卫等事业单位不在编人员 | 1.60 | 3.39 | 0.97 |
| 国有企业职工 | 4.14 | 8.85 | 2.21 |
| 民营/私营企业职工 | 16.44 | 19.59 | 14.81 |
| 合资、外资或港澳台企业员工 | 0.17 | 0.56 | 0.14 |
| 民办非企非营利组织 | 0.39 | 0.19 | 0.48 |
| 个体工商户（含开网店/微店）雇主 | 4.36 | 6.21 | 3.81 |
| 个体工商户（含开网店/微店）雇员 | 6.51 | 5.27 | 7.06 |
| 自由职业者 | 2.70 | 3.20 | 2.35 |
| 非固定单位的临时务工 | 16.22 | 14.12 | 16.61 |
| 其他 | 0.06 | 0.00 | 0.07 |
| 合计 | 100.00 | 100.00 | 100.00 |

从2017年调查样本居民就业行业看，30.88%的样本家庭工作成员所在行业为农、林、牧、渔业，16.18%为建筑行业，还有诸如批发零售业、居民服务和其他服务业、住宿和餐饮业等。相较于2016年调查中行业类型分布，30.81%的样本家庭工作成员所在行业为农林牧渔业，10.72%为建筑行业，农林牧渔业，从业人群比例、建筑行业从业人群比例略有上升。说明近两

年伴随着产业结构变化，就业结构有所改善。分城乡来看，城镇户籍人口主要行业类型为批发零售业、公共管理和社会组织、交通运输邮政业等，农村户籍人员主要行业类型为农林牧渔业和建筑业。总体来看，城乡居民在就业类型和行业类型存在较大差距（见表20–4）。

表20-4　　2017年样本家庭工作成员行业类型占比（%）

| 行业 | 全部就业人员 | 城镇户籍人员 | 农村户籍人员 |
|---|---|---|---|
| 农、林、牧、渔业 | 25.53 | 7.35 | 30.88 |
| 采矿业 | 1.68 | 0.58 | 1.96 |
| 电力、煤气及水的生产和供应业 | 1.79 | 0.97 | 1.89 |
| 交通运输、仓储及邮政业 | 7.00 | 8.90 | 6.16 |
| 制造业 | 6.49 | 4.26 | 7.42 |
| 信息传输、计算机服务和软件业 | 2.80 | 6.19 | 1.75 |
| 批发和零售业 | 7.84 | 10.64 | 7.14 |
| 建筑业 | 14.56 | 7.93 | 16.18 |
| 水利、环境和公共设施管理业 | 0.73 | 1.55 | 0.42 |
| 住宿和餐饮业 | 8.29 | 5.22 | 9.03 |
| 房地产业 | 0.39 | 0.97 | 0.21 |
| 科学研究、技术服务和地质勘察业 | 0.62 | 1.16 | 0.49 |
| 租赁和商务服务业 | 1.74 | 3.48 | 1.26 |
| 金融业 | 1.34 | 2.90 | 0.70 |
| 卫生、社会保障和福利业 | 3.64 | 6.00 | 3.36 |
| 文化、体育和娱乐业 | 1.96 | 4.06 | 1.40 |
| 教育业 | 2.74 | 7.35 | 1.68 |
| 居民服务和其他服务业 | 4.54 | 6.38 | 4.13 |
| 公共管理和社会组织 | 4.93 | 13.15 | 2.45 |
| 其他 | 1.40 | 0.97 | 1.47 |
| 合计 | 100.00 | 100.00 | 100.00 |

②家庭工作成员工作职位情况。2017年调查中，由于存在专业务农人员，所以33.77%的样本家庭工作成员不适用于该工作职位分布，除此外，分布最多的为临时聘用人员，占34.90%，相较于2016年的24.04%，临时聘用人员比例有所上升，另外有9.07%的样本家庭工作成员为一线业务员，一线生产人员也较多，占7.14%（见图20–3）。

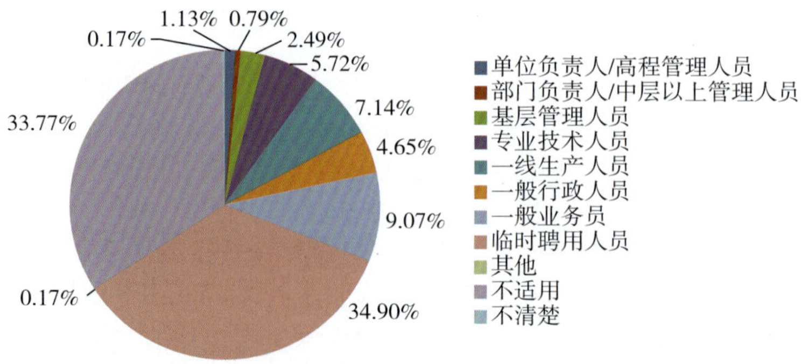


图20-3　2017年样本家庭工作成员工作职位

③家庭工作成员工作量变化情况。2017年调查显示，总体来看，与上一年相比，69.03%的样本家庭工作成员工作量没什么变化，11.59%的样本家庭工作成员认为工作量增加，也有19.39%的样本家庭工作成员认为工作量在减少。如图20-4所示。

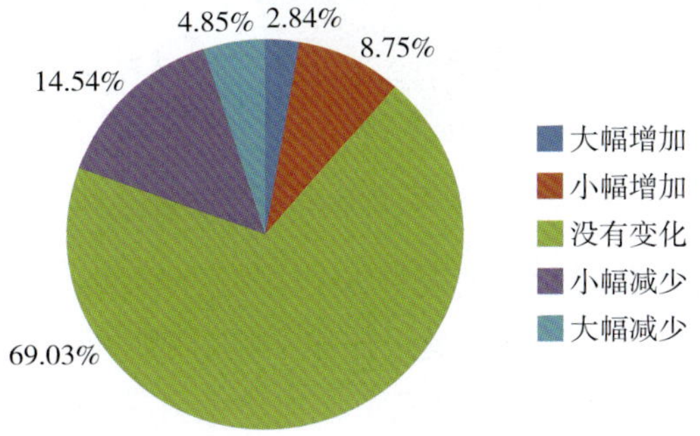


图20-4　2017年样本家庭工作成员工作量变化情况

④家庭工作成员收入情况。2017年调查中，样本家庭工作成员今年每个月税后平均收入为2370.65元，相较于2016年的月均收入2190.30元，增长了8.23%。30.20%的样本家庭工作成员月均收入在1000元及以下，26.30%的样本家庭工作成员月均收入在1001～2000元之间，24.30%的样本家庭工作成员月均收入在2001～3000元之间，9.40%的样本家庭工作成员月均收入在3001～4000元之间，11.80%的样本家庭工作成员月均收入在4000元以上。

整体来看，样本家庭工作成员每月收入呈右偏分布。分城乡来看，城镇家庭工作成员月平均收入为3506.89元，农村家庭工作成员月平均收入为1687.24元，35.30%农村家庭工作成员月平均收入在1000元以下，而仅有14.50%的城镇家庭工作成员月平均收入在1000元以下，城乡收入差异显著（P<0.01），见图20-5。

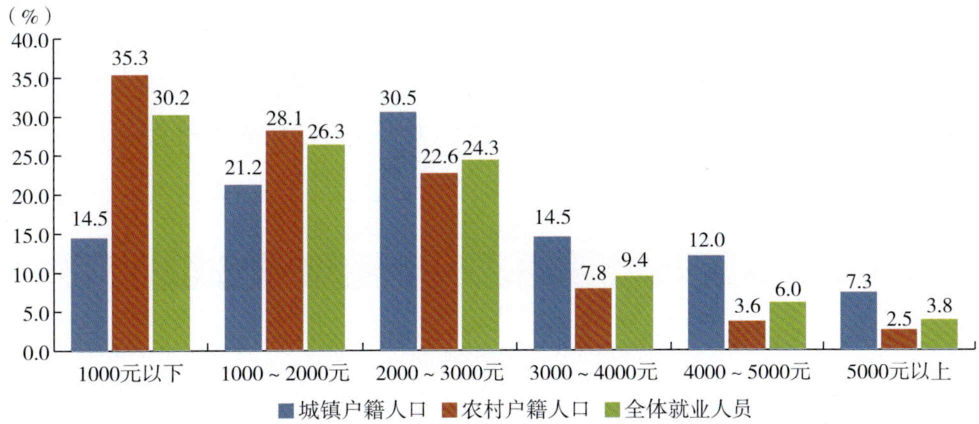


图20-5　样本家庭工作成员今年每个月税后收入情况（%）

2017年调查结果显示，与上一年相比，65.40%样本家庭工作成员无明显变化，有9.49%的样本家庭工作成员认为月平均工资增加，25.11%的样本家庭工作成员认为月平均工资减少，见图20-6。

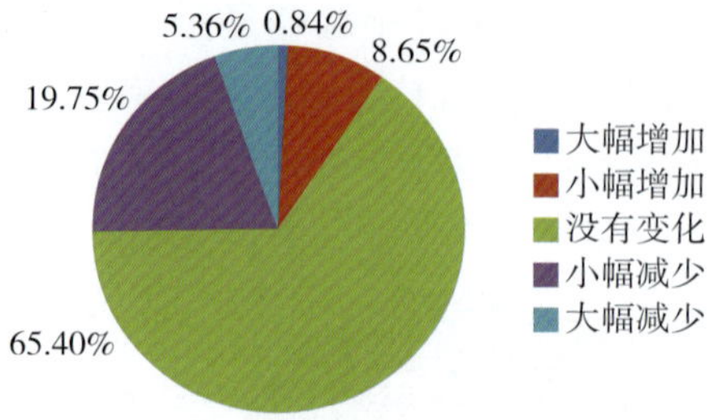


图20-6　2017年调查中样本家庭工作成员月平均收入较上一年变化情况

⑤家庭工作成员签订劳动合同形式情况。2017年调查显示，总体来看，51.97%样本家庭工作成员没有签订劳动合同，12.40%样本家庭工作成员签订有限期限劳动合同，2.72%样本家庭工作成员不需要签订劳动合同，2.44%样本家庭工作成员签订无固定期限劳动合同，仅有0.93%样本家庭工作成员签订以完成一定工作任务为期限的劳动合同，此外，29.53%的样本家庭工作成因务农和个体工商户不适用，见图20–7。

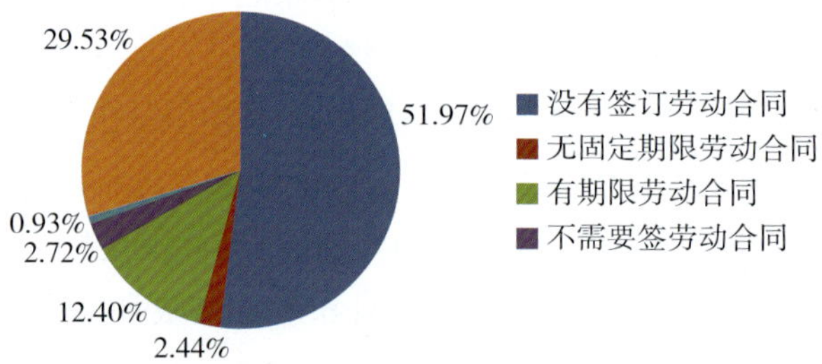


图20-7　2017年样本家庭工作成员签订劳动合同形式情况

⑥家庭工作成员参加养老保险情况。2017年调查结果显示，14.56%的样本家庭工作成员没参加任何养老保险，58.10%的样本家庭工作成员参加了新型农村社会养老保险，18.06%的样本家庭工作成员参加了城镇职工养老保险，4.99%的样本家庭工作成员参加了城镇居民养老保险。此外，1.35%的样本家庭工作成员参加了商业养老保险，1.17%的样本家庭工作成员参加了机关事业单位养老，极少数样本家庭成员参加企业年金（0.75%）、村集体养老金（0.14%）和其他养老保险（0.89%），见表20–6。

表20-6　　2017年样本家庭工作成员养老保险参加情况

| 养老保险类型 | 人数 | 占比（%） |
|---|---|---|
| 城镇职工养老保险 | 387 | 18.06 |
| 城镇居民养老保险 | 107 | 4.99 |
| 机关事业单位养老 | 25 | 1.17 |
| 新型农村社会养老保险 | 1245 | 58.10 |
| 商业养老保险 | 29 | 1.35 |
| 企业年金 | 16 | 0.75 |
| 村集体养老金 | 3 | 0.14 |
| 其他 | 19 | 0.89 |
| 没有任何养老保障 | 312 | 14.56 |

2017年调查结果显示，样本家庭工作成员平均每月需要自己缴纳的养老保险金额为84.02元，65.50%的样本家庭月均缴纳养老保险金额在8元及以下，这与新型农村养老保险参与人数较多有关，17.00%的样本家庭月均缴纳养老保险金额在8～100元之间，8.00%的样本家庭月均缴纳养老保险金额在101～500元之间，3.00%的样本家庭月均缴纳养老保险金额在500元以上。整体来看，样本家庭工作成员每月自己需要缴纳的养老保险金额呈右偏分布。见图20-8。

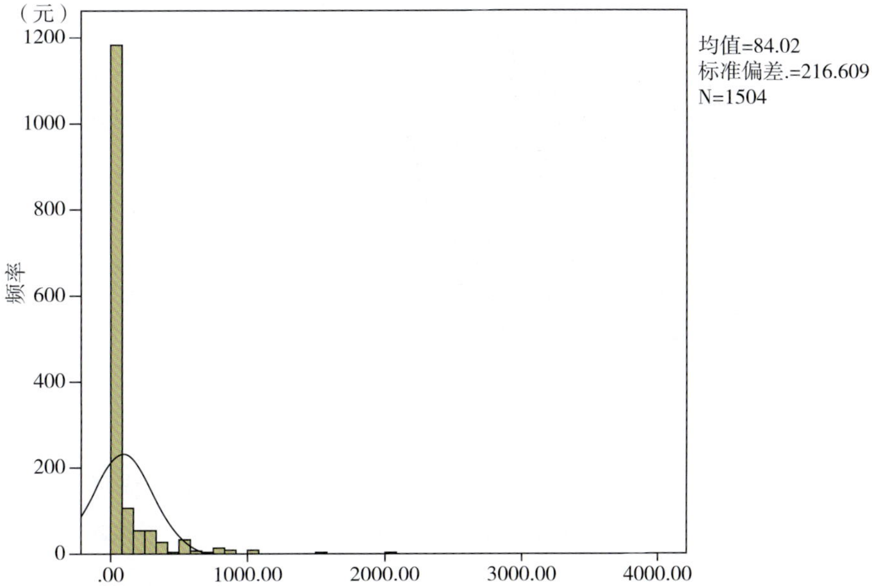


图20-8 2017年样本家庭工作成员每月自己需要缴纳的养老保险金额（元）

⑦家庭工作成员工作情况。2017年调查中，样本家庭工作成员今年以来平均外出打工月数为8.94个月，50.36%的样本家庭今年以来外出打工月数小于3个月，4.76%的样本家庭今年以来外出打工月数在3～6个月之间，12.10%的样本家庭今年以来外出打工月数在6～9个月之间，32.78%的样本家庭今年以来外出打工月数在9个月以上，见图20-9。

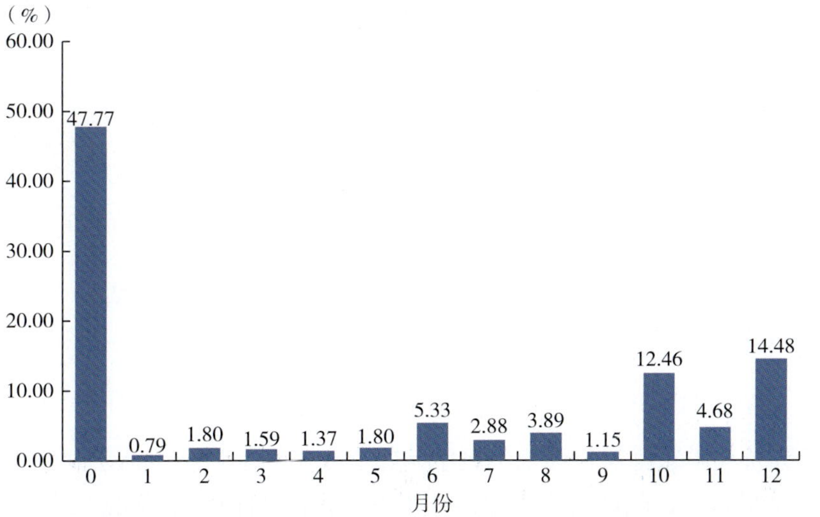


图20-9 样本家庭工作成员外出打工月数分布情况（%）

2017年调查结果显示，42.60%的样本家庭非工作成员由于料理家务未工作在校学习或年幼未工作，25.38%的样本家庭非工作成员从来未工作过，11.48%的样本家庭非工作成员因个人原因主动辞职，7.85%的样本家庭非工作成员由于单位停工、停产等。此外，样本家庭非工作成员未工作原因还包括被单位辞退、毕业后未工作、无固定工作、生病、年龄及其他等，见图20–10。

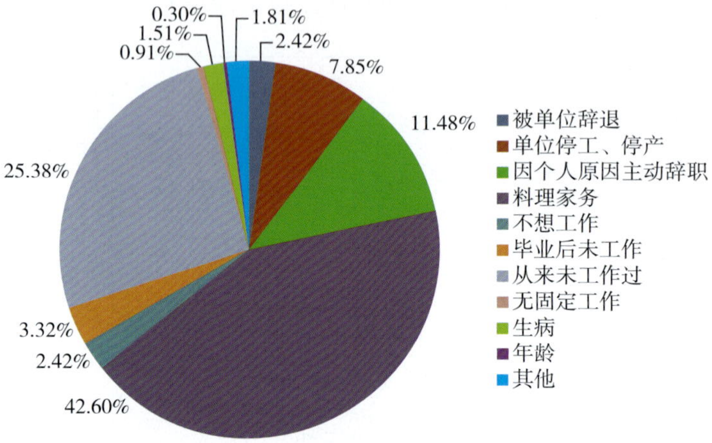


图20-10　2017年样本家庭无工作成员未工作原因

2017年调查结果显示，54.17%的样本家庭非工作成员最后一份工作所属行业为农林牧渔业，8.94%的样本家庭非工作成员最后一份工作属于制造业，6.45%样本家庭非工作成员最后一份工作所属行业为其他，见表20–7。

表20-7　2017年样本家庭非工作成员最后一份工作行业（TOP 10）

| 就业类型 | N | 占比（%） |
|---|---|---|
| 农林牧渔业 | 630 | 54.17 |
| 制造业 | 104 | 8.94 |
| 其他 | 75 | 6.45 |
| 建筑业 | 47 | 4.04 |
| 批发和零售业 | 44 | 3.78 |
| 居民服务和其他服务业 | 37 | 3.18 |
| 卫生、社会保障和福利业 | 32 | 2.75 |
| 电力、煤气及水的生产和供应业 | 27 | 2.32 |
| 住宿和餐饮业 | 23 | 1.98 |
| 教育业 | 21 | 1.81 |

此外，2017年调查结果显示，97.13%的样本家庭非工作成员在最近三个月内未找过工作，仅有2.87%的样本家庭非工作成员在最近三个月找过工作。

### 3. 样本家庭基本民生问题情况

本小节主要评价样本家庭对目前基本民生问题家庭生活、社会生活宏观感受与满意度。

2017年调查结果显示，陕西省样本家庭中有56.44%对目前生活状况总体满意，有20.90%的样本家庭表示满意度一般，有22.66%的样本家庭对目前生活状况不太满意甚至很不满意；相较于2016年调查，陕西省样本家庭中有55.98%的对目前生活状况总体满意，有19.55%的样本家庭表示满意度一般，有23.90%的样本家庭对目前生活状况不太满意甚至很不满意，总体来看，陕西省样本家庭对生活状况的满意程度较2016年略有提高，但总体满意状况仍有待进一步改善，见图20–11。

根据2014～2017四年调研结果，2014年陕西省样本家庭中有53.84%的对目前生活状况总体满意，有20.42%的样本家庭表示满意度一般，有25.42%的样本家庭对目前生活状况不太满意甚至很不满意；2015年有53.09%的被调查者对当前的生活状况基本满意或者是很满意，对当前家庭生活感觉一般的被调查者有23.05%，23.73%的被调查者对家庭生活持不满意的态度；2016年调查结果显示，陕西省样本家庭中有55.98%对目前生活状况总体满意，有19.55%的样本家庭表示满意度一般，有23.90%的样本家庭对目前生活状况不太满意甚至很不满意；2017年调查结果显示，陕西省样本家庭中有56.44%对目前生活状况总体满意，有20.90%的样本家庭表示满意度一般，有22.66%的样本家庭对目前生活状况不太满意甚至很不满意。数据显示，陕西省样本家庭的满意度是在不断提升，见表20–8。

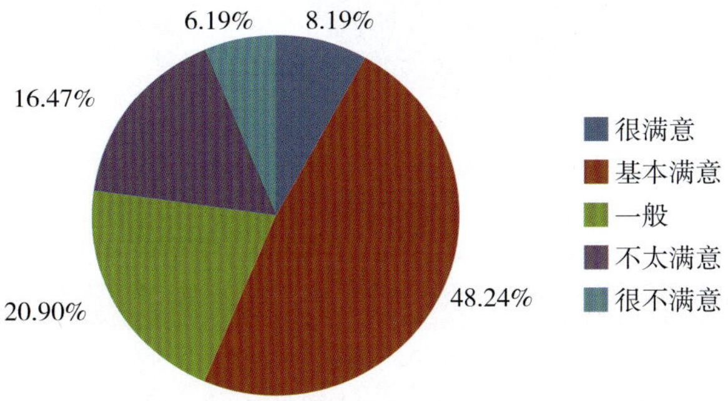


图20-11　2017年对目前生活状况总体满意程度（N=1205）

表20-8　2014～2017年基本民生满意度情况（%）

| 满意程度 | 2014年 | 2015年 | 2016年 | 2017年 |
|---|---|---|---|---|
| 满意 | 53.84 | 53.09 | 55.98 | 56.44 |
| 一般 | 20.42 | 23.05 | 19.55 | 20.9 |
| 不满意 | 25.42 | 23.73 | 23.90 | 22.66 |

2017年调查结果显示，陕西省样本家庭中有34.36%对家庭生活没有不满意的方面，有32.53%的样本家庭对家庭生活中的收入水平最不满意，相较于2016年的29.88%，该比例提高2.65个百分点，有10.29%的样本家庭对家庭生活中医疗方面最不满意，6.89%的样本家庭对家庭生活中的住房状况最不满意，有5.56%的样本家庭对子女教育状况最不满意，有3.57%的样本家庭对就业状况不满意，见图20–12。总体来看，目前陕西省样本家庭对家庭生活中的收入水平、医疗、子女教育、住房和就业状况等问题最关注。

根据四年调研结果（见表20–9），在基本民生方面，2014年陕西省样本家庭中27.07%的样本家庭受访者反映对当前的收入水平最不满意，11.55%的样本家庭对当前医疗水平最不满意，8.35%的样本家庭受访者对子女教育问题最不满意；2015年陕西省样本家庭中33.83%的样本家庭受访者反映对当前的收入水平最不满意，12.27%的样本家庭对当前就业水平最不满意，9.67%的样本家庭受访者对医疗问题最不满意；2016年陕西省样本家庭中有29.88%的样本家庭对家庭生活中的收入水平最不满意，有10.68%的样本家庭对家庭生活中医疗方面最不满意，6.43%的样本家庭对家庭生活中的子女教育状况最不满意；2017年陕西省样本家庭中有32.53%的样本家庭对家庭生活中的收入水平最不满意，有10.29%的样本家庭对家庭生活中医疗方面最不满意，6.89%的样本家庭对家庭生活中的住房状况最不满意。从四年的混合数据来看，陕西省样本家庭最不满意的是收入水平状况，其次是医疗水平状况，在子女教育、就业以及住房状况不满意程度也较高。

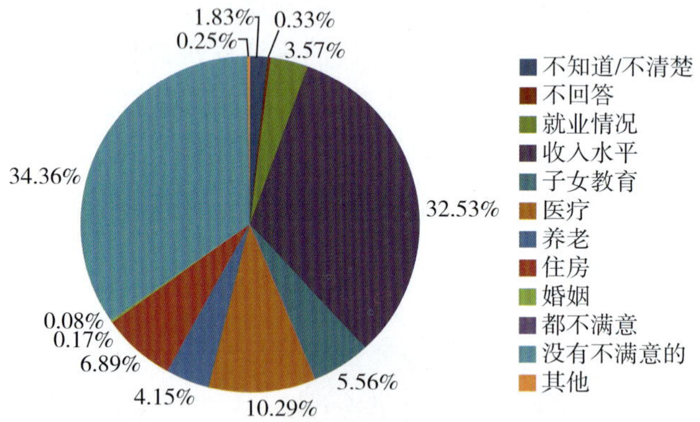


图20-12　2017年样本家庭对家庭生活最不满意的方面（N=1205）

表20-9　2014-2017年居民对生活不满意前三排序

| 不满意顺序 | 2014年 | 2015年 | 2016年 | 2017年 |
|---|---|---|---|---|
| 1 | 收入（27.07） | 收入（33.83） | 收入（29.88） | 收入（32.53） |
| 2 | 医疗（11.55） | 就业（12.27） | 医疗（10.68） | 医疗（10.29） |
| 3 | 子女教育（8.35） | 医疗（9.67） | 子女教育（6.43） | 住房（6.89） |

2017年调查结果显示，陕西省样本家庭中有70.46%对社会生活基本满意，有7.14%的样本家庭对社会生活中的交通出行问题不满意，有5.73%的样本家庭不清楚或不知道该问题，有4.73%的样本家庭对社会生活中的食品安全问题不满意，见图20–13。总体来看，目前陕西省样本家庭对社会生活满意程度较高，对社会生活中的食品安全、环境污染和交通出行等问题最关注。

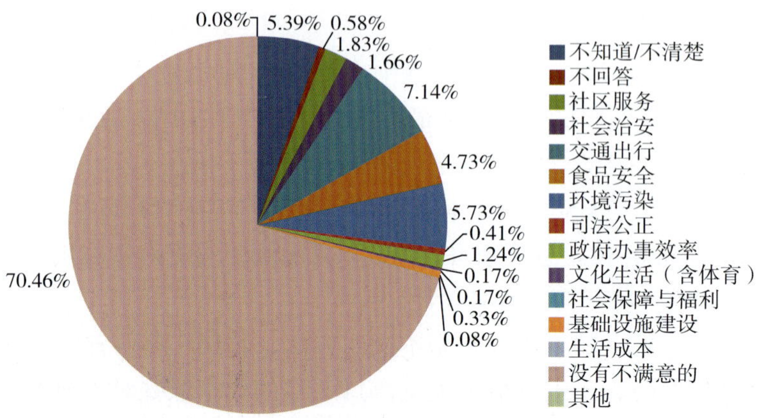


图20-13　2017年样本家庭对社会生活最不满意的方面（N=1205）

综上所述，2016～2017年调查结果显示，均有超过半数的陕西省样本家庭对目前生活总体状况满意。2017年陕西省样本家庭中有56.44%对目前生活状况总体满意，相较于2016年的55.98%提升0.46个百分比；有20.90%的样本家庭表示满意度一般，相较于2016年的19.55%提升1.35个百分比；有22.66%的样本家庭对目前生活状况不太满意甚至很不满意，相较于2016年的23.90%降低1.24个百分比。总体来看，陕西省样本家庭对生活状况的满意程度较2016年略有提高，但总体满意状况仍有待进一步改善。

### 4. 样本家庭收入与消费情况

本小节主要分析陕西省样本家庭的收入水平、收入变化趋势、经济援助救助情况、收入差距变化情况、家庭支出主要压力等。

2017年调查结果显示，69.71%的样本家庭年收入在5万元以下，这与本次调查的样本主要来自于农村地区有显著关系，相较于2016年的70.64%降低0.93个百分点，说明近年样本家庭收入状况有所改善。17.18%的样本家庭年收入在1万元以下，21.49%的样本家庭年收入为1万～2.99万元，20.08%的样本家庭年收入为3万～4.99万元，22.16%的样本家庭年收入为5万～9.99万元，另外8.13%的样本家庭年收入在10万元及以上，经估算，样本家庭平均收入约为4.04万元（见图20–14）。

根据四年调研结果（见表20–10），在消费方面，2014年34.93%的样本家庭支出压力最大的来源于医疗，其次24.66%的样本家庭最大的家庭支出压力来源于子女教育，14.33%的样本家庭最大的家庭支出压力来源于食品开支；2015年,33.89%的样本家庭支出压力最大的来源于医疗，其次22.24%的样本家庭最大的家庭支出压力来源于子女教育，10.90%的样本家庭最大的家庭支出压力来源于食品开支；2016年34.64%的样本家庭受访者表示家庭支出压力最大一项为医疗，其次26.78%的样本家庭受访者表示家庭支出压力最大一项为子女教育，9.79%的样本家庭受访者表示最大的家庭支出压力来源于食品支出；2017年40.83%的样本家庭受访者表示家庭支出压力最大一项为医疗，其次24.40%的样本家庭受访者表示家庭支出压力最大一项为子女教育，9.79%的样本家庭受访者表示最大的家庭支出压力来源于食品支出。从四年的混合面板数据来看，支出压力排序没有发生变化，压力最大的依次是：医疗、子女教育、食品。

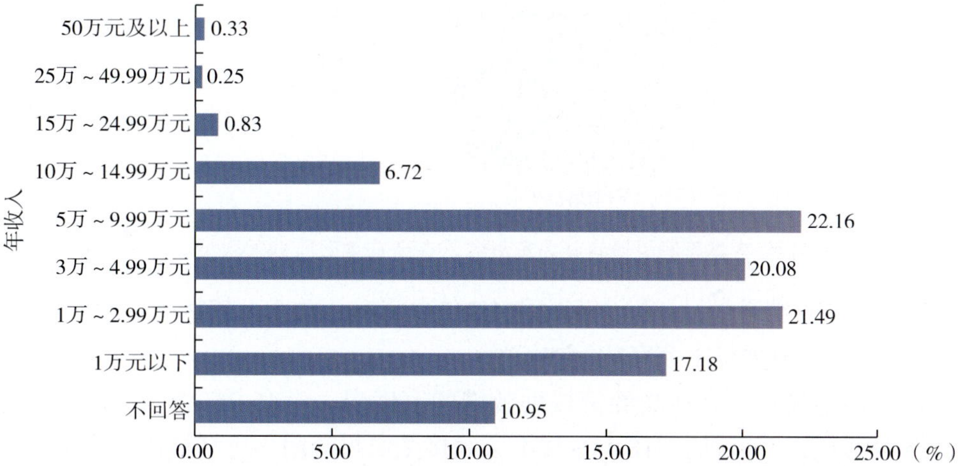


图20-14　2017年样本家庭2017年家庭年收入情况（N=1205）（%）

表20-10　　2014～2017年支出压力顺序（%）

| 支出压力顺序/比例（%） | 2014年 | 2015年 | 2016年 | 2017年 |
|---|---|---|---|---|
| 1 | 医疗（34.93） | 医疗（33.89） | 医疗（34.64） | 医疗（40.83） |
| 2 | 子女教育（24.66） | 子女教育（22.24） | 子女教育（26.78） | 子女教育（24.4） |
| 3 | 食品（14.33） | 食品（10.9） | 食品（9.79） | 食品（9.79） |

2017年调查结果显示，样本家庭成员对家庭预期收入不乐观，相比于2016年，仅有13.44%的样本家庭认为2017年家庭总收入会有所增长，52.86%的样本家庭认为2017年与2016年家庭总收入相比没什么变化，甚至有31.87%的样本家庭认为2017年家庭总收入会有所减少，见图20-15。

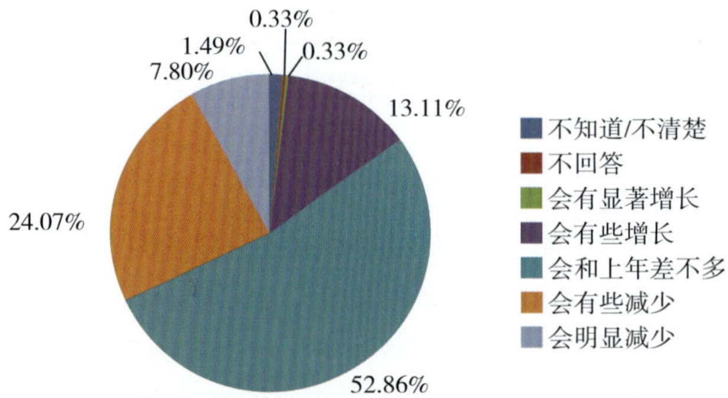


图20-15　2017年样本家庭较上一年家庭总收入变化趋势（N=1205）

2017年调查结果显示，仅6.47%的样本家庭受访者认为自己家庭收入在所在地区处于上层或中上层，33.53%的样本家庭受访者认为自己家庭收入在所在地区处于中层水平，而57.59%的样本家庭受访者认为自己家庭收入处于社会的中下层甚至下层水平，见图20-16。

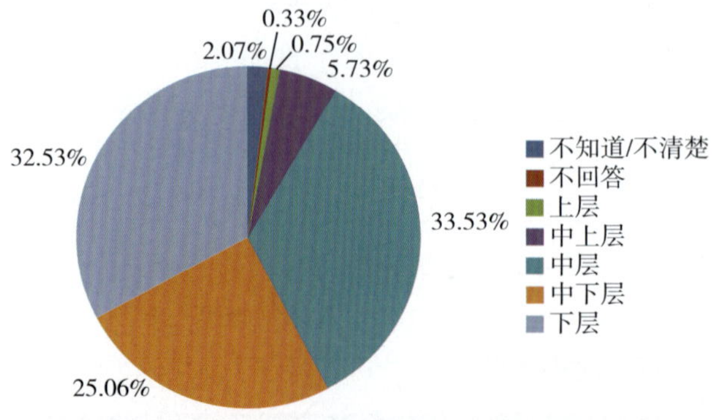


图20-16　2017年样本家庭受访者认为家庭收入在所在地区所处层次情况（N=1205）

此外，2017年调查结果显示，样本家庭中有213户家庭，在上一年接受过政府或有关部分提供的经济援助救助，占有效样本家庭数的17.68%。

2017年调查结果显示，在接受经济援助救助的家庭中，有46.95%样本家庭为低保户，有25.35% 样本家庭接受医疗救助，有8.45%样本家庭接受农村特困户生活援助，有6.57%样本家庭接受临时救助，有4.69%样本家庭接受农村五保供养，见图20-17。

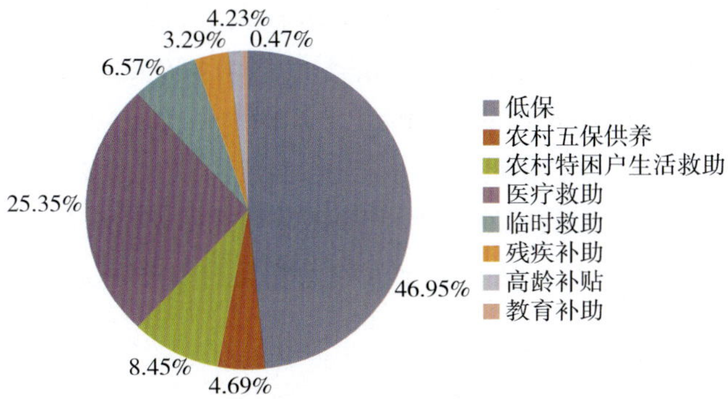


**图20-17　2017年样本家庭获得经济援助救助形式（N=213）**

2017年调查结果显示，在接受经济援助救助的家庭中，各类救助资金为15290.06元，40.3%的样本家庭接受救助资金为2000元以下，20.9%的样本家庭接受救助资金在2001～4000元之间，15.8%的样本家庭接受救助资金在4001～6000元之间，23. 0%的样本家庭接受救助资金在6001元以上，见图20-18。

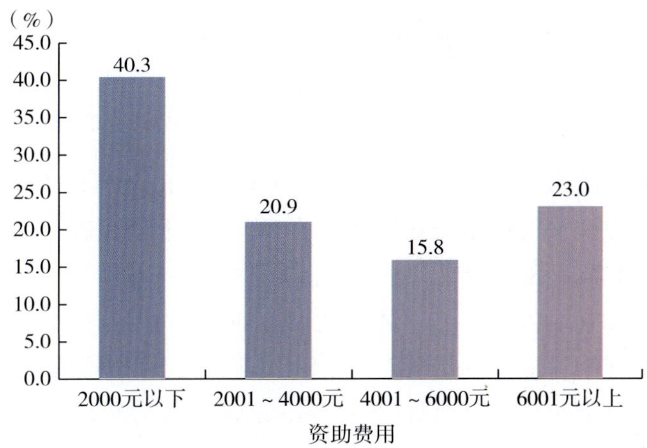


**图2-18　2017年样本家庭获得各类救助资金（N=213）（%）**

2017年调查结果显示，39.34%的样本家庭受访者认为，近两年来周围家庭间的收入差距在扩大，35.02%的样本家庭受访者认为周围家庭间收入差距没有变化，仅有10.54%的样本家庭受访者认为该差距在逐渐缩小，见图20-19。

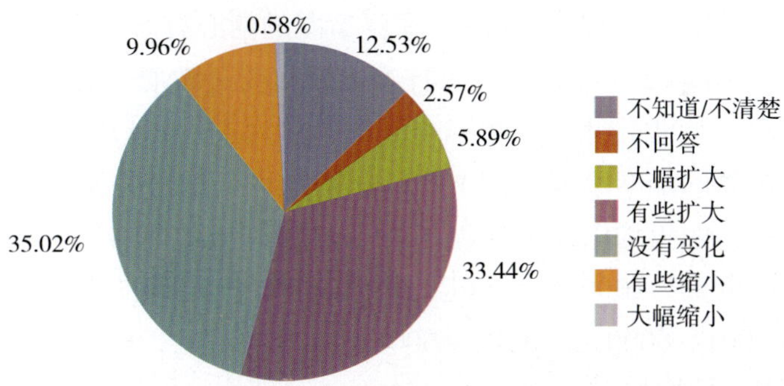


**图20-19　2017年样本家庭受访者认为自己家庭与其他家庭收入差距变化趋势（N=1205）**

2017年调查结果显示，仅有30户样本家庭受访者表示目前家庭支出没有造成任何经济压力，而其余1175户样本家庭则有不同方面的经济压力，40.83%的样本家庭受访者表示家庭支出压力最大一项为医疗，相较于2016年的34.64%上升6.19个百分点，其次24.40%的样本家庭受访者表示家庭支出压力最大一项为子女教育，相较于2016年的26.78%下降2.38个百分点。此外，9.79%的样本家庭受访者表示最大的家庭支出压力来源于食品支出，18.67%的样本家庭受访者表示最大的家庭支出压力来源于住房。医疗和子女教育仍是样本家庭最大支出压力来源，见图20-20。

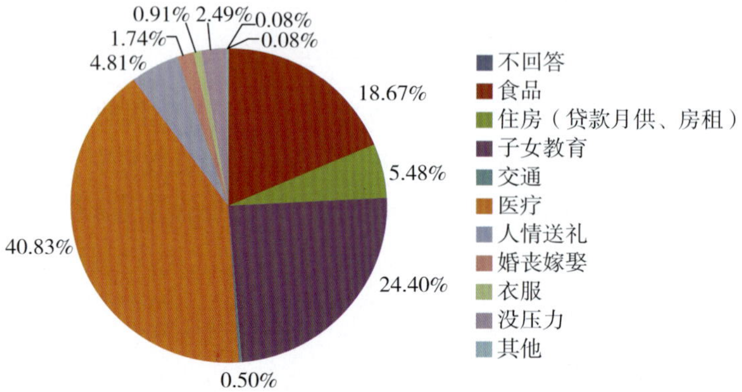


图20-20　2017年样本家庭受访者自我感知家庭支出压力最大的一项（N=1205）

综上所述，在样本家庭收入方面，2016～2017年样本家庭年收入主要集中在5万元以下。2017年调查结果显示，69.71%的样本家庭年收入在5万元以下，相较于2016年的70.64%降低0.93百分点，说明近两年样本家庭收入状况有所改善。

在收入预期方面，2016～2017年，样本家庭成员对家庭预期收入不乐观但有变好的趋势。2017年调查结果显示，样本家庭中认为2017年家庭总收入会有所增长以及认为2017年家庭总收入没什么变化的占比相较于2016年有所提升； 样本家庭中认为2017年家庭总收入会有所减少的占比相较于2016年有所降低。

在判断家庭收入在所在区域的层次方面，2016–2017年，超过半数的样本家庭受访者认为自己家庭收入处于社会的中下层甚至下层水平。2017年调查结果显示样本家庭受访者认为自己家庭收入在所在地区处于上层或中上层以及认为自己家庭收入在所在地区处于中层水平的占比，相较于2016年有所提升； 样本家庭中受访者认为自己家庭收入处于社会的中下层甚至下层水平，相较于2016年有所下降。反映样本家庭对家庭情况的信心有所提升。

在经济援助方面，2016–2017年，陕西省样本家庭接受过政府或有关部分提供经济援助的数量有所提升，提高42户。救助类型中，两年均以低保户为主。2017年调查结果显示，低保户、临时救助、农村五保供养的样本家庭比例下降，医疗救助、农村特困户生活援助的样本家庭比例上升。救助资金方面，两年均以2000元以下为主。2017年调查结果显示，在接受经济援助救助的家庭中，接受救助资金为2000元以下以及2001～4000元之间的占比，相较于2016年有所下降； 接受救助资金在4001～6000元之间以及6001元以上的占比，相较于2016年有所上升。一定程度上反映经济救援资金的增加。

在收入差距方面，2016～2017年，陕西省样本家庭中认为近两年来周围家庭间的收入差距在扩大的占比均大于其他选项。2017年调查结果显示，样本家庭受访者中认为近两年来周围家庭间的收入差距在扩大以及认为周围家庭间收入差距没有变化的占比，相较于2016年有所上升；样本家庭受访者认为该差距在逐渐缩小的占比，相较于2016年有所下降。反映了贫富差距日益扩大。

在支出压力方面，2016～2017年，陕西省样本家庭中医疗和子女教育是最大支出压力来源。2017年调查结果显示，样本家庭受访者表示目前家庭支出没有造成任何经济压力的占比，40.83%的样本家庭受访者表示家庭支出压力最大一项为医疗，相较于2016年的34.64%上升6.19个百分点；其次，24.40%的样本家庭受访者表示家庭支出压力最大一项为子女教育，相较于2016年的26.78%下降2.38个百分点。此外，9.79%的样本家庭受访者表示最大的家庭支出压力来源于食品支出，18.67%的样本家庭受访者表示最大的家庭支出压力来源于住房。医疗和子女教育仍是样本家庭最大支出压力来源。

### 5. 样本家庭子女教育情况

本小节主要分析样本家庭子女的教育阶段分布、教育机构选择、各教育阶段最不满意的内容等情况。

①样本家庭子女所处教育阶段分布情况。2017年调查结果显示，50.04%的样本家庭中没有处于教育阶段的子女，而其余49.96%的样本家庭中均包含处于不同教育阶段的子女。其中，有381个样本家庭有1个孩子正在上学，有191个样本家庭有2个孩子正在上学，有27个样本家庭有3个孩子正在上学，有3个样本家庭有多于3个孩子正在上学。子女处于小学阶段的样本家庭最多，占包含有处于教育阶段子女样本家庭的33.49%，其次为学前（幼儿园）阶段，占19.40%，另外有10.36%的样本家庭，其子女处于本科院校及以上教育阶段，见图20–21。

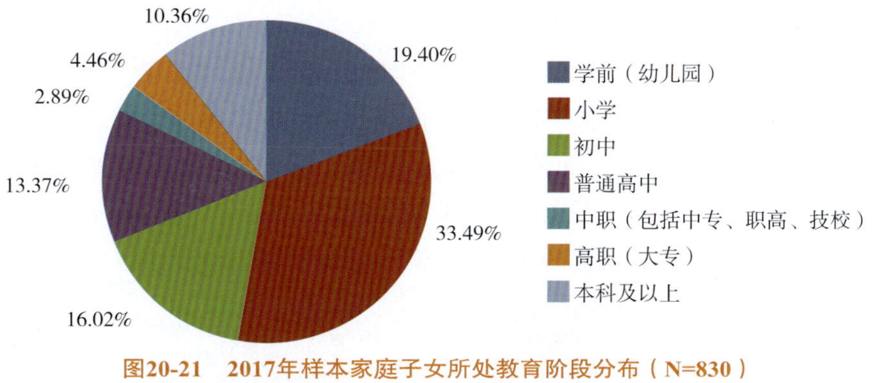


图20-21　2017年样本家庭子女所处教育阶段分布（N=830）

②样本家庭对学前教育满意情况。2017年调查结果显示，50.28%的样本家庭表示对学前教育没有不满意的内容，11.17%的样本家庭未回答或不清楚，样本家庭对学前教育方面最不满意的内容主要包括：入园贵（18.44%）、距离幼儿园太远（4.47%）、当地没有幼儿园（4.47%）。“入园贵、入园难”是样本家庭在学前教育方面最关心的问题，见图20–22。

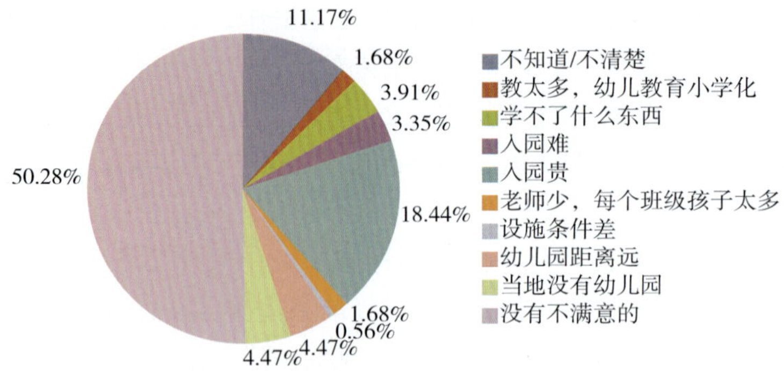


图20-22　2017年样本家庭在学前教育方面最不满意的内容（N=434）

2017年调查结果显示，有70.51%的样本家庭（N=306）孩子在离家最近或比较近的地方上学（或幼儿园），29.49%的样本家庭（N=128）孩子未在离家最近或较近的地方上学。未在离家最近的地方上学的主要原因，39.06%的样本家庭是因为附近（方圆5公里范围内）没有学校，28.13%的样本家庭为了上更好的学校，28.13%的样本家庭是为了自己的方便（离工作单位近、能住校、离父母近的地方上学），3.13%的样本家庭因为其他原因，1.56%的样本家庭是因为因为未被划在其招生片区内，见图20-23。

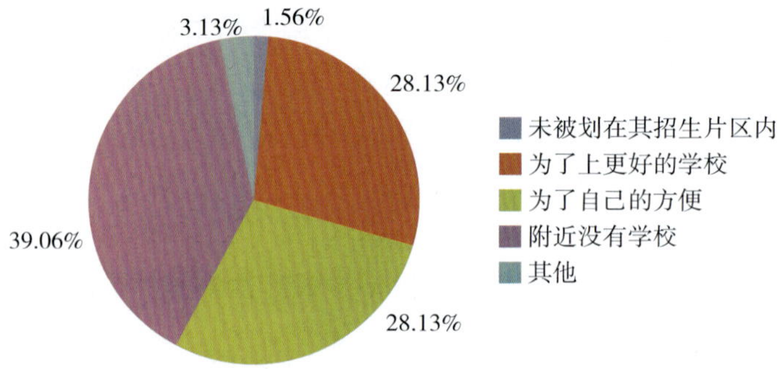


图20-23　2017年样本家庭未在离家最近的地方学习原因（N=154）

③样本家庭对义务教育和普通高中教育满意情况。2017年调查结果显示，62.10%的样本家庭表示对义务教育和普通高中教育方面没有不满意的内容，9.05% 的样本家庭未回答或不清楚，样本家庭对义务教育和高中教育最不满意的内容主要包括：教育质量差（6.60%）、上学距离较远，就学不便（4.89%）、择校现象普遍（4.42%）。见图20-24。

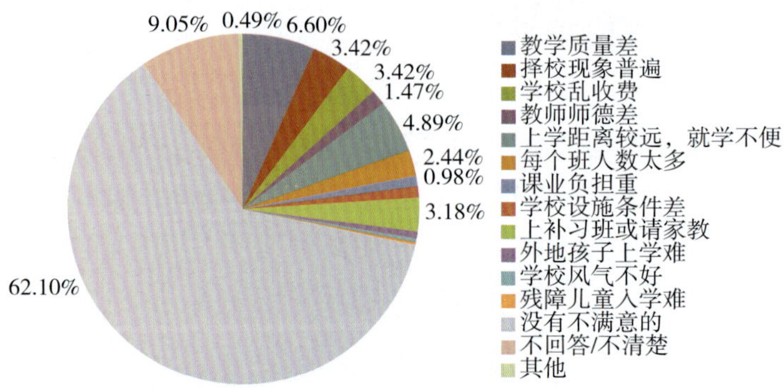


图20-24　2017年样本家庭在义务教育和普通高中教育方面最不满意的内容（N=409）

④样本家庭对职业教育满意情况。2017年调查结果显示，48.57%的样本家庭表示对职业教育方面不清楚、不回答对其满意程度，17.78%的样本家庭对职业教育最不满意的内容为就业质量不高，见图20-25。

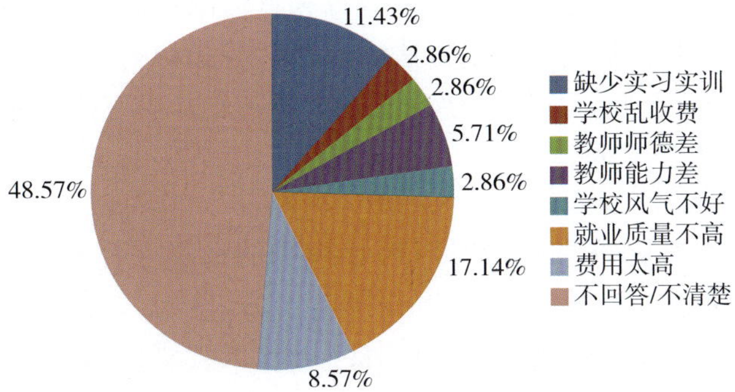


图20-25 2017年样本家庭在职业教育方面最不满意的内容（N=35）

⑤样本家庭对高等教育满意情况。2017年调查结果显示，49.38%的样本家庭表示对高等教育没有不满意的内容，28.40%的样本家庭对高等教育最不满意的内容为学费贵，9.88%的样本家庭对高等教育最不满意的内容为高校毕业生就业难，见图20-26。

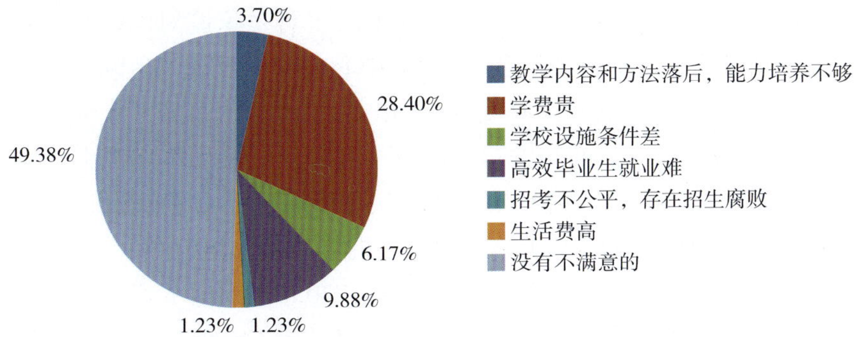


图20-26 2017年样本家庭在高等教育方面最不满意的内容（N=81）

综上所述，在学前教育方面，2016～2017年，针对学前教育的满意度整体有所提升，然而“入园贵、入园难”仍是样本家庭在学前教育方面最关心的问题。2017年调查结果显示，样本家庭中表示对学前教育没有不满意的占比有所上升，而入园难、入园贵、教学质量差等指标相较于2016年有所下降；当地没有幼儿园、幼儿园距离远等指标相较于2016年有所上升。可能存在农村幼儿园减少的情况。

在义务教育和普通高中教育方面，2016～2017年，针对义务教育和普通高中教育的满意度整体有所提升，然而“教学质量差”是样本家庭在义务教育和普通高中教育方面最关心的问题。2017年调查结果显示，样本家庭中表示对义务教育和普通高中教育没有不满意的占比有所上升，而教学质量差、上学距离远等指标相较于2016年有所下降；就学不便、择校现象普遍等指标相较于2016年有所上升。其中择校现象有所上升，需要引起相关部门的重视，许多学校仍旧存在缴纳择校费等情况。

在职业教育方面，2016～2017年，样本家庭对职业教育最不满意的内容为就业质量不高，

2017年调查结果显示，就业质量、招生虚假宣传等指标占比均有所下降，缺少实训，实践能力不足等指标占比所有上升。相关部门在针对职业教育方面的措施，应该集中于实践能力的提升。

在高等教育方面，2016～2017年，针对高等教育的满意度整体有所提升，然而"学费贵""高校毕业生就业难"是样本家庭在义务教育和普通高中教育方面最关心的问题。2017年调查结果显示，高校毕业生就业难、教学方法内容落后等指标占比均有所下降，学费贵、学校设施条件差等指标占比所有上升。高校学费贵比例上升较高，需要引起相关部门重视。

### 6. 样本家庭医疗卫生情况

本小节主要分析样本家庭日常患病时对医疗机构的选择、样本家庭内成员住院及花费情况、报销情况、满意情况等。

2017年调查结果显示，在日常患病时，11.04%的样本家庭选择自己买药治疗，相较于2016年的12.04%降低1.00个百分点；而41.58%的样本家庭会选择去村卫生室或诊所就诊，相较于2016年的34.05%上升5.53个百分点；有27.88%的样本家庭选择区或县医院就诊，相较于2016年的26.00%增长1.88个百分点；有7.14%的样本家庭选择社区卫生服务中心（站）就诊，相较于2016年的10.95%下降3.81个百分点；7.14%的样本家庭选择乡镇卫生院就诊，相较于2016年的10.54%降低了3.40个百分点；4.73%的样本家庭选择区域内最好的大医院就诊，相较于2016年的4.93%降低了0.20个百分点。总体来看，相较于2016年，样本家庭对医疗服务利用程度提高，日常患病自我治疗比例下降；选择到社区卫生服务中心就诊、乡镇卫生院、大医院就诊比例下降，选择到区或县医院、村卫生室或诊所就诊比例上升、这一方面与医疗保障水平提升、群众选择更好的医疗资源有关，另一方面与城镇化建设进程加快、基层医疗卫生服务质量提高有关系（见图20–27）。该统计结果并不能有效反映陕西省所有居民日常患病时的医疗机构选择趋势，只在一定程度上代表农村居民日常患病时的医疗机构选择情况。

根据四年调研结果，在选择医院就医时，2014年，20.83%的样本家庭选择自己买药治疗，而43.50%的样本家庭则会选择去村卫生室/诊所就诊，其次有14%的样本家庭选择区或县医院就诊，11.25%的样本家庭选择乡镇卫生院就诊，7%的样本家庭选择区域内最好的大医院就诊，3.42%的样本家庭选择社区卫生服务中心（站）就诊；2015年，74.16%的被调查者选择就近就医，其中在农村及城乡结合的地区，49.32%的被调查者认为村卫生室或诊所和社区卫生服务中心是就医的首选场所，方便快捷是选择的主要原因，去区域内最好大医院的比例为2.54%，也有22.99%的被访者表示不去医院，自己买药，79.74%的被调查者表示更信任公立医院，农村地区家人生病住院主要是镇医院，城镇地区家人生病住院主要是市医院，从这以数据也反映出城乡医疗条件存在一定差距；2016年，12.04%的样本家庭选择自己买药治疗，而34.05%的样本家庭会选择去村卫生室或诊所就诊，有26.00%的样本家庭选择区或县医院就诊，有10.95%的样本家庭选择社区卫生服务中心（站）就诊，10.54%的样本家庭选择乡镇卫生院就诊，4.93%的样本家庭选择区域内最好的大医院就诊；2017年，11.04%的样本家庭选择自己买药治疗，而41.58%的样本家庭会选择去村卫生室或诊所就诊，有27.88%的样本家庭选择区或县医院就诊，有7.14%的样本家庭选择社区卫生服务中心（站）就诊，7.14%的样本家庭选择乡镇卫生院就诊，4.73%的样本家庭选择区域内最好的大医院就诊。

从四年的数据可以看到，自己买药诊疗样本家庭比例在不断下降，通过正规途径治愈疾病比例在增加。其次，患者在基层医疗卫生服务机构就诊的人数比例在上升（社区卫生服务中心、乡镇卫生院、村卫生室），反映基层机构服务水平的提升以及居民对基层机构信任程度增加。最后，患者选择区域内大医院的人数比例在下降，反映居民就医选择方面趋于理性化。

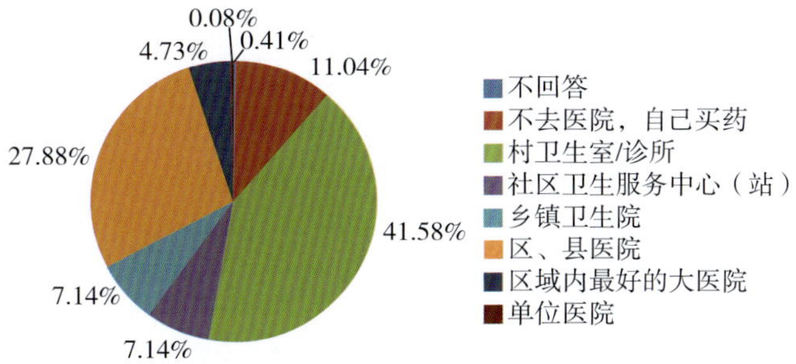


图20-27 2017年样本家庭日常选择医疗机构情况

表20-11 2014～2017年样本家庭就医选择（%）

| 顺序 | 2014年 | 2015年 | 2016年 | 2017年 |
|---|---|---|---|---|
| 1 | 村卫生室（43.5） | 区或县医院（42.06 ） | 村卫生室（34.05） | 村卫生室（41.58） |
| 2 | 自己买药（20.83） | 乡镇卫生院（11.14） | 县医院（26） | 县医院（27.88） |
| 3 | 区或县医院（14.00） | 其他统计口径（无） | 社区卫生服务中心（10.95） | 自己买药（11.04） |
| 4 | 乡镇卫生院（11.25） | | 自己买药（12.04） | 社区卫生服务中心（7.14） |
| 5 | 区域内最好医院（7.00） | | 乡镇卫生院（10.54） | 乡镇卫生院（7.14） |
| 6 | 社区卫生服务中心（3.42） | | 区域内最好医院（4.93） | 区域内最好医院（4.73） |

2017年调查结果显示，对于2015年以来家庭成员住院情况，58.22%的样本家庭反映2017年以来没有成员住过院，41.78%的样本家庭反映2015年以来家庭内有成员住过院，相较于2016年40.73%增长1.05个百分点。其中，43.50%样本家庭选择在县医院住院，31.65%样本家庭选择在市医院住院，此外11.26%的样本家庭在省城医院住院，8.35%的样本家庭在乡镇卫生院住院，见图20–28。

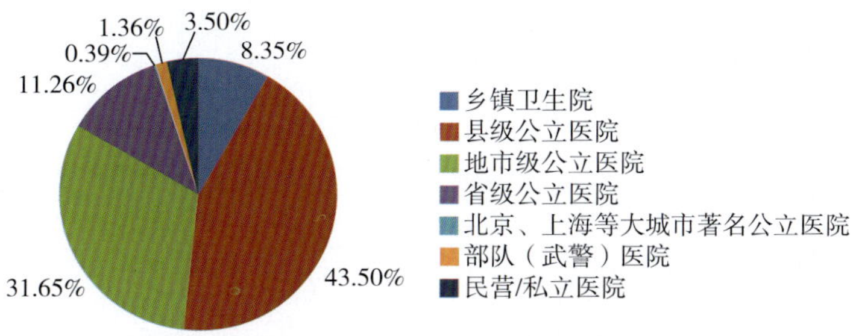


图20-28 2017年样本家庭住院级别情况

2017年调查结果显示，上一年度家庭中有成员住院的样本家庭，医疗总费用在扣除医保报销后，平均自付费用为8387.57元，相较于2016年的11453.52元下降26.77%，35.20%的样本家庭医疗总费用在2000元及以下，27.13%的样本家庭医疗总费用在2001～5000元之间，19.73%的样本家庭医疗总费用在5001～10000元之间，17.94%的样本家庭医疗总费用在10000元以上，见图20-29。

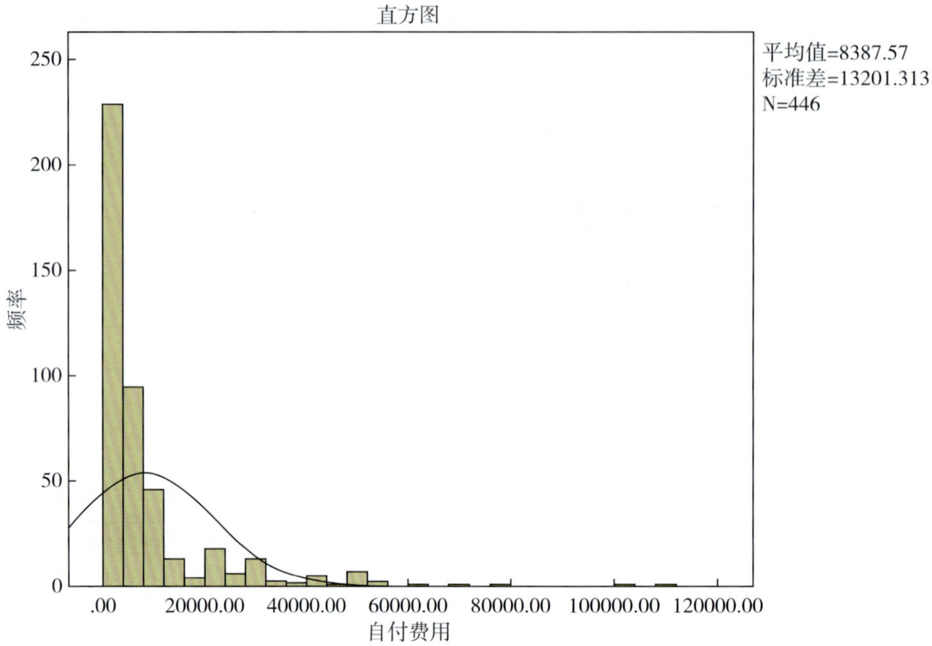


**图20-29 2017年样本家庭住院实际支付诊疗费用情况**

2017年调查结果显示，样本家庭住院其他费用（包括看护、交通、食宿、红包、礼品等）平均花费为1270.44元，51.50%的样本家庭住院其他费用为500元及以下，20.50%的样本家庭住院其他费用在501～1000元之间，15.90%的样本家庭住院其他费用在1001～2000元，12.10%的样本家庭住院其他费用在2000元以上，见图20-30。

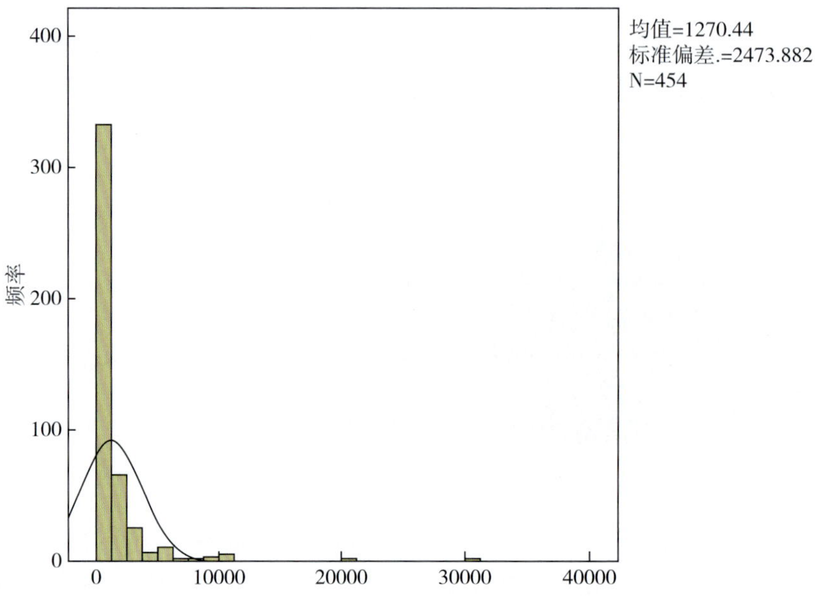


**图20-30 2017年样本家庭住院其他费用情况**

样本家庭住院后各类医保平均报销费用为6113.74元，38.25%的样本家庭报销费用在2000元及以下，31.97%的样本家庭报销费用为2001～5000元，18.31%的样本家庭报销费用为5001～10000元，11.48%的样本家庭报销费用为10000元以上，见图20-31。

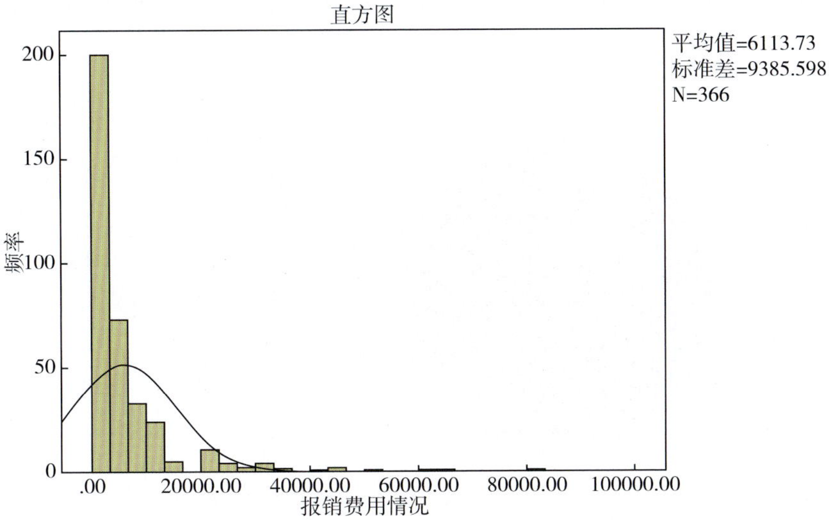


图20-31　2017年样本家庭住院各类医保报销情况

2017年调查结果显示，样本家庭成员平均报销比例为49.48%，相较于2016年的44.44%增长5.04个百分点，有14.94%的家庭实际报销比例在30%以下，76.43%的样本家庭实际报销比例在30%～60%之间，7.05%的样本家庭实际报销比例在60%～90%之间，有1.58%的样本家庭实际报销比例在90%以上，见图20-32。

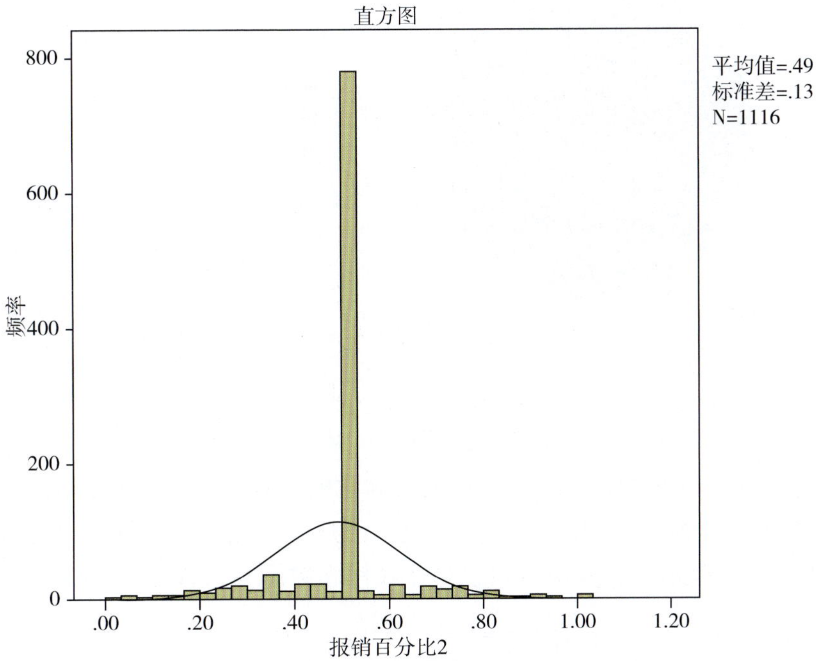


图20-32　2017年样本家庭住院实际报销比例情况

2017年调查结果显示，10.80%的样本家庭成员有医院建议住院而未住院的情况，相较于2016年调查的16.58%降低5.78个百分点。对于这些样本家庭成员应住院而未住院的原因，55.71%的样本家庭反映是因为没钱住院，相较于2016年调查的78.05%降低22.34个百分点。另外有少数的原因是自己认为不需要（13.57%）、没时间住院（10.00%）、不方便照看（10.00%），见图20–33。

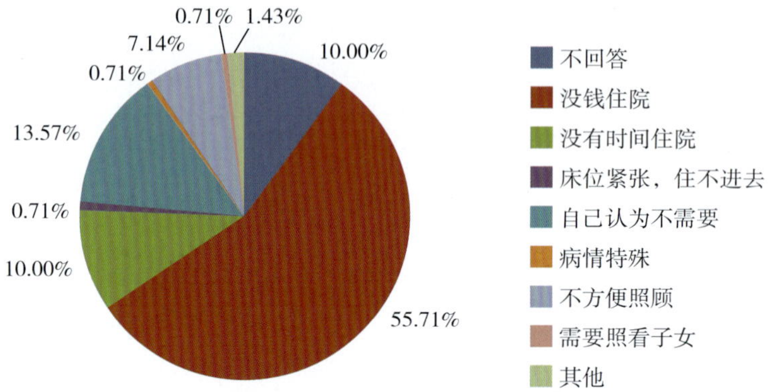


图20-33　2017年样本家庭成员因住院未住院原因

2017年调查结果显示，当家庭成员患病时， 29.38%的样本家庭通过多种方式向外筹资，26.47%的样本家庭通过找亲戚朋友借款来筹资，还有个别样本家庭通过家庭财产或抵押贷款或其他方式筹资，见图20–34。

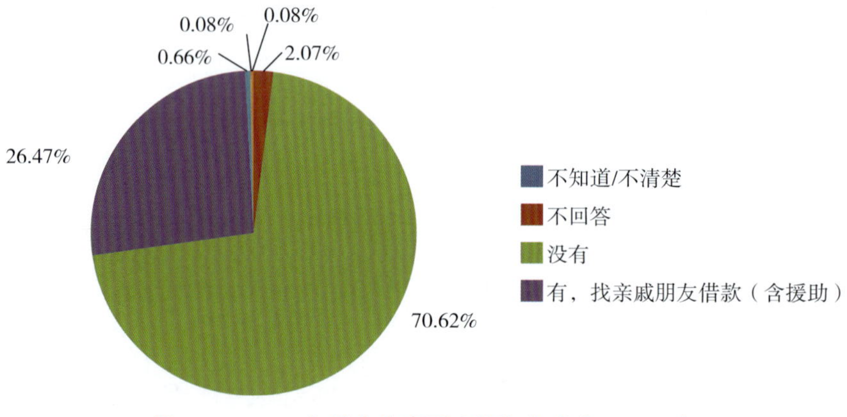


图20-34　2017年样本家庭因病筹资方式（N=1205）

2017年调查结果显示，有37.18%的样本家庭表示对医疗服务没有不满意的内容，6.56%的样本家庭对医疗服务最不满意的内容未回答或不清楚，36.68%样本家庭对医疗服务最不满意的内容为看病太贵，6.67%的样本家庭对医疗服务最不满意的内容为医保报销比例太低，此外4.65%的样本家庭表示大医院看病难，3.15%的样本家庭对医疗服务最不满意的内容为过度检查、过度用药、小病大治。 “看病难、看病贵”问题是造成样本家庭对医疗服务不满意的主要因素，见图20–35。

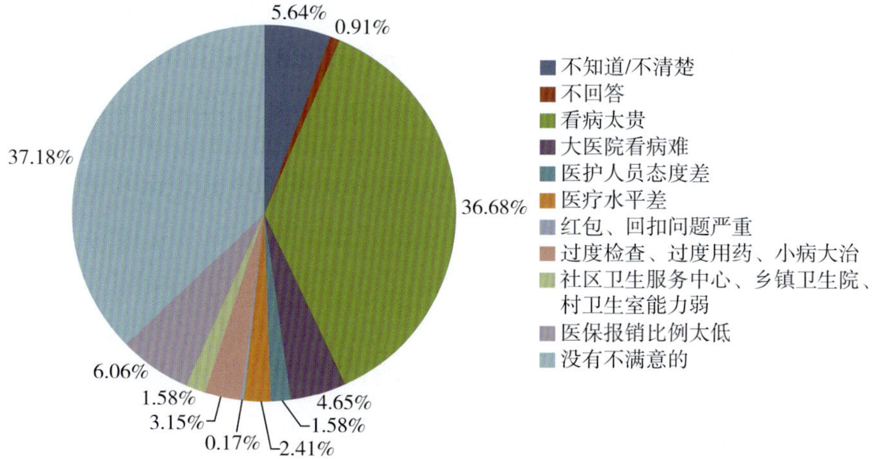


图20-35　2017年样本家庭对医疗服务最不满意的内容

综上所述，在日常患病对医疗机构选择方面，2016～2017年占比最大的均为选择区或县医院就诊。2017年调查结果显示，在日常患病时，11.04%的样本家庭选择自己买药治疗，相较于2016年的12.04%降低1.00个百分点； 而41.58%的样本家庭会选择去村卫生室或诊所就诊，相较于2016年的34.05上升5.53个百分点； 有27.88%的样本家庭选择区或县医院就诊，相较于2014年的26.00%增长1.88个百分点； 有7.14%的样本家庭选择社区卫生服务中心（站）就诊，相较于2016年的10.95%下降3.81个百分点； 7.14%的样本家庭选择乡镇卫生院就诊，相较于2016年的10.54%降低了3.40个百分点； 4.73%的样本家庭选择区域内最好的大医院就诊，相较于2016年的4.93%降低了0.20个百分点。总体来看，相较于2016年，样本家庭对医疗服务利用程度提高，日常患病自我治疗比例下降； 选择到社区卫生服务中心就诊、乡镇卫生院、大医院就诊比例下降，选择到区或县医院、村卫生室或诊所就诊比例上升，这一方面与医疗保障水平提升，群众选择更好的医疗资源有关，另一方面与城镇化建设进程加快，基层医疗卫生服务质量提高有关系。该统计结果并不能有效反映陕西省所有居民日常患病时的医疗机构选择趋势，只在一定程度上代表农村居民日常患病时的医疗机构选择情况。

在家庭成员住院情况，2016～2017年选择在县医院住院的样本家庭成员均占比最大。在乡镇卫生院、省城医院住院的样本家庭成员占比相较于2016年有所上升； 在县医院、市医院住院的样本家庭成员占比相较于2016年有所上升。同时反映了基层医疗卫生服务机构质量提升与大医院虹吸病人同时存在的现象，中间医疗机构被架空。

在医疗费用方面，2016～2017年样本家庭医疗总费用在2000元及以下占比均最大。样本家庭医疗总费用在2000元及以下以及10000元以上占比相较于2016年有所下降； 样本家庭医疗总费用在2001～5000元之间以及5001～10000元之间的占比相较于2016年有所上升。反映整体医疗费用的上升同时高额费用报销比例下降的情况共存。2016～2017年样本家庭住院后各类医保平均报销费用主要集中在2000元以下。样本家庭报销费用在2000元及以下以及10000元以上占比相较于2016年有所下降，样本家庭报销费用为2001～5000元以及为5001～10000元的占比相较于2016年有所上升。反映了整体报销比例有所上升。

在需要住院为住院方面，2016～2017年，没钱住院均为此情况占比最大的原因。10.80%的样本家庭成员有医院建议住院而未住院的情况，相较于2016年调查的16.58%降低5.78个百分点。对于这些样本家庭成员应住院而未住院的原因，55.71%的样本家庭反映是因为没钱住院，相较于2016年调查的78.05%降低22.34个百分点，另外有少数的原因是自己认为不需要（13.57%）、没时间住院（10.00%）、不方便照看（10.00%），相较于2016年均有所上升。反映了目前以工作为重，不注重身体健康的情况有所恶化。

在满意度方面，2016～2017年样本家庭中对医疗服务最不满意的内容为看病贵。看病贵、医疗质量等指标相较于2016年有所上升，对基层医疗卫生服务机构、大医院看病难等指标有所下降。反映了看病难情况一定程度上所有缓解，看病仍为样本家庭对医疗服务不满意的主要因素。

### 7. 样本家庭养老保障情况

①60岁以下且未退休受访者养老保障情况。

第一，养老经济来源。2017年调查结果显示，28.99%的样本家庭受访者认为未来养老的资金来源为自己的退休金和养老金，28.43%的受访者反映未来主要依靠儿女或其他亲属赡养；17.48%的受访者反映没想过未来的养老经济来源问题；6.52%的受访者反映未来将依靠储蓄来养老；6.10%的受访者反映将依靠承包田地来养老。另外，还有部分样本家庭受访者表示未来将依靠低保或社会救济、工作收入、配偶的退休金/养老金、商业养老保险、投资理财收入等方式养老。总体来看，样本家庭受访者未来主要养老经济来源为自己的退休金/养老金、子女或其他亲属的经济支持，见图20–36。

根据三年调研结果，2015年调查结果显示，60岁以下的群体中依靠退休金养老的比例为33.58%，儿女赡养的比例为33.25%，60岁以上的人认为养老主要方式是退休金（48.68%）及儿女赡养（24.6%）。2016年调查结果显示，60岁以下且未退休受访者中31.31%的样本家庭受访者反映未来主要依靠儿女养老；27.92%的样本家庭受访者认为未来养老的资金来源为自己的退休金和养老金；60岁以上（或不足60岁已退休）受访者中44.90%的样本家庭表示养老的资金来源为自己的退休金和养老金；23.62%的受访者反映主要依靠儿女或其他亲属的经济支持；2017年调查结果显示，60岁以下且未退休受访者中，28.99%的样本家庭受访者认为未来养老的资金来源为自己的退休金和养老金，28.43%的受访者反映未来主要依靠儿女或其他亲属赡养。总体来看，样本家庭受访者未来主要养老经济来源为子女援助和退休金、养老金；60岁以上（或不足60岁已退休）受访者表示，45.83%的受访者表示养老的资金来源为自己的退休金和养老金；21.88%的受访者反映主要依靠儿女或其他亲属的经济支持。总体来看，样本家庭受访者主要养老经济来源为自己的退休金/养老金、儿女或其他亲属的经济支持。其中，样本家庭中反映依靠子女赡养的受访者比例逐年下降，依靠退休金养老的受访者比例先下降后上升。

第二，对未来养老经济来源的态度。2017年调查结果显示，4.02%的样本家庭受访者对于未来的养老经济来源一点也不担心，16.50%的受访者对于未来的养老经济来源不太担心，11.79%的受访者对于未来的养老经济来源有点担心，33.84%的受访者则反映比较担心，24.97%的受访者非常担心未来的养老经济来源。总体来看，70.60%的样本家庭受访者对未来养老经济来源持担心态度，见图20–37。

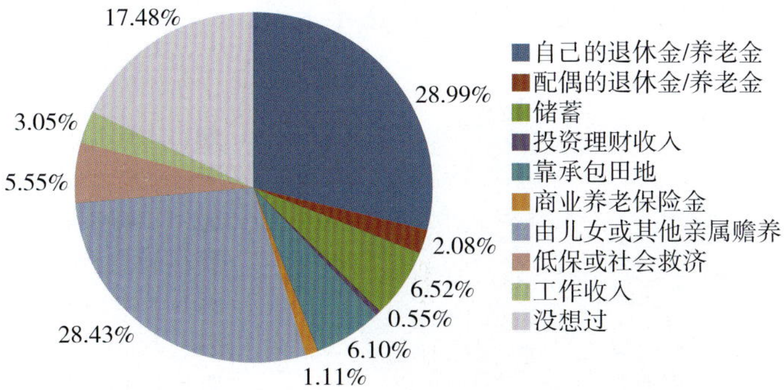


图20-36　2017年60岁以下且未退休受访者未来养老经济来源（N=721）

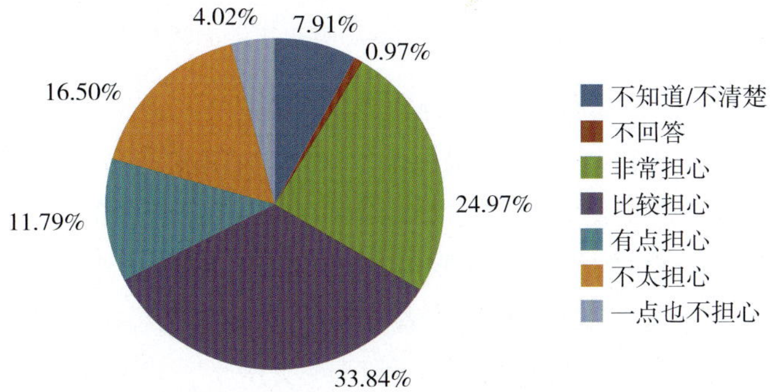


图20-37　2017年60岁以下且未退休受访者对养老经济保障的态度（N=721）

第三，未来养老照料方式。2017年调查结果显示，39.25%的样本家庭受访者表示未来养老主要依靠子女照顾，33.70%的受访者表示将未来养老主要依靠自己照顾自己，13.87%的受访者表示还未考虑过这个问题，9.99%的受访者表示未来养老主要依靠配偶照顾。另外，部分样本家庭受访者未来养老照料方式为公办养老机构、民营/私营养老机构、社区养老照料中心、其他亲属帮忙照顾。总体来看，样本家庭受访者未来养老照料方式为子女照顾和自己照顾自己，见图20–38。

根据三年调研结果，2015年调查结果显示，60岁以下群体中49.6%的人回答是配偶相互照顾、30.02%的人回答是子女照顾；60岁以上的群体中，60.85 %的人回答是配偶相互照顾、5.29%的人回答是子女照顾、33.86%的人回答是自己照顾。2016年调查结果显示，60岁以下且未退休的样本家庭受访者中，42.76%的受访者表示未来养老主要依靠子女照顾；35.28%的样本家庭受访者表示将依靠配偶相互照顾；60岁以上或不足60岁已退休的样本家庭受访者中，53.35%的受访者表示将依靠配偶相互照顾；34.99%的受访者表示养老主要依靠自己照顾自己；10.50%的受访者表示养老主要依靠子女照顾。2017年调查结果显示，60岁以下且未退休受访者中，39.25%的样本家庭受访者表示未来养老主要依靠子女照顾；9.99%的受访者表示未来养老主要依靠配偶照顾。60岁以上样本家庭受访者中，53.13%的受访者表示养老主要依靠自己照顾自己；19.38%的受访者表示养老主要依靠子女照顾；11.88%的受访者表示养老主要依靠配偶照顾。总体来看，样本家庭受访者中依靠配偶互相照顾的受访者比例逐年下降，60岁以下的样本家庭受访者中，依靠子女照顾的受访者比例先上升后下降；60岁以上的样本家庭受访者中，依靠子女照顾与依靠自己照顾自己的受访者比例均逐年上升。

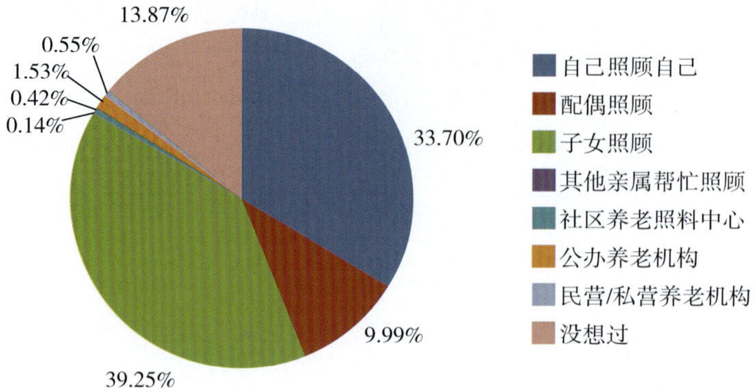


图20-38　2017年60岁以下且未退休受访者未来养老照料情况（N=721）

②60岁以上（或不足60岁已退休）受访者养老保障情况。

第一，养老经济来源。2017年调查结果显示，45.83%的受访者表示养老的资金来源为自己的退休金和养老金，21.88%的受访者反映主要依靠儿女或其他亲属的经济支持，6.67%的受访者反映依靠承包田地养老，4.38%的受访者反映依靠低保或社会救济来养老，3.54%的受访者反映依靠配偶的退休金/养老金养老，2.29%的受访者反映没想过养老经济来源问题。另外，还有部分受访者表示依靠工作收入、储蓄、房产收益（租房或卖房）、商业养老保险金或借钱等方式养老。总体来看，样本家庭受访者主要养老经济来源为自己的退休金/养老金、儿女或其他亲属的经济支持，见图20-39。

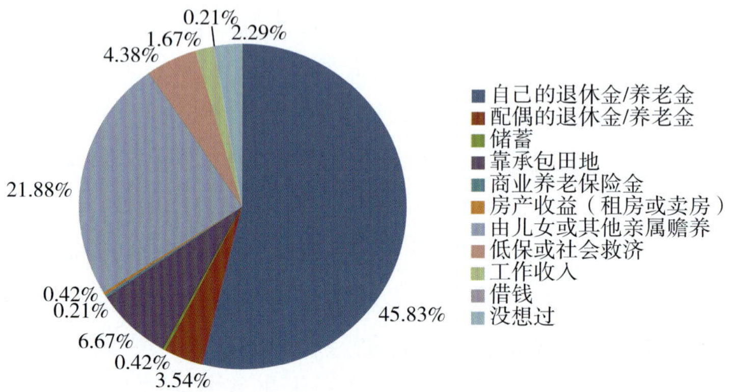


图20-39　2017年60岁以上受访者养老经济来源（N=480）

第二，对以后养老经济来源的态度。2017年调查结果显示，8.54%的样本家庭受访者对于未来的养老经济来源一点也不担心，26.46%的受访者对于未来的养老经济来源不太担心，12.29%的受访者对于未来的养老经济来源有点担心，31.46%的受访者则反映比较担心，19.17%的受访者非常担心养老的经济来源。总体来看，62.92%的样本家庭受访者对未来养老经济来源持担心态度，见图20-40。

第三，养老照料方式。2017年调查结果显示，53.13%的样本家庭受访者表示养老主要依靠自己照顾自己，19.38%的受访者表示养老主要依靠子女照顾，11.88%的受访者表示养老主要依靠配偶照顾。另外，有部分受访者养老照料方式为雇佣保姆、其他亲属帮忙照顾、社区养老照料中心、公办养老机构等。总体来看，样本家庭受访者养老照料方式为自己照顾自己和依靠子女照顾，见图20-41。

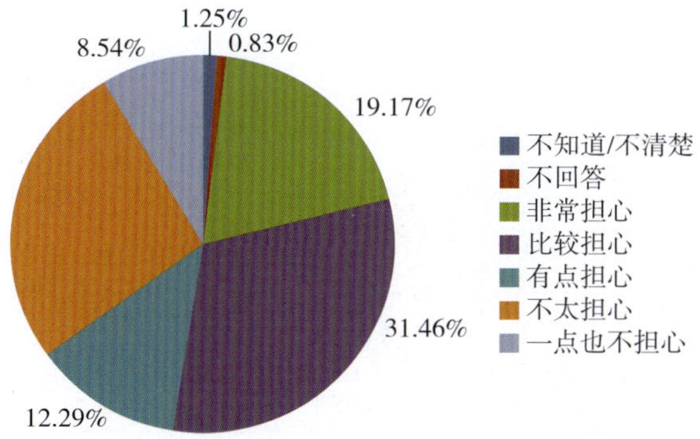


图20-40　2017年60岁以上受访者对养老经济保障的态度（N=480）

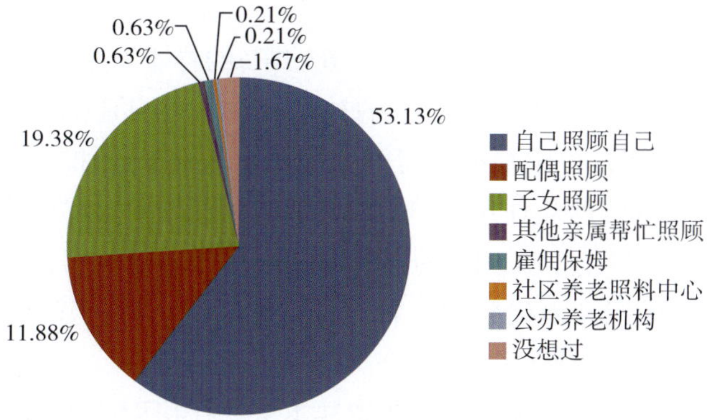


图20-41　2017年60岁以上受访者对养老照料情况（N=480）

综上所述，在养老经济来源方面，2016 ~ 2017 年受访者均反映主要依靠子女援助和退休金、养老金养老，2017 年依靠子女或其他亲属的经济支持养老的受访者比例较 2016 年降低，认为未来依靠自己的退休金和养老金的受访者比例较 2016 年略有提高。在对未来（以后）养老经济来源态度方面，2016 ~ 2017 年，60 岁以下且未退休受访者对未来养老经济来源持担心态度的样本比例略有提高（0.89%），60 岁以上（或不足 60 岁已退休）受访者对未来的养老经济来源持担心态度的样本比例降低 2.1 个百分点。在养老照料方式方面，2016 ~ 2017 年，受访者的主要养老照料方式为子女照顾、配偶相互照顾和自己照顾自己等，依靠自己照顾自己的受访者比例大幅上升，依靠配偶相互照顾的受访者比例大幅降低，2017 年 60 岁以下且未退休受访者认为未来养老依靠子女照顾的样本比例较 2016 年有所降低，60 岁以上（或不足 60 岁已退休）的受访者中依靠子女照顾的样本比例上升。

### 8. 样本家庭住房保障情况

本小节主要分析样本家庭的住房类型、住房面积、住房条件、住房问题、多套房情况等。

①住房类型。2017年调查结果显示，61.91%的样本家庭住房为自建住房，13.61%的样本家

庭住房为自购商品住房，8.38%的样本家庭住房为购买房改房，6.14%的样本家庭住房为市场租赁房，4.48%的样本家庭住房为拆迁安置房。其他住房类型数量较少，如借住亲朋好友住房、购买的保障性住房、廉租房（或公租房）、单位租住房（单位公寓/宿舍）、住在工作地点等。见图20–42。

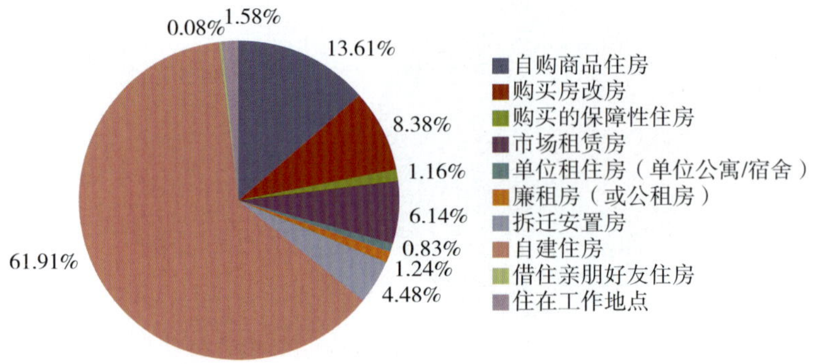


图20-42　2017年样本家庭住房类型（N=1205）

根据四年调研结果，在住房方面，2014年，65.16%的样本家庭住房为自建住房，7.27%的样本家庭为单位福利分房；2015年，66.85%的被访者住房是自建的，12.58%的住房是属于自购商品型住房，6.57%的住房是单位福利分房；2016年，63.60%的样本家庭住房为自建住房；17.10%的样本家庭住房为自购商品住房；5.10%的样本家庭住房为单位福利分房；3.60%的样本家庭住房为父母住房。2017年，61.91%的样本家庭住房为自建住房；13.61%的样本家庭住房为自购商品住房。从四年的混合面板数据来看，样本家庭受访者自建住房与自购商品住房比例先上升后下降，单位福利分房比例逐年下降。

②住房面积。2017年调查结果显示，陕西省样本家庭住房面积平均为50.92平方米。其中，64.3%的住房面积在50平方米以下，20.4%的住房面积在50~100平方米之间，12.4%的住房面积在100至200平方米之间，2.3%的住房面积超过200平方米，见图20–43。

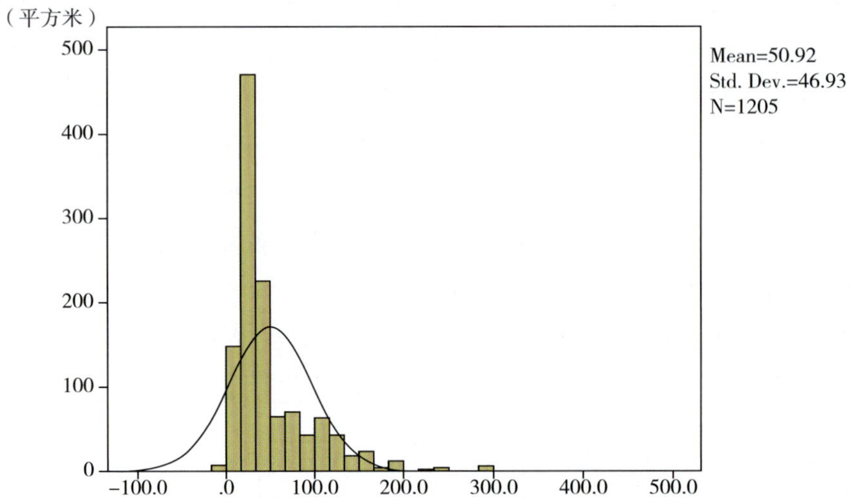


图20-43　2017年样本家庭住房面积频率分布（N=1205）

③住房条件。2017年调查结果显示，70.29%的住房有独立的厨房和卫生间； 11.78%的住房有独立厨房，但没有独立卫生间； 3.49%的住房有独立卫生间，但没有独立厨房； 14.27%既没有独立厨房，也没有独立卫生间，见图20–44。

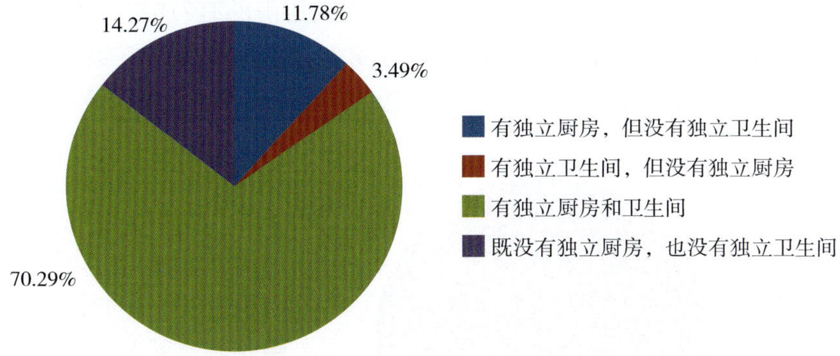


图20-44 2017年样本家庭住房条件（N=1205）

④住房问题。2017年调查结果显示，51.20%的样本家庭对住房基本满意； 12.03%的样本家庭认为住房面积太小； 11.45%的样本家庭认为住房建筑年代久远，小区设施落后； 5.15%的样本家庭认为房价太高，无法改善住房条件。另外，还有部分家庭存在小区环境和物业差、住房太远、太偏、自来水、电力、燃气等设施不全、住房支出压力太大、房价太高，无法改善住房条件、住房支出压力太大、没有独立厨房或卫生间、楼层过高、无法抵御自然灾害等问题。总体来看，有接近半数的样本家庭对目前住房不满意，主要问题包括住房面积小、建筑年代久远、小区设施落后等问题，见图20–45。

根据两年调研结果，在住房问题方面，2014与2015年未有住房问题统计，2016年调查结果显示，54.40%的样本家庭对住房基本满意； 11.70%的样本家庭认为住房面积太小； 7.90%的样本家庭认为建筑年代久远，小区设施落后； 4.50%的样本家庭认为自来水、电力、燃气等设施不全。2017年调查结果显示，51.20%的样本家庭对住房基本满意； 12.03%的样本家庭认为住房面积太小； 11.45%的样本家庭认为住房建筑年代久远，小区设施落后； 5.15%的样本家庭认为房价太高，无法改善住房条件。综上所述，2016～2017年对住房基本满意的样本家庭比例下降，认为住房面积太小与建筑年代久远的样本家庭比例上升。

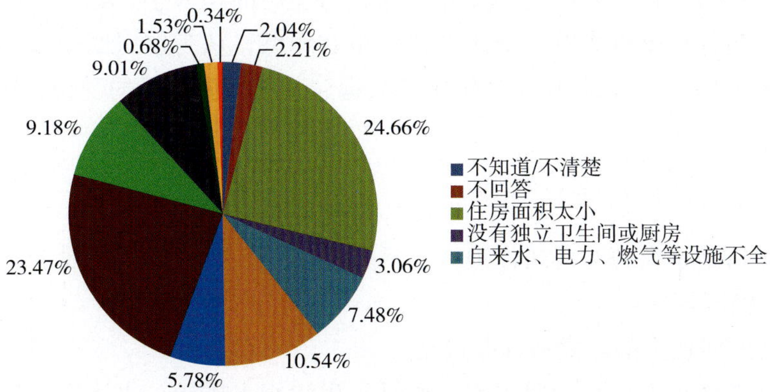


图20-45 2017年样本家庭住房问题

⑤多套住房情况。2017年调查结果显示，4.23%的样本家庭在本地或其他城市还购买了住房，71.2%的样本家庭在本地或其他城市未再购买住房。其中，未再购买住房的样本家庭未来两三年计划购买商品房的有35户，占比4.08%；计划购买保障性住房的有42户，占比4.90%；计划自建、扩建或改造的有46户，占比5.36%；不打算购买或建房的有716户，占比83.45%；看情况的有18户，占比2.10%。在本地或其他城市购买了住房的样本家庭中，有银行住房按揭贷款的有18户，占比35.29%；没有银行住房按揭贷款的有22户，占比43.13%，见图20–46、图20–47。

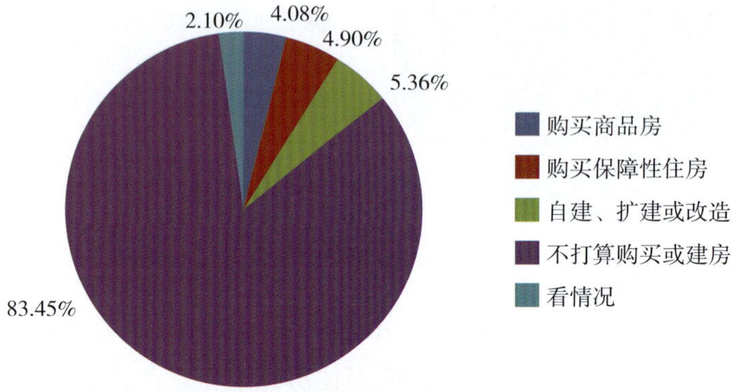


图20-46　未再购买住房样本家庭未来购房、建房计划

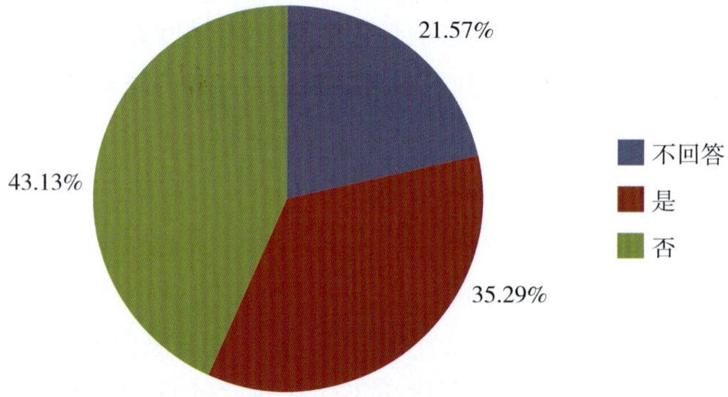


图20-47　多套住房样本家庭银行住房按揭贷款情况

综上所述，总体来看，2016～2017年均有接近半数的样本家庭对目前住房不满意。在住房问题方面，2016～2017年样本家庭的主要住房问题为住房面积太小、建筑年代久远、小区设施落后等。2017年，对住房基本满意的受访者比例略有降低，认为住房面积太小的受访者比例增长为2016年该比例的2.11倍，认为住房建筑年代久远、小区设施落后的受访者比例增长为2016年该比例的2.97倍。

### 9. 样本家庭对所居住生活环境评价情况

本小节主要分析样本家庭对所居住地区生活环境质量、生活环境质量变化情况、农村污染治理等问题的评价情况。

①样本家庭对所居住生活环境满意度状况。

2017年调查从总体生态环境状况、空气质量、生活用水质量、水体质量、生活垃圾处理情况、噪声问题、绿化情况七方面对居住生活环境质量进行满意度评价，见表20-12。

一是总体环境质量状况。2017年调查结果显示，78.17%的样本家庭受访者对总体环境状况满意，11.78%的样本家庭受访者认为总体生态环境一般，9.21%的样本家庭受访者对总体环境状况不满意。

二是空气质量。2017年调查结果显示，76.52%的样本家庭受访者对所居住环境的空气质量满意，11.04%的样本家庭受访者认为空气质量一般，11.78%的样本家庭受访者对空气质量状况不满意。

三是生活用水质量。2017年调查结果显示，66.72%的样本家庭受访者对所居住环境的生活用水质量满意，14.94%的样本家庭受访者认为生活用水质量一般，17.43%的样本家庭受访者对生活用水质量状况不满意。

四是周边河流湖泊等水体质量。2017年调查结果显示，39.50%的样本家庭受访者对所居住环境的周边河流湖泊等水体质量满意，18.34%的样本家庭受访者认为水体质量一般，13.28%的样本家庭受访者对周边河流湖泊水体质量状况不满意。

五是生活垃圾处理情况。2017年调查结果显示，64.15%的样本家庭受访者对所居住环境的生活垃圾处理情况满意，19.83%的样本家庭受访者认为生活垃圾处理情况一般，13.78%的样本家庭受访者对生活垃圾处理情况不满意。

六是噪声问题。2017年调查结果显示，66.55%的样本家庭受访者对所居住环境的噪声情况持满意态度，13.28%的样本家庭受访者认为噪声情况一般，15.27%的样本家庭受访者对噪声问题不满意。

七是绿化情况。2017年调查结果显示，75.52%的样本家庭受访者对所居住环境的绿化情况满意，16.76%的样本家庭受访者认为绿化情况一般，6.97%的样本家庭受访者对绿化情况不满意。

根据四年调研结果，在生活环境状况评价方面，2014年调查结果显示，75.25%的样本家庭认为所居住环境的空气质量比较好或非常好，65.66%的样本家庭认为居住环境的生活用水质量比较好或非常好，52.17%的样本家庭认为居住环境的生活垃圾处理比较好或非常好，71.92%的样本家庭认为居住环境的安静程度比较好或非常好，68.58%的样本家庭认为居住环境的绿化处理比较好或非常好；2015年调查结果显示，大部分的民众普遍认为居住地的生活环境比较好或者是非常好，其中69.89%的人认为居住地的空气质量较好或者是非常好，60.78%的人认为居住地的生活用水质量较好或者是非常好，45.5%的认为生活垃圾的处理较好或者是非常好；2017年调查结果显示，76.52%的样本家庭受访者对所居住环境的空气质量满意，66.72%的样本家庭受访者对所居住环境的生活用水质量满意，39.50%的样本家庭受访者对所居住环境的周边河流湖泊等水体质量满意，64.15%的样本家庭受访者对所居住环境的生活垃圾处理情况满意，66.55%的样本家庭受访者对所居住环境的噪声情况持满意态度，75.52%的样本家庭受访者对所居住环境的绿化情况满意。总体来看，样本家庭受访者对所居住环境的空气质量、生活用水质量、生活垃圾处理满意的受访者比例呈逐年波动状态，2017年样本家庭受访者对居住环境噪声情况满意的受访者比例较2014年下降，对绿化情况满意的受访者比例较2014年提高。

表20-12　　2017年样本家庭居住生活环境质量评价（%）

| 满意程度 | 总体生态环境 | 空气质量 | 生活用水质量 | 水体质量 | 生活垃圾处理 | 噪声问题 | 绿化情况 |
|---|---|---|---|---|---|---|---|
| 非常满意 | 16.10 | 19.59 | 13.61 | 7.05 | 7.97 | 18.17 | 19.75 |
| 比较满意 | 62.07 | 56.93 | 53.11 | 32.45 | 56.18 | 48.38 | 55.77 |
| 一般 | 11.78 | 11.04 | 14.94 | 18.34 | 19.83 | 13.28 | 16.76 |
| 比较不满意 | 7.22 | 8.71 | 12.53 | 10.79 | 11.54 | 10.62 | 5.06 |
| 非常不满意 | 1.99 | 3.07 | 4.90 | 2.49 | 2.24 | 4.65 | 1.91 |
| 不知道/不清楚、不回答 | 0.83 | 0.66 | 0.91 | 28.88 | 2.24 | 4.90 | 0.75 |

②样本家庭对所居住生活环境质量变化评价情况。2017年调查从总体生态环境变化、空气质量变化、生活用水质量变化、水体质量变化、生活垃圾处理情况变化、噪声问题变化、绿化情况变化等七方面对居住生活环境质量变化情况进行评价，见表20–13。

一是总体生态环境变化评价。2017年调查结果显示，42.07%的样本家庭受访者认为总体生态环境状况有所改善，50.29%的样本家庭受访者认为没有变化，6.06%的样本家庭受访者认为总体环境状况变差。

二是空气质量变化。2017年调查结果显示，33.61%的样本家庭受访者认为所居住环境的空气质量有所改善，55.27%的样本家庭受访者认为没有变化，10.12%的样本家庭受访者认为空气质量状况变差。

三是生活用水质量变化。2017年调查结果显示，28.21%的样本家庭受访者认为所居住环境的生活用水质量有所改善，59.09%的样本家庭受访者认为没有变化；11.87%的样本家庭受访者认为生活用水质量状况进一步恶化。

四是周边河流湖泊等水体质量变化。2017年调查结果显示，18.01%的样本家庭受访者认为所居住环境的周边河流湖泊等水体质量有所改善，50.37%的样本家庭受访者认为没有变化，8.38%的样本家庭受访者认为周边河流湖泊水体质量状况变差。

五是生活垃圾处理情况变化。2017年调查结果显示，38.26%的样本家庭受访者认为所居住环境的生活垃圾处理情况有所改善，55.19%的样本家庭受访者认为没有变化，5.22%的样本家庭受访者认为生活垃圾处理情况变差。

六是噪声问题变化。2017年调查结果显示，19.92%的样本家庭受访者认为所居住环境的噪声环境问题有所改善，65.98%的样本家庭受访者认为没有变化；9.46%的样本家庭受访者认为噪声问题进一步恶化。

七是绿化情况变化。2017年调查结果显示，37.85%的样本家庭受访者认为所居住环境的绿化情况有所改善，58.09%的样本家庭受访者认为没有变化，2.74%的样本家庭受访者认为绿化情况变差。

根据四年调研结果，在生活环境变化评价方面，2014年调查结果显示，47.9%的样本家庭认为居住地生态环境在好转，40.41%的样本家庭认为生态环境相对稳定，也有少数10.70%的样本家庭认为居住地生态环境在恶化。2015年61.09%的人认为居住地的生态环境有些改善和明显改善，认为环境恶化的比例不足10%。2016年调查结果显示，44.80%的样本家庭受访者认为总体环境状况有所改善；41.50%的样本家庭受访者认为没有变化；10.40%的样本家庭受访者认为总体环境状况进一步恶化。2017年调查结果显示，42.07%的样本家庭受访者认为总体生态环境状况有所改善；50.29%的样本家庭受访者认为没有变化；6.06%的样本家庭受访者认为总体环境状况变差。总体来看，样本家庭受访者中认为生态环境质量改善的受访者比例先上升后逐年下降，认为生态环境没有变化的受访者比例呈上升趋势，认为生态环境变差的受访者比例呈波动状态。

表20-13 2017年样本家庭居住生活环境质量变化评价（N=1205）（%）

| 改善程度 | 总体生态环境变化 | 空气质量变化 | 生活用水质量变化 | 水体质量变化 | 生活垃圾处理情况变化 | 噪声问题变化 | 绿化情况变化 |
|---|---|---|---|---|---|---|---|
| 明显改善 | 5.39 | 2.99 | 1.99 | 1.58 | 4.32 | 1.33 | 4.07 |
| 略有改善 | 36.68 | 30.62 | 26.22 | 16.43 | 33.94 | 18.59 | 33.78 |
| 没有变化 | 50.29 | 55.27 | 59.09 | 50.37 | 55.19 | 65.98 | 58.09 |
| 略有变化 | 4.98 | 7.88 | 9.46 | 6.80 | 3.98 | 6.89 | 2.24 |
| 明显变差 | 1.08 | 2.24 | 2.41 | 1.58 | 1.24 | 2.57 | 0.50 |
| 不知道/不清楚、不回答 | 1.58 | 1.00 | 0.83 | 23.24 | 1.33 | 4.65 | 1.33 |

③农村污染治理评价。2017年调查从牲畜粪便处置、农膜处置、减少农药化肥使用、秸秆处理、周边工矿企业排污处置、生活污水处理等六方面对农村地区污染处理或治理状况进行评价，见表20-14。

一是牲畜粪便处置。2017年调查结果显示，21.82%的样本家庭受访者认为农村牲畜粪便得到有效处理，8.71%的样本家庭受访者认为牲畜粪便处理效果一般，7.63%的样本家庭受访者认为牲畜粪便未得到有效处理，36.60%的样本家庭受访者不知道、不回答当地牲畜粪便处理状况，25.23%的样本家庭受访者回答为不适用。

二是农膜处置。2017年调查结果显示，7.72%的样本家庭受访者认为农膜使用得到有效治理，5.31%的样本家庭受访者认为农膜使用的治理效果一般，3.49%的样本家庭受访者认为农膜使用未得到有效治理，36.27%的样本家庭受访者不知道、不回答所在村庄农膜使用治理状况，47.22%的样本家庭受访者回答为不适用。

三是减少农药化肥使用。2017年调查结果显示，18.42%的样本家庭受访者认为农药化肥使用得到有效治理，16.10%的样本家庭受访者认为农药化肥使用的治理效果一般；9.38%的样本家庭受访者认为农药化肥使用未得到有效治理；35.69%的样本家庭受访者不回答、不知道当地农药化肥使用治理状况，20.41%的样本家庭受访者回答为不适用。

四是秸秆处理。2017年调查结果显示，26.23%的样本家庭受访者认为所在村庄的秸秆得到有效处理，13.28%的样本家庭受访者认为所在村庄秸秆处理效果一般，3.57%的样本家庭受访者认为所在村庄秸秆未得到有效处理，34.69%的样本家庭受访者不回答、不知道所在村庄秸秆处理情况，22.24%的样本家庭受访者回答为不适用。

五是周边工矿企业排污处置。2017年调查结果显示，3.66%的样本家庭受访者认为周边工矿企业排污得到有效治理，1.91%的样本家庭受访者认为周边工矿企业排污的治理效果一般，1.41%的样本家庭受访者认为周边工矿企业排污未得到有效治理，34.27%的样本家庭受访者表示村庄不回答、不知道周边工矿企业排污治理状况，58.76%的样本家庭受访者回答为不适用。

六是生活污水处理。2017年调查结果显示，18.00%的样本家庭受访者认为所在村庄生活污水得到有效处理，24.81%的样本家庭受访者认为生活污水处理效果一般，8.79%的样本家庭受访者表示所在村庄生活污水未得到有效处理，34.61%的样本家庭受访者不回答、不知道所在村庄生活污水处理情况，13.76%的样本家庭受访者回答为不适用。

表20-14　　2017年样本家庭污染处理或治理状况评价（N=1205）（%）

| 满意程度 | 牲畜粪便处理 | 农膜处理 | 减少农药化肥使用 | 秸秆处理 | 周边工矿企业排污处置 | 生活污水处理 |
|---|---|---|---|---|---|---|
| 非常好 | 2.57 | 0.25 | 1.24 | 2.66 | 0.17 | 1.24 |
| 比较好 | 19.25 | 7.47 | 17.18 | 23.57 | 3.49 | 16.76 |
| 一般 | 8.71 | 5.31 | 16.10 | 13.28 | 1.91 | 24.81 |
| 不太好 | 5.56 | 1.58 | 6.64 | 2.99 | 0.91 | 6.72 |
| 非常差 | 2.07 | 1.91 | 2.74 | 0.58 | 0.50 | 2.07 |
| 不适用 | 25.23 | 47.22 | 20.41 | 22.24 | 58.76 | 13.76 |
| 不知道、不回答 | 36.60 | 36.27 | 35.69 | 34.69 | 34.27 | 34.61 |

综上所述，在生活环境质量变化情况评价方面，2017年受访者认为总体生态环境改善的比例较2016年略有降低，同时认为总体生态环境变差的受访者比例较2016年降低4.34个百分点，认为没有变化的受访者比例上升8.79个百分点。其中，2016~2017年，认为空气质量改善的受访者比例与认为空气质量变差的受访者比例均降低；认为生活用水质量改善的受访者比例和认为生活用水质量恶化的受访者比例均降低；认为水体质量改善的受访者比例变化幅度不大，而认为水体质量变差的受访者比例大幅降低；认为生活垃圾处理情况有所改善的受访者比例较2016年降低14.04个百分点；噪声情况有所改善，2017年认为噪声环境质量改善的受访者比例较2016年提高4.63个百分点；认为绿化环境质量改善的受访者比例与认为绿化环境质量恶化的受访者比例均降低。综上所述，2017年总体生态环境质量变化不大，水体质量与噪声环境质量明显改善，而认为生活垃圾处理情况改善的受访者比例大幅降低，因此生活垃圾处理情况较2016年进一步恶化。

在农村污染治理评价方面，2017年认为所居住环境的牲畜粪便得到有效处理的受访者比例较2016年降低13.79个百分点，认为农膜使用得到有效处理的受访者比例降低14.5个百分点，认为农药化肥使用得到有效治理的受访者比例降低17.28个百分点，认为周边工矿企业排污得到有效治理的受访者和认为周边工矿企业排污未得到有效治理的受访者比例均略有降低，认为污水得到有效处理的受访者比例降低27.35个百分点。综上所述，2017年农村污染治理评价情况较2016年变差。

### 10. 样本家庭食品安全情况

①食品安全状况满意度评价。2017年调查结果显示，10.21%的样本家庭对目前居住地食品安全状况非常满意，40.00%的样本家庭对食品安全状况比较满意，18.60%的样本家庭认为目前

居住地的食品安全状况一般，17.10%的样本家庭对食品安全状况不太满意，6.31%的样本家庭对食品安全状况非常不满意，7.80%的样本家庭不回答或不清楚，见图20–48。

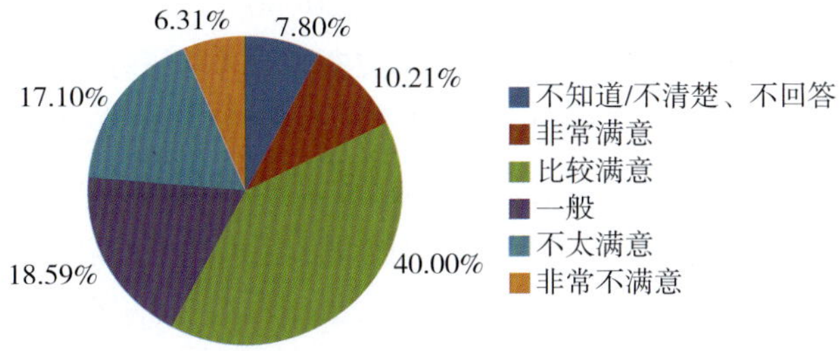


图20-48　2017年近几年食品安全问题改善状况（N=1205）

②食品安全保障措施。2017年调查结果显示，52.03%的样本家庭采取自己生产的方式确保食品安全，22.24%的样本家庭采取到正规超市购买食品的方式确保食品安全，23.90%的样本家庭未采取措施。另外，部分家庭采取购买有机、绿色、质量认证的食品、选择比较好的品牌、注意清洁和防腐、注意媒体报道、不购买被曝光的食品、直接产地订购生态农产品等措施确保食品安全。见表20–15。

表20-15　2017年样本家庭食品安全保障措施（N=1205）

| 选项 | 样本家庭数 | 百分比（%） |
|---|---|---|
| 购买有机、绿色、质量认证的食品 | 136 | 11.29 |
| 选择比较好的品牌 | 120 | 9.96 |
| 到正规超市购买食品 | 268 | 22.24 |
| 注意媒体报道、不购买被曝光的食品 | 34 | 2.82 |
| 直接产地订购生态农产品 | 31 | 2.57 |
| 自己生产种植，或自己做饭 | 627 | 52.03 |
| 注意清洁和防腐 | 50 | 4.15 |
| 没有特别的考虑和采取措施 | 288 | 23.90 |

③政府食品安全工作评价。2017年调查结果显示，10.62%的样本家庭受访者认为政府食品安全监管工作很到位；35.93%的样本家庭受访者认为政府监管工作比较到位；12.78%的样本家庭受访者认为政府做了不少工作，但效果不是很好；12.95%的样本家庭受访者认为政府做了一点工作，还远远不足；4.48%的样本家庭受访者认为食品安全基本没人管，见图20–49。

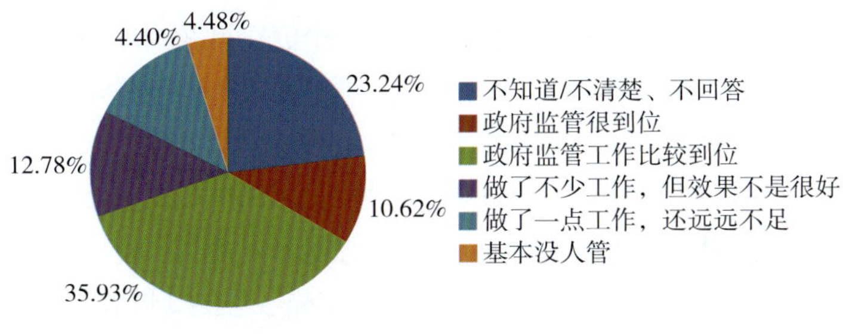


图20-49　2017年样本家庭对政府食品安全工作评价（N=1205）

④对未来食品安全状况改善的态度。2017年调查结果显示，14.44%的样本家庭受访者认为

未来食品安全状况一定会有效改善；51.12%的样本家庭受访者相信会逐步改善；14.77%的样本家庭受访者认为可能会有一些改善；4.40%的样本家庭受访者担心落实不下去，难以带来有效改善；3.15%的样本家庭受访者不指望能改善，见图20-50。

根据四年调研结果，2014调查结果显示，38.17%的样本家庭认为近几年食品安全问题有所改善或者明显改善，25.95%的样本家庭认为食品安全问题没什么变化，也有21.82%的样本家庭认为食品安全问题在恶化甚至已经严重恶化。2015年调查结果显示，46.53%的被调查者认为食品安全问题明显改善或者是有些改善，21.93%的被调查者认为食品安全问题没有变化，18.54%的调查者认为食品安全问题有些恶化和严重恶化；2016年调查结果显示，33.50%的样本家庭认为近几年食品安全问题有所改善或者明显改善，26.4%的样本家庭认为食品安全问题没什么变化，14.60%的样本家庭认为食品安全问题在恶化甚至已经严重恶化。2017年未对食品安全改善情况进行调查。总体来看，2014～2016年样本家庭认为食品安全问题改善的比例逐年下降，认为食品安全问题没有变化的样本家庭比例先下降后上升，认为食品安全问题恶化的样本家庭比例逐年下降，说明食品安全问题得到逐年改善。

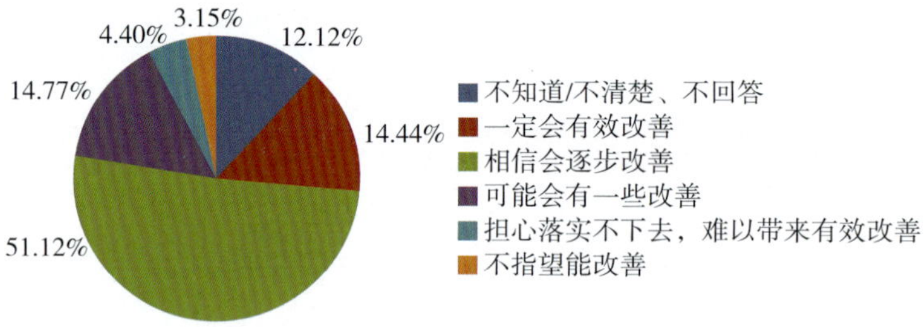


图20-50　2017年样本家庭对未来食品安全状况改善的态度（N=1205）

在农村污染治理评价方面，2017年认为所居住环境的牲畜粪便得到有效处理的受访者比例较2016年降低13.79个百分点，认为农膜使用得到有效处理的受访者比例降低14.5个百分点，认为农药化肥使用得到有效治理的受访者比例降低17.28个百分点，认为周边工矿企业排污得到有效治理的受访者和认为周边工矿企业排污未得到有效治理的受访者比例均略有降低，认为污水得到有效处理的受访者比例降低27.35个百分点。综上所述，2017年农村污染治理评价情况较2016年变差。

### 11. 样本家庭对政府服务评价情况

本小节主要分析样本家庭受访者对政府服务总体评价、政府为民办事的信息及政策获取渠道、政府服务存在的问题、政府办事程序简化程度评价及改进政府服务的措施。

①政府服务与办事效率总体评价。2017年调查结果显示，15.27%的样本家庭受访者对目前居住地的政府服务和办事效率很满意，53.44%的受访者持基本满意态度，9.96%的样本家庭受访者认为一般，有9.62%的样本家庭受访者持不满意的态度，见图20-51。

根据四年调研结果，在政府服务与办事效率方面，2014年调查结果显示，超过半数（54.55%）的样本家庭对目前居住地的政府服务和办事效率持满意态度，也有少数（18.13%）的样本家庭持不满意的态度。2015年调查结果显示，53.6%的被调查者认为目前居住地政府的服务和办事效率基本满意和满意，20.69%的被调查者认为政府服务和办事效率一般，19.27%的被调查者对居住地政府服务和办事效率很不满意和不太满意。2016年调查结果显示，62.10%的样本家庭受访者对目前居住地的政府服务和办事效率满意，15.30%的样本家庭受访者认为一般，有13.30%的样本家庭受访者持不满意的态度。2017年调查结果显示，68.71%的样本家庭受访者对目前居住地的政府服务和办事效率满意，9.96%的样本家庭受访者认为一般，有9.62%的样本家庭受访者持不满意的态度。总体来看，样本家庭受访者对政府服务和办事效率满意的受访者比例先下降后逐年上升，认为政府服务和办事效率一般的受访者比例逐年下降，对居住地政府服务和办事效率很不满意的样本家庭受访者比例先上升后逐年下降，说明政府服务和办事效率逐年提高。

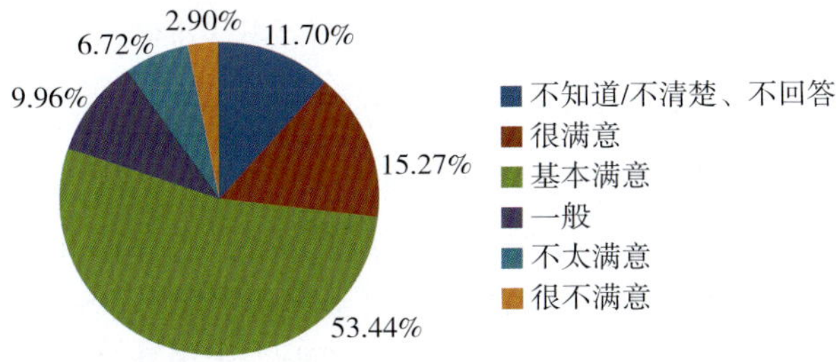


图20-51　2017年样本家庭对目前所在地政府服务和办事效率评价情况（N=1205）

②政府为民办事的信息及政策获取渠道。2017年调查结果显示，50.54%的样本家庭受访者主要通过电视、电话、广播、公告了解政府为民办事的信息和政策，36.35%的样本家庭受访者通过干部下来宣传和动员了解政府为民办事的信息及政策，17.84%的样本家庭受访者通过听同事、亲友或邻居介绍了解，17.18%的样本家庭受访者通过新媒体（微信、微博、公众号等）途径了解，14.77%通过下发的宣传材料了解。另外，有部分样本家庭受访者通过报刊杂志、政府网站、因个人需求等方式了解政府为民办事的信息及政策，见表20-16。

表20-16　2017年政府为民办事的信息及政策获取渠道（N=1205）

| 选项 | 样本家庭数 | 百分比（%） |
|---|---|---|
| 不关心/不清楚 | 44 | 3.65 |
| 报刊杂志 | 65 | 5.39 |
| 电视、电话、广播、公告 | 609 | 50.54 |
| 政府网站 | 63 | 5.23 |
| 新媒体（微信、微博、公众号等） | 207 | 17.18 |
| 干部下来宣传和动员 | 438 | 36.35 |
| 下发的宣传资料 | 178 | 14.77 |
| 听同事、亲友或邻居介绍 | 215 | 17.84 |
| 因个人需求从而了解 | 25 | 2.07 |

③政府服务存在的问题。2017年调查结果显示，2017年以来共有40.08%的样本家庭受访者到过政府部门办事（包括各级政府部门、政务服务中心以及社区居委会、街道办事处、村委会等）。66.72%的样本家庭受访者对目前居住地的政府服务和办事效率基本满意态度，7.97%的样本家庭受访者认为存在程序太复杂、不公开的问题，7.80%的样本家庭受访者认为存在相互推

诿、效率低的问题，3.07%的样本家庭受访者认为存在服务态度不好或服务质量不到位的问题，2.66%的样本家庭受访者认为存在要找关系的问题。另外，有部分样本家庭受访者认为政府服务还存在吃拿卡要、乱收费等问题，见图20–52。

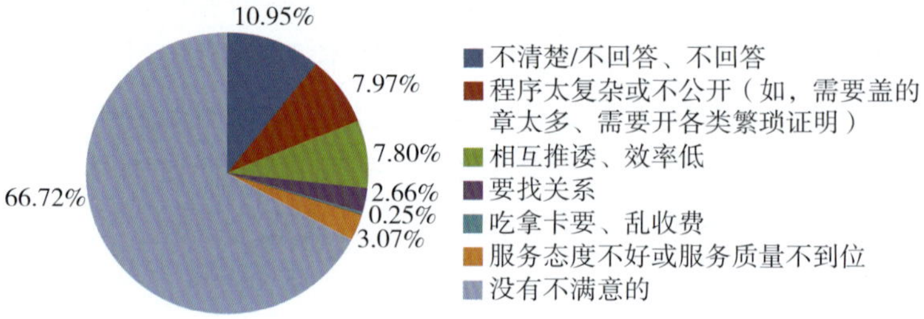


图20-52　2017年样本家庭所在地政府服务存在的问题（N=1205）

④政府办事程序简化程度满意度评价。2017年调查结果显示，在精简办事程序方面，64.07%的样本家庭受访者对政府精简办事程序程度满意，8.63%的受访者认为政府精简办事程序程度一般，8.30%的受访者对政府精简办事程序程度不满意；在简化各类证明方面，61.74%的受访者对简化各类证明表示满意，10.95%的受访者认为政府简化各类证明程度一般，7.38%的受访者对政府简化各类证明程度不满意；在治理不作为、不办事方面，57.01%的受访者表示满意，14.77%的受访者表示政府治理不作为、不办事程度一般，6.64%的受访者表示不满意；在少折腾群众方面，60.17%的受访者表示满意，14.69%的受访者认为政府少折腾群众程度一般，6.14%的受访者表示不满意；在减少吃拿卡要方面，61.75%的受访者表示满意，11.95%的受访者认为一般，4.73%的受访者表示不满意；在改善服务态度方面，69.04%的受访者表示满意，13.28%的受访者认为一般，5.06%的受访者表示不满意；在政策公开透明方面，57.76%的受访者表示满意，16.27%的受访者认为一般，5.48%的受访者表示不满意，见表20–17。

表20-17　2017年样本家庭受访者对政府办事程序简化程度评价（N=1205）（%）

| | 精简办事程序 | 简化各类证明 | 治理不作为、不办事 | 少折腾群众 | 减少吃拿卡要 | 改善服务态度 | 政策公开透明 |
|---|---|---|---|---|---|---|---|
| 很满意 | 8.80 | 8.96 | 9.13 | 9.96 | 11.54 | 18.67 | 13.61 |
| 基本满意 | 55.27 | 52.78 | 47.88 | 50.21 | 50.21 | 50.37 | 44.15 |
| 一般 | 8.63 | 10.95 | 14.77 | 14.69 | 11.95 | 13.28 | 16.27 |
| 不太满意 | 6.97 | 5.89 | 5.15 | 4.81 | 3.57 | 3.40 | 4.32 |
| 很不满意 | 1.33 | 1.49 | 1.49 | 1.33 | 1.16 | 1.66 | 1.16 |
| 不知道/不清楚 | 16.93 | 17.84 | 19.50 | 16.93 | 19.42 | 10.54 | 18.34 |
| 不回答 | 2.07 | 2.07 | 2.07 | 2.07 | 2.16 | 2.07 | 2.16 |
| 合计 | 100.0 | 100.0 | 100.0 | 100.0 | 100.0 | 100.0 | 100.0 |

综上所述，在政府服务与办事效率总体评价方面，2017年对政府服务和办事效率持满意态度的受访者比例较2016年提高6.61个百分点，持不满意态度的受访者比例较2016年降低3.68个百分点。

在政府服务存在的问题方面，2017年对居住地政府服务和办事效率持基本满意态度的受访者比例较2016年增加17.32个百分点，2016～2017年主要的政府服务问题为程序复杂、不公开，相互推诿、效率低，服务态度不好等。其中，2017年认为程序太复杂、不公开的受访者比例较2016年降低0.23个百分点，认为存在相互推诿、效率低问题的受访者比例降低1.7个百分点，认为存在服务态度不好问题的受访者比例降低0.8个百分点。综上所述，2017年样本居民对政府服务评价较2016年有所改善。

## 三、陕西省民生领域存在的主要问题

### （一）居民收入水平低，城乡居民之间差距较大的问题依然存在

2017年调查显示，陕西省居民税后平均月收入为2369.93元，分城乡来看，陕西省城市居民的平均月收入为3127.47元，农村居民平均月收入为1778.72元。且农村居民中月收入1000元以下人数所占比例较大。

2016年，陕西居民人均可支配收入为18874元，同期全国居民人均可支配收入为23821元，陕西省比全国平均水平低4947元，在全国31个省（市、自治区）中居第21位。其中，陕西城镇居民人均可支配收入为28440元，同期全国城镇居民人均可支配收入为33616元，陕西省比全国平均水平低5176元，在全国31个省（市、自治区）中居第19位。陕西农村居民人均可支配收入为9396元，同期全国农村居民人均可支配收入为12363元，陕西省比全国平均水平低2967元，在全国31个省（市、自治区）中居第26位[①]。

### （二）居民子女教育相关问题突出

2017的调查显示，居民在教育最关心的问题中，幼儿园教育的“入园难、入园贵”（占比18.44%），义务教育教育质量差（占比6.60%），择校现象普遍（占比4.42%），职业教育就业质量不高（占比17.78%），高等教育学费贵（占比28.40%）、就业难（9.88%），都是居民在子女教育方面最关心的问题。

### （三）养老经济来源问题备受关注

2017年调查结果显示，4.02%的样本家庭受访者对于未来的养老经济来源一点也不担心；16.50%的受访者对于未来的养老经济来源不太担心； 11.79%的受访者对于未来的养老经济来源有点担心； 33.84%的受访者则反映比较担心； 24.97%的受访者非常担心未来的养老经济来源。总体来看，70.60%的样本家庭受访者对未来养老经济来源持担心态度。

截至2016年末，全省参加城镇职工基本养老保险人数为724.05万人，机关事业单位养老保险参保人数为162.31万人，城乡居民基本养老保险参保人数为 1720.47万人。其中，陕西省企业参保退休人员月人均基本养老金达到2453元，城乡居民养老保险月人均养老金水平113元[②]，全国同期

① 信息来源：《西安日报》，http：//epaper.xiancn.com/xarb/html/2017-01/21/content_464237.htm。

② 陕西省人力资源社会保障厅，http：//www.shaanxihrss.gov.cn/html/100095/1012551.html。

企业参保退休人员月人均基本养老金为2362元，城乡居民养老保险月人均养老金水平117元[①]。

### （四）环境污染治理问题任重道远

调查结果显示，2017年，42.07%的样本家庭受访者认为总体生态环境状况有所改善，2016年则有44.08%的样本家庭受访者认为有所改善，2017年比2016年下降2.01个百分点，环境改善认同率连续三年下降。以空气质量与水体质量为例，2016年陕西省13个市（区）优良天数比例在43.7%～84.7%之间，平均优良率为62.9%，较全国平均水平低15.9个百分点；陕西省河流水质达到或好于Ⅲ类水体比例为54.2%，较全国平均水平低5.9个百分点[②]。

## 四、陕西省进一步改善民生的政策建议

针对以上存在的问题，主要的政策建议如下。

### （一）健全城乡融合发展体制机制，保障精准扶贫效果

一是推进城乡统筹协调发展。推进社会主义新农村建设，要加强农业基础地位，走中国特色农业现代化道路，建立以工促农、以城带乡长效机制，形成城乡经济社会发展一体化新格局。城乡经济和社会协调发展的实现要依赖于城乡互动和工农互补。二是建立健全贫困识别和动态监测体系，因地制宜地推进精准扶贫，主要发挥地方优势，突出产业扶贫，解决大量的精壮劳动力流失，导致土地闲置的问题；强化整合精准扶贫资金，统筹协调多部门扶贫工作，在自由裁量权允许的范围内改变现有条块分割的财政资金格局，加大资金捆绑式使用，集中力量扶贫，稳步提升精准扶贫开发的效益与效率。

### （二）进一步完善教育领域改革

一是针对“入园难、入园贵”，合理规划新建、改建、扩建公办幼儿园，并针对民办幼儿园提供建园用地、税收减免等政策支持，鼓励民办幼儿园进入学前教育，以保证面向区域内适龄儿童提供方便就近的普惠性服务。二是针对义务教育质量、择校问题，完善义务教育质量监测体系，加强教学常规管理与教师的培训，保障师资力量，大力推进义务教育均衡发展，缩小校际办学条件及教育质量差距；教育主管部门应该制定合理的择校机制，例如允许办学主体的多元化，以竞争促质量；赋予家长参与权，以监督和提高教育质量；统一择校标准，确保更公平的受教育权益。三是针对职业教育就业质量不高，在教学中使用项目化教学、实践性强的教材；与用人单位签订“订单式”培养协议，进一步了解企业的人才培养的技能要求，因材施教；创造实践机会，提高教师素质，只有提升教师的实践水平，才能够提升学生的实践水平。四是针对高等教育学费贵、就业难，进一步加大助学力度，健全教育“精准扶贫”体系，完善

---

① 《经济日报》：http://paper.ce.cn/jjrb/html/2017-05/29/content_334634.htm。

② 数据来源：《2016年陕西省环境状况公报》《2016中国各省环境状况公报》。

政府补贴，规范学校收费行为；提高高校专业设置、培养目标、培养方式与市场需求的适应性，增强高校毕业生就业创业能力，进一步拓展高校毕业生的就业面。

## （三）完善多层次养老保障体系，积极探索医养结合养老服务

一是构建多层次养老保障体系，应该在完善与职业相关联的养老金和大力促进各种补充养老措施的同时，把底线公平作为制定社会政策的价值理念，基于城乡二元社会结构和收入差距较大的社会现实，建立人人都有资格享受的非缴费性养老金，以满足那些低收入和社会弱势群体的养老保障权利，保障他们的基本生活，使之避免陷入贫困。二是针对不同地区建立居家、社区、机构养老多元养老模式，并开始探索医养结合服务模式。陕西省不同地区的经济发展水平差异很大，因此应该根据每个地区的实际情况，制定相应的养老模式，并根据地区社会经济发展现状，探索老年人长期护理保险的实施，保障老年人养老的经济来源。

## （四）多方协同治理环境污染，创造宜居生活环境

一是绿色经济建设，粗放型经济增长方式是造成陕西省环境污染和生态破坏日益严重的根本原因。通过实施《大气污染防治行动计划》《水污染防治行动计划》和《土壤污染防治行动计划》带动重大工程建设，将节能降耗、低碳经济、环保产业、循环经济培育成新的支柱产业和经济增长点，实现绿色经济建设。二是根据生态环境承受能力，明确土地的生态环境功能，按照环境功能区对接环境质量标准、污染物排放标准、生态保护要求，建立健全生态环境红线管控制度，在红线区域实施最严格的水资源保护、土地用途管制和产业退出制度。三是健全环境与发展综合决策机制，实行重大决策、政策的环境影响评价，推进规划环境影响评价。建立区域生态环境保护联动协作机制，由区域内省级人民政府和国家部委有关部门参加，负责对区域环境与发展领域的重大问题进行协调与决策。四是多方参与环境治理，首先，政府在生态环保中起统领和决定性作用。政府要善于运用市场机制和手段，充分发挥市场的作用，根据《中华人民共和国环境保护税法》制定标准，全面推行主要排污指标的有偿使用和交易制度。其次，明确企事业单位对治污减排的主体责任。完善建立资源环境许可，特别是污染物排放许可证制度，所有排放污染物的企事业单位必须在排放行为发生前申请排污许可。最后，通过开展生态文明价值观教育、普及绿色经济知识、宣传环保法律政策，培育社会公众的节约环保理念。发挥公众在环保工作中的基础性作用，发挥社会公众的环境监督功能。五是信息公开，建立政策法规、项目审批、案件处理、环境质量监测、重点污染源监测信息、环境管理的公布制度。推动企业污染物排放、环境治理、执法监测等信息的公开。建立企业环境信用评价体系及环境责任终身制度，从环境伦理道德和法律层面引导企业承担社会责任。

（陕西省政府发展研究中心专题组
负责人：杨三省　孙守平
成　员：何建军　毛　瑛　李　凡　罗　怡　张　宁）

# 第二十一章 四川省民生发展报告

## 一、四川省民生发展总体情况[①]

2016年，面对错综复杂的国内外宏观经济形式，四川省省委省政府认真落实以习近平同志为核心的党中央治国理政新理念新思想新战略，紧紧围绕“五位一体”总体布局和“四个全面”战略布局，坚持稳中求进工作总基调，牢固树立贯彻落实新发展理念，坚持以供给侧结构性改革为主线，深入实施“三大发展战略”，突出全面创新改革“一号工程”，突出脱贫攻坚“头等大事”，突出绿色发展，全面做好稳增长、促改革、调结构、惠民生、防风险各项工作，全省产业结构、动力结构、区域结构、创新动力等进一步呈现积极变化，经济平稳健康发展，社会事业全面进步，实现了“十三五”良好开端。一年来，四川省大力发展民生社会事业，社会基本公共服务水平有了新提升。在财力趋紧的情况下，全省一般公共预算民生支出占比达65%。城镇新增就业104万人，城乡居民人均可支配收入分别增长8.1%、9.3%，居民消费价格上涨1.9%。十项民生工程和20件民生大事全面完成。向残疾人低保对象发放困难生活补贴，免费治疗包虫病等重大传染病地方病，提高退休人员基本养老金。强化生态环境保护。启动绿化全川行动，森林草原覆盖率不断提高。全省40.6%的面积划定为生态保护红线区域，打响大气、水、土壤污染防治“三大战役”，启动省内环保督察，严格环保执法。PM2.5年均浓度下降4%，地表水水质达标率为72.4%。教育卫生文化体育得到新发展。

### （一）收入分配

2016年，经国家统计局审定，全年实现地区生产总值（GDP）32680.5亿元，按可比价格算，比上年增长7.7%。增速比全国水平高1个百分点。在全国各省（市、区）中，四川省GDP排名第六位。全省人均GDP为39695元，同比增长7.0%；2016年四川省居民人均可支配收入为18808元，同比增长9.2%，高于全国平均增幅0.8%个百分点。按常住地分，城镇居民人均可支配收入达28335元，同比增长8.1%（扣除价格因素，实际增长6.1%）。其中，工资性收入为16219元，增长6.4%；经营性收入为3327元，增长8.9%；财产净收入为2363元，增长14.7%；转移净收入为6426元，增长12.0%。城镇居民恩格尔系数34.5%（2015年为35.2%）。农民人均可支配收入为11203元，

① 数据和资料来源于四川省人民政府网、2016年四川省统计年鉴、2016年四川省统计公报。

同比增长 9.3%，高于全国平均增幅 1.1 个百分点，扣除价格因素实际增长 7.5%。其中，工资性收入 3738 元，增长 7.9%；经营净收入 4525 元，增长 7.8%；财产净收入 269 元，增长 20.1%；转移净收入为 2672 元，增长 13.1%。农村居民恩格尔系数 38.1%（2015 年为 39.1%）。

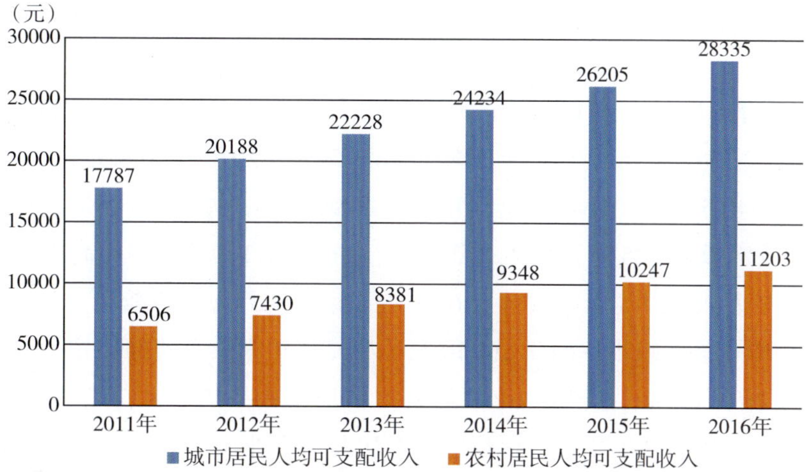


图21-1 2011～2016年城市（农村）居民可支配收入（元）

## （二）消费水平

按常住地分，城镇居民人均消费性支出为 20660 元，增长 7.2%。其中，居民支出增长 12.6%，生活用品及服务支出增长 4.8%，交通通信支出增长 11.7%。农村居民人均生活消费支出为 10192 元，增长 10.2%。其中，居民消费支出增长 14.5%，生活用品及服务消费支出增长 5.0%，交通通信支出增长 15.1%，医疗保健消费支出增长 15.8%。

## （三）就业状况

近年来四川在经济运行保持良好态势的基础上，将就业作为改善民生的头等大事，采取多种措施增加就业岗位，就业规模持续扩大，就业结构进一步优化，就业质量明显改善，就业工作取得明显成效。2016 年全省城乡就业总量为 4860 万人。其中城镇就业人员为 1603 万人，乡村就业人员为 3257 万人。2016 年，城镇新增就业 104.1 万人。登记失业率保持在较低水平。2016 年城镇登记失业率一直保持在 4.1% 左右，低于全省 4.5% 的控制目标和国家 5% 的控制目标。劳动关系进一步规范，全省全部企业劳动合同签订率达到 94.5%；企业集体合同签订率达到 90.5%

## （四）居住状况

房地产市场稳步发展，商品房供给充足，城镇居民人均住房面积为 34.91 平方米，农村居民人均住房面积为 49.7 平方米。住房保障工程扎实推进，2013 ～ 2016 年共建成城镇保障性安居工程住房 25 万套（其中公租房 21.6 万套），改造城镇危旧棚户区 109 万套，对稳定房价、改善人民的居住环境发挥了积极作用。农户住宅外道路为水泥、柏油、砂石或石板等硬质路面的农户比提高到75.7%；有自来水和受保护的井水等安全饮用水源的农户提高到66.7%；使用卫生厕所的农户占比提高到50.5%；使用煤、电、气等清洁资源的农户占比提高到47.1%。

## （五）教育状况

2016年全省教育经费支出为1301.8亿元。2016年年末共有各级各类院校2.4万所，在校生1531.1万人，教职工104.3万人，其中专任教师86.3万人。2016年年末共有小学5981所，招生93.0万人，在校生549.5万人，小学学龄儿童入学率99.78%；初中3816所，招生84.6万人，在校生244.8万人；特殊教育125所，招生2525人，在校生1.3万人；普通高中739所，招生47.6万人，在校生144.7万人；中等职业教育526所，招生41.4万人，在校生101.9万人。职业技术培训机构4386个，职业技术培训注册学员250.8万人次。年末共有普通高校109所。普通本（专）科招生43.9万人，增长0.6%；在校生144.7万人，增长4.3%；毕业生36.2万人，增长0.1%。研究生培养单位37个，招生3.0万人，在校生9.2万人，毕业生2.5万人。成人高等学校15所，成人本（专）科在校生36.0万人；参加学历教育自学考试69.6万人次。

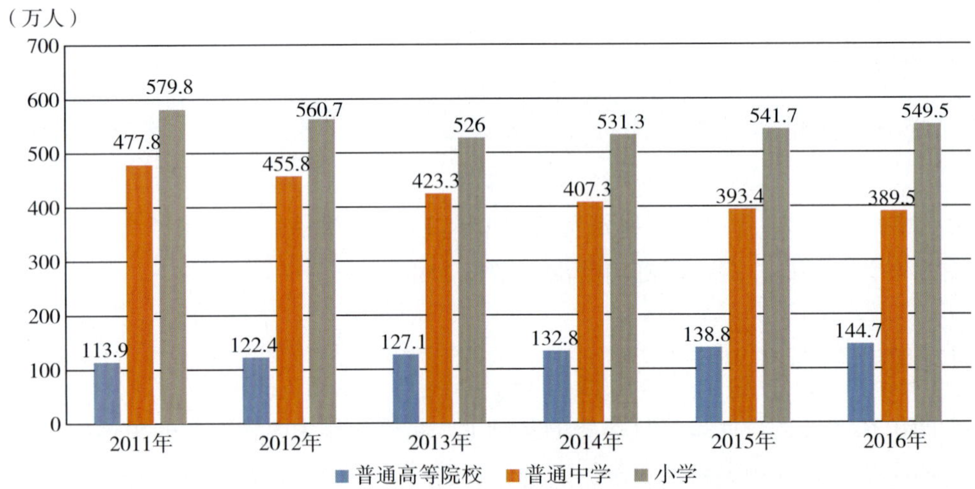


图21-2　2011～2016年各类学校在校学生数（万人）

## （六）医疗卫生

年末医疗卫生机构为79517个，其中医院为2066个（民营医院为1362个），基层医疗卫生机构为76620个；医疗卫生机构床位为51.9万张，卫生技术人员为49.6万人，其中执业医师为15.4万人，执业助理医师为3.2万人，注册护士为20.8万人。妇幼保健机构为202个，执业医师和执业助理医师为0.6万人，注册护士为0.9万人；乡镇卫生院为4489个，执业医师和执业助理医师为3.3万人，注册护士为2.6万人。

中医和民族医院快速发展。2016年末，全省共有中医院204个，实有床位51905张；民族医院 36 个，实有床位 1248 张。

全年医疗机构总诊疗人次达 46459.6 万人次，其中医院为 17219.3 万人次（民营医院为 2882.8 万人次），基层医疗机构为 27518.9 万人次；出院 1647.4 万人，其中医院为 1121.5 万人（民营医院为 264.4 万人），基层医疗机构为 469.1 万人；县域内住院率为 87.8%。

### （七）社会保障

2016 年新型农村合作医疗制度覆盖全部涉农县（市、区）。住院费用实际补偿比例提高到 65.2%。年末参加城镇职工基本养老保险人数达 2158.5 万人，参加城乡居民基本养老保险人数为 3052.4 万人，参加城镇基本医疗保险人数为 5263.6 万人，参加失业保险人数（不含失地农民）694.5 万人，参加工伤保险人数为 799.1 万人，参加生育保险人数为 713.1 万人。

2016 年全年纳入城市低保人员为 135.0 万人，农村低保人数为 360.1 万人，城镇和农村最低生活保障人均补助水平分别比上年提高 43 元和 42 元。符合条件的五保供养对象全部纳入供养范围，共计 48.6 万人，其中集中供养五保人数为 25.6 万人，集中供养率为 52.7%。建立社区服务机构 20103 个，其中建立城镇社区服务机构为 10835 个。销售福利彩票 85.0 亿元，直接接受社会捐赠 1.4 亿元。

### （八）生态环境

2016 年全省生态环境状况良好，生态环境状况指数为 69.8。在生态环境指数的二级指标中，生物丰富度指数、植被覆盖指数、水网密度指数、土地胁迫指数和污染负荷指数的数值分别为 59.4、87.5、30.5、84.0、99.6。与上年相比，生态环境状况指数无变化，空气质量持续改善。2016 年全省，21 个市（州）政府所在地城市平均达标天数为 287 天，比例为 78.8%，2016 年全省有 11 个市（州）完成细颗粒物（PM2.5）年均浓度削减基本目标任务，有 10 个市（州）未完成；有 8 个市（州）完成达标天数率目标任务，有 13 个市（州）未完成。2016 年，全省 21 个市（州）政府所在地城市集中式饮用水水源地取水总量 152139.95 万吨，达标水量 150922.83 万吨，水质达标率为 99.2%。

2016 年底，四川省森林面积达到 1792.75 万公顷、森林蓄积达到 17.53 亿立方米，森林覆盖率提高到 36.88%；四川省森林面积、森林蓄积面积分别较上年增加 41.96 万公顷和 1970 万立方米，森林覆盖率同比增长 0.86 个百分点。森林面积和森林蓄积分别居全国第 4 位和第 3 位。

## 二、四川省改善民生的政策举措及成效①

2016 年四川省各地、各部门按照省委、省政府的统一部署，深入贯彻落实党的十八届五中、六中全会和省委十届八次、九次全会精神，按照中央"坚守底线、突出重点、完善制度、引导预期"

① 本节内容主要根据四川省人民政府网公开的十项民生工程，对2016年四川做法和成效进行梳理。

的民生工作思路和省委省政府的总体部署，将稳增长、促改革、调结构、惠民生、防风险有机结合，扎实推进十项民生工程及20件民生大事项目实施，以严的精神、实的作风，切实解决群众最急盼的民生问题，通过全省上下共同努力，圆满完成了全年目标任务。

### （一）就业促进工程

2016年全省城镇新增就业104.08万人，占目标任务的134.7%；就业困难人员就业8.4万人，占目标任务的140%；城镇登记失业率为4.15%，控制在4.5%的年度目标以内；2013级藏区"9+3"毕业生初次就业率达到98.90%，占目标任务的104.11%；开展品牌培训4.53万人，占目标任务的100.67%；青年劳动者技能培训20.75万人，占目标任务的138.33%；对8.76万名创业的在校大学生和毕业5年内高校毕业生给予创业补贴、创业担保贷款等政策扶持，促进其创新就业。下岗失业人员再就业40558人，占目标任务的135.19%。城乡残疾人居家灵活就业660564人，占目标任务的120.10%。高校毕业生就业率达到88.62%，占目标任务的116.61%。

### （二）扶贫解困工程

2016年扶持107.8万农村扶贫对象脱贫，占目标任务的102.66%。符合医疗救助条件的重点救助对象在政策范围内住院自负费用经各类保险报销后在年度救助限额内的救助比例达到70%，占目标任务的100%。为受援人群提供法律援助58.36万次，占目标任务的162.11%；其中办理法律援助案件5.41万件，占目标任务的180.33%；其他法律援助事项47.54万件，占目标任务的158.47%。新建12个县级以上规范化法律援助接待受理厅，占目标任务的100%；新建286个乡镇（街道）规范化法律援助工作站，占目标任务的104.76%。给予符合条件的农村计划生育家庭父母每人每年960元扶助金，给予符合条件的独生子女伤残或死亡家庭父母每人每年4800元或6000元扶助金，给予符合条件的少数民族育龄夫妇每户3000元一次性奖励，已经完成奖励扶助对象1673407人、特别扶助对象96658人、"少生快富"项目对象3088户，占目标任务的100%。走访慰问困难职工35.6万户，实现符合条件的建档困难职工全覆盖。扶持145810名农村残疾人发展生产、增加收入，占目标任务的145.81%；为159128名贫困残疾人适配亟需的基本型辅助器具，占目标任务的318.26%；对113914名残疾人扶贫对象实行生活补贴，占目标任务的100%。对全省贫困白内障患者实施复明手术1万例，占目标任务的100%；为5959名贫困家庭和福利机构内的脑瘫儿童提供康复手术、康复训练和适配辅助器具的康复救助，占目标任务的119.18%；为2916名贫困家庭听力残疾儿童提供人工耳蜗手术、助听器适配、听力语言康复训练等服务，占目标任务的291.60%。支持"老少穷"地区建设10238套农村教师周转房，占目标任务的102.38%。

### （三）民族地区工程

在大小凉山250个村实施彝家新寨建设，占目标任务的100%；彝家新寨新（改）建住房

21250户，占目标任务的100%。"六件套"（原"四件套"和"二选一"）已经完成方案起草、资金筹集、意见征求、初审等相关工作，完成年度目标任务。摩梭家园民居改造816户，占目标任务的136%。推进10个村落摩梭家园基础设施与公共服务设施建设，持续推进摩梭文化保护与传承，占目标任务的100%。实施《四川省民族地区教育发展十年行动计（2011–2020年）》，民族地区义务教育阶段寄宿制学生达到43.51万人，占目标任务的100.02%。在实行九年免费义务教育基础上，全面免除民族自治地区51个县（市）公办幼儿园在园幼儿3年保教费和公办普通高中在校学生3年学费并免费提供教科书，对经教育部门批准设立的民办学校参照公办学校补助标准执行，占目标任务的100%。对藏区54.55万名群众进行包虫病病情调查，占目标任务的181.83%；免费药物治疗14068名藏区包虫病患者，占目标任务的100.47%；实施石渠县包虫病区打井供水工程，成井150口，占目标任务的100%。吸毒人员管控率达到100%，占目标任务的102.04%；"无毒社区"创建率达到63%，占目标任务的110.53%。为"三州"21.11万户农户配备新型小粮仓，有效缓解三州农户储粮设施简陋、损耗严重问题，促进农户增收，占目标任务的100.52%。

### （四）教育助学工程

开工建设410所城乡公办幼儿园，占目标任务的102.50%。减免16个少数民族地区待遇县（市、区）19.46万名在园幼儿保教费，占目标任务的108.11%；减免其他非民族地区27.21万名贫困家庭在园幼儿保教费，占目标任务的104.65%。对793.25万名义务教育阶段学生免除学杂费、免费提供教科书和作业本，占目标任务的101.83%；对125.89万名家庭经济困难寄宿学生发放生活补助，占目标任务的103.19%。中职学校招生40.54万人，占目标任务的106.66%；免除除艺术类相关表演专业外的83.77万名中职在校学生学费，占目标任务的103.42%。为47.35万名普通高中家庭经济困难学生发放国家助学金，占目标任务的107.61%；免除47.97万名家庭经济困难高中学生学费，占目标任务的109.02%；为23.07万名中职学校一、二年级家庭经济困难学生发放生活补助，占目标任务的104.86%；为35.15万名地方属普通高等学校家庭经济困难学生发放国家助学金，占目标任务的105.24%；国家励志奖学金奖励资助地方属普通高等学校优秀学生3.86万名，占目标任务的110.29%；资助家庭经济困难职工子女上学39650人，占目标任务的132.17%；资助家庭经济贫困学生2491名，占目标任务的124.55%；资助业余训练贫困学生运动员2225名，占目标任务的111.25%。为国家和省级地方试点地区353.99万名农村义务教育学生提供营养膳食补助，占目标任务的107.27%。解决高海拔民族地区义务教育阶段29.38万名学生取暖问题，占目标任务的101.31%。选派1368名教师，为"三区"各级各类教育发展提供人才支持，占目标任务的105.23%。定向招录培养3000名免费师范生，占目标任务的100%。

### （五）社会保障工程

城市低保对象累计月人均补助达到287元，占目标任务的110.38%；农村低保对象累计月人均补助达到162元，占目标任务的108%。城乡居民基本养老保险覆盖人数达到3051.64万人，占目标任务的105.23%；参保缴费人数达到1413.7万人，占目标任务的108.75%。新增民办公办养老机构床位51818张，占目标任务的103.64%；维修改造公办养老机构床位30186张，占目标任务的100.62%；建设城乡社区日间照料中心2509个，占目标任务的100.36%；为全省2021938名困难家庭中的失能老人和80周岁以上高龄老人提供居家养老服务，占目标任务的101.09%。新农合制度覆盖涉农县（市、区），农村居民参合率达到99.25%，占目标任务的102.32%；参合农民住院医疗费用政策范围内报销比例达到76.97%，占目标任务的102.63%；将城乡居民基本医疗保险财政补助标准提高到每人每年420元，占目标任务的110.53%。招募省级西部计划志愿者400名，占目标任务的100%。为924690名重度残疾人发放护理补贴，占目标任务的110.08%。为1万户贫困残疾人提供家庭无障碍改造，占目标任务的100%。建立农村区域性养老服务中心300个，开展农村社会养老服务，占目标任务的100%。

## （六）医疗卫生工程

开展城乡居民健康档案管理、健康教育、慢性病管理等12类基本公共卫生服务，城乡居民健康档案电子建档率达到93.63%，占目标任务的100.68%。全面取消县级公立医院药品加成。切实减轻群众医疗费用负担，按核定取消药品加成额的21.15%给予专项补助，占目标任务的105.75%。为47.3万对拟婚对象提供免费婚前体检，婚检率较上年提高9.69%，占目标任务的193.80%。向城乡符合生育政策计划怀孕夫妇免费提供孕前优生健康检查，目标人群覆盖率达到95.29%，占目标任务的119.11%。完成食品抽检和食品专项整治抽检样品21716批次，占目标任务的101.9%。

## （七）百姓安居工程

2016年各地建设幸福美丽新村6729个，新村基础设施和公共服务设施得到改善提升，占目标任务的112.15%；完成农村危房改造20.6万户，占目标任务的189.11%；彝家新寨新（改）建住房21250户，占目标任务的100%；建成藏区新居20000户，占目标任务的100%。改造危旧房棚户区27.8万户，占目标任务的102.96%；筹集发放租赁补贴1.8万户，占目标任务的112.5%。建成国家级安全社区8个，占目标任务的100%；建成省级安全社区80个，占目标任务的100%。

## （八）民生基础设施工程

2016年新（改）建农村公路12464.3公里，占目标任务的124.6%。国省干线公路路面使用性能指数达到81，完成目标任务。新增有效灌面43.19万亩，占目标任务的107.98%。实现2500个行政村通宽带，占目标任务的100%。建成农村渡口渡改桥120座，占目标任务的133.33%。

### （九）生态环境工程

2016 年全省管护国有林 18252 万亩，占目标任务的 100%；巩固退耕还林成果 1336.4 万亩，占目标任务的 100%；补偿集体和个人所有公益林 8296.58 万亩，占目标任务的 100%。实施草原禁牧补助 7000 万亩，草畜平衡奖励 14200 万亩，占目标任务的 100%；建设现代家庭牧场 30 个，牲畜棚圈 2158 户、17.26 万平方米，多功能巷道圈 151 个，占目标任务的 100%。大力开展农村土地整治，建成高标准农田 202.24 万亩，占目标任务的 100.67%；大力实施田网、渠网、路网“三网”建设，建成高标准农田 188.41 万亩，占目标任务的 104.67%。完成成都市自来水七厂饮用水水源保护区及磨儿潭应急水源安全防护工程，占目标任务的 100%；完成成都市自来水二厂、五厂、沙河、刘家碾水源保护区安全防护工程，占目标任务的 100%。完成成都市第三、四、五污水厂扩能提标改造工程项目，占目标任务的 100%。

### （十）文化体育工程

2016 年免费开放 197 个图书馆，占目标任务的 100%；免费开放 206 个文化馆，占目标任务的 100%；免费开放 4349 个乡（镇）综合文化站，占目标任务的 100%；免费开放 89 个博物馆纪念馆，占目标任务的 100%；免费开放 33 个美术馆，占目标任务的 100%。建成村级农民体育健身设施 1000 个，占目标任务的 100%。公共体育场馆向群众免费开放体育锻炼 1643.14 万人次，占目标任务的 117.37%。免费放映农村公益电影 579766 场次，占目标任务的 104.31%。完成 25 万户电视户户通工程建设，占目标任务的 100%。完成 1933 个行政村广播村村响工程建设，占目标任务的 100%。完成 22 个县应急广播平台建设，占目标任务的 100%。完成 46318 个农家书屋出版物补充更新，占目标任务的 100%。

## 三、民生问题调查问卷分析

### （一）受访者基本情况

本次调查采用 PPS 抽样方案，确定家庭户和户内最了解家庭情况来确定受访者的抽样方法，严格按照统计学要求随机抽取 1246 位受访对象。受访者的年龄、性别、婚姻、健康、户籍、就业等情况如下表所示。

表21-1　　受访者基本情况（%）

| 年龄 | 频率 | 百分比 | 有效百分比 | 累积百分比 |
| --- | --- | --- | --- | --- |
| 60岁及60岁以上 | 517 | 41.5 | 41.5 | 41.5 |
| 50～59岁 | 317 | 25.4 | 25.4 | 66.9 |
| 40～49岁 | 281 | 22.6 | 22.6 | 89.5 |
| 30～39岁 | 76 | 6.1 | 6.1 | 95.6 |

续表

| 年龄 | 频率 | 百分比 | 有效百分比 | 累积百分比 |
|---|---|---|---|---|
| 20～29岁 | 48 | 3.9 | 3.9 | 99.4 |
| 20岁以下 | 7 | 0.6 | 0.6 | 100 |
| 总计 | 1246 | 100 | 100 | |
| 性别 | 频率 | 百分比 | 有效百分比 | 累积百分比 |
| 男 | 652 | 52.3 | 52.3 | 52.3 |
| 女 | 594 | 47.7 | 47.7 | 100 |
| 总计 | 1246 | 100 | 100 | |
| 婚姻状况 | 频率 | 百分比 | 有效百分比 | 累积百分比 |
| 未婚 | 42 | 3.4 | 3.4 | 3.4 |
| 未婚同居 | 6 | 0.5 | 0.5 | 3.9 |
| 已婚 | 1064 | 85.4 | 85.4 | 89.2 |
| 离婚 | 33 | 2.6 | 2.6 | 91.9 |
| 丧偶 | 101 | 8.1 | 8.1 | 100 |
| 总计 | 1246 | 100 | 100 | |
| 健康状况 | 频率 | 百分比 | 有效百分比 | 累积百分比 |
| 健康 | 916 | 73.5 | 73.5 | 73.5 |
| 有疾病或残疾，但仍有劳动能力 | 207 | 16.6 | 16.6 | 90.1 |
| 因疾病或残疾，丧失劳动能力，但生活能自理 | 122 | 9.8 | 9.8 | 99.9 |
| 因疾病、残疾或衰老，生活不能自理，需要有人照料 | 1 | 0.1 | 0.1 | 100 |
| 总计 | 1246 | 100 | 100 | |
| 户口性质 | 频率 | 百分比 | 有效百分比 | 累积百分比 |
| 农业户口 | 834 | 66.9 | 66.9 | 66.9 |
| 非农户口 | 412 | 33.1 | 33.1 | 100 |
| 总计 | 1246 | 100 | 100 | |
| 是否流动人口 | 频率 | 百分比 | 有效百分比 | 累积百分比 |
| 否 | 1230 | 98.7 | 98.7 | 98.7 |
| 是 | 16 | 1.3 | 1.3 | 100 |
| 总计 | 1246 | 100 | 100 | |
| 是否非正式就业 | 频率 | 百分比 | 有效百分比 | 累积百分比 |
| 正规就业 | 546 | 43.8 | 71.1 | 71.1 |
| 非正式就业 | 222 | 17.8 | 28.9 | 100 |
| 无回答/无工作 | 478 | 38.4 | | |
| 总计 | 1246 | 100 | | |

## （二）受访家庭基本民生问题

### 1. 样本家庭收入与消费

通过统计分析，受访者 2016 年家庭的年收入平均为 6.09 万元，家庭的总支出平均为 4.23 万元。2016 年受访家庭收入仍有结余，平均每户家庭有近 2 万元的盈余。其中，有近 1/3 的受访家庭 2016 年年收入为 5 万 ~ 10 万元，占调查总量的比例最大；其次为家庭年收入 3 万 ~ 5 万元和 1 万 ~ 3 万元。而受访家庭总体消费水平主要集中在 1 万 ~ 3 万元和 3 万 ~ 5 万元，高消费群体所占比例较少。从判断上看，这主要与收入水平集中在中下层有直接关系。并且，从受访者主观判断，绝大部分家庭近两年来周围家庭的收入差距并没有什么变化，30.6% 的受访家庭认为收入差距呈扩大趋势，16.0% 的受访家庭认为收入差距在逐步缩小。

表21-2　　2016年受访家庭年收入情况（%）

| 2016家庭年收入 | | 频率 | 百分比 | 有效百分比 | 累积百分比 |
|---|---|---|---|---|---|
| 有效 | 1万元以下 | 96 | 7.7 | 7.7 | 7.7 |
| | 1万 ~ 2.99万元 | 257 | 20.6 | 20.6 | 28.3 |
| | 3万 ~ 4.99万元 | 266 | 21.3 | 21.3 | 49.7 |
| | 5万 ~ 9.99万元 | 407 | 32.7 | 32.7 | 82.3 |
| | 10万 ~ 14.99万元 | 153 | 12.3 | 12.3 | 94.6 |
| | 15万 ~ 24.99万元 | 56 | 4.5 | 4.5 | 99.1 |
| | 25万 ~ 49.99万元 | 11 | 0.9 | 0.9 | 100 |
| | 总计 | 1246 | 100 | 100 | |

表21-3　　2016年受访家庭年支出情况（%）

| 2016家庭总支出 | | 频率 | 百分比 | 有效百分比 | 累积百分比 |
|---|---|---|---|---|---|
| 有效 | 1万元以下 | 113 | 9.1 | 9.1 | 9.1 |
| | 1万 ~ 2.99万元 | 381 | 30.6 | 30.6 | 39.6 |
| | 3万 ~ 4.99万元 | 362 | 29.1 | 29.1 | 68.7 |
| | 5万 ~ 9.99万元 | 302 | 24.2 | 24.2 | 92.9 |
| | 10万 ~ 14.99万元 | 59 | 4.7 | 4.7 | 97.7 |
| | 15万 ~ 24.99万元 | 25 | 2 | 2 | 99.7 |
| | 25万 ~ 49.99万元 | 3 | 0.2 | 0.2 | 99.9 |
| | 50万元及以上 | 1 | 0.1 | 0.1 | 100 |
| | 总计 | 1246 | 100 | 100 | |

进一步分析受访家庭收支来源和结构，发现工资性收入是大部分受访家庭的主要收入来源，比例高达近 70%。其次，受访家庭的收入主要来自于农业经营性收入和非农业经营收入，分别占比 17.26% 和 7.95%（见图 21–3）。而在各种家庭支出中，受访家庭认为消费支出压力最大的开支前三项依次是医疗、食品和子女教育，分别占比 28.73%、26.32% 和 18.54%（见图 21–4）。

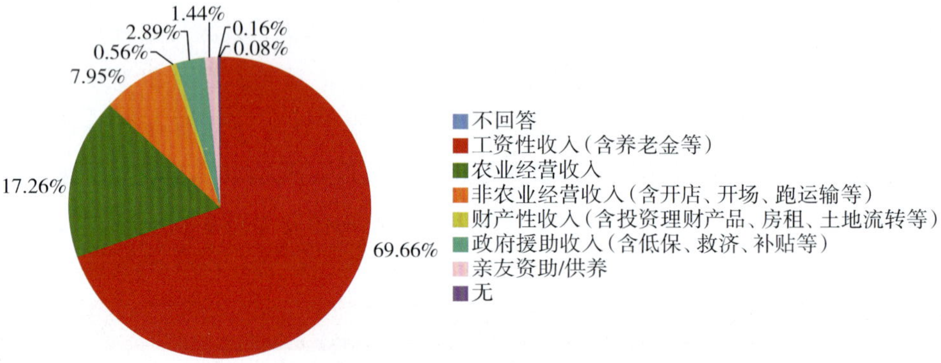


图21-3　2016年受访家庭年收入来源

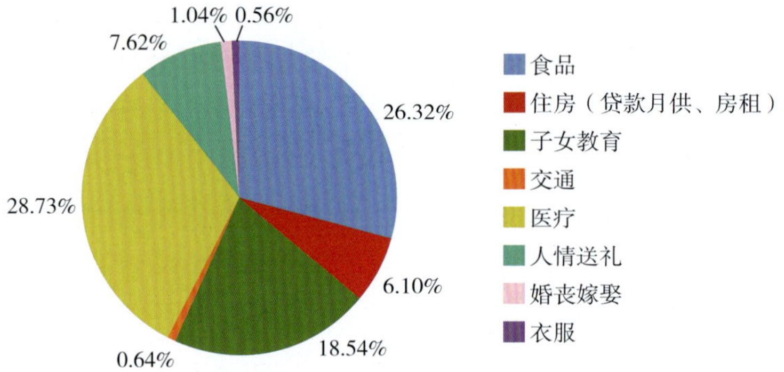


图21-4　2016年受访家庭年消费支出结构

## 2. 子女教育

受访家庭中有 660 户家庭有孩子正在上学或准备上学，其中 65.6% 的家庭至少有 1 个孩子正在上学或准备上学，30.2% 的家庭有 2 个孩子正在上学或准备上学。据统计，2016 年受访家庭用在孩子身上的平均教育总支出为 5612.6 元，其平均大约占到受访家庭总支出的 9.02%。。

从总体上看，54.1% 的受访家庭孩子是在离家最近或比较近的地方上学，而孩子没有在离家最近地方就学的原因前三项依次是“最近学校招生名额有限”“附近（方圆 5 公里范围内）没有学校”和“为了上更好的学校”。从城乡对比结果来看，相较于城市，更多比例的农村受访家庭孩子会远离家庭到外上学，其比例达 31.0%。其选择去外地上学的原因，城乡之间也有很大差异。农村受访家庭主要是因为“附近（方圆 5 公里范围内）没有学校”，而城市受访家庭主要是因为“为了上更好的学校”（见图 21–5）。

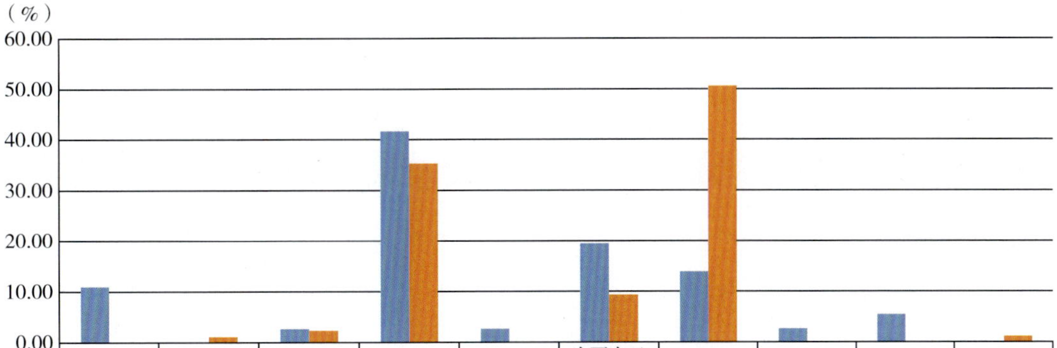


| | 最近学校招生名额有限 | 未被划在其招生片区内 | 受户口限制不能就读 | 为了上更好的学校 | 成绩达不到要求，未能考入 | 为了自己的方便(比如，在离工作单位近，能住校，离父亲近的地方上学 | 附近（方圆5公里范围内）没有学校 | 附近学校收费比较贵 | 年龄不适用 | 其他 |
|---|---|---|---|---|---|---|---|---|---|---|
| ■城市（%） | 11.11 | 0.00 | 2.78 | 41.67 | 2.78 | 19.44 | 13.89 | 2.78 | 5.56 | 0.00 |
| ■乡村（%） | 0.00 | 1.18 | 2.35 | 35.29 | 0.00 | 9.41 | 50.59 | 0.00 | 0.00 | 1.18 |

图21-5　城乡受访家庭外地上学的原因（%）

### 3. 医疗卫生

调查数据显示，村卫生室或诊所和乡镇卫生站是受访家庭首选的就医场所。但从城乡就医选择对比来看，可以发现存在巨大差异。城市地区的居民更倾向于自己买药，占 34.72%；而在农村地区，村卫生室或诊所是最主要的就医场所，占 30.42%。从就医意识来看，在受访家庭中，过去一年，有 101 户没有听从医院住院建议，而其中 56 户受访家庭成员不住院的原因是“没钱住院”，占 55.4%；27 户受访家庭成员不住院的原因是“自己认为不需要”，占 26.7%。

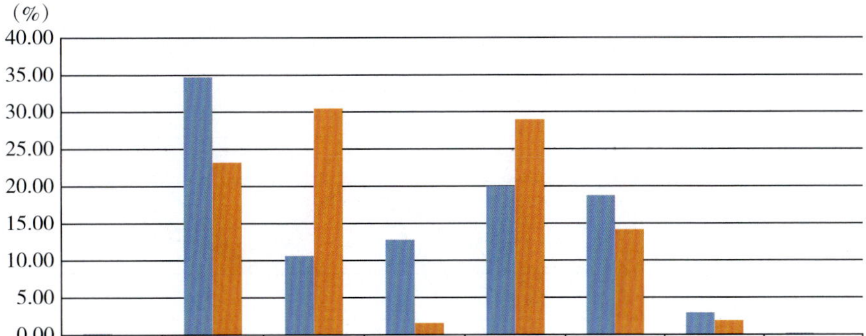


| | 不回答 | 不去医院，自己买药 | 村卫生室/诊所 | 社区卫生服务中心（站） | 乡镇卫生院 | 区、县医院 | 区域内最好的大医院 | 其他 |
|---|---|---|---|---|---|---|---|---|
| ■城市(%) | 0.15 | 34.72 | 10.60 | 12.75 | 19.97 | 18.74 | 2.92 | 0.15 |
| ■乡村(%) | 0.00 | 23.19 | 30.42 | 1.51 | 28.91 | 14.12 | 1.85 | 0.00 |

图21-6　城乡受访家庭就医方式选择情况（%）

2016 年，受访家庭平均实际医疗总支出为 7920.3 元，平均占家庭生活总支出的 19.6%。而进一步对受访家庭就医住院负担进行调查，有 233 户受访家庭 2016 年因为家庭有人看病而举债，其中 218 户是“找亲戚朋友借款”，15 户“变卖家庭资产或抵押贷款”。并且在 1246 位受访者中，有 854 位受访者对“您及您的家人未来生病后没钱看病”表示出担心意愿，比例高达 68.5%（见表 21–4）。

表21-4　　受访家庭对医疗负担的担忧情况（%）

| 您是否担心您及您的家人未来生病后没钱看病 | | 频率 | 百分比 | 有效百分比 | 累积百分比 |
|---|---|---|---|---|---|
| 有效 | 不知道/不清楚 | 32 | 2.6 | 2.6 | 2.6 |
| | 不回答 | 21 | 1.7 | 1.7 | 4.3 |
| | 非常担心 | 293 | 23.5 | 23.5 | 27.8 |
| | 比较担心 | 421 | 33.8 | 33.8 | 61.6 |
| | 有点担心 | 140 | 11.2 | 11.2 | 72.8 |
| | 不太担心 | 250 | 20.1 | 20.1 | 92.9 |
| | 一点也不担心 | 89 | 7.1 | 7.1 | 100 |
| | 总计 | 1246 | 100 | 100 | |

### 4. 养老保障

对于未来养老经济保障，受访家庭表现出较大的担忧。数据显示，有 57.5% 的受访家庭对未来养老的经济来源表示担心，其中 31.4% 的受访者认为“比较担心”，14.8% 的受访者认为“非常担心”，11.3% 的受访者认为“有点担心”。同时，进一步对各年龄段的受访者对养老经济保障担忧状况的数据进行对比发现，60 岁以下的受访者对未来的养老经济保障更为担忧，而“60 岁及以上”已进入养老阶段的受访者的现实养老经济保障相对比较乐观，47.2% 的“60 岁及以上”受访者并不担心养老的经济问题（见图 21–7）。而从养老的时间、精力以及地方养老设施和服务等情况的数据分析结果来看，受访者的情况还是比较乐观。41.1% 的受访者表示“家庭照料老人在时间和精力上没有压力”，42.6% 的受访者表示“所在地的养老设施和服务能够满足本地老年人的需求”。

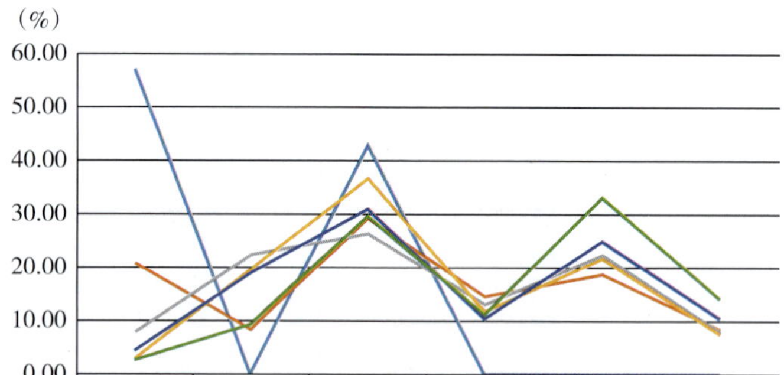


| | 不知道/不清楚 | 非常担心 | 比较担心 | 有点担心 | 不太担心 | 一点也不担心 |
|---|---|---|---|---|---|---|
| [10~20岁)（%） | 57.14 | 0.00 | 42.86 | 0.00 | 0.00 | 0.00 |
| [20~30岁)（%） | 20.83 | 8.33 | 29.17 | 14.58 | 18.75 | 8.33 |
| [30~40岁)（%） | 7.89 | 22.37 | 26.32 | 13.16 | 22.37 | 7.89 |
| [40~50岁)（%） | 2.85 | 19.57 | 36.65 | 11.74 | 21.71 | 7.47 |
| [50~60岁)（%） | 4.42 | 18.93 | 30.91 | 10.41 | 24.92 | 10.41 |
| 60岁及以上（%） | 2.71 | 9.28 | 29.59 | 11.22 | 33.08 | 14.12 |

图21-7　各年龄段对养老经济保障的担忧情况（%）

进一步对养老经济来源进行数据分析，“自己的退休金或养老金”“由儿女或其他亲戚赡养”“靠承包地”成为受访者选择的三个最主要的养老经济来源，其占比分别为 42.13%、30.58% 和 8.83%（见图 21–8）。

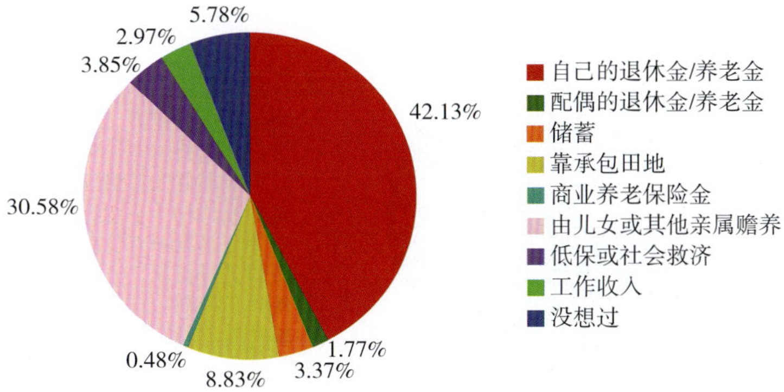


图21-8　养老经济来源结构

## 5. 住房保障

从住房类型来看，城乡受访者目前居住的住房主要为“自建住房”，占受访总量的 69.5%。其中城市地区 54.22% 受访者是“自建住房”，农村地区 86.22% 受访者是“自建住房”；其次，城乡受访者目前居住的住房主要为“拆迁安置房”和“自购商品住房”（见图 21–9）。此外，从户均建筑面积来看，城乡受访者人均住房建筑面积大约为 43.3 平方米。从居住条件来看，83.9% 的受访者现在居住的住房有独立的厨房及卫生间。在目前租房居住的受访者中，77.1% 的受访者是单独居住，并没有和其他家庭合租。

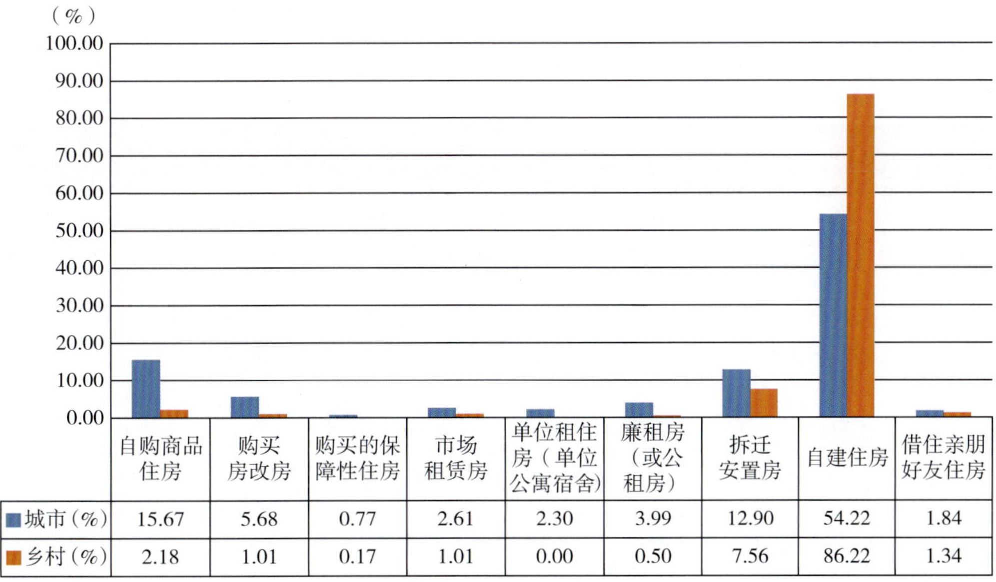


| | 自购商品住房 | 购买房改房 | 购买的保障性住房 | 市场租赁房 | 单位租住房（单位公寓宿舍） | 廉租房（或公租房） | 拆迁安置房 | 自建住房 | 借住亲朋好友住房 |
|---|---|---|---|---|---|---|---|---|---|
| 城市（%） | 15.67 | 5.68 | 0.77 | 2.61 | 2.30 | 3.99 | 12.90 | 54.22 | 1.84 |
| 乡村（%） | 2.18 | 1.01 | 0.17 | 1.01 | 0.00 | 0.50 | 7.56 | 86.22 | 1.34 |

图21-9　城乡受访者现有住房类型（%）

从商品房拥有及其负债来看，除现有住房以外，仅 8.6% 的受访者表示在本地或其他城市购买了住房。其购房的资金依次主要来自于“家庭收入积累”和“金融机构”，并且 6.7% 的家庭目前在银行有住房贷款尚未还清。

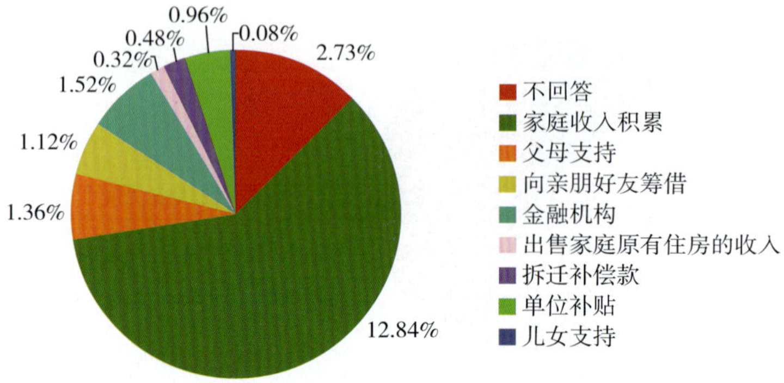


图21-10　城乡受访者商品房资金来源

此外，对受访者购房意愿进行分析，13.1% 的受访者表示“未来两三年可能会有购房、建房的计划或打算”，并且购房或建房的目的主要集中于“改善住房条件”和“结婚”，占比为 43.3% 和 17.7%。

### 6. 生活环境

受访者对于居住地区周围生态环境状况的总体评价较高，77.4% 的受访者表示“非常满意”或“比较满意”。其中“绿化情况”受访者综合满意度相对最高，仅 5.4% 的受访者表示“比较不满意”或“非常不满意”。而“周边河流、湖泊、池塘、水井等水体质量”情况受访者的综合满意度相对最差，有 17.8% 的受访者表示“比较不满意”或“非常不满意”，其中“非常不满意”占比达到了 5.5%。

表21-5　受访家庭对居住地周边生态环境评价情况（%）

| 生态环境状况 | 总体生态环境状况 | 空气质量 | 生活用水质量 | 流域水体质量 | 生活垃圾处理 | 噪声问题 | 绿化情况 |
|---|---|---|---|---|---|---|---|
| 不知道/不清楚 | 0.3 | 0.1 | 0.3 | 2.9 | 0.6 | 2.6 | 0.6 |
| 不回答 | 0.4 | 0.3 | 0.2 | 0.2 | 0.3 | 0.2 | 0.2 |
| 非常满意 | 27.8 | 30.3 | 25.4 | 22.5 | 22.6 | 26 | 32.9 |
| 比较满意 | 49.6 | 47.8 | 46.1 | 38.4 | 44.4 | 40.3 | 44.1 |
| 一般 | 14.2 | 12.2 | 14.7 | 18.3 | 19.7 | 19 | 16.7 |
| 比较不满意 | 6.6 | 6.4 | 9.6 | 12.3 | 8.3 | 8.9 | 4.4 |
| 非常不满意 | 1.1 | 2.9 | 3.5 | 5.5 | 4.1 | 3.0 | 1.0 |
| 总计 | 100 | 100 | 100 | 100 | 100 | 100 | 100 |

在过去一年受访者居住地生态环境质量变化情况的调查中，认为生态环境相对稳定和有好转的占比较大，有 65.5% 的受访者认为居住地生态环境状况“明显改善”或“略有改善”。但是，

在认为生态环境“明显变差”的选项中，周边河流、湖泊、池塘、水井等水体质量”和“生活垃圾处理“占比最高，分别有 3.7% 和 3.1% 的受访者认为其“明显变差”。

表21-6　　受访家庭对居住地周边生态环境质量变化情况评价（%）

| 生态质量类型 | 总体生态环境状况 | 空气质量 | 生活用水质量 | 水体质量 | 生活垃圾处理情况 | 噪声问题 | 绿化情况 |
|---|---|---|---|---|---|---|---|
| 不知道/不清楚 | 1.1 | 0.4 | 0.2 | 2.7 | 0.7 | 3.7 | 1 |
| 不回答 | 0.2 | 0.3 | 0.2 | 0.4 | 0.2 | 0.2 | 0.2 |
| 明显改善 | 18.1 | 15.5 | 15.8 | 14.4 | 16.6 | 13.2 | 17.7 |
| 略有改善 | 47.4 | 41.2 | 36.4 | 33.1 | 39.4 | 30.2 | 37.6 |
| 没有变化 | 29.5 | 36.2 | 38.7 | 35.4 | 34.5 | 45.3 | 40.0 |
| 略有变化 | 3.4 | 5.0 | 6.9 | 10.3 | 5.4 | 5.9 | 3.1 |
| 明显变差 | 0.4 | 1.4 | 1.8 | 3.7 | 3.1 | 1.5 | 0.4 |

## 7. 食品安全

从受访者对食品安全担忧情况来看，仅仅 0.2% 的受访者不担心食品安全问题，几乎全部受访者都表示了对食品安全某些方面的担忧，甚至有 33.5% 的受访者对所列出的所有食品安全问题都很担心。而在受访者所担心的食品安全选项中，“食品过期变质问题”“食物添加剂超量使用”和“农残问题”三项占比最高，分别为 20.1%、18.9% 和 17.7%。此外，通过调查发现，除 18.1% 受访者不特别考虑和采取措施以外，受访者家庭主要采取“自己生产种植或自己做饭”“到正规超市购买食品”和“购买有机、绿色等有质量认证食品”三项来保障家庭食品安全。

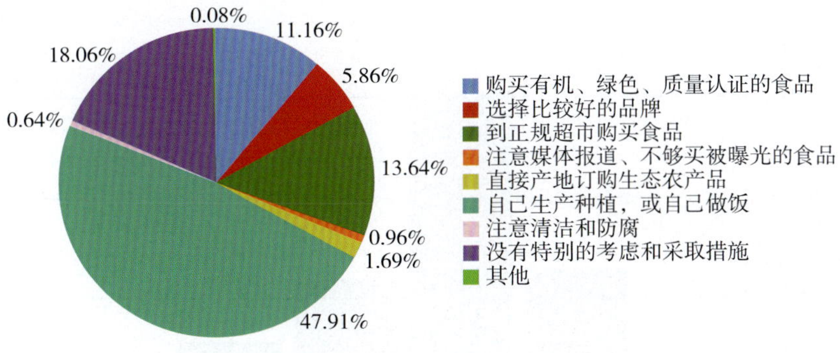


图21-11　受访者保障家庭食品安全的措施选择

## 8. 政府服务

调查数据显示，“干部下来宣传动员”和“电视、广播、公告”是城乡居民了解政府为民办事信息和政策的主要渠道，分别占受访者总量的 39.6% 和 33.9%。而对于居住地政府的服务工作和办事效率的评价，“基本满意”占比 48.0%，“很满意”占比 32.6%，这表示绝大部分受访者对于政府的工作给予了肯定（见图 21–12）。

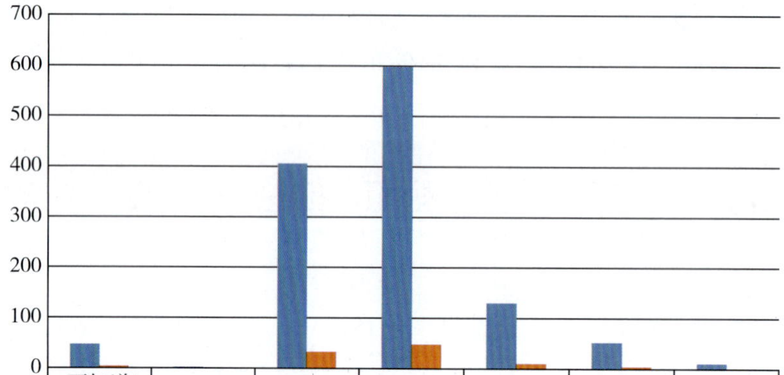


| | 不知道/不清楚 | 不回答 | 很满意 | 基本满意 | 一般 | 不太满意 | 很不满意 |
|---|---|---|---|---|---|---|---|
| 频率 | 47 | 2 | 406 | 598 | 130 | 52 | 11 |
| 百分比（%） | 3.8 | 0.2 | 32.6 | 48 | 10.4 | 4.2 | 0.9 |

图21-12　受访者对居住地政府服务和办事效率的总体评价

## 四、四川省民生发展基本判断

### （一）受访者个人家庭生活主观满意程度较好

调查显示，在1246位受访者中有近一半的受访者对现有生活状况表示“基本满意”，其次是“很满意” 和 “一般 ”，分别占20.6%和19.1%。由此看来，绝大部分受访者对于家庭目前的生活状况表示满意，个人家庭主观满意程度较好。

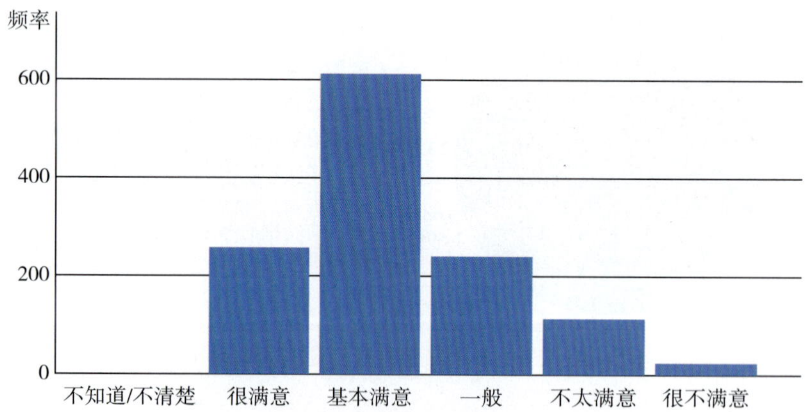


图21-13　受访者对目前生活状况的总体评价

### （二）进一步提高家庭收入水平，增强居民生活幸福感

调查显示，除660位受访者对目前家庭生活没有不满意的以外，对家庭收入、工作、教育等生活状况有不满意倾向的受访者，其不满意按照比重由大到小依次为：收入水平、医疗、住

房、养老、子女教育、就业状况。和前几年一样，“收入水平”“医疗”和“住房”仍然是最影响居民生活状况满意度的三大因素。如何提高居民收入水平，保障普通民众就医问题和住房问题，一直是民生工程需要持久关注的话题。

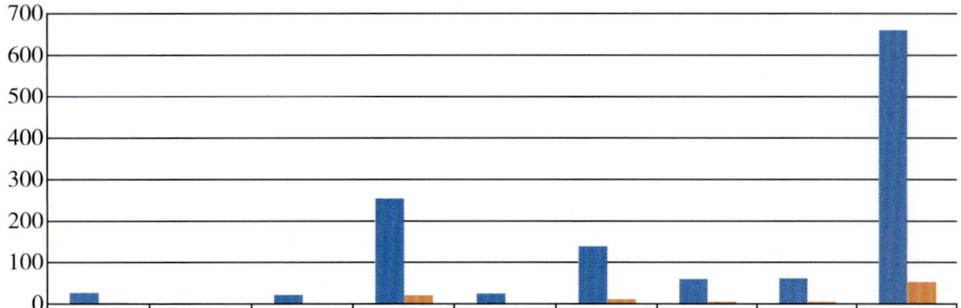

| | 不知道/不清楚 | 不回答 | 就业状况 | 收入水平 | 子女教育 | 医疗 | 养老 | 住房 | 没有不满意的 |
|---|---|---|---|---|---|---|---|---|---|
| 频率 | 26 | 2 | 21 | 254 | 25 | 138 | 59 | 61 | 660 |
| 百分比（%） | 2.1 | 0.2 | 1.7 | 20.4 | 2 | 11.1 | 4.7 | 4.9 | 53 |

图21-14　受访者对生活状况不满意的原因

## （三）加大环境治理力度，尤其是流域的水体质量问题

调查显示，在社会环境评价中，“环境污染”是受访者最不满意的选项，其在对社会环境表示有不满意的340位受访者中有1/3的受访者选择了“环境污染”。而通过进一步分析发现，“周边河流、湖泊、池塘、水井等水体质量”情况受访者的综合满意度相对最差，是受访者认为生态环境中“非常不满意“和“明显变差”占比最高的选项。这表明，流域治理将是下阶段四川省政府绿色兴川和环境治理的重中之重。

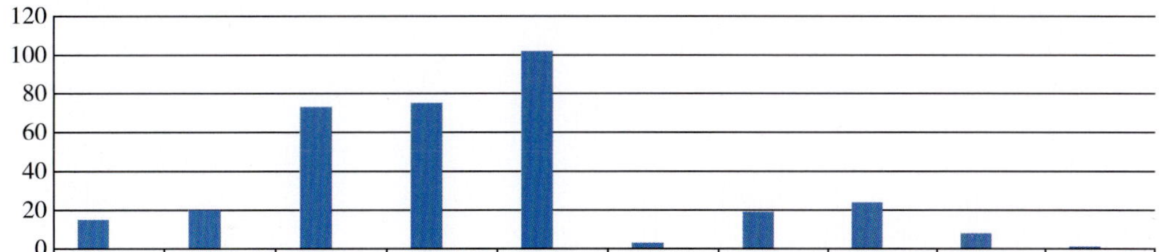

| | 社区服务 | 社会治安 | 交通出行 | 食品安全 | 环境污染 | 司法公正 | 政府办事效率 | 文化生活（含体育） | 基础设施建设 | 生活成本 |
|---|---|---|---|---|---|---|---|---|---|---|
| 频率 | 15 | 20 | 73 | 75 | 102 | 3 | 19 | 24 | 8 | 1 |
| 百分比(%) | 4.41 | 5.88 | 21.47 | 22.06 | 30.00 | 0.88 | 5.59 | 7.06 | 2.35 | 0.29 |

图21-15　受访者对社会环境不满意的原因

## （四）建立有效持续的保障机制，促进贫困户脱贫奔康

调查显示，在1246位受访者中有91户是“国定贫困户”或“省定贫困户”。通过对这些贫困户家庭情况进行分析，54.9%的贫困户表示“和上年差不多”，25.3%的贫困户表示“会有所

减少”。而进一步对贫困户家庭消费支出压力分析，贫困户家庭压力前三项由大到小依次为：医疗、食品和子女教育，其占比分别为 41.8%、27.5% 和 13.2%。由此可见，通过近两年精准扶贫的大力实施，部分贫困户收入水平有所增长，家庭生活得到明显改善。但更要注意的是，已脱贫户的返贫抑制和贫困成果巩固问题，以及现有未脱贫户的深度贫困问题，这是未来贫困户脱贫奔康需要解决的重要问题。因此，我们要针对贫困的家庭特征和需求，建立有效持续的保障机制，一方面巩固现有扶贫成果，另一方面解决现有贫困户家庭最困难的难题。

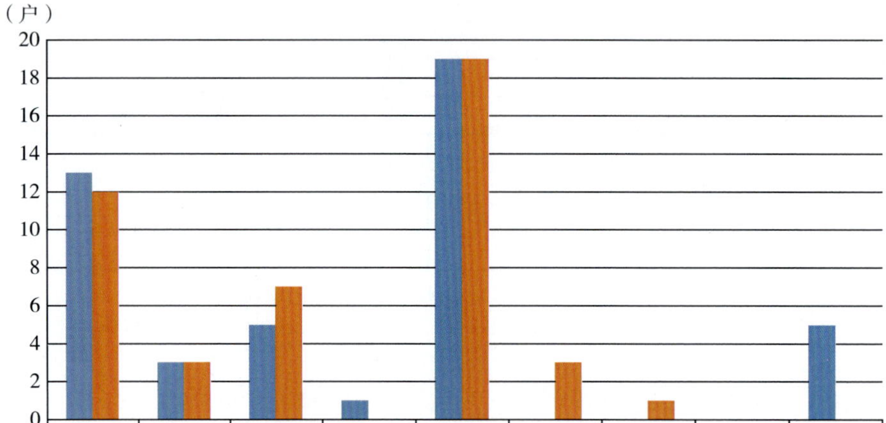


| | 食品 | 住房 | 子女教育 | 交通 | 医疗 | 人情送礼 | 婚丧嫁娶 | 衣服 | 没压力 |
|---|---|---|---|---|---|---|---|---|---|
| ■国定贫困户（户） | 13 | 3 | 5 | 1 | 19 | 0 | 0 | 0 | 5 |
| ■省定贫困户（户） | 12 | 3 | 7 | 0 | 19 | 3 | 1 | 0 | 0 |

**图21-16　贫困户家庭生活压力的主要因素（户）**

（四川省社会科学院专题组
负责人：郭晓鸣
成　员：周小娟　马少春）

# 第四部分
# 数据分析报告

# 第二十二章
# 2017 年民生满意度电话调查数据分析报告

## 一、调查基本情况说明

2017 年 8 ~ 9 月，受国务院发展研究中心农村经济研究部委托，北京零点市场调查有限公司在全国范围内组织开展了民生问题满意度调查。调查目的是为了科学、动态掌握我国民生方面的问题，服务党和政府科学决策。

调查采用计算机辅助电话调查（CATI）方式，范围覆盖全国 31 个省（自治区、直辖市），调查对象为 18 ~ 74 周岁的城乡居民。

调查实际完成样本量 51969 个，手机比例为 79.4%，固定电话比例为 20.6%；按城乡分，城镇占 63.4%，农村占 36.6%；按性别分，男性占 53.9%，女性占 46.1%；按受教育程度分，小学及以下占 11.7%，初中占 24.1%，高中、中专或技校占 25.4%，大专占 18.3%，本科及以上占 20.6%；按年龄分，35 岁以下的占 38.8%，35 ~ 54 岁占 41.6%，55 岁以上占 19.6%；从户口状况看，本市（县）非农业户口占 35.7%，本市（县）农业户口占 36.3%，本市（县）居民户口占 9.7%，省内非本市（县）非农业户口占 3.3%，省内非本市（县）农业户口占 5.1%，省内非本市（县）居民户口占 0.8%，外省非农业户口占 2.8%，外省农业户口占 5.6%，外省居民户口占 0.7%；从婚姻状况来看，未婚占 20.2%；已婚占 76.1%；离异占 2.4%，丧偶占 1.3%；从收入来看，家庭年收入 5 万元以下的展 35.1%，5 万 ~ 15 万元的占 34.3%，15 万元以上的占 13.5%，不清楚或拒答的占 17.1%。

## 二、主要调查数据与结论

### （一）调查数据总体结果

#### 1. 九成左右肯定目前居住地社会治安环境，满意目前生活状况及对未来生活的信心

调查显示，对目前居住地社会治安环境表示“非常满意”“比较满意”和“一般”的合计比重为 92.2%。对当前自己生活状态总体表示“非常满意”“比较满意”和“一般”的合计比重为 87.7%。同时，认为近一年来总体生活状况“有明显改善”“有一定改善”和“没变化”的合计

比重为 88.2%。对未来生活，表示“很有信心”“比较有信心”和“一般”的合计比重为 90.0%。认为自己的生活水平在当地处于“非常好”“中等偏上”“中等”分别占 2.1%、14.0%、56.1%，合计为 72.1%。

#### 2. 八成以上肯定环境、就业、住房、公共服务和居住地交通状况

调查显示，对环境、就业、住房、公共服务和居住地交通状况表示“非常满意”“比较满意”和“一般”的合计比重分别为 86.8%、85.3%、84.5%、82.9%、82.3%。

#### 3. 七成以上认可政府服务、食品安全、社会保障、医疗、教育等方面的状况

调查显示，对政府服务、食品安全、社会保障、医疗、教育表示“非常满意”“比较满意”和“一般”的合计比重分别为 79.1%、78.5%、78.0%、75.4% 和 75.2%。

#### 4. 六成对司法机关公正执法状况表示满意

调查显示，对司法机关公正执法表示“非常满意”“比较满意”和“一般”的合计比重为 68.9%，而表示“不太满意”和“非常不满意”的比重则分别达 7.3%、5.3%，表示“不清楚 / 不了解 / 不评价”的比重为 18.5%。

总之，一年来，各级党政部门认真贯彻落实中央一系列惠民政策，并取得显著成效。尤其在社会治安、环境、住房、公共服务和居住地交通状况等方面，群众评价较高。同时，在政府服务、食品安全、社会保障、医疗、教育等方面，也得到了群众的普遍认可。司法机关公正执法，群众满意度也超过六成，但比重相对较低，还需进一步加大相关政策落实力度。

### （二）不同群体调查数据的结构性特点

#### 1. 不同省份对多数民生问题的评价体现出一定差异，但对未来生活均表现出较强的信心

调查表明，不同省份对多数民生问题的评价以及认为自己的生活水平在当地处于什么水平的看法体现出一定的差异；而对未来生活，各省群体均表现出较强的信心。

#### 2. 65 岁以上老人对社会保障状况的评价较高，18~39 岁群体对就业状况评价较高

调查表明，65 岁以上老人对自己所享有的社会保障状况评价较高。而对于目前就业状况，18~39 岁群体对就业状况表示“非常满意”“比较满意”和“一般”的合计比例较高。

#### 3. 城镇居民对民生问题的评价普遍高于农村居民

调查表明，就大多数民生问题而言，城镇居民的评价比农村居民的评价高。尤其是对目前居住地就业状况和社会保障状况的总体评价，城镇居民表示“非常满意”“比较满意”和“一般”的合计比重明显高于农村居民。但对居住地教育状况、食品安全状况的总体评价，农村居民表示“非常满意”“比较满意”和“一般”的合计比重则高于城镇居民。

### 4. 本地户口对居住地教育、医疗和社会保障的评价较高，外地户口居民对就业状况的评价较高

调查表明，对居住地教育、医疗和社会保障状况的总体评价，本地户口居民与外地户口居民相比表示“非常满意”“比较满意”和“一般”的合计比重高；而对目前就业状况的总体评价，外地户口居民表示“非常满意”“比较满意”和“一般”的合计比重较高。

### 5. 城镇居民对民生问题的评价普遍高于农村居民

调查表明，就大多数民生问题而言，城镇居民的评价比农村居民的评价高。尤其是对目前居住地就业状况和社会保障状况的总体评价，城镇居民表示“非常满意”“比较满意”和“一般”的合计比重明显高于农村居民。但对居住地教育状况、食品安全状况的总体评价，农村居民表示“非常满意”“比较满意”和“一般”的合计比重则高于城镇居民。

### 6. 女性对社会治安及食品安全的评价低于男性

调查表明，不同性别对大部分民生问题的评价差别不大。对大部分民生领域，女性的评价普遍高于男性，但对社会治安和食品安全的总体评价，女性表示“非常满意”“比较满意”和“一般”的比重明显低于男性。

### 7. 总体上学历越高对民生问题的评价越高

调查表明，大部分情况下学历与对民生问题的评价是正相关的，学历越高，对民生问题的评价越高；在有些方面，“不识字或识字很少”的居民评价与高学历居民评价相比显示出较大的差异。但对交通状况，硕士以上居民评价最低。

### 8. 不同收入水平的居民对民生问题的评价呈现出中间高、两头低的特点

调查表明，家庭年收入 3 万 ~50 万元之间的群体评价高于 3 万元以下和 50 万元以上的群体的评价。家庭年收入 15 万 ~50 万元之间的群体对各项民生问题的评价较高。

## 三、各项民生问题调查结果详述

## （一）对目前就业状况的总体评价

### 1. 对目前就业状况的总体评价

对目前就业状况表示“非常满意”“比较满意”和“一般”的分别占 13.1%、32.0%、40.2%，合计为 85.3%。

从不同群体来看，20 ~ 24 岁、本市（县）非农业户口、本科、家庭年收入 15 万 ~ 25 万元等群体对就业状况的评价较高。

表22-1　城乡对目前就业状况的总体评价（%）（P=0.000）

| | 非常满意 | 比较满意 | 一般 | 不太满意 | 非常不满意 | 不清楚/不了解/不评价 | 前三项合计 |
|---|---|---|---|---|---|---|---|
| 城镇 | 12.7 | 34.9 | 40.3 | 8.2 | 3.4 | 0.5 | 87.9 |
| 农村 | 14.0 | 26.7 | 40.1 | 10.7 | 6.8 | 1.7 | 80.8 |
| 总体 | 13.1 | 32.0 | 40.2 | 9.1 | 4.6 | 0.9 | 85.3 |

表22-2　不同性别对目前就业状况的总体评价（%）（P=0.000）

| | 非常满意 | 比较满意 | 一般 | 不太满意 | 非常不满意 | 不清楚/不了解/不评价 | 前三项合计 |
|---|---|---|---|---|---|---|---|
| 男 | 13.9 | 29.7 | 39.5 | 9.9 | 5.8 | 1.1 | 83.2 |
| 女 | 12.0 | 35.3 | 41.2 | 7.9 | 2.9 | 0.7 | 88.5 |
| 总体 | 13.1 | 32.0 | 40.2 | 9.1 | 4.6 | 0.9 | 85.3 |

表22-3　不同年龄对目前就业状况的总体评价（%）（P=0.000）

| | 非常满意 | 比较满意 | 一般 | 不太满意 | 非常不满意 | 不清楚/不了解/不评价 | 前三项合计 |
|---|---|---|---|---|---|---|---|
| 18～19岁 | 13.6 | 36.6 | 38.2 | 5.7 | 5.7 | 0.3 | 88.3 |
| 20～24岁 | 11.4 | 32.3 | 44.2 | 8.5 | 3.1 | 0.5 | 87.9 |
| 25～29岁 | 9.9 | 33.9 | 43.6 | 8.6 | 3.8 | 0.2 | 87.4 |
| 30～34岁 | 11.3 | 31.4 | 44.3 | 8.6 | 4.1 | 0.3 | 87.0 |
| 35～39岁 | 14.0 | 33.4 | 39.6 | 8.3 | 4.1 | 0.6 | 87.0 |
| 40～44岁 | 13.1 | 31.4 | 39.2 | 9.9 | 5.6 | 0.9 | 83.6 |
| 45～49岁 | 14.2 | 30.7 | 38.2 | 10.8 | 5.3 | 0.8 | 83.2 |
| 50～54岁 | 16.1 | 27.7 | 37.3 | 10.7 | 5.8 | 2.5 | 81.0 |
| 55～59岁 | 15.7 | 34.8 | 34.3 | 8.4 | 5.3 | 1.5 | 84.8 |
| 60～64岁 | 18.0 | 30.4 | 31.6 | 9.9 | 5.9 | 4.2 | 80.0 |
| 65～69岁 | 23.8 | 30.3 | 27.8 | 6.5 | 7.5 | 4.3 | 81.8 |
| 70～74岁 | 18.7 | 38.9 | 29.4 | 8.7 | 1.6 | 2.8 | 86.9 |
| 总体 | 13.1 | 32.0 | 40.2 | 9.1 | 4.6 | 0.9 | 85.3 |

表22-4　不同户口状况对目前就业状况的总体评价（%）（P=0.000）

| | 非常满意 | 比较满意 | 一般 | 不太满意 | 非常不满意 | 不清楚/不了解/不评价 | 前三项合计 |
|---|---|---|---|---|---|---|---|
| 本市（县）非农业户口 | 15.9 | 36.9 | 36.7 | 7.2 | 2.9 | 0.4 | 89.5 |
| 本市（县）农业户口 | 12.6 | 26.7 | 41.1 | 11.2 | 6.7 | 1.7 | 80.4 |
| 本市（县）居民户口 | 12.3 | 34.1 | 41.3 | 7.5 | 4.0 | 0.8 | 87.7 |
| 省内非本市（县）非农业户口 | 11.2 | 37.4 | 39.7 | 8.1 | 3.2 | 0.3 | 88.3 |
| 省内非本市（县）农业户口 | 8.6 | 28.5 | 48.6 | 9.2 | 4.0 | 1.1 | 85.7 |

续表

| | 非常满意 | 比较满意 | 一般 | 不太满意 | 非常不满意 | 不清楚/不了解/不评价 | 前三项合计 |
|---|---|---|---|---|---|---|---|
| 省内非本市（县）居民户口 | 9.8 | 29.5 | 42.8 | 13.0 | 4.6 | 0.4 | 82.1 |
| 外省非农业户口 | 10.4 | 35.9 | 40.3 | 10.2 | 2.8 | 0.5 | 86.5 |
| 外省农业户口 | 9.0 | 30.2 | 45.8 | 9.4 | 5.4 | 0.3 | 85.0 |
| 外省居民户口 | 9.5 | 28.9 | 47.9 | 9.1 | 4.2 | 0.4 | 86.3 |
| 总体 | 13.1 | 32.0 | 40.2 | 9.1 | 4.6 | 0.9 | 85.3 |

表22-5　不同家庭人口数对目前就业状况的总体评价（%）（P=0.000）

| | 非常满意 | 比较满意 | 一般 | 不太满意 | 非常不满意 | 不清楚/不了解/不评价 | 前三项合计 |
|---|---|---|---|---|---|---|---|
| 1人 | 13.4 | 27.4 | 39.2 | 12.1 | 6.4 | 1.4 | 80.1 |
| 2人 | 13.3 | 32.4 | 38.3 | 9.7 | 5.1 | 1.2 | 84.0 |
| 3人 | 13.2 | 35.2 | 39.0 | 8.2 | 3.6 | 0.7 | 87.4 |
| 4人 | 13.3 | 32.3 | 39.6 | 9.5 | 4.8 | 0.6 | 85.1 |
| 5人 | 12.4 | 30.1 | 43.1 | 8.6 | 4.5 | 1.3 | 85.6 |
| 6人 | 12.5 | 29.1 | 41.8 | 9.6 | 5.8 | 1.2 | 83.4 |
| 7人及以上 | 14.9 | 24.5 | 41.9 | 11.2 | 6.6 | 0.9 | 81.4 |
| 总体 | 13.1 | 32.0 | 40.2 | 9.1 | 4.6 | 0.9 | 85.3 |

表22-6　不同受教育程度对目前就业状况的总体评价（%）（P=0.000）

| | 非常满意 | 比较满意 | 一般 | 不太满意 | 非常不满意 | 不清楚/不了解/不评价 | 前三项合计 |
|---|---|---|---|---|---|---|---|
| 不识字或识字很少 | 18.9 | 18.0 | 36.1 | 10.4 | 8.4 | 8.2 | 73.0 |
| 小学 | 13.5 | 22.5 | 38.0 | 12.8 | 10.4 | 2.8 | 74.1 |
| 初中 | 11.6 | 25.4 | 43.4 | 11.6 | 6.8 | 1.3 | 80.3 |
| 高中、中专或技校 | 13.4 | 30.5 | 41.5 | 9.6 | 4.5 | 0.7 | 85.3 |
| 大学专科 | 12.8 | 34.5 | 41.7 | 7.9 | 2.6 | 0.4 | 89.1 |
| 本科 | 14.0 | 40.9 | 36.4 | 6.2 | 2.3 | 0.2 | 91.3 |
| 硕士及以上 | 14.6 | 45.0 | 30.6 | 5.9 | 3.5 | 0.4 | 90.2 |
| 总体 | 13.1 | 32.0 | 40.2 | 9.1 | 4.6 | 0.9 | 85.3 |

表22-7　不同婚姻状况对目前就业状况的总体评价（%）（P=0.000）

| | 非常满意 | 比较满意 | 一般 | 不太满意 | 非常不满意 | 不清楚/不了解/不评价 | 前三项合计 |
|---|---|---|---|---|---|---|---|
| 未婚 | 10.4 | 32.3 | 43.8 | 9.3 | 3.9 | 0.4 | 86.5 |
| 已婚 | 13.8 | 32.3 | 39.4 | 8.8 | 4.7 | 1.0 | 85.5 |
| 离异 | 13.2 | 22.3 | 38.3 | 15.2 | 9.1 | 1.9 | 73.8 |
| 丧偶 | 14.6 | 22.5 | 37.5 | 13.4 | 5.5 | 6.3 | 74.7 |
| 总体 | 13.1 | 32.0 | 40.2 | 9.1 | 4.6 | 0.9 | 85.3 |

表22-8　　不同收入状况对目前就业状况的总体评价（%）（P=0.000）

| | 非常满意 | 比较满意 | 一般 | 不太满意 | 非常不满意 | 不清楚/不了解/不评价 | 前三项合计 |
|---|---|---|---|---|---|---|---|
| 1万元以下 | 12.3 | 15.9 | 36.7 | 16.2 | 15.1 | 3.8 | 64.9 |
| 1万～3万元 | 10.8 | 23.6 | 42.9 | 12.8 | 8.4 | 1.5 | 77.3 |
| 3万～5万元 | 11.2 | 26.3 | 43.5 | 12.3 | 6.0 | 0.7 | 81.0 |
| 5万～10万元 | 13.5 | 32.6 | 41.6 | 8.6 | 3.5 | 0.3 | 87.7 |
| 10万～15万元 | 14.7 | 38.8 | 38.1 | 6.1 | 2.0 | 0.2 | 91.6 |
| 15万～25万元 | 15.3 | 41.1 | 36.6 | 5.4 | 1.4 | 0.2 | 93.0 |
| 25万～50万元 | 17.6 | 43.0 | 31.3 | 5.7 | 2.2 | 0.2 | 91.9 |
| 50万元以上 | 27.4 | 37.7 | 24.2 | 5.2 | 4.4 | 1.1 | 89.2 |
| 不清楚/拒答 | 10.5 | 31.3 | 43.1 | 8.8 | 4.2 | 2.1 | 84.9 |
| 总体 | 13.1 | 32.0 | 40.2 | 9.1 | 4.6 | 0.9 | 85.3 |

表22-9　　不同城镇就业状况对目前就业状况的总体评价（%）（P=0.000）

| | 非常满意 | 比较满意 | 一般 | 不太满意 | 非常不满意 | 不清楚/不了解/不评价 | 前三项合计 |
|---|---|---|---|---|---|---|---|
| 党政机关从业人员 | 27.2 | 44.6 | 22.1 | 4.6 | 1.2 | 0.3 | 93.9 |
| 事业单位和社会团体从业人员 | 18.9 | 44.0 | 31.2 | 4.1 | 1.5 | 0.3 | 94.1 |
| 国有企业及其他国有经济单位职工 | 12.3 | 35.6 | 40.7 | 7.8 | 3.2 | 0.3 | 88.7 |
| 集体经济单位职工 | 9.7 | 39.3 | 41.4 | 6.7 | 2.7 | 0.3 | 90.3 |
| 合资、外资或港澳台企业员工 | 8.7 | 41.6 | 42.0 | 5.3 | 2.4 | 0.0 | 92.3 |
| 个体或私营企业主 | 11.3 | 29.8 | 44.8 | 9.6 | 3.9 | 0.5 | 85.9 |
| 个体或私营企业被雇者 | 7.5 | 31.8 | 45.6 | 10.4 | 4.1 | 0.6 | 84.9 |
| 城镇自由职业者 | 11.6 | 27.1 | 43.8 | 10.8 | 5.9 | 0.9 | 82.5 |
| 其他形式的城镇就业 | 8.7 | 24.6 | 34.8 | 23.2 | 8.7 | 0.0 | 68.1 |
| 总体 | 13.1 | 32.0 | 40.2 | 9.1 | 4.6 | 0.9 | 85.3 |

表22-10　　不同农村就业状况对目前就业状况的总体评价（%）（P=0.000）

| | 非常满意 | 比较满意 | 一般 | 不太满意 | 非常不满意 | 不清楚/不了解/不评价 | 前三项合计 |
|---|---|---|---|---|---|---|---|
| 务农农民 | 14.1 | 25.1 | 37.5 | 12.0 | 8.2 | 3.1 | 76.6 |
| 务农以及各类零工 | 10.5 | 20.6 | 42.4 | 14.0 | 10.6 | 1.9 | 73.5 |
| 农村自营者 | 14.4 | 26.1 | 42.4 | 10.7 | 5.0 | 1.3 | 83.0 |
| 乡镇集体企业、私营企业及个体企业主 | 14.9 | 32.8 | 38.7 | 7.4 | 5.6 | 0.5 | 86.5 |
| 乡镇集体企业、私营企业被雇者 | 10.7 | 28.5 | 46.8 | 9.9 | 3.6 | 0.5 | 85.9 |
| 国有经济单位职工（包括党政机关和事业单位） | 26.0 | 34.7 | 32.3 | 4.2 | 2.7 | 0.1 | 93.0 |
| 其他形式农村就业 | 6.8 | 36.9 | 35.9 | 12.6 | 6.8 | 1.0 | 79.6 |
| 总体 | 13.1 | 32.0 | 40.2 | 9.1 | 4.6 | 0.9 | 85.3 |

表22-11　不同职业对目前就业状况的总体评价（%）（P=0.000）

| | 非常满意 | 比较满意 | 一般 | 不太满意 | 非常不满意 | 不清楚/不了解/不评价 | 前三项合计 |
|---|---|---|---|---|---|---|---|
| 国家机关、党群组织、企业、事业单位负责人 | 22.9 | 39.1 | 28.2 | 5.9 | 3.3 | 0.6 | 90.2 |
| 办事人员和有关人员 | 16.1 | 40.5 | 36.0 | 5.2 | 1.8 | 0.4 | 92.6 |
| 专业技术人员 | 12.8 | 35.4 | 41.1 | 7.1 | 3.2 | 0.3 | 89.3 |
| 商业、服务业人员 | 10.6 | 30.6 | 44.4 | 9.8 | 4.2 | 0.4 | 85.6 |
| 农、林、牧、渔、水利生产人员 | 14.9 | 23.7 | 37.6 | 13.5 | 8.6 | 1.7 | 76.2 |
| 生产、运输设备操作人员及有关人员 | 9.9 | 27.1 | 43.1 | 12.2 | 6.6 | 1.2 | 80.1 |
| 不便分类的其他从业人员 | 8.5 | 22.5 | 45.6 | 12.6 | 7.6 | 3.2 | 76.6 |
| 总体 | 13.1 | 32.0 | 40.2 | 9.1 | 4.6 | 0.9 | 85.3 |

表22-12　不同生活水平对目前就业状况的总体评价（%）（P=0.000）

| | 非常满意 | 比较满意 | 一般 | 不太满意 | 非常不满意 | 不清楚/不了解/不评价 | 前三项合计 |
|---|---|---|---|---|---|---|---|
| 非常好 | 59.0 | 25.3 | 11.3 | 2.2 | 1.4 | 0.8 | 95.6 |
| 中等偏上 | 25.0 | 42.7 | 26.3 | 3.9 | 1.6 | 0.5 | 93.9 |
| 中等 | 11.6 | 35.1 | 42.3 | 7.4 | 2.9 | 0.7 | 89.0 |
| 中等偏下 | 5.7 | 20.9 | 47.8 | 16.3 | 7.9 | 1.3 | 74.4 |
| 非常差 | 7.5 | 10.9 | 36.2 | 17.6 | 25.8 | 2.1 | 54.6 |
| 不清楚/不了解/不评价 | 13.4 | 26.4 | 40.9 | 7.7 | 5.3 | 6.2 | 80.7 |
| 总体 | 13.1 | 32.0 | 40.2 | 9.1 | 4.6 | 0.9 | 85.3 |

### 2. 对工作不满意的方面

对工作最不满意的方面，位居前三位的分别是“收入低、收入不稳定”“工作辛苦或工作时间太长”与“工作不稳定，失业风险大”，比重分别为61.6%、12.0%和11.5%，其中“收入低、收入不稳定”问题尤为突出。

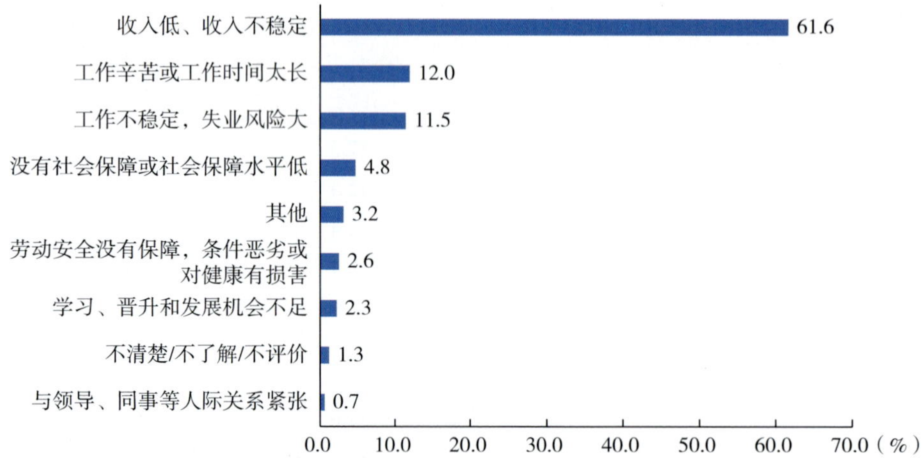


图22-1　对工作最不满意的方面（%）

表22-13 城乡对工作不满意方面的认识（%）（P=0.000）

| | 收入低，收入不稳定 | 工作不稳定，失业风险大 | 工作太辛苦或工作时间太长 | 劳动安全没有保障，劳动条件恶劣或对健康有损害 | 与领导、同事等人际关系紧张 | 没有社会保障，或社会保障水平低 | 学习、晋升和发展机会不足，或对工作内容不感兴趣 | 其他 | 不清楚/不了解/不评价 |
|---|---|---|---|---|---|---|---|---|---|
| 城镇 | 59.8 | 11.6 | 13.4 | 2.5 | 0.9 | 4.6 | 3.1 | 3.0 | 1.1 |
| 农村 | 63.7 | 11.4 | 10.3 | 2.8 | 0.5 | 5.2 | 1.3 | 3.3 | 1.5 |
| 总体 | 61.6 | 11.5 | 12.0 | 2.6 | 0.7 | 4.8 | 2.3 | 3.2 | 1.3 |

表22-14 不同性别对工作不满意方面的认识（%）（P=0.079）

| | 收入低，收入不稳定 | 工作不稳定，失业风险大 | 工作太辛苦或工作时间太长 | 劳动安全没有保障，劳动条件恶劣或对健康有损害 | 与领导、同事等人际关系紧张 | 没有社会保障，或社会保障水平低 | 学习、晋升和发展机会不足，或对工作内容不感兴趣 | 其他 | 不清楚/不了解/不评价 |
|---|---|---|---|---|---|---|---|---|---|
| 男 | 59.9 | 11.9 | 12.6 | 2.7 | 0.7 | 5.0 | 2.5 | 3.5 | 1.2 |
| 女 | 64.9 | 10.8 | 10.7 | 2.5 | 0.7 | 4.5 | 1.9 | 2.5 | 1.4 |
| 总体 | 61.6 | 11.5 | 12.0 | 2.6 | 0.7 | 4.8 | 2.3 | 3.2 | 1.3 |

表22-15 不同年龄对工作不满意方面的认识（%）（P=0.000）

| | 收入低，收入不稳定 | 工作不稳定，失业风险大 | 工作太辛苦或工作时间太长 | 劳动安全没有保障，劳动条件恶劣或对健康有损害 | 与领导、同事等人际关系紧张 | 没有社会保障，或社会保障水平低 | 学习、晋升和发展机会不足，或对工作内容不感兴趣 | 其他 | 不清楚/不了解/不评价 |
|---|---|---|---|---|---|---|---|---|---|
| 18～19岁 | 38.1 | 4.8 | 16.7 | 7.1 | 0.0 | 2.4 | 7.1 | 23.8 | 0.0 |
| 20～24岁 | 57.0 | 9.7 | 17.9 | 1.4 | 1.1 | 3.1 | 5.7 | 2.3 | 1.7 |
| 25～29岁 | 60.2 | 10.3 | 15.3 | 3.6 | 0.3 | 4.4 | 3.6 | 1.4 | 0.9 |
| 30～34岁 | 60.8 | 11.5 | 12.2 | 2.8 | 1.0 | 5.0 | 3.1 | 2.4 | 1.1 |
| 35～39岁 | 62.5 | 11.8 | 11.8 | 2.4 | 0.3 | 3.7 | 2.1 | 3.9 | 1.3 |
| 40～44岁 | 63.4 | 11.9 | 12.3 | 2.0 | 0.3 | 5.0 | 1.1 | 3.1 | 0.9 |
| 45～49岁 | 63.5 | 12.2 | 10.8 | 2.0 | 0.7 | 5.6 | 0.7 | 3.2 | 1.3 |
| 50～54岁 | 63.3 | 12.9 | 7.8 | 3.4 | 0.4 | 5.7 | 2.0 | 3.7 | 0.9 |
| 55～59岁 | 65.3 | 10.7 | 8.7 | 3.3 | 0.7 | 6.3 | 0.3 | 3.0 | 1.7 |
| 60～64岁 | 57.8 | 18.1 | 6.0 | 1.2 | 3.0 | 6.0 | 1.2 | 5.4 | 1.2 |
| 65～69岁 | 60.7 | 1.8 | 10.7 | 1.8 | 0.0 | 7.1 | 0.0 | 3.6 | 14.3 |
| 70～74岁 | 50.0 | 3.8 | 19.2 | 3.8 | 15.4 | 0.0 | 3.8 | 3.8 | 0.0 |
| 总体 | 61.6 | 11.5 | 12.0 | 2.6 | 0.7 | 4.8 | 2.3 | 3.2 | 1.3 |

表22-16 不同户口状况对工作不满意方面的认识（%）（P=0.000）

| | 收入低，收入不稳定 | 工作不稳定，失业风险大 | 工作太辛苦或工作时间太长 | 劳动安全没有保障，劳动条件恶劣或对健康有损害 | 与领导、同事等人际关系紧张 | 没有社会保障，或社会保障水平低 | 学习、晋升和发展机会不足，或对工作内容不感兴趣 | 其他 | 不清楚/不了解/不评价 |
|---|---|---|---|---|---|---|---|---|---|
| 本市（县）非农业户口 | 62.1 | 11.3 | 12.0 | 2.5 | 1.0 | 3.9 | 3.2 | 3.1 | 0.9 |
| 本市（县）农业户口 | 64.4 | 11.4 | 10.3 | 2.2 | 0.6 | 4.9 | 1.4 | 3.3 | 1.5 |
| 本市（县）居民户口 | 59.0 | 10.5 | 13.3 | 4.7 | 0.3 | 2.8 | 4.2 | 3.3 | 1.9 |
| 省内非本市（县）非农业户口 | 53.6 | 15.7 | 14.3 | 1.4 | 2.1 | 7.1 | 2.1 | 3.6 | 0.0 |
| 省内非本市（县）农业户口 | 56.8 | 14.7 | 13.1 | 3.1 | 0.4 | 6.2 | 4.2 | 1.5 | 0.0 |
| 省内非本市（县）居民户口 | 60.0 | 18.0 | 10.0 | 4.0 | 0.0 | 2.0 | 2.0 | 2.0 | 2.0 |
| 外省非农业户口 | 47.5 | 8.5 | 20.6 | 1.4 | 0.0 | 14.2 | 2.1 | 5.0 | 0.7 |
| 外省农业户口 | 55.9 | 10.6 | 16.8 | 3.5 | 0.9 | 5.3 | 2.4 | 2.4 | 2.4 |
| 外省居民户口 | 62.9 | 8.6 | 14.3 | 5.7 | 2.9 | 0.0 | 0.0 | 5.7 | 0.0 |
| 总体 | 61.6 | 11.5 | 12.0 | 2.6 | 0.7 | 4.8 | 2.3 | 3.2 | 1.3 |

表22-17 不同受教育程度对工作不满意方面的认识（%）（P=0.000）

| | 收入低，收入不稳定 | 工作不稳定，失业风险大 | 工作太辛苦或工作时间太长 | 劳动安全没有保障，劳动条件恶劣或对健康有损害 | 与领导、同事等人际关系紧张 | 没有社会保障，或社会保障水平低 | 学习、晋升和发展机会不足，或对工作内容不感兴趣 | 其他 | 不清楚/不了解/不评价 |
|---|---|---|---|---|---|---|---|---|---|
| 不识字或识字很少 | 53.4 | 19.4 | 9.7 | 1.0 | 0.0 | 8.7 | 1.0 | 2.9 | 3.9 |
| 小学 | 66.5 | 13.1 | 6.3 | 3.5 | 0.8 | 4.6 | 0.3 | 2.6 | 2.2 |
| 初中 | 62.6 | 12.7 | 11.6 | 3.1 | 0.4 | 4.9 | 0.6 | 2.8 | 1.3 |
| 高中、中专或技校 | 62.6 | 11.1 | 11.5 | 2.0 | 0.6 | 4.8 | 2.7 | 3.4 | 1.3 |
| 大学专科 | 60.1 | 10.6 | 16.1 | 2.3 | 0.4 | 3.7 | 3.2 | 2.7 | 1.0 |
| 本科 | 55.7 | 8.6 | 14.7 | 2.7 | 2.0 | 5.7 | 6.0 | 4.5 | 0.2 |
| 硕士及以上 | 61.4 | 5.7 | 11.4 | 1.4 | 2.9 | 5.7 | 5.7 | 4.3 | 1.4 |
| 总体 | 61.6 | 11.5 | 12.0 | 2.6 | 0.7 | 4.8 | 2.3 | 3.2 | 1.3 |

表22-18 不同婚姻状况对工作不满意方面的认识（%）（P=0.000）

| | 收入低，收入不稳定 | 工作不稳定，失业风险大 | 工作太辛苦或工作时间太长 | 劳动安全没有保障，劳动条件恶劣或对健康有损害 | 与领导、同事等人际关系紧张 | 没有社会保障，或社会保障水平低 | 学习、晋升和发展机会不足，或对工作内容不感兴趣 | 其他 | 不清楚/不了解/不评价 |
|---|---|---|---|---|---|---|---|---|---|
| 未婚 | 57.5 | 9.2 | 15.9 | 3.4 | 1.4 | 3.7 | 5.2 | 2.8 | 0.9 |
| 已婚 | 62.7 | 11.7 | 11.1 | 2.4 | 0.6 | 5.0 | 1.7 | 3.4 | 1.3 |
| 离异 | 58.3 | 18.2 | 9.6 | 4.3 | 0.5 | 7.0 | 0.0 | 0.5 | 1.6 |
| 丧偶 | 62.5 | 16.7 | 10.4 | 0.0 | 0.0 | 6.3 | 0.0 | 2.1 | 2.1 |
| 总体 | 61.6 | 11.5 | 12.0 | 2.6 | 0.7 | 4.8 | 2.3 | 3.2 | 1.3 |

表22-19 不同收入状况对工作不满意方面的认识（%）（P=0.000）

| | 收入低，收入不稳定 | 工作不稳定，失业风险大 | 工作太辛苦或工作时间太长 | 劳动安全没有保障，劳动条件恶劣或对健康有损害 | 与领导、同事等人际关系紧张 | 没有社会保障，或社会保障水平低 | 学习、晋升和发展机会不足，或对工作内容不感兴趣 | 其他 | 不清楚/不了解/不评价 |
|---|---|---|---|---|---|---|---|---|---|
| 1万元以下 | 67.1 | 11.0 | 9.1 | 3.0 | 1.4 | 5.3 | 0.2 | 2.4 | 0.6 |
| 1万～3万元 | 63.9 | 12.8 | 9.6 | 3.8 | 0.2 | 5.1 | 0.5 | 3.1 | 1.0 |
| 3万～5万元 | 62.6 | 9.9 | 14.5 | 2.4 | 0.4 | 4.9 | 1.5 | 3.0 | 0.8 |
| 5万～10万元 | 59.5 | 11.3 | 13.7 | 2.5 | 1.4 | 5.4 | 2.2 | 3.0 | 0.9 |
| 10万～15万元 | 59.6 | 10.2 | 12.8 | 1.6 | 0.5 | 4.4 | 7.0 | 3.2 | 0.7 |
| 15～25万元 | 56.1 | 15.1 | 9.6 | 2.5 | 1.7 | 3.8 | 5.9 | 4.6 | 0.8 |
| 25万～50万元 | 59.2 | 8.5 | 12.3 | 3.8 | 0.8 | 3.8 | 3.8 | 4.6 | 3.1 |
| 50万元以上 | 49.2 | 13.1 | 14.8 | 0.0 | 1.6 | 4.9 | 3.3 | 8.2 | 4.9 |
| 不清楚/拒答 | 60.8 | 12.5 | 11.6 | 2.0 | 0.0 | 4.2 | 2.8 | 2.9 | 3.2 |
| 总体 | 61.6 | 11.5 | 12.0 | 2.6 | 0.7 | 4.8 | 2.3 | 3.2 | 1.3 |

表22-20　不同城镇就业状况对工作不满意方面的认识（%）（P=0.000）

| | 收入低，收入不稳定 | 工作不稳定，失业风险大 | 工作太辛苦或工作时间太长 | 劳动安全没有保障，劳动条件恶劣或对健康有损害 | 与领导、同事等人际关系紧张 | 没有社会保障，或社会保障水平低 | 学习、晋升和发展机会不足，或对工作内容不感兴趣 | 其他 | 不清楚/不了解/不评价 |
|---|---|---|---|---|---|---|---|---|---|
| 党政机关从业人员 | 50.6 | 3.6 | 13.3 | 2.4 | 9.6 | 16.9 | 2.4 | 1.2 | 0.0 |
| 事业单位和社会团体从业人员 | 64.9 | 6.7 | 12.4 | 4.0 | 0.4 | 2.2 | 5.8 | 2.2 | 1.3 |
| 国有企业及其他国有经济单位职工 | 62.6 | 4.8 | 14.2 | 1.4 | 1.7 | 4.8 | 5.7 | 4.8 | 0.0 |
| 集体经济单位职工 | 59.3 | 6.8 | 23.7 | 3.4 | 0.0 | 1.7 | 1.7 | 1.7 | 1.7 |
| 合资、外资或港澳台企业员工 | 64.2 | 11.9 | 11.9 | 3.0 | 0.0 | 0.0 | 6.0 | 3.0 | 0.0 |
| 个体或私营企业主 | 56.2 | 14.2 | 13.9 | 2.1 | 0.2 | 4.5 | 2.7 | 5.4 | 1.0 |
| 个体或私营企业被雇者 | 60.8 | 12.0 | 14.0 | 2.8 | 0.8 | 4.2 | 2.1 | 1.4 | 1.8 |
| 城镇自由职业者 | 59.4 | 18.0 | 10.2 | 1.9 | 0.2 | 5.1 | 1.7 | 2.2 | 1.2 |
| 其他形式的城镇就业 | 63.6 | 0.0 | 9.1 | 9.1 | 0.0 | 4.5 | 9.1 | 4.5 | 0.0 |
| 总体 | 61.6 | 11.5 | 12.0 | 2.6 | 0.7 | 4.8 | 2.3 | 3.2 | 1.3 |

表22-21　不同农村就业状况对工作不满意方面的认识（%）（P=0.000）

| | 收入低，收入不稳定 | 工作不稳定，失业风险大 | 工作太辛苦或工作时间太长 | 劳动安全没有保障，劳动条件恶劣或对健康有损害 | 与领导、同事等人际关系紧张 | 没有社会保障，或社会保障水平低 | 学习、晋升和发展机会不足，或对工作内容不感兴趣 | 其他 | 不清楚/不了解/不评价 |
|---|---|---|---|---|---|---|---|---|---|
| 务农农民 | 70.1 | 7.8 | 8.8 | 2.4 | 0.5 | 5.0 | 0.4 | 2.4 | 2.5 |
| 务农以及各类零工 | 61.8 | 17.8 | 10.2 | 2.5 | 0.2 | 3.5 | 0.7 | 2.5 | 0.9 |
| 农村自营者 | 60.1 | 10.8 | 8.2 | 1.9 | 0.0 | 6.3 | 2.5 | 8.2 | 1.9 |
| 乡镇集体企业、私营企业及个体企业主 | 48.2 | 14.5 | 7.2 | 5.4 | 1.2 | 12.0 | 3.0 | 7.2 | 1.2 |
| 乡镇集体企业、私营企业被雇者 | 58.3 | 11.4 | 16.9 | 3.3 | 0.3 | 3.9 | 2.9 | 2.9 | 0.0 |
| 国有经济单位职工（包括党政机关和事业单位） | 63.0 | 3.7 | 12.3 | 4.9 | 1.2 | 7.4 | 3.7 | 3.7 | 0.0 |
| 其他形式农村就业 | 65.0 | 10.0 | 15.0 | 0.0 | 5.0 | 5.0 | 0.0 | 0.0 | 0.0 |
| 总体 | 61.6 | 11.5 | 12.0 | 2.6 | 0.7 | 4.8 | 2.3 | 3.2 | 1.3 |

表22-22　不同职业对工作不满意方面的认识（%）（P=0.000）

| | 收入低，收入不稳定 | 工作不稳定，失业风险大 | 工作太辛苦或工作时间太长 | 劳动安全没有保障，劳动条件恶劣或对健康有损害 | 与领导、同事等人际关系紧张 | 没有社会保障，或社会保障水平低 | 学习、晋升和发展机会不足，或对工作内容不感兴趣 | 其他 | 不清楚/不了解/不评价 |
|---|---|---|---|---|---|---|---|---|---|
| 国家机关、党群组织、企业、事业单位负责人 | 53.3 | 8.2 | 12.5 | 4.3 | 0.0 | 6.0 | 3.3 | 11.4 | 1.1 |
| 办事人员和有关人员 | 62.0 | 4.7 | 12.8 | 5.6 | 1.1 | 4.5 | 4.7 | 3.1 | 1.4 |
| 专业技术人员 | 57.9 | 10.5 | 15.4 | 1.7 | 1.0 | 5.9 | 3.6 | 3.3 | 0.8 |
| 商业、服务业人员 | 59.9 | 13.6 | 12.2 | 2.0 | 0.8 | 4.9 | 2.6 | 2.9 | 1.1 |
| 农、林、牧、渔、水利生产人员 | 64.3 | 14.8 | 7.8 | 2.7 | 0.4 | 3.6 | 1.6 | 3.1 | 1.6 |
| 生产、运输设备操作人员及有关人员 | 58.9 | 14.9 | 14.1 | 3.5 | 0.5 | 3.5 | 1.7 | 2.5 | 0.5 |
| 不便分类的其他从业人员 | 52.2 | 20.3 | 14.5 | 2.9 | 1.4 | 7.2 | 0.0 | 1.4 | 0.0 |
| 总体 | 61.6 | 11.5 | 12.0 | 2.6 | 0.7 | 4.8 | 2.3 | 3.2 | 1.3 |

表22-23　不同生活水平对工作不满意方面的认识（%）（P=0.000）

| | 收入低，收入不稳定 | 工作不稳定，失业风险大 | 工作太辛苦或工作时间太长 | 劳动安全没有保障，劳动条件恶劣或对健康有损害 | 与领导、同事等人际关系紧张 | 没有社会保障，或社会保障水平低 | 学习、晋升和发展机会不足，或对工作内容不感兴趣 | 其他 | 不清楚/不了解/不评价 |
|---|---|---|---|---|---|---|---|---|---|
| 非常好 | 65.4 | 3.8 | 23.1 | 0.0 | 3.8 | 0.0 | 0.0 | 0.0 | 3.8 |
| 中等偏上 | 56.0 | 8.6 | 10.7 | 3.4 | 4.1 | 6.9 | 2.4 | 5.2 | 2.7 |
| 中等 | 59.8 | 11.8 | 13.3 | 3.0 | 0.4 | 4.1 | 2.4 | 3.8 | 1.4 |
| 中等偏下 | 63.6 | 11.8 | 11.2 | 2.2 | 0.6 | 4.7 | 2.7 | 2.4 | 1.0 |
| 非常差 | 63.9 | 12.3 | 10.4 | 2.5 | 0.2 | 6.7 | 0.9 | 2.1 | 1.1 |
| 不评价 | 65.9 | 2.3 | 6.8 | 0.0 | 2.3 | 13.6 | 0.0 | 6.8 | 2.3 |
| 总体 | 61.6 | 11.5 | 12.0 | 2.6 | 0.7 | 4.8 | 2.3 | 3.2 | 1.3 |

## （二）与 2016 年相比收入变化情况评价

与 2016 年收入变化相比较，对目前收入表示“明显增长”“略有增长”和“没变化”的分别占 8.0%、28.7%、38.6%，合计为 75.3%。

从不同群体来看，18 ~ 19 岁、本科、家庭年收入 10 万 ~ 15 万元、党政机关、事业单位和社会团体的从业人员对与 2016 年相比收入变化的评价较高。

表22-24 城乡对收入变化的总体评价（%）（P=0.000）

| | 明显增长 | 略有增长 | 没变化 | 略有下降 | 明显下降 | 不清楚/拒答 | 前三项合计 |
|---|---|---|---|---|---|---|---|
| 城镇 | 8.4 | 31.7 | 39.3 | 9.8 | 9.3 | 1.6 | 79.4 |
| 农村 | 7.4 | 23.2 | 37.3 | 11.0 | 18.2 | 2.8 | 67.9 |
| 总体 | 8.0 | 28.7 | 38.6 | 10.2 | 12.4 | 2.0 | 75.3 |

表22-25 不同性别对收入变化的总体评价（%）（P=0.000）

| | 明显增长 | 略有增长 | 没变化 | 略有下降 | 明显下降 | 不清楚/拒答 | 前三项合计 |
|---|---|---|---|---|---|---|---|
| 男 | 8.5 | 26.8 | 36.4 | 11.4 | 15.2 | 1.9 | 71.6 |
| 女 | 7.4 | 31.4 | 41.7 | 8.6 | 8.6 | 2.3 | 80.5 |
| 总体 | 8.0 | 28.7 | 38.6 | 10.2 | 12.4 | 2.0 | 75.3 |

表22-26 不同年龄对收入变化的总体评价（%）（P=0.000）

| | 明显增长 | 略有增长 | 没变化 | 略有下降 | 明显下降 | 不清楚/拒答 | 前三项合计 |
|---|---|---|---|---|---|---|---|
| 18 ~ 19岁 | 15.2 | 26.3 | 35.8 | 5.1 | 6.0 | 11.7 | 77.2 |
| 20 ~ 24岁 | 12.7 | 32.3 | 36.2 | 7.1 | 7.0 | 4.8 | 81.2 |
| 25 ~ 29岁 | 8.5 | 34.6 | 38.0 | 8.5 | 8.5 | 1.9 | 81.1 |
| 30 ~ 34岁 | 8.2 | 29.9 | 40.2 | 10.3 | 10.3 | 1.1 | 78.3 |
| 35 ~ 39岁 | 8.6 | 33.1 | 36.0 | 9.6 | 11.8 | 0.8 | 77.8 |
| 40 ~ 44岁 | 5.8 | 26.3 | 40.2 | 11.1 | 15.0 | 1.5 | 72.3 |
| 45 ~ 49岁 | 6.6 | 23.9 | 39.0 | 12.1 | 17.1 | 1.2 | 69.5 |
| 50 ~ 54岁 | 6.5 | 20.5 | 39.4 | 13.1 | 17.7 | 2.7 | 66.4 |
| 55 ~ 59岁 | 7.9 | 27.8 | 37.4 | 9.7 | 14.7 | 2.6 | 73.0 |
| 60 ~ 64岁 | 6.6 | 19.1 | 40.7 | 11.8 | 17.4 | 4.4 | 66.4 |
| 65 ~ 69岁 | 7.0 | 20.8 | 43.5 | 12.5 | 12.8 | 3.5 | 71.3 |
| 70 ~ 74岁 | 4.8 | 18.3 | 46.0 | 15.1 | 13.9 | 2.0 | 69.0 |
| 总体 | 8.0 | 28.7 | 38.6 | 10.2 | 12.4 | 2.0 | 75.3 |

表22-27 不同户口状况对收入变化的总体评价（%）（P=0.000）

| | 明显增长 | 略有增长 | 没变化 | 略有下降 | 明显下降 | 不清楚/拒答 | 前三项合计 |
|---|---|---|---|---|---|---|---|
| 本市（县）非农业户口 | 9.3 | 33.7 | 39.2 | 8.6 | 7.9 | 1.3 | 82.2 |
| 本市（县）农业户口 | 7.1 | 23.0 | 37.4 | 11.5 | 18.1 | 2.9 | 67.5 |

续表

| | 明显增长 | 略有增长 | 没变化 | 略有下降 | 明显下降 | 不清楚/拒答 | 前三项合计 |
|---|---|---|---|---|---|---|---|
| 本市（县）居民户口 | 7.3 | 29.8 | 41.4 | 10.0 | 10.0 | 1.5 | 78.5 |
| 省内非本市（县）非农业户口 | 7.8 | 32.7 | 40.4 | 8.7 | 8.4 | 2.0 | 80.8 |
| 省内非本市（县）农业户口 | 6.6 | 28.2 | 38.0 | 11.5 | 12.7 | 3.0 | 72.7 |
| 省内非本市（县）居民户口 | 6.3 | 26.0 | 37.9 | 13.7 | 14.7 | 1.4 | 70.2 |
| 外省非农业户口 | 10.6 | 32.7 | 37.0 | 10.0 | 8.4 | 1.3 | 80.3 |
| 外省农业户口 | 7.3 | 28.4 | 38.0 | 11.3 | 12.9 | 2.1 | 73.8 |
| 外省居民户口 | 8.0 | 25.9 | 41.1 | 10.3 | 13.3 | 1.5 | 74.9 |
| 总体 | 8.0 | 28.7 | 38.6 | 10.2 | 12.4 | 2.0 | 75.3 |

表22-28　不同家庭人口数对收入变化的总体评价（%）（P=0.000）

| | 明显增长 | 略有增长 | 没变化 | 略有下降 | 明显下降 | 不清楚/拒答 | 前三项合计 |
|---|---|---|---|---|---|---|---|
| 1人 | 8.4 | 26.2 | 40.0 | 11.0 | 11.4 | 2.9 | 74.7 |
| 2人 | 5.9 | 27.2 | 42.5 | 10.1 | 12.5 | 1.8 | 75.6 |
| 3人 | 7.7 | 31.7 | 40.1 | 9.5 | 9.5 | 1.6 | 79.5 |
| 4人 | 9.2 | 29.1 | 36.7 | 10.0 | 12.9 | 2.1 | 75.1 |
| 5人 | 7.5 | 28.3 | 38.1 | 10.4 | 13.3 | 2.4 | 73.9 |
| 6人 | 8.8 | 24.5 | 36.7 | 11.2 | 16.6 | 2.2 | 70.0 |
| 7人及以上 | 7.4 | 21.1 | 37.4 | 13.0 | 18.1 | 2.9 | 65.9 |
| 总体 | 8.0 | 28.7 | 38.6 | 10.2 | 12.4 | 2.0 | 75.3 |

表22-29　不同受教育程度对收入变化的总体评价（%）（P=0.000）

| | 明显增长 | 略有增长 | 没变化 | 略有下降 | 明显下降 | 不清楚/拒答 | 前三项合计 |
|---|---|---|---|---|---|---|---|
| 不识字或识字很少 | 5.1 | 8.7 | 43.2 | 12.8 | 22.6 | 7.7 | 57.0 |
| 小学 | 4.2 | 14.9 | 39.3 | 12.5 | 25.6 | 3.6 | 58.4 |
| 初中 | 6.1 | 19.9 | 39.1 | 12.6 | 19.9 | 2.4 | 65.0 |
| 高中、中专或技校 | 9.1 | 28.1 | 37.6 | 11.2 | 12.3 | 1.7 | 74.8 |
| 大学专科 | 9.1 | 34.1 | 38.6 | 8.9 | 7.6 | 1.7 | 81.8 |
| 本科 | 9.1 | 38.4 | 38.7 | 7.2 | 5.2 | 1.4 | 86.3 |
| 硕士及以上 | 9.9 | 35.2 | 37.6 | 8.1 | 6.3 | 3.0 | 82.7 |
| 总体 | 8.0 | 28.7 | 38.6 | 10.2 | 12.4 | 2.0 | 75.3 |

表22-30　不同婚姻状况对收入变化的总体评价（%）（P=0.000）

| | 明显增长 | 略有增长 | 没变化 | 略有下降 | 明显下降 | 不清楚/拒答 | 前三项合计 |
|---|---|---|---|---|---|---|---|
| 未婚 | 11.1 | 32.9 | 36.4 | 7.7 | 8.0 | 3.9 | 80.4 |
| 已婚 | 7.3 | 28.0 | 39.2 | 10.8 | 13.2 | 1.5 | 74.5 |
| 离异 | 6.6 | 20.0 | 38.7 | 11.5 | 21.4 | 1.8 | 65.2 |
| 丧偶 | 5.5 | 13.4 | 38.7 | 9.9 | 30.0 | 2.4 | 57.7 |
| 总体 | 8.0 | 28.7 | 38.6 | 10.2 | 12.4 | 2.0 | 75.3 |

表22-31 不同收入状况对收入变化的总体评价（%）（P=0.000）

| | 明显增长 | 略有增长 | 没变化 | 略有下降 | 明显下降 | 不清楚/拒答 | 前三项合计 |
|---|---|---|---|---|---|---|---|
| 1万元以下 | 4.0 | 12.3 | 36.9 | 12.5 | 29.9 | 4.4 | 53.2 |
| 1万～3万元 | 4.7 | 19.0 | 40.7 | 11.4 | 21.8 | 2.6 | 64.3 |
| 3万～5万元 | 5.0 | 23.9 | 41.1 | 12.4 | 16.0 | 1.6 | 70.0 |
| 5万～10万元 | 8.6 | 30.4 | 39.6 | 10.2 | 10.2 | 1.1 | 78.5 |
| 10万～15万元 | 10.4 | 37.1 | 35.8 | 8.8 | 7.0 | 0.8 | 83.3 |
| 15万～25万元 | 10.9 | 39.8 | 33.5 | 8.7 | 6.0 | 1.1 | 84.2 |
| 25万～50万元 | 14.9 | 38.9 | 29.6 | 8.4 | 7.5 | 0.6 | 83.4 |
| 50万元以上 | 22.9 | 28.0 | 30.1 | 8.1 | 8.5 | 2.4 | 81.0 |
| 不清楚/拒答 | 5.8 | 24.8 | 43.4 | 9.8 | 11.3 | 4.8 | 74.1 |
| 总体 | 8.0 | 28.7 | 38.6 | 10.2 | 12.4 | 2.0 | 75.3 |

表22-32 不同城镇就业状况对收入变化的总体评价（%）（P=0.000）

| | 明显增长 | 略有增长 | 没变化 | 略有下降 | 明显下降 | 不清楚/拒答 | 前三项合计 |
|---|---|---|---|---|---|---|---|
| 党政机关从业人员 | 11.7 | 42.9 | 36.5 | 4.9 | 3.0 | 1.0 | 91.1 |
| 事业单位和社会团体从业人员 | 11.3 | 39.7 | 38.8 | 5.2 | 3.8 | 1.2 | 89.8 |
| 国有企业及其他国有经济单位职工 | 7.1 | 32.1 | 39.4 | 11.8 | 8.0 | 1.6 | 78.6 |
| 集体经济单位职工 | 7.1 | 38.2 | 41.7 | 6.3 | 5.2 | 1.4 | 87.0 |
| 合资、外资或港澳台企业员工 | 9.7 | 40.9 | 37.3 | 5.9 | 4.0 | 2.2 | 87.9 |
| 个体或私营企业主 | 8.6 | 25.5 | 34.0 | 15.2 | 14.9 | 1.8 | 68.1 |
| 个体或私营企业被雇者 | 6.2 | 28.5 | 44.1 | 9.3 | 10.3 | 1.7 | 78.7 |
| 城镇自由职业者 | 8.2 | 26.7 | 39.5 | 10.9 | 13.1 | 1.7 | 74.4 |
| 其他形式的城镇就业 | 4.3 | 7.2 | 58.0 | 7.2 | 15.9 | 7.2 | 69.6 |
| 总体 | 8.0 | 28.7 | 38.6 | 10.2 | 12.4 | 2.0 | 75.3 |

表22-33 不同农村就业状况对收入变化的总体评价（%）（P=0.000）

| | 明显增长 | 略有增长 | 没变化 | 略有下降 | 明显下降 | 不清楚/拒答 | 前三项合计 |
|---|---|---|---|---|---|---|---|
| 务农农民 | 6.0 | 17.0 | 39.6 | 12.0 | 21.6 | 3.7 | 62.7 |
| 务农以及各类零工 | 4.8 | 18.7 | 36.5 | 13.1 | 24.0 | 2.8 | 60.1 |
| 农村自营者 | 7.1 | 23.6 | 31.8 | 12.4 | 23.4 | 1.8 | 62.4 |
| 乡镇集体企业、私营企业及个体企业主 | 11.2 | 25.0 | 35.4 | 10.6 | 15.8 | 2.0 | 71.7 |
| 乡镇集体企业、私营企业被雇者 | 6.9 | 29.7 | 40.5 | 8.7 | 11.4 | 2.9 | 77.0 |
| 国有经济单位职工（包括党政机关和事业单位） | 14.8 | 41.2 | 29.8 | 7.3 | 6.0 | 0.9 | 85.8 |
| 其他形式农村就业 | 6.8 | 24.3 | 46.6 | 4.9 | 10.7 | 6.8 | 77.7 |
| 总体 | 8.0 | 28.7 | 38.6 | 10.2 | 12.4 | 2.0 | 75.3 |

表22-34　不同职业对收入变化的总体评价（%）（P=0.000）

| | 明显增长 | 略有增长 | 没变化 | 略有下降 | 明显下降 | 不清楚/拒答 | 前三项合计 |
|---|---|---|---|---|---|---|---|
| 国家机关、党群组织、企业、事业单位负责人 | 11.9 | 39.6 | 33.5 | 7.2 | 6.9 | 0.9 | 85.0 |
| 办事人员和有关人员 | 8.9 | 37.5 | 40.9 | 6.7 | 4.7 | 1.3 | 87.3 |
| 专业技术人员 | 9.6 | 34.3 | 38.5 | 8.0 | 8.0 | 1.6 | 82.4 |
| 商业、服务业人员 | 7.4 | 27.2 | 38.0 | 12.0 | 13.6 | 1.8 | 72.6 |
| 农、林、牧、渔、水利生产人员 | 7.1 | 21.2 | 35.5 | 13.3 | 20.2 | 2.9 | 63.7 |
| 生产、运输设备操作人员及有关人员 | 6.4 | 22.9 | 40.1 | 12.1 | 16.2 | 2.2 | 69.4 |
| 不便分类的其他从业人员 | 7.0 | 14.0 | 44.7 | 14.6 | 13.7 | 5.8 | 65.8 |
| 总体 | 8.0 | 28.7 | 38.6 | 10.2 | 12.4 | 2.0 | 75.3 |

表22-35　不同生活水平对收入变化的总体评价（%）（P=0.000）

| | 明显增长 | 略有增长 | 没变化 | 略有下降 | 明显下降 | 不清楚/拒答 | 前三项合计 |
|---|---|---|---|---|---|---|---|
| 非常好 | 33.2 | 29.9 | 23.8 | 4.9 | 5.6 | 2.8 | 86.8 |
| 中等偏上 | 16.8 | 38.8 | 28.0 | 7.8 | 6.9 | 1.6 | 83.6 |
| 中等 | 7.0 | 30.8 | 40.0 | 9.9 | 10.4 | 1.9 | 77.8 |
| 中等偏下 | 3.3 | 19.6 | 43.6 | 13.0 | 18.2 | 2.3 | 66.5 |
| 非常差 | 3.6 | 10.2 | 36.0 | 11.1 | 36.7 | 2.4 | 49.8 |
| 不清楚/不了解/不评价 | 4.5 | 21.4 | 46.9 | 7.7 | 11.9 | 7.7 | 72.7 |
| 总体 | 8.0 | 28.7 | 38.6 | 10.2 | 12.4 | 2.0 | 75.3 |

## （三）对目前居住地各级政府服务的总体评价

对目前居住地各级政府表示“非常满意”“比较满意”和“一般”的分别占15.8%、31.9%、31.3%，合计为79.1%。

从不同群体来看，18～19岁、本科、家庭年收入10万～15万元、党政机关、事业单位和社会团体的从业人员对各级政府服务的评价较高。

表22-36　城乡对目前居住地各级政府服务的总体评价（%）（P=0.000）

| | 非常满意 | 比较满意 | 一般 | 不太满意 | 非常不满意 | 不清楚/不了解/不评价 | 前三项合计 |
|---|---|---|---|---|---|---|---|
| 城镇 | 15.3 | 34.0 | 32.0 | 7.1 | 5.5 | 6.1 | 81.3 |
| 农村 | 16.7 | 28.3 | 30.2 | 9.4 | 9.1 | 6.4 | 75.1 |
| 总体 | 15.8 | 31.9 | 31.3 | 8.0 | 6.8 | 6.2 | 79.1 |

表22-37　不同性别对居住地各级政府服务的总体评价（%）（P=0.000）

| | 非常满意 | 比较满意 | 一般 | 不太满意 | 非常不满意 | 不清楚/不了解/不评价 | 前三项合计 |
|---|---|---|---|---|---|---|---|
| 男 | 16.0 | 29.1 | 30.4 | 9.0 | 9.3 | 6.2 | 75.5 |
| 女 | 15.6 | 35.1 | 32.4 | 6.8 | 3.9 | 6.2 | 83.2 |
| 总体 | 15.8 | 31.9 | 31.3 | 8.0 | 6.8 | 6.2 | 79.1 |

表22-38　不同年龄对目前居住地各级政府服务的总体评价（%）（P=0.000）

| | 非常满意 | 比较满意 | 一般 | 不太满意 | 非常不满意 | 不清楚/不了解/不评价 | 前三项合计 |
|---|---|---|---|---|---|---|---|
| 18～19岁 | 16.4 | 36.5 | 29.7 | 4.9 | 3.0 | 9.6 | 82.6 |
| 20～24岁 | 15.9 | 35.1 | 31.1 | 5.4 | 3.9 | 8.6 | 82.1 |
| 25～29岁 | 13.3 | 32.8 | 35.7 | 6.6 | 5.5 | 6.1 | 81.8 |
| 30～34岁 | 14.2 | 29.4 | 35.3 | 8.7 | 6.2 | 6.2 | 78.9 |
| 35～39岁 | 15.8 | 30.9 | 33.2 | 7.9 | 7.1 | 5.1 | 80.0 |
| 40～44岁 | 15.9 | 29.8 | 33.1 | 8.7 | 7.4 | 5.3 | 78.7 |
| 45～49岁 | 14.8 | 29.9 | 31.9 | 10.0 | 8.2 | 5.2 | 76.6 |
| 50～54岁 | 17.6 | 27.3 | 27.7 | 10.2 | 10.0 | 7.3 | 72.6 |
| 55～59岁 | 17.1 | 35.9 | 27.9 | 7.5 | 7.4 | 4.2 | 80.9 |
| 60～64岁 | 17.5 | 34.3 | 24.8 | 8.8 | 7.5 | 7.1 | 76.6 |
| 65～69岁 | 20.4 | 34.5 | 25.3 | 7.6 | 7.0 | 5.3 | 80.1 |
| 70～74岁 | 20.1 | 41.8 | 18.6 | 5.4 | 5.8 | 8.2 | 80.5 |
| 总体 | 15.8 | 31.9 | 31.3 | 8.0 | 6.8 | 6.2 | 79.1 |

表22-39　不同户口状况对目前居住地各级政府服务的总体评价（%）（P=0.000）

| | 非常满意 | 比较满意 | 一般 | 不太满意 | 非常不满意 | 不清楚/不了解/不评价 | 前三项合计 |
|---|---|---|---|---|---|---|---|
| 本市（县）非农业户口 | 18.1 | 35.0 | 30.5 | 6.2 | 5.2 | 5.0 | 83.6 |
| 本市（县）农业户口 | 15.4 | 28.6 | 30.6 | 9.9 | 9.2 | 6.3 | 74.5 |
| 本市（县）居民户口 | 15.2 | 33.4 | 32.6 | 7.5 | 6.5 | 4.8 | 81.2 |
| 省内非本市（县）非农业户口 | 15.9 | 33.7 | 30.8 | 8.3 | 4.4 | 6.8 | 80.4 |
| 省内非本市（县）农业户口 | 11.9 | 29.7 | 35.3 | 8.3 | 5.9 | 8.9 | 76.9 |
| 省内非本市（县）居民户口 | 12.6 | 30.4 | 36.4 | 6.4 | 5.5 | 8.7 | 79.4 |
| 外省非农业户口 | 12.3 | 36.0 | 30.8 | 7.2 | 4.9 | 8.8 | 79.1 |
| 外省农业户口 | 11.7 | 30.6 | 34.8 | 7.1 | 5.3 | 10.5 | 77.1 |
| 外省居民户口 | 14.6 | 30.1 | 33.8 | 6.4 | 4.8 | 10.4 | 78.5 |
| 总体 | 15.8 | 31.9 | 31.3 | 8.0 | 6.8 | 6.2 | 79.1 |

表22-40　不同家庭人口数对目前居住地各级政府服务的总体评价（%）（P=0.000）

| | 非常满意 | 比较满意 | 一般 | 不太满意 | 非常不满意 | 不清楚/不了解/不评价 | 前三项合计 |
|---|---|---|---|---|---|---|---|
| 1人 | 12.9 | 27.6 | 29.8 | 8.2 | 10.6 | 10.9 | 70.3 |
| 2人 | 15.2 | 33.2 | 29.4 | 8.1 | 7.2 | 6.9 | 77.8 |
| 3人 | 15.5 | 33.5 | 32.6 | 7.3 | 5.5 | 5.6 | 81.6 |
| 4人 | 16.1 | 32.3 | 31.2 | 7.5 | 6.9 | 6.0 | 79.5 |
| 5人 | 16.5 | 32.3 | 30.5 | 8.4 | 6.5 | 5.9 | 79.3 |
| 6人 | 15.0 | 29.2 | 31.9 | 9.3 | 8.4 | 6.1 | 76.2 |
| 7人及以上 | 17.8 | 25.8 | 30.5 | 9.3 | 9.0 | 7.7 | 74.0 |
| 总体 | 15.8 | 31.9 | 31.3 | 8.0 | 6.8 | 6.2 | 79.1 |

表22-41　不同受教育程度对目前居住地各级政府服务的总体评价（%）（P=0.000）

| | 非常满意 | 比较满意 | 一般 | 不太满意 | 非常不满意 | 不清楚/不了解/不评价 | 前三项合计 |
|---|---|---|---|---|---|---|---|
| 不识字或识字很少 | 21.0 | 26.8 | 17.0 | 9.7 | 11.9 | 13.6 | 64.8 |
| 小学 | 16.2 | 26.4 | 26.8 | 10.7 | 11.3 | 8.6 | 69.4 |
| 初中 | 14.5 | 27.8 | 31.9 | 9.7 | 9.0 | 7.2 | 74.2 |
| 高中、中专或技校 | 15.0 | 31.4 | 32.3 | 8.3 | 6.9 | 6.1 | 78.7 |
| 大学专科 | 15.9 | 34.8 | 33.1 | 6.7 | 4.5 | 4.9 | 83.8 |
| 本科 | 18.0 | 37.7 | 31.4 | 5.2 | 3.3 | 4.4 | 87.2 |
| 硕士及以上 | 13.4 | 38.5 | 31.8 | 5.7 | 4.8 | 5.6 | 83.8 |
| 总体 | 15.8 | 31.9 | 31.3 | 8.0 | 6.8 | 6.2 | 79.1 |

表22-42　不同婚姻状况对目前居住地各级政府服务的总体评价（%）（P=0.000）

| | 非常满意 | 比较满意 | 一般 | 不太满意 | 非常不满意 | 不清楚/不了解/不评价 | 前三项合计 |
|---|---|---|---|---|---|---|---|
| 未婚 | 14.8 | 33.4 | 32.6 | 6.3 | 5.0 | 7.9 | 80.8 |
| 已婚 | 16.1 | 31.8 | 31.2 | 8.3 | 7.0 | 5.6 | 79.1 |
| 离异 | 14.0 | 23.4 | 30.6 | 11.2 | 14.0 | 6.8 | 68.0 |
| 丧偶 | 17.1 | 30.1 | 22.0 | 8.1 | 9.3 | 13.3 | 69.3 |
| 总体 | 15.8 | 31.9 | 31.3 | 8.0 | 6.8 | 6.2 | 79.1 |

表22-43　不同收入状况对目前居住地各级政府服务的总体评价（%）（P=0.000）

| | 非常满意 | 比较满意 | 一般 | 不太满意 | 非常不满意 | 不清楚/不了解/不评价 | 前三项合计 |
|---|---|---|---|---|---|---|---|
| 1万元以下 | 14.4 | 22.2 | 25.3 | 11.9 | 16.2 | 10.0 | 61.9 |
| 1万～3万元 | 15.2 | 26.3 | 31.8 | 10.4 | 10.5 | 5.8 | 73.4 |
| 3万～5万元 | 14.4 | 29.7 | 33.8 | 8.7 | 8.0 | 5.4 | 77.9 |
| 5万～10万元 | 16.4 | 35.0 | 31.8 | 7.4 | 4.9 | 4.6 | 83.2 |
| 10万～15万元 | 17.6 | 36.9 | 32.3 | 5.9 | 3.9 | 3.4 | 86.7 |
| 15万～25万元 | 16.9 | 38.9 | 30.3 | 6.7 | 3.8 | 3.4 | 86.0 |
| 25万～50万元 | 17.7 | 39.5 | 28.6 | 6.6 | 4.2 | 3.3 | 85.9 |
| 50万元以上 | 22.0 | 29.0 | 30.0 | 6.7 | 7.5 | 4.8 | 81.0 |
| 不清楚/拒答 | 14.7 | 29.5 | 30.7 | 7.2 | 5.8 | 12.1 | 74.9 |
| 总体 | 15.8 | 31.9 | 31.3 | 8.0 | 6.8 | 6.2 | 79.1 |

表22-44　不同城镇就业状况对目前居住地各级政府服务的总体评价（%）（P=0.000）

| | 非常满意 | 比较满意 | 一般 | 不太满意 | 非常不满意 | 不清楚/不了解/不评价 | 前三项合计 |
|---|---|---|---|---|---|---|---|
| 党政机关从业人员 | 35.3 | 39.7 | 19.5 | 1.7 | 1.5 | 2.2 | 94.5 |
| 事业单位和社会团体从业人员 | 24.1 | 37.5 | 28.5 | 4.2 | 2.3 | 3.4 | 90.1 |
| 国有企业及其他国有经济单位职工 | 13.6 | 35.0 | 34.4 | 7.3 | 4.1 | 5.5 | 83.1 |
| 集体经济单位职工 | 13.9 | 39.5 | 31.7 | 6.0 | 3.0 | 5.9 | 85.1 |
| 合资、外资或港澳台企业员工 | 6.3 | 39.6 | 37.8 | 8.2 | 4.6 | 3.5 | 83.7 |
| 个体或私营企业主 | 12.4 | 30.6 | 35.8 | 8.8 | 7.1 | 5.4 | 78.8 |
| 个体或私营企业被雇者 | 9.5 | 31.9 | 36.2 | 8.8 | 5.9 | 7.7 | 77.5 |
| 城镇自由职业者 | 12.2 | 30.4 | 33.7 | 9.7 | 7.4 | 6.6 | 76.3 |
| 其他形式的城镇就业 | 8.7 | 37.7 | 21.7 | 8.7 | 14.5 | 8.7 | 68.1 |
| 总体 | 15.8 | 31.9 | 31.3 | 8.0 | 6.8 | 6.2 | 79.1 |

表22-45　不同农村就业状况对目前居住地各级政府服务的总体评价（%）（P=0.000）

| | 非常满意 | 比较满意 | 一般 | 不太满意 | 非常不满意 | 不清楚/不了解/不评价 | 前三项合计 |
|---|---|---|---|---|---|---|---|
| 务农农民 | 17.1 | 25.2 | 28.3 | 11.1 | 11.1 | 7.2 | 70.6 |
| 务农以及各类零工 | 13.3 | 23.5 | 32.1 | 11.8 | 13.1 | 6.2 | 68.9 |
| 农村自营者 | 15.8 | 27.7 | 30.2 | 10.4 | 10.6 | 5.2 | 73.8 |
| 乡镇集体企业、私营企业及个体企业主 | 17.4 | 27.1 | 34.0 | 10.0 | 7.3 | 4.2 | 78.5 |
| 乡镇集体企业、私营企业被雇者 | 11.5 | 28.7 | 37.9 | 7.6 | 6.5 | 7.8 | 78.1 |
| 国有经济单位职工（包括党政机关和事业单位） | 31.2 | 31.8 | 25.5 | 4.8 | 3.0 | 3.8 | 88.4 |
| 其他形式农村就业 | 5.8 | 35.0 | 30.1 | 11.7 | 4.9 | 12.6 | 70.9 |
| 总体 | 15.8 | 31.9 | 31.3 | 8.0 | 6.8 | 6.2 | 79.1 |

表22-46　不同职业对目前居住地各级政府服务的总体评价（%）（P=0.000）

| | 非常满意 | 比较满意 | 一般 | 不太满意 | 非常不满意 | 不清楚/不了解/不评价 | 前三项合计 |
|---|---|---|---|---|---|---|---|
| 国家机关、党群组织、企业、事业单位负责人 | 26.7 | 34.2 | 26.4 | 5.6 | 4.1 | 3.0 | 87.3 |
| 办事人员和有关人员 | 22.3 | 37.0 | 29.3 | 4.6 | 3.2 | 3.5 | 88.6 |
| 专业技术人员 | 14.3 | 34.1 | 33.9 | 7.4 | 4.8 | 5.6 | 82.3 |
| 商业、服务业人员 | 12.2 | 30.8 | 35.4 | 8.7 | 6.5 | 6.3 | 78.4 |
| 农、林、牧、渔、水利生产人员 | 15.5 | 26.6 | 29.8 | 11.3 | 10.8 | 6.0 | 71.8 |
| 生产、运输设备操作人员及有关人员 | 11.2 | 27.7 | 35.1 | 10.0 | 8.6 | 7.3 | 74.0 |
| 不便分类的其他从业人员 | 12.6 | 28.9 | 30.7 | 7.0 | 9.1 | 11.7 | 72.2 |
| 总体 | 15.8 | 31.9 | 31.3 | 8.0 | 6.8 | 6.2 | 79.1 |

表22-47　不同生活水平对目前居住地各级政府服务的总体评价（%）（P=0.000）

| | 非常满意 | 比较满意 | 一般 | 不太满意 | 非常不满意 | 不清楚/不了解/不评价 | 前三项合计 |
|---|---|---|---|---|---|---|---|
| 非常好 | 57.3 | 21.6 | 12.5 | 1.9 | 3.7 | 3.1 | 91.3 |
| 中等偏上 | 25.7 | 37.4 | 24.2 | 5.1 | 4.0 | 3.6 | 87.3 |
| 中等 | 15.6 | 35.2 | 32.1 | 7.0 | 4.6 | 5.5 | 82.9 |
| 中等偏下 | 7.9 | 25.3 | 37.1 | 11.5 | 10.2 | 8.1 | 70.3 |
| 非常差 | 8.4 | 13.3 | 25.8 | 14.7 | 26.8 | 11.0 | 47.5 |
| 不清楚/不了解/不评价 | 15.3 | 23.3 | 20.7 | 4.0 | 9.1 | 27.6 | 59.4 |
| 总体 | 15.8 | 31.9 | 31.3 | 8.0 | 6.8 | 6.2 | 79.1 |

## （四）对最近一年以来居住地政府服务总体状况是否有改善的评价

对最近一年以来居住地各级政府服务总体状况是否有改善，表示“有明显改善”“略有改善”和“没变化”的分别占25.4%、33.2%、27.4%，合计为86.0%。

从不同群体来看，55～59岁、本科、硕士及以上、家庭年收入25万～50万元、城镇党政机关从业人员及农村国有经济单位职工等群体对居住地政府服务状况是否有改善的评价较高。

表22-48　城乡对目前居住地各级政府服务的改善情况评价（%）（P=0.000）

| | 有明显改善 | 略有改善 | 没变化 | 略有恶化 | 明显恶化 | 不清楚/不了解/不评价 | 前三项合计 |
|---|---|---|---|---|---|---|---|
| 城镇 | 26.0 | 34.7 | 26.0 | 1.7 | 1.6 | 10.0 | 86.7 |
| 农村 | 24.4 | 30.6 | 29.7 | 2.1 | 2.9 | 10.2 | 84.8 |
| 总体 | 25.4 | 33.2 | 27.4 | 1.8 | 2.1 | 10.1 | 86.0 |

表22-49　不同性别对目前居住地各级政府服务的改善情况评价（%）（P=0.000）

| | 有明显改善 | 略有改善 | 没变化 | 略有恶化 | 明显恶化 | 不清楚/不了解/不评价 | 前三项合计 |
|---|---|---|---|---|---|---|---|
| 男 | 26.3 | 32.0 | 27.3 | 2.2 | 2.9 | 9.5 | 85.5 |
| 女 | 24.4 | 34.7 | 27.4 | 1.5 | 1.1 | 10.8 | 86.6 |
| 总体 | 25.4 | 33.2 | 27.4 | 1.8 | 2.1 | 10.1 | 86.0 |

表22-50　不同年龄对目前居住地各级政府服务的改善情况评价（%）（P=0.000）

| | 有明显改善 | 略有改善 | 没变化 | 略有恶化 | 明显恶化 | 不清楚/不了解/不评价 | 前三项合计 |
|---|---|---|---|---|---|---|---|
| 18～19岁 | 23.2 | 36.8 | 22.2 | 1.0 | 0.7 | 16.1 | 82.2 |
| 20～24岁 | 23.0 | 35.1 | 26.4 | 1.3 | 1.1 | 13.0 | 84.6 |
| 25～29岁 | 21.9 | 35.2 | 28.9 | 1.7 | 1.6 | 10.7 | 86.0 |
| 30～34岁 | 22.3 | 34.8 | 29.2 | 2.2 | 2.0 | 9.5 | 86.3 |

续表

| | 有明显改善 | 略有改善 | 没变化 | 略有恶化 | 明显恶化 | 不清楚/不了解/不评价 | 前三项合计 |
|---|---|---|---|---|---|---|---|
| 35～39岁 | 25.2 | 34.5 | 26.8 | 2.4 | 2.4 | 8.6 | 86.6 |
| 40～44岁 | 26.6 | 31.9 | 27.6 | 2.0 | 2.1 | 9.8 | 86.1 |
| 45～49岁 | 29.1 | 32.0 | 25.6 | 1.4 | 3.1 | 8.9 | 86.7 |
| 50～54岁 | 28.4 | 26.8 | 28.4 | 2.5 | 2.9 | 10.9 | 83.7 |
| 55～59岁 | 27.3 | 35.2 | 27.7 | 1.4 | 2.3 | 6.1 | 90.2 |
| 60～64岁 | 26.3 | 32.0 | 26.5 | 1.7 | 2.3 | 11.2 | 84.8 |
| 65～69岁 | 31.7 | 30.4 | 26.5 | 0.9 | 1.8 | 8.7 | 88.6 |
| 70～74岁 | 27.1 | 32.5 | 22.7 | 1.5 | 1.7 | 14.6 | 82.3 |
| 总体 | 25.4 | 33.2 | 27.4 | 1.8 | 2.1 | 10.1 | 86.0 |

表22-51　不同户口状况对目前居住地各级政府服务的改善情况评价（%）（P=0.000）

| | 有明显改善 | 略有改善 | 没变化 | 略有恶化 | 明显恶化 | 不清楚/不了解/不评价 | 前三项合计 |
|---|---|---|---|---|---|---|---|
| 本市（县）非农业户口 | 29.4 | 34.7 | 24.1 | 1.5 | 1.5 | 8.7 | 88.3 |
| 本市（县）农业户口 | 23.5 | 31.3 | 29.9 | 2.0 | 2.9 | 10.4 | 84.8 |
| 本市（县）居民户口 | 25.1 | 34.5 | 28.6 | 1.9 | 1.8 | 8.1 | 88.2 |
| 省内非本市（县）非农业户口 | 24.6 | 35.6 | 25.9 | 3.1 | 1.7 | 9.2 | 86.0 |
| 省内非本市（县）农业户口 | 21.1 | 32.4 | 29.1 | 2.0 | 1.8 | 13.6 | 82.6 |
| 省内非本市（县）居民户口 | 22.7 | 35.2 | 27.9 | 1.1 | 2.1 | 11.0 | 85.8 |
| 外省非农业户口 | 21.1 | 35.2 | 28.6 | 2.5 | 1.1 | 11.4 | 85.0 |
| 外省农业户口 | 20.3 | 32.7 | 27.2 | 1.8 | 2.1 | 15.9 | 80.2 |
| 外省居民户口 | 21.3 | 28.2 | 29.0 | 2.7 | 1.1 | 17.8 | 78.5 |
| 总体 | 25.4 | 33.2 | 27.4 | 1.8 | 2.1 | 10.1 | 86.0 |

表22-52　不同家庭人口数对目前居住地各级政府服务的改善情况评价（%）（P=0.000）

| | 有明显改善 | 略有改善 | 没变化 | 略有恶化 | 明显恶化 | 不清楚/不了解/不评价 | 前三项合计 |
|---|---|---|---|---|---|---|---|
| 1人 | 21.8 | 28.5 | 28.1 | 2.2 | 4.3 | 15.0 | 78.4 |
| 2人 | 25.0 | 31.8 | 27.9 | 2.0 | 2.1 | 11.2 | 84.8 |
| 3人 | 25.9 | 34.7 | 26.6 | 1.6 | 1.6 | 9.7 | 87.2 |
| 4人 | 25.9 | 33.8 | 26.6 | 2.0 | 2.1 | 9.6 | 86.3 |
| 5人 | 25.7 | 33.4 | 27.0 | 2.0 | 2.2 | 9.7 | 86.1 |
| 6人 | 23.7 | 32.6 | 29.5 | 1.8 | 2.4 | 10.0 | 85.8 |
| 7人及以上 | 25.0 | 28.5 | 30.2 | 2.0 | 2.8 | 11.6 | 83.7 |
| 总体 | 25.4 | 33.2 | 27.4 | 1.8 | 2.1 | 10.1 | 86.0 |

表22-53　不同受教育程度对目前居住地各级政府服务的改善情况评价（%）（P=0.000）

| | 有明显改善 | 略有改善 | 没变化 | 略有恶化 | 明显恶化 | 不清楚/不了解/不评价 | 前三项合计 |
|---|---|---|---|---|---|---|---|
| 不识字或识字很少 | 17.9 | 22.1 | 32.7 | 2.7 | 3.3 | 21.4 | 72.6 |
| 小学 | 20.5 | 27.7 | 32.5 | 2.1 | 3.8 | 13.4 | 80.7 |
| 初中 | 23.9 | 29.6 | 30.2 | 2.3 | 2.7 | 11.3 | 83.7 |
| 高中、中专或技校 | 25.9 | 34.5 | 26.2 | 1.9 | 2.0 | 9.5 | 86.5 |
| 大学专科 | 27.8 | 35.6 | 25.5 | 1.5 | 1.2 | 8.4 | 88.8 |
| 本科 | 27.7 | 37.9 | 23.9 | 1.5 | 1.2 | 7.8 | 89.5 |
| 硕士及以上 | 25.2 | 33.0 | 27.4 | 1.5 | 1.5 | 11.2 | 85.6 |
| 总体 | 25.4 | 33.2 | 27.4 | 1.8 | 2.1 | 10.1 | 86.0 |

表22-54　不同婚姻状况对目前居住地各级政府服务的改善情况评价（%）（P=0.000）

| | 有明显改善 | 略有改善 | 没变化 | 略有恶化 | 明显恶化 | 不清楚/不了解/不评价 | 前三项合计 |
|---|---|---|---|---|---|---|---|
| 未婚 | 22.2 | 35.1 | 26.4 | 1.7 | 1.7 | 12.9 | 83.7 |
| 已婚 | 26.3 | 33.0 | 27.5 | 1.9 | 2.1 | 9.2 | 86.8 |
| 离异 | 22.7 | 27.5 | 32.0 | 2.3 | 4.8 | 10.6 | 82.2 |
| 丧偶 | 26.3 | 28.6 | 22.9 | 2.9 | 4.3 | 15.1 | 77.7 |
| 总体 | 25.4 | 33.2 | 27.4 | 1.8 | 2.1 | 10.1 | 86.0 |

表22-55　不同收入状况对目前居住地各级政府服务的改善情况评价（%）（P=0.000）

| | 有明显改善 | 略有改善 | 没变化 | 略有恶化 | 明显恶化 | 不清楚/不了解/不评价 | 前三项合计 |
|---|---|---|---|---|---|---|---|
| 1万元以下 | 21.3 | 22.5 | 34.6 | 2.4 | 4.9 | 14.3 | 78.5 |
| 1万～3万元 | 23.8 | 30.8 | 29.7 | 2.5 | 3.0 | 10.2 | 84.3 |
| 3万～5万元 | 23.8 | 33.0 | 29.5 | 2.0 | 2.6 | 9.1 | 86.3 |
| 5万～10万元 | 28.4 | 35.2 | 26.0 | 1.7 | 1.8 | 6.8 | 89.7 |
| 10万～15万元 | 29.0 | 37.0 | 25.5 | 1.6 | 1.3 | 5.7 | 91.5 |
| 15万～25万元 | 28.6 | 38.1 | 24.3 | 1.7 | 1.2 | 6.1 | 91.0 |
| 25万～50万元 | 27.3 | 39.2 | 25.2 | 2.0 | 1.3 | 5.0 | 91.7 |
| 50万元以上 | 28.4 | 31.5 | 27.8 | 2.2 | 2.8 | 7.3 | 87.7 |
| 不清楚/拒答 | 20.9 | 30.4 | 26.0 | 1.4 | 1.5 | 20.0 | 77.2 |
| 总体 | 25.4 | 33.2 | 27.4 | 1.8 | 2.1 | 10.1 | 86.0 |

表22-56 不同城镇就业状况对目前居住地各级政府服务的改善情况评价（%）（P=0.000）

| | 有明显改善 | 略有改善 | 没变化 | 略有恶化 | 明显恶化 | 不清楚/不了解/不评价 | 前三项合计 |
|---|---|---|---|---|---|---|---|
| 党政机关从业人员 | 50.9 | 30.0 | 13.8 | 0.5 | 0.6 | 4.3 | 94.7 |
| 事业单位和社会团体从业人员 | 36.0 | 35.4 | 21.0 | 1.2 | 0.7 | 5.8 | 92.4 |
| 国有企业及其他国有经济单位职工 | 23.8 | 37.9 | 26.3 | 1.5 | 1.4 | 9.1 | 88.0 |
| 集体经济单位职工 | 19.3 | 42.9 | 24.6 | 2.5 | 1.1 | 9.5 | 86.8 |
| 合资、外资或港澳台企业员工 | 16.3 | 42.2 | 31.4 | 2.0 | 1.8 | 6.3 | 89.9 |
| 个体或私营企业主 | 23.8 | 35.8 | 28.0 | 2.1 | 2.2 | 8.1 | 87.6 |
| 个体或私营企业被雇者 | 19.9 | 36.0 | 28.3 | 2.3 | 1.6 | 11.9 | 84.2 |
| 城镇自由职业者 | 23.6 | 33.3 | 27.8 | 2.3 | 2.9 | 10.1 | 84.7 |
| 其他形式的城镇就业 | 23.2 | 34.8 | 29.0 | 1.4 | 2.9 | 8.7 | 87.0 |
| 总体 | 25.4 | 33.2 | 27.4 | 1.8 | 2.1 | 10.1 | 86.0 |

表22-57 不同农村就业状况对目前居住地各级政府服务的改善情况评价（%）（P=0.000）

| | 有明显改善 | 略有改善 | 没变化 | 略有恶化 | 明显恶化 | 不清楚/不了解/不评价 | 前三项合计 |
|---|---|---|---|---|---|---|---|
| 务农农民 | 24.5 | 27.3 | 31.4 | 2.7 | 4.0 | 10.1 | 83.2 |
| 务农以及各类零工 | 22.7 | 27.1 | 31.2 | 2.3 | 4.2 | 12.6 | 81.0 |
| 农村自营者 | 27.1 | 31.1 | 28.7 | 2.4 | 3.0 | 7.7 | 87.0 |
| 乡镇集体企业、私营企业及个体企业主 | 26.3 | 32.6 | 29.0 | 1.3 | 3.2 | 7.6 | 87.9 |
| 乡镇集体企业、私营企业被雇者 | 21.2 | 34.6 | 30.0 | 2.2 | 1.6 | 10.4 | 85.7 |
| 国有经济单位职工（包括党政机关和事业单位） | 42.1 | 32.7 | 17.9 | 1.6 | 0.9 | 4.7 | 92.7 |
| 其他形式农村就业 | 23.3 | 28.2 | 28.2 | 1.0 | 2.9 | 16.5 | 79.6 |
| 总体 | 25.4 | 33.2 | 27.4 | 1.8 | 2.1 | 10.1 | 86.0 |

表22-58 不同职业对目前居住地各级政府服务的改善情况评价（%）（P=0.000）

| | 有明显改善 | 略有改善 | 没变化 | 略有恶化 | 明显恶化 | 不清楚/不了解/不评价 | 前三项合计 |
|---|---|---|---|---|---|---|---|
| 国家机关、党群组织、企业、事业单位负责人 | 39.4 | 30.6 | 23.3 | 1.5 | 1.2 | 4.0 | 93.3 |
| 办事人员和有关人员 | 33.0 | 36.0 | 23.1 | 1.2 | 1.1 | 5.7 | 92.0 |
| 专业技术人员 | 26.0 | 35.9 | 26.3 | 1.8 | 1.4 | 8.6 | 88.2 |
| 商业、服务业人员 | 22.7 | 35.9 | 27.1 | 2.0 | 2.1 | 10.1 | 85.7 |
| 农、林、牧、渔、水利生产人员 | 24.5 | 28.5 | 29.7 | 2.9 | 3.5 | 10.9 | 82.7 |
| 生产、运输设备操作人员及有关人员 | 20.8 | 33.4 | 29.3 | 2.1 | 2.9 | 11.5 | 83.5 |
| 不便分类的其他从业人员 | 26.9 | 25.1 | 24.0 | 3.2 | 1.8 | 19.0 | 76.0 |
| 总体 | 25.4 | 33.2 | 27.4 | 1.8 | 2.1 | 10.1 | 86.0 |

表22-59　不同生活水平对目前居住地各级政府服务的改善情况评价（%）（P=0.000）

| | 有明显改善 | 略有改善 | 没变化 | 略有恶化 | 明显恶化 | 不清楚/不了解/不评价 | 前三项合计 |
|---|---|---|---|---|---|---|---|
| 非常好 | 57.6 | 19.8 | 15.2 | 0.9 | 1.7 | 4.8 | 92.6 |
| 中等偏上 | 37.3 | 35.0 | 19.7 | 1.4 | 1.2 | 5.4 | 91.9 |
| 中等 | 25.8 | 35.2 | 26.5 | 1.6 | 1.5 | 9.4 | 87.5 |
| 中等偏下 | 17.0 | 31.8 | 33.0 | 2.5 | 2.8 | 13.0 | 81.8 |
| 非常差 | 12.5 | 18.5 | 40.2 | 4.2 | 8.7 | 15.9 | 71.2 |
| 不清楚/不了解/不评价 | 16.9 | 20.1 | 24.3 | 1.2 | 2.4 | 35.0 | 61.4 |
| 总体 | 25.4 | 33.2 | 27.4 | 1.8 | 2.1 | 10.1 | 86.0 |

## （五）对目前居住地交通状况的总体评价

对目前居住地交通状况表示“非常满意”“比较满意”和“一般”的分别占17.6%、37.3%、27.4%，合计为82.3%。

从不同群体来看，高中、中专或技校、家庭年收入10万～15万元、本市（县）非农业户口、城镇党政机关从业人员及农村国有经济单位职工等群体对交通状况的评价较高；硕士及以上学历的评价较低。

表22-60　城乡对目前居住地交通状况的总体评价（%）（P=0.000）

| | 非常满意 | 比较满意 | 一般 | 不太满意 | 非常不满意 | 不清楚/不了解/不评价 | 前三项合计 |
|---|---|---|---|---|---|---|---|
| 城镇 | 16.4 | 37.9 | 28.1 | 11.3 | 5.8 | 0.5 | 82.4 |
| 农村 | 19.6 | 36.2 | 26.2 | 10.0 | 6.8 | 1.2 | 82.0 |
| 总体 | 17.6 | 37.3 | 27.4 | 10.8 | 6.2 | 0.8 | 82.3 |

表22-61　不同性别对目前居住地交通状况的总体评价（%）（P=0.000）

| | 非常满意 | 比较满意 | 一般 | 不太满意 | 非常不满意 | 不清楚/不了解/不评价 | 前三项合计 |
|---|---|---|---|---|---|---|---|
| 男 | 18.4 | 35.6 | 26.6 | 10.9 | 7.7 | 0.7 | 80.6 |
| 女 | 16.6 | 39.2 | 28.4 | 10.7 | 4.3 | 0.8 | 84.2 |
| 总体 | 17.6 | 37.3 | 27.4 | 10.8 | 6.2 | 0.8 | 82.3 |

表22-62　不同年龄对目前居住地交通状况的总体评价（%）（P=0.000）

| | 非常满意 | 比较满意 | 一般 | 不太满意 | 非常不满意 | 不清楚/不了解/不评价 | 前三项合计 |
|---|---|---|---|---|---|---|---|
| 18～19岁 | 15.7 | 38.8 | 30.7 | 10.3 | 3.3 | 1.3 | 85.2 |
| 20～24岁 | 16.5 | 36.3 | 30.1 | 11.2 | 5.4 | 0.5 | 82.9 |

续表

| | 非常满意 | 比较满意 | 一般 | 不太满意 | 非常不满意 | 不清楚/不了解/不评价 | 前三项合计 |
|---|---|---|---|---|---|---|---|
| 25～29岁 | 14.1 | 36.8 | 29.9 | 12.2 | 6.6 | 0.4 | 80.8 |
| 30～34岁 | 14.0 | 35.3 | 31.0 | 12.6 | 6.6 | 0.5 | 80.3 |
| 35～39岁 | 16.2 | 35.5 | 28.9 | 11.8 | 6.9 | 0.6 | 80.6 |
| 40～44岁 | 16.6 | 36.6 | 28.4 | 11.3 | 6.4 | 0.6 | 81.7 |
| 45～49岁 | 19.6 | 36.5 | 27.1 | 10.0 | 6.1 | 0.8 | 83.1 |
| 50～54岁 | 20.7 | 36.4 | 23.6 | 10.5 | 7.6 | 1.1 | 80.8 |
| 55～59岁 | 20.0 | 40.8 | 26.4 | 6.9 | 4.9 | 1.0 | 87.2 |
| 60～64岁 | 23.1 | 39.5 | 21.1 | 9.7 | 5.6 | 1.1 | 83.6 |
| 65～69岁 | 23.2 | 42.8 | 18.2 | 8.6 | 5.2 | 2.0 | 84.2 |
| 70～74岁 | 25.3 | 46.2 | 17.0 | 7.5 | 3.1 | 0.9 | 88.5 |
| 总体 | 17.6 | 37.3 | 27.4 | 10.8 | 6.2 | 0.8 | 82.3 |

表22-63　不同户口状况对目前居住地交通状况的总体评价（%）（P=0.000）

| | 非常满意 | 比较满意 | 一般 | 不太满意 | 非常不满意 | 不清楚/不了解/不评价 | 前三项合计 |
|---|---|---|---|---|---|---|---|
| 本市（县）非农业户口 | 18.4 | 38.2 | 26.4 | 10.8 | 5.6 | 0.5 | 83.0 |
| 本市（县）农业户口 | 18.7 | 36.4 | 27.0 | 10.1 | 6.8 | 1.0 | 82.1 |
| 本市（县）居民户口 | 16.5 | 37.7 | 27.8 | 12.0 | 5.7 | 0.3 | 82.0 |
| 省内非本市（县）非农业户口 | 14.7 | 37.5 | 29.3 | 11.8 | 6.1 | 0.6 | 81.5 |
| 省内非本市（县）农业户口 | 14.7 | 37.1 | 29.9 | 11.6 | 5.9 | 0.9 | 81.6 |
| 省内非本市（县）居民户口 | 11.4 | 39.4 | 27.9 | 14.6 | 6.2 | 0.5 | 78.7 |
| 外省非农业户口 | 13.0 | 34.6 | 31.3 | 12.5 | 7.4 | 1.1 | 79.0 |
| 外省农业户口 | 15.7 | 37.3 | 30.3 | 9.8 | 5.8 | 1.1 | 83.3 |
| 外省居民户口 | 14.1 | 30.9 | 31.4 | 15.4 | 5.9 | 2.4 | 76.3 |
| 总体 | 17.6 | 37.3 | 27.4 | 10.8 | 6.2 | 0.8 | 82.3 |

表22-64　不同家庭人口数对目前居住地交通状况的总体评价（%）（P=0.000）

| | 非常满意 | 比较满意 | 一般 | 不太满意 | 非常不满意 | 不清楚/不了解/不评价 | 前三项合计 |
|---|---|---|---|---|---|---|---|
| 1人 | 18.0 | 35.4 | 23.2 | 11.1 | 9.7 | 2.6 | 76.6 |
| 2人 | 17.6 | 39.5 | 24.3 | 10.7 | 6.6 | 1.2 | 81.5 |
| 3人 | 16.7 | 37.6 | 28.2 | 11.2 | 5.8 | 0.5 | 82.5 |
| 4人 | 17.9 | 37.0 | 27.9 | 10.8 | 5.9 | 0.6 | 82.8 |
| 5人 | 17.7 | 37.4 | 28.0 | 10.3 | 5.8 | 0.8 | 83.1 |

续表

| | 非常满意 | 比较满意 | 一般 | 不太满意 | 非常不满意 | 不清楚/不了解/不评价 | 前三项合计 |
|---|---|---|---|---|---|---|---|
| 6人 | 17.7 | 36.9 | 26.8 | 11.2 | 6.4 | 0.9 | 81.5 |
| 7人及以上 | 19.9 | 34.3 | 27.4 | 9.9 | 7.6 | 0.8 | 81.7 |
| 总体 | 17.6 | 37.3 | 27.4 | 10.8 | 6.2 | 0.8 | 82.3 |

表22-65　不同受教育程度对目前居住地交通状况的总体评价（%）（P=0.000）

| | 非常满意 | 比较满意 | 一般 | 不太满意 | 非常不满意 | 不清楚/不了解/不评价 | 前三项合计 |
|---|---|---|---|---|---|---|---|
| 不识字或识字很少 | 25.4 | 32.1 | 20.3 | 10.4 | 8.3 | 3.4 | 77.8 |
| 小学 | 20.3 | 35.0 | 25.4 | 9.5 | 8.1 | 1.7 | 80.7 |
| 初中 | 19.0 | 36.8 | 27.6 | 9.7 | 6.0 | 1.0 | 83.3 |
| 高中、中专或技校 | 17.4 | 38.4 | 27.8 | 10.2 | 5.5 | 0.7 | 83.6 |
| 大学专科 | 15.7 | 38.3 | 28.3 | 11.5 | 5.8 | 0.4 | 82.4 |
| 本科 | 16.0 | 37.6 | 27.7 | 12.4 | 6.2 | 0.1 | 81.3 |
| 硕士及以上 | 13.4 | 31.1 | 28.7 | 18.2 | 8.1 | 0.4 | 73.2 |
| 总体 | 17.6 | 37.3 | 27.4 | 10.8 | 6.2 | 0.8 | 82.3 |

表22-66　不同婚姻状况对目前居住地交通状况的总体评价（%）（P=0.000）

| | 非常满意 | 比较满意 | 一般 | 不太满意 | 非常不满意 | 不清楚/不了解/不评价 | 前三项合计 |
|---|---|---|---|---|---|---|---|
| 未婚 | 15.3 | 36.6 | 29.8 | 11.6 | 5.9 | 0.8 | 81.7 |
| 已婚 | 18.0 | 37.7 | 26.9 | 10.6 | 6.1 | 0.7 | 82.6 |
| 离异 | 19.5 | 30.3 | 26.7 | 11.6 | 10.2 | 1.7 | 76.5 |
| 丧偶 | 24.1 | 37.3 | 23.6 | 7.9 | 4.7 | 2.4 | 85.0 |
| 总体 | 17.6 | 37.3 | 27.4 | 10.8 | 6.2 | 0.8 | 82.3 |

表22-67　不同收入状况对目前居住地交通状况的总体评价（%）（P=0.000）

| | 非常满意 | 比较满意 | 一般 | 不太满意 | 非常不满意 | 不清楚/不了解/不评价 | 前三项合计 |
|---|---|---|---|---|---|---|---|
| 1万元以下 | 19.1 | 31.7 | 25.6 | 10.8 | 10.8 | 2.0 | 76.5 |
| 1万～3万元 | 16.9 | 34.9 | 28.7 | 10.9 | 7.8 | 0.8 | 80.5 |
| 3万～5万元 | 17.2 | 37.4 | 28.4 | 10.6 | 5.8 | 0.6 | 83.0 |
| 5万～10万元 | 17.9 | 38.8 | 27.7 | 10.1 | 5.1 | 0.4 | 84.3 |
| 10万～15万元 | 18.3 | 40.1 | 26.0 | 10.5 | 4.9 | 0.1 | 84.5 |
| 15万～25万元 | 16.6 | 38.5 | 27.5 | 11.7 | 5.4 | 0.4 | 82.6 |
| 25万～50万元 | 17.2 | 39.7 | 25.1 | 11.2 | 6.5 | 0.3 | 82.0 |

续表

| | 非常满意 | 比较满意 | 一般 | 不太满意 | 非常不满意 | 不清楚/不了解/不评价 | 前三项合计 |
|---|---|---|---|---|---|---|---|
| 50万元以上 | 22.8 | 32.9 | 22.8 | 11.4 | 9.7 | 0.4 | 78.5 |
| 不清楚/拒答 | 17.0 | 36.3 | 27.9 | 11.5 | 5.5 | 1.8 | 81.2 |
| 总体 | 17.6 | 37.3 | 27.4 | 10.8 | 6.2 | 0.8 | 82.3 |

表22-68　不同城镇就业状况对目前居住地交通状况的总体评价（%）（P=0.000）

| | 非常满意 | 比较满意 | 一般 | 不太满意 | 非常不满意 | 不清楚/不了解/不评价 | 前三项合计 |
|---|---|---|---|---|---|---|---|
| 党政机关从业人员 | 25.1 | 37.0 | 23.9 | 9.5 | 4.3 | 0.2 | 85.9 |
| 事业单位和社会团体从业人员 | 20.4 | 40.1 | 24.7 | 9.6 | 4.9 | 0.2 | 85.2 |
| 国有企业及其他国有经济单位职工 | 14.6 | 35.4 | 30.1 | 12.9 | 6.5 | 0.5 | 80.1 |
| 集体经济单位职工 | 13.8 | 42.3 | 25.4 | 12.8 | 4.9 | 0.8 | 81.5 |
| 合资、外资或港澳台企业员工 | 10.1 | 37.1 | 33.9 | 12.9 | 5.5 | 0.3 | 81.2 |
| 个体或私营企业主 | 14.6 | 37.1 | 28.1 | 12.9 | 6.9 | 0.5 | 79.8 |
| 个体或私营企业被雇者 | 12.8 | 36.9 | 30.6 | 13.0 | 6.3 | 0.3 | 80.4 |
| 城镇自由职业者 | 15.9 | 35.6 | 29.4 | 11.7 | 6.7 | 0.6 | 80.9 |
| 其他形式的城镇就业 | 15.9 | 40.6 | 21.7 | 10.1 | 11.6 | 0.0 | 78.3 |
| 总体 | 17.6 | 37.3 | 27.4 | 10.8 | 6.2 | 0.8 | 82.3 |

表22-69　不同农村就业状况对目前居住地交通状况的总体评价（%）（P=0.000）

| | 非常满意 | 比较满意 | 一般 | 不太满意 | 非常不满意 | 不清楚/不了解/不评价 | 前三项合计 |
|---|---|---|---|---|---|---|---|
| 务农农民 | 21.9 | 33.0 | 25.6 | 9.4 | 8.8 | 1.3 | 80.4 |
| 务农以及各类零工 | 18.4 | 35.2 | 26.6 | 9.5 | 9.0 | 1.3 | 80.2 |
| 农村自营者 | 22.5 | 33.8 | 28.7 | 9.2 | 5.4 | 0.4 | 85.0 |
| 乡镇集体企业、私营企业及个体企业主 | 19.2 | 37.8 | 27.4 | 8.8 | 6.5 | 0.3 | 84.4 |
| 乡镇集体企业、私营企业被雇者 | 16.5 | 37.2 | 28.3 | 11.8 | 5.0 | 1.2 | 82.0 |
| 国有经济单位职工（包括党政机关和事业单位） | 28.2 | 35.1 | 22.2 | 9.8 | 4.4 | 0.3 | 85.6 |
| 其他形式农村就业 | 13.6 | 31.1 | 25.2 | 18.4 | 8.7 | 2.9 | 69.9 |
| 总体 | 17.6 | 37.3 | 27.4 | 10.8 | 6.2 | 0.8 | 82.3 |

表22-70　不同职业对目前居住地交通状况的总体评价（%）（P=0.000）

| | 非常满意 | 比较满意 | 一般 | 不太满意 | 非常不满意 | 不清楚/不了解/不评价 | 前三项合计 |
|---|---|---|---|---|---|---|---|
| 国家机关、党群组织、企业、事业单位负责人 | 23.6 | 35.9 | 23.6 | 11.3 | 5.3 | 0.3 | 83.1 |
| 办事人员和有关人员 | 19.3 | 36.5 | 28.2 | 10.9 | 4.7 | 0.3 | 84.1 |

续表

| | 非常满意 | 比较满意 | 一般 | 不太满意 | 非常不满意 | 不清楚/不了解/不评价 | 前三项合计 |
|---|---|---|---|---|---|---|---|
| 专业技术人员 | 15.4 | 36.8 | 28.6 | 12.1 | 6.8 | 0.3 | 80.8 |
| 商业、服务业人员 | 15.4 | 37.3 | 29.1 | 11.6 | 6.0 | 0.6 | 81.7 |
| 农、林、牧、渔、水利生产人员 | 20.7 | 34.9 | 25.3 | 10.6 | 7.6 | 1.0 | 80.9 |
| 生产、运输设备操作人员及有关人员 | 14.5 | 39.0 | 27.2 | 11.5 | 7.2 | 0.6 | 80.7 |
| 不便分类的其他从业人员 | 17.5 | 36.5 | 25.4 | 11.4 | 7.0 | 2.0 | 79.5 |
| 总体 | 17.6 | 37.3 | 27.4 | 10.8 | 6.2 | 0.8 | 82.3 |

表22-71 不同生活水平对目前居住地交通状况的总体评价（%）（P=0.000）

| | 非常满意 | 比较满意 | 一般 | 不太满意 | 非常不满意 | 不清楚/不了解/不评价 | 前三项合计 |
|---|---|---|---|---|---|---|---|
| 非常好 | 55.2 | 24.0 | 12.9 | 4.7 | 3.1 | 0.1 | 92.1 |
| 中等偏上 | 26.4 | 39.3 | 20.6 | 9.0 | 4.4 | 0.3 | 86.2 |
| 中等 | 17.1 | 39.6 | 27.6 | 10.2 | 4.9 | 0.6 | 84.2 |
| 中等偏下 | 10.8 | 34.4 | 32.2 | 13.6 | 8.2 | 0.8 | 77.4 |
| 非常差 | 13.5 | 24.1 | 28.7 | 13.1 | 18.0 | 2.7 | 66.3 |
| 不清楚/不了解/不评价 | 16.1 | 28.6 | 32.4 | 9.9 | 7.0 | 6.0 | 77.1 |
| 总体 | 17.6 | 37.3 | 27.4 | 10.8 | 6.2 | 0.8 | 82.3 |

## （六）对目前居住地社会治安环境的总体评价

对目前居住地社会治安环境表示“非常满意”“比较满意”和“一般”的分别占24.3%、43.5%、24.5%，合计为92.2%。

从不同群体来看，40～44岁、本科、本市（县）非农业户口、家庭年收入15万～25万元等的评价较高。从不同省份来看，新疆、西藏、贵州对居住地社会治安环境的评价较高。

表22-72 城乡对目前居住地社会治安环境的总体评价（%）（P=0.000）

| | 非常满意 | 比较满意 | 一般 | 不太满意 | 非常不满意 | 不清楚/不了解/不评价 | 前三项合计 |
|---|---|---|---|---|---|---|---|
| 城镇 | 24.1 | 45.4 | 23.6 | 4.0 | 2.2 | 0.7 | 93.1 |
| 农村 | 24.5 | 40.1 | 25.9 | 5.2 | 2.9 | 1.3 | 90.5 |
| 总体 | 24.3 | 43.5 | 24.5 | 4.5 | 2.5 | 0.9 | 92.2 |

表22-73 不同性别对居住地社会治安环境的总体评价（%）（P=0.000）

| | 非常满意 | 比较满意 | 一般 | 不太满意 | 非常不满意 | 不清楚/不了解/不评价 | 前三项合计 |
|---|---|---|---|---|---|---|---|
| 男 | 26.9 | 42.7 | 22.8 | 4.1 | 2.7 | 0.7 | 92.4 |
| 女 | 21.2 | 44.3 | 26.4 | 4.8 | 2.2 | 1.1 | 91.9 |
| 总体 | 24.3 | 43.5 | 24.5 | 4.5 | 2.5 | 0.9 | 92.2 |

表22-74　　不同年龄对目前居住地社会治安环境的总体评价（%）（P=0.000）

| | 非常满意 | 比较满意 | 一般 | 不太满意 | 非常不满意 | 不清楚/不了解/不评价 | 前三项合计 |
|---|---|---|---|---|---|---|---|
| 18～19岁 | 21.9 | 42.4 | 26.0 | 5.8 | 2.7 | 1.2 | 90.3 |
| 20～24岁 | 24.2 | 41.9 | 25.7 | 4.9 | 2.6 | 0.7 | 91.8 |
| 25～29岁 | 22.5 | 42.8 | 27.0 | 4.5 | 2.8 | 0.5 | 92.3 |
| 30～34岁 | 20.8 | 42.8 | 28.1 | 5.0 | 2.4 | 0.8 | 91.7 |
| 35～39岁 | 23.4 | 43.4 | 25.1 | 4.5 | 2.8 | 0.7 | 92.0 |
| 40～44岁 | 25.0 | 44.9 | 23.3 | 3.9 | 2.1 | 0.9 | 93.2 |
| 45～49岁 | 26.5 | 43.3 | 23.0 | 4.0 | 2.4 | 0.7 | 92.8 |
| 50～54岁 | 28.0 | 42.1 | 21.9 | 4.1 | 2.5 | 1.5 | 91.9 |
| 55～59岁 | 25.2 | 42.7 | 24.3 | 4.2 | 2.6 | 1.0 | 92.2 |
| 60～64岁 | 25.3 | 45.5 | 22.1 | 4.0 | 1.6 | 1.5 | 92.9 |
| 65～69岁 | 26.2 | 47.2 | 18.7 | 4.6 | 2.4 | 0.9 | 92.1 |
| 70～74岁 | 26.6 | 49.4 | 15.7 | 5.1 | 1.4 | 1.8 | 91.6 |
| 总体 | 24.3 | 43.5 | 24.5 | 4.5 | 2.5 | 0.9 | 92.2 |

表22-75　　不同户口状况对目前居住地社会治安环境的总体评价（%）（P=0.000）

| | 非常满意 | 比较满意 | 一般 | 不太满意 | 非常不满意 | 不清楚/不了解/不评价 | 前三项合计 |
|---|---|---|---|---|---|---|---|
| 本市（县）非农业户口 | 26.1 | 46.1 | 21.9 | 3.7 | 1.7 | 0.6 | 94.0 |
| 本市（县）农业户口 | 23.6 | 40.4 | 26.5 | 5.1 | 3.1 | 1.4 | 90.5 |
| 本市（县）居民户口 | 22.2 | 44.8 | 25.9 | 4.2 | 2.4 | 0.5 | 93.0 |
| 省内非本市（县）非农业户口 | 25.6 | 44.6 | 21.8 | 5.1 | 2.3 | 0.5 | 92.0 |
| 省内非本市（县）农业户口 | 20.8 | 42.6 | 27.4 | 5.4 | 2.9 | 0.9 | 90.8 |
| 省内非本市（县）居民户口 | 18.5 | 46.5 | 26.1 | 4.3 | 4.3 | 0.2 | 91.1 |
| 外省非农业户口 | 23.6 | 45.7 | 22.9 | 3.2 | 4.2 | 0.4 | 92.2 |
| 外省农业户口 | 23.9 | 43.4 | 24.0 | 5.3 | 2.3 | 1.1 | 91.3 |
| 外省居民户口 | 24.7 | 40.7 | 27.9 | 4.8 | 1.6 | 0.3 | 93.4 |
| 总体 | 24.3 | 43.5 | 24.5 | 4.5 | 2.5 | 0.9 | 92.2 |

表22-76　　不同家庭人口数对目前居住地社会治安环境的总体评价（%）（P=0.000）

| | 非常满意 | 比较满意 | 一般 | 不太满意 | 非常不满意 | 不清楚/不了解/不评价 | 前三项合计 |
|---|---|---|---|---|---|---|---|
| 1人 | 24.6 | 44.2 | 20.0 | 3.9 | 4.7 | 2.6 | 88.8 |
| 2人 | 24.9 | 46.0 | 21.3 | 4.2 | 2.7 | 1.0 | 92.2 |
| 3人 | 24.6 | 45.3 | 23.8 | 3.8 | 1.9 | 0.7 | 93.7 |
| 4人 | 23.9 | 43.6 | 24.8 | 4.3 | 2.7 | 0.7 | 92.3 |
| 5人 | 23.4 | 42.4 | 25.8 | 5.3 | 2.2 | 0.9 | 91.6 |
| 6人 | 23.9 | 40.5 | 26.1 | 5.2 | 3.2 | 1.1 | 90.6 |

续表

| | 非常满意 | 比较满意 | 一般 | 不太满意 | 非常不满意 | 不清楚/不了解/不评价 | 前三项合计 |
|---|---|---|---|---|---|---|---|
| 7人及以上 | 25.9 | 37.8 | 26.2 | 5.5 | 2.8 | 1.7 | 90.0 |
| 总体 | 24.3 | 43.5 | 24.5 | 4.5 | 2.5 | 0.9 | 92.2 |

表22-77　不同受教育程度对目前居住地社会治安环境的总体评价（%）（P=0.000）

| | 非常满意 | 比较满意 | 一般 | 不太满意 | 非常不满意 | 不清楚/不了解/不评价 | 前三项合计 |
|---|---|---|---|---|---|---|---|
| 不识字或识字很少 | 27.8 | 33.2 | 22.4 | 6.4 | 5.2 | 4.9 | 83.5 |
| 小学 | 24.6 | 39.0 | 25.5 | 5.5 | 3.5 | 2.0 | 89.0 |
| 初中 | 23.4 | 40.1 | 27.2 | 5.1 | 2.9 | 1.3 | 90.7 |
| 高中、中专或技校 | 22.7 | 44.4 | 25.2 | 4.5 | 2.6 | 0.7 | 92.2 |
| 大学专科 | 24.0 | 45.6 | 24.2 | 4.1 | 1.9 | 0.3 | 93.8 |
| 本科 | 27.0 | 47.1 | 20.7 | 3.3 | 1.6 | 0.3 | 94.8 |
| 硕士及以上 | 27.1 | 51.5 | 15.7 | 3.4 | 1.7 | 0.6 | 94.4 |
| 总体 | 24.3 | 43.5 | 24.5 | 4.5 | 2.5 | 0.9 | 92.2 |

表22-78　不同婚姻状况对目前居住地社会治安环境的总体评价（%）（P=0.000）

| | 非常满意 | 比较满意 | 一般 | 不太满意 | 非常不满意 | 不清楚/不了解/不评价 | 前三项合计 |
|---|---|---|---|---|---|---|---|
| 未婚 | 23.4 | 42.9 | 25.3 | 4.9 | 2.8 | 0.7 | 91.6 |
| 已婚 | 24.4 | 43.8 | 24.3 | 4.3 | 2.3 | 0.9 | 92.5 |
| 离异 | 29.5 | 34.7 | 24.4 | 4.4 | 5.0 | 2.0 | 88.5 |
| 丧偶 | 22.9 | 46.1 | 19.1 | 4.7 | 3.7 | 3.4 | 88.1 |
| 总体 | 24.3 | 43.5 | 24.5 | 4.5 | 2.5 | 0.9 | 92.2 |

表22-79　不同收入状况对目前居住地社会治安环境的总体评价（%）（P=0.000）

| | 非常满意 | 比较满意 | 一般 | 不太满意 | 非常不满意 | 不清楚/不了解/不评价 | 前三项合计 |
|---|---|---|---|---|---|---|---|
| 1万元以下 | 22.5 | 36.1 | 26.4 | 6.2 | 6.1 | 2.7 | 85.0 |
| 1万～3万元 | 22.8 | 39.7 | 27.9 | 5.5 | 3.2 | 0.9 | 90.4 |
| 3万～5万元 | 22.2 | 43.2 | 26.2 | 4.7 | 2.9 | 0.8 | 91.6 |
| 5万～10万元 | 24.7 | 44.6 | 24.3 | 4.1 | 1.9 | 0.5 | 93.6 |
| 10万～15万元 | 27.2 | 45.4 | 21.8 | 3.8 | 1.5 | 0.4 | 94.3 |
| 15万～25万元 | 27.0 | 46.4 | 21.3 | 3.2 | 1.8 | 0.2 | 94.7 |
| 25万～50万元 | 28.3 | 46.1 | 19.8 | 4.0 | 1.6 | 0.3 | 94.2 |
| 50万元以上 | 31.8 | 42.5 | 19.7 | 2.5 | 3.3 | 0.1 | 94.1 |
| 不清楚/拒答 | 22.3 | 44.6 | 24.6 | 4.6 | 2.0 | 1.9 | 91.6 |
| 总体 | 24.3 | 43.5 | 24.5 | 4.5 | 2.5 | 0.9 | 92.2 |

表22-80 不同城镇就业状况对目前居住地社会治安环境的总体评价（%）（P=0.000）

| | 非常满意 | 比较满意 | 一般 | 不太满意 | 非常不满意 | 不清楚/不了解/不评价 | 前三项合计 |
|---|---|---|---|---|---|---|---|
| 党政机关从业人员 | 43.0 | 39.7 | 13.7 | 1.5 | 1.7 | 0.3 | 96.4 |
| 事业单位和社会团体从业人员 | 32.1 | 44.0 | 19.2 | 2.9 | 1.3 | 0.5 | 95.3 |
| 国有企业及其他国有经济单位职工 | 24.1 | 48.9 | 22.4 | 3.1 | 1.4 | 0.1 | 95.4 |
| 集体经济单位职工 | 21.2 | 48.2 | 24.4 | 3.2 | 1.4 | 1.6 | 93.8 |
| 合资、外资或港澳台企业员工 | 17.1 | 51.6 | 25.6 | 3.5 | 1.7 | 0.6 | 94.2 |
| 个体或私营企业主 | 23.5 | 46.3 | 24.0 | 4.0 | 1.9 | 0.4 | 93.8 |
| 个体或私营企业被雇者 | 19.1 | 46.6 | 26.4 | 4.8 | 2.5 | 0.6 | 92.1 |
| 城镇自由职业者 | 22.8 | 42.2 | 26.4 | 4.3 | 3.6 | 0.7 | 91.3 |
| 其他形式的城镇就业 | 27.5 | 42.0 | 24.6 | 4.3 | 1.4 | 0.0 | 94.2 |
| 总体 | 24.3 | 43.5 | 24.5 | 4.5 | 2.5 | 0.9 | 92.2 |

表22-81 不同农村就业状况对目前居住地社会治安环境的总体评价（%）（P=0.000）

| | 非常满意 | 比较满意 | 一般 | 不太满意 | 非常不满意 | 不清楚/不了解/不评价 | 前三项合计 |
|---|---|---|---|---|---|---|---|
| 务农农民 | 26.4 | 38.0 | 25.3 | 5.1 | 3.6 | 1.7 | 89.6 |
| 务农以及各类零工 | 25.4 | 38.4 | 25.9 | 5.8 | 3.2 | 1.4 | 89.7 |
| 农村自营者 | 26.5 | 36.8 | 25.5 | 6.1 | 4.1 | 1.0 | 88.9 |
| 乡镇集体企业、私营企业及个体企业主 | 26.1 | 44.7 | 23.1 | 3.8 | 2.1 | 0.2 | 93.8 |
| 乡镇集体企业、私营企业被雇者 | 19.7 | 42.2 | 29.8 | 5.4 | 2.1 | 0.8 | 91.7 |
| 国有经济单位职工（包括党政机关和事业单位） | 35.5 | 40.9 | 19.7 | 2.3 | 1.5 | 0.2 | 96.1 |
| 其他形式农村就业 | 22.3 | 38.8 | 25.2 | 7.8 | 4.9 | 1.0 | 86.4 |
| 总体 | 24.3 | 43.5 | 24.5 | 4.5 | 2.5 | 0.9 | 92.2 |

表22-82 不同职业对目前居住地社会治安环境的总体评价（%）（P=0.000）

| | 非常满意 | 比较满意 | 一般 | 不太满意 | 非常不满意 | 不清楚/不了解/不评价 | 前三项合计 |
|---|---|---|---|---|---|---|---|
| 国家机关、党群组织、企业、事业单位负责人 | 36.2 | 42.5 | 16.7 | 2.2 | 1.9 | 0.5 | 95.5 |
| 办事人员和有关人员 | 29.2 | 45.2 | 21.7 | 2.7 | 0.9 | 0.3 | 96.1 |
| 专业技术人员 | 24.2 | 46.6 | 22.8 | 3.9 | 2.0 | 0.5 | 93.6 |
| 商业、服务业人员 | 22.1 | 43.8 | 25.8 | 5.1 | 2.6 | 0.5 | 91.7 |
| 农、林、牧、渔、水利生产人员 | 25.5 | 39.4 | 26.6 | 4.5 | 2.7 | 1.3 | 91.5 |
| 生产、运输设备操作人员及有关人员 | 22.9 | 44.3 | 25.4 | 4.0 | 2.6 | 0.8 | 92.6 |
| 不便分类的其他从业人员 | 20.8 | 42.1 | 29.8 | 3.5 | 2.9 | 0.9 | 92.7 |
| 总体 | 24.3 | 43.5 | 24.5 | 4.5 | 2.5 | 0.9 | 92.2 |

表22-83　　不同生活水平对目前居住地社会治安环境的总体评价（%）（P=0.000）

| | 非常满意 | 比较满意 | 一般 | 不太满意 | 非常不满意 | 不清楚/不了解/不评价 | 前三项合计 |
|---|---|---|---|---|---|---|---|
| 非常好 | 63.0 | 23.4 | 10.0 | 1.8 | 1.5 | 0.3 | 96.4 |
| 中等偏上 | 35.1 | 42.8 | 17.1 | 3.1 | 1.5 | 0.4 | 95.0 |
| 中等 | 23.7 | 45.4 | 24.4 | 3.9 | 1.8 | 0.7 | 93.5 |
| 中等偏下 | 17.0 | 43.2 | 29.6 | 6.0 | 3.1 | 1.1 | 89.7 |
| 非常差 | 16.6 | 31.7 | 29.7 | 8.8 | 10.9 | 2.3 | 77.9 |
| 不清楚/不了解/不评价 | 23.7 | 40.6 | 20.9 | 4.4 | 2.0 | 8.2 | 85.3 |
| 总体 | 24.3 | 43.5 | 24.5 | 4.5 | 2.5 | 0.9 | 92.2 |

## （七）对最近一年以来居住地社会治安环境是否有改善的评价

对最近一年以来居住地社会治安环境是否有改善，表示“有明显改善”“略有改善”和“没变化”的分别占29.5%、34.9%、29.6%，合计为94.1%。

从不同群体来看，55 ~ 59岁、本科、硕士及以上、本市（县）居民户口、家庭年收入25万 ~ 50万元等群体对居住地社会治安环境是否有改善的评价较高。

表22-84　　城乡对目前居住地社会治安环境是否有改善情况的评价（%）（P=0.000）

| | 有明显改善 | 略有改善 | 没变化 | 略有恶化 | 明显恶化 | 不清楚/不了解/不评价 | 前三项合计 |
|---|---|---|---|---|---|---|---|
| 城镇 | 28.9 | 35.6 | 30.0 | 1.4 | 0.8 | 3.2 | 94.5 |
| 农村 | 30.6 | 33.7 | 28.9 | 1.6 | 1.4 | 3.7 | 93.3 |
| 总体 | 29.5 | 34.9 | 29.6 | 1.5 | 1.0 | 3.4 | 94.1 |

表22-85　　不同性别对目前居住地社会治安环境是否有改善情况的评价（%）（P=0.000）

| | 有明显改善 | 略有改善 | 没变化 | 略有恶化 | 明显恶化 | 不清楚/不了解/不评价 | 前三项合计 |
|---|---|---|---|---|---|---|---|
| 男 | 32.4 | 33.3 | 28.7 | 1.6 | 1.1 | 3.0 | 94.4 |
| 女 | 26.1 | 36.9 | 30.7 | 1.4 | 1.0 | 3.9 | 93.7 |
| 总体 | 29.5 | 34.9 | 29.6 | 1.5 | 1.0 | 3.4 | 94.1 |

表22-86　　不同年龄对目前居住地社会治安环境是否有改善情况的评价（%）（P=0.000）

| | 有明显改善 | 略有改善 | 没变化 | 略有恶化 | 明显恶化 | 不清楚/不了解/不评价 | 前三项合计 |
|---|---|---|---|---|---|---|---|
| 18 ~ 19岁 | 22.9 | 38.4 | 30.9 | 2.6 | 0.6 | 4.5 | 92.2 |
| 20 ~ 24岁 | 26.7 | 36.8 | 30.4 | 1.3 | 1.0 | 3.7 | 94.0 |
| 25 ~ 29岁 | 25.8 | 37.5 | 30.3 | 2.0 | 1.2 | 3.3 | 93.6 |

续表

| | 有明显改善 | 略有改善 | 没变化 | 略有恶化 | 明显恶化 | 不清楚/不了解/不评价 | 前三项合计 |
|---|---|---|---|---|---|---|---|
| 30～34岁 | 25.5 | 36.1 | 32.5 | 1.5 | 1.2 | 3.2 | 94.1 |
| 35～39岁 | 28.3 | 34.5 | 31.0 | 2.2 | 1.4 | 2.6 | 93.8 |
| 40～44岁 | 30.0 | 33.9 | 30.4 | 1.6 | 0.8 | 3.2 | 94.3 |
| 45～49岁 | 34.3 | 30.9 | 29.2 | 1.1 | 1.2 | 3.4 | 94.3 |
| 50～54岁 | 35.0 | 30.2 | 28.9 | 1.0 | 0.8 | 4.1 | 94.1 |
| 55～59岁 | 31.2 | 37.2 | 26.4 | 1.3 | 1.4 | 2.5 | 94.8 |
| 60～64岁 | 32.7 | 34.8 | 26.9 | 0.8 | 0.5 | 4.3 | 94.4 |
| 65～69岁 | 36.1 | 34.4 | 24.0 | 0.9 | 0.9 | 3.9 | 94.4 |
| 70～74岁 | 33.2 | 37.6 | 23.4 | 0.6 | 0.4 | 4.8 | 94.2 |
| 总体 | 29.5 | 34.9 | 29.6 | 1.5 | 1.0 | 3.4 | 94.1 |

**表22-87　不同户口状况对目前居住地社会治安环境是否有改善情况的评价（%）（P=0.000）**

| | 有明显改善 | 略有改善 | 没变化 | 略有恶化 | 明显恶化 | 不清楚/不了解/不评价 | 前三项合计 |
|---|---|---|---|---|---|---|---|
| 本市（县）非农业户口 | 31.5 | 34.9 | 28.6 | 1.3 | 0.8 | 2.9 | 95.0 |
| 本市（县）农业户口 | 29.8 | 34.4 | 29.2 | 1.6 | 1.3 | 3.7 | 93.4 |
| 本市（县）居民户口 | 27.3 | 34.7 | 33.6 | 1.4 | 0.6 | 2.5 | 95.6 |
| 省内非本市（县）非农业户口 | 25.4 | 36.0 | 32.1 | 1.8 | 0.7 | 3.9 | 93.6 |
| 省内非本市（县）农业户口 | 26.3 | 36.1 | 30.1 | 2.0 | 1.2 | 4.3 | 92.5 |
| 省内非本市（县）居民户口 | 23.8 | 38.7 | 31.8 | 1.1 | 1.8 | 2.7 | 94.3 |
| 外省非农业户口 | 23.3 | 37.7 | 32.2 | 2.4 | 1.0 | 3.4 | 93.1 |
| 外省农业户口 | 28.9 | 35.5 | 27.9 | 1.6 | 1.1 | 4.9 | 92.3 |
| 外省居民户口 | 23.4 | 37.2 | 34.0 | 0.5 | 0.8 | 4.0 | 94.7 |
| 总体 | 29.5 | 34.9 | 29.6 | 1.5 | 1.0 | 3.4 | 94.1 |

**表22-88　不同家庭人口数对目前居住地社会治安环境是否有改善情况的评价（%）（P=0.000）**

| | 有明显改善 | 略有改善 | 没变化 | 略有恶化 | 明显恶化 | 不清楚/不了解/不评价 | 前三项合计 |
|---|---|---|---|---|---|---|---|
| 1人 | 26.1 | 31.2 | 34.1 | 1.1 | 1.1 | 6.4 | 91.4 |
| 2人 | 28.9 | 34.0 | 30.7 | 1.2 | 0.8 | 4.4 | 93.6 |
| 3人 | 28.3 | 34.8 | 31.5 | 1.4 | 0.8 | 3.2 | 94.6 |
| 4人 | 30.0 | 36.3 | 27.8 | 1.9 | 1.1 | 2.8 | 94.2 |
| 5人 | 29.3 | 35.6 | 28.8 | 1.6 | 1.3 | 3.3 | 93.8 |
| 6人 | 30.7 | 34.8 | 28.9 | 1.3 | 1.2 | 3.0 | 94.4 |
| 7人及以上 | 34.1 | 31.3 | 27.8 | 1.1 | 1.0 | 4.7 | 93.2 |
| 总体 | 24.3 | 43.5 | 24.5 | 4.5 | 2.5 | 0.9 | 92.2 |

表22-89　不同受教育程度对目前居住地社会治安环境是否有改善情况的评价（%）（P=0.000）

| | 有明显改善 | 略有改善 | 没变化 | 略有恶化 | 明显恶化 | 不清楚/不了解/不评价 | 前三项合计 |
|---|---|---|---|---|---|---|---|
| 不识字或识字很少 | 29.3 | 24.4 | 30.7 | 1.2 | 1.6 | 12.9 | 84.3 |
| 小学 | 29.4 | 32.2 | 30.3 | 1.3 | 1.5 | 5.3 | 91.9 |
| 初中 | 31.1 | 34.1 | 28.8 | 1.5 | 1.1 | 3.4 | 94.0 |
| 高中、中专或技校 | 30.3 | 36.9 | 27.2 | 1.7 | 1.2 | 2.6 | 94.5 |
| 大学专科 | 29.6 | 35.6 | 29.9 | 1.5 | 0.8 | 2.7 | 95.0 |
| 本科 | 27.5 | 35.4 | 31.8 | 1.3 | 0.8 | 3.1 | 94.8 |
| 硕士及以上 | 19.2 | 32.4 | 43.4 | 1.1 | 0.8 | 3.2 | 94.9 |
| 总体 | 29.5 | 34.9 | 29.6 | 1.5 | 1.0 | 3.4 | 94.1 |

表22-90　不同婚姻状况对目前居住地社会治安环境是否有改善情况的评价（%）（P=0.000）

| | 有明显改善 | 略有改善 | 没变化 | 略有恶化 | 明显恶化 | 不清楚/不了解/不评价 | 前三项合计 |
|---|---|---|---|---|---|---|---|
| 未婚 | 25.2 | 37.1 | 30.8 | 1.7 | 1.1 | 4.0 | 93.2 |
| 已婚 | 30.5 | 34.6 | 29.3 | 1.5 | 1.0 | 3.1 | 94.4 |
| 离异 | 31.5 | 28.6 | 31.9 | 1.5 | 1.5 | 5.1 | 91.9 |
| 丧偶 | 36.1 | 30.9 | 26.3 | 0.4 | 0.9 | 5.4 | 93.3 |
| 总体 | 29.5 | 34.9 | 29.6 | 1.5 | 1.0 | 3.4 | 94.1 |

表22-91　不同收入状况对目前居住地社会治安环境是否有改善情况的评价（%）（P=0.000）

| | 有明显改善 | 略有改善 | 没变化 | 略有恶化 | 明显恶化 | 不清楚/不了解/不评价 | 前三项合计 |
|---|---|---|---|---|---|---|---|
| 1万元以下 | 28.8 | 28.9 | 32.4 | 1.7 | 1.7 | 6.5 | 90.1 |
| 1万～3万元 | 28.7 | 34.6 | 30.7 | 1.5 | 1.3 | 3.2 | 94.0 |
| 3万～5万元 | 28.9 | 36.6 | 28.8 | 1.6 | 1.3 | 2.8 | 94.3 |
| 5万～10万元 | 32.1 | 35.6 | 27.7 | 1.5 | 0.9 | 2.2 | 95.4 |
| 10万～15万元 | 31.8 | 35.2 | 28.9 | 1.4 | 0.7 | 1.9 | 95.9 |
| 15万～25万元 | 31.6 | 35.5 | 28.8 | 1.5 | 0.7 | 1.9 | 96.0 |
| 25万～50万元 | 27.7 | 36.5 | 31.6 | 2.3 | 1.0 | 0.9 | 95.9 |
| 50万元以上 | 30.1 | 34.7 | 30.9 | 1.5 | 1.3 | 1.5 | 95.7 |
| 不清楚/拒答 | 25.4 | 34.2 | 31.2 | 1.2 | 0.9 | 7.2 | 90.8 |
| 总体 | 29.5 | 34.9 | 29.6 | 1.5 | 1.0 | 3.4 | 94.1 |

表22-92　不同城镇就业对目前居住地社会治安环境是否有改善情况的评价（%）（P=0.000）

| | 有明显改善 | 略有改善 | 没变化 | 略有恶化 | 明显恶化 | 不清楚/不了解/不评价 | 前三项合计 |
|---|---|---|---|---|---|---|---|
| 党政机关从业人员 | 45.6 | 28.3 | 22.1 | 0.7 | 0.6 | 2.7 | 96.0 |
| 事业单位和社会团体从业人员 | 35.4 | 34.7 | 26.2 | 0.9 | 0.5 | 2.2 | 96.3 |
| 国有企业及其他国有经济单位职工 | 25.1 | 35.8 | 33.5 | 2.0 | 0.4 | 3.1 | 94.5 |
| 集体经济单位职工 | 21.9 | 42.0 | 27.9 | 2.2 | 0.6 | 5.4 | 91.8 |
| 合资、外资或港澳台企业员工 | 21.8 | 38.6 | 36.3 | 0.9 | 0.6 | 1.7 | 96.8 |
| 个体或私营企业主 | 29.5 | 36.9 | 29.2 | 1.4 | 0.6 | 2.4 | 95.6 |
| 个体或私营企业被雇者 | 24.3 | 35.5 | 33.9 | 1.9 | 1.0 | 3.5 | 93.7 |
| 城镇自由职业者 | 29.5 | 35.0 | 28.3 | 2.8 | 1.7 | 2.7 | 92.8 |
| 其他形式的城镇就业 | 34.8 | 29.0 | 26.1 | 1.4 | 1.4 | 7.2 | 89.9 |
| 总体 | 29.5 | 34.9 | 29.6 | 1.5 | 1.0 | 3.4 | 94.1 |

表22-93　不同农村就业对目前居住地社会治安环境是否有改善情况的评价（%）（P=0.000）

| | 有明显改善 | 略有改善 | 没变化 | 略有恶化 | 明显恶化 | 不清楚/不了解/不评价 | 前三项合计 |
|---|---|---|---|---|---|---|---|
| 务农农民 | 31.7 | 31.0 | 30.0 | 1.7 | 1.6 | 3.9 | 92.7 |
| 务农以及各类零工 | 30.6 | 30.8 | 31.7 | 1.5 | 1.3 | 4.1 | 93.1 |
| 农村自营者 | 35.9 | 32.3 | 25.7 | 1.9 | 2.4 | 1.8 | 93.9 |
| 乡镇集体企业、私营企业及个体企业主 | 32.6 | 37.7 | 25.3 | 1.5 | 1.0 | 2.0 | 95.5 |
| 乡镇集体企业、私营企业被雇者 | 26.8 | 37.3 | 30.1 | 1.9 | 1.1 | 2.7 | 94.2 |
| 国有经济单位职工（包括党政机关和事业单位） | 44.1 | 32.4 | 20.0 | 0.9 | 1.3 | 1.3 | 96.5 |
| 其他形式农村就业 | 21.4 | 36.9 | 36.9 | 1.0 | 1.0 | 2.9 | 95.1 |
| 总体 | 29.5 | 34.9 | 29.6 | 1.5 | 1.0 | 3.4 | 94.1 |

表22-94　不同职业对目前居住地社会治安环境是否有改善情况的评价（%）（P=0.000）

| | 有明显改善 | 略有改善 | 没变化 | 略有恶化 | 明显恶化 | 不清楚/不了解/不评价 | 前三项合计 |
|---|---|---|---|---|---|---|---|
| 国家机关、党群组织、企业、事业单位负责人 | 38.4 | 31.9 | 26.2 | 1.4 | 0.7 | 1.5 | 96.5 |
| 办事人员和有关人员 | 32.9 | 33.0 | 29.9 | 1.1 | 0.5 | 2.6 | 95.8 |
| 专业技术人员 | 28.3 | 35.9 | 30.6 | 1.6 | 0.8 | 2.8 | 94.8 |
| 商业、服务业人员 | 28.0 | 37.1 | 29.1 | 1.9 | 1.1 | 2.8 | 94.3 |
| 农、林、牧、渔、水利生产人员 | 31.5 | 33.7 | 28.5 | 1.3 | 1.2 | 3.8 | 93.6 |
| 生产、运输设备操作人员及有关人员 | 29.3 | 33.7 | 30.7 | 1.7 | 1.2 | 3.4 | 93.7 |
| 不便分类的其他从业人员 | 31.9 | 28.1 | 33.6 | 2.9 | 0.6 | 2.9 | 93.6 |
| 总体 | 29.5 | 34.9 | 29.6 | 1.5 | 1.0 | 3.4 | 94.1 |

表22-95　不同生活水平对目前居住地社会治安环境是否有改善情况的评价（%）（P=0.000）

| | 有明显改善 | 略有改善 | 没变化 | 略有恶化 | 明显恶化 | 不清楚/不了解/不评价 | 前三项合计 |
|---|---|---|---|---|---|---|---|
| 非常好 | 60.8 | 22.7 | 13.2 | 0.6 | 1.0 | 1.7 | 96.7 |
| 中等偏上 | 40.7 | 33.1 | 22.5 | 1.4 | 0.7 | 1.5 | 96.4 |
| 中等 | 29.2 | 36.8 | 29.0 | 1.3 | 0.8 | 2.9 | 95.0 |
| 中等偏下 | 23.0 | 34.4 | 35.1 | 1.9 | 1.2 | 4.5 | 92.4 |
| 非常差 | 19.9 | 26.7 | 38.2 | 2.9 | 4.4 | 7.9 | 84.8 |
| 不清楚/不了解/不评价 | 18.7 | 27.4 | 35.4 | 0.8 | 0.4 | 17.3 | 81.5 |
| 总体 | 29.5 | 34.9 | 29.6 | 1.5 | 1.0 | 3.4 | 94.1 |

## （八）对目前住房状况的总体评价

对目前住房状况表示“非常满意”“比较满意”和“一般”的分别占17.3%、37.6%、29.6%，合计为84.5%。

从不同群体来看，18～19岁、本科、本市（县）非农业户口、家庭年收入50万元以上等群体对目前住房状况的评价较高；50～54岁、不识字或识字很少、家庭年收入1万元以下等群体评价较低。

表22-96　城乡对目前住房状况的总体评价（%）（P=0.000）

| | 非常满意 | 比较满意 | 一般 | 不太满意 | 非常不满意 | 不清楚/不了解/不评价 | 前三项合计 |
|---|---|---|---|---|---|---|---|
| 城镇 | 16.6 | 39.7 | 29.4 | 8.6 | 4.4 | 1.3 | 85.7 |
| 农村 | 18.5 | 34.0 | 29.9 | 10.0 | 6.0 | 1.6 | 82.4 |
| 总体 | 17.3 | 37.6 | 29.6 | 9.1 | 5.0 | 1.4 | 84.5 |

表22-97　不同性别对目前住房状况的总体评价（%）（P=0.000）

| | 非常满意 | 比较满意 | 一般 | 不太满意 | 非常不满意 | 不清楚/不了解/不评价 | 前三项合计 |
|---|---|---|---|---|---|---|---|
| 男 | 18.0 | 35.6 | 29.6 | 9.2 | 6.1 | 1.5 | 83.2 |
| 女 | 16.5 | 39.9 | 29.6 | 9.0 | 3.8 | 1.3 | 86.0 |
| 总体 | 17.3 | 37.6 | 29.6 | 9.1 | 5.0 | 1.4 | 84.5 |

表22-98　不同年龄对目前住房状况的总体评价（%）（P=0.000）

| | 非常满意 | 比较满意 | 一般 | 不太满意 | 非常不满意 | 不清楚/不了解/不评价 | 前三项合计 |
|---|---|---|---|---|---|---|---|
| 18～19岁 | 19.6 | 41.8 | 30.4 | 4.7 | 2.0 | 1.5 | 91.8 |
| 20～24岁 | 17.2 | 40.4 | 30.0 | 8.0 | 2.7 | 1.8 | 87.5 |

续表

| | 非常满意 | 比较满意 | 一般 | 不太满意 | 非常不满意 | 不清楚/不了解/不评价 | 前三项合计 |
|---|---|---|---|---|---|---|---|
| 25～29岁 | 15.3 | 37.0 | 33.8 | 8.5 | 4.4 | 0.9 | 86.2 |
| 30～34岁 | 14.7 | 36.8 | 32.2 | 10.1 | 5.3 | 0.9 | 83.7 |
| 35～39岁 | 16.0 | 38.7 | 30.4 | 8.8 | 5.3 | 1.0 | 85.0 |
| 40～44岁 | 16.4 | 37.0 | 30.8 | 9.0 | 5.3 | 1.6 | 84.1 |
| 45～49岁 | 18.5 | 36.1 | 28.4 | 10.7 | 5.1 | 1.2 | 83.0 |
| 50～54岁 | 19.5 | 34.4 | 27.4 | 9.5 | 6.7 | 2.4 | 81.3 |
| 55～59岁 | 19.2 | 39.2 | 27.3 | 8.3 | 4.9 | 1.1 | 85.7 |
| 60～64岁 | 19.5 | 38.3 | 25.1 | 10.3 | 4.9 | 1.9 | 83.0 |
| 65～69岁 | 22.3 | 36.6 | 23.5 | 9.8 | 5.7 | 2.1 | 82.4 |
| 70～74岁 | 21.2 | 39.7 | 21.3 | 8.6 | 7.1 | 2.1 | 82.2 |
| 总体 | 17.3 | 37.6 | 29.6 | 9.1 | 5.0 | 1.4 | 84.5 |

表22-99　不同户口状况对目前住房状况的总体评价（%）（P=0.000）

| | 非常满意 | 比较满意 | 一般 | 不太满意 | 非常不满意 | 不清楚/不了解/不评价 | 前三项合计 |
|---|---|---|---|---|---|---|---|
| 本市（县）非农业户口 | 19.1 | 41.0 | 27.1 | 7.8 | 4.3 | 0.8 | 87.1 |
| 本市（县）农业户口 | 17.9 | 35.1 | 30.0 | 9.7 | 5.5 | 1.8 | 83.0 |
| 本市（县）居民户口 | 16.7 | 38.9 | 28.9 | 8.5 | 5.8 | 1.2 | 84.5 |
| 省内非本市（县）非农业户口 | 14.3 | 38.6 | 31.3 | 9.8 | 4.4 | 1.6 | 84.1 |
| 省内非本市（县）农业户口 | 12.9 | 33.7 | 35.6 | 10.8 | 5.5 | 1.6 | 82.1 |
| 省内非本市（县）居民户口 | 14.4 | 37.5 | 30.9 | 13.5 | 3.2 | 0.5 | 82.8 |
| 外省非农业户口 | 13.0 | 37.4 | 33.9 | 9.1 | 4.4 | 2.2 | 84.3 |
| 外省农业户口 | 11.7 | 33.3 | 35.4 | 12.1 | 5.6 | 1.9 | 80.4 |
| 外省居民户口 | 16.2 | 33.8 | 34.6 | 7.7 | 6.1 | 1.6 | 84.6 |
| 总体 | 17.3 | 37.6 | 29.6 | 9.1 | 5.0 | 1.4 | 84.5 |

表22-100　不同家庭人口数对目前住房状况的总体评价（%）（P=0.000）

| | 非常满意 | 比较满意 | 一般 | 不太满意 | 非常不满意 | 不清楚/不了解/不评价 | 前三项合计 |
|---|---|---|---|---|---|---|---|
| 1人 | 15.4 | 30.5 | 29.6 | 12.8 | 9.0 | 2.7 | 75.5 |
| 2人 | 17.5 | 38.5 | 27.0 | 9.6 | 5.9 | 1.5 | 83.0 |
| 3人 | 16.4 | 39.9 | 29.6 | 8.8 | 4.2 | 1.0 | 86.0 |
| 4人 | 17.5 | 37.3 | 30.2 | 9.0 | 4.7 | 1.4 | 84.9 |
| 5人 | 17.8 | 37.5 | 30.7 | 7.8 | 4.7 | 1.4 | 86.1 |
| 6人 | 17.9 | 36.5 | 29.0 | 9.8 | 5.4 | 1.4 | 83.4 |
| 7人及以上 | 18.9 | 30.8 | 29.0 | 11.1 | 7.6 | 2.5 | 78.8 |
| 总体 | 17.3 | 37.6 | 29.6 | 9.1 | 5.0 | 1.4 | 84.5 |

表22-101　不同受教育程度对目前住房状况的总体评价（%）（P=0.000）

| | 非常满意 | 比较满意 | 一般 | 不太满意 | 非常不满意 | 不清楚/不了解/不评价 | 前三项合计 |
|---|---|---|---|---|---|---|---|
| 不识字或识字很少 | 20.7 | 26.6 | 22.6 | 14.0 | 10.2 | 6.0 | 69.9 |
| 小学 | 18.3 | 30.8 | 29.2 | 11.2 | 8.1 | 2.4 | 78.3 |
| 初中 | 16.8 | 33.8 | 31.8 | 10.2 | 5.8 | 1.5 | 82.4 |
| 高中、中专或技校 | 17.2 | 37.7 | 29.8 | 8.9 | 4.9 | 1.5 | 84.7 |
| 大学专科 | 16.3 | 40.3 | 30.8 | 8.2 | 3.6 | 0.8 | 87.4 |
| 本科 | 18.3 | 43.7 | 26.7 | 7.1 | 3.4 | 0.8 | 88.7 |
| 硕士及以上 | 16.5 | 42.8 | 26.0 | 8.7 | 4.8 | 1.1 | 85.4 |
| 总体 | 17.3 | 37.6 | 29.6 | 9.1 | 5.0 | 1.4 | 84.5 |

表22-102　不同婚姻状况对目前住房状况的总体评价（%）（P=0.000）

| | 非常满意 | 比较满意 | 一般 | 不太满意 | 非常不满意 | 不清楚/不了解/不评价 | 前三项合计 |
|---|---|---|---|---|---|---|---|
| 未婚 | 16.3 | 37.2 | 32.4 | 8.5 | 3.9 | 1.6 | 86.0 |
| 已婚 | 17.7 | 38.0 | 29.0 | 9.0 | 5.0 | 1.3 | 84.7 |
| 离异 | 14.2 | 27.3 | 29.9 | 14.7 | 12.1 | 1.8 | 71.4 |
| 丧偶 | 14.6 | 38.7 | 22.1 | 11.4 | 9.0 | 4.1 | 75.4 |
| 总体 | 17.3 | 37.6 | 29.6 | 9.1 | 5.0 | 1.4 | 84.5 |

表22-103　不同收入状况对目前住房状况的总体评价（%）（P=0.000）

| | 非常满意 | 比较满意 | 一般 | 不太满意 | 非常不满意 | 不清楚/不了解/不评价 | 前三项合计 |
|---|---|---|---|---|---|---|---|
| 1万元以下 | 15.1 | 25.3 | 28.5 | 15.6 | 12.9 | 2.6 | 68.8 |
| 1万～3万元 | 14.7 | 31.9 | 33.5 | 11.2 | 7.1 | 1.7 | 80.0 |
| 3万～5万元 | 15.0 | 34.4 | 32.1 | 11.5 | 5.8 | 1.2 | 81.6 |
| 5万～10万元 | 16.9 | 38.9 | 30.6 | 8.6 | 4.1 | 0.7 | 86.5 |
| 10万～15万元 | 19.5 | 43.5 | 26.7 | 6.8 | 2.8 | 0.7 | 89.7 |
| 15万～25万元 | 20.7 | 43.8 | 26.2 | 5.6 | 3.3 | 0.4 | 90.7 |
| 25万～50万元 | 21.2 | 46.6 | 24.6 | 5.3 | 1.9 | 0.4 | 92.4 |
| 50万元以上 | 30.5 | 42.5 | 18.6 | 4.1 | 3.5 | 0.8 | 91.6 |
| 不清楚/拒答 | 17.6 | 37.8 | 29.2 | 8.3 | 4.2 | 3.0 | 84.5 |
| 总体 | 17.3 | 37.6 | 29.6 | 9.1 | 5.0 | 1.4 | 84.5 |

表22-104　不同城镇就业状况对目前住房状况的总体评价（%）（P=0.000）

| | 非常满意 | 比较满意 | 一般 | 不太满意 | 非常不满意 | 不清楚/不了解/不评价 | 前三项合计 |
|---|---|---|---|---|---|---|---|
| 党政机关从业人员 | 30.9 | 45.2 | 18.6 | 3.2 | 1.6 | 0.4 | 94.8 |
| 事业单位和社会团体从业人员 | 22.2 | 43.6 | 25.1 | 5.8 | 2.8 | 0.5 | 90.9 |

续表

| | 非常满意 | 比较满意 | 一般 | 不太满意 | 非常不满意 | 不清楚/不了解/不评价 | 前三项合计 |
|---|---|---|---|---|---|---|---|
| 国有企业及其他国有经济单位职工 | 16.5 | 40.5 | 30.7 | 8.7 | 3.3 | 0.5 | 87.6 |
| 集体经济单位职工 | 13.0 | 46.9 | 27.1 | 8.7 | 3.6 | 0.6 | 87.0 |
| 合资、外资或港澳台企业员工 | 9.2 | 45.6 | 33.0 | 8.1 | 4.0 | 0.1 | 87.8 |
| 个体或私营企业主 | 16.7 | 39.8 | 30.7 | 7.9 | 3.8 | 1.1 | 87.2 |
| 个体或私营企业被雇者 | 12.0 | 37.4 | 34.5 | 10.0 | 4.9 | 1.2 | 83.9 |
| 城镇自由职业者 | 14.0 | 36.2 | 31.7 | 10.0 | 6.7 | 1.4 | 81.9 |
| 其他形式的城镇就业 | 10.1 | 30.4 | 29.0 | 13.0 | 2.9 | 14.5 | 69.6 |
| 总体 | 17.3 | 37.6 | 29.6 | 9.1 | 5.0 | 1.4 | 84.5 |

表22-105　不同农村就业状况对目前住房状况的总体评价（%）（P=0.000）

| | 非常满意 | 比较满意 | 一般 | 不太满意 | 非常不满意 | 不清楚/不了解/不评价 | 前三项合计 |
|---|---|---|---|---|---|---|---|
| 务农农民 | 19.5 | 30.7 | 30.4 | 10.1 | 7.0 | 2.2 | 80.7 |
| 务农以及各类零工 | 16.0 | 31.3 | 33.0 | 10.1 | 7.9 | 1.7 | 80.3 |
| 农村自营者 | 20.7 | 36.5 | 28.0 | 8.0 | 5.7 | 1.2 | 85.2 |
| 乡镇集体企业、私营企业及个体企业主 | 21.1 | 37.6 | 27.8 | 8.1 | 4.6 | 0.8 | 86.5 |
| 乡镇集体企业、私营企业被雇者 | 15.3 | 33.7 | 33.7 | 11.5 | 4.8 | 1.0 | 82.7 |
| 国有经济单位职工（包括党政机关和事业单位） | 27.1 | 34.8 | 25.9 | 7.8 | 3.5 | 0.9 | 87.8 |
| 其他形式农村就业 | 13.6 | 37.9 | 26.2 | 13.6 | 7.8 | 1.0 | 77.7 |
| 总体 | 17.3 | 37.6 | 29.6 | 9.1 | 5.0 | 1.4 | 84.5 |

表22-106　不同职业对目前住房状况的总体评价（%）（P=0.000）

| | 非常满意 | 比较满意 | 一般 | 不太满意 | 非常不满意 | 不清楚/不了解/不评价 | 前三项合计 |
|---|---|---|---|---|---|---|---|
| 国家机关、党群组织、企业、事业单位负责人 | 27.8 | 41.1 | 22.5 | 4.9 | 3.2 | 0.4 | 91.5 |
| 办事人员和有关人员 | 20.3 | 42.0 | 27.6 | 6.8 | 2.9 | 0.5 | 89.8 |
| 专业技术人员 | 16.2 | 40.6 | 29.9 | 8.7 | 3.9 | 0.7 | 86.7 |
| 商业、服务业人员 | 15.3 | 38.1 | 31.5 | 9.1 | 4.7 | 1.2 | 84.9 |
| 农、林、牧、渔、水利生产人员 | 17.3 | 33.3 | 30.6 | 10.8 | 6.6 | 1.4 | 81.2 |
| 生产、运输设备操作人员及有关人员 | 14.9 | 33.8 | 34.4 | 9.7 | 5.8 | 1.4 | 83.2 |
| 不便分类的其他从业人员 | 14.0 | 30.4 | 32.7 | 12.6 | 7.6 | 2.6 | 77.2 |
| 总体 | 17.3 | 37.6 | 29.6 | 9.1 | 5.0 | 1.4 | 84.5 |

表22-107　　不同生活水平对目前住房状况的总体评价（%）（P=0.000）

| | 非常满意 | 比较满意 | 一般 | 不太满意 | 非常不满意 | 不清楚/不了解/不评价 | 前三项合计 |
|---|---|---|---|---|---|---|---|
| 非常好 | 66.4 | 19.8 | 9.0 | 1.8 | 2.4 | 0.7 | 95.1 |
| 中等偏上 | 31.5 | 45.0 | 17.7 | 3.8 | 1.6 | 0.4 | 94.2 |
| 中等 | 16.5 | 41.9 | 30.6 | 7.1 | 2.9 | 1.0 | 89.0 |
| 中等偏下 | 7.9 | 28.6 | 36.7 | 16.2 | 8.4 | 2.1 | 73.2 |
| 非常差 | 7.9 | 14.0 | 29.7 | 18.7 | 26.1 | 3.6 | 51.6 |
| 不清楚/不了解/不评价 | 15.3 | 34.2 | 23.7 | 7.4 | 4.8 | 14.5 | 73.2 |
| 总体 | 17.3 | 37.6 | 29.6 | 9.1 | 5.0 | 1.4 | 84.5 |

## （九）对居住地教育状况的总体评价

对目前居住地教育状况表示“非常满意”“比较满意”和“一般”的分别占15.5%、32.3%、27.4%，合计为75.2%。

从不同群体看，本科、家庭年收入25万～50万元、城镇事业单位和社会团队从业人员及农村国有经济单位职工等对教育状况评价较高。不识字或识字很少的评价较低。

表22-108　　城乡对目前居住地教育状况的总体评价（%）（P=0.000）

| | 非常满意 | 比较满意 | 一般 | 不太满意 | 非常不满意 | 不清楚/不了解/不评价 | 前三项合计 |
|---|---|---|---|---|---|---|---|
| 城镇 | 14.0 | 33.2 | 28.0 | 10.2 | 6.1 | 8.5 | 75.2 |
| 农村 | 18.0 | 30.9 | 26.4 | 10.3 | 6.3 | 8.1 | 75.3 |
| 总体 | 15.5 | 32.3 | 27.2 | 10.3 | 6.2 | 8.4 | 75.2 |

表22-109　　不同性别对目前居住地教育状况的总体评价（%）（P=0.000）

| | 非常满意 | 比较满意 | 一般 | 不太满意 | 非常不满意 | 不清楚/不了解/不评价 | 前三项合计 |
|---|---|---|---|---|---|---|---|
| 男 | 16.5 | 30.8 | 26.0 | 10.3 | 7.5 | 8.8 | 73.3 |
| 女 | 14.3 | 34.2 | 28.9 | 10.2 | 4.6 | 7.9 | 77.4 |
| 总体 | 15.5 | 32.3 | 27.2 | 10.3 | 6.2 | 8.4 | 75.2 |

表22-110　　不同年龄对目前居住地教育状况的总体评价（%）（P=0.000）

| | 非常满意 | 比较满意 | 一般 | 不太满意 | 非常不满意 | 不清楚/不了解/不评价 | 前三项合计 |
|---|---|---|---|---|---|---|---|
| 18～19岁 | 18.5 | 37.5 | 26.8 | 8.7 | 3.2 | 5.3 | 82.8 |
| 20～24岁 | 16.9 | 36.9 | 28.8 | 6.5 | 2.4 | 8.6 | 82.6 |
| 25～29岁 | 12.8 | 32.1 | 30.6 | 9.0 | 5.0 | 10.5 | 75.4 |

续表

| | 非常满意 | 比较满意 | 一般 | 不太满意 | 非常不满意 | 不清楚/不了解/不评价 | 前三项合计 |
|---|---|---|---|---|---|---|---|
| 30～34岁 | 12.7 | 29.4 | 30.7 | 12.5 | 7.1 | 7.7 | 72.8 |
| 35～39岁 | 15.4 | 31.5 | 30.6 | 11.2 | 7.8 | 3.6 | 77.5 |
| 40～44岁 | 14.6 | 32.9 | 27.6 | 12.3 | 8.0 | 4.8 | 75.0 |
| 45～49岁 | 15.7 | 31.6 | 26.9 | 11.5 | 7.0 | 7.4 | 74.2 |
| 50～54岁 | 17.0 | 30.8 | 22.8 | 10.4 | 6.7 | 12.3 | 70.6 |
| 55～59岁 | 18.6 | 33.6 | 26.0 | 8.2 | 5.7 | 8.0 | 78.1 |
| 60～64岁 | 17.5 | 32.2 | 21.0 | 9.8 | 6.2 | 13.2 | 70.8 |
| 65～69岁 | 18.6 | 33.4 | 20.0 | 10.1 | 5.7 | 12.2 | 72.0 |
| 70～74岁 | 16.4 | 34.6 | 19.5 | 8.9 | 4.7 | 15.9 | 70.5 |
| 总体 | 15.5 | 32.3 | 27.2 | 10.3 | 6.2 | 8.4 | 75.2 |

表22-111　不同户口状况对目前居住地教育状况的总体评价（%）（P=0.000）

| | 非常满意 | 比较满意 | 一般 | 不太满意 | 非常不满意 | 不清楚/不了解/不评价 | 前三项合计 |
|---|---|---|---|---|---|---|---|
| 本市（县）非农业户口 | 16.0 | 34.4 | 27.3 | 9.9 | 5.9 | 6.5 | 77.6 |
| 本市（县）农业户口 | 17.2 | 31.6 | 26.4 | 10.7 | 6.5 | 7.6 | 75.2 |
| 本市（县）居民户口 | 14.3 | 33.2 | 29.6 | 9.8 | 6.7 | 6.4 | 77.0 |
| 省内非本市（县）非农业户口 | 12.1 | 29.0 | 29.1 | 14.5 | 5.5 | 9.8 | 70.2 |
| 省内非本市（县）农业户口 | 12.8 | 31.1 | 28.4 | 9.3 | 6.5 | 11.9 | 72.3 |
| 省内非本市（县）居民户口 | 10.8 | 31.6 | 35.7 | 7.8 | 3.4 | 10.8 | 78.0 |
| 外省非农业户口 | 10.6 | 30.7 | 28.3 | 9.1 | 6.5 | 14.8 | 69.6 |
| 外省农业户口 | 11.2 | 27.8 | 26.7 | 9.5 | 5.3 | 19.4 | 65.7 |
| 外省居民户口 | 13.0 | 27.7 | 26.6 | 7.7 | 4.3 | 20.7 | 67.3 |
| 总体 | 15.5 | 32.3 | 27.2 | 10.3 | 6.2 | 8.4 | 75.2 |

表22-112　不同家庭人口数对目前居住地教育状况的总体评价（%）（P=0.000）

| | 非常满意 | 比较满意 | 一般 | 不太满意 | 非常不满意 | 不清楚/不了解/不评价 | 前三项合计 |
|---|---|---|---|---|---|---|---|
| 1人 | 12.2 | 23.7 | 22.7 | 10.0 | 8.7 | 22.8 | 58.5 |
| 2人 | 13.8 | 30.0 | 24.7 | 9.9 | 6.4 | 15.2 | 68.5 |
| 3人 | 14.9 | 33.1 | 28.7 | 9.9 | 5.7 | 7.6 | 76.7 |
| 4人 | 16.3 | 34.0 | 27.3 | 9.9 | 5.7 | 6.8 | 77.6 |
| 5人 | 15.9 | 33.0 | 27.4 | 10.6 | 6.4 | 6.7 | 76.3 |
| 6人 | 15.4 | 32.1 | 27.4 | 11.3 | 7.1 | 6.8 | 74.9 |
| 7人及以上 | 17.6 | 27.6 | 26.8 | 11.1 | 6.8 | 10.2 | 72.0 |
| 总体 | 15.5 | 32.3 | 27.2 | 10.3 | 6.2 | 8.4 | 75.2 |

表22-113　不同受教育程度对目前居住地教育状况的总体评价（%）（P=0.000）

| | 非常满意 | 比较满意 | 一般 | 不太满意 | 非常不满意 | 不清楚/不了解/不评价 | 前三项合计 |
|---|---|---|---|---|---|---|---|
| 不识字或识字很少 | 19.8 | 24.0 | 18.3 | 9.9 | 7.4 | 20.6 | 62.1 |
| 小学 | 16.8 | 28.0 | 25.3 | 9.2 | 7.4 | 13.2 | 70.1 |
| 初中 | 16.2 | 30.3 | 25.9 | 10.7 | 6.8 | 10.0 | 72.4 |
| 高中、中专或技校 | 15.2 | 32.8 | 27.1 | 10.7 | 6.6 | 7.6 | 75.2 |
| 大学专科 | 14.3 | 33.9 | 29.9 | 10.0 | 5.5 | 6.3 | 78.1 |
| 本科 | 15.2 | 35.7 | 29.2 | 9.7 | 4.4 | 5.8 | 80.1 |
| 硕士及以上 | 12.6 | 34.8 | 26.5 | 12.0 | 8.0 | 6.1 | 73.9 |
| 总体 | 15.5 | 32.3 | 27.2 | 10.3 | 6.2 | 8.4 | 75.2 |

表22-114　不同婚姻状况对目前居住地教育状况的总体评价（%）（P=0.000）

| | 非常满意 | 比较满意 | 一般 | 不太满意 | 非常不满意 | 不清楚/不了解/不评价 | 前三项合计 |
|---|---|---|---|---|---|---|---|
| 未婚 | 15.3 | 34.1 | 29.2 | 7.3 | 3.7 | 10.4 | 78.6 |
| 已婚 | 15.6 | 32.2 | 27.0 | 11.0 | 6.7 | 7.6 | 74.8 |
| 离异 | 14.8 | 23.9 | 27.3 | 12.4 | 9.2 | 12.4 | 65.9 |
| 丧偶 | 14.4 | 27.3 | 20.6 | 11.1 | 8.7 | 17.9 | 62.3 |
| 总体 | 15.5 | 32.3 | 27.2 | 10.3 | 6.2 | 8.4 | 75.2 |

表22-115　不同收入状况对目前居住地教育状况的总体评价（%）（P=0.000）

| | 非常满意 | 比较满意 | 一般 | 不太满意 | 非常不满意 | 不清楚/不了解/不评价 | 前三项合计 |
|---|---|---|---|---|---|---|---|
| 1万元以下 | 15.8 | 25.6 | 23.3 | 12.8 | 9.8 | 12.7 | 64.7 |
| 1万～3万元 | 15.5 | 29.6 | 26.7 | 11.4 | 8.4 | 8.4 | 71.8 |
| 3万～5万元 | 14.7 | 30.8 | 28.4 | 11.0 | 7.0 | 8.1 | 73.9 |
| 5万～10万元 | 15.7 | 33.9 | 27.9 | 10.8 | 5.9 | 5.8 | 77.6 |
| 10万～15万元 | 16.1 | 36.8 | 27.5 | 9.5 | 4.4 | 5.6 | 80.5 |
| 15万～25万元 | 16.3 | 35.9 | 29.5 | 8.4 | 4.5 | 5.4 | 81.6 |
| 25万～50万元 | 16.0 | 36.5 | 29.4 | 8.1 | 5.4 | 4.7 | 81.9 |
| 50万元以上 | 23.5 | 30.6 | 24.7 | 7.3 | 6.3 | 7.5 | 78.9 |
| 不清楚/拒答 | 13.9 | 30.5 | 26.5 | 9.3 | 4.9 | 14.8 | 71.0 |
| 总体 | 15.5 | 32.3 | 27.2 | 10.3 | 6.2 | 8.4 | 75.2 |

表22-116　不同城镇就业状况对目前居住地教育状况的总体评价（%）（P=0.000）

| | 非常满意 | 比较满意 | 一般 | 不太满意 | 非常不满意 | 不清楚/不了解/不评价 | 前三项合计 |
|---|---|---|---|---|---|---|---|
| 党政机关从业人员 | 21.4 | 37.2 | 21.3 | 10.3 | 3.8 | 6.0 | 79.9 |
| 事业单位和社会团体从业人员 | 19.9 | 36.9 | 26.4 | 8.3 | 4.1 | 4.4 | 83.2 |
| 国有企业及其他国有经济单位职工 | 12.4 | 31.6 | 31.0 | 11.9 | 5.9 | 7.1 | 75.0 |
| 集体经济单位职工 | 12.2 | 39.9 | 25.4 | 10.9 | 4.8 | 6.8 | 77.5 |
| 合资、外资或港澳台企业员工 | 6.9 | 37.5 | 33.3 | 10.6 | 4.5 | 7.2 | 77.7 |
| 个体或私营企业主 | 13.1 | 31.2 | 29.2 | 11.2 | 7.2 | 8.1 | 73.5 |
| 个体或私营企业被雇者 | 10.8 | 31.7 | 30.0 | 10.7 | 6.3 | 10.6 | 72.5 |
| 城镇自由职业者 | 14.2 | 30.5 | 29.0 | 11.3 | 6.9 | 8.1 | 73.7 |
| 其他形式的城镇就业 | 8.7 | 27.5 | 34.8 | 1.4 | 5.8 | 21.7 | 71.0 |
| 总体 | 15.5 | 32.3 | 27.2 | 10.3 | 6.2 | 8.4 | 75.2 |

表22-117　不同农村就业状况对目前居住地教育状况的总体评价（%）（P=0.000）

| | 非常满意 | 比较满意 | 一般 | 不太满意 | 非常不满意 | 不清楚/不了解/不评价 | 前三项合计 |
|---|---|---|---|---|---|---|---|
| 务农农民 | 19.7 | 29.5 | 24.4 | 10.8 | 6.4 | 9.2 | 73.6 |
| 务农以及各类零工 | 18.4 | 29.4 | 24.8 | 11.4 | 8.2 | 7.8 | 72.6 |
| 农村自营者 | 16.7 | 30.2 | 28.0 | 10.0 | 8.3 | 6.7 | 75.0 |
| 乡镇集体企业、私营企业及个体企业主 | 18.2 | 34.0 | 28.1 | 8.2 | 5.3 | 6.2 | 80.3 |
| 乡镇集体企业、私营企业被雇者 | 13.5 | 29.3 | 31.1 | 10.8 | 5.5 | 9.7 | 73.9 |
| 国有经济单位职工（包括党政机关和事业单位） | 27.6 | 32.7 | 24.4 | 8.0 | 3.8 | 3.6 | 84.6 |
| 其他形式农村就业 | 13.6 | 23.3 | 29.1 | 9.7 | 5.8 | 18.4 | 66.0 |
| 总体 | 15.5 | 32.3 | 27.2 | 10.3 | 6.2 | 8.4 | 75.2 |

表22-118　不同职业对目前居住地教育状况的总体评价（%）（P=0.000）

| | 非常满意 | 比较满意 | 一般 | 不太满意 | 非常不满意 | 不清楚/不了解/不评价 | 前三项合计 |
|---|---|---|---|---|---|---|---|
| 国家机关、党群组织、企业、事业单位负责人 | 21.8 | 34.5 | 25.4 | 9.6 | 5.1 | 3.5 | 81.8 |
| 办事人员和有关人员 | 17.3 | 34.5 | 28.8 | 9.2 | 4.3 | 6.0 | 80.5 |
| 专业技术人员 | 14.6 | 33.0 | 29.5 | 10.6 | 5.6 | 6.8 | 77.0 |
| 商业、服务业人员 | 13.5 | 32.0 | 28.8 | 10.9 | 6.1 | 8.7 | 74.2 |
| 农、林、牧、渔、水利生产人员 | 17.4 | 30.4 | 25.8 | 10.0 | 8.2 | 8.3 | 73.5 |
| 生产、运输设备操作人员及有关人员 | 12.8 | 30.4 | 27.1 | 11.4 | 7.6 | 10.6 | 70.3 |
| 不便分类的其他从业人员 | 9.9 | 28.1 | 34.2 | 6.7 | 7.6 | 13.5 | 72.2 |
| 总体 | 15.5 | 32.3 | 27.2 | 10.3 | 6.2 | 8.4 | 75.2 |

表22-119　　不同生活水平对目前居住地教育状况的总体评价（%）（P=0.000）

| | 非常满意 | 比较满意 | 一般 | 不太满意 | 非常不满意 | 不清楚/不了解/不评价 | 前三项合计 |
|---|---|---|---|---|---|---|---|
| 非常好 | 58.2 | 21.7 | 9.8 | 3.3 | 3.5 | 3.5 | 89.8 |
| 中等偏上 | 24.4 | 37.3 | 22.5 | 6.7 | 3.9 | 5.1 | 84.2 |
| 中等 | 14.8 | 35.4 | 28.1 | 9.4 | 4.6 | 7.7 | 78.3 |
| 中等偏下 | 8.6 | 26.1 | 30.8 | 14.6 | 9.4 | 10.5 | 65.5 |
| 非常差 | 10.7 | 16.3 | 26.5 | 14.3 | 17.9 | 14.2 | 53.6 |
| 不清楚/不了解/不评价 | 12.1 | 23.5 | 21.3 | 8.9 | 5.6 | 28.6 | 56.9 |
| 总体 | 15.5 | 32.3 | 27.2 | 10.3 | 6.2 | 8.4 | 75.2 |

## （十）对最近一年以来居住地教育状况是否有改善的评价

对最近一年以来居住地教育状况是否有改善，表示“有明显改善”“略有改善”和“没变化”的分别占22.5%、31.2%、27.8%，合计为81.5%。

从不同群体来看，本市（县）非农业户口、本科、家庭年收入25万～50万元等群体对居住地教育状况是否有改善的评价较高。

表22-120　　城乡对居住地教育状况是否有改善情况的评价（%）（P=0.000）

| | 有明显改善 | 略有改善 | 没变化 | 略有恶化 | 明显恶化 | 不清楚/不了解/不评价 | 前三项合计 |
|---|---|---|---|---|---|---|---|
| 城镇 | 20.6 | 31.3 | 28.7 | 3.0 | 2.5 | 13.8 | 80.6 |
| 农村 | 25.7 | 31.1 | 26.1 | 2.7 | 2.9 | 11.6 | 82.9 |
| 总体 | 22.5 | 31.2 | 27.8 | 2.9 | 2.7 | 13.0 | 81.5 |

表22-121　　不同性别对居住地教育状况是否有改善情况的评价（%）（P=0.000）

| | 有明显改善 | 略有改善 | 没变化 | 略有恶化 | 明显恶化 | 不清楚/不了解/不评价 | 前三项合计 |
|---|---|---|---|---|---|---|---|
| 男 | 24.4 | 29.7 | 26.6 | 3.2 | 3.2 | 12.9 | 80.7 |
| 女 | 20.2 | 33.0 | 29.2 | 2.5 | 2.0 | 13.1 | 82.4 |
| 总体 | 22.5 | 31.2 | 27.8 | 2.9 | 2.7 | 13.0 | 81.5 |

表22-122　　不同年龄对居住地教育状况是否有改善情况的评价（%）（P=0.000）

| | 有明显改善 | 略有改善 | 没变化 | 略有恶化 | 明显恶化 | 不清楚/不了解/不评价 | 前三项合计 |
|---|---|---|---|---|---|---|---|
| 18～19岁 | 23.7 | 41.0 | 21.8 | 2.1 | 0.9 | 10.5 | 86.6 |
| 20～24岁 | 22.0 | 37.2 | 23.4 | 1.9 | 1.2 | 14.3 | 82.6 |
| 25～29岁 | 19.7 | 32.0 | 27.2 | 2.9 | 2.3 | 15.8 | 78.9 |
| 30～34岁 | 18.6 | 31.3 | 31.2 | 3.6 | 3.0 | 12.2 | 81.2 |

续表

| | 有明显改善 | 略有改善 | 没变化 | 略有恶化 | 明显恶化 | 不清楚/不了解/不评价 | 前三项合计 |
|---|---|---|---|---|---|---|---|
| 35～39岁 | 21.7 | 33.4 | 30.8 | 3.5 | 3.5 | 7.2 | 85.9 |
| 40～44岁 | 22.0 | 31.0 | 31.2 | 3.3 | 3.0 | 9.5 | 84.2 |
| 45～49岁 | 25.7 | 27.9 | 28.3 | 2.9 | 3.2 | 11.9 | 82.0 |
| 50～54岁 | 25.6 | 26.6 | 25.2 | 3.0 | 3.0 | 16.5 | 77.5 |
| 55～59岁 | 24.4 | 32.0 | 25.8 | 2.5 | 3.0 | 12.2 | 82.2 |
| 60～64岁 | 25.1 | 28.1 | 25.6 | 1.8 | 2.3 | 17.1 | 78.8 |
| 65～69岁 | 27.9 | 25.6 | 26.8 | 1.8 | 1.4 | 16.4 | 80.4 |
| 70～74岁 | 22.4 | 27.4 | 23.4 | 3.1 | 2.4 | 21.4 | 73.2 |
| 总体 | 22.5 | 31.2 | 27.8 | 2.9 | 2.7 | 13.0 | 81.5 |

**表22-123　不同户口状况对居住地教育状况是否有改善情况的评价（%）（P=0.000）**

| | 有明显改善 | 略有改善 | 没变化 | 略有恶化 | 明显恶化 | 不清楚/不了解/不评价 | 前三项合计 |
|---|---|---|---|---|---|---|---|
| 本市（县）非农业户口 | 23.2 | 31.3 | 28.7 | 2.9 | 2.3 | 11.5 | 83.2 |
| 本市（县）农业户口 | 24.9 | 32.0 | 25.9 | 2.8 | 3.3 | 11.2 | 82.8 |
| 本市（县）居民户口 | 19.8 | 30.7 | 32.1 | 2.8 | 2.6 | 12.1 | 82.5 |
| 省内非本市（县）非农业户口 | 19.9 | 30.1 | 29.3 | 3.3 | 2.2 | 15.2 | 79.3 |
| 省内非本市（县）农业户口 | 19.6 | 30.7 | 28.1 | 2.8 | 2.5 | 16.3 | 78.4 |
| 省内非本市（县）居民户口 | 16.9 | 27.5 | 30.7 | 0.7 | 1.4 | 22.9 | 75.1 |
| 外省非农业户口 | 16.4 | 30.1 | 29.0 | 3.6 | 1.9 | 19.0 | 75.5 |
| 外省农业户口 | 15.7 | 29.9 | 23.9 | 4.0 | 2.1 | 24.5 | 69.5 |
| 外省居民户口 | 17.8 | 23.7 | 28.5 | 1.1 | 1.9 | 27.1 | 69.9 |
| 总体 | 22.5 | 31.2 | 27.8 | 2.9 | 2.7 | 13.0 | 81.5 |

**表22-124　不同家庭人口数对居住地教育状况是否有改善情况的评价（%）（P=0.000）**

| | 有明显改善 | 略有改善 | 没变化 | 略有恶化 | 明显恶化 | 不清楚/不了解/不评价 | 前三项合计 |
|---|---|---|---|---|---|---|---|
| 1人 | 15.3 | 24.9 | 26.8 | 2.7 | 3.9 | 26.4 | 67.0 |
| 2人 | 18.9 | 26.4 | 29.1 | 2.6 | 2.7 | 20.3 | 74.4 |
| 3人 | 20.9 | 31.3 | 30.2 | 2.8 | 2.2 | 12.7 | 82.3 |
| 4人 | 24.0 | 33.5 | 25.2 | 3.3 | 2.6 | 11.4 | 82.6 |
| 5人 | 23.7 | 32.1 | 27.8 | 3.0 | 2.7 | 10.7 | 83.6 |
| 6人 | 24.2 | 32.3 | 26.5 | 2.7 | 3.4 | 10.9 | 83.0 |
| 7人及以上 | 26.1 | 27.9 | 26.3 | 2.6 | 3.2 | 13.9 | 80.3 |
| 总体 | 22.5 | 31.2 | 27.8 | 2.9 | 2.7 | 13.0 | 81.5 |

表22-125　不同受教育程度对居住地教育状况是否有改善情况的评价（%）（P=0.000）

| | 有明显改善 | 略有改善 | 没变化 | 略有恶化 | 明显恶化 | 不清楚/不了解/不评价 | 前三项合计 |
|---|---|---|---|---|---|---|---|
| 不识字或识字很少 | 17.6 | 25.3 | 26.0 | 2.4 | 3.5 | 25.3 | 68.9 |
| 小学 | 23.5 | 26.4 | 27.1 | 2.4 | 3.5 | 17.2 | 76.9 |
| 初中 | 24.1 | 29.2 | 26.5 | 2.9 | 2.9 | 14.3 | 79.8 |
| 高中、中专或技校 | 23.0 | 32.2 | 27.2 | 3.1 | 2.9 | 11.6 | 82.4 |
| 大学专科 | 22.1 | 32.7 | 28.5 | 2.6 | 2.5 | 11.5 | 83.4 |
| 本科 | 20.7 | 34.3 | 29.1 | 3.0 | 1.7 | 11.1 | 84.1 |
| 硕士及以上 | 15.6 | 29.1 | 36.6 | 4.6 | 2.1 | 12.0 | 81.3 |
| 总体 | 22.5 | 31.2 | 27.8 | 2.9 | 2.7 | 13.0 | 81.5 |

表22-126　不同婚姻状况对对居住地教育状况是否有改善情况的评价（%）（P=0.000）

| | 有明显改善 | 略有改善 | 没变化 | 略有恶化 | 明显恶化 | 不清楚/不了解/不评价 | 前三项合计 |
|---|---|---|---|---|---|---|---|
| 未婚 | 20.5 | 35.3 | 24.7 | 2.1 | 1.6 | 15.8 | 80.5 |
| 已婚 | 23.0 | 30.5 | 28.5 | 3.1 | 2.9 | 11.9 | 82.0 |
| 离异 | 20.7 | 26.1 | 29.6 | 2.7 | 4.0 | 16.9 | 76.4 |
| 丧偶 | 24.4 | 22.6 | 26.1 | 2.1 | 2.7 | 22.0 | 73.1 |
| 总体 | 22.5 | 31.2 | 27.8 | 2.9 | 2.7 | 13.0 | 81.5 |

表22-127　不同收入状况对居住地教育状况是否有改善情况的评价（%）（P=0.000）

| | 有明显改善 | 略有改善 | 没变化 | 略有恶化 | 明显恶化 | 不清楚/不了解/不评价 | 前三项合计 |
|---|---|---|---|---|---|---|---|
| 1万元以下 | 21.2 | 24.2 | 30.0 | 2.4 | 4.0 | 18.1 | 75.5 |
| 1万～3万元 | 23.6 | 30.5 | 27.7 | 3.1 | 3.3 | 11.7 | 81.8 |
| 3万～5万元 | 21.5 | 31.5 | 28.7 | 3.1 | 3.0 | 12.1 | 81.7 |
| 5万～10万元 | 23.9 | 32.1 | 28.0 | 3.1 | 3.1 | 9.8 | 84.0 |
| 10万～15万元 | 24.3 | 34.8 | 27.2 | 2.7 | 2.0 | 9.0 | 86.3 |
| 15万～25万元 | 23.5 | 33.4 | 28.2 | 2.9 | 2.0 | 10.2 | 85.0 |
| 25万～50万元 | 21.2 | 35.2 | 30.8 | 3.1 | 1.6 | 8.1 | 87.2 |
| 50万元以上 | 23.7 | 29.9 | 28.7 | 2.5 | 2.5 | 12.7 | 82.3 |
| 不清楚/拒答 | 19.3 | 28.5 | 25.3 | 2.7 | 1.9 | 22.3 | 73.1 |
| 总体 | 22.5 | 31.2 | 27.8 | 2.9 | 2.7 | 13.0 | 81.5 |

表22-128　不同城镇就业状况对居住地教育状况是否有改善情况的评价（%）（P=0.000）

| | 有明显改善 | 略有改善 | 没变化 | 略有恶化 | 明显恶化 | 不清楚/不了解/不评价 | 前三项合计 |
|---|---|---|---|---|---|---|---|
| 党政机关从业人员 | 32.9 | 31.8 | 20.3 | 2.4 | 1.3 | 11.3 | 85.0 |
| 事业单位和社会团体从业人员 | 27.5 | 33.4 | 25.7 | 2.7 | 1.9 | 8.8 | 86.6 |
| 国有企业及其他国有经济单位职工 | 17.0 | 31.4 | 32.6 | 3.7 | 2.5 | 12.8 | 81.0 |
| 集体经济单位职工 | 17.3 | 37.4 | 30.4 | 2.4 | 1.1 | 11.4 | 85.1 |
| 合资、外资或港澳台企业员工 | 14.6 | 29.6 | 39.8 | 2.9 | 1.2 | 11.9 | 84.1 |
| 个体或私营企业主 | 19.4 | 31.9 | 29.0 | 3.1 | 3.0 | 13.5 | 80.3 |
| 个体或私营企业被雇者 | 16.4 | 31.4 | 30.3 | 3.5 | 2.7 | 15.6 | 78.2 |
| 城镇自由职业者 | 21.0 | 31.6 | 27.7 | 3.4 | 4.1 | 12.1 | 80.3 |
| 其他形式的城镇就业 | 20.3 | 36.2 | 20.3 | 1.4 | 0.0 | 21.7 | 76.8 |
| 总体 | 22.5 | 31.2 | 27.8 | 2.9 | 2.7 | 13.0 | 81.5 |

表22-129　不同农村就业状况对居住地教育状况是否有改善情况的评价（%）（P=0.000）

| | 有明显改善 | 略有改善 | 没变化 | 略有恶化 | 明显恶化 | 不清楚/不了解/不评价 | 前三项合计 |
|---|---|---|---|---|---|---|---|
| 务农农民 | 27.3 | 27.8 | 26.9 | 2.9 | 3.3 | 11.8 | 82.0 |
| 务农以及各类零工 | 25.7 | 29.1 | 24.6 | 3.5 | 4.1 | 12.9 | 79.5 |
| 农村自营者 | 26.2 | 28.5 | 29.7 | 2.8 | 3.3 | 9.4 | 84.5 |
| 乡镇集体企业、私营企业及个体企业主 | 27.6 | 33.9 | 23.8 | 2.4 | 2.7 | 9.6 | 85.3 |
| 乡镇集体企业、私营企业被雇者 | 22.2 | 32.0 | 27.0 | 2.7 | 2.8 | 13.3 | 81.2 |
| 国有经济单位职工（包括党政机关和事业单位） | 36.1 | 32.5 | 20.9 | 2.1 | 1.4 | 6.9 | 89.6 |
| 其他形式农村就业 | 20.4 | 25.2 | 23.3 | 3.9 | 1.0 | 26.2 | 68.9 |
| 总体 | 22.5 | 31.2 | 27.8 | 2.9 | 2.7 | 13.0 | 81.5 |

表22-130　　不同职业对居住地教育状况是否有改善情况的评价（%）（P=0.000）

| | 有明显改善 | 略有改善 | 没变化 | 略有恶化 | 明显恶化 | 不清楚/不了解/不评价 | 前三项合计 |
|---|---|---|---|---|---|---|---|
| 国家机关、党群组织、企业、事业单位负责人 | 29.4 | 31.6 | 26.5 | 2.7 | 2.0 | 7.8 | 87.5 |
| 办事人员和有关人员 | 23.7 | 32.1 | 28.4 | 2.7 | 1.5 | 11.6 | 84.2 |
| 专业技术人员 | 21.5 | 32.2 | 29.0 | 3.4 | 2.6 | 11.3 | 82.6 |
| 商业、服务业人员 | 20.0 | 32.2 | 28.4 | 3.1 | 2.8 | 13.4 | 80.7 |
| 农、林、牧、渔、水利生产人员 | 26.3 | 29.8 | 25.4 | 3.2 | 3.3 | 12.0 | 81.5 |
| 生产、运输设备操作人员及有关人员 | 21.1 | 30.6 | 26.8 | 3.2 | 3.7 | 14.7 | 78.4 |
| 不便分类的其他从业人员 | 19.0 | 27.2 | 25.7 | 2.0 | 4.4 | 21.6 | 71.9 |
| 总体 | 22.5 | 31.2 | 27.8 | 2.9 | 2.7 | 13.0 | 81.5 |

表22-131　不同生活水平对居住地教育状况是否有改善情况的评价（%）（P=0.000）

| | 有明显改善 | 略有改善 | 没变化 | 略有恶化 | 明显恶化 | 不清楚/不了解/不评价 | 前三项合计 |
|---|---|---|---|---|---|---|---|
| 非常好 | 58.7 | 19.2 | 14.9 | 0.7 | 1.9 | 4.6 | 92.8 |
| 中等偏上 | 33.1 | 33.3 | 20.9 | 2.2 | 1.9 | 8.6 | 87.4 |
| 中等 | 22.2 | 33.5 | 27.4 | 2.6 | 2.0 | 12.3 | 83.1 |
| 中等偏下 | 15.4 | 27.9 | 33.1 | 4.0 | 3.7 | 15.9 | 76.4 |
| 非常差 | 13.7 | 21.5 | 34.1 | 4.1 | 8.4 | 18.1 | 69.3 |
| 不清楚/不了解/不评价 | 13.1 | 17.7 | 20.9 | 2.8 | 2.0 | 43.5 | 51.7 |
| 总体 | 22.5 | 31.2 | 27.8 | 2.9 | 2.7 | 13.0 | 81.5 |

## （十一）对居住地医疗服务的总体评价

对目前居住地医疗服务表示“非常满意”“比较满意”和“一般”的分别占14.0%、31.8%、29.6%，合计为75.4%。

从不同群体看，20～24岁、本市（县）非农业户口、本科、家庭年收入15万～25万元等的评价较高。

表22-132　城乡对居住地医疗服务的总体评价（%）（P=0.000）

| | 非常满意 | 比较满意 | 一般 | 不太满意 | 非常不满意 | 不清楚/不了解/不评价 | 前三项合计 |
|---|---|---|---|---|---|---|---|
| 城镇 | 12.3 | 32.5 | 31.0 | 12.7 | 7.2 | 4.4 | 75.7 |
| 农村 | 17.0 | 30.7 | 27.1 | 12.3 | 8.8 | 4.1 | 74.8 |
| 总体 | 14.0 | 31.8 | 29.6 | 12.5 | 7.8 | 4.3 | 75.4 |

表22-133　不同性别对居住地医疗服务的总体评价（%）（P=0.000）

| | 非常满意 | 比较满意 | 一般 | 不太满意 | 非常不满意 | 不清楚/不了解/不评价 | 前三项合计 |
|---|---|---|---|---|---|---|---|
| 男 | 14.6 | 30.0 | 28.2 | 12.8 | 9.7 | 4.6 | 72.9 |
| 女 | 13.3 | 33.9 | 31.1 | 12.2 | 5.5 | 3.9 | 78.4 |
| 总体 | 14.0 | 31.8 | 29.6 | 12.5 | 7.8 | 4.3 | 75.4 |

表22-134　不同年龄对居住地医疗服务的总体评价（%）（P=0.000）

| | 非常满意 | 比较满意 | 一般 | 不太满意 | 非常不满意 | 不清楚/不了解/不评价 | 前三项合计 |
|---|---|---|---|---|---|---|---|
| 18～19岁 | 14.7 | 38.7 | 29.8 | 6.0 | 3.0 | 7.8 | 83.1 |
| 20～24岁 | 13.9 | 34.1 | 31.2 | 10.3 | 4.7 | 5.9 | 79.2 |
| 25～29岁 | 11.7 | 32.6 | 33.2 | 11.9 | 7.4 | 3.2 | 77.5 |

续表

| | 非常满意 | 比较满意 | 一般 | 不太满意 | 非常不满意 | 不清楚/不了解/不评价 | 前三项合计 |
|---|---|---|---|---|---|---|---|
| 30～34岁 | 11.3 | 29.3 | 33.2 | 14.4 | 8.5 | 3.2 | 73.8 |
| 35～39岁 | 13.4 | 30.7 | 31.4 | 12.5 | 8.5 | 3.7 | 75.4 |
| 40～44岁 | 12.5 | 28.6 | 31.0 | 14.3 | 8.8 | 4.8 | 72.1 |
| 45～49岁 | 14.4 | 29.9 | 29.6 | 13.0 | 8.6 | 4.5 | 73.9 |
| 50～54岁 | 15.7 | 29.9 | 26.0 | 12.6 | 9.7 | 6.0 | 71.6 |
| 55～59岁 | 18.1 | 35.4 | 25.0 | 11.4 | 7.1 | 2.9 | 78.5 |
| 60～64岁 | 17.0 | 34.5 | 23.8 | 12.4 | 7.4 | 4.9 | 75.3 |
| 65～69岁 | 17.1 | 35.6 | 23.5 | 12.7 | 7.8 | 3.4 | 76.1 |
| 70～74岁 | 19.0 | 38.3 | 18.6 | 13.9 | 6.5 | 3.6 | 76.0 |
| 总体 | 14.0 | 31.8 | 29.6 | 12.5 | 7.8 | 4.3 | 75.4 |

**表22-135　　不同户口状况对居住地医疗服务的总体评价（%）（P=0.000）**

| | 非常满意 | 比较满意 | 一般 | 不太满意 | 非常不满意 | 不清楚/不了解/不评价 | 前三项合计 |
|---|---|---|---|---|---|---|---|
| 本市（县）非农业户口 | 14.4 | 33.3 | 30.2 | 12.0 | 6.8 | 3.4 | 77.9 |
| 本市（县）农业户口 | 15.7 | 31.1 | 27.5 | 12.8 | 8.6 | 4.3 | 74.3 |
| 本市（县）居民户口 | 12.9 | 34.2 | 29.7 | 12.3 | 8.2 | 2.9 | 76.7 |
| 省内非本市（县）非农业户口 | 12.4 | 32.1 | 29.8 | 14.0 | 7.0 | 4.6 | 74.4 |
| 省内非本市（县）农业户口 | 10.5 | 29.0 | 32.8 | 13.7 | 8.1 | 5.9 | 72.3 |
| 省内非本市（县）居民户口 | 8.7 | 28.1 | 35.5 | 13.0 | 9.2 | 5.5 | 72.3 |
| 外省非农业户口 | 10.4 | 29.0 | 32.2 | 12.6 | 8.8 | 6.8 | 71.7 |
| 外省农业户口 | 10.0 | 27.8 | 32.6 | 13.0 | 7.7 | 8.9 | 70.4 |
| 外省居民户口 | 9.8 | 27.9 | 34.0 | 12.5 | 6.1 | 9.6 | 71.8 |
| 总体 | 14.0 | 31.8 | 29.6 | 12.5 | 7.8 | 4.3 | 75.4 |

**表22-136　　不同家庭人口数对居住地医疗服务的总体评价（%）（P=0.000）**

| | 非常满意 | 比较满意 | 一般 | 不太满意 | 非常不满意 | 不清楚/不了解/不评价 | 前三项合计 |
|---|---|---|---|---|---|---|---|
| 1人 | 12.9 | 26.7 | 26.6 | 12.0 | 11.6 | 10.2 | 66.3 |
| 2人 | 13.9 | 32.5 | 28.1 | 12.7 | 8.3 | 4.5 | 74.6 |
| 3人 | 13.4 | 32.7 | 30.7 | 12.3 | 6.8 | 4.1 | 76.8 |
| 4人 | 14.6 | 32.2 | 29.1 | 12.2 | 7.5 | 4.4 | 76.0 |
| 5人 | 14.0 | 32.4 | 29.5 | 12.9 | 8.0 | 3.2 | 75.9 |
| 6人 | 14.3 | 30.0 | 30.5 | 12.3 | 8.8 | 4.1 | 74.8 |
| 7人及以上 | 14.6 | 28.1 | 27.9 | 14.8 | 9.2 | 5.3 | 70.7 |
| 总体 | 14.0 | 31.8 | 29.6 | 12.5 | 7.8 | 4.3 | 75.4 |

表22-137　　不同受教育程度对居住地医疗服务的总体评价（%）（P=0.000）

| | 非常满意 | 比较满意 | 一般 | 不太满意 | 非常不满意 | 不清楚/不了解/不评价 | 前三项合计 |
|---|---|---|---|---|---|---|---|
| 不识字或识字很少 | 20.0 | 27.7 | 18.3 | 13.8 | 9.8 | 10.4 | 65.9 |
| 小学 | 16.2 | 28.0 | 26.1 | 13.1 | 9.8 | 6.8 | 70.3 |
| 初中 | 15.0 | 29.8 | 27.8 | 12.9 | 9.1 | 5.4 | 72.6 |
| 高中、中专或技校 | 13.2 | 32.8 | 28.8 | 13.1 | 8.1 | 3.9 | 74.9 |
| 大学专科 | 12.6 | 32.5 | 32.8 | 12.3 | 6.8 | 3.0 | 77.9 |
| 本科 | 13.8 | 34.8 | 32.1 | 11.0 | 5.5 | 2.8 | 80.7 |
| 硕士及以上 | 11.0 | 32.3 | 34.3 | 13.0 | 6.4 | 3.1 | 77.5 |
| 总体 | 14.0 | 31.8 | 29.6 | 12.5 | 7.8 | 4.3 | 75.4 |

表22-138　　不同婚姻状况对居住地医疗服务的总体评价（%）（P=0.000）

| | 非常满意 | 比较满意 | 一般 | 不太满意 | 非常不满意 | 不清楚/不了解/不评价 | 前三项合计 |
|---|---|---|---|---|---|---|---|
| 未婚 | 13.1 | 33.7 | 30.9 | 10.3 | 6.1 | 5.9 | 77.7 |
| 已婚 | 14.2 | 31.6 | 29.4 | 13.1 | 8.0 | 3.7 | 75.2 |
| 离异 | 12.6 | 23.2 | 30.0 | 13.6 | 14.0 | 6.5 | 65.8 |
| 丧偶 | 18.1 | 31.1 | 19.6 | 13.7 | 10.3 | 7.1 | 68.9 |
| 总体 | 14.0 | 31.8 | 29.6 | 12.5 | 7.8 | 4.3 | 75.4 |

表22-139　　不同收入状况对居住地医疗服务的总体评价（%）（P=0.000）

| | 非常满意 | 比较满意 | 一般 | 不太满意 | 非常不满意 | 不清楚/不了解/不评价 | 前三项合计 |
|---|---|---|---|---|---|---|---|
| 1万元以下 | 15.2 | 24.6 | 25.7 | 14.1 | 14.2 | 6.1 | 65.5 |
| 1万～3万元 | 14.9 | 28.9 | 28.7 | 12.9 | 10.5 | 4.2 | 72.4 |
| 3万～5万元 | 13.1 | 30.1 | 30.8 | 13.6 | 8.9 | 3.6 | 74.0 |
| 5万～10万元 | 13.6 | 33.6 | 30.7 | 13.1 | 6.5 | 2.5 | 77.9 |
| 10万～15万元 | 14.6 | 35.5 | 29.5 | 11.7 | 6.3 | 2.5 | 79.6 |
| 15万～25万元 | 15.3 | 35.1 | 30.9 | 10.9 | 5.0 | 2.9 | 81.2 |
| 25万～50万元 | 15.8 | 36.0 | 27.9 | 11.5 | 6.7 | 2.2 | 79.6 |
| 50万元以上 | 18.9 | 29.5 | 28.7 | 9.7 | 7.1 | 6.1 | 77.1 |
| 不清楚/拒答 | 12.4 | 31.1 | 28.9 | 12.1 | 6.6 | 8.9 | 72.4 |
| 总体 | 14.0 | 31.8 | 29.6 | 12.5 | 7.8 | 4.3 | 75.4 |

表22-140　　不同城镇就业状况对居住地医疗服务的总体评价（%）（P=0.000）

| | 非常满意 | 比较满意 | 一般 | 不太满意 | 非常不满意 | 不清楚/不了解/不评价 | 前三项合计 |
|---|---|---|---|---|---|---|---|
| 党政机关从业人员 | 21.5 | 33.7 | 27.2 | 10.0 | 4.9 | 2.7 | 82.4 |
| 事业单位和社会团体从业人员 | 18.4 | 35.4 | 29.9 | 9.6 | 4.4 | 2.2 | 83.7 |

续表

| | 非常满意 | 比较满意 | 一般 | 不太满意 | 非常不满意 | 不清楚/不了解/不评价 | 前三项合计 |
|---|---|---|---|---|---|---|---|
| 国有企业及其他国有经济单位职工 | 10.2 | 32.6 | 33.2 | 14.3 | 6.9 | 2.7 | 76.1 |
| 集体经济单位职工 | 9.8 | 38.2 | 33.4 | 11.7 | 4.0 | 2.9 | 81.5 |
| 合资、外资或港澳台企业员工 | 6.8 | 38.2 | 33.9 | 12.0 | 6.1 | 3.0 | 78.9 |
| 个体或私营企业主 | 10.7 | 29.7 | 32.9 | 13.6 | 8.2 | 4.8 | 73.4 |
| 个体或私营企业被雇者 | 8.6 | 31.4 | 33.3 | 14.5 | 7.2 | 4.9 | 73.4 |
| 城镇自由职业者 | 12.2 | 30.1 | 31.5 | 10.9 | 10.1 | 5.2 | 73.8 |
| 其他形式的城镇就业 | 15.9 | 15.9 | 31.9 | 13.0 | 10.1 | 13.0 | 63.8 |
| 总体 | 14.0 | 31.8 | 29.6 | 12.5 | 7.8 | 4.3 | 75.4 |

表22-141 不同农村就业状况对居住地医疗服务的总体评价（%）（P=0.000）

| | 非常满意 | 比较满意 | 一般 | 不太满意 | 非常不满意 | 不清楚/不了解/不评价 | 前三项合计 |
|---|---|---|---|---|---|---|---|
| 务农农民 | 19.4 | 29.0 | 26.0 | 11.7 | 9.9 | 4.0 | 74.4 |
| 务农以及各类零工 | 14.2 | 27.8 | 28.4 | 14.0 | 10.1 | 5.4 | 70.5 |
| 农村自营者 | 16.5 | 26.6 | 29.5 | 14.4 | 9.5 | 3.4 | 72.7 |
| 乡镇集体企业、私营企业及个体企业主 | 18.6 | 32.2 | 26.0 | 11.7 | 8.3 | 3.2 | 76.8 |
| 乡镇集体企业、私营企业被雇者 | 11.1 | 30.9 | 32.0 | 13.9 | 8.5 | 3.7 | 73.9 |
| 国有经济单位职工（包括党政机关和事业单位） | 26.0 | 30.6 | 26.3 | 9.5 | 5.5 | 2.1 | 82.9 |
| 其他形式农村就业 | 18.4 | 23.3 | 26.2 | 11.7 | 8.7 | 11.7 | 68.0 |
| 总体 | 14.0 | 31.8 | 29.6 | 12.5 | 7.8 | 4.3 | 75.4 |

表22-142 不同职业对居住地医疗服务的总体评价（%）（P=0.000）

| | 非常满意 | 比较满意 | 一般 | 不太满意 | 非常不满意 | 不清楚/不了解/不评价 | 前三项合计 |
|---|---|---|---|---|---|---|---|
| 国家机关、党群组织、企业、事业单位负责人 | 19.6 | 30.6 | 28.2 | 12.0 | 7.2 | 2.5 | 78.4 |
| 办事人员和有关人员 | 14.6 | 33.9 | 32.8 | 11.4 | 4.7 | 2.5 | 81.4 |
| 专业技术人员 | 13.1 | 33.0 | 31.6 | 12.5 | 6.6 | 3.1 | 77.8 |
| 商业、服务业人员 | 11.5 | 30.9 | 31.8 | 13.5 | 8.0 | 4.3 | 74.3 |
| 农、林、牧、渔、水利生产人员 | 14.7 | 28.9 | 28.3 | 12.5 | 9.2 | 6.4 | 71.9 |
| 生产、运输设备操作人员及有关人员 | 11.7 | 29.5 | 29.8 | 13.8 | 9.7 | 5.5 | 71.0 |
| 不便分类的其他从业人员 | 11.7 | 29.8 | 29.5 | 9.9 | 10.8 | 8.2 | 71.1 |
| 总体 | 14.0 | 31.8 | 29.6 | 12.5 | 7.8 | 4.3 | 75.4 |

表22-143　　不同生活水平对居住地医疗服务的总体评价（%）（P=0.000）

| | 非常满意 | 比较满意 | 一般 | 不太满意 | 非常不满意 | 不清楚/不了解/不评价 | 前三项合计 |
|---|---|---|---|---|---|---|---|
| 非常好 | 53.7 | 23.1 | 13.5 | 3.2 | 4.5 | 2.0 | 90.3 |
| 中等偏上 | 23.9 | 37.3 | 23.4 | 8.2 | 4.3 | 2.9 | 84.6 |
| 中等 | 13.2 | 34.5 | 31.1 | 11.6 | 5.8 | 3.8 | 78.7 |
| 中等偏下 | 7.5 | 26.2 | 31.9 | 17.6 | 11.8 | 5.1 | 65.6 |
| 非常差 | 8.7 | 16.6 | 25.7 | 17.0 | 24.6 | 7.6 | 50.9 |
| 不清楚/不了解/不评价 | 10.9 | 19.7 | 28.6 | 12.5 | 6.2 | 22.1 | 59.2 |
| 总体 | 14.0 | 31.8 | 29.6 | 12.5 | 7.8 | 4.3 | 75.4 |

## （十二）对最近一年以来居住地医疗服务是否有改善的评价

对最近一年以来居住地医疗服务是否有改善，表示“有明显改善”“略有改善”和“没变化”的分别占20.2%、32.2%、34.1%，合计为86.5%。

从不同群体来看，55～59岁、本科、硕士及以上、家庭年收入25万～50万元、城镇党政机关从业人员及农村国有经济单位职工等群体对居住地医疗服务状况是否有改善的评价较高。

表22-144　　城乡对目前居住地医疗服务是否有改善情况的评价（%）（P=0.000）

| | 有明显改善 | 略有改善 | 没变化 | 略有恶化 | 明显恶化 | 不清楚/不了解/不评价 | 前三项合计 |
|---|---|---|---|---|---|---|---|
| 城镇 | 18.6 | 32.7 | 35.4 | 2.7 | 2.1 | 8.6 | 86.6 |
| 农村 | 23.1 | 31.4 | 31.8 | 2.9 | 2.9 | 7.8 | 86.4 |
| 总体 | 20.2 | 32.2 | 34.1 | 2.8 | 2.4 | 8.3 | 86.5 |

表22-145　　不同性别对目前居住地医疗服务是否有改善情况的评价（%）（P=0.000）

| | 有明显改善 | 略有改善 | 没变化 | 略有恶化 | 明显恶化 | 不清楚/不了解/不评价 | 前三项合计 |
|---|---|---|---|---|---|---|---|
| 男 | 21.2 | 31.1 | 33.7 | 3.1 | 3.0 | 8.0 | 85.9 |
| 女 | 19.1 | 33.6 | 34.5 | 2.5 | 1.7 | 8.6 | 87.2 |
| 总体 | 20.2 | 32.2 | 34.1 | 2.8 | 2.4 | 8.3 | 86.5 |

表22-146　　不同年龄对目前居住地医疗服务是否有改善情况的评价（%）（P=0.000）

| | 有明显改善 | 略有改善 | 没变化 | 略有恶化 | 明显恶化 | 不清楚/不了解/不评价 | 前三项合计 |
|---|---|---|---|---|---|---|---|
| 18～19岁 | 19.0 | 38.5 | 28.6 | 1.2 | 0.6 | 12.1 | 86.0 |
| 20～24岁 | 19.2 | 33.6 | 34.1 | 1.8 | 1.3 | 9.9 | 86.9 |

续表

| | 有明显改善 | 略有改善 | 没变化 | 略有恶化 | 明显恶化 | 不清楚/不了解/不评价 | 前三项合计 |
|---|---|---|---|---|---|---|---|
| 25～29岁 | 17.0 | 34.9 | 35.3 | 3.1 | 2.1 | 7.7 | 87.2 |
| 30～34岁 | 17.4 | 31.4 | 38.2 | 3.5 | 2.2 | 7.2 | 87.0 |
| 35～39岁 | 19.1 | 33.3 | 34.4 | 3.5 | 3.2 | 6.5 | 86.8 |
| 40～44岁 | 18.4 | 31.4 | 35.5 | 2.8 | 2.7 | 9.1 | 85.4 |
| 45～49岁 | 22.8 | 29.2 | 33.9 | 2.5 | 2.4 | 9.2 | 85.9 |
| 50～54岁 | 22.9 | 28.4 | 32.3 | 3.0 | 2.7 | 10.6 | 83.6 |
| 55～59岁 | 23.9 | 34.0 | 30.6 | 2.5 | 2.9 | 6.1 | 88.5 |
| 60～64岁 | 23.7 | 31.4 | 31.5 | 2.2 | 2.3 | 9.1 | 86.5 |
| 65～69岁 | 26.3 | 31.3 | 31.2 | 1.8 | 2.2 | 7.2 | 88.8 |
| 70～74岁 | 24.6 | 32.8 | 29.9 | 2.4 | 2.1 | 8.2 | 87.4 |
| 总体 | 20.2 | 32.2 | 34.1 | 2.8 | 2.4 | 8.3 | 86.5 |

**表22-147 不同户口状况对目前居住地医疗服务是否有改善情况的评价（%）（P=0.000）**

| | 有明显改善 | 略有改善 | 没变化 | 略有恶化 | 明显恶化 | 不清楚/不了解/不评价 | 前三项合计 |
|---|---|---|---|---|---|---|---|
| 本市（县）非农业户口 | 20.9 | 33.6 | 34.2 | 2.6 | 1.9 | 6.8 | 88.7 |
| 本市（县）农业户口 | 22.6 | 31.3 | 32.1 | 2.9 | 3.0 | 8.1 | 86.0 |
| 本市（县）居民户口 | 18.4 | 33.2 | 36.8 | 2.9 | 1.9 | 6.7 | 88.4 |
| 省内非本市（县）非农业户口 | 18.1 | 32.6 | 35.0 | 3.3 | 1.6 | 9.4 | 85.7 |
| 省内非本市（县）农业户口 | 15.9 | 31.3 | 36.2 | 3.0 | 2.6 | 11.0 | 83.3 |
| 省内非本市（县）居民户口 | 12.1 | 32.7 | 43.7 | 2.1 | 1.4 | 8.0 | 88.6 |
| 外省非农业户口 | 14.6 | 30.0 | 38.0 | 3.8 | 2.2 | 11.5 | 82.5 |
| 外省农业户口 | 13.3 | 30.1 | 35.0 | 2.9 | 2.7 | 16.0 | 78.4 |
| 外省居民户口 | 14.4 | 27.9 | 38.6 | 1.9 | 0.3 | 17.0 | 80.9 |
| 总体 | 20.2 | 32.2 | 34.1 | 2.8 | 2.4 | 8.3 | 86.5 |

**表22-148 不同家庭人口数对目前居住地医疗服务是否有改善情况的评价（%）（P=0.000）**

| | 非常满意 | 比较满意 | 一般 | 不太满意 | 非常不满意 | 不清楚/不了解/不评价 | 前三项合计 |
|---|---|---|---|---|---|---|---|
| 1人 | 15.3 | 26.5 | 35.3 | 1.8 | 4.7 | 16.4 | 77.1 |
| 2人 | 18.2 | 31.0 | 36.6 | 2.4 | 2.2 | 9.5 | 85.9 |
| 3人 | 19.3 | 32.7 | 35.6 | 2.6 | 1.8 | 8.0 | 87.6 |
| 4人 | 20.7 | 32.8 | 32.9 | 3.0 | 2.3 | 8.3 | 86.4 |
| 5人 | 21.3 | 32.8 | 33.0 | 3.1 | 2.7 | 7.0 | 87.2 |

续表

| | 非常满意 | 比较满意 | 一般 | 不太满意 | 非常不满意 | 不清楚/不了解/不评价 | 前三项合计 |
|---|---|---|---|---|---|---|---|
| 6人 | 22.2 | 32.5 | 32.3 | 2.5 | 2.9 | 7.6 | 87.0 |
| 7人及以上 | 21.4 | 29.5 | 33.0 | 3.3 | 3.2 | 9.6 | 83.9 |
| 总体 | 20.2 | 32.2 | 34.1 | 2.8 | 2.4 | 8.3 | 86.5 |

表22-149　不同受教育程度对目前居住地医疗服务是否有改善情况的评价（%）（P=0.000）

| | 有明显改善 | 略有改善 | 没变化 | 略有恶化 | 明显恶化 | 不清楚/不了解/不评价 | 前三项合计 |
|---|---|---|---|---|---|---|---|
| 不识字或识字很少 | 18.8 | 22.3 | 33.8 | 2.7 | 3.0 | 19.5 | 74.8 |
| 小学 | 20.5 | 28.7 | 33.6 | 2.6 | 3.0 | 11.7 | 82.7 |
| 初中 | 22.0 | 29.9 | 32.5 | 3.0 | 3.0 | 9.7 | 84.4 |
| 高中、中专或技校 | 20.4 | 33.3 | 33.1 | 3.1 | 2.6 | 7.4 | 86.8 |
| 大学专科 | 19.3 | 33.8 | 35.6 | 2.4 | 2.1 | 6.8 | 88.7 |
| 本科 | 19.3 | 35.2 | 35.3 | 2.7 | 1.1 | 6.4 | 89.8 |
| 硕士及以上 | 13.5 | 31.1 | 44.2 | 2.1 | 2.2 | 6.9 | 88.8 |
| 总体 | 20.2 | 32.2 | 34.1 | 2.8 | 2.4 | 8.3 | 86.5 |

表22-150　不同婚姻状况对目前居住地医疗服务是否有改善情况的评价（%）（P=0.000）

| | 有明显改善 | 略有改善 | 没变化 | 略有恶化 | 明显恶化 | 不清楚/不了解/不评价 | 前三项合计 |
|---|---|---|---|---|---|---|---|
| 未婚 | 17.9 | 34.0 | 33.7 | 2.2 | 1.7 | 10.5 | 85.6 |
| 已婚 | 20.8 | 32.0 | 34.3 | 2.9 | 2.4 | 7.5 | 87.1 |
| 离异 | 19.0 | 27.4 | 33.3 | 4.0 | 4.8 | 11.5 | 79.7 |
| 丧偶 | 22.4 | 29.6 | 28.1 | 1.4 | 3.9 | 14.6 | 80.1 |
| 总体 | 20.2 | 32.2 | 34.1 | 2.8 | 2.4 | 8.3 | 86.5 |

表22-151　不同收入状况对目前居住地医疗服务是否有改善情况的评价（%）（P=0.000）

| | 有明显改善 | 略有改善 | 没变化 | 略有恶化 | 明显恶化 | 不清楚/不了解/不评价 | 前三项合计 |
|---|---|---|---|---|---|---|---|
| 1万元以下 | 20.3 | 24.8 | 36.5 | 2.9 | 4.4 | 11.1 | 81.6 |
| 1万～3万元 | 21.4 | 30.5 | 33.5 | 3.1 | 3.3 | 8.2 | 85.4 |
| 3万～5万元 | 19.2 | 32.6 | 34.3 | 3.4 | 2.8 | 7.8 | 86.1 |
| 5万～10万元 | 21.1 | 34.5 | 34.0 | 2.7 | 2.3 | 5.3 | 89.7 |
| 10万～15万元 | 21.4 | 35.3 | 33.6 | 2.7 | 1.7 | 5.3 | 90.3 |
| 15万～25万元 | 20.0 | 34.7 | 35.4 | 2.8 | 1.6 | 5.6 | 90.1 |
| 25万～50万元 | 22.0 | 34.8 | 34.0 | 2.6 | 1.9 | 4.7 | 90.8 |
| 50万元以上 | 23.9 | 29.1 | 34.4 | 1.9 | 2.4 | 8.2 | 87.5 |
| 不清楚/拒答 | 17.4 | 29.3 | 33.3 | 2.3 | 1.7 | 16.0 | 80.1 |
| 总体 | 20.2 | 32.2 | 34.1 | 2.8 | 2.4 | 8.3 | 86.5 |

表22-152 不同城镇就业状况对目前居住地医疗服务是否有改善情况的评价（%）（P=0.000）

| | 有明显改善 | 略有改善 | 没变化 | 略有恶化 | 明显恶化 | 不清楚/不了解/不评价 | 前三项合计 |
|---|---|---|---|---|---|---|---|
| 党政机关从业人员 | 30.2 | 32.0 | 29.3 | 2.0 | 1.0 | 5.5 | 91.5 |
| 事业单位和社会团体从业人员 | 27.2 | 34.5 | 29.6 | 2.1 | 1.1 | 5.5 | 91.3 |
| 国有企业及其他国有经济单位职工 | 16.1 | 32.9 | 40.4 | 2.5 | 2.0 | 6.1 | 89.4 |
| 集体经济单位职工 | 16.3 | 40.6 | 33.1 | 3.2 | 1.3 | 5.5 | 90.0 |
| 合资、外资或港澳台企业员工 | 12.6 | 34.1 | 42.6 | 3.2 | 1.5 | 6.0 | 89.3 |
| 个体或私营企业主 | 16.1 | 34.4 | 36.1 | 2.5 | 2.1 | 8.7 | 86.6 |
| 个体或私营企业被雇者 | 14.6 | 31.9 | 38.2 | 3.6 | 2.1 | 9.7 | 84.7 |
| 城镇自由职业者 | 18.7 | 30.4 | 33.8 | 3.6 | 3.6 | 10.0 | 82.9 |
| 其他形式的城镇就业 | 17.4 | 26.1 | 33.3 | 4.3 | 0.0 | 18.8 | 76.8 |
| 总体 | 20.2 | 32.2 | 34.1 | 2.8 | 2.4 | 8.3 | 86.5 |

表22-153 不同农村就业状况对目前居住地医疗服务是否有改善情况的评价（%）（P=0.000）

| | 有明显改善 | 略有改善 | 没变化 | 略有恶化 | 明显恶化 | 不清楚/不了解/不评价 | 前三项合计 |
|---|---|---|---|---|---|---|---|
| 务农农民 | 25.5 | 28.0 | 32.5 | 3.1 | 3.7 | 7.2 | 86.1 |
| 务农以及各类零工 | 21.3 | 28.7 | 33.4 | 3.2 | 3.3 | 10.0 | 83.4 |
| 农村自营者 | 24.9 | 27.7 | 34.6 | 3.3 | 2.8 | 6.8 | 87.2 |
| 乡镇集体企业、私营企业及个体企业主 | 22.8 | 34.0 | 29.4 | 2.6 | 3.2 | 8.1 | 86.2 |
| 乡镇集体企业、私营企业被雇者 | 17.4 | 33.9 | 34.4 | 3.4 | 2.6 | 8.2 | 85.7 |
| 国有经济单位职工（包括党政机关和事业单位） | 34.2 | 31.3 | 27.4 | 3.0 | 1.2 | 2.9 | 92.9 |
| 其他形式农村就业 | 16.5 | 27.2 | 23.3 | 1.9 | 3.9 | 27.2 | 67.0 |
| 总体 | 20.2 | 32.2 | 34.1 | 2.8 | 2.4 | 8.3 | 86.5 |

表22-154 不同职业对目前居住地医疗服务是否有改善情况的评价（%）（P=0.000）

| | 有明显改善 | 略有改善 | 没变化 | 略有恶化 | 明显恶化 | 不清楚/不了解/不评价 | 前三项合计 |
|---|---|---|---|---|---|---|---|
| 国家机关、党群组织、企业、事业单位负责人 | 25.4 | 33.3 | 32.4 | 2.8 | 1.8 | 4.3 | 91.1 |
| 办事人员和有关人员 | 21.8 | 34.3 | 34.9 | 1.8 | 1.2 | 6.1 | 90.9 |
| 专业技术人员 | 20.5 | 33.9 | 34.8 | 2.7 | 1.8 | 6.3 | 89.2 |
| 商业、服务业人员 | 17.3 | 32.6 | 35.4 | 3.5 | 2.4 | 8.9 | 85.3 |
| 农、林、牧、渔、水利生产人员 | 21.8 | 27.7 | 34.3 | 2.9 | 3.1 | 10.2 | 83.8 |
| 生产、运输设备操作人员及有关人员 | 18.1 | 30.9 | 34.2 | 3.4 | 3.2 | 10.1 | 83.2 |
| 不便分类的其他从业人员 | 17.0 | 27.2 | 28.7 | 3.8 | 1.8 | 21.6 | 72.8 |
| 总体 | 20.2 | 32.2 | 34.1 | 2.8 | 2.4 | 8.3 | 86.5 |

表22-155 不同生活水平对目前居住地医疗服务是否有改善情况的评价（%）（P=0.000）

| | 有明显改善 | 略有改善 | 没变化 | 略有恶化 | 明显恶化 | 不清楚/不了解/不评价 | 前三项合计 |
|---|---|---|---|---|---|---|---|
| 非常好 | 56.2 | 21.1 | 16.6 | 0.5 | 1.7 | 3.9 | 93.9 |
| 中等偏上 | 31.3 | 35.2 | 24.9 | 2.2 | 1.2 | 5.1 | 91.4 |
| 中等 | 19.9 | 34.4 | 33.8 | 2.4 | 1.9 | 7.6 | 88.1 |
| 中等偏下 | 12.6 | 28.9 | 40.9 | 4.0 | 3.2 | 10.4 | 82.3 |
| 非常差 | 12.4 | 20.4 | 42.1 | 4.1 | 8.4 | 12.5 | 74.9 |
| 不清楚/不了解/不评价 | 14.7 | 17.1 | 27.0 | 2.2 | 2.4 | 36.6 | 58.8 |
| 总体 | 20.2 | 32.2 | 34.1 | 2.8 | 2.4 | 8.3 | 86.5 |

## （十三）对目前居住地环境状况的总体评价

对目前居住地环境状况表示“非常满意”“比较满意”和“一般”的分别占21.8%、39.5%、25.4%，合计为86.8%。

从不同群体看，20～24岁、本科、家庭年收入15万～25万元等对居住地环境状况的评价较高。

表22-156 城乡对目前居住地环境状况的总体评价（%）（P=0.000）

| | 非常满意 | 比较满意 | 一般 | 不太满意 | 非常不满意 | 不清楚/不了解/不评价 | 前三项合计 |
|---|---|---|---|---|---|---|---|
| 城镇 | 20.9 | 41.1 | 25.7 | 7.7 | 4.3 | 0.3 | 87.7 |
| 农村 | 23.4 | 36.9 | 25.0 | 8.3 | 5.8 | 0.7 | 85.3 |
| 总体 | 21.8 | 39.5 | 25.4 | 7.9 | 4.9 | 0.4 | 86.8 |

表22-157 不同性别对居住地环境状况的总体评价（%）（P=0.000）

| | 非常满意 | 比较满意 | 一般 | 不太满意 | 非常不满意 | 不清楚/不了解/不评价 | 前三项合计 |
|---|---|---|---|---|---|---|---|
| 男 | 23.4 | 38.5 | 24.2 | 7.8 | 5.6 | 0.5 | 86.1 |
| 女 | 19.9 | 40.7 | 26.9 | 8.1 | 4.0 | 0.3 | 87.6 |
| 总体 | 21.8 | 39.5 | 25.4 | 7.9 | 4.9 | 0.4 | 86.8 |

表22-158 不同年龄对居住地环境状况的总体评价（%）（P=0.000）

| | 非常满意 | 比较满意 | 一般 | 不太满意 | 非常不满意 | 不清楚/不了解/不评价 | 前三项合计 |
|---|---|---|---|---|---|---|---|
| 18～19岁 | 20.7 | 37.5 | 27.2 | 10.1 | 4.4 | 0.1 | 85.4 |
| 20～24岁 | 21.7 | 40.3 | 26.4 | 8.0 | 3.4 | 0.2 | 88.4 |
| 25～29岁 | 19.4 | 38.9 | 28.5 | 7.9 | 5.0 | 0.2 | 86.8 |
| 30～34岁 | 20.3 | 38.7 | 27.3 | 7.9 | 5.4 | 0.3 | 86.4 |

续表

| | 非常满意 | 比较满意 | 一般 | 不太满意 | 非常不满意 | 不清楚/不了解/不评价 | 前三项合计 |
|---|---|---|---|---|---|---|---|
| 35～39岁 | 20.4 | 39.5 | 27.5 | 7.1 | 5.1 | 0.4 | 87.5 |
| 40～44岁 | 21.2 | 40.0 | 25.6 | 8.4 | 4.3 | 0.6 | 86.7 |
| 45～49岁 | 24.0 | 38.5 | 24.7 | 8.0 | 4.3 | 0.4 | 87.3 |
| 50～54岁 | 24.5 | 39.0 | 21.1 | 9.0 | 5.8 | 0.7 | 84.6 |
| 55～59岁 | 22.4 | 40.8 | 25.0 | 6.4 | 5.3 | 0.2 | 88.2 |
| 60～64岁 | 24.1 | 39.7 | 22.2 | 8.0 | 5.2 | 0.7 | 86.1 |
| 65～69岁 | 24.6 | 40.4 | 21.1 | 8.0 | 5.3 | 0.6 | 86.1 |
| 70～74岁 | 24.9 | 44.4 | 17.8 | 7.4 | 4.6 | 0.9 | 87.1 |
| 总体 | 21.8 | 39.5 | 25.4 | 7.9 | 4.9 | 0.4 | 86.8 |

表22-159　　不同户口状况对居住地环境状况的总体评价（%）（P=0.000）

| | 非常满意 | 比较满意 | 一般 | 不太满意 | 非常不满意 | 不清楚/不了解/不评价 | 前三项合计 |
|---|---|---|---|---|---|---|---|
| 本市（县）非农业户口 | 22.5 | 41.1 | 24.1 | 7.7 | 4.3 | 0.2 | 87.8 |
| 本市（县）农业户口 | 22.8 | 37.8 | 25.2 | 7.9 | 5.6 | 0.7 | 85.8 |
| 本市（县）居民户口 | 20.3 | 39.7 | 25.5 | 8.9 | 5.4 | 0.3 | 85.5 |
| 省内非本市（县）非农业户口 | 18.9 | 40.3 | 27.6 | 7.8 | 5.3 | 0.2 | 86.8 |
| 省内非本市（县）农业户口 | 18.4 | 41.1 | 27.7 | 8.2 | 4.3 | 0.3 | 87.2 |
| 省内非本市（县）居民户口 | 17.6 | 41.2 | 27.7 | 9.6 | 3.9 | 0.0 | 86.5 |
| 外省非农业户口 | 18.9 | 37.9 | 30.2 | 8.6 | 4.2 | 0.3 | 87.0 |
| 外省农业户口 | 20.9 | 39.4 | 28.6 | 6.8 | 3.9 | 0.5 | 88.8 |
| 外省居民户口 | 17.8 | 37.5 | 32.7 | 8.2 | 3.5 | 0.3 | 88.0 |
| 总体 | 21.8 | 39.5 | 25.4 | 7.9 | 4.9 | 0.4 | 86.8 |

表22-160　　不同家庭人口数对居住地环境状况的总体评价（%）（P=0.000）

| | 非常满意 | 比较满意 | 一般 | 不太满意 | 非常不满意 | 不清楚/不了解/不评价 | 前三项合计 |
|---|---|---|---|---|---|---|---|
| 1人 | 22.0 | 37.0 | 24.5 | 9.2 | 6.2 | 1.0 | 83.5 |
| 2人 | 21.1 | 40.0 | 24.7 | 8.1 | 5.6 | 0.5 | 85.8 |
| 3人 | 21.0 | 40.3 | 26.0 | 8.2 | 4.3 | 0.2 | 87.3 |
| 4人 | 21.4 | 39.9 | 25.7 | 7.8 | 4.8 | 0.4 | 87.0 |
| 5人 | 22.5 | 39.3 | 25.4 | 7.5 | 4.9 | 0.4 | 87.2 |
| 6人 | 23.0 | 39.3 | 24.5 | 7.3 | 5.2 | 0.6 | 86.8 |
| 7人及以上 | 24.8 | 35.9 | 24.9 | 8.1 | 5.7 | 0.6 | 85.6 |
| 总体 | 21.8 | 39.5 | 25.4 | 7.9 | 4.9 | 0.4 | 86.8 |

表22-161　　不同受教育程度对居住地环境状况的总体评价（%）（P=0.000）

| | 非常满意 | 比较满意 | 一般 | 不太满意 | 非常不满意 | 不清楚/不了解/不评价 | 前三项合计 |
|---|---|---|---|---|---|---|---|
| 不识字或识字很少 | 31.7 | 29.5 | 19.9 | 9.2 | 7.5 | 2.3 | 81.0 |
| 小学 | 24.3 | 35.3 | 24.4 | 8.2 | 6.9 | 0.9 | 84.0 |
| 初中 | 22.0 | 38.3 | 25.7 | 7.7 | 5.7 | 0.5 | 86.1 |
| 高中、中专或技校 | 21.2 | 40.0 | 26.1 | 7.9 | 4.5 | 0.3 | 87.3 |
| 大学专科 | 20.3 | 40.6 | 27.4 | 7.9 | 3.6 | 0.2 | 88.3 |
| 本科 | 22.0 | 42.4 | 23.8 | 7.8 | 3.9 | 0.2 | 88.1 |
| 硕士及以上 | 17.6 | 42.5 | 21.9 | 10.4 | 7.4 | 0.2 | 82.0 |
| 总体 | 21.8 | 39.5 | 25.4 | 7.9 | 4.9 | 0.4 | 86.8 |

表22-162　　不同婚姻状况对居住地环境状况的总体评价（%）（P=0.000）

| | 非常满意 | 比较满意 | 一般 | 不太满意 | 非常不满意 | 不清楚/不了解/不评价 | 前三项合计 |
|---|---|---|---|---|---|---|---|
| 未婚 | 21.0 | 38.5 | 27.3 | 8.6 | 4.2 | 0.3 | 86.9 |
| 已婚 | 22.0 | 40.0 | 25.0 | 7.6 | 4.9 | 0.4 | 87.0 |
| 离异 | 23.3 | 35.0 | 24.4 | 8.7 | 7.9 | 0.6 | 82.7 |
| 丧偶 | 21.7 | 38.4 | 21.6 | 11.3 | 6.3 | 0.7 | 81.7 |
| 总体 | 21.8 | 39.5 | 25.4 | 7.9 | 4.9 | 0.4 | 86.8 |

表22-163　　不同收入状况对居住地环境状况的总体评价（%）（P=0.000）

| | 非常满意 | 比较满意 | 一般 | 不太满意 | 非常不满意 | 不清楚/不了解/不评价 | 前三项合计 |
|---|---|---|---|---|---|---|---|
| 1万元以下 | 22.6 | 31.3 | 26.3 | 9.8 | 9.2 | 0.9 | 80.1 |
| 1万～3万元 | 21.9 | 36.0 | 25.8 | 9.1 | 6.8 | 0.5 | 83.7 |
| 3万～5万元 | 20.1 | 39.1 | 26.9 | 8.1 | 5.4 | 0.4 | 86.1 |
| 5万～10万元 | 21.6 | 41.1 | 25.1 | 7.8 | 4.2 | 0.2 | 87.8 |
| 10万～15万元 | 22.7 | 42.6 | 24.1 | 6.8 | 3.6 | 0.1 | 89.5 |
| 15万～25万元 | 22.4 | 43.1 | 25.5 | 5.7 | 3.1 | 0.1 | 91.0 |
| 25万～50万元 | 22.9 | 42.1 | 23.6 | 7.1 | 4.0 | 0.4 | 88.5 |
| 50万元以上 | 28.6 | 38.0 | 22.3 | 6.6 | 4.6 | 0.0 | 88.9 |
| 不清楚/拒答 | 21.5 | 39.4 | 25.6 | 8.4 | 4.2 | 0.9 | 86.6 |
| 总体 | 21.8 | 39.5 | 25.4 | 7.9 | 4.9 | 0.4 | 86.8 |

表22-164　　不同城镇就业状况对居住地环境状况的总体评价（%）（P=0.000）

| | 非常满意 | 比较满意 | 一般 | 不太满意 | 非常不满意 | 不清楚/不了解/不评价 | 前三项合计 |
|---|---|---|---|---|---|---|---|
| 党政机关从业人员 | 35.2 | 41.8 | 16.1 | 4.4 | 2.2 | 0.3 | 93.1 |
| 事业单位和社会团体从业人员 | 25.9 | 41.3 | 23.2 | 6.8 | 2.7 | 0.1 | 90.4 |
| 国有企业及其他国有经济单位职工 | 19.6 | 40.6 | 27.1 | 8.3 | 4.2 | 0.2 | 87.3 |
| 集体经济单位职工 | 17.6 | 41.5 | 28.4 | 8.6 | 4.0 | 0.0 | 87.5 |
| 合资、外资或港澳台企业员工 | 11.8 | 46.5 | 29.0 | 8.5 | 4.2 | 0.1 | 87.2 |
| 个体或私营企业主 | 21.1 | 41.3 | 25.7 | 7.2 | 4.4 | 0.3 | 88.1 |
| 个体或私营企业被雇者 | 16.3 | 42.7 | 28.2 | 8.3 | 4.4 | 0.2 | 87.1 |
| 城镇自由职业者 | 21.3 | 38.8 | 26.9 | 7.5 | 5.0 | 0.4 | 87.1 |
| 其他形式的城镇就业 | 15.9 | 43.5 | 21.7 | 11.6 | 5.8 | 1.4 | 81.2 |
| 总体 | 21.8 | 39.5 | 25.4 | 7.9 | 4.9 | 0.4 | 86.8 |

表22-165　　不同农村就业状况对居住地环境状况的总体评价（%）（P=0.000）

| | 非常满意 | 比较满意 | 一般 | 不太满意 | 非常不满意 | 不清楚/不了解/不评价 | 前三项合计 |
|---|---|---|---|---|---|---|---|
| 务农农民 | 25.1 | 35.0 | 24.2 | 8.4 | 6.3 | 0.9 | 84.3 |
| 务农以及各类零工 | 22.8 | 34.8 | 26.3 | 7.8 | 7.3 | 0.9 | 83.9 |
| 农村自营者 | 24.9 | 37.4 | 24.4 | 7.7 | 5.3 | 0.5 | 86.6 |
| 乡镇集体企业、私营企业及个体企业主 | 22.5 | 38.3 | 26.9 | 8.0 | 3.8 | 0.5 | 87.8 |
| 乡镇集体企业、私营企业被雇者 | 19.8 | 38.9 | 27.2 | 9.0 | 4.7 | 0.4 | 85.9 |
| 国有经济单位职工（包括党政机关和事业单位） | 34.6 | 34.1 | 21.9 | 5.8 | 3.5 | 0.2 | 90.6 |
| 其他形式农村就业 | 23.3 | 40.8 | 21.4 | 7.8 | 6.8 | 0.0 | 85.4 |
| 总体 | 21.8 | 39.5 | 25.4 | 7.9 | 4.9 | 0.4 | 86.8 |

表22-166　　不同职业对居住地环境状况的总体评价（%）（P=0.000）

| | 非常满意 | 比较满意 | 一般 | 不太满意 | 非常不满意 | 不清楚/不了解/不评价 | 前三项合计 |
|---|---|---|---|---|---|---|---|
| 国家机关、党群组织、企业、事业单位负责人 | 30.2 | 39.1 | 20.3 | 6.3 | 4.0 | 0.1 | 89.6 |
| 办事人员和有关人员 | 24.2 | 41.7 | 24.6 | 6.7 | 2.8 | 0.1 | 90.4 |
| 专业技术人员 | 20.6 | 40.4 | 26.2 | 8.2 | 4.3 | 0.2 | 87.2 |
| 商业、服务业人员 | 19.8 | 40.8 | 27.3 | 7.6 | 4.2 | 0.3 | 87.9 |
| 农、林、牧、渔、水利生产人员 | 23.2 | 37.7 | 24.5 | 7.4 | 6.0 | 1.1 | 85.5 |
| 生产、运输设备操作人员及有关人员 | 20.9 | 38.2 | 25.9 | 8.5 | 6.1 | 0.4 | 85.0 |
| 不便分类的其他从业人员 | 19.9 | 42.7 | 25.1 | 8.2 | 2.9 | 1.2 | 87.7 |
| 总体 | 21.8 | 39.5 | 25.4 | 7.9 | 4.9 | 0.4 | 86.8 |

表22-167 不同生活水平对居住地环境状况的总体评价（%）（P=0.000）

| | 非常满意 | 比较满意 | 一般 | 不太满意 | 非常不满意 | 不清楚/不了解/不评价 | 前三项合计 |
|---|---|---|---|---|---|---|---|
| 非常好 | 64.0 | 21.6 | 8.8 | 3.1 | 2.3 | 0.1 | 94.5 |
| 中等偏上 | 31.7 | 42.0 | 17.8 | 5.2 | 3.1 | 0.2 | 91.6 |
| 中等 | 21.1 | 41.8 | 25.9 | 7.2 | 3.7 | 0.3 | 88.8 |
| 中等偏下 | 14.9 | 36.9 | 30.1 | 11.0 | 6.6 | 0.4 | 81.9 |
| 非常差 | 16.1 | 24.9 | 28.6 | 11.7 | 17.2 | 1.4 | 69.6 |
| 不清楚/不了解/不评价 | 21.1 | 36.4 | 23.5 | 9.1 | 5.4 | 4.4 | 81.1 |
| 总体 | 21.8 | 39.5 | 25.4 | 7.9 | 4.9 | 0.4 | 86.8 |

## （十四）对最近一年以来居住地环境状况是否有改善的评价

对最近一年以来居住地环境状况是否有改善，表示“有明显改善”“略有改善”和“没变化”的分别占32.0%、37.0%、24.4%，合计为93.4%。

从不同群体来看，65～69岁、高中、中专或技校、家庭年收入15万～25万元等群体对居住地环境状况是否有改善的评价较高。

表22-168 城乡对目前居住地环境状况的改善情况评价（%）（P=0.000）

| | 有明显改善 | 略有改善 | 没变化 | 略有恶化 | 明显恶化 | 不清楚/不了解/不评价 | 前三项合计 |
|---|---|---|---|---|---|---|---|
| 城镇 | 31.8 | 38.4 | 23.6 | 3.3 | 2.1 | 0.7 | 93.9 |
| 农村 | 32.3 | 34.7 | 25.6 | 3.3 | 2.9 | 1.2 | 92.6 |
| 总体 | 32.0 | 37.0 | 24.4 | 3.3 | 2.4 | 0.9 | 93.4 |

表22-169 不同性别对居住地环境状况的改善情况评价（%）（P=0.000）

| | 有明显改善 | 略有改善 | 没变化 | 略有恶化 | 明显恶化 | 不清楚/不了解/不评价 | 前三项合计 |
|---|---|---|---|---|---|---|---|
| 男 | 33.7 | 36.1 | 23.2 | 3.4 | 2.7 | 0.9 | 93.0 |
| 女 | 30.0 | 38.2 | 25.7 | 3.2 | 2.1 | 0.8 | 93.9 |
| 总体 | 32.0 | 37.0 | 24.4 | 3.3 | 2.4 | 0.9 | 93.4 |

表22-170 不同年龄对目前居住地环境状况的改善情况评价（%）（P=0.000）

| | 有明显改善 | 略有改善 | 没变化 | 略有恶化 | 明显恶化 | 不清楚/不了解/不评价 | 前三项合计 |
|---|---|---|---|---|---|---|---|
| 18～19岁 | 24.9 | 43.3 | 24.9 | 4.9 | 1.7 | 0.4 | 93.0 |
| 20～24岁 | 30.1 | 40.0 | 24.4 | 3.4 | 1.6 | 0.6 | 94.5 |

续表

| | 有明显改善 | 略有改善 | 没变化 | 略有恶化 | 明显恶化 | 不清楚/不了解/不评价 | 前三项合计 |
|---|---|---|---|---|---|---|---|
| 25～29岁 | 29.2 | 38.8 | 24.9 | 4.1 | 2.3 | 0.7 | 92.9 |
| 30～34岁 | 29.5 | 37.4 | 25.5 | 4.2 | 2.5 | 0.8 | 92.5 |
| 35～39岁 | 30.6 | 37.9 | 23.8 | 3.9 | 3.2 | 0.5 | 92.3 |
| 40～44岁 | 32.2 | 37.3 | 24.0 | 3.3 | 2.2 | 1.0 | 93.5 |
| 45～49岁 | 37.1 | 34.0 | 22.9 | 3.0 | 2.1 | 0.9 | 94.0 |
| 50～54岁 | 35.6 | 34.8 | 23.3 | 2.2 | 2.6 | 1.5 | 93.7 |
| 55～59岁 | 32.0 | 36.4 | 25.5 | 2.2 | 3.3 | 0.5 | 94.0 |
| 60～64岁 | 34.2 | 33.8 | 25.3 | 2.5 | 2.1 | 2.1 | 93.3 |
| 65～69岁 | 38.6 | 33.4 | 23.2 | 2.3 | 1.5 | 1.0 | 95.2 |
| 70～74岁 | 35.4 | 36.7 | 23.0 | 1.7 | 1.9 | 1.3 | 95.1 |
| 总体 | 32.0 | 37.0 | 24.4 | 3.3 | 2.4 | 0.9 | 93.4 |

**表22-171　不同户口状况对目前居住地环境状况的改善情况评价（%）（P=0.000）**

| | 有明显改善 | 略有改善 | 没变化 | 略有恶化 | 明显恶化 | 不清楚/不了解/不评价 | 前三项合计 |
|---|---|---|---|---|---|---|---|
| 本市（县）非农业户口 | 33.7 | 37.5 | 22.6 | 3.3 | 2.3 | 0.6 | 93.9 |
| 本市（县）农业户口 | 32.6 | 35.8 | 24.6 | 3.2 | 2.7 | 1.2 | 93.0 |
| 本市（县）居民户口 | 31.2 | 36.0 | 26.0 | 3.8 | 2.2 | 0.8 | 93.2 |
| 省内非本市（县）非农业户口 | 29.6 | 38.3 | 24.0 | 4.0 | 2.8 | 1.3 | 91.9 |
| 省内非本市（县）农业户口 | 28.9 | 38.1 | 26.1 | 3.6 | 2.4 | 1.0 | 93.1 |
| 省内非本市（县）居民户口 | 28.4 | 38.0 | 30.2 | 1.4 | 1.4 | 0.7 | 96.6 |
| 外省非农业户口 | 24.2 | 42.9 | 25.8 | 4.0 | 2.4 | 0.7 | 92.8 |
| 外省农业户口 | 28.2 | 39.2 | 26.8 | 3.3 | 1.6 | 0.9 | 94.2 |
| 外省居民户口 | 24.7 | 38.8 | 31.1 | 2.1 | 0.8 | 2.4 | 94.7 |
| 总体 | 32.0 | 37.0 | 24.4 | 3.3 | 2.4 | 0.9 | 93.4 |

**表22-172　不同家庭人口数对目前居住地环境状况的改善情况评价（%）（P=0.000）**

| | 非常满意 | 比较满意 | 一般 | 不太满意 | 非常不满意 | 不清楚/不了解/不评价 | 前三项合计 |
|---|---|---|---|---|---|---|---|
| 1人 | 28.1 | 32.2 | 30.2 | 4.0 | 3.4 | 2.1 | 90.5 |
| 2人 | 29.9 | 37.1 | 26.5 | 3.1 | 2.3 | 1.1 | 93.5 |
| 3人 | 31.2 | 37.5 | 24.9 | 3.6 | 2.0 | 0.8 | 93.6 |
| 4人 | 31.6 | 38.4 | 23.3 | 3.4 | 2.5 | 0.8 | 93.3 |
| 5人 | 33.0 | 36.8 | 23.6 | 3.1 | 2.6 | 0.8 | 93.5 |

续表

| | 非常满意 | 比较满意 | 一般 | 不太满意 | 非常不满意 | 不清楚/不了解/不评价 | 前三项合计 |
|---|---|---|---|---|---|---|---|
| 6人 | 33.7 | 36.9 | 22.9 | 3.3 | 2.4 | 0.9 | 93.5 |
| 7人及以上 | 35.9 | 32.5 | 24.7 | 2.7 | 3.0 | 1.2 | 93.1 |
| 总体 | 32.0 | 37.0 | 24.4 | 3.3 | 2.4 | 0.9 | 93.4 |

**表22-173　不同受教育程度对目前居住地环境状况的改善情况评价（%）（P=0.000）**

| | 有明显改善 | 略有改善 | 没变化 | 略有恶化 | 明显恶化 | 不清楚/不了解/不评价 | 前三项合计 |
|---|---|---|---|---|---|---|---|
| 不识字或识字很少 | 30.9 | 25.5 | 35.4 | 1.9 | 1.6 | 4.7 | 91.8 |
| 小学 | 31.5 | 31.8 | 28.9 | 2.8 | 3.2 | 1.8 | 92.2 |
| 初中 | 32.4 | 36.0 | 24.9 | 2.6 | 2.8 | 1.2 | 93.3 |
| 高中、中专或技校 | 32.6 | 38.3 | 23.2 | 3.1 | 2.2 | 0.5 | 94.1 |
| 大学专科 | 32.6 | 38.4 | 22.5 | 4.0 | 2.0 | 0.5 | 93.6 |
| 本科 | 31.1 | 39.2 | 23.0 | 4.1 | 2.0 | 0.6 | 93.3 |
| 硕士及以上 | 24.1 | 38.2 | 29.2 | 4.8 | 3.1 | 0.6 | 91.5 |
| 总体 | 32.0 | 37.0 | 24.4 | 3.3 | 2.4 | 0.9 | 93.4 |

**表22-174　不同婚姻状况对目前居住地环境状况的改善情况评价（%）（P=0.000）**

| | 有明显改善 | 略有改善 | 没变化 | 略有恶化 | 明显恶化 | 不清楚/不了解/不评价 | 前三项合计 |
|---|---|---|---|---|---|---|---|
| 未婚 | 28.2 | 40.2 | 24.9 | 4.0 | 2.0 | 0.7 | 93.3 |
| 已婚 | 33.0 | 36.5 | 24.1 | 3.1 | 2.4 | 0.9 | 93.5 |
| 离异 | 31.6 | 32.6 | 26.2 | 3.7 | 4.9 | 1.0 | 90.3 |
| 丧偶 | 34.0 | 31.4 | 26.9 | 3.4 | 2.6 | 1.7 | 92.3 |
| 总体 | 32.0 | 37.0 | 24.4 | 3.3 | 2.4 | 0.9 | 93.4 |

**表22-175　不同收入状况对目前居住地环境状况的改善情况评价（%）（P=0.000）**

| | 有明显改善 | 略有改善 | 没变化 | 略有恶化 | 明显恶化 | 不清楚/不了解/不评价 | 前三项合计 |
|---|---|---|---|---|---|---|---|
| 1万元以下 | 30.7 | 28.8 | 31.6 | 3.5 | 3.7 | 1.7 | 91.1 |
| 1万～3万元 | 31.4 | 34.3 | 27.0 | 3.2 | 3.1 | 0.9 | 92.7 |
| 3万～5万元 | 31.8 | 37.9 | 24.5 | 2.8 | 2.2 | 0.7 | 94.2 |
| 5万～10万元 | 33.4 | 38.2 | 22.1 | 3.2 | 2.7 | 0.5 | 93.7 |
| 10万～15万元 | 33.5 | 38.9 | 22.0 | 3.4 | 1.7 | 0.4 | 94.4 |

续表

| | 有明显改善 | 略有改善 | 没变化 | 略有恶化 | 明显恶化 | 不清楚/不了解/不评价 | 前三项合计 |
|---|---|---|---|---|---|---|---|
| 15万~25万元 | 32.3 | 40.6 | 21.6 | 3.7 | 1.6 | 0.2 | 94.5 |
| 25万~50万元 | 31.1 | 40.2 | 22.0 | 3.8 | 2.4 | 0.5 | 93.4 |
| 50万元以上 | 33.7 | 35.1 | 24.4 | 3.8 | 2.4 | 0.6 | 93.2 |
| 不清楚/拒答 | 30.2 | 36.4 | 25.9 | 3.5 | 1.9 | 2.0 | 92.5 |
| 总体 | 32.0 | 37.0 | 24.4 | 3.3 | 2.4 | 0.9 | 93.4 |

表22-176 不同城镇就业状况对目前居住地环境状况的改善情况评价（%）（P=0.000）

| | 有明显改善 | 略有改善 | 没变化 | 略有恶化 | 明显恶化 | 不清楚/不了解/不评价 | 前三项合计 |
|---|---|---|---|---|---|---|---|
| 党政机关从业人员 | 49.6 | 31.2 | 14.9 | 2.3 | 1.5 | 0.5 | 95.7 |
| 事业单位和社会团体从业人员 | 37.4 | 38.8 | 19.8 | 2.2 | 1.4 | 0.4 | 95.9 |
| 国有企业及其他国有经济单位职工 | 28.7 | 39.9 | 25.1 | 3.9 | 1.8 | 0.5 | 93.7 |
| 集体经济单位职工 | 25.2 | 43.3 | 24.7 | 4.4 | 1.6 | 0.8 | 93.2 |
| 合资、外资或港澳台企业员工 | 22.1 | 43.7 | 27.8 | 4.5 | 1.4 | 0.5 | 93.7 |
| 个体或私营企业主 | 31.7 | 39.1 | 22.7 | 3.9 | 2.1 | 0.6 | 93.5 |
| 个体或私营企业被雇者 | 27.9 | 41.2 | 24.3 | 3.9 | 2.3 | 0.5 | 93.3 |
| 城镇自由职业者 | 32.3 | 35.8 | 23.6 | 3.9 | 3.3 | 1.1 | 91.7 |
| 其他形式的城镇就业 | 31.9 | 27.5 | 26.1 | 8.7 | 2.9 | 2.9 | 85.5 |
| 总体 | 32.0 | 37.0 | 24.4 | 3.3 | 2.4 | 0.9 | 93.4 |

表22-177 不同农村就业状况对目前居住地环境状况的改善情况评价（%）（P=0.000）

| | 有明显改善 | 略有改善 | 没变化 | 略有恶化 | 明显恶化 | 不清楚/不了解/不评价 | 前三项合计 |
|---|---|---|---|---|---|---|---|
| 务农农民 | 33.4 | 30.7 | 28.1 | 3.2 | 3.2 | 1.5 | 92.1 |
| 务农以及各类零工 | 33.5 | 33.7 | 25.1 | 3.4 | 3.1 | 1.2 | 92.3 |
| 农村自营者 | 34.4 | 35.0 | 24.2 | 2.9 | 3.3 | 0.3 | 93.5 |
| 乡镇集体企业、私营企业及个体企业主 | 34.8 | 37.6 | 20.9 | 3.6 | 2.3 | 0.8 | 93.3 |
| 乡镇集体企业、私营企业被雇者 | 30.2 | 38.4 | 24.3 | 3.6 | 3.0 | 0.6 | 92.9 |
| 国有经济单位职工（包括党政机关和事业单位） | 42.8 | 34.7 | 17.0 | 3.0 | 2.2 | 0.3 | 94.5 |
| 其他形式农村就业 | 35.9 | 34.0 | 18.4 | 4.9 | 4.9 | 1.9 | 88.3 |
| 总体 | 32.0 | 37.0 | 24.4 | 3.3 | 2.4 | 0.9 | 93.4 |

表22-178 不同职业对目前居住地环境状况的改善情况评价（%）（P=0.000）

| | 有明显改善 | 略有改善 | 没变化 | 略有恶化 | 明显恶化 | 不清楚/不了解/不评价 | 前三项合计 |
|---|---|---|---|---|---|---|---|
| 国家机关、党群组织、企业、事业单位负责人 | 40.9 | 34.0 | 20.2 | 3.1 | 1.4 | 0.3 | 95.2 |
| 办事人员和有关人员 | 35.0 | 37.9 | 22.3 | 2.9 | 1.6 | 0.4 | 95.2 |
| 专业技术人员 | 31.7 | 39.0 | 22.4 | 4.0 | 2.3 | 0.7 | 93.0 |
| 商业、服务业人员 | 30.8 | 39.8 | 23.3 | 3.3 | 2.2 | 0.6 | 93.9 |
| 农、林、牧、渔、水利生产人员 | 33.1 | 35.8 | 23.3 | 2.8 | 3.8 | 1.2 | 92.2 |
| 生产、运输设备操作人员及有关人员 | 31.1 | 37.2 | 23.5 | 4.7 | 2.9 | 0.7 | 91.8 |
| 不便分类的其他从业人员 | 33.9 | 31.9 | 28.4 | 2.6 | 1.2 | 2.0 | 94.2 |
| 总体 | 32.0 | 37.0 | 24.4 | 3.3 | 2.4 | 0.9 | 93.4 |

表22-179 不同生活水平对目前居住地环境状况的改善情况评价（%）（P=0.000）

| | 有明显改善 | 略有改善 | 没变化 | 略有恶化 | 明显恶化 | 不清楚/不了解/不评价 | 前三项合计 |
|---|---|---|---|---|---|---|---|
| 非常好 | 63.4 | 20.1 | 13.8 | 0.7 | 1.8 | 0.2 | 97.3 |
| 中等偏上 | 43.6 | 35.2 | 16.7 | 2.5 | 1.6 | 0.3 | 95.5 |
| 中等 | 31.7 | 38.7 | 23.7 | 3.2 | 1.9 | 0.8 | 94.1 |
| 中等偏下 | 25.2 | 37.3 | 29.1 | 4.2 | 3.2 | 1.1 | 91.6 |
| 非常差 | 20.7 | 29.6 | 35.5 | 5.0 | 7.6 | 1.5 | 85.8 |
| 不清楚/不了解/不评价 | 26.4 | 31.0 | 33.0 | 2.4 | 1.6 | 5.6 | 90.3 |
| 总体 | 32.0 | 37.0 | 24.4 | 3.3 | 2.4 | 0.9 | 93.4 |

## （十五）对能享有的社会保障的总体评价

对能享有的社会保障状况表示“非常满意”“比较满意”和“一般”的分别占15.9%、32.2%、30.0%，合计为78.0%。

从不同群体来看，70～74岁、本市（县）非农业户口、本科、家庭年收入15万～25万元等群体的评价较高。

表22-180 城乡对能享有的社会保障状况的总体评价（%）（P=0.000）

| | 非常满意 | 比较满意 | 一般 | 不太满意 | 非常不满意 | 不清楚/不了解/不评价 | 前三项合计 |
|---|---|---|---|---|---|---|---|
| 城镇 | 14.8 | 33.7 | 31.2 | 9.2 | 5.0 | 6.1 | 79.7 |
| 农村 | 17.7 | 29.5 | 27.9 | 10.3 | 6.2 | 8.4 | 75.1 |
| 总体 | 15.9 | 32.2 | 30.0 | 9.6 | 5.4 | 6.9 | 78.0 |

表22-181　不同性别对能享有的社会保障状况的总体评价（%）（P=0.000）

| | 非常满意 | 比较满意 | 一般 | 不太满意 | 非常不满意 | 不清楚/不了解/不评价 | 前三项合计 |
|---|---|---|---|---|---|---|---|
| 男 | 17.1 | 31.0 | 28.7 | 9.3 | 6.4 | 7.5 | 76.7 |
| 女 | 14.5 | 33.5 | 31.5 | 9.9 | 4.3 | 6.3 | 79.5 |
| 总体 | 15.9 | 32.2 | 30.0 | 9.6 | 5.4 | 6.9 | 78.0 |

表22-182　不同年龄对能享有的社会保障状况的总体评价（%）（P=0.000）

| | 非常满意 | 比较满意 | 一般 | 不太满意 | 非常不满意 | 不清楚/不了解/不评价 | 前三项合计 |
|---|---|---|---|---|---|---|---|
| 18~19岁 | 12.9 | 36.8 | 29.8 | 4.4 | 1.9 | 14.3 | 79.4 |
| 20~24岁 | 14.3 | 34.8 | 32.0 | 6.7 | 3.2 | 9.0 | 81.1 |
| 25~29岁 | 13.6 | 31.9 | 35.4 | 8.7 | 4.1 | 6.4 | 80.8 |
| 30~34岁 | 13.1 | 30.9 | 34.0 | 10.3 | 4.7 | 6.9 | 78.1 |
| 35~39岁 | 14.9 | 31.2 | 31.9 | 10.1 | 5.8 | 6.2 | 77.9 |
| 40~44岁 | 14.7 | 29.4 | 31.3 | 10.4 | 6.4 | 7.8 | 75.4 |
| 45~49岁 | 16.1 | 30.2 | 28.5 | 11.4 | 7.2 | 6.6 | 74.8 |
| 50~54岁 | 17.3 | 28.8 | 25.7 | 11.2 | 8.3 | 8.6 | 71.8 |
| 55~59岁 | 19.9 | 34.1 | 26.5 | 9.6 | 5.6 | 4.3 | 80.5 |
| 60~64岁 | 20.4 | 35.8 | 22.8 | 9.8 | 5.6 | 5.6 | 79.1 |
| 65~69岁 | 22.2 | 38.6 | 20.1 | 9.4 | 5.7 | 3.9 | 81.0 |
| 70~74岁 | 24.5 | 39.8 | 19.8 | 7.6 | 3.0 | 5.3 | 84.0 |
| 总体 | 15.9 | 32.2 | 30.0 | 9.6 | 5.4 | 6.9 | 78.0 |

表22-183　不同户口状况对能享有的社会保障状况的总体评价（%）（P=0.000）

| | 非常满意 | 比较满意 | 一般 | 不太满意 | 非常不满意 | 不清楚/不了解/不评价 | 前三项合计 |
|---|---|---|---|---|---|---|---|
| 本市（县）非农业户口 | 17.7 | 36.3 | 28.3 | 8.5 | 4.7 | 4.5 | 82.3 |
| 本市（县）农业户口 | 16.4 | 29.0 | 29.0 | 10.7 | 6.2 | 8.7 | 74.4 |
| 本市（县）居民户口 | 15.7 | 33.3 | 32.4 | 8.7 | 5.2 | 4.7 | 81.5 |
| 省内非本市（县）非农业户口 | 15.2 | 32.2 | 31.6 | 10.2 | 4.9 | 5.9 | 79.0 |
| 省内非本市（县）农业户口 | 11.1 | 28.6 | 34.1 | 10.8 | 4.8 | 10.5 | 73.8 |
| 省内非本市（县）居民户口 | 10.3 | 35.7 | 32.5 | 10.5 | 5.9 | 5.0 | 78.5 |
| 外省非农业户口 | 11.9 | 31.4 | 35.2 | 8.8 | 5.7 | 7.0 | 78.5 |
| 外省农业户口 | 9.2 | 27.6 | 34.4 | 10.1 | 6.0 | 12.7 | 71.2 |
| 外省居民户口 | 10.6 | 33.8 | 35.4 | 8.2 | 4.3 | 7.7 | 79.8 |
| 总体 | 15.9 | 32.2 | 30.0 | 9.6 | 5.4 | 6.9 | 78.0 |

**表22-184　不同家庭人口数对能享有的社会保障状况的总体评价（%）（P=0.000）**

| | 非常满意 | 比较满意 | 一般 | 不太满意 | 非常不满意 | 不清楚/不了解/不评价 | 前三项合计 |
|---|---|---|---|---|---|---|---|
| 1人 | 15.0 | 26.9 | 25.6 | 12.9 | 9.6 | 10.0 | 67.5 |
| 2人 | 16.9 | 34.4 | 25.8 | 10.1 | 6.0 | 6.9 | 77.1 |
| 3人 | 15.7 | 34.1 | 30.8 | 8.8 | 4.7 | 5.9 | 80.5 |
| 4人 | 15.4 | 32.1 | 30.9 | 9.4 | 5.0 | 7.1 | 78.4 |
| 5人 | 16.2 | 31.3 | 30.0 | 10.3 | 5.3 | 6.9 | 77.5 |
| 6人 | 14.8 | 30.7 | 30.5 | 9.8 | 6.2 | 8.0 | 76.0 |
| 7人及以上 | 18.3 | 26.9 | 29.5 | 9.9 | 6.9 | 8.5 | 74.7 |
| 总体 | 15.9 | 32.2 | 30.0 | 9.6 | 5.4 | 6.9 | 78.0 |

**表22-185　不同受教育程度对能享有的社会保障状况的总体评价（%）（P=0.000）**

| | 非常满意 | 比较满意 | 一般 | 不太满意 | 非常不满意 | 不清楚/不了解/不评价 | 前三项合计 |
|---|---|---|---|---|---|---|---|
| 不识字或识字很少 | 23.1 | 23.2 | 20.1 | 10.3 | 8.2 | 15.2 | 66.3 |
| 小学 | 17.3 | 26.8 | 25.8 | 11.6 | 7.6 | 10.9 | 69.9 |
| 初中 | 15.1 | 27.7 | 30.0 | 11.6 | 6.6 | 9.1 | 72.8 |
| 高中、中专或技校 | 15.0 | 31.1 | 31.0 | 9.7 | 6.2 | 6.9 | 77.2 |
| 大学专科 | 14.5 | 35.4 | 32.5 | 8.9 | 4.2 | 4.4 | 82.4 |
| 本科 | 18.0 | 39.1 | 29.4 | 6.7 | 2.7 | 4.1 | 86.4 |
| 硕士及以上 | 15.4 | 39.4 | 29.7 | 7.4 | 4.0 | 4.1 | 84.6 |
| 总体 | 15.9 | 32.2 | 30.0 | 9.6 | 5.4 | 6.9 | 78.0 |

**表22-186　不同婚姻状况对能享有的社会保障状况的总体评价（%）（P=0.000）**

| | 非常满意 | 比较满意 | 一般 | 不太满意 | 非常不满意 | 不清楚/不了解/不评价 | 前三项合计 |
|---|---|---|---|---|---|---|---|
| 未婚 | 13.9 | 33.4 | 32.9 | 7.0 | 3.8 | 9.0 | 80.2 |
| 已婚 | 16.3 | 32.3 | 29.5 | 10.1 | 5.6 | 6.3 | 78.1 |
| 离异 | 14.4 | 22.4 | 28.1 | 14.0 | 11.2 | 9.9 | 64.9 |
| 丧偶 | 22.4 | 24.6 | 19.3 | 14.7 | 10.4 | 8.6 | 66.3 |
| 总体 | 15.9 | 32.2 | 30.0 | 9.6 | 5.4 | 6.9 | 78.0 |

**表22-187　不同收入状况对能享有的社会保障状况的总体评价（%）（P=0.000）**

| | 非常满意 | 比较满意 | 一般 | 不太满意 | 非常不满意 | 不清楚/不了解/不评价 | 前三项合计 |
|---|---|---|---|---|---|---|---|
| 1万元以下 | 15.1 | 21.7 | 25.0 | 13.3 | 13.8 | 11.0 | 61.9 |
| 1万～3万元 | 14.6 | 26.3 | 31.0 | 12.6 | 8.2 | 7.3 | 71.9 |

续表

| | 非常满意 | 比较满意 | 一般 | 不太满意 | 非常不满意 | 不清楚/不了解/不评价 | 前三项合计 |
|---|---|---|---|---|---|---|---|
| 3万～5万元 | 14.2 | 29.9 | 30.6 | 12.0 | 6.4 | 6.8 | 74.8 |
| 5万～10万元 | 16.3 | 34.6 | 31.2 | 8.7 | 4.5 | 4.7 | 82.1 |
| 10万～15万元 | 18.1 | 37.2 | 29.4 | 8.0 | 3.2 | 4.1 | 84.7 |
| 15万～25万元 | 18.4 | 38.7 | 29.9 | 6.7 | 2.9 | 3.4 | 87.1 |
| 25万～50万元 | 18.4 | 40.6 | 27.8 | 6.0 | 3.5 | 3.6 | 86.8 |
| 50万元以上 | 23.4 | 32.8 | 25.6 | 7.3 | 4.3 | 6.6 | 81.8 |
| 不清楚/拒答 | 14.0 | 30.9 | 30.0 | 8.4 | 3.8 | 12.9 | 75.0 |
| 总体 | 15.9 | 32.2 | 30.0 | 9.6 | 5.4 | 6.9 | 78.0 |

表22-188　不同城镇就业状况对能享有的社会保障状况的总体评价（%）（P=0.000）

| | 非常满意 | 比较满意 | 一般 | 不太满意 | 非常不满意 | 不清楚/不了解/不评价 | 前三项合计 |
|---|---|---|---|---|---|---|---|
| 党政机关从业人员 | 34.7 | 41.8 | 18.2 | 2.2 | 1.0 | 2.1 | 94.7 |
| 事业单位和社会团体从业人员 | 23.4 | 41.0 | 26.6 | 4.7 | 1.9 | 2.3 | 91.0 |
| 国有企业及其他国有经济单位职工 | 15.6 | 39.7 | 32.3 | 7.2 | 2.5 | 2.7 | 87.6 |
| 集体经济单位职工 | 11.9 | 37.9 | 32.8 | 8.9 | 3.0 | 5.5 | 82.6 |
| 合资、外资或港澳台企业员工 | 8.5 | 40.8 | 39.3 | 6.0 | 2.9 | 2.4 | 88.7 |
| 个体或私营企业主 | 12.3 | 29.7 | 34.9 | 10.4 | 5.3 | 7.4 | 77.0 |
| 个体或私营企业被雇者 | 8.8 | 30.8 | 36.5 | 10.9 | 5.8 | 7.2 | 76.1 |
| 城镇自由职业者 | 12.7 | 26.5 | 34.6 | 11.2 | 7.2 | 7.8 | 73.8 |
| 其他形式的城镇就业 | 14.5 | 18.8 | 29.0 | 15.9 | 2.9 | 18.8 | 62.3 |
| 总体 | 15.9 | 32.2 | 30.0 | 9.6 | 5.4 | 6.9 | 78.0 |

表22-189　不同农村就业状况对能享有的社会保障状况的总体评价（%）（P=0.000）

| | 非常满意 | 比较满意 | 一般 | 不太满意 | 非常不满意 | 不清楚/不了解/不评价 | 前三项合计 |
|---|---|---|---|---|---|---|---|
| 务农农民 | 19.4 | 28.1 | 25.4 | 10.6 | 7.0 | 9.5 | 72.9 |
| 务农以及各类零工 | 15.7 | 25.9 | 29.7 | 11.5 | 7.3 | 9.9 | 71.3 |
| 农村自营者 | 18.3 | 28.2 | 30.0 | 9.7 | 6.3 | 7.5 | 76.5 |
| 乡镇集体企业、私营企业及个体企业主 | 17.3 | 32.9 | 30.6 | 8.9 | 4.9 | 5.4 | 80.8 |
| 乡镇集体企业、私营企业被雇者 | 12.3 | 29.3 | 34.1 | 10.9 | 5.3 | 8.2 | 75.6 |
| 国有经济单位职工（包括党政机关和事业单位） | 29.5 | 35.9 | 24.5 | 5.5 | 2.0 | 2.7 | 89.9 |
| 其他形式农村就业 | 12.6 | 34.0 | 25.2 | 10.7 | 4.9 | 12.6 | 71.8 |
| 总体 | 15.9 | 32.2 | 30.0 | 9.6 | 5.4 | 6.9 | 78.0 |

表22-190　　不同职业对能享有的社会保障状况的总体评价（%）（P=0.000）

| | 非常满意 | 比较满意 | 一般 | 不太满意 | 非常不满意 | 不清楚/不了解/不评价 | 前三项合计 |
|---|---|---|---|---|---|---|---|
| 国家机关、党群组织、企业、事业单位负责人 | 26.8 | 39.1 | 22.9 | 5.7 | 2.8 | 2.7 | 88.8 |
| 办事人员和有关人员 | 20.9 | 38.5 | 29.6 | 5.9 | 2.3 | 2.8 | 89.0 |
| 专业技术人员 | 15.0 | 35.8 | 32.3 | 8.6 | 3.8 | 4.5 | 83.1 |
| 商业、服务业人员 | 12.4 | 30.2 | 34.6 | 10.2 | 5.4 | 7.2 | 77.2 |
| 农、林、牧、渔、水利生产人员 | 17.3 | 27.2 | 29.5 | 9.9 | 6.4 | 9.7 | 73.9 |
| 生产、运输设备操作人员及有关人员 | 12.4 | 29.6 | 32.8 | 10.9 | 6.6 | 7.8 | 74.8 |
| 不便分类的其他从业人员 | 12.0 | 26.6 | 31.9 | 6.4 | 7.6 | 15.5 | 70.5 |
| 总体 | 15.9 | 32.2 | 30.0 | 9.6 | 5.4 | 6.9 | 78.0 |

表22-191　　不同生活水平对能享有的社会保障状况的总体评价（%）（P=0.000）

| | 非常满意 | 比较满意 | 一般 | 不太满意 | 非常不满意 | 不清楚/不了解/不评价 | 前三项合计 |
|---|---|---|---|---|---|---|---|
| 非常好 | 60.2 | 21.1 | 10.8 | 3.0 | 2.2 | 2.7 | 92.0 |
| 中等偏上 | 27.8 | 39.1 | 21.7 | 5.3 | 2.5 | 3.6 | 88.6 |
| 中等 | 15.4 | 35.7 | 31.3 | 7.9 | 3.4 | 6.4 | 82.4 |
| 中等偏下 | 7.5 | 24.4 | 34.9 | 15.7 | 8.6 | 8.9 | 66.8 |
| 非常差 | 6.9 | 11.8 | 25.9 | 17.7 | 24.8 | 12.8 | 44.6 |
| 不清楚/不了解/不评价 | 12.9 | 23.5 | 19.3 | 9.3 | 8.7 | 26.4 | 55.7 |
| 总体 | 15.9 | 32.2 | 30.0 | 9.6 | 5.4 | 6.9 | 78.0 |

## （十六）对所在社区公共服务的总体评价

对所在社区公共服务表示“非常满意”“比较满意”和“一般”的分别占16.1%、33.5%、33.3%，合计为82.9%。

从不同群体看，20～24岁、本市（县）非农业户口、本科、家庭年收入10万元以上等群体对社区公共服务的评价较高。

表22-192　　城乡对所在社区公共服务的总体评价（%）（P=0.000）

| | 非常满意 | 比较满意 | 一般 | 不太满意 | 非常不满意 | 不清楚/不了解/不评价 | 前三项合计 |
|---|---|---|---|---|---|---|---|
| 城镇 | 15.4 | 35.2 | 34.3 | 7.3 | 3.5 | 4.3 | 84.9 |
| 农村 | 17.4 | 30.4 | 31.4 | 7.6 | 4.2 | 8.9 | 79.3 |
| 总体 | 16.1 | 33.5 | 33.3 | 7.4 | 3.7 | 6.0 | 82.9 |

表22-193　不同性别对所在社区公共服务的总体评价（%）（P=0.000）

| | 非常满意 | 比较满意 | 一般 | 不太满意 | 非常不满意 | 不清楚/不了解/不评价 | 前三项合计 |
|---|---|---|---|---|---|---|---|
| 男 | 16.5 | 31.9 | 32.6 | 7.8 | 4.7 | 6.5 | 81.0 |
| 女 | 15.6 | 35.3 | 34.1 | 7.0 | 2.6 | 5.4 | 85.0 |
| 总体 | 16.1 | 33.5 | 33.3 | 7.4 | 3.7 | 6.0 | 82.9 |

表22-194　不同年龄对所在社区公共服务的总体评价（%）（P=0.000）

| | 非常满意 | 比较满意 | 一般 | 不太满意 | 非常不满意 | 不清楚/不了解/不评价 | 前三项合计 |
|---|---|---|---|---|---|---|---|
| 18～19岁 | 15.7 | 35.4 | 33.5 | 6.7 | 2.8 | 6.0 | 84.5 |
| 20～24岁 | 15.2 | 37.3 | 32.7 | 6.4 | 2.5 | 5.7 | 85.3 |
| 25～29岁 | 14.6 | 33.7 | 37.0 | 6.5 | 3.4 | 4.9 | 85.2 |
| 30～34岁 | 13.8 | 32.9 | 36.4 | 8.1 | 3.5 | 5.3 | 83.1 |
| 35～39岁 | 15.3 | 31.3 | 36.7 | 7.6 | 4.2 | 4.8 | 83.3 |
| 40～44岁 | 15.7 | 31.3 | 35.2 | 7.5 | 3.9 | 6.4 | 82.2 |
| 45～49岁 | 17.8 | 30.8 | 32.4 | 9.1 | 4.1 | 5.7 | 81.1 |
| 50～54岁 | 17.7 | 31.2 | 30.8 | 7.1 | 4.5 | 8.7 | 79.7 |
| 55～59岁 | 19.0 | 35.9 | 29.2 | 7.4 | 3.8 | 4.8 | 84.0 |
| 60～64岁 | 18.3 | 35.4 | 27.3 | 7.0 | 4.1 | 8.0 | 81.0 |
| 65～69岁 | 17.9 | 37.2 | 26.2 | 8.0 | 3.7 | 7.0 | 81.2 |
| 70～74岁 | 18.3 | 40.6 | 21.6 | 7.8 | 3.4 | 8.3 | 80.5 |
| 总体 | 16.1 | 33.5 | 33.3 | 7.4 | 3.7 | 6.0 | 82.9 |

表22-195　不同户口状况对所在社区公共服务的总体评价（%）（P=0.000）

| | 非常满意 | 比较满意 | 一般 | 不太满意 | 非常不满意 | 不清楚/不了解/不评价 | 前三项合计 |
|---|---|---|---|---|---|---|---|
| 本市（县）非农业户口 | 17.6 | 35.3 | 32.3 | 7.3 | 3.4 | 4.0 | 85.2 |
| 本市（县）农业户口 | 16.4 | 31.1 | 32.3 | 7.7 | 4.0 | 8.4 | 79.8 |
| 本市（县）居民户口 | 14.7 | 34.8 | 34.2 | 8.1 | 4.2 | 4.0 | 83.7 |
| 省内非本市（县）非农业户口 | 13.8 | 35.4 | 34.4 | 7.6 | 4.0 | 4.7 | 83.6 |
| 省内非本市（县）农业户口 | 14.3 | 32.0 | 37.7 | 7.7 | 3.2 | 5.1 | 84.0 |
| 省内非本市（县）居民户口 | 11.0 | 35.5 | 40.0 | 6.6 | 3.9 | 3.0 | 86.5 |
| 外省非农业户口 | 13.6 | 34.3 | 37.1 | 5.3 | 3.5 | 6.1 | 85.1 |
| 外省农业户口 | 13.0 | 34.1 | 36.0 | 6.0 | 3.5 | 7.5 | 83.1 |
| 外省居民户口 | 14.4 | 34.8 | 34.0 | 7.2 | 3.2 | 6.4 | 83.2 |
| 总体 | 16.1 | 33.5 | 33.3 | 7.4 | 3.7 | 6.0 | 82.9 |

**表22-196　不同家庭人口数对所在社区公共服务的总体评价（%）（P=0.000）**

| | 非常满意 | 比较满意 | 一般 | 不太满意 | 非常不满意 | 不清楚/不了解/不评价 | 前三项合计 |
|---|---|---|---|---|---|---|---|
| 1人 | 14.3 | 32.4 | 28.2 | 8.5 | 6.2 | 10.4 | 74.9 |
| 2人 | 15.5 | 33.9 | 31.0 | 7.6 | 4.7 | 7.4 | 80.3 |
| 3人 | 15.6 | 34.3 | 34.6 | 7.3 | 3.3 | 5.0 | 84.5 |
| 4人 | 16.7 | 33.6 | 33.5 | 7.2 | 3.5 | 5.4 | 83.8 |
| 5人 | 16.5 | 33.3 | 32.6 | 7.4 | 3.8 | 6.4 | 82.5 |
| 6人 | 15.4 | 33.5 | 33.9 | 7.4 | 4.1 | 5.8 | 82.7 |
| 7人及以上 | 18.0 | 29.0 | 32.3 | 8.5 | 4.0 | 8.1 | 79.4 |
| 总体 | 16.1 | 33.5 | 33.3 | 7.4 | 3.7 | 6.0 | 82.9 |

**表22-197　不同受教育程度对所在社区公共服务的总体评价（%）（P=0.000）**

| | 非常满意 | 比较满意 | 一般 | 不太满意 | 非常不满意 | 不清楚/不了解/不评价 | 前三项合计 |
|---|---|---|---|---|---|---|---|
| 不识字或识字很少 | 21.1 | 26.2 | 19.7 | 7.3 | 6.5 | 19.2 | 66.9 |
| 小学 | 17.6 | 28.7 | 29.6 | 8.2 | 4.6 | 11.3 | 75.9 |
| 初中 | 15.8 | 31.2 | 33.7 | 7.6 | 4.0 | 7.6 | 80.8 |
| 高中、中专或技校 | 15.5 | 34.4 | 33.7 | 7.9 | 3.9 | 4.6 | 83.5 |
| 大学专科 | 15.6 | 35.6 | 35.3 | 6.9 | 3.1 | 3.6 | 86.4 |
| 本科 | 16.8 | 36.4 | 33.3 | 6.6 | 2.9 | 3.9 | 86.5 |
| 硕士及以上 | 14.0 | 32.6 | 35.4 | 8.5 | 4.1 | 5.5 | 81.9 |
| 总体 | 16.1 | 33.5 | 33.3 | 7.4 | 3.7 | 6.0 | 82.9 |

**表22-198　不同婚姻状况对所在社区公共服务的总体评价（%）（P=0.000）**

| | 非常满意 | 比较满意 | 一般 | 不太满意 | 非常不满意 | 不清楚/不了解/不评价 | 前三项合计 |
|---|---|---|---|---|---|---|---|
| 未婚 | 14.9 | 34.8 | 34.1 | 6.7 | 3.4 | 6.1 | 83.9 |
| 已婚 | 16.4 | 33.3 | 33.2 | 7.5 | 3.6 | 5.8 | 83.0 |
| 离异 | 15.3 | 26.8 | 31.3 | 10.5 | 7.9 | 8.2 | 73.4 |
| 丧偶 | 17.4 | 31.6 | 26.9 | 7.6 | 7.3 | 9.3 | 75.9 |
| 总体 | 16.1 | 33.5 | 33.3 | 7.4 | 3.7 | 6.0 | 82.9 |

**表22-199　不同收入状况对所在社区公共服务的总体评价（%）（P=0.000）**

| | 非常满意 | 比较满意 | 一般 | 不太满意 | 非常不满意 | 不清楚/不了解/不评价 | 前三项合计 |
|---|---|---|---|---|---|---|---|
| 1万元以下 | 15.5 | 24.3 | 29.3 | 10.3 | 9.1 | 11.5 | 69.1 |
| 1万～3万元 | 15.8 | 29.7 | 34.1 | 8.5 | 5.1 | 6.9 | 79.5 |

续表

| | 非常满意 | 比较满意 | 一般 | 不太满意 | 非常不满意 | 不清楚/不了解/不评价 | 前三项合计 |
|---|---|---|---|---|---|---|---|
| 3万～5万元 | 14.9 | 33.6 | 34.2 | 8.2 | 3.9 | 5.2 | 82.8 |
| 5万～10万元 | 16.5 | 35.6 | 34.6 | 7.1 | 2.8 | 3.4 | 86.7 |
| 10万～15万元 | 17.7 | 35.8 | 34.1 | 6.3 | 2.8 | 3.2 | 87.6 |
| 15万～25万元 | 17.5 | 38.6 | 32.0 | 6.5 | 2.4 | 3.0 | 88.1 |
| 25万～50万元 | 17.2 | 37.2 | 33.2 | 6.2 | 3.8 | 2.4 | 87.6 |
| 50万元以上 | 21.4 | 34.9 | 31.0 | 5.3 | 5.2 | 2.2 | 87.3 |
| 不清楚/拒答 | 14.7 | 31.8 | 31.7 | 7.1 | 2.9 | 11.8 | 78.2 |
| 总体 | 16.1 | 33.5 | 33.3 | 7.4 | 3.7 | 6.0 | 82.9 |

表22-200　不同城镇就业状况对所在社区公共服务的总体评价（%）（P=0.000）

| | 非常满意 | 比较满意 | 一般 | 不太满意 | 非常不满意 | 不清楚/不了解/不评价 | 前三项合计 |
|---|---|---|---|---|---|---|---|
| 党政机关从业人员 | 29.0 | 37.6 | 25.1 | 3.8 | 1.3 | 3.3 | 91.7 |
| 事业单位和社会团体从业人员 | 21.3 | 37.0 | 31.3 | 5.3 | 2.1 | 2.9 | 89.7 |
| 国有企业及其他国有经济单位职工 | 14.3 | 34.6 | 37.4 | 7.6 | 3.2 | 3.1 | 86.2 |
| 集体经济单位职工 | 10.3 | 40.4 | 34.4 | 7.1 | 3.3 | 4.4 | 85.1 |
| 合资、外资或港澳台企业员工 | 9.3 | 38.2 | 40.3 | 8.0 | 1.7 | 2.5 | 87.8 |
| 个体或私营企业主 | 15.1 | 32.7 | 37.5 | 7.5 | 3.3 | 3.9 | 85.3 |
| 个体或私营企业被雇者 | 29.0 | 37.6 | 25.1 | 3.8 | 1.3 | 3.3 | 91.7 |
| 城镇自由职业者 | 21.3 | 37.0 | 31.3 | 5.3 | 2.1 | 2.9 | 89.7 |
| 其他形式的城镇就业 | 14.3 | 34.6 | 37.4 | 7.6 | 3.2 | 3.1 | 86.2 |
| 总体 | 16.1 | 33.5 | 33.3 | 7.4 | 3.7 | 6.0 | 82.9 |

表22-201　不同农村就业状况对所在社区公共服务的总体评价（%）（P=0.000）

| | 非常满意 | 比较满意 | 一般 | 不太满意 | 非常不满意 | 不清楚/不了解/不评价 | 前三项合计 |
|---|---|---|---|---|---|---|---|
| 务农农民 | 18.5 | 27.7 | 29.2 | 7.9 | 4.6 | 12.1 | 75.4 |
| 务农以及各类零工 | 15.1 | 27.9 | 33.3 | 7.7 | 5.4 | 10.7 | 76.2 |
| 农村自营者 | 18.2 | 29.3 | 33.9 | 8.1 | 4.2 | 6.4 | 81.4 |
| 乡镇集体企业、私营企业及个体企业主 | 16.7 | 34.0 | 34.2 | 6.7 | 3.7 | 4.8 | 84.8 |
| 乡镇集体企业、私营企业被雇者 | 13.8 | 31.7 | 36.2 | 7.9 | 3.4 | 7.0 | 81.7 |
| 国有经济单位职工（包括党政机关和事业单位） | 28.0 | 32.9 | 28.8 | 6.1 | 1.5 | 2.7 | 89.7 |
| 其他形式农村就业 | 15.5 | 24.3 | 31.1 | 5.8 | 3.9 | 19.4 | 70.9 |
| 总体 | 16.1 | 33.5 | 33.3 | 7.4 | 3.7 | 6.0 | 82.9 |

表22-202　　不同职业对所在社区公共服务的总体评价（%）（P=0.000）

| | 非常满意 | 比较满意 | 一般 | 不太满意 | 非常不满意 | 不清楚/不了解/不评价 | 前三项合计 |
|---|---|---|---|---|---|---|---|
| 国家机关、党群组织、企业、事业单位负责人 | 24.6 | 35.1 | 28.7 | 5.4 | 3.2 | 2.9 | 88.5 |
| 办事人员和有关人员 | 19.1 | 36.4 | 32.5 | 6.1 | 2.4 | 3.5 | 87.9 |
| 专业技术人员 | 15.5 | 34.0 | 36.0 | 7.4 | 3.2 | 3.9 | 85.5 |
| 商业、服务业人员 | 14.5 | 33.5 | 36.7 | 7.4 | 3.2 | 4.6 | 84.7 |
| 农、林、牧、渔、水利生产人员 | 16.0 | 30.6 | 32.4 | 6.9 | 4.4 | 9.6 | 79.0 |
| 生产、运输设备操作人员及有关人员 | 13.4 | 30.5 | 36.7 | 8.1 | 4.8 | 6.5 | 80.6 |
| 不便分类的其他从业人员 | 24.6 | 35.1 | 28.7 | 5.4 | 3.2 | 2.9 | 88.5 |
| 总体 | 16.1 | 33.5 | 33.3 | 7.4 | 3.7 | 6.0 | 82.9 |

表22-203　　不同生活水平对所在社区公共服务的总体评价（%）（P=0.000）

| | 非常满意 | 比较满意 | 一般 | 不太满意 | 非常不满意 | 不清楚/不了解/不评价 | 前三项合计 |
|---|---|---|---|---|---|---|---|
| 非常好 | 57.9 | 21.4 | 13.7 | 2.1 | 2.0 | 3.0 | 93.0 |
| 中等偏上 | 26.1 | 38.4 | 25.2 | 5.2 | 2.5 | 2.7 | 89.6 |
| 中等 | 15.6 | 36.2 | 33.8 | 6.5 | 2.5 | 5.4 | 85.6 |
| 中等偏下 | 9.0 | 28.3 | 38.9 | 10.8 | 5.4 | 7.5 | 76.2 |
| 非常差 | 8.7 | 16.3 | 34.1 | 11.9 | 15.4 | 13.5 | 59.2 |
| 不清楚/不了解/不评价 | 11.7 | 26.6 | 27.6 | 6.8 | 3.0 | 24.3 | 65.8 |
| 总体 | 16.1 | 33.5 | 33.3 | 7.4 | 3.7 | 6.0 | 82.9 |

## （十七）对最近一年以来所在社区公共服务状况是否有改善的评价

对最近一年以来所在社区公共服务状况是否有改善，表示“有明显改善”“略有改善”和“没变化”的分别占22.3%、34.7%、32.5%，合计为89.5%。

从不同群体来看，20～24岁、省内非本市（县）居民户口、大学专科、本科、家庭年收入10万～25万元等群体对居住地社区公共服务状况是否有改善的评价较高。

表22-204　　城乡对所在社区公共服务状况的改善情况评价（%）（P=0.000）

| | 有明显改善 | 略有改善 | 没变化 | 略有恶化 | 明显恶化 | 不清楚/不了解/不评价 | 前三项合计 |
|---|---|---|---|---|---|---|---|
| 城镇 | 21.5 | 35.7 | 33.7 | 1.7 | 1.1 | 6.4 | 90.9 |
| 农村 | 23.8 | 32.9 | 30.5 | 1.6 | 1.5 | 9.7 | 87.2 |
| 总体 | 22.3 | 34.7 | 32.5 | 1.6 | 1.2 | 7.6 | 89.5 |

表22-205　不同性别对所在社区公共服务状况的改善情况评价（%）（P=0.000）

| | 有明显改善 | 略有改善 | 没变化 | 略有恶化 | 明显恶化 | 不清楚/不了解/不评价 | 前三项合计 |
|---|---|---|---|---|---|---|---|
| 男 | 23.4 | 33.6 | 32.1 | 1.8 | 1.4 | 7.7 | 89.1 |
| 女 | 21.1 | 36.0 | 33.0 | 1.4 | 1.1 | 7.5 | 90.0 |
| 总体 | 22.3 | 34.7 | 32.5 | 1.6 | 1.2 | 7.6 | 89.5 |

表22-206　不同年龄对所在社区公共服务状况的改善情况评价（%）（P=0.000）

| | 有明显改善 | 略有改善 | 没变化 | 略有恶化 | 明显恶化 | 不清楚/不了解/不评价 | 前三项合计 |
|---|---|---|---|---|---|---|---|
| 18～19岁 | 19.0 | 41.2 | 29.2 | 1.2 | 0.2 | 9.2 | 89.4 |
| 20～24岁 | 19.5 | 39.3 | 32.0 | 1.3 | 1.1 | 6.9 | 90.8 |
| 25～29岁 | 19.6 | 36.3 | 34.0 | 2.0 | 1.3 | 6.8 | 89.9 |
| 30～34岁 | 18.9 | 34.2 | 37.2 | 1.9 | 1.0 | 6.7 | 90.3 |
| 35～39岁 | 21.0 | 35.4 | 33.6 | 2.1 | 1.6 | 6.3 | 90.0 |
| 40～44岁 | 22.6 | 34.7 | 32.2 | 1.3 | 0.9 | 8.4 | 89.5 |
| 45～49岁 | 26.0 | 31.9 | 31.7 | 1.8 | 1.6 | 7.1 | 89.5 |
| 50～54岁 | 26.4 | 30.6 | 30.5 | 1.3 | 1.4 | 9.9 | 87.5 |
| 55～59岁 | 24.8 | 36.0 | 29.6 | 1.9 | 1.7 | 6.0 | 90.5 |
| 60～64岁 | 25.7 | 32.3 | 29.3 | 1.2 | 1.0 | 10.5 | 87.3 |
| 65～69岁 | 26.8 | 31.1 | 31.4 | 1.0 | 0.9 | 8.9 | 89.3 |
| 70～74岁 | 25.3 | 34.4 | 27.6 | 1.6 | 1.6 | 9.6 | 87.2 |
| 总体 | 22.3 | 34.7 | 32.5 | 1.6 | 1.2 | 7.6 | 89.5 |

表22-207　不同户口状况对所在社区公共服务状况的改善情况评价（%）（P=0.000）

| | 有明显改善 | 略有改善 | 没变化 | 略有恶化 | 明显恶化 | 不清楚/不了解/不评价 | 前三项合计 |
|---|---|---|---|---|---|---|---|
| 本市（县）非农业户口 | 23.7 | 35.4 | 32.3 | 1.8 | 1.2 | 5.7 | 91.4 |
| 本市（县）农业户口 | 23.0 | 33.2 | 31.3 | 1.6 | 1.4 | 9.4 | 87.5 |
| 本市（县）居民户口 | 21.4 | 34.4 | 35.2 | 1.3 | 1.2 | 6.5 | 91.0 |
| 省内非本市（县）非农业户口 | 19.9 | 36.1 | 33.4 | 1.5 | 1.9 | 7.3 | 89.4 |
| 省内非本市（县）农业户口 | 18.1 | 37.4 | 33.8 | 1.5 | 1.1 | 8.2 | 89.3 |
| 省内非本市（县）居民户口 | 21.3 | 34.3 | 37.3 | 2.5 | 0.2 | 4.3 | 92.9 |
| 外省非农业户口 | 18.9 | 36.3 | 33.8 | 2.3 | 0.8 | 8.0 | 88.9 |
| 外省农业户口 | 18.7 | 36.4 | 33.4 | 1.6 | 0.5 | 9.3 | 88.6 |
| 外省居民户口 | 16.8 | 33.8 | 37.0 | 1.6 | 0.8 | 10.1 | 87.5 |
| 总体 | 22.3 | 34.7 | 32.5 | 1.6 | 1.2 | 7.6 | 89.5 |

表22-208　不同家庭人口数对所在社区公共服务状况的改善情况评价（%）（P=0.000）

| | 非常满意 | 比较满意 | 一般 | 不太满意 | 非常不满意 | 不清楚/不了解/不评价 | 前三项合计 |
|---|---|---|---|---|---|---|---|
| 1人 | 18.3 | 29.9 | 34.9 | 1.6 | 1.8 | 13.5 | 83.1 |
| 2人 | 20.2 | 32.7 | 34.7 | 1.6 | 1.2 | 9.5 | 87.6 |
| 3人 | 21.4 | 34.7 | 34.3 | 1.7 | 0.9 | 7.0 | 90.4 |
| 4人 | 22.7 | 36.2 | 31.0 | 1.7 | 1.3 | 7.0 | 90.0 |
| 5人 | 23.5 | 35.2 | 30.9 | 1.6 | 1.7 | 7.2 | 89.5 |
| 6人 | 23.4 | 34.9 | 32.1 | 1.7 | 1.2 | 6.8 | 90.3 |
| 7人及以上 | 25.2 | 31.5 | 30.8 | 1.2 | 1.5 | 9.8 | 87.5 |
| 总体 | 22.3 | 34.7 | 32.5 | 1.6 | 1.2 | 7.6 | 89.5 |

表22-209　不同受教育程度对所在社区公共服务状况的改善情况评价（%）（P=0.000）

| | 有明显改善 | 略有改善 | 没变化 | 略有恶化 | 明显恶化 | 不清楚/不了解/不评价 | 前三项合计 |
|---|---|---|---|---|---|---|---|
| 不识字或识字很少 | 19.7 | 23.9 | 31.7 | 1.1 | 1.7 | 21.9 | 75.3 |
| 小学 | 22.7 | 28.6 | 32.2 | 1.4 | 1.9 | 13.1 | 83.5 |
| 初中 | 23.1 | 33.4 | 31.5 | 1.5 | 1.3 | 9.1 | 88.1 |
| 高中、中专或技校 | 23.2 | 36.2 | 31.5 | 1.6 | 1.4 | 6.1 | 90.9 |
| 大学专科 | 22.6 | 36.4 | 32.9 | 1.8 | 0.9 | 5.4 | 91.9 |
| 本科 | 20.7 | 36.9 | 34.3 | 1.8 | 0.9 | 5.3 | 91.9 |
| 硕士及以上 | 19.7 | 23.9 | 31.7 | 1.1 | 1.7 | 21.9 | 75.3 |
| 总体 | 22.3 | 34.7 | 32.5 | 1.6 | 1.2 | 7.6 | 89.5 |

表22-210　不同婚姻状况对所在社区公共服务状况的改善情况评价（%）（P=0.000）

| | 有明显改善 | 略有改善 | 没变化 | 略有恶化 | 明显恶化 | 不清楚/不了解/不评价 | 前三项合计 |
|---|---|---|---|---|---|---|---|
| 未婚 | 19.2 | 37.6 | 32.6 | 1.5 | 1.1 | 7.9 | 89.4 |
| 已婚 | 23.1 | 34.2 | 32.4 | 1.7 | 1.2 | 7.3 | 89.8 |
| 离异 | 21.0 | 29.1 | 35.4 | 1.1 | 2.9 | 10.6 | 85.4 |
| 丧偶 | 24.6 | 28.1 | 31.1 | 2.0 | 1.1 | 13.0 | 83.9 |
| 总体 | 22.3 | 34.7 | 32.5 | 1.6 | 1.2 | 7.6 | 89.5 |

表22-211　不同收入状况对所在社区公共服务状况的改善情况评价（%）（P=0.000）

| | 有明显改善 | 略有改善 | 没变化 | 略有恶化 | 明显恶化 | 不清楚/不了解/不评价 | 前三项合计 |
|---|---|---|---|---|---|---|---|
| 1万元以下 | 20.2 | 26.1 | 35.8 | 2.0 | 2.7 | 13.1 | 82.2 |
| 1万～3万元 | 23.0 | 32.5 | 33.0 | 1.7 | 1.5 | 8.3 | 88.5 |

续表

| | 有明显改善 | 略有改善 | 没变化 | 略有恶化 | 明显恶化 | 不清楚/不了解/不评价 | 前三项合计 |
|---|---|---|---|---|---|---|---|
| 3万～5万元 | 21.9 | 35.3 | 33.1 | 1.8 | 1.3 | 6.6 | 90.3 |
| 5万～10万元 | 24.2 | 36.5 | 32.2 | 1.5 | 1.2 | 4.5 | 92.8 |
| 10万～15万元 | 23.2 | 37.4 | 32.5 | 1.9 | 0.7 | 4.4 | 93.0 |
| 15万～25万元 | 23.7 | 37.9 | 31.4 | 1.8 | 1.0 | 4.2 | 93.0 |
| 25万～50万元 | 20.2 | 26.1 | 35.8 | 2.0 | 2.7 | 13.1 | 82.2 |
| 50万元以上 | 23.0 | 32.5 | 33.0 | 1.7 | 1.5 | 8.3 | 88.5 |
| 不清楚/拒答 | 21.9 | 35.3 | 33.1 | 1.8 | 1.3 | 6.6 | 90.3 |
| 总体 | 22.3 | 34.7 | 32.5 | 1.6 | 1.2 | 7.6 | 89.5 |

表22-212　不同城镇就业状况对所在社区公共服务状况的改善情况评价（%）（P=0.000）

| | 有明显改善 | 略有改善 | 没变化 | 略有恶化 | 明显恶化 | 不清楚/不了解/不评价 | 前三项合计 |
|---|---|---|---|---|---|---|---|
| 党政机关从业人员 | 35.1 | 35.3 | 23.9 | 0.4 | 0.3 | 5.0 | 94.3 |
| 事业单位和社会团体从业人员 | 27.2 | 36.6 | 29.4 | 1.8 | 0.7 | 4.3 | 93.2 |
| 国有企业及其他国有经济单位职工 | 19.1 | 37.8 | 35.8 | 1.8 | 0.8 | 4.7 | 92.7 |
| 集体经济单位职工 | 16.8 | 39.8 | 34.7 | 1.7 | 0.5 | 6.5 | 91.3 |
| 合资、外资或港澳台企业员工 | 13.8 | 36.8 | 42.4 | 1.6 | 1.5 | 3.8 | 93.1 |
| 个体或私营企业主 | 21.4 | 35.0 | 35.0 | 1.8 | 0.8 | 6.0 | 91.4 |
| 个体或私营企业被雇者 | 35.1 | 35.3 | 23.9 | 0.4 | 0.3 | 5.0 | 94.3 |
| 城镇自由职业者 | 27.2 | 36.6 | 29.4 | 1.8 | 0.7 | 4.3 | 93.2 |
| 其他形式的城镇就业 | 19.1 | 37.8 | 35.8 | 1.8 | 0.8 | 4.7 | 92.7 |
| 总体 | 22.3 | 34.7 | 32.5 | 1.6 | 1.2 | 7.6 | 89.5 |

表22-213　不同农村就业状况对所在社区公共服务状况的改善情况评价（%）（P=0.000）

| | 有明显改善 | 略有改善 | 没变化 | 略有恶化 | 明显恶化 | 不清楚/不了解/不评价 | 前三项合计 |
|---|---|---|---|---|---|---|---|
| 务农农民 | 25.0 | 28.4 | 30.5 | 1.7 | 1.8 | 12.6 | 83.8 |
| 务农以及各类零工 | 23.2 | 31.1 | 31.6 | 1.5 | 1.7 | 11.0 | 85.8 |
| 农村自营者 | 26.4 | 33.5 | 30.9 | 1.1 | 1.0 | 7.1 | 90.9 |
| 乡镇集体企业、私营企业及个体企业主 | 24.4 | 36.2 | 30.4 | 1.2 | 1.1 | 6.7 | 91.0 |
| 乡镇集体企业、私营企业被雇者 | 21.7 | 36.9 | 30.7 | 1.9 | 1.4 | 7.3 | 89.4 |
| 国有经济单位职工（包括党政机关和事业单位） | 36.0 | 35.8 | 23.3 | 1.1 | 1.0 | 2.8 | 95.0 |
| 其他形式农村就业 | 21.4 | 29.1 | 30.1 | 1.0 | 0.0 | 18.4 | 80.6 |
| 总体 | 22.3 | 34.7 | 32.5 | 1.6 | 1.2 | 7.6 | 89.5 |

表22-214　　不同职业对所在社区公共服务状况的改善情况评价（%）（P=0.000）

| | 有明显改善 | 略有改善 | 没变化 | 略有恶化 | 明显恶化 | 不清楚/不了解/不评价 | 前三项合计 |
|---|---|---|---|---|---|---|---|
| 国家机关、党群组织、企业、事业单位负责人 | 29.2 | 34.9 | 29.8 | 1.2 | 0.9 | 3.9 | 94.0 |
| 办事人员和有关人员 | 26.2 | 34.8 | 31.9 | 1.2 | 0.6 | 5.3 | 92.9 |
| 专业技术人员 | 21.2 | 36.2 | 33.8 | 2.3 | 1.0 | 5.5 | 91.2 |
| 商业、服务业人员 | 20.6 | 36.1 | 33.6 | 1.7 | 1.3 | 6.8 | 90.2 |
| 农、林、牧、渔、水利生产人员 | 23.5 | 33.6 | 30.2 | 1.5 | 0.9 | 10.2 | 87.3 |
| 生产、运输设备操作人员及有关人员 | 20.1 | 36.1 | 33.0 | 1.8 | 1.7 | 7.3 | 89.2 |
| 不便分类的其他从业人员 | 23.4 | 27.5 | 30.4 | 2.6 | 0.9 | 15.2 | 81.3 |
| 总体 | 22.3 | 34.7 | 32.5 | 1.6 | 1.2 | 7.6 | 89.5 |

表22-215　　不同生活水平对所在社区公共服务状况的改善情况评价（%）（P=0.000）

| | 有明显改善 | 略有改善 | 没变化 | 略有恶化 | 明显恶化 | 不清楚/不了解/不评价 | 前三项合计 |
|---|---|---|---|---|---|---|---|
| 非常好 | 59.5 | 19.6 | 14.6 | 0.7 | 1.8 | 3.8 | 93.7 |
| 中等偏上 | 33.3 | 35.6 | 24.9 | 1.6 | 0.8 | 3.8 | 93.8 |
| 中等 | 22.0 | 36.9 | 31.8 | 1.5 | 0.9 | 6.9 | 90.7 |
| 中等偏下 | 15.0 | 33.1 | 38.8 | 1.8 | 1.6 | 9.7 | 87.0 |
| 非常差 | 13.0 | 22.1 | 41.4 | 3.3 | 5.4 | 14.7 | 76.6 |
| 不清楚/不了解/不评价 | 13.5 | 19.3 | 32.6 | 1.8 | 0.2 | 32.6 | 65.4 |
| 总体 | 22.3 | 34.7 | 32.5 | 1.6 | 1.2 | 7.6 | 89.5 |

## （十八）对目前居住地食品安全状况的总体评价

对目前居住地食品安全状况表示“非常满意”“比较满意”和“一般”的分别占14.4%、32.9%、31.2%，合计为78.5%。

从不同群体看，20 ~ 24岁、外省非农业户口、本科、家庭年收入15万 ~ 25万元及25万 ~ 50万元等群体的评价较高。

表22-216　　城乡对目前居住地食品安全状况的总体评价（%）（P=0.000）

| | 非常满意 | 比较满意 | 一般 | 不太满意 | 非常不满意 | 不清楚/不了解/不评价 | 前三项合计 |
|---|---|---|---|---|---|---|---|
| 城镇 | 12.4 | 33.0 | 32.3 | 12.2 | 6.0 | 4.1 | 77.7 |
| 农村 | 17.8 | 32.7 | 29.2 | 9.5 | 5.2 | 5.6 | 79.8 |
| 总体 | 14.4 | 32.9 | 31.2 | 11.2 | 5.7 | 4.6 | 78.5 |

表22-217 不同性别对目前居住地食品安全状况的总体评价（%）（P=0.000）

| | 非常满意 | 比较满意 | 一般 | 不太满意 | 非常不满意 | 不清楚/不了解/不评价 | 前三项合计 |
|---|---|---|---|---|---|---|---|
| 男 | 16.4 | 32.8 | 30.0 | 10.3 | 6.0 | 4.6 | 79.2 |
| 女 | 12.0 | 33.0 | 32.5 | 12.3 | 5.4 | 4.7 | 77.6 |
| 总体 | 14.4 | 32.9 | 31.2 | 11.2 | 5.7 | 4.6 | 78.5 |

表22-218 不同年龄对目前居住地食品安全状况的总体评价（%）（P=0.000）

| | 非常满意 | 比较满意 | 一般 | 不太满意 | 非常不满意 | 不清楚/不了解/不评价 | 前三项合计 |
|---|---|---|---|---|---|---|---|
| 18～19岁 | 14.5 | 39.4 | 30.9 | 9.9 | 3.0 | 2.3 | 84.8 |
| 20～24岁 | 14.7 | 37.1 | 33.3 | 8.8 | 3.2 | 2.9 | 85.1 |
| 25～29岁 | 13.4 | 33.6 | 35.5 | 10.2 | 4.5 | 2.8 | 82.5 |
| 30～34岁 | 12.6 | 31.8 | 33.7 | 12.3 | 6.0 | 3.7 | 78.0 |
| 35～39岁 | 14.2 | 32.0 | 32.6 | 11.5 | 6.6 | 3.2 | 78.7 |
| 40～44岁 | 12.8 | 31.2 | 30.9 | 12.6 | 7.3 | 5.2 | 74.9 |
| 45～49岁 | 15.3 | 30.2 | 30.4 | 11.8 | 7.0 | 5.3 | 75.9 |
| 50～54岁 | 16.3 | 31.1 | 27.9 | 12.0 | 6.1 | 6.6 | 75.2 |
| 55～59岁 | 17.1 | 33.1 | 29.0 | 9.6 | 6.3 | 4.9 | 79.2 |
| 60～64岁 | 14.5 | 33.6 | 27.1 | 11.9 | 5.5 | 7.4 | 75.3 |
| 65～69岁 | 16.8 | 34.2 | 24.4 | 10.5 | 6.2 | 7.9 | 75.4 |
| 70～74岁 | 14.1 | 38.0 | 22.2 | 11.3 | 3.6 | 10.8 | 74.3 |
| 总体 | 14.4 | 32.9 | 31.2 | 11.2 | 5.7 | 4.6 | 78.5 |

表22-219 不同户口状况对目前居住地食品安全状况的总体评价（%）（P=0.000）

| | 非常满意 | 比较满意 | 一般 | 不太满意 | 非常不满意 | 不清楚/不了解/不评价 | 前三项合计 |
|---|---|---|---|---|---|---|---|
| 本市（县）非农业户口 | 14.0 | 33.6 | 30.5 | 11.9 | 5.9 | 4.1 | 78.1 |
| 本市（县）农业户口 | 16.7 | 32.6 | 29.7 | 9.8 | 5.7 | 5.5 | 79.0 |
| 本市（县）居民户口 | 12.0 | 32.4 | 32.3 | 13.4 | 5.9 | 4.1 | 76.6 |
| 省内非本市（县）非农业户口 | 10.9 | 34.1 | 33.6 | 12.6 | 6.0 | 2.8 | 78.6 |
| 省内非本市（县）农业户口 | 11.5 | 31.2 | 34.3 | 12.8 | 5.5 | 4.8 | 77.0 |
| 省内非本市（县）居民户口 | 7.8 | 33.2 | 37.8 | 11.2 | 6.6 | 3.4 | 78.7 |
| 外省非农业户口 | 12.3 | 32.1 | 36.4 | 11.2 | 4.9 | 3.0 | 80.8 |
| 外省农业户口 | 12.8 | 32.7 | 34.5 | 10.0 | 5.2 | 4.9 | 79.9 |
| 外省居民户口 | 9.6 | 33.0 | 36.4 | 10.9 | 4.8 | 5.3 | 79.0 |
| 总体 | 14.4 | 32.9 | 31.2 | 11.2 | 5.7 | 4.6 | 78.5 |

表22-220　不同家庭人口数对目前居住地食品安全状况的总体评价（%）（P=0.000）

| | 非常满意 | 比较满意 | 一般 | 不太满意 | 非常不满意 | 不清楚/不了解/不评价 | 前三项合计 |
|---|---|---|---|---|---|---|---|
| 1人 | 13.9 | 30.5 | 27.4 | 11.1 | 9.0 | 8.0 | 71.9 |
| 2人 | 13.2 | 32.8 | 29.3 | 12.0 | 6.4 | 6.3 | 75.3 |
| 3人 | 13.1 | 33.7 | 32.2 | 11.4 | 5.6 | 4.0 | 79.0 |
| 4人 | 14.7 | 33.9 | 31.2 | 10.9 | 5.2 | 4.1 | 79.8 |
| 5人 | 14.9 | 32.1 | 31.7 | 10.9 | 5.7 | 4.7 | 78.7 |
| 6人 | 15.5 | 32.0 | 31.6 | 10.8 | 5.8 | 4.3 | 79.1 |
| 7人及以上 | 17.4 | 29.8 | 28.7 | 11.7 | 6.2 | 6.1 | 75.9 |
| 总体 | 14.4 | 32.9 | 31.2 | 11.2 | 5.7 | 4.6 | 78.5 |

表22-221　不同受教育程度对目前居住地食品安全状况的总体评价（%）（P=0.000）

| | 非常满意 | 比较满意 | 一般 | 不太满意 | 非常不满意 | 不清楚/不了解/不评价 | 前三项合计 |
|---|---|---|---|---|---|---|---|
| 不识字或识字很少 | 23.3 | 27.1 | 18.3 | 9.3 | 9.2 | 12.8 | 68.7 |
| 小学 | 17.8 | 30.9 | 26.9 | 9.2 | 6.3 | 8.9 | 75.6 |
| 初中 | 15.6 | 31.4 | 30.9 | 10.6 | 5.5 | 5.9 | 78.0 |
| 高中、中专或技校 | 13.5 | 32.7 | 31.4 | 12.4 | 6.0 | 4.0 | 77.6 |
| 大学专科 | 12.1 | 34.3 | 33.4 | 11.5 | 5.7 | 2.9 | 79.8 |
| 本科 | 13.7 | 35.4 | 32.2 | 11.2 | 4.9 | 2.6 | 81.3 |
| 硕士及以上 | 11.7 | 33.7 | 35.6 | 10.4 | 6.4 | 2.3 | 80.9 |
| 总体 | 14.4 | 32.9 | 31.2 | 11.2 | 5.7 | 4.6 | 78.5 |

表22-222　不同婚姻状况对目前居住地食品安全状况的总体评价（%）（P=0.000）

| | 非常满意 | 比较满意 | 一般 | 不太满意 | 非常不满意 | 不清楚/不了解/不评价 | 前三项合计 |
|---|---|---|---|---|---|---|---|
| 未婚 | 14.2 | 36.7 | 32.8 | 9.2 | 4.2 | 2.9 | 83.7 |
| 已婚 | 14.5 | 32.1 | 30.9 | 11.7 | 6.0 | 4.9 | 77.5 |
| 离异 | 13.1 | 26.4 | 30.9 | 14.2 | 8.7 | 6.7 | 70.4 |
| 丧偶 | 13.6 | 31.3 | 24.1 | 8.7 | 8.4 | 13.9 | 69.0 |
| 总体 | 14.4 | 32.9 | 31.2 | 11.2 | 5.7 | 4.6 | 78.5 |

表22-223　不同收入状况对目前居住地食品安全状况的总体评价（%）（P=0.000）

| | 非常满意 | 比较满意 | 一般 | 不太满意 | 非常不满意 | 不清楚/不了解/不评价 | 前三项合计 |
|---|---|---|---|---|---|---|---|
| 1万元以下 | 15.6 | 26.9 | 28.2 | 10.7 | 10.4 | 8.2 | 70.7 |
| 1万～3万元 | 15.3 | 30.1 | 31.8 | 10.7 | 6.6 | 5.5 | 77.1 |

续表

| | 非常满意 | 比较满意 | 一般 | 不太满意 | 非常不满意 | 不清楚/不了解/不评价 | 前三项合计 |
|---|---|---|---|---|---|---|---|
| 3万～5万元 | 13.8 | 32.1 | 32.0 | 12.2 | 5.8 | 4.1 | 77.9 |
| 5万～10万元 | 14.0 | 33.9 | 32.5 | 11.0 | 5.4 | 3.2 | 80.4 |
| 10万～15万元 | 14.8 | 36.3 | 30.1 | 11.7 | 4.5 | 2.6 | 81.2 |
| 15万～25万元 | 15.2 | 36.1 | 31.1 | 11.3 | 4.5 | 1.8 | 82.5 |
| 25万～50万元 | 16.0 | 36.7 | 29.7 | 10.4 | 5.4 | 1.7 | 82.5 |
| 50万元以上 | 18.4 | 30.3 | 31.9 | 8.4 | 8.2 | 2.9 | 80.5 |
| 不清楚/拒答 | 12.7 | 32.1 | 30.4 | 11.1 | 5.0 | 8.6 | 75.3 |
| 总体 | 14.4 | 32.9 | 31.2 | 11.2 | 5.7 | 4.6 | 78.5 |

**表22-224　不同城镇就业状况对目前居住地食品安全状况的总体评价（%）（P=0.000）**

| | 非常满意 | 比较满意 | 一般 | 不太满意 | 非常不满意 | 不清楚/不了解/不评价 | 前三项合计 |
|---|---|---|---|---|---|---|---|
| 党政机关从业人员 | 22.0 | 36.2 | 26.2 | 10.7 | 2.7 | 2.2 | 84.3 |
| 事业单位和社会团体从业人员 | 16.9 | 34.9 | 30.7 | 10.3 | 4.6 | 2.5 | 82.5 |
| 国有企业及其他国有经济单位职工 | 10.2 | 33.6 | 35.4 | 12.0 | 5.3 | 3.5 | 79.2 |
| 集体经济单位职工 | 11.7 | 36.8 | 32.5 | 11.9 | 3.5 | 3.6 | 81.0 |
| 合资、外资或港澳台企业员工 | 6.8 | 39.6 | 32.1 | 13.1 | 6.5 | 2.0 | 78.4 |
| 个体或私营企业主 | 12.5 | 31.5 | 33.5 | 12.8 | 6.2 | 3.5 | 77.6 |
| 个体或私营企业被雇者 | 9.2 | 33.2 | 34.4 | 13.4 | 6.0 | 3.8 | 76.8 |
| 城镇自由职业者 | 14.3 | 30.0 | 31.7 | 12.5 | 8.0 | 3.4 | 76.0 |
| 其他形式的城镇就业 | 13.0 | 26.1 | 42.0 | 4.3 | 5.8 | 8.7 | 81.2 |
| 总体 | 14.4 | 32.9 | 31.2 | 11.2 | 5.7 | 4.6 | 78.5 |

**表22-225　不同农村就业状况对目前居住地食品安全状况的总体评价（%）（P=0.000）**

| | 非常满意 | 比较满意 | 一般 | 不太满意 | 非常不满意 | 不清楚/不了解/不评价 | 前三项合计 |
|---|---|---|---|---|---|---|---|
| 务农农民 | 20.0 | 32.9 | 26.6 | 8.4 | 5.2 | 7.1 | 79.4 |
| 务农以及各类零工 | 16.7 | 31.5 | 29.0 | 10.4 | 5.8 | 6.6 | 77.1 |
| 农村自营者 | 20.5 | 31.9 | 30.0 | 8.5 | 5.2 | 3.9 | 82.4 |
| 乡镇集体企业、私营企业及个体企业主 | 19.2 | 35.7 | 28.9 | 8.7 | 4.0 | 3.5 | 83.8 |
| 乡镇集体企业、私营企业被雇者 | 12.3 | 30.8 | 34.3 | 11.5 | 5.7 | 5.4 | 77.4 |
| 国有经济单位职工（包括党政机关和事业单位） | 26.4 | 31.1 | 27.4 | 9.5 | 3.5 | 2.1 | 84.8 |
| 其他形式农村就业 | 11.7 | 34.0 | 30.1 | 12.6 | 7.8 | 3.9 | 75.7 |
| 总体 | 14.4 | 32.9 | 31.2 | 11.2 | 5.7 | 4.6 | 78.5 |

表22-226　　不同职业对目前居住地食品安全状况的总体评价（%）（P=0.000）

| | 非常满意 | 比较满意 | 一般 | 不太满意 | 非常不满意 | 不清楚/不了解/不评价 | 前三项合计 |
|---|---|---|---|---|---|---|---|
| 国家机关、党群组织、企业、事业单位负责人 | 21.1 | 34.0 | 27.6 | 10.3 | 4.7 | 2.3 | 82.7 |
| 办事人员和有关人员 | 15.4 | 34.0 | 33.3 | 10.7 | 4.3 | 2.5 | 82.6 |
| 专业技术人员 | 12.9 | 33.0 | 32.8 | 12.7 | 5.5 | 3.1 | 78.7 |
| 商业、服务业人员 | 12.4 | 32.8 | 32.6 | 12.1 | 6.3 | 3.8 | 77.8 |
| 农、林、牧、渔、水利生产人员 | 17.0 | 32.9 | 28.0 | 10.4 | 4.9 | 6.8 | 77.9 |
| 生产、运输设备操作人员及有关人员 | 12.9 | 31.8 | 33.1 | 11.4 | 5.9 | 4.9 | 77.8 |
| 不便分类的其他从业人员 | 21.1 | 34.0 | 27.6 | 10.3 | 4.7 | 2.3 | 82.7 |
| 总体 | 14.4 | 32.9 | 31.2 | 11.2 | 5.7 | 4.6 | 78.5 |

表22-227　　不同生活水平对目前居住地食品安全状况的总体评价（%）（P=0.000）

| | 非常满意 | 比较满意 | 一般 | 不太满意 | 非常不满意 | 不清楚/不了解/不评价 | 前三项合计 |
|---|---|---|---|---|---|---|---|
| 非常好 | 58.5 | 17.4 | 14.1 | 3.8 | 4.0 | 2.2 | 90.0 |
| 中等偏上 | 22.8 | 38.0 | 24.5 | 8.3 | 3.5 | 2.8 | 85.4 |
| 中等 | 13.6 | 35.8 | 31.8 | 10.4 | 4.4 | 4.0 | 81.1 |
| 中等偏下 | 8.0 | 27.3 | 35.6 | 14.8 | 7.9 | 6.3 | 70.9 |
| 非常差 | 10.0 | 17.6 | 31.4 | 14.9 | 18.2 | 7.9 | 59.0 |
| 不清楚/不了解/不评价 | 11.1 | 24.9 | 24.9 | 11.1 | 7.4 | 20.5 | 61.0 |
| 总体 | 14.4 | 32.9 | 31.2 | 11.2 | 5.7 | 4.6 | 78.5 |

## （十九）对最近一年以来居住地食品安全总体状况是否有改善的评价

对最近一年以来居住地食品安全状况是否有改善，表示“有明显改善”“略有改善”和“没变化”的分别占19.8%、31.7%、36.5%，合计为88.0%。

从不同群体来看，18 ~ 19岁、本科、家庭年收入15万 ~ 25万元等群体对居住地食品安全是否有改善的评价较高。

表22-228　　城乡对最近一年来居住地食品安全状况是否有改善的评价（%）（P=0.000）

| | 有明显改善 | 略有改善 | 没变化 | 略有恶化 | 明显恶化 | 不清楚/不了解/不评价 | 前三项合计 |
|---|---|---|---|---|---|---|---|
| 城镇 | 18.0 | 32.4 | 38.0 | 3.0 | 1.9 | 6.7 | 88.3 |
| 农村 | 23.0 | 30.5 | 34.0 | 2.7 | 2.0 | 7.8 | 87.4 |
| 总体 | 19.8 | 31.7 | 36.5 | 2.9 | 2.0 | 7.1 | 88.0 |

**表22-229　不同性别对最近一年来居住地食品安全状况是否有改善的评价（%）（P=0.000）**

| | 有明显改善 | 略有改善 | 没变化 | 略有恶化 | 明显恶化 | 不清楚/不了解/不评价 | 前三项合计 |
|---|---|---|---|---|---|---|---|
| 男 | 22.2 | 31.5 | 34.9 | 2.7 | 1.9 | 6.7 | 88.7 |
| 女 | 16.9 | 31.9 | 38.4 | 3.2 | 2.1 | 7.6 | 87.2 |
| 总体 | 19.8 | 31.7 | 36.5 | 2.9 | 2.0 | 7.1 | 88.0 |

**表22-230　不同年龄对最近一年来居住地食品安全状况是否有改善的评价（%）（P=0.000）**

| | 有明显改善 | 略有改善 | 没变化 | 略有恶化 | 明显恶化 | 不清楚/不了解/不评价 | 前三项合计 |
|---|---|---|---|---|---|---|---|
| 18～19岁 | 17.5 | 36.1 | 37.6 | 3.0 | 0.6 | 5.2 | 91.2 |
| 20～24岁 | 18.4 | 36.6 | 35.9 | 2.4 | 1.2 | 5.5 | 90.9 |
| 25～29岁 | 18.2 | 33.2 | 37.8 | 3.4 | 1.7 | 5.7 | 89.2 |
| 30～34岁 | 16.9 | 30.4 | 40.9 | 3.3 | 2.3 | 6.2 | 88.2 |
| 35～39岁 | 19.1 | 31.5 | 37.2 | 4.0 | 2.5 | 5.7 | 87.7 |
| 40～44岁 | 18.4 | 30.8 | 37.4 | 3.0 | 2.0 | 8.4 | 86.7 |
| 45～49岁 | 22.7 | 29.3 | 36.1 | 2.4 | 2.3 | 7.4 | 88.0 |
| 50～54岁 | 22.5 | 28.7 | 35.4 | 2.3 | 2.0 | 9.1 | 86.7 |
| 55～59岁 | 22.9 | 33.2 | 32.3 | 2.9 | 2.6 | 6.1 | 88.4 |
| 60～64岁 | 22.5 | 30.1 | 34.0 | 2.1 | 1.6 | 9.7 | 86.6 |
| 65～69岁 | 23.5 | 32.4 | 30.6 | 2.1 | 1.2 | 10.1 | 86.6 |
| 70～74岁 | 19.9 | 31.7 | 31.7 | 2.1 | 2.0 | 12.6 | 83.3 |
| 总体 | 19.8 | 31.7 | 36.5 | 2.9 | 2.0 | 7.1 | 88.0 |

**表22-231　不同户口状况对最近一年来居住地食品安全状况是否有改善的评价（%）（P=0.000）**

| | 有明显改善 | 略有改善 | 没变化 | 略有恶化 | 明显恶化 | 不清楚/不了解/不评价 | 前三项合计 |
|---|---|---|---|---|---|---|---|
| 本市（县）非农业户口 | 19.8 | 32.3 | 36.8 | 3.0 | 1.8 | 6.4 | 88.8 |
| 本市（县）农业户口 | 22.0 | 30.8 | 34.7 | 2.8 | 2.2 | 7.5 | 87.5 |
| 本市（县）居民户口 | 17.3 | 31.6 | 40.2 | 2.1 | 2.1 | 6.7 | 89.1 |
| 省内非本市（县）非农业户口 | 15.2 | 33.5 | 37.8 | 4.5 | 2.0 | 7.0 | 86.5 |
| 省内非本市（县）农业户口 | 17.8 | 31.4 | 37.5 | 3.1 | 2.4 | 7.8 | 86.8 |
| 省内非本市（县）居民户口 | 14.9 | 33.6 | 43.9 | 0.9 | 0.9 | 5.7 | 92.4 |
| 外省非农业户口 | 15.2 | 33.9 | 38.7 | 3.8 | 1.0 | 7.4 | 87.8 |
| 外省农业户口 | 17.5 | 31.8 | 35.9 | 3.7 | 1.6 | 9.5 | 85.2 |
| 外省居民户口 | 16.5 | 31.4 | 43.6 | 1.9 | 0.8 | 5.9 | 91.5 |
| 总体 | 19.8 | 31.7 | 36.5 | 2.9 | 2.0 | 7.1 | 88.0 |

表22-232　不同家庭人口数对最近一年来居住地食品安全状况是否有改善的评价（%）（P=0.000）

| | 非常满意 | 比较满意 | 一般 | 不太满意 | 非常不满意 | 不清楚/不了解/不评价 | 前三项合计 |
|---|---|---|---|---|---|---|---|
| 1人 | 14.8 | 26.1 | 41.6 | 2.7 | 2.5 | 12.3 | 82.5 |
| 2人 | 16.4 | 30.1 | 39.8 | 2.5 | 1.9 | 9.4 | 86.3 |
| 3人 | 18.5 | 31.4 | 38.8 | 3.1 | 1.7 | 6.5 | 88.6 |
| 4人 | 21.0 | 33.3 | 34.8 | 2.8 | 1.9 | 6.2 | 89.1 |
| 5人 | 20.3 | 32.6 | 34.9 | 2.9 | 2.4 | 6.9 | 87.8 |
| 6人 | 22.3 | 32.0 | 34.1 | 3.0 | 1.8 | 6.9 | 88.4 |
| 7人及以上 | 22.6 | 28.3 | 34.4 | 2.8 | 2.7 | 9.2 | 85.3 |
| 总体 | 19.8 | 31.7 | 36.5 | 2.9 | 2.0 | 7.1 | 88.0 |

表22-233　不同受教育程度对最近一年来居住地食品安全状况是否有改善的评价（%）（P=0.000）

| | 有明显改善 | 略有改善 | 没变化 | 略有恶化 | 明显恶化 | 不清楚/不了解/不评价 | 前三项合计 |
|---|---|---|---|---|---|---|---|
| 不识字或识字很少 | 20.2 | 21.8 | 36.9 | 2.5 | 2.2 | 16.4 | 78.9 |
| 小学 | 22.2 | 26.9 | 34.8 | 2.5 | 2.2 | 11.5 | 83.9 |
| 初中 | 21.1 | 31.1 | 34.7 | 2.5 | 2.2 | 8.4 | 86.9 |
| 高中、中专或技校 | 20.4 | 32.6 | 35.5 | 3.1 | 2.4 | 6.0 | 88.5 |
| 大学专科 | 19.2 | 33.3 | 37.2 | 3.4 | 1.6 | 5.4 | 89.6 |
| 本科 | 17.2 | 33.2 | 39.6 | 3.0 | 1.5 | 5.5 | 90.0 |
| 硕士及以上 | 13.7 | 30.1 | 45.6 | 3.9 | 1.7 | 5.2 | 89.3 |
| 总体 | 19.8 | 31.7 | 36.5 | 2.9 | 2.0 | 7.1 | 88.0 |

表22-234　不同婚姻状况对最近一年来居住地食品安全状况是否有改善的评价（%）（P=0.000）

| | 有明显改善 | 略有改善 | 没变化 | 略有恶化 | 明显恶化 | 不清楚/不了解/不评价 | 前三项合计 |
|---|---|---|---|---|---|---|---|
| 未婚 | 18.0 | 35.2 | 36.9 | 2.8 | 1.6 | 5.5 | 90.1 |
| 已婚 | 20.4 | 30.9 | 36.4 | 2.9 | 2.1 | 7.3 | 87.7 |
| 离异 | 16.8 | 28.1 | 39.0 | 3.1 | 3.1 | 9.8 | 83.9 |
| 丧偶 | 20.3 | 25.6 | 32.3 | 3.1 | 1.4 | 17.3 | 78.1 |
| 总体 | 19.8 | 31.7 | 36.5 | 2.9 | 2.0 | 7.1 | 88.0 |

表22-235　不同收入状况对最近一年来居住地食品安全状况是否有改善的评价（%）（P=0.000）

| | 有明显改善 | 略有改善 | 没变化 | 略有恶化 | 明显恶化 | 不清楚/不了解/不评价 | 前三项合计 |
|---|---|---|---|---|---|---|---|
| 1万元以下 | 18.7 | 24.4 | 40.5 | 2.4 | 3.2 | 10.8 | 83.7 |
| 1万～3万元 | 20.4 | 31.2 | 35.9 | 2.8 | 2.5 | 7.3 | 87.5 |

续表

| | 有明显改善 | 略有改善 | 没变化 | 略有恶化 | 明显恶化 | 不清楚/不了解/不评价 | 前三项合计 |
|---|---|---|---|---|---|---|---|
| 3万～5万元 | 19.6 | 32.5 | 36.0 | 3.1 | 2.3 | 6.5 | 88.1 |
| 5万～10万元 | 21.1 | 33.1 | 35.8 | 2.9 | 1.8 | 5.3 | 90.0 |
| 10万～15万元 | 20.7 | 33.8 | 36.2 | 3.1 | 1.5 | 4.7 | 90.7 |
| 15万～25万元 | 20.9 | 34.4 | 36.2 | 3.1 | 1.5 | 3.9 | 91.5 |
| 25万～50万元 | 18.7 | 24.4 | 40.5 | 2.4 | 3.2 | 10.8 | 83.7 |
| 50万元以上 | 20.4 | 31.2 | 35.9 | 2.8 | 2.5 | 7.3 | 87.5 |
| 不清楚/拒答 | 19.6 | 32.5 | 36.0 | 3.1 | 2.3 | 6.5 | 88.1 |
| 总体 | 19.8 | 31.7 | 36.5 | 2.9 | 2.0 | 7.1 | 88.0 |

**表22-236　不同城镇就业状况对最近一年来居住地食品安全状况是否有改善的评价（%）（P=0.000）**

| | 有明显改善 | 略有改善 | 没变化 | 略有恶化 | 明显恶化 | 不清楚/不了解/不评价 | 前三项合计 |
|---|---|---|---|---|---|---|---|
| 党政机关从业人员 | 29.5 | 30.2 | 31.1 | 2.2 | 1.1 | 5.9 | 90.8 |
| 事业单位和社会团体从业人员 | 23.3 | 33.4 | 34.5 | 2.1 | 1.4 | 5.3 | 91.1 |
| 国有企业及其他国有经济单位职工 | 15.0 | 30.9 | 43.7 | 3.0 | 1.7 | 5.8 | 89.5 |
| 集体经济单位职工 | 14.6 | 38.5 | 36.5 | 2.9 | 1.4 | 6.2 | 89.5 |
| 合资、外资或港澳台企业员工 | 12.6 | 32.4 | 46.5 | 2.8 | 1.7 | 4.0 | 91.5 |
| 个体或私营企业主 | 18.8 | 33.4 | 37.8 | 3.1 | 1.8 | 5.1 | 90.1 |
| 个体或私营企业被雇者 | 15.1 | 31.8 | 40.7 | 3.6 | 1.9 | 6.9 | 87.6 |
| 城镇自由职业者 | 19.8 | 31.1 | 36.2 | 4.0 | 3.3 | 5.6 | 87.1 |
| 其他形式的城镇就业 | 15.9 | 26.1 | 36.2 | 1.4 | 4.3 | 15.9 | 78.3 |
| 总体 | 19.8 | 31.7 | 36.5 | 2.9 | 2.0 | 7.1 | 88.0 |

**表22-237　不同农村就业状况对最近一年以来居住地食品安全状况是否有改善的评价（%）（P=0.000）**

| | 有明显改善 | 略有改善 | 没变化 | 略有恶化 | 明显恶化 | 不清楚/不了解/不评价 | 前三项合计 |
|---|---|---|---|---|---|---|---|
| 务农农民 | 25.0 | 27.3 | 34.8 | 2.8 | 2.1 | 8.0 | 87.1 |
| 务农以及各类零工 | 22.1 | 29.7 | 33.1 | 2.8 | 2.5 | 9.8 | 85.0 |
| 农村自营者 | 29.0 | 29.1 | 29.7 | 2.9 | 2.2 | 7.1 | 87.9 |
| 乡镇集体企业、私营企业及个体企业主 | 26.8 | 36.2 | 29.0 | 2.7 | 0.9 | 4.5 | 91.9 |
| 乡镇集体企业、私营企业被雇者 | 17.0 | 33.2 | 35.7 | 3.5 | 2.4 | 8.2 | 85.8 |
| 国有经济单位职工（包括党政机关和事业单位） | 33.1 | 30.7 | 29.2 | 2.0 | 1.4 | 3.6 | 93.0 |
| 其他形式农村就业 | 20.4 | 35.0 | 33.0 | 1.0 | 0.0 | 10.7 | 88.3 |
| 总体 | 19.8 | 31.7 | 36.5 | 2.9 | 2.0 | 7.1 | 88.0 |

表22-238　不同职业对最近一年来居住地食品安全状况是否有改善的评价（%）（P=0.000）

| | 有明显改善 | 略有改善 | 没变化 | 略有恶化 | 明显恶化 | 不清楚/不了解/不评价 | 前三项合计 |
|---|---|---|---|---|---|---|---|
| 国家机关、党群组织、企业、事业单位负责人 | 25.8 | 31.5 | 35.5 | 2.1 | 1.0 | 4.1 | 92.8 |
| 办事人员和有关人员 | 21.8 | 31.2 | 38.5 | 2.2 | 1.3 | 4.9 | 91.5 |
| 专业技术人员 | 18.1 | 33.0 | 38.1 | 3.5 | 1.9 | 5.5 | 89.2 |
| 商业、服务业人员 | 19.3 | 33.2 | 36.0 | 2.9 | 2.3 | 6.4 | 88.5 |
| 农、林、牧、渔、水利生产人员 | 22.2 | 30.6 | 32.6 | 3.1 | 2.0 | 9.5 | 85.4 |
| 生产、运输设备操作人员及有关人员 | 17.9 | 30.6 | 37.9 | 3.9 | 2.0 | 7.7 | 86.4 |
| 不便分类的其他从业人员 | 21.9 | 28.1 | 31.0 | 5.0 | 1.2 | 12.9 | 81.0 |
| 总体 | 19.8 | 31.7 | 36.5 | 2.9 | 2.0 | 7.1 | 88.0 |

表22-239　不同生活水平对最近一年来居住地食品安全状况是否有改善的评价（%）（P=0.000）

| | 有明显改善 | 略有改善 | 没变化 | 略有恶化 | 明显恶化 | 不清楚/不了解/不评价 | 前三项合计 |
|---|---|---|---|---|---|---|---|
| 非常好 | 57.4 | 19.0 | 18.5 | 1.3 | 1.4 | 2.4 | 94.8 |
| 中等偏上 | 30.6 | 34.8 | 27.2 | 2.2 | 0.9 | 4.3 | 92.6 |
| 中等 | 19.6 | 33.8 | 36.2 | 2.7 | 1.6 | 6.2 | 89.5 |
| 中等偏下 | 12.3 | 28.4 | 43.1 | 4.0 | 2.7 | 9.5 | 83.9 |
| 非常差 | 11.1 | 20.0 | 46.2 | 3.9 | 6.6 | 12.3 | 77.3 |
| 不清楚/不了解/不评价 | 11.1 | 19.5 | 31.0 | 2.0 | 1.4 | 35.0 | 61.6 |
| 总体 | 19.8 | 31.7 | 36.5 | 2.9 | 2.0 | 7.1 | 88.0 |

## （二十）对目前居住地司法（包括公检法）公正执法情况的总体评价

对目前居住地司法（包括公检法）公正执法情况表示“非常满意”“比较满意”和“一般”的分别占 14.8%、27.2%、26.9%，合计为 68.9%。

从不同群体来看，20 ~ 24 岁、本科、家庭年收入 15 万 ~ 25 万元等群体的评价较高；70 ~ 74 岁、不识字或识字很少、家庭年收入 1 万元以下的评价较低。

表22-240　城乡对目前居住地司法机关公正执法状况的总体评价（%）（P=0.000）

| | 非常满意 | 比较满意 | 一般 | 不太满意 | 非常不满意 | 不清楚/不了解/不评价 | 前三项合计 |
|---|---|---|---|---|---|---|---|
| 城镇 | 13.7 | 27.8 | 28.1 | 7.1 | 4.8 | 18.6 | 69.6 |
| 农村 | 16.8 | 26.0 | 24.9 | 7.6 | 6.3 | 18.4 | 67.7 |
| 总体 | 14.8 | 27.2 | 26.9 | 7.3 | 5.3 | 18.5 | 68.9 |

表22-241 不同性别对居住地司法机关公正执法状况的总体评价（%）（P=0.000）

| | 非常满意 | 比较满意 | 一般 | 不太满意 | 非常不满意 | 不清楚/不了解/不评价 | 前三项合计 |
|---|---|---|---|---|---|---|---|
| 男 | 15.7 | 26.4 | 26.0 | 8.2 | 6.8 | 16.9 | 68.1 |
| 女 | 13.8 | 28.1 | 28.0 | 6.1 | 3.5 | 20.4 | 69.9 |
| 总体 | 14.8 | 27.2 | 26.9 | 7.3 | 5.3 | 18.5 | 68.9 |

表22-242 不同年龄对居住地司法机关公正执法状况的总体评价（%）（P=0.000）

| | 非常满意 | 比较满意 | 一般 | 不太满意 | 非常不满意 | 不清楚/不了解/不评价 | 前三项合计 |
|---|---|---|---|---|---|---|---|
| 18~19岁 | 14.8 | 29.1 | 26.7 | 6.2 | 3.7 | 19.5 | 70.6 |
| 20~24岁 | 15.8 | 30.1 | 26.8 | 6.7 | 3.9 | 16.7 | 72.7 |
| 25~29岁 | 14.1 | 28.0 | 30.2 | 7.4 | 5.8 | 14.5 | 72.3 |
| 30~34岁 | 12.9 | 26.0 | 30.0 | 8.0 | 5.7 | 17.3 | 69.0 |
| 35~39岁 | 14.4 | 27.0 | 30.0 | 7.9 | 6.1 | 14.7 | 71.4 |
| 40~44岁 | 13.9 | 24.6 | 27.6 | 8.0 | 5.4 | 20.5 | 66.1 |
| 45~49岁 | 15.2 | 26.2 | 26.7 | 8.0 | 5.2 | 18.8 | 68.1 |
| 50~54岁 | 16.1 | 23.4 | 23.5 | 6.9 | 5.9 | 24.3 | 62.9 |
| 55~59岁 | 18.0 | 30.2 | 25.4 | 6.1 | 5.2 | 15.1 | 73.6 |
| 60~64岁 | 14.9 | 28.2 | 22.3 | 6.1 | 4.8 | 23.7 | 65.4 |
| 65~69岁 | 15.6 | 31.0 | 18.8 | 6.9 | 4.8 | 22.8 | 65.5 |
| 70~74岁 | 15.2 | 29.2 | 15.8 | 5.0 | 4.0 | 30.8 | 60.2 |
| 总体 | 14.8 | 27.2 | 26.9 | 7.3 | 5.3 | 18.5 | 68.9 |

表22-243 不同户口状况对居住地司法机关公正执法状况的总体评价（%）（P=0.000）

| | 非常满意 | 比较满意 | 一般 | 不太满意 | 非常不满意 | 不清楚/不了解/不评价 | 前三项合计 |
|---|---|---|---|---|---|---|---|
| 本市（县）非农业户口 | 15.7 | 29.3 | 26.6 | 6.2 | 4.4 | 17.7 | 71.6 |
| 本市（县）农业户口 | 15.7 | 25.5 | 25.9 | 8.0 | 6.3 | 18.5 | 67.2 |
| 本市（县）居民户口 | 13.3 | 26.7 | 28.7 | 7.6 | 5.4 | 18.2 | 68.8 |
| 省内非本市（县）非农业户口 | 13.7 | 28.0 | 28.1 | 7.0 | 6.3 | 17.0 | 69.7 |
| 省内非本市（县）农业户口 | 11.5 | 26.7 | 27.5 | 8.9 | 4.9 | 20.4 | 65.7 |
| 省内非本市（县）居民户口 | 10.5 | 25.2 | 33.2 | 6.9 | 6.9 | 17.4 | 68.9 |
| 外省非农业户口 | 12.2 | 27.4 | 31.2 | 5.6 | 4.1 | 19.5 | 70.8 |
| 外省农业户口 | 12.7 | 24.8 | 28.7 | 7.6 | 4.8 | 21.5 | 66.1 |
| 外省居民户口 | 10.6 | 23.9 | 23.4 | 8.8 | 5.9 | 27.4 | 58.0 |
| 总体 | 14.8 | 27.2 | 26.9 | 7.3 | 5.3 | 18.5 | 68.9 |

表22-244 不同家庭人口数对居住地司法机关公正执法状况的总体评价（%）（P=0.000）

| | 非常满意 | 比较满意 | 一般 | 不太满意 | 非常不满意 | 不清楚/不了解/不评价 | 前三项合计 |
|---|---|---|---|---|---|---|---|
| 1人 | 13.6 | 21.2 | 22.4 | 7.8 | 9.5 | 25.6 | 57.2 |
| 2人 | 13.9 | 26.6 | 24.4 | 6.4 | 5.6 | 23.1 | 64.9 |
| 3人 | 14.4 | 28.2 | 28.3 | 6.7 | 4.4 | 18.0 | 70.9 |
| 4人 | 15.4 | 28.1 | 27.3 | 7.5 | 5.2 | 16.6 | 70.7 |
| 5人 | 15.0 | 27.1 | 27.0 | 7.4 | 5.3 | 18.3 | 69.0 |
| 6人 | 14.6 | 26.2 | 26.6 | 8.3 | 6.6 | 17.6 | 67.5 |
| 7人及以上 | 16.7 | 23.2 | 24.6 | 8.3 | 6.5 | 20.6 | 64.5 |
| 总体 | 14.8 | 27.2 | 26.9 | 7.3 | 5.3 | 18.5 | 68.9 |

表22-245 不同受教育程度对居住地司法机关公正执法状况的总体评价（%）（P=0.000）

| | 非常满意 | 比较满意 | 一般 | 不太满意 | 非常不满意 | 不清楚/不了解/不评价 | 前三项合计 |
|---|---|---|---|---|---|---|---|
| 不识字或识字很少 | 17.4 | 18.2 | 15.3 | 7.9 | 7.1 | 34.2 | 50.9 |
| 小学 | 15.1 | 21.9 | 22.1 | 8.4 | 6.8 | 25.6 | 59.1 |
| 初中 | 14.6 | 25.5 | 25.4 | 7.6 | 6.1 | 20.7 | 65.6 |
| 高中、中专或技校 | 14.5 | 26.8 | 28.0 | 7.7 | 5.7 | 17.4 | 69.2 |
| 大学专科 | 13.9 | 29.9 | 30.5 | 6.7 | 4.3 | 14.7 | 74.2 |
| 本科 | 16.4 | 30.7 | 27.4 | 6.1 | 3.7 | 15.6 | 74.6 |
| 硕士及以上 | 11.3 | 25.7 | 30.5 | 7.5 | 4.7 | 20.3 | 67.5 |
| 总体 | 14.8 | 27.2 | 26.9 | 7.3 | 5.3 | 18.5 | 68.9 |

表22-246 不同婚姻状况对居住地司法机关公正执法状况的总体评价（%）（P=0.000）

| | 非常满意 | 比较满意 | 一般 | 不太满意 | 非常不满意 | 不清楚/不了解/不评价 | 前三项合计 |
|---|---|---|---|---|---|---|---|
| 未婚 | 15.0 | 29.0 | 27.2 | 7.2 | 4.9 | 16.8 | 71.2 |
| 已婚 | 14.9 | 27.0 | 27.0 | 7.2 | 5.2 | 18.8 | 68.8 |
| 离异 | 13.6 | 20.0 | 25.5 | 10.3 | 12.8 | 17.8 | 59.2 |
| 丧偶 | 13.3 | 23.3 | 19.3 | 4.9 | 6.9 | 32.4 | 55.9 |
| 总体 | 14.8 | 27.2 | 26.9 | 7.3 | 5.3 | 18.5 | 68.9 |

表22-247 不同收入状况对居住地司法机关公正执法状况的总体评价（%）（P=0.000）

| | 非常满意 | 比较满意 | 一般 | 不太满意 | 非常不满意 | 不清楚/不了解/不评价 | 前三项合计 |
|---|---|---|---|---|---|---|---|
| 1万元以下 | 13.8 | 20.8 | 22.7 | 8.7 | 9.9 | 24.2 | 57.2 |
| 1万～3万元 | 15.0 | 24.2 | 27.0 | 8.6 | 7.1 | 17.9 | 66.3 |

续表

| | 非常满意 | 比较满意 | 一般 | 不太满意 | 非常不满意 | 不清楚/不了解/不评价 | 前三项合计 |
|---|---|---|---|---|---|---|---|
| 3万～5万元 | 13.4 | 26.2 | 27.4 | 8.4 | 6.4 | 18.1 | 67.0 |
| 5万～10万元 | 15.4 | 29.4 | 29.0 | 6.7 | 4.5 | 14.9 | 73.8 |
| 10万～15万元 | 15.9 | 32.1 | 29.4 | 6.8 | 3.7 | 12.1 | 77.4 |
| 15万～25万元 | 16.9 | 31.3 | 28.8 | 6.5 | 4.3 | 12.2 | 77.0 |
| 25万～50万元 | 16.2 | 32.3 | 28.6 | 7.5 | 5.3 | 10.1 | 77.1 |
| 50万元以上 | 23.0 | 24.7 | 24.9 | 8.1 | 7.8 | 11.4 | 72.7 |
| 不清楚/拒答 | 12.6 | 23.2 | 22.4 | 5.8 | 3.7 | 32.3 | 58.2 |
| 总体 | 14.8 | 27.2 | 26.9 | 7.3 | 5.3 | 18.5 | 68.9 |

表22-248 不同城镇就业状况对居住地司法机关公正执法状况的总体评价（%）（P=0.000）

| | 非常满意 | 比较满意 | 一般 | 不太满意 | 非常不满意 | 不清楚/不了解/不评价 | 前三项合计 |
|---|---|---|---|---|---|---|---|
| 党政机关从业人员 | 29.0 | 34.7 | 18.9 | 3.2 | 1.5 | 12.6 | 82.6 |
| 事业单位和社会团体从业人员 | 20.7 | 32.2 | 26.2 | 4.5 | 2.6 | 13.6 | 79.2 |
| 国有企业及其他国有经济单位职工 | 12.8 | 27.6 | 32.0 | 7.4 | 4.3 | 15.9 | 72.4 |
| 集体经济单位职工 | 12.5 | 33.9 | 27.4 | 7.6 | 2.5 | 16.0 | 73.9 |
| 合资、外资或港澳台企业员工 | 8.0 | 31.5 | 37.6 | 6.0 | 4.5 | 12.5 | 77.0 |
| 个体或私营企业主 | 12.1 | 26.2 | 30.9 | 8.2 | 5.6 | 17.0 | 69.2 |
| 个体或私营企业被雇者 | 10.2 | 25.8 | 30.5 | 8.3 | 4.9 | 20.3 | 66.5 |
| 城镇自由职业者 | 14.5 | 24.9 | 28.3 | 7.8 | 7.0 | 17.4 | 67.7 |
| 其他形式的城镇就业 | 18.8 | 18.8 | 24.6 | 4.3 | 1.4 | 31.9 | 62.3 |
| 总体 | 14.8 | 27.2 | 26.9 | 7.3 | 5.3 | 18.5 | 68.9 |

表22-249 不同农村就业状况对居住地司法机关公正执法状况的总体评价（%）（P=0.000）

| | 非常满意 | 比较满意 | 一般 | 不太满意 | 非常不满意 | 不清楚/不了解/不评价 | 前三项合计 |
|---|---|---|---|---|---|---|---|
| 务农农民 | 18.0 | 25.0 | 22.1 | 6.6 | 7.0 | 21.3 | 65.2 |
| 务农以及各类零工 | 14.7 | 24.0 | 24.5 | 9.0 | 7.5 | 20.3 | 63.2 |
| 农村自营者 | 18.9 | 25.4 | 25.0 | 9.1 | 6.8 | 14.7 | 69.4 |
| 乡镇集体企业、私营企业及个体企业主 | 17.3 | 26.9 | 29.0 | 7.5 | 6.1 | 13.1 | 73.2 |
| 乡镇集体企业、私营企业被雇者 | 11.8 | 25.7 | 30.5 | 9.0 | 5.3 | 17.7 | 68.0 |
| 国有经济单位职工（包括党政机关和事业单位） | 28.9 | 29.0 | 24.0 | 5.3 | 3.1 | 9.6 | 82.0 |
| 其他形式农村就业 | 10.7 | 27.2 | 17.5 | 12.6 | 2.9 | 29.1 | 55.3 |
| 总体 | 14.8 | 27.2 | 26.9 | 7.3 | 5.3 | 18.5 | 68.9 |

表22-250　不同职业对居住地司法机关公正执法状况的总体评价（%）（P=0.000）

| | 非常满意 | 比较满意 | 一般 | 不太满意 | 非常不满意 | 不清楚/不了解/不评价 | 前三项合计 |
|---|---|---|---|---|---|---|---|
| 国家机关、党群组织、企业、事业单位负责人 | 21.8 | 30.7 | 26.7 | 5.8 | 4.6 | 10.5 | 79.1 |
| 办事人员和有关人员 | 19.2 | 30.6 | 28.7 | 5.1 | 2.9 | 13.5 | 78.5 |
| 专业技术人员 | 14.3 | 27.6 | 30.5 | 7.2 | 4.5 | 15.8 | 72.5 |
| 商业、服务业人员 | 13.0 | 26.8 | 28.8 | 8.0 | 5.4 | 17.9 | 68.6 |
| 农、林、牧、渔、水利生产人员 | 15.2 | 25.6 | 24.6 | 9.0 | 5.9 | 19.8 | 65.3 |
| 生产、运输设备操作人员及有关人员 | 12.8 | 24.7 | 27.6 | 8.9 | 6.4 | 19.6 | 65.1 |
| 不便分类的其他从业人员 | 12.3 | 24.6 | 26.0 | 8.2 | 3.5 | 25.4 | 62.9 |
| 总体 | 14.8 | 27.2 | 26.9 | 7.3 | 5.3 | 18.5 | 68.9 |

表22-251　不同生活水平对居住地司法机关公正执法状况的总体评价（%）（P=0.000）

| | 非常满意 | 比较满意 | 一般 | 不太满意 | 非常不满意 | 不清楚/不了解/不评价 | 前三项合计 |
|---|---|---|---|---|---|---|---|
| 非常好 | 59.6 | 17.2 | 9.6 | 2.6 | 3.8 | 7.1 | 86.4 |
| 中等偏上 | 24.8 | 33.6 | 21.7 | 5.4 | 3.7 | 10.7 | 80.1 |
| 中等 | 14.3 | 29.4 | 27.9 | 6.3 | 3.9 | 18.1 | 71.7 |
| 中等偏下 | 7.3 | 21.8 | 30.4 | 10.3 | 7.2 | 23.0 | 59.6 |
| 非常差 | 7.8 | 12.2 | 23.5 | 12.6 | 19.4 | 24.5 | 43.5 |
| 不清楚/不了解/不评价 | 11.7 | 13.9 | 14.7 | 3.0 | 5.8 | 50.9 | 40.2 |
| 总体 | 14.8 | 27.2 | 26.9 | 7.3 | 5.3 | 18.5 | 68.9 |

## （二十一）对当前自己生活状态的评价

对当前自己生活状态总体“非常满意”“比较满意”和“一般”的分别占14.9%、37.9%、34.9%，合计为87.7%。同时，认为近一年来总体生活状况“有明显改善”“有一定改善”和“没变化”的分别占16.2%、35.2%、36.8%，合计为88.2%。对未来生活，表示“很有信心”“比较有信心”和“一般”的分别占34.7%、36.8%、18.5%，合计为90.0%。认为自己的生活水平在当地处于“非常好”“中等偏上”、“中等”分别占2.1%、14.0%、56.1%，合计为72.1%。

表22-252　城乡对当前自己生活状态的评价（%）（P=0.000）

| | 非常满意 | 比较满意 | 一般 | 不太满意 | 非常不满意 | 不清楚/不了解/不评价 | 前三项合计 |
|---|---|---|---|---|---|---|---|
| 城镇 | 13.5 | 40.5 | 34.5 | 7.9 | 3.2 | 0.3 | 88.6 |
| 农村 | 17.3 | 33.3 | 35.5 | 8.9 | 4.5 | 0.5 | 86.1 |
| 总体 | 14.9 | 37.9 | 34.9 | 8.3 | 3.7 | 0.4 | 87.7 |

表22-253　不同性别对当前自己生活状态评价（%）（P=0.000）

| | 非常满意 | 比较满意 | 一般 | 不太满意 | 非常不满意 | 不清楚/不了解/不评价 | 前三项合计 |
|---|---|---|---|---|---|---|---|
| 男 | 15.7 | 35.1 | 35.4 | 8.8 | 4.7 | 0.4 | 86.1 |
| 女 | 14.1 | 41.2 | 34.2 | 7.7 | 2.6 | 0.2 | 89.5 |
| 总体 | 14.9 | 37.9 | 34.9 | 8.3 | 3.7 | 0.4 | 87.7 |

表22-254　不同年龄对当前自己生活状态评价（%）（P=0.000）

| | 非常满意 | 比较满意 | 一般 | 不太满意 | 非常不满意 | 不清楚/不了解/不评价 | 前三项合计 |
|---|---|---|---|---|---|---|---|
| 18～19岁 | 17.2 | 44.4 | 31.7 | 4.6 | 1.9 | 0.2 | 93.3 |
| 20～24岁 | 13.5 | 40.4 | 34.9 | 8.1 | 3.1 | 0.1 | 88.7 |
| 25～29岁 | 11.0 | 38.5 | 37.5 | 9.2 | 3.6 | 0.1 | 87.0 |
| 30～34岁 | 12.1 | 36.4 | 38.5 | 9.3 | 3.6 | 0.2 | 87.0 |
| 35～39岁 | 12.6 | 38.6 | 36.8 | 8.1 | 3.5 | 0.3 | 88.1 |
| 40～44岁 | 12.9 | 36.7 | 37.0 | 8.9 | 4.1 | 0.4 | 86.5 |
| 45～49岁 | 14.8 | 34.0 | 35.7 | 10.5 | 4.8 | 0.3 | 84.5 |
| 50～54岁 | 17.4 | 33.9 | 34.1 | 9.2 | 4.6 | 0.8 | 85.3 |
| 55～59岁 | 18.7 | 40.1 | 30.1 | 6.8 | 4.0 | 0.3 | 88.9 |
| 60～64岁 | 21.9 | 39.1 | 29.6 | 5.9 | 2.6 | 0.9 | 90.6 |
| 65～69岁 | 23.4 | 40.2 | 28.2 | 4.4 | 3.4 | 0.5 | 91.7 |
| 70～74岁 | 25.8 | 45.6 | 21.6 | 4.0 | 2.3 | 0.7 | 93.0 |
| 总体 | 14.9 | 37.9 | 34.9 | 8.3 | 3.7 | 0.4 | 87.7 |

表22-255　不同户口状况对当前自己生活状态的评价（%）（P=0.000）

| | 非常满意 | 比较满意 | 一般 | 不太满意 | 非常不满意 | 不清楚/不了解/不评价 | 前三项合计 |
|---|---|---|---|---|---|---|---|
| 本市（县）非农业户口 | 16.1 | 42.2 | 31.7 | 6.8 | 3.0 | 0.3 | 90.0 |
| 本市（县）农业户口 | 15.8 | 34.1 | 35.9 | 9.2 | 4.4 | 0.5 | 85.9 |
| 本市（县）居民户口 | 14.6 | 38.9 | 35.2 | 7.6 | 3.4 | 0.4 | 88.7 |
| 省内非本市（县）非农业户口 | 12.9 | 39.1 | 35.4 | 8.4 | 4.2 | 0.0 | 87.4 |
| 省内非本市（县）农业户口 | 10.8 | 34.4 | 39.4 | 11.0 | 4.2 | 0.2 | 84.6 |
| 省内非本市（县）居民户口 | 12.4 | 40.0 | 38.4 | 6.2 | 3.0 | 0.0 | 90.8 |
| 外省非农业户口 | 10.2 | 41.9 | 35.1 | 8.5 | 4.0 | 0.3 | 87.3 |
| 外省农业户口 | 10.6 | 33.4 | 41.6 | 10.4 | 3.8 | 0.2 | 85.6 |
| 外省居民户口 | 10.1 | 33.8 | 42.8 | 9.3 | 2.9 | 1.1 | 86.7 |
| 总体 | 14.9 | 37.9 | 34.9 | 8.3 | 3.7 | 0.4 | 87.7 |

表22-256　　不同家庭人口数对当前自己生活状态的评价（%）（P=0.000）

| | 非常满意 | 比较满意 | 一般 | 不太满意 | 非常不满意 | 不清楚/不了解/不评价 | 前三项合计 |
|---|---|---|---|---|---|---|---|
| 1人 | 12.5 | 32.9 | 33.4 | 10.9 | 9.4 | 0.8 | 78.9 |
| 2人 | 16.1 | 38.8 | 32.2 | 8.5 | 3.9 | 0.5 | 87.1 |
| 3人 | 13.6 | 39.9 | 35.0 | 8.1 | 3.1 | 0.2 | 88.6 |
| 4人 | 14.4 | 38.3 | 35.2 | 8.3 | 3.5 | 0.3 | 87.9 |
| 5人 | 14.9 | 38.3 | 35.7 | 7.1 | 3.7 | 0.4 | 88.8 |
| 6人 | 16.4 | 35.8 | 34.6 | 9.2 | 3.7 | 0.4 | 86.7 |
| 7人及以上 | 20.2 | 29.3 | 35.5 | 9.3 | 5.0 | 0.6 | 85.0 |
| 总体 | 14.9 | 37.9 | 34.9 | 8.3 | 3.7 | 0.4 | 87.7 |

表22-257　　不同受教育程度对当前自己生活状态的评价（%）（P=0.000）

| | 非常满意 | 比较满意 | 一般 | 不太满意 | 非常不满意 | 不清楚/不了解/不评价 | 前三项合计 |
|---|---|---|---|---|---|---|---|
| 不识字或识字很少 | 23.3 | 25.6 | 29.2 | 11.8 | 7.6 | 2.5 | 78.1 |
| 小学 | 18.8 | 30.3 | 35.0 | 8.5 | 6.7 | 0.8 | 84.0 |
| 初中 | 15.3 | 32.8 | 37.4 | 9.4 | 4.5 | 0.5 | 85.6 |
| 高中、中专或技校 | 14.5 | 36.1 | 36.7 | 8.7 | 3.8 | 0.2 | 87.3 |
| 大学专科 | 12.2 | 41.1 | 36.0 | 8.0 | 2.6 | 0.1 | 89.3 |
| 本科 | 14.5 | 47.8 | 29.5 | 6.2 | 1.8 | 0.2 | 91.8 |
| 硕士及以上 | 16.6 | 50.0 | 25.8 | 5.2 | 1.9 | 0.6 | 92.4 |
| 总体 | 14.9 | 37.9 | 34.9 | 8.3 | 3.7 | 0.4 | 87.7 |

表22-258　　不同婚姻状况对当前自己生活状态的评价（%）（P=0.000）

| | 非常满意 | 比较满意 | 一般 | 不太满意 | 非常不满意 | 不清楚/不了解/不评价 | 前三项合计 |
|---|---|---|---|---|---|---|---|
| 未婚 | 12.6 | 38.5 | 35.7 | 9.2 | 3.8 | 0.2 | 86.8 |
| 已婚 | 15.6 | 38.2 | 34.7 | 7.8 | 3.3 | 0.4 | 88.5 |
| 离异 | 11.4 | 24.5 | 35.8 | 14.6 | 13.3 | 0.3 | 71.8 |
| 丧偶 | 19.6 | 34.6 | 27.9 | 11.0 | 5.9 | 1.1 | 82.0 |
| 总体 | 14.9 | 37.9 | 34.9 | 8.3 | 3.7 | 0.4 | 87.7 |

表22-259　　不同收入状况对当前自己生活状态的评价（%）（P=0.000）

| | 非常满意 | 比较满意 | 一般 | 不太满意 | 非常不满意 | 不清楚/不了解/不评价 | 前三项合计 |
|---|---|---|---|---|---|---|---|
| 1万元以下 | 13.7 | 24.3 | 34.6 | 14.6 | 11.9 | 0.9 | 72.6 |
| 1万～3万元 | 13.1 | 29.3 | 38.7 | 12.1 | 6.1 | 0.7 | 81.2 |

续表

| | 非常满意 | 比较满意 | 一般 | 不太满意 | 非常不满意 | 不清楚/不了解/不评价 | 前三项合计 |
|---|---|---|---|---|---|---|---|
| 3万～5万元 | 13.0 | 32.8 | 39.1 | 10.0 | 4.9 | 0.2 | 84.8 |
| 5万～10万元 | 14.7 | 39.4 | 36.1 | 7.2 | 2.5 | 0.1 | 90.2 |
| 10万～15万元 | 15.7 | 46.9 | 30.1 | 5.6 | 1.5 | 0.1 | 92.8 |
| 15万～25万元 | 16.7 | 47.9 | 29.7 | 4.7 | 1.0 | 0.0 | 94.3 |
| 25万～50万元 | 17.9 | 50.5 | 26.6 | 3.9 | 1.2 | 0.0 | 95.0 |
| 50万元以上 | 30.4 | 41.0 | 22.5 | 3.7 | 2.3 | 0.1 | 93.9 |
| 不清楚/拒答 | 15.3 | 37.8 | 35.5 | 7.8 | 2.8 | 0.8 | 88.6 |
| 总体 | 14.9 | 37.9 | 34.9 | 8.3 | 3.7 | 0.4 | 87.7 |

表22-260　不同城镇就业状况对当前自己生活状态的评价（%）（P=0.000）

| | 非常满意 | 比较满意 | 一般 | 不太满意 | 非常不满意 | 不清楚/不了解/不评价 | 前三项合计 |
|---|---|---|---|---|---|---|---|
| 党政机关从业人员 | 26.5 | 48.7 | 20.5 | 3.8 | 0.4 | 0.1 | 95.7 |
| 事业单位和社会团体从业人员 | 18.4 | 47.3 | 28.8 | 4.2 | 1.2 | 0.2 | 94.5 |
| 国有企业及其他国有经济单位职工 | 11.2 | 43.9 | 34.7 | 8.2 | 2.0 | 0.1 | 89.8 |
| 集体经济单位职工 | 10.3 | 42.8 | 36.8 | 8.7 | 1.4 | 0.0 | 89.9 |
| 合资、外资或港澳台企业员工 | 6.3 | 47.6 | 37.8 | 6.5 | 1.7 | 0.0 | 91.8 |
| 个体或私营企业主 | 12.7 | 38.5 | 38.0 | 8.2 | 2.4 | 0.3 | 89.1 |
| 个体或私营企业被雇者 | 8.1 | 36.8 | 40.8 | 10.3 | 3.8 | 0.2 | 85.7 |
| 城镇自由职业者 | 13.4 | 34.3 | 36.8 | 9.6 | 5.6 | 0.4 | 84.5 |
| 其他形式的城镇就业 | 11.6 | 24.6 | 53.6 | 2.9 | 5.8 | 1.4 | 89.9 |
| 总体 | 14.9 | 37.9 | 34.9 | 8.3 | 3.7 | 0.4 | 87.7 |

表22-261　不同农村就业状况对当前自己生活状态的评价（%）（P=0.000）

| | 非常满意 | 比较满意 | 一般 | 不太满意 | 非常不满意 | 不清楚/不了解/不评价 | 前三项合计 |
|---|---|---|---|---|---|---|---|
| 务农农民 | 18.7 | 30.5 | 34.9 | 9.5 | 5.5 | 0.9 | 84.1 |
| 务农以及各类零工 | 14.2 | 28.3 | 39.6 | 10.6 | 6.8 | 0.6 | 82.0 |
| 农村自营者 | 18.2 | 36.5 | 35.2 | 7.7 | 2.5 | 0.0 | 89.9 |
| 乡镇集体企业、私营企业及个体企业主 | 19.2 | 36.5 | 35.5 | 6.6 | 2.0 | 0.2 | 91.2 |
| 乡镇集体企业、私营企业被雇者 | 12.2 | 33.8 | 41.4 | 9.7 | 2.6 | 0.2 | 87.4 |
| 国有经济单位职工（包括党政机关和事业单位） | 25.2 | 38.7 | 27.5 | 6.1 | 2.4 | 0.2 | 91.3 |
| 其他形式农村就业 | 12.6 | 39.8 | 35.9 | 4.9 | 6.8 | 0.0 | 88.3 |
| 总体 | 14.9 | 37.9 | 34.9 | 8.3 | 3.7 | 0.4 | 87.7 |

表22-262　不同职业对当前自己生活状态的评价（%）（P=0.000）

| | 非常满意 | 比较满意 | 一般 | 不太满意 | 非常不满意 | 不清楚/不了解/不评价 | 前三项合计 |
|---|---|---|---|---|---|---|---|
| 国家机关、党群组织、企业、事业单位负责人 | 21.1 | 47.1 | 25.7 | 4.9 | 1.2 | 0.1 | 93.9 |
| 办事人员和有关人员 | 16.2 | 45.2 | 31.3 | 5.9 | 1.2 | 0.2 | 92.7 |
| 专业技术人员 | 13.2 | 41.6 | 35.4 | 7.5 | 2.2 | 0.1 | 90.2 |
| 商业、服务业人员 | 12.2 | 37.4 | 37.5 | 9.1 | 3.6 | 0.2 | 87.2 |
| 农、林、牧、渔、水利生产人员 | 16.3 | 30.5 | 37.8 | 9.6 | 5.2 | 0.5 | 84.6 |
| 生产、运输设备操作人员及有关人员 | 11.6 | 30.4 | 43.0 | 10.2 | 4.3 | 0.4 | 85.1 |
| 不便分类的其他从业人员 | 12.0 | 34.2 | 38.9 | 7.0 | 7.3 | 0.6 | 85.1 |
| 总体 | 14.9 | 37.9 | 34.9 | 8.3 | 3.7 | 0.4 | 87.7 |

表22-263　不同生活水平对当前自己生活状态的评价（%）（P=0.000）

| | 非常满意 | 比较满意 | 一般 | 不太满意 | 非常不满意 | 不清楚/不了解/不评价 | 前三项合计 |
|---|---|---|---|---|---|---|---|
| 非常好 | 70.9 | 19.8 | 7.4 | 0.8 | 1.0 | 0.1 | 98.0 |
| 中等偏上 | 29.8 | 49.3 | 17.7 | 2.2 | 0.9 | 0.2 | 96.8 |
| 中等 | 13.8 | 43.8 | 35.4 | 5.5 | 1.4 | 0.2 | 93.0 |
| 中等偏下 | 5.4 | 23.5 | 47.7 | 17.1 | 5.7 | 0.6 | 76.6 |
| 非常差 | 5.4 | 9.0 | 29.1 | 22.1 | 33.5 | 1.0 | 43.5 |
| 不清楚/不了解/不评价 | 12.9 | 34.2 | 38.2 | 6.6 | 3.2 | 4.8 | 85.3 |
| 总体 | 14.9 | 37.9 | 34.9 | 8.3 | 3.7 | 0.4 | 87.7 |

表22-264　城乡对个人总体生活状况改善的评价（%）（P=0.000）

| | 有明显改善 | 有一定改善 | 没变化 | 比以前差一些 | 明显不如以前 | 不清楚/不了解/不评价 | 前三项合计 |
|---|---|---|---|---|---|---|---|
| 城镇 | 15.4 | 36.9 | 37.0 | 6.6 | 3.7 | 0.4 | 89.3 |
| 农村 | 17.7 | 32.2 | 36.4 | 7.5 | 5.4 | 0.7 | 86.3 |
| 总体 | 16.2 | 35.2 | 36.8 | 6.9 | 4.3 | 0.5 | 88.2 |

表22-265　不同性别对个人总体生活状况改善的评价（%）（P=0.000）

| | 有明显改善 | 有一定改善 | 没变化 | 比以前差一些 | 明显不如以前 | 不清楚/不了解/不评价 | 前三项合计 |
|---|---|---|---|---|---|---|---|
| 男 | 17.1 | 33.6 | 35.4 | 7.8 | 5.6 | 0.5 | 86.0 |
| 女 | 15.3 | 37.0 | 38.5 | 5.9 | 2.8 | 0.5 | 90.8 |
| 总体 | 16.2 | 35.2 | 36.8 | 6.9 | 4.3 | 0.5 | 88.2 |

表22-266 不同年龄对个人总体生活状况改善的评价（%）（P=0.000）

| | 有明显改善 | 有一定改善 | 没变化 | 比以前差一些 | 明显不如以前 | 不清楚/不了解/不评价 | 前三项合计 |
|---|---|---|---|---|---|---|---|
| 18～19岁 | 21.6 | 45.3 | 27.1 | 4.0 | 1.6 | 0.5 | 94.0 |
| 20～24岁 | 18.8 | 42.0 | 31.7 | 4.4 | 2.5 | 0.7 | 92.5 |
| 25～29岁 | 16.6 | 39.6 | 32.5 | 7.0 | 4.1 | 0.2 | 88.8 |
| 30～34岁 | 14.2 | 36.6 | 37.1 | 7.2 | 4.7 | 0.3 | 87.8 |
| 35～39岁 | 15.0 | 36.0 | 36.0 | 7.7 | 5.0 | 0.3 | 86.9 |
| 40～44岁 | 13.3 | 31.3 | 40.6 | 8.9 | 5.1 | 0.6 | 85.3 |
| 45～49岁 | 14.1 | 29.6 | 40.1 | 9.9 | 6.0 | 0.4 | 83.8 |
| 50～54岁 | 15.2 | 28.2 | 42.8 | 7.4 | 5.3 | 1.0 | 86.2 |
| 55～59岁 | 17.7 | 34.1 | 37.0 | 5.8 | 4.9 | 0.6 | 88.7 |
| 60～64岁 | 20.1 | 32.9 | 38.7 | 4.9 | 2.5 | 0.7 | 91.8 |
| 65～69岁 | 19.7 | 35.0 | 36.9 | 4.8 | 3.0 | 0.5 | 91.7 |
| 70～74岁 | 22.9 | 37.6 | 32.7 | 3.7 | 1.8 | 1.3 | 93.2 |
| 总体 | 16.2 | 35.2 | 36.8 | 6.9 | 4.3 | 0.5 | 88.2 |

表22-267 不同户口状况对个人总体生活状况改善的评价（%）（P=0.000）

| | 有明显改善 | 有一定改善 | 没变化 | 比以前差一些 | 明显不如以前 | 不清楚/不了解/不评价 | 前三项合计 |
|---|---|---|---|---|---|---|---|
| 本市（县）非农业户口 | 16.6 | 36.6 | 37.0 | 6.2 | 3.2 | 0.3 | 90.2 |
| 本市（县）农业户口 | 17.3 | 33.1 | 35.5 | 7.7 | 5.6 | 0.8 | 85.9 |
| 本市（县）居民户口 | 14.2 | 33.3 | 42.5 | 6.0 | 3.6 | 0.4 | 90.0 |
| 省内非本市（县）非农业户口 | 14.0 | 37.4 | 36.2 | 7.5 | 4.5 | 0.3 | 87.7 |
| 省内非本市（县）农业户口 | 15.6 | 37.3 | 35.2 | 7.3 | 4.2 | 0.4 | 88.1 |
| 省内非本市（县）居民户口 | 12.8 | 38.7 | 36.8 | 8.0 | 3.4 | 0.2 | 88.3 |
| 外省非农业户口 | 16.0 | 37.3 | 35.7 | 6.5 | 4.2 | 0.4 | 88.9 |
| 外省农业户口 | 13.2 | 37.2 | 36.3 | 7.5 | 5.2 | 0.5 | 86.8 |
| 外省居民户口 | 16.2 | 35.4 | 39.1 | 6.1 | 2.9 | 0.3 | 90.7 |
| 总体 | 16.2 | 35.2 | 36.8 | 6.9 | 4.3 | 0.5 | 88.2 |

表22-268 不同家庭人口数对个人总体生活状况改善的评价（%）（P=0.000）

| | 有明显改善 | 有一定改善 | 没变化 | 比以前差一些 | 明显不如以前 | 不清楚/不了解/不评价 | 前三项合计 |
|---|---|---|---|---|---|---|---|
| 1人 | 14.5 | 30.5 | 42.4 | 6.5 | 5.4 | 0.6 | 87.5 |
| 2人 | 14.3 | 33.1 | 41.9 | 6.5 | 3.7 | 0.4 | 89.3 |
| 3人 | 14.6 | 35.6 | 38.9 | 6.6 | 3.8 | 0.4 | 89.2 |
| 4人 | 17.1 | 35.9 | 35.2 | 7.0 | 4.1 | 0.6 | 88.2 |
| 5人 | 16.9 | 35.9 | 35.2 | 6.9 | 4.5 | 0.6 | 88.0 |
| 6人 | 18.2 | 35.7 | 32.5 | 7.8 | 5.4 | 0.5 | 86.3 |
| 7人及以上 | 18.8 | 32.2 | 34.7 | 7.5 | 5.9 | 0.8 | 85.7 |
| 总体 | 16.2 | 35.2 | 36.8 | 6.9 | 4.3 | 0.5 | 88.2 |

表22-269　不同受教育程度对个人总体生活状况改善的评价（%）（P=0.000）

| | 有明显改善 | 有一定改善 | 没变化 | 比以前差一些 | 明显不如以前 | 不清楚/不了解/不评价 | 前三项合计 |
|---|---|---|---|---|---|---|---|
| 不识字或识字很少 | 16.9 | 28.8 | 36.4 | 8.1 | 6.0 | 3.7 | 82.2 |
| 小学 | 16.5 | 27.9 | 40.0 | 7.9 | 6.7 | 1.0 | 84.4 |
| 初中 | 15.8 | 30.6 | 38.7 | 8.1 | 6.1 | 0.7 | 85.2 |
| 高中、中专或技校 | 16.8 | 35.1 | 36.1 | 7.4 | 4.2 | 0.4 | 88.1 |
| 大学专科 | 16.0 | 38.8 | 35.3 | 6.4 | 3.3 | 0.2 | 90.1 |
| 本科 | 16.1 | 41.6 | 35.1 | 4.9 | 2.2 | 0.2 | 92.7 |
| 硕士及以上 | 15.1 | 38.0 | 38.5 | 5.1 | 2.6 | 0.7 | 91.6 |
| 总体 | 16.2 | 35.2 | 36.8 | 6.9 | 4.3 | 0.5 | 88.2 |

表22-270　不同婚姻状况对个人总体生活状况改善的评价（%）（P=0.000）

| | 有明显改善 | 有一定改善 | 没变化 | 比以前差一些 | 明显不如以前 | 不清楚/不了解/不评价 | 前三项合计 |
|---|---|---|---|---|---|---|---|
| 未婚 | 17.2 | 41.0 | 32.8 | 5.3 | 3.3 | 0.5 | 90.9 |
| 已婚 | 16.1 | 34.0 | 37.7 | 7.3 | 4.5 | 0.5 | 87.8 |
| 离异 | 12.9 | 24.0 | 43.7 | 9.3 | 9.3 | 0.9 | 80.5 |
| 丧偶 | 16.7 | 34.6 | 34.3 | 7.1 | 4.7 | 2.6 | 85.6 |
| 总体 | 16.2 | 35.2 | 36.8 | 6.9 | 4.3 | 0.5 | 88.2 |

表22-271　不同收入状况对个人总体生活状况改善的评价（%）（P=0.000）

| | 有明显改善 | 有一定改善 | 没变化 | 比以前差一些 | 明显不如以前 | 不清楚/不了解/不评价 | 前三项合计 |
|---|---|---|---|---|---|---|---|
| 1万元以下 | 12.0 | 22.8 | 44.6 | 9.0 | 10.2 | 1.4 | 79.4 |
| 1万～3万元 | 13.8 | 29.2 | 41.1 | 8.7 | 6.8 | 0.4 | 84.1 |
| 3万～5万元 | 13.5 | 31.9 | 40.0 | 8.8 | 5.4 | 0.4 | 85.4 |
| 5万～10万元 | 16.3 | 37.3 | 35.7 | 6.9 | 3.6 | 0.2 | 89.3 |
| 10万～15万元 | 18.7 | 41.3 | 31.9 | 5.5 | 2.5 | 0.1 | 92.0 |
| 15万～25万元 | 20.2 | 40.9 | 31.3 | 5.5 | 1.9 | 0.1 | 92.4 |
| 25万～50万元 | 21.1 | 44.5 | 26.1 | 4.4 | 3.5 | 0.4 | 91.7 |
| 50万元以上 | 31.8 | 33.7 | 26.7 | 3.4 | 4.2 | 0.3 | 92.2 |
| 不清楚/拒答 | 15.8 | 35.4 | 38.7 | 5.8 | 3.0 | 1.3 | 89.9 |
| 总体 | 16.2 | 35.2 | 36.8 | 6.9 | 4.3 | 0.5 | 88.2 |

表22-272　不同城镇就业状况对个人总体生活状况改善的评价（%）（P=0.000）

| | 有明显改善 | 有一定改善 | 没变化 | 比以前差一些 | 明显不如以前 | 不清楚/不了解/不评价 | 前三项合计 |
|---|---|---|---|---|---|---|---|
| 党政机关从业人员 | 21.3 | 39.0 | 35.4 | 2.5 | 1.4 | 0.3 | 95.8 |
| 事业单位和社会团体从业人员 | 20.7 | 42.3 | 32.5 | 3.1 | 1.4 | 0.0 | 95.5 |
| 国有企业及其他国有经济单位职工 | 13.5 | 37.5 | 38.7 | 7.6 | 2.4 | 0.2 | 89.8 |
| 集体经济单位职工 | 10.5 | 45.5 | 37.6 | 4.8 | 1.7 | 0.0 | 93.5 |
| 合资、外资或港澳台企业员工 | 14.5 | 43.8 | 35.3 | 3.8 | 2.0 | 0.6 | 93.7 |
| 个体或私营企业主 | 15.8 | 37.5 | 33.6 | 8.8 | 4.1 | 0.2 | 86.9 |
| 个体或私营企业被雇者 | 11.8 | 36.9 | 38.2 | 8.1 | 4.5 | 0.4 | 86.9 |
| 城镇自由职业者 | 15.7 | 31.9 | 38.7 | 8.1 | 5.3 | 0.2 | 86.3 |
| 其他形式的城镇就业 | 13.0 | 21.7 | 58.0 | 4.3 | 1.4 | 1.4 | 92.8 |
| 总体 | 16.2 | 35.2 | 36.8 | 6.9 | 4.3 | 0.5 | 88.2 |

表22-273　不同农村就业状况对个人总体生活状况改善的评价（%）（P=0.000）

| | 有明显改善 | 有一定改善 | 没变化 | 比以前差一些 | 明显不如以前 | 不清楚/不了解/不评价 | 前三项合计 |
|---|---|---|---|---|---|---|---|
| 务农农民 | 17.0 | 27.3 | 40.2 | 7.9 | 6.3 | 1.4 | 84.5 |
| 务农以及各类零工 | 15.0 | 27.8 | 38.9 | 9.1 | 8.4 | 0.7 | 81.7 |
| 农村自营者 | 21.0 | 33.1 | 33.2 | 8.2 | 3.7 | 0.9 | 87.3 |
| 乡镇集体企业、私营企业及个体企业主 | 22.1 | 35.8 | 31.9 | 6.5 | 3.7 | 0.0 | 89.8 |
| 乡镇集体企业、私营企业被雇者 | 15.0 | 35.8 | 36.7 | 7.2 | 4.9 | 0.4 | 87.5 |
| 国有经济单位职工（包括党政机关和事业单位） | 26.8 | 40.3 | 26.0 | 4.6 | 2.1 | 0.2 | 93.0 |
| 其他形式农村就业 | 11.7 | 42.7 | 38.8 | 5.8 | 1.0 | 0.0 | 93.2 |
| 总体 | 16.2 | 35.2 | 36.8 | 6.9 | 4.3 | 0.5 | 88.2 |

表22-274　不同职业对个人总体生活状况改善的评价（%）（P=0.000）

| | 有明显改善 | 有一定改善 | 没变化 | 比以前差一些 | 明显不如以前 | 不清楚/不了解/不评价 | 前三项合计 |
|---|---|---|---|---|---|---|---|
| 国家机关、党群组织、企业、事业单位负责人 | 21.7 | 39.4 | 32.1 | 3.9 | 2.6 | 0.2 | 93.3 |
| 办事人员和有关人员 | 17.8 | 39.8 | 36.0 | 4.8 | 1.6 | 0.1 | 93.5 |
| 专业技术人员 | 16.2 | 41.1 | 33.0 | 6.3 | 3.0 | 0.3 | 90.3 |
| 商业、服务业人员 | 15.3 | 36.2 | 36.2 | 7.8 | 4.3 | 0.3 | 87.6 |
| 农、林、牧、渔、水利生产人员 | 16.0 | 29.4 | 38.0 | 9.3 | 6.3 | 1.0 | 83.3 |
| 生产、运输设备操作人员及有关人员 | 14.3 | 30.2 | 40.5 | 8.6 | 6.0 | 0.3 | 85.1 |
| 不便分类的其他从业人员 | 14.9 | 30.7 | 42.4 | 7.0 | 5.0 | 0.0 | 88.0 |
| 总体 | 16.2 | 35.2 | 36.8 | 6.9 | 4.3 | 0.5 | 88.2 |

表22-275　　不同生活水平对个人总体生活状况改善的评价（%）（P=0.000）

| | 有明显改善 | 有一定改善 | 没变化 | 比以前差一些 | 明显不如以前 | 不清楚/不了解/不评价 | 前三项合计 |
|---|---|---|---|---|---|---|---|
| 非常好 | 62.0 | 22.3 | 12.9 | 1.0 | 1.5 | 0.2 | 97.3 |
| 中等偏上 | 32.2 | 41.3 | 21.1 | 3.1 | 1.9 | 0.3 | 94.7 |
| 中等 | 15.6 | 40.0 | 36.2 | 5.4 | 2.4 | 0.4 | 91.8 |
| 中等偏下 | 6.4 | 25.4 | 48.6 | 12.3 | 6.7 | 0.5 | 80.5 |
| 非常差 | 3.9 | 10.7 | 43.1 | 14.8 | 26.3 | 1.2 | 57.7 |
| 不清楚/不了解/不评价 | 9.1 | 28.4 | 48.5 | 5.0 | 2.2 | 6.8 | 85.9 |
| 总体 | 16.2 | 35.2 | 36.8 | 6.9 | 4.3 | 0.5 | 88.2 |

表22-276　　城乡对未来生活信心的评价（%）（P=0.000）

| | 非常有信心 | 比较有信心 | 一般 | 信心不足 | 没有信心 | 不清楚/不了解/不评价 | 前三项合计 |
|---|---|---|---|---|---|---|---|
| 城镇 | 33.3 | 38.9 | 18.6 | 4.0 | 4.1 | 1.1 | 90.8 |
| 农村 | 37.1 | 33.3 | 18.3 | 4.0 | 5.5 | 1.8 | 88.6 |
| 总体 | 34.7 | 36.8 | 18.5 | 4.0 | 4.6 | 1.4 | 90.0 |

表22-277　　不同性别对未来生活信心的评价（%）（P=0.000）

| | 非常有信心 | 比较有信心 | 一般 | 信心不足 | 没有信心 | 不清楚/不了解/不评价 | 前三项合计 |
|---|---|---|---|---|---|---|---|
| 男 | 36.9 | 34.2 | 17.8 | 4.3 | 5.5 | 1.4 | 88.8 |
| 女 | 32.1 | 39.9 | 19.3 | 3.7 | 3.7 | 1.3 | 91.3 |
| 总体 | 34.7 | 36.8 | 18.5 | 4.0 | 4.6 | 1.4 | 90.0 |

表22-278　　不同年龄对未来生活信心的评价（%）（P=0.000）

| | 非常有信心 | 比较有信心 | 一般 | 信心不足 | 没有信心 | 不清楚/不了解/不评价 | 前三项合计 |
|---|---|---|---|---|---|---|---|
| 18～19岁 | 41.3 | 38.0 | 15.1 | 1.9 | 3.1 | 0.7 | 94.3 |
| 20～24岁 | 35.8 | 40.7 | 17.3 | 2.5 | 3.2 | 0.5 | 93.8 |
| 25～29岁 | 34.1 | 40.0 | 18.4 | 3.2 | 3.9 | 0.4 | 92.5 |
| 30～34岁 | 32.4 | 38.6 | 20.1 | 4.2 | 4.0 | 0.7 | 91.1 |
| 35～39岁 | 33.2 | 38.0 | 19.5 | 4.2 | 4.0 | 1.0 | 90.7 |
| 40～44岁 | 33.3 | 35.8 | 19.7 | 4.5 | 5.3 | 1.4 | 88.8 |
| 45～49岁 | 35.4 | 32.5 | 18.5 | 5.9 | 6.3 | 1.3 | 86.4 |
| 50～54岁 | 35.9 | 32.2 | 17.2 | 4.6 | 7.0 | 3.0 | 85.4 |
| 55～59岁 | 34.3 | 36.2 | 19.4 | 3.6 | 4.7 | 1.7 | 89.9 |
| 60～64岁 | 37.2 | 33.5 | 17.3 | 4.3 | 5.0 | 2.7 | 88.0 |
| 65～69岁 | 38.8 | 32.6 | 17.5 | 3.4 | 4.4 | 3.3 | 88.9 |
| 70～74岁 | 36.4 | 40.6 | 13.0 | 3.6 | 3.5 | 2.9 | 90.0 |
| 总体 | 34.7 | 36.8 | 18.5 | 4.0 | 4.6 | 1.4 | 90.0 |

表22-279　不同户口状况对未来生活信心的评价（%）（P=0.000）

| | 非常有信心 | 比较有信心 | 一般 | 信心不足 | 没有信心 | 不清楚/不了解/不评价 | 前三项合计 |
|---|---|---|---|---|---|---|---|
| 本市（县）非农业户口 | 34.6 | 38.4 | 18.4 | 3.7 | 3.8 | 1.1 | 91.4 |
| 本市（县）农业户口 | 36.4 | 34.1 | 18.1 | 4.2 | 5.5 | 1.7 | 88.6 |
| 本市（县）居民户口 | 30.7 | 38.4 | 20.0 | 3.7 | 5.2 | 1.9 | 89.1 |
| 省内非本市（县）非农业户口 | 34.1 | 38.1 | 17.4 | 5.1 | 4.3 | 1.1 | 89.5 |
| 省内非本市（县）农业户口 | 33.2 | 37.6 | 19.1 | 4.7 | 4.3 | 1.2 | 89.8 |
| 省内非本市（县）居民户口 | 35.7 | 34.6 | 21.7 | 4.3 | 3.4 | 0.2 | 92.0 |
| 外省非农业户口 | 34.9 | 38.4 | 17.5 | 4.7 | 4.2 | 0.2 | 90.9 |
| 外省农业户口 | 33.2 | 39.1 | 18.2 | 3.7 | 4.2 | 1.6 | 90.5 |
| 外省居民户口 | 30.3 | 41.0 | 19.9 | 2.9 | 4.3 | 1.6 | 91.2 |
| 总体 | 34.7 | 36.8 | 18.5 | 4.0 | 4.6 | 1.4 | 90.0 |

表22-280　不同家庭人口数对未来生活信心的评价（%）（P=0.000）

| | 非常有信心 | 比较有信心 | 一般 | 信心不足 | 没有信心 | 不清楚/不了解/不评价 | 前三项合计 |
|---|---|---|---|---|---|---|---|
| 1人 | 31.5 | 31.7 | 17.9 | 5.8 | 9.4 | 3.6 | 81.1 |
| 2人 | 32.8 | 36.1 | 19.0 | 5.0 | 5.3 | 1.8 | 87.8 |
| 3人 | 31.8 | 39.1 | 20.0 | 3.8 | 4.3 | 1.0 | 90.9 |
| 4人 | 35.5 | 36.9 | 18.3 | 3.9 | 4.1 | 1.3 | 90.6 |
| 5人 | 36.6 | 36.4 | 17.6 | 3.5 | 4.6 | 1.3 | 90.6 |
| 6人 | 37.8 | 35.9 | 16.3 | 4.1 | 4.6 | 1.3 | 90.0 |
| 7人及以上 | 39.3 | 31.1 | 17.5 | 4.4 | 5.7 | 1.9 | 88.0 |
| 总体 | 34.7 | 36.8 | 18.5 | 4.0 | 4.6 | 1.4 | 90.0 |

表22-281　不同受教育程度对未来生活信心的评价（%）（P=0.000）

| | 非常有信心 | 比较有信心 | 一般 | 信心不足 | 没有信心 | 不清楚/不了解/不评价 | 前三项合计 |
|---|---|---|---|---|---|---|---|
| 不识字或识字很少 | 30.8 | 26.9 | 18.4 | 5.4 | 10.0 | 8.5 | 76.1 |
| 小学 | 35.6 | 30.2 | 19.6 | 4.2 | 7.3 | 3.1 | 85.4 |
| 初中 | 35.3 | 33.5 | 18.9 | 4.7 | 5.9 | 1.7 | 87.7 |
| 高中、中专或技校 | 35.9 | 35.7 | 19.0 | 3.7 | 4.7 | 1.0 | 90.6 |
| 大学专科 | 33.1 | 39.8 | 18.8 | 3.8 | 3.5 | 0.9 | 91.8 |
| 本科 | 33.6 | 43.5 | 16.8 | 3.4 | 2.4 | 0.4 | 93.9 |
| 硕士及以上 | 35.2 | 43.6 | 14.1 | 4.5 | 1.9 | 0.7 | 93.0 |
| 总体 | 34.7 | 36.8 | 18.5 | 4.0 | 4.6 | 1.4 | 90.0 |

表22-282　　不同婚姻状况对未来生活信心的评价（%）（P=0.000）

| | 非常有信心 | 比较有信心 | 一般 | 信心不足 | 没有信心 | 不清楚/不了解/不评价 | 前三项合计 |
|---|---|---|---|---|---|---|---|
| 未婚 | 33.8 | 39.8 | 18.1 | 3.3 | 4.4 | 0.6 | 91.7 |
| 已婚 | 34.9 | 36.5 | 18.5 | 4.0 | 4.5 | 1.5 | 90.0 |
| 离异 | 32.5 | 24.8 | 22.2 | 7.2 | 11.7 | 1.6 | 79.5 |
| 丧偶 | 38.0 | 30.3 | 15.4 | 5.4 | 7.1 | 3.7 | 83.7 |
| 总体 | 34.7 | 36.8 | 18.5 | 4.0 | 4.6 | 1.4 | 90.0 |

表22-283　　不同收入状况对未来生活信心的评价（%）（P=0.000）

| | 非常有信心 | 比较有信心 | 一般 | 信心不足 | 没有信心 | 不清楚/不了解/不评价 | 前三项合计 |
|---|---|---|---|---|---|---|---|
| 1万元以下 | 29.2 | 26.4 | 21.6 | 6.7 | 12.3 | 3.9 | 77.2 |
| 1万～3万元 | 33.6 | 30.8 | 21.3 | 4.9 | 7.7 | 1.7 | 85.7 |
| 3万～5万元 | 32.8 | 35.8 | 20.1 | 5.4 | 4.9 | 1.0 | 88.7 |
| 5万～10万元 | 34.2 | 39.2 | 18.8 | 4.1 | 3.3 | 0.6 | 92.1 |
| 10万～15万元 | 37.0 | 41.8 | 15.3 | 2.9 | 2.4 | 0.5 | 94.2 |
| 15万～25万元 | 37.1 | 42.5 | 15.0 | 3.3 | 1.8 | 0.3 | 94.6 |
| 25万～50万元 | 39.9 | 39.8 | 14.4 | 2.5 | 3.2 | 0.2 | 94.2 |
| 50万元以上 | 51.5 | 30.6 | 10.6 | 2.3 | 4.3 | 0.6 | 92.8 |
| 不清楚/拒答 | 34.2 | 36.8 | 18.9 | 2.7 | 4.3 | 3.1 | 90.0 |
| 总体 | 34.7 | 36.8 | 18.5 | 4.0 | 4.6 | 1.4 | 90.0 |

表22-284　　不同城镇就业状况对未来生活信心的评价（%）（P=0.000）

| | 非常有信心 | 比较有信心 | 一般 | 信心不足 | 没有信心 | 不清楚/不了解/不评价 | 前三项合计 |
|---|---|---|---|---|---|---|---|
| 党政机关从业人员 | 44.9 | 40.0 | 10.6 | 2.9 | 1.3 | 0.3 | 95.5 |
| 事业单位和社会团体从业人员 | 40.0 | 40.7 | 15.3 | 1.9 | 1.8 | 0.3 | 96.0 |
| 国有企业及其他国有经济单位职工 | 30.7 | 40.7 | 20.1 | 4.1 | 3.5 | 0.9 | 91.5 |
| 集体经济单位职工 | 28.8 | 42.9 | 20.3 | 3.6 | 3.8 | 0.5 | 92.1 |
| 合资、外资或港澳台企业员工 | 26.9 | 45.4 | 22.8 | 3.0 | 1.5 | 0.3 | 95.2 |
| 个体或私营企业主 | 36.3 | 38.4 | 17.0 | 3.9 | 3.5 | 0.8 | 91.8 |
| 个体或私营企业被雇者 | 27.9 | 40.2 | 21.5 | 4.8 | 4.6 | 1.0 | 89.6 |
| 城镇自由职业者 | 34.0 | 34.3 | 21.1 | 4.5 | 5.3 | 0.8 | 89.5 |
| 其他形式的城镇就业 | 31.9 | 30.4 | 23.2 | 4.3 | 1.4 | 8.7 | 85.5 |
| 总体 | 34.7 | 36.8 | 18.5 | 4.0 | 4.6 | 1.4 | 90.0 |

表22-285　不同农村就业状况对未来生活信心的评价（%）（P=0.000）

| | 非常有信心 | 比较有信心 | 一般 | 信心不足 | 没有信心 | 不清楚/不了解/不评价 | 前三项合计 |
|---|---|---|---|---|---|---|---|
| 务农农民 | 38.2 | 29.4 | 18.8 | 4.5 | 6.3 | 2.8 | 86.4 |
| 务农以及各类零工 | 35.7 | 32.1 | 19.4 | 4.9 | 6.6 | 1.3 | 87.2 |
| 农村自营者 | 40.8 | 33.4 | 17.1 | 3.8 | 4.0 | 1.0 | 91.3 |
| 乡镇集体企业、私营企业及个体企业主 | 41.9 | 35.4 | 15.1 | 3.0 | 3.8 | 0.8 | 92.5 |
| 乡镇集体企业、私营企业被雇者 | 32.9 | 36.7 | 20.2 | 4.9 | 4.1 | 1.1 | 89.9 |
| 国有经济单位职工（包括党政机关和事业单位） | 50.2 | 30.9 | 13.4 | 2.7 | 2.2 | 0.6 | 94.5 |
| 其他形式农村就业 | 32.0 | 38.8 | 18.4 | 5.8 | 4.9 | 0.0 | 89.3 |
| 总体 | 34.7 | 36.8 | 18.5 | 4.0 | 4.6 | 1.4 | 90.0 |

表22-286　不同职业对未来生活信心的评价（%）（P=0.000）

| | 非常有信心 | 比较有信心 | 一般 | 信心不足 | 没有信心 | 不清楚/不了解/不评价 | 前三项合计 |
|---|---|---|---|---|---|---|---|
| 国家机关、党群组织、企业、事业单位负责人 | 44.9 | 37.1 | 12.8 | 2.4 | 2.5 | 0.4 | 94.8 |
| 办事人员和有关人员 | 35.5 | 40.8 | 17.9 | 2.9 | 2.4 | 0.6 | 94.2 |
| 专业技术人员 | 34.0 | 40.3 | 18.5 | 3.6 | 3.1 | 0.5 | 92.7 |
| 商业、服务业人员 | 34.6 | 37.7 | 18.8 | 4.0 | 4.0 | 1.0 | 91.0 |
| 农、林、牧、渔、水利生产人员 | 36.2 | 32.4 | 19.5 | 5.8 | 4.6 | 1.5 | 88.1 |
| 生产、运输设备操作人员及有关人员 | 31.7 | 35.6 | 20.7 | 5.0 | 5.9 | 1.1 | 88.1 |
| 不便分类的其他从业人员 | 33.6 | 31.6 | 18.4 | 6.7 | 7.3 | 2.3 | 83.6 |
| 总体 | 34.7 | 36.8 | 18.5 | 4.0 | 4.6 | 1.4 | 90.0 |

表22-287　不同生活水平对未来生活信心的评价（%）（P=0.000）

| | 非常有信心 | 比较有信心 | 一般 | 信心不足 | 没有信心 | 不清楚/不了解/不评价 | 前三项合计 |
|---|---|---|---|---|---|---|---|
| 非常好 | 79.7 | 12.2 | 5.2 | 0.7 | 1.6 | 0.6 | 97.1 |
| 中等偏上 | 53.3 | 34.2 | 9.1 | 1.5 | 1.5 | 0.5 | 96.6 |
| 中等 | 34.4 | 41.8 | 17.9 | 2.6 | 2.4 | 0.9 | 94.1 |
| 中等偏下 | 22.7 | 32.9 | 26.7 | 8.0 | 8.0 | 1.8 | 82.2 |
| 非常差 | 20.4 | 16.0 | 19.4 | 10.8 | 28.2 | 5.2 | 55.8 |
| 不清楚/不了解/不评价 | 33.4 | 26.6 | 18.9 | 2.6 | 3.2 | 15.3 | 78.9 |
| 总体 | 34.7 | 36.8 | 18.5 | 4.0 | 4.6 | 1.4 | 90.0 |

表22-288　城乡对个人生活水平在当地所处的水平的评价（%）（P=0.000）

| | 非常好 | 中等偏上 | 中等 | 中等偏下 | 非常差 | 不清楚/不了解/不评价 | 前三项合计 |
|---|---|---|---|---|---|---|---|
| 城镇 | 1.9 | 15.2 | 57.0 | 21.5 | 3.3 | 1.0 | 74.2 |
| 农村 | 2.3 | 11.9 | 54.4 | 24.1 | 6.3 | 0.9 | 68.7 |
| 总体 | 2.1 | 14.0 | 56.1 | 22.5 | 4.4 | 1.0 | 72.1 |

表22-289　不同性别对个人生活水平在当地所处的水平的评价（%）（P=0.000）

| | 非常好 | 中等偏上 | 中等 | 中等偏下 | 非常差 | 不清楚/不了解/不评价 | 前三项合计 |
|---|---|---|---|---|---|---|---|
| 男 | 2.1 | 14.5 | 52.4 | 24.4 | 5.6 | 1.0 | 69.1 |
| 女 | 2.0 | 13.4 | 60.3 | 20.3 | 3.1 | 0.9 | 75.7 |
| 总体 | 2.1 | 14.0 | 56.1 | 22.5 | 4.4 | 1.0 | 72.1 |

表22-290　不同年龄对个人生活水平在当地所处的水平的评价（%）（P=0.000）

| | 非常好 | 中等偏上 | 中等 | 中等偏下 | 非常差 | 不清楚/不了解/不评价 | 前三项合计 |
|---|---|---|---|---|---|---|---|
| 18～19岁 | 3.0 | 18.7 | 58.6 | 15.2 | 3.0 | 1.6 | 80.3 |
| 20～24岁 | 2.2 | 14.4 | 58.7 | 20.4 | 3.0 | 1.3 | 75.3 |
| 25～29岁 | 2.1 | 14.1 | 58.0 | 20.8 | 4.1 | 0.8 | 74.2 |
| 30～34岁 | 1.9 | 13.3 | 59.2 | 21.0 | 3.8 | 0.8 | 74.5 |
| 35～39岁 | 1.6 | 14.9 | 57.9 | 21.2 | 3.7 | 0.6 | 74.4 |
| 40～44岁 | 1.8 | 12.4 | 55.5 | 24.6 | 4.8 | 0.9 | 69.7 |
| 45～49岁 | 1.9 | 13.5 | 52.3 | 25.8 | 5.7 | 0.8 | 67.7 |
| 50～54岁 | 1.5 | 13.9 | 52.3 | 24.0 | 6.9 | 1.5 | 67.6 |
| 55～59岁 | 2.8 | 13.9 | 56.4 | 22.0 | 4.3 | 0.5 | 73.2 |
| 60～64岁 | 2.0 | 14.0 | 51.5 | 27.0 | 4.4 | 1.1 | 67.5 |
| 65～69岁 | 2.8 | 16.0 | 48.6 | 26.2 | 5.0 | 1.5 | 67.3 |
| 70～74岁 | 3.8 | 14.9 | 56.6 | 19.9 | 3.8 | 1.1 | 75.3 |
| 总体 | 2.1 | 14.0 | 56.1 | 22.5 | 4.4 | 1.0 | 72.1 |

表22-291　不同户口状况对个人生活水平在当地所处的水平的评价（%）（P=0.000）

| | 非常好 | 中等偏上 | 中等 | 中等偏下 | 非常差 | 不清楚/不了解/不评价 | 前三项合计 |
|---|---|---|---|---|---|---|---|
| 本市（县）非农业户口 | 2.2 | 16.7 | 57.0 | 20.5 | 2.9 | 0.7 | 75.8 |
| 本市（县）农业户口 | 2.2 | 11.5 | 55.6 | 23.9 | 6.0 | 0.9 | 69.2 |
| 本市（县）居民户口 | 2.1 | 15.8 | 55.3 | 22.0 | 3.8 | 1.0 | 73.2 |
| 省内非本市（县）非农业户口 | 1.5 | 16.8 | 55.4 | 22.2 | 3.2 | 0.9 | 73.7 |
| 省内非本市（县）农业户口 | 1.3 | 10.9 | 54.5 | 25.9 | 5.5 | 1.8 | 66.8 |
| 省内非本市（县）居民户口 | 1.6 | 17.2 | 53.8 | 22.9 | 4.3 | 0.2 | 72.5 |

续表

| | 非常好 | 中等偏上 | 中等 | 中等偏下 | 非常差 | 不清楚/不了解/不评价 | 前三项合计 |
|---|---|---|---|---|---|---|---|
| 外省非农业户口 | 1.8 | 17.1 | 56.3 | 20.3 | 3.4 | 1.0 | 75.3 |
| 外省农业户口 | 1.7 | 9.6 | 56.6 | 24.9 | 5.3 | 1.8 | 67.9 |
| 外省居民户口 | 2.4 | 12.2 | 60.4 | 20.7 | 2.1 | 2.1 | 75.0 |
| 总体 | 2.1 | 14.0 | 56.1 | 22.5 | 4.4 | 1.0 | 72.1 |

表22-292　不同家庭人口数对个人生活水平在当地所处的水平的评价（%）（P=0.000）

| | 非常好 | 中等偏上 | 中等 | 中等偏下 | 非常差 | 不清楚/不了解/不评价 | 前三项合计 |
|---|---|---|---|---|---|---|---|
| 1人 | 2.2 | 9.7 | 48.7 | 24.1 | 12.1 | 3.2 | 60.6 |
| 2人 | 1.7 | 13.3 | 51.9 | 26.0 | 6.1 | 1.0 | 66.9 |
| 3人 | 2.0 | 14.8 | 56.7 | 22.3 | 3.4 | 0.8 | 73.4 |
| 4人 | 1.8 | 14.4 | 57.6 | 21.2 | 4.1 | 0.8 | 73.8 |
| 5人 | 2.1 | 13.2 | 58.2 | 21.7 | 3.8 | 0.9 | 73.5 |
| 6人 | 2.4 | 14.7 | 54.7 | 23.1 | 4.4 | 0.8 | 71.8 |
| 7人及以上 | 3.1 | 12.5 | 52.7 | 23.6 | 6.5 | 1.6 | 68.3 |
| 总体 | 2.1 | 14.0 | 56.1 | 22.5 | 4.4 | 1.0 | 72.1 |

表22-293　不同受教育程度对个人生活水平在当地所处的水平的评价（%）（P=0.000）

| | 非常好 | 中等偏上 | 中等 | 中等偏下 | 非常差 | 不清楚/不了解/不评价 | 前三项合计 |
|---|---|---|---|---|---|---|---|
| 不识字或识字很少 | 4.9 | 4.8 | 45.6 | 26.4 | 13.7 | 4.7 | 55.2 |
| 小学 | 2.1 | 8.7 | 49.7 | 27.6 | 10.8 | 1.2 | 60.4 |
| 初中 | 2.0 | 10.5 | 54.3 | 26.4 | 6.0 | 0.9 | 66.8 |
| 高中、中专或技校 | 1.8 | 13.9 | 56.0 | 24.1 | 3.5 | 0.7 | 71.7 |
| 大学专科 | 1.6 | 15.1 | 59.1 | 21.1 | 2.3 | 0.7 | 75.9 |
| 本科 | 2.3 | 20.0 | 60.4 | 14.8 | 1.6 | 1.0 | 82.7 |
| 硕士及以上 | 5.4 | 28.0 | 51.7 | 9.6 | 2.8 | 2.6 | 85.0 |
| 总体 | 2.1 | 14.0 | 56.1 | 22.5 | 4.4 | 1.0 | 72.1 |

表22-294　不同婚姻状况对个人生活水平在当地所处的水平的评价（%）（P=0.000）

| | 非常好 | 中等偏上 | 中等 | 中等偏下 | 非常差 | 不清楚/不了解/不评价 | 前三项合计 |
|---|---|---|---|---|---|---|---|
| 未婚 | 2.2 | 14.9 | 56.3 | 20.9 | 4.7 | 1.1 | 73.3 |
| 已婚 | 2.0 | 14.0 | 56.7 | 22.5 | 3.9 | 0.9 | 72.7 |
| 离异 | 2.3 | 10.6 | 39.5 | 33.0 | 14.1 | 0.5 | 52.4 |
| 丧偶 | 2.7 | 10.1 | 46.4 | 27.1 | 11.6 | 2.0 | 59.3 |
| 总体 | 2.1 | 14.0 | 56.1 | 22.5 | 4.4 | 1.0 | 72.1 |

表22-295　不同收入状况对个人生活水平在当地所处的水平的评价（%）（P=0.000）

| | 非常好 | 中等偏上 | 中等 | 中等偏下 | 非常差 | 不清楚/不了解/不评价 | 前三项合计 |
|---|---|---|---|---|---|---|---|
| 1万元以下 | 1.6 | 4.6 | 38.3 | 34.0 | 20.2 | 1.2 | 44.6 |
| 1万～3万元 | 1.6 | 7.9 | 48.0 | 33.3 | 8.5 | 0.7 | 57.5 |
| 3万～5万元 | 1.4 | 9.5 | 53.5 | 30.2 | 4.9 | 0.4 | 64.4 |
| 5万～10万元 | 1.7 | 13.3 | 60.7 | 22.1 | 1.8 | 0.5 | 75.7 |
| 10万～15万元 | 1.9 | 18.9 | 63.3 | 14.2 | 1.0 | 0.7 | 84.1 |
| 15万～25万元 | 2.7 | 25.5 | 61.4 | 9.1 | 0.9 | 0.5 | 89.6 |
| 25万～50万元 | 3.9 | 33.9 | 52.6 | 8.1 | 0.9 | 0.7 | 90.3 |
| 50万元以上 | 16.3 | 36.1 | 37.3 | 6.7 | 2.8 | 0.8 | 89.7 |
| 不清楚/拒答 | 1.7 | 11.8 | 60.0 | 20.3 | 3.6 | 2.6 | 73.5 |
| 总体 | 2.1 | 14.0 | 56.1 | 22.5 | 4.4 | 1.0 | 72.1 |

表22-296　不同城镇就业状况对个人生活水平在当地所处的水平的评价（%）（P=0.000）

| | 非常好 | 中等偏上 | 中等 | 中等偏下 | 非常差 | 不清楚/不了解/不评价 | 前三项合计 |
|---|---|---|---|---|---|---|---|
| 党政机关从业人员 | 2.1 | 24.6 | 60.4 | 10.8 | 0.7 | 1.5 | 87.1 |
| 事业单位和社会团体从业人员 | 2.6 | 19.9 | 61.0 | 14.5 | 1.1 | 0.9 | 83.5 |
| 国有企业及其他国有经济单位职工 | 2.3 | 18.0 | 57.4 | 20.0 | 1.7 | 0.6 | 77.7 |
| 集体经济单位职工 | 1.7 | 14.7 | 56.9 | 21.7 | 3.0 | 1.9 | 73.4 |
| 合资、外资或港澳台企业员工 | 1.2 | 20.9 | 59.1 | 16.0 | 1.7 | 1.2 | 81.1 |
| 个体或私营企业主 | 2.1 | 19.5 | 58.9 | 17.1 | 1.5 | 0.9 | 80.4 |
| 个体或私营企业被雇者 | 0.8 | 8.8 | 59.0 | 26.6 | 4.0 | 0.8 | 68.6 |
| 城镇自由职业者 | 2.1 | 12.7 | 53.1 | 25.3 | 6.0 | 0.9 | 67.8 |
| 其他形式的城镇就业 | 1.4 | 7.2 | 50.7 | 24.6 | 2.9 | 13.0 | 59.4 |
| 总体 | 2.1 | 14.0 | 56.1 | 22.5 | 4.4 | 1.0 | 72.1 |

表22-297　不同农村就业状况对个人生活水平在当地所处的水平的评价（%）（P=0.000）

| | 非常好 | 中等偏上 | 中等 | 中等偏下 | 非常差 | 不清楚/不了解/不评价 | 前三项合计 |
|---|---|---|---|---|---|---|---|
| 务农农民 | 2.4 | 10.1 | 51.8 | 26.2 | 7.9 | 1.6 | 64.3 |
| 务农以及各类零工 | 1.7 | 8.6 | 51.9 | 29.2 | 8.2 | 0.4 | 62.2 |
| 农村自营者 | 2.5 | 15.6 | 61.5 | 17.7 | 2.2 | 0.5 | 79.6 |
| 乡镇集体企业、私营企业及个体企业主 | 3.2 | 17.7 | 61.6 | 14.9 | 2.1 | 0.5 | 82.5 |
| 乡镇集体企业、私营企业被雇者 | 1.1 | 10.3 | 58.2 | 25.7 | 3.7 | 0.9 | 69.6 |
| 国有经济单位职工（包括党政机关和事业单位） | 4.3 | 19.4 | 57.9 | 15.9 | 2.2 | 0.3 | 81.5 |
| 其他形式农村就业 | 3.9 | 18.4 | 47.6 | 24.3 | 4.9 | 1.0 | 69.9 |
| 总体 | 2.1 | 14.0 | 56.1 | 22.5 | 4.4 | 1.0 | 72.1 |

表22-298　不同职业对个人生活水平在当地所处的水平的评价（%）（P=0.000）

| | 非常好 | 中等偏上 | 中等 | 中等偏下 | 非常差 | 不清楚/不了解/不评价 | 前三项合计 |
|---|---|---|---|---|---|---|---|
| 国家机关、党群组织、企业、事业单位负责人 | 3.4 | 27.8 | 55.2 | 11.6 | 1.3 | 0.7 | 86.5 |
| 办事人员和有关人员 | 2.1 | 17.0 | 61.2 | 17.3 | 1.3 | 1.0 | 80.3 |
| 专业技术人员 | 1.9 | 16.5 | 60.9 | 18.0 | 2.0 | 0.6 | 79.4 |
| 商业、服务业人员 | 1.6 | 13.7 | 58.1 | 22.4 | 3.4 | 0.8 | 73.4 |
| 农、林、牧、渔、水利生产人员 | 1.9 | 11.9 | 53.8 | 24.6 | 6.6 | 1.2 | 67.6 |
| 生产、运输设备操作人员及有关人员 | 1.8 | 10.4 | 52.5 | 29.0 | 5.2 | 1.1 | 64.7 |
| 不便分类的其他从业人员 | 2.3 | 11.1 | 51.8 | 25.1 | 9.1 | 0.6 | 65.2 |
| 总体 | 2.1 | 14.0 | 56.1 | 22.5 | 4.4 | 1.0 | 72.1 |

## 四、调查样本结构

表22-299　民生调查样本结构

城乡

| | 样本量（个） | 百分比（%） |
|---|---|---|
| 城镇 | 32941 | 63.4 |
| 农村 | 19028 | 36.6 |
| 总体 | 51969 | 100.0 |

性别

| | 样本量（个） | 百分比（%） |
|---|---|---|
| 男 | 28018 | 53.9 |
| 女 | 23951 | 46.1 |
| 总体 | 51969 | 100.0 |

年龄

| | 样本量（个） | 百分比（%） |
|---|---|---|
| 18～19岁 | 1287 | 2.5 |
| 20～24岁 | 4716 | 9.1 |
| 25～29岁 | 6716 | 12.9 |
| 30～34岁 | 7425 | 14.3 |
| 35～39岁 | 6375 | 12.3 |
| 40～44岁 | 5694 | 11.0 |
| 45～49岁 | 4487 | 8.6 |
| 50～54岁 | 5062 | 9.7 |

续表

| | 样本量（个） | 百分比（%） |
|---|---|---|
| 55～59岁 | 4093 | 7.9 |
| 60～64岁 | 3092 | 5.9 |
| 65～69岁 | 1636 | 3.1 |
| 70～74岁 | 1386 | 2.7 |
| 总体 | 51969 | 100.0 |

受教育程度

| | 样本量（个） | 百分比（%） |
|---|---|---|
| 不识字或识字很少 | 1092 | 2.1 |
| 小学 | 4968 | 9.6 |
| 初中 | 12503 | 24.1 |
| 高中、中专或技校 | 13186 | 25.4 |
| 大学专科 | 9497 | 18.3 |
| 本科 | 9815 | 18.9 |
| 硕士及以上 | 908 | 1.7 |
| 总体 | 51969 | 100.0 |

婚姻状况

| | 样本量（个） | 百分比（%） |
|---|---|---|
| 未婚 | 10480 | 20.2 |
| 已婚 | 39550 | 76.1 |
| 离异 | 1239 | 2.4 |
| 丧偶 | 700 | 1.3 |
| 总体 | 51969 | 100.0 |

户口状况

| | 样本量（个） | 百分比（%） |
|---|---|---|
| 本市（县）非农业户口 | 18535 | 35.7 |
| 本市（县）农业户口 | 18861 | 36.3 |
| 本市（县）居民户口 | 5017 | 9.7 |
| 省内非本市（县）非农业户口 | 1709 | 3.3 |
| 省内非本市（县）农业户口 | 2674 | 5.1 |
| 省内非本市（县）居民户口 | 437 | 0.8 |
| 外省非农业户口 | 1436 | 2.8 |
| 外省农业户口 | 2924 | 5.6 |
| 外省居民户口 | 376 | 0.7 |
| 总体 | 51969 | 100.0 |

家庭人口数

| | 样本量（个） | 百分比（%） |
|---|---|---|
| 1人 | 1251 | 2.4 |
| 2人 | 4782 | 9.2 |
| 3人 | 15600 | 30.0 |
| 4人 | 12660 | 24.4 |
| 5人 | 9269 | 17.8 |
| 6人 | 5092 | 9.8 |
| 7人及以上 | 3315 | 6.4 |
| 总体 | 51969 | 100.0 |

2016年家庭收入状况

| | 样本量（个） | 百分比（%） |
|---|---|---|
| 1万元以下 | 3097 | 6.0 |
| 1万～3万元 | 7510 | 14.5 |
| 3万～5万元 | 7646 | 14.7 |
| 5万～10万元 | 11255 | 21.7 |
| 10万～15万元 | 6589 | 12.7 |
| 15～25万元 | 4245 | 8.2 |
| 25万～50万元 | 1973 | 3.8 |
| 50万元以上 | 790 | 1.5 |
| 不清楚/拒答 | 8864 | 17.1 |
| 总体 | 51969 | 100.0 |

省份

| | 样本量（个） | 百分比（%） |
|---|---|---|
| 北京 | 1300 | 2.5 |
| 天津 | 1204 | 2.3 |
| 河北 | 2001 | 3.9 |
| 山西 | 1509 | 2.9 |
| 内蒙古 | 1400 | 2.7 |
| 辽宁 | 1755 | 3.4 |
| 吉林 | 1400 | 2.7 |
| 黑龙江 | 1600 | 3.1 |
| 上海 | 1300 | 2.5 |
| 江苏 | 2235 | 4.3 |
| 浙江 | 1800 | 3.5 |
| 安徽 | 1906 | 3.7 |

| | 样本量（个） | 百分比（%） |
|---|---|---|
| 福建 | 1512 | 2.9 |
| 江西 | 1600 | 3.1 |
| 山东 | 2599 | 5.0 |
| 河南 | 2514 | 4.8 |
| 湖北 | 1918 | 3.7 |
| 湖南 | 2063 | 4.0 |
| 广东 | 2800 | 5.4 |
| 广西 | 1600 | 3.1 |
| 海南 | 1200 | 2.3 |
| 重庆 | 1485 | 2.9 |
| 四川 | 2256 | 4.3 |
| 贵州 | 1429 | 2.7 |
| 云南 | 1599 | 3.1 |
| 西藏 | 1200 | 2.3 |
| 陕西 | 1591 | 3.1 |
| 甘肃 | 1402 | 2.7 |
| 青海 | 1200 | 2.3 |
| 宁夏 | 1191 | 2.3 |
| 新疆 | 1400 | 2.7 |
| 总体 | 51969 | 100.0 |

城镇就业状况

| | 样本量（个） | 百分比（%） |
|---|---|---|
| 党政机关从业人员 | 1429 | 6.2 |
| 事业单位和社会团体从业人员 | 4047 | 17.4 |
| 国有企业及其他国有经济单位职工 | 3211 | 13.8 |
| 集体经济单位职工 | 631 | 2.7 |
| 合资、外资或港澳台企业员工 | 867 | 3.7 |
| 个体或私营企业主 | 4625 | 19.9 |
| 个体或私营企业被雇者 | 5847 | 25.2 |
| 城镇自由职业者 | 2470 | 10.6 |
| 其他形式的城镇就业 | 69 | 0.3 |
| 总体 | 23196 | 100.0 |

农村就业状况

| | 样本量（个） | 百分比（%） |
|---|---|---|
| 务农农民 | 4517 | 35.7 |
| 务农以及各类零工 | 2310 | 18.3 |
| 农村自营者 | 1006 | 8.0 |
| 乡镇集体企业、私营企业及个体企业主 | 1278 | 10.1 |
| 乡镇集体企业、私营企业被雇者 | 2268 | 17.9 |
| 国有经济单位职工（包括党政机关和事业单位） | 1165 | 9.2 |
| 其他形式农村就业 | 103 | 0.8 |
| 总体 | 12647 | 100.0 |

职业

| | 样本量（个） | 百分比（%） |
|---|---|---|
| 国家机关、党群组织、企业、事业单位负责人 | 1986 | 6.3 |
| 办事人员和有关人员 | 5112 | 16.3 |
| 专业技术人员 | 7590 | 24.2 |
| 商业、服务业人员 | 10882 | 34.8 |
| 农、林、牧、渔、水利生产人员 | 2022 | 6.5 |
| 生产、运输设备操作人员及有关人员 | 3367 | 10.8 |
| 不便分类的其他从业人员 | 342 | 1.1 |
| 总体 | 31301 | 100.0 |

（北京零点市场调查有限公司专题组
负责人：乔玲玲
成　员：孙　娜）

# 第二十三章
# 2017年民生关切点入户调查数据分析报告

## 一、问卷总体信息

2017年国务院发展研究中心“中国民生调查”课题组一共有效回收到9896份“中国民生问题调查问卷”。河北省1200份，黑龙江省1279份，江苏省1200份，浙江省1201份，安徽省1285份，福建省1280份，四川省1246份，陕西省1205份（见表23-1）。

表23-1　各省调查样本数量

| 省份 | 频数 | 百分比（%） |
| --- | --- | --- |
| 河北省 | 1200 | 12.13 |
| 黑龙江省 | 1279 | 12.92 |
| 江苏省 | 1200 | 12.13 |
| 浙江省 | 1201 | 12.14 |
| 安徽省 | 1285 | 12.99 |
| 福建省 | 1280 | 12.93 |
| 四川省 | 1246 | 12.59 |
| 陕西省 | 1205 | 12.18 |
| 总计 | 9896 | 100 |

按城乡类型划分，有21.05%的受访者位于主城区，6.07%和15.05%的受访者分别位于城乡结合部和镇中心区，另有44.24%居住在村庄（见表23-2）。

表23-2　受访者的城乡分布情况*

| 地区类型 | 频次 | 百分比（%） |
| --- | --- | --- |
| 主城区 | 2083 | 21.05 |
| 城乡结合区 | 601 | 6.07 |
| 镇中心区 | 1490 | 15.05 |
| 镇乡结合区 | 1118 | 11.3 |
| 乡中心区 | 226 | 2.28 |
| 村庄 | 4378 | 44.24 |
| 总计 | 9896 | 100 |

注：* 经过加权及取整后，各个类别的频次相加不一定严格等于总数。下文不再说明。

按社区类型划分，除了 51.56% 的人口居住在农村自然村落外，受访者主要居住在城乡结合部或居民自建房，占比达到 13.42%，另有 12.48% 的受访者居住在商品房小区（见表 23–3）。

表23-3　　受访者居住的社区类型

| 社区类型 | 频次 | 百分比（%） |
|---|---|---|
| 未经改造的老城区 | 330 | 3.33 |
| 单位宿舍区 | 490 | 4.95 |
| 保障性住房社区 | 400 | 4.04 |
| 商品房小区（含别墅） | 1235 | 12.48 |
| 城乡结合部农民或居民自建房 | 1328 | 13.42 |
| 统一规划建设的农村社区 | 530 | 5.36 |
| 农村自然村落 | 5102 | 51.56 |
| 拆迁安置房 | 118 | 1.19 |
| 其他 | 11 | 0.11 |
| 不回答 | 351 | 3.54 |
| 总计 | 9896 | 100 |

总体上看，本次调查的流动人口（根据户籍判断）占比仅为 5.70%（N=564），非流动人口占比为 94.30%（N=9332）；城市人口占比为 50.68%（N=5015），农村人口占比为 49.32%（N=4881）。

分省来看，一是在城乡分类上，安徽、河北、陕西、四川和福建受访者属于乡村的占比均在 50% 以上，尤其是安徽省和河北省，近 60%。其余三省，包括黑龙江、江苏和浙江，则均在 46% 以下，尤其是浙江省仅为 32.82%，如图 23–1 所示。二是在流动人口分类上，江苏省和浙江省的流动人口占比最多，均为 13% 以上，其余六省，包括福建、黑龙江、河北、陕西、安徽和四川省，均在 7% 以下，尤其是四川省，仅为 0.88%（见图 23–2）。

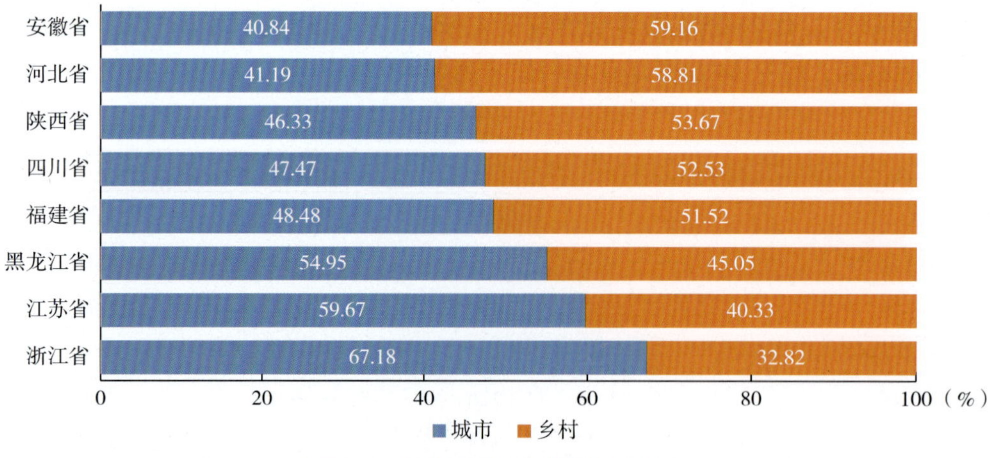


图23-1　分省的城乡分布情况（%）

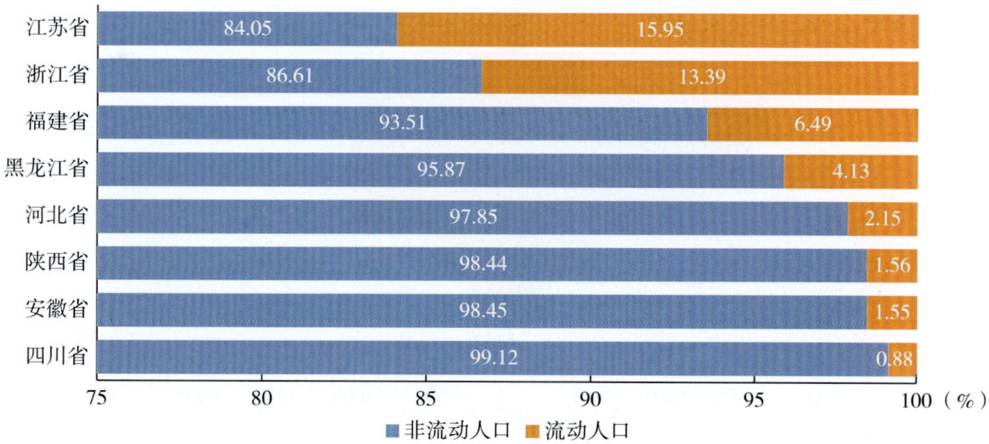


图23-2　分省的流动人口分布情况（%）

# 二、受访者基本信息

## （一）受访者年龄分布

本次调查中受访者的年龄[①]分布情况如图 23-3。受访者的平均年龄为 52.85 岁，标准差为 13.23 岁。其中最小为 14 岁，最大为 97 岁。根据受访者按年龄和年龄组划分的人口金字塔所示，受访者主要分布在 40 ~ 70 岁之间，并且男性所占比例明显高于女性，考虑到我们以家庭为单位进行调查，在夫妻双方都在场时，男性更有可能参与答题。因此，这一比例是可以接受的（见图 23-3、图 23-4、表 23-4）。

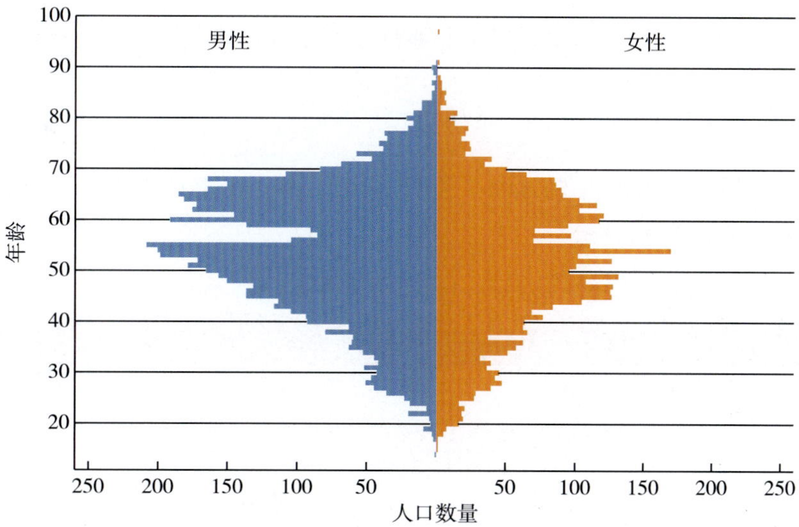


图23-3　按年龄划分的人口金字塔（2017年）

① 因个别样本缺失，人口金字塔分析的样本数为9890。

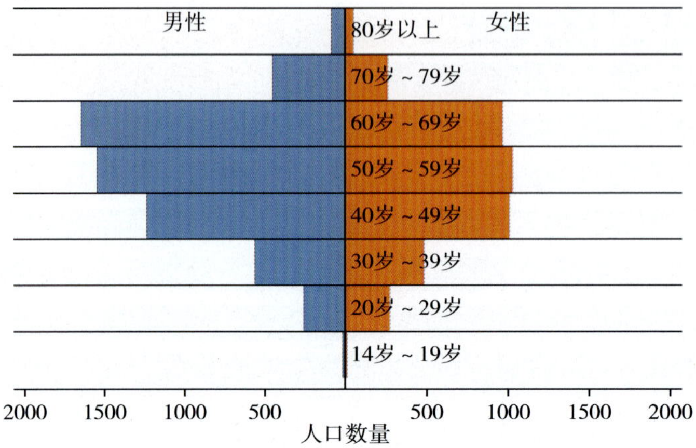


图23-4按年龄组划分的人口金字塔（2017年）

表23-4 受访者年龄分布情况

| 年龄 | 频数 | 百分比（%） |
|---|---|---|
| 14～19岁 | 28 | 0.29 |
| 20～29岁 | 504 | 5.09 |
| 30～39岁 | 1011 | 10.22 |
| 40～49岁 | 2270 | 22.95 |
| 50～59岁 | 2618 | 26.48 |
| 60～69岁 | 2615 | 26.45 |
| 70～79岁 | 710 | 7.18 |
| 80岁以上 | 132 | 1.34 |
| 不回答 | 7 | 0.00 |
| 总计 | 9896 | 100 |

## （二）受访者性别情况

从总体上看，受访者中男性占59.84%，女性占40.16%。分群体来看，流动人口中性别比例差异小于非流动人口（见表23–5）。

表23-5 受访者按流动与否划分的性别分布情况（%，N=9894）

| | 男性 | 女性 | 合计 |
|---|---|---|---|
| 非流动人口 | 60.06 | 39.94 | 100 |
| 流动人口 | 56.35 | 43.65 | 100 |
| 合计 | 59.84 | 40.16 | 100 |

将流动人口细分后，我们发现，无论是男性还是女性，跨省流动比例都要高于省内流动比例（见表23–6）。

表23-6　　不同性别的流动分布情况

| | 省内流动 | | 跨省流动 | | 合计 | |
|---|---|---|---|---|---|---|
| | 频数 | 百分比（%） | 频数 | 百分比（%） | 频数 | 百分比（%） |
| 男性 | 143 | 42.87 | 190 | 57.13 | 332 | 100 |
| 女性 | 106 | 41.26 | 151 | 58.74 | 258 | 100 |
| 合计 | 249 | 42.17 | 341 | 57.83 | 590 | 100 |

## （三）受访者婚姻状况

受访者婚姻情况如表 23–7，其中 86.79% 的受访者婚姻状态为已婚，其他婚姻形式所占比例很小。

表23-7　　婚姻状况分布情况

| 婚姻状况 | 频数 | 百分比（%） |
|---|---|---|
| 未婚 | 401 | 4.05 |
| 未婚同居 | 37 | 0.37 |
| 已婚 | 8584 | 86.79 |
| 离婚 | 202 | 2.04 |
| 丧偶 | 667 | 6.75 |
| 合计 | 9891 | 100 |

如图 23–5 所示，流动人口与非流动人口在婚姻状况上差异显著（P<0.000），尤其是流动人口中未婚比例达到 12.38%。

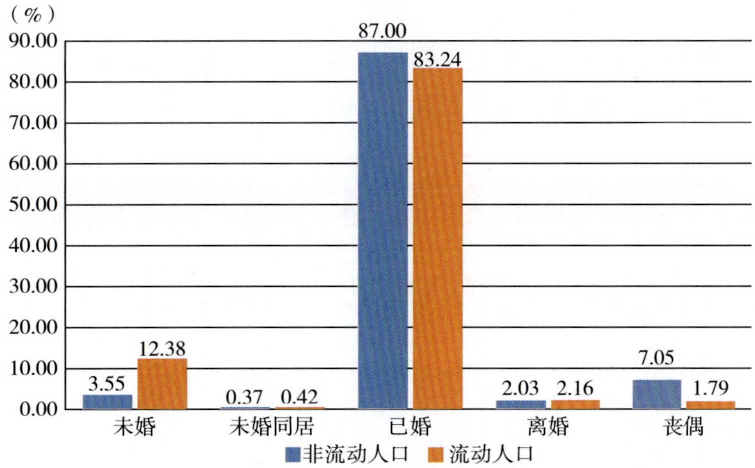


图23-5　流动人口与非流动人口的婚姻状况（N=9891）

## （四）受访者户籍状况

受访者户籍状况如表 23–8 所示，其中 90% 以上的受访者为本市户口，8% 左右的受访者户口并不在本地。

表23-8 受访者户籍情况

| 户籍 | 频数 | 百分比（%） |
|---|---|---|
| 本市（县、区）非农业户口 | 2993 | 30.25 |
| 本市（县、区）农业户口 | 6338 | 64.05 |
| 省内非本市（县、区）非农业户口 | 91 | 0.92 |
| 省内非本市（县、区）农业户口 | 146 | 1.48 |
| 外省非农业户口 | 63 | 0.63 |
| 外省农业户口 | 263 | 2.66 |
| 总计 | 9895 | 100 |

## （五）非农户籍受访者土地承包情况

本次调查询问了非农户籍受访者“在农村老家是否还有承包地”，结果表明，80.83% 在老家还有承包地（见表 23–9）。

表23-9 非农户籍受访者土地承包情况

| 是否有承包地 | 频数 | 百分比（%） |
|---|---|---|
| 有承包地 | 5169 | 80.83 |
| 无承包地 | 1226 | 19.17 |
| 合计 | 6395 | 100 |

## （六）受访者生活状况

本次调查询问了被访者“是否和家人一起吃住生活”，97.13% 受访者表示（几乎）每天都回家，另有 1.53% 受访者逢年过节才回家（见表 23–10）。

表23-10 受访者生活状况

| 是否一起吃住生活 | 频数 | 百分比（%） |
|---|---|---|
| （几乎）每天都回家 | 9612 | 97.13 |
| 每周回来几天 | 47 | 0.48 |
| 每月回来几天 | 82 | 0.83 |
| 逢年过节才回来 | 152 | 1.53 |
| 1年以上没有回家 | 3 | 0.03 |
| 合计 | 9896 | 100 |

## （七）受访者健康状况

3/4 受访者处于健康状况，12.62% 的受访者虽患有疾病，但仍有劳动能力，而因疾病丧失劳动能力的比例达到 12.34%（见表 23–11、图 23–6）。

表2-9　　受访者健康状况

| 健康状况 | 频数 | 百分比（%） |
|---|---|---|
| 健康 | 7421 | 75.05 |
| 有疾病或残疾，但仍有劳动能力 | 1248 | 12.62 |
| 因疾病或残疾，丧失劳动能力，但生活能自理 | 1120 | 11.33 |
| 因疾病，残疾或衰老，生活不能自理，需要有人照料 | 100 | 1.01 |
| 总计 | 9889 | 100 |

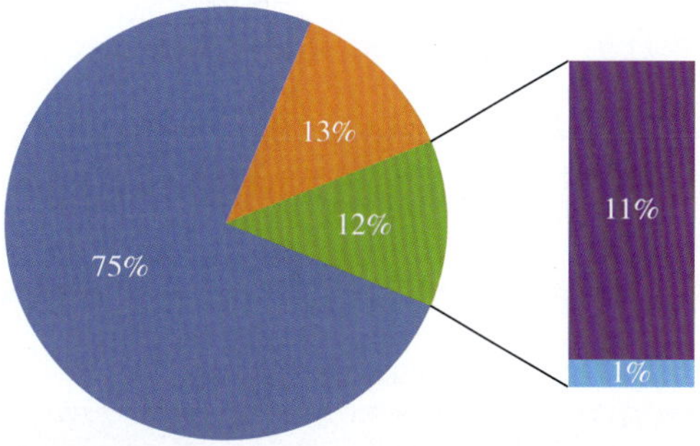


图23-6　健康状况（N=9889）

## （八）受访者受教育情况

调查表明，小学及以下所占比例最高，达到 37%，其次是初中和高中 / 中专 / 技校，分别占比 36.84% 和 16.63%（见表 23–12）。令人意外的是，流动人口中初中占比最高，达到 43%，且高中及以上的比例均高于非流动人口，差异显著（P<0.000）（见图 23–7）。是否学历越高越倾向于流动，抑或是流动导致了更高学历，仍值得推敲。

表23-12　　受访者教育情况

| 受教育状况 | 频次 | 百分比（%） |
|---|---|---|
| 小学及以下 | 3658 | 36.96 |
| 初中 | 3645 | 36.84 |
| 高中/中专/技校 | 1646 | 16.63 |
| 大专/高职 | 553 | 5.59 |
| 本科 | 375 | 3.79 |
| 研究生及以上 | 19 | 0.19 |
| 总计 | 9896 | 100 |

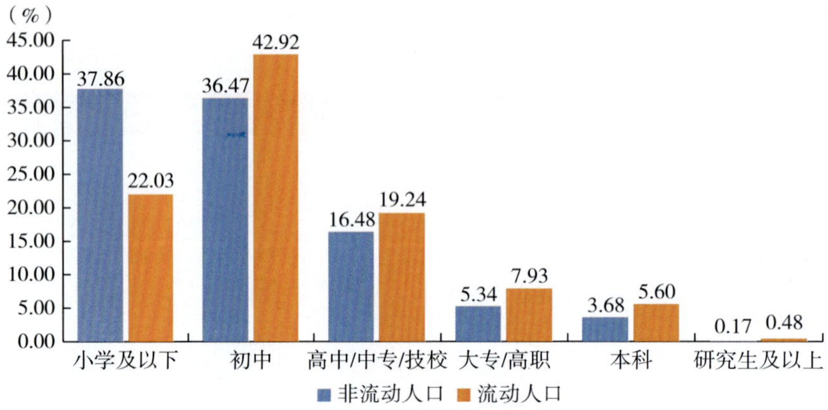


图23-7 按流动性质划分的教育情况（%）

## （九）受访者医疗保障情况

如表 23-13 所示，97% 的受访者有一种医疗保险，没有医疗保险的受访者仅占 1.83%。

表23-13 受访者的医保数目情况

| 医保数 | 频数 | 百分比（%） |
|---|---|---|
| 0 | 181 | 1.83 |
| 1 | 9623 | 97.24 |
| 2 | 90 | 0.91 |
| 3 | 2 | 0.02 |
| 总计 | 9896 | 100 |

受访者各类医保种类情况如表 23-14、表 23-15 所示。可以发现城市医疗保险以城镇职工基本医疗保险、城镇居民基本医疗保险为主，农村医疗保险则以合作医疗为主。其中覆盖率为各保险在城镇或农村人口的比例。

表23-14 城镇受访者医保种类

| 医保项目 | 频数 | 覆盖率（%） |
|---|---|---|
| 城镇职工基本医疗保险 | 1611 | 32.12 |
| 城镇居民基本医疗保险 | 1192 | 23.78 |
| 公费医疗 | 33 | 0.66 |
| 商业医疗保险 | 48 | 1.72 |
| 儿童/学生/老人专门的医疗保险 | 43 | 0.85 |
| 其他医疗保险 | 11 | 0.22 |

表23-15 农村受访者医保种类

| 医保项目 | 频数 | 覆盖率（%） |
|---|---|---|
| 新型农村合作医疗 | 4388 | 89.94 |
| 公费医疗 | 12 | 0.24 |
| 商业医疗保险 | 33 | 0.68 |
| 儿童/学生/老人专门的医疗保险 | 16 | 0.23 |
| 其他医疗保险 | 5 | 0.11 |

### （十）受访者工作情况

受访者中有 61.25% 的人从事有收入的工作，15.03% 的人处于离退休状况，另有 12.82% 和 10.30% 的受访者无劳动能力或是未做任何工作（见表 23–16）。

表2-14　受访者工作情况

| 工作情况 | 频数 | 百分比（%） |
|---|---|---|
| 正在从事有收入的工作 | 6061 | 61.25 |
| 在校学生 | 59 | 0.60 |
| 离退休 | 1487 | 15.03 |
| 无劳动能力 | 1269 | 12.82 |
| 未做任何工作 | 1019 | 10.30 |
| 合计 | 9895 | 100 |

## 三、家庭情况

### （一）家庭成员构成情况

受访者家庭成员构成情况如表 23–17。

表23-17　受访者家庭成员情况

| 与受访者关系 | 频数 | 百分比（%） |
|---|---|---|
| 本人 | 9904 | 27.56 |
| 配偶 | 8374 | 23.3 |
| 子女 | 8811 | 24.52 |
| 父母 | 2164 | 6.02 |
| 配偶的父母 | 565 | 1.57 |
| 儿媳 / 女婿 | 2220 | 6.18 |
| 孙子（女）/ 外孙（女） | 3485 | 9.7 |
| 兄弟姐妹 | 169 | 0.47 |
| 配偶的兄弟姐妹 | 21 | 0.06 |
| 其他亲属的子女 | 47 | 0.13 |
| 父母的兄弟姐妹 | 28 | 0.08 |
| 兄弟姐妹的配偶 | 9 | 0.03 |
| 祖父母/外祖父母 | 92 | 0.26 |
| 其他 | 46 | 0.13 |
| 合计 | 35935 | 100 |

其中家庭规模最小为 1 人 / 户，最大为 9 人 / 户，平均家庭规模为 3.63 人 / 户，超过一半的家庭规模在 3 人及以下，4 ～ 6 以上家庭占总样本数的四成，6 人以上家庭占总样本数的 4%（见表 23–18）。

表23-18 家庭规模情况

| 家庭规模 | 频次 | 百分比（%） | 累计百分比（%） |
|---|---|---|---|
| 1 | 518 | 5.24 | 5.24 |
| 2 | 2225 | 22.49 | 27.72 |
| 3 | 2358 | 23.83 | 51.56 |
| 4 | 1750 | 17.68 | 69.24 |
| 5 | 1679 | 16.97 | 86.20 |
| 6 | 957 | 9.67 | 95.87 |
| 7 | 244 | 2.47 | 98.34 |
| 8 | 89 | 0.9 | 99.24 |
| 9 | 75 | 0.76 | 100 |
| 总计 | 9896 | 100 | |

## （二）家庭成员年龄分布情况

从家庭成员年龄结构来看，各成员平均年龄为40.70岁，标准差为21.19岁。其中最小不足1岁，最大为103岁。如图23-8、图23-9、表23-19所示，从性别来看，并不存在明显差异，但从年龄组来看，受访者及其家庭成员主要集中在20 ~ 69岁。

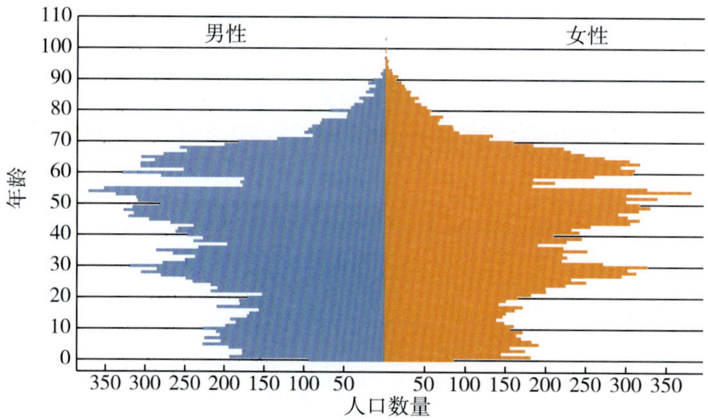


图23-8 受访者及家庭成员的年龄分布情况（2017年）

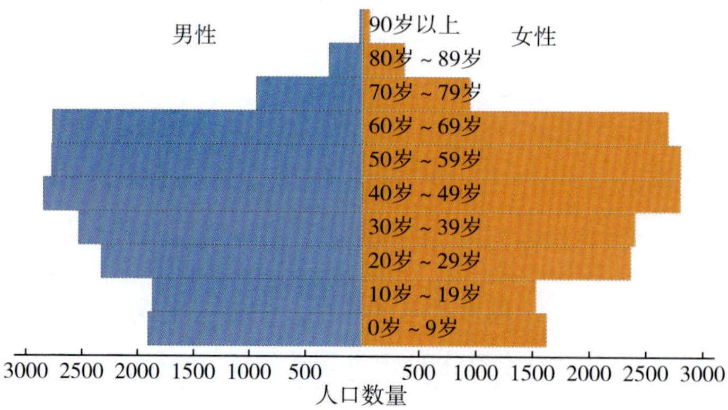


图23-9 受访者及家庭成员的年龄组分布情况（2017年）

表23-19　受访者家庭成员年龄分布情况

| 年龄 | 频次 | 百分比（%） |
|---|---|---|
| 0～9岁 | 3531 | 9.84 |
| 10～19岁 | 3397 | 9.47 |
| 20～29岁 | 4690 | 13.07 |
| 30～39岁 | 4932 | 13.75 |
| 40～49岁 | 5647 | 15.74 |
| 50～59岁 | 5576 | 15.54 |
| 60～69岁 | 5459 | 15.22 |
| 70～79岁 | 1887 | 5.26 |
| 80 ～89岁 | 663 | 1.85 |
| 90岁及以上 | 91 | 0.25 |
| 总计 | 35873 | 100 |

此外，本次调查中，3 ～ 22 岁的教育适龄人口、3 ～ 6 岁幼教适龄人口、6 ～ 15 岁义务教育适龄儿童、15 ～ 18 岁高中教育适龄儿童，以及 18 ～ 22 岁高等教育适龄儿童在全部家庭成员有效样本（N=35881）中占比分别为 19.87%（N=7142）、3.12%（N=1121）、9.07%（N=3259）、2.84%（N=1019）、4.85%（N=1743）。

## （三）家庭成员性别情况

从性别来看，男性所占比例为 50.96%，女性占 49.04%（见表 23-20）。

表23-20　受访者家属性别分布情况

| 性别 | 频数 | 百分比（%） |
|---|---|---|
| 男 | 18308 | 50.96 |
| 女 | 17618 | 49.04 |
| 总计 | 35926 | 100 |

## （四）家庭成员婚姻情况

家庭成员婚姻情况如表 23-21 所示，其中未婚人数占据了 28.38%，65.92% 的受访者家属为已婚，离婚占比 1.26%。

表23-21　受访者婚姻情况

| 婚姻状况 | 频数 | 百分比（%） |
|---|---|---|
| 未婚 | 10092 | 28.10 |
| 未婚同居 | 99 | 0.28 |
| 已婚 | 23679 | 65.92 |
| 离婚 | 452 | 1.26 |
| 丧偶 | 1597 | 4.45 |
| 合计 | 35919 | 100 |

## （五）家庭成员户籍情况

家庭成员户籍状况如表 23–22 所示，可以发现其中农业户口依然占据较大比重，达到了 69.95%。

表23-22　　受访者家属户籍情况

| 户籍 | 频次 | 百分比（%） |
| --- | --- | --- |
| 本市（县、区）非农业户口 | 10197 | 28.39 |
| 本市（县、区）农业户口 | 23711 | 66.01 |
| 省内非本市（县、区）非农业户口 | 372 | 1.04 |
| 省内非本市（县、区）农业户口 | 537 | 1.49 |
| 外省非农业户口 | 218 | 0.61 |
| 外省农业户口 | 887 | 2.47 |
| 合计 | 35922 | 100 |

## （六）非农籍家庭成员老家土地承包情况

本次调查询问了非农户籍受访者及其家庭成员“在农村老家是否还有承包地”,结果表明（见表 23–23），8.03% 在老家还有承包地。

表23-23　　非农户籍受访者土地承包情况

| 是否有承包地 | 频数 | 百分比（%） |
| --- | --- | --- |
| 有承包地 | 854 | 8.03 |
| 无承包地 | 9784 | 91.97 |
| 合计 | 10638 | 100 |

## （七）家庭成员生活状况

本次调查询问了被访者家庭成员“是否和家人一起吃住生活”，85.60% 受访者表示（几乎）每天都回家，另有 8.57% 受访者逢年过节才回家（见表 23–24）。

表23-24　　受访者生活状况

| 是否一起吃住生活 | 频数 | 百分比 |
| --- | --- | --- |
| （几乎）每天都回家 | 30696 | 85.60 |
| 每周回来几天 | 699 | 1.95 |
| 每月回来几天 | 1254 | 3.50 |
| 逢年过节才回来 | 3073 | 8.57 |
| 1年以上没有回家 | 137 | 0.38 |
| 合计 | 35859 | 100 |

## （八）家庭成员健康状况

受访者家属健康状况如下表所示，超过八成的家庭成员健康情况良好。

表23-25　受访者家属健康状况

| 健康状况 | 频数 | 百分比（%） |
|---|---|---|
| 健康 | 29840 | 83.09 |
| 有疾病或残疾但仍有劳动能力 | 2566 | 7.14 |
| 因疾病或残疾，丧失劳动能力，但生活能自理 | 2782 | 7.75 |
| 因疾病，残疾或衰老，生活不能自理 | 726 | 2.02 |
| 总计 | 35914 | 100 |

## （九）家庭成员受教育情况

受访者家属受教育情况如表23–26所示，教育水平多在小学、初中水平，达到71.95%。拥有高中以上学历所占比例不到13%。

表23-26　受访者家属受教育情况

| 受教育状况 | 频数 | 百分比（%） | 累计百分比（%） |
|---|---|---|---|
| 小学 | 14611 | 40.66 | 40.66 |
| 初中 | 11246 | 31.3 | 71.95 |
| 高中/中专/技校 | 5440 | 15.14 | 87.09 |
| 大专/高职 | 2181 | 6.07 | 93.16 |
| 本科 | 2240 | 6.23 | 99.4 |
| 研究生及以上 | 217 | 0.6 | 100 |
| 总计 | 35935 | 100 | / |

## （十）家庭成员医保情况

受访者家属医疗保障情况如表23–27所示，97%的家庭成员都有一个或以上的医疗保险。

表23-27　受访者家属医保情况

| 医保数 | 频数 | 百分比（%） |
|---|---|---|
| 0 | 1001 | 2.79 |
| 1 | 34556 | 96.16 |
| 2 | 373 | 1.04 |
| 3 | 5 | 0.01 |
| 总计 | 35935 | 100 |

## （十一）家庭成员工作情况

受访者家属工作情况如表23–28所示。

表23-28 受访者家属工作情况

| 工作情况 | 频数 | 百分比（%） |
|---|---|---|
| 正在从事有收入的工作 | 17834 | 49.65 |
| 在校学生 | 5388 | 15.00 |
| 离退休 | 3531 | 9.83 |
| 无劳动能力 | 5790 | 16.12 |
| 未做任何工作 | 3379 | 9.41 |
| 合计 | 35922 | 100 |

## 四、就业与工作情况

### （一）工作地点

如表 23-29 所示，83.69% 的群体在本市（县、区）工作，其余人群则是在省内其他市（县、区）或外省工作。

表23-29 受访者家庭成员的工作地点

| 当前工作的地点 | 频数 | 百分比（%） |
|---|---|---|
| 本市（县、区） | 14848 | 83.69 |
| 省内其他市（县、区） | 1330 | 7.50 |
| 外省（直辖市、自治区） | 1563 | 8.81 |
| 合计 | 17741 | 100 |

### （二）就业类型

调查表明（见表 23-30、图 23-10），有 24.81% 的受访者及家属从事专业务农工作，另有 9.1% 的人群兼业务农，并在农闲时打零工；20.24% 的受访者及家属在民营 / 私营企业工作，15.3% 的人是个体工商户，9.21% 的人是临时务工。

表23-30 受访者家庭成员的就业类型

| 就业类型 | 频数 | 百分比（%） |
|---|---|---|
| 专业务农，大部分时间都从事农业生产 | 4406 | 24.81 |
| 兼业农民，农闲期间打各类定期、不定期零工 | 1689 | 9.51 |
| 农村自营业者（包括小卖铺、代销点、小作坊） | 430 | 2.42 |
| 农村专业管理人员（包括村医、村教等） | 326 | 1.84 |
| 党政机关、社会团体在编职工 | 415 | 2.34 |
| 党政机关、社会团体不在编（聘用）职工 | 350 | 1.97 |
| 教科文卫等事业单位在编职工 | 500 | 2.82 |
| 教科文卫等事业单位不在编（聘用）职工 | 292 | 1.64 |

续表

| 就业类型 | 频数 | 百分比（%） |
|---|---|---|
| 国有（国有控股）企业职工 | 725 | 4.08 |
| 民营/私营企业职工 | 3594 | 20.24 |
| 合资、外资或港澳台企业员工 | 155 | 0.87 |
| 民办非企业单位、非营利组织 | 143 | 0.81 |
| 个体工商户（含开网店/微店）雇主 | 1356 | 7.63 |
| 个体工商户（含开网店/微店）雇员 | 1363 | 7.67 |
| 非固定单位的临时务工 | 1636 | 9.21 |
| 自由职业者 | 350 | 1.97 |
| 其他 | 31 | 0.17 |
| 合计 | 17761 | 100 |

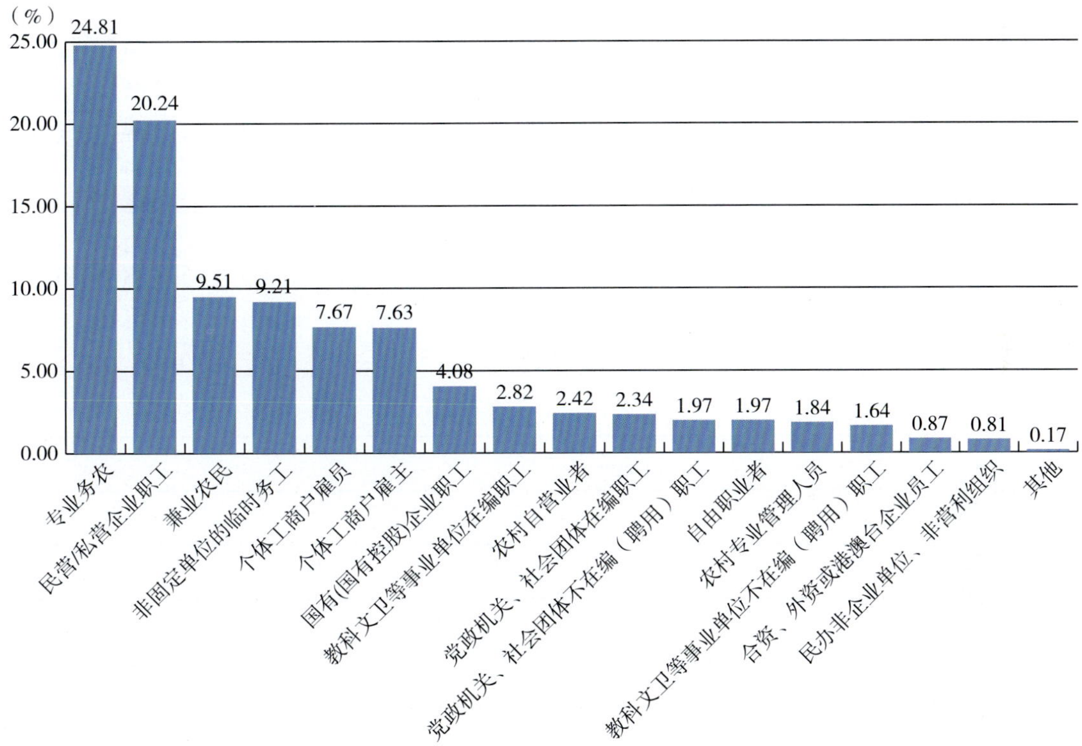


图23-10　受访者家庭成员的就业类型（%）

## （三）行业分布

受访者及其家庭成员的行业分布如表 23-31、图 23-11 所示，主要集中在农、林、牧、渔业，占比 30.80%，其次是制造业，占比 13.33%，而建筑业、批发和零售业，以及服务业占比则在 7% ~ 10% 之间。

表23-31 受访者及其家庭成员的行业分布

| 行业 | 频数 | 百分比（%） |
|---|---|---|
| 农、林、牧、渔业 | 5461 | 30.80 |
| 采矿业 | 118 | 0.67 |
| 电力、煤气及水的生产和供应业 | 357 | 2.01 |
| 交通运输、仓储及邮政业 | 803 | 4.53 |
| 制造业 | 2364 | 13.33 |
| 信息传输、计算机服务和软件业 | 332 | 1.87 |
| 批发和零售业 | 1543 | 8.70 |
| 建筑业 | 1726 | 9.74 |
| 水利、环境和公共设施管理业 | 96 | 0.54 |
| 住宿和餐饮业 | 969 | 5.47 |
| 房地产业 | 105 | 0.59 |
| 科学研究、技术服务和地质勘察业 | 59 | 0.33 |
| 租赁和商务服务业 | 265 | 1.49 |
| 金融业 | 308 | 1.74 |
| 卫生、社会保障和福利业 | 499 | 2.81 |
| 文化、体育和娱乐业 | 199 | 1.12 |
| 教育业 | 415 | 2.34 |
| 居民服务和其他服务业 | 1356 | 7.65 |
| 公共管理和社会组织 | 659 | 3.72 |
| 国际组织 | 3 | 0.02 |
| 其他 | 91 | 0.51 |
| 合计 | 17728 | 100 |

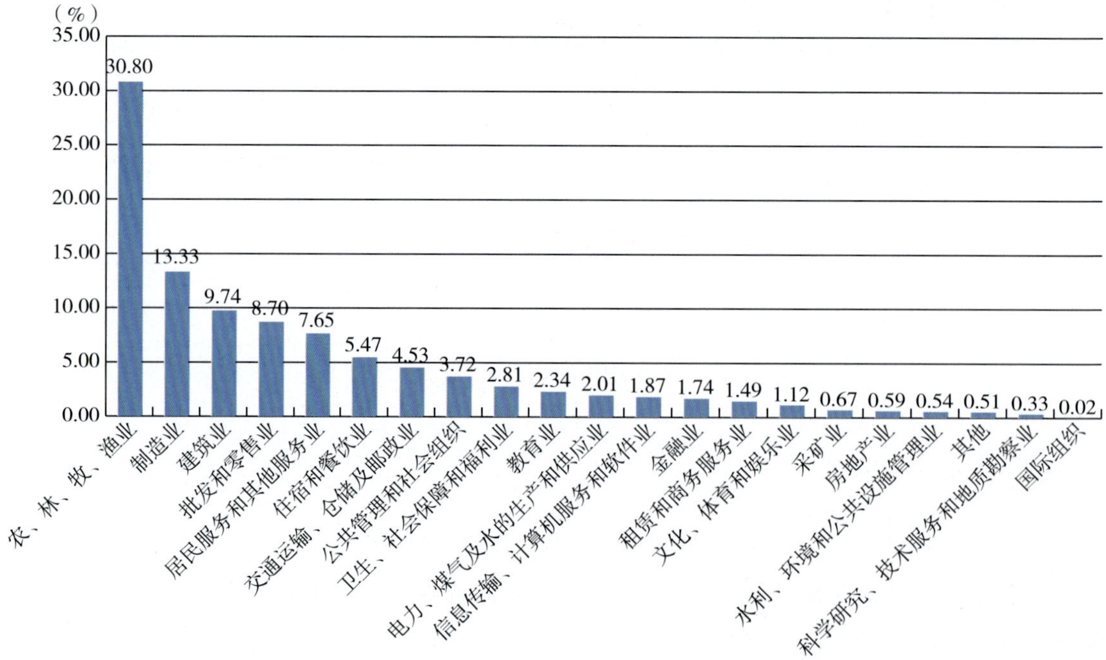


图23-11 受访者家庭成员的行业类型（%）

## （四）工作职位

受访者及其家庭成员工作职位分布情况如表 23-22 所示，除不适用人群外，临时聘用人员和一线生产人员占比最大，分别为 18.16% 和 12.72%。

表23-32　受访者及其家庭成员的工作职位分布

| 工作职位 | 频数 | 百分比（%） |
|---|---|---|
| 单位负责人/高层管理人员 | 285 | 1.62 |
| 部门负责人/中层以上管理人员 | 351 | 1.99 |
| 基层管理人员（包括村干部） | 598 | 3.39 |
| 专业技术人员 | 1379 | 7.82 |
| 一线生产人员 | 2244 | 12.72 |
| 一般行政人员（包括基层公务员、企业人事 | 904 | 5.13 |
| 一般业务员（销售、采购等业务部门） | 1478 | 8.38 |
| 临时聘用人员 | 3202 | 18.16 |
| 其他 | 55 | 0.31 |
| 不适用（例如务农、个体工商户） | 7139 | 40.48 |
| 合计 | 17635 | 100 |

## （五）工作量变化情况

在受访者及其家属中，有 18.36% 的成员认为工作量相比上年增加了，68.98% 的成员认为工作量几乎没有变化，12.67% 的成员认为工作量减少了（见表 23-33）。

表23-33　受访者及其家庭成员工作量变化情况

| 2017年工作量的变化 | 频数 | 百分比 |
|---|---|---|
| 大幅增加 | 517 | 2.92 |
| 小幅增加 | 2736 | 15.44 |
| 没有变化 | 12222 | 68.98 |
| 小幅减少 | 1865 | 10.53 |
| 大幅减少 | 379 | 2.14 |
| 总计 | 17719 | 100 |

## （六）月均收入及变化情况

结果表明，受访者及其家庭成员在过去一年（2016 年 6 月至 2017 年 6 月）月均收入（扣除税及“五险一金”后）平均水平为 2906 元。将收入分组后，我们发现，3/4 人群月均收入在 4000 元以下，其中 35.18% 的成员月均收入在 1000 ~ 2000 元之间，19.59% 在 500 ~ 1000 元之间。

表23-34　受访者及其家庭成员收入情况

| 收入分组 | 频数 | 百分比（%） | 累计百分比（%） |
|---|---|---|---|
| 少于500元 | 2118 | 11.98 | 11.98 |
| 500～999元 | 1346 | 7.61 | 19.59 |
| 1000～1999元 | 2756 | 15.59 | 35.18 |
| 20003999元 | 7105 | 40.18 | 75.35 |
| 4000～6999元 | 3464 | 19.59 | 94.94 |
| 7000～9999元 | 489 | 2.77 | 97.71 |
| 10000～19999元 | 288 | 1.63 | 99.34 |
| 20000元及以上 | 117 | 0.66 | 100 |
| 合计 | 17683 | 100 | |

分性别来看，女性在月均低收入组（少于 500 元）数量大大少于男性，男性在月均高收入组高于女性收入（见 23–12）。

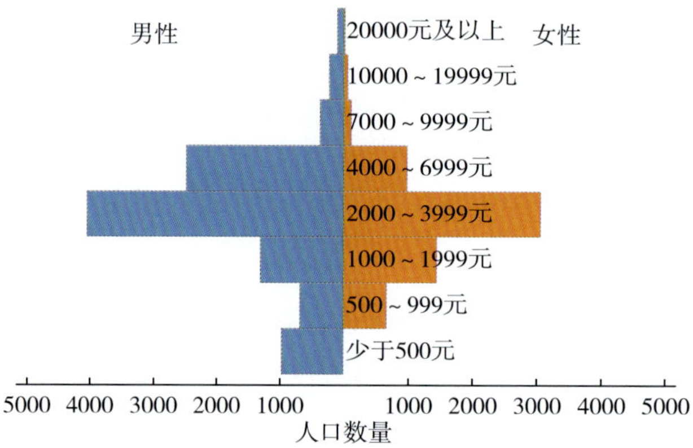


图23-12　按收入分组划分的人口金字塔（2017年）

在询问调查者“与上年相比，月均收入有什么变化”时，16.32% 的成员认为其工作收入增加了，16.61% 的成员认为其工作收入减少了（见表 23–35）。

表23-35　受访者及其家庭成员收入变化情况

| 收入变化情况 | 频数 | 百分比 |
|---|---|---|
| 大幅增加 | 171 | 0.96 |
| 小幅增加 | 2723 | 15.36 |
| 没有变化 | 11892 | 67.07 |
| 小幅减少 | 2408 | 13.58 |
| 大幅减少 | 537 | 3.03 |
| 总计 | 17731 | 100 |

将工作量变化情况与收入变化情况交叉后，我们发现（见表 23–36），在工作量大幅增加时，9.69% 的成员表示收入小幅减少，3.10% 的是大幅减少。

表23-36　　年工作变化量与月均收入变化情况交叉表（%）

| 大幅增加 | | 月均收入变化情况 | | | | | |
|---|---|---|---|---|---|---|---|
| | | 小幅增加 | 没有变化 | 小幅减少 | 大幅减少 | 合计 | |
| 年工作量变化情况 | 大幅增加 | 14.53 | 23.64 | 49.03 | 9.69 | 3.10 | 100 |
| | 小幅增加 | 0.99 | 50.71 | 37.90 | 8.97 | 1.43 | 100 |
| | 没有变化 | 0.50 | 8.79 | 82.58 | 7.09 | 1.04 | 100 |
| | 小幅减少 | 0.43 | 6.82 | 23.86 | 62.92 | 5.96 | 100 |
| | 大幅减少 | 0.00 | 3.17 | 15.83 | 17.15 | 63.85 | 100 |
| | 合计 | 0.97 | 15.37 | 67.09 | 13.55 | 3.02 | 100 |

## （七）外出打工时间（针对农业户籍人口）

68.34% 的农业户籍受访者及其家属在过去一年没有外出打工经历，外出打工半年以上的受访者及其家属约占 1/4（见表 23–37）。

表23-37　　农业户籍人口外出打工时间

| 外出打工月数 | 频数 | 百分比（%） | 累计百分比（%） |
|---|---|---|---|
| 0 | 8339 | 68.34 | 68.34 |
| 1 | 56 | 0.46 | 68.80 |
| 2 | 96 | 0.79 | 69.59 |
| 3 | 102 | 0.84 | 70.42 |
| 4 | 65 | 0.53 | 70.96 |
| 5 | 71 | 0.58 | 71.54 |
| 6 | 233 | 1.91 | 73.45 |
| 7 | 113 | 0.93 | 74.37 |
| 8 | 215 | 1.76 | 76.14 |
| 9 | 143 | 1.17 | 77.31 |
| 10 | 883 | 7.24 | 84.54 |
| 11 | 1017 | 8.33 | 92.88 |
| 12 | 869 | 7.12 | 100 |
| 合计 | 12202 | 100 | |

## （八）工资拖欠情况

结果表明，4.18% 成员表示过去一年有工资被拖欠的情况发生（见表 23–38）。

表23-38　　受访者及其家庭成员工资拖欠情况

| 是否拖欠工资 | 频数 | 百分比 |
|---|---|---|
| 是 | 733 | 4.18 |
| 否 | 16786 | 95.82 |
| 合计 | 17519 | 100 |

## （九）劳动合同

受访者及其家属劳动合同形式如表 23–39 所示，近四成的成员没有签订劳动合同，1/5 的成员有正式工劳动合同。

表23-39　受访者及其家庭成员劳动合同形式

| 签订劳动合同的形式 | 频数 | 百分比（%） |
|---|---|---|
| 没有签订劳动合同 | 6343 | 36.12 |
| 无固定期限劳动合同 | 848 | 4.83 |
| 有期限劳动合同 | 3417 | 19.46 |
| 不需要签劳动合同（如公务员或国家机关、 | 764 | 4.35 |
| 以完成一定工作任务为期限的劳动合同 | 139 | 0.79 |
| 不适用（非雇佣劳动者，包括农民） | 6052 | 34.46 |
| 合计 | 17563 | 100 |

## （十）养老保险

受访者及其家属的养老保险情况如表 23–40 所示，成员享有的主要保险为城镇职工基本养老保险和新型农村社会养老保险，分别占比 21.41% 和 54.69%，另有 12.55% 成员表示没有任何保险。

表23-40　受访者及其家庭成员养老保险情况

| 养老保险 | 频数 | 百分比（%） |
|---|---|---|
| 城镇职工基本养老保险 | 3801 | 21.41 |
| 城镇居民基本养老保险 | 1305 | 7.35 |
| 机关事业单位养老 | 277 | 1.56 |
| 新型农村社会养老保险 | 9709 | 54.69 |
| 同时参加城镇职工养老保险和新型农村社会 | 158 | 0.89 |
| 参加过城镇职工基本养老保险，但现已中断 | 56 | 0.32 |
| 参加过城镇居民基本养老保险，但现已中断 | 10 | 0.06 |
| 参加过新型农村社会养老保险，但现已中断 | 33 | 0.19 |
| 都没有 | 2228 | 12.55 |
| 不知道 | 175 | 0.99 |
| 合计 | 17752 | 100 |

本次调查中，我们也询问了被访者及其家庭成员的补充养老保险情况。结果表明，5.51% 的成员表示有其他补充养老保险，并且 3.75% 的成员是商业养老保险。

表23-41 受访者及其家庭成员补充养老保险情况

| 其他补充养老保险 | | 频数 | 百分比（%） |
|---|---|---|---|
| 商业养老保险 | 否 | 16774 | 96.25 |
| | 是 | 653 | 3.75 |
| 企业年金 | 否 | 17350 | 99.56 |
| | 是 | 77 | 0.44 |
| 村集体养老金 | 否 | 17371 | 99.68 |
| | 是 | 56 | 0.32 |
| 其他 | 否 | 17254 | 99.01 |
| | 是 | 173 | 0.99 |
| 没有补充养老保险 | 否 | 960 | 5.51 |
| | 是 | 16467 | 94.49 |
| 合计 | | 17427 | 100 |

## （十一）不工作或离职情况

针对无工作成员，本次调查询问了他们当前不工作或从上一份工作离职的原因。结果表明（见表 23-42），41.70% 因为需要料理家务，25.49% 的表示从未工作过。

表23-42 受访者及其家庭成员不工作或离职原因

| 不工作或离职的原因 | 频数 | 百分比（%） |
|---|---|---|
| 被单位辞退 | 34 | 1.06 |
| 单位停工、停产 | 171 | 5.31 |
| 因个人原因主动辞职 | 409 | 12.7 |
| 料理家务 | 1343 | 41.70 |
| 不想工作 | 153 | 4.75 |
| 毕业后未工作 | 111 | 3.45 |
| 从来未工作过 | 821 | 25.49 |
| 无固定工作 | 10 | 0.31 |
| 生病 | 52 | 1.61 |
| 土地被征收 | 20 | 0.62 |
| 年龄 | 31 | 0.96 |
| 其他 | 66 | 2.05 |
| 合计 | 3221 | 100 |

离职家庭成员最后一份工作的行业分布如表 23-43 所示，主要集中在农、林、牧、渔业和制造业，分别占比 36.26% 和 16.54%。

表23-43　　最后一份工作的行业分布

| 行业 | 频数 | 百分比（%） |
|---|---|---|
| 农、林、牧、渔业 | 752 | 36.26 |
| 采矿业 | 40 | 1.93 |
| 电力、煤气及水的生产和供应业 | 25 | 1.21 |
| 交通运输、仓储及邮政业 | 65 | 3.13 |
| 制造业 | 343 | 16.54 |
| 信息传输、计算机服务和软件业 | 23 | 1.11 |
| 批发和零售业 | 182 | 8.78 |
| 建筑业 | 115 | 5.54 |
| 水利、环境和公共设施管理业 | 12 | 0.58 |
| 住宿和餐饮业 | 154 | 7.43 |
| 房地产业 | 8 | 0.39 |
| 科学研究、技术服务和地质勘察业 | 3 | 0.14 |
| 租赁和商务服务业 | 36 | 1.74 |
| 金融业 | 43 | 2.07 |
| 卫生、社会保障和福利业 | 58 | 2.8 |
| 文化、体育和娱乐业 | 18 | 0.87 |
| 教育业 | 33 | 1.59 |
| 居民服务和其他服务业 | 133 | 6.41 |
| 公共管理和社会组织 | 14 | 0.68 |
| 其他 | 17 | 0.82 |
| 合计 | 2074 | 100 |

离职或不工作的家庭成员中，只有 7.06% 的成员近三个月内找过工作（见表 23-44）。

表23-44　　近三个月内是否找过工作

| 是否找过工作 | 频数 | 百分比（%） |
|---|---|---|
| 找过 | 219 | 7.06 |
| 没找过 | 2881 | 92.94 |
| 总计 | 3100 | 100 |

## 五、家庭成员收入情况

### （一）家庭月均收入和个人月均收入[①]

从家庭月均税后收入来看，福建、江苏、浙江三省领先，安徽和河北居中，四川、陕西和黑龙江靠后。从个人月均税后收入来看，仍旧是浙江、福建、江苏三省领先，安徽、陕西和黑

① 月均税后收入包括工资、奖金和经营收入。

龙江居中，四川和河北两省靠后（见表 23-45）。

表23-45　各省家庭月均税后收入

| | 家庭月均税后收入 | | 个人月均税后收入 | |
|---|---|---|---|---|
| | 均值（元） | 家庭数（户） | 均值（元） | 人数（人） |
| 黑龙江省 | 4381.6 | 1279 | 2305.6 | 1542 |
| 陕西省 | 4476.8 | 1205 | 2307.3 | 1776 |
| 四川省 | 4921.7 | 1246 | 2032.9 | 2468 |
| 河北省 | 5286.8 | 1200 | 2010.2 | 2580 |
| 安徽省 | 6114.4 | 1285 | 2526.6 | 2436 |
| 浙江省 | 8865.9 | 1201 | 4139.9 | 1951 |
| 江苏省 | 9306.0 | 1200 | 3482.2 | 2564 |
| 福建省 | 10018.0 | 1280 | 3970.2 | 2735 |
| 总计 | 6666.4 | 9896 | 2873.6 | 18052 |

此外，分群体来看，本地人口个人月均税后收入低于流动人口，跨省流动人口和省内流动人口的收入相当；分城乡来看，非农业户口比农业户口收入高（见表 23-46）。

表23-46　个人月均税后收入的分群体比较

| | | 均值（元） | 人数（人） |
|---|---|---|---|
| 流动分类 | 本市县人口 | 2795.8 | 16926 |
| | 省内流动人口 | 3990.9 | 477 |
| | 跨省流动人口 | 4089.4 | 646 |
| 户口分类 | 非农户口 | 3660.1 | 4220 |
| | 农业户口 | 2633.7 | 13829 |

## （二）家庭人均年收入

由表 23-47 可知，2017 年家庭总收入城乡差异较明显。具体而言，非农业户籍家庭收入高于农业户籍家庭，流动人口家庭收入高于本地人口家庭。

表23-47　不同类型的家庭人均年收入情况

| | | 均值（万元） | 频次 |
|---|---|---|---|
| 户口分类 | 非农户口 | 2.3 | 3147 |
| | 农业户口 | 2.1 | 6747 |
| 流动分类 | 本地人口 | 2.1 | 9331 |
| | 流动人口 | 3.3 | 564 |

# 六、基本民生问题

## （一）家庭生活状况总体满意度及变化

除了 1/4 左右对生活状况满意程度较为暧昧的样本外，53.3% 的受访者对家庭生活的总体满意度为正面态度，14.8% 的受访者则持负面态度。

表23-48　　对家庭生活状况的总体满意度

| 总体是否满意 | 频数 | 百分比（%） |
| --- | --- | --- |
| 很满意 | 1274 | 12.9 |
| 基本满意 | 4968 | 50.4 |
| 一般 | 2161 | 21.9 |
| 不太满意 | 1172 | 11.9 |
| 很不满意 | 289 | 2.9 |
| 总计 | 9864 | 100.0 |

将很满意与基本满意归为一类，不太满意和很不满意归为一类，各省受访者对家庭生活状况的总体满意度情况如图 23-13 所示。可以看出，浙江省的受访者对家庭生活总体情况的满意度最高，黑龙江省的则相对较低。

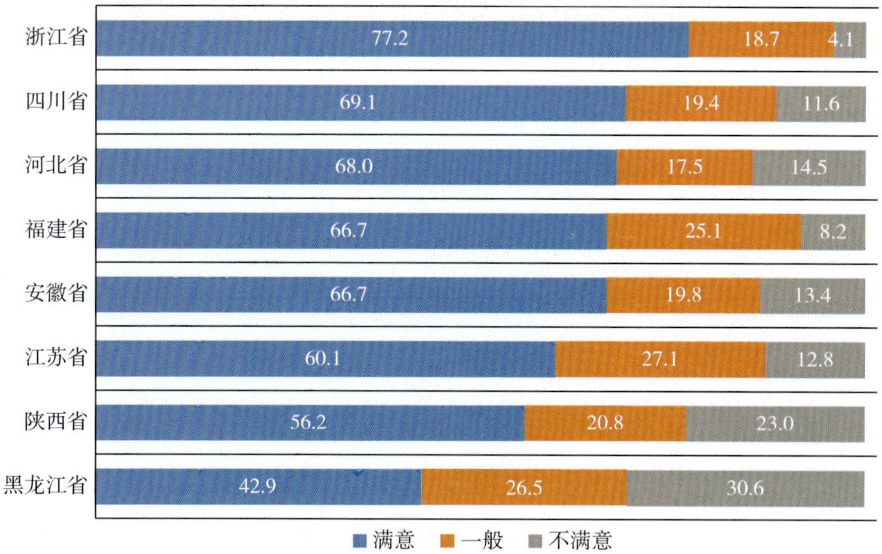


图23-13　各省对家庭生活满意度情况（%）

比较非流动人口与流动人口关于生活满意度的情况，结果如图 23-14 所示。可以发现，本市县的受访者对生活情况的满意度最高，省内流动和跨省流动的受访者对生活情况的满意度较低。

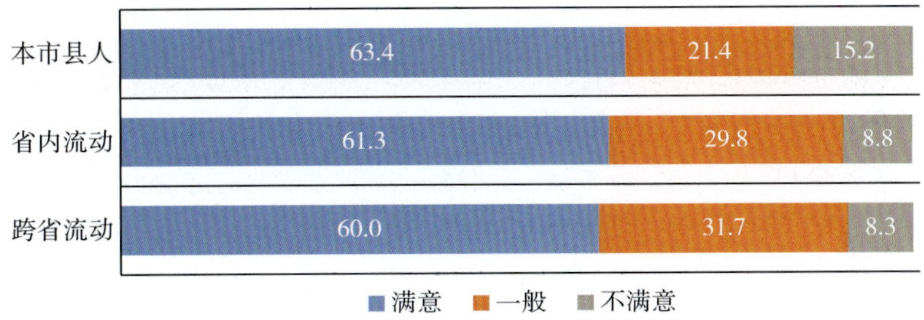


图23-14　流动人口与非流动人口生活满意度情况（%）

## （二）环境满意度

对家庭生活满意情况调查结果如表23–49所示。在受访者看来，最希望得到改善的是收入水平，其次则是医疗问题，此外受访者对养老、住房、子女教育和就业问题也比较关注。

表23-49　对家庭生活最不满意的地方

| 最不满意的一项 | 频数 | 百分比（%） |
|---|---|---|
| 就业状况 | 337 | 3.4 |
| 收入水平 | 2818 | 28.5 |
| 子女教育 | 498 | 5 |
| 医疗 | 1178 | 11.9 |
| 养老 | 649 | 6.6 |
| 住房 | 644 | 6.5 |
| 没有不满意的 | 3503 | 35.4 |
| 其他 | 38 | 0.3 |
| 不知道/不回答 | 230 | 2.3 |
| 总计 | 9896 | 100 |

对社会环境调查满意度的结果如表23–50所示。可以发现受访者最关心的社会问题是食品安全、环境污染以及交通出行。

表23-50　对社会环境最不满意的地方

| 最不满意的一项 | 频数 | 百分比（%） |
|---|---|---|
| 社区服务 | 308 | 3.1 |
| 社会治安 | 224 | 2.3 |
| 交通出行 | 767 | 7.7 |
| 食品安全 | 1122 | 11.3 |
| 环境污染 | 1107 | 11.2 |
| 司法公正 | 76 | 0.8 |

续表

| 最不满意的一项 | 频数 | 百分比（%） |
|---|---|---|
| 政府办事效率 | 279 | 2.8 |
| 文化生活（含体育） | 135 | 1.4 |
| 社会保障与福利 | 9 | 0.1 |
| 基础设施建设 | 18 | 0.2 |
| 生活成本 | 10 | 0.1 |
| 医疗与养老 | 2 | 0 |
| 没有不满意的 | 5374 | 54.3 |
| 其他 | 1 | 0 |
| 不清楚/不回答 | 463 | 4.7 |
| 总计 | 9896 | 100 |

## 七、收入与消费

收入与消费情况一直是中国民生调查关注的重点内容，中国民生调查针对收入与消费的调查主要包括了以下几个具体内容：2016 年家庭收入、收入来源类型、与上年相比的收入增减情况、对自身收入阶层的定位、救济情况、2016 年家庭消费支出以及对消费压力的感受等，本章内容将对以上几项具体内容进行统计分析。

### （一）家庭总收入

#### 1. 家庭收入总体情况

民生调查针对收入的调查指标主要指的是家庭的总收入，家庭总收入包括所有家庭成员的工资收入、经营收入、投资收入、政府补贴等。2017 年民生调查在家庭收入问题上既设置了家庭收入具体金额的填写，也设置了收入区间的选项，为便于统计分析，本节内容主要对收入区间进行描述性统计，此外为便于描述，本文将收入区间分为三个层次，分别是低收入阶层（2.99 万元以下）、中间收入阶层（3 万 ~ 24.99 万元）和高收入阶层（25 万元以上），下同。

从家庭收入的总体情况来看，2017 年中国民生调查数据显示，受访者的家庭年收入区间主要集中在 1–14.99 万这个区间，受访者处在这个收入区间的比例达到 82.5%。从收入阶层的分布来看，受访者中处于中间收入阶层（3 万 ~ 24.99 万元）的占多数，达到 75.2%，高收入者（25 万以上）占少数，仅占总数的 2.1%，同时依然存在相当比例的较低收入者（2.99 万元以下），占比达到 22.6%（见表 23–51）。

表23-51 去年（2016年）家庭总收入

| | 频次 | 有效百分比（%） | 累计百分比（%） |
|---|---|---|---|
| 1万元以下 | 811 | 8.2 | 8.2 |
| 1万～2.99万元 | 1424 | 14.4 | 22.6 |
| 3万～4.99万元 | 1740 | 17.6 | 40.2 |
| 5万～9.99万元 | 3304 | 33.4 | 73.7 |
| 10万～14.99万元 | 1679 | 17.0 | 90.7 |
| 15万～24.99万元 | 710 | 7.2 | 97.8 |
| 25万～49.99万元 | 170 | 1.7 | 99.6 |
| 50万元及以上 | 43 | 0.4 | 100.0 |
| 总计 | 9882 | 100.0 | / |

### 2. 家庭收入城乡比较

对比城乡的家庭收入情况不难发现，城乡家庭收入的区间分布存在较大差距，主要表现为农村家庭低收入（2.99 万元以下）比重大大高于城市家庭，农村中间收入比重（3 万～ 24.99 万元）低于城市家庭。可以看到，农村家庭较低收入（2.99 万元以下）阶层的比重高达 30.5%，城市家庭这一比重为 14.9%，农村家庭这一收入区间的比重是城市家庭的两倍多，差距非常之大；另一方面，城市中间收入阶层（3 万～ 24.99 万元）的收入家庭比重为 82.9%，农村为 67.3%，差距非常明显（见表 23-52、图 23-14）。

表23-52 城市和乡村去年（2016）家庭收入百分比（%）

| | 城市 | 乡村 | 总计 |
|---|---|---|---|
| 1万元以下 | 3.9 | 12.6 | 8.2 |
| 1万～2.99万元 | 11.0 | 17.9 | 14.4 |
| 3万～4.99万元 | 17.9 | 17.3 | 17.6 |
| 5万～9.99万元 | 37.4 | 29.3 | 33.4 |
| 10万～14.99万元 | 19.7 | 14.2 | 17.0 |
| 15万～24.99万元 | 7.8 | 6.5 | 7.2 |
| 25万～49.99万元 | 1.7 | 1.7 | 1.7 |
| 50万元及以上 | 0.4 | 0.4 | 0.4 |
| 总计 | 100.0 | 100.0 | 100.0 |

### 3. 家庭收入分省比较

各省的家庭收入存在明显差异，东部经济发达省份中高收入比重高于中西部省份，东部发达省份的低收入家庭比重远远低于中西部省份。可以看到经济较发达的江苏省、浙江省和福建省低收入家庭（2.99 万元以下）的比重分别为 10.7%、4.0% 和 4.8%，而其他几个中西部省份这一比重均超过 20%，其中黑龙江省更是高达 37.5%，在中高收入比重方面同样呈现出东部发达省份高于中西部省份的态势（见表 23-53）。

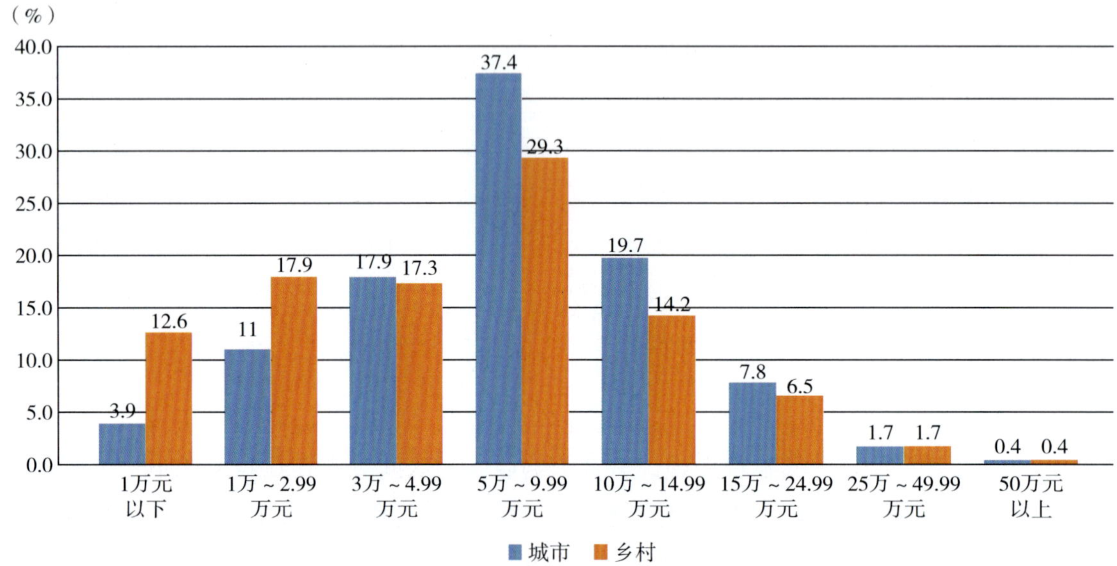


图23-15　城市和乡村去年（2016）家庭收入百分比（%）

表23-53　各省去年（2016年）家庭总收入百分比（%）

| | 河北省 | 黑龙江省 | 江苏省 | 浙江省 | 安徽省 | 福建省 | 四川省 | 陕西省 | 总计 |
|---|---|---|---|---|---|---|---|---|---|
| 1万元以下 | 9.4 | 15.4 | 2.6 | 0.7 | 12.0 | 1.3 | 8.6 | 15.4 | 8.2 |
| 1万～2.99万元 | 17.8 | 22.1 | 8.1 | 3.3 | 16.9 | 5.5 | 20.6 | 20.8 | 14.4 |
| 3万～4.99万元 | 22.1 | 18.9 | 11.4 | 12.2 | 18.8 | 11.5 | 22.3 | 23.7 | 17.6 |
| 5万～9.99万元 | 35.8 | 30.3 | 33.9 | 36.0 | 33.0 | 36.8 | 32.0 | 29.6 | 33.4 |
| 10万～14.99万元 | 11.0 | 9.5 | 26.5 | 30.9 | 12.3 | 26.2 | 11.5 | 8.4 | 17.0 |
| 15万～24.99万元 | 2.9 | 2.7 | 14.1 | 13.0 | 5.3 | 13.7 | 4.3 | 1.5 | 7.2 |
| 25万～49.99万元 | 0.4 | 0.9 | 2.9 | 3.3 | 1.3 | 4.0 | 0.7 | 0.3 | 1.7 |
| 50万元及以上 | 0.6 | 0.1 | 0.5 | 0.4 | 0.5 | 1.1 | / | 0.4 | 0.4 |
| 总计 | 100.0 | 100.0 | 100.0 | 100.0 | 100.0 | 100.0 | 100.0 | 100.0 | 100.0 |

### 4. 不同年龄组收入情况

根据不同年龄组的收入统计情况发现（见表 23-54、图 23-16），在 20 岁以上的年龄分组中，年龄分组越高，低收入（2.99 万元以下）家庭的比重越高，60 岁以上的低收入家庭比重最高，达到 15.9%，其他收入区间的年龄变化趋势不明显。在各年龄组当中 [10 ～ 20 岁）的收入分布比较特别，这一年龄组当中家庭收入在 10 万～ 14.99 万元的比例高达 42.9%，这可能与受访者的父母收入情况有关。

表23-54 不同年龄组收入百分比（%）

| | [10～20岁） | [20～30岁） | [30～40岁） | [40～50岁） | [50～60岁） | 60岁及以上 | 总计 |
|---|---|---|---|---|---|---|---|
| 1万元以下 | 3.6 | 0.6 | 2.5 | 3.6 | 7.0 | 15.9 | 8.5 |
| 1万～2.99万元 | 14.3 | 8.6 | 11.7 | 15.4 | 16.7 | 18.6 | 16.1 |
| 3万～4.99万元 | 10.7 | 15.5 | 15.9 | 19.8 | 17.7 | 18.2 | 18.0 |
| 5万～9.99万元 | 28.6 | 38.3 | 39.9 | 36.5 | 31.4 | 29.7 | 33.2 |
| 10万～14.99万元 | 42.9 | 20.6 | 19.8 | 16.0 | 16.7 | 12.5 | 15.7 |
| 15万～24.99万元 | / | 13.6 | 7.8 | 6.7 | 7.9 | 4.1 | 6.5 |
| 25万～49.99万元 | / | 2.4 | 1.7 | 1.6 | 2.2 | 0.8 | 1.5 |
| 50万元及以上 | / | 0.4 | 0.7 | 0.4 | 0.5 | 0.1 | 0.4 |
| 总计 | 100.0 | 100.0 | 100.0 | 100.0 | 100.0 | 100.0 | 100.0 |

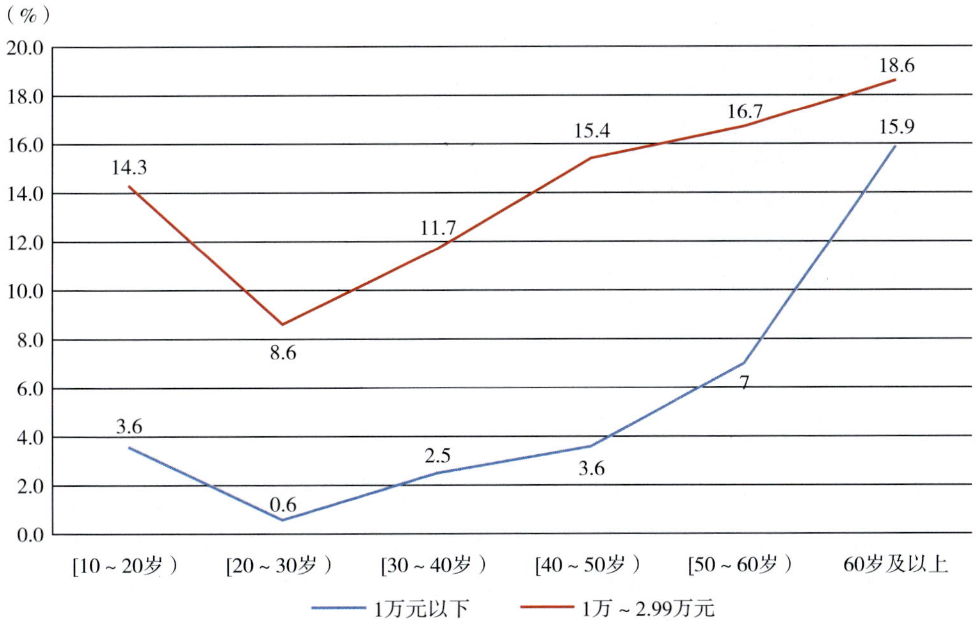

图23-16 不同年龄组低收入区间百分比（%）

## （二）收入来源

### 1. 收入来源总体情况

2017年民生调查将收入来源分为这样几类：①工资性收入（含养老金等）；②农业经营收入（包含农林牧副渔）；③非农业经营收入（含开店、厂跑运输等）；④财产性收入（含投资理品、房租土地流转等）；⑤政府援助收入（含低保、救济补贴等）；⑥亲友资助/供养；⑦积蓄；⑧无；⑨其他。从统计数据来看，受访家庭的收入来源以工资性收入为主，第一收入来源为工资性收入的占比达到68.8%，财产性收入比重较低，为1.7%（见表23-55、图23-17）。

表23-55　　收入来源百分比

| 收入来源 | 频次 | 有效百分比（%） | 累计百分比（%） |
|---|---|---|---|
| 工资性收入（含养老金等） | 6799 | 68.8 | 68.8 |
| 农业经营收入 | 1559 | 15.8 | 84.5 |
| 非农业经营收入（含开店、开场、跑运输等） | 899 | 9.1 | 93.6 |
| 财产性收入（含投资理财产品、房租、土地流转等） | 168 | 1.7 | 95.3 |
| 政府援助收入（含低保、救济、补贴等） | 306 | 3.1 | 98.4 |
| 亲友资助/供养 | 143 | 1.4 | 99.8 |
| 积蓄 | 1 | 0.0 | 99.9 |
| 无 | 11 | 0.1 | 100.0 |
| 其他 | 2 | 0.0 | 100.0 |
| 总计 | 9889 | 100.0 | / |

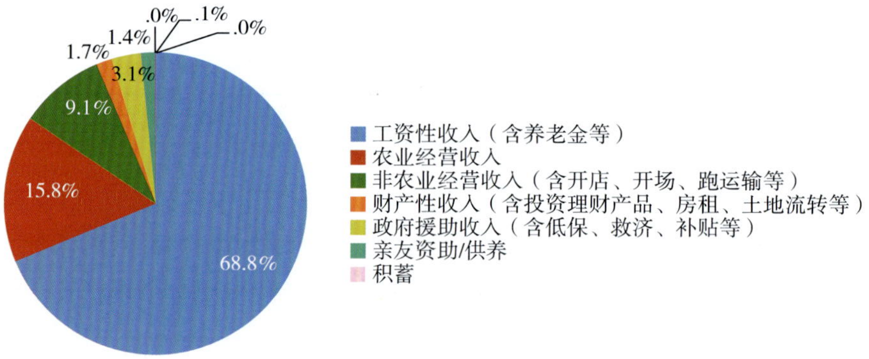


图23-17　收入来源百分比

## 2. 城市和乡村收入来源比较

对比城市和乡村的第一收入来源可以发现，虽然城市和农村家庭目前均以工资性收入为主，城市为78.4%，农村为58.8%，但是二者之间存在较大差异：城市家庭收入来源为工资性收入的比重要比农村高出近20个百分点；农村有26.1%的家庭第一收入来源为农业经营收入；城市家庭收入来源为非农业经营收入的比重比农村高3个百分点（城市为10.6%，农村为7.5%）。另外有一个比较有意思的表现是，农村家庭收入来源为财产性收入的比重居然高于城市家庭，农村为2.5%，城市为0.9%，这可能与农村地区的土地流转、土地征用和拆迁有一定关系（见表23-56、图23-18）。

表23-56　　城市和乡村收入来源百分比（%）

| 收入来源 | 城市 | 乡村 | 总计 |
|---|---|---|---|
| 工资性收入（含养老金等） | 78.4 | 58.8 | 68.7 |
| 农业经营收入 | 5.7 | 26.1 | 15.8 |
| 非农业经营收入（含开店、开场、跑运输等） | 10.6 | 7.5 | 9.1 |
| 财产性收入（含投资理财产品、房租、土地流转等） | 0.9 | 2.5 | 1.7 |

续表

| 收入来源 | 城市 | 乡村 | 总计 |
|---|---|---|---|
| 政府援助收入（含低保、救济、补贴等） | 3.0 | 3.2 | 3.1 |
| 亲友资助/供养 | 1.1 | 1.8 | 1.4 |
| 积蓄 | 0.0 | / | 0.0 |
| 无 | 0.1 | 0.1 | 0.1 |
| 其他 | 0.0 | / | 0.0 |
| 总计 | 100.0 | 100.0 | 100.0 |

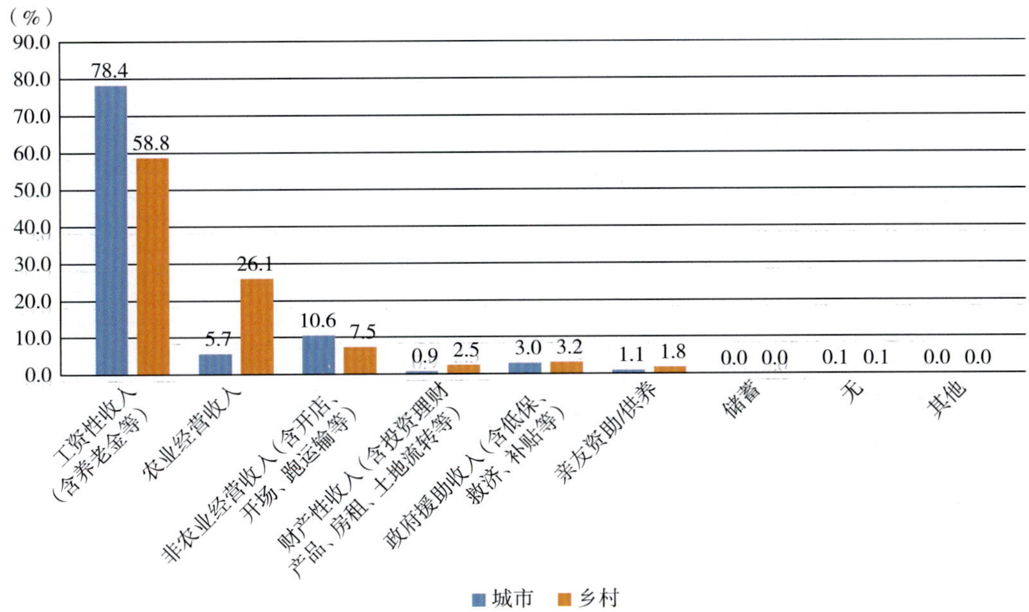


图23-18　城市和乡村收入来源百分比（%）

### 3. 不同收入区间家庭的收入来源比较

不同收入区间的家庭收入来源存在着比较明显的趋势，从趋势图可以看出（见图 23–19），随着收入区间的提高，收入来源为工资性收入的比重先增加然后缓慢减少，呈现倒 U 型曲线，而非农业经营性收入的比重则是不断增高，收入区间越高非农业经营性收入的比重越高，可以看出非农业经营收入是高收入的重要来源，尤其是 50 万元以上的收入家庭，非农业经营收入是最主要的收入来源，占比达到 45.2%（见表 23–57）。

表23-57　不同收入区间家庭的收入来源百分比

| 收入来源 | 1万元以下 | 1万～2.99万元 | 3万～4.99万元 | 5万～9.99万元 | 10万～14.99万元 | 15万～24.99万元 | 25万～49.99万元 | 50万元及以上 | 总计 |
|---|---|---|---|---|---|---|---|---|---|
| 工资性收入 | 22.3 | 47.5 | 75.3 | 80.2 | 80.1 | 71.8 | 63.2 | 33.3 | 68.8 |
| 农业经营收入 | 38.3 | 31.8 | 15.2 | 9.8 | 7.2 | 9.2 | 8.2 | 16.7 | 15.8 |
| 非农业经营收入 | 1.7 | 5.7 | 7.3 | 8.8 | 11.6 | 17.6 | 26.3 | 45.2 | 9.1 |
| 财产性收入 | 8.4 | 3.3 | 0.6 | 0.6 | 0.7 | 0.7 | 1.8 | 2.4 | 1.7 |

续表

| 收入来源 | 1万元以下 | 1万～2.99万元 | 3万～4.99万元 | 5万～9.99万元 | 10万～14.99万元 | 15万～24.99万元 | 25万～49.99万元 | 50万元及以上 | 总计 |
|---|---|---|---|---|---|---|---|---|---|
| 政府援助收入 | 21.0 | 7.7 | 0.7 | 0.3 | 0.2 | 0.1 | / | 2.4 | 3.1 |
| 亲友资助/供养 | 7.8 | 3.7 | 0.8 | 0.2 | 0.1 | 0.3 | 0.6 | / | 1.4 |
| 积蓄 | / | / | 0.1 | / | / | / | / | / | 0.0 |
| 无 | 0.5 | 0.4 | / | 0.0 | 0.1 | / | / | / | 0.1 |
| 其他 | / | / | / | / | / | 0.3 | / | / | 0.0 |
| 总计 | 100.0 | 100.0 | 100.0 | 100.0 | 100.0 | 100.0 | 100.0 | 100.0 | 100.0 |

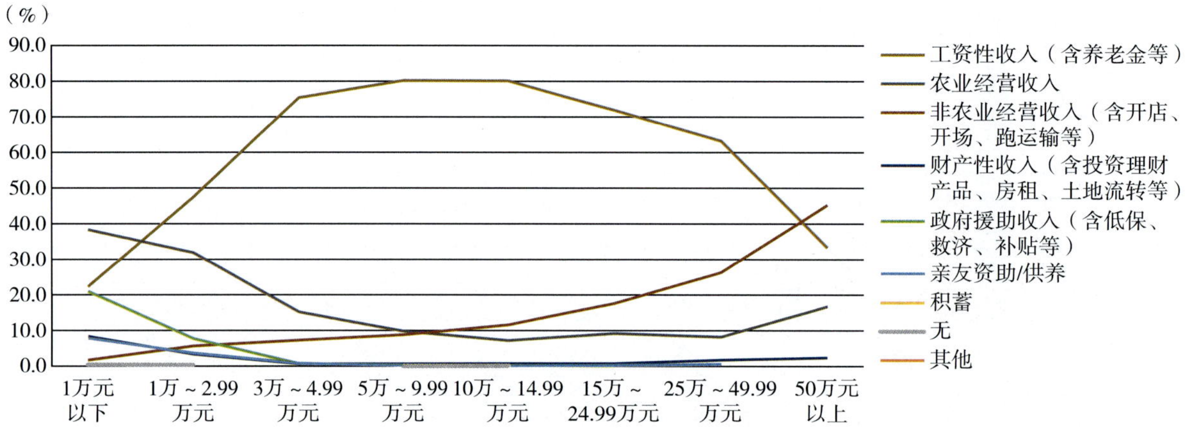


图23-19 不同收入区间家庭的收入来源百分比（%）

## （三）自我感知家庭收入变化

### 1. 自我感知家庭收入变化总体情况

2017 年民生调查课题组对于居民自我感知家庭收入变化进行了调查，主要询问居民个人对收入增加情况的主观感受。从总体上看，大部分人群认为与去年（2016）相比今年（2017）的收入不会有什么变化，持这种感受的受访者占比达到 54.1%，有 22.0% 的受访者认为 2017 年收入会有些增长，有 17.4% 的受访者则认为收入会有些减少（见表 23–58）。

表23-58 与上年相比自我感知家庭总收入变化情况百分比

| | 频次 | 有效百分比（%） | 累计百分比（%） |
|---|---|---|---|
| 会显著增长 | 81 | 0.8 | 0.8 |
| 会有些增长 | 2107 | 22.0 | 22.8 |
| 会和上年差不多 | 5188 | 54.1 | 76.9 |
| 会有些减少 | 1670 | 17.4 | 94.3 |
| 会明显减少 | 551 | 5.7 | 100.0 |
| 总计 | 9596 | 100.0 | / |

### 2. 城市和乡村自我感知家庭收入变化

从城市和农村的情况来看（见表 23–59、图 23–20），两个区域的受访者大多数都感觉自己 2017 年的收入与 2016 年相比差不多，分别为 56.0% 和 52.1%；但是数据也显示出城市受访者比农村受访者对 2017 年的收入预期更为乐观，比如城市受访者认为“会有些增长”的比重要高于农村受访者（城市为 24.9%，乡村为 18.9%），农村受访者认为“会有些减少”和会明显减少的比例都要高于城市受访者（城市为 18.1%，农村为 28.4%）。

表23-59　城市和乡村自我感知家庭收入变化百分比（%）

| | 城市 | 乡村 | 总计 |
|---|---|---|---|
| 会有显著增长 | 1.1 | 0.6 | 0.9 |
| 会有些增长 | 24.9 | 18.9 | 21.9 |
| 会和上年差不多 | 56.0 | 52.1 | 54.1 |
| 会有些减少 | 13.1 | 21.9 | 17.4 |
| 会明显减少 | 5.0 | 6.5 | 5.7 |
| 总计 | 100.0 | 100.0 | 100.0 |

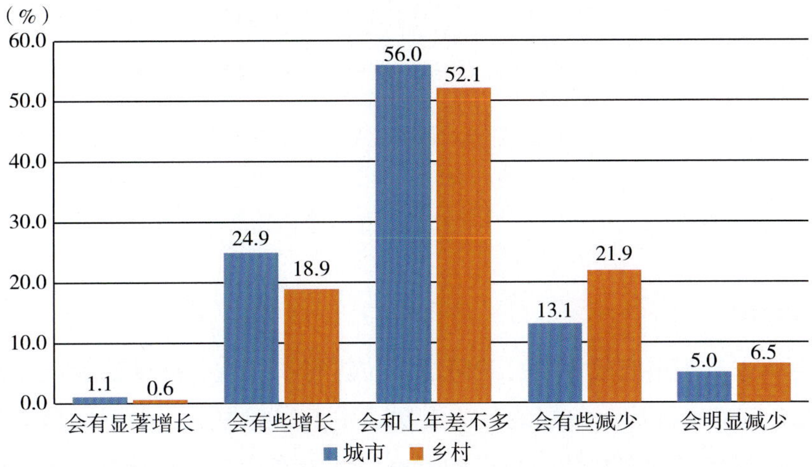


图23-20　城市和乡村自我感知家庭收入变化百分比（%）

### 3. 不同收入区间自我感知家庭收入变化情况

不同收入区间的家庭对于 2017 年收入变化的感知有明显的差异，这尤其表现在对于收入增长预期的感知方面，从数据可以看出（见表 23–60、图 23–21），对于收入增长的乐观程度随着收入区间的提高而提高，比如认为“会有些增长”的受访者比例在 1 万元以下的区间仅为 8.0%，但是随着收入区间的提高不断增加，在 50 万元以上的区间增长到 38.1%；此外还能够发现，随着收入区间的提高，对家庭收入预期的变动程度越高，比如认为“会上去年差不多”的比例呈现出逐渐递减的趋势，由 1 万元以下区间的 66.8% 下降到 50 万元以上区间的 31.0%。

表23-60　不同收入区间自我感知家庭收入变化百分比（%）

| | 1万元以下 | 1万～2.99万元 | 3万～4.99万元 | 5万～9.99万元 | 10万～14.99万元 | 15万～24.99万元 | 25万～49.99万元 | 50万元及以上 | 总计 |
|---|---|---|---|---|---|---|---|---|---|
| 会有显著增长 | 0.1 | 0.7 | 0.8 | 0.7 | 1.2 | 1.6 | 1.2 | 2.4 | 0.8 |
| 会有些增长 | 8.0 | 14.2 | 20.3 | 23.5 | 29.0 | 29.5 | 37.2 | 38.1 | 22.0 |
| 会和上年差不多 | 66.8 | 55.4 | 51.5 | 53.7 | 52.6 | 52.1 | 42.7 | 31.0 | 54.1 |
| 会有些减少 | 17.7 | 22.2 | 20.6 | 16.7 | 13.0 | 12.6 | 16.5 | 26.2 | 17.4 |
| 会明显减少 | 7.3 | 7.6 | 6.8 | 5.3 | 4.1 | 4.2 | 2.4 | 2.4 | 5.7 |
| 总计 | 100.0 | 100.0 | 100.0 | 100.0 | 100.0 | 100.0 | 100.0 | 100.0 | 100.0 |

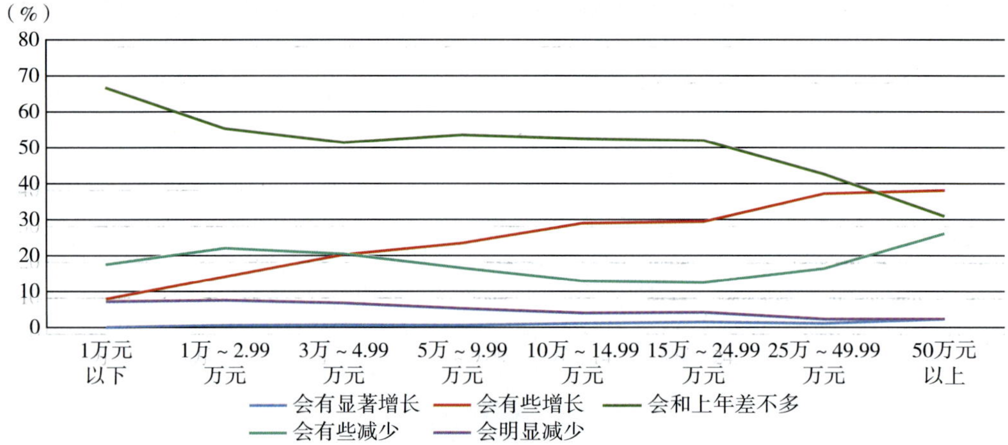


图23-21　不同收入区间自我感知家庭收入变化百分比（%）

## （四）自我阶层定位

### 1. 自我阶层定位的总体情况

2017年民生调查对于家庭收入的自我阶层定位进行了调查，即受访者认为自己家庭的收入处于哪一个阶层，问卷中将收入阶层划分为上层、中上层、中层、中下层和下层。统计数据显示（见表23-61），受访者中多数认为自己的家庭收入处在中层，占比达到43.2%，如果把中上层到中下层都算作中间阶层，则定位在这一阶层区间的比例为77.2%，但是定位处于下层的比例仍有22.1%。

表23-61　家庭收入的自我阶层定位百分比

| | 频次 | 有效百分比（%） | 累计百分比（%） |
|---|---|---|---|
| 上层 | 66 | 0.7 | 0.7 |
| 中上层 | 618 | 6.4 | 7.0 |
| 中层 | 4203 | 43.2 | 50.2 |
| 中下层 | 2696 | 27.7 | 77.9 |
| 下层 | 2149 | 22.1 | 100.0 |
| 总计 | 9732 | 100.0 | / |

### 2. 城市和乡村居民自我阶层定位

城市和乡村受访者自我阶层定位的分布与总体的情况基本一致，都是定位在中层的比例最大，城市受访者定位在中层的比例为 43.0%，农村受访者为 43.4%；且农村和城市自我阶层定位相差不大，在中下层和下层的定位上农村受访者和城市受访者互有高低。

表23-62　　城市和乡村居民自我阶层定位百分比（%）

| | 城市 | 乡村 | 总计 |
|---|---|---|---|
| 上层 | 0.5 | 0.9 | 0.7 |
| 中上层 | 6.2 | 6.5 | 6.4 |
| 中层 | 43.0 | 43.4 | 43.2 |
| 中下层 | 29.0 | 26.4 | 27.7 |
| 下层 | 21.3 | 22.8 | 22.1 |
| 总计 | 100.0 | 100.0 | 100.0 |

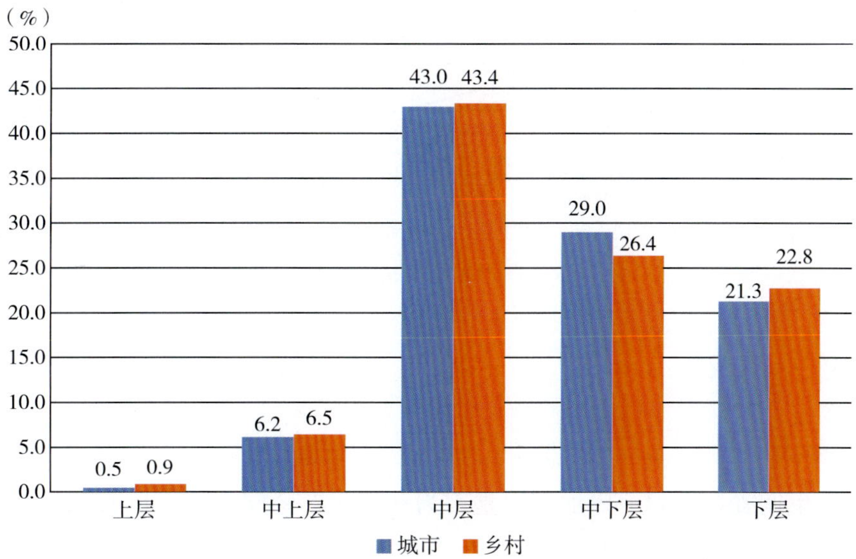


图23-22　城市和乡村居民自我阶层定位百分比（%）

### 3. 不同收入区间家庭自我阶层定位

从图 23-23 可以看出，自我阶层定位存在着比较明显的随收入区间变动的一致性，随着收入区间的提高，定位在中上层和上层的比例越来越高，随着收入区间的升高分别由 0.1% 和 1.0% 逐渐增加到 8.2% 和 36.3%；定位在中层的比例随着收入区间的提升先增加后减少，在 15 万 ~ 24.99 万这个区间达到峰值，比例为 62.1%；而定位在下层的比例越来越低，由 63.0% 逐渐降低到 3.0% 后又在后面的区间略有增加，这一变化趋势与日常观察和经验基本一致，说明居民自我阶层定位与收入的客观情况基本是一致的（见表 23-63）。

表23-63　　不同收入区间家庭自我阶层定位百分比

| | 1万元以下 | 1万～2.99万元 | 3万～4.99万元 | 5万～9.99万元 | 10万～14.99万元 | 15万～24.99万元 | 25万～49.99万元 | 50万元及以上 | 总计 |
|---|---|---|---|---|---|---|---|---|---|
| 上层 | 0.1 | 0.1 | 0.2 | 0.2 | 1.3 | 1.6 | 8.2 | 16.7 | 0.7 |
| 中上层 | 1.0 | 1.1 | 2.6 | 5.1 | 10.3 | 19.5 | 36.3 | 40.5 | 6.4 |
| 中层 | 16.2 | 24.6 | 34.8 | 49.4 | 60.7 | 62.1 | 45.0 | 28.6 | 43.2 |
| 中下层 | 19.6 | 31.0 | 36.6 | 31.4 | 21.0 | 13.8 | 6.4 | 7.1 | 27.7 |
| 下层 | 63.0 | 43.2 | 25.8 | 13.9 | 6.8 | 3.0 | 4.1 | 7.1 | 22.1 |
| 总计 | 100.0 | 100.0 | 100.0 | 100.0 | 100.0 | 100.0 | 100.0 | 100.0 | 100.0 |

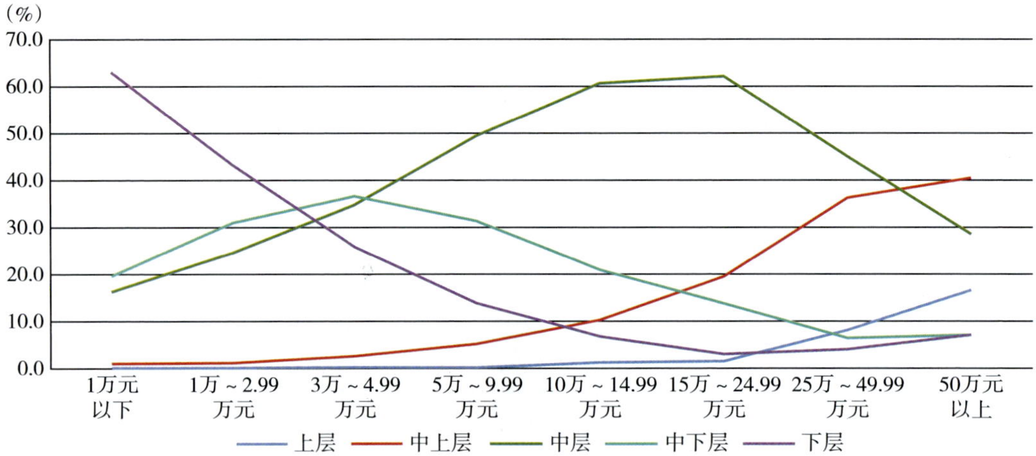


图23-23　不同收入区间家庭自我阶层定位百分比（%）

## （五）贫困户情况

### 1. 贫困户总体情况

2017年的民生调查在问卷中增加了“是否为贫困户”的问题，这里所说的贫困户必须是建档立卡的贫困户，这一问题主要针对收入阶层定位在中下层和下层的受访民众，有4916位受访者回答了这个问题。统计数据表明，绝大部分（87.3%）回答这一问题的受访者都不是（建档立卡）贫困户，分别有7.0%和5.8%的这一问题受访者表示自己是国定贫困户和省定贫困户（见表23–64）。

表23-64　　贫困户百分比

| | 频次 | 有效百分比（%） | 累计百分比（%） |
|---|---|---|---|
| 国定贫困户 | 342 | 7.0 | 7.0 |
| 省定贫困户 | 284 | 5.8 | 12.7 |
| 否 | 4290 | 87.3 | 100.0 |
| 总计 | 4916 | 100.0 | / |

### 2. 城市和乡村的贫困户情况

从城市和乡村的贫困户数据比较来看（见表 23-65、图 23-24），农村地区收入在中下层和下层的贫困户比例虽然不到 20%，但是农村地区的贫困户比例远远超过城市地区，国定贫困户和省定贫困户的比例均是城市地区的两倍多，扶贫攻坚仍然需要重点关注农村地区。

表23-65 城市和乡村的贫困户百分比（%）

| | 城市 | 乡村 | 总计 |
|---|---|---|---|
| 国定贫困户 | 4.3 | 9.8 | 7.0 |
| 省定贫困户 | 3.1 | 8.6 | 5.8 |
| 否 | 92.6 | 81.6 | 87.2 |
| 总计 | 100.0 | 100.0 | 100.0 |

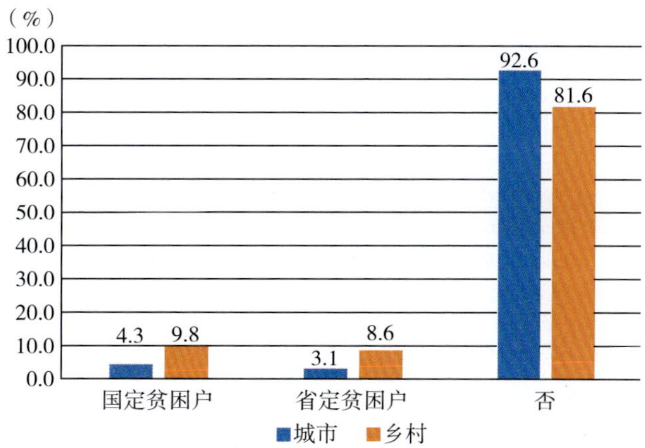


图23-24 城市和乡村贫困户百分比（%）

## （六）社会救助获得

### 1. 获得社会救助总体情况

2017 年民生调查数据显示（见表 23-66），获得过社会救助的仍然是少数群体，占比在 12.6% 左右，在各类社会救助形式当中，获得低保救助的比例最高，约为 8.2%，而获得其他社会救助的比例均比较低，均在 1% 上下。

表23-66 社会救助或的百分比

| | 频次 | 有效百分比（%） | 累计百分比（%） |
|---|---|---|---|
| 无 | 8538 | 87.4 | 87.4 |
| 低保 | 801 | 8.2 | 95.6 |
| 农村五保供养 | 69 | 0.7 | 96.3 |
| 农村特困户生活救助 | 85 | 0.9 | 97.1 |
| 医疗救助 | 113 | 1.2 | 98.3 |
| 灾害紧急救助 | 13 | 0.1 | 98.4 |

续表

| | 频次 | 有效百分比（%） | 累计百分比（%） |
|---|---|---|---|
| 临时救助 | 88 | 0.9 | 99.3 |
| 残疾补助 | 34 | 0.3 | 99.7 |
| 高龄补贴 | 15 | 0.2 | 99.8 |
| 教育补助 | 16 | 0.2 | 100.0 |
| 其他 | 3 | 0.0 | 100.0 |
| 总计 | 9774 | 100.0 | / |

### 2. 城市和乡村社会救助获得情况

城市和乡村均是只有少数人获得社会救助（均不到 16%），但是农村居民获得社会救助的比例要略高于城市，农村获得低保的比例为 15.2%，城市为 10.1%，这一方面说明农村对社会救助的需求大于城市，另一方面也说明国家在救助政策方面对农村的扶持力度也比较大。

表23-67　城市和乡村社会救助获得百分比（%）

| | 城市 | 乡村 | 总计 |
|---|---|---|---|
| 无 | 89.9 | 84.8 | 87.4 |
| 低保 | 7.3 | 9.1 | 8.2 |
| 农村五保供养 | 0.3 | 1.1 | 0.7 |
| 农村特困户生活救助 | 0.3 | 1.5 | 0.9 |
| 医疗救助 | 0.8 | 1.5 | 1.2 |
| 灾害紧急救助 | 0.1 | 0.2 | 0.1 |
| 临时救助 | 0.8 | 1.0 | 0.9 |
| 残疾补助 | 0.3 | 0.4 | 0.3 |
| 高龄补贴 | 0.2 | 0.1 | 0.2 |
| 教育补助 | 0.1 | 0.2 | 0.2 |
| 其他 | | 0.1 | 0.0 |
| 总计 | 100.0 | 100.0 | 100.0 |

### 3. 社会救助金额

填写社会救助具体金额的有效样本数为 1194，总体上看，2016 年家庭平均获得各类救助资金（如有实物折算成现金）约为 4520.83 元（见表 23–68）。分省来看，福建省的救助资金最高，在 6675 元以上，河北省的救助资金均值最低，均在 3300 元左右（见图 23–25）。

表23-68　社会救助金额　单位：元

| 样本数 | 最小值 | 最大值 | 均值 | 标准差 |
|---|---|---|---|---|
| 1194 | 0 | 130000 | 4520.83 | 7390.988 |

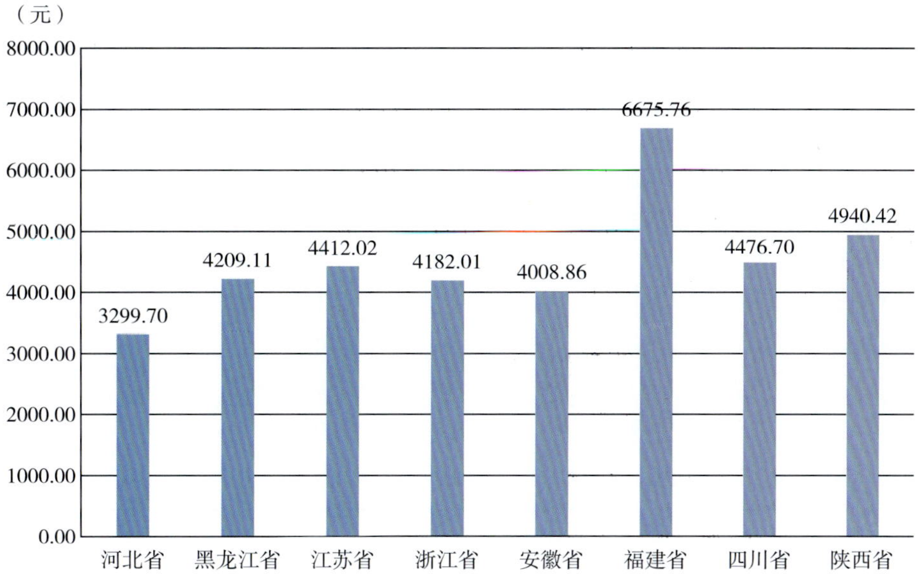


图　23-25　　2016年各省家庭获得的救助资金均值（元）

## （七）收入差距变化的自我认知

本次调查还询问了被调查者与周围家庭相比，近两年来自我感知的收入差距变化情况。结果表明，认为近两年与周围家庭相比收入差距没有变化大的比例最高，为 49.8%，认为差距有扩大的比例次之，为 35.7%（见表 23-69）。

表23-69　　近两年周围家庭间的收入差距有何变化

| | 频次 | 有效百分比（%） | 累计百分比（%） |
|---|---|---|---|
| 大幅扩大 | 271 | 3.2 | 3.2 |
| 有些扩大 | 3065 | 35.7 | 38.9 |
| 没有变化 | 4277 | 49.8 | 88.7 |
| 有些缩小 | 924 | 10.8 | 99.4 |
| 大幅缩小 | 48 | 0.6 | 100.0 |
| 合计 | 8585 | 100.0 | / |

## （八）家庭消费支出

### 1. 总体情况

2017 年民生调查中将家庭消费支出划分成 8 个区间（如表 23-70、图 23-26 所示），数据表明，2016 年家庭消费支出的区间分布集中在 1 万 ~ 9.99 万元之间，这一区间占比达到 84.5%，消费支出在 25 万元以上的比例很低，仅有 0.5% 左右。

表23-70　家庭消费支出百分比

| | 频次 | 有效百分比（%） | 累计百分比（%） |
|---|---|---|---|
| 1万元以下 | 697 | 7.1 | 7.1 |
| 1万～2.99万元 | 2571 | 26.3 | 33.5 |
| 3万～4.99万元 | 2902 | 29.7 | 63.2 |
| 5万～9.99万元 | 2780 | 28.5 | 91.7 |
| 10万～14.99万元 | 582 | 6.0 | 97.6 |
| 15万～24.99万元 | 183 | 1.9 | 99.5 |
| 25万～49.99万元 | 38 | 0.4 | 99.9 |
| 50万元及以上 | 10 | 0.1 | 100.0 |
| 总计 | 9762 | 100.0 | / |

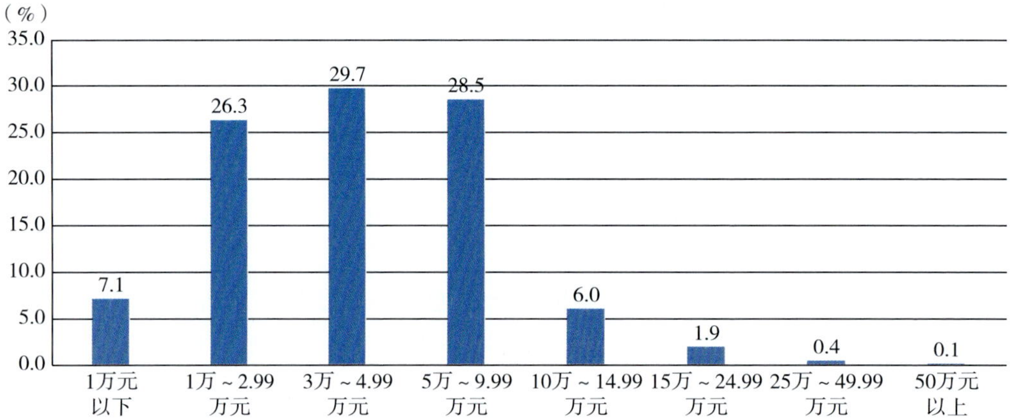


图23-26　家庭消费支出百分比（%）

## 2. 城市和乡村消费支出

从城乡家庭消费支出数据可以看出，农村家庭消费支出在较低支出水平（2.99万元以下）的比例要高于城市，而在中、高等消费支出（3万元以上）的比例方面，城市家庭高于农村家庭，这表明农村地区家庭消费支出水平要低于城市地区（见表23-71、图23-27）。

表23-71　城市和乡村家庭消费支出百分比（%）

| | 城市 | 乡村 | 总计 |
|---|---|---|---|
| 1万元以下 | 3.5 | 10.9 | 7.1 |
| 1万～2.99万元 | 21.9 | 30.9 | 26.3 |
| 3万～4.99万元 | 31.7 | 27.7 | 29.7 |
| 5万～9.99万元 | 33.4 | 23.4 | 28.5 |
| 10万～14.99万元 | 6.9 | 5.0 | 6.0 |
| 15万～24.99万元 | 2.1 | 1.6 | 1.9 |
| 25万～49.99万元 | 0.4 | 0.4 | 0.4 |
| 50万元及以上 | 0.1 | 0.1 | 0.1 |
| 总计 | 100.0 | 100.0 | 100.0 |

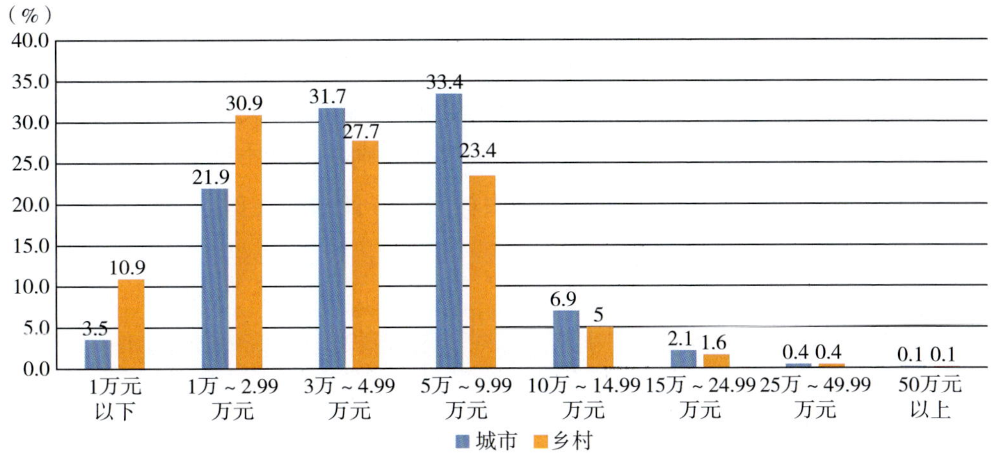


图23-27　城市和乡村家庭消费支出百分比（%）

## （九）家庭支出压力

### 1. 总体情况

在家庭支出压力方面，数据显示，食品、子女教育和医疗为家庭消费支出的最主要来源，这三者所占比重分别为24.0%、21.8%和28.1%，三者合计超过70%，与人们的日常观察不同的是，住房并没有成为居民家庭消费支出的重要来源，仅有8.8%的比例认为消费支出压力最大的是住房（见表23-72）。

表23-72　家庭支出压力主要来源百分比

| | 频次 | 有效百分比（%） | 累计百分比（%） |
|---|---|---|---|
| 食品 | 2374 | 24.0 | 24.0 |
| 住房（贷款月供、房租） | 870 | 8.8 | 32.8 |
| 子女教育 | 2155 | 21.8 | 54.6 |
| 交通 | 89 | 0.9 | 55.5 |
| 医疗 | 2783 | 28.1 | 83.6 |
| 人情送礼 | 649 | 6.6 | 90.2 |
| 婚丧嫁娶 | 209 | 2.1 | 92.3 |
| 衣服 | 88 | 0.9 | 93.2 |
| 生产资料和经营投入 | 1 | 0.0 | 93.2 |
| 没压力 | 669 | 6.8 | 99.9 |
| 其他 | 6 | 0.1 | 100.0 |
| 总计 | 9894 | 100.0 | / |

### 2. 城市和乡村消费支出压力

由表23-73、图23-28来看，很明显城市和农村最大的支出压力都集中在食品、子女教育和医疗方面，但是城市和乡村消费支出的压力在一些类型方面存在一定差别。数据显示，城市家庭最大的消费支出压力来源于住房的比例为11.7%，农村则为5.8%；最大消费支出为子女教育的城市家庭比例也要比农村高出接近3个百分点；但是也可以看出农村家庭在医疗方面消费支出为最大压力的比例比城市家庭高出6个百分点，人情送礼则高出城市2.3个百分点。这说明城市家庭在住房和子女教育方面的支出压力要大于农村家庭，而农村在医疗方面和人情送礼方面的支出压力要略大于城市家庭。

表23-73　城市和乡村家庭消费支出压力百分比（%）

| | 城市 | 乡村 | 总计 |
|---|---|---|---|
| 食品 | 24.7 | 23.3 | 24.0 |
| 住房（贷款月供、房租） | 11.7 | 5.8 | 8.8 |
| 子女教育 | 23.1 | 20.5 | 21.8 |
| 交通 | 1.0 | 0.9 | 0.9 |
| 医疗 | 25.0 | 31.3 | 28.1 |
| 人情送礼 | 5.4 | 7.7 | 6.6 |
| 婚丧嫁娶 | 1.8 | 2.4 | 2.1 |
| 衣服 | 0.6 | 1.1 | 0.9 |
| 生产资料和经营投入 | / | 0.0 | 0.0 |
| 没压力 | 6.6 | 6.9 | 6.8 |
| 其他 | 0.1 | 0.0 | 0.1 |
| 总计 | 100.0 | 100.0 | 100.0 |

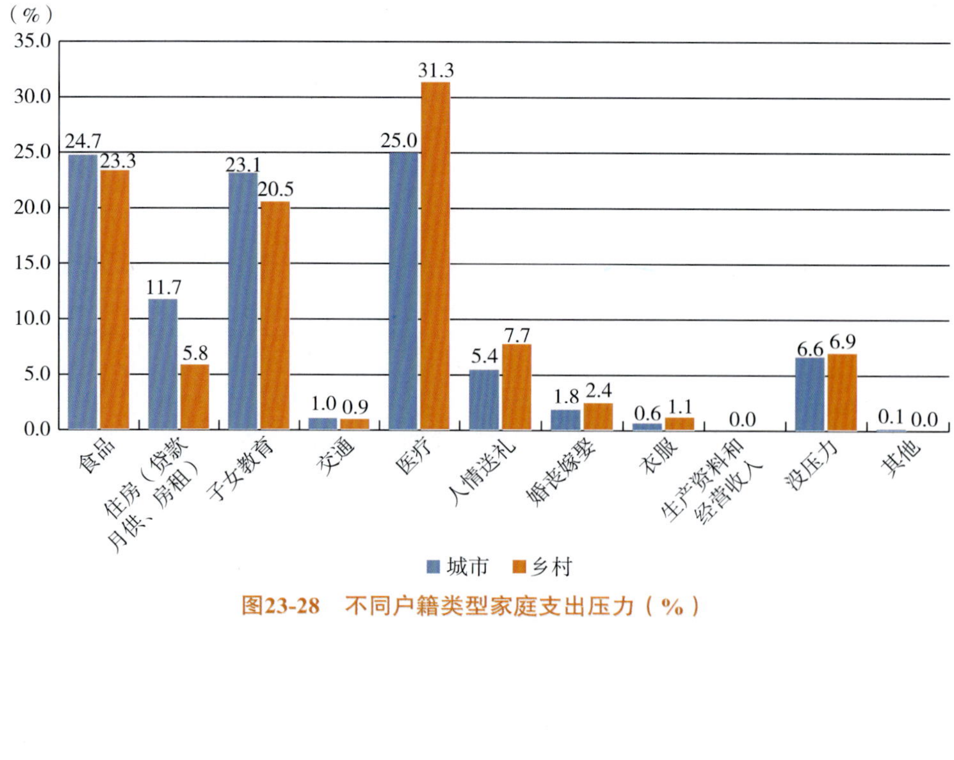


图23-28　不同户籍类型家庭支出压力（%）

### 3. 不同年龄段消费支出压力

在不同的年龄段，家庭消费支出的主要压力存在明显差异，年轻人的消费支出压力来源主要是食品、住房和子女教育，而老年人在医疗方面的消费支出压力特别突出。通过表23–74、图23–29可以看到，20 ~ 40岁区间最大消费支出压力为住房的比例高于其他几个年龄段，比例在20%左右；在子女教育支出方面30 ~ 50岁年龄段的压力要大于其他几个年龄段，认为这一消费支出压力最大的比例在35% ~ 38.9%；在医疗支出方面60岁及以上的消费支出压力远高于其他几个年龄段，其比例高达40%。

表23-74　　不同年龄段家庭消费支出压力百分比（%）

| | [10 ~ 20岁） | [20 ~ 30岁） | [30 ~ 40岁） | [40 ~ 50岁） | [50 ~ 60岁） | 60岁及以上 | 总计 |
|---|---|---|---|---|---|---|---|
| 食品 | 24.1 | 28.6 | 17.8 | 20.0 | 26.2 | 26.0 | 24.0 |
| 住房（贷款月供、房租） | 13.8 | 20.7 | 19.6 | 9.2 | 7.8 | 4.3 | 8.8 |
| 子女教育 | 37.9 | 19.7 | 35.0 | 38.9 | 13.4 | 13.3 | 21.8 |
| 交通 | / | 3.0 | 1.0 | 1.0 | 1.1 | 0.4 | 0.9 |
| 医疗 | 13.8 | 12.7 | 15.7 | 16.6 | 30.5 | 40.0 | 28.1 |
| 人情送礼 | / | 6.2 | 4.2 | 6.1 | 9.1 | 5.8 | 6.6 |
| 婚丧嫁娶 | / | 1.2 | 0.7 | 2.9 | 3.4 | 1.2 | 2.1 |
| 衣服 | 3.4 | 0.2 | 1.0 | 0.9 | 1.1 | 0.8 | 0.9 |
| 生产资料和经营投入 | / | / | / | / | 0.0 | / | 0.0 |
| 没压力 | 6.9 | 7.6 | 4.7 | 4.4 | 7.5 | 8.3 | 6.8 |
| 其他 | / | 0.2 | 0.3 | 0.0 | / | 0.0 | 0.1 |
| 总计 | 100.0 | 100.0 | 100.0 | 100.0 | 100.0 | 100.0 | 100.0 |

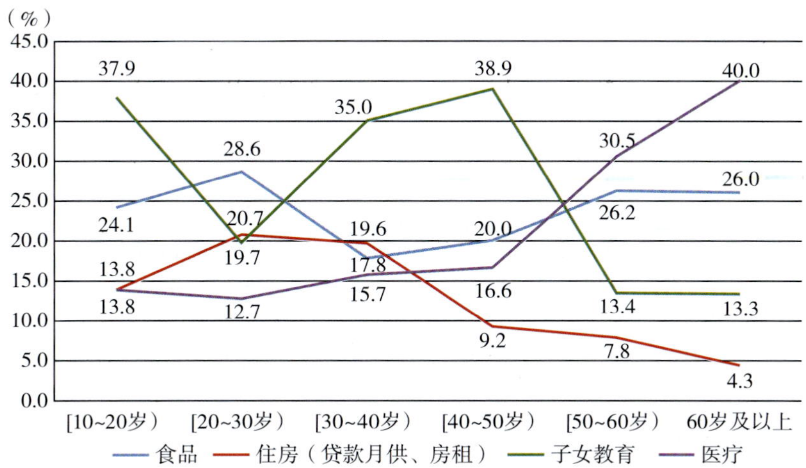


图23-29　不同年龄段家庭消费支出压力百分比*（%）

注：* 本图表只选取了支出比例比较大的几项，其余几项占比很小且差别不大。

### 4. 不同收入水平家庭消费支出压力

从表 23–75、图 23–30 能够看出，不同收入水平的主要消费支出压力集中在食品、住房、子女教育和医疗方面，但是在上述几种类型的比重方面，不同收入阶层差异明显。最为明显的是较低收入阶层的医疗消费支出压力感受要超过中高层收入家庭，其中在 1 万元以下的家庭中，医疗支出为最主要压力的占比高达 56.6%，而在 10 万元以上收入阶层的家庭中，这一比例均不超过 25%，可见低收入家庭对于医疗支出的压力感最大。

表23-75　　不同收入水平家庭消费支出压力（%）

| | 1万元以下 | 1万～2.99万元 | 3万～4.99万元 | 5万～9.99万元 | 10万～14.99万元 | 15万～24.99万元 | 25万～49.99万元 | 50万元及以上 | 总计 |
|---|---|---|---|---|---|---|---|---|---|
| 食品 | 25.3 | 23.5 | 25.0 | 24.8 | 22.4 | 24.4 | 16.3 | 11.9 | 24.0 |
| 住房（贷款月供、房租） | 1.6 | 2.7 | 4.9 | 9.4 | 15.4 | 18.0 | 18.6 | 9.5 | 8.8 |
| 子女教育 | 8.0 | 18.0 | 24.3 | 25.5 | 23.3 | 19.3 | 15.1 | 26.2 | 21.8 |
| 交通 | 0.1 | 0.3 | 0.3 | 0.8 | 1.7 | 2.3 | 3.5 | 2.4 | 0.9 |
| 医疗 | 56.6 | 43.4 | 31.4 | 23.8 | 15.7 | 10.1 | 12.8 | 19.0 | 28.1 |
| 人情送礼 | 4.4 | 6.7 | 6.7 | 6.3 | 6.6 | 8.7 | 9.3 | 4.8 | 6.6 |
| 婚丧嫁娶 | 0.2 | 0.6 | 1.5 | 2.5 | 3.1 | 4.4 | 2.3 | 4.8 | 2.1 |
| 衣服 | 0.2 | 0.8 | 0.3 | 0.9 | 1.4 | 1.5 | 2.3 | 2.4 | 0.9 |
| 生产资料和经营投入 | / | / | / | 0.0 | / | / | / | / | 0.0 |
| 没压力 | 3.5 | 3.9 | 5.6 | 5.9 | 10.2 | 11.3 | 19.8 | 19.0 | 6.8 |
| 其他 | / | 0.1 | 0.1 | 0.1 | 0.1 | / | / | / | 0.1 |
| 总计 | 100.0 | 100.0 | 100.0 | 100.0 | 100.0 | 100.0 | 100.0 | 100.0 | 100.0 |

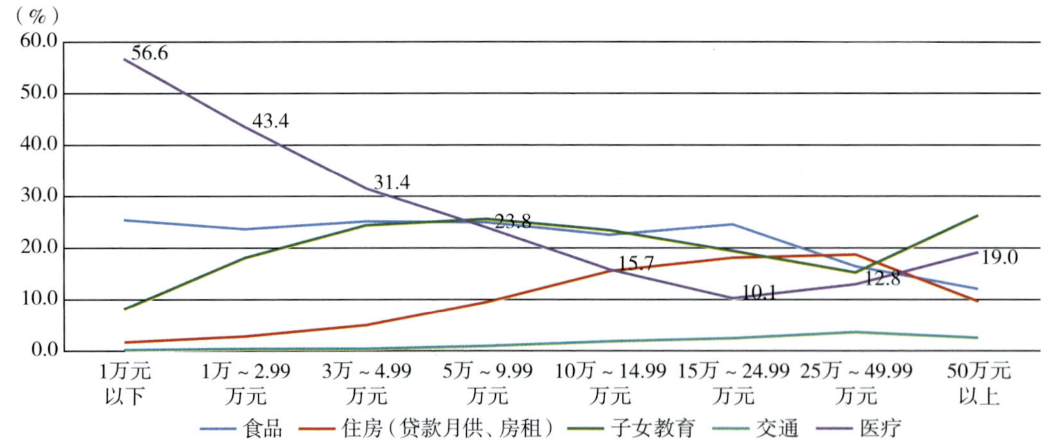


图23-30　不同收入阶层家庭消费支出压力百分比*（%）

注：* 只选取了占比例比较大的几项，其余几项占比很小且差别不大。

# 八、子女教育

## （一）受教育总体情况

### 1. 是否有子女上学

从子女教育的总体数据来看，受访者家庭有 48.7% 的家庭子女在上学或者准备上学，没有子女上学或者准备上学的比例为 51.3%（见表 23-76、图 23-31）。

表23-76　是否有子女上学百分比

| | 频次 | 有效百分比（%） | 累计百分比（%） |
|---|---|---|---|
| 是 | 4791 | 48.7 | 48.7 |
| 否 | 5039 | 51.3 | 100.0 |
| 总计 | 9830 | 100.0 | / |

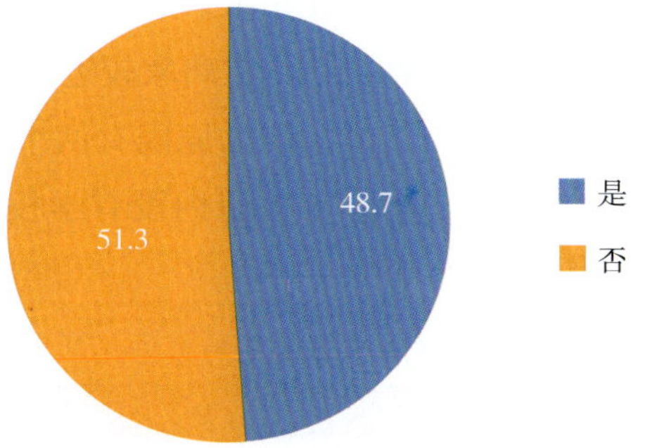


图23-31　是否有子女上学百分比

### 2. 子女受教育阶段的情况

从子女受教育阶段的分布来看，绝大部分上学的子女处在从学前到普通高中的阶段，在这一阶段的比例在 70% 左右，其中在小学阶段的孩子所占比例最大，占比为 34.6%，其次是学前（幼儿园）阶段，占比为 19.9%（见表 23-77、图 23-32）。

表23-77　当前受访者家庭子女上学阶段分布

| | 上学子女数 | 百分比（%） |
|---|---|---|
| 学前（幼儿园） | 1258 | 19.9 |
| 小学 | 2189 | 34.6 |
| 初中 | 1037 | 16.4 |
| 普通高中 | 765 | 12.1 |
| 中职（包括中专、职高、技校） | 164 | 2.6 |
| 高职（大专） | 223 | 3.5 |
| 本科及以上 | 693 | 10.9 |
| 总计 | 6330 | 100.0 |

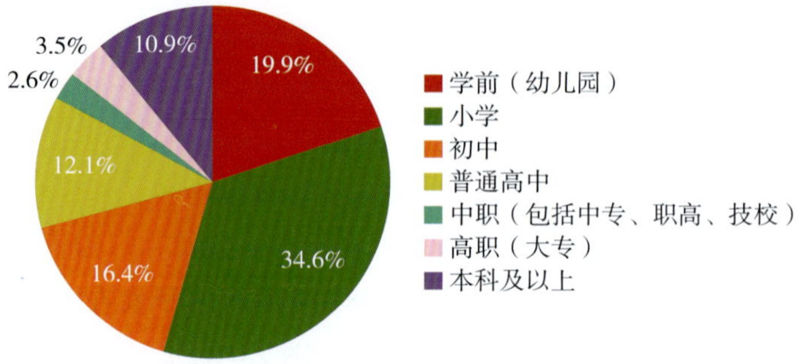


图23-32　当前受访者家庭子女上学阶段分布

## （二）上学距离情况

### 1. 子女所在学校是否离家较近

从整体情况来看，绝大部分家庭的孩子都在离家较近的地方上学，占比在 76.2% 左右，仅有 23.8% 的受访者表示其子女不是（或有的不是）在离家较近的地方上学（见表 23-78）。对于没有选择在离家较近学校就读的受访者，其最主要的原因有两个，一个是为了让子女上更好的学校，这一比例接近 40%；另一个原因是方圆 5 公里内没有学校，这一比例达到 34.6%（见表 23-79）。

表23-78　当前受访者家庭子女所读学校是否离家较近

| | 频次 | 有效百分比（%） | 累计百分比（%） |
|---|---|---|---|
| 是 | 2641 | 76.2 | 76.2 |
| 不是或有的不是 | 826 | 23.8 | 100.0 |
| 合计 | 3467 | 100.0 | / |

表23-79　没有在离家较近学校就读的原因

| | 频次 | 有效百分比（%） | 累计百分比（%） |
|---|---|---|---|
| 最近学校招生名额有限 | 17 | 2.0 | 2.0 |
| 未被划在其招生片区内 | 17 | 2.0 | 4.1 |
| 受户口限制不能就读 | 32 | 4.0 | 8.1 |
| 为了上更好的学校 | 319 | 39.4 | 47.5 |
| 成绩达不到要求，未能考入 | 10 | 1.2 | 48.7 |
| 为了自己的方便（比如，在离工作单位近，能住校，离父母近的地方上学） | 127 | 15.7 | 64.4 |
| 附近（方圆5公里范围内）没有学校 | 281 | 34.6 | 99.0 |
| 残障儿童无法就近入学 | 1 | 0.2 | 99.2 |
| 附近学校收费比较贵 | 2 | 0.3 | 99.5 |
| 年龄不适用 | 1 | 0.1 | 99.6 |
| 其他 | 3 | 0.4 | 100.0 |
| 总计 | 810 | 100.0 | / |

### 2. 城市和农村子女上学距离情况

首先，从是否就近入学的情况来说，对比城市和农村子女上学距离的情况可以发现（见表23-80、图23-33），绝大部分农村和城市子女都是就近上学，比例分别为81.4%和71.7%，但城市家庭这一比例高出农村家庭接近10个百分点，说明城市家庭子女就近入学的比例高于农村。

表23-80 城市和农村子女上学距离远近百分比（%）

| 是否在离家较近的地方上学 | 城市 | 乡村 | 总计 |
|---|---|---|---|
| 是 | 81.4 | 71.7 | 76.2 |
| 不是或有的不是 | 18.6 | 28.3 | 23.8 |
| 总计 | 100.0 | 100.0 | 100.0 |

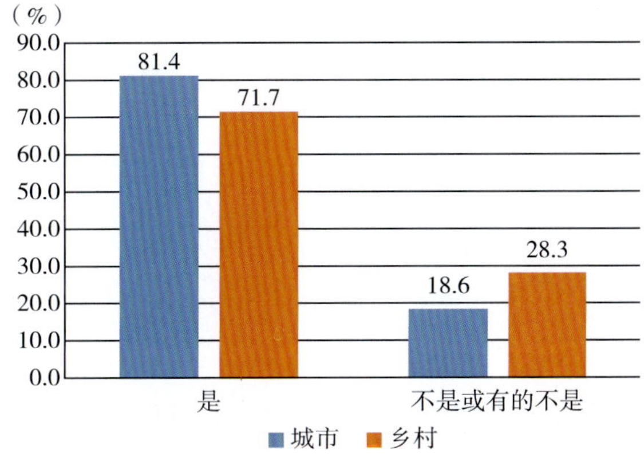


图23-33 子女是否在离家比较近的地方上学成像对比（%）

其次，从选择较远距离的学校上学的原因来说，城市和农村主要考虑的原因都是两个：上更好的学校以及附近没有学校。但是也可以看出来农村地区受访者选择“附近没有学校”的比例要远远高于城市地区，农村地区因为附近没有学校而没有就近入学的比例高达40.9%，城市地区这一比例为23.3%（见表23-81、图23-34）。

表23-81 为什么没有选择离家近的地方上学城乡比较（%）

| | 城市 | 乡村 | 总计 |
|---|---|---|---|
| 最近学校招生名额有限 | 5.2 | 0.4 | 2.1 |
| 未被划在其招生片区内 | 5.2 | 0.4 | 2.1 |
| 受户口限制不能就读 | 8.0 | 1.7 | 3.9 |
| 为了上更好的学校 | 38.5 | 39.8 | 39.3 |
| 成绩达不到要求，未能考入 | 1.4 | 1.1 | 1.2 |
| 为了自己的方便（比如，在离工作单位近，能住校，离父母近的地方上学） | 16.7 | 15.1 | 15.7 |
| 附近（方圆5公里范围内）没有学校 | 23.3 | 40.9 | 34.6 |
| 残障儿童无法就近入学 | 0.3 | / | 0.1 |
| 附近学校收费比较贵 | 0.7 | 0.2 | 0.4 |
| 年龄不适用 | 0.3 | / | 0.1 |
| 其他 | 0.3 | 0.4 | 0.4 |
| 总计 | 100.0 | 100.0 | 100.0 |

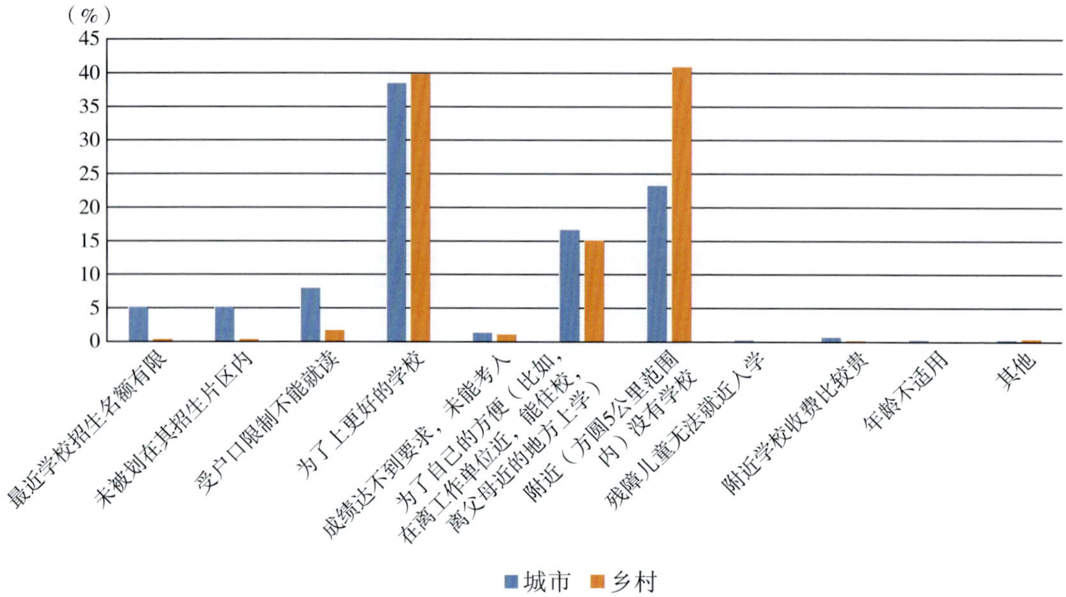


图23-34　为什么没有选择离家近的地方上学城乡比较（%）

## （三）教育不满意情况

问卷还询问了受访者对教育不满意的地方，并按照不同的求学阶段设置了不同的问题进行调查，选择的求学阶段主要包括：学前教育、义务教育及普通高中教育、职业教育和高等教育四个教育阶段。

### 1. 学前教育阶段

在学前教育方面，受访者对于学前教育的满意度在47%左右，而在不满意的选项当中，受访者反映的最主要的不满意地方在于入园贵，比例为20.3%，其他不满意的选项占比都不到7%（见表23-82）。但是城乡来看，城市和农村的受访者都表示"入园贵"是比例最大的不满意项，但是城市比农村受访者的比例高9个百分点左右，而且城市受访者最大的不满意项为"入园难"的比例有11.2%，而农村这一比例仅有2.4%，可见城市居民学前教育入园难和入园贵的问题比农村地区要严重很多（见表23-83、图23-35）。

表23-82　　对学前教育不满意的地方百分比

| | 频次 | 有效百分比（%） | 累计百分比（%） |
|---|---|---|---|
| 教太多，幼儿教育小学化 | 31 | 2.6 | 2.6 |
| 学不了什么东西 | 72 | 5.9 | 8.5 |
| 入园难 | 82 | 6.7 | 15.2 |
| 入园贵 | 248 | 20.3 | 35.5 |
| 教师师德差 | 12 | 0.9 | 36.5 |
| 教师能力差 | 36 | 3.0 | 39.4 |

续表

| | 频次 | 有效百分比（%） | 累计百分比（%） |
|---|---|---|---|
| 老师少，每个班级孩子太多 | 30 | 2.4 | 41.9 |
| 伙食差 | 12 | 1.0 | 42.8 |
| 设施条件差 | 43 | 3.5 | 46.3 |
| 幼儿园距离远 | 57 | 4.7 | 51.0 |
| 当地没有幼儿园 | 23 | 1.8 | 52.9 |
| 其他 | 1 | 0.1 | 53.0 |
| 没有不满意的 | 574 | 47.0 | 100.0 |
| 总计 | 1221 | 100.0 | / |

表23-83　对学前教育不满意的地方城乡比较（%）

| | 城市 | 乡村 | 总计 |
|---|---|---|---|
| 教太多，幼儿教育小学化 | 2.9 | 2.4 | 2.6 |
| 学不了什么东西 | 5.2 | 6.5 | 5.9 |
| 入园难 | 11.2 | 2.9 | 6.7 |
| 入园贵 | 25.1 | 16.2 | 20.3 |
| 教师师德差 | 0.9 | 0.9 | 0.9 |
| 教师能力差 | 2.7 | 3.2 | 2.9 |
| 老师少，每个班级孩子太多 | 3.6 | 1.5 | 2.5 |
| 伙食差 | 0.7 | 1.1 | 0.9 |
| 设施条件差 | 1.4 | 5.3 | 3.5 |
| 幼儿园距离远 | 1.1 | 7.9 | 4.8 |
| 当地没有幼儿园 | 1.2 | 2.4 | 1.9 |
| 其他 | 0.2 | / | 0.1 |
| 没有不满意的 | 43.9 | 49.7 | 47.0 |
| 总计 | 100.0 | 100.0 | 100.0 |

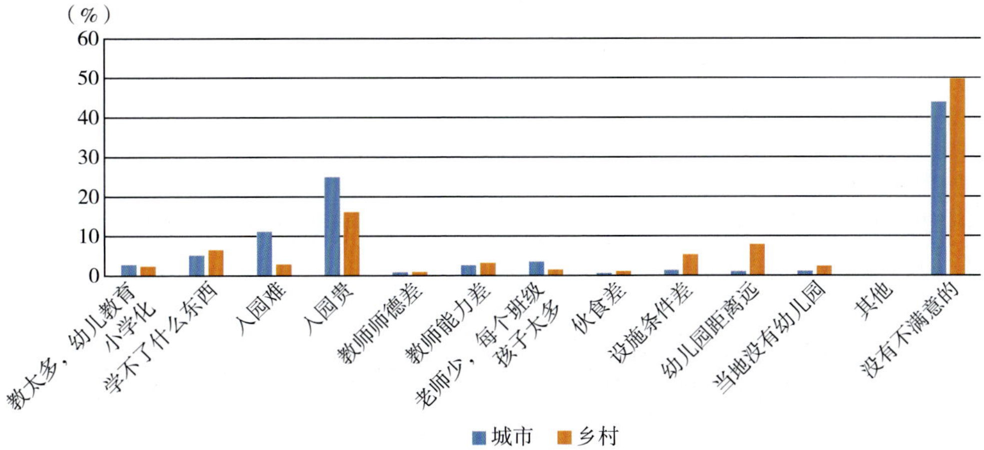


图23-35　对学前教育不满意的地方城乡比较（%）

## 2. 义务教育和普通高中教育阶段

在义务教育和普通高中教育方面，受访者的满意度在 51.6%，总体来看，对于这一阶段的教育，受访者所选择的不满意的地方比例比较分散，各个选项的比例差别不大，均不到 10%，不满意选择比例最高的是教育质量差，比例为 8.4%，其次是不得不上补习班和课业负担重（见表 23–84）。对这一教育阶段，不同户籍的家庭的满意情况有所不同，从满意度来说，本市农业户口满意度最高，超过 50%，对于最不满意的地方，外省和外市户口的家庭最不满意的地方多集中在外地孩子入学难，尤其外省农业户口的家庭反映这一问题的比例最高，达到 28.7%。

**表23-84　对义务教育和普通高中教育不满意的地方**

| | 频次 | 有效百分比（%） | 累计百分比（%） |
|---|---|---|---|
| 教学质量差 | 280 | 9.1 | 9.1 |
| 择校现象普遍 | 103 | 3.3 | 12.4 |
| 学校乱收费 | 104 | 3.4 | 15.8 |
| 教师师德差 | 45 | 1.5 | 17.2 |
| 上学距离较远，就学不便 | 188 | 6.1 | 23.3 |
| 每个班人数太多 | 109 | 3.5 | 26.9 |
| 课业负担重 | 168 | 5.4 | 32.3 |
| 学校设施条件差 | 69 | 2.2 | 34.5 |
| 放学太早 | 12 | 0.4 | 34.9 |
| 很多内容课上不教，不得不上补习班或请家教 | 185 | 6.0 | 40.9 |
| 外地孩子上学难 | 52 | 1.7 | 42.6 |
| 学校风气不好 | 42 | 1.4 | 44.0 |
| 残障儿童入学难 | 3 | 0.1 | 44.1 |
| 伙食差 | 4 | 0.1 | 44.2 |
| 没有不满意的 | 1709 | 55.4 | 99.6 |
| 其他 | 11 | 0.4 | 100.0 |
| 总计 | 3084 | 100.0 | / |

## 3. 职业教育阶段

在职业教育方面（见表 23–85），回答这一问题的受访者没有完全满意的，而受访者反映最集中的不满意的地方是就业质量不高和实践能力不足，分别占比为 33.0% 和 27.5%，可见职业院校的就业问题和教学培训问题是非常突出的问题。

**表23-85　对职业教育不满意的地方**

| | 频次 | 有效百分比（%） | 累计百分比（%） |
|---|---|---|---|
| 缺少实习实训，实践能力培养不足 | 48 | 27.5 | 27.5 |
| 学校乱收费 | 16 | 8.9 | 36.4 |

续表

| | 频次 | 有效百分比（%） | 累计百分比（%） |
|---|---|---|---|
| 教师师德差 | 5 | 2.8 | 39.2 |
| 教师能力差 | 9 | 4.9 | 44.1 |
| 学校风气不好 | 13 | 7.3 | 51.3 |
| 就业质量不高 | 58 | 33.0 | 84.4 |
| 学校设施条件差 | 11 | 6.2 | 90.5 |
| 招生虚假宣传 | 7 | 3.8 | 94.3 |
| 补贴太少 | 3 | 1.4 | 95.7 |
| 费用太高 | 7 | 4.0 | 99.7 |
| 其他 | 1 | 0.3 | 100.0 |
| 总计 | 176 | 100.0 | / |

#### 4. 高等教育阶段

在高等教育方面（见表 23–86），总体的满意度为 47%，对于不满意的地方，受访者主要集中反映两个方面，第一个是高校毕业生就业难，占比为 23.4%，其次是学费贵，占比为 20.9%。

表23-86　　对高等教育不满意的地方

| | 频次 | 有效百分比（%） | 累计百分比（%） |
|---|---|---|---|
| 教学内容和方法落后，能力培养不够 | 23 | 3.2 | 3.2 |
| 教师师德差 | 2 | 0.3 | 3.5 |
| 教师能力差 | 3 | 0.4 | 3.9 |
| 学费贵 | 150 | 20.9 | 24.8 |
| 学校风气不好 | 6 | 0.9 | 25.7 |
| 学校设施条件差 | 18 | 2.5 | 28.1 |
| 高校毕业生就业难 | 168 | 23.4 | 51.6 |
| 招考不公平，存在招生腐败 | 5 | 0.7 | 52.3 |
| 生活费高 | 4 | 0.6 | 52.9 |
| 没有不满意的 | 338 | 47.0 | 99.9 |
| 其他 | 1 | 0.1 | 100.0 |
| 总计 | 718 | 100.0 | / |

## 九、医疗卫生

### （一）医疗机构选择

由表 23–87、图 23–36 可知，居住在城市地区的受访者主要选择区、县医院作为医疗机构首选，而居住在农村地区的受访者则主要选择村卫生所 / 诊所，从整体上来说，农村地区的医疗机构选择较为集中，城市地区的选择更加多元。

表23-87　受访者生病时医疗机构选择情况的城乡差异

| | 城市（%） | 农村（%） | 合计（%） | 数量 |
|---|---|---|---|---|
| 不去医院，自己买药 | 17.6 | 12.9 | 15.3 | 1515 |
| 村卫生室/诊所 | 17.5 | 48.5 | 32.8 | 3243 |
| 社区卫生服务中心（站） | 16.5 | 2.9 | 9.8 | 968 |
| 乡镇卫生院 | 11.9 | 16.3 | 14.1 | 1395 |
| 区、县医院 | 25.1 | 16.6 | 20.9 | 2067 |
| 区域内最好的大医院 | 11.1 | 2.7 | 7.0 | 688 |
| 单位医院 | 0.1 | 0.1 | 0.0 | 4 |
| 其他 | 0.1 | 0.1 | 0.1 | 6 |
| 不回答 | 0.1 | 0.1 | 0.1 | 10 |
| 合计 | 100 | 100 | 100 | 9896 |

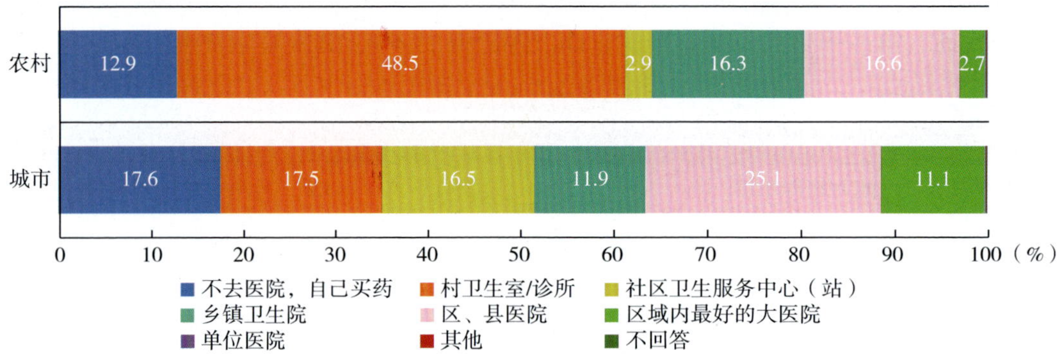


图23-36　受访者生病时医疗机构选择情况的城乡差异（%）

注：单位医院、其他及不回答各自占比在城乡均为0.1%，上图中未显示。

## （二）住院经历

### 1. 家庭成员住院的相关情况

从总体上看，上一年受访者家中有人生病住院的比例为30.6%，在住院选择上比较倾向于选择县级公立医院和地市级公立医院见表23-88、表23-89。

表23-88　上年家中是否有人生病住院

| | 频次 | 有效百分比（%） | 累计百分比（%） |
|---|---|---|---|
| 有 | 3028 | 30.6 | 30.6 |
| 没有 | 6849 | 69.2 | 99.8 |
| 不回答 | 19 | 0.2 | 100 |
| 总计 | 9896 | 100 | / |

表23-89　　住院选择百分比（%）

| | 否 | 是 |
|---|---|---|
| 乡镇卫生院 | 26.6 | 3.8 |
| 县级公立医院 | 17.5 | 12.9 |
| 地市级公立医院 | 20.7 | 9.8 |
| 省级公立医院 | 27.1 | 3.4 |
| 北京、上海等大城市著名公立医院 | 29.7 | 0.7 |
| 部队（武警）医院 | 30.2 | 0.2 |
| 民营/私立医院 | 29.6 | 0.8 |
| 其他 | 30.1 | 0.3 |

### 2. 家庭成员选择不住院的相关情况

从总体上看，8.9%的人没有听从医院建议选择住院。具体而言，受访者根据户籍判断为本地人口的家庭中成员选择不住院的比例最高，为9.1%，受访者根据户籍判断未流动人口的家庭中成员选择不住院的比例为5.9%（见表23-90）。分省来看，河北省与黑龙江省家庭成员存在没有听从医院建议住院的比例最高，均为14.7%，陕西省有17.3%的家庭成员没有听从医院建议住院，其次是陕西省、四川省、安徽省、福建省、江苏省，所占比例在6%～11%之间，浙江省家庭成员没有听从医院建议住院的比例最低，为3.2%（见表23-91）。

表23-91　　2017年家庭成员中没有听从医院建议住院的情况

| | 有（%） | 无（%） | 不回答（%） | 数量 |
|---|---|---|---|---|
| 本地人口（户籍判断） | 9.1 | 90.0 | 0.9 | 9332 |
| 流动人口（户籍判断） | 5.9 | 93.2 | 0.9 | 564 |
| 总计 | 8.9 | 90.2 | 0.9 | 9896 |

表23-91　　家庭成员没有听从医院建议住院的分省比较

| | 有（%） | 无（%） | 不回答（%） | 数量 |
|---|---|---|---|---|
| 安徽省 | 7.7 | 91.4 | 0.8 | 1285 |
| 福建省 | 6.2 | 93.6 | 0.3 | 1280 |
| 河北省 | 14.7 | 84.2 | 1.1 | 1200 |
| 黑龙江省 | 14.7 | 83.7 | 1.6 | 1279 |
| 江苏省 | 6.0 | 93.0 | 1.0 | 1200 |
| 陕西省 | 10.2 | 88.9 | 0.9 | 1205 |
| 四川省 | 8.7 | 90.6 | 0.7 | 1246 |
| 浙江省 | 3.2 | 95.8 | 1.0 | 1201 |
| 总计 | 8.9 | 90.2 | 0.9 | 9896 |

由表23-92可知，选择不住院的主要原因在于“没钱住院”，占比5.3%，其次是“自己认为不需要”，占比2.1%，另有0.9%的人是“没有时间住院”。

表23-92　选择不住院的原因

| | 频次 | 有效百分比（%） |
|---|---|---|
| 没钱住院 | 520 | 5.3 |
| 没有时间住院 | 86 | 0.9 |
| 床位紧张，住不进去 | 11 | 0.1 |
| 自己认为不需要 | 205 | 2.1 |
| 病情特殊 | 1 | 0.0 |
| 不方便照顾 | 24 | 0.2 |
| 对医院不放心 | 7 | 0.1 |
| 需要照看子女 | 4 | 0.0 |
| 其他 | 4 | 0.0 |

## （三）医疗支出

总体上看，住院家庭成员实际支付的医院结算的诊疗费用（扣除医保报销后）的均值为11577.40元，各类医保报销（包括基本医疗保险、大病医保、商业医疗保险、公费医疗等各类一次和二次报销金额的总额）为9148.13元，其他费用（包括看护、交通、食宿、红包、礼品等）为1247.08元。

分省来看，福建省实际支付的诊疗费用平均值最高，浙江省支付其他费用平均值最高，江苏省各类医保报销平均值最高；而四川省实际支付的诊疗费用平均值和各类医保报销费用均值最低，河北省支付的其他费用最低（见表23–93）。

表26-93　医疗支出和报销的分省比较　单位：元

| | 实际支付的医院结算的诊疗总费用（扣除医保报销后） | 其他费用 | 各类医保报销 |
|---|---|---|---|
| 安徽省 | 8997.73 | 1159.44 | 8153.15 |
| 福建省 | 19378.28 | 1805.96 | 10589.61 |
| 河北省 | 12196.53 | 830.95 | 8017.11 |
| 黑龙江省 | 11359.48 | 1080.06 | 12462.74 |
| 江苏省 | 15804.46 | 1441.94 | 12578.04 |
| 陕西省 | 8149.26 | 1036.26 | 5353.71 |
| 四川省 | 8097.29 | 1257.13 | 6599.00 |
| 浙江省 | 15424.28 | 2650.70 | 12564.75 |

从户口类型角度来看，非农业户口与农业户口受访者实际支付的医院结算诊疗总费用差别相对较小，非农户口受访者各类医保报销数量远高于农业户口受访者，不过支付的其他费用也高于农业户口；从流动类型的视角来看，本地人口实际支付的诊疗费用和医保报销费用高于流动人口，二者支付的其他费用数量差别相对较小；从居住地城乡区分的视角来看，居住在城市中的受访者在实际支付的诊疗费用、其他费用和医保报销费用三方面都高于居住在农村的受访者（见表23–94）。

表23-94　分户口、流动类型和城乡区分的医疗支出与报销情况　单位：元

| 类别 | | 实际支付的医院结算的诊疗总费用 | 其他费用 | 各类医保报销 |
|---|---|---|---|---|
| 户口类型 | 非农户口 | 10895.45 | 1424.69 | 12201.23 |
| | 农业户口 | 11863.08 | 1178.3 | 7885.35 |
| 流动类型 | 本地人口（户籍判断） | 11635.4 | 1244.5 | 9273.71 |
| | 流动人口（户籍判断） | 9706.14 | 1323.03 | 5081.45 |
| 城乡区分 | 城市 | 11232.99 | 1376.16 | 10775.64 |
| | 农村 | 11878.76 | 1139.98 | 7735 |

## （四）因看病向外筹资情况

总体来看，82.5% 的受访者表示没有因家人看病需要向外借钱，15.9% 的人则找亲戚朋友借款来看病，0.3% 则是通过变卖家庭财产或抵押贷款来看病（见表 23–95）。

表23-95　因病筹资的方式

| | 频次 | 有效百分比（%） | 累计百分比（%） |
|---|---|---|---|
| 不知道/不清楚 | 1 | 0.0 | 0.0 |
| 无回答 | 128 | 1.3 | 1.3 |
| 没有 | 8167 | 82.5 | 83.8 |
| 有，找亲戚朋友借款 | 1572 | 15.9 | 99.7 |
| 有，变卖家庭财产或抵押贷款 | 26 | 0.3 | 100.0 |
| 有，其他 | 2 | 0.0 | 100.0 |
| 总计 | 9896 | 100.0 | / |

## （五）生病无钱就医担忧程度

从总体上看，55.8% 的人担心自己及家人未来生病无钱就医，23.4% 的人表示不担心。分学历来看，总体的趋势是学历越高，对于生病无钱就医的担心程度越低。分省来看，黑龙江省、陕西省担心的比例较高，均在 70% 以上，浙江省的担心比例最低，为 43.4%（见表 23–96、图 23–37）。

表23-96　不同学历群体对生病无钱就医的担心百分比（%）

| | 不知道/不清楚 | 不回答 | 担心 | 一般 | 不担心 |
|---|---|---|---|---|---|
| 没上过学 | 3.1 | 1.5 | 67.4 | 12.2 | 15.8 |
| 小学 | 2.7 | 1.4 | 61.2 | 14.3 | 20.4 |
| 初中 | 2.5 | 1.1 | 56.5 | 17.9 | 22.0 |
| 高中/中专/技校 | 1.4 | 0.9 | 33.7 | 25.4 | 27.5 |
| 大专/高职 | 1.4 | 0.9 | 11.8 | 21.9 | 38.6 |
| 本科 | 1.4 | 1.0 | 33.0 | 26.0 | 38.6 |
| 研究生及以上 | 2.9 | / | 27.8 | 28.1 | 41.2 |

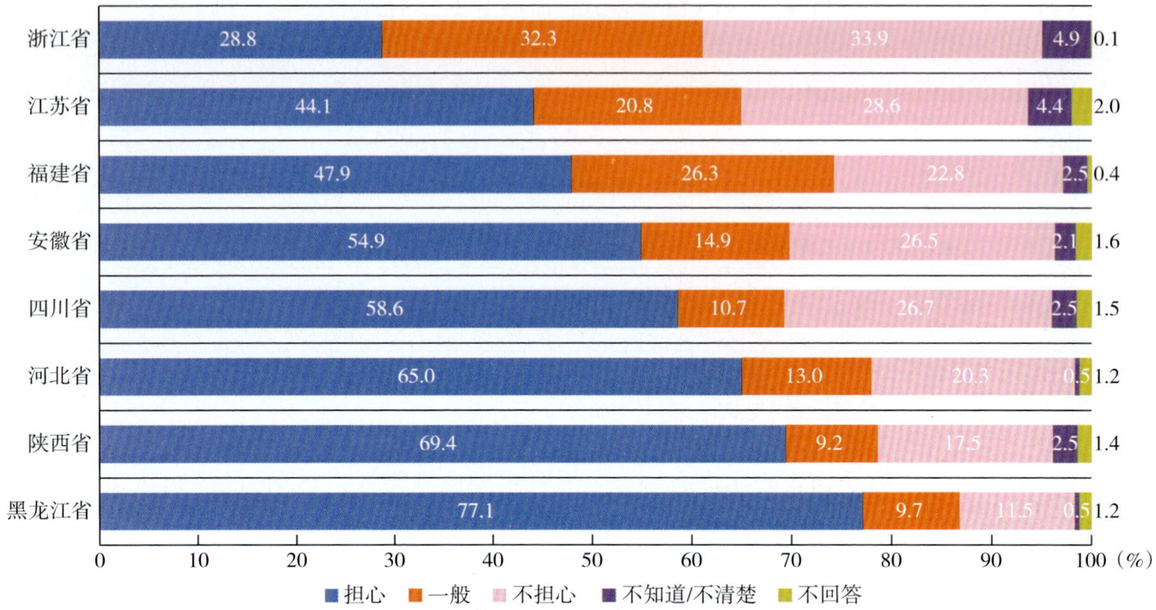


图23-37 各省对生病无钱就医的担心情况（%）

## （六）对医疗服务不满意方面

总体来看，受访者对医疗服务最不满意的方面集中于“看病太贵”这一原因，其次，大医院看病难、医保报销比例太低等也都是受访者主要的不满意方面，同时也有 26.2% 的受访者表示目前对医疗服务没有不满意的地方（见表 23–97）。

表23-97 受访者对医疗服务最不满意方面

| | 频次 | 有效百分比（%） | 累计百分比（%） |
|---|---|---|---|
| 不知道/不清楚 | 463 | 4.7 | 4.7 |
| 无回答 | 53 | 0.5 | 5.2 |
| 看病太贵 | 4057 | 41.0 | 46.2 |
| 大医院看病难 | 815 | 8.2 | 54.4 |
| 医护人员态度差 | 158 | 1.6 | 56.0 |
| 医疗水平差 | 275 | 2.8 | 58.8 |
| 红包、回扣问题严重 | 55 | 0.6 | 59.4 |
| 过度检查、过度用药、小病大治 | 434 | 4.4 | 63.8 |
| 社区卫生服务中心等能力弱 | 348 | 3.5 | 67.3 |
| 医保报销比例太低 | 641 | 6.5 | 73.8 |
| 没有不满意的 | 2596 | 26.2 | 100.0 |
| 总计 | 9896 | 100.0 | / |

### （七）过去一年医疗服务变化状况

数据显示，过去一年里各项医疗服务状况在受访者看来均有所变化，其中医生态度改善最大，其次是大医院挂号、基层医疗服务等改善程度相对较多，但同时约有超过 20% 的受访者表示在药品费用、家庭医疗负担等方面状况有所变差，此外也约 40% 的受访者表示这两方面变化不大，总体而言这两方面在过去一年的状况改善相对较少，存在变差的趋势（见表 23-98）。

表23-98　受访者对过去一年医疗服务变化状况评价占比（%）

| | 不知道/不清楚 | 不回答 | 改善 | 无变化 | 变差 |
|---|---|---|---|---|---|
| 大医院挂号 | 18.5 | 0.2 | 50.7 | 24.1 | 6.6 |
| 药品费用 | 14.5 | 0.2 | 22.8 | 40.7 | 21.7 |
| 家庭医疗负担 | 7.2 | 0.4 | 23.8 | 43.0 | 25.6 |
| 基层医疗服务 | 12.8 | 0.6 | 50.4 | 33.0 | 3.2 |
| 社区医院开药 | 31.8 | 0.5 | 22.2 | 39.1 | 6.4 |
| 社区医院转诊 | 36.4 | 0.5 | 28.9 | 31.3 | 2.9 |
| 医生态度 | 6.2 | 0.4 | 70. 3 | 19.9 | 3.1 |
| 医保报销比例 | 20.1 | 0.3 | 37.0 | 37.2 | 5.3 |
| 异地就医报销 | 48.6 | 0.4 | 24.2 | 22.5 | 4.2 |

## 十、养老保险

### （一）养老经济来源担心程度

由表 23-99 所示，无论是 60 岁以下的受访者还是 60 岁以上的受访者，均有接近 50% 的比例认为对以后养老的经济来源表示担心，但总体来看 60 岁以下受访者对养老经济来源的担心程度要略高于 60 岁以上受访者，其中 60 岁及以上受访者中表示不担心的比例要显著高于 60 岁以下受访者。

表23-99　不同年龄段养老经济来源的担心程度

| | 60岁以下（%） | | 60岁及以上（%） | |
|---|---|---|---|---|
| | 频次 | 有效百分比 | 频次 | 有效百分比 |
| 不知道/不清楚 | 318 | 4.9 | 66 | 1.9 |
| 不回答 | 9 | 0.1 | 8 | 0.2 |
| 担心 | 3177 | 49.4 | 1593 | 46.1 |
| 一般 | 1219 | 19.0 | 524 | 15.2 |
| 不担心 | 1708 | 26.6 | 1268 | 36.7 |

### （二）养老计划

调查结果表明（见表 23-100、表 23-101），无论是年龄在 60 岁以下的受访者，还是 60 岁及以上的受访者，他们未来的养老经济来源均主要为自己的退休金 / 养老金和由子女或其他亲属赡养两方面。除此之外，60 岁以下受访者未来的养老经济来源计划回答中选择储蓄和靠承包土地的比例也相对较多，另外也有约 7.7% 的 60 岁以下受访者表示暂时还没有考虑自己的养老经济来源问题。

表23-100　60岁以下受访者未来的养老经济来源计划

| | 频次 | 百分比（%） |
|---|---|---|
| 自己的退休金/养老金 | 2211 | 34.4 |
| 配偶的退休金/养老金 | 120 | 1.9 |
| 储蓄 | 693 | 10.8 |
| 投资理财收入 | 26 | 0.4 |
| 靠承包田地 | 616 | 9.6 |
| 商业养老保险 | 59 | 0.9 |
| 房产收益（租房或卖房） | 14 | 0.2 |
| 由儿女或其他亲属赡养 | 1751 | 27.2 |
| 低保或社会救济 | 164 | 2.5 |
| 工作收入 | 274 | 4.3 |
| 借钱 | / | / |
| 没想过 | 494 | 7.7 |
| 其他 | 1 | 0.0 |
| 不回答 | 6 | 0.1 |

表23-101　60岁及以上受访者当前的经济来源

| | 频次 | 百分比（%） |
|---|---|---|
| 自己的退休金/养老金 | 1434 | 41.5 |
| 配偶的退休金/养老金 | 79 | 2.3 |
| 储蓄 | 115 | 3.3 |
| 投资理财收入 | 3 | 0.1 |
| 靠承包田地 | 429 | 12.4 |
| 商业养老保险 | 4 | 0.3 |
| 房产收益（租房或卖房） | 11 | 0.3 |
| 由儿女或其他亲属赡养 | 947 | 27.4 |
| 低保或社会救济 | 179 | 5.2 |
| 工作收入 | 140 | 4.1 |
| 借钱 | 1 | 0.0 |
| 没想过 | 42 | 1.2 |
| 其他 | 1 | 0.0 |
| 不回答 | 74 | 2.1 |

从养老生活照顾来源方面来看（见表 23-102），年龄在 60 岁以下的受访者认为自己未来主要由子女照顾，其次是自己照顾自己，而对于 60 岁以上的受访者来说，目前主要是自己照顾自己，其次是子女照顾，两者略有不同。此外，相对来讲 60 岁以下的受访者未来养老生活照顾来源中选择养老机构照料的比例稍多于 60 岁及以上受访者。

表23-102 养老生活照顾来源

| | 60岁以下 | | 60岁及以上 | |
|---|---|---|---|---|
| | 频次 | 有效百分比（%） | 频次 | 有效百分比（%） |
| 自己照顾自己 | 2144 | 33.3 | 1713 | 49.5 |
| 配偶照顾 | 1158 | 18.0 | 644 | 18.6 |
| 子女照顾 | 2558 | 39.8 | 907 | 26.2 |
| 其他亲属帮忙照顾 | 10 | 0.2 | 14 | 0.4 |
| 雇佣保姆 | 8 | 0.1 | 6 | 0.2 |
| 社区养老照料中心 | 40 | 0.6 | 9 | 0.3 |
| 公办养老机构 | 119 | 1.9 | 40 | 1.2 |
| 民营/私营养老机构 | 28 | 0.4 | 5 | 0.2 |
| 没想过 | 337 | 5.2 | 31 | 0.9 |
| 其他 | 5 | 0.1 | 2 | 0.1 |
| 不回答 | 23 | 0.4 | 87 | 2.5 |

## （三）老人月收入情况

调查显示，总体上看在有 60 岁以上老人的家庭中，平均每位老人的月固定收入（含工作、养老金、投资理财等各类个人收入，但不包含子女给的钱）为 1028.40 元，其中平均每位老人每月的养老金收入为 713.02 元。

从受访者类型判断，非农户口受访者所在的家庭中老人的月固定收入和养老金收入都要显著高于农业户口受访者所在家庭（见表 23-103、表 23-104）。

表23-103 老人每月固定收入（针对受访者家庭中60岁以上老人）

| | 类别 | 均值（元） | 频数 |
|---|---|---|---|
| 户口类型 | 非农户口 | 1942.78 | 1601 |
| | 农业户口 | 599.26 | 3409 |

表23-104 老人每月养老金收入（针对受访者家庭中60岁以上老人）

| | 类别 | 均值（元） | 频数 |
|---|---|---|---|
| 户口类型 | 非农户口 | 1643.13 | 1601 |
| | 农业户口 | 276.37 | 3409 |

## （四）家庭养老压力

调查数据显示（见表 23–105），受访者中认为目前家庭赡养老人的经济压力和照料老人的时间精力压力处于一般程度的人数最多，分别占 33.2% 和 35.5%，表示几乎没有压力和完全没有压力的人数总和也约占 30%，总体来说不同家庭存在不同程度的赡养与照料压力。

表23-105　家庭赡养经济压力与照料时间经济压力分布

| | 赡养经济压力 | | 照料时间精力压力 | |
|---|---|---|---|---|
| | 频次 | 有效百分比（%） | 频次 | 有效百分比（%） |
| 不回答 | 70 | 0.7 | 74 | 0.8 |
| 压力非常大 | 774 | 7.8 | 700 | 7.1 |
| 压力比较大 | 2558 | 25.9 | 2384 | 24.1 |
| 一般 | 3281 | 33.2 | 3509 | 35.5 |
| 几乎没有压力 | 2087 | 21.1 | 2085 | 21.1 |
| 完全没有压力 | 1126 | 11.4 | 1144 | 11.6 |

## （五）养老设施

调查数据显示，超过 60% 的受访者表示所在社区修建有棋牌室 / 文化活动室和健身场所，但是在康复设施、老年日间照料中心和老年食堂的修建方面，约有 80% 的受访者所在社区尚未修建上述养老设施。另外，在养老设施满意度方面，33% 的受访者表示目前所在地的养老设施和服务能够满足本地老年人的需求，46.8% 的受访者表示目前暂未能满足需求。

表23-106　所在地区养老设施修建情况百分比（%）

| | 不知道/不清楚 | 不回答 | 有 | 没有 |
|---|---|---|---|---|
| 棋牌室/文化活动室 | 3.5 | 0.5 | 63.9 | 32.1 |
| 健身场所 | 2.4 | 0.5 | 69.4 | 27.6 |
| 康复设施 | 6.2 | 0.6 | 23.0 | 70.2 |
| 老年日间照料中心 | 5.6 | 0.5 | 16.2 | 77.6 |
| 老年食堂 | 5.4 | 0.5 | 9.7 | 84.3 |

## （六）养老保险

调查数据显示（见表 23–107），48.6% 的受访者表示对于我国目前的养老保险状况较为满意，但同时也存在约 17.8% 的受访者表示对养老保障状况存在一定程度的不满意。具体来看，目前受访者认为我国养老保险最大的问题在于养老金水平太低，此外不同人之间养老金差异太大、制度设计太复杂以及个人缴费太高等也都存在不满意的情况（见表 23–108）。

表23-107　受访者对我国养老保险状况的满意度

| | 频次 | 有效百分比（%） | 累计百分比（%） |
|---|---|---|---|
| 不知道/不清楚 | 845 | 8.5 | 8.5 |
| 无回答 | 10 | 0.1 | 8.6 |
| 非常满意 | 861 | 8.7 | 17.3 |
| 基本满意 | 3946 | 39.9 | 57.2 |
| 一般 | 2471 | 25.0 | 82.2 |
| 不太满意 | 1517 | 15.3 | 97.5 |
| 很不满意 | 246 | 2.5 | 100.0 |
| 总计 | 9896 | 100.0 | / |

表23-108　受访者认为目前养老保障最大的问题

| | 频次 | 有效百分比（%） | 累计百分比（%） |
|---|---|---|---|
| 不知道/不清楚 | 1339 | 13.5 | 13.5 |
| 无回答 | 81 | 0.8 | 14.4 |
| 养老金水平太低 | 4190 | 42.3 | 56.7 |
| 不同人之间养老金水平差距太大 | 1859 | 18.8 | 75.5 |
| 个人缴费太高 | 941 | 9.5 | 85.0 |
| 未来养老金可能发不出来 | 365 | 3.7 | 88.7 |
| 制度设计太复杂，搞不清楚 | 950 | 9.6 | 98.3 |
| 养老金在不同地区转移接续困难 | 80 | 0.8 | 99.1 |
| 养老保险要求的年龄过高 | 9 | 0.1 | 99.2 |
| 其他 | 83 | 0.8 | 100.0 |
| 总计 | 9896 | 100.0 | / |

## （七）养老服务

调查数据显示，约有43.5%的受访者表示对我国目前的养老服务状况较为满意，但同时也存在约14.2%的受访者表示存在一定程度的不满意（见表23-109）。具体来看，不满意的方面主要集中于养老机构太少和养老机构收费太高两方面，其次，社区养老设施不完善，子女对老年人照顾不够等也存在一定程度的不满意（见表23-110）。

表23-109　受访者对我国养老服务状况的满意度

| | 频次 | 有效百分比（%） | 累计百分比（%） |
|---|---|---|---|
| 不知道/不清楚 | 1512 | 15.3 | 15.3 |
| 无回答 | 27 | 0.3 | 15.6 |
| 非常满意 | 560 | 5.7 | 21.2 |
| 基本满意 | 3823 | 38.6 | 59.8 |
| 一般 | 2574 | 26.0 | 85.9 |
| 不太满意 | 1213 | 12.3 | 98.1 |
| 很不满意 | 187 | 1.9 | 100.0 |
| 总计 | 9896 | 100.0 | / |

表23-110　　受访者认为目前养老服务最大的问题

| | 频次 | 有效百分比 | 累计百分比 |
|---|---|---|---|
| 不知道/不清楚 | 3343 | 33.8 | 33.8 |
| 无回答 | 21 | 0.2 | 34.0 |
| 养老服务机构太少 | 2006 | 20.3 | 54.3 |
| 养老机构收费太高 | 1570 | 15.9 | 70.1 |
| 养老服务人员专业化水平太低 | 260 | 2.6 | 72.8 |
| 社区养老服务设施不完善 | 837 | 8.5 | 81.2 |
| 便利化设施不足 | 223 | 2.3 | 83.5 |
| 养老服务内容不够丰富 | 300 | 3.0 | 86.5 |
| 老年人可参加的社会活动太少 | 295 | 3.0 | 89.5 |
| 缺乏对老人心理上的关爱 | 215 | 2.2 | 91.7 |
| 很多子女对老年人照顾不够 | 418 | 4.2 | 95.9 |
| 没问题 | 393 | 4.0 | 99.9 |
| 其他 | 14 | 0.1 | 100.0 |
| 总计 | 9896 | 100.0 | / |

## 十一、住房保障

### （一）人均住房面积

调查数据显示，居民人均住房建筑面积约为41.90平方米，最小值为2平方米，最大值为750平方米。分城乡来看，城市居民人均住房建筑面积约为40.92平方米，略低于农村居民的42.92平方米。分省份来看，陕西省、福建省、浙江省居民的人均住房建筑面积均超过50平方米，而黑龙江省、河北省和安徽省的人均住房建筑面积均未超过33平方米，存在一定的省际差异（见图23-38）。

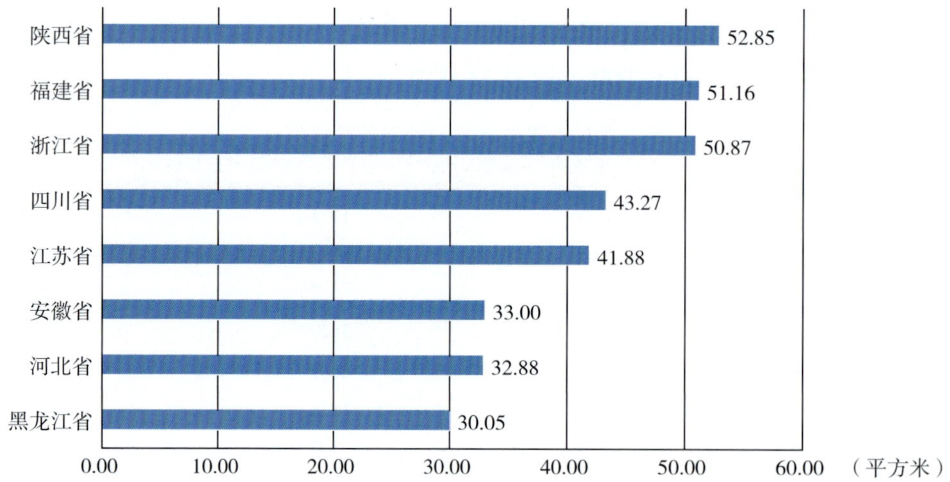


图23-38　人均住房面积的省际差异（平方米）

## （二）独立厨房和卫生间

调查数据显示，76.7% 的居民住房中同时拥有独立厨房和卫生间，13.1% 的居民住房中仅有独立厨房，3.4% 的居民住房中仅有独立卫生间，6.8% 的居民住房中两者都没有。分城乡来看，城市居民的住房中同时拥有独立厨房和卫生间的比例高达 82.8%，农村居民中这一比例为 70.5%（见图 23-39）。分省份来看，福建省、江苏省居民住房中同时拥有独立厨房和卫生间的比例较高，在 85% 以上；安徽省居民住房中同时拥有独立厨房和卫生间的比例最低，仅为 59.3%（见图 23-40）。

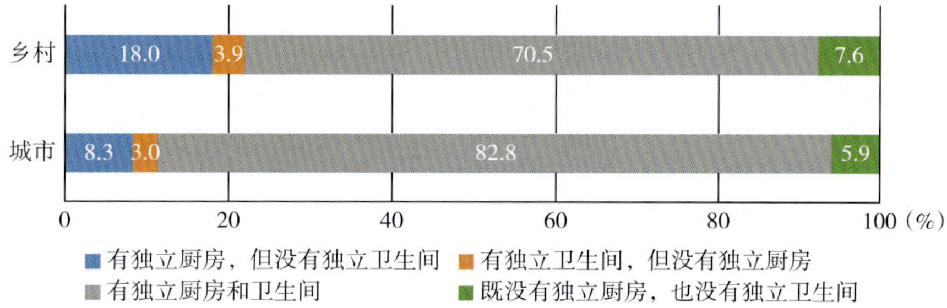


图23-39　独立厨房和卫生间的城乡差异（%）

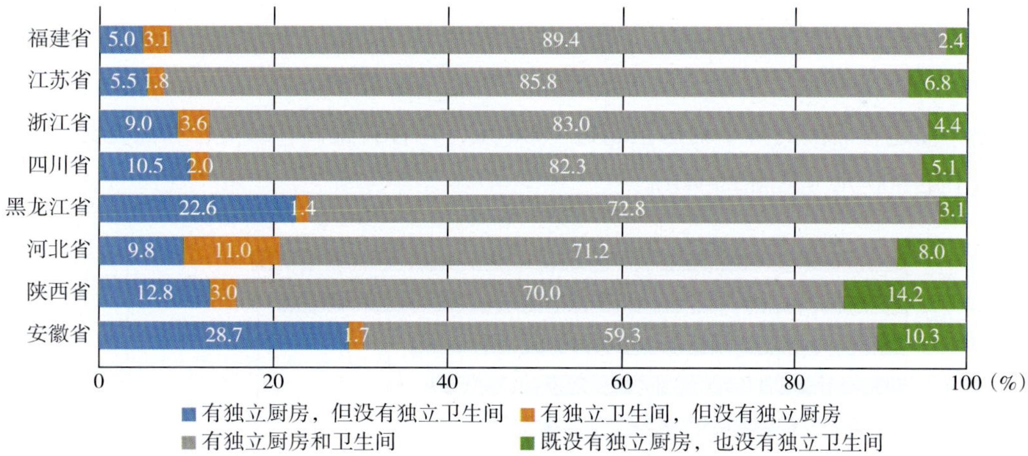


图23-40　独立厨房和卫生间的省际差异（%）

## （三）住房类型

调查数据显示，整体来看，居民住房类型中以自建住房为主，占总体的 64.8%；其次是自购商品住房，比重为 13.7%；拆迁安置房、购买房改房、市场租赁房分别占比 6.5%、5.0% 和 4.7%。城乡居民住房类型分布有一定差异，在农村地区，自建住房的比重高达 89.6%，自购商品住房、拆迁安置房、房改房、市场租赁房等的比重较小；而城市居民自建住房的比重仅为 40.8%，自购商品住房、拆迁安置房、购买房改房、市场租赁房成为更多城市居民的住房选择（见表 23-111）。

表23-111　　城乡住房类型（%）

| | 城市 | 乡村 | 整体 |
|---|---|---|---|
| 自建住房 | 40.8 | 89.6 | 64.8 |
| 自购商品住房 | 23.5 | 3.5 | 13.7 |
| 拆迁安置房 | 10.4 | 2.4 | 6.5 |
| 购买房改房 | 9.4 | 0.4 | 5.0 |
| 市场租赁房 | 8.0 | 1.4 | 4.7 |
| 廉租房（或公租房） | 3.8 | 0.5 | 2.2 |
| 借住亲朋好友住房 | 1.6 | 1.3 | 1.4 |
| 购买的保障性住房 | 1.6 | 0.7 | 1.1 |
| 单位租住房（单位公寓/宿舍） | 0.8 | 0.3 | 0.5 |
| 住在工作地点 | 0.1 | 0.0 | 0.0 |
| 合计 | 100.0 | 100.0 | 100.0 |

## （四）租房情况

### 1. 租房费用

根据调查数据，有 7.7% 的目前处于租房居住的状态，八成以上为城市居民。租房者的月平均房租为 743.76 元。分城乡来看，城市地区的月平均房租为 734.02 元，低于农村的 808.42 元。分省份来看，福建省居民的月平均房租超过 1000 元，为各省最高；四川省和黑龙江省居民的月平均房租则不足 500 元（见图 23-41）。

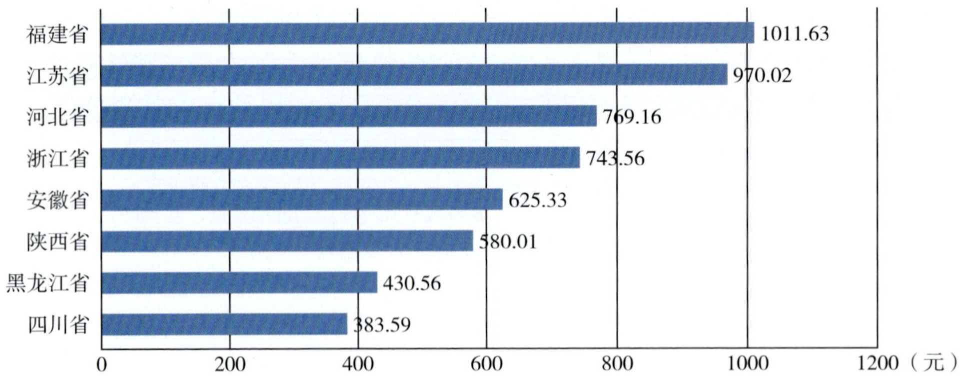


图23-41　租房费用的省际差异（元）

### 2. 合租比重

租房状态上，89.1% 的人独自租房，10.9% 的人同他人合租。分城乡来看，城市居民同他人合租的比重为 10.5%，略低于农村居民的 12.7%。分省份来看，四川省租房居住的居民中同他人合租的比重最高，超过 20%；黑龙江省和安徽省租房居住的居民中和他人合租的比重均未超过

5%，存在一定的省际差异（见图 23–42）。

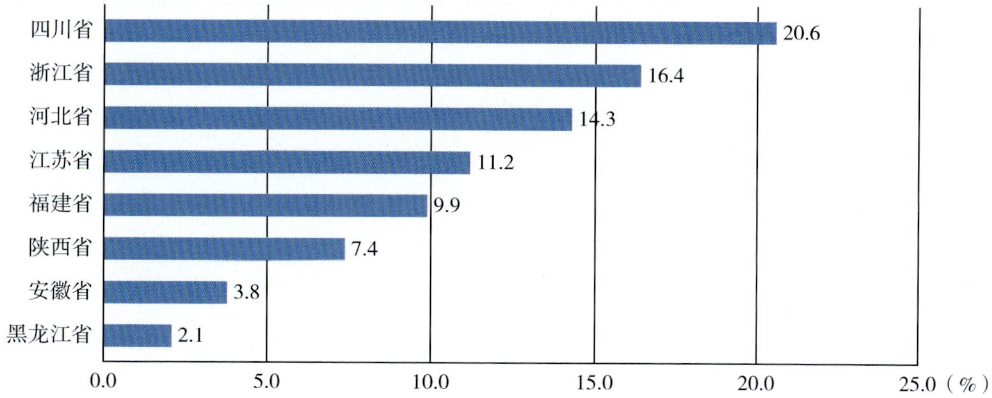


图23-42　合租比例的省际差异（%）

## （五）购房情况

### 1. 购房比重

根据调查数据，11.1% 的居民家庭在本地或其他城市购买了住房。分城乡来看，城市家庭购买住房的比重为 12.3%，略高于农村家庭的 10.2%。分省份来看，江苏省居民家庭购买住房的比重最高，为 20.7%；黑龙江省和陕西省居民购买住房的比重较低，分别为 5.2% 和 5.6%，存在一定的省际差异（见图 23–43）。

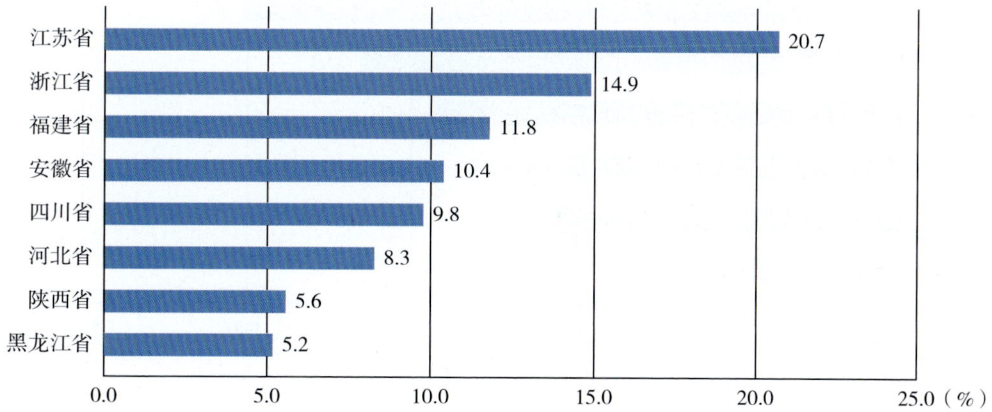


图23-43　购房比重的省际差异（%）

### 2. 费用来源

我们给被访者选出的最重要的三项购房费用来源按照顺序分别赋以 3、2、1 的权重，得到加权结果如表 23–112 所示。可以看到，家庭收入积累是居民最重要的购房费用来源，其次分别是父母支持、向亲朋好友筹借和金融机构贷款。

表23-112 购房费用来源加权结果

| | 频率-第一选择 | 频率-第二选择 | 频率-第三选择 | 加权结果 |
|---|---|---|---|---|
| 家庭收入积累 | 2111 | 129 | 16 | 6607 |
| 父母支持 | 185 | 229 | 17 | 1030 |
| 向亲朋好友筹借 | 102 | 284 | 65 | 939 |
| 金融机构 | 110 | 190 | 80 | 790 |
| 拆迁补偿款 | 62 | 36 | 5 | 263 |
| 民间借贷 | 9 | 20 | 8 | 75 |
| 出售家庭原有住房的收入 | 16 | 11 | 5 | 75 |
| 单位补贴 | 8 | 4 | 0 | 32 |
| 儿女支持 | 7 | 1 | 0 | 23 |

### 3. 住房按揭贷款情况

贷款比重方面，29.9% 的家庭在银行有住房按揭贷款。分城乡来看，城市家庭中有银行住房按揭贷款的比重为 25.2%，低于农村家庭的 44.1%。分省份来看，江苏省居民家庭中有银行住房按揭贷款的比重最高，为 47.2%；黑龙江省居民家庭中有银行住房按揭贷款的比重最低，为 12.3%（见图 23-44）。

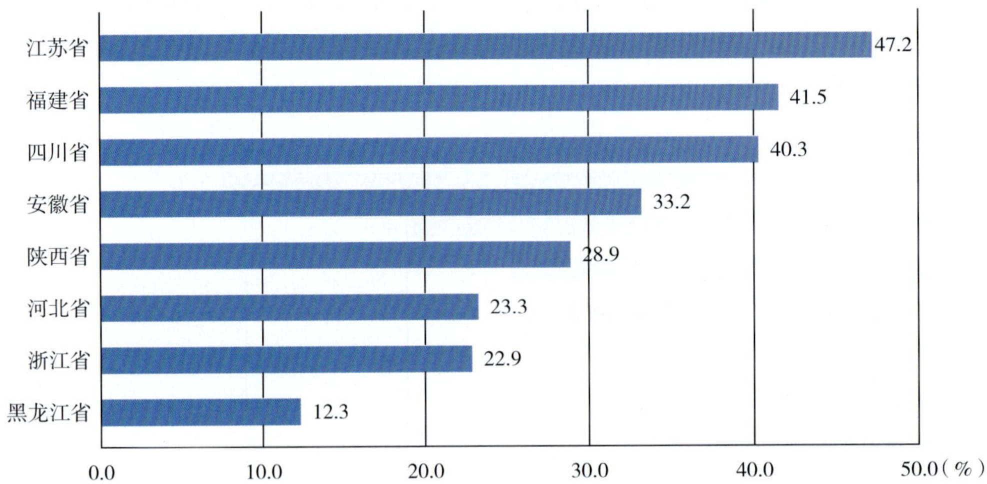


图23-44 银行住房按揭贷款的省际差异（%）

贷款数量方面，上述家庭在银行的平均住房按揭贷款总额为 43.56 万元，平均每月住房按揭贷款还款金额为 3412.32 元。分城乡来看，城市家庭的平均住房按揭贷款总额为 44.53 万元，平均月还款金额为 3507.07 元；农村家庭的平均住房按揭贷款总额为 41.94 万元，平均月还款金额为 3252.45 元。分省份来看，福建省居民家庭的平均住房按揭贷款总额最高，为 54.35 万元；安徽省居民家庭平均每月住房按揭贷款的还款金额最高，为 5714.30 元（见图 23-45、图 23-46）。

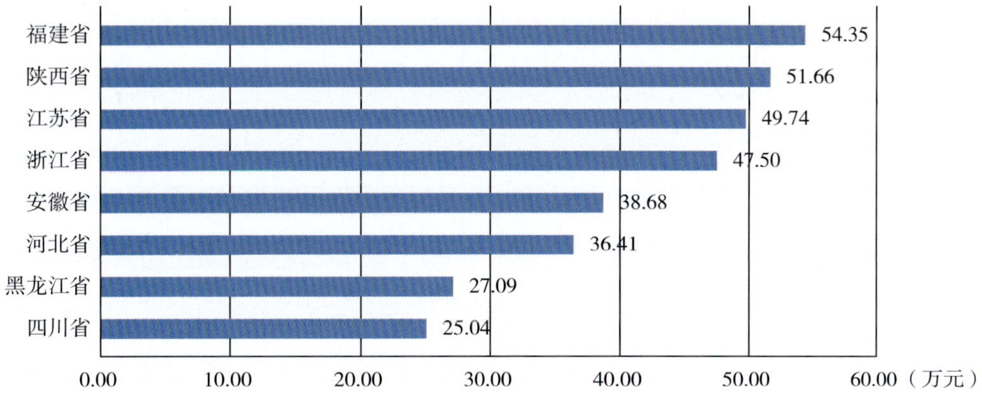


图23-45　银行住房按揭总额的省际差异（万元）

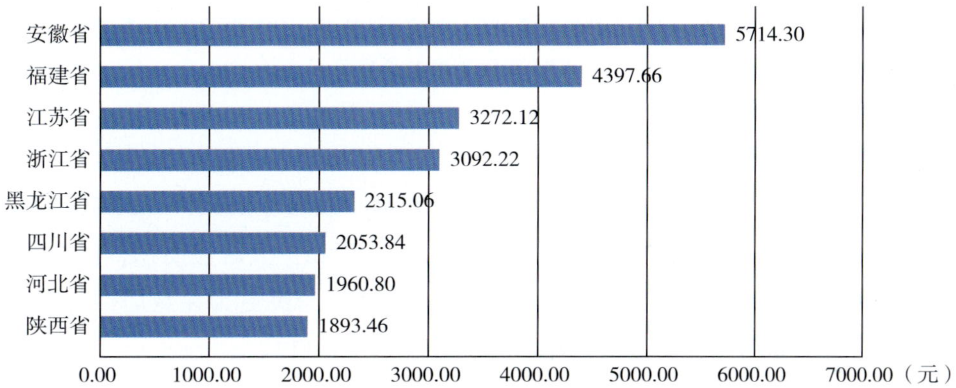


图23-46　银行住房按揭平均月还款金额的省际差异（元）

## （六）未来打算

### 1. 买房 / 建房意愿

根据调查数据，在未来两三年里，83.3% 的家庭不打算购房或建房，8.5% 的家庭有购买商品房的意愿，1.5% 的家庭有购买保障性住房的意愿，3.8% 的家庭打算对房屋进行自建、扩建或改造，另外 3.0% 的人选择视情况而定。分城乡来看，城市居民打算购买商品房的比重略高（见图 23–47）。分省份来看，福建省居民打算购买商品房的比重最高，黑龙江省最低（见图 23–48）。

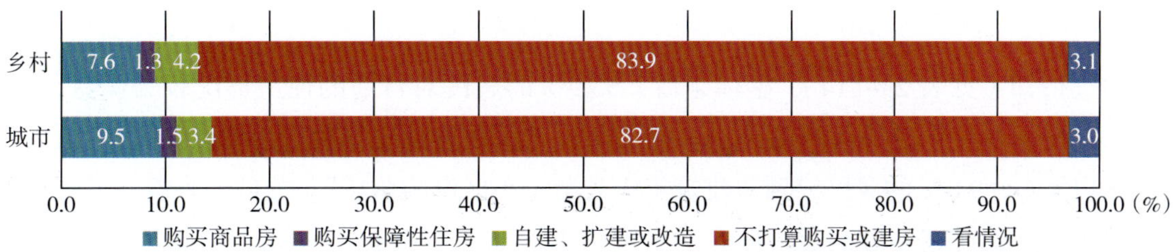


图23-47　未来买房/建房意愿的城乡差异（%）

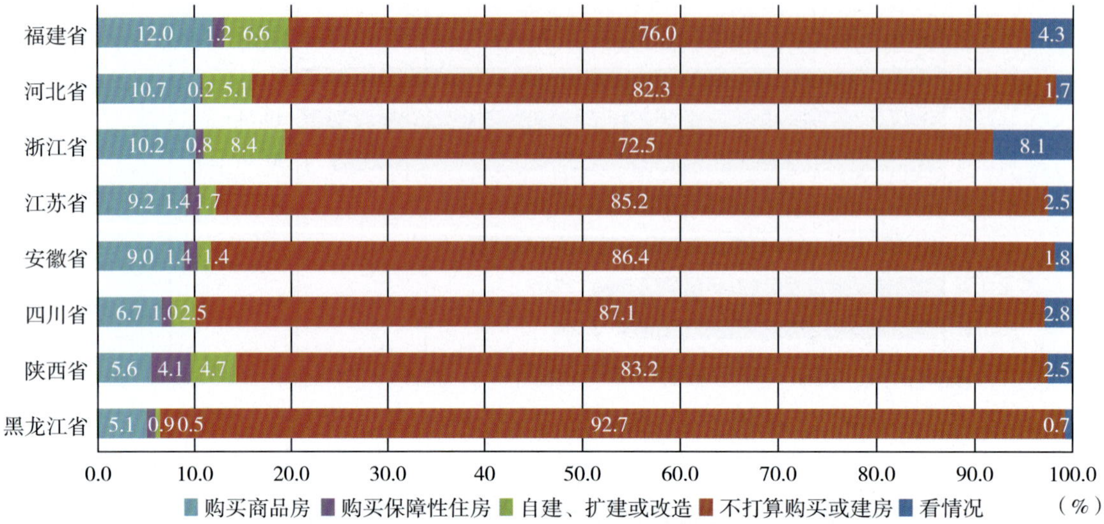


图23-48　未来买房/建房意愿的省际差异（%）

### 2. 买房 / 建房目的

上述有购房或建房打算的家庭中，41.0% 的家庭是为了改善住房条件，21.5% 的家庭是为了结婚使用，另有 14.5% 和 14.3% 的家庭是为了子女就近入学和扩大居住面积，仅有 6.0% 的居民是为了投资。分城乡来看，除改善住房条件外，更多的城市居民更为在意居住面积的扩大，更多的农村居民更为在意婚房，二者的目的略有不同（见表 23–113）。

表23-113　　买房/建房的目的城乡差异（%）

| | 城市 | 乡村 | 总体 |
|---|---|---|---|
| 改善住房条件 | 42.0 | 38.0 | 40.1 |
| 结婚 | 16.7 | 26.8 | 21.5 |
| 为子女获得就学入学资格 | 12.8 | 16.3 | 14.5 |
| 扩大居住面积 | 16.9 | 11.4 | 14.3 |
| 投资 | 6.9 | 5.0 | 6.0 |
| 分家/子女结婚 | 3.2 | 2.0 | 2.6 |
| 工作需要 | 1.4 | 0.4 | 0.9 |
| 合计 | 100.0 | 100.0 | 100.0 |

## （七）住房问题

由调查得知（见表 23–114），整体来看，53.9% 的居民对目前的住房情况较为满意，14.8% 的居民在住房方面存在的最大问题是“房价太高，无法改善住房条件”，13.8% 的居民认为目前的住房面积太小，9.8% 的居民感到“建筑年代久远，小区设施落后”。分城乡来看，城市居民对小区环境和物业情况还不够满意，而农村居民则更多地苦于水电气等基础设施建设不全、居住地过于偏远等问题。

表23-114　目前面临的住房问题（%）

| | 城市 | 乡村 | 总体 |
|---|---|---|---|
| 房价太高，无法改善住房条件 | 16.6 | 12.9 | 14.8 |
| 住房面积太小 | 15.7 | 11.8 | 13.8 |
| 建筑年代久远，小区设施落后 | 8.6 | 11.1 | 9.8 |
| 小区环境和物业差 | 6.6 | 1.1 | 3.9 |
| 自来水、电力、燃气等设施不全 | 3.4 | 4.3 | 3.8 |
| 太远、太偏 | 2.4 | 3.9 | 3.1 |
| 每个月住房支出压力太大（包括房租、还贷、物业、水、电供热费等） | 3.4 | 1.0 | 2.2 |
| 没有独立卫生间或厨房 | 1.6 | 2.5 | 2.0 |
| 房产证存在问题 | 0.1 | 0.0 | 0.1 |
| 无法抵御自然灾害（如地震、洪水等） | 0.0 | 0.2 | 0.1 |
| 楼层过高 | 0.3 | 0.0 | 0.1 |
| 其他 | 0.1 | 0.0 | 0.1 |
| 没有不满意的 | 41.1 | 51.2 | 46.1 |
| 合计 | 100.0 | 100.0 | 100.0 |

# 十二、生活环境

## （一）周边生态基本情况

由调查数据知，整体上看，74.2% 的居民对周边环境的总体状况是满意的，19.2% 的居民认为周边环境的总体状况一般，其余 6.6% 的居民对周边环境的总体状况不甚满意。具体来看，居民对绿化情况的满意度最高，其次是空气质量、生活用水质量、生活垃圾处理情况、噪声问题，周边水体质量的满意度最低（见图 23–49）。

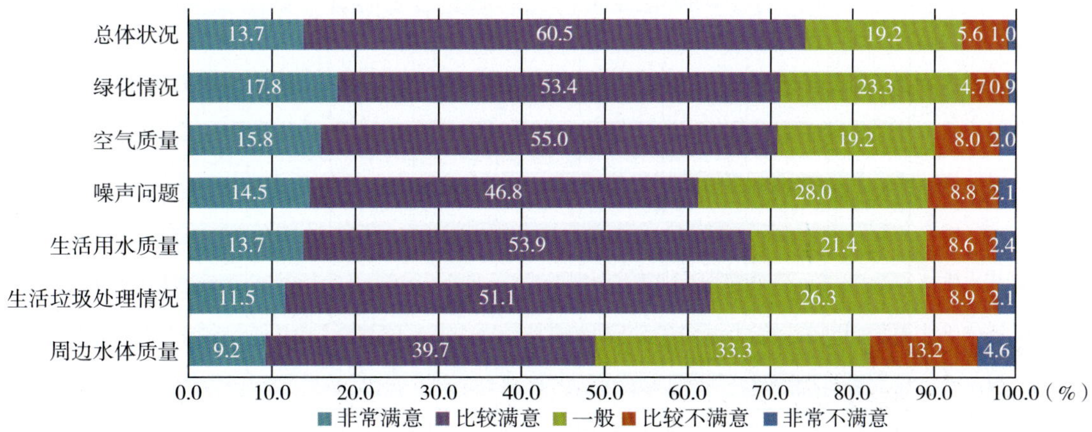


图23-49　周边基本生态状况满意度（%）

分城乡来看，农村居民对周边生活环境总体状况的满意度高于城市居民（见图 23–50）。分省份来看，安徽省、陕西省、四川省的居民对周边生活环境总体状况的满意度相对较高（见图 23–51）。

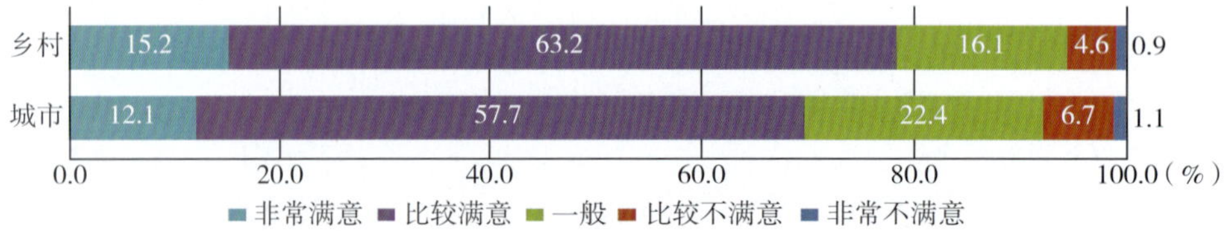


图23-50　周边生活情况总体状况满意度的城乡差异（%）

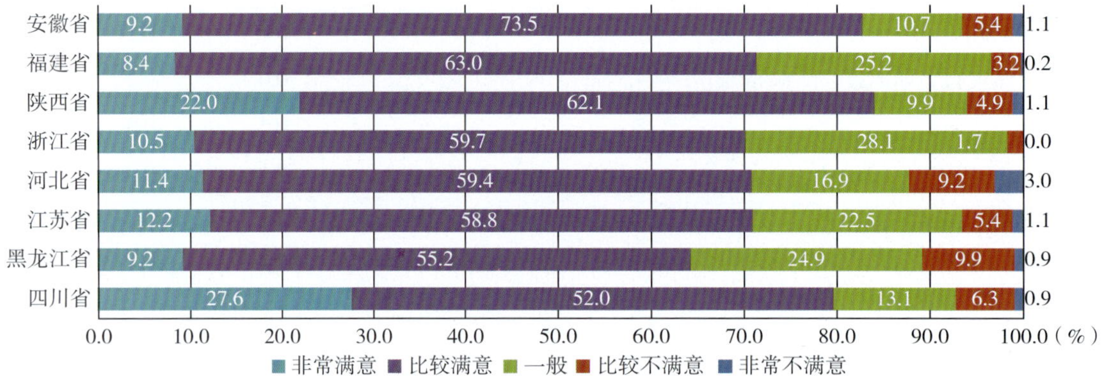


图23-51　周边生活情况总体状况满意度的省际差异（%）

## （二）周边生态改善情况

由调查数据知，整体上看，62.23% 的居民认为近一年来周边生态环境的总体状况有所改善，34.1% 的居民认为周边生态环境没有变化，其余 3.7% 的居民认为周边环境的总体状况在变差。具体来看，居民对生活垃圾处理情况的改善感受最明显，其次是绿化情况、空气质量、生活用水质量和周边水体质量，居民对噪声问题改善情况的感受最不明显（见图 23–52）。

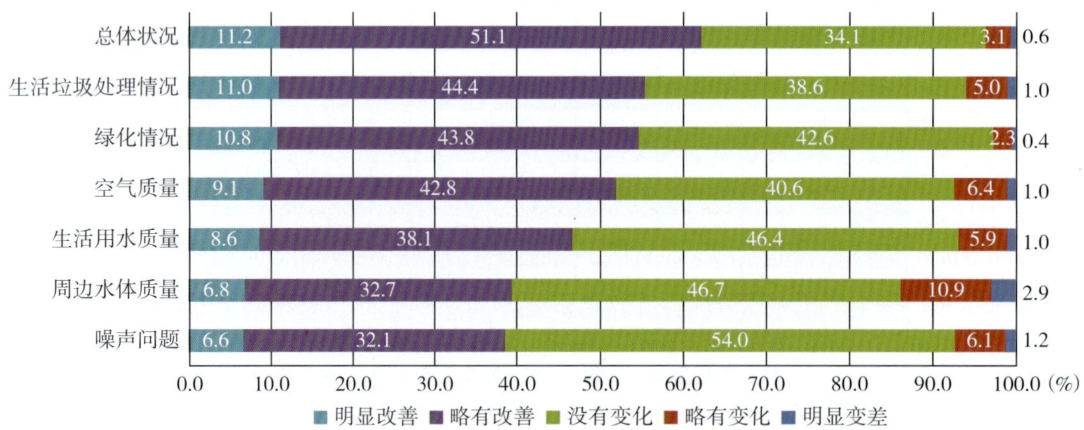


图23-52　周边生态改善情况（%）

分城乡来看，城市居民对周边生活环境总体状况得到改善的认可度略高于高于农村居民（见图 23–53）。分省份来看，浙江省、安徽省、河北省的居民对周边生活环境总体状况的改善情况的认可度较高，而黑龙江省和陕西省的居民对周边生活环境总体状况的改善程度不够满意（见图 23–54）。

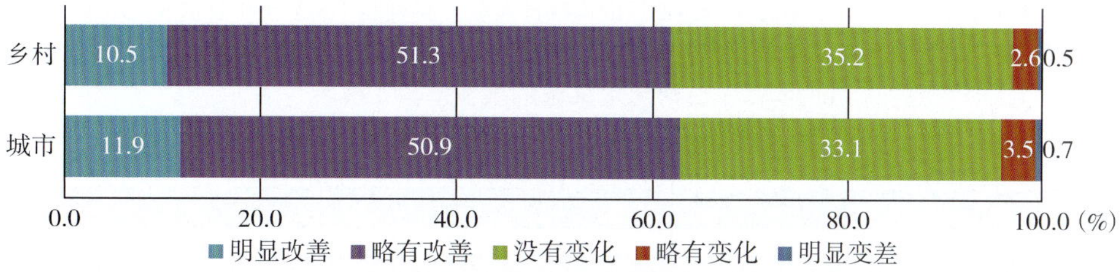


图23-53　周边生态总体改善情况的城乡差异（%）

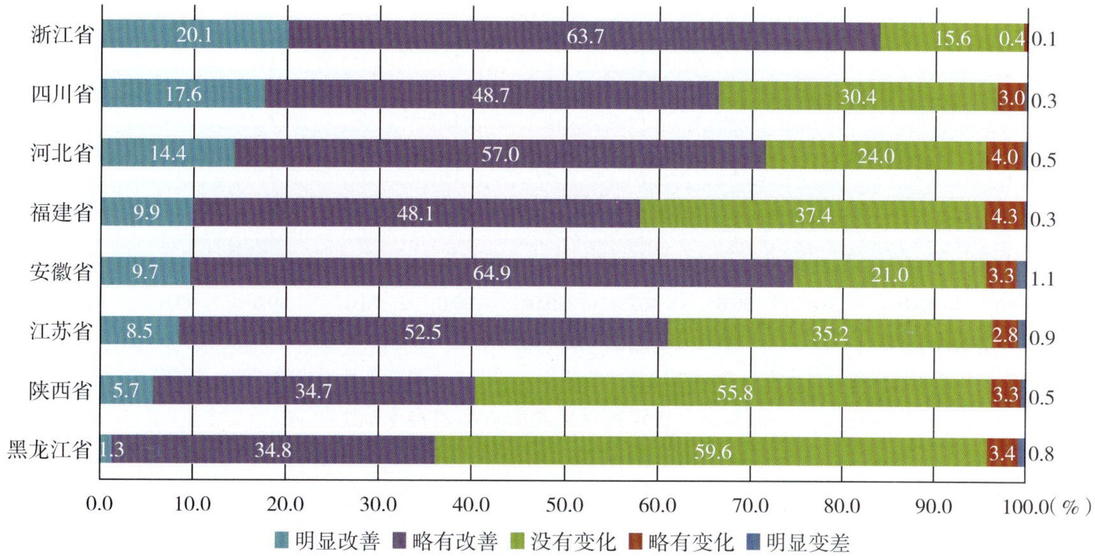


图23-54　周边生态总体改善情况的省际差异（%）

## （三）日常用水来源

### 1. 水源类型

由调查可知，在居民的日常用水来源中，市政自来水占到 49.8%，是最主要的日常用水来源，村庄或小区供应的自来水占 24.5%，居住地的水源井占 16.6%，净水器过滤后的市政自来水占 5.2%，居住地周边的河流、湖泊、山泉等占 3.2%，另有 0.8% 的居民使用桶装（瓶装）矿泉水或纯净水作为日常用水。分城乡来看，城市居民更多地使用市政自来水，农村居民中还有相当一部分人在使用居住地周边的水源井、河流、湖泊、山泉等水源（见图 23–55）。分省份来看，江苏省居民使用市政自来水的比重高达 86.8%，而河北省居民使用市政自来水的比重只有 20.8%，存在不小的省际差异（见图 23–56）。

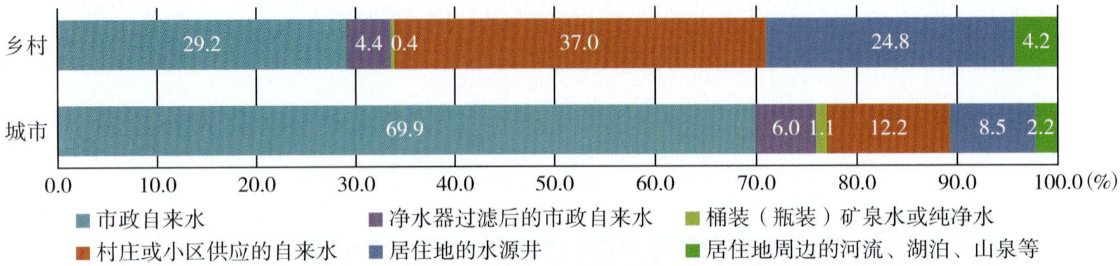


图23-55　日常用水来源的城乡差异（%）

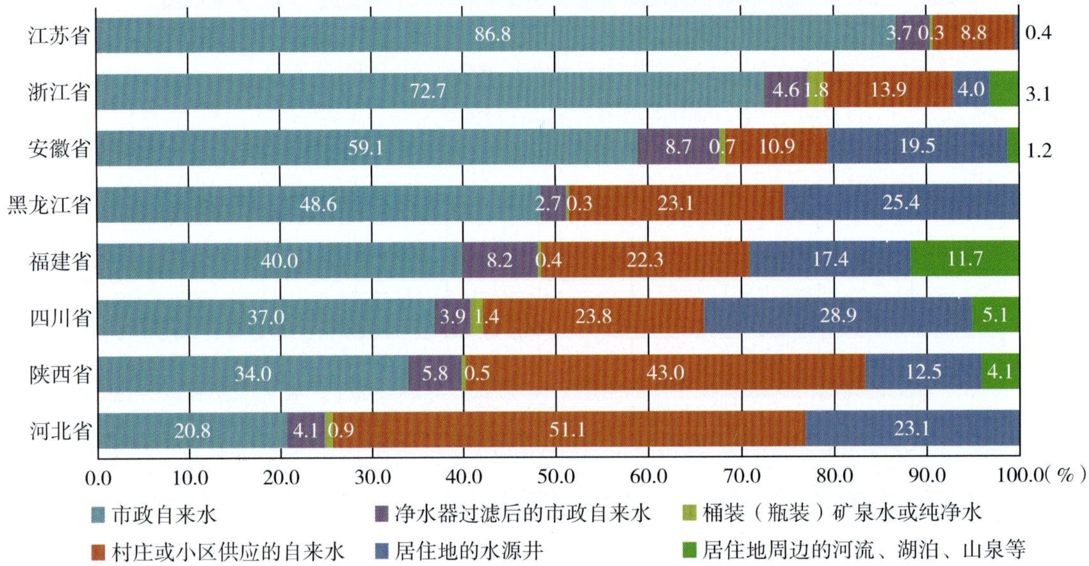


图23-56　日常用水来源的省际差异（%）

## 2. 水源信任度

由调查可知，整体来看，76.7% 的居民对当下的生活用水来源是信任的，其余 23.3% 的居民则表现出不同程度上的不信任感。分城乡来看，农村居民对水源的信任度比城市居民略高（见图 23–57）。分省份来看，江苏省、四川省、河北省、福建省的居民对生活用水来源相对来说较为放心，黑龙江省居民对生活用水来源的信任度则较低（见图 23–58）。

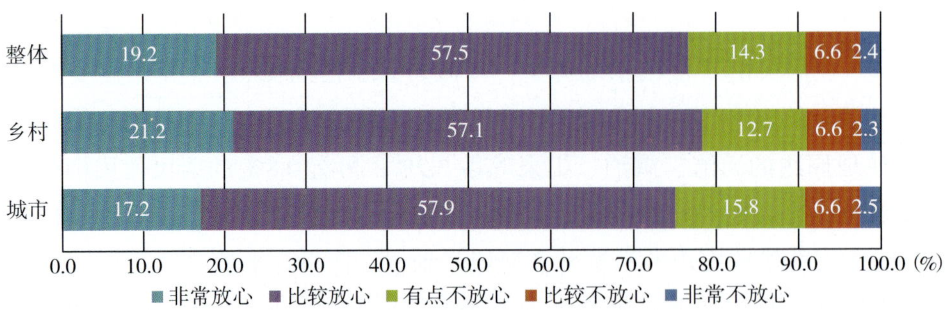


图23-57　水源信任度的城乡差异（%）

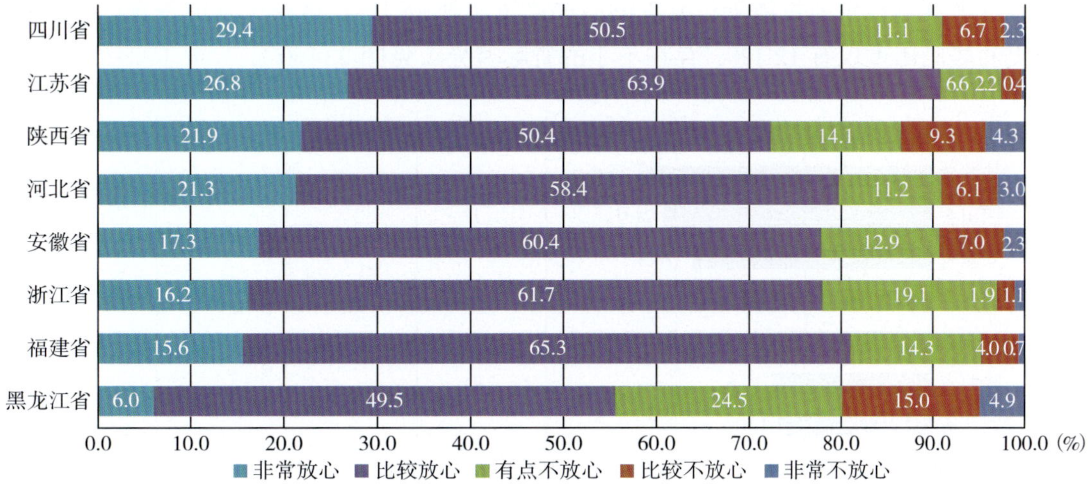


图23-58　水源信任度的省际差异（%）

## （四）空气污染应对

由调查知（见图 23-59），当出现重污染天气时，39.5% 的居民会选择减少户外活动以进行应对，21.5% 的居民会选择使用空气污染防护用品，如佩戴口罩、使用空气净化器等，11.7% 的居民会选择减少可能会加重空气污染的活动，比如少开汽车或摩托车、减少燃放鞭炮等，0.8% 的居民会选择离开重污染天气高发地区，如旅行、换一个城市生活等，还有 0.4% 的居民会选择其他方式予以应对。同时，23.2% 的居民表示没有采取特别的应对行动，还有 26.4% 的居民表示没有遭遇过重污染天气因而不需要进行应对。

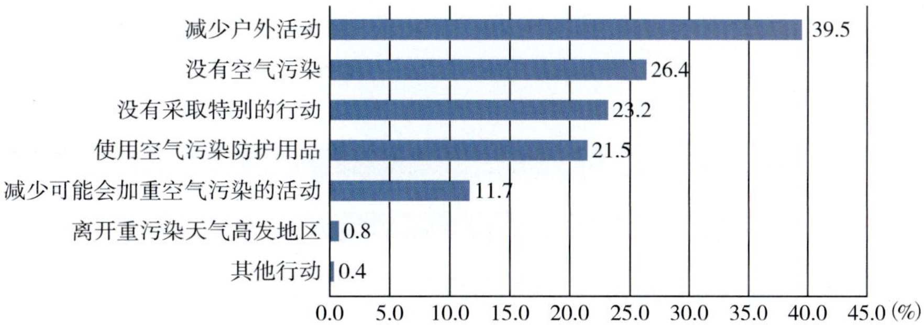


图23-59　应对空气污染的各项行动的频率（%）

## （五）垃圾分类情况

### 1. 垃圾分类情况

由调查可知，整体来看，只有 20.4% 的居民会对生活垃圾进行分类，垃圾分类尚未成为多数人的行为。分城乡来看，26.0% 的城市居民会对生活垃圾进行分类，高于农村居民的 14.7%。

分省份来看，浙江省对生活垃圾进行分类的居民比重达到 48.1%，远高于其他各省；黑龙江省进行垃圾分类的居民比重仅有 12.1%，存在不小的省际差异（见图 23-60）。

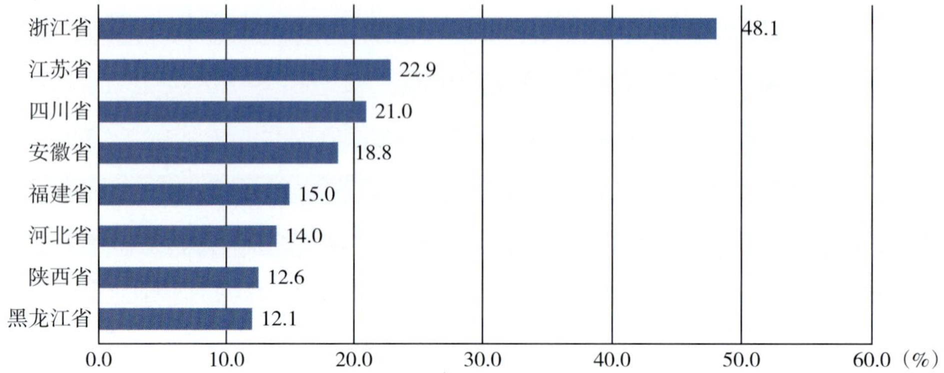


图23-60 垃圾分类情况的省际差异（%）

### 2. 垃圾分类阻碍

在问及阻碍日常进行垃圾分类的原因时，33.0% 的居民表示自己不知道怎样分类；31.7% 的居民认为不知道需要怎样进行垃圾分类；29.7% 的居民认为是因为社区没有分类的垃圾桶，无法分类；23.9% 的居民认为根本没必要进行垃圾分类；18.1% 的居民指出即使在家里分类，垃圾收集和运输也会混到一起；还有 11.2% 的居民认为垃圾分类费时费力，因而懒得分类。

## （六）农村污染治理

调查针对农村典型污染类型同样设计了相关问题。农村居民对秸秆处理的认可度最高，其次是牲畜粪便处理和农膜处理，而他们对周边工矿企业排污处理和减少农药化肥使用等问题仍然有不小的意见（见图 23-61）。

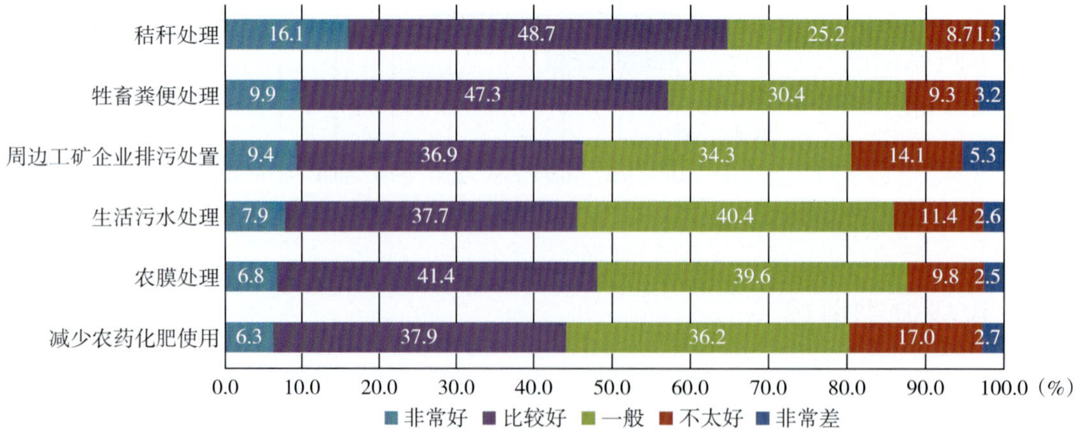


图23-61 农村污染治理情况（%）

# 十三、政府服务

## （一）居住地政府服务总体评价

受访者根据自身的经历或直观感受，对目前居住地的政府服务和办事效率总体评价较高，“满意”占 69.1%，认为“一般”的比例为 17.7%，“不满意”占比 8.2%。分群体来看，本地人口对政府的满意程度高于流动人口（见图 23-62）。从受访者学历的视角来看，大专 / 高职的受访者对于政府服务和办事效率持满意态度的比例最高，而相对来说研究生及以上学历的受访者中对政府服务和办事效率表示满意的比例最低（见图 23-63）。

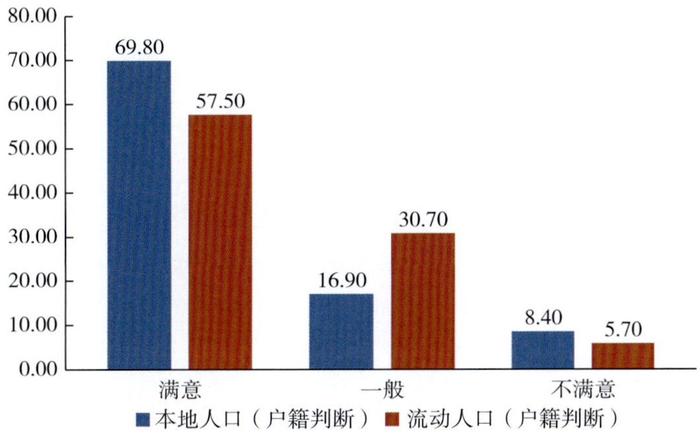


图 23-62 流动/非流动人口对居住地政府服务和办事效率的总体评价（%）

注：选择不回答人数比例较低，图中未显示。

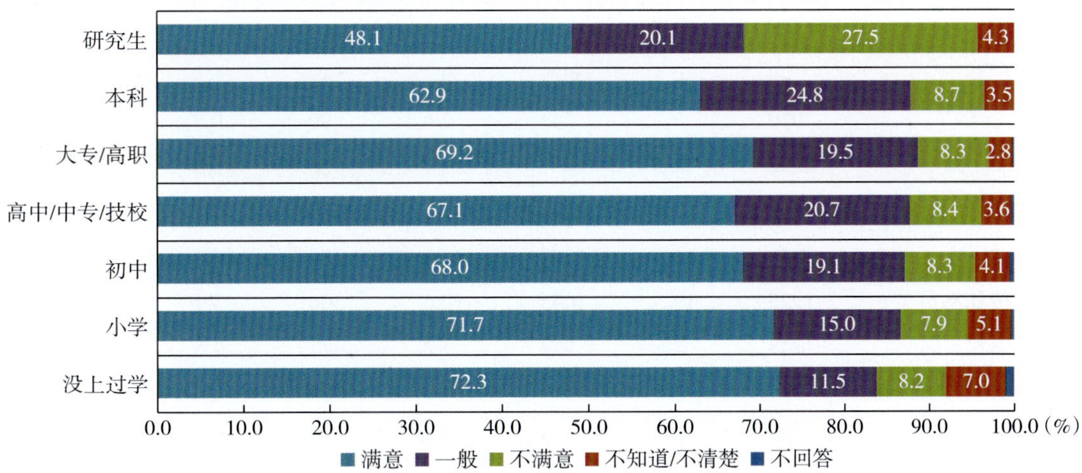


图 23-63 不同学历受访者对居住地政府服务和办事效率的总体评价（%）

## （二）政府优化服务情况评价

调查数据显示，政府优化服务中“改善服务态度”方面受访者满意度最高，其次是精简办事手续、减少吃拿卡要等方面，选择不满意比例较高的主要是“治理不作为 / 不办事”和“少折腾群众”两项（见表 23–115）。

表23-115　政府优化服务情况满意度百分比（%）

| | 不知道/不清楚 | 不回答 | 满意 | 一般 | 不满意 |
|---|---|---|---|---|---|
| 精简办事程序 | 8.7 | 0.3 | 65.3 | 18.8 | 6.8 |
| 简化各类证明 | 9.6 | 0.4 | 61.7 | 21.8 | 6.6 |
| 治理不作为/不办事 | 10.6 | 0.4 | 55.1 | 25.9 | 8.0 |
| 少折腾群众 | 8.5 | 0.4 | 58.3 | 24.9 | 7.9 |
| 减少吃拿卡要 | 11.6 | 0.5 | 62.2 | 21.6 | 4.1 |
| 改善服务态度 | 6.0 | 0.4 | 71.5 | 17.1 | 5.0 |
| 政策公开透明 | 10.4 | 0.4 | 61.2 | 21.7 | 6.3 |

## （三）了解政府为民办事信息及政策的渠道

本次调查中，询问了受访者了解政府为民办事的信息及政策的主要渠道，结果显示（见表 23–116），选择“电视、电话、广播和公告”渠道的人最多，选择“干部下来宣传动员”的次之，在其后选择“新媒体（微信微博等）”和“听同事、亲友或邻居介绍”的人数相对较多，因个人需求从而了解学习政府为民办事信息及政策的人数最少。

表23-116　受访者了解政府为民办事信息及政策的渠道

| | 第一选择A | | 第二选择B | | 第三选择C | | 3A+2B+1C |
|---|---|---|---|---|---|---|---|
| | 频数 | 百分比（%） | 频数 | 百分比（%） | 频数 | 百分比（%） | 得分 |
| 不关心/不清楚 | 171 | 1.7 | 3 | 0.0 | / | / | 519 |
| 不回答 | 48 | 0.5 | 3929 | 39.7 | 7610 | 76.9 | 15612 |
| 报刊杂志 | 910 | 9.2 | 261 | 2.6 | 90 | 0.9 | 3342 |
| 电视、电话、广播、公告 | 4692 | 47.4 | 1097 | 11.1 | 126 | 1.3 | 16396 |
| 政府网站 | 261 | 2.6 | 354 | 3.6 | 110 | 1.1 | 1601 |
| 新媒体 | 843 | 8.5 | 1222 | 12.3 | 386 | 3.9 | 5359 |
| 干部下来宣传和动员 | 1925 | 19.5 | 1045 | 10.6 | 306 | 3.1 | 8171 |
| 下发的宣传资料 | 248 | 2.5 | 914 | 9.2 | 475 | 4.8 | 3047 |
| 听同事、亲友或邻居介绍 | 710 | 7.2 | 1036 | 10.5 | 785 | 7.9 | 4987 |
| 因个人需求从而了解 | 89 | 0.9 | 35 | 0.4 | 9 | 0.1 | 346 |

## （四）政府办事情况

在本次调查中，还询问了受访者“是否到过政府部门办事（包括各级政府部门、政府服务中心以及社区、街道、村委会等）？”，调查结果显示，36.4% 的人有过此经历，且办理的业务主要集中于居民户籍及身份证明和社保、社会救助两项。

在具体询问与政府部门打交道过程中最不满意的方面，56.2% 的受访者表示没有不满意的情况，而在存在不满意方面的情况下，“程序太复杂和不公开”和“相互推诿、效率低”占比较高，选择“吃拿卡要、乱收费”方面人数相对较少（见表 23–117）。

表 13-117　受访者在对政府部门最不满意的方面

| | 频数 | 有效百分比（%） |
|---|---|---|
| 不清楚/不知道 | 1010 | 10.2 |
| 不回答 | 22 | 0.2 |
| 程序太复杂和不公开 | 1485 | 15.0 |
| 相互推诿、效率低 | 979 | 9.9 |
| 要找关系 | 448 | 4.5 |
| 吃拿卡要、乱收费 | 60 | 0.6 |
| 服务态度不好或质量不到位 | 303 | 3.1 |
| 没有不满意的 | 5558 | 56.2 |
| 其他 | 20 | 0.2 |

（清华大学社会学系专题组
负责人：刘精明
成　员：沈　纪　杨焕兵　刘锦含　童毅炜　曹　谦　朱美静　张　爽）

## 附录 1
# 2017 年民生满意度电话调查问卷

您好！我是北京零点市场调查公司的访问员，受国务院发展研究中心的委托，正在进行“中国民生满意度”的电话调查，了解您对就业、教育、医疗等方面的主观评价。您的回答仅作研究决策之用，不会对外透露。调查大概需要占用您 10 分钟左右的时间。感谢您的支持！

【CATI 程序生成】

行政区划代码：□□□□□□

行政区名称：______省（自治区 / 直辖市）______城市______县（区 / 市）

问卷编号：________________

### 第一部分 访问甄别

S1.（对于手机用户询问）请问您当前主要县（区 / 市）为？

如与号段所属区域不一致，转入其他地区样本。

S2. 请问：您在当地住了多久？

① 不到一年 <终止访问>　　② 一年及以上

S3-a. 您今年多大岁数？

① 18 岁（不含）以下 <终止访问>

② 75 岁（含）以上 <终止访问>

③ 具体年龄是：______岁

S3-b. 如果不方便透露具体年龄，可选择以下符合您的年龄段：

① 18 ～ 19 岁　② 20 ～ 24 岁　③ 25 ～ 29 岁　④ 30 ～ 34 岁

⑤ 35 ～ 39 岁　⑥ 40 ～ 44 岁　⑦ 45 ～ 49 岁　⑧ 50 ～ 54 岁

⑨ 55 ～ 59 岁　⑩ 60 ～ 64 岁　⑪ 65 ～ 69 岁　⑫ 70 ～ 74 岁

S4. 您居住在城镇，还是农村？

① 城镇　② 农村

## 第二部分　主体问卷

**Q1. 您当前是否有工作？**

① 有 < 跳至 Q3 >

② 没有

**Q2. 没工作的原因是：< Q2 答毕跳至 Q5-a >**

① 因单位原因失去工作

② 因本人原因失去工作

③ 丧失工作能力

④ 在校学生

⑤ 毕业后未工作

⑥ 承包土地被征用

⑦ 离退休

⑧ 料理家务及照料家庭成员

⑨ 不愿意工作

⑩ 其他无工作原因（请注明）

**Q3. 与 2016 年比较，您今年劳动收入的变化情况是：**

（劳动收入指通过劳动取得的报酬，不包括股票、分红、赠予等）

① 明显增长　　② 略有增长　　③ 没变化

④ 略有下降　　⑤ 明显下降　　⑥ 不清楚 / 拒答

**Q4-a. 您对自己目前就业状况的总体评价是：**

（包括：工作稳定性、劳动强度、收入等方面）

① 非常满意 < 跳至 Q5–a >

② 比较满意 < 跳至 Q5–a >

③ 一般　< 跳至 Q5–a >

④ 不太满意

⑤ 非常不满意

⑥ 不清楚 / 不了解 / 不评价 < 跳至 Q5–a >

**Q4-b. 您对自己工作最不满意的地方是什么？**

① 收入低，收入不稳定

② 工作不稳定，失业风险大

③ 工作辛苦、时间长，不能充分休息、照顾家庭、学习及娱乐

④ 劳动安全没有保障，劳动条件恶劣或对健康有损害

⑤ 与领导、同事等人际关系紧张

⑥ 没有社会保障，或社会保障水平低

⑦ 学习、晋升和发展机会不足，或对工作内容不感兴趣

⑧ 其他不满意的地方（请注明）__________

⑨ 不清楚 / 不了解 / 不评价

Q5-a. 您对居住地政府部门服务的总体评价是：

（政府部门服务主要指：各级政府部门、政务服务中心办事效率是否提高，各类手续证明是否简化；是否能及时准确提供政策信息等。如，去社区 / 村委会、街道、政务服务大厅办事是否更加方便？工作人员态度是否比以前好？办事是否更快了？）

① 非常满意　② 比较满意　③ 一般

④ 不太满意　⑤ 非常不满意　⑥ 不清楚 / 不了解 / 不评价

Q5-b. 您觉得最近一年来，居住地政府部门服务状况是否有所改善？

① 有明显改善　② 略有改善　③ 没变化

④ 略有恶化　⑤ 明显恶化　⑥ 不清楚 / 不了解 / 不评价

Q6. 您对居住地交通状况的总体评价是：

（例如：道路是否畅通，是否安全，是否有便捷的公共交通工具等）

① 非常满意　② 比较满意　③ 一般

④ 不太满意　⑤ 非常不满意　⑥ 不清楚 / 不了解 / 不评价

Q7-a. 您对居住地社会治安状况的总体评价是：

① 非常满意　② 比较满意　③ 一般

④ 不太满意　⑤ 非常不满意　⑥ 不清楚 / 不了解 / 不评价

Q7-b. 最近一年来，居住地社会治安状况是否有所改善？

① 有明显改善　② 略有改善　③ 没变化

④ 略有恶化　⑤ 明显恶化　⑥ 不清楚 / 不了解 / 不评价

Q8. 您对自己住房状况的总体评价是：

（包括住房面积、设施、位置等方面）

① 非常满意　② 比较满意　③ 一般

④ 不太满意　⑤ 非常不满意　⑥ 不清楚 / 不了解 / 不评价

Q9-a. 您对居住地教育状况的总体评价是：

（例如：教育质量、费用、方便程度、公平性等）

① 非常满意　② 比较满意　③ 一般

④ 不太满意　⑤ 非常不满意　⑥ 不清楚 / 不了解 / 不评价

Q9-b. 最近一年来，居住地教育状况是否有所改善？

①有明显改善　②略有改善　③没变化

④略有恶化　⑤明显恶化　⑥不清楚 / 不了解 / 不评价

Q10-a. 您对居住地医疗服务的总体评价是：

（例如：医疗服务质量、费用、医生的态度、看病方便程度等）

①非常满意　②比较满意　③一般

④不太满意　⑤非常不满意　⑥不清楚 / 不了解 / 不评价

Q10-b. 最近一年来，居住地医疗服务状况是否有所改善？

①有明显改善　②略有改善　③没变化

④略有恶化　⑤明显恶化　⑥不清楚 / 不了解 / 不评价

Q11-a. 您对居住地环境状况的总体评价是：

（包括绿化率、工业废气 / 废液 / 废渣处理、生活垃圾处理、空气质量等）

①非常满意　②比较满意　③一般

④不太满意　⑤非常不满意　⑥不清楚 / 不了解 / 不评价

Q11-b. 最近一年来，居住地环境状况是否有所改善？

①有明显改善　②略有改善　③没变化

④略有恶化　⑤明显恶化　⑥不清楚 / 不了解 / 不评价

Q12. 您对自己所享有社会保障状况的总体评价是：

（包括医疗、养老等）

①非常满意　②比较满意　③一般

④不太满意　⑤非常不满意　⑥不清楚 / 不了解 / 不评价

Q13-a. 您对自己所在社区公共服务总体评价是：

（例如：社区绿化、环境、治安、组织文体活动等）

①非常满意　②比较满意　③一般

④不太满意　⑤非常不满意　⑥不清楚 / 不了解 / 不评价

Q13-b. 最近一年来，您所在社区公共服务状况是否有所改善？

①有明显改善　②略有改善　③没变化

④略有恶化　⑤明显恶化　⑥不清楚 / 不了解 / 不评价

Q14-a. 您对居住地食品安全状况的总体评价是：

（例如：农药残留、重金属、添加剂、细菌超标、餐饮服务业的卫生状况等）

① 非常满意　② 比较满意　③ 一般
④ 不太满意　⑤ 非常不满意　⑥ 不清楚 / 不了解 / 不评价

Q14-b. 最近一年来，居住地食品安全状况是否有所改善？
① 有明显改善　② 略有改善　③ 没变化
④ 略有恶化　⑤ 明显恶化　⑥ 不清楚 / 不了解 / 不评价

Q15. 您对居住地司法机关（包括公检法）公正执法状况的总体评价是：
① 非常满意　② 比较满意　③ 一般
④ 不太满意　⑤ 非常不满意　⑥ 不清楚 / 不了解 / 不评价

Q16. 您认为最近一年来，社会上的贫富差距状况有什么变化？
① 有明显缩小　② 略有缩小　③ 没变化
④ 略有扩大　⑤ 明显扩大　⑥ 不清楚 / 不了解 / 不评价

Q17-a. 总体而言，您对自己目前生活状况的评价是：
① 非常满意　② 比较满意　③ 一般
④ 不太满意　⑤ 非常不满意　⑥ 不清楚 / 不了解 / 不评价

Q17-b. 与 2016 年比较，您的总体生活状况是否有所改善？
① 有明显改善　② 有一定改善　③ 没变化
④ 比以前差一些　⑤ 明显不如以前　⑥ 不清楚 / 不了解 / 不评价

Q17-c. 您对未来生活信心如何？
① 非常有信心　② 比较有信心　③ 一般
④ 信心不足　⑤ 没有信心　⑥ 不清楚 / 不了解 / 不评价

Q18. 您的生活水平在当地处于什么水平？
① 非常好　② 中等偏上　③ 中等
④ 中等偏下　⑤ 非常差　⑥ 不清楚 / 不了解 / 不评价

## 第三部分　被访者基本信息

P1. 您的性别：
① 男　② 女

P2. 您的文化程度：（最高学历水平，含在读）
① 不识字或识字很少　② 小学　③ 初中
④ 高中（中专 / 技校）　⑤ 大学专科（高职）　⑥ 大学本科
⑦ 研究生及以上

P3. 您目前的婚姻状况：

① 未婚　　② 已婚

③ 离异独身　　④ 丧偶独身

P4-a. 从户籍管理性质上说，您属于：

（或提问：您的户口本上写的是非农业户口，还是农业户口？）

① 非农业户口（城镇户口）

② 农业户口

③ 居民户口

P4-b. 您的户口登记地是：（户口所在地）

① 目前居住地本地户口（户口登记地为所居住的城市，或县市行政区域）

② 省内其他地区户口（户口登记地虽不是所居住的城市、或县市，但在本省行政区域）

③ 外省（自治区、直辖市）户口

P5. 您家里总共有几口人？______人

P6. 请回忆一下，2016 年，您家所有家庭成员的年收入加起来大概是多少？

① 低于 1 万元（不含）　　② 1 万 ~ 3（不含）万元

③ 3 万 ~ 5（不含）万元　　④ 5 万 ~ 10（不含）万元

⑤ 10 万 ~ 15（不含）万元　　⑥ 15 万 ~ 25（不含）万元

⑦ 25 万 ~ 50（不含）万元　　⑧ 50 万元及以上

⑨ 不清楚 / 不回答

P7-a.< 仅针对城镇地区且有工作居民提问 >

① 党政机关从业人员

② 事业单位和社会团体从业人员

③ 国有企业及其他国有经济单位职工

④ 城镇集体经济单位职工

⑤ 合资、外资或港澳台企业员工

⑥ 城镇个体或私营企业主

⑦ 城镇个体或私营企业被雇者

⑧ 城镇自由职业者

⑨ 其他形式的城镇就业（请注明）______

P7-b.< 仅针对农村地区且有工作居民提问 >

您目前的就业状况符合以下哪一种描述？

① 务农农民（专职）<结束访问>

② 务农以及各类定期、不定期零工

③ 农村自营业者

（包括：小卖铺、代销点、小作坊、走村串巷的小贩、农产品转手买卖、手工艺品或农用品制作贩卖等。）

④ 各类乡镇集体企业、私营企业及个体企业主

⑤ 各类乡镇集体企业、私营企业被雇者

⑥ 国有经济单位职工（包括党政机关和事业单位）

⑦ 其他形式的农村就业（请注明）________

**P8. 您的职业：**

① 国家机关、党群组织、企业、事业单位负责人（担任领导职务，并具有决策、管理权的人员）

② 办事人员和有关人员（在国家机关、党群组织、企业 / 事业单位中，从事行政业务、行政事务工作，或从事安全保卫、消防、邮电等业务）

③ 专业技术人员（在科学研究、工程技术、农业技术、飞机和船舶、医疗卫生、经济、金融 / 会计、法律、教学、新闻出版、文学艺术、体育、文化、宗教等领域工作）

④ 商业、服务业人员（餐饮服务人员、旅游及健身娱乐场所服务人员、中介、物业管理、运输服务人员、医疗卫生辅助服务人员、购销人员、仓储人员、）

⑤ 农、林、牧、渔、水利生产人员（从事农业 / 林业 / 畜牧业 / 渔业及水利业生产、管理、产品初加工的人员）

⑥ 生产、运输设备操作人员及有关人员

（从事矿产勘查、开采，产品生产、工程施工和运输设备操作的人员及有关人员）

⑦ 不便分类的其他从业人员（请注明）________

**【全部访问结束，谢谢您的参与，祝您生活愉快！】**

# 附录 2
# 2017 年民生关切点入户调查问卷

S01. 问卷编号：|___|___|–|___|___|___|___|

## 国务院发展研究中心

**“中国民生调查”课题组**

| S02. 调查地点： | 省 / 自治区 / 直辖市 | \|___\|___\| |
|---|---|---|
| | 地级市 | \|___\|___\| |
| | 县 / 县级市 / 区 | \|___\|___\| |
| | 街道 / 乡 / 镇 | \|___\|___\| |
| | 居 / 村委会 | \|___\|___\| |
| | 单元号 | \|___\|___\| |
| S03. 调查时间： | 2017 年 ____ 月 ____ 日 | |

S04. 督导员记录：受访者居住社区类型 |___|

1. 未经改造的老城区（比如，旧城平房、胡同、老街巷等）
2. 单位宿舍区
3. 保障性住房社区
4. 商品房小区（含别墅）
5. 城乡结合部农民或居民自建房
6. 统一规划建设的农村社区（比如，新农村建设集中居住区、新农居等）
7. 农村自然村落
8. 其他（请注明：________）

S05. 访问员（签名）：______________　　联系电话：______________

S06. 督导员（签名）：______________　　联系电话：______________

二〇一七年七月

# 代码表
# A 家庭成员基本情况

A01_a 与受访者关系

【1】本人　【2】配偶
【3】子女　【4】父母
【5】配偶的父母　【6】儿媳 / 女婿
【7】孙子（女）/ 外孙（女）　【8】兄弟姐妹
【9】配偶的兄弟姐妹　【10】其他亲属的子女
【11】其他（请注明：________）

A01_d 婚姻状况

【1】未婚　【2】未婚同居
【3】已婚　【4】离婚
【5】丧偶

A01_e 户籍状况

【1】本市（县、区）非农业户口　【2】本市（县、区）农业户口
【3】省内非本市（县、区）非农业户口　【4】省内非本市（县、区）农业户口
【5】外省非农业户口　【6】外省农业户口

A01_f 名下是否有承包地

【1】是　【2】否

A01_g 是否一起吃住生活

【1】（几乎）每天都回家　【2】每周回来几天
【3】每月回来几天　【4】逢年过节才回来
【5】1 年以上没有回家

A01_h 健康状况

【1】健康
【2】有疾病或残疾，但仍有劳动能力
【3】因疾病或残疾，丧失劳动能力，但生活能自理
【4】因疾病、残疾或衰老，生活不能自理，需要有人照料

A01_i 受教育状况

【1】没上过学
【2】小学在读
【3】小学毕业
【4】小学辍学或肄业
【5】初中在读
【6】初中毕业
【7】初中辍学或肄业
【8】高中 / 中专 / 技校在读
【9】高中 / 中专 / 技校毕业
【10】高中 / 中专 / 技校肄业
【11】大专 / 高职在读
【12】大专 / 高职毕业
【13】大专 / 高职肄业
【14】本科在读
【15】本科毕业
【16】本科肄业
【17】研究生（硕士或博士）在读
【18】研究生（硕士或博士）毕业
【19】研究生（硕士或博士）肄业

A01_j 医疗保障（可多选）

【1】城镇职工基本医疗保险
【2】城镇居民基本医疗保险
【3】公费医疗
【4】新型农村合作医疗
【5】商业医疗保险
【6】儿童 / 学生 / 老人专门的医疗保险
【7】其他（请说明）
【8】没有任何医疗保险

A01_k 是否正在从事有收入的工作

【1】是
【2】在校学生（该成员不需要回答 B 部分，受访者本人跳转至 C）
【3】离退休（该成员不需要回答 B 部分，受访者本人跳转至 C）
【4】无劳动能力（该成员不需要回答 B 部分，受访者本人跳转至 C）
【5】未做任何工作（跳转至 B12）

## A 家庭成员基本情况

A01. 请填写您家庭成员的基本情况。（家庭成员指在同一家庭内共同生活且收支共享的成员。在外就学子女、打工人员和赡养的老人只要其收支都包括在本家庭中，就计入家庭人口数中。如不适用、不知道或不清楚，请留白 / 不填写。）（按年龄由大到小顺序填写）

| | a.与受访者关系 | b.出生年份 | c.性别 | d.婚姻状况 | e.户籍状况 | *f.名下是否有承包地 | g.是否一起吃住生活 | h.健康状况 | i.受教育状况 | j.参加什么医疗保障 | k.是否正在从事有收入的工作 |
|---|---|---|---|---|---|---|---|---|---|---|---|
| ①受访者 | 本人 | | | | | | | | | | |
| ②成员2 | | | | | | | | | | | |
| ③成员3 | | | | | | | | | | | |
| ④成员4 | | | | | | | | | | | |
| ⑤成员5 | | | | | | | | | | | |
| ⑥成员6 | | | | | | | | | | | |
| ⑦成员7 | | | | | | | | | | | |
| ⑧成员8 | | | | | | | | | | | |
| ⑨成员9 | | | | | | | | | | | |

注：* 对非农户籍受访者，问“他（她）在农村老家是否还有承包地”，对于未退承包地的人选择“是”。

## B 工作与就业

### B01 工作地点

【1】本市（县、区）

【2】省内其他市（县、区）

【3】外省（直辖市、自治区）

### B02 当前的就业类型（对兼业人员，以工作时间最长的作为就业类型）

农业就业：

【1】专业务农，大部分时间都从事农业生产

【2】兼业农民，农闲期间打各类定期、不定期零工

【3】农村自营业者（包括小卖铺、代销点、小作坊、手工艺品制作贩卖等人员）

【4】农村专业管理人员（包括村医、村教、技术服务人员以及专职的村干部等）

非农就业：

【5】党政机关、社会团体（指工会、青年团、妇联）在编职员

【6】党政机关、社会团体（指工会、青年团、妇联）不在编（聘用）职员

【7】教科文卫等事业单位在编职工

【8】教科文卫等事业单位不在编（聘用）职工

【9】国有（国有控股）企业职工

【10】民营 / 私营企业职工

【11】合资、外资或港澳台企业员工

【12】民办非企业单位、非营利组织

【13】个体工商户（含开网店 / 微店）雇主

【14】个体工商户（含开网店 / 微店）雇员

【15】自由职业者

【16】非固定单位的临时务工

【17】其他（请在问卷中注明）

### B03 行业代码

【1】农、林、牧、渔业

【2】采矿业

【3】电力、煤气及水的生产和供应业

【4】交通运输、仓储及邮政业

【5】制造业

【6】信息传输、计算机服务和软件业

【7】批发和零售业

【8】建筑业

【9】水利、环境和公共设施管理业

【10】住宿和餐饮业

【11】房地产业

【12】科学研究、技术服务和地质勘察业

【13】租赁和商务服务业

【14】金融业

【15】卫生、社会保障和福利业

【16】文化、体育和娱乐业

【17】教育业
【18】居民服务和其他服务业
【19】公共管理和社会组织
【20】国际组织
【21】其他（请在问卷中注明）

B04 工作职位

【1】单位负责人 / 高层管理人员
【2】部门负责人 / 中层以上管理人员
【3】基层管理人员（包括村干部）
【4】专业技术人员
【5】一线生产人员
【6】一般行政人员（包括基层公务员、企业人事、财务等行政部门基层人员）
【7】一般业务员（销售、采购等业务部门）
【8】临时聘用人员
【9】其他（请在问卷中注明）
【10】不适用（例如务农、个体工商户）

B10 劳动合同

【1】没有签订劳动合同
【2】无固定期限劳动合同
【3】有期限劳动合同
【4】不需要签劳动合同（如公务员或国家机关、事业单位编内人员）
【5】以完成一定工作任务为期限的劳动合同
【6】不适用（非雇佣劳动者，包括农民）

B11 养老保险（单选）

【1】城镇职工基本养老保险
【2】城镇居民基本养老保险
【3】机关事业单位养老
【4】新型农村社会养老保险
【5】同时参加城镇职工养老保险和新型农村社会养老保险
【6】参加过城镇职工基本养老保险，但现已中断缴费
【7】参加过城镇居民基本养老保险，但现已中断缴费
【8】参加过新型农村社会养老保险，但现已中断缴费
【9】都没有
【10】不知道

B11_1 其他补充养老保险（可多选）

【1】商业养老保险
【2】企业年金
【3】村集体养老金
【4】其他，请说明（ ）
【5】没有

B12 当前不工作或从上一份工作离职的原因

【1】被单位辞退
【2】单位停工、停产
【3】因个人原因主动辞职
【4】料理家务
【5】不想工作
【6】毕业后未工作（跳转至 B14）
【7】从来未工作过（跳转至 B15）
【8】其他（请在问卷中注明）

## B 工作与就业

<table>
<tr><th colspan="2">成员编号</th><th>( )</th><th>( )</th><th>( )</th><th>( )</th><th>( )</th></tr>
<tr><td></td><td>B01.当前工作的地点（见代码表）</td><td></td><td></td><td></td><td></td><td></td></tr>
<tr><td rowspan="11">对有工作或兼职工作的成员询问</td><td>B02.当前的就业类型是？（见代码表）</td><td></td><td></td><td></td><td></td><td></td></tr>
<tr><td>B03.工作属于哪个行业？（见代码表）</td><td></td><td></td><td></td><td></td><td></td></tr>
<tr><td>B04.工作职位是什么？（见代码表）</td><td></td><td></td><td></td><td></td><td></td></tr>
<tr><td>B05.与去年（2016年）同期相比，今年（2017年）的工作量有什么变化？<br>[1]大幅增加　[2]小幅增加　[3]没有变化<br>[4]小幅减少　[5]大幅减少</td><td></td><td></td><td></td><td></td><td></td></tr>
<tr><td>B06.过去一年（2016年6月至2017年6月），每个月平均拿到手的收入（扣除税及“五险一金”之后）（包括工资、奖金、经营净收入等，不包括资产性收入）是______元/月？</td><td></td><td></td><td></td><td></td><td></td></tr>
<tr><td>B07.针对农业户籍人口，过去一年以来，外出打工（本县外）的时间大约有几个月？</td><td></td><td></td><td></td><td></td><td></td></tr>
<tr><td>B08.过去一年（2016年6月至2017年6月），是否有工资被拖欠的情况？　[1]是　[2]否</td><td></td><td></td><td></td><td></td><td></td></tr>
<tr><td>B09. 与去年（2016年）同期相比，月平均收入有什么变化？<br>[1]大幅增加　[2]小幅增加　[3]没有变化<br>[4]小幅减少　[5]大幅减少</td><td></td><td></td><td></td><td></td><td></td></tr>
<tr><td>B10.签订什么形式的劳动合同？（见代码表）</td><td></td><td></td><td></td><td></td><td></td></tr>
<tr><td>B11.现在有什么样的基本养老保险？（单选）<br>（见代码表）</td><td></td><td></td><td></td><td></td><td></td></tr>
<tr><td>B11_1.除此之外，还参加了哪些补充养老保险？（可多选）（见代码表）</td><td></td><td></td><td></td><td></td><td></td></tr>
<tr><td rowspan="5">对无工作的成员询问</td><td>成员编号</td><td>( )</td><td>( )</td><td>( )</td><td>( )</td><td>( )</td></tr>
<tr><td>B12.当前不工作或从上一份工作离职的原因是？<br>（见代码表）</td><td></td><td></td><td></td><td></td><td></td></tr>
<tr><td>B13.最后一份工作属于哪个行业？（见代码表B03）</td><td></td><td></td><td></td><td></td><td></td></tr>
<tr><td>B14.什么时候从上一份工作离职？（年/月）</td><td></td><td></td><td></td><td></td><td></td></tr>
<tr><td>B15.最近三个月内是否找过工作？[1]找过 [2]没找过</td><td></td><td></td><td></td><td></td><td></td></tr>
</table>

## C 基本民生问题

C01. 您对自己家庭目前的生活状况总体是否满意？______

[1] 很满意　[2] 基本满意　[3] 一般

[4] 不太满意　[5] 很不满意　[6] 不回答 / 不清楚

C02. 就您家庭生活（包括收入、工作、教育、医疗、住房、养老等）而言，您最不满意的是：______（单选）（请调查员读出 1-8 的选项）

[1] 就业状况　[2] 收入水平　[3] 子女教育

[4] 医疗　[5] 养老　[6] 住房

[7] 其他（请注明：______）　[8] 没有不满意的

[9] 不回答 / 不清楚

C03. 在社会环境方面，您感觉最不满意的是：______（单选）（请调查员读出 1-10 的选项）

[1] 社区服务　[2] 社会治安　[3] 交通出行

[4] 食品安全　[5] 环境污染　[6] 司法公正

[7] 政府办事效率　[8] 文体生活　[9] 其他（请注明：______）

[10] 没有不满意的 [11] 不回答 / 不清楚

## D 收入与消费

*D01. 去年（2016 年）您全家的年收入大约为：______万元　______（包括所有家庭成员的工资收入、经营收入、投资收入、政府补贴等）（先填写具体金额，再按选项选择）

[1] 1 万元以下　[2] 1 万 ~ 2.99 万元　[3] 3 万 ~ 4.99 万元

[4] 5 万 ~ 9.99 万元　[5] 10 万 ~ 14.99 万元　[6] 15 万 ~ 24.99 万元

[7] 25 万 ~ 49.99 万元　[8] 50 万元及以上

D02. 目前，您家庭收入的主要来源是______　______　______（按收入金额由高到低，最多选三项）

[1] 工资性收入（含养老金等）　[2] 农业经营收入（包含农林牧副渔）

[3] 非农业经营收入（含开店、开厂、跑运输等）

[4] 财产性收入（含投资理财产品、房租、土地流转等）

[5] 政府援助收入（含低保、救济、补贴等）　[6] 亲友资助 / 供养；

[7] 其他（请注明：______）

*D03. 您感觉与去年（2016 年）相比，今年（2017 年）家庭总收入是会增长还是下降？__

[1] 会显著增长　[2] 会有些增长　[3] 会和上年差不多

[4] 会有些减少　[5] 会明显减少　[6] 说不准

D04. 您认为，您家庭目前的收入在您所在地区属于哪个层次：______

[1] 上层（跳转至 D06）　[2] 中上层（跳转至 D06）　[3] 中层（跳转至 D06）

[4] 中下层　[5] 下层　[6] 说不清 / 不回答

D05. 目前，您的家庭是否是（建档立卡）的贫困户？______

[1] 国定贫困户　[2] 省定贫困户　[3] 否

D06.2016 年，您的家庭是否获得过政府或有关部门提供的以下经济援助？______

[1] 无　[2] 低保　[3] 农村五保供养　[4] 农村特困户生活救助

[5] 医疗救助　[6] 灾害紧急救助　[7] 临时救助

[8] 其他（请注明：______）

D06_2. 2016 年您家庭共获得各类救助资金（如有实物折算成现金）一共有______ 元。

D07. 您认为近两年来，您周围家庭间的收入差距是在扩大还是缩小？______

[1] 大幅扩大　[2] 有些扩大　[3] 没有变化

[4] 有些缩小　[5] 大幅缩小　[6] 说不清 / 不回答

D08. 去年（2016 年）您家庭总的消费支出大约为：______万元 ______（即所有家庭成员日常性的生活支出，包括衣食住行、教育、医疗、旅游、娱乐、人情往来等支出，不包括购房、购车、购买投资型黄金和保险等资产性支出，但包括贷款月供、租房的租金和养车的费用）（先填写具体金额，再按选项选择）

[1]1 万 ~ 万元以下　[2]1 万 ~ 2.99 万元

[3]3 万 ~ 4.99 万元　[4]5 万 ~ 9.99 万元

[5]10 万 ~ 14.99 万元　[6]15 万 ~ 24.99 万元

[7]25 万 ~ 49.99 万元　[8]50 万元及以上

*D09. 目前，您感觉家庭消费支出压力最大的是什么？______ ______ ______（按压力由高到低排序，最多选三项）

[1] 食品　[2] 住房（贷款月供、房租）　[3] 子女教育

[4] 交通　[5] 医疗　[6] 人情送礼

[7] 婚丧嫁娶　[8] 其他（请注明：______）　[9] 没压力

## E 子女教育

E01. 您家是否有孩子正在上学或准备上学（幼儿园）？

[1] 是，有______个　[2] 否（跳转至 F）

E02. 您家的孩子（们）目前上学的情况？（按 2017 年 9 月孩子上学的学段填写）

孩子 1______（成员代码______）孩子 2______（成员代码______）孩子 3______（成员代码______）

孩子 4______（成员代码______）孩子 5______（成员代码______）（按由小到大依次填写）

[1] 学前（幼儿园）　[2] 小学　[4] 初中
[5] 普通高中　[6] 中职（包括中专、职高、技校）
[7] 高职（大专）　[8] 本科及以上

E03.（如果有孩子正在上幼儿园或准备上幼儿园）在学前教育方面，您最不满意的一项是？

[1] 教太多，幼儿教育小学化　[2] 学不了什么东西　[3] 入园难
[4] 入园贵　[5] 教师师德差　[6] 教师能力差
[7] 老师少，每个班级孩子太多　[8] 伙食差
[9] 设施条件差　[10] 幼儿园距离远
[11] 当地没有幼儿园　[12] 其他（请注明______）
[13] 没有不满意的　[14] 不回答 / 不清楚

E04.（如果有孩子在上幼儿园、小学、初中）您家孩子是否在离家最近或比较近的地方上学（或幼儿园）？______

[1] 是　[2] 不是或有的不是（请继续回答 E04_1）

E04_1. 您家孩子为什么没有在离家最近或比较近的地方上学（或幼儿园）？______

[1] 最近学校招生名额有限　[2] 未被划在其招生片区内　[3] 受户口限制不能就读
[4] 为了上更好的学校　[5] 成绩达不到要求，未能考入
[6] 为了自己的方便（比如，在离工作单位近，能住校，离父母近的地方上学）
[7] 附近（方圆 5 公里范围内）没有学校　[8] 其他（请注明______）

E05.（如果有孩子在小学、初中、普通高中）在义务教育和普通高中教育方面，您最不满意的一项是？______

[1] 教学质量差　[2] 择校现象普遍　[3] 学校乱收费　[4] 教师师德差
[5] 上学距离较远，就学不便　[6] 每个班人数太多　[7] 课业负担重　[8] 学校设施条件差
[9] 放学太早　[10] 很多内容课上不教，不得不上补习班或请家教
[11] 外地孩子上学难　[12] 学校风气不好　[13] 不回答 / 不清楚
[14] 其他（请注明______）[15] 没有不满意的

E06.（如果有孩子在上中职、中专、技校、高职）在职业教育方面，您最不满意的一项是？

[1] 缺少实习实训，实践能力培养不足　[2] 学校乱收费　[3] 教师师德差
[4] 教师能力差　[5] 学校风气不好　[6] 就业质量不高　[7] 学校设施条件差

[8] 招生虚假宣传 [9] 其他（请注明______）[10] 没有不满意的 [11] 不回答 / 不清楚

E07.（如果有孩子在上大学或研究生）在高等教育方面，您最不满意的一项是？______
[1] 教学内容和方法落后，能力培养不够 [2] 教师师德差 [3] 教师能力差 [4] 学费贵
[5] 学校风气不好 [6] 学校设施条件差 [7] 高校毕业生就业难
[8] 招考不公平，存在招生腐败 [9] 其他（请注明______）
[10] 没有不满意的 [11] 不回答 / 不清楚

E08.2016 年，您家用在孩子身上的教育总支出为______元（包括学杂费、赞助费（择校费）、报各种补习班、购买学习用品和资料、住校等费用，不包括在家的生活费用），教育总支出大约占到您家庭生活总支出的______%？

## F 医疗卫生

F01. 您和您的家人平时感觉身体不舒服需要看医生时，一般最先去哪个医疗机构：______
[1] 不去医院，自己买药 [2] 村卫生室 / 诊所 [3] 社区卫生服务中心（站）
[4] 乡镇卫生院 [5] 区、县医院 [6] 区域内最好的大医院
[7] 其他（请注明：______）

F02. 过去一年（2016 年 6 月至 2017 年 6 月），您家是否有人生病住院？______
[1] 有 [2] 没有（跳至 F03）
注意：如果家庭在此期间有多人次住院，请选择离调查发生最近的一次。

F02_1. 哪位家庭成员曾经住过院（成员称谓）______（成员代码 ___）。

F02_2. 是在哪一级的医院住院：______（如有转院，可多选）
[1] 乡镇卫生院 [2] 县级公立医院 [3] 地市级公立医院
[4] 省级公立医院 [5] 北京、上海等大城市著名公立医院
[6] 部队（武警）医院 [7] 民营 / 私立医院 [8] 其他（请注明：______）

F02_3. 扣除各类医保报销后，您家在医院结算时实际支付的诊疗总费用____________元
□不清楚 / 说不上（不读出）

F02_4. 各类医保报销的金额一共是多少____________元（包括基本医疗保险、大病医保、商业医疗保险、公费医疗等各类一次和二次报销金额的总额）。 □不清楚 / 说不上（不读出）

F02_5. 其他费用（看护、交通、食宿、红包、礼品等）为____________元；□不清楚 / 说不上

F03. 过去一年（2016 年 6 月至 2017 年 6 月），您的家庭成员中，是否有医院建议住院而

没有住院的人？______

[1] 有　　[2] 无（跳转至 F04）

F03_1. 如果没有住院，请问不住院的原因是：______

[1] 没钱住院　　[2] 没有时间住院　　[3] 床位紧张，住不进去

[4] 自己认为不需要　　[5] 其他（请注明：______）

F04. 过去一年（2016 年 6 月至 2017 年 6 月），您家是否因为有家人看病而需要借钱？____

[1] 没有　[2] 有，找亲戚朋友借款（含援助）　[3] 有，变卖家庭资产或抵押贷款

[4] 有，其他（请注明：______）

F05. 您是否担心您及您的家人未来生病后没钱看病？______

[1] 非常担心　　[2] 比较担心　　[3] 有点担心

[4] 不太担心　　[5] 一点也不担心　　[6] 说不准（不读出）

F06. 2016 年，您家（包括所有家庭成员）实际的医疗总支出（包括住院、门诊和自己买药等，扣除各类医保报销后）为______元，占到您家庭生活总支出的______%。

F07. 您对医疗服务最不满意的一项是：______（单选）（请调查员读出 1-9 的选项）

[1] 看病太贵　　[2] 大医院看病难　　[3] 医护人员态度差

[4] 医疗水平差　　[5] 红包、回扣问题严重　　[6] 过度检查、过度用药、小病大治

[7] 社区卫生服务中心、乡镇卫生院、村卫生室能力弱

[8] 医保报销比例太低　　[9] 没有不满意的

[10] 不回答 / 不清楚

F08. 您认为过去一年（2016 年 6 月至 2017 年 6 月）来医疗服务的以下方面有什么变化（请在相应位置画）：

| 项目 | 明显改善 | 有所改善 | 没有变化 | 有些变差 | 明显变差 | 说不清 |
|---|---|---|---|---|---|---|
| F08_1.大医院挂号是不是更容易了 | | | | | | |
| F08_2.药品的费用是不是有所下降了 | | | | | | |
| F08_3.家庭医疗负担是不是有所下降了 | | | | | | |
| F08_4.基层医疗服务是不是加强了 | | | | | | |
| F08_5.社区医院（乡镇卫生院和村卫生室）是不是也能开到大医院的药了 | | | | | | |
| F08_6.社区医院（乡镇卫生院和村卫生室）是不是向大医院转诊更容易了 | | | | | | |
| F08_7.医生的态度是不是更好了 | | | | | | |
| F08_8.医保报销比例是不是提高了 | | | | | | |
| F08_9.异地就医和报销是不是更方便了 | | | | | | |

## G 养老保障

G01. 您对以后养老的经济来源是否担心？______

[1] 非常担心　[2] 比较担心　[3] 有点担心

[4] 不太担心　[5] 一点也不担心　[6] 说不准（不读出）

G02.（60 岁以下且未退休受访者，即 1957 年以后出生且 A01_k 未选择 [3] 离退休）您认为您老了以后最主要靠什么来生活？______（单选）

（对 60 岁以上或不足 60 岁但已退休受访者，即 1957 年以前出生或 1957 年以后出生但 A01_k 选择 [3] 离退休的，问法改为“您当前主要靠什么来生活”）

[1] 自己的退休金 / 养老金　[2] 配偶的退休金 / 养老金

[3] 储蓄　[4] 投资理财收入

[5] 靠承包田地　[6] 商业养老保险金

[7] 房产收益（租房或卖房）　[8] 由儿女或其他亲属赡养

[9] 低保或社会救济　[10] 工作收入

[11] 其他（请注明：______）　[12] 没想过

G03.（60 岁以下且未退休受访者，即 1957 年以后出生且 A01_k 未选择 [3] 离退休）您认为您老了以后主要靠谁对您在生活上进行照顾？______（单选）

（对 60 岁以上或不足 60 岁但已退休受访者，即 1957 年以前出生或 1957 年以后出生但 A01_k 选择 [3] 离退休的，问法改为“您平时的生活主要是由谁来照顾？）

[1] 自己照顾自己　[2] 配偶照顾　[3] 子女照顾

[4] 其他亲属帮忙照顾　[5] 雇佣保姆

[6] 社区养老照料中心　[7] 公办养老机构　[8] 民营 / 私营养老机构

[9] 其他（请注明：______）　[10] 没想过

G04. 在共同生活家庭成员（A 表）中，60 岁以上的老人（包括您本人）有______个？

（填写 0 跳至 G06）

G05. 家中 60 岁以上老人（如您 60 岁以上，包含您自己）的个人基本情况（如果老人是受访者本人，问题问法“老人”改为“您”，并且不提问 G05_4 和 G05_5）

| 成员代码 | 老人1（ ） | 老人2（ ） | 老人3（ ） | 老人4（ ） | 老人5（ ） | 老人6（ ） |
|---|---|---|---|---|---|---|
| G05_1.老人是否有固定的收入来源？[1]有；[2]没有（跳至G05_4）[3]不清楚（跳至G05_4） | | | | | | |
| G05_2.如有，老人每月的固定收入（含工作、养老金、投资理财等各类个人收入，但不包含子女给的钱）大约是　元？ | | | | | | |
| G05_3.其中，老人每月的养老金收入大约有　元？（如没有养老金收入，填0） | | | | | | |

续表

| 成员代码 | 老人1 ( ) | 老人2 ( ) | 老人3 ( ) | 老人4 ( ) | 老人5 ( ) | 老人6 ( ) |
|---|---|---|---|---|---|---|
| G05_4.老人当前的经济生活主要靠什么？（单选）[1]自己的退休金/养老金 [2]配偶的退休金/养老金 [3]储蓄 [4]投资理财收入 [5]靠承包田地 [6]商业养老保险金 [7]房产收益（租房或卖房）[8]由儿女或其他亲戚赡养 [9]低保或社会救济 [10]工作收入 [11]其他（请注明 ） | | | | | | |
| G05_5.老人的照料服务主要由谁来提供？（单选）[1]自己照料自己 [2]老人的配偶[3]老人的子女 [4]老人的其他亲属 [5]家庭雇人照料[6]社区养老照料中心[7]公办养老机构 [8]私营养老机构 [9]医院 [10]其他（请注明 ） | | | | | | |

G06. 您认为您家庭在赡养老人方面的经济压力大不大？______

[1] 压力非常大　[2] 压力比较大　[3] 一般

[4] 几乎没有压力　[5] 完全没有压力

G07. 您认为您家庭照料老人在时间和精力的压力大不大？______

[1] 压力非常大　[2] 压力比较大　[3] 一般

[4] 几乎没有压力　[5] 完全没有压力

G08. 您所在的社区（村子）是否有修建方便老年人使用的下列设施？（请在相应位置画）

| | 有 | 没有 | 不清楚 |
|---|---|---|---|
| G08_1. 棋牌室/文化活动室 | | | |
| G08_2. 健身场所 | | | |
| G08_3. 康复设施 | | | |
| G08_4. 老年日间照料中心 | | | |
| G08_5. 老年食堂 | | | |

G09. 您认为目前所在地的养老设施和服务是否能够满足本地老年人的需求？______

[1] 能　[2] 不能　[3] 不清楚

G10. 您对我国养老保障（养老保险）的保障状况是否满意？______

[1] 非常满意　[2] 基本满意　[3] 一般

[4] 不太满意　[5] 很不满意　[6] 说不清楚

G11. 您感觉目前养老保障（养老保险）最大的问题是？______（单选）

[1] 养老金水平太低　[2] 不同人之间养老金水平差距太大

[3] 个人缴费太高　[4] 未来养老金可能发不出来

[5] 制度设计太复杂，搞不清楚　[6] 养老金在不同地区转移接续困难

[7] 其他（请注明______）

G12. 您对现有的养老服务是否满意？______

[1] 非常满意　[2] 基本满意　[3] 一般

[4] 不太满意　[5] 很不满意　[6] 说不清楚

G13. 您感觉目前养老服务存在的最大问题是什么？______（单选）

[1] 养老服务机构太少　[2] 养老机构收费太高

[3] 养老服务人员专业化水平太低　[4] 社区养老服务设施不完善

[5] 便利化设施不足（比如，老旧小区无电梯、缺乏无障碍设施）

[6] 养老服务内容不够丰富　[7] 老年人可参加的社会活动太少

[8] 缺乏对老人心理上关爱　[9] 很多子女对老年人照顾不够

[10] 其他（请注明：______）　[11] 不清楚

## H 住房保障

H01. 您家现在居住的住房人均居住的住房建筑面积大约有______平方米。

H02. 您家现在居住的住房是否有独立的厨房和卫生间？______

[1] 有独立厨房，但没有独立卫生间　[2] 有独立卫生间，但没有独立厨房

[3] 有独立厨房和卫生间　[4] 既没有独立厨房，也没有独立卫生间

H03. 您家庭目前居住的住房是：______

[1] 自购商品住房（跳至 H06_1）　[2] 购买房改房（单位分房）（跳至 H06_1）

[3] 购买的保障性住房（跳至 H06_1）[4] 市场租赁房

[5] 单位租住房（单位公寓 / 宿舍）　[6] 廉租房（或公租房）

[7] 拆迁安置房（跳至 H06）　[8] 自建住房（跳至 H06）

[9] 借住亲朋好友住房（跳至 H06）　[10] 其他（请注明：______）

H04. 每个月房租为____________元 。

H05. 您目前是否与其他家庭（人）合租？______

[1] 是　[2] 否

H06. 您家在本地或其他城市是否购买了住房？______

[1] 是　[2] 否（跳转至 H08）

H06_1. 您家第一套自购住房（首付）资金来源是：______ ______ ______（可多选，按照资金的数额排序）

[1] 家庭收入积累　[2] 父母支持　[3] 向亲朋好友筹借　[4] 金融机构

[5] 民间借贷　[6] 出售家庭原有住房的收入　[7] 拆迁补偿款

[8] 其他（请注明：______）

H07. 目前，您家是否有银行住房按揭贷款（包括现住房和其他本地或外地的住房）：______

[1] 是； [2] 否（跳转至 H08）

H07_1. 在银行的住房按揭贷款共计总额为______万元（所有房屋贷款的合计）

H07_2. 每个月住房按揭贷款还款金额为____________元（所有房屋月供的合计）。

H08. 未来两三年，您家是否还有购房、建房的打算或计划？ ____________

[1] 购买商品房 [2] 购买保障性住房 [3] 自建、扩建或改造

[4] 不打算购买或建房（跳转至 H09）[5] 看情况（请注明：______）

H08_1. 未来您家买房或建房目的是？ ______（单选）

[1] 扩大居住面积

[2] 改善住房条件（如室内居住环境、增加水、暖、电、气设备等等）；

[3]为子女获得就学入（中小）学资格

[4] 投资 [5] 结婚 [6] 其他（请注明：______）

H09. 在住房方面，您最不满意的是什么？ ______（单选）

[1] 住房面积太小 [2] 没有独立卫生间或厨房

[3] 自来水、电力、燃气等设施不全 [4] 房价太高，无法改善住房条件

[5] 每个月住房支出压力太大（包括房租、还贷、物业、水、电供热费）

[6] 建筑年代久远，小区设施落后 [7] 小区环境和物业差

[8] 太远、太偏 [9] 没有不满意的 [10] 其他（请注明：______）

[11] 不回答 / 不清楚

## I 生活环境

I01. 您对您家目前所居住的社区（或村庄）周边的生态环境状况是否满意（请在相应位置画）：

| 生态环境状况 | 非常满意 | 比较满意 | 一般 | 比较不满意 | 非常不满意 | 说不清 |
|---|---|---|---|---|---|---|
| I01_1.总体生态环境状况 | | | | | | |
| I01_2.空气质量 | | | | | | |
| I01_3.生活用水质量 | | | | | | |
| I01_4.周边河流、湖泊、池塘、水泡子、井水等水体质量 | | | | | | |
| I01_5.生活垃圾处理情况 | | | | | | |
| I01_6. 噪声问题 | | | | | | |
| I01_7. 绿化情况 | | | | | | |

I02. 过去一年（2016 年 6 月至 2017 年 6 月），您家所居住的社区（村庄）生态环境质量变

化情况如何（请在相应位置画）：

| 环境质量类型 | 明显改善 | 略有改善 | 没有变化 | 略有变差 | 明显变差 | 说不清 |
|---|---|---|---|---|---|---|
| I02_1.总体生态环境状况 | | | | | | |
| I02_2.空气质量 | | | | | | |
| I02_3.生活用水质量 | | | | | | |
| I02_4. 周边河流、湖泊、池塘、水泡子、井水等水体质量 | | | | | | |
| I02_5.生活垃圾处理情况 | | | | | | |
| I02_6.噪声问题 | | | | | | |
| I02_7.绿化情况 | | | | | | |

I03. 您家日常做饭和饮用的水主要来源是？______（单选）

[1] 市政自来水　[2] 净水器过滤后的市政自来水　[3] 桶装（瓶装）矿泉水或纯净水

[4] 村庄或小区供应的自来水　[5] 居住地的水源井

[6] 居住地周边的河流、湖泊、山泉等　[7] 其他（请注明：______）

I03_1. 您对目前您家饮用水的安全卫生状况是否放心？______（单选）

[1] 非常放心　[2] 比较放心　[3] 有点不放心

[4] 比较不放心　[5] 非常不放心　[6] 说不准（不读出）

I04. 当出现重污染天气时，您是否会采取以下行动______（多选，不限项）

[1] 减少可能会加重空气污染的活动，比如少开汽车或摩托车、减少燃放鞭炮等

[2] 减少户外活动　[3] 使用空气污染防护用品，如佩戴口罩、使用空气净化器等

[4] 离开重污染天气高发地区，如旅行、换一个城市生活等

[5] 其他行动（请注明：______）

[6] 没有采取特别的行动

[7] 没有空气污染

I05. 您平常扔（生活）垃圾时，是否会对垃圾进行分类？______

[1] 会　[2] 不会

I05_1. 您认为阻碍您日常进行垃圾分类的主要原因是什么？______ ______ ______（多选）

[1] 没必要进行分类　[2] 不知道需要分类　[3] 不知道怎样分类

[4] 垃圾分类费时费力，懒得分类　[5] 社区没有分类的垃圾桶

[6] 即使在家里分类，在垃圾收集和运输也混到了一起

[7] 其他原因（请注明：______）

注意：如果是农村地区，还请继续回答 I06，否则直接跳到 J

I06. 您认为您所在的村庄是否对以下问题进行了很好的处理或者治理？（请在相应位置画）：

| 农村典型污染类型 | 非常好 | 比较好 | 一般 | 不太好 | 非常差 | 说不清 | 不适用 |
|---|---|---|---|---|---|---|---|
| I06_1.牲畜粪便处置 | | | | | | | |
| I06_2.农膜处置 | | | | | | | |
| I06_3.减少农药化肥使用 | | | | | | | |
| I06_4.秸秆处理 | | | | | | | |
| I06_5.周边工矿企业排污处置 | | | | | | | |
| I06_6.生活污水处理 | | | | | | | |

J 食品安全

J01. 对目前居住地食品安全状况的总体评价是（例如农药残留、重金属、添加剂、细菌超标、餐饮服务业的卫生状况等）：______

[1] 非常满意　　[2] 比较满意　　[3] 一般

[4] 不太满意　　[5] 非常不满意　　[6] 不清楚 / 不了解 / 不评价（不读出）

J02. 您最担心的食品安全问题是：______ ______ ______（可多选，最多三项）

[1] 食品过期变质问题

[2] 食品添加剂（如色素、防腐剂、香精等）超量使用

[3] 农药兽药、抗生素、重金属等高残留问题

[4] 食品加工不卫生问题

[5] 食品的虚假信息（如虚假标签、生产日期、材料、虚假宣传等）

[6] 食品掺杂（假）问题

[7] 盗用（假冒）名牌问题

[8] 其他（请注明：）　　[9] 都不担心

J03. 您最主要 / 常采取什么措施来保障家庭食品安全？______ ______ ______（可多选，最多三项）

[1] 购买有机、绿色、质量认证的食品　　[2] 选择比较好的品牌

[3] 到正规超市购买食品　　[4] 注意媒体报道，不购买被曝光的食品

[5] 直接产地订购生态农产品　　[6] 自己生产（自家种植）

[7] 其他（请注明：______）　　[8] 没有特别考虑和采取措施

J04. 您对下列渠道购买食品的质量安全的信任程度如何？（请在相应位置画）

| 购买食品的渠道 | 非常放心 | 比较放心 | 有点不放心 | 比较不放心 | 非常不放心 | 说不清 | 没用过 |
|---|---|---|---|---|---|---|---|
| I04_1.大商店或超市 | | | | | | | |
| I04_2.家附近便利店（小卖部） | | | | | | | |
| I04_3.农贸市场 | | | | | | | |
| I04_4.路边（临时）小摊贩 | | | | | | | |
| I04_5.网络（手机）购买 | | | | | | | |

J05. 您认为当地政府在加强食品安全监管、保障食品安全方面的工作是否有力？______

[1] 政府监管很到位　　[2] 政府监管工作比较到位
[3] 做了不少工作，但效果不是很好　　[4] 做了一点工作，还远远不足
[5] 基本没人管　　[6] 不知道 / 说不清（不读出）

J06. 为解决目前的食品安全问题，您认为应采取哪些措施：______ ______ ______（可多选，最多三项）

[1] 要有严格的食品安全标准
[2] 要强化监管部门的责任和检查执法力度
[3] 要对查出的假冒伪劣食品生产者进行严厉处罚
[4] 要及时向公众通报不合格的食品
[5] 要通过评优、认证等方式帮助公众识别更优质、安全、可靠的食品
[6] 要加强对公众的食品安全常识教育
[7] 其他（请注明：）

J07. 您对我国未来三年内食品安全状况的改善是否有信心？______

[1] 一定会有效改善　　[2] 相信会逐步改善　　[3] 可能会有一些改善
[4] 担心落实不下去，难以带来有效改善　　[5] 不指望能改善
[6] 不清楚（不读出）

## K 政府服务

K01. 您对目前所在地政府服务和办事效率的总体评价是：______

[1] 很满意　　[2] 基本满意　　[3] 一般
[4] 不太满意　　[5] 很不满意　　[6] 不回答 / 不清楚。

K02. 请您对所在地政府优化服务的情况进行评价（请在相应位置画）：

| 服务评价分类 | 很满意 | 基本满意 | 一般 | 不太满意 | 很不满意 | 不清楚 |
|---|---|---|---|---|---|---|
| K02_1.精简办事程序 | | | | | | |
| K02_2.简化各类证明 | | | | | | |
| K02_3.治理不作为/不办事 | | | | | | |
| K02_4.少折腾群众 | | | | | | |
| K02_5.减少吃拿卡要 | | | | | | |
| K02_6.改善服务态度 | | | | | | |
| K02_7.政策公开透明 | | | | | | |

K03. 您主要是通过何种渠道了解政府为民办事的信息及政策的？___ ___ ___（最多填三项，请根据选择方式的重要性依次排序）

[1] 报刊杂志　　[2] 电视、收音机　[3] 政府网站
[4] 新媒体（微信、微博、公众号等）[5] 干部下来宣传和动员

[6] 下发的宣传资料　　[7] 听同事、朋友或邻居介绍
[8] 其他（请注明：______）

**K04. 过去一年（2016 年 6 月至 2017 年 6 月），您是否到过政府部门办事（包括各级政府部门、政务服务中心以及社区居委会、街道办事处、村委会等）？______**

[1] 是　　[2] 否（跳至 K05）

**K04_1. 在与政府部门打交道过程中，您主要办理的是哪方面业务？______ ______ ______（按所去次数由多至少排序，最多选三项）**

[1] 居民户籍及身份证明　[2] 出入境　[3] 土地或住房登记、转让等
[4] 社保、社会救助　[5] 婚姻、生育、收养　[6] 纳税
[7] 处理民事（经济）纠纷 [8] 工商注册登记 [9] 交通（车辆购置和检查、违章罚款等）
[10] 其他（请注明：______）

**K05. 在与政府部门打交道过程中，您最不满意的方面是什么？______（单选）**

[1] 程序太复杂和不公开（如，需要盖的章太多、需要开各类繁琐证明）
[2] 相互推诿、效率低　[3] 要找关系　[4] 吃拿卡要、乱收费　[5] 服务态度不好
[6] 其他（请注明：______）[7] 没有不满意的　[8] 不回答 / 不清楚

受访者联系方式：__________（可填）
由访问员判断，此次调查是否进行顺利，受访者的配合程度如何？______
[1] 非常配合　[2] 比较配合　[3] 不太配合　[4] 很不配合

## 访问结束

谢谢您的合作，再一次表示感谢！

# 中国民生问题调查问卷说明

您好！

我们是国务院发展研究中心“中国民生调查”课题组的访问员。这次调查的目的是了解目前我国民生的状况，真实反映居民的现实需求，为进一步制定和完善相关民生政策服务。

经过科学抽样，我们选中了您的家庭作为调查对象。您的合作对于我们了解有关情况和制定相关政策有着十分重要的意义。本调查完全匿名，调查内容严格保密。请您放心、真实地回答问题。感谢您的支持！

国务院发展研究中心

“中国民生调查”课题组

2017 年 7 月

填写指导：

1. 在问卷上的所有填写或者记录要使用蓝色或黑色中性笔，不得使用钢笔或铅笔。记录选择题时应在题后相应的横线上填写选项号。

2. 所有选择“其他”选项的回答，务必填写具体内容。

3. 所有问题请由访问员询问并记录、填写，对选项较多的可由受访者阅读选择。

4.“不清楚”、“不回答”之类的选项，访问时不需要读出。

5. 访问员请家庭的户主或家里最熟悉情况的人来回答本问卷，受访者年龄应在 18 岁以上并且能够正常交流。

6. 在条件许可的情况下，涉及到家庭成员信息的部分，可以让相关的家庭成员协助完成此调查，比如就业部分可以让除受访者外的其他相关家庭成员配合。

# 后记

Postscript

本书是“中国民生调查”课题组的集体研究成果，利用的主要是2017年全国范围内电话调查和8省份入户调查的数据及相关部门公开的调查统计结果。这项年度研究工作得以顺利完成，要感谢国务院发展研究中心领导的高度重视和同事们的大力支持。国务院发展研究中心李伟主任作为课题总顾问，一直非常关心课题研究工作的进展，对课题研究给予了直接指导，并对课题组上报的研究报告逐一把关。国务院发展研究中心张军扩副主任作为课题负责人，全过程主持了课题研究工作，对指数指标体系设计、问卷设计以及所有研究报告都提出了具体的指导意见和修改建议。农村经济研究部叶兴庆部长、社会发展研究部葛延风部长作为课题协调人，承担了大量的组织协调、调查设计和成果把关工作。课题组成员来自国务院发展研究中心多个研究部、所，有关部门的负责同志也对课题研究给予了大力支持和帮助。

电话调查和入户问卷调查的实施，得到了很多单位和专家的支持。北京零点市场调查有限公司协助开展了覆盖全国31个省（区、市）的民生满意度电话调查，并完成了总体数据分析报告；清华大学社会学系刘精明教授及其团队协助完成了入户调查的抽样工作，并对各省提交的入户问卷调查原始数据进行了整理核对与初步分析；河北、黑龙江、江苏、浙江、安徽、陕西、福建7个省政府发展研究中心（研究室）及四川省社会科学院承担了具体的入户问卷调查任务，并撰写了分省的民生发展报告；河北经贸大学、东北林业大学、南京农业大学、浙江慧谷经济信息咨询有限公司、安徽安策智库有限责任公司、西安交通大学、福建省农村信用社联合社、四川大学及四川农业大学等机构直接参加了入户问卷调查工作。课题项目办公室的各位工作人员和实习生为课题研究的顺利开展也付出了很多努力。中国发展出版社的编辑为本书的出版做了大量工作。在这里，对大家一并表示感谢！

受时间、能力、方法等多方面因素影响，不足和疏漏在所难免，课题组对相关结论和观点负责，欢迎大家批评指正。在后续的研究中，我们将进一步努力，提高电话调查和入户调查质量，提升评价和研究的客观性、准确性，为大家奉献更高质量的成果，为中国民生事业的发展贡献一份绵薄之力。

国务院发展研究中心

“中国民生调查”课题组

2018年8月